Bauzeichnen

- Architektur
- Ingenieurbau
- Tief-, Straßen- und Landschaftsbau

7., überarbeitete Auflage mit vielen Beispielen, Aufgaben und zahlreichen mehrfarbigen Abbildungen

von

Balder Batran

Manuel Birkle

Alexandra Born

Matthias Frey

Volker Frey

Beatrix Gustavus

Hans-Jürgen Hansen

Dr. Klaus Köhler

Heinz Schliebner

Jens-Peter Schuller

Helmut Sommer

Frank Weidner

Rüdiger Wenzke

Dr. Joachim Zwanzig

Handwerk und Technik – Best.-Nr. 5645

VORWORT

Dieses Buch vermittelt das aktuelle **Grund- und Fachwissen** für **Bauzeichnerinnen und Bauzeichner** in den Schwerpunkten **Architektur, Ingenieurbau** sowie **Tief-, Straßen- und Landschaftsbau.**

Es ist in Themenbereiche gegliedert, die Inhalte entsprechen den **Vorgaben des Bundesrahmenlehrplanes** und orientieren sich an den vorgegebenen Lernfeldern. Wo es sinnvoll erschien, wurden thematisch verwandte Inhalte zusammengefasst und übergreifend dargestellt, um die **Zusammenhänge deutlicher** zu machen. Die Bezüge der Kapitel zu den Lernfeldern sind in der Inhaltsübersicht dargestellt.

Bei der Gestaltung wurde besonderer Wert auf **Veranschaulichung** gelegt. Die erläuternden Abbildungen sind jeweils dem Text direkt zugeordnet. Dadurch wird größere **Schülernähe** erreicht. Die zusätzliche **Strukturierung der Inhalte,** die unter didaktischen und methodischen Gesichtspunkten entwickelten farbigen **Abbildungen** und die zahlreichen **aktuellen Fotos** steigern die **Motivation,** tragen wesentlich zu einem verbesserten **Lernerfolg** bei und leisten einen Beitrag für das **selbstorganisierte Lernen.** Für angehende Bauzeichnerinnen und Bauzeichner wird es immer wichtiger, selbstständig Probleme zu erkennen, geeignete Lösungen zu finden und sie erfolgreich zu erproben.

Der **aktuelle Stand von Technik und Normung** ist berücksichtigt.

Für **Anregungen und Hinweise**, die zur Weiterentwicklung des Werkes beitragen können, sind die Verfasser jederzeit dankbar.

Stuttgart, im Winter 2009/2010 — Die Verfasser

VORWORT ZUR 7. AUFLAGE

Die Neuauflage wurde von den Autoren intensiv genutzt, um das Werk in Hinblick auf die **aktuellen Entwicklungen von Technik und Normung** auf dem neuesten Stand zu halten. Beispielhaft kann auf die Abschnitte über **Baukosten** (DIN 276), **Arten von Bauzeichnungen, VOB/A, Mörtelarten** (DIN 18580 und DIN 20000-412), **System-Schalungen** sowie **Luftschalldämmung** (DIN 4109) hingewiesen werden. Zudem wurde das **Kapitel 2 „Vermessung“** gründlich überarbeitet.

Weitere **Verbesserungen** ergaben sich erneut auch aus dem **ständigen intensiven Dialog** mit den Benutzern. Wir danken an dieser Stelle deshalb ausdrücklich allen, die durch Anregungen und Hinweise zur **Weiterentwicklung** des Werkes beigetragen haben.

Begleitend zum Buch gibt es

- eine DVD, die das gesamte Buch als PDF-Datei, alle Bilddateien im JPG-Format und eine umfangreiche PP-Präsentation zur Baugeschichte enthält (Best.-Nr. 5648),
- ein ausführliches Lösungsbuch (Best.-Nr. 5649),
- ein umfangreiches, mehrfarbiges Prüfungsbuch (Best.-Nr. 5642).

Stuttgart, im Herbst 2019 — Die Verfasser

ISBN 978-3-582-53557-3 Bestell.-Nr. 5645

Die Normblattangaben werden wiedergegeben nach DIN Deutsches Institut für Normung e.V. Maßgebend für das Anwenden der Norm ist deren Fassung mit dem neuesten Ausgabedatum, die bei der Beuth Verlag GmbH, Burggrafenstraße 6, 10787 Berlin, erhältlich ist.

Verlag Handwerk und Technik GmbH, Lademannbogen 135, 22339 Hamburg; Postfach 63 05 00, 22331 Hamburg – 2019
E-Mail: info@handwerk-technik.de, Internet: www.handwerk-technik.de

Umschlagfoto: © Steffi Pelz/PIXELIO

Technische Umsetzung: CMS – Cross Media Solutions GmbH, 97082 Würzburg
Druck und Bindung: Himmer GmbH Druckerei & Verlag, 86167 Augsburg

Inhaltsübersicht

lag in der Mitte am Euphrat, die erhöhte Burg am nördlichen Stadtrand. Der Zugang zum Ischtartor erfolgte durch eine Prozessionsstraße, die mit Löwendarstellungen aus bunt glasierter Keramik geschmückt war.

Die Familien wohnten in Reihenhäusern mit ein bis zwei Geschossen. Die Räume waren um einen zentralen Hof gruppiert, Fenster nach außen gab es kaum.

Gebaut wurde mit luftgetrockneten Lehmziegeln, die Dächer waren flach und über eine Treppe erreichbar. Die Wasserversorgung und Abwasserentsorgung erfolgten über keramische Röhren, ein Komfort, der wieder im Römischen Reich und dann erst im 19. Jh. erreicht wurde.

Auch Paläste waren um Höfe angeordnet und lagen meist an der Stadtmauer, sodass eine Fluchtmöglichkeit gegeben war. Die Wände waren mit Natursteinplatten verkleidet.

Kultbauten in Mesopotamien

Auch die Tempel wurden als rechteckige Hofanlagen gebaut. Das Allerheiligste mit dem Götterbild wurde als Breitraum mit Nischen gestaltet.

Bereits im 4. Jahrtausend v. Chr. wurde der Tempel von Eridu auf einer aus Lehmziegeln errichteten Plattform gebaut. Aus dieser Form entwickelte sich im 3. Jahrtausend das **Zikkurat**. Auf mehreren übereinanderliegenden rechteckigen Ziegelterrassen mit geböschten, gegliederten Mauern stand oben der Tempel, dessen Fassade mit Pfeilern und Nischen gegliedert war. Der Zugang erfolgte über eine monumentale Freitreppe und einen Torbau. Das Zikkurat stand in einem Hof innerhalb des heiligen Bezirkes, häufig als Teil einer größeren Tempelanlage.

Der aus der Bibel bekannte **babylonische Turm** war ein sechstufiges Zikkurat, das mit dem Tempel eine Gesamthöhe von 90 m aufwies. Er ist nicht eingestürzt, sondern wurde zur Zeit Alexanders des Großen abgebaut, um größer wiedererrichtet zu werden, was allerdings nicht zustande kam. Die Vorstellung des niederländischen Malers Pieter Bruegel war nicht von Ausgrabungen geprägt, sondern von der Baukunst seiner Zeit.

- Stadtmauer, Stadttor, geometrischer Stadtplan, Burg, Zikkurat
- Gliederung mit Pfeilern und Nischen
- Ziegelbau, Kanäle, Leitungen aus keramischen Röhren

2.2 Ägypten

Der Nil schafft durch jährliche Überschwemmungen einen fruchtbaren Streifen in der Wüstenlandschaft Nordafrikas. Das Ägyptische Reich reichte vom Nildelta 1000 km in den Süden und bestand mit kleinen Unterbrechungen von 3200 bis 30 v. Chr. Die erste Blüte kam nach der Vereinigung Unter- und Oberägyptens unter dem ersten Pharao Menes.

Altes Reich 2850–2150 v. Chr.
Memphis, Mastabas, Stufenpyramide von Sakkara, Pyramiden von Gizeh

Mittleres Reich 2050–1780 v. Chr.
Theben, Mentuhotep, Terrassentempel Deir el-Bahari

Neues Reich 1610–715 v. Chr.
Theben, Luxor, Abu Simbel

Spätzeit 715–330 v. Chr.
Gründung von Alexandria, Tempel zu Edfu

Um 330 Eroberung durch Alexander den Großen, danach letzte Blütezeit bis zur römischen Herrschaft ab 30 v. Chr.

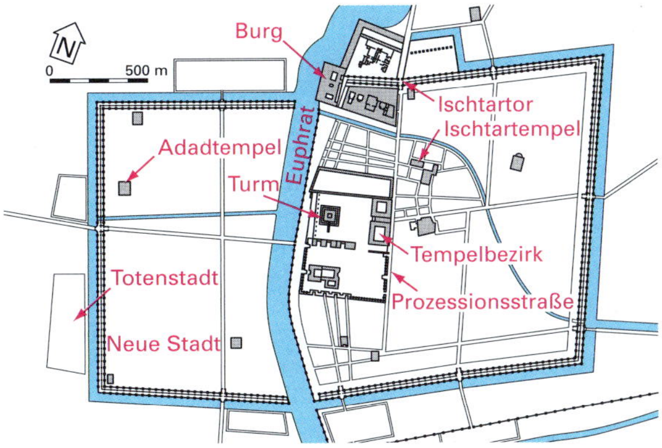

Babylon, Stadtplan

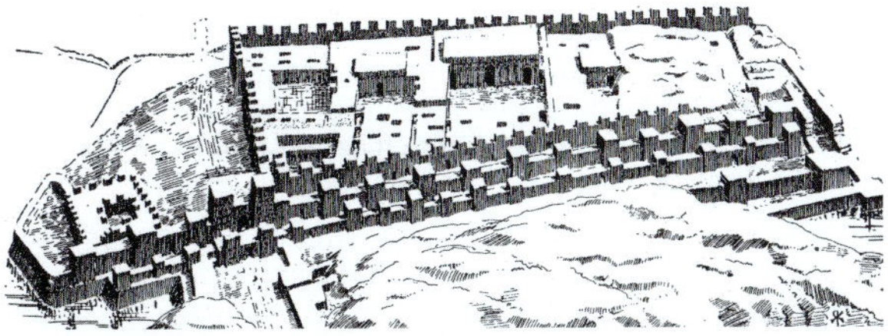
Burg von Babylon, die „Hängenden Gärten"

Assur, Anu-Adad-Tempel

Babylon, Zikkurat

Der Turm zu Babylon Gemälde von Pieter Bruegel, 1563

Gizeh, Pyramiden

Städte- und Wohnbau in Ägypten

Die Einheit des Reiches und die Lage in der Wüste machte aufwendige Verteidigungsanlagen der Städte nicht notwendig, weshalb die Städte einen provisorischen Charakter aufwiesen. Lediglich die Stadt der Toten wurde aufwendig und dauerhaft erbaut.

Die Oberklasse wohnte in einem Hof mit Herrenhaus, Frauenhaus, Sklavenunterkünften, Stallungen und Vorratskammern. Arbeiter an Tempel- und Grabanlagen wohnten in Reihenhäusern mit einem Vorraum für das Kleinvieh, einem höheren Hauptraum, der über Oberlichter erhellt wurde, einer fensterlosen Schlafkammer und der Küche mit einer steilen Treppe zum Dach.

Grabanlagen

Die Ägypter glaubten an ein Weiterleben nach dem Tode, wofür die Erhaltung des Körpers Voraussetzung war. Deshalb wurden die Toten sorgsam mumifiziert und aufwendig mit vielen Grabbeigaben bestattet. Die aus Stein errichteten Grabbauten befanden sich westlich des Nils am erhöhten Wüstenrand. Die Grabkammer lag oft tief in den Felsen eingegraben. Von ihr führte ein Schacht zur Scheintür und dem dahinterliegenden Opferraum, der sich in einem blockartigen Bau mit geböschten Wänden, der **Mastaba**, befand. Durch die mehrmalige Aufstockung einer Mastaba entstand erst die Stufenpyramide, später wurde die reine Pyramidenform verwendet.

Die Totenstadt von **Gizeh** beherbergt Pharaonen des Alten Reiches in den drei **Pyramiden** des **Cheops**, **Chefren** und **Mykerinos**, umgeben von Kleinpyramiden der Pharaonenfamilie und Mastabas für Mitglieder der Oberschicht.

Die Pyramiden waren der Schlusspunkt eines Zeremonienweges vom Nil über einem Taltempel zum Totentempel mit der Scheintür zur Pyramide, die exakt nach den Himmelsrichtungen ausgerichtet war. Für den Bau der Pyramiden wurden lange Erdrampen gebaut, auf denen die Steinblöcke auf Baumstämmen rollend hinaufgezogen wurden, da das Rad noch nicht erfunden war.

Im Mittleren und Neuen Reich wurden die Pharaonen in Felsengräbern bestattet. Im Tal der Könige bei Theben wurden die Gräber in den steilen Abhang des westlichen Gebirges gehauen. Auch die Felsengräber waren den Wohnungen nachgeformt und reich mit Plastiken und farbigen Wandgemälden ausgestattet.

Tempel

Das Eingangstor zwischen Pylonen war von Kolossalstatuen oder Obelisken flankiert und führte in einen Hof, der von Säulenhallen umgeben war. Durch eine Vorhalle gelangte man in einen großen, quergestellten Säulensaal. Die Säulen wiesen Kapitelle mit stilisierten Lotus-, Papyrus- oder Palmenknospen oder -blüten auf. Dahinter befand sich das Allerheiligste mit dem Götterbild. Um den ummauerten inneren Tempelbezirk lagen Wohnungen der Priester und Sklaven sowie Vorratsräume.

Der **Hatschepsut-Tempel** in Deir el-Bahari wurde der landschaftlichen Lage entsprechend als Terrassentempel mit mehreren durch Rampen verbundenen Höfen, die zum Heiligtum hinaufführten, gebaut. Die Felsentempel von **Abu Simbel** sind zur Gänze in den Fels gehauen, ebenso die Kollossalstatuen an der Fassade.

- Pyramide, Obelisk, Felsentempel
- Säulenhallen mit Kapitellen nach pflanzlichen Motiven
- Steinbau mit Stützen und Balken

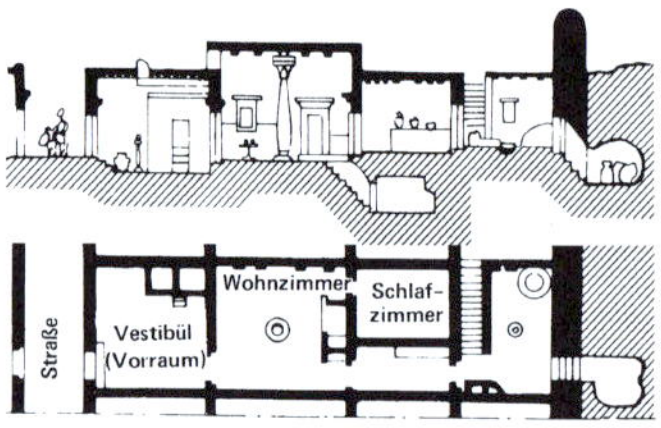

Deir el-Medina 1400 v. Chr
Schnitt und Grundriss eines Hauses
für die im Tal der Könige beschäftigten Arbeiter

Sakkara, Stufenpyramide des Djoser **2650 v. Chr.**

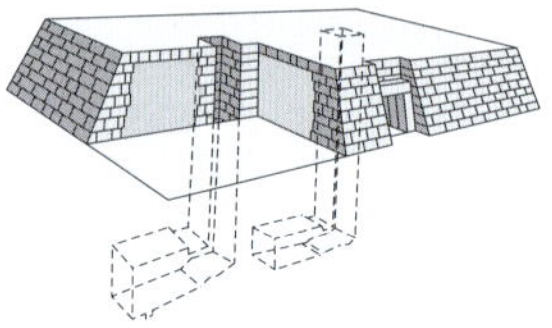

Mastaba

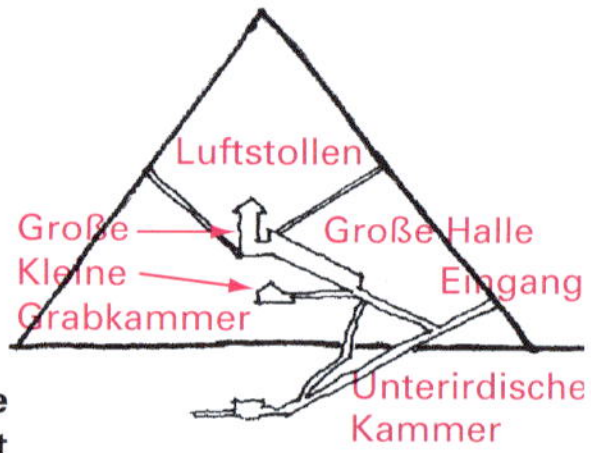

Cheops-Pyramide schematischer Schnitt

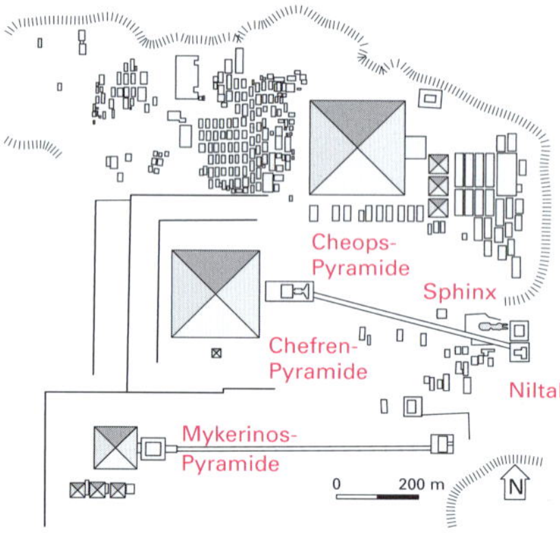

Gizeh, Gräberbezirk

Theben, Karnak, Obelisk 1500 v. Chr.

Deir el-Bahari, Hatschepsut-Tempel

Abu Simbel, Eingang in den Felsentempel

2.3 Kreta

Die Kultur Kretas, nach dem König Minos minoische genannt, entstand um 2000 v. Chr. und hielt sich bis 1400 v. Chr.

Die unbefestigten Städte waren der hügeligen Landschaft entsprechend regellos angelegt. Das Zentrum bildete der Palast des Herrschers, zu dem die wichtigsten Straßen führten. Die Wohngebiete waren labyrinthartig dicht bebaut, mit schmalen Gassen oder Treppen.

In **Knossos** und Phaestos sind die Reste prächtiger unbefestigter Paläste erhalten. Die Paläste bestanden aus einer Vielzahl an Höfen und Räumen in regelloser Anordnung. Sie waren innen mit Fresken geschmückt und mit Luftheizung und Kanalisation ausgestattet. Außen waren sie mit Säulenreihen, Gesimsen, Balkonen und Balustraden in kräftigen Farben dekoriert. Die Säulen wiesen einen nach unten verjüngten Schaft und ein polsterartiges Kapitell auf.

– Luftheizung, Kanalisation, nach unten verjüngte Säulen

2.4 Mykene

Von 1600 v. Chr. bis 1200 v. Chr. baute das Kriegervolk der Mykener auf dem griechischen Festland Wehrburgen.

Die Mauern der **Burg von Mykene** wurden aus riesigen, grob behauenen Mauern mörtellos gefügt. Die Sage schrieb ihre Entstehung einäugigen Riesen, den Zyklopen, zu. Daher stammt auch der heutige Begriff für derartige Mauern (siehe Abschnitt 16.3.2). Innerhalb der dicken Mauern befanden sich der Palast der Herrscher und die Wohngebäude führender Persönlichkeiten. Der Zutritt erfolgte durch das **Löwentor**. Der 4,5 m breite Türsturz trägt eine große dreieckige, mit einem Löwenrelief geschmückte Steinplatte, die zur Entlastung des Sturzes dient.

Das **Schatzhaus des Atreus**, ein Königsgrab, ist ein Kuppelbau mit unechtem Gewölbe. Die Lagerfugen verlaufen horizontal, die Steine der jeweils höheren Schicht kragen etwas hervor. Der Bau wurde mit einem Erdhügel überdeckt. Der Zugang erfolgte über einen 36 m langen Gang und ein Tor mit einem Entlastungsdreieck über dem Sturz.

– Zyklopenmauerwerk, unechtes Gewölbe

3 Die klassische Antike

Nach dem Niedergang der bronzezeitlichen Kulturen der Ägais um 1200 v. Chr. und der Eroberung durch die Dorer entstand in Griechenland um 800 v. Chr. eine neue Form der städtischen Kultur. Befördert durch die Errungenschaften der Eisenverhüttung, des Alphabets und der Münzprägung blühte der Seehandel. Bedingt durch die kleinräumige Landschaft entwickelten sich unabhängige Stadtstaaten. Diese waren nicht mehr Residenz eines Herrschers über große Gebiete, sondern der Ort eines selbstbewussten und selbstbestimmten Bürgertums. Von den Rechten als Bürger waren allerdings Frauen, Fremde und Sklaven ausgeschlossen. Hier entwickelten sich auch heute noch gültige Grundsätze der Demokratie und des Rechts. Die freien Bürger, die keiner Erwerbsarbeit nachgehen mussten, konnten sich der Wissenschaft und der Unterhaltung widmen. Die Philosophie, die Mathematik und die Naturwissenschaften der Antike waren über Jahrhunderte bestimmend.

Von 300 v. Chr. bis 300 n. Chr. war Rom das Zentrum der Antike. Rom übernahm vieles von Griechenland, wurde aber zu einer imperialen Macht, welche die demokratischen Errungenschaften einbüßte und sich Cäsaren unterwarf.

Knossos, Palast, Säulen

Knossos, Palast, Innenraum

Mykene, Burg, Löwentor

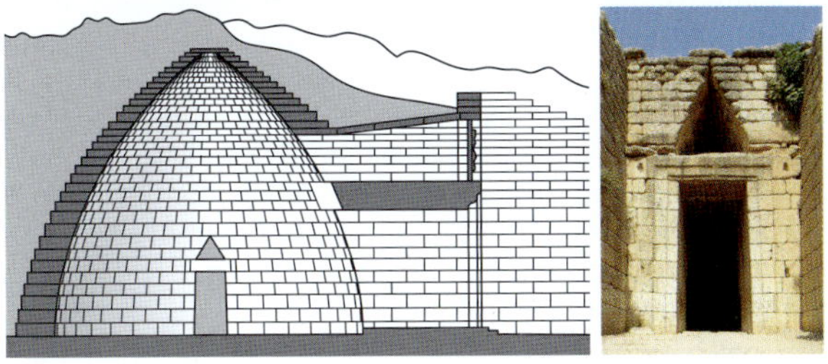

Mykene, Schatzhaus des Atreus, Schnitt und Eingang

Athen, Akropolis

3.1 Griechenland

Archaische Zeit 7. Jh.–6. Jh. v. Chr.

Hölzerne Ringhallentempel, Entwicklung der dorischen Tempel aus Stein, Olympia, Paestum

Klassische Zeit 5. Jh.–4. Jh. v. Chr.

Regelhafter Städtebau z. B. Milet, Großbauten der Akropolis, ionische Tempel, Gymnasion, konzentrische Theater.

Hellenismus 336–86 v. Chr.

Von Alexander dem Großen bis zur römischen Eroberung: Geschlossene Plätze, Großbauten, Schule von Pergamon. Bibliotheken, Museen, Mischstil (Eklektizismus).

Wohn- und Städtebau in Griechenland

Das griechische Wohnhaus geht zum Teil auf das bereits in mykenischer Zeit entstandene **Megaron** zurück. Es besteht aus einem rechteckigen Hauptraum mit einer Säulenhalle als Vorraum. Dies sollte der Grundtyp des griechischen Tempels werden. Der städtischen Situation entsprechender war aber das unregelmäßig um einen Hof mit Säulenumgang gruppierte Haus, wie in Kreta.

Die Städte Griechenlands waren unregelmäßig der Landschaft angepasst. Neben dem Tempelbezirk besaßen sie ein weltliches Zentrum – die **Agora**, die als Versammlungsplatz und Marktplatz diente.

In Sizilien, Italien und Kleinasien wurden planmäßige Kolonialstädte angelegt, wie **Milet**, eine Hafenstadt in Kleinasien, die von Hippodamus in einem rechtwinkeligen Rastersystem erbaut wurde. Im Zentrum führte eine breite Prachtstraße von der Bucht an Rathaus und Nymphäum vorbei zur Agora, die von mehrschiffigen Hallen umgeben war. Für öffentliche und religiöse Einrichtungen und Wohngebiete wurden bestimmte Plätze ausgewiesen. Dieses Modell sollte über Jahrtausende für geplante Städte typisch bleiben.

Tempel

Die Griechen kannten viele Göttinnen und Götter, die in ihrer Vielfalt die Gesellschaft widerspiegelten. Die ursprüngliche Form des Tempels ist vom Megaron-Wohnhaus abgeleitet. Hinter einer säulengestützten Vorhalle befand sich die **Cella** mit dem Götterbild. Später standen die Säulen der Vorhalle frei und waren beidseits der Cella angeordnet, wie beim **Nike-Tempel** auf der Akropolis. Die Cella konnte auch von einem Säulengang umgeben sein, wie beim **Parthenon** in Athen, oder von einer doppelten Säulenreihe. Des Weiteren gab es auch Rundtempel, wie beispielsweise in Delphi. Der Steinbau hat die ursprüngliche Konstruktion aus Holz nachgebildet.

Tempel befanden sich meist in einem ummauerten Tempelbezirk, der durch einen Torbau, die **Propyläen**, betreten wird. Sie wurden immer an besonderen Orten mit einem Bezug zur Landschaft errichtet, daher sind sie nicht streng nach den Himmelsrichtungen ausgerichtet.

Wegen der klaren Einfachheit ihrer Formensprache, der ausgewogenen Proportionen und der raffinierten Detaillierung waren die griechischen Tempel über Jahrtausende gestalterisches Vorbild. Die streng geometrische Form war keineswegs geradlinig. So besaßen die Säulen eine leichte Schwellung in der Mitte, die Enthasis, weil eine Gerade zu starr wirkte. Auch das Podest war in der Mitte leicht überhöht. Der Säulenabstand am Rand ist etwas kleiner als in der Mitte. Erst diese Details bewirken den regelmäßigen und ausgewogenen Eindruck.

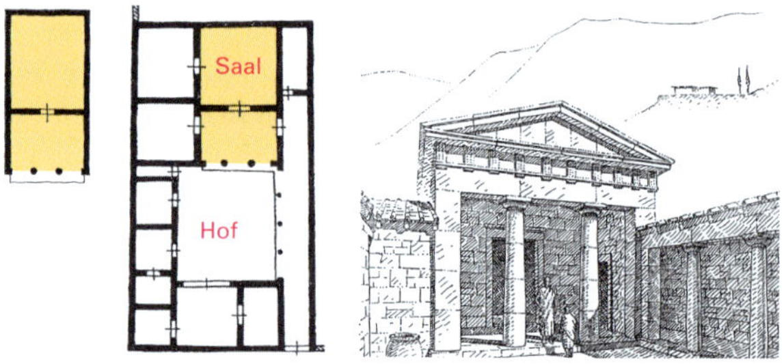

Megaron, Pirene, Wohnhaus 4. Jh. v. Chr.

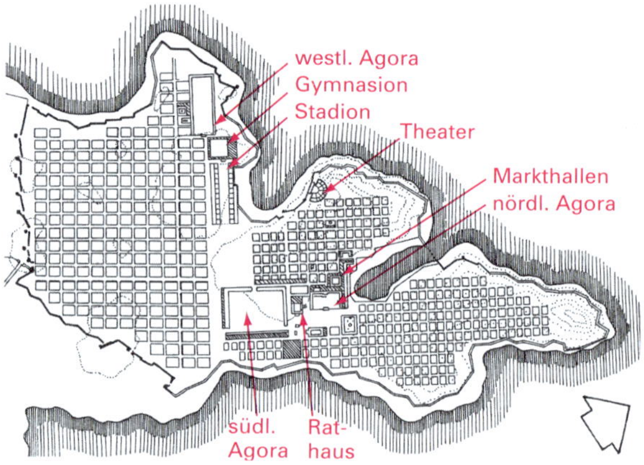

Milet, Stadtplan 4. Jh. v. Chr.

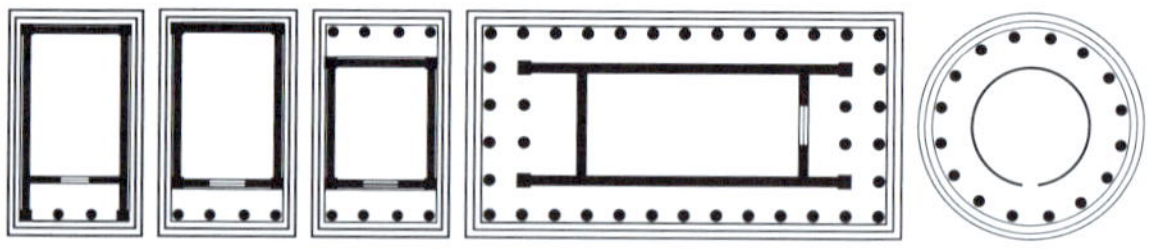

Grundrissformen griechischer Tempel

Athen, Akropolis 4. Jh. v. Chr.

Athen, Akropolis, Parthenon um 440 v. Chr.

Türme gab es begleitend zur Apsis und auch im Westen neben dem Eingang. Anfänglich waren die Kirchen mit flachen hölzernen Decken versehen, wie bei **St. Michael** in **Hildesheim**, später mit Tonnen- oder Kreuzgewölben.

Bei Dreikonchenanlagen, wie in Köln, gruppierten sich um die Vierung drei halbrunde Altarnischen, die Konchen.

Im **gebundenen System** ist die Vierung das Grundmaß des Hauptschiffes. Zwei Gewölbefelder des Seitenschiffes entsprechen einem des Hauptschiffes. Es ergibt sich dadurch ein Wechsel aus Hauptstützen und Nebenstützen, die nur das Gewölbe des Seitenschiffes tragen. Die **Kaiserdome** in **Mainz**, **Speyer** und **Worms** sind nach diesem System erbaut.

Um den Schub der Gewölbe aufzunehmen, bedurfte es dicker Mauern, wodurch die Gebäude massig und wehrhaft wirken mit wenigen, formal reduzierten Ornamenten. Im Laufe der Jahre wurde die Ornamentierung reicher, die Rippen der Gewölbe wurden hervorgehoben, die Stützen mit Halbsäulen oder Säulenbündeln betont. Die einfachen Würfelkapitelle der Frühzeit wurden ornamentiert oder durch Figurenkapitelle ersetzt.

Die Öffnungen waren mit Rundbögen überspannt, manchmal als gekuppelte Fenster unter einem gemeinsamen Bogen. Rundfenster und Kleeblattfenster waren seltener zu finden. Portale waren häufig als Trichterportale mit Halbsäulen oder frei stehenden Säulen ausgebildet. Säulen wurden später auch als Säulenbündel mit Knoten oder wie ein Seil gedreht ausgebildet.

- Massive und wehrhafte Steinbauten
- Tonnengewölbe und Kreuzgewölbe mit dicken Mauern zur Aufnahme des Gewölbeschubs
- Rundbogenöffnungen, runde Fenster, gekuppelte Fenster, Trichterportal
- Würfelkapitell, Figurenkapitell, einfacher Figurenschmuck

Speyer, Dom **1030–1106**

Murrhardt, Portal **1230**

Worms, Dom **1125–1230**

5.2 Gotik 1250–1500

Schon um 1150 entstanden in Frankreich die ersten gotischen Kathedralen. Um 1250 wurden das **Straßburger Münster** und der **Kölner Dom** begonnen, der erst im 19. Jh. fertiggestellt wurde. Das gebundene System wurde erweitert, indem die Seitenschiffe um den verlängerten Chor herumgeführt werden, auch wurde das Querhaus häufig mehrschiffig ausgeführt. Türme stehen beidseits des Eingangs an der Westseite.

Wände und Gewölbe wurden in tragende Steinrippen und dünne Füllungen mit großen Fensteröffnungen aufgelöst. Die Rippen des Gewölbes werden als Dienst – einer Vorlage vor dem Pfeiler – oder als Bündelpfeiler weitergeführt. Mit einem System aus Strebebögen und -pfeilern wurde der Gewölbeschub abgeleitet, kleine Türmchen auf den Strebepfeilern, die **Fialen**, dienten als Auflast. Der Spitzbogen kam dem tatsächlichen Kräfteverlauf nahe und entwickelte einen dynamischen Zug nach oben. Die Vertikale war die bestimmende Richtung im Inneren, obwohl die Wände wie in der Romanik horizontal gegliedert waren. Die Fenster wurden mit feinem Maßwerk aus Stein unterteilt und mit in Blei gefassten farbigen Scheiben als hinterleuchtete Bilder gestaltet, die die biblische Geschichte erzählten. Die Versuche, höher und feingliedriger zu bauen, führten bei vielen Bauwerken zu teilweisen Einstürzen der Gewölbe.

Die Fassaden waren wie die tragende Struktur aufgelöst und mit reicher Bauplastik versehen. Die Figuren waren realistisch fließend nach oben gewandt und mit kunstvollem Faltenwurf der Gewänder versehen.

Paris, Notre-Dame **1160 begonnen**

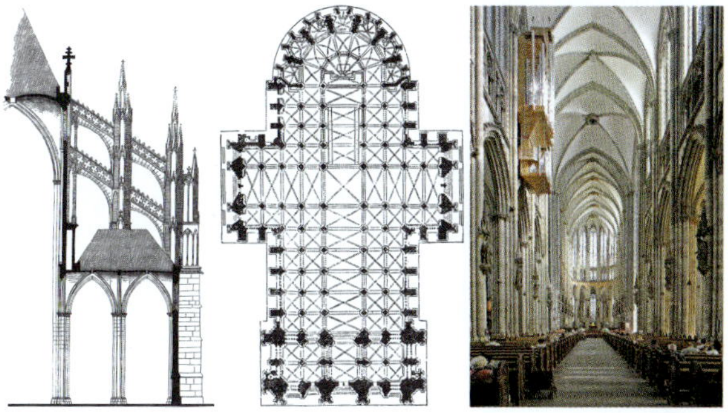
Köln, Dom, Schnitt, Grundriss, Hauptschiff **1248 begonnen**

Außer dem basilikalen Grundriss, bei dem das Hauptschiff die Seitenschiffe überragt und durch die Fenster im Obergaden Licht erhält, baute man Hallenkirchen, die nur über die Außenwand belichtet wurden. Die Wölbungen des Haupt- und Seitenschiffes beginnen meist in gleicher Höhe, können aber auch versetzt sein, um den riesigen Dachstuhl auszunützen, wie bei **St. Stephan** in **Wien**. Dessen Baugeschichte zeigt, dass der Dombau über Jahrhunderte eine große Anstrengung der Bürgerschaft erforderte. Der gotische Chor wurde 1340 begonnen. Damals stand noch die romanische Vorgängerkirche aus dem 12. Jh., von der nur das Westportal mit den kleinen Türmen erhalten blieb. Das Langhaus wurde um die bestehende Kirche herum gebaut und erst um 1450 gemeinsam mit dem Südturm beendet. Dann erst wurde das romanische Langhaus abgetragen. Der Nordturm wurde nie fertiggestellt. Die netzartige Gewölbestruktur ist für die Spätgotik typisch.

Im Norden, wo Natursteine knapp sind, entwickelte sich die **Backsteingotik**. Im Vergleich zur Feingliedrigkeit des gotischen Steinbaus sind die Gebäude in ihrer Erscheinung strenger und einfacher. Nach dem Vorbild der **Lübecker Marienkirche** (1250–1350) wurde die **Nikolaikirche** in **Wismar** um 1380 als Basilika mit Chorumgang begonnen. Nach der Einwölbung wurde sie 1459 geweiht, aber nach einem teilweisen Gewölbeeinsturz erst um 1550 fertiggestellt.

Profanbauten

Neben öffentlichen Bauten entstanden Bürgerhäuser, die vom Wohlstand und Reichtum der Besitzer zeugen. In den Hansestädten Lübeck und Wismar findet man viele Beispiele dafür, wie das Staffelgiebelhaus „**Alter Schwede**" in **Wismar** von 1380, dem ältesten Profanbau der Stadt.

Als neuer Bautyp sozialer Einrichtungen entstanden Spitäler, die eine vom Klosterbau abgeleitete Grundrissanordnung hatten. Das **Heiligengeistspital** in **Lübeck** wurde 1286 erbaut. Die Krankenbetten standen in einer großen Halle, in die später 4 m^2 große Kammern eingebaut wurden. Für das Seelenheil der Kranken gab es eine Kirche.

Stadttore waren funktionelle Wehrbauten und Zeichen nach außen, das vom Wohlstand der Stadt zeugte. Das **Holstentor** in **Lübeck** mit seinen beiden flankierenden Rundtürmen wurde 1478 vollendet.

Besonders in Handelsstädten zeigte das Bürgertum mit aufwendigen Rathausbauten Selbstbewusstsein gegenüber der Macht der Kirche. Meist war im Erdgeschoss eine Markthalle untergebracht, wie beim Rathaus in **Münster**. Darüber befand sich in gleicher Größe der Bürgersaal. Auch in **Ulm** wurde das Erdgeschoss ursprünglich als Markthalle genutzt. Neben diesen Beispielen einer Bauweise, welche Stilelemente der Sakralbauten übernahm, können Rathausbauten auch als prächtige Bürgerbauten auftreten, wie das als Fachwerk gebaute Rathaus in **Markgröningen** um 1440.

- Leichte, vielfach durchbrochene Steinbauten
- Betonung der Vertikalen
- Spitzbogen
- Rippengewölbe, Netzrippengewölbe und Netzgewölbe
- Aufnahme des Gewölbeschubs durch Strebebögen und -pfeiler, dadurch dünne Außenwände mit großen Öffnungen
- Bündelpfeiler
- Basilikale Grundform und Hallenkirchen
- Im Norden Backsteingotik
- Spitzbogenöffnungen und Rosettenfenster mit Maßwerk unterteilt, farbige Glasfenster
- Stadttore, Rathäuser, Spitäler, Bürgerbauten
- Reicher Figurenschmuck in fließenden Formen

Wien, St. Stephan, spätgotische Hallenkirche, Gewölbe 1340

Wismar, Nikolaikirche, späte Backsteingotik 1380

Lübeck, Heiligengeistspital, 1286

Wismar, Alter Schwede

Lübeck, Holstentor, 1478

Münster, Rathaus, 1320

Ulm, Rathaus, 1370

Markgröningen, Rathaus, 1440

6 Neuzeit

Um 1500 begann mit gravierenden Veränderungen eine neue Epoche. Gutenberg erfand den Buchdruck, Kopernikus entwickelte das heliozentrische Weltbild. Mit Vasco da Gama, Kolumbus und Magellan begann das Zeitalter der Seefahrer. 1517 schlug Martin Luther seine Thesen an der Pforte der Schlosskirche zu Wittenberg an.

Mächtigen Fürsten und einem aufstrebenden Bürgertum war daran gelegen, dass nicht mehr kirchliche Dogmen das Leben bestimmten, sondern Erkenntnis und Vernunft. Zu dieser Entwicklung des **Humanismus** trugen auch die Universitäten bei, die von der Kirche unabhängiger wurden. Mit dem Fall Konstantinopels 1453 zogen viele Gelehrte nach Italien und brachten ihr Wissen über die Antike mit. Alte Handschriften, wie die „Zehn Bücher über die Architektur" von Vitruv (25 v. Chr.) wurden wieder aufgelegt. Während die Bauten der Gotik von Bauhütten im Kollektiv errichtet wurden, so bestimmte nun der Architekt als individuelle Künstlerpersönlichkeit das Baugeschehen.

Nach dem 30-jährigen Krieg (1618–1648) feierten sich absolutistisch herrschende Adelige und wiedererstarkte katholische Kirche mit prunkvollen Bauten im Barockstil.

Auf die französische Revolution 1789 und die napoleonischen Kriege folgte eine Phase der Restauration. Die industrielle Revolution sowie soziale und nationale Spannungen bereiteten um 1900 der feudalen Ordnung das Ende.

Die Stadtentwicklung der Neuzeit

Die Entdeckung der Zentralperspektive in der Malerei veränderte auch die Sicht auf die gebaute Umwelt. Städte und Plätze wurden mit Sichtachsen, symmetrischen Gebäuden und breiten Straßen mit einheitlicher Randbebauung mit horizontaler Ordnung und betonten Gesimsen als Räume gestaltet. So gestaltete **Michelangelo** das **Kapitol** in **Rom** um. In Paris wurde der 140 × 140 m große **Place des Vosges** einheitlich bebaut.

Geplante Städte wurden wie in der Antike mit einem einheitlichen Straßenraster versehen. **Palmanova**, 1595 von V. Scamozzi geplant, weist ein radiales Straßensystem auf, das von einem zentralen Platz ausgeht.

In **Freudenstadt** (1632) gab es einen quadratischen Platz in der Mitte, der ein Schloss aufnehmen sollte. Verwaltungsgebäude und die Kirche waren an den jeweiligen Ecken des Platzes untergebracht.

Die barocke Neugründung **Karlsruhe** weist ein radiales System auf, in dessen Zentrum das Schloss steht.

Auch der Stadtumbau im 19. Jh. in **Paris** unter **Haussmann** schafft Sichtachsen und breite Boulevards mit vereinheitlichten Fassaden. Damit wurden sanitär unzureichende Stadtviertel verbessert, aber auch dem Militär Aufmarschrouten zur Kontrolle der Bevölkerung geschaffen.

Die Wohnverhältnisse in den großen Städten waren für die stark steigende Bevölkerung katastrophal. Dichte Bebauung mit schlecht belichteten kleinen Wohnungen, die oft tagsüber an Bettgeher vermietet wurden, sowie fehlende Trinkwasserversorgung und Kanalisation führten immer wieder zu Seuchen, wie zur Choleraepidemie 1892 in Hamburg. Erst Mitte des 19. Jh. wurde mit dem Bau von Trinkwasserleitungen und Kanälen begonnen. Einzelne, fortschrittliche Unternehmer errichteten modellhafte Wohnsiedlungen für ihre Arbeiter, sonst wurde das Thema sozialer Wohnbau nur von Utopisten behandelt.

Rom, Kapitolsplatz, Michelangelo **um 1550**

Rom, Kapitolsplatz, vor und nach Michelangelos Umgestaltung

Paris, Place des Vosges **1605–1612**

Palmanova **1595**

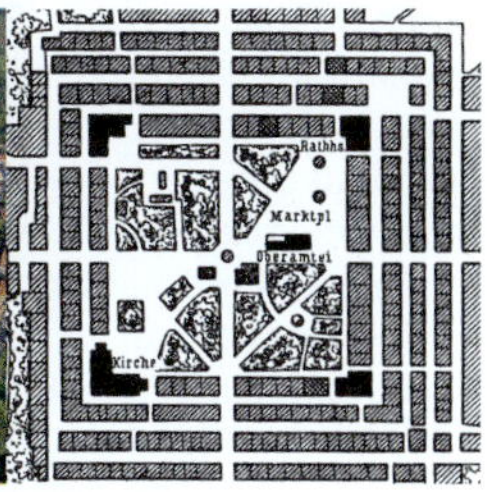

Freudenstadt **1632**

Karlsruhe **1715**

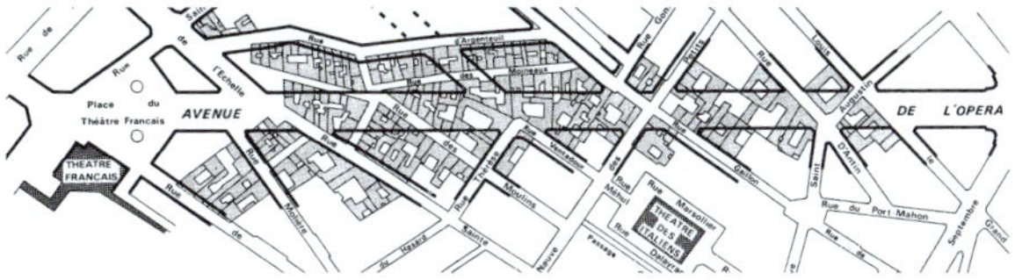

Paris, Straßendurchbrüche unter Haussmann **1860**

6.1 Renaissance 1420–1620

In Italien entwickelte sich ein Baustil, der bewusst auf antike Vorbilder zurückgriff und deshalb als Renaissance (Wiedergeburt) bezeichnet wird. Schon im 12. Jh. wurden Gebäude errichtet, die in ihrer Gestaltung auf die Renaissance verweisen. Deren Stil wird als **Protorenaissance** bezeichnet. Beispiele sind **San Miniato** und das Baptisterium in Florenz sowie die Dome in Pisa und in Lucca. Kennzeichen sind die Raumaufteilung nach frühchristlicher Tradition, Marmorinkrustierungen als flächige Gliederung und Säulengalerien im oberen Bereich der Fassade.

Als Beginn der Renaissance gilt der Umbau des Doms zu **Florenz** durch **Brunelleschi** 1420. Einem vorhandenen Langhaus wurde ein Dreikonchen-Abschluss im Osten hinzugefügt, der von einer zweischaligen Kuppel mit Laterne bekrönt wird. Die innere Kuppel besteht aus ringförmigen und radialen Rippen ähnlich dem Pantheon. Zur Steigerung der Außenwirkung ist die äußere Kuppel überhöht. Die Fassade ist weitgehend flächig geschlossen und mit kassettenartigen Inkrustationen versehen.

Die **Palastbauten** der italienischen Frührenaissance sind monumentale, einfache Baukörper, die um einen Innenhof mit Arkaden oder Loggien gruppiert sind. Die Geschosse sind bis zu 12 m hoch. Nach außen wirken sie wehrhaft geschlossen mit Rustikamauerwerk und kleinen Öffnungen im Erdgeschoss. Die Fassaden sind durch Gesimse horizontal gegliedert, bekrönt durch ein weit ausladendes Kranzgesims. Sonst ist die Gliederung flächig, erst in der Spätrenaissance treten Halbsäulen und Giebelüberdachungen der Fenster als plastische Fassadenelemente auf.

Mit dem **Tempietto San Pietro in Montorio** baute **Bramante** einen vollkommenen Zentralbau, den er für den Neubau des **Petersdoms** in Rom weiterentwickelte, dessen Kuppel aber von Michelangelo fertiggestellt wurde. Der Tambour ist mit Doppelsäulen und einer Fensterreihe versehen, die äußere Kuppel wie in Florenz steiler.

In Vicenza entwickelte **Andrea Palladio** (1508–1580) ein freieres Spiel mit den Formen. Symmetrische Grundrissgestaltung, die Kolossalordnung (über 2 Geschosse reichende Pilaster) und das Palladio-Motiv (schmale Rechteckfenster neben einem Rundbogenfenster) werden zu bestimmenden Formelementen der nachfolgenden Zeit.

In **Deutschland** kam die Renaissance über Musterbücher als Dekorationsstil für im Kern gotische Gebäude an. So enstand aus italienischen und flämischen Renaissanceeinflüssen ein eigenständiger Baustil. Kennzeichnend sind Gurtgesimse über den rechteckigen Fenstern und gestaffelte Giebel, die mit Voluten oder Obelisken geschmückt sind. Häufig wurden so gotische Bauten umgestaltet, wie das Rathaus in Bremen.

In Augsburg enstand mit der **Fuggerei** 1521 die erste Sozialsiedlung. Das **Augsburger Rathaus** von Elias Holl und das **Schloss** in **Aschaffenburg** von Georg Radinger haben mit in ihrer klaren Raumkonzeption die Gotik hinter sich gelassen.

Manierismus

Ab dem späten 16. Jh. weichen die klassischen Formen einer Fülle an Dekoration mit geschwungenen Linien und reicher Plastik, womit die konstruktive Struktur des Gebäudes überlagert wird. Im Sakralbau wird das Langhaus favorisiert wie beim Petersdom in Rom, wo Maderna ein Langhaus vor den Zentralbau Michelangelos setzte.

- Horizontale Gliederung, ausladendes Kranzgesims
- Einfache Baukörper, flächige Erscheinung
- Rechteckige und Rundbogenöffnungen

Florenz, S. Miniato um 1100

Florenz, Domkuppel 1420

Rom, Tempietto 1503

Florenz, Palazzo Strozzi 1534

Vicenza, Villa Rotonda, Andrea Palladio 1571

Augsburg, Rathaus 1620

Fuggerei 1521

Aschaffenburg, Schloss 1614

6.2 Barock 1600–1780

Die Kirche und von „Gottes Gnaden" regierende Fürsten demonstrierten ihre Macht und Größe mit kolossalen Bauten in sinnlich ansprechenden Formen. Architektur, Plastik, Malerei und Landschaftsgestaltung fügten sich zu einem Gesamtkunstwerk. Symmetrie, Achsenbildung und Vereinheitlichung der Großformen wurden bestimmend, während im Detail Gliederung, Bewegung und plastische Durchbildung angestrebt wurden. Innenräume wurden mit Malerei und Stuck üppig ausgestattet. Wertvolle Materialien, wie Blattgold, wurden verwendet, aber auch Marmor als Stucco lustro imitiert.

Sakralbauten

Das Gotteshaus diente nicht mehr als Ort der Innerlichkeit, wie in der Gotik, sondern der theatralischen Inszenierung der Liturgie und des Prunks der katholischen Kirche.

Nach dem Vorbild von Vignolas **Il Gesù** in Rom wurden Zentralbau und Langhaus zu einem einheitlichen gegliederten Raum verschmolzen. Aus dem Seitenschiff und dem Querschiff wurden gewölbte Nischen des tonnengewölbten Langhauses. Darüber thronte häufig eine Kuppel. Diese konnte, wie in der Jesuitenkirche in Wien, auch lediglich eine illusionistische Malerei sein. Die Fassaden wurden durch ein Spiel aus konvexen und konkaven Formen aufgelöst und üppig mit Plastiken verziert.

Die **Frauenkirche** in **Dresden** und die Michaeliskirche in Hamburg wurden als protestantische Kirchen geplant, wo die Predigt im Mittelpunkt des Gottesdienstes steht. Sie weisen daher Emporen auf und sind in ihrer Ausstattung und Formensprache vergleichsweise zurückhaltend.

Schlösser

In Frankreich baute der Sonnenkönig Ludwig XIV. Schloss **Versailles** zu seiner prunkvollen Residenz aus. Dazu gehörte auch eine Gartenanlage mit Brunnen, Kanälen und Lustschlössern. Dies sollte das Vorbild werden für viele Monarchen und Territorialfürsten.

Der Herzog Eberhard Ludwig von Württemberg verlegte seine Residenz von Stuttgart nach **Ludwigsburg**, das ab 1718 als barocke Stadt ebenso wie das Schloss neu errichtet wurde. Mit seinem Barockgarten und den Nebenschlössern Monrepos und Favorite ist es eine der größten Schlossanlagen in Deutschland. Eine schnurgerade Verbindungsallee führt zum 15 km südlich gelegenen Schloss Solitude in Stuttgart. Eberhard Ludwigs Nachfolger verlegte seine Residenz wieder nach Stuttgart, wofür er dort 1746 das Neue Schloss errichten ließ.

In **Dresden** baute Daniel Pöppelmann 1710–1733 für August den Starken den **Zwinger**. Mit seiner Leichtigkeit und Beschwingtheit gilt er als ein Hauptwerk des **Rokoko**, der ornamental verspielten Spätform des Barock.

Bürgerhäuser, öffentliche Bauten

Dem theatralischen Lebensgefühl des Barock entsprechend wurden Theaterbauten und Opernhäuser errichtet wie das **Markgrafentheater in Erlangen** von 1718 oder das Opernhaus in Bayreuth von 1748.

In prachtvollen **Bibliotheksbauten** wurden die wertvollen Sammlungen der Fürsten und der Klöster bewahrt und Interessierten zugänglich gemacht.

- Symmetrische Großformen, Achsenbezüge
- Geschwungene Formen, plastische Baukörpergestaltung
- Reiches Dekor mit wertvollen und imitierten Materialien
- Üppige Ausstattung mit Malerei und Plastik

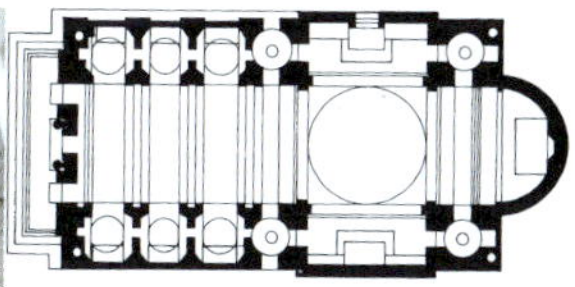

Rom, Il Gesù, Vignola 1575

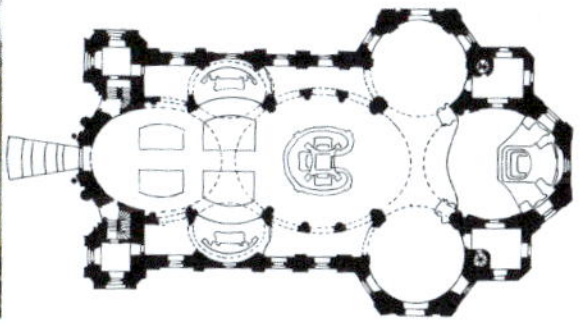

Oberfranken, Vierzehnheiligen, Balthasar Neumann 1742–1772

Dresden, Frauenkirche, George Bähr 1726–1743

Schloss Ludwigsburg 1704–1733

Schwäbisch Hall, Rathaus 1735

Lübeck, Buddenbrookhaus

Weimar, Anna-Amalia-Bibliothek

Erlangen, Markgrafentheater

6.3 Klassizismus 1780–1850

Mit der Unabhängigkeit der Vereinigten Staaten 1776 und der französischen Revolution 1789 endete die barocke Epoche voll höfischen Prunks und kirchlichen Pomps. Gedanklich begann der Aufbruch in die neue Zeit bereits Mitte des 18. Jh. als mit der Ausgrabung Pompejis die wissenschaftliche Archäologie begann. Mit James Watts Erfindung der Dampfmaschine begann 1769 das Zeitalter der Industrialisierung. Zu jener Zeit postulierte der Philosoph Immanuel Kant den eigenverantwortlichen Bürger.

In Literatur und Musik ist dies die Epoche der Klassik mit Goethe und Beethoven. Der Klassizismus in der Architektur wendete sich antiken Vorbildern zu und griff dabei häufig auf die Renaissance zurück. Er verlieh der bürgerlichen Gesellschaft und den nach der Restauration wiedererstarkten Imperien die bauliche Gestalt.

Sakralbau, Schlösser

In **Paris** wird die Madeleine in der Form eines antiken Tempels gebaut und das **Panthéon** 1764–90 zeigt eine Tambourkuppel wie St. Peter in Rom und eine korinthische Säulenvorhalle.

Die **Paulskirche** in **Frankfurt** von Heß 1789–1830 ist ein elliptischer Zentralbau mit säulengetragenen Emporen.

In Stuttgart baute Giovanni Salucci die **Grabkapelle auf dem Württemberg** 1821–1824, die Anklänge an das römische Pantheon und Palladios Villa Rotonda aufweist. Das Schloss Rosenstein baute er zur gleichen Zeit als königliche Sommerresidenz.

Stadtumbauten, öffentliche Bauten

Nach dem Erdbeben von 1755 wird in **Lissabon** die **Praça do Comércio** neu gebaut. Der rechteckige Platz öffnet sich zum Tejo-Ufer und weist eine einheitliche Randbebauung mit Arkaden auf.

St. Petersburg erhält in dieser Zeit seine stadtbildprägenden Bauten. Die Kathedrale der Jungfrau von Kazan, die Akademie, das Generalstabsgebäude und das **Russische Museum**, einer der vielen Bauten von Carlo Rossi.

In **München** wird unter dem Hofarchitekten **Leo v. Klenze** der Odeonsplatz, die Ludwigstraße und der Königsplatz gestaltet. Hier baute er ein Prachttor, das von den Propyläen auf der Akropolis in Athen inspiriert ist, die **Glyptothek** mit einer Vorhalle in Form eines ionischen Tempels, die Antikensammlungen mit korinthischer Vorhalle, und ein Stück nördlich die Alte Pinakothek.

In Karlsruhe plante Weinbrenner den Marktplatz mit seiner Pyramide im Zentrum, dem Rathaus mit seiner dreiteiligen Fassade und der evangelischen Stadtkirche.

Das **Brandenburger Tor** in Berlin, 1791 von Carl Langhans erbaut, erinnert an die Propyläen der Akropolis in Athen.

Der bekannteste Architekt des deutschen Klassizismus ist **Karl Friedrich Schinkel** (1781–1841). Ist seine Neue Wache in Berlin noch antiken Vorbildern verhaftet, geht er beim **Berliner Schauspielhaus**, dem Alten Museum und der Bauakademie darüber hinaus. Mit einfachen, klaren und symmetrischen Formen drückte er die Konstruktion in der Gestaltung aus und wurde damit zum Vorläufer des Funktionalismus. Dies hinderte ihn nicht daran, neugotische Kirchen zu entwerfen.

- Rückgriff auf die Antike und die Renaissance
- Symmetrische Großformen, Achsenbezüge
- Klare, einfache Grundformen, horizontale Gliederung
- Reduziertes Dekor in antiken Grundformen

Paris, Panthéon 1764–1790 **Frankfurt, Paulskirche 1789–1830**

Stuttgart, Grabkapelle, Schloss Rosenstein, Giovanni Salucci 1824

Lissabon, Praça do Comércio um 1800

St. Petersburg, Russisches Museum, Carlo Rossi 1819–1825

München, Glyptothek, Leo v. Klenze 1816–1830

Berlin, Schauspielhaus, Karl Friedrich Schinkel 1818–1821

6.4 Historismus 1850–1900

Schon der Klassizismus bediente sich der Stilelemente früherer Epochen. Es war nur naheliegend, dass diese Entwicklung weiterging und dass alle Stile passend gefunden wurden, um der Bauaufgabe formalen Ausdruck zu verleihen.

In Wien wurde die Stadtmauer 1858 entfernt und im frei werdenden Gelände entlang der Ringstraße viele öffentliche Bauten errichtet. Dabei wurde der Baustil eingesetzt, der der Aufgabe am angemessensten erschien. Das Parlament erhielt eine Vorhalle in Form eines griechischen Tempels, da das antike Griechenland als Wiege der Demokratie galt. Das **Rathaus** wurde in einem pseudogotischen Stil errichtet, um an die selbstbewussten Bürgerstädte dieser Epoche zu erinnern. Das Naturhistorische und das **Kunsthistorische Museum** sowie die Universität wurden als Neorenaissancebauten errichtet – wegen der aufblühenden Wissenschaft in der Zeit des Humanismus.

Viele öffentliche Gebäude wurden in einem monumentalen Stil mit Renaissance- und Barockelementen errichtet. Häufig finden sich auch Zitate unterschiedlichster Stile in einem Gebäude, die zu einem neuen Ganzen collageartig zusammengesetzt sind, wie beim Rathaus in Hamburg.

König Ludwig II. von Bayern ließ in **Neuschwanstein** mit modernster Technik seine mittelalterliche Traumwelt bauen, womit er sein Land finanziell ausblutete.

Wohnbauten

Durch die Industrialisierung verzeichneten die Städte eine starke Zuwanderung. Wohnbauten wurden von privaten Investoren mit dem Ziel der Profitmaximierung errichtet, weshalb die Bauplätze bis auf kleine Lichthöfe mit kleinen, schlecht belüfteten und belichteten Wohnungen zugebaut wurden. Die sanitären Einrichtungen waren unzulänglich, die Fassaden aber waren mit reichem Dekor versehen und spiegelten Paläste vor, wo Arbeiter im Elend hausten.

Industriebauten

Für große Fertigungshallen benötigt man andere bauliche Lösungen als für Wohn- oder Geschäftsbauten. Gusseisen und Stahl wurden erstmals im Bauwesen eingesetzt, große Hallen errichtet, aber die meisten Betriebe ummantelten dies mit einer historistischen Fassade. Erst die großen Bahnhofshallen oder der für Ausstellungszwecke konzipierte **Cristal Palace** in London oder der **Eiffelturm** in Paris zeigten, dass sich eine neue Maschinenästhetik entwickelt hatte, welche die Stahlkonstruktion zeigte und nicht mehr hinter historisierenden Fassaden versteckte.

Die neuen Möglichkeiten der Konstruktion wurden auch für die ersten Wolkenkratzer verwendet. Louis Sullivans **Wainwright Building** in St. Louis weist ein tragendes Stahlskelett auf, während die Fassade mit ihrer Backsteinverkleidung noch dem Zeitgeschmack verhaftet ist.

- Allegorische Verwendung historischer Baustile
- Reiches Dekor
- Ingenieurarchitektur, Gusseisen, Stahl, Hochhäuser

7 Das 20. Jahrhundert

Der Historismus war der architektonische Ausdruck einer zu Ende gehenden Epoche der Restauration absolutistischer Herrscher. Aufkommende soziale und nationale Bewegungen suchten nach einem neuen künstlerischen Ausdruck. Neben der Weiterentwicklung traditioneller Formen wurde der Bruch mit der Tradition und der Aufbruch in eine neue Gestaltung der Umwelt bestimmend. Die Möglichkeiten neuer Technologien wurden eingesetzt und die

Wien, Kunsthistorisches Museum, Semper u. Hasenauer 1891

Wien, Rathaus, Schmidt 1883

Neuschwanstein 1880

Paris, Eiffelturm 1889

St. Louis, Wainwright 1890

Wien, Postsparkasse, Otto Wagner 1906

Industrialisierung bestimmte Formensprache und Konstruktion. Für den Autoverkehr wurden Städte radikal umgebaut und zerstreute Siedlungsformen wurden möglich.

7.1 Jugendstil 1890–1918

Mit dem Versuch aus der Einheit von Handwerk und Kunst neue Ausdrucksformen zu finden, entwickelte sich eine kurze Blüte eines Stils, der traditionelle Formen, neue Konstruktionen und eine innovative Detaillierung vereint, der Jugendstil oder in Frankreich **Art Nouveau**. Klassische Bauformen wurden mit Elementen aus der Industriearchitektur kombiniert. Das Dekor wurde aus den Konstruktionselementen und floralen Motiven neu entwickelt. Wie in barocker Zeit sollte aus Bauwerk, Plastik, Malerei und Möblierung ein gesamtes Kunstwerk entstehen. Dafür wurden Vereinigungen von Handwerkern und Künstlern gebildet, wie der **Werkbund** in Deutschland.

Bahnhöfe und Stadtbahnen wurden im Jugendstil gestaltet, wie in Paris die **Metrostationen** von **Hector Guimard**, der Hamburger Dammtorbahnhof oder in Wien die **Stadtbahn** von **Otto Wagner**. In Barcelona entwickelte **Antoni Gaudí** eine sehr persönliche Form des Jugendstils mit teilweise modernen Konstruktionsmethoden, fließenden Formen und lebhaftem Dekor aus bunter Keramik.

- Einheit von Handwerk, Kunst und Architektur
- Reiches florales Dekor

7.2 Expressionismus 1918–1933

Die expressionistische Architektur entwickelte sich aus dem Jugendstil. Das üppige Dekor wurde, der Zeit wirtschaftlicher Probleme angepasst, reduziert und die Baukörper mit ausdrucksstarker Plastizität gestaltet.

In Hamburg baute **Fritz Höger** 1922–24 auf einem spitzwinkeligen Grundstück das **Chilehaus** mit gemischter Nutzung aus Geschäften, Büros und Wohnungen.

Um die Wohnungsnot zu lindern wurden in vielen Städten Wohnbauprogramme gestartet.

So entstand in **Amsterdam** der Stadtteil **Süd** nach Plänen von Architekten der Amsterdamer Schule, wie **Michael de Klerk**. Plastisch gestaltete in Klinker gebaute Wohnanlagen wurden um parkartige Höfe angeordnet.

In **Wien** wurde eine Luxussteuer erhoben, womit innerhalb von einem Jahrzehnt über 60 000 kommunale Wohnungen finanziert wurden. Wie in Amsterdam waren die Wohnhäuser um parkartige Grünanlagen gruppiert. Als größter Wohnbau wurde der 1,3 km lange **Karl-Marx-Hof** mit 3000 Wohnungen von Karl Ehn erbaut. Die bis zu 48 m^2 großen Wohnungen waren für die damalige Zeit gut ausgestattet, die Wohnhöfe waren mit vielfältigen Gemeinschaftsanlagen versehen.

- Plastisch durchgestaltete Baukörper, reduziertes Dekor

7.3 Moderne 1918–1933

Nach dem ersten Weltkrieg war eine Zeit des Neubeginns. Aus der Ablehnung der Formensprache des Historismus und der Suche nach dem reinen eigentlichen Kern der Aufgabe entwickelten Maler die ersten abstrakten Bilder und Architekten die Moderne.

Der Leitgedanke war: „Die Form folgt der Funktion“.

Anders als im Historismus sollte ein funktionaler Ablauf den Grundriss bestimmen und die möglichst einfache Konstruktion die Erscheinung des Gebäudes. Dekor wird

Paris, Metro, Guimard 1904

Wien, Stadtbahn, Wagner 1899

Darmstadt, Ernst-Ludwig-Haus

Wien, Secession, Olbrich

Wien, Otto Wagner 1899

Barcelona, Antoni Gaudí 1906

Hamburg, Chilehaus, Höger

Amsterdam Süd, M. de Klerk

Wien, Karl-Marx-Hof, Karl Ehn 1927

Barcelona, Weltausstellungspavillon, L. Mies Van der Rohe 1929

als überflüssig betrachtet und mit Verweis auf die Schönheit von Maschinen oder Ingenieurbauwerken eine neue Ästhetik proklamiert.

Kennzeichen der Moderne ist die freie asymmetrische Gruppierung meist kubischer Baukörper, das flache Dach und die Trennung von tragender Struktur und Fassade, die große Glasflächen ermöglicht. Die Räume gehen fließend ineinander über, auch Innen- und Außenraum.

Das **Bauhaus** unter **Walter Gropius** versuchte, wie der Werkbund, die bildenden Künste zusammenzufassen. Eine Gruppe von Künstlern lebte und arbeitete zusammen und bildetete die kommende Generation von Architekten, Malern und Bildhauern aus.

Der deutsche Werkbund veranstaltete 1927 die Austellung „Die Wohnung" zu der die **Weißenhofsiedlung** in Stuttgart gehörte. Die städtebauliche Planung lag bei **Ludwig Mies Van der Rohe**. Von 17 Vertretern der Moderne wurden Musterhäuser errichtet, die das neue Wohnen im 20. Jh. darstellen sollten.

Ludwig Mies Van der Rohe hat mit seinem **Haus Tugendhat** in Brno ein programmatisches Werk der Moderne geschaffen, mit flachen Dächern, großen Fensteröffnungen nach Süden, einem Raumfluss, der Bereiche definiert statt einzelner Räume. Der Bau ist aus den inneren funktionalen Zusammenhängen entwickelt und verzichtet daher auf symmetrische Ordnung. Für die Weltaustellung 1929 in **Barcelona** schuf er den deutschen **Pavillon**.

Architekten nahmen sich des sozialen Wohnungsbaus an. In Großsiedlungen wurden gut belichtete und mit Sanitärräumen ausgestattete Wohnungen geschaffen. Statt muffiger Hinterhöfe gab es parkartige Grünanlagen und Gemeinschaftseinrichtungen. Auch in Berlin wurden einige Großsiedlungen errichtet, darunter die **Siemensstadt** mit Bauten von Gropius, Häring und Scharoun sowie die **Wohnstadt Carl Legien** von Bruno Taut und Franz Hilliger.

In der Siedlung Dammerstock in Karlsruhe, Gesamtplanung Walter Gropius, sind die Häuser in parallelen Zeilen angeordnet, womit auf die Geschlossenheit des Straßenraumes und der Innenhöfe verzichtet wurde.

- Form folgt der Funktion, freie Baukörper- und Grundrissgestaltung, fließende Räume, Abkehr von der Symmetrie
- Große Glasflächen, flächige Erscheinung ohne Dekor, Flachdach

7.4 Diktaturen 1933–1945

Unter Diktatoren wie Hitler oder Stalin (1924–1953) war die Moderne verpönt. Sie ließen in einem rückwärtsgewandten Stil bauen, der auf völkisch traditionelle und, beim öffentlichen Bau, auf klassizistische und historisierende Elemente zurückgriff. Mit Größe und Symmetrie wurde versucht die eigene Bedeutung zu unterstreichen.

Die neoklassizistische Neue Reichskanzlei in Berlin von Albert Speer sollte die Besucher durch ihre Größe einschüchtern. Er plante große Teile der Berliner Altstadt abzureißen, um eine Versammlungshalle mit einer riesigen Kuppel für 150 000 Personen zu bauen, zu der eine triumphale Achse führen sollte.

In der Sowjetunion und in den von ihr abhängigen Staaten wurde die Kunst ebenso gleichgeschaltet und ein reich dekorierter Baustil verordnet, der sich am Muster amerikanischer Wolkenkratzer ebenso bedient, wie an klassischen oder russischen Vorbildern.

- Rückgriff auf Klassizismus, übersteigerte Größe (Gigantismus)

Dessau, Bauhaus, Walter Gropius 1925

Stuttgart, Weißenhofsiedlung, J.J.P. Oud und H. Scharoun 1927

Brno, Haus Tugendhat, Ludwig Mies Van der Rohe 1929

Berlin, Wohnstadt Carl Legien, Bruno Taut u. Franz Hilliger 1928

Berlin, Reichskanzlei, Projekt Germania, Albert Speer 1939

Moskau, Lomonossow-Universität, Wohnhochhaus 1947

7.5 Die Moderne nach dem 2. Weltkrieg

Nach dem Krieg lebte die vergangene Epoche in den Köpfen weiter, weshalb es lange dauerte, den Wert der Architektur der Zeit zwischen 1918 und 1933 zu erkennen. Vielfach wurde auch ein Bruch mit der Vergangenheit angestrebt, was dazu führte, dass kriegszerstörte Gebäude eher abgerissen als saniert wurden. So verwundert es nicht, dass die Stuttgarter Weißenhofsiedlung durch Neubauten verändert wurde, die statt der bombenbeschädigten Häuser errichtet wurden, und dass sie erst 1958 unter Denkmalschutz gestellt wurde.

Während im Osten der Siegermacht entsprechend im Stalin-Barock gebaut wurde, setzte sich im Westen die Moderne durch. Viele Architekten der Moderne fanden in den Vereinigten Staaten Exil vor der Unterdrückung durch die NS-Herrschaft und waren dort bald stilbestimmend. Mit der Siegermacht kam auch deren Stil zurück nach Europa. Den knappen wirtschaftlichen Verhältnissen angepasst, entwickelte sich eine Wiederaufbau-Architektur, die die Maxime der Moderne nach Einfachheit teilweise bis zur Banalität steigerte. So gibt es kaum Zeugnisse von Wohnbauten, die an die gestalterische Qualität der Vorkriegsbauten heranreichen. Im Bereich der öffentlichen Bauten wurden einzelne Beispiele großartiger Architektur errichtet. Die **Philharmonie Berlin** von **Hans Scharoun** ist ein Raum von schwingender musikalischer Leichtigkeit und Harmonie. Scharoun gilt als einer der bedeutendsten Vertreter der organischen Architektur, die Gebäude aus einem Spiel freier Formen entwickeln.

Die Neue **Nationalgalerie** von Ludwig Mies Van der Rohe in Berlin bedient sich der Formensprache der Moderne, unter Verwendung von Stahl und Glas, mit weitgespanntem Raum auf Stützen und klaren rechtwinkligen Formen.

Neue Konstruktionsmethoden wurden zur Formfindung herangezogen. Die **Berliner Kongresshalle** von Hugh Stubbins 1957 war eine leichte Schalenkonstruktion aus Spannbeton. Der Architekt Günther Benisch und der Statiker Frei Otto überspannten mit einer Netzkonstruktion aus Stahlseilen das **Olympiastadion** in **München**.

Städtebau

Die Moderne bezieht sich auf die städtebauliche Konzeption des CIAM (Congrès International d'Architecture Moderne), die 1933 die Trennung von Wohnen und Arbeiten postulierte und auf den Ideen **Le Corbusiers** basierend Wohnhochhäuser auf Stützen in einen Park stellen wollte. So sollte ein Grünraum auch unter den Gebäuden durchgehen. Auf Schnellstraßen und mit Untergrundbahnen sollten die Bewohner in die Industriebezirke und in das kommerzielle und kulturelle Zentrum der Stadt fahren können. Ganz in diesem Sinne wurde die Stadt **Brasilia** nach den Plänen von **Lucio Costa** mit vielen bedeutenden Bauten von **Oscar Niemeyer** errichtet.

In den 1960er Jahren wurde der Wohnbau industrialisiert, womit die Plattenbausiedlungen aufkamen. Von Wladiwostok bis in die USA wurden ähnliche Bauten in Zeilenbauweise errichtet, die an genormte Käfige für die Massentierhaltung gemahnen. Die preisgekrönte Sozialsiedlung **Pruitt Igoe** in St. Louis, USA, wurde nach wenigen Jahren gesprengt, da Gewalt und Vandalismus ein erschreckendes Ausmaß angenommen hatten. Viele meinten, dass dies nicht nur am ungenügenden Sozialmanagement gelegen habe, sondern auch an der Architektur.

- Verlust des Stadtraumes, Plattenbauten, einzelne Meisterwerke

Berlin, Philharmonie, Hans Scharoun **1960**

Berlin, Nationalgalerie, Ludwig Mies Van der Rohe **1965**

München, Olympiastadion, Frei Otto und Günther Benisch **1972**

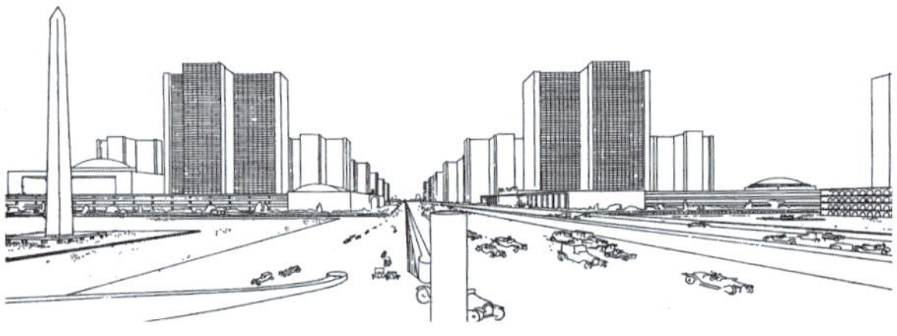

Ville Contemporaine, Le Corbusier **1922**

Brasilia, Zentrum, Lucio Costa **1960**

St. Louis, Wohnsiedlung Pruitt-Igoe **1951–1972**

7.6 Postmoderne

Stellte die Moderne das einzelne Gebäude in den Mittelpunkt der Aufmerksamkeit und vernachlässigte dabei den Bezug zur Umgebung, so entdeckten die Architekten der Postmoderne wieder den Raum zwischen den Gebäuden. Statt in einzelnen Zeilen wurden Gebäude wieder um Plätze und parkartige Höfe gruppiert, wie bei der Place des Vosges oder bei Wohnbauten der Zwischenkriegszeit. Die Gebäude selbst wurden wieder mit Zeichen versehen, sodass Eingänge zu finden waren und Orientierungspunkte geschaffen wurden. Man bemühte sich um Detaillierung, um dem nahen Betrachter entgegenzukommen.

Die Neue **Staatsgalerie** in **Stuttgart** von **James Stirling** zeigt mit ihren klassischen Zitaten, der vielfältigen Baukörpergestaltung und der Detaillierung auf, wie eine funktionelle Raumanordnung mit vielfältigen Blicken für den Vorbeigehenden und Bezug zur Umgebung in Einklang zu bringen ist. **Oswald Matthias Ungers' Karlsruher Landesbibliothek** zitiert die Kuppel des Pantheon.

Manche Großwohnanlagen mit ihrer übersteigerten Maßstäblichkeit gemahnen an die neoklassizistischen Bauten der Diktatoren. Neben vielen gut gelungenen Beispielen verkam die Postmoderne zu einer Dekorationsmode, die mittlerweile fallengelassen wurde.

– Raumbildung, Zeichen setzen, historisierende Zitate

Stuttgart, Staatsgalerie, James Stirling 1983

Karlsruhe, Bibliothek, O. M. Ungers

Perugia, Aldo Rossi

7.7 Jüngste Entwicklungen

Mittlerweile orientiert sich die Architektur wieder an der Moderne. Der Wohnbau von heute unterscheidet sich formal wenig von dem der Moderne. Lediglich die Solarenergienutzung verändert das Erscheinungsbild, wie am Beispiel des **Sonnenschiffs**, eines Geschäfts-, Büro- und Wohngebäudes von **Rolf Disch,** zu sehen ist.

Das individuelle Kunstwerk des Architekten steht im Mittelpunkt, weniger ein Zusammenhang mit der Umgebung. Vielerorts werden zeichenhafte Bauten errichtet, die auf Fernwirkung ausgelegt sind.

Neue technische Möglichkeiten lassen Bauten zu, die vor wenigen Jahren noch nicht realisierbar gewesen wären.

Das kann zu spielerisch leichten Bauten führen, wie **Santiago Calatravas** Bahnstation in Lissabon oder zu spektakulären Großformen, die, einem Markenzeichen gleich, in der Hochhauslandschaft Pekings einen hohen Wiedererkennungswert aufweisen, wie **Rem Koolhaas'** Gebäude für Chinas staatliches Fernsehen CCTV.

Der **Dekonstruktivismus** ist ein Beispiel für das Spiel mit den neuen technischen Möglichkeiten. Scheinbar unbaubares Bauen und gewohnte Zusammenhänge infrage zu stellen, zeichnet die Architektur von **Zaha Hadid** aus, die lange Jahre mit Zeichnungen explodierender Räume Wettbewerbe gewann und erst spät ihr erstes Werk bauen konnte, die Feuerwache des Vitra-Betriebsgeländes 1992. Auf diesem Gelände sind Gebäude verschiedenster Architekten als Ausstellung der zeitgenössischen Architektur versammelt, darunter **Frank O'Gherys** Museumsbau und Tadao Andos Konferenzgebäude.

Es gibt keinen Stil mehr. Wir haben alle Möglichkeiten und täglich werden es mehr. Die Kunst liegt nicht mehr im Ausschöpfen des Möglichen, sondern in der Beschränkung auf das Wesentliche.
Heinrich Tessenow: **„Das Einfachste ist nicht immer das Beste, aber das Beste ist immer einfach."**

Freiburg, Sonnenschiff, Rolf Disch 2005

Lissabon, Santiago Calatrava

Peking, CCTV, Rem Koolhaas

Weil/R., Feuerwache, Zaha Hadid

Graz, Kunsthaus, Peter Cook

Bilbao, Guggenheim Museum, Frank O' Ghery 1997

	Epoche		Bauten und Bauformen	Stilelemente	Beispiele
	5000 v. Chr. 2500 v. Chr.	Steinzeit	Dolmen, Menhire, Hügelgräber, Langhaus-Stangenbauten, Pfahlbauten	Megalithbauten Pfahlbauten	Stonehenge Dolmen de la Madeleine Unteruhldingen: Pfahlbauten
Bronzezeit	3200 v. Chr. 540 v. Chr.	Mesopotamien	Zikkurat Stadttor, Burg	Gliederung mit Pfeilern und Nischen Verkleidung mit glasierter Keramik	Ur Babylon: Ischtartor, Zikkurat
	2800 v. Chr. 330 v. Chr.	Ägypten	Mastaba, Pyramide Taltempel, Felsentempel Obelisk, Sphinx	Steinbau mit Stützen und Balken Kapitelle mit pflanzlichen Motiven Plastiken und Basrelief	Gizeh: Pyramiden Deir el-Bahari: Hatschepsut-Tempel Abu Simbel: Felsentempel
	2000 v. Chr. 1200 v. Chr.	Kreta Mykene	Palast Stadttor Grabbauten	Kretische Säulen, kräftige Farben Mykene: Zyklopenmauer, unechtes Gewölbe	Knossos: Palast Mykene: Löwentor, Schatzhaus des Atreus
Antike	800 v. Chr. 100 v. Chr.	Griechenland	Tempel Theater, Stoa, Rathaus, Gymnasion, Bibliothek	Steinbau mit Stützen und Balken Einfache klare Formen, dorische, ionische, korinthische Ordnung	Athen: Akropolis, Parthenon Delphi: Theater Pergamon: Zeusaltar
	300 v. Chr. 400	Rom	Tempel, Atriumhaus, Basilika, Amphitheater, Therme, Triumphbogen, Aquädukt	Gewölbe- und Kuppelbau Weiterentwicklung griechischer Ordnungen	Pompeji, Herculaneum Rom: Kolosseum, Pantheon, Basilika Ulpia
nach dem Römischen Reich	400 800	Frühchristentum	Basilika, Zentralbauten	Hölzerne Dächer, gewölbte Apsis	Rom: S. Sabina, S. Costanza
	400 1400	Byzanz	Kuppelbau, Basilika, griechisches Kreuz, Zentralbauten	Gewölbe, Fenster am unteren Kuppelrand, Mosaiken	Byzanz: Hagia Sophia Ravenna: S. Vitale, S. Apollinare in Classe
	650 1400	Islam in Spanien	Moscheen als Säulenhallen, Kuppelbauten	Säulenhallen mit Doppelbögen Geometrische, kalligraphische Ornamente in Stein	Cordoba: Moschee Granada: Alhambra
Mittelalter	1000 1250	Romanik	Basilika, Kreuzgrundriss Burgen, Klöster	Massive, wehrhafte Steinbauten, Gewölbe, Rundbogenfenster, Trichterportal, einfacher Figurenschmuck	Hildesheim: St. Michael Kaiserdome in Mainz, Speyer und Worms
	1250 1500	Gotik	Basilika, Hallenkirche, Rathäuser, Spital, Bürgerbauten	Leichte, durchbrochene Steinbauten, Vertikalbetonung, Spitzbogen, Rippengewölbe, Strebepfeiler u. -bögen	Köln: Dom Ulm: Münster und Rathaus Lübeck: Heiligengeistspital
Neuzeit	1420 1620	Renaissance Manierismus	Kuppelbau, Zentralbau Palastbauten, Rathaus	Horizontalbetonung, Gesims, Fensterüberdachungen, Arkadenhöfe Rechteckige und Bogenfenster	Florenz: Dom Vicenza: Villa Rotonda Augsburg: Rathaus
	1600 1780	Barock Rokoko	Achsenbildung, Symmetrie Schlösser, Kirchen Bürgerbauten	Krümmungen, Bögen, gesprengte Bögen, illusionistische Malerei Üppige Bauplastik und Malerei	Vierzehnheiligen Dresden: Frauenkirche Ludwigsburg: Schloss
	1780 1850	Klassizismus	Bürgerbauten, Schlösser Kirchen Triumphbogen	Gesims, Säulengiebel, Symmetrie Reduziertes, antikisierendes Dekor	Berlin: Schauspielhaus München: Glypthothek Stuttgart: Grabkapelle
	1850 1900	Historismus	Neugotische Kirchen, Neurenaissance-Bürgerbauten	Mischstil früherer Epochen Fassade als äußerer Schein Reiches Dekor	Wien: Ringstraße, Rathaus, Neuschwanstein: Schloss
	1870 1918	Industriearchitektur	Stahlhallen, Bahnhofshallen, Glashäuser Hochhäuser, Brücken	Genietetes Stahlfachwerk Gusseisen, Backstein Konstruktion wird sichtbar	London: Cristal Palace Paris: Eiffelturm St. Louis: Wainwright Building
20. Jahrhundert	1890 1918	Jugendstil	Kirchen, Bürgerbauten	Einheit von Handwerk und Kunst Florales Dekor Blattgold, Mosaik	Paris: Metrostationen Wien: Stadtbahn Darmstadt: Ernst-Ludwig-Haus
	1918 1933	Expressionismus	Wohnhausanlagen um große Höfe, Bürgerbauten	Ausdrucksstarke Formen Spitze Winkel, kantiges Dekor Formal reduzierte Bauplastik	Amsterdam: Stadtteil Süd Hamburg: Chile-Haus Wien: Gemeinde-Wohnbauten
	1918 1933	Frühe Moderne	Geschäftsbauten Öffentliche Gebäude Wohngebäude	Verzicht auf Dekor, glatte Flächen Trennung von Tragkonstruktion und Fassade, große Glasflächen	Brno: Villa Tugendhat Dessau: Bauhaus Stuttgart: Weißenhofsiedlung
	1933 1945	Diktaturen	Öffentliche Gebäude Symmetrie, Achsenbildung	Rückgriff auf Klassizismus, Mischstil, Großformen, Gigantismus	Berlin: Reichskanzlei Moskau: Lomonossow-Universität
	1945 1980	Moderne nach dem 2. Weltkrieg	Frei stehende Gebäude Zeilenbau, Plattenbauweise Autogerechte Stadt	Vereinfachung, Systematisierung Glatte Flächen, kein Dekor Betonung der Konstruktion	Brasilia Berlin: Philharmonie München: Olympiastadion
	1980 1990	Postmoderne	Raumbildung im Außenraum	Zeichen setzen Historisierende Zitate, Rückgriff auf Klassizismus	Stuttgart: Staatsgalerie Karlsruhe: Landesbibliothek
	1990 heute	Moderne, Dekonstruktivismus	Wohnbauten Firmenbauten und öffentliche Gebäude	Ökologisches Bauen Freie Formen Zeichenhafte Großformen	Peking: CCTV-Gebäude Bilbao: Guggenheim-Museum Weil/Rhein: Feuerwache

1 Bauplanung und Bauantrag

Die Bauplanung setzt die Wünsche des Bauherrn um und berücksichtigt örtliche Gegebenheiten, Bauvorschriften und technische Gegebenheiten. Mit Zeichnungen und Beschreibungen wird das Bauwerk so umfassend dargestellt, dass Überprüfung und Durchführung möglich sind.

1.1 Bauzeichnungen

Bauzeichnungen stellen räumliche Bauwerke oder Bauteile in der Ebene des Papiers dar. Damit diese Darstellung verständlich und leicht lesbar wird, gilt es allgemeine Regeln und Normen zu berücksichtigen.

Bauzeichnungen können Freihandzeichnungen, mit Lineal gezeichnet in Bleistift bzw. Tusche, oder am Computer erstellte Darstellungen sein.

Welche Art der Darstellung bevorzugt wird, richtet sich auch nach den Vorlieben und Möglichkeiten des Zeichners, vielmehr aber nach der Zielgruppe und dem Zweck der Zeichnung. Die eine Darstellung dient zur Veranschaulichung des Entwurfes, eine andere als konkrete Arbeitsanweisung an die ausführenden Handwerker.

1.1.1 Arten von Bauzeichnungen

Bauzeichnungen für die Objektplanung

- **Vorentwurfszeichnungen**
  Zeichnerische Darstellung eines Planungskonzeptes mit den wichtigsten Abmessungen. Sie können auch als Grundlage zur Beurteilung der baurechtlichen Genehmigungsfähigkeit dienen.
- **Entwurfszeichnungen**
  Als Grundlage für die spätere Bauvorlage durchgearbeitetes Planungskonzept, das die Gestaltung und Konstruktion erkennen lässt. Sie dienen dem Bauherren als Entscheidungsgrundlage für den Bauauftrag und veranschaulichen daher mit Schaubildern das spätere Erscheinungsbild des Gebäudes und mit eingezeichneter Möblierung die Nutzbarkeit der Räume.
- **Bauvorlagenzeichnungen** (Baugesuchspläne)
  Sie enthalten alle Angaben, die zur rechtlichen und technischen Beurteilung durch die Baubehörde notwendig sind. Häufig sind es Entwurfszeichnungen ohne eingezeichnete Möblierung, die durch Maße und technische Angaben ergänzt wurden.
- **Ausführungszeichnungen**
  - *Werkzeichnungen* (Werkpläne, Arbeitspläne) enthalten alle für die Ausführung des Bauwerks notwendigen Angaben.
  - *Detailzeichnungen* und *Konstruktionszeichnungen* werden für einzelne Bauteile in größerem Maßstab angefertigt, um die Werkzeichnungen zu ergänzen.
- **Abrechnungszeichnungen**
  Als Grundlage für die Abrechnung enthalten sie eine nach Positionen gegliederte Aufmaßdokumentation.
- **Bestandspläne**
  werden angefertigt, wenn die Ausführung von der Bauvorlage abweicht.
- **Aufnahmepläne**
  sind Maßaufnahmen bestehender Bauobjekte.
- **Benutzungspläne**
  sind Baubestands- oder Bauaufnahmezeichnungen mit zusätzlichen Angaben über bestimmte, baurechtliche, konstruktive oder funktionell zulässige Nutzungen (z. B. Rettungswege, zulässige Nutzlasten).

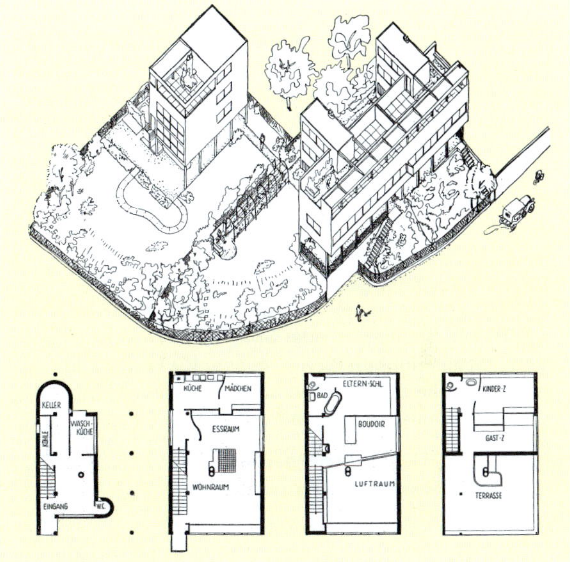

Entwurfszeichnung: Le Corbusier und Pierre Jeanneret: Häuser in der Weißenhofsiedlung, Stuttgart, 1927

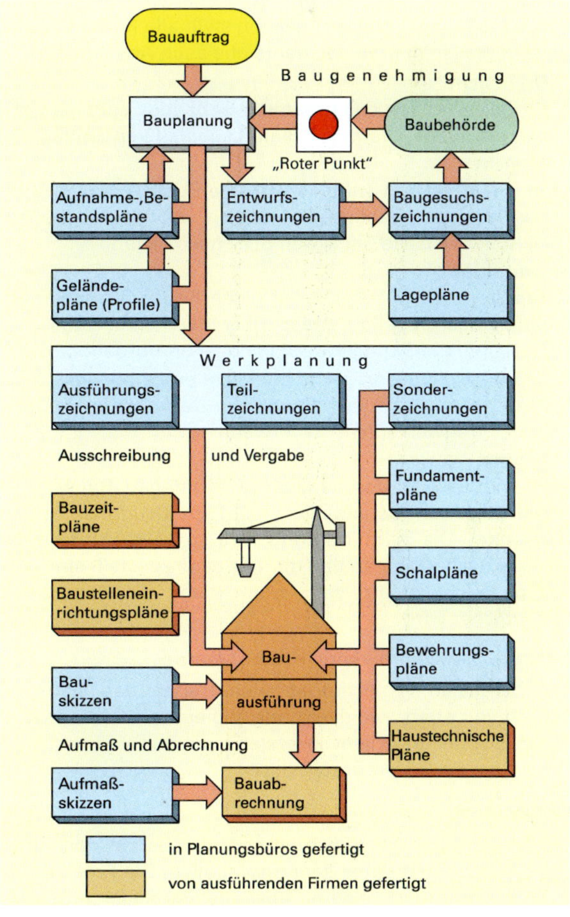

Bauzeichnungen vom Bauauftrag bis zur Bauabrechnung

Bauzeichnungen für die Tragwerksplanung

- **Positionszeichnungen** (Positionspläne)
  Zeichnungen des Tragwerks auf der Grundlage der Entwurfszeichnungen zur Erläuterung der statischen Berechnung und Angabe der einzelnen Positionen.
- **Schalzeichnungen** (Schalpläne)
  dienen der Herstellung von Schalungen im Beton-, Stahlbeton- und Spannbetonbau. Sie enthalten die Formen und Abmessungen der einzuschalenden Bauteile.
- **Rohbauzeichnungen** (Rohbaupläne)
  dienen der Herstellung des Tragwerks und enthalten alle dafür erforderlichen Angaben einschließlich denen zu Aussparungen und Durchbrüchen.
- **Bewehrungszeichnungen** (Bewehrungspläne)
  enthalten alle Angaben, die zum Biegen und Verlegen der Bewehrung notwendig sind.
- **Fertigteilzeichnungen** (Fertigteilpläne)
  sind Bauzeichnungen zur Herstellung von Fertigteilen aus Beton, Stahlbeton oder Spannbeton.
- **Verlegezeichnungen** (Verlegepläne) **für Fertigteile**
  enthalten alle für den Einbau und Anschluss von Fertigteilen notwendigen Angaben.

1.1.2 Projektionsarten für Bauzeichnungen

Orthogonale Parallelprojektion

Das darzustellende Objekt wird mit parallelen Strahlen auf eine Bildebene projiziert, die rechtwinklig zur Richtung der Projektionsstrahlen liegt. Die Bildebene ist horizontal oder vertikal parallel zu einer der Hauptebenen des Objektes. Die orthogonale Parallelprojektion stellt alle Maße des Objekts in gleichem Maßstab dar (siehe auch Abschnitt 1.3).

- **Draufsicht**
  ist die Projektion des gesamten Gebäudes auf eine horizontale Ebene. Sie wird z.B. im Lageplan verwendet.
- **Ansicht**
  ist die Projektion auf eine vertikale Ebene parallel zu einer Seite des Gebäudes. Ansicht Ost bedeutet die Ansicht der Ostseite, nicht den Blick nach Osten.
- **Grundriss**
  Typ A ist die Draufsicht auf einen horizontalen Schnitt durch das Gebäude knapp über der Fensterbrüstung. Geschnittene Bauteile werden dabei hervorgehoben.
  Typ B ist die gespiegelte Untersicht eines horizontal geschnittenen Gebäudes. Er wird für Deckendarstellungen in der Tragwerksplanung verwendet.
- **Schnitt**
  ist die Ansicht des vertikal geschnittenen Bauwerkes. Die Lage der Schnittebene wird im Grundriss eingezeichnet. Die Schnittführung wird so gewählt, dass die wesentlichen Höhen und die Treppe dargestellt sind. Sie kann auch versetzt sein, wenn damit die Darstellung deutlicher wird.

Schräge Parallelprojektion – Axonometrie

Die parallelen Projektionsstrahlen treffen das Gebäude schräg von oben, wie die Sonne, die einen Schatten wirft. Diese Darstellung dient in erster Linie zur Veranschaulichung der Baukörpergestaltung.

Perspektive

Die Perspektive ist dem menschlichen Sehen nachempfunden und wirkt daher sehr anschaulich. Die Projektionsstrahlen gehen von einem Punkt aus. Parallele Linien des Gebäudes treffen einander in einem Fluchtpunkt.

Perspektive, mit einem CAD-Programm erstellt

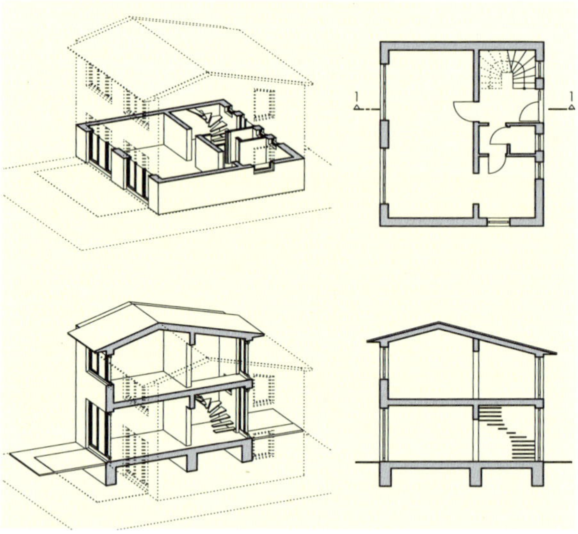

Grundriss und Schnitt in axonometrischer Darstellung und in orthogonaler Parallelprojektion

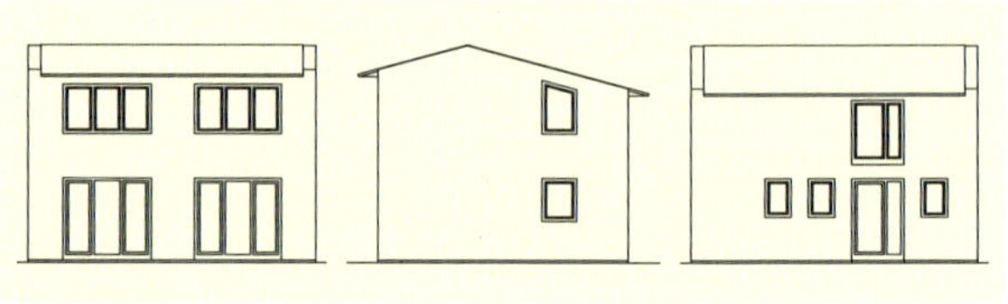

Ansichten

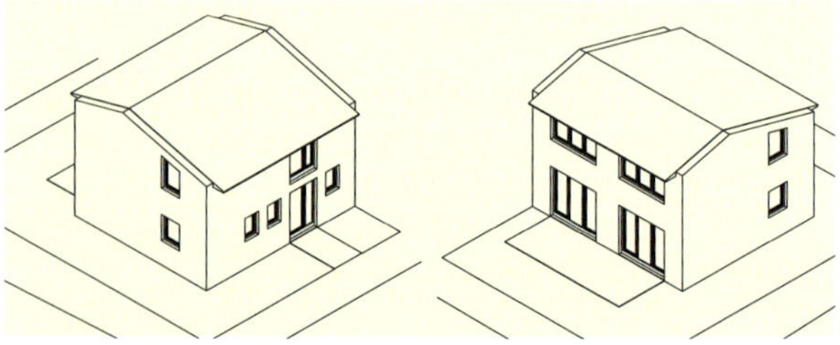

Axonometrie

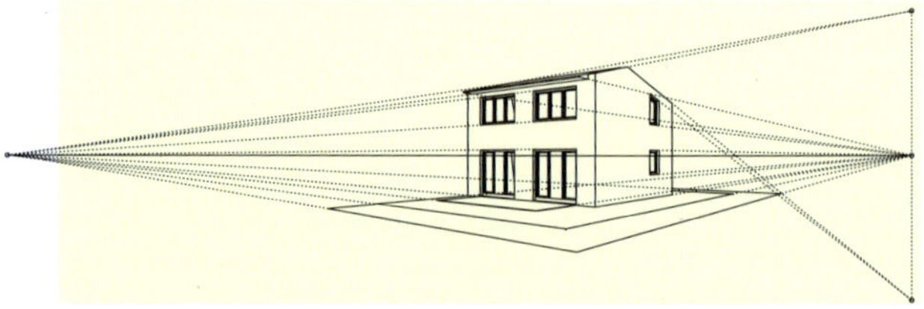

Perspektive mit eingezeichneten Konstruktionslinien

1.1.3 Zeichentechniken

Unabhängig davon, wie die Zeichnung erstellt wurde, sollte sie gut lesbar sein und grafisch ansprechend gestaltet. Schließlich dient sie dazu, andere von den Ideen des Planers zu überzeugen. Viele Planer entwickeln ihren eigenen grafischen Stil als Zeichen der Unternehmensidentität.

Freihandzeichnung

Entwurfszeichnungen werden häufig als Freihandzeichnungen ausgeführt, da dies eine lebendigere Grafik ergibt und der Konstruktionsaufwand geringer ist. Die Grundlage einer Freihandzeichnung ist jedoch eine konstruierte Vorzeichnung. Auch für Detailzeichnungen eignet sich die Freihandzeichnung.

Konstruierte Zeichnung in Bleistift oder Tusche

Die mit Reißschiene und Dreieck konstruierte Zeichnung wird immer mehr von CAD-Zeichnungen verdrängt. Dabei ist das Zeichenblatt übersichtlicher als der Bildschirm und die Herstellung dauert nicht länger als die einer CAD-Zeichnung, besonders wenn auf das aufwendige Beschriften mit Schriftschablonen verzichtet wird. Die Bleistiftzeichnung ist wegen des geringen Kontrastes schlechter kopierbar als die Tuschezeichnung, aber bei guter Ausführung für Werk- und Detailpläne verwendbar. Baugesuchszeichnungen werden üblicherweise in Tusche gezeichnet.

CAD-Zeichnung

Der Nutzen von CAD (Computer Aided Design) ist, dass die geometrische Information des Gebäudes in vielfältiger Form und Darstellung auf Papier ausgegeben werden kann. Außerdem hängt die Bemaßung mit der Zeichnungsgeometrie zusammen, Fehler bei der Bemaßung werden dadurch vermieden.

Es kann eine zweidimensionale CAD-Zeichnung sein, die als Entwurfsplan, Baugesuch und Werkplan dient und für die jeweilige Anwendung unterschiedliche Ergänzungen aufweist. Zeichnungen können auch vom dreidimensionalen Gebäudemodell abgeleitet werden, womit die Erstellung von Ansichten, Schnitten und Schaubildern erleichtert wird. Außerdem können die Daten als Grundlage der Massenberechnung dienen.

1.1.4 Blattgrößen

Kleinere Zeichnungen zeichnet man auf Einzelblättern in Normgröße. Die Blattgrößen der Reihe A weisen ein Seitenverhältnis von $1:\sqrt{2}$ auf. Größere Formate werden von der Rolle geschnitten. Auf der linken Seite sollte ein Heftrand von 20 mm berücksichtigt werden, sonst betragen die Ränder 10 mm oder 5 mm.

Papierformate nach DIN EN ISO 5457			
ISO-A-Reihe	**Endformat beschnitten in mm**	**Rohformat unbeschnitten in mm**	**Zeichenfläche in mm bei 5 mm Rand**
A0 quer	1 189 × 841	1 230 × 880	1164 × 831
A1 quer	841 × 594	880 × 625	816 × 584
A2 quer	594 × 420	625 × 450	569 × 410
A3 quer	420 × 297	450 × 330	395 × 287
A4 quer	297 × 210	330 × 240	272 × 200
A4 hoch	210 × 297	240 × 330	185 × 287

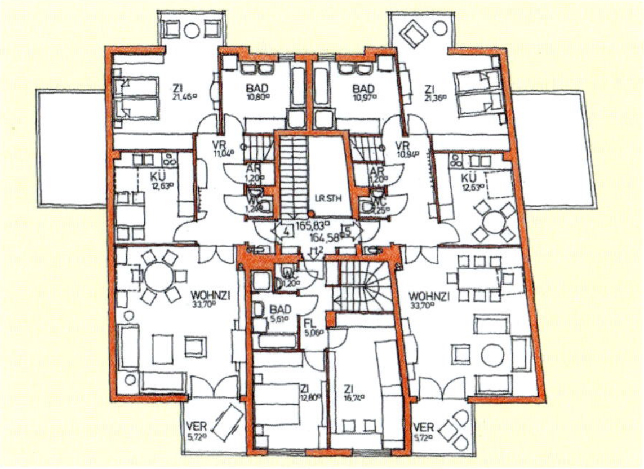

Entwurfsplan: Freihandzeichnung mit Tusche und Buntstift

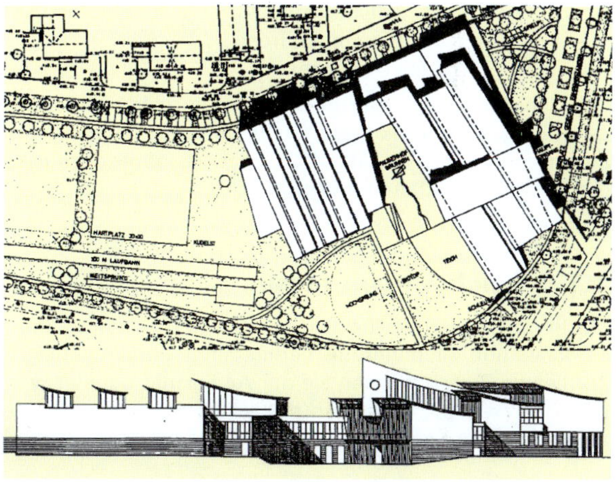

Entwurfsplan, Lageplan und Ansicht: Tuschezeichnung

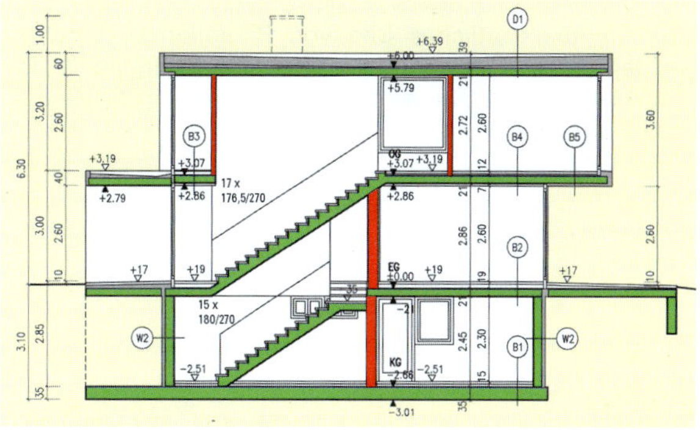

Baugesuch, Schnitt: CAD

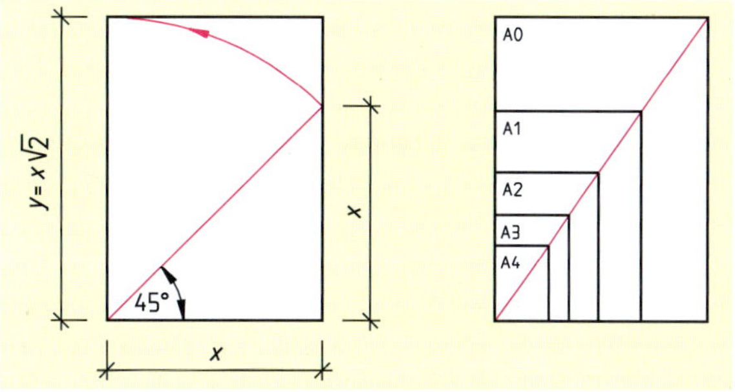

Seitenverhältnisse der Papierformatreihe A

1.1.5 Schriftfeld – Plankopf

Jede Zeichnung muss ein **Schriftfeld** erhalten, aus dem folgende Angaben hervorgehen (nach DIN EN ISO 7200):

- Titel (z. B. Grundriss Erdgeschoss)
- Dokumentenart (z. B. Baugesuch, Ausführungsplan, Detailplan, Lageplan)
- Planverfasser (Architekt, Ingenieur)
- Ersteller (Person, die die Zeichnung erstellt hat)
- genehmigende Person (z. B. Architekt, Leiter des technischen Büros)
- Sachnummer (die Sachnummer muss innerhalb der Organisation des Planverfassers eindeutig sein)
- Abschnitts-/Blattnummer (bei technischen Zeichnungen heißen die Abschnitte „Blätter")
- Ausgabedatum

Weitere Angaben sind sinnvoll:

- Maßstab
- Firmenlogo mit vollständiger Adresse und sonstigen Kontaktdaten des Planungsbüros
- Lage des Projektes (Adresse)

Das Schriftfeld ist immer in der unteren rechten Ecke der Zeichnung, damit es bei gefalteten und abgehefteten Zeichnungen noch vollständig lesbar ist, ohne dass man die Zeichnung auffalten muss.

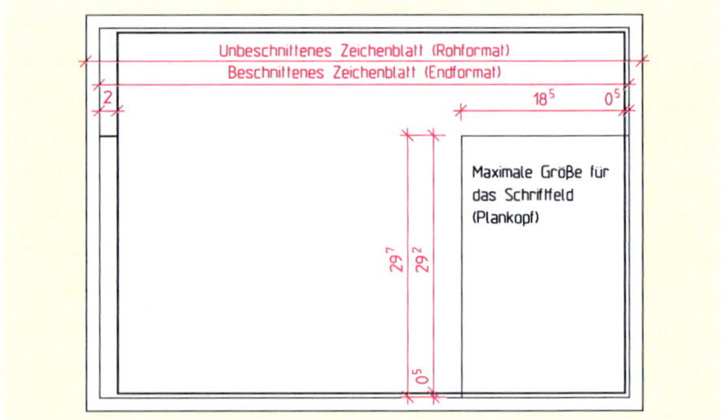

Zeichenblatt A2 (Maße in cm)

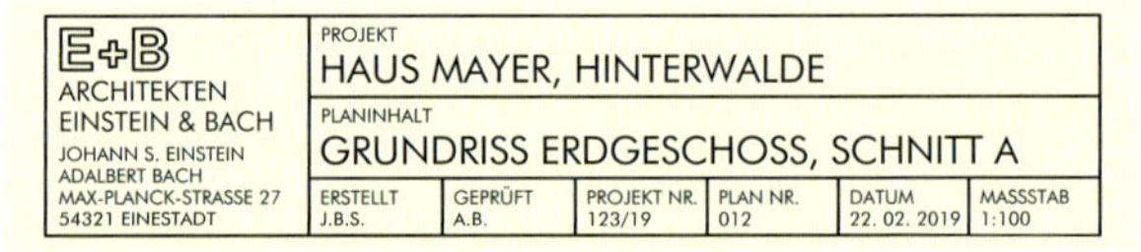

Beispiel eines Schriftfeldes, Breite 180 mm

1.1.6 Zeichnungen falten

Zeichnungen werden für die Bauvorlage (Bauantrag, Baueingabe) und Archivierung vervielfältigt und abgeheftet. Zu diesem Zweck müssen sie auf A4-Format gefaltet werden und zwar so, dass man sie auffalten kann, ohne sie aus dem Ordner nehmen zu müssen.

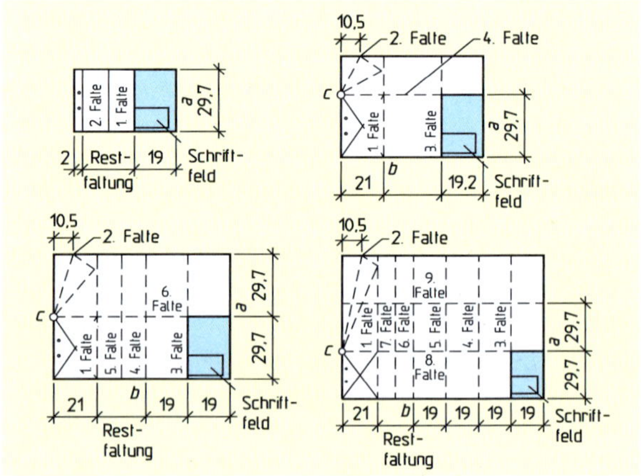

Faltungen

1.1.7 Maßstäbe

Um ein übersichtliches Bild von Bauteilen zu erhalten, werden diese in Zeichnungen verkleinert dargestellt. Die Angabe des Maßstabs wird mit der Abkürzung **1 : *n*** ausgedrückt, z. B. 1 : 100

Beispiel: 1 : 50 heißt 1 cm in der Bauzeichnung sind 50 cm in der Wirklichkeit, bzw. 1 m am Bau entspricht 2 cm in der Zeichnung.

Anwendungsbereich	Maßstäbe
Lagepläne	1 : 1000; 1 : 500
Vorentwurfspläne	1 : 500; 1 : 200
Entwurfspläne	1 : 100
Baugesuchspläne	1 : 100
Ausführungszeichnungen	1 : 50
Detailzeichnungen	1 : 25; 1 : 20; 1 : 10; 1 : 5; 1 : 2

Übersicht der Maßstäbe

1.1.8 Linienarten und Linienbreiten

Um eine Zeichnung übersichtlich und leicht lesbar zu machen, werden unterschiedliche Linienarten und Linienbreiten verwendet. Diese sind in DIN 1356 und DIN ISO 128-23 festgelegt und vom Maßstab abhängig. Die Normen sind auf Tuschezeichnungen und auf die Archivierung mittels Mikroverfilmung abgestellt. Viele Möglichkeiten der Plangestaltung – zumal mit CAD – sind darin nicht berücksichtigt.

Viele Architekten und Zeichner weichen von diesen Normen ab, um eine Zeichnung aussagekräftiger zu gestalten. Die Gebäudekanten werden zum Beispiel in der Ansicht von vorne nach hinten und in der Draufsicht von hoch nach niedrig in ihrer Strichstärke von stärker zu schwächer gestaffelt. Außerdem werden die Linien nicht bis an das weiter vorne liegende Bauteil gezeichnet. Diese Zeichentechnik macht eine Zeichnung plastischer und wird daher sehr häufig angewendet.

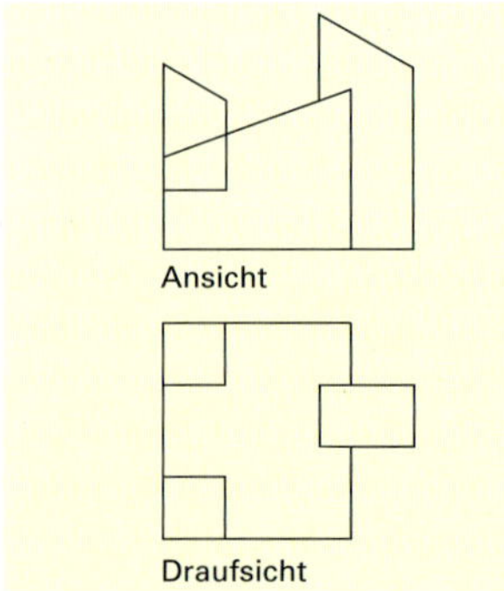

Linien nach Norm

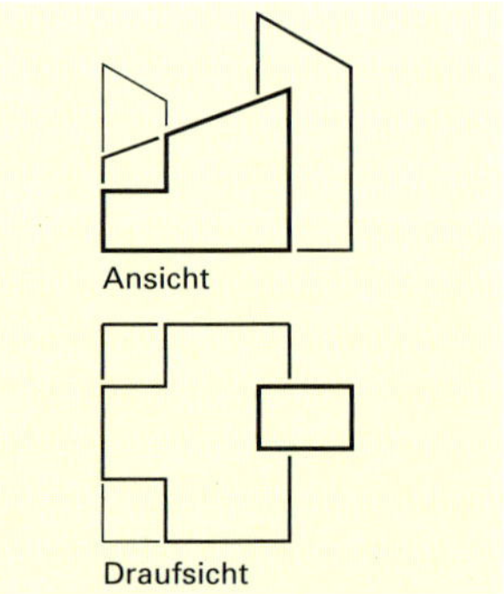

Norm unberücksichtigt

In der unten stehenden Tabelle sind die Linienarten und Linienbreiten nach Norm angeführt. Bei Entwurfs- und Baugesuchsplänen im Maßstab 1:100 ist es auch üblich, die Strichstärken folgendermaßen zu wählen (in der Klammer Werte für Werkpläne 1:50):

- geschnittene massive Bauteile: 0,35 mm (0,5)
- Maßlinien und Schraffuren: 0,18 mm (0,25)
  0,13 mm (0,18)
- Sichtbare Kanten, geschnittene nicht massive Bauteile: 0,25 mm (0,35)

Linienart	Anwendungsbereich	≤ 1:100		≥ 1:50	
		Linienbreite in mm			
Volllinie sehr breit	Begrenzung von Schnittflächen, Bewehrungsstähle	0,5	0,5	1,0	1,0
Volllinie breit	Sichtbare Kanten und Umrisse von Bauteilen, Begrenzung von Schnittflächen von schmalen Bauteilen und Bauteilen mit Schraffur	0,25	0,35	0,5	0,7
Volllinie schmal	Maßlinien, Maßhilfslinien, Hinweislinien, Treppen, Lauflinien, Schraffuren, Begrenzung von Ausschnittdarstellungen, vereinfachte Darstellung von z. B. Fenstern, Türen	0,18	0,25	0,35	0,5
Strichlinie	Verdeckte Kanten und Umrisse von Bauteilen	0,25	0,35	0,5	0,7
Strichpunktlinie breit	Kennzeichnung der Lage der Schnittebene an den Enden	0,5	0,5	1,0	1,0
Strichpunktlinie schmal	Symmetrielinien (Achsen)	0,18	0,25	0,35	0,5
Punktlinie	Bauteile vor bzw. über der Schnittebene	0,25	0,35	0,5	0,7

Linienarten und Linienbreiten nach DIN 1356-1

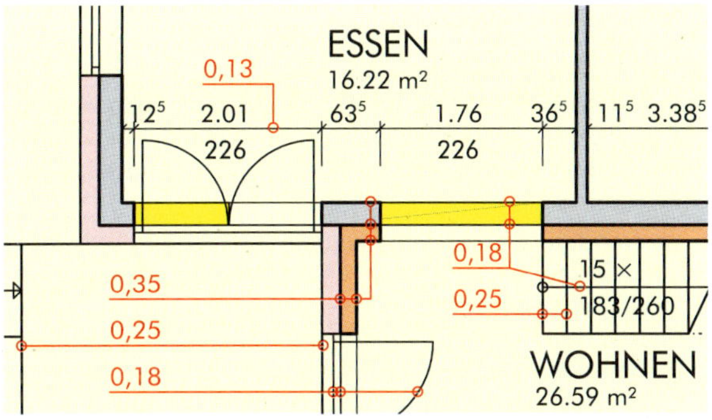

Linienbreiten: Baugesuch für einen Umbau 1:100

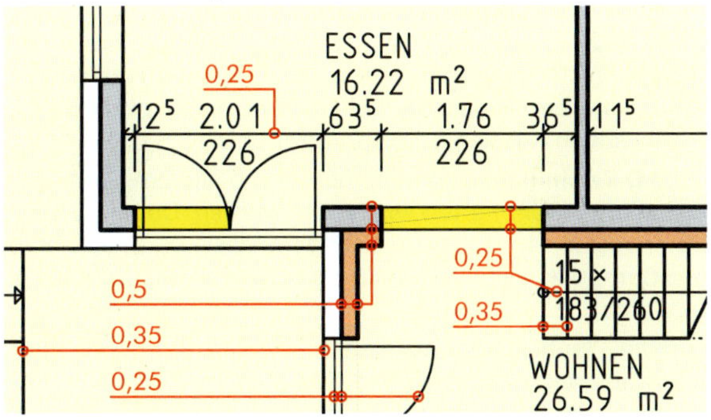

Linienbreiten nach Norm: Baugesuch für einen Umbau 1:100

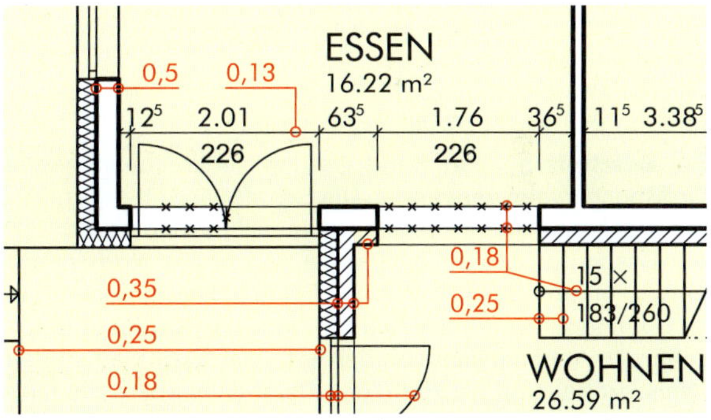

Linienbreiten und Schraffur: Baugesuch für einen Umbau 1:100

1.1.9 Schraffuren

Die Übersichtlichkeit einer Zeichnung wird verbessert, wenn die Schnittflächen von Baukörpern entsprechend den verwendeten Baustoffen gegenüber Flächen in der Ansicht durch Schraffuren oder Farben hervorgehoben werden. Es werden vorwiegend die Schraffuren nach DIN 1356-1 verwendet. In der DIN ISO 128-50 sind weitere Schraffuren festgelegt, die jedoch teilweise anders aussehen. Weicht man von den Schraffuren nach DIN 1356-1 ab, ist eine **Legende** mit den Darstellungen und Erklärungen der Schraffuren auf der Zeichnung anzugeben.

Der Abstand der Schraffurlinien ist der Größe der Schnittfläche und dem Maßstab anzupassen. Grenzen die Schnittflächen zweier Bauteile mit sehr ähnlicher Schraffur aneinander, ist die Schraffurrichtung zu wechseln.

Stehen Maße oder Beschriftungen in der Schnittfläche, ist die Schraffur an dieser Stelle zu unterbrechen. Maße und Beschriftungen müssen einwandfrei lesbar bleiben.

Schraffuren sind leicht kopierbar, in Baugesuchen jedoch werden die Schnittflächen der Bauteile meist mit Farben gefüllt. Bei Umbauten gilt folgendes:

- Neubau: Materialfarbe – siehe Tabelle
- Abbruch: gelb, dünne Linie
- Bestand: grau

Baustoff bzw. Bauteil	Darstellung	Farbe
Mauerwerk		braunrot
Unbewehrter Beton		olivgrün
Bewehrter Beton		blaugrün
Holz quer zur Faser		braun
Holz längs zur Faser		braun
Natürlicher Boden		
Geschütteter Boden		
Sand		
Kies		
Dämmstoffe		
Dichtstoffe		
Abdichtungen		
Mörtel, Putz		

Kennzeichnung von Schnittflächen

1.1.10 Beschriften

Wie bei jedem gedruckten Werk ist auch bei einem Plan die typografische Gestaltung für das Erscheinungsbild wesentlich. Neben der Forderung nach guter Lesbarkeit der Schrift gilt es einige Gestaltungsgrundsätze und Gepflogenheiten zu beachten:

- Verwenden Sie möglichst wenige Schriftarten und -größen. Mit zwei Schriftarten und insgesamt vier Größen müsste man auskommen.
- Viele Unternehmen wählen eine Hausschrift, auch ein Planungsbüro könnte Druckwerke und Pläne mit einer einheitlichen Schriftgestaltung versehen.
- Vermeiden Sie alles, was verspielt wirken könnte, Sie erstellen eine technische Zeichnung.
- Nach der Norm ist die kleinste Schriftgröße 1,8 mm. Sie sollte nicht unterschritten werden. Bei Werkzeichnungen, die bei schlechter Beleuchtung auch noch lesbar sein sollen, wählen Sie Schriftgrößen ab 2,5 mm.

In **CAD-Zeichnungen** können theoretisch alle am Computer installierten Schriftarten verwendet werden. Dabei ist beim Datenaustausch zu berücksichtigen, dass eine Schriftart am Computer installiert sein muss, um korrekt angezeigt zu werden.

Für die Planbeschriftung eignen sich alle schnörkellosen Schriften mit gleichmäßiger Strichstärke. Schriften, die deutlich unterscheidbare Buchstaben aufweisen, gelten als besser lesbar.

Siehe dazu die Planbeispiele auf der vorigen Seite: Das oberste Beispiel ist mit der Schrift „Futura" 2 und 3 mm beschriftet, das mittlere mit Normschrift 2,5 mm, das untere mit der Schrift „Arial" 2 und 3 mm.

Bei **Beschriftung von Hand** werden senkrecht stehende Großbuchstaben verwendet. Die Schrift wird eher gezeichnet als geschrieben. Für ein einheitliches Schriftbild und die Beschriftung mit Schablonen wurde die Normschrift entwickelt und in der Norm DIN EN ISO 3098 geregelt. Sie ist gut lesbar und eignet sich für die Archivierung auf Mikrofilm. In Abhängigkeit von der Höhe der Großbuchstaben (Nenngröße) sind die Höhe der Kleinbuchstaben, die Linienbreiten sowie die Abstände der Schriftzeichen und der Zeilen zueinander festgelegt. Die Schrifthöhen sind vorgegeben: 1,8 mm, 2,5 mm, 3,5 mm, 5 mm, 7 mm, 10 mm, 14 mm und 20 mm. Bei Verwendung von Kleinbuchstaben soll die Schrifthöhe mindestens 3,5 mm sein.

Nach der Linienbreite der Schriftzeichen werden zwei Schriftformen unterschieden: Schriftform A ($d = h/14$) und Schriftform B ($d = h/10$). Die Schriftform B ist wegen der breiteren Linien ausdrucksstärker und wird für Bauzeichnungen bevorzugt angewendet. Beide Schriftformen gibt es auch 75° nach rechts geneigt, doch werden diese eher im Maschinenbau als im Bauwesen verwendet.

Beschriftungen

Beschriftungen (Hinweise, Hinweislinien) sind in Blockform anzuordnen. Die Hinweislinien sollen höchstens einmal im rechten Winkel abgewinkelt werden.

Zu beachten:

- Was in der Konstruktion „oben" angeordnet ist, muss auch in der Beschriftung „oben" stehen.
- Die Hinweislinien sind laut Norm je Lage einzuzeichnen. Bei der rechts dargestellten Beschriftung ist die Zuordnung nicht immer eindeutig.
- Hinweislinien dürfen einander nicht kreuzen.

Beispiele gut geeigneter Schriftarten:			
Arial	1234567890	LAGEPLAN	abcdefg
Tahoma	1234567890	LAGEPLAN	abcdefg
Verdana	1234567890	LAGEPLAN	abcdefg
Futura	1234567890	LAGEPLAN	abcdefg
Swiss721	1234567890	LAGEPLAN	abcdefg
Normschrift	1234567890	LAGEPLAN	abcdefg
Beispiele weniger geeigneter Schriftarten:			
Times	1234567890	LAGEPLAN	abcdefg
Dauphin	1234567890	LAGEPLAN	abcdefg
Blueprint	123456789	LAGEPLAN	abcdefg
Comic	1234567890	LAGEPLAN	abcdefg

Computerschriften gleicher Schriftgröße

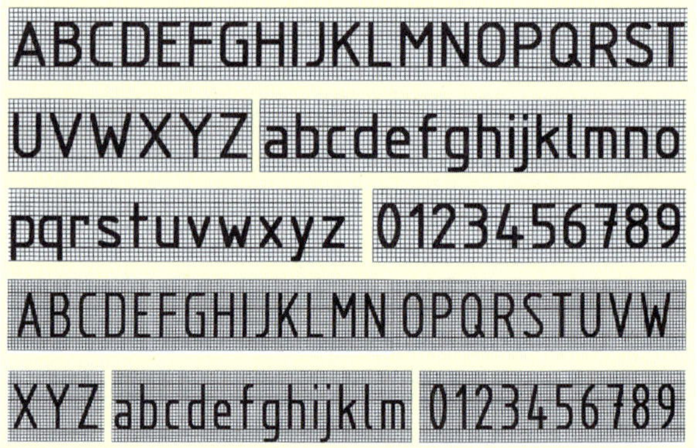

Normschrift: Oben die Schriftform B, unten die Schmalschrift A

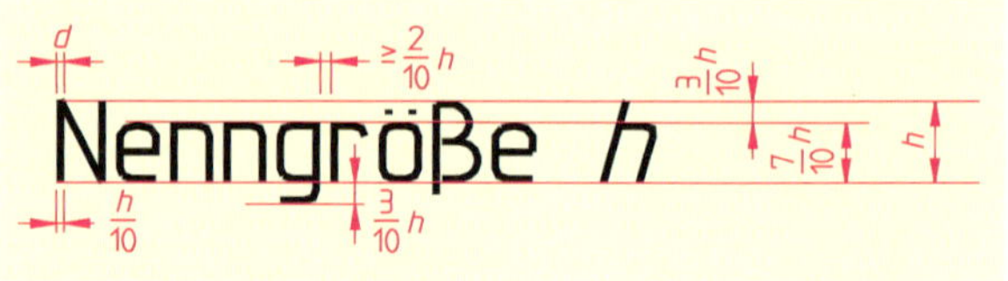

Normschrift: Größenangaben

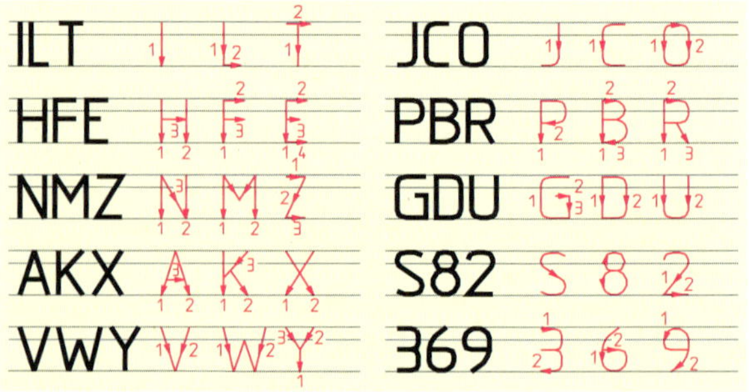

Strichführung beim Zeichnen der Normschrift

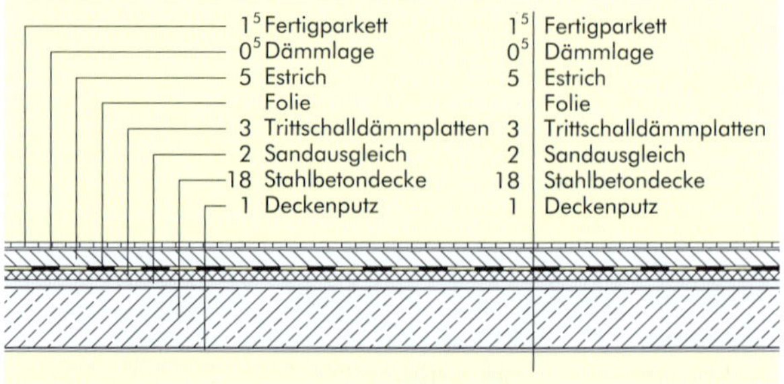

Hinweislinien: Links der Norm entsprechend

Abkürzungen

Um den Platzverbrauch für Beschriftungen gering zu halten, werden häufig vorkommende Bezeichnungen abgekürzt. In allen Fällen ist es empfehlenswert die Abkürzungen in einer Legende zu erklären.

Lese- und Schreibrichtung

Beschriftungen und Bemaßungen sind so anzuordnen, dass sie von „unten" und „rechts" ⬆ lesbar sind, wenn die Zeichnung in Leserichtung betrachtet wird. Die Beschriftungsrichtung richtet sich außerdem nach dem Winkel, unter dem die Beschriftung geschrieben wird.

1.1.11 Bemaßen

In Bauzeichnungen werden in der Regel **Rohbaumaße** eingetragen. Der Umfang der Maßeintragung ist von der Art bzw. dem Zweck der Zeichnung abhängig. In **Baugesuchsplänen** müssen alle Maßangaben vorhanden sein, um die Flächen berechnen zu können. In **Ausführungszeichnungen** sind so viele Maße einzutragen, dass das Bauwerk/Bauteil ohne Rückfragen und ohne zusätzliche Maßberechnungen erstellt werden kann. Es ist auf den Bauablauf Rücksicht zu nehmen: Die Lage einer Öffnung in einer tragenden Wand darf nicht von einer – viel später errichteten – Zwischenwand aus bemaßt werden. Es hat sich bewährt, die Maße der tragenden Struktur mit größerer Schrift von den Ausbaumaßen abzusetzen.

Bestandteile der Bemaßung

Maßlinien und **Maßhilfslinien** sind als dünne Volllinien zu zeichnen. Die Maßhilfslinie muss zum Bauteil hin länger sein, damit das Auge die Bezugskante schneller erfasst. Die Maßhilfslinien beginnen mit einem Abstand zum Baukörper. Als **Maßlinienbegrenzung** werden allgemein der Schrägstrich unter 45° oder Kreise verwendet. Pfeile verwendet man im Stahlbau und bei der Bemaßung von Radien und Durchmessern. Die **Maßzahlen** stehen immer auf der Maßlinie. Zwischen Maßzahl und Maßlinie sollte ein Abstand von ca. 1/3 der Maßzahlhöhe sein.

Allgemeine Regeln für das Bemaßen

- Die erste Maßlinie wird mit einem größeren Abstand ① zum Bauteil gezeichnet, die Abstände der folgenden Maßlinien sind kleiner ② und immer gleichmäßig.
- Maßlinien mit Maßen, die die Außenwand betreffen, werden außen angeordnet. Entsprechend ihrer Lage werden die Maße, die das Innere betreffen, innen gezeichnet, und Maße, die weiter außen liegende Bauteile betreffen, weiter außen gezeichnet. Ganz außen steht das Gesamtmaß. Dies bedeutet zum Beispiel:
  1. Maßkette – Raumbreiten und Wandstärken,
  2. Maßkette – Öffnungsmaße,
  3. Maßkette – Teilaußenmaße,
  4. Maßkette – Gesamtmaß.

  Die – durchaus übliche – Anordnung der Maßketten, bei der die Öffnungen am weitesten innen bemaßt werden, ist unsystematisch und widerspricht der DIN 1356-1.
- Maßlinien mit Maßen, die sich auf Bauteile im Inneren beziehen, werden innen im Bereich des zu bemaßenden Bauteils angeordnet (z. B. Bemaßungen von Türen, Pfeilern, Mauervorsprüngen). Diese Maßlinien sind so anzuordnen, dass die Flächen in der Mitte der Räume für andere Angaben frei bleiben.
- Bei Wandöffnungen wird die Breite *b* über die Maßlinie, die Höhe *h* unter die Maßlinie geschrieben.

UG	Untergeschoss	WD	Wanddurchbruch
KG	Kellergeschoss	WS	Wandschlitz
EG	Erdgeschoss	SWS	senkrechter WS
OG	Obergeschoss	WWS	waagerechter WS
DG	Dachgeschoss	DD	Deckendurchbruch
RFB	Rohfußboden	DA	Deckenaussparung
FFB	Fertigfußboden	Roll	Rollladen
OK	Oberkante	Gr	Gurtroller
UK	Unterkante	RR	Regenrohr
DN	Dachneigung	PT	Putztür (Kamin)
DV	Dachvorsprung	BA	Bodenablauf
HG	Hausgrund	fb	feuerbeständig
Stg	Steigung (Treppe)	fh	feuerhemmend
BRH	Brüstungshöhe	m ü. NHN	m über Normalhöhennull
HKN	Heizkörpernische	KS	Kontrollschacht

Die wichtigsten Abkürzungen in Bauzeichnungen

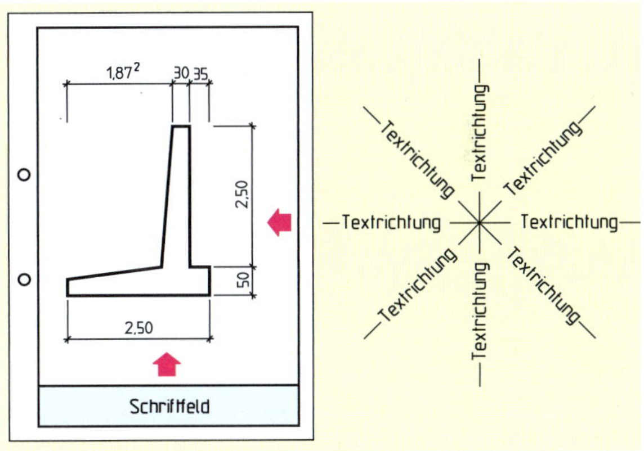

Leserichtung

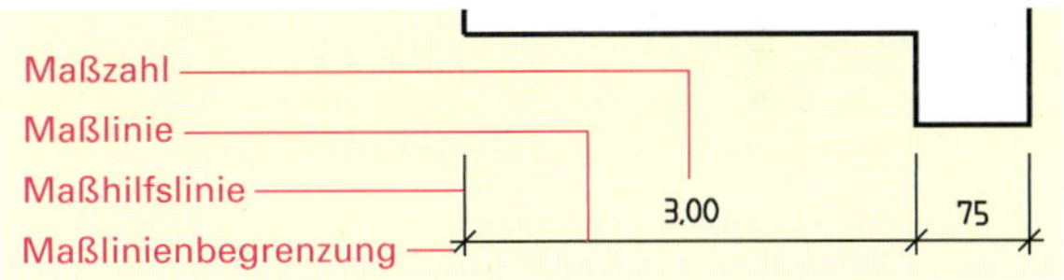

Bestandteile der Bemaßung

Maßlinienbegrenzungen: Varianten

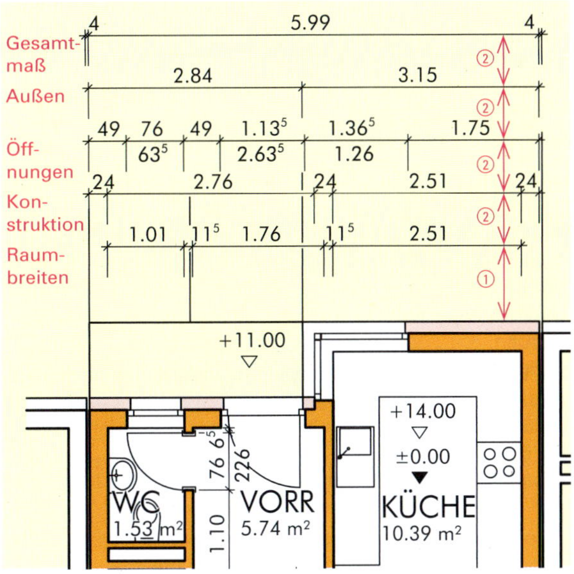

Anordnung der Maßketten

- Maßzahlen müssen in gut lesbarer Größe geschrieben werden. Sie dürfen nicht durch Linien getrennt, gekreuzt oder berührt werden.
- Bei Platzmangel werden die Maßzahlen nach rechts oder links verschoben. Ist nicht genügend Platz für notwendige Bemaßungen vorhanden, sollte eine Detailzeichnung angefertigt werden.
- Angabe von Querschnitten:
  Rechteckquerschnitte 10/18 (Breite/Höhe)
  quadratische Querschnitte □ 25/25 oder ◫ 25
  runde Querschnitte ∅ 30
- Im Gegensatz zu anderen technischen Bereichen werden die Maße in unterschiedlicher Schreibweise eingetragen. Im Bauwesen werden Maße unter 1 m in cm, ab 1 m in m und cm angegeben.
  Um Fehler zu vermeiden, sollte die Maßeinheit angegeben werden, z.B. *1:50 – m, cm* oder in einem besonderen Hinweis, z.B. *„Alle Maßangaben in mm"*.
- Höhenangaben: ▼ Rohbauhöhe, ▽ Fertighöhe

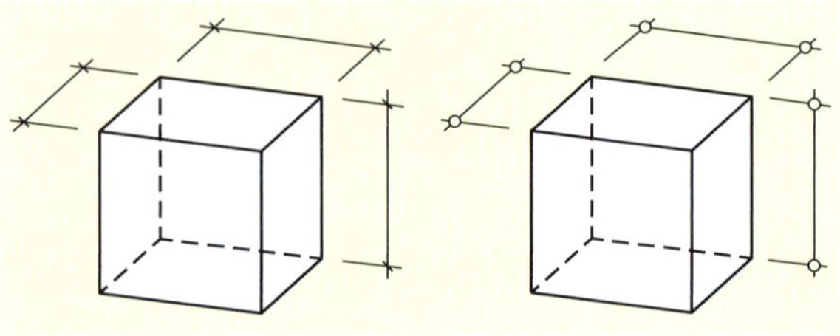

Bemaßen von Schrägbildern

Bei Schrägbildern verlaufen die Maßhilfslinien in Fortsetzung der Körperkanten. An Stelle von Schrägstrichen verwendet man in diesem Fall meist Kreise.

1.1.12 Fenster- und Türdarstellung

Fenster werden mit einfachen Linien dargestellt oder mit Darstellung des Fensterrahmens, was bei mehrteiligen Fenstern und Fenstertüren vorteilhaft ist. Wird ein Fenster mit Anschlag eingebaut, ist auch dieser darzustellen.

Türen werden mit der Aufschlagsrichtung gekennzeichnet, entweder als Viertelkreis oder mit einer 45°-Linie. Die Darstellung mit dem Viertelkreis ist zu bevorzugen, weil damit der Platzbedarf korrekt angezeigt wird. Bei Türen in Außenwänden empfiehlt sich die Darstellung des Türrahmens.

1.1.13 Einrichtung und Möblierung

In die Grundrisse von **Entwurfsplänen** werden Einrichtungen eingezeichnet. Das erleichtert die Vorstellung von der Größe und der Nutzbarkeit der Räume. In CAD-Programmen stehen vielfältige Symbole für die Einrichtung zur Verfügung. In vielen Fällen jedoch wird man damit nicht auskommen und die Möbel müssen selbst gezeichnet werden.

Bei **Baugesuchen** und **Werkplänen** werden nur die Feuchträume eingerichtet, damit notwendige Schlitze und Durchbrüche für Installationen besser geplant werden können. Zu den Feuchträumen zählen Küche, Bad, WC, Hauswirtschaftsraum, Waschküche. Ferner werden Heizungsanlagen und Warmwasserspeicher eingezeichnet.

Eine eingezeichnete Möblierung würde bei diesen Zeichnungen von der wesentlichen Aussage des Planes nur ablenken.

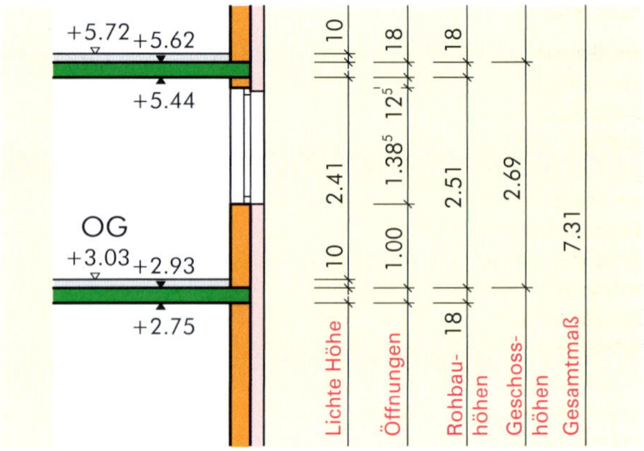

Bemaßung im Schnitt

Beispiel	Bereich Bau in m, cm	Bereich Stahlbau/Schreiner in mm
1 m	1,00	1000
75 cm	75	750
1,26 m	1,26	1260
12,5 cm	12^5	125

Maßangaben

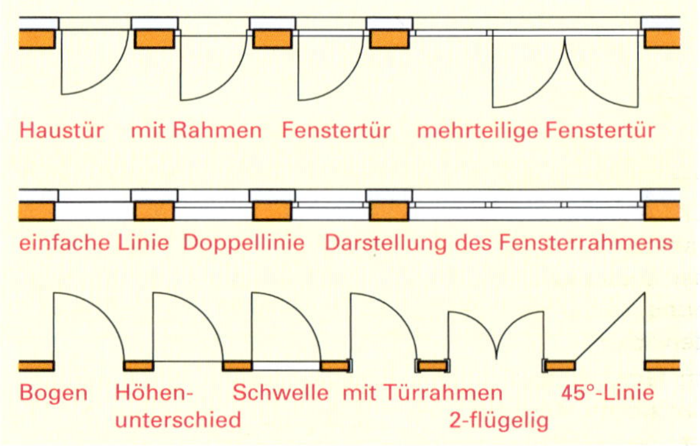

Darstellung von Außentüren, Fenstern und Innentüren

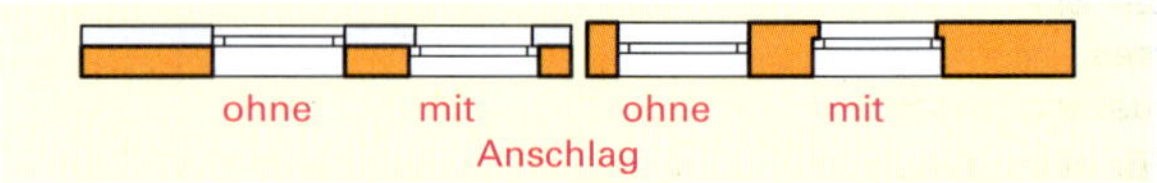

Anschlagdarstellung bei Öffnungen in Außenwänden

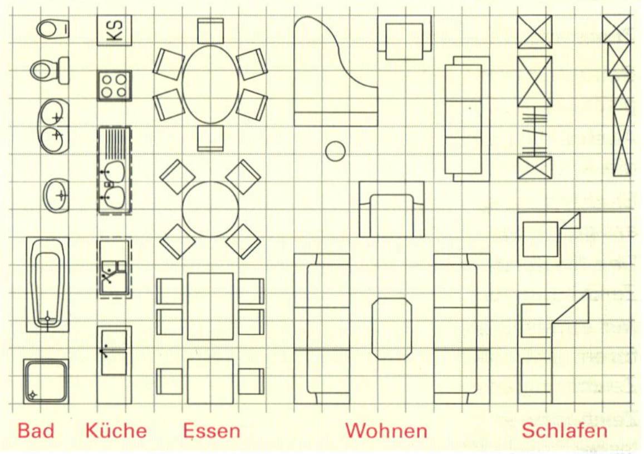

Symbole für Einrichtungsgegenstände, Raster 50 cm

1.1.14 Darstellung der Außenanlagen

Im **Grundriss** des Erdgeschosses werden die Außenanlagen eingetragen. Bei größeren Grundstücken erfolgt die Darstellung der Außenanlagen in ihrer Gesamtheit im Lageplan, der dafür im Maßstab 1:200 gezeichnet wird. Wege, Terrassen, Kfz-Stellplätze, Aufstellplätze für Müllbehälter, die Einfriedung und die wesentliche Bepflanzung sind darzustellen. In **Entwurfsplänen** kann dies durch Möblierung der Terrasse, Autos und eine weitergehende Pflanzendarstellung ergänzt werden. Lagepläne werden mit Schatten versehen, um das Gebäude plastisch hervorzuheben. Häufig werden die Flächen farbig angelegt.

In die **Ansichten** werden die Fensteraufteilungen, Balkone und alle weiteren Gestaltungselemente eingetragen. Die Lage der Geschossdecken wird gestrichelt dargestellt. Sind alle notwendigen Höhenmaße im Schnitt angegeben, ist eine Bemaßung nicht erforderlich. Die Baukörperkanten werden mit stärkeren Linien hervorgehoben. Durch Schatten wirkt die Ansicht plastisch. Mit Farbflächen lässt sich das Bild realitätsnah gestalten, besonders durch dunkles Hinterlegen der Glasflächen. Bei Entwurfsplänen werden häufig noch Bäume, Personen und Autos eingezeichnet, um einen Größenbezug zu erhalten. Natürlich dürfen diese Gestaltungsmittel nichts Wesentliches verdecken.

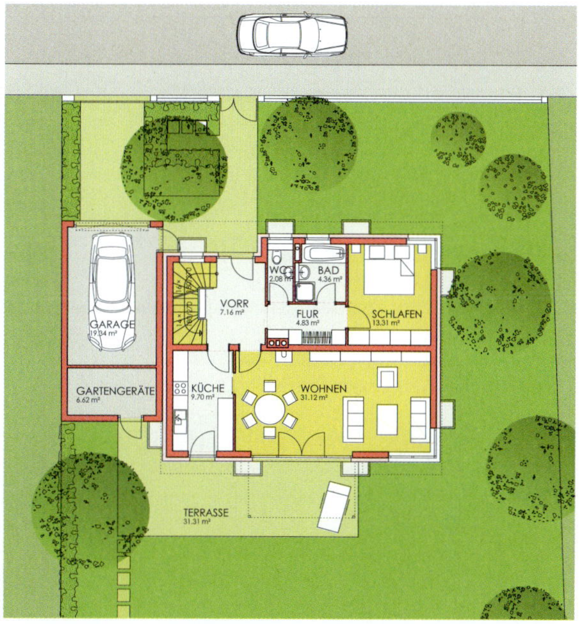

Entwurfsplan: Erdgeschoss mit anschließendem Gelände

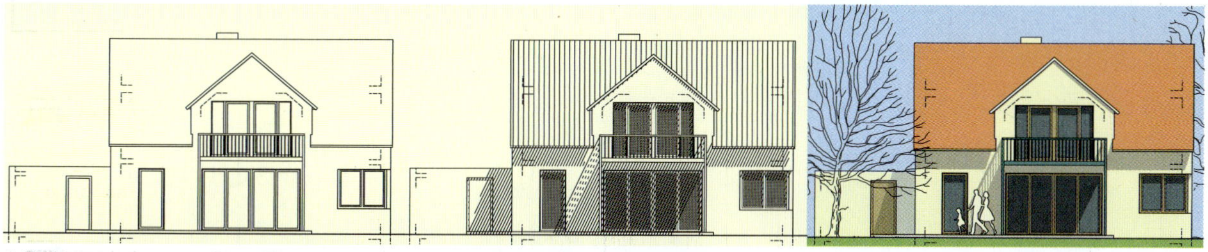

Südansicht des obigen Hauses mit grafischer Überarbeitung

CAD-Programme stellen Gestaltungsmittel in großer Anzahl zur Verfügung, wie am Beispiel oben zu sehen ist. Bei der Darstellung von Bäumen jedoch ist die Freihandzeichnung vorteilhaft, da jeder Baum individuell gestaltet werden kann.

Im Grundriss wird beim Zeichnen von Bäumen von der Kreisform ausgegangen, die für kleine Maßstäbe passend ist. Bei größeren Maßstäben wird der tatsächliche Umriss angenähert, eventuell auch mit symbolischer Darstellung der Blätter. Auch in der Ansicht wird der Umriss des Baumes gezeichnet, seltener ein Baum im blattlosen Winterzustand (siehe auch Abschnitt 16.7).

Für eine überzeugende Darstellung der Natur bedarf es einiger Erfahrung und Übung. Wenigen wird dies so überzeugend gelingen wie Heinrich Tessenow im Bild rechts.

Baumdarstellung in Grundriss und Ansicht

Heinrich Tessenow: Entwurf Zweifamilienhaus, 1903

Zusammenfassung

Baugesuchszeichnungen dienen der rechtlichen Überprüfung des Bauvorhabens.

Ausführungszeichnungen sind Arbeitsanweisungen an die Ausführenden.

Bauzeichnungen erhalten einen Plankopf rechts unten am gefalteten Plan.

Der Maßstab einer Zeichnung hängt vom Zweck der Zeichnung ab.

Mit unterschiedlichen Linienarten und -breiten, Schraffuren und Flächenfüllungen wird die Lesbarkeit einer Zeichnung erhöht.

Zeichnungen müssen übersichtlich und einwandfrei lesbar beschriftet und bemaßt werden.

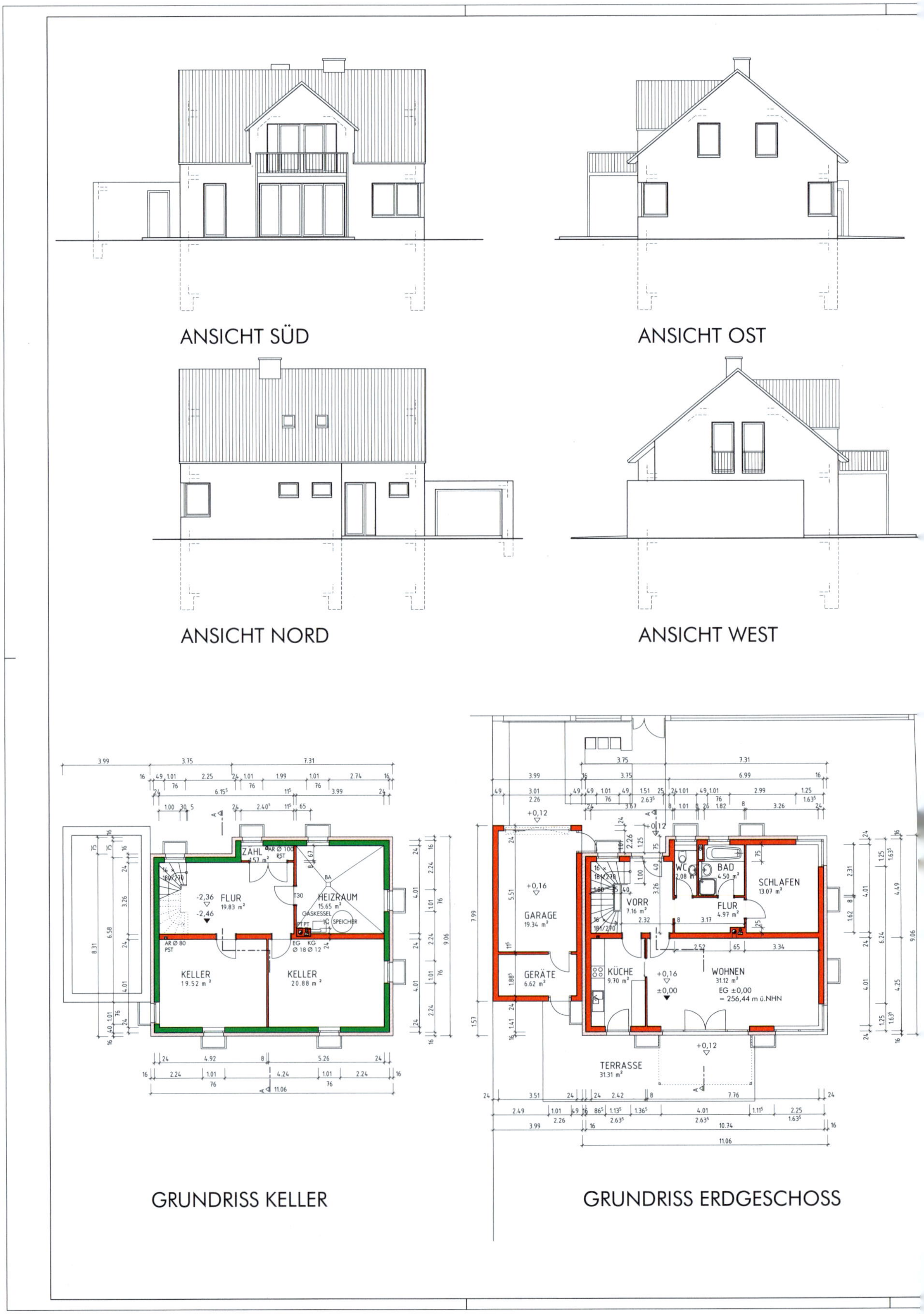
ANSICHT SÜD
ANSICHT OST
ANSICHT NORD
ANSICHT WEST
FLUR
HEIZRAUM
KELLER
KELLER
GRUNDRISS KELLER
GARAGE
GERÄTE
VORR
WC
BAD
SCHLAFEN
FLUR
KÜCHE
WOHNEN
TERRASSE
GRUNDRISS ERDGESCHOSS

LEGENDE
- BETON
- MAUERWERK
- DÄMMSCHICHTEN

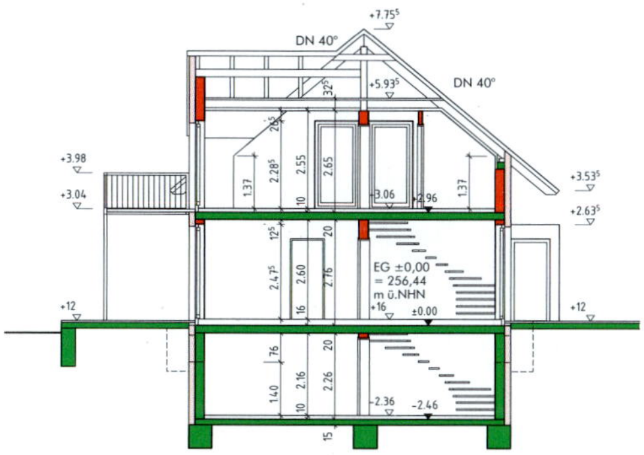

SCHNITT A

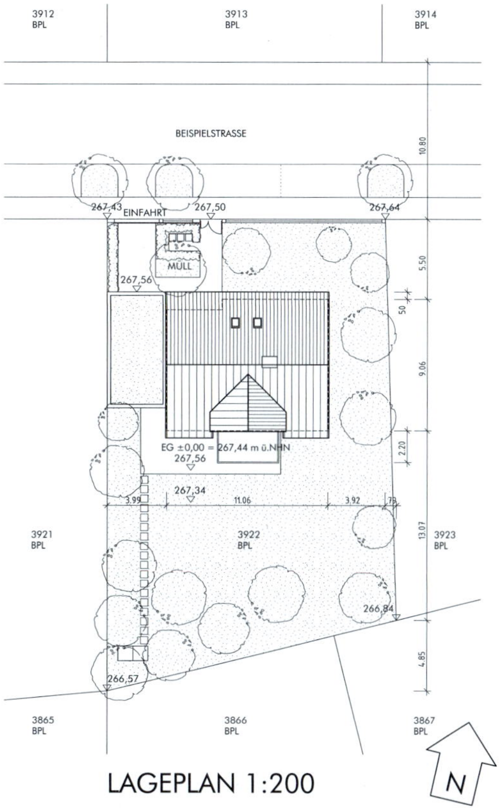

LAGEPLAN 1:200

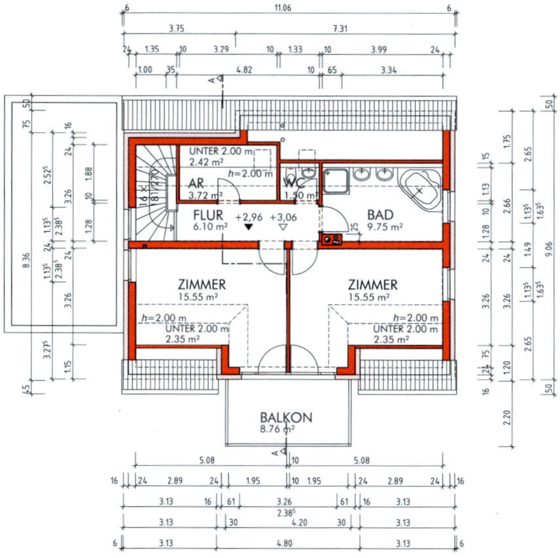

GRUNDRISS DACHGESCHOSS

ARCHITEKTEN
DIPL-ING. VORNAME NAME
DIPL-ING. FH. ZUM BEISPIEL

MUSTERSTRASSE 08/15
98765 IRGENDWO
TEL: 0123/456 58 70

BAUGESUCH

FÜR DIE ERRICHTUNG EINES EINFAMILIENHAUSES
IN 12345 MUSTERSTADT, BEISPIELSTRASSE 7.

BAUHERR:

BAULEITER:

ARCHITEKT:

PROJ. NR:	19/07	PLAN NR:	B 02	MASSSTAB	1:100
ERSTELLT:	E.B.	GEPRÜFT:	H.S.	DATUM:	12.05.2019

Aufgaben *(alle Zeichnungen 1:200)*

1. *Entwerfen Sie einen Plankopf (Schriftfeld) für Ihre Zeichnungen, den Sie für alle Aufgaben benutzen. Der Plankopf sollte nicht zu groß sein, damit er auch für A4- und A3-Blätter verwendet werden kann.*

2. *a) Übertragen Sie den Grundriss der Garage mit Werkstatt im Maßstab 1:50 auf ein A4-Blatt.*
   b) Tragen Sie die Tür- und Fenstersymbole ein.
   c) Bemaßen Sie nach Norm.
   d) Schraffieren Sie die Wände (Mauerwerk).

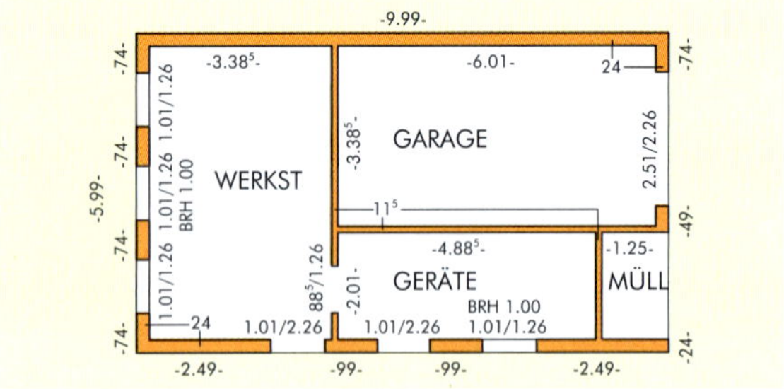

3. *a) Übertragen Sie den Grundriss des Wohnhauses im Maßstab 1:100 auf ein A4-Blatt.*
   b) Tragen Sie die Tür- und Fenstersymbole ein.
   c) Bemaßen Sie nach Norm für einen Bauantrag.
   d) Schraffieren Sie die Wände (Mauerwerk).
   d) Richten Sie Küche und WC ein.

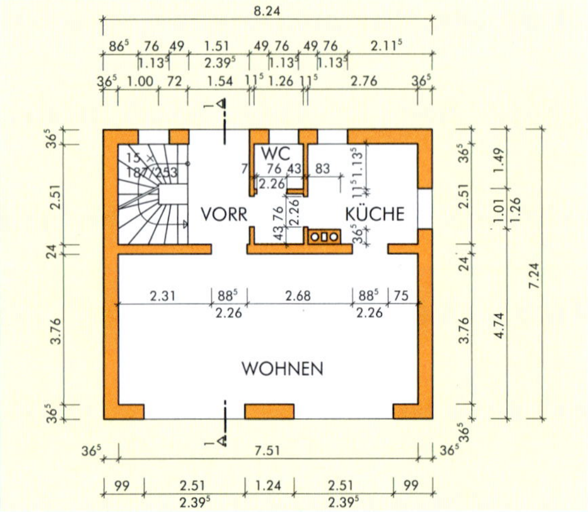

4. *Gestalten Sie den Grundriss von Aufgabe 3 als Entwurfsplan mit Möblierung.*

5. *Zeichnen Sie Ihren Klassenraum mit Einrichtung und Bemaßung des Raumes. Wählen Sie den Maßstab so, dass die Zeichnung auf ein A3-Blatt passt.*

6. *a) Übertragen Sie den Grundriss des Reihenhauses im Maßstab 1:100 auf ein A4-Blatt.*
   b) Tragen Sie die Tür- und Fenstersymbole ein.
   c) Bemaßen Sie die Hauptmaße und die Raumflächen.
   d) Möblieren Sie den Grundriss.

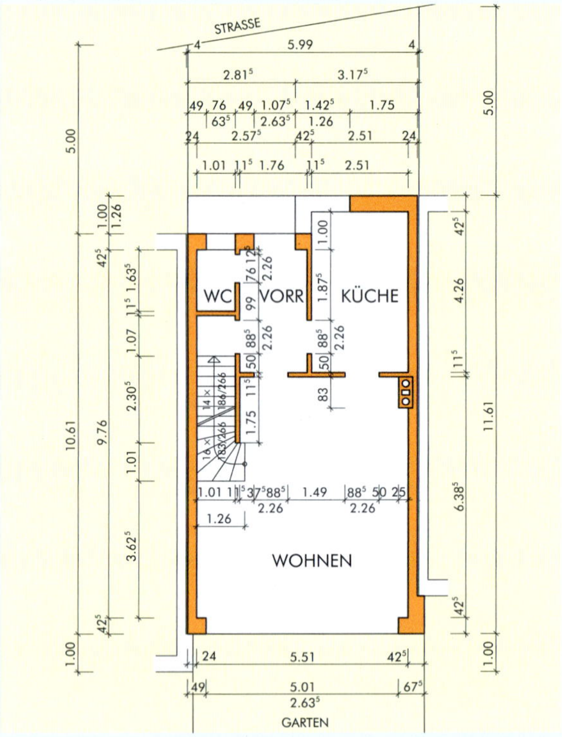

7. *Zeichnen Sie die Außenanlagen mit der Gartengestaltung zum möblierten Plan aus Aufgabe 6. Der Abstand zur Straße beträgt 5 m, der Garten ist 10 m lang.*

8. *a) Übertragen Sie die Ansichten – sie gehören zum Wohnhaus aus Aufgabe 3 – im Maßstab 1:100 auf ein A3-Blatt.*
   b) Zeichnen Sie die Fensteraufteilungen ein. Probieren Sie mehrere Varianten aus.
   c) Gestalten Sie die Ansichten mit Schatten und dunkel hinterlegten Glasflächen.
   d) Zeichnen Sie Bäume und Personen zu Ihren Ansichten.
   e) Gestalten Sie die Ansichten farbig.

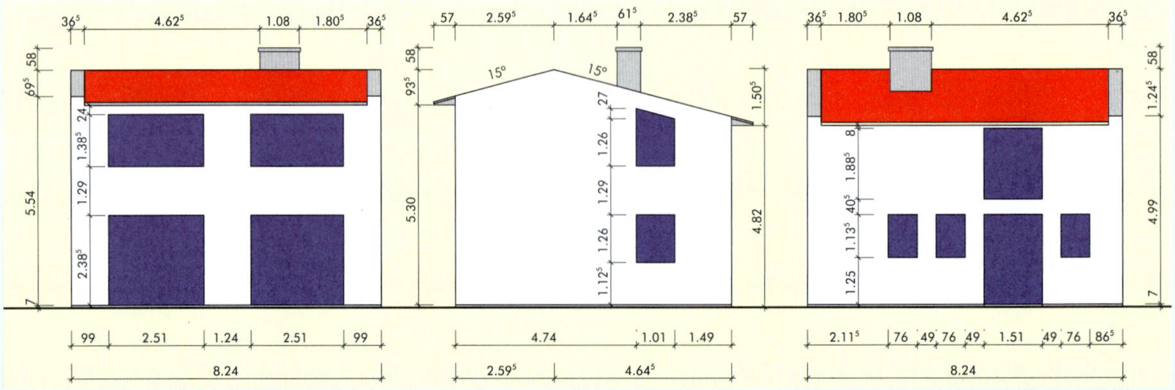

1.2 Geometrische Grundkonstruktionen

Auch im Zeitalter des Computers müssen sich Bauzeichner mit geometrischen Grundkonstruktionen befassen. Zum einen müssen sie in der Lage sein, eine Zeichnung auch ohne PC anzufertigen, zum anderen sind auch beim Zeichnen mittels PC immer wieder Hilfskonstruktionen notwendig.

1.2.1 Strecken

Strecke halbieren

1. Kreisbogen um A und B mit $r \geq \overline{AB}/2$, ergibt C und D.
2. Die Verbindung von C mit D halbiert die Strecke und ist gleichzeitig die Mittelsenkrechte.

Errichten einer Senkrechten in A

1. Kreisbogen um A ergibt B und C.
2. Kreisbogen um B und C ergibt D.
3. Die Verbindung von A mit D ist die Senkrechte.

Fällen eines Lotes in A auf eine Gerade

1. Kreisbogen um A ergibt B und C.
2. Kreisbogen um B und C ergibt D.
3. Die Verbindung von A mit dem Schnittpunkt der Strecken $\overline{BC}$ und $\overline{AD}$ ergibt das Lot.

Errichten eines Endlotes

1\. Kreisbogen mit einem beliebigen Radius um A ergibt B.
2\. Kreisbogen um B mit dem gleichen Radius ergibt C.
3\. B und C Verbinden, Linie über C hinausziehen.
3\. Kreisbogen mit dem gleichen Radius um C ergibt D.
4\. Die Verbindung A mit D ergibt das Endlot.

Streckenteilung

1. Von A aus in beliebigem Winkel eine Hilfsstrecke zeichnen.
2. Auf der Hilfsstrecke so viele gleiche Teile wie gefordert abtragen, ergibt C.
3. C mit B verbinden.
4. Parallelen zu $\overline{BC}$ durch die Teilungspunkte zeichnen.
5. Die Schnittpunkte der Parallelen mit der Strecke teilen die Strecke in gleiche Teile.

Streckenteilung mit einem Lineal oder Dreikantmaßstab
Beispiel für eine Streckenteilung in 5 Teile:

1. Durch A und B jeweils eine Senkrechte zeichnen.
2. Das Lineal (Maßstab spielt keine Rolle) so halten, dass die Ziffern 0 und 5 auf den Senkrechten liegen.
3. Bei den Ziffern 1 bis 4 Markierungspunkte setzen.
4. Lote von den Markierungspunkten auf die Strecke fällen. Die Schnittpunkte der Lote mit der Strecke geben die Teilung an.

Man kann statt 0 und 5 auch 0 und 10 nehmen, dann die Teilungspunkte alle 2 cm setzen. Oder 0 und 2,5, dann die Teilungspunkte bei 0,5 –1 –1,5 usw. setzen.

Parallele zu AB durch Punkt P

1. Kreisbogen um A mit $r = \overline{AP}$, ergibt C.
2. Kreisbogen um C und P mit $r = \overline{AP}$ ergibt D.
3. Die Gerade durch P und D ist die Parallele.

Der Goldene Schnitt

1. Endlot in B.
2. Kreisbogen um B mit $r = \overline{AB}/2$ ergibt C.
3. A mit C verbinden.
4. Kreisbogen um C mit $r = \overline{BC}$ ergibt D.
5. Kreisbogen um A mit $r = \overline{AD}$ ergibt E.
6. E teilt die Strecke $\overline{AB}$ nach dem Goldenen Schnitt.

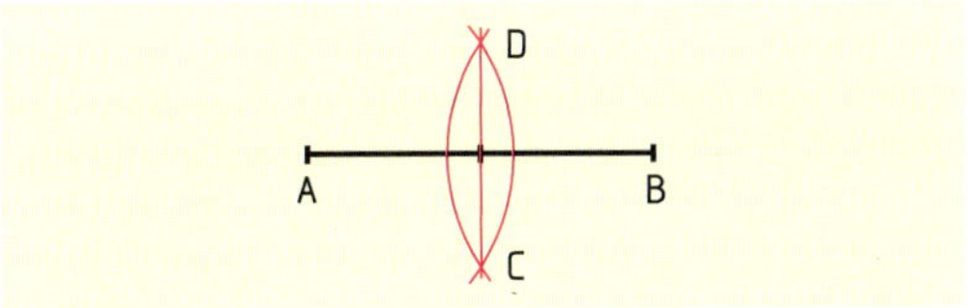

Strecke halbieren

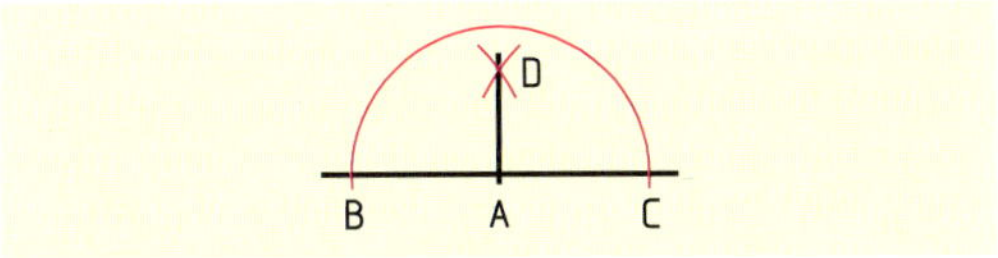

Errichten einer Senkrechten

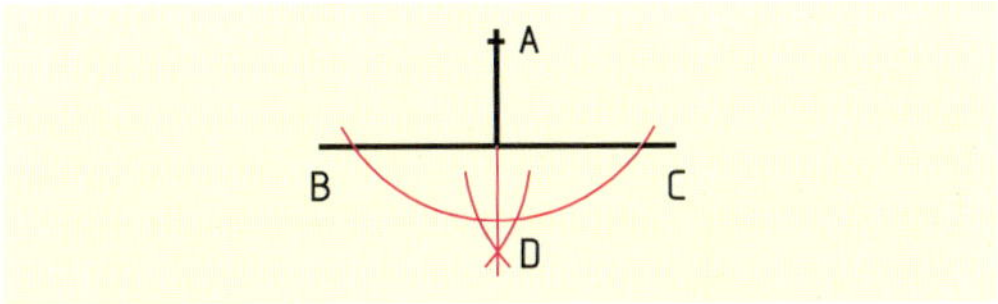

Fällen eines Lotes

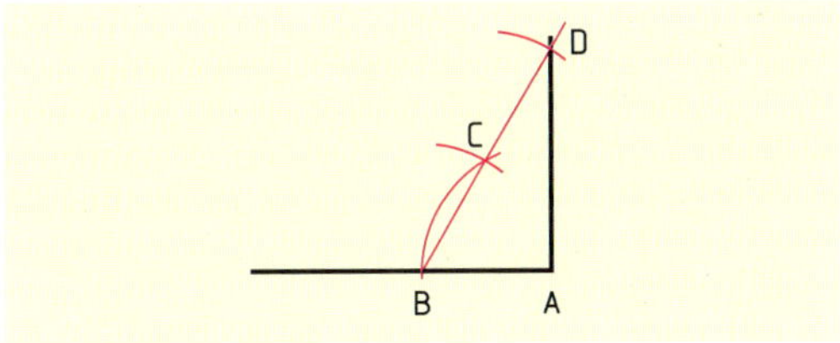

Errichten eines Endlotes

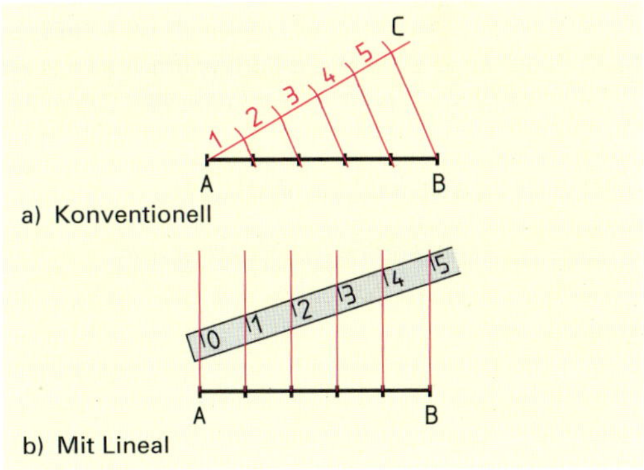

Streckenteilung

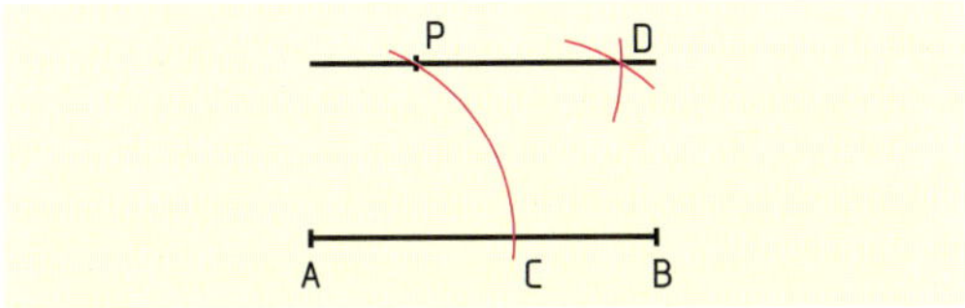

Parallele

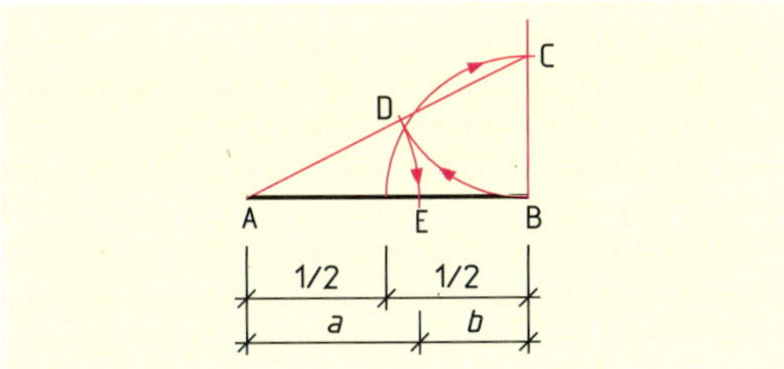

Goldener Schnitt

1.2.2 Winkel

Rechter Winkel – Thaleskreis

Alle Winkel in einem Halbkreis sind rechte Winkel.

Winkel halbieren

1. Kreisbogen mit beliebigem Radius um S ergibt A und B.
2. Kreisbogen um A und B mit gleichem Radius ergibt C.
3. Die Verbindung von S mit C ist die Winkelhalbierende.

Winkel halbieren ohne Zirkel

1. Auf beiden Schenkeln von S aus zwei gleiche Strecken a abtragen, ergibt A und B bzw. A' und B' auf den Schenkeln.
2. A mit B' und A' mit B verbinden, ergibt C.
3. Die Verbindung von S mit C teilt den Winkel.

Rechten Winkel dritteln

1. Kreisbogen um S ergibt A und B.
2. Kreisbogen um A und B mit gleichem Radius ergibt C und D.
3. Die Verbindungen von S mit C und D dritteln den rechten Winkel.

60°-Winkel konstruieren

1. Kreisbogen um S ergibt A.
2. Kreisbogen mit gleichem Radius um A ergibt B.
3. Die Verbindung von S mit B bildet den Winkel von 60°.

30°-Winkel konstruieren

1. Kreisbogen um S ergibt A.
2. Kreisbogen mit gleichem Radius um A ergibt B.
3. Kreisbogen mit gleichem Radius um A und B ergibt C.
4. Die Verbindung von S mit C bildet den Winkel von 30°.

1.2.3 Regelmäßige Vielecke

In allen Fällen sind das Achsenkreuz und der Umkreis gegeben.

Quadrat

Die Verbindung der Schnittpunkte zwischen den Achsen und dem Kreis ergibt das Quadrat.

Achteck

1. Die rechten Winkel um den Mittelpunkt halbieren, ergibt E, F, G und H.
2. Die Verbindung der Punkte A bis H ergibt das Achteck.

Gleichseitiges Dreieck

1. Kreisbogen um D mit $r = \overline{DM}$ ergibt E und F.
2. Die Verbindung der Punkte C, E und F ergibt das gleichseitige Dreieck.

Fünfeck

1. Kreisbogen mit $r = \overline{BM}$ um B ergibt E und F.
2. Die Verbindung von E mit F ergibt G (G halbiert die Strecke $\overline{MB}$).
3. Kreisbogen um G mit $r = \overline{CG}$ ergibt H. $\overline{HC}$ ist die Seitenlänge des Fünfecks.
4. Die Seitenlänge auf dem Umkreis abtragen und die entstehenden Schnittpunkte verbinden.

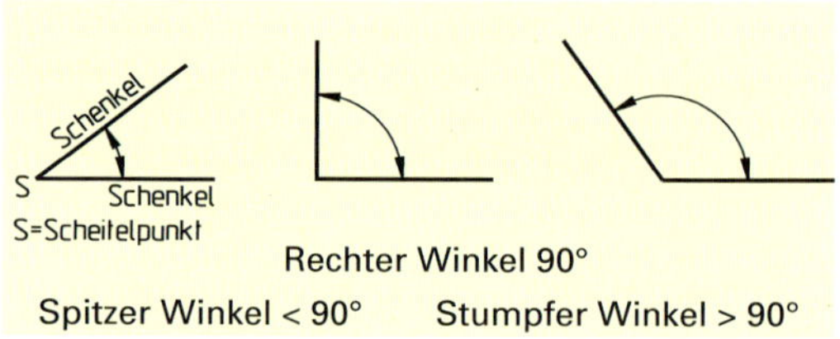

Bezeichnungen von Winkeln

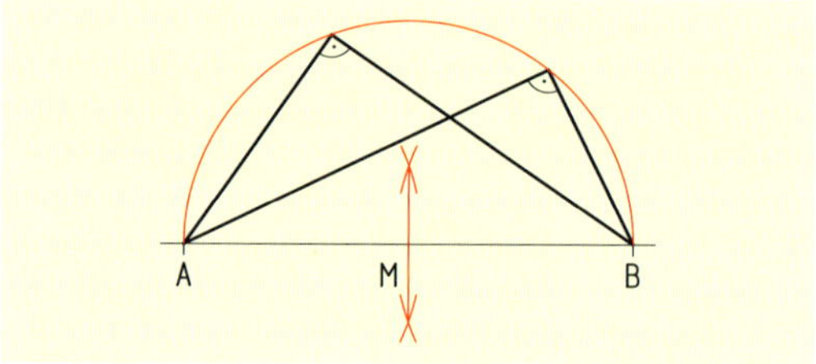

Thaleskreis

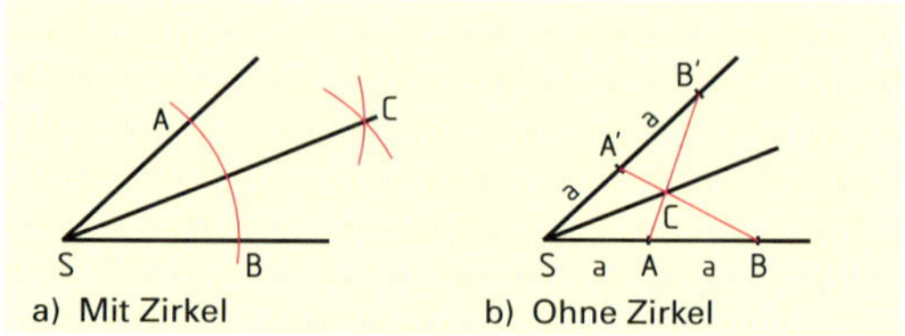

Winkel halbieren

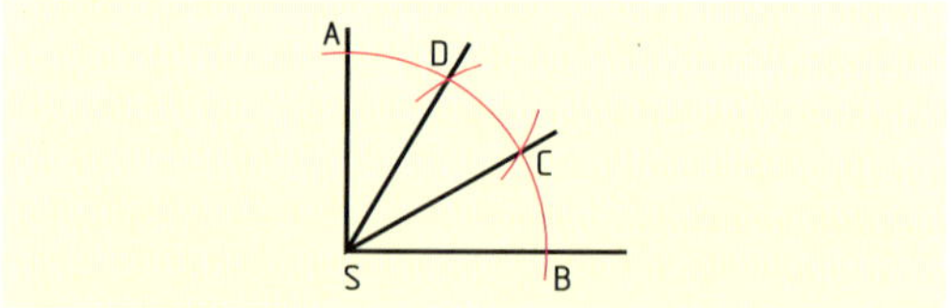

Rechten Winkel dritteln

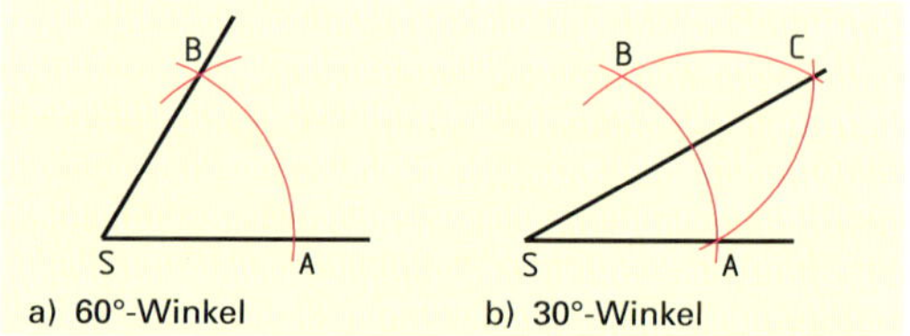

60°- und 30°-Winkel

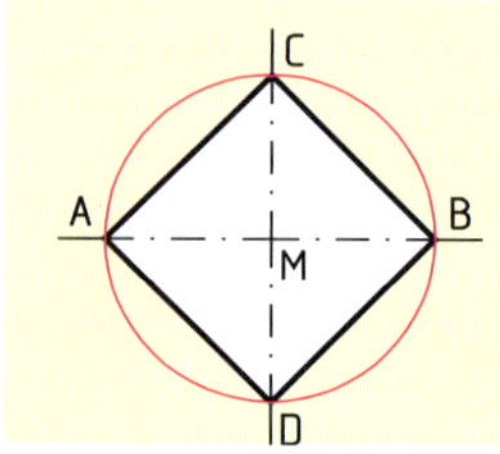

Quadrat

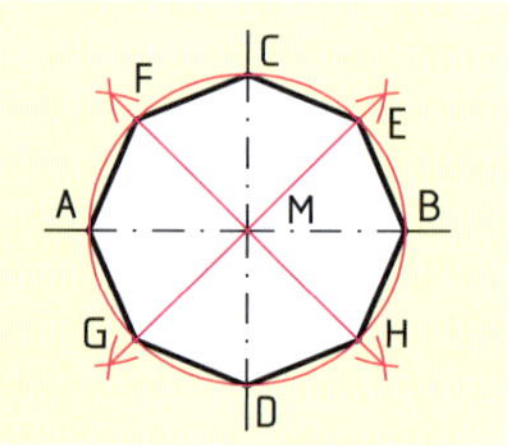

Achteck

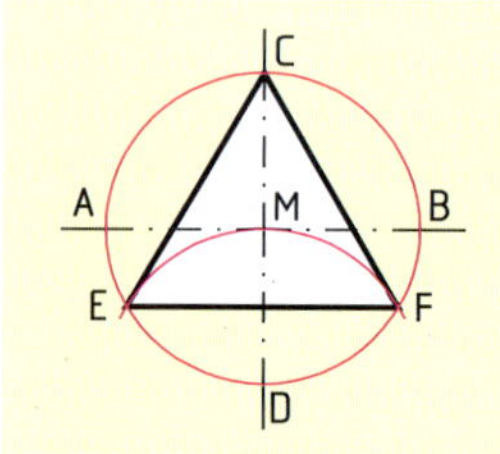

Gleichseitiges Dreieck

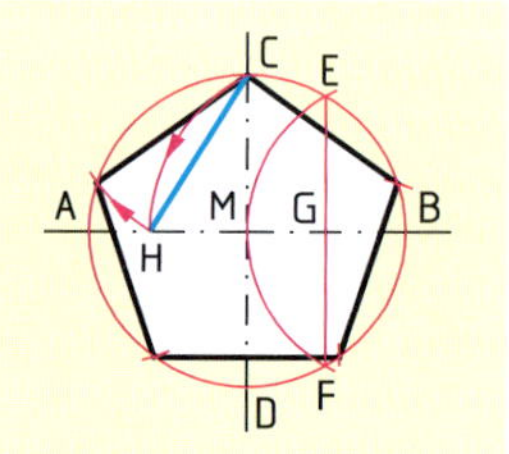

Fünfeck

Sechseck

1. Kreisbogen um C und D mit $r = \overline{DM}$ ergibt E, F, G und H.
2. Die Verbindung der Punkte C, E, G, D, H, und F ergibt das Sechseck.

Sechseck aus gegebener Seite

Da beim Sechseck die Seitenlänge gleich dem Radius des Umkreises ist, ergibt sich die Konstruktion wie folgt:

1. Gegebene Strecke $\overline{AB}$ zeichnen.
2. Kreisbogen mit $r = \overline{AB}$ um A und B ergibt M.
3. Kreis um M mit $r = \overline{AB}$
4. Die gegebene Seitenlänge auf dem Kreis abtragen. Die Verbindung der Schnittpunkte ergibt das Sechseck.

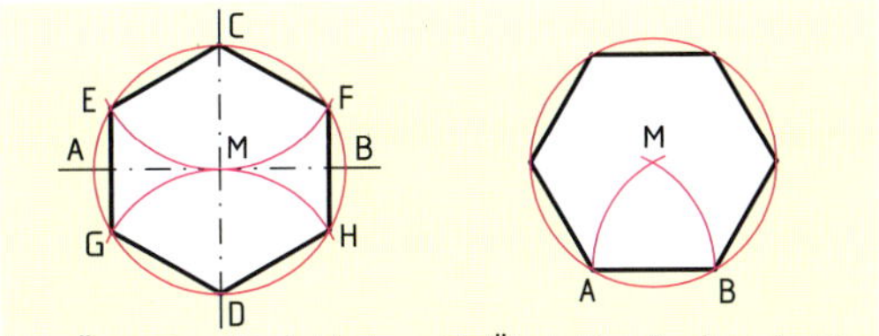

a) Über den Umkreis b) Über eine Sechseckseite

Sechseck

Allgemeine Vieleckkonstruktion bei gegebenem Umkreis

1. Kreisbogen um A und B mit $r = \overline{AB}$ ergibt C und D auf der verlängerten Achse.
2. Strecke $\overline{AB}$ in so viele Teile teilen, wie das Vieleck Ecken haben soll (z.B. neun).
3. C und D mit jedem zweiten Teilungspunkt über den Kreis hinaus verbinden. Die Schnittpunkte mit dem Kreis ergeben die Eckpunkte des regelmäßigen Vielecks.

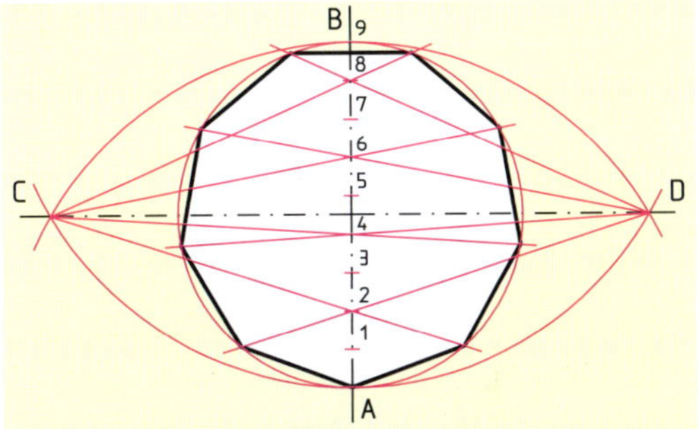

a) Bei gegebenem Umkreis

Allgemeine Vieleckkonstruktion bei gegebener Seitenlänge

1. Gegebene Seitenlänge $\overline{AB}$ zeichnen.
2. Mittelsenkrechte in $\overline{AB}$ errichten.
3. Kreisbogen ① und ② mit $r = \overline{AB}$ um A und B ergibt M_6.
4. Kreisbogen $\overline{AM_6}$ durch 10°-Winkel in 6 gleiche Teile teilen.
5. Kreisbögen um M_6 mit den jeweiligen Teilstrecken als Radien bis zum Schnittpunkt mit der Mittelsenkrechten ergeben die Mittelpunkte der Umkreise für die regelmäßigen Vielecke: M_5 für Fünfeck bis M_{11} für Elfeck.
6. Auf dem jeweiligen Umkreis die gegebene Seitenlänge abtragen.

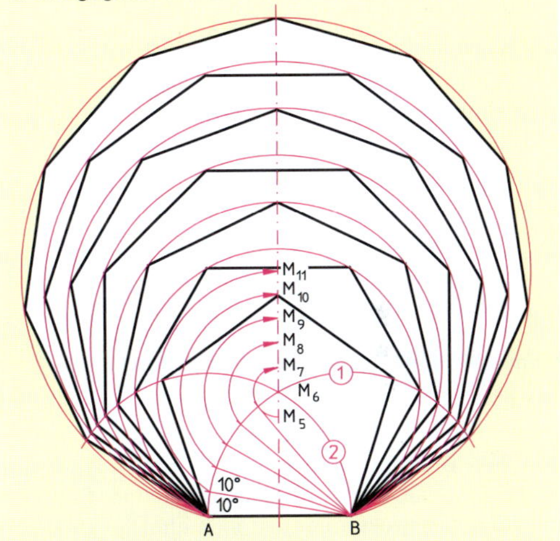

b) Bei gegebener Seitenlänge

Allgemeine Vieleckkonstruktionen

Manche CAD-Programme bieten Vieleckkonstruktionen über den Umkreis, Inkreis, eine Seitenlänge (Basislinie) oder die Schlüsselweite.

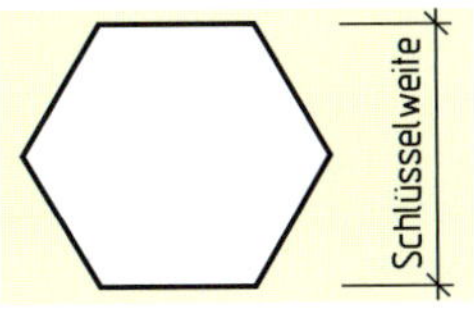

1.2.4 Bogenkonstruktionen

Rundbogen

Gegeben: Spannweite s.

1. Strecke $\overline{AB}$ halbieren ergibt M.
2. M ist der Mittelpunkt des Rundbogens.

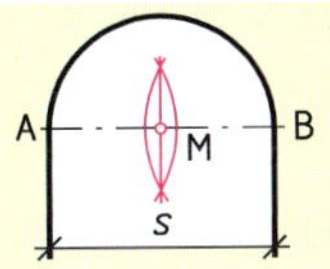

Rundbogen

Segment- oder Stichbogen

Gegeben: Spannweite s und Stichhöhe h.

1. Strecke $\overline{AS}$ halbieren ergibt M auf der Mittelachse.
2. M ist der Mittelpunkt des Segment- oder Stichbogens.

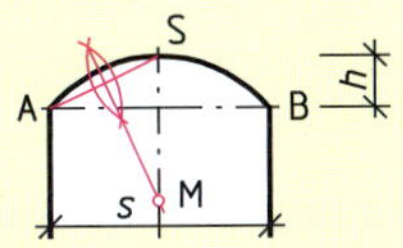

Segment- oder Stichbogen

Spitzbogen

Gegeben: Spannweite s.

Beim Spitzbogen ist der Radius gleich Spannweite *s*.

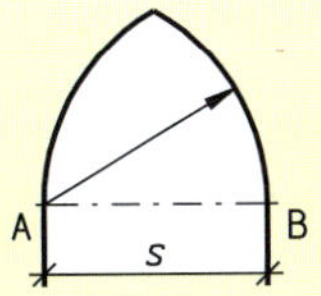

a) Spitzbogen

Gedrückter und überhöhter Spitzbogen

Gegeben: Spannweite s und Stichhöhe h.

1. Strecke $\overline{AS}$ halbieren ergibt M auf der Achse $\overline{AB}$.
2. M auf die andere Seite übertragen ergibt M'.
3. Kreisbogen um M mit $r = \overline{MS}$ durch A und S sowie um M' durch B und S ergibt den gedrückten Spitzbogen.

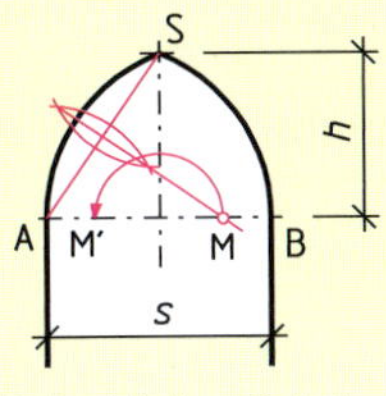

b) Gedrückter Spitzbogen

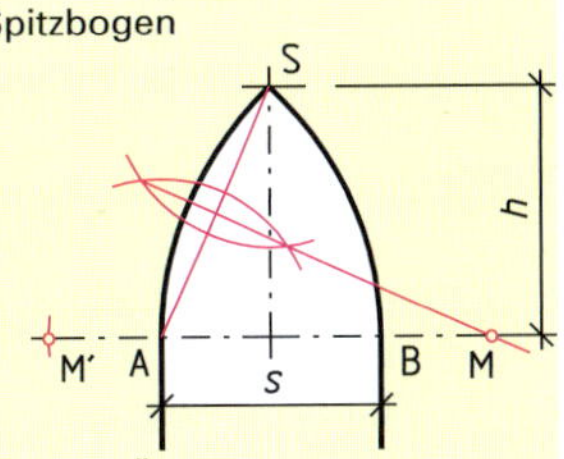

c) Überhöhter Spitzbogen

Spitzbogen

Einhüftiger Bogen

Gegeben: Spannweite s und Steigung h.

1. Endlot in B mit Länge h zeichnen.
2. Kreisbogen um A mit $r = (s + h)/2$ ergibt M_1.
3. Senkrechte durch M_1.
4. Parallele zu $\overline{M_1B}$ mit Abstand h ergibt M_2.
5. Kreisbögen um M_1 mit $r = \overline{AM_1}$ und um M_2 mit $r = \overline{M_1B}$ ergeben den steigenden Bogen.

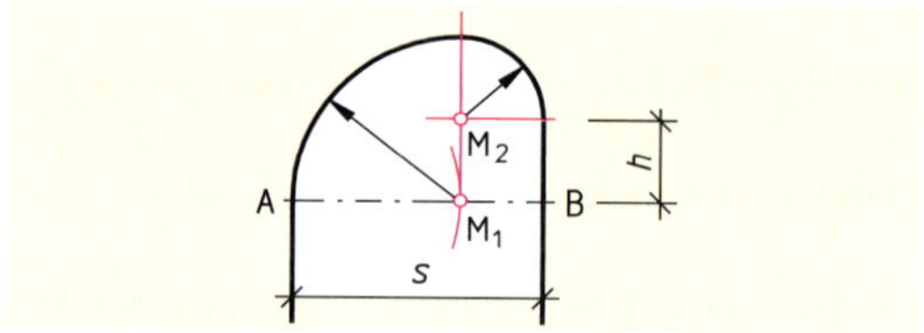

Einhüftiger Bogen

Ellipsenbogen

Gegeben: Spannweite s und Stichhöhe h.

1. Strecke $\overline{AB}$ halbieren ergibt M.
2. Halbkreise um M mit $r = h$ und $r = \overline{AM}$.
3. Mit dem 30°/60°-Winkel Strahlen durch M ziehen (Winkel und Anzahl der Strahlen ist beliebig!), ergibt Schnittpunkte a und b.
4. Durch den Schnittpunkt a Horizontale und durch b Vertikale zeichnen, der Schnittpunkt ist ein Punkt des Ellipsenbogens.

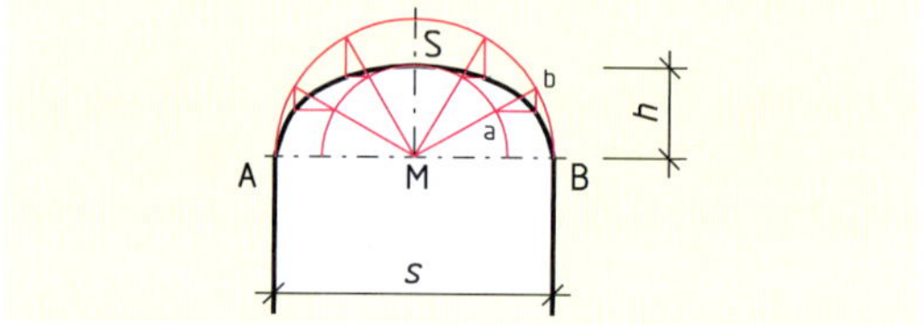

Ellipsenbogen

Ellipsenbogen mit Scheitelkrümmungskreisen

Gegeben: Achsenendpunkte A, B, C.

1. Parallelen zu den Achsen durch A und C ergeben E.
2. Achsenendpunkte A und C verbinden.
3. Lot auf die Gerade $\overline{AC}$ durch E errichten, der Schnittpunkt mit den Achsen ergibt M_1 und M_2.
4. M_3 im Abstand $r_1 = \overline{M_1A}$ von B einzeichnen.
5. Kreisbögen um M_1 und M_3 mit $r_1 = \overline{M_1A}$ und um M_2 mit $r_2 = \overline{M_2C}$ ergeben die Scheitelkrümmungskreise.
6. Den Bereich zwischen Scheitelkrümmungskreisen mit dem Kurvenlineal zeichnen – etwa das mittlere Drittel, wie zwischen den Punkten X und Y.

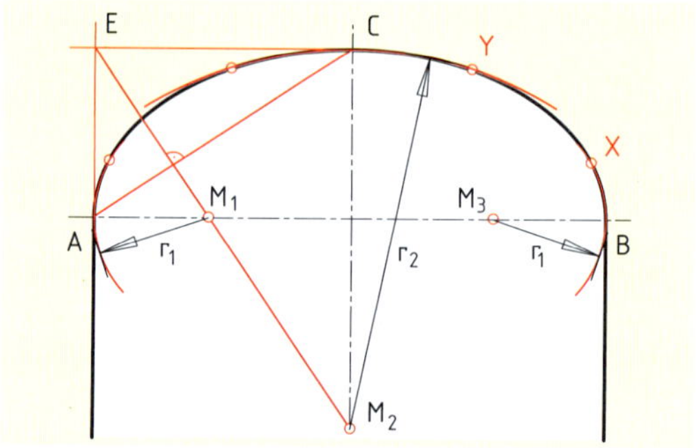

Ellipsenbogen mit Scheitelkrümmungskreisen

Ellipsenbogen mit Schnurkonstruktion

Gegeben: Achsenendpunkte A, B, C.

Da die Summe der Abstände eines beliebigen Punktes der Ellipse von den Brennpunkten F_1 und F_2 gleich dem doppelten großen Halbmesser ist, kann eine Ellipse mit einer Schnur konstruiert werden. Die Konstruktion eignet sich eher für das Abtragen der Form auf dem Werkstück als für eine Zeichnung in kleinem Maßstab.

1. Kreisbogen um C mit dem Radius $a = \overline{MA}$, die Schnittpunkte mit der Achse $\overline{AB}$ sind die Brennpunkte F_1 und F_2.
2. Schnur der Länge $2a$ an den Brennpunkten F_1 und F_2 befestigen.
3. An der gespannten Schnur einen Stift entlang der Ellipse führen.

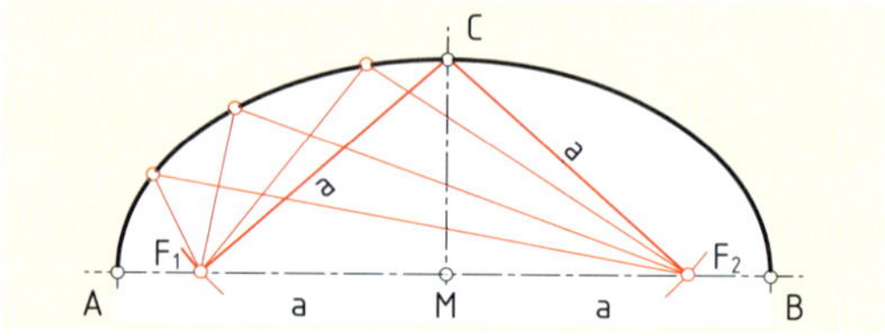

Ellipsenbogen mit Schnurkonstruktion

Korbbogen mit 3 Einstichpunkten

Gegeben: Spannweite s und Scheitelhöhe h.

1. Kreisbogen um M mit $r = \overline{MS}$ ergibt C.
2. A mit S verbinden und die Strecke $\overline{AC} = l$ abtragen, ergibt D.
3. Strecke AD halbieren ergibt M_1 und M_3.
4. M_1 auf die Strecke $\overline{MB}$ übertragen ergibt M_2.
5. M_3 mit M_2 über M_2 hinaus verbinden.
6. Die Kreisbögen um M_1 und M_2 mit $r = \overline{M_1A}$ und um M_3 mit $r = \overline{M_3S}$ ergeben den Korbbogen.

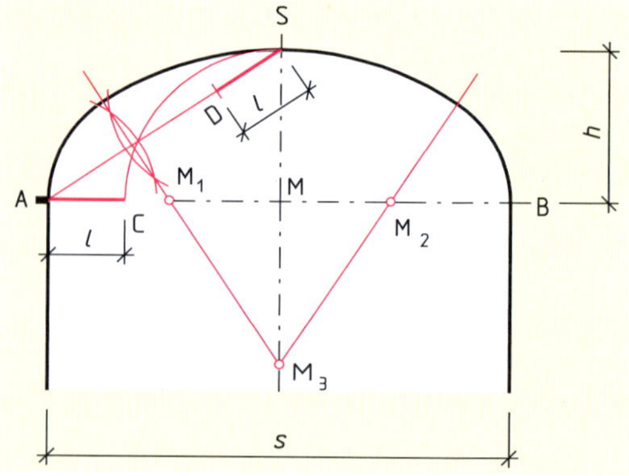

Korbbogen

Eioval

Gegeben: Radius r_1 und Länge $l = \overline{AE}$.

1. Schnittpunkt der Achsen ist M. Kreisbogen um M mit r_1 ergibt B, C und D.
2. C mit B über B hinaus und D mit B über B hinaus verbinden.
3. Kreisbogen um C und D mit $2r_1$ ergibt F und G.
4. Kreisbogen um B mit $r_2 = \overline{BE}$ von F nach G schließt das Eioval.

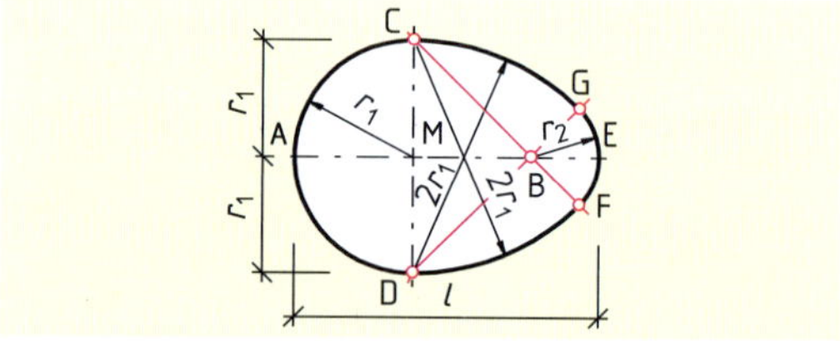

Eioval

1.2.5 Tangenten

Tangente durch Kreispunkt P

Gegeben: Kreisbogen und Punkt P.

1. M mit P über P hinaus verbinden.
2. Kreisbogen um P ergibt A und B.
3. Die Halbierende von $\overline{AB}$ ist die Tangente.

Tangente von P an einen Kreis

Gegeben: Kreisbogen und Punkt P.

1. M mit P verbinden und diese Strecke halbieren, ergibt M_1.
2. Kreisbogen um M_1 mit $r = \overline{MM_1}$ ergibt den Tangentenberührungspunkt A.
3. Die Verbindung von P mit A über A hinaus ergibt die Tangente.

Tangente an zwei Kreise

Gegeben: Kreis mit r_1 und Kreis mit r_2.

1. Kreis um M_1 mit $r = r_1 - r_2$
2. M_1 und M_2 verbinden und halbieren, ergibt M_3.
3. Kreisbogen um M_3 mit $r = \overline{M_1M_3}$ durch M_1 ergibt A.
4. M_1 mit A über A hinaus verbinden, ergibt B.
5. Parallelverschiebung von $\overline{M_1B}$ durch M_2 ergibt C.
6. Die Punkte B und C sind die Tangentenberührungspunkte: Die Tangente ist die Verbindung von B mit C über B und C hinaus.

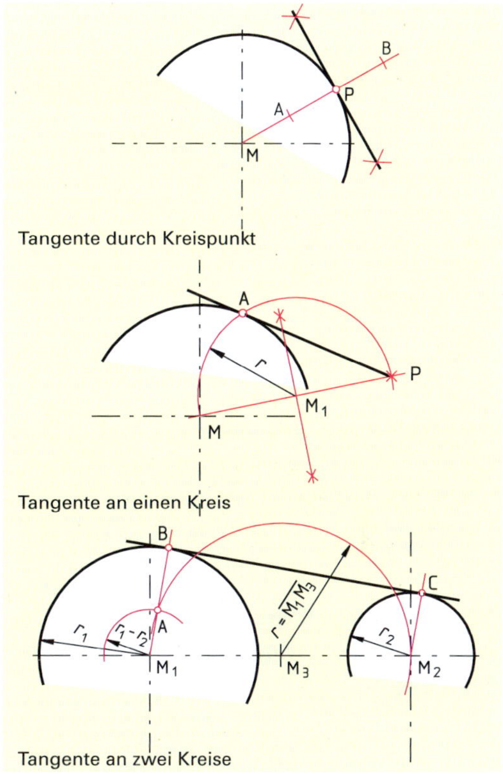

Tangenten

1.2.6 Ausrundungen

M = Mittelpunkt, BA = Bogenanfangspunkt, BE = Bogenendpunkt

Winkel mit gegebenem Radius *r* ausrunden

1. Parallelen zu den Schenkeln mit Abstand *r* ergibt M.
2. Lote von M auf die Schenkel fällen, ergibt BA und BE.
3. Kreisbogen um M mit *r* von BA bis BE ergibt die Ausrundung.

oder mit Winkel halbieren beginnen

1. Winkel halbieren.
2. Parallele zu einem Schenkel im Abstand *r* ergibt M.
3. Lote von M auf die Schenkel fällen, ergibt BA und BE.
4. Kreisbogen um M mit *r* von BA bis BE ergibt die Ausrundung.

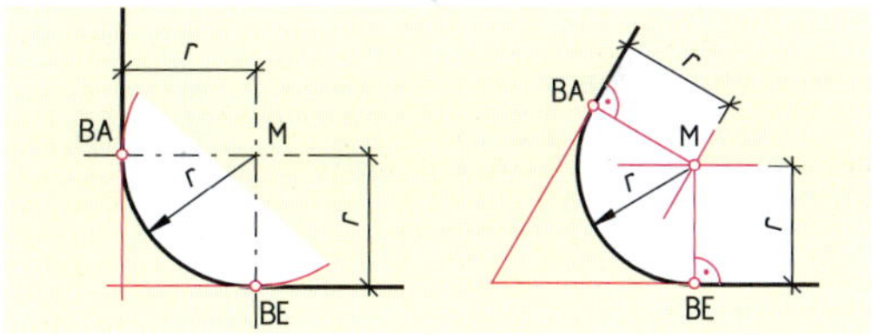

Winkel ausrunden

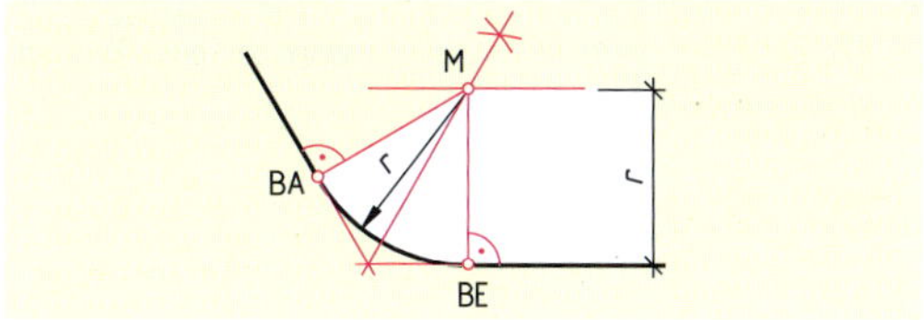

Winkel ausrunden mit Winkel halbieren

Winkel zwischen gegebenen Anschlusspunkten ausrunden

1. Anschlusspunkte einmessen, ergibt BA und BE.
2. Senkrechte in BA und BE, ergibt M.
3. Kreisbogen um M mit $r = \overline{MBA}$ von BA bis BE ergibt die Ausrundung.

oder mit Winkel halbieren beginnen

1. Anschlusspunkte einmessen, ergibt BA und BE.
2. Winkel halbieren.
3. Senkrechte in BA und BE, ergibt M.
4. Kreisbogen um M mit $r = \overline{MBA}$ von BA bis BE ergibt die Ausrundung.

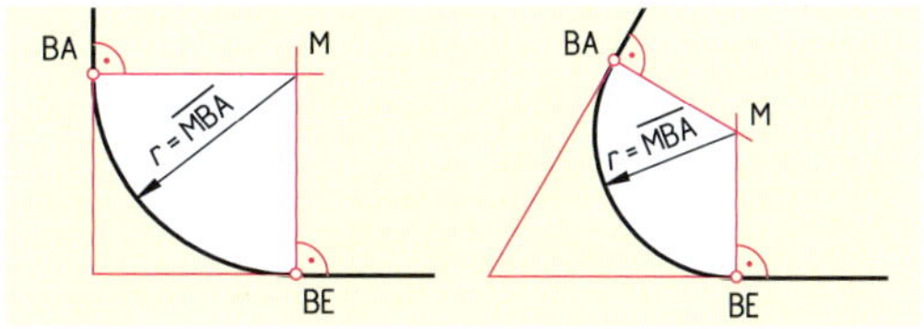

Winkel zwischen gegebenen Punkten ausrunden

Konstruieren von Bogenpunkten nach dem Gitterverfahren

1. Die Strecken $\overline{BA\,TS}$ und $\overline{BE\,TS}$ in gleiche Teile teilen, z. B. 6 Teile, ergibt die Punkte 1 bis 6.
2. Punkt 1 der Strecke $\overline{BA\,TS}$ mit Punkt 6 der Strecke $\overline{BE\,TS}$ verbinden.
3. Punkt 2 der Strecke $\overline{BA\,TS}$ mit Punkt 5 der Strecke $\overline{BE\,TS}$ verbinden.
4. Wie unter Punkt 2. und 3. die restlichen Punkte verbinden.
5. Die Schnittpunkte der Verbindungslinien ergeben Punkte des Kreisbogens.

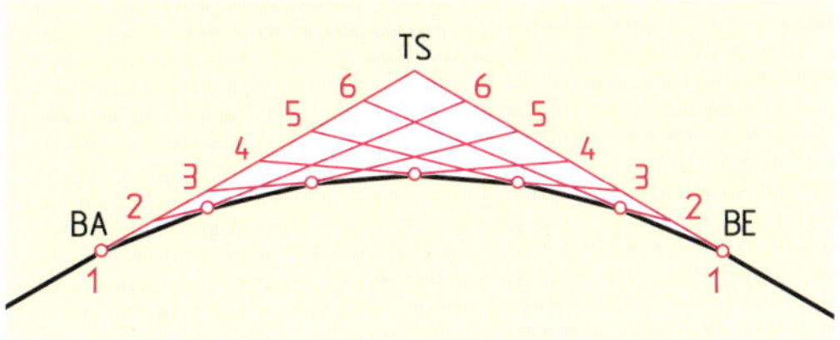

Bogenpunkte nach dem Gitterverfahren

1.2.7 Kreisübergänge

Einfacher Kreisanschluss

Gegeben: Punkt P auf Gerade g_1, g_2 und Radius r.

1. Kreisbogen um P mit r.
2. Parallele zu g mit Abstand r, ergibt M.
3. Senkrechte in M, ergibt den Übergangspunkt A.
4. Der Kreisbogen um M mit r von P nach A ergibt den Kreisanschluss.

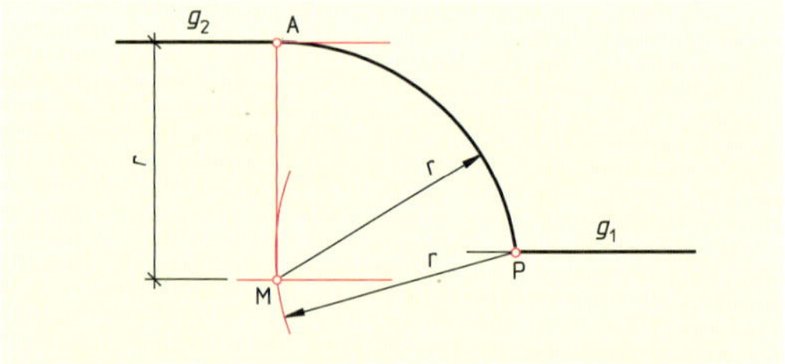

Einfacher Kreisanschluss

Doppelter Kreisanschluss

Gegeben: Zwei Geraden g_1, und g_2, Punkt P auf g_1, die Kreisanschlussradien r_1 und r_2.

1. Lot in P errichten.
2. Kreisbogen um P mit r_1 ergibt M_1.
3. Parallele zu g_2 mit dem Abstand r_2.
4. Kreisbogen um M_1 mit $r_3 = r_1 + r_2$ ergibt M_2.
5. Die Kreisbögen um M_1 mit r_1 und um M_2 mit r_2 ergeben den doppelten Kreisanschluss.

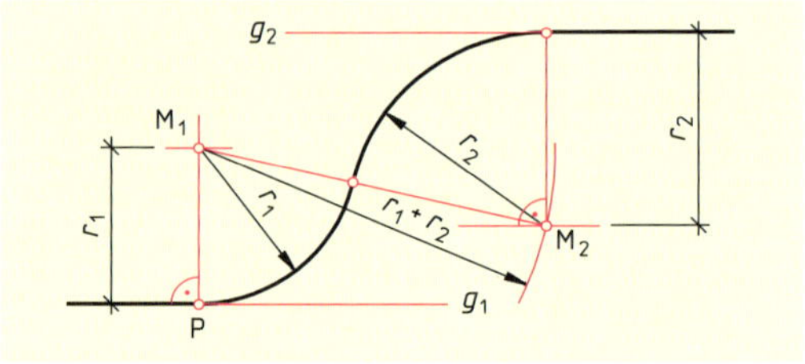

Doppelter Kreisanschluss

Verbindung zweier Kreisbögen als Wendelinie

Gegeben: Zwei Kreisbögen mit r_1 und r_2, Kreisanschlussradius r_3.

Möglichkeit 1:

1. Kreisbogen um M_1 mit $r = r_3 - r_1$.
2. Kreisbogen um M_2 mit $r = r_2 + r_3$ ergibt M_3.
3. M_3 mit M_1 über M_1 hinaus verbinden, ergibt Anschlusspunkt A.
4. M_3 mit M_2 verbinden, ergibt Anschlusspunkt B.
5. Kreisbogen um M_3 mit r_3 von A bis B ergibt den Kreisanschlussbogen.

Möglichkeit 2:

1. Kreisbogen um M_1 mit $r = r_1 + r_3$.
2. Kreisbogen um M_2 mit $r = r_3 - r_2$ ergibt M_3.
3. M_3 mit M_1 verbinden, ergibt Anschlusspunkt A.
4. M_3 mit M_2 über M_2 hinaus verbinden, ergibt Anschlusspunkt B.
5. Kreisbogen um M_3 mit r_3 von A bis B ergibt den Kreisanschlussbogen.

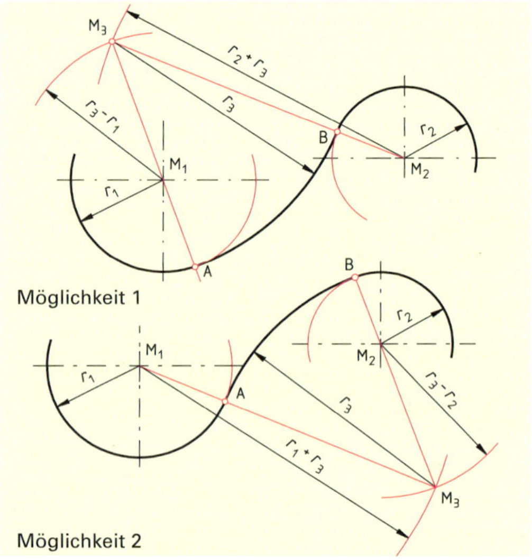

Verbindung zweier Kreisbögen als Wendelinie

Überwölbter Bogen

Gegeben: Zwei Kreisbögen mit r_1 und r_2, Radius des überwölbten Bogens r_3.

1. Kreisbogen um M_1 mit $r = r_3 - r_1$.
2. Kreisbogen um M_2 mit $r = r_3 - r_2$ ergibt M_3.
3. M_3 mit M_1 über M_1 hinaus und mit M_2 über M_2 hinaus verbinden, ergibt Anschlusspunkte A und B.
4. Der Kreisbogen um M_3 mit r_3 von A bis B ergibt den überwölbten Bogen.

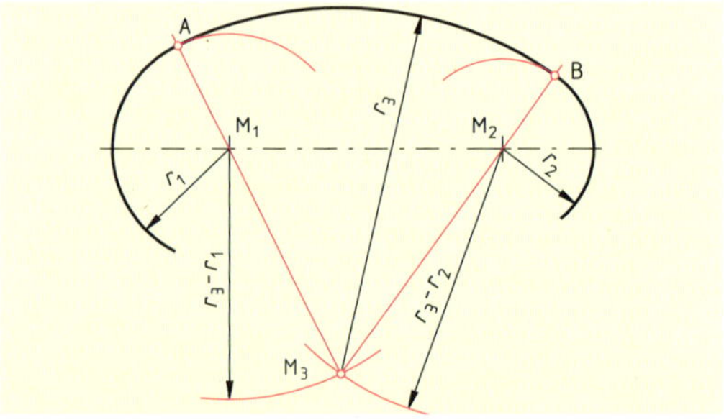

Überwölbter Bogen

Hohler Bogen

Gegeben: Zwei Kreisbögen mit r_1 und r_2, Radius des hohlen Bogens r_3.

1. Kreisbogen um M_1 mit $r = r_1 + r_3$.
2. Kreisbogen um M_2 mit $r = r_2 + r_3$ ergibt M_3.
3. M_3 mit M_1 und M_2 verbinden, ergibt die Anschlusspunkte A und B.
4. Der Kreisbogen um M_3 mit r_3 von A bis B ergibt den hohlen Bogen.

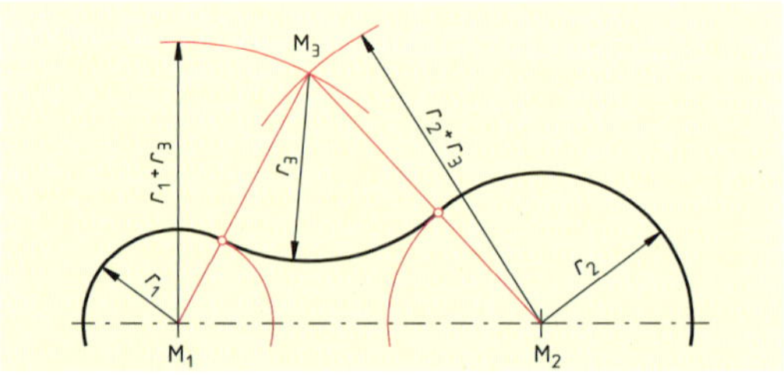

Hohler Bogen

Aufgaben

Übertragen Sie die Vorgaben auf A4-Blätter. Die rot gezeichneten Maße und Linien sind die Angaben. Beachten Sie den Maßstab. Zeichnen Sie erforderliche Konstruktionslinien dünn ein und beschriften Sie mit Normschrift.

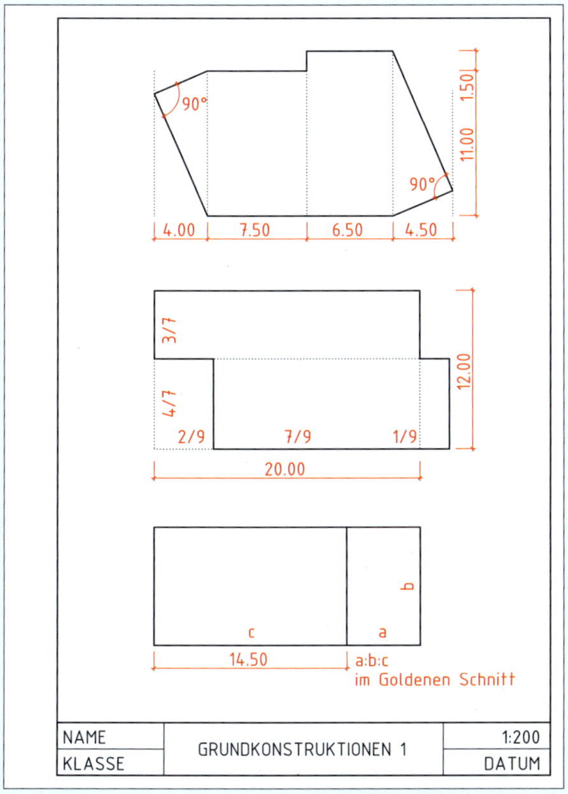

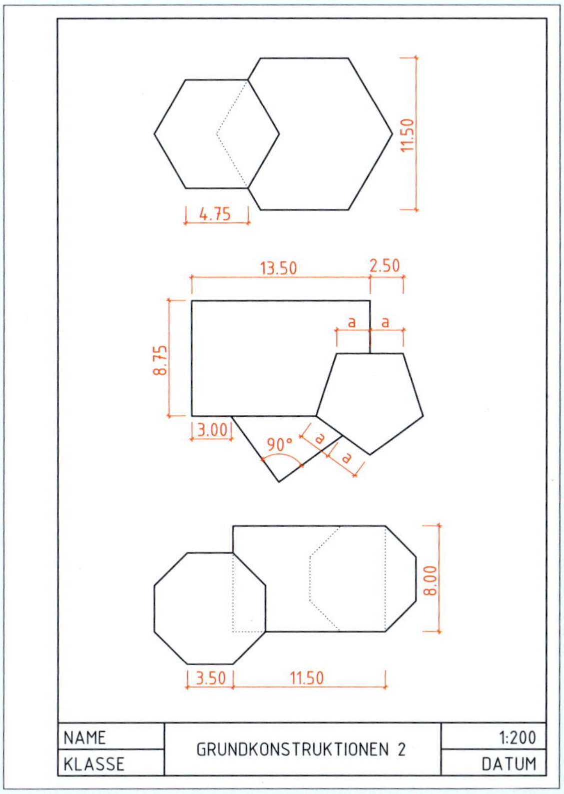

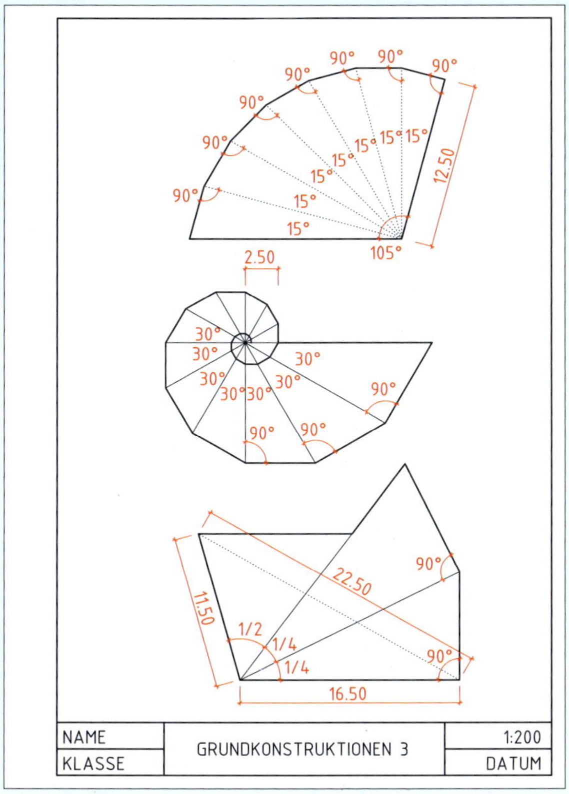

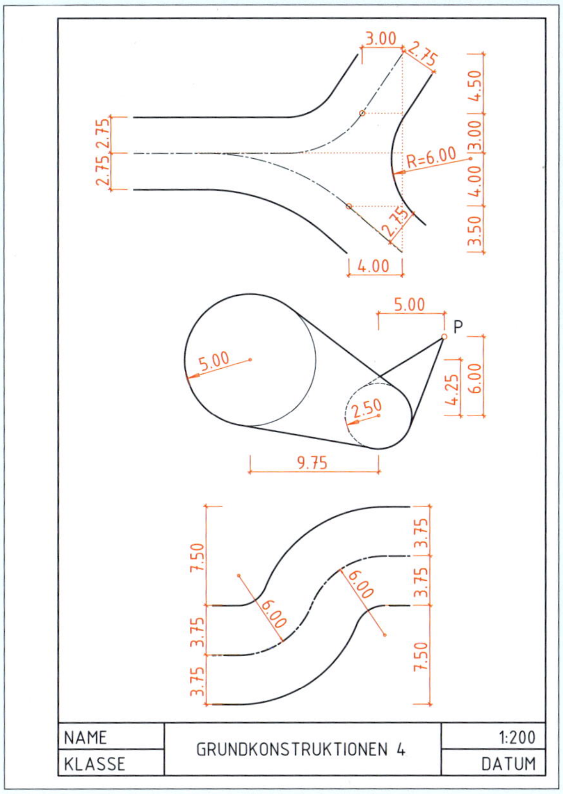

Aufgaben

Übertragen Sie die Vorgaben auf A4-Blätter. Die rot gezeichneten Maße und Linien sind die Angaben. Beachten Sie den Maßstab. Zeichnen Sie erforderliche Konstruktionslinien dünn ein und beschriften Sie mit Normschrift.

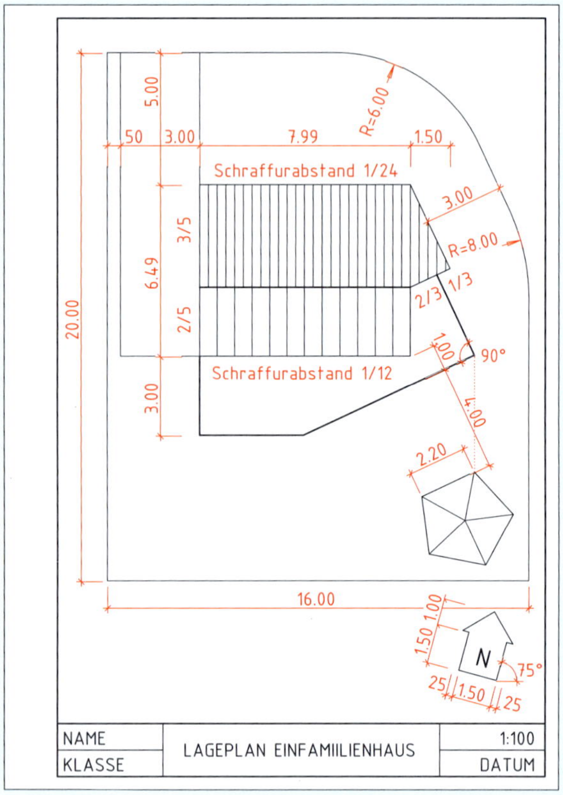

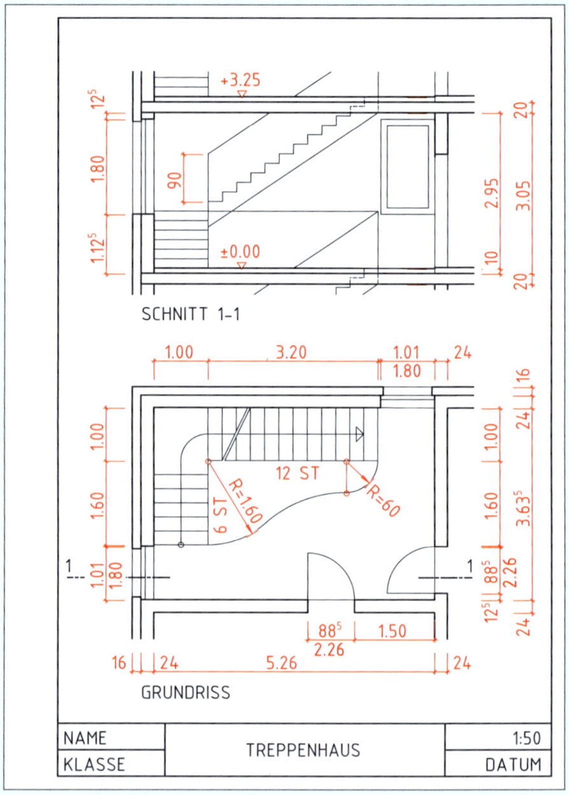

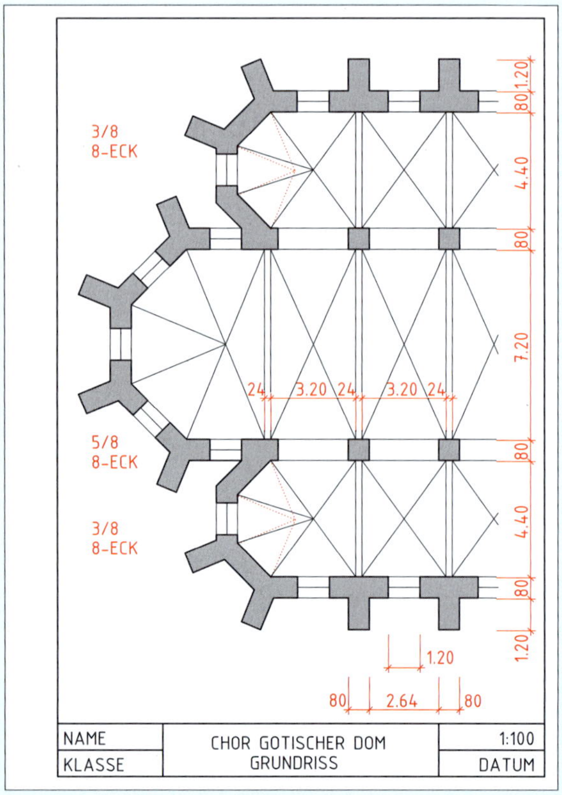

1.3 Parallelprojektion

1.3.1 Rechtwinklige Parallelprojektion (Orthogonalprojektion)

Ebenflächig begrenzte Körper

Um Bauteile oder Werkstücke herstellen zu können, sind in der Regel Zeichnungen in drei Ansichten nötig. Sie werden nach der Methode der rechtwinkligen Parallelprojektion gezeichnet. Dazu denkt man sich den darzustellenden Körper frei schwebend in eine „Raumecke" aus drei Projektionsebenen so gestellt, dass seine Flächen parallel zu diesen Ebenen sind. Treffen nun parallele Projektionsstrahlen senkrecht auf die Ebenen, so erzeugen sie ein wahres Bild der jeweiligen Ansichtsfläche.

Die Projektion von vorne ergibt die **Vorderansicht** (VA), von oben die **Draufsicht** (DS) und von der Seite die **Seitenansicht** (SA).

Klappt man die Projektionsflächen in eine Ebene, so liegt die Draufsicht unter der Vorderansicht und die linke Seitenansicht rechts neben der Vorderansicht. Die Verbindungslinien gleicher Punkte in benachbarten Ansichten nennt man **Projektionslinien.** Komplizierte Baukörper erfordern oft mehr als drei Ansichten. Die Anordnung der Ansichten ist in DIN ISO 128-30 genormt.

In Bauplänen werden die Ansichten aber anders angeordnet. Dort befindet sich die Ansicht von rechts auf der rechten Seite der Vorderansicht, die Ansicht von links auf der linken Seite.

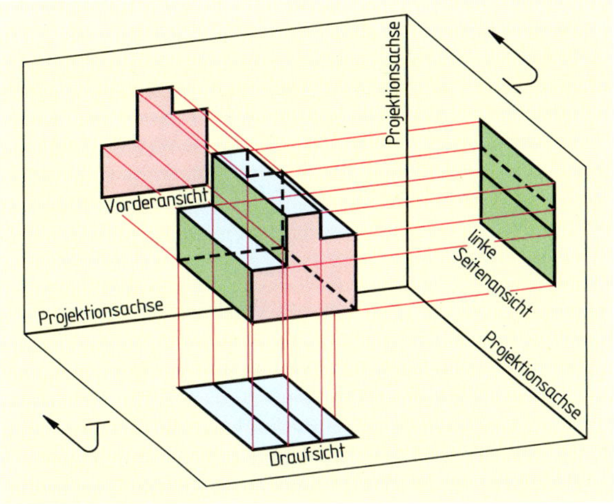

Projektionsebenen

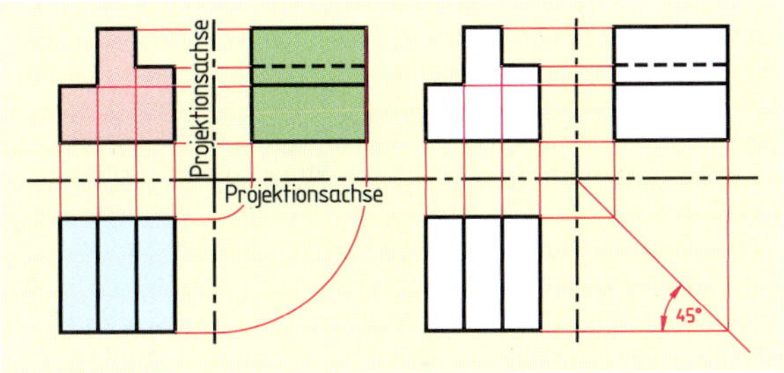

Anordnung der Ansichten und Projektionsmöglichkeiten

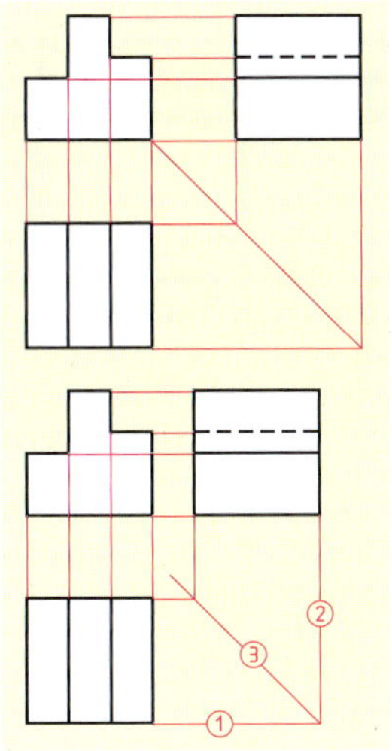

Anordnung der 45°-Linie

Die Projektionsachse muss nicht eingezeichnet werden. Setzt man die 45°-Linie an der unteren rechten Kante der Vorderansicht an, sind die Abstände Vorderansicht-Draufsicht und Vorderansicht-Seitenansicht gleich groß.

Gibt es Platzmangel, trägt man zuerst die äußeren Projektionslinien ① und ② ein und danach vom Schnittpunkt dieser beiden Linien aus die 45°-Linie ③. Damit ändert sich lediglich der Abstand zwischen den Ansichten.

Beispiel: Bürogebäude mit Werkhalle

Das Beispiel zeigt, dass es oft mehrere Möglichkeiten geben kann. Zur Seitenansicht von rechts und der Draufsicht sind die Vorderansichten 1, 2 und 3 richtige Lösungen.

Hier wurde die Seitenansicht von rechts gezeichnet, die auf der linken Seite der Vorderansicht angeordnet sein muss.

Die Kante ① muss die *Höhe 1* haben, da die niedrigere Kante der *Höhe 2* in der rechten Seitenansicht als verdeckte Kante gezeichnet ist. Bei ② darf keine Kante gezeichnet werden, da die vordere Gebäudekante in der Draufsicht in diesem Bereich keinen Versprung aufweist.

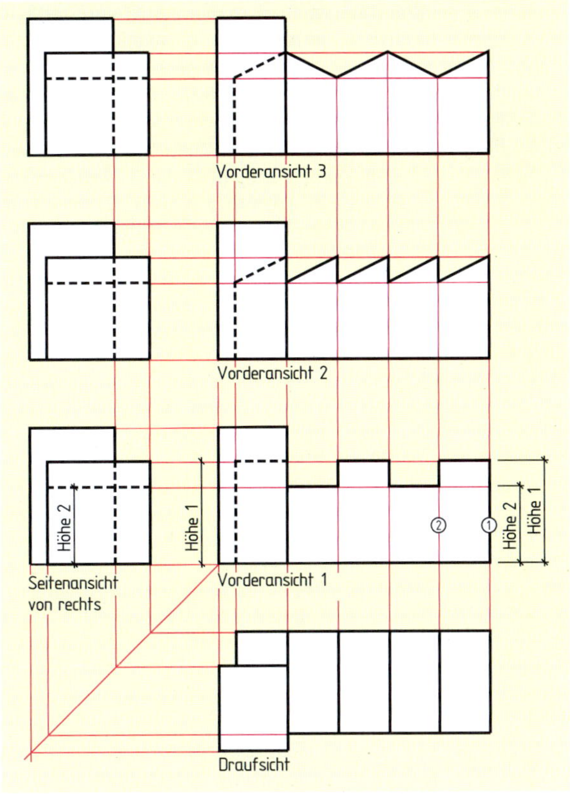

Beispiel: Bürogebäude mit Werkhalle

Beispiel: Schräg geschnittene unregelmäßige Pyramide

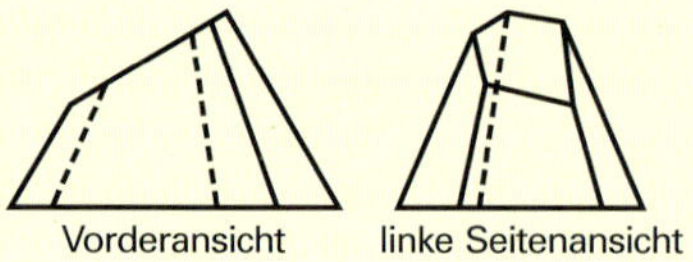

Von der schräg geschnittenen unregelmäßigen Pyramide ist die Draufsicht zu konstruieren.

1. Schritt: Die Punkte in den gegebenen Ansichten verbinden.
2. Schritt: Die Punkte erst in der Vorderansicht benennen, dann in der linken Seitenansicht. Nur so können die Gratlinien zugeordnet werden.
3. Schritt: 45°-Linie eintragen und die Punkte einzeln für die Draufsicht konstruieren, beginnend mit a, dann b, c usw. Punkte sofort bezeichnen.
4. Schritt: Punkte A bis D konstruieren und bezeichnen.
5. Schritt: Konstruierte Punkte miteinander verbinden.

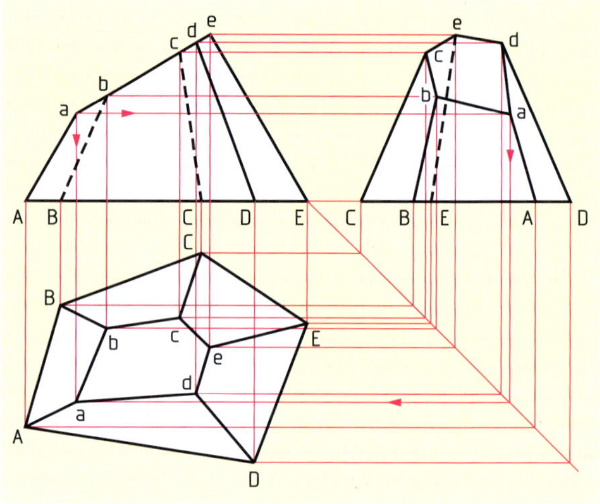

Musterlösung: Schräg geschnittene unregelmäßige Pyramide

Mantel- und Höhenlinie als Hilfskonstruktion

Es gibt Aufgaben, in denen nur eine Ansicht vollständig gegeben ist, z. B. die Ansicht vollständig, die Draufsicht nur in den Umrissen. Im Beispiel der mehrfach schräg geschnittenen Pyramide (siehe rechts) liegen die Punkte 1 bis 3 auf einer Gratlinie und können auf die Gratlinien in den anderen Ansichten projiziert werden. Der Punkt A hingegen liegt auf einer Fläche. Um ihn in andere Ansichten zu projizieren, ist eine Hilfskonstruktion notwendig. Dafür gibt es zwei Möglichkeiten.

a) In der vollständig gegebenen Ansicht wird von der Körperspitze durch den Punkt A eine **Mantellinie** gezeichnet. Diese wird in die unvollständig gegebene Ansicht projiziert. Danach wird der zu bestimmende Punkt A auf die Mantellinie projiziert.

b) In der vollständig gegebenen Ansicht wird durch den Punkt A eine **Höhenlinie** gezeichnet. Diese wird in die unvollständig gegebene Ansicht projiziert. Danach wird der zu bestimmende Punkt A auf die Höhenlinie projiziert.

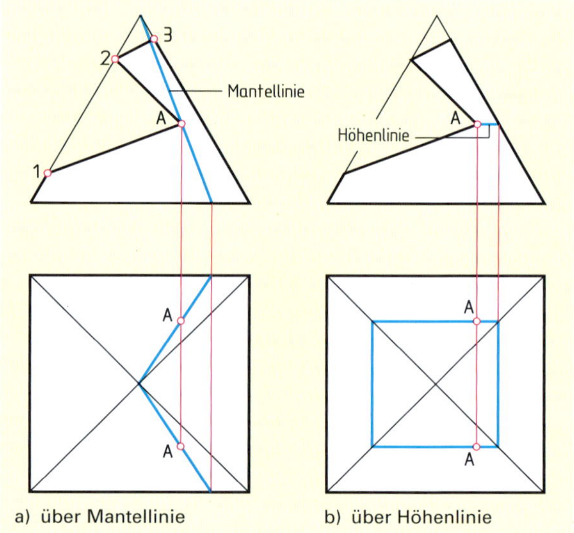

Bestimmung von Punkt A

Hilfen zur Lösung von Aufgaben

- Zuerst die Punkte der gegebenen Ansichten verbinden.
- Punkte bezeichnen.
- Mit Farbe arbeiten.
- Daran denken, dass Flächen auch schräg sein können.
- Punkte, die in einer Ansicht miteinander verbunden sind, müssen auch in den anderen Ansichten miteinander verbunden sein.

Kotierte Projektion

Vorder- und Seitenansicht können entfallen, wenn in der Draufsicht alle Höhen durch Koten (Höhe eines Punktes) angegeben werden. Dieses Darstellungsverfahren nennt man kotierte Projektion. Es wird vor allem im Bereich des Vermessungswesens angewendet.

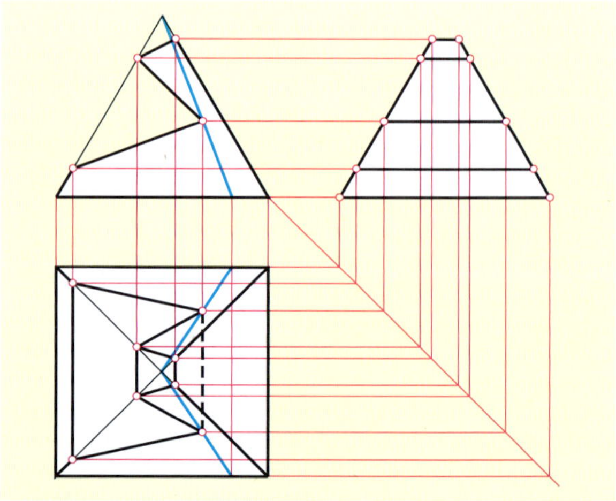

Musterlösung: Mehrfach schräg geschnittene Pyramide

Körper mit gekrümmten Flächen

Bei Körpern mit kreisförmiger Grundfläche fehlen die Eckpunkte für die Projektionen. Die Schnittpunkte mit den Achsen reichen nicht aus, um die entstehenden Kurven zeichnen zu können. Man muss deshalb Punkte für die Projektion selbst bestimmen. Die einfachste Lösung ist hierbei die gleichmäßige Teilung des Umkreises in 30°-Winkel, wodurch der Kreis in 12 Teile geteilt wird. Reichen diese Punkte nicht aus, können beliebig viele Punkte zusätzlich bestimmt werden. Je mehr Punkte festgelegt werden, umso genauer wird die Kurve.

Um eine gute Übersicht zu behalten, sollten die Teilungslinien nicht durchgezogen werden, sondern nur als kurze Markierung auf dem Kreis eingetragen werden.

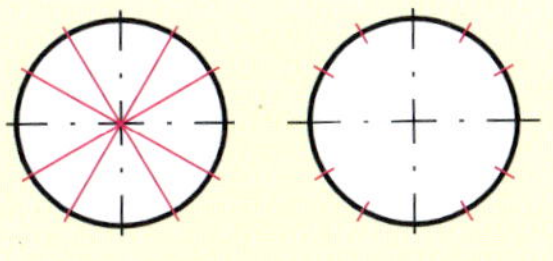
unübersichtlich übersichtlich

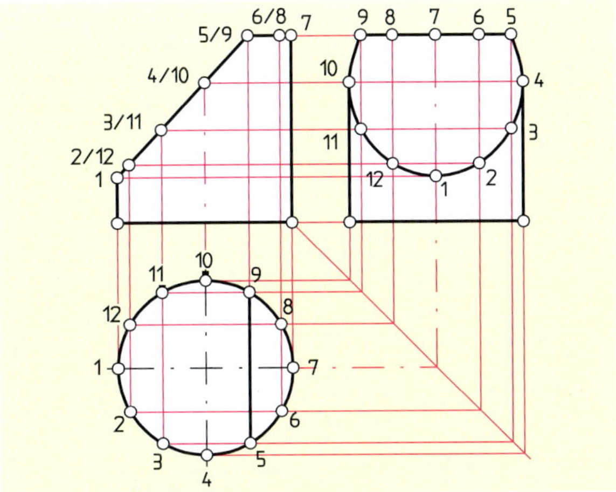

Schräg zur Drehachse geschnittener Zylinder

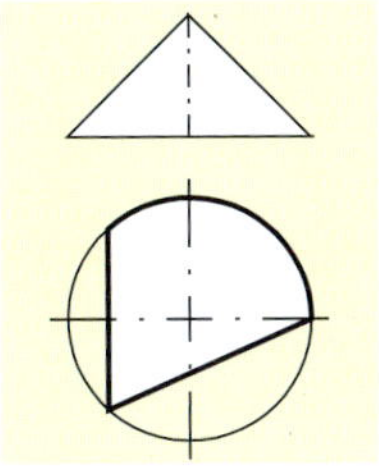

Beispiel: Kegelförmiges Dach

Die Draufsicht des **kegelförmigen Daches** ist vollständig dargestellt.

Die Vorderansicht ist zu vervollständigen und die Seitenansicht von links zu zeichnen.

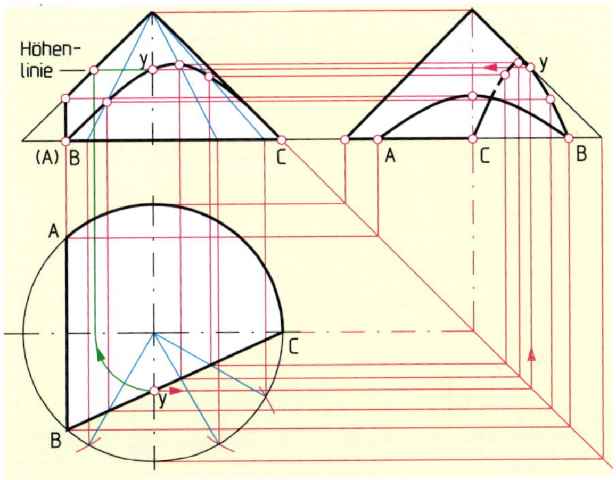

Musterlösung: Kegelförmiges Dach

Lösung

Vorderansicht: Der Punkt y ist über die Seitenansicht oder eine Höhenlinie zu bestimmen. Die Punkte auf der Verbindung $\overline{BC}$ sind über Mantellinien oder Höhenlinien zu bestimmen. Je mehr Mantellinien bzw. Höhenlinien gewählt werden, umso genauer wird die Kurve.

Seitenansicht: Nach Vervollständigung der Vorderansicht sind jetzt Hilfskonstruktionen kaum mehr notwendig. Für eine genauere Konstruktion des Bogens $\overline{AB}$ können Mantel- bzw. Höhenlinien eingesetzt werden.

Abwicklungen

Zur Herstellung von Betonschalungen, Blechzuschnitten und Dachdeckungen sind „Abwicklungen" von Baukörpern erforderlich. Abwicklungsflächen sind „wahre Größen von Flächen".

Die Länge der **Mantelfläche** (Umfang des Körpers) erhält man aus der Draufsicht, die Höhen kann man direkt aus der Vorderansicht oder einer Seitenansicht projizieren.

Die Konstruktion wird einfacher und übersichtlicher, wenn die Konstruktionspunkte mit Zahlen und/oder Buchstaben gekennzeichnet werden.

Bei der Abwicklung zylindrischer Körper entstehen Kurven. Dazu wird in der Draufsicht der Umfang in gleiche Teile geteilt. Mehr Teile ergeben genauere Kurven. Meist genügt schon eine 12er-Teilung, beim Kreis in 30°-Winkel.

Die Länge der Mantelfläche (= Kreisumfang) muss berechnet werden ($U = d \cdot \pi$). Dann wird die Fläche in die Anzahl Teile geteilt, die in der Draufsicht gewählt wurden. Auch hier ist es hilfreich, die gewählten und eventuell vorhandenen Punkte auf dem Umfang zu nummerieren.

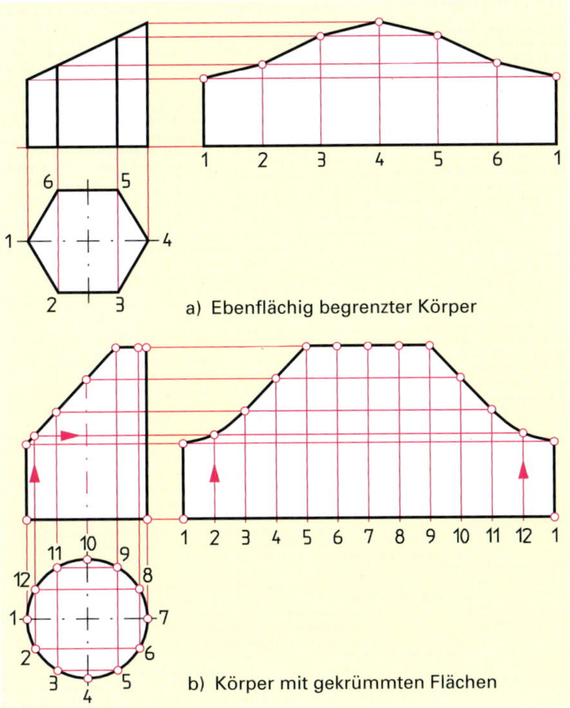

a) Ebenflächig begrenzter Körper

b) Körper mit gekrümmten Flächen

Beispiele für Abwicklungen

Wahre Längen und Flächen

In den Ansichten einer Pyramide wird nur die Grundfläche in wahrer Größe abgebildet. Die Gratlinien $\overline{AS}$ bis $\overline{DS}$ verkürzen sich in der Draufsicht und je nach Lage der Draufsicht auch in der Ansicht, weil sie zu keiner Projektionsebene parallel sind.

Um die wahren Längen der Gratlinien zu erhalten, muss die Pyramide in der Draufsicht um ihre senkrechte Achse gedreht werden:

1. Kreisbogen um S mit $r = \overline{AS}$ bis zur Horizontalen.
2. den Schnittpunkt des Kreisbogens mit der Horizontalen in die Vorderansicht projizieren.
3. Die Strecke $\overline{A'S}$ ist die wahre Länge der Gratlinie.

Konstruktion der Mantelfläche:

1. Lage von S festlegen.
2. Kreisbogen um S mit $r = \overline{A'S}$.
3. A auf dem Kreisbogen festlegen und die Seitenlänge vier Mal abtragen.

Achtung: Die Gratlinie darf in der Mantelfläche nur als dünne Konstruktionslinie ① gezeichnet werden, da bei der zusammenhängenden Darstellung der Mantelfläche an dieser Stelle keine Kante (= Richtungsänderung) vorhanden ist!

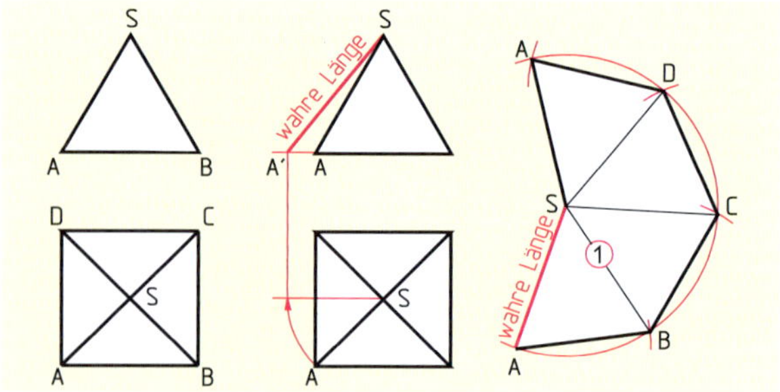

Wahre Länge der Gratlinien und Mantelfläche bei Pyramiden

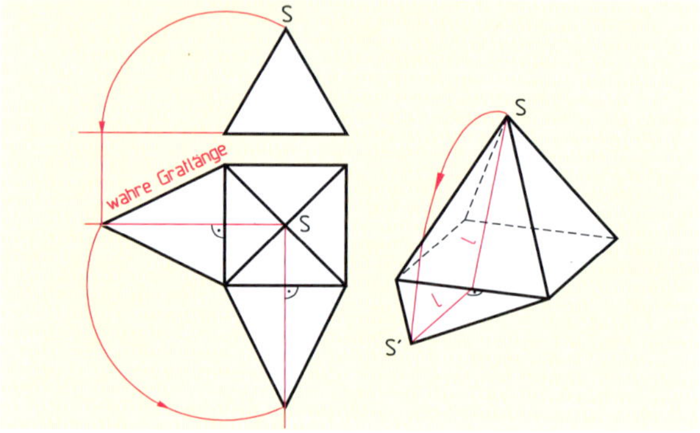

Mantelfläche bei Pyramiden im Klappverfahren

Konstruktion von Dachflächen ohne Ansichten

Gegeben: Gebäudeumriss, Dachneigungen DN

Die Dachflächen werden im Klappverfahren konstruiert:

1. Hilfslinien im rechten Winkel zu den Traufkanten durch die Dachschnittpunkte zeichnen.
2. Hilfsschnitt(e) mit der Dachneigung einzeichnen.
3. Dachflächen umklappen durch Zirkelschlag um o (bei Dächern mit gleicher Dachneigung genügt ein Hilfsschnitt).
4. Übertragen der Gratlängen durch Zirkelschlag.

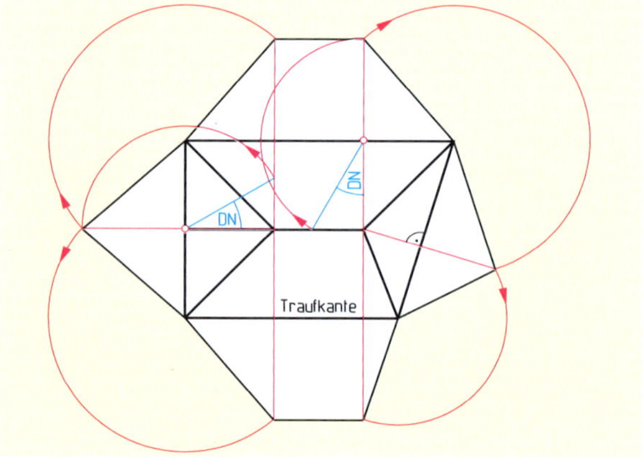

Musterlösung: Dachflächen

Beispiel: Dreieckpyramide mit Loch

Von einer in der Vorderansicht vollständig dargestellten Dreieckpyramide mit quadratischem Loch ist die Draufsicht zu vervollständigen und die Seitenansicht von links sowie die Mantelfläche zu zeichnen.

Um die Draufsicht zu vervollständigen, sind Mantellinien als Hilfskonstruktionen notwendig. Um die Radien r_1 bis r_4 für die Mantelfläche zu erhalten, muss der Körper so gedreht werden, dass die Gratlinie x in der Vorderansicht in der wahren Länge erscheint. Ist die wahre Länge einer Gratlinie bestimmt, erhält man die übrigen notwendigen Radien in der Vorderansicht durch horizontale Projektion der Punkte auf die wahre Gratlänge.

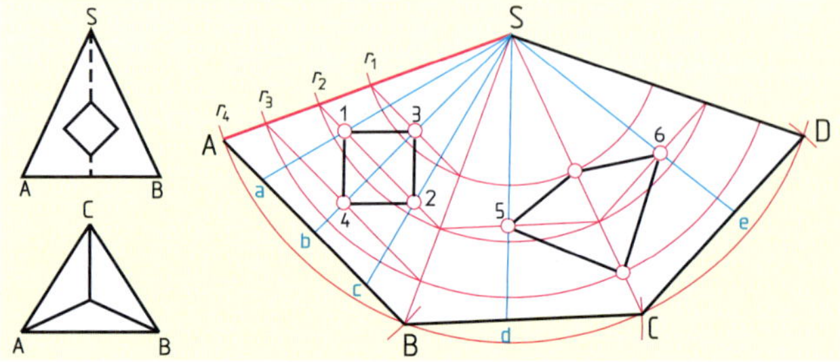

Dreieckpyramide mit quadratischem Loch: Mantelfläche

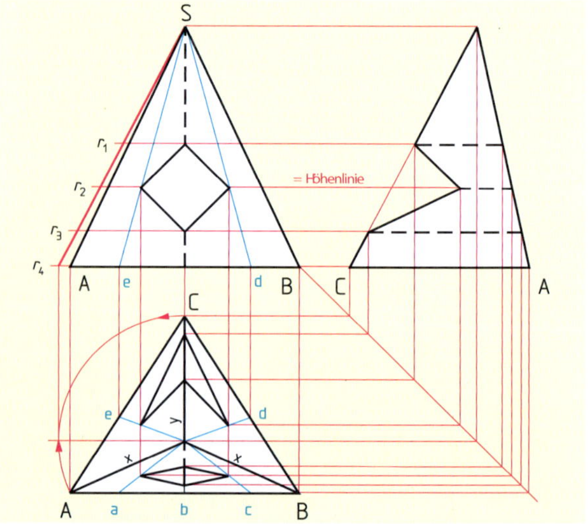

Draufsicht und Ansicht

Schnittflächen

Die wahre Größe von Schnittflächen erhält man aus der Draufsicht (Breite) und Vorderansicht (Länge) durch Umklappen der Fläche in der Vorderansicht. Der Mittelpunkt M zum Klappen kann direkt am Baukörper oder in der Verlängerung der Schnittfläche liegen. Mit der Lage von M wird der Abstand der wahren Größe der Schnittfläche zur Draufsicht festgelegt.

Achtung: Liegt M nicht auf der Verlängerung der Schnittfläche, ergeben sich falsche Radien und damit falsche Breiten!

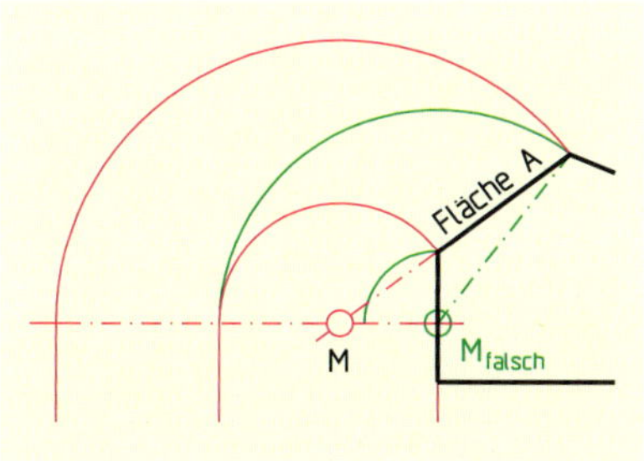

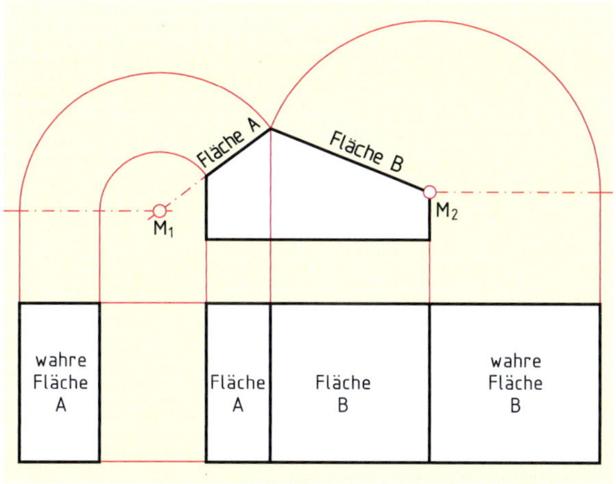

Wahre Größen von Schnittflächen

Bei Körpern mit runden Grundflächen müssen für die Konstruktion der wahren Größe der Schnittfläche Hilfspunkte gesetzt werden, wie dies auch bei der normalen Rissergänzung und Konstruktion der Mantelfläche erforderlich ist.

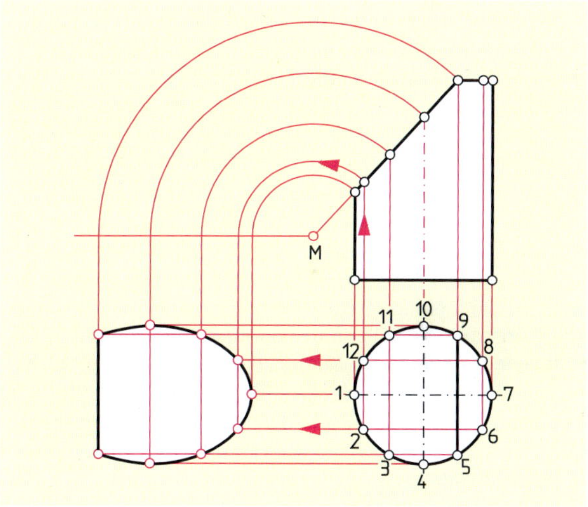

Musterlösung: Schräg geschnittener Zylinder

Schnittflächen am Kegel

Je nach Schnittlage ergeben sich beim Kegel folgende Schnittflächen:

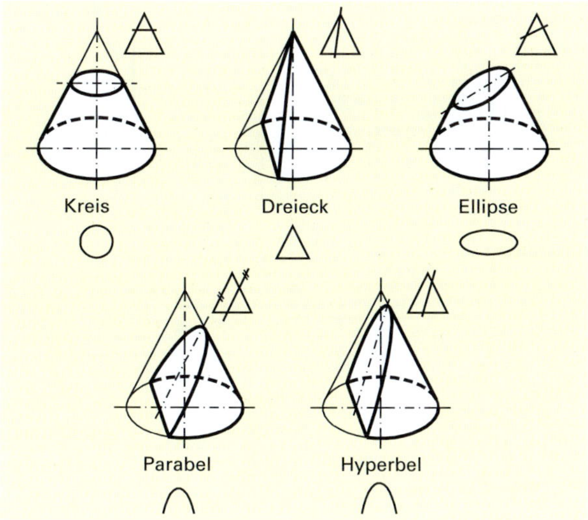

Mehrere zusammenhängende Schnittflächen

Von der mehrfach schräg geschnittenen Pyramide sind die wahren Größen der Schnittflächen zusammenhängend zu konstruieren.

Ablauf:

1. In der Vorderansicht Fläche C um M_1 auf die Verlängerung von Fläche B klappen.
2. Die Flächen B und C um M_2 auf die Verlängerung von Fläche A klappen.
3. Die Flächen A, B und C um M_3 klappen.
4. Die umgeklappten wahren Längen der Flächen mit den wahren Breiten aus der Draufsicht verbinden.

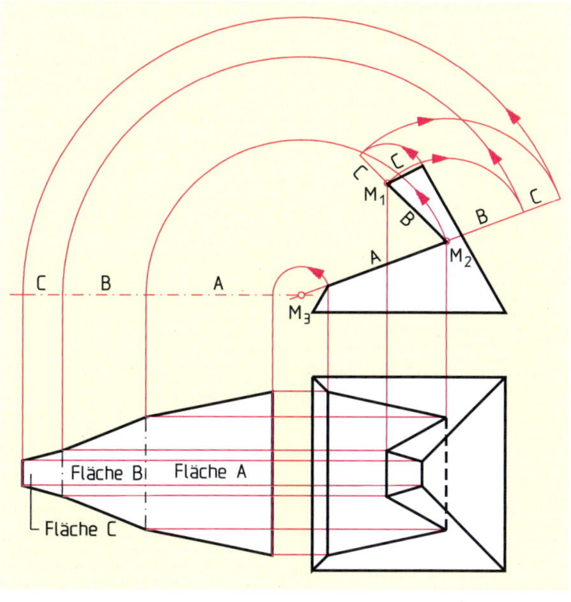

Musterlösung: Mehrfach schräg geschnittene Pyramide

Schnitte

Für den Neubau eines Gebäudes sind Bauzeichnungen notwendig. Um das äußere Erscheinungsbild des Gebäudes darzustellen, werden die Ansichten gezeichnet. Für die innere Aufteilung des Gebäudes wird der **Grundriss** gezeichnet. Dazu wird das Gebäude waagerecht geschnitten, die Draufsicht auf die Schnittfläche ergibt den Grundriss. Um auch die Höheneinteilung darzustellen, wird das Gebäude vertikal geschnitten, es entsteht der **Schnitt**.

Schnittarten

Es wird zwischen Schnitt (Vollschnitt), Halbschnitt und Teilschnitt unterschieden.

Schnitte werden waagerecht oder senkrecht ausgeführt. Sie werden durch den ganzen Baukörper geführt.

- **Waagerechte Schnitte**
  Der Grundrissplan zeigt die Draufsicht der waagerecht geschnittenen Bauteile (Wände, Pfeiler usw.).
- **Senkrechte Schnitte** (bei Bauwerken: „Schnitte")
  Es werden Querschnitt und Längsschnitt unterschieden.

In die geeignete Ansicht gedrehter Schnitt: Die Schnittflächen werden innerhalb einer Ansicht in die Zeichenebene eingeklappt und dort eingezeichnet. Anwendung findet diese Methode hauptsächlich in Holz-, Stahl- und Stahlbetonbauzeichnungen, um Querschnittsprofile darzustellen.

Schräg liegende Bauteile werden immer so geschnitten, dass die wahre Querschnittsfläche entsteht.

Halbschnittansichten/Halbschnitte werden verwendet, wenn symmetrische Körper sowohl in der Ansicht als auch in der Schnittfläche Wichtiges zeigen sollen. Damit kann eine getrennte Schnittzeichnung erspart werden. Der Halbschnitt wird bis zur Mittelachse geführt: Die eine Hälfte zeigt die Ansicht, die andere den Schnitt.

Teilschnittansichten/Teilschnitte werden angefertigt, um nur einen Teil eines Baukörpers zu zeigen. Sie sind im Bauwesen selten.

Zeichenregeln für Schnitte

- Der Verlauf der Schnittebene wird durch eine breite Strichpunktlinie dargestellt. Sie wird nicht durch das gesamte Gebäude gezeichnet, sondern nur an den „Enden" und an Versprungstellen. Die Blickrichtung wird durch Pfeile am Ende der Schnittverlaufslinie markiert. Buchstaben benennen den Schnitt. Der Verlauf von senkrechten Schnitten wird im Grundriss (= Draufsicht) eingezeichnet, der Verlauf von horizontalen Schnitten in der Ansicht.
- Schnittflächen werden durch breite Volllinien besonders hervorgehoben und schraffiert (siehe Abschnitt 1.1.7).
- Außer den Schnittflächen werden auch noch die verbleibenden sichtbaren Kanten gezeichnet, die sich in der Strichstärke von den geschnittenen Bauteilen absetzen (schmaler).
- Nicht sichtbare Kanten werden innerhalb der Schnittfläche nur gezeichnet, wenn sie zum Verständnis der Zeichnung nötig sind.

In der darstellenden Geometrie werden die Schnitte und Ansichten so angeordnet, dass Höhen und Breiten durch Projektion übernommen werden können. Bei den Architekturzeichnungen sind die waagerechten Schnitte die Grundrisse. Grundrisse und Schnitte sind allgemein, bedingt durch ihre Größe, eigenständige Zeichnungen auf separaten Blättern.

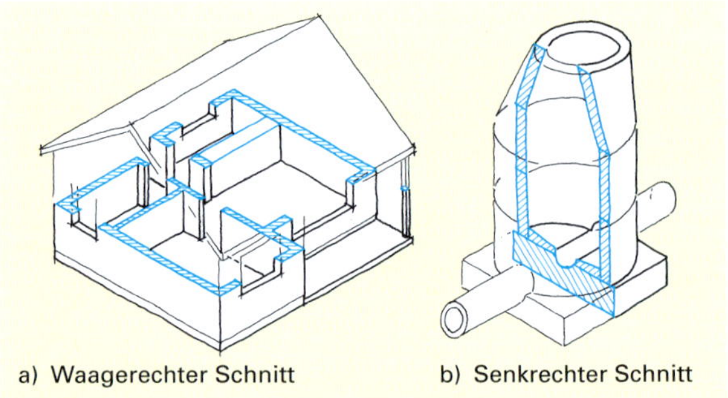

Vollschnitte

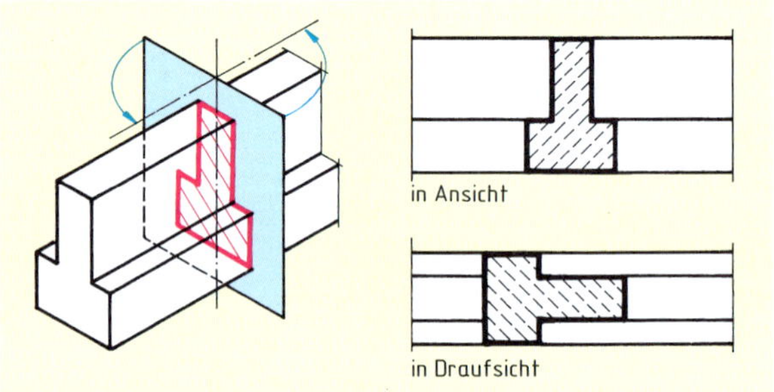

In die geeignete Ansicht gedrehter Schnitt

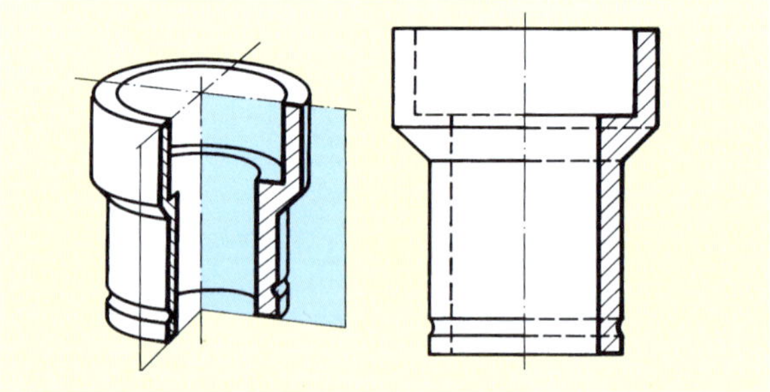

Halbschnitt

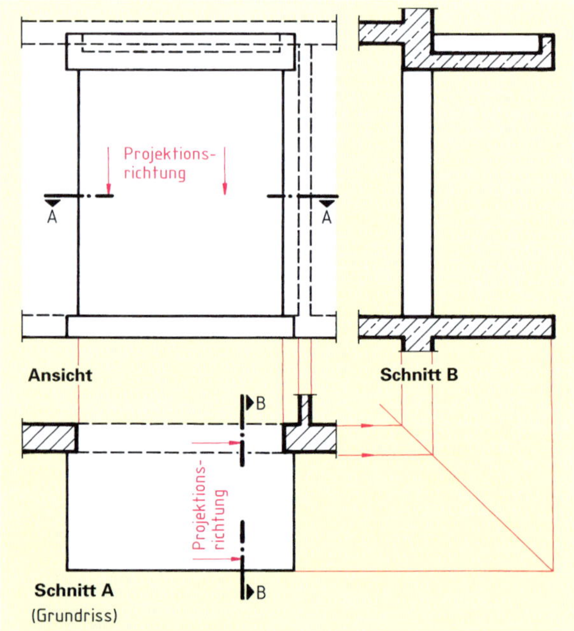

Darstellung von Schnitten

Durchdringungen

Durchdringen sich zwei Körper, entstehen dort, wo sich die Oberflächen dieser beiden Körper berühren, **Durchdringungslinien**, die bei ebenflächigen Körpern geradlinig und bei krummflächigen Körpern Kurven sind.

Zu beachten:
Durchdringung heißt, dass ein Körper durch den anderen dringt. In der darstellenden Geometrie werden diese Durchdringungen allgemein jedoch als **Verschmelzung** betrachtet, das heißt, die Körper stoßen nur aneinander. Das hat den Vorteil, dass die Zeichnungen übersichtlicher werden, weil die Kanten des durchdringenden Körpers innerhalb der Durchdringung wegfallen.

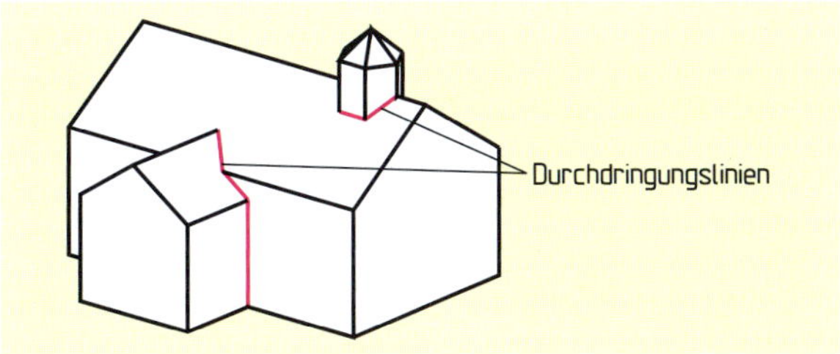

Haus mit Anbau und Turm

Konstruktion

Bei Durchdringungen geradlinig begrenzter Körper genügt es, die Durchdringungseckpunkte zu ermitteln. Die Verbindung dieser Punkte ergibt die Durchdringungslinie.

Bei Durchdringungen krummflächiger Körper entstehen Kurven als Durchdringungslinien. Die Kurven werden umso genauer, je mehr Hilfspunkte festgelegt werden (wie bei der Rissergänzung und den Abwicklungen).

Hilfreich ist auch hier das Bezeichnen der Punkte und das Arbeiten mit Farbe.

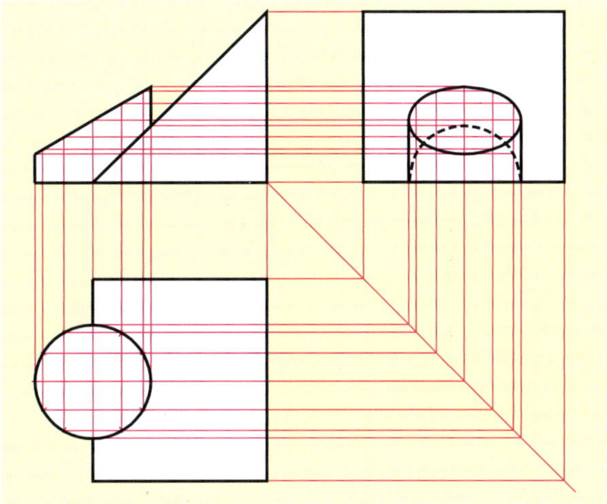

Musterlösung: Durchdringung Dreieckprisma und schräg geschnittener Zylinder

Beispiel mit Konstruktionsablauf

Konstruieren Sie von der Durchdringung zweier Viereckprismen die linke Seitenansicht.

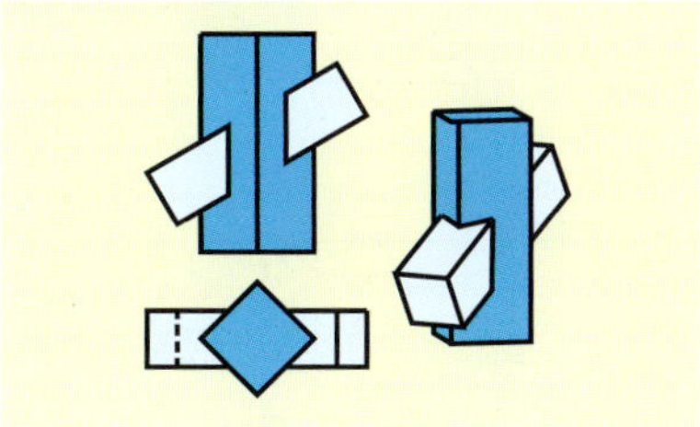

Aufgabenstellung mit Isometrie

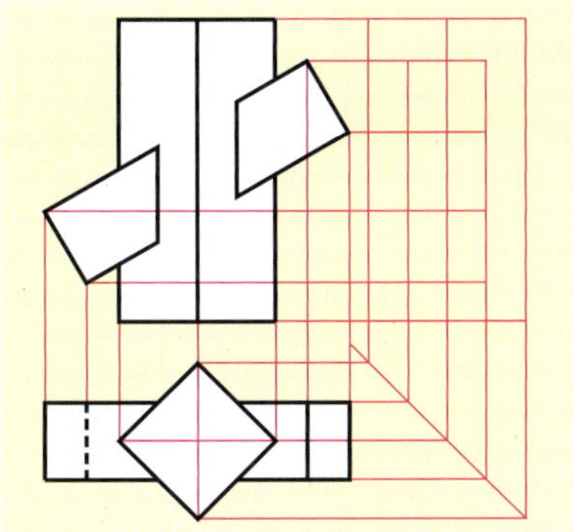

1. Schritt: Kanten/Ecken der gegebenen Ansichten verbinden, dann Konstruktionslinien für die vollständigen Körper einzeichnen.

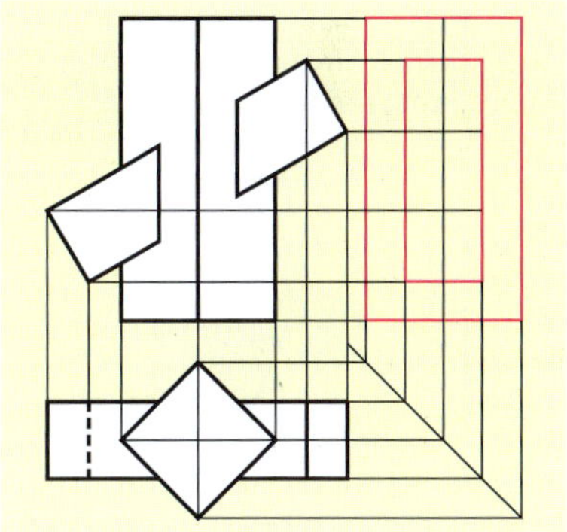

2. Schritt: Vollständige Körper dünn einzeichnen.

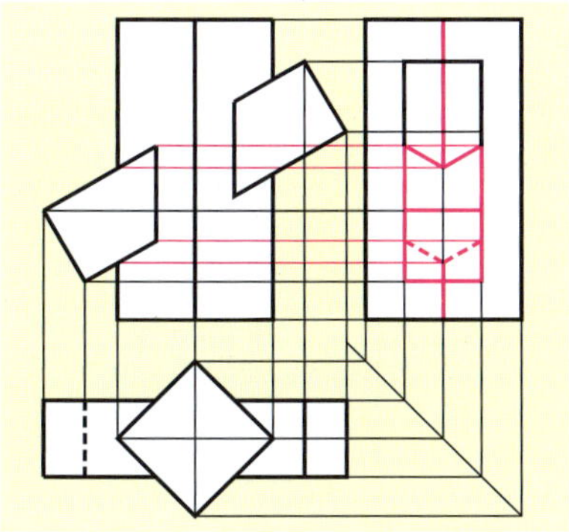

3. Schritt: Durchdringungslinien, sichtbare und verdeckte Kanten des vorderen sichtbaren Körpers einzeichnen.

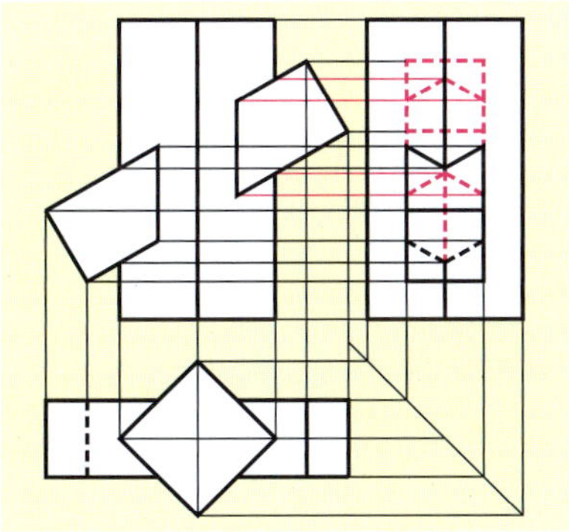

4. Schritt: Durchdringungslinien und verdeckte Kanten des hinteren verdeckten Körpers einzeichnen.

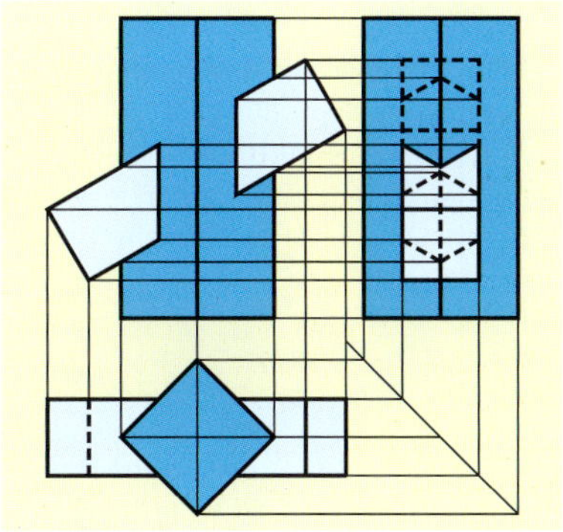

5. Lösung

Musterlösung: Durchdringung zweier Viereckprismen

Aufgaben

Übertragen Sie die Vorgaben auf A4-Blätter. Die rot gezeichneten Maße und Linien sind Angaben, die grün dargestellten Maße dienen zum Platzieren der Zeichnung. Beachten Sie den Maßstab. Zeichnen Sie erforderliche Konstruktionslinien dünn ein und beschriften Sie mit Normschrift.

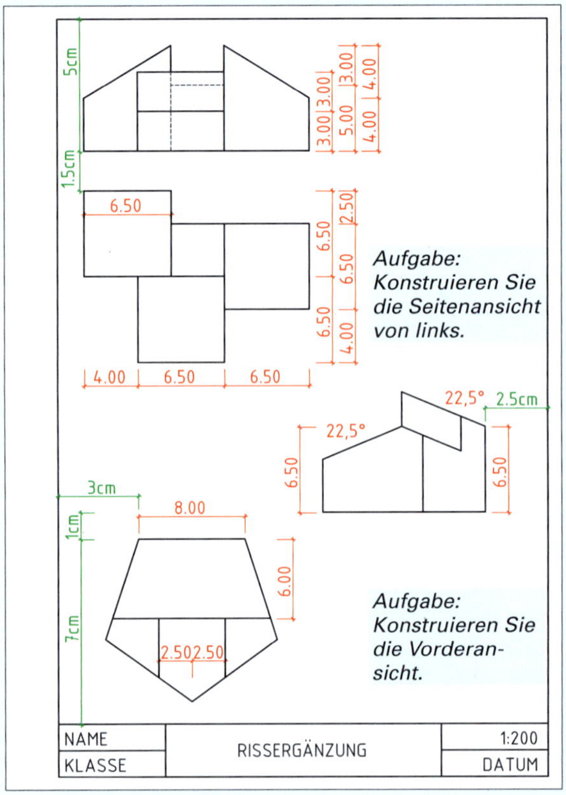

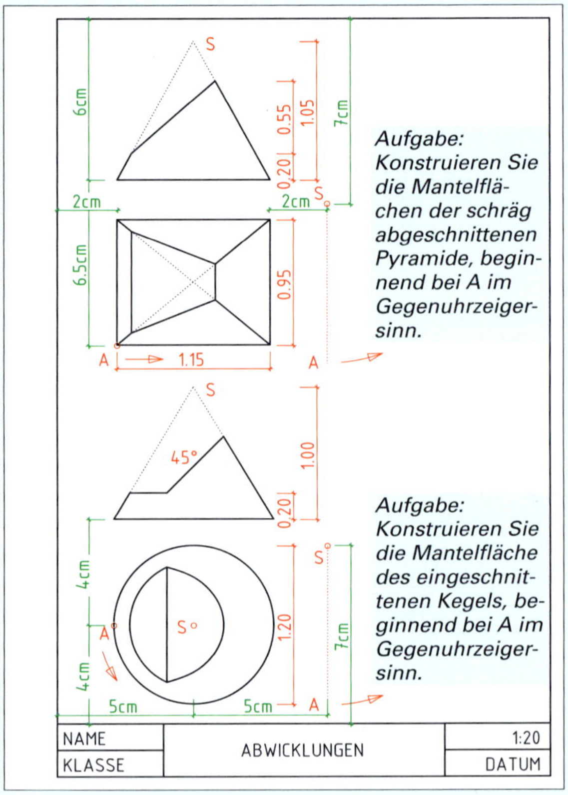

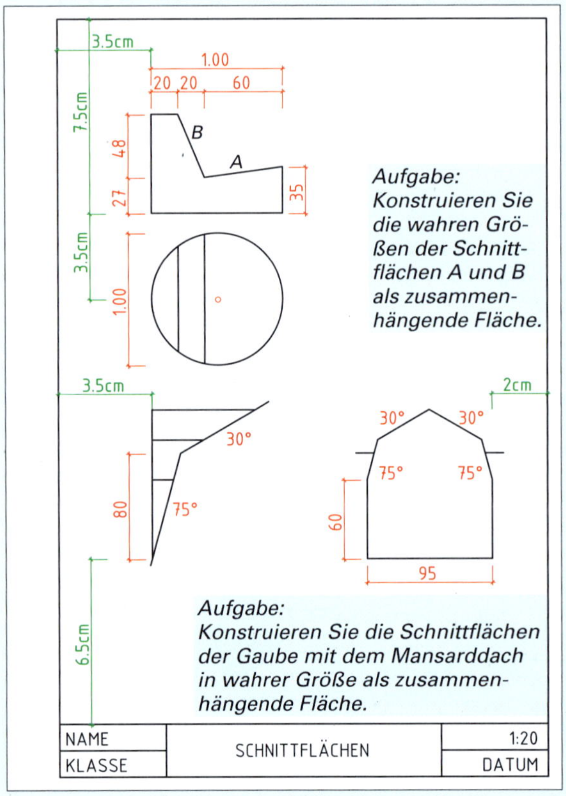

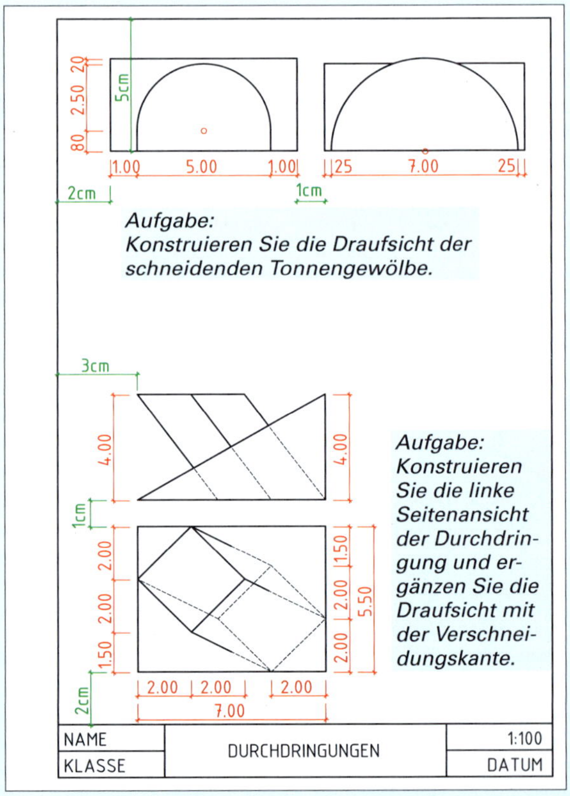

1.4 Axonometrie

Bauzeichnungen zeigen ein Gebäude in den Normalprojektionen (Grundriss, Ansicht). Die Bauherren aber müssen sich aus den einzelnen Ansichten eine Vorstellung von der Form des Neubaus entwickeln. Viel anschaulicher sind deshalb räumliche Darstellungen.

Die einfachsten räumlichen Darstellungen sind **schräge Parallelprojektionen** (axonometrische Darstellungen nach DIN ISO 5456-3), bei denen alle Linien in gleichen Richtungen parallel verlaufen.

Isometrische Projektion – Isometrie

Die Höhen werden senkrecht gezeichnet, Längen und Breiten im Winkel von 30° zur Waagerechten. Alle Kanten werden unverkürzt dargestellt. Diese Darstellungsart wird sehr häufig angewendet, weil sie mit dem 30°-/60°-Zeichendreieck schnell gezeichnet ist und den Körper sehr anschaulich darstellt.

Dimetrische Projektion – Dimetrie

Höhen und Längen werden unverkürzt dargestellt, Breiten werden verkürzt ($^1/_2$). Die unverkürzte Länge des Körpers wird unter einem Winkel von 7°, die verkürzte Breite im Winkel von 42° zur Waagerechten gezeichnet. Der Nachteil dieser Projektion ist, dass die Winkel nicht den einfachen Zeichenhilfen entsprechen und dass durch starke Verkürzung die Seite unübersichtlich erscheint.

Kavalier- und Kabinettprojektion

Die Vorderansicht wird unverändert gezeichnet. Die Breite wird unter 45° zur Waagerechten gezeichnet. Diese wird in der *Kavalierprojektion* nicht verkürzt und führt zu einer starken Verzerrung. Um diese Verzerrung zu vermeiden, wird die Breite auf $^1/_2$ verkürzt und als *Kabinettprojektion* bezeichnet. Auch hier können die verkürzten Ansichten unübersichtlich werden.

Bei der nicht genormten **Militärperspektive** wird der Grundriss verdreht und die Höhen vertikal unverkürzt aufgetragen.

Konstruktion

Die schräge Parallelprojektion kann *von unten nach oben* oder *von vorne nach hinten* oder als Kombination beider Möglichkeiten aufgebaut werden.

Verdeckte Kanten werden nur eingezeichnet, wenn sie zur Verbesserung der Anschaulichkeit beitragen.

Beispiel 1: Aufbau *von vorne nach hinten.* Pfeil = Blickrichtung. Erst alles dünn vorzeichnen, zum Schluss dick nachzeichnen.

Beispiel 2: Aufbau *von unten nach oben.* Pfeil = Blickrichtung. Diese Möglichkeit wird vor allem bei Körpern mit schrägen Flächen verwendet.

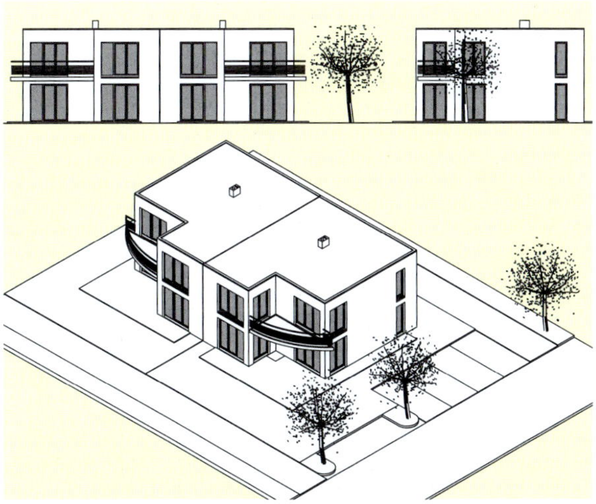

Normale und schräge Parallelprojektion: Oben Ansichten und unten die Isometrie

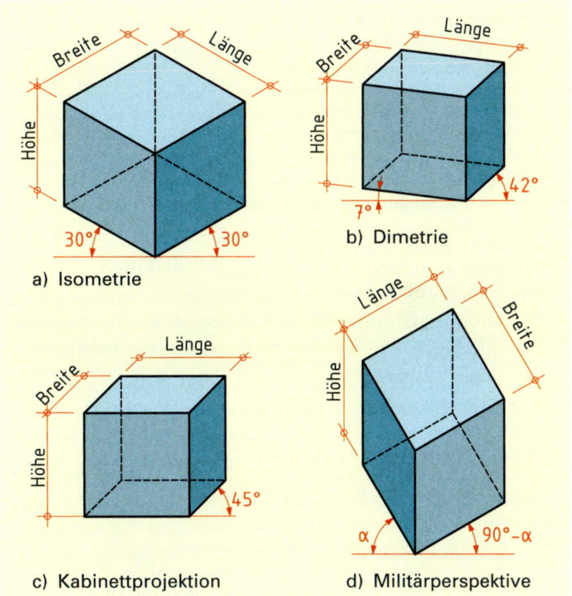

Schräge Parallelprojektionen (axonometrische Darstellungen); die Maße des Würfels sind in allen Darstellungen gleich

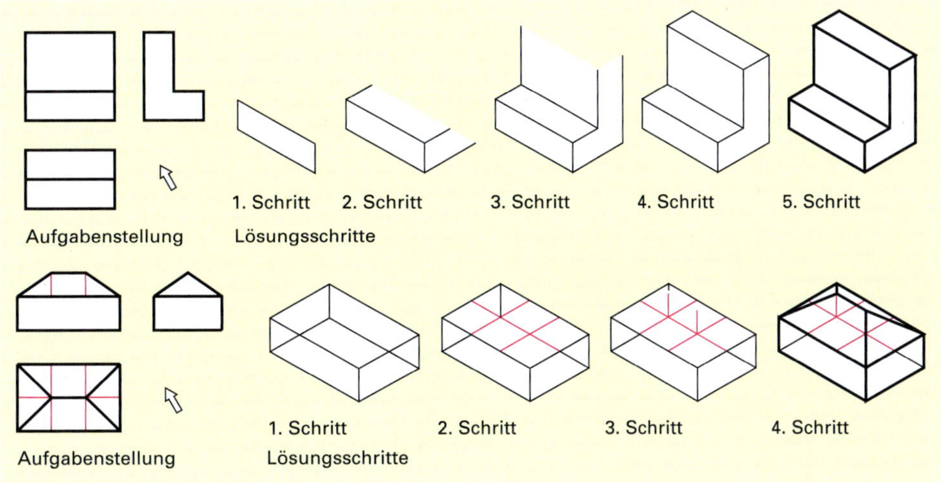

Beispiel: In der Draufsicht schräg liegender Körper

Zu einer **schräg geschnittenen unregelmäßigen Pyramide** ist die Isometrie zu zeichnen.

Lösung:

1. In der Draufsicht Hilfslinien zur Festlegung der Punkte einzeichnen.
2. Die Hilfskonstruktion unter 30° zeichnen.
3. In den Eckpunkten A bis E die Höhen aus der Vorderansicht senkrecht abtragen.
4. Die ermittelten Punkte miteinander verbinden.
5. Lösung dick nachzeichnen.

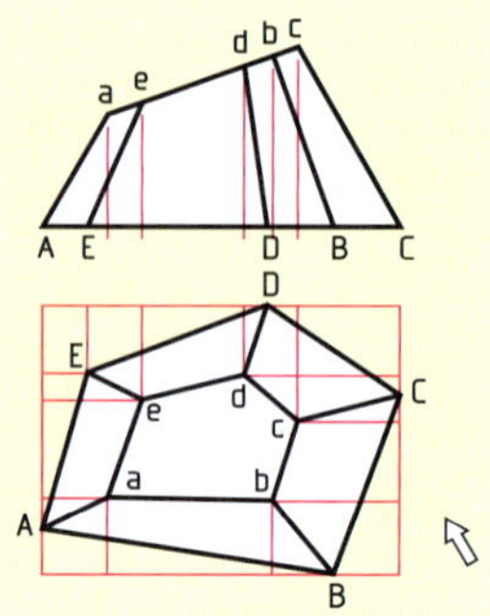

Pfeil = Blickrichtung

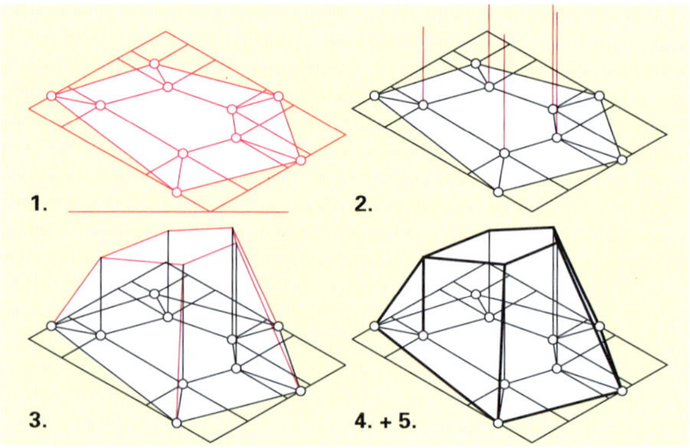

Lösungsschritte für die isometrische Darstellung der schräg geschnittenen Pyramide

Beispiel: Körper mit gekrümmten Kanten

Das **Tankauflager** ist in der Isometrie darzustellen.

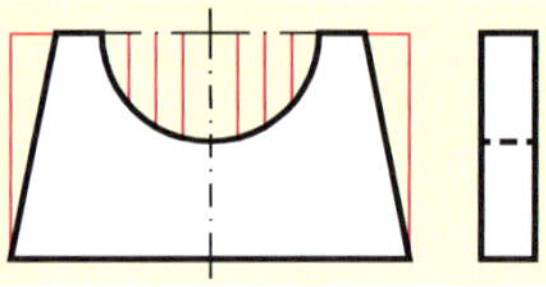
Pfeil = Blickrichtung

Lösung:

1. In der Vorderansicht Hilfslinien mit gleichem Abstand für die Rundung eintragen.
2. Körper in der Vorderansicht durch Hilfslinien zu einem rechtwinkligen Körper vervollständigen.
3. Körper ohne Rundung in der Isometrie zeichnen und die Hilfslinien für die Rundung eintragen, Längen aus der Ansicht übernehmen.
4. Die Endpunkte der Hilfslinien für die Rundung verbinden.
5. Die vordere Rundung auf die hinteren Kanten übertragen.
6. Lösung dick nachzeichnen.

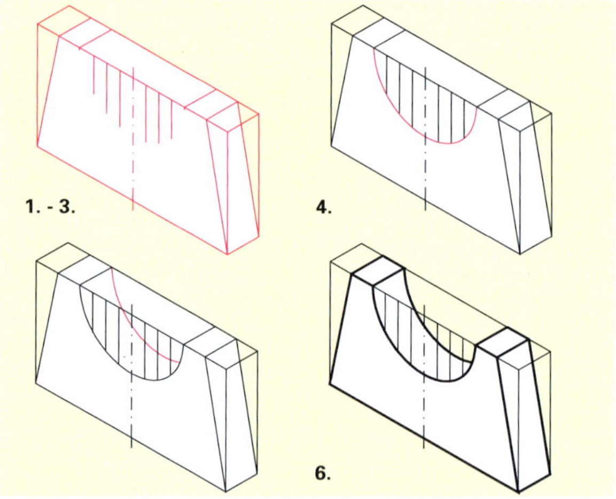

Lösungsschritte für die isometrische Darstellung des Tankauflagers

Freihandzeichnen von Schrägbildern

Die wichtigsten Schrägbilder können auf Karopapier sehr einfach gezeichnet werden. Obwohl die Diagonale durch 2 Kästchen nicht genau den Winkel von 30° bildet, wird die Isometrie in dieser Form gezeichnet.

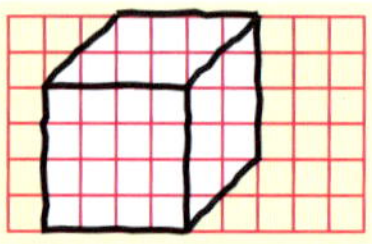
Kabinettprojektion
45°-Diagonale durch
1 Kästchen

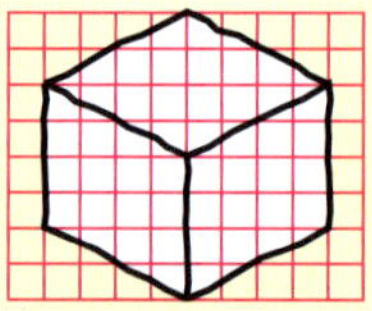
Isometrische Projektion
30°-Diagonale durch
2 Kästchen (26,6°)

Die axonometrischen Darstellungen ergeben anschauliche Übersichtsbilder von schräg oben bei geringem Konstruktionsaufwand.

Für die Darstellung von Innenräumen muss das Gebäude aufgeschnitten werden, oder es wird eine Untersicht ohne Boden gezeichnet.

Soll hingegen der Eindruck vermittelt werden, den der Betrachter des Gebäudes hat, wird eine perspektivische Darstellung eingesetzt.

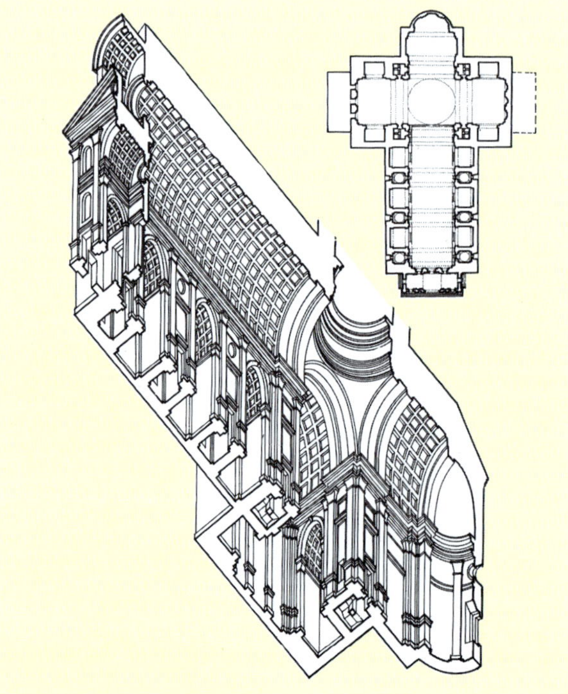
Axonometrie und Grundriss:
Leone Battista Alberti: Santa Andrea, Mantua, 1470

1.5 Perspektive

Während in der Axonometrie die Objekte dargestellt werden, wie sie einem unendlich fernen Betrachter erscheinen, der durch ein starkes Teleskop blickt, wird bei der **Perspektive** die menschliche Wahrnehmung nachgebildet. Objekte, die weiter entfernt vom Betrachter liegen erscheinen kleiner als die im Vordergrund gelegenen. In Wirklichkeit parallele Kanten laufen auf einen Fluchtpunkt zu, der sich in der Augenhöhe des Betrachters befindet.

Vom Auge des Betrachters (Augpunkt **O**) gehen Sehstrahlen aus, die das Abbild des Objekts auf der Bildebene entstehen lassen. In der Augenhöhe des Betrachters ist der Horizont. Befindet sich die Bildebene hinter dem Objekt, wird die perspektivische Abbildung vergrößert dargestellt, befindet sie sich vor dem Objekt, wird sie verkleinert.

1.5.1. Zentralperspektive

Bei der Zentralperspektive laufen die Körperkanten auf einen zentralen Punkt zu. Eine Ansichtsebene ist parallel zur Bildebene wird daher unverzerrt dargestellt. Man verwendet sie vorwiegend für Straßenzüge und Innenansichten von Räumen.

Konstruktion mittels Hilfsraster

In der Ansicht wird ein quadratischer Raster für die dem Betrachter am nächsten liegende Ebene gezeichnet. Angenommen wird die Höhe des Horizontes und der Fluchtpunkt der Tiefenrichtung – der Hauptpunkt **H.** In gleichem Abstand von H am Horizont liegen die Fluchtpunkte der Diagonalen $\mathbf{F_D}$. Verbindet man nun die Rasterpunkte mit dem Hauptpunkt und schneidet sie mit einer Diagonalen, bekommt man den parallel zur Bildebene liegenden Raster. Teilmaße können genauso ermittelt werden.

Konstruktion mit Grundriss und Ansicht

Die Bildebene und der Augpunkt **O** werden im Grundriss eingezeichnet, ebenso in der Seitenansicht. Durch alle wichtigen Punkte wird ein Sehstrahl vom Augpunkt zur Bildebene gezeichnet. In der zugeordneten Vorderansicht entsteht dann das perspektivische Bild. Alle Linien, die in Wirklichkeit senkrecht zur Bildebene verlaufen, treffen einander in einem Fluchtpunkt, dem Hauptpunkt **H**.

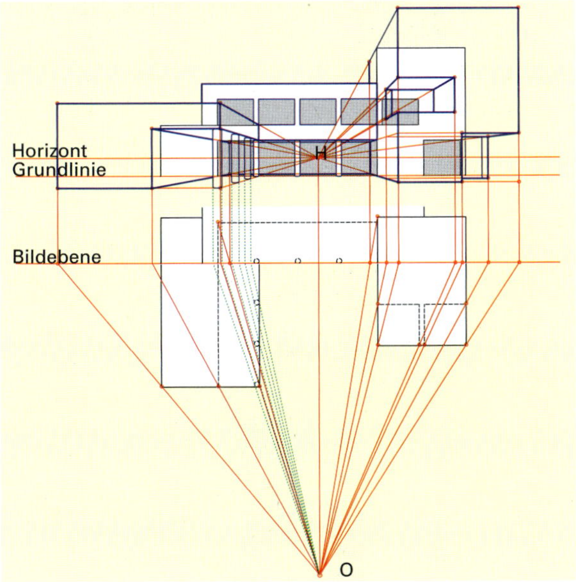

Konstruktion einer Zentralperspektive

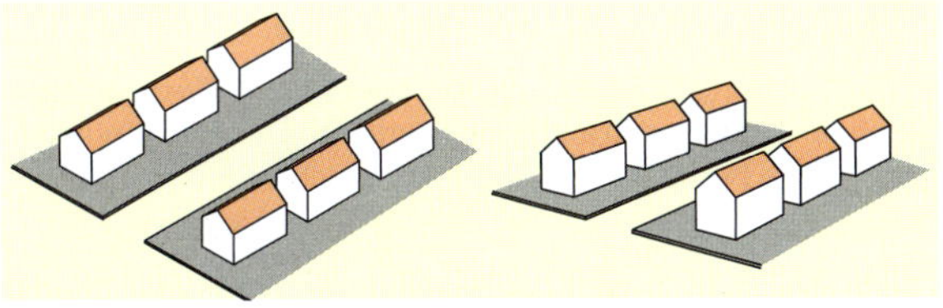

Axonometrie **Perspektive**

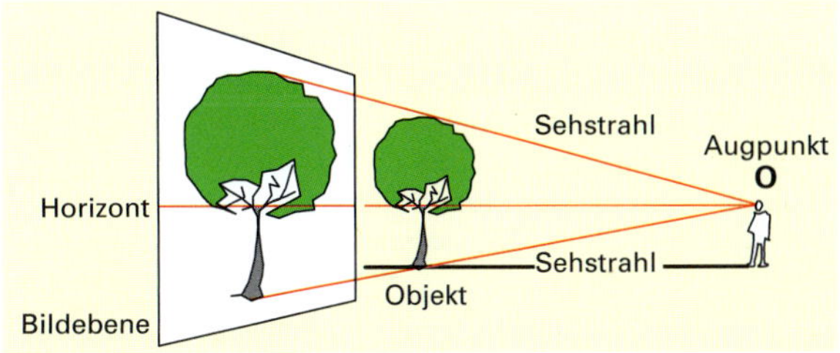

Entstehung des Bildes

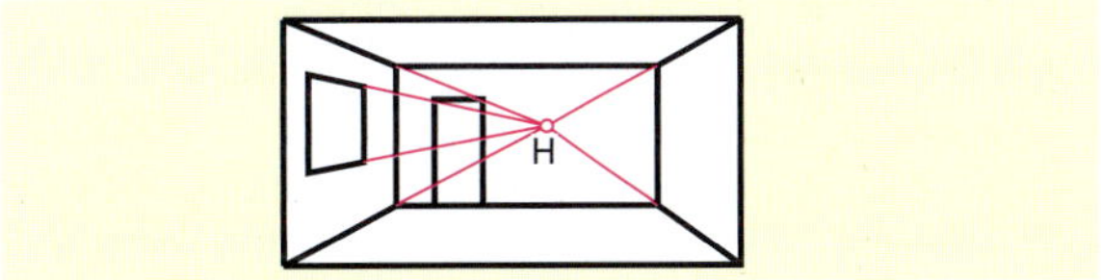

Zentralperspektive

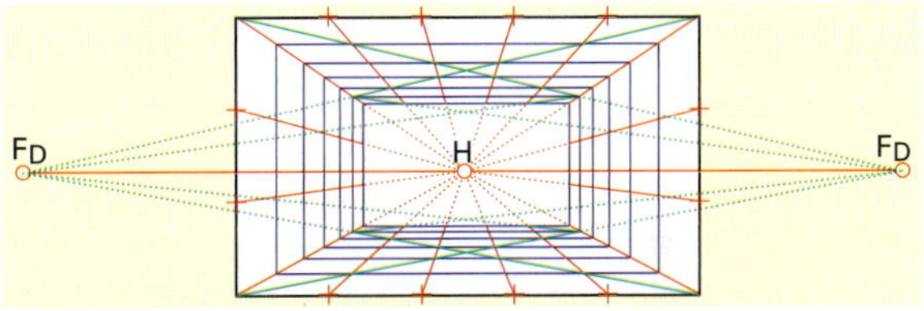

Raster für Zentralperspektive

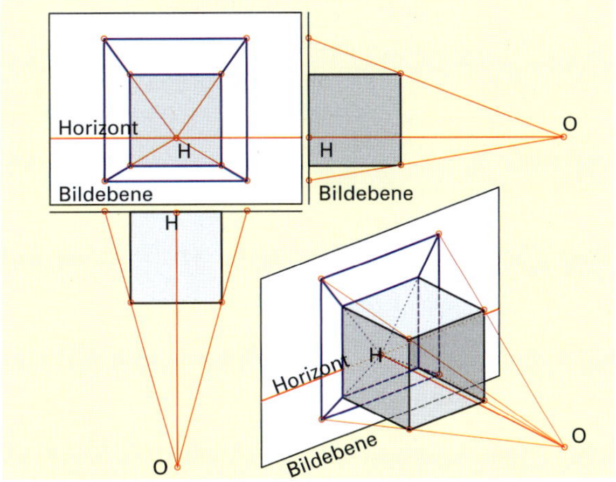

Abbildung eines Würfels in der Zentralperspektive

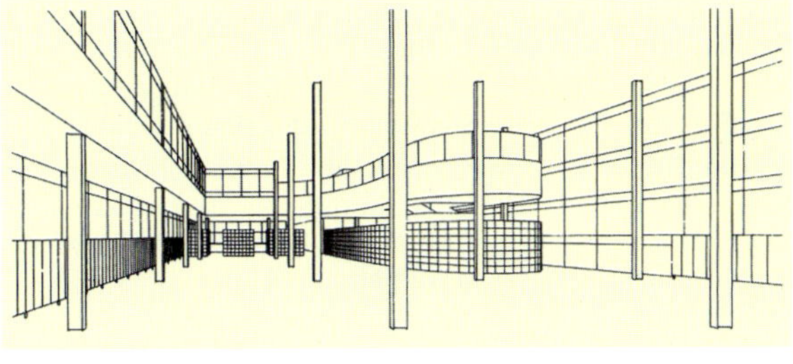

Zentralperspektive: Bohuslav Fuchs, Postamt in Brno, 1937

1.5.2. Fluchtpunktperspektive

Bei der Fluchtpunktperspektive laufen die Körperkanten auf zwei Fluchtpunkte zu. Je nach Höhe des Augpunktes werden die Perspektiven unterschiedlich bezeichnet:

- *Normale Perspektive,* bei der von normaler Augenhöhe ausgegangen wird.
- *Froschperspektive,* bei der das Objekt von einer sehr niedrigen Höhe aus betrachtet wird.
- *Vogelperspektive,* bei der das Objekt von oben betrachtet wird.

Konstruktion

Zum Zeichnen werden der Grundriss und eine Ansicht für die Höhen benötigt. Angenommen werden der Augpunkt **O** und die Bildebene.

Die Festlegung der Lage des Grundrisses, des Augpunktes, und der Bildebene ist entscheidend für das Ergebnis. Die Höhe des Augpunktes über dem Boden ergibt die Horizonthöhe, sie sollte etwa der menschlichen Augenhöhe entsprechen.

Im Grundriss wird das Objekt verdreht zur Bildebene eingezeichnet. Der Augpunkt wird so angenommen, dass eine Senkrechte zur Bildebene etwa mittig durch das Objekt geht. Der Winkel zwischen den Sehstrahlen zu den äußersten Objektkanten sollte nicht zu groß sein. 60° entsprechen einer fotografischen Weitwinkelaufnahme.

Parallelen zu den Objektkanten durch den Augpunkt schneiden die Bildebene in den Fluchtpunkten **F**. Die Fluchtpunkte horizontaler Linien liegen am Horizont. Ist der Winkel zwischen Objektkanten und Bildebene gering, wird häufig das Zeichenblatt zu klein. Dann kann man die Punkte mit Hilfskonstruktionen finden. Dafür bietet sich die Fluchtrichtung der Diagonalen an.

Die Lage der Objektpunkte in der Horizontalen wird durch die Schnittpunkte der Sehstrahlen – der Verbindung von Augpunkt und Objektpunkt – mit der Bildebene bestimmt.

Die Grundlinie ist der Schnitt einer horizontalen Ebene in der Basishöhe des Objektes. Von dieser aus können die Höhen gemessen werden.

Die **Höhen** werden von der Seitenansicht übernommen, oder direkt in der Bildebene eingemessen, da in der Bildebene liegende Kanten maßstäblich abgebildet werden.

Soll eine Höhe eingemessen werden, die nicht in der Bildebene liegt, wird eine Hilfslinie parallel zu einer der Hauptrichtungen im Grundriss gezeichnet, und der Schnittpunkt mit der Bildebene festgelegt – in der Zeichnung für die Kante **a** grün dargestellt. In der Vorderansicht wird dort eine Senkrechte gezeichnet und auf dieser gemessen. Die Höhen werden dann auf die Kante übertragen, indem die Punkte mit dem entsprechenden Fluchtpunkt verbunden werden.

Die Höhen können auch eingemessen werden, indem als Fluchtrichtung die Senkrechte zur Bildebene genommen wird – in der Zeichnung für die Kante **b** blau dargestellt. Der Fluchtpunkt dieser Richtung ist der Hauptpunkt **H**.

In der Bildmitte kommt es beim Einmessen über den Hauptpunkt häufig zu Schnitten mit sehr flachen Winkeln, die zu Ungenauigkeiten führen. Dann ist es günstiger eine andere Fluchtrichtung zu wählen.

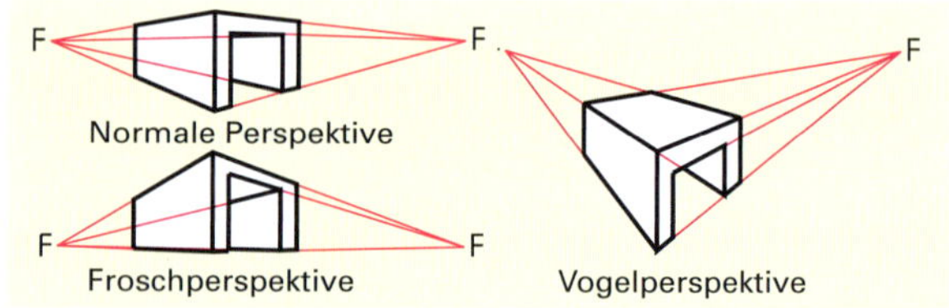

Bezeichnung der Perspektiven

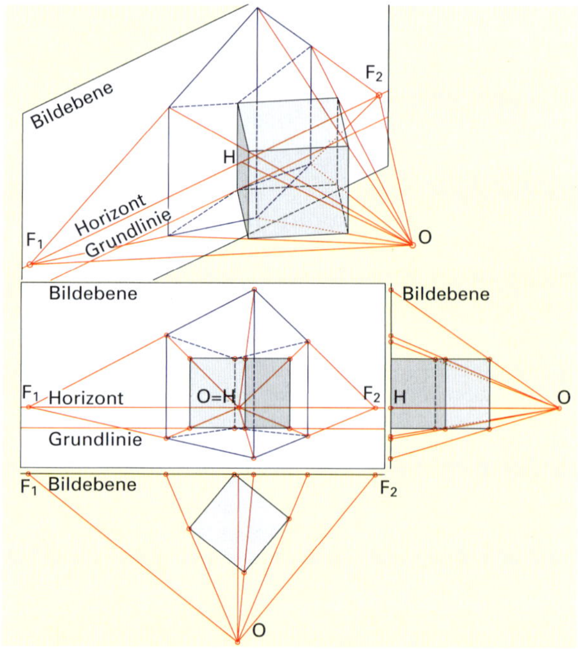

Perspektivische Abbildung eines Würfels

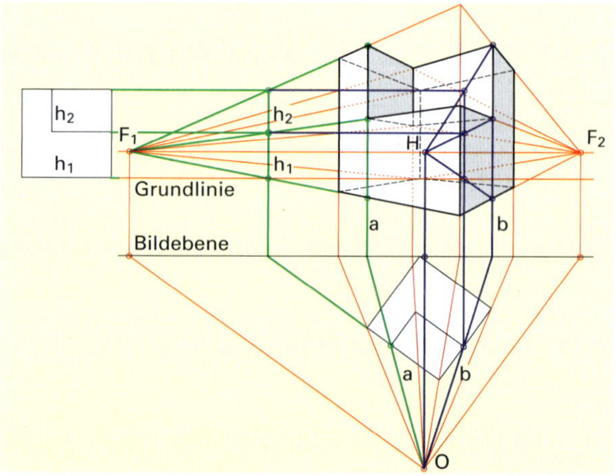

Höhen einmessen in der Perspektive

Frank Lloyd Wright: Tahoe Cabin Project, 1925

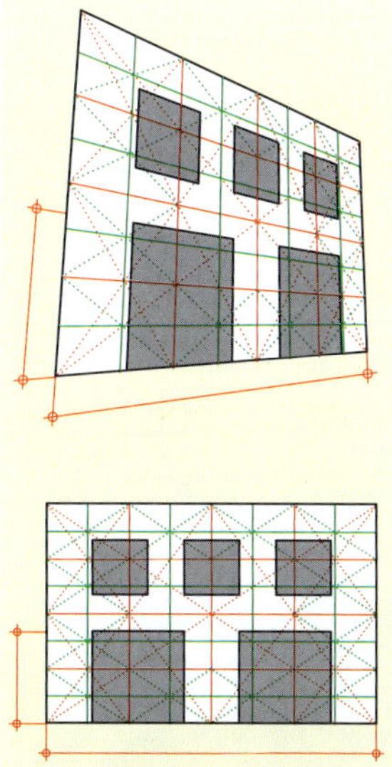

Foto entzerren mithilfe eines darübergezeichneten Rasters

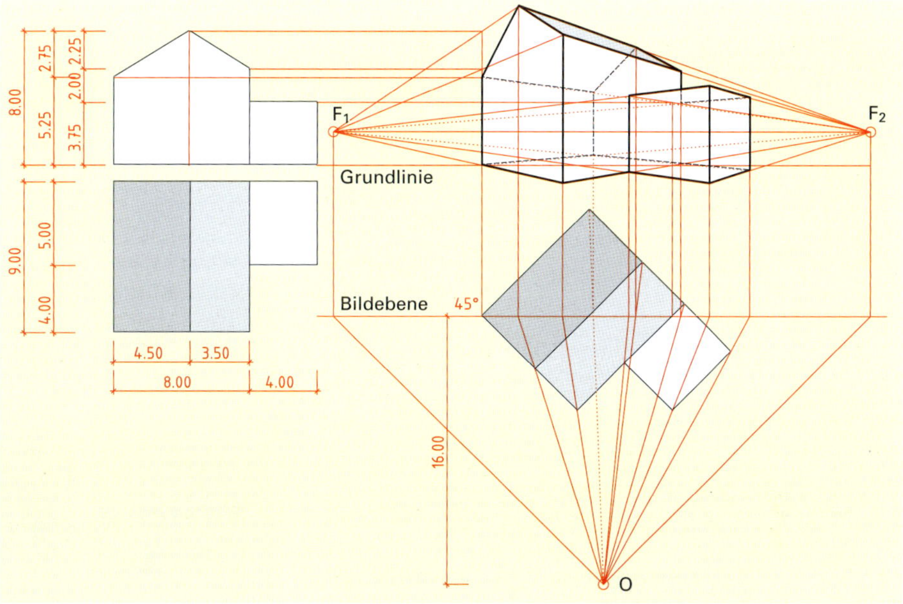

Konstruktion der Perspektive eines Baukörpers

Ansichten nach Fotos rekonstruieren

Da einander schneidende Linien auch in der Perspektive dieselben Schnittpunkte aufweisen, kann auf Fotos ein Hilfsraster gezeichnet werden, der die Grundlage für das proportionsrichtige Übertragen in die Ansicht ist. Es müssen lediglich ein Längenmaß und ein Höhenmaß bekannt sein.

Kreise werden in der Perspektive nur dann als Kreise dargestellt, wenn sie parallel zur Bildebene liegen, sonst als Ellipsen. Liegt der Standort innerhalb des Kreises, ergibt sich eine Hyperbel. Bei der Konstruktion helfen Hilfspunkte und Tangenten. Teilt man den Kreis in 8 Teile, können die Tangenten leicht mit den 45°-Richtungen, dem Hauptpunkt und als Parallele zum Horizont gefunden werden.

Die Punkte T_1 und T_2 ergeben sich aus den Tangenten vom Standpunkt an den Kreis. Dort hat die Ellipse in der Perspektive die größte Ausdehnung und damit senkrechte Tangenten. Bei einem Zylinder geht hier die Kontur vom Basiskreis auf die Mantelfläche über.

Perspektiven mit CAD erstellen

Wird ein Gebäude mit einem CAD-Programm als dreidimensionales Objekt erstellt, können davon Axonometrien und Perspektiven abgeleitet werden. In vielen Fällen ist dies einfacher, als eine Perspektive von Hand zu konstruieren.

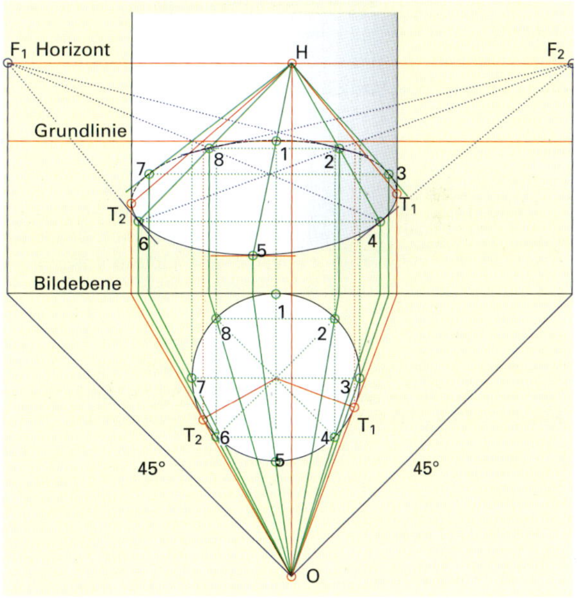

Konstruktion der Perspektive eines Zylinders

CAD-Perspektive

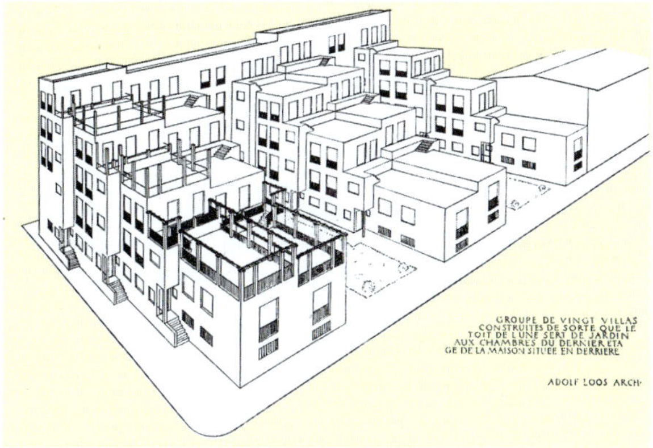

Adolf Loos: Terrassenhausprojekt 1923

1.6 Schatten

Ansichten, Lagepläne und dreidimensionale Darstellungen wie Perspektiven und Axonometrien gewinnen durch Schatten an plastischer Anschaulichkeit.

Schatten des Sonnenlichtes entstehen durch eine sehr weit entfernte große Lichtquelle, die Lichtstrahlen fallen daher nahezu parallel ein. Von einer nahe gelegenen punktförmigen Lichtquelle, wie einer Leuchte, gehen alle Lichtstrahlen aus.

Sonneneinstrahlung

Da die Erdachse um ca. 23° zur Umlaufbahn um die Sonne geneigt ist, ergeben sich unterschiedliche Lichteinfallswinkel, je nach Jahreszeit und geografischer Breite. Für den Sonnenhöchststand zu Mittag kann der Lichteinfallswinkel α aus der geografischen Breite β auf eine horizontale Fläche wie folgt berechnet werden:

zur Sommersonnenwende: $\alpha = 90° - \beta + 23°$
zur Wintersonnenwende: $\alpha = 90° - \beta - 23°$
zur Tag- und Nachtgleiche: $\alpha = 90° - \beta$

Für Stuttgart mit 48° geografischer Breite ergibt sich ein Lichteinfallswinkel zur Wintersonnenwende von 19°, zur Sommersonnenwende 65°. In Berlin mit $\beta = 52°$ sind es 15° und 61°. Die Länge des Schattens ergibt sich dann aus der Höhe des Gebäudes geteilt durch den Tangens des Sonneneinfallswinkels ($l = h/\tan\alpha$). Für $\alpha = 19°$ bedeutet dies, dass die Schattenlänge das 2,9-Fache der Höhe ausmacht.

45° Lichteinfall

Wird der Schattenwurf nicht für eine Lichteinfallsstudie benötigt, ist es für die Konstruktion einfacher, den Lichteinfallswinkel 45° anzunehmen. Damit kommt das Licht aus Südwest oder Südost. Wird der Lichteinfallswinkel auch in der Ansicht unter 45° angenommen, fällt das Licht in der Richtung der Raumdiagonale eines Würfels. Damit ergeben sich einfache Konstruktionen, da die Tiefe des Schattens in der Draufsicht den Höhen entspricht und in der Ansicht der Tiefe der Vorsprünge. Der Lichteinfall entspricht etwa dem des 26. März um 14:20 Uhr in Stuttgart.

Die unverkürzte Schattenlänge ergibt häufig zu große Schattenflächen in der Draufsicht. Trägt man die Höhen in der 45°-Richtung unverkürzt auf, wird die Tiefe der Schatten um den Faktor $\sqrt{2}$ reduziert. Damit ergibt sich ein Lichteinfall, der dem des 21. April um 15:00 Uhr in Stuttgart oder des 1. Mai um 15:00 Uhr in Berlin entspricht.

Schatten in der Ansicht

Bei 45° Lichteinfall ergibt sich die Schattenlänge in der Horizontalen aus dem Abstand im Grundriss. Wird in der Draufsicht die Schattenlänge verkürzt, fällt das Licht steiler ein, die Schatten unter Vorsprüngen sind daher entsprechend länger.

Schatten auf schräge Flächen

Der Schatten kann wie eine Durchdringung aus Ansicht und Draufsicht konstruiert werden. Die Lichtstrahlen durch die schattenwerfenden Punkte ergeben ein Prisma, das mit den schrägen oder gekrümmten Flächen geschnitten werden kann.

Schatten in der Axonometrie und Perspektive

Die Schattenrichtung in der Fläche, in der der Schatten entsteht, wird mit den Lichtstrahlen geschnitten. Für Schrägen sind Hilfskonstruktionen notwendig, in der Zeichnung grün dargestellt.

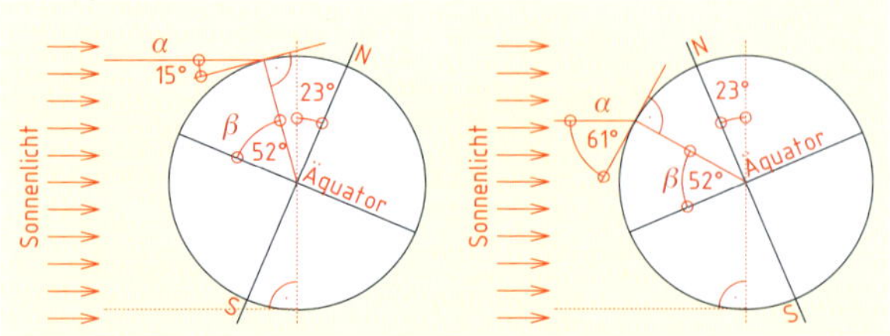

Sonneneinfallswinkel zur Winter- und Sommersonnenwende am Mittag für die geografische Breite von Berlin

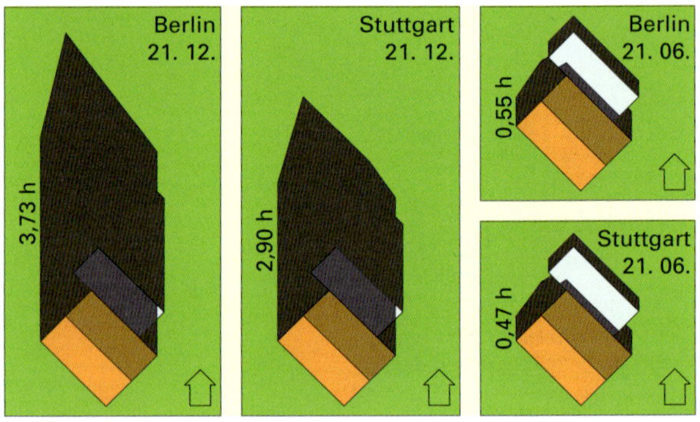

Schattenwurf zur Winter- und Sommersonnenwende am Mittag in Berlin und Stuttgart

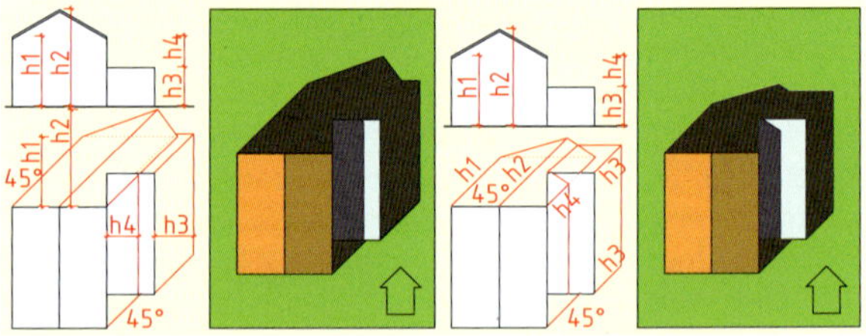

Lichteinfall unter 45°: Links unverkürzt, rechts um $\sqrt{2}$ verkürzt

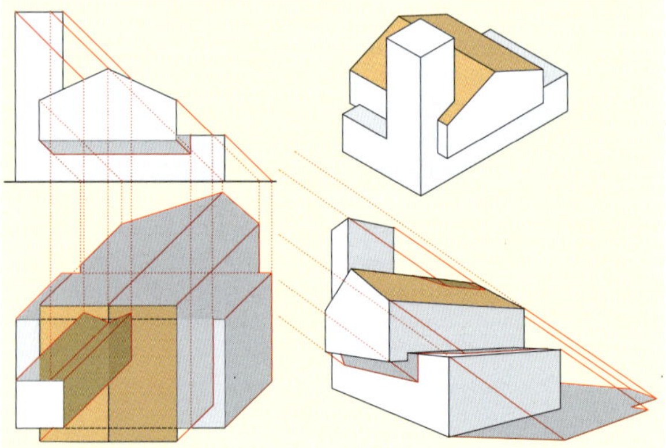

Schattenkonstruktion mit Lichteinfall unter 45°

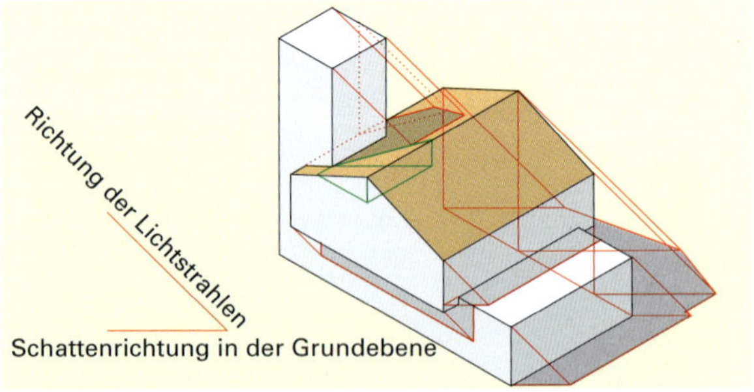

Schattenkonstruktion in der Axonometrie

Aufgaben

Zeichnen Sie auf A4-Blätter. Die rot gezeichneten Maße und Linien sind Angaben, die grün dargestellten Maße dienen zum Platzieren der Zeichnung. Beachten Sie den Maßstab. Zeichnen Sie erforderliche Konstruktionslinien dünn ein und beschriften Sie mit Normschrift.

Aufgabe: Zeichnen Sie Draufsicht, Vorder- und Seitenansicht des Hauses wie dargestellt und eine Isometrie vom Punkt A ausgehend.

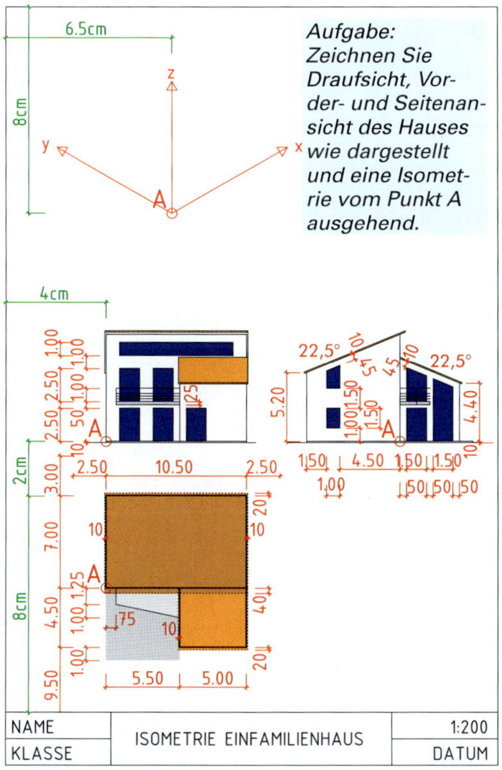

Aufgabe: Zeichnen Sie eine Perspektive des Hauses der Aufgabe links mit der dargestellten Anordnung von Augpunkt und Bildebene.

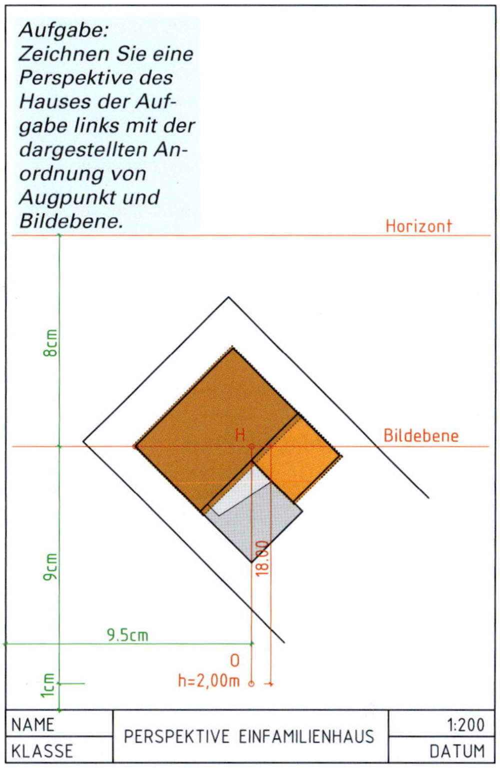

Aufgabe: Zeichnen Sie eine Axonometrie als Militärperspektive des unten dargestellten Bürohauses, ausgehend von Punkt A.

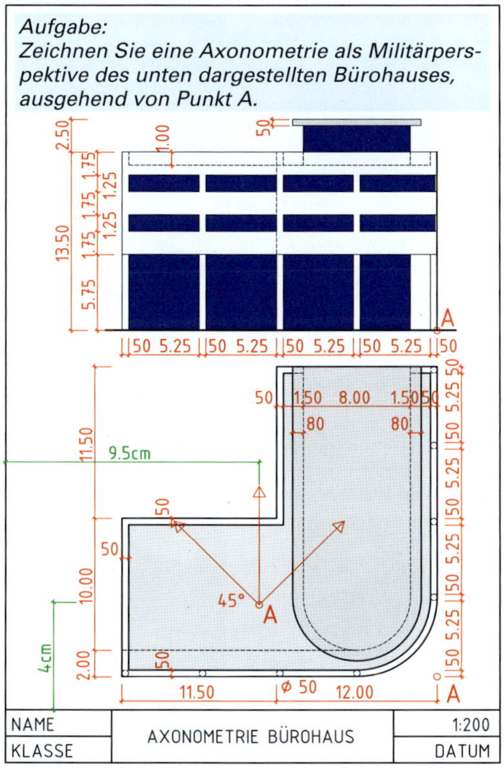

Aufgabe: Zeichnen Sie die Reihenhäuser wie dargestellt und konstruieren Sie den Schatten mit 45° Lichteinfall.

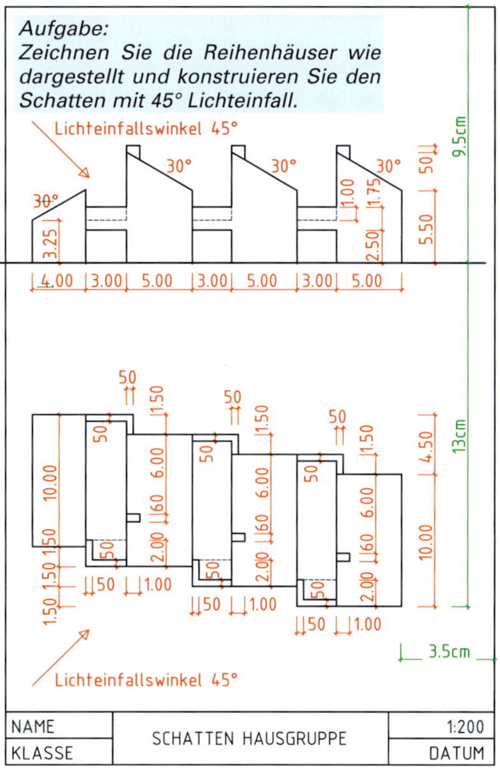

1.7 Architekten

Biografische Angaben zu den Architekten der Bildbeispiele.

Leone Battista Alberti 1404–1472

Theoretiker und Architekt der italienischen Renaissance. In seinen „10 Büchern über die Baukunst" knüpft er an die antike Baukunst an und verbindet seine Proportionslehre mit musikalischen Harmonien.

- Santa Maria Novella, Florenz, Fassade 1456
- Palazzo Rucellai, Florenz 1446–51
- Santa Andrea, Mantua 1472

Frank Lloyd Wright 1867–1959

Amerikanischer Pionier der Moderne mit plastischer, ausdrucksstarker Formensprache mit japanischen Einflüssen. In seinen Taliensin-Ateliers lehrte er seine Sicht von Architektur und Handwerk.

- Unity Temple, Chicago, Illinois 1904
- Robie House, Chicago, Illinois 1908
- Haus Fallingwater, Bear Run, Pennsylvania 1936
- Johnson Administration, Racine, Wisconsin 1936–50
- Guggenheim Museum, New York 1956

Adolf Loos 1870–1933

Österreichischer Architekt und Journalist, der als radikaler Wegbereiter der Moderne gilt, sich aber als klassischer Baukünstler verstanden hat. In der Streitschrift „Ornament und Verbrechen" plädiert er für eine dekorationslose Architektur mit inneren Werten, die er erstmals im Haus am Michaelerplatz umsetzte.

- Loos-Haus am Michaelerplatz, Wien 1910
- Doppelhaus in der Werkbundsiedlung, Wien 1929
- Haus Tristan Tzara, Paris 1926
- Haus Moller, Wien 1928

Heinrich Tessenow 1876–1950

Deutscher Architekt, der sich der Weiterentwicklung traditioneller handwerklicher Bauformen annahm. Sein Interesse galt besonders dem Wohn- und Siedlungsbau. Er war federführend bei der Planung der Gartenstadt Hellerau bei Dresden.

- Festspielhaus und Siedlungshäuser, Hellerau 1910
- Haus Böhler, Sankt Moritz, Schweiz 1916
- Heinrich-Schütz-Schule, Kassel 1927

Le Corbusier 1887–1965

In der Schweiz als Charles Jeanneret geboren, lebte später in Paris. Mit seinem Werk, seinen Theorien und als Gründungsmitglied von Architektenvereinigungen beeinflusste er maßgebend die Architektur des 20. Jahrhunderts. Seine Bauten zeichnen sich durch Trennung der tragenden Struktur und des Raumabschlusses, freie Grundrissgestaltung, plastische Gestaltung mit sichtbarem Beton und die Verwendung intensiver Farben aus.

- Häuser in der Weißenhofsiedlung, Stuttgart 1927
- Villa Savoye, Poissy 1929
- Unité d' Habitation, Marseille 1946
- Kirche Notre-Dame du Haut, Ronchamps 1954

Bohuslav Fuchs 1895–1972

Tschechischer Architekt der klassischen Moderne. Er baute zahlreiche Schulen, Kaufhäuser und Bürogebäude.

- Hotel Avion, Brno 1926
- Heim Elišky Machové, Brno 1929
- Haus der Kunst, Brno 1946

Alberti: Santa Maria Novella

Palazzo Rucellai

Wright: Unity Temple

Guggenheim Museum

Loos: Haus am Michaelerplatz

Haus Moller

Tessenow: Festspielhaus Hellerau

Haus Böhler

Le Corbusier: Weißenhofsiedlung

Notre-Dame du Haut

Fuchs: Heim Elišky Machové

Haus der Kunst

1.8 Rechtliche Grundlagen der Bauplanung

Die Planung eines Bauvorhabens erfordert eine optimale Abstimmung zwischen den Wünschen des Bauherrn und den Interessen der Nachbarn und der Allgemeinheit. Dieser Interessensausgleich wird durch das Baurecht und die Bauleitplanung gewährleistet.

Die Sicherheit und Gebrauchtauglichkeit eines Gebäudes wird durch technische Vorschriften im Baurecht und durch Normen gewährleistet.

Zur Sicherung der Qualität der Bauplanung und Bauausführung und des Verfahrens von der Auftragsvergabe bis zur Abrechnung bedient man sich ebenfalls der Normen.

Gesetze, wie das Baugesetzbuch (BauGB) oder die Landesbauordnungen, werden vom Gesetzgeber – dem Bundestag oder Landtag – beschlossen.

Verordnungen, wie die Energieeinsparverordnung (EnEV) des Bundes oder die Garagenverordnung des Landes, werden vom zuständigen Minister aufgrund von Gesetzen erlassen. Mit Verordnungen können auch technische Bestimmungen der Normen für rechtsverbindlich erklärt werden oder bestimmte Baustoffe oder Bauteile zugelassen werden.

Gesetze und Verordnungen sind rechtsverbindlich. Für den Fall, dass sie nicht eingehalten werden, sind Strafbestimmungen oder sonstige Zwangsmaßnahmen vorgesehen.

Normen, ob internationale (ISO), europäische (EN) oder deutsche (DIN) Normen, gelten als „anerkannte Regeln der Technik". Sie werden von den einschlägigen Normenausschüssen erarbeitet, in denen die Industrie und sonstige Interessengruppen vertreten sind. Grundsätzlich sind Normen Empfehlungen und damit nicht rechtsverbindlich. Im Streitfall gilt jedoch die Nichterfüllung der Vorgaben einer Norm als mangelhafte Ausführung.

1.8.1 Bauplanungsrecht

Das **Baugesetzbuch** (BauGB) bildet die bundeseinheitliche rechtliche Grundlage des Bauplanungsrechts. Es wird ergänzt durch die Baunutzungsverordnung (BauNVO) sowie die Bundesumweltgesetze (z.B. Bundesimmissionsschutzgesetz, Wasserhaushaltsgesetz, Abfallgesetz, Naturschutzgesetz). Das BauGB regelt die Bauleitplanung, verpflichtet die Gemeinden Bauleitpläne aufzustellen und gibt Maßnahmen zur Sicherung der Bauleitplanung vor. Des Weiteren werden städtebauliche Sanierungsmaßnahmen behandelt. Eine Ergänzung des BauGB bildet die **Planzeichenverordnung**.

Die **Baunutzungsverordnung** (BauNVO) enthält Bestimmungen zur Art und zum Maß der baulichen Nutzung, zur Bauweise sowie zur überbaubaren Grundstücksfläche. Sie liefert damit zahlreiche Vorgaben für die Bauleitplanung hinsichtlich der verschiedenen Baugebiete nach Art ihrer Nutzung, und des Ausmaßes sowie der Art der Bebauung.

Landesbauordnungen bzw. **Bauordnungen** der Länder regeln die Anforderungen an zu bebauende Grundstücke, erforderliche Abstandsflächen zur Grundstücksgrenze und zu vorhandenen Gebäuden sowie die Anforderungen an die Konstruktion und an Räume und Wohnungen. Ein weiterer Teil enthält die Regelungen des Verfahrens vom Bauantrag bis zur Baugenehmigung.

In der **Garagenverordnung** des Landes ist die Anzahl und Ausführung der vorgeschriebenen Stellplätze für Kraftfahrzeuge geregelt.

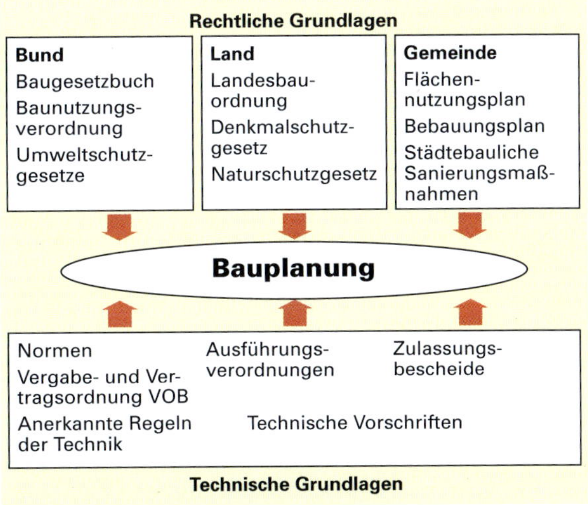

Rechtliche und technische Grundlagen der Bauplanung

Baugesetzbuch BauGB

Bauleitplanung
- Umweltschutz, Umweltbericht
- Beteiligung der Öffentlichkeit
- Flächennutzungsplan: Inhalt und Verfahren
- Bebauungsplan: Zweck, Inhalt und Verfahren
- Sicherung der Bauleitplanung: Veränderungssperre, Vorkaufsrecht
- Regelung der baulichen Nutzung: Nutzungsbeschränkung, Entschädigung, Enteignung

Städtebauliche Sanierungsmaßnahmen

Inhaltsübersicht des Baugesetzbuches

Baunutzungsverordnung BauNVO

Art der baulichen Nutzung
- Kleinsiedlungsgebiet, Wohngebiet, Mischgebiet, Kerngebiet, Gewerbegebiet, Industriegebiet, Sondergebiete.

Maß der baulichen Nutzung
- Grundflächenzahl, Geschossflächenzahl, Zahl der Vollgeschosse, Gebäudehöhe.

Bauweisen
- offene (Einzelhäuser, Doppelhäuser), geschlossene Bauweise.

Inhaltsübersicht der Baunutzungsverordnung

Landesbauordnung LBO

z.B: für Baden-Württemberg

Das Grundstück und seine Bebauung
- Abstandsflächen, Höhenlage

Allgemeine Anforderungen an die Bauausführung
- Gestaltung, Baustelle, Standsicherheit, Wärme- und Schallschutz, Brandschutz, Verkehrssicherheit

Bauprodukte und Bauarten
- Zulassung, Prüfzeugnisse

Der Bau und seine Teile
- Wände, Decken, Dächer, Treppen, Türen, Fenster, Feuerstätten, Lüftungsanlagen, Wasserver- und Entsorgungsanlagen

Einzelne Räume, Wohnungen und besondere Anlagen
- Aufenthaltsräume, Wohnungen, Toiletten und Bäder, Stellplätze und Garagen, barrierefreie Anlagen, Gemeinschaftsanlagen

Am Bau Beteiligte, Baurechtsbehörden
- Bauherr, Planverfasser, Unternehmer, Bauleiter, Behörde

Verwaltungsverfahren
- Genehmigungspflichtige Vorhaben, Bauantrag und Bauvorlagen, Fristen, Benachrichtigung der Angrenzer, Baugenehmigung, Baubeginn, Bauüberwachung

Inhaltsübersicht der Landesbauordnung

1.8.2 Technische Vorschriften

Die **Energieeinsparverordnung** (EnEV) des Bundes regelt die Anforderungen an den Wärmeschutz der Gebäudehülle, wodurch die Konstruktionsstärke der Außenwände beeinflusst wird, sowie an eine energiesparende Anlagetechnik.
In der **Ausführungsverordnung zur Landesbauordnung** (z. B. in Baden-Württemberg) werden die recht allgemein gehaltenen Anforderungen der Landesbauordnung an die Konstruktion und die Gestaltung der Treppen, Gänge und Fluchtwege in Bezug auf Sicherheit und Brandschutz genauer beschrieben.

1.8.3 Bauleitplanung

Bauleitplanung findet auf Gemeindeebene, in Stadtstaaten auf Bezirks- oder Stadtebene vor dem Hintergrund der Raumordnungs- und Landesplanung statt. Diese Bauleitplanung bietet der Gemeinde ein Instrument zur städtebaulichen Ordnung und Stadtentwicklungsplanung.

Da sie unmittelbar das Leben in der Gemeinde beeinflusst, ist eine Beteiligung der Bürger erforderlich. In der Regel werden die Planungsentwürfe für eine bestimmte Zeit öffentlich zur Einsichtnahme ausgelegt.

Flächennutzungsplan

Die Bauleitplanung erfolgt in zwei Stufen. Zunächst wird in einem Flächennutzungsplan (FNP) die beabsichtigte städtebauliche und räumliche Entwicklung beschrieben. In eine Karte (meist im Maßstab 1:10000) werden die geplanten Nutzungen der Flächen eingetragen und nutzungsbeschränkende Flächen oder Einrichtungen dargestellt:

- Bauflächen (z. B. Wohnbauflächen, gemischte Bauflächen, gewerbliche Bauflächen, Sonderbauflächen),
- Grünflächen,
- Verkehrsflächen, Ver- und Entsorgungsflächen,
- Wasserflächen, Schutzgebiete, Freileitungen.

Die Darstellung erfolgt entsprechend der Planzeichenverordnung und der Baunutzungsverordnung.

Ein Flächennutzungsplan ist noch nicht rechtsverbindlich hinsichtlich der konkreten Bebauung, sondern er bildet eine verbindliche Grundlage für die Bebauungspläne.

Planungsebene	Aufgaben	Instrumente
Bund Raumordnung	räumliche Entwicklung des Bundesgebietes	raumordnungpolitischer Orientierungs- und Handlungsrahmen
Land Landesplanung	räumliche Entwicklung aufgrund des Raumordnungsgesetzes	Landesentwicklungsplan
Regierungsbezirk Regionalplanung	Festlegung der regionalen Ziele der Raumordnung	Gebietsentwicklungsplan
Gemeinde Bauleitplanung	Regelung der Nutzung der Grundstücke zur geordneten städtebaulichen Entwicklung	Flächennutzungsplan FNP Bebauungspläne

System der räumlichen Planung

Planzeichen für Flächennutzungen, in schwarz-weißer und farbiger Darstellung

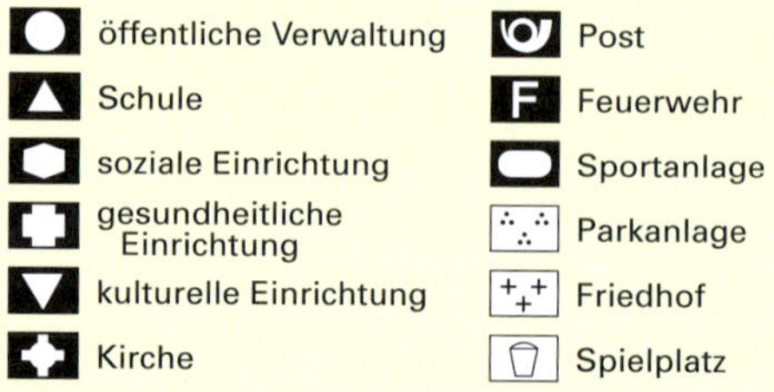

Planzeichen für besondere Einrichtungen

Planzeichen für den Flächennutzungsplan

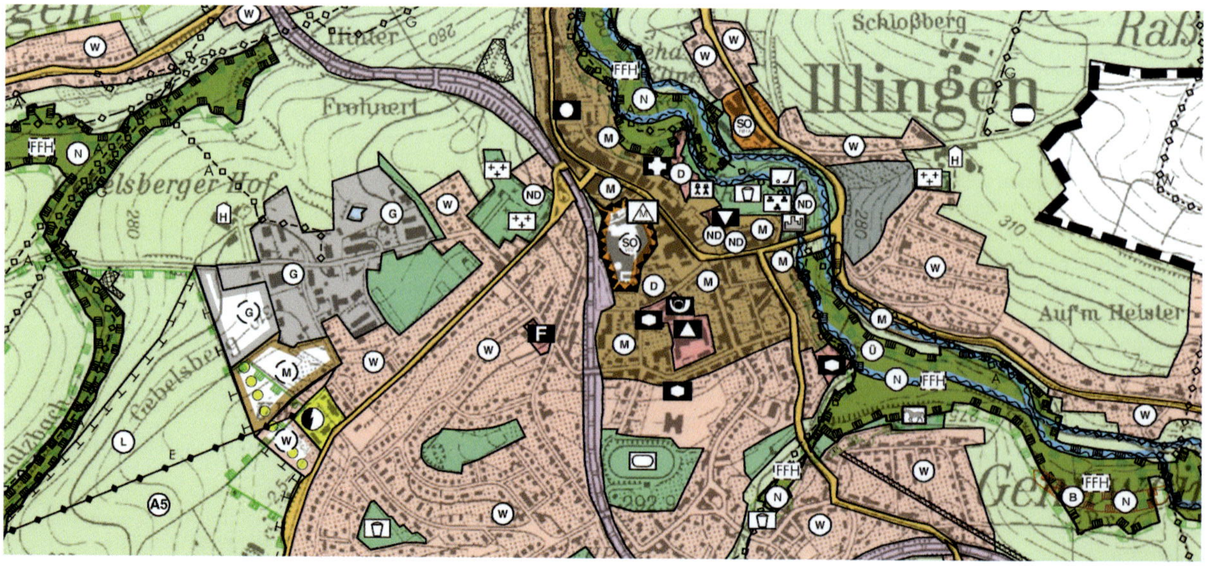

Ausschnitt aus dem Flächennutzungsplan der Gemeinde Illingen

Bebauungsplan

Im zweiten Schritt wird der Bebauungsplan aus dem Flächennutzungsplan entwickelt. Er enthält die rechtsverbindlichen Festlegungen für die städtebauliche Ordnung eines Baugebietes.

Im Bebauungsplan werden Art und Maß der baulichen Nutzung, Bauweise, Grundstückszuschnitt, Freiflächen, öffentliche Flächen und Flächen für Umweltschutzanlagen parzellengenau bestimmt. Gemeinsam mit einer Begründung wird der Bebauungsplan als Gemeindesatzung beschlossen (in Stadtstaaten als Rechtsverordnung durch den Senat oder als Gesetz durch die Bürgerschaft). Er besteht in der Regel aus einem schriftlichen, erläuternden, und einem zeichnerischen Teil.

Der Bebauungsplan ist rechtlich bindend für Bauherren, Bauplaner und Bauaufsichtsbehörden. Andererseits gewährt der Bebauungsplan auch ein grundsätzliches Recht zu bauen.

In Bebauungsplänen werden die Baugebiete genauer bestimmt und Einzelheiten für die Bebauung der Grundstücke festgesetzt:

- Baugebiete (z. B. reine Wohngebiete, allgemeine Wohngebiete, Dorfgebiete, Mischgebiete, Kerngebiete, Gewerbegebiete, Industriegebiete),
- Maß der Nutzung (zulässige oder geforderte Anzahl der Geschosse, Grundflächenzahl, Geschossflächenzahl oder Baumassenzahl),
- Bauweise (offen oder geschlossen),
- Form der Gebäude (Einzelhäuser, Doppelhäuser, Hausgruppen),
- Dachform (Satteldach, Flachdach),
- Anzahl von Wohnungen,
- Traufhöhen (Höhe der Traufe über Gelände),
- Firsthöhen (Höhe des Firstes über Gelände),
- Lage der Gebäude auf den Grundstücken durch Baugrenzen und Baulinien,
- Grundstücksgrenzen,
- Gestaltung der Gebäude (z. B. Art und Farbe der Fassade, Dachdeckung, Walmformen, Dachgauben, Fenster),
- Bepflanzungen (z. B. neu zu bepflanzen, vorhandene Bepflanzung erhalten),
- Verkehrs- und Leitungsbereiche,
- Garagen und Stellplätze,
- Abbruch vorhandener Gebäude.

Meistens werden die Angaben zu Baugebiet, Geschosszahl, Gebäudeform, Grundflächenzahl, Geschossflächenzahl, Dachform und -neigung sowie zur Bauweise in einer **Nutzungsschablone** (Linienkreuz) zusammengefasst.

Das Baugebiet wird mit den beiden kennzeichnenden Großbuchstaben (hier als allgemeines Wohngebiet) angegeben. Die Anzahl von Vollgeschossen kann in römischen Ziffern als Höchstzahl (z. B. III), als zwingende (z. B. (II)) oder als Mindest- und Höchstzahl (z. B. II–III) festgesetzt werden. In der Schablone erscheinen die Grundflächenzahl und Geschossflächenzahl häufig ohne die Kurzzeichen GRZ bzw. GFZ. Dann steht auf der linken Seite die Grundflächenzahl nur als Zahl und auf der rechten Seite die Geschossflächenzahl im Kreis. Bei Bebauungsplänen für Gewerbe- bzw. Industriegebiete wird häufig eine Baumassenzahl festgelegt, z. B. mit einem Kurzzeichen BMZ 3,0 oder in einem Kasten [3,0].

(WS)	WS	Kleinsiedlungsgebiete (für Wohngebäude mit Nutzgärten und landwirtschaftlichem Nebenerwerb)
(WR)	WR	Reine Wohngebiete (dienen grundsätzlich nur dem Wohnen)
(WA)	WA	Allgemeine Wohngebiete (dienen vorwiegend dem Wohnen)
(WB)	WB	Besondere Wohngebiete (Gebiete zur Erhaltung und Entwicklung von Wohnnutzung)
(MD)	MD	Dorfgebiete (Mischgebiete für Wohnzwecke, landwirtschaftliche und nicht störende gewerbliche Betriebe)
(MI)	MI	Mischgebiete (dienen dem Wohnen und nicht wesentlich störenden Gewerbebetrieben)
(MK)	MK	Kerngebiete (überwiegend für Handelsbetriebe, Einrichtungen der Wirtschaft, Verwaltung und Kultur)
(GE)	GE	Gewerbegebiete (für nicht erheblich belästigende Gewerbebetriebe wie Lagerhäuser, öffentliche Betriebe, Verwaltungsgebäude, Tankstellen, Sportanlagen)
(GI)	GI	Industriegebiete (ausschließlich für Gewerbebetriebe aller Art, vorwiegend solche, die in anderen Gebieten unzulässig sind)

Planzeichen für Bebauungspläne

Baugebiet WA	Zahl der Vollgeschosse (II)
Grundflächenzahl GRZ 0,3	Geschossflächenzahl GFZ (0,6)
Bauweise offen	Dachform und -neigung SD 35° – 45°

Nutzungsschablone

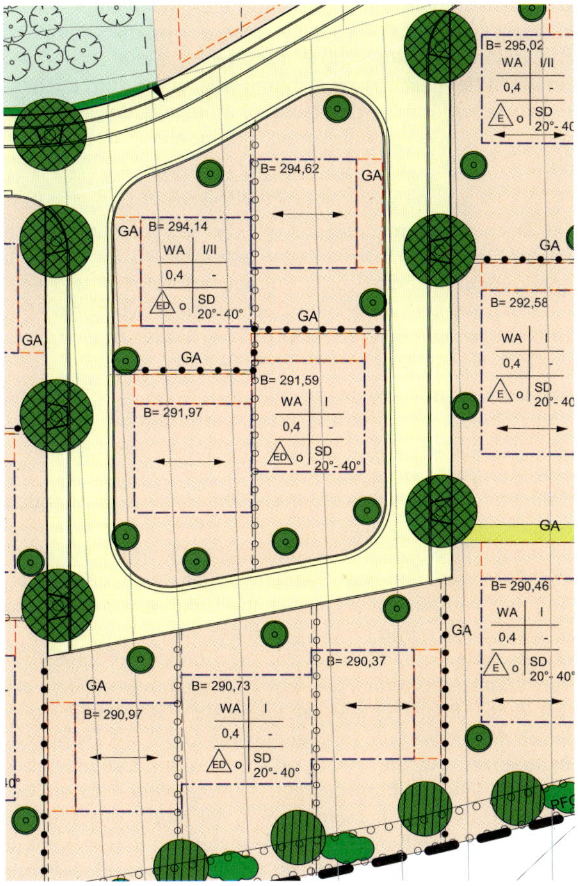

Bebauungsplan

Die **Grundflächenzahl** (GRZ) gibt an, wie groß der Anteil der Grundfläche des Gebäudes an der Grundstücksfläche sein darf. Dabei gilt als Grundfläche jene Fläche, die von baulichen Anlagen überdeckt wird. Sie wird von Außenkante zu Außenkante des Gebäudes gemessen und schließt, je nach Region, auch Balkone, Erker, Dachüberstände größer als 50 cm, Terrassen oder Wege ein. Die Flächen von Garagen und Stellplätzen, baulichen Anlagen unter der Geländeoberfläche oder Nebenanlagen, wie Gerätehütten oder, je nach Region, Terrassen oder Wegen, sind mitzurechnen. Allerdings darf die zulässige Grundflächenzahl durch diese Flächen um bis zu 50 % überschritten werden.

$$\text{GRZ} = \frac{\text{Grundfläche}}{\text{Grundstücksfläche}}$$

Die **Geschossflächenzahl** (GFZ) gibt an, wie groß die Summe der Geschossflächen im Verhältnis zur Grundstücksfläche sein darf. Sie ist nach den Außenmaßen der Gebäude für alle Vollgeschosse zu ermitteln. Welche Geschosse als Vollgeschosse gelten, ist in der jeweiligen Landesbauordnung festgelegt. In der Regel liegen sie vollständig über dem Gelände und weisen über mindestens zwei Drittel der Fläche des darunterliegenden Geschosses eine lichte Höhe von 2,30 m auf. Im Kellerbereich liegt ihr Fußboden unter der Geländeoberfläche, aber ihre Deckenoberkante ragt im Mittel mindestens 1,40 m über das Gelände hinaus. Balkone, Loggien, Terrassen und untergeordnete Teile werden bei der Ermittlung der GFZ nicht mitgerechnet.

$$\text{GFZ} = \frac{\text{Geschossfläche}}{\text{Grundstücksfläche}}$$

Die **Baumassenzahl** (BMZ) gibt an, wie viele Kubikmeter Baumasse (Volumen) je Quadratmeter Grundstücksfläche zulässig sind. Dabei wird die Baumasse von der Oberkante des untersten Vollgeschossfußbodens bis zur Decke des obersten Vollgeschosses ermittelt oder nach dem tatsächlichen Volumen. Sie dient der Begrenzung des Bauvolumens bei großen gewerblichen Gebäuden.

$$\text{BMZ} = \frac{\text{Baumasse (Volumen)}}{\text{Grundstücksfläche}}$$

Die **Dachform** wird meistens mit den großen Buchstaben FD für Flachdach, SD für Satteldach oder PD für Pultdach angegeben. Bei Sattel- oder Pultdächern folgt in der Regel eine Angabe zur maximalen Dachneigung (z. B. max. 45°), zu einer zwingenden Neigung (z. B. 45°) oder zu einem zulässigen Neigungsbereich (z. B. 30° – 45°).

Als **Bauweisen** werden die offene und die geschlossene unterschieden. Die offene Bauweise erfordert die regulären Abstandsflächen zwischen den Gebäuden wie Einzelhäusern, Doppelhäusern oder Reihenhäusern. Dabei darf die Reihenhausreihe nicht länger als 50 m sein. Sonst handelt es sich um eine geschlossene Bauweise, bei der die Gebäude an die Nachbargebäude angebaut werden. Für manche Bereiche kann der Bebauungsplan auch einseitigen Anbau festsetzen. Das Planzeichen für die offene Bauweise ist ein kleines **o** und für die geschlossene ein kleines **g**.

Die **Baulinie** wird rot oder mit dem Liniensymbol Strich-Punkt-Punkt dargestellt. Sie legt häufig eine Gebäudeflucht fest. An der Baulinie muss gebaut werden. Gebäudeteile dürfen an der Baulinie nur geringfügig vor- oder zurückspringen.

Baugrenzen werden blau oder mit dem Liniensymbol Strich-Strich-Punkt dargestellt. Gebäudeteile dürfen die Baugrenzen nicht überschreiten. In der Regel umschließen Baugrenzen den Bereich des Grundstückes, in dem gebaut werden darf. Das Gebäude muss nicht an die Baugrenze gebaut werden.

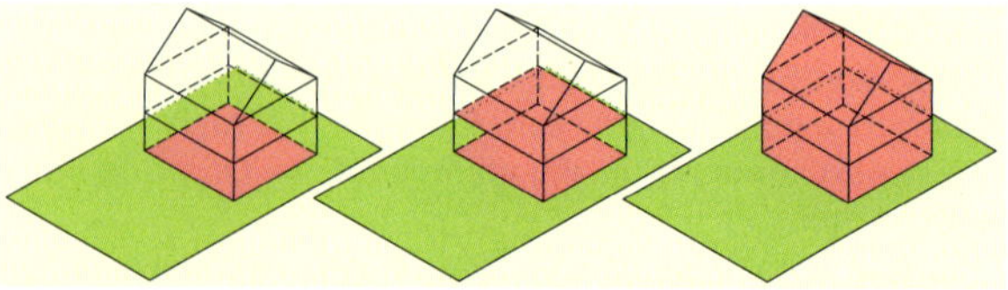

GRZ Grundflächenzahl — **GFZ** Geschossflächenzahl — **BMZ** Baumassenzahl

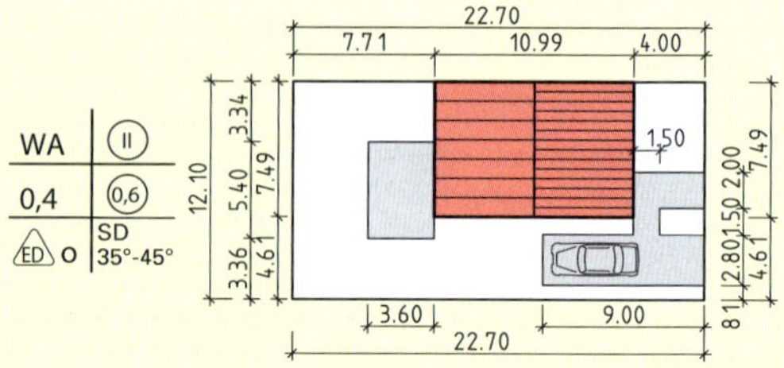

Berechnung der **Grundflächenzahl**:

Grundstücksfläche: 22,70 m · 12,10 m = 274,67 m²
Gebäude: 10,99 m · 7,49 m = 82,32 m²
Terrasse: 3,60 m · 5,40 m = 19,44 m²
Wege: 3,00 m · 2,00 m + 1,50 m · 1,50 m = 8,25 m²
Stellplatz + Zufahrt: 2,80 m · 9,00 m = 25,20 m²

GRZ aus Gebäude: $\frac{82{,}32\ \text{m}^2}{274{,}67\ \text{m}^2} = \mathbf{0{,}300}$

GRZ aus Gebäude und Terrasse: $\frac{82{,}32 + 15{,}00\ \text{m}^2}{274{,}67\ \text{m}^2} = \mathbf{0{,}370}$

GRZ Gebäude, Terr. u. Wege: $\frac{82{,}32 + 15{,}00 + 6{,}75\ \text{m}^2}{274{,}67\ \text{m}^2} = \mathbf{0{,}400}$

GRZ aus Gebäude, Terrasse, Wegen sowie Stellplatz und Zufahrt: $\frac{82{,}32 + 15{,}00 + 6{,}75 + 25{,}20\ \text{m}^2}{274{,}67\ \text{m}^2} = \mathbf{0{,}492}$

Die zulässige GRZ von 0,4 wird durch das Gebäude nicht überschritten, auch wenn die Terrasse oder Wege und Terrasse eingerechnet werden. Die anzurechnenden Flächen für den Stellplatz und die Zufahrt bleiben im Rahmen der zulässigen Überschreitung von 50 %

Berechnung der **Geschossflächenzahl**:

Grundstücksfläche: 22,70 m · 12,10 m = 274,67 m²
Geschossfläche (2 Vollgeschosse):
2 · 7,49 m · 10,99 m = 164,63 m²

GFZ (Geschossflächenzahl): $\frac{164{,}63\ \text{m}^2}{274{,}67\ \text{m}^2} = \mathbf{0{,}599}$

Die zulässige GFZ von 0,6 wird nicht überschritten.

Beispiel zur Berechnung von GRZ und GFZ

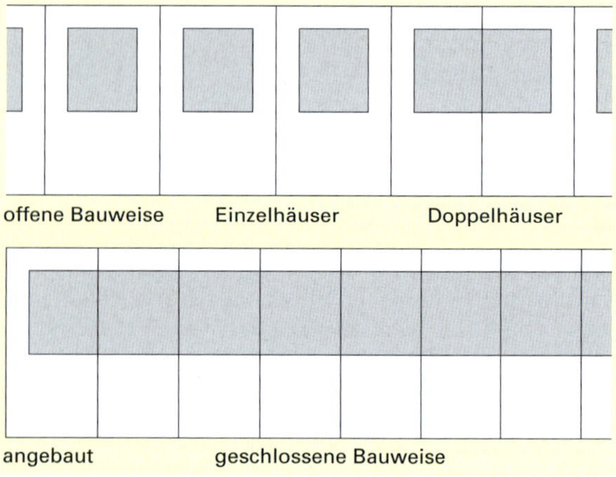

Bauweisen

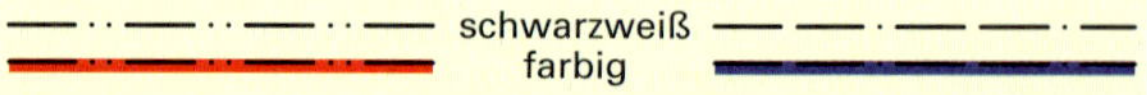

Baulinie — **Baugrenze**

Weitere Festsetzungen im Bebauungsplan:

- (E) Nur Einzelhäuser zulässig
- (D) Nur Doppelhäuser zulässig
- (ED) Einzel- und Doppelhäuser zulässig
- (H) Nur Hausgruppen zulässig

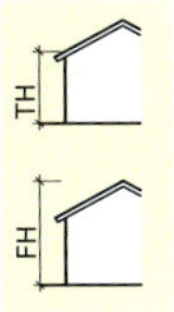

Traufhöhe **TH**	z. B: **TH** 5,80 m über Gehweg
Firsthöhe **FH**	z. B: **FH** 194,30 m ü. NHN
Oberkante **OK**	z.B: **OK** 119,0 bis 121,0 m ü. NHN
Ga	Garagen
St	Stellplätze
▲	Zufahrt

Weitere Vorschriften zur Bebauung und der Gestaltung der Gebäude finden sich im Textteil des Bebauungsplanes. Dort können – im Sinne der Ortsbildpflege – weitreichende Vorgaben zur Gestaltung gemacht werden, wie etwa, dass die Fassaden mit Sichtziegeln zu gestalten seien.

Zusammenfassung

Was wo gebaut werden darf, ist gesetzlich durch die Bauleitplanung geregelt. Sie beruht auf dem Baugesetzbuch und der Baunutzungsverordnung.

Der Flächennutzungsplan regelt für jede Gemeinde, wie die Grundstücke genutzt werden dürfen.

Im Bebauungsplan ist rechtsverbindlich festgelegt, was an welcher Stelle in welcher Größe errichtet werden darf. Es gibt auch Regelungen über die Gestaltung der Bauwerke.

Der Bebauungsplan besteht aus einem Plan, der die einzelnen Grundstücke darstellt, einer Legende, die die Planzeichen erklärt, und einem Textteil, in dem weitergehende Vorschriften gemacht werden.

Die zulässige Größe des Bauwerks wird meist mit der Geschossflächenzahl oder der Grundflächenzahl und der Anzahl der Vollgeschosse bestimmt.

- WA II / 0,4 - / D o SD 20°-40° — Nutzungsschablone (Schema siehe Textteil)
- Gebietsabgrenzung
- WA — allgemeines Wohngebiet
- o — offene Bauweise
- I/II — Zahl der Vollgeschosse
- (II) — Zahl der Vollgeschosse zwingend
- 0,4 — Grundflächenzahl
- B= 293.00 — Bezugshöhe
- E — nur Einzelhaus zulässig
- DH — nur Doppelhaus zulässig
- RH — nur Reihenhaus zulässig
- ED — nur Einzel- und Doppelhaus zulässig
- Grenze unterschiedlicher Festsetzungen
- Grenze unterschiedlicher Bezugshöhen
- Einfahrtsbereich
- Firstrichtung
- SD — Satteldach
- PD — Pultdach
- Baugrenze
- geplante Grundstücksgrenze
- GA — Flächen für Garagen
- GCP — Flächen für Gemeinschaftscarport
- öffentliche Grünflächen
- private Grünflächen
- Strassenverkehrsfläche
- Fuß und Radweg
- Versorgungsanlage
- Trafostation
- Leitungsrecht
- vorhandenes Leitungsrecht
- Trockenmauer
- Pflanzgebot
- Pflanzgebot 1 (siehe Textteil)
- Pflanzgebot 2 (siehe Textteil)
- Pflanzgebot 3 (siehe Textteil)
- Pflanzgebot 4 (siehe Textteil)
- Pflanzen Bestand
- Hecken Bestand
- Norden

Bebauungsplan mit Legende

1.9 Bauantrag und Baugenehmigung

Der Bauantrag wird auch als **Baueingabe** oder **Baugesuch** bezeichnet. Der Bebauungsplan gibt den Rahmen vor, wie das Grundstück zu bebauen ist. Das konkrete Bauvorhaben bedarf jedoch der Überprüfung, ob
- die Bebauungsvorschriften eingehalten werden,
- die Nachbarrechte nicht verletzt werden,
- das Ortsbild nicht beeinträchtigt wird,
- die Sicherheit des Gebäudes gewährleistet ist,
- die Abwasserentsorgung gesichert ist,
- der Energieverbrauch des Gebäudes nicht zu groß ist.

Es ist daher grundsätzlich jede bauliche Maßnahme wie Neubau, Änderung oder Abbruch eines bestehenden Gebäudes genehmigungspflichtig. Auch eine Änderung der Nutzung eines Gebäudes erfordert eine Genehmigung, wenn sie von der im Bebauungsplan festgesetzten abweicht. Zum Erlangen der Baugenehmigung wird der Bauantrag mit den notwendigen Unterlagen der zuständigen Baubehörde, meist dem Bauamt der Gemeinde, vorgelegt.

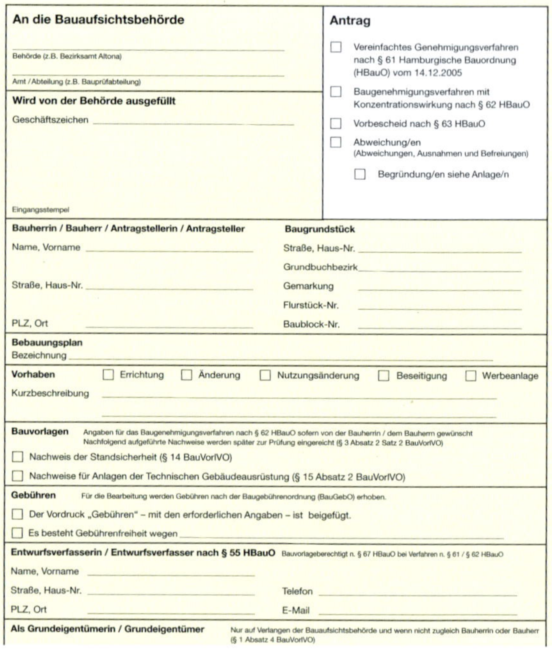
An die Bauaufsichtsbehörde

Behörde (z.B. Bezirksamt Altona)

Amt / Abteilung (z.B. Bauprüfabteilung)

Wird von der Behörde ausgefüllt

Geschäftszeichen

Eingangsstempel

Antrag

☐ Vereinfachtes Genehmigungsverfahren nach § 61 Hamburgische Bauordnung (HBauO) vom 14.12.2005

☐ Baugenehmigungsverfahren mit Konzentrationswirkung nach § 62 HBauO

☐ Vorbescheid nach § 63 HBauO

☐ Abweichung/en (Abweichungen, Ausnahmen und Befreiungen)

☐ Begründung/en siehe Anlage/n

Bauherrin / Bauherr / Antragstellerin / Antragsteller

Name, Vorname

Straße, Haus-Nr.

PLZ, Ort

Baugrundstück

Straße, Haus-Nr.

Grundbuchbezirk

Gemarkung

Flurstück-Nr.

Baublock-Nr.

Bebauungsplan

Bezeichnung

Vorhaben ☐ Errichtung ☐ Änderung ☐ Nutzungsänderung ☐ Beseitigung ☐ Werbeanlage

Kurzbeschreibung

Bauvorlagen Angaben für das Baugenehmigungsverfahren nach § 62 HBauO sofern von der Bauherrin / dem Bauherrn gewünscht Nachfolgend aufgeführte Nachweise werden später zur Prüfung eingereicht (§ 3 Absatz 2 Satz 2 BauVorlVO)

☐ Nachweis der Standsicherheit (§ 14 BauVorlVO)

☐ Nachweise für Anlagen der Technischen Gebäudeausrüstung (§ 15 Absatz 2 BauVorlVO)

Gebühren Für die Bearbeitung werden Gebühren nach der Baugebührenordnung (BauGebO) erhoben.

☐ Der Vordruck „Gebühren" – mit den erforderlichen Angaben – ist beigefügt.

☐ Es besteht Gebührenfreiheit wegen

Entwurfsverfasserin / Entwurfsverfasser nach § 55 HBauO Bauvorlageberechtigt n. § 67 HBauO bei Verfahren n. § 61 / § 62 HBauO

Name, Vorname

Straße, Haus-Nr. Telefon

PLZ, Ort E-Mail

Als Grundeigentümerin / Grundeigentümer Nur auf Verlangen der Bauaufsichtsbehörde und wenn nicht zugleich Bauherrin oder Bauherr (§ 1 Absatz 4 BauVorlVO)

Im Internet abrufbares Antragsformular für Hamburg

1.9.1 Rechtliche Grundlagen

Die **Landesbauordnungen** bzw. **Bauordnungen** der Länder regeln das Bauantrags- und Baugenehmigungsverfahren. Die Bauordnungen sind durch Verordnungen ergänzt, die das Verfahren detaillierter beschreiben. In Hamburg, Niedersachsen und Bayern ist dies die Bauvorlagenverordnung, in Baden-Württemberg die Verfahrensverordnung zur Landesbauordnung. Für beschleunigte Baugenehmigungsverfahren kleiner Bauvorhaben gibt es teilweise eigene Regelungen, wie etwa die Bauanzeigeverordnung und das Wohnbauerleichterungsgesetz in Hamburg.

Am Bau Beteiligte

Wer eine genehmigungspflichtige Baumaßnahme ausführen lässt, hat als **Bauherr** grundsätzlich einen Entwurfsverfasser, einen (Bau-)Unternehmer und einen Bauleiter zu bestellen.

Ein **Entwurfsverfasser** (Planverfasser) muss über die **Bauvorlageberechtigung** verfügen, womit gewährleistet ist, dass er für das geplante Bauvorhaben die notwendige Sachkunde und Erfahrung aufweist. Er ist dafür verantwortlich, dass sein Entwurf vollständig und ausführbar ist, und dass alle Zeichnungen, Berechnungen und Anweisungen den Bauvorschriften entsprechen. Für besondere Fachgebiete, wie den Standsicherheitsnachweis (Statik), den Wärmeschutz- bzw. Energiebedarfsnachweis, den Schallschutznachweis und besondere sanitär- und klimatechnische Planungen, hat der Entwurfsverfasser geeignete **Sonderfachleute** hinzuzuziehen.

Der **Unternehmer** ist für die sichere und ordnungsgemäße Ausführung der Baumaßnahme verantwortlich und dafür, dass sie den anerkannten Regeln der Technik und den genehmigten Bauvorlagen entspricht.

Der **Bauleiter** ist dafür verantwortlich, dass die Bauausführung den Vorschriften und den Plänen des Entwurfsverfassers entspricht. Er hat auf den sicheren Betrieb der Baustelle, insbesondere auf das gefahrlose Ineinandergreifen der Arbeiten der beteiligten Unternehmen zu achten.

Die **Bauaufsichtsbehörden** haben die Aufgabe, darauf zu achten, dass die baulichen Vorschriften bei der Bauplanung und der Bauausführung eingehalten werden. Vertreter der Behörden dürfen zu dem Zweck auch die betroffenen Grundstücke oder Bauten betreten.

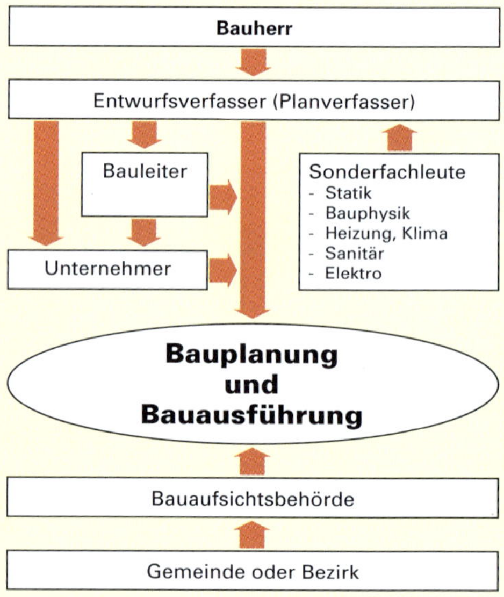

Am Bau Beteiligte

Bauvorlageberechtigung

Für alle Bauvorhaben bauvorlageberechtigt sind:
- eingetragene Architekten, die die Berufsbezeichnung „Architekt/in" führen dürfen,
- Innenarchitekten, die die Berufsbezeichnung „Innenarchitekt/in" führen dürfen für Aufgaben, die mit ihrem Berufsfeld verbunden sind,
- Bauingenieure, die in die Liste der Planverfasser der Ingenieurkammer eingetragen sind.

Für kleinere Wohnbauten, gewerbliche und landwirtschaftliche Bauten sind zusätzlich bauvorlageberechtigt:
- Absolventen der Studienrichtung Architektur, Hochbau oder Bauingenieurwesen,
- staatlich geprüfte Techniker der Fachrichtung Bautechnik,
- Betonbauer-, Maurer- und Zimmermeister.

Bauvorlageberechtigte Entwurfsverfasser

1.9.2 Das Grundstück

Vor der eigentlichen Planung des Bauvorhabens ist zu klären, ob das Baugrundstück im Bereich eines gültigen Bebauungsplanes liegt. Ist dies nicht der Fall, kann das Grundstück von einer **Veränderungssperre** betroffen sein. Sobald eine Gemeinde die Aufstellung eines Bebauungsplans beschlossen hat, kann sie zur Sicherung der Planung eine Veränderungssperre beschließen. Danach dürfen keinerlei Baumaßnahmen mehr durchgeführt werden. Eine Veränderungssperre kann bis zu zwei Jahre gelten. Ist eine Veränderungssperre noch nicht in Kraft getreten, kann die Gemeinde bei der Bauaufsichtsbehörde um eine **Zurückstellung** von Bauanträgen ansuchen. In diesem Fall können Baugenehmigungsverfahren für einen Zeitraum bis zu einem Jahr ausgesetzt werden.

Im Geltungsbereich eines Bebauungsplans steht der Gemeinde ein **Vorkaufsrecht** für Flächen zu, die nach dem Bebauungsplan für öffentliche Zwecke oder für Ausgleichsmaßnahmen genutzt werden sollen. Auch in festgelegten Sanierungsgebieten und Bereichen von Flächennutzungsplänen kann die Gemeinde ein Vorkaufsrecht geltend machen. Sogar nach Abschluss des Kaufvertrags muss das Grundstück eventuell noch an die Gemeinde abgetreten werden.

Im Bereich eines gültigen **Bebauungsplans** sind die jeweiligen Festsetzungen des Bebauungsplans zu beachten. Darüber hinaus können planerische Vorgaben auf dem Baugrundstück durch **Baulasten** bestehen. Sie können im Baulastenverzeichnis der Gemeinde eingesehen werden. Es sind Ansprüche bezüglich möglicher Anlagen im öffentlichen Interesse, wie z.B. Straßenerweiterung oder Leitungsführungen.

Im **Grundbuch** können bauliche Lasten, wie z.B. ein Wegerecht, eingetragen sein.

1.9.3 Baugenehmigungs- und Bauanzeigeverfahren

In allen Bundesländern gibt es Regelungen zur Vereinfachung des Bauantrags- und Baugenehmigungsverfahrens. Teils sind entsprechende Regelungen in den jeweiligen Landesbauordnungen enthalten, teils sind dazu besondere Gesetze oder Verordnungen verabschiedet worden.

Bezüglich des Antrags- und Genehmigungsverfahrens gibt es folgende Arten von Bauvorhaben:
- von der Genehmigungspflicht freigestellte Bauvorhaben,
- Bauvorhaben im Kenntnisgabeverfahren,
- Bauvorhaben im vereinfachten Genehmigungsverfahren,
- genehmigungspflichtige Bauvorhaben (alle nicht zu einer der vorigen Kategorien gehörenden Gebäude).

Zu welcher Kategorie ein bestimmtes Bauvorhaben gehört, ist je nach Landesbauordnung unterschiedlich, manchmal ist statt des vereinfachten Verfahrens der Geltungsbereich des Kenntnisgabeverfahrens erweitert.

Kenntnisgabeverfahren

Der Bauherr bzw. der Entwurfsverfasser gibt der Bauaufsichtsbehörde seine Bauabsicht zur Kenntnis und fügt die üblichen, für Bauantragsverfahren erforderlichen Bauvorlagen bei. Dieser Vorgang wird meistens **Bauanzeige** genannt. Außerdem muss der Bauherr in der Regel der Bauaufsichtsbehörde den beabsichtigten Zeitpunkt des Baubeginns und den Namen des verantwortlichen Bauleiters mitteilen. Die Bauaufsichtsbehörde schickt in der Re-

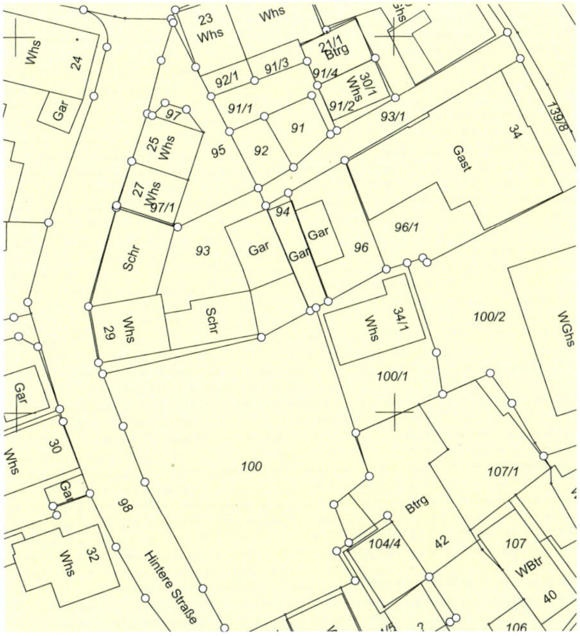

Flurkarte der Gemarkung Ellhofen, verkleinert auf 1:1000

Kataster

Das Kataster ist ein beim Katasteramt geführtes amtliches Verzeichnis aller Grundstücke. Es besteht aus Flurbuch und Flurkarten und ist die Grundlage des Grundbuches.

Die Karten des Katasteramtes sind nach Gemarkungen eingeteilt. Die Gemarkung wird in einzelne, fortlaufend nummerierte Fluren eingeteilt. Für jede Flur wird eine Flurkarte erstellt.

Die in der Flurkarte unter einer besonderen Nummer geführten Grundstücke werden „Flurstück" oder „Parzelle" genannt.

Grundbuch

Alle Grundstücke werden im Grundbuch registriert. Das Grundbuch wird vom Grundbuchamt beim Amtsgericht geführt. Jeder, der ein berechtigtes Interesse darlegen kann, z.B. ein Kaufinteressent, darf in das Grundbuch einsehen.

Für jedes Grundstück wird ein eigenes Grundbuchblatt angelegt. Es erhält eine laufende Nummer und wird mit anderen Grundbuchblättern des gleichen Bezirks in einem Band zusammengefasst. Die Grundbuchblätter sind folgendermaßen gegliedert:
- Bestandsverzeichnis,
- Abteilung I für die Eigentumsverhältnisse,
- Abteilung II für bauliche Lasten,
- Abteilung III für finanzielle Lasten (Hypotheken, Grundschulden, Darlehen).

Kataster und Grundbuch

Nach der jeweiligen Landesbauordnung von der Genehmigungspflicht freigestellte Bauvorhaben:
- Nutzungsänderungen, wenn keine anderen Anforderungen bestehen als für die bisherige Nutzung,
- zusätzlicher Wohnraum innerhalb kleiner Wohngebäude,
- Instandhaltungsarbeiten.

In vielen Bundesländern außerdem:
- kleine untergeordnete Gebäude mit Firsthöhen unter 4 m oder geringem umbautem Raum ohne Aufenthaltsräume, Feuerstätten und Aborte,
- frei stehende land- oder forstwirtschaftlich genutzte Gebäude, z. T. ohne Unterkellerung oder festen Fußboden,
- Gewächshäuser für Gartenbau oder Landwirtschaft mit Firsthöhen bis zu 4 m,
- Kleingartenlauben mit begrenzter Grundfläche.

Bauvorhaben, für die keine Baugenehmigung erforderlich ist

gel binnen einer Woche eine Eingangsbestätigung an den Bauherrn.
Wenn die Planung des Bauvorhabens den Bauvorschriften entspricht und insofern gegen die Bauausführung keine Hinderungsgründe bestehen, kann meistens nach einer Frist von zwei Wochen nach Eingang der Bestätigung mit den Bauarbeiten begonnen werden.

Außerdem wird eine Erklärung des Bauvorlageberechtigten verlangt, dass
- die Bauvorschriften eingehalten werden,
- die erforderlichen Bauvorlagen vollständig erstellt und keine Ausnahmen oder Befreiungen erforderlich sind,
- die Eigentümer benachbarter Grundstücke über das Bauvorhaben informiert wurden.

Seitens der Bauaufsichtsbehörde werden die Bauvorlagen zu einer Bauanzeige nicht oder nur eingeschränkt geprüft.

Vereinfachtes Baugenehmigungsverfahren

Als weitere Möglichkeit sehen die Bauordnungen der meisten Bundesländer das beschleunigte oder vereinfachte Baugenehmigungsverfahren vor. Auch dabei werden die Bauvorlagen nur eingeschränkt geprüft. Meistens wird die Prüfung beschränkt auf
- die Zulässigkeit des Bauvorhabens auf dem Grundstück,
- Ausnahmen und Befreiungen,
- bautechnische Nachweise nur bei Gebäuden mittlerer Höhe, bei größeren unterirdischen Garagenanlagen und bei Gebäuden mit mehr als 10 m Wandhöhe.

Grundsätzlich werden die bautechnischen Nachweise sonst nur auf einen entsprechenden Antrag hin geprüft, obwohl sie meistens mit einzureichen sind.

Wenn die Bauvorlagen vom Bauvorlageberechtigten und dem Bauherrn unterschrieben und vollständig bei der Bauaufsichtsbehörde eingegangen sind, muss die Behörde in einer Frist von bis zu drei Monaten den Antrag genehmigen oder ablehnen.

Baugenehmigungsverfahren

Besonders für größere und/oder gewerbliche Bauvorhaben, für die keines der vereinfachten Verfahren zutrifft, besteht das normale Bauantrags- und Baugenehmigungsverfahren.
Eine erteilte Baugenehmigung gilt für die Dauer von drei, in manchen Bundesländern von vier Jahren. Auf Antrag ist eine Verlängerung bis zu einem Jahr, in manchen Ländern bis zu zwei Jahren möglich. In dieser Frist muss mit den Bauarbeiten begonnen werden. In den meisten Bundesländern dürfen die Bauarbeiten bis zu einem Jahr unterbrochen werden. Werden diese Fristen überschritten, erlischt die Baugenehmigung.

1.9.4 Bauvoranfrage

Um vorab zu klären, ob die geplante Baumaßnahme auf dem vorgesehenen Grundstück in der beabsichtigten Art durchgeführt werden darf, richtet der Bauherr oder der Entwurfsverfasser eine **Bauvoranfrage** oder einen Antrag auf einen **Vorbescheid** an die zuständige Bauaufsichtsbehörde. Dies vor allem, wenn das Bauvorhaben nicht im Bereich eines gültigen Bebauungsplans liegt oder die Planung von den Vorgaben des Bebauungsplanes abweicht.

Häufig werden dazu ein **Vorentwurf** des Gebäudes im Maßstab 1:200 und ein Auszug aus der Liegenschaftskarte eingereicht. Ein solcher Vorbescheid verliert in der Regel nach Ablauf von drei Jahren seine Gültigkeit.

Nach der jeweiligen Landesbauordnung dem Kenntnisgabeverfahren unterliegende Bauvorhaben:
- reine Wohngebäude,
- Gebäude geringer Höhe (Fußboden des obersten Geschosses nicht höher als 7 m über dem Gelände),
- Gebäude mit maximal zwei Wohnungen,
- Gebäude im Bereich eines gültigen Bebauungsplans.

Das vereinfachte Baugenehmigungsverfahren gilt meist für:
- Gebäude geringer Höhe, die ausschließlich Wohnzwecken dienen,
- die zugehörigen Stellplätze, Garagen und Nebenanlagen.

Einige Bundesländer erlauben die Anwendung auch auf:
- Gebäude mittlerer Höhe, die ausschließlich Wohnzwecken dienen (Fußboden des obersten Geschosses 7 ... 22 m über dem Gelände),
- Gebäude geringer Höhe einschließlich Läden mit bis zu 400 m^2 Geschossfläche,
- landwirtschaftliche Betriebsgebäude mit Wohnteil.

Bauvorhaben, für die das Kenntnisgabeverfahren oder das vereinfachte Baugenehmigungsverfahren gilt

Landesbauordnung Baden-Württemberg
Das **Kenntnisgabeverfahren** wird durchgeführt bei der Errichtung von
- Wohngebäuden, ausgenommen Hochhäusern,
- landwirtschaftlichen Betriebsgebäuden, auch mit Wohnteil, bis zu drei Geschossen,
- Gebäuden ohne Aufenthaltsräume bis zu 100 m^2 Grundfläche und bis zu drei Geschossen,
- eingeschossigen Gebäuden ohne Aufenthaltsräume bis zu 250 m^2 Grundfläche,
- Stellplätzen, Garagen und Nebenanlagen für die o. a. Gebäude,
- innerhalb des Geltungsbereichs eines Bebauungsplans,
- außerhalb des Geltungsbereichs einer Veränderungssperre.

In Baden-Württemberg gibt es auch das Kenntnisgabeverfahren und das normale Baugenehmigungsverfahren

Bauordnungen von Berlin und Bayern
Genehmigungsfreistellung
Ein Bauvorhaben, das kein Sonderbau ist, bedarf keiner Genehmigung, wenn es
- im Geltungsbereich eines Bebauungsplans liegt,
- den Festsetzungen des Bebauungsplans nicht widerspricht oder die erforderlichen Befreiungen und Ausnahmen erteilt worden sind.
  Oder, wenn es dem vereinfachten Genehmigungsverfahren unterliegt und in einem Bauvorbescheid als planungsrechtlich zulässig festgestellt worden ist,
- die Erschließung im Sinne des Baugesetzbuchs gesichert ist,
- die Bauaufsichtsbehörde nicht innerhalb einer Frist erklärt, dass das vereinfachte Baugenehmigungsverfahren durchgeführt werden soll, oder eine vorläufige Untersagung ausspricht.

In Berlin und Bayern ist die Genehmigungsfreistellung weit gefasst

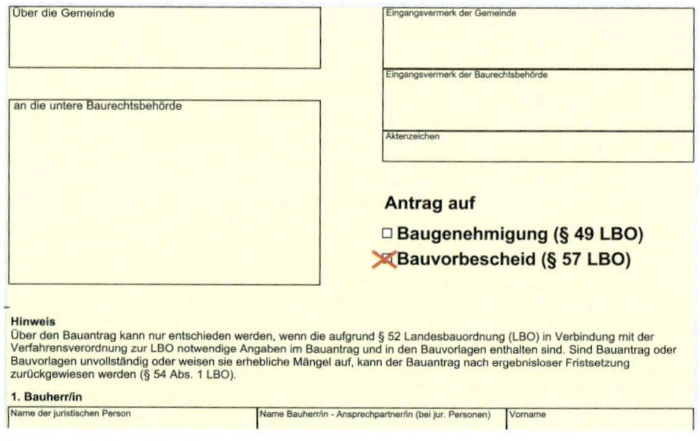
Über die Gemeinde

Eingangsvermerk der Gemeinde

Eingangsvermerk der Baurechtsbehörde

an die untere Baurechtsbehörde

Aktenzeichen

Antrag auf

☐ **Baugenehmigung (§ 49 LBO)**
☒ **Bauvorbescheid (§ 57 LBO)**

Hinweis
Über den Bauantrag kann nur entschieden werden, wenn die aufgrund § 52 Landesbauordnung (LBO) in Verbindung mit der Verfahrensverordnung zur LBO notwendige Angaben im Bauantrag und in den Bauvorlagen enthalten sind. Sind Bauantrag oder Bauvorlagen unvollständig oder weisen sie erhebliche Mängel auf, kann der Bauantrag nach ergebnisloser Fristsetzung zurückgewiesen werden (§ 54 Abs. 1 LBO).

1. Bauherr/in

Name der juristischen Person	Name Bauherr/in - Ansprechpartner/in (bei jur. Personen)	Vorname

Antragsformular für einen Bauvorbescheid

1.9.5 Der Bauantrag

Die **Bauvorlagenverordnungen** der Länder legen fest, welche Bauvorlagen einzureichen sind und wie viele Ausfertigungen jeweils gefordert werden. Sie müssen lichtbeständig und für die Mikroverfilmung geeignet sein sowie auf die Größe A4 mit Heftrand gefaltet werden.

Das Baugenehmigungsverfahren wird mit dem Einreichen des Bauantrags einschließlich der Bauvorlagen bei den zuständigen Bauaufsichtsbehörden in den Bezirken der Stadtstaaten, den Gemeinden oder den Landratsämtern eingeleitet. Es endet meistens mit der Baugenehmigung bzw. Baufreigabe. In vielen Fällen erfolgen nach der Bauausführung und deren Überwachung eine Rohbauabnahme sowie eine Schlussabnahme durch die Behörde.

Anträge auf eine
- Bau- oder Abbruchgenehmigung einschließlich der eventuell zu beantragenden Prüfung der bautechnischen Nachweise (Standsicherheit, Brand-, Wärme- und Schallschutz) und die
- Erteilung eines Vorbescheides

sind auf amtlichen Vordrucken zu stellen. Die Anträge sind vom Bauherrn, Entwurfsverfasser und Grundstückseigentümer zu unterzeichnen.

Der Bauantrag wird mit den erforderlichen **Bauvorlagen** in einer Mappe zusammengefasst und beim Bauamt eingereicht. Die Bauvorlagen bestehen im Wesentlichen aus dem Lageplan, den Bauzeichnungen, der Baubeschreibung, dem Standsicherheitsnachweis, weiteren technischen Nachweisen und dem statistischen Erhebungsbogen. Die Bauvorlagen werden vom Verfasser unterzeichnet. Beigefügt werden die Benennung des Bauleiters, der Nachweis der Bauvorlagenberechtigung und gegebenenfalls die Zustimmungserklärung der Angrenzer.

Lageplan

Er besteht aus einem zeichnerischen und einem schriftlichen Teil.

Der **zeichnerische Teil** – der eigentliche Lageplan – wird meist 1:500 oder 1:200 gezeichnet und stellt die geplanten und bestehenden baulichen Anlagen auf dem Baugrundstück und auf den benachbarten Grundstücken einschließlich vorhandener und geplanter Verkehrsflächen dar. Außerdem muss die Lage des Grundstücks zur Nordrichtung durch einen Nordpfeil ersichtlich sein.

Für die geplanten Gebäude ist anzugeben:
- Abmessungen und Abstände zu Gebäuden,
- Lage zu den Baulinien und Baugrenzen,
- Lage zu Grundstücksgrenzen,
- Geländehöhe und Höhenlage des Erdgeschosses.

Des Weiteren muss aus dem Plan erkennbar sein:
- Bezeichnung des Grundstücks und der Nachbargrundstücke nach dem Liegenschaftskataster,
- Festsetzungen im Bebauungsplan,
- Geschosszahl,
- Dachform,
- Firstrichtung,
- Zugänge und Zufahrten zum Grundstück,
- Verkehrsflächen auf dem Grundstück,
- Stellplatz- oder Garagenflächen,
- Spielplatzflächen,
- von Feuerwehrfahrzeugen zu beanspruchende Flächen,
- von Baulasten belegte Bereiche.

Bauvorlagen

dem Antrag sind folgende Bauvorlagen beizulegen:
- Übersichtsplan 1:2000 auf Grundlage einer amtlichen Flurkarte,
- Lageplan 1:500 oder 1:200,
- Auszug aus dem Liegenschaftskataster,
- Verzeichnis der Nachbargrundstücke,
- Zustimmungserklärung der Angrenzer,
- Berechnung der zulässigen Grundflächenzahl, Geschossflächenzahl oder Baumassenzahl,
- Baumbestandsplan,
- Nachweis der erfordlichen Kinderspielplätze,
- Nachweis der erforderlichen Kfz-Stellplätze,
- Abstandsflächenplan,
- Bauzeichnungen 1:100,
- Baubeschreibung,
- technische Angaben zu Feuerungsanlagen,
- technische Angaben zu sonstigen haustechnischen Anlagen,
- Angaben zu gewerblichen Anlagen,
- Darstellung der Grundstücksentwässerung,
- Standsicherheitsnachweis,
- Wärmeschutz- oder Energiebedarfsnachweis,
- sonstige bautechnische Nachweise,
- Berechnung der Wohn- und Nutzflächen,
- Benennung eines Bauleiters mit dessen Namen, Adresse und Unterschrift,
- Nachweis der Bauvorlageberechtigung des Entwurfsverfassers,
- statistischer Erhebungsbogen.

Bauvorlagen, die dem Bauantrag beigefügt werden

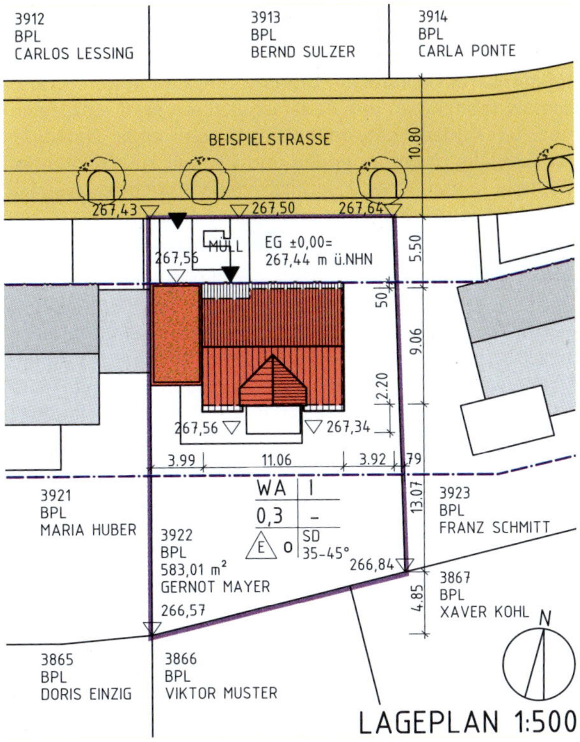

Lageplan

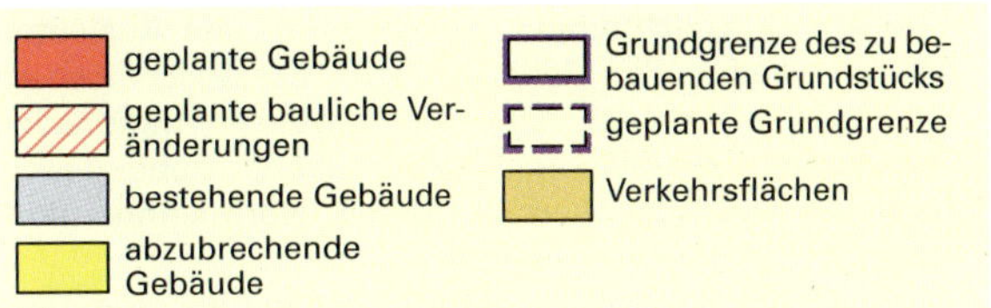

Farbsignaturen für den Lageplan

Der **schriftliche Teil** des **Lageplanes** kann einen Teil der für den zeichnerischen Lageplan vorgesehenen Angaben enthalten, wenn es der Übersichtlichkeit dient. Er enthält im Wesentlichen die Bezeichnungen des Baugrundstücks sowie der angrenzenden Nachbargrundstücke mit Anschrift der Eigentümer. Diese Angaben entsprechen dem Liegenschaftskataster oder dem Grundbuchblatt. Angaben zu Baulasten oder sonstigen Beschränkungen sind ebenfalls anzugeben. Die Festsetzungen des Bebauungsplans und die Nachweise der Grundflächenzahl, der Geschossflächenzahl und gegebenenfalls der Baumassenzahl sind auch im schriftlichen Teil enthalten. Ebenso muss die geplante und die vorhandene Art der baulichen Nutzung ersichtlich sein.

Die Berechnung von Grundflächenzahl, Geschossflächenzahl oder Baumassenzahl kann auch formlos erfolgen oder auf einem Formblatt, das entsprechend in dem jeweiligen Bundesland erhältlich ist.

Bauzeichnungen

Die Bauzeichnungen für einen Bauantrag bestehen aus den
- Grundrissen sämtlicher Geschosse und des nutzbaren Dachraums,
- den Schnittzeichnungen und
- den Ansichten,

jeweils im Maßstab 1:100.

Sämtliche Bauzeichnungen enthalten die Angabe des Maßstabs. Im Erdgeschossgrundriss ist der Nordpfeil darzustellen. Alle Grundriss- und Schnittzeichnungen sollen die wichtigen Maße, die wesentlichen Baustoffe und Konstruktionsarten darstellen. Brandwände und andere Brandschutzmaßnahmen wie Feuerschutztüren sind einzuzeichnen. Bei Änderungen oder beim Umbau eines Gebäudes müssen alle zu entfernenden und alle neu zu errichtenden Bauteile entsprechend farblich gekennzeichnet werden. Diese Farben sind in einer Legende so anzugeben:

Mauerwerk – rot	Beton – grün
Bestand – grau	Abbruch – gelb

- In den **Grundrissen** sind die Treppen, Schornsteine bzw. Abgasanlagen, Feuerstätten, Brennstoffbehälter, Lichtschächte (z. B. in Kellergrundrissen), Toiletten, Duschen, Badewannen und Spülbecken darzustellen. Weiter sind die Schnittlinien und im Erdgeschossgrundriss die Baugrenzen bzw. die Baulinie einzuzeichnen.

  Die Bemaßung gibt die Maße der Wände, Treppen und Schornsteine sowie die Lage und Größe der Fenster an. Die Raumflächen sind zu bemaßen und die Raumwidmungen einzutragen.
- Die **Schnittzeichnungen** stellen die Geschosshöhen, die lichten Raumhöhen, den Verlauf von Treppen mit Angabe der Stufenzahl und des Steigungsverhältnisses, Rampen, die Anschnitte des vorhandenen künftigen Geländes und die Dachneigung dar.
  Bemaßt werden nur Höhenmaße mit Maßlinie und mit Höhenkoten. Die Höhe des Erdgeschosses über Normalhöhennull ist anzugeben.
- Die **Ansichtszeichnungen** stellen außer den Ansichten des zu errichtenden Gebäudes auch die Anschlüsse an Nachbargebäude dar. Teilweise müssen sie Angaben zu Firsthöhe, Dachneigung, Wandhöhen, Gebäudeeckpunkten, Geländehöhen über NHN (Normalhöhennull) und Straßengefälle enthalten.
  Die Bemaßung enthält nur die Maße, die aus dem Schnitt nicht ersichtlich sind.

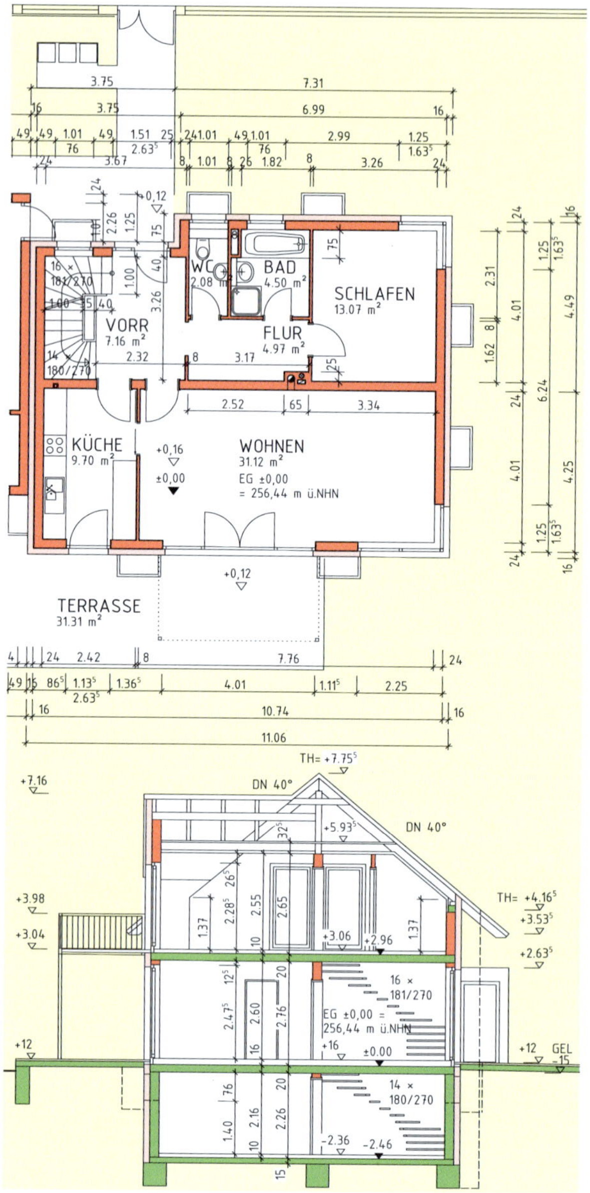

Baugesuchsplan: Grundriss Erdgeschoss und Schnitt

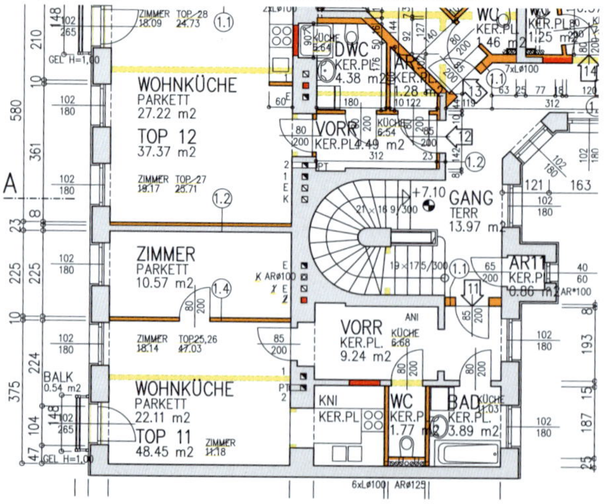

Baugesuchsplan für den Umbau eines Wohnhauses in Wien

Baubeschreibung

Eine Baubeschreibung erläutert als Ergänzung die verschiedenen Zeichnungen, vor allem hinsichtlich der Konstruktionen und der Baustoffe, der Feuerungsanlagen, der haustechnischen Anlagen sowie der Nutzung des Bauvorhabens. Häufig sind auch Angaben zur Gestaltung des Gebäudes erforderlich.

Alle Wand-, Decken-, Boden- und Dachkonstruktionen werden in ihrem Schichtaufbau symbolisch dargestellt und beschrieben, wobei bauphysikalische Werte für den Wärme- und Schallschutz angegeben werden.

Für die Baubeschreibung stehen Formblätter auch im Internet zur Verfügung.

Bautechnische Nachweise

Dabei handelt es sich in erster Linie um den **Standsicherheitsnachweis** oder die statische Berechnung und Bemessung mit Angaben zu den Abmessungen und den Materialien für die tragenden Bauteile sowie Bewehrungszeichnungen. In manchen Fällen werden auch Detail-Konstruktionszeichnungen erstellt, z. B. für Auflagerbereiche, Stahlbau- oder Holzbauverbindungen. Sie werden in der Regel von entsprechenden Ingenieurbüros angefertigt. Das gilt auch für den Wärmeschutz- bzw. Energiebedarfsnachweis und einen eventuell erforderlichen Schallschutznachweis.

Es können auch **Brandschutznachweise** mit den entsprechenden Plänen erforderlich werden.

Für große Bauvorhaben werden gesonderte Planungen der Klimatisierungsanlage, der Sanitärinstallation und/oder der Elektroinstallation sowie der Kommunikationstechnik von speziellen Ingenieurbüros durchgeführt.

Berechnung des Brutto-Rauminhalts

Die Berechnung des **Brutto-Rauminhalts (BRI)** erfolgt nach DIN 277. Als Brutto-Rauminhalt gilt der Rauminhalt eines Baukörpers, der nach unten von der Unterfläche der Bauwerkssohle und in den übrigen Bereichen von den äußeren Begrenzungsflächen des Bauwerkes umschlossen wird. Das sind die Außenflächen der Außenwände samt Putz oder Verkleidung und der Dächer einschließlich Dachgauben und Dachoberlichter. Die äußeren Begrenzungsflächen sind bei Dächern die Oberflächen des Dachbelags oder der Dachdeckung.

Die Berechnung erfolgt aus der Brutto-Grundrissfläche der einzelnen Geschosse multipliziert mit deren Höhe. Als Höhen gelten die Geschosshöhen (von OK Fußbodenbelag zu OK Fußbodenbelag des nächsten Geschosses). Bei Teilen eines Geschosses über der Außenluft wird von UK der Decke darunter bis OK Fußboden des nächsten Geschosses gerechnet. Bei Untergeschossen gilt der Abstand von der Bauwerkssohle (= UK Bodenplatte) bis OK Fußbodenbelag des nächsten Geschosses. Dachgeschosse reichen von OK Fußbodenbelag bis Oberkante Dachhaut. Nicht überdeckte Bereiche werden bis zur OK Brüstung oder Geländer berechnet.

Bei der Ermittlung des BRI wird unterschieden:

R Regelfall der Raumumschließung: Allseitig umschlossene Räume.

S Sonderfall der Raumumschließung: Räume und Grundflächen, die mit dem Bauwerk konstruktiv verbunden, jedoch nicht allseitig umschlossen sind. Z. B.: Loggien, Balkone, Dachterrassen, Eingangsbereiche und Außentreppen.

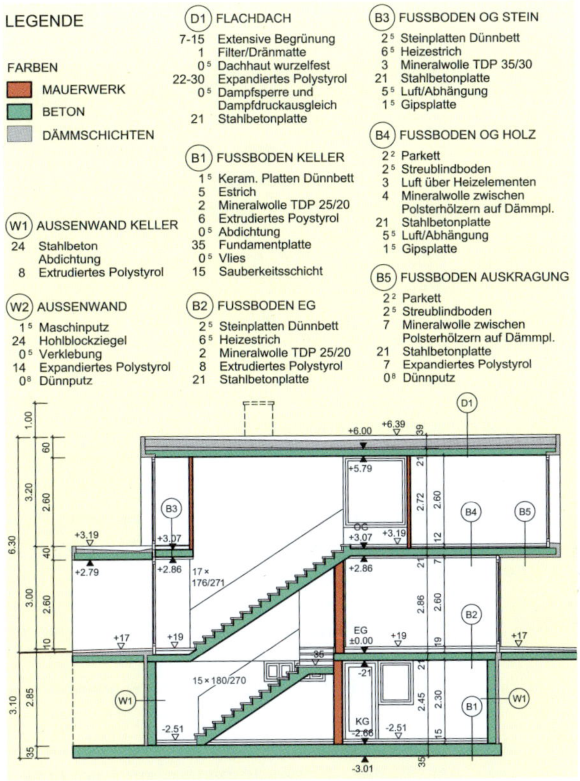

Zusätzlich zur Baubeschreibung ist es manchmal günstig, die Aufbauten der Bauteile in einer Legende am Plan einzutragen

Nicht zum BRI gehören die Rauminhalte von:

- Fundamenten (Tief- und Flachgründung),
- Lichtschächten,
- nicht mit dem Bauwerk durch Baukonstruktionen verbundenen Außentreppen und Außenrampen,
- Eingangsüberdachungen,
- Dachüberständen, wenn sie nicht Überdeckungen für Rauminhalte sind, die zum Bereich S (überdeckt, aber nicht allseitig auf voller Höhe umschlossen) gehören,
- auskragenden Sonnenschutzanlagen,
- über den Dachbelag hinausreichenden Schornsteinköpfen, Lüftungsrohren und -schächten,
- Lichtkuppeln bis 1 m^3,
- Pergolen und befestigten Freisitzen oder Terrassen.

Für die Höhen von Rauminhalten des Bereichs S sind die Oberkanten von begrenzenden Baukonstruktionen, wie Brüstungen oder Geländer, maßgebend.

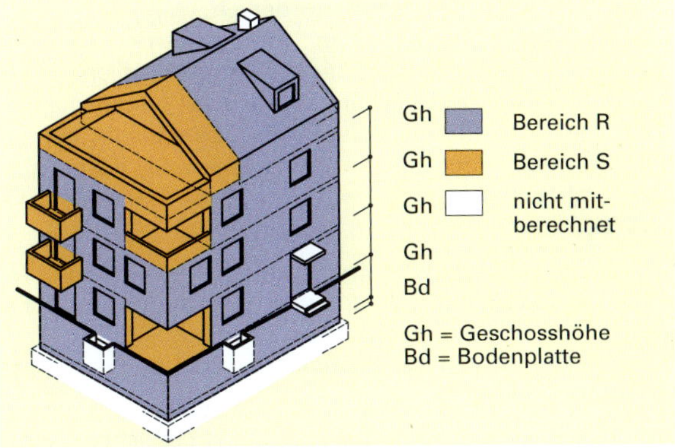

Berechnung des Brutto-Rauminhaltes

Wohnflächenberechnung

Abweichend von der DIN 277, die auch die Berechnung von Bruttogrundfläche (BGF) und Nettoraumfläche (NRF) sowie Nutzungsfläche (NUF), Technikfläche (TF) und Verkehrsfläche (VF) regelt, erfolgt die Wohnflächenberechnung nach der **Verordnung zur Berechnung der Wohnfläche**.

Die Grundflächen werden nach den lichten Maßen zwischen den Bauteilen, das sind in der Regel die Wände, berechnet. Dabei wird das lichte Maß jeweils von der Vorderkante der Bekleidung der Bauteile gemessen. Bei fehlenden abgrenzenden Bauteilen wird bis zum baulichen Abschluss gemessen. Ein pauschaler Abzug von 3% der Grundfläche bei der Berechnung nach Rohbaumaßen entsprechend den Bauzeichnungen ist nicht zulässig.

Abhängig von der lichten Raumhöhe werden die Grundflächen unterschiedlich angerechnet:

- **Voll angerechnet** werden Grundflächen von Räumen oder Raumteilen mit einer lichten Höhe von mindestens 2 m.
- **Zur Hälfte angerechnet** werden Grundflächen von Räumen oder Raumteilen mit einer lichten Höhe von mindestens 1 m und weniger als 2 m.
- **Nicht angerechnet** werden Grundflächen von Räumen oder Raumteilen mit einer lichten Höhe von weniger als 1 m.

Auch die Art der Räume beeinflusst die Anrechenbarkeit ihrer Grundflächen.

- **Zur Hälfte angerechnet** werden Grundflächen von unbeheizten Wintergärten, Schwimmbädern und ähnlichen allseitig umschlossenen Räumen.
- **Zu einem Viertel** werden in der Regel die Grundflächen von Balkonen, Loggien, Dachgärten und Terrassen angerechnet, höchstens jedoch zur Hälfte.

Für die Berechnung der Wohnflächen sollten möglichst die Maße aus der Bemaßung der Zeichnungen in den Ansatz übernommen werden, damit sie einfach nachvollziehbar ist. Deshalb sollte auch die Lage der Linien, an denen die lichte Raumhöhe 2,00 m bzw. 1,00 m beträgt, eingezeichnet und vermaßt werden.

Regeln zur Berechnung der Wohnfläche:

Es wird das lichte Maß zwischen den verputzten oder verkleideten Bauteilen (Wänden) gemessen.

Übermessen werden beim Ermitteln der Grundflächen:
- Tür- und Fensterbekleidungen,
- Tür- und Fensterumrahmungen,
- Fuß-, Sockel- oder Schrammleisten,
- Öfen, Heiz- oder Klimageräte, Herde,
- Dusch- und Badewannen,
- frei liegende Installationen,
- Einbaumöbel und versetzbare Raumteiler.

Nicht zur Grundfläche **gerechnet** bzw. **rechnerisch abgezogen** werden:
- Schornsteine,
- Vormauerungen,
- Bekleidungen,
- frei stehende Pfeiler und Säulen, wenn sie eine Höhe von mehr als 1,50 m aufweisen und ihre Grundfläche mehr als 0,1 m² beträgt,
- Treppen mit mehr als drei Steigungen sowie deren Treppenabsätze.

Übergangen werden:
- Türnischen,
- Fenster-, Fenstertür- und Wandnischen, die nicht tiefer als 0,13 m sind oder nicht bis zum Fußboden reichen.

Hinzugerechnet werden:
- bis zum Fußboden reichende Fenster-, Fenstertür- und Wandnischen, wenn ihre Tiefe größer als 0,13 m ist.

Wohnflächenberechnung

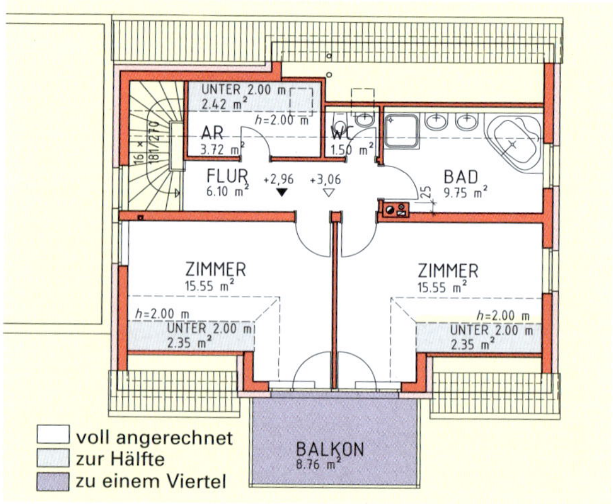

Anrechenbare Wohnfläche im Dachgeschoss

Abstandsflächenplan

Abstandsflächen sollen Freiflächen zum einen aus städtebaulich gestalterischen Gründen sichern, zum anderen wegen einer ausreichenden Besonnung, Belichtung und Belüftung von Räumen. Außerdem sind sie teilweise aus Gründen des Brandschutzes erforderlich. Sie dienen häufig auch dem nachbarlichen Frieden.

Keine Abstandsflächen sind erforderlich, wenn die Außenwände bzw. das Gebäude an Nachbargrenzen errichtet werden muss oder darf. Außer in Ausnahmefällen, in denen sich die Abstandsflächen teilweise auf öffentliche Flächen erstrecken dürfen, müssen die Abstandsflächen auf dem Grundstück des Bauvorhabens liegen. Sie dürfen sich nicht überdecken (zum Teil werden hier Ausnahmen zugelassen).

Eine Abstandsfläche wird grundsätzlich bestimmt von der Höhe der jeweiligen Gebäudewand einschließlich Sockel und Giebeldreieck und von deren Länge. Zusätzlich kann, in Abhängigkeit von der Dachneigung, die Dachhöhe mit einbezogen werden.

Das daraus resultierende Maß wird mit **H** bezeichnet. Diese Höhe ist rechtwinklig zur Außenwand zu messen. Man kann

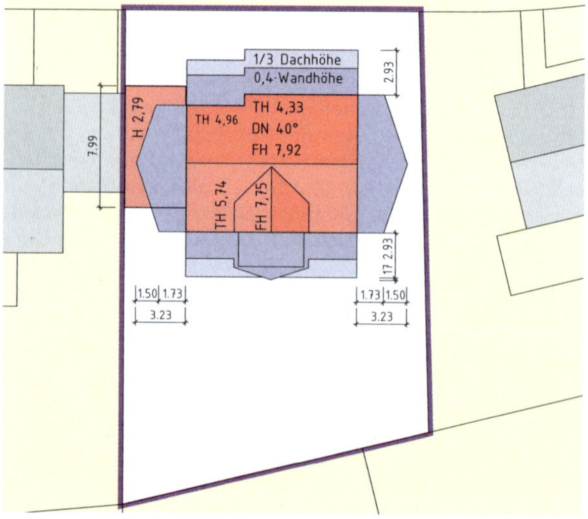

Beispiel eines Abstandsflächenplanes für Berlin

sich die Abstandsflächen um das Gebäude wie umgeklappte Seitenflächen eines Kartons vorstellen. So werden sie auch in einem **Abstandsflächenplan** dargestellt, der zum Nachweis der Abstandsflächen dient.

Abstandsflächen sind freizuhalten von oberirdischen baulichen Anlagen, jedoch dürfen sich in diesen Bereichen Kinderspielplätze, Freizeitflächen und Stellplätze (teilweise auch Carports) befinden. Auch Garagen können meist in den Abstandflächen gebaut werden, wenn z.B. die Höhe der Wand 3 m und die Länge 9 m nicht überschreitet.

Zu berücksichtigen ist stets die Mindesttiefe von Abstandsflächen, die meist 2,5 oder 3 m beträgt. Die Regelungen zur Berechnung der Tiefe von Abstandsflächen variieren zwischen den verschiedenen Bauordnungen der Länder.

Nicht berücksichtigt werden Dachüberstände, Dachvorsprünge, Hauseingangstreppen sowie deren Überdachung und Vorbauten wie Balkone und Erker, wenn sie nicht mehr als 1,50 m vorspringen und mindestens 2 m von der Grundstückgrenze entfernt sind.

Der Entwässerungsantrag

Wenn die Planung zur Grundstücksentwässerung nicht Bestandteil der Bauvorlagen ist, muss der Entwässerungsantrag als gesonderter Antrag den Vorlagen beigefügt werden. Die Anlagen zur Beseitigung von Abwasser und Niederschlagswasser sind in einem **Entwässerungsplan** darzustellen. Dieser besteht aus einem Lageplan und aus Grundrissen und Schnitten mit eingetragener Entwässerungsanlage. Es können auch besondere Bauzeichnungen mit Betriebsbeschreibungen für Kleinkläranlagen, Sickeranlagen und Vorreinigungsanlagen erforderlich sein.

Als **Lageplan** enthält der Entwässerungsplan:
- Verlauf der geplanten und vorhandenen Leitungen,
- alle Schächte und Wasserablaufstellen mit den zu entwässernden Flächen,
- eventuell erforderliche Abscheider außerhalb des Gebäudes,
- Leitungsquerschnitte (Nennweite/Nenndurchmesser),
- Gefälle der Leitungen mit Höhen in Bezug auf NHN,
- Leitungsmaterialien,
- Lage des Anschlusses an die öffentliche Kanalisation mit Angaben zu Anschlussschacht, Rohrdurchmessern, Höhen des Einlaufs und der Sohlen über NHN sowie zum Gefälle,
- Lage von Brunnen, auch auf benachbarten Grundstücken,
- Lage von Kleinkläranlagen, Sickeranlagen und Vorreinigungsanlagen.

Die Grundrisse und Schnitte der Bauzeichnungen im Maßstab 1:100 werden ergänzt durch schematische Darstellungen:
- Verlauf der geplanten und vorhandenen Leitungen,
- Leitungsquerschnitte (Nennweite/Nenndurchmesser),
- Gefälle der Leitungen mit Höhen in Bezug auf NHN,
- Anschlüsse von Fallleitungen,
- Entwässerungsgegenstände, Bodeneinläufe,
- Rückstauvorrichtungen,
- Abscheider,
- Reinigungsrohre, Putzschächte,
- Abwasserhebeanlagen usw.

Die Höhenangaben der Leitungen sollen mindestens
- die tiefsten zu entwässernden Stellen,
- die Einlaufstellen in den öffentlichen Kanal (Siel) oder andere Abwasseranlagen und
- die Straße in Bezug auf NHN beinhalten.

Bauordnung Berlin:
Die Tiefe der **Abstandsfläche** beträgt
- im Allgemeinen 0,4 H, mindestens jedoch 3 m,
- in Gewerbe- und Industriegebieten 0,2 H, mindestens 2 m,
- in Wohngebieten der Klassen I und II und höchstens 3 Geschossen 3 m.

Zur **Wandhöhe** hinzugerechnet werden
- bei Dachneigungen von weniger als 70° ein Drittel der Dachhöhe,
- bei Dachneigungen von mehr als 70° die gesamte Dachhöhe.

Giebelflächen werden mitgerechnet.

Bauordnung Hamburg:
Die Tiefe der **Abstandsfläche** beträgt
- im Allgemeinen 0,4 H,
- in Gewerbe- und Industriegebieten 0,2 H,
- mindestens jedoch 2,5 m.

Zur **Wandhöhe** hinzugerechnet werden
- bei Dachneigungen von weniger als 70° ein Drittel der Dachhöhe,
- bei Dachneigungen von mehr als 70° die gesamte Dachhöhe.

Giebelflächen werden mitgerechnet.

Landesbauordnung Baden-Württemberg:
Die Tiefe der **Abstandsfläche** beträgt
- im Allgemeinen 0,4 H,
- in Kerngebieten und Dorfgebieten 0,2 H,
- in Gewerbe- und Sondergebieten 0,125 H,
- mindestens jedoch 2,5 m.

Zur **Wandhöhe** hinzugerechnet werden
- bei Dachneigungen von mehr als 45° ein Viertel der Dachhöhe,
- bei Dachneigungen von mehr als 70° die gesamte Dachhöhe.

Die Höhe der Giebelfläche wird zur Hälfte des Verhältnisses der tatsächlichen Giebelfläche zur Fläche eines umschriebenen Rechtecks berücksichtigt; bei einer dreieckigen Giebelfläche daher mit einem Viertel der Dreieckshöhe.

Abstandsflächen in einzelnen Bundesländern

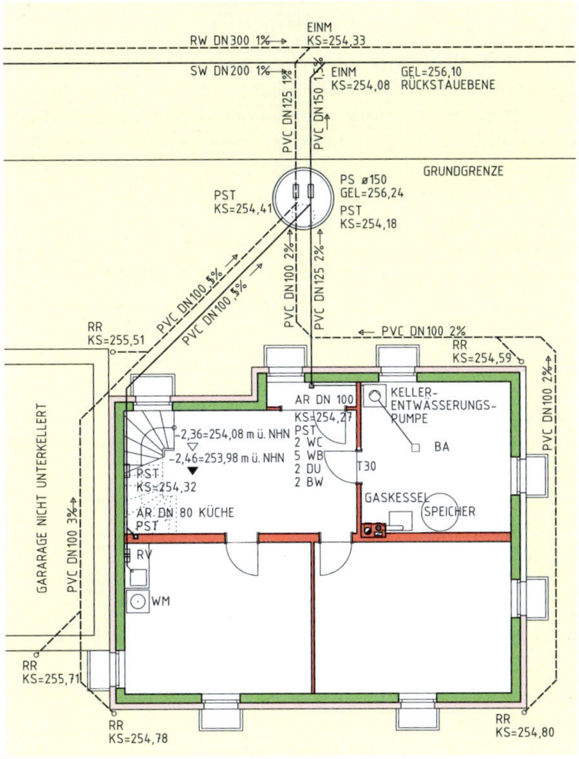

Entwässerungsplan: Grundriss Keller

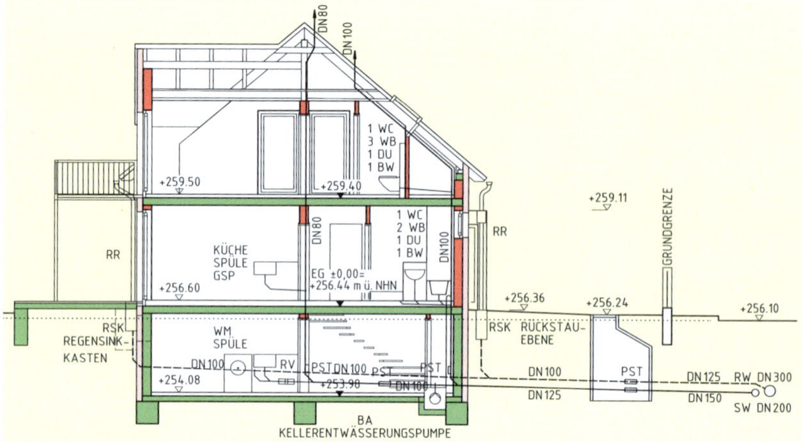

Darstellung der Leitungen in den Entwässerungsplänen:

Abwasser
als durchgezogene Linien,

Niederschlagswasser als
gestrichelte Linien,

Mischwasser (Abwasser und Niederschlagswasser zusammen) als Strich-Punkt-Linien,

Dränleitungen
als gepunktete Linien.

Entwässerungsplan: Schnitt

Im **Schnitt** sind als sogenanntes Strangschema die Wasserablaufstellen (Sanitärobjekte, Abläufe usw.) mit den
- Fallleitungen,
- Sammelleitungen und
- Grundleitungen

einzuzeichnen. Außerdem sind die im Grundriss dargestellten Leitungen
- mit Rückstauvorrichtungen,
- Reinigungsrohren,
- Abwasserhebeanlagen,
- Anschluss- und Kontrollschächten,
- Sieleinlauf sowie
- die Höhenangaben

aufzunehmen.

Zusätzlich zum Entwässerungsplan wird in manchen Bundesländern ein Auszug aus dem Sielkataster gefordert.

1.9.6 Die Baugenehmigung

Nachdem alle Bauvorlagen vollständig eingereicht und bei der Bauaufsichtsbehörde baurechtlich sowie bautechnisch geprüft wurden, erfolgt die Baugenehmigung. Die dafür benötigte Zeit hängt von der Art und Komplexität des Bauvorhabens und dem gewählten Genehmigungsverfahren ab. Erst danach darf mit den Bauarbeiten begonnen werden. Wird der Bau nicht binnen einer Frist von meist drei Jahren begonnen oder der Bau für eine solche Dauer unterbrochen, verliert die Baugenehmigung ihre Gültigkeit.

Wer vor Erteilung der Baugenehmigung mit den Bauarbeiten beginnt oder ganz ohne sie baut, begeht eine Ordnungswidrigkeit, die mit zum Teil erheblichem Bußgeld geahndet wird.

Bestandteil der Baugenehmigung ist auch das **Bauschild** mit dem **roten Punkt**, das spätestens bei Baubeginn gut sichtbar auf der Baustelle anzubringen ist.

Auf diesem Bauschild müssen die Namen und Anschriften
- des Bauherrn,
- des Entwurfsverfassers,
- des Bauleiters sowie
- des Bauunternehmers (Rohbau)

angegeben werden.

Ein Bauschild mit einem **grünen Punkt** ist in einigen Ländern für genehmigungsfreie oder Bauvorhaben im Kenntnisgabeverfahren eingeführt.

Außerdem sind die Baugenehmigung und die entsprechenden Bauvorlagen auf der Baustelle vorzuhalten.

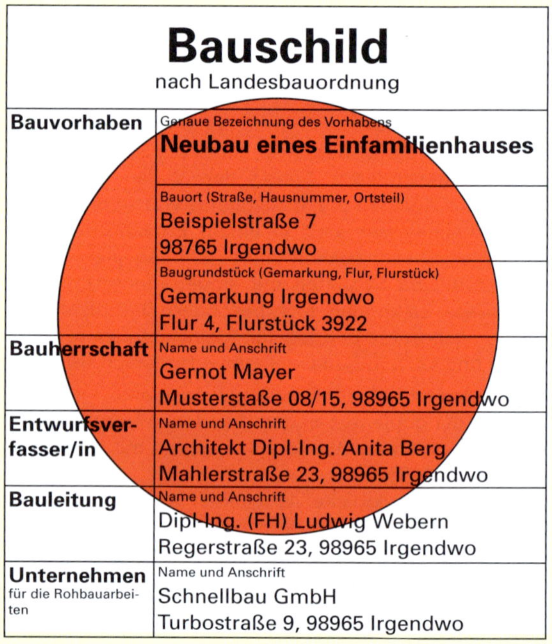

Bauschild nach dem Genehmigungsverfahren

Bauschild nach dem Kenntnisgabeverfahren

1.9.7 Bauüberwachung und Abnahmen

Nach Erhalt der Baugenehmigung ist der Bauaufsichtsbehörde in den meisten Bundesländern eine Woche vor Aufnahme der Bauarbeiten der Baubeginn mitzuteilen. Dabei sind der Bauaufsichtsbehörde
- der Bauleiter und
- die Unternehmer der Hauptgewerke bekanntzugeben.

Außerdem wird häufig verlangt, dass die betroffenen Nachbarn ebenfalls bis zwei Wochen vor Ausführung der Arbeiten benachrichtigt werden. Bei längerer Unterbrechung der Bauausführung gilt das sinngemäß.

Vor Baubeginn muss ebenfalls die Grundfläche des Gebäudes abgesteckt und seine Höhenlage festgelegt sein. Darüber kann die Bauaufsichtsbehörde den Nachweis durch eine sachkundige Person, z.B. ein Ingenieurbüro für Vermessungstechnik, verlangen.

Während der Bauausführung kann die Bauaufsichtsbehörde stichprobenartig prüfen, ob die Ausführung ordnungsgemäß erfolgt und die am Bau Beteiligten ihre Pflichten erfüllen. Sie hat das Recht, für diese Zwecke die Baustelle und die bauliche Anlage zu betreten.

Die Bauaufsichtsbehörde kann schon in der Baugenehmigung festlegen, dass sie vor Beginn oder Beendigung der Arbeiten an bestimmten Bauteilen oder Bauabschnitten informiert wird, damit sie entsprechende Besichtigungen durchführen kann. Nach Fertigstellung der Rohbauarbeiten kann durch die Bauaufsichtsbehörde die **Rohbauabnahme** erfolgen; nach kompletter Fertigstellung, einschließlich der Wasserver- und Entsorgungsanlagen und der Zufahrtswege, die **Schlussabnahme**. Über eine durchgeführte Abnahme erhält der Bauherr eine entsprechende Bescheinigung.

Unabhängig von vorgeschriebenen Abnahmen ist die Fertigstellung des Bauvorhabens der Bauaufsichtsbehörde innerhalb von zwei Wochen bekanntzugeben.

Feuerungsanlagen dürfen erst in Betrieb genommen werden, wenn der Bezirksschornsteinfegermeister die Sicherheit der Anlage bescheinigt hat. Diese Bescheinigung muss bei einer etwaigen Schlussabnahme vorgelegt werden.

1.9.8 Baukosten

Neben der Ästhetik und der Nutzung des Gebäudes, ist für den Bauherrn die Frage der Baukosten von entscheidender Bedeutung. Damit der Bauherr die Finanzierung des Bauvorhabens zuverlässig planen kann, müssen die Baukosten möglichst genau ermittelt werden, sodass Kostenüberschreitungen weitgehend ausgeschlossen sind. Übersteigen die Baukosten die ursprünglich geplanten erheblich, werden häufig eine höhere Verschuldung des Bauherrn und eine teure Nachfinanzierung notwendig.

Die Baukosten werden nach DIN 276 ermittelt. In der Honorarordnung für Architekten und Ingenieure (HOAI) werden sie als Planungsleistungen den Grundleistungen zugeordnet. Im Zusammenhang mit der Grundlagenermittlung kann ein Kostenüberschlag der Gesamtkosten als Basis für Überlegungen zur Finanzierung und Wirtschaftlichkeit einer Baumaßnahme dienen.

Mithilfe von AVA-Programmen (Ausschreibung, Vergabe und Abrechnung von Bauleistungen), CAD-Software und aktuellen Preisverzeichnissen als Bestandteilen der AVA-Programme können mit fortschreitender Bauplanung die Kosten immer genauer ermittelt werden.

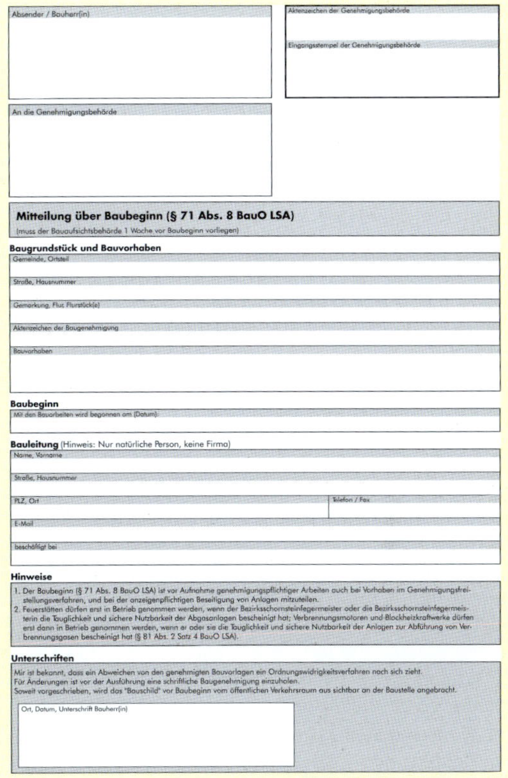
Absender / Bauherr(in)
Aktenzeichen der Genehmigungsbehörde
Eingangsstempel der Genehmigungsbehörde
An die Genehmigungsbehörde

Mitteilung über Baubeginn (§ 71 Abs. 8 BauO LSA)
(muss der Bauaufsichtsbehörde 1 Woche vor Baubeginn vorliegen)

Baugrundstück und Bauvorhaben
Gemeinde, Ortsteil
Straße, Hausnummer
Gemarkung, Flur, Flurstück(e)
Aktenzeichen der Baugenehmigung
Bauvorhaben

Baubeginn
Mit den Bauarbeiten wird begonnen am (Datum):

Bauleitung (Hinweis: Nur natürliche Person, keine Firma)
Name, Vorname
Straße, Hausnummer
PLZ, Ort
Telefon / Fax
E-Mail
beschäftigt bei

Hinweise
1. Der Baubeginn (§ 71 Abs. 8 BauO LSA) ist vor Aufnahme genehmigungspflichtiger Arbeiten auch bei Vorhaben im Genehmigungsfreistellungsverfahren, und bei der anzeigenpflichtigen Beseitigung von Anlagen mitzuteilen.
2. Feuerstätten dürfen erst in Betrieb genommen werden, wenn der Bezirksschornsteinfegermeister oder die Bezirksschornsteinfegermeisterin die Tauglichkeit und sichere Nutzbarkeit der Abgasanlagen bescheinigt hat; Verbrennungsmotoren und Blockheizkraftwerke dürfen erst dann in Betrieb genommen werden, wenn er oder sie die Tauglichkeit und sichere Nutzbarkeit der Anlagen zur Abführung von Verbrennungsgasen bescheinigt hat (§ 81 Abs. 2 Satz 4 BauO LSA).

Unterschriften
Mir ist bekannt, dass ein Abweichen von den genehmigten Bauvorlagen ein Ordnungswidrigkeitsverfahren nach sich zieht.
Für Änderungen ist vor der Ausführung eine schriftliche Baugenehmigung einzuholen.
Soweit vorgeschrieben, wird das "Bauschild" vor Baubeginn vom öffentlichen Verkehrsraum aus sichtbar an der Baustelle angebracht.
Ort, Datum, Unterschrift Bauherr(in)

Baubeginnanzeige: Formular für Sachsen-Anhalt

§ 72 a Baubeginn

Mit der Bauausführung, der Beseitigung baulicher Anlagen oder mit der Ausführung des jeweiligen Bauabschnitts darf erst begonnen werden, wenn
- die Baugenehmigung der Bauherrin oder dem Bauherrn zugegangen ist und
- die nach § 68 erforderlichen Bescheinigungen sowie die Baubeginnanzeige der Bauaufsichtsbehörde vorliegen.

Vor Baubeginn eines Gebäudes müssen die Grundfläche abgesteckt und seine Höhenlage festgelegt und gekennzeichnet sein.

Die Baugenehmigungen, Bauvorlagen, bautechnischen Nachweise sowie Bescheinigungen von Prüfsachverständigen müssen an der Baustelle von Baubeginn an vorliegen.

Die Bauherrin oder der Bauherr hat den Ausführungsbeginn genehmigungsbedürftiger Vorhaben und die Wiederaufnahme der Bauarbeiten nach einer Unterbrechung von mehr als drei Monaten mindestens eine Woche vorher der Bauaufsichtsbehörde mitzuteilen (Baubeginnanzeige).

Bauordnung für Hamburg: Baubeginn

§ 81 Bauzustandsanzeigen, Aufnahme der Nutzung

Die Bauaufsichtsbehörden und die von ihr beauftragten Personen können verlangen, dass ihnen Beginn und Beendigung bestimmter Bauarbeiten angezeigt werden. Die Bauarbeiten dürfen erst fortgesetzt werden, wenn die Bauaufsichtsbehörden oder die von ihr beauftragten Personen der Fortführung der Bauarbeiten zugestimmt haben.

Der Bauherr hat mindestens zwei Wochen vorher die beabsichtigte Aufnahme der Nutzung einer nicht verfahrensfreien baulichen Anlage der Bauaufsichtsbehörde anzuzeigen.

Eine bauliche Anlage darf erst genutzt werden, wenn sie selbst, Zufahrtswege, Wasserversorgungs- und Abwasserbeseitigungsanlagen in dem erforderlichen Umfang sicher nutzbar sind, nicht jedoch vor dem im 1. Absatz bezeichneten Zeitpunkt.

Feuerstätten dürfen erst in Betrieb genommen werden, wenn der Bezirksschornsteinfegermeister oder die Bezirksschornsteinfegermeisterin die Tauglichkeit und die sichere Nutzbarkeit der Abgasanlagen bescheinigt hat.

Bauordnung von Sachsen-Anhalt: Bauzustandsanzeigen

Die Kostenermittlung ist nach DIN 276 die Berechnung der voraussichtlich entstehenden bzw. der tatsächlich entstandenen Kosten. Die Kostenermittlung wird nach Kostenarten und Kostengruppen gestuft. Entsprechend dem zunehmenden Genauigkeitsgrad werden die folgenden Arten der Kostenermittlung unterschieden:

- Der **Kostenrahmen** ist die Grundlage für Planung und Finanzierung und wird nach der ersten Gruppe der Kostengliederung erstellt.
- Die **Kostenschätzung** dient als Grundlage für Entscheidungen in der Vorplanung auf Grund der Vorentwürfe. Zusätzlich sind Angaben zu den Grundstücks- und Erschließungskosten zu berücksichtigen. Die Gesamtkosten werden nach der zweiten Ebene der Kostengliederung ermittelt.
- Die **Kostenberechnung** dient der Entscheidung über die Entwurfsplanung. Dafür werden weiter ausgearbeitete Entwurfs- oder Baugesuchszeichnungen, Mengenberechnungen und Beschreibungen benötigt. Die Kostenberechnung über die Gesamtkosten folgt der dritten Ebene der Kostengliederung.
- Der **Kostenvoranschlag** ist Grundlage für Entscheidungen in der Ausführungsplanung und die Vorbereitung der Vergabe. Er muss mindestens nach der dritten Ebene der Kostengliederung erstellt werden. Eine weitere Untergliederung nach technischen Merkmalen bis zu Positionen der Leistungsbeschreibung ist sinnvoll.
- Der **Kostenanschlag**, die möglichst genaue Ermittlung der Kosten, dient als Grundlage für Vergabe und Ausführung. Als Basis können Ausführungs- und Konstruktionszeichnungen, Standsicherheitsnachweise, Wärmeschutzberechnungen, Mengenberechnungen und Leistungsbeschreibungen sowie Zusammenstellungen von Angeboten und Aufträgen dienen.
- Die **Kostenfeststellung** ist die Feststellung der tatsächlich entstandenen Kosten. Damit werden die entstandenen Kosten nachgewiesen – besonders gegenüber dem Bauherrn. Sie können jedoch auch für Vergleiche und spätere Planungen genutzt werden. Die tatsächlich entstandenen Kosten werden auf der Grundlage von Schlussrechnungen, Abrechnungsbelegen und Nachweisen eventueller Eigenleistungen ermittelt.

100	Grundstück
200	Vorbereitende Maßnahmen
300	Bauwerk – Baukonstruktionen
400	Bauwerk – Technische Anlagen
500	Außenanlagen und Freiflächen
600	Ausstattung und Kunstwerke
700	Baunebenkosten
800	Finanzierung

Kostengruppen der ersten Ebene der Kostengliederung

110	Grundstückswert
120	Grundstücksnebenkosten
130	Rechte Dritter
210	Herrichten
220	Öffentliche Erschließung
230	Nichtöffentliche Erschließung
240	Ausgleichsmaßnahmen und -abgaben
250	Übergangsmaßnahmen
310	Baugrube/Erdbau
320	Gründung, Unterbau
330	Außenwände/Vertikale Baukonstruktionen außen
340	Innenwände/Vertikale Baukonstruktionen innen
350	Decken/Horizontale Baukonstruktionen
360	Dächer
370	Infrastrukturanlagen
380	Baukonstruktive Einbauten
390	Sonstige Maßnahmen für Baukonstruktionen
410	Abwasser-, Wasser-, Gasanlagen
420	Wärmeversorgungsanlagen
430	Raumlufttechnische Anlagen
440	Elektrische Anlagen
450	Kommunikations-, sicherheits- und informationstechnische Anlagen
460	Förderanlagen
470	Nutzungsspezifische und verfahrenstechnische Anlagen
480	Gebäude- und Anlagenautomation
490	Sonstige Maßnahmen für technische Anlagen
510	Erdbau
520	Gründung, Unterbau
530	Oberbau, Deckschichten
540	Baukonstruktionen
550	Technische Anlagen
560	Einbauten in Außenanlagen
570	Vegetationsflächen
580	Wasserflächen
590	Sonstige Maßnahmen für Außenanlagen und Freiflächen
610	Allgemeine Ausstattung
620	Besondere Ausstattung
630	Informationstechnische Ausstattung
640	Künstlerische Ausstattung
690	Sonstige Ausstattung
710	Bauherrenaufgaben
720	Vorbereitung der Objektplanung
730	Objektplanung
740	Fachplanung
750	Künstlerische Leistungen
760	Allgemeine Baunebenkosten
790	Sonstige Baunebenkosten
810	Finanzierungsnebenkosten
820	Fremdkapitalzinsen
830	Eigenkapitalzinsen
840	Bürgschaften
890	Sonstige Finanzierungskosten

Kostengruppen der zweiten Ebene der Kostengliederung

Zusammenfassung

Das Verfahren von Bauantrag, Baugenehmigung und Bauüberwachung regeln die Bauordnungen der Länder.

Am Bau Beteiligte sind der Bauherr, der Entwurfsverfasser, der Bauleiter und der Unternehmer.

Keine Baugenehmigung benötigen Instandhaltungsarbeiten, Nutzungsänderungen und einige kleine Bauvorhaben.

Für kleinere Bauvorhaben gibt es das Kenntnisgabeverfahren und das vereinfachte Baugenehmigungsverfahren.

Das normale Baugenehmigungsverfahren ist für umfangreiche und komplexe Bauvorhaben vorgeschrieben.

Mit einer Bauvoranfrage kann geklärt werden, ob ein Bauvorhaben Aussicht auf Genehmigung hat.

Der Bauantrag ist bei der zuständigen Baubehörde mit den geforderten Bauvorlagen einzureichen, auch bei Bauvorhaben im Kenntnisgabeverfahren.

Mit der Baugenehmigung erhält der Bauherr ein Bauschild mit rotem Punkt, das auf der Baustelle anzubringen ist.

Die Bauvorlagen bestehen im Wesentlichen aus:
- Lageplan, zeichnerischer und schriftlicher Teil,
- Bauzeichnungen,
- Baubeschreibung,
- bautechnischen Nachweisen,
- Abstandsflächenplan,
- Entwässerungsantrag.

Die Baubehörde kann den Bau überwachen, die Baustelle betreten und Abnahmen bestimmter Bauabschnitte bzw. Bauteile oder des fertigen Gebäudes verlangen.

Die Fertigstellung des Bauvorhabens ist der Baubehörde bekanntzugeben.

1.9.9 Beispiel eines Bauvorhabens

In diesem Abschnitt sind einige ausgewählte Bauvorlagen im Originalmaßstab zusammengestellt, die zur Veranschaulichung und als Grundlage für die folgenden Aufgaben dienen.

In den Bauantragsplänen sind zum besseren Verständnis Teile des Entwässerungsgesuchs und Angaben über die Baukonstruktion enthalten, die üblicherweise in getrennten Anlagen zum Baugesuch vorgelegt werden.

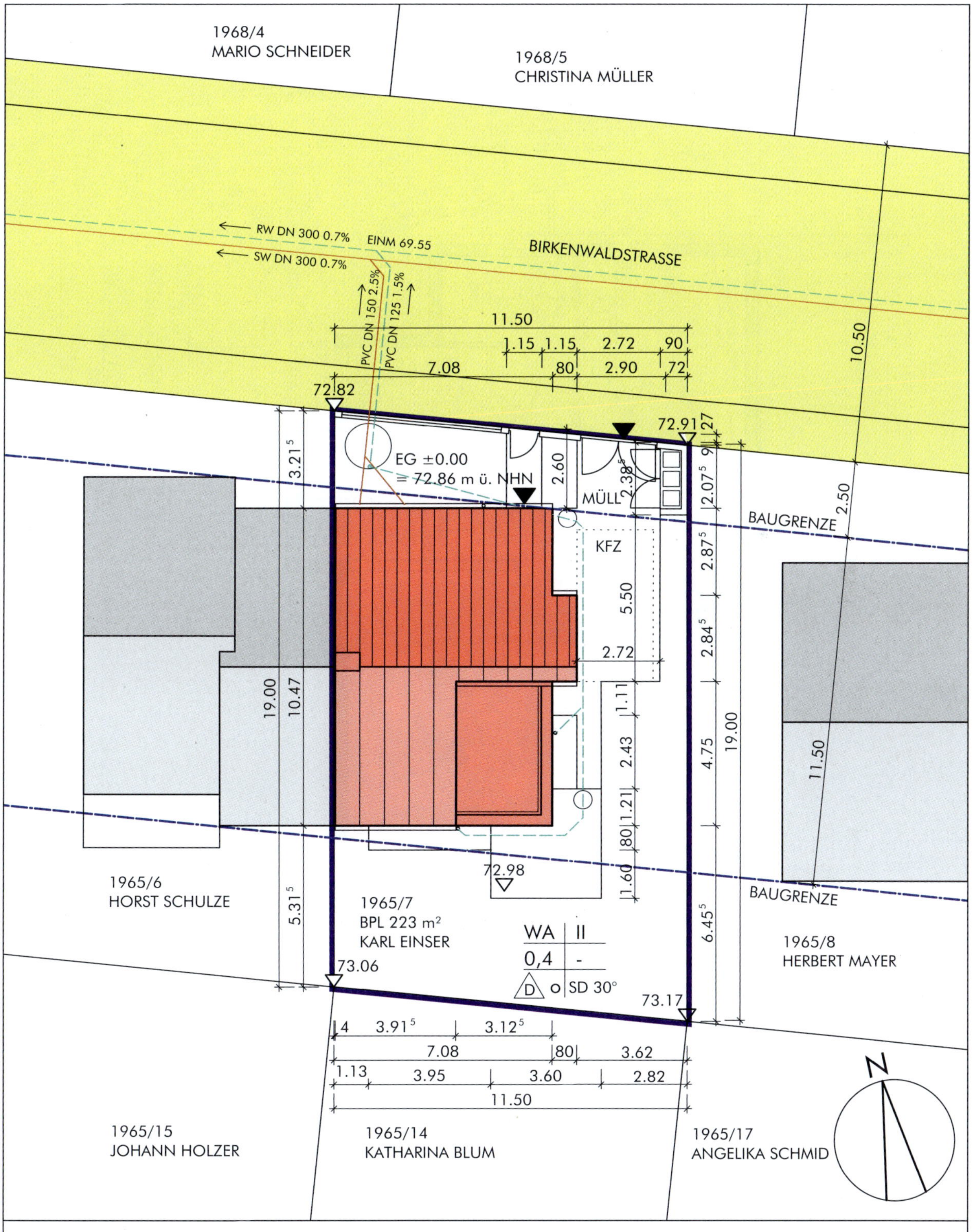

Lageplan 1:200

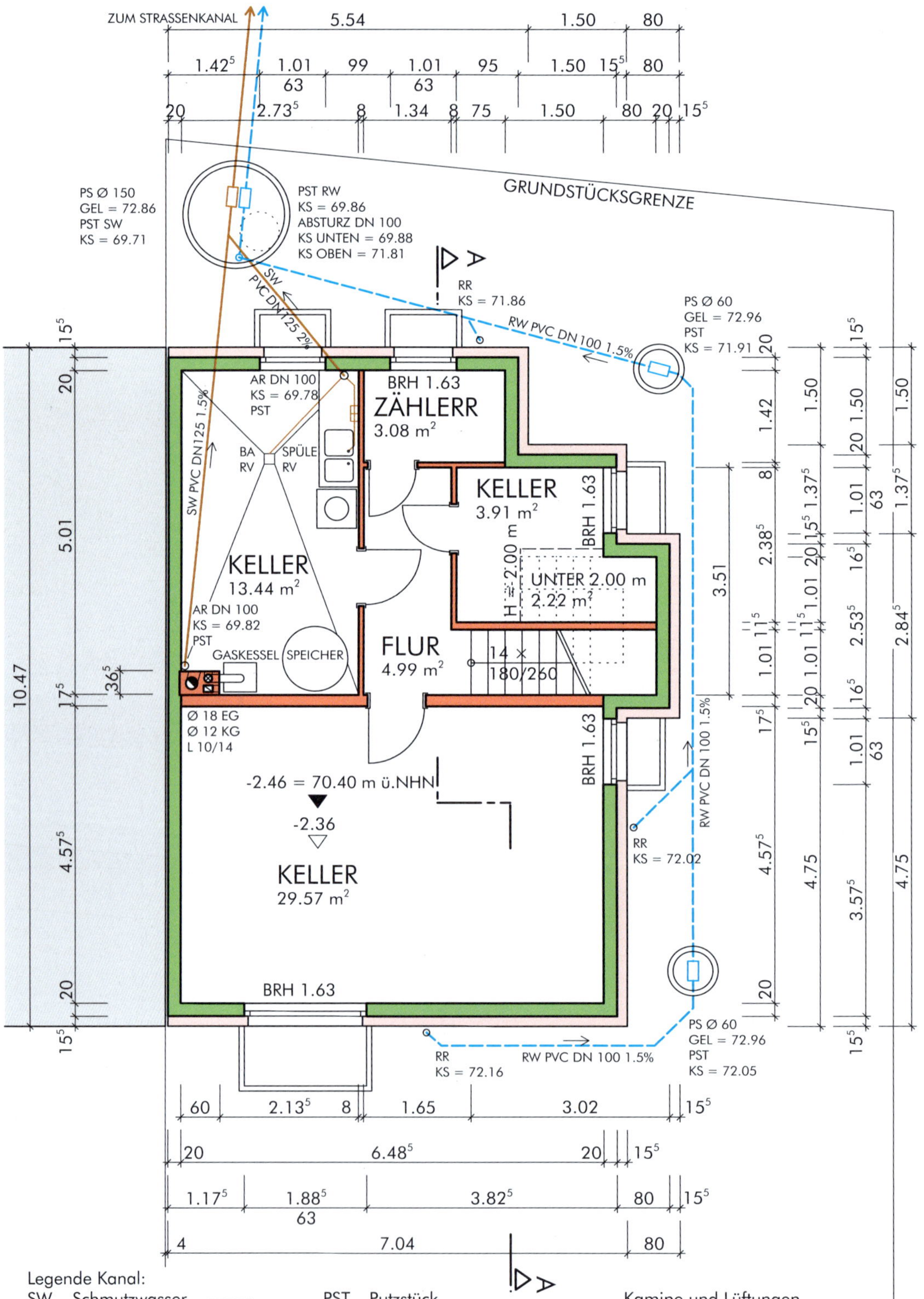

Legende Kanal:

SW Schmutzwasser ——
RW Regenwasser – – –
AR Abfallrohr für Schmutzwasser
RR Regenrohr
PS Putzschacht

PST Putzstück
KS Kanalsohle
GEL Geländehöhe
BA Bodenablauf
RV Rückstauverschluss

Kamine und Lüftungen
Ø 18 EG Anschluss im EG
Ø 12 KG Anschluss im KG
L Lüftungsleitung

Grundriss Keller 1:100

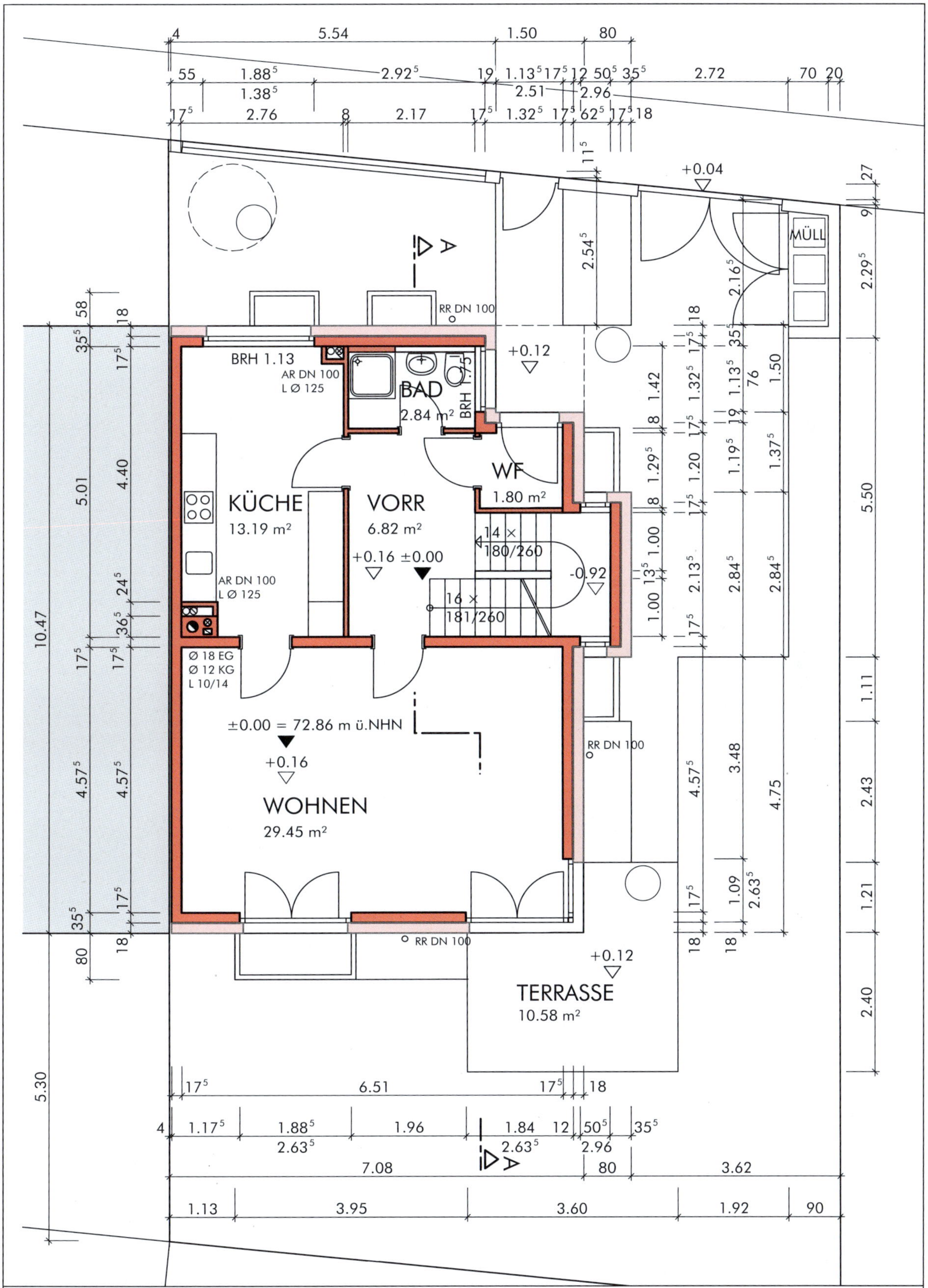

Grundriss Erdgeschoss 1:100

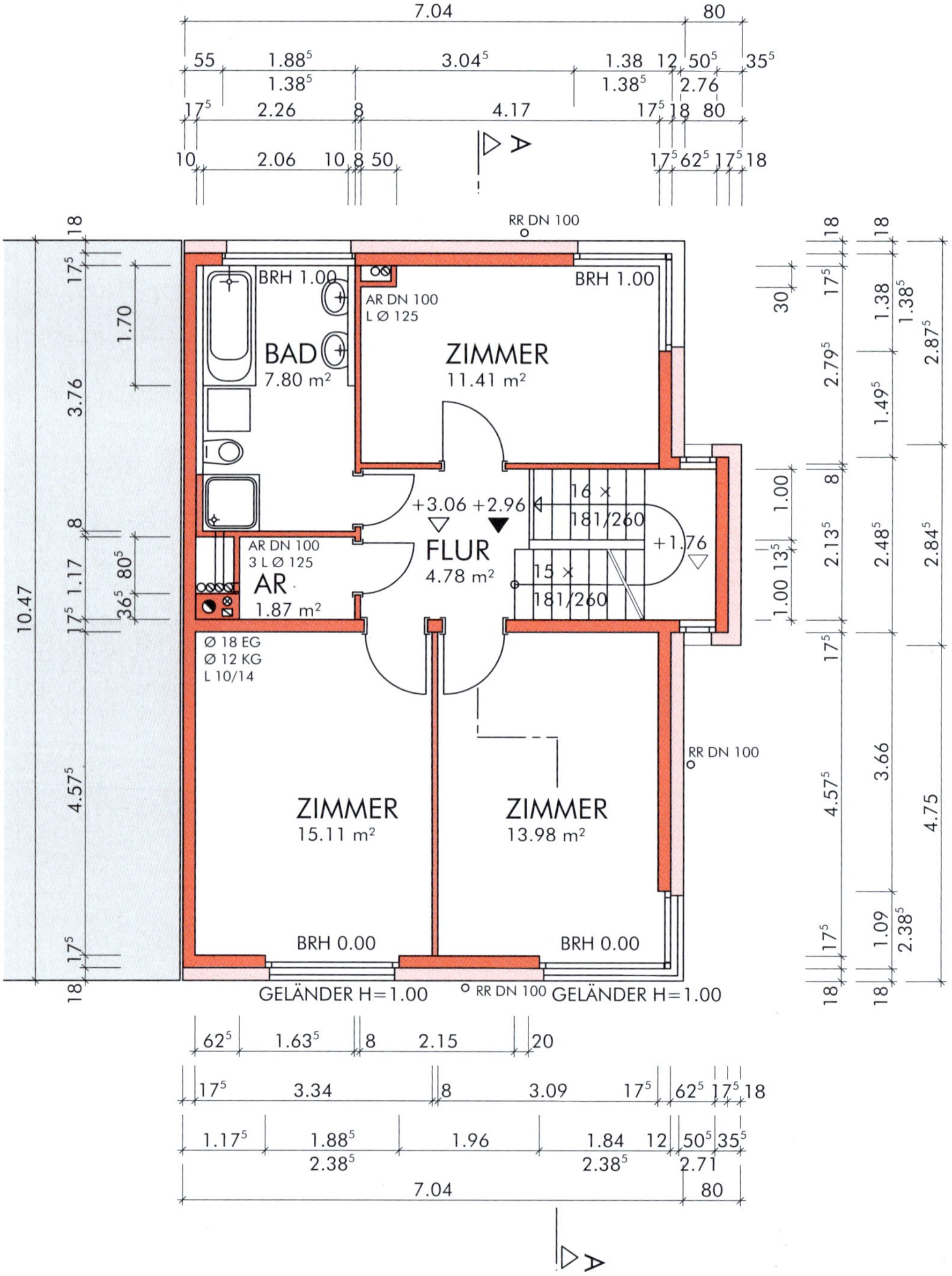

Grundriss Obergeschoss 1:100

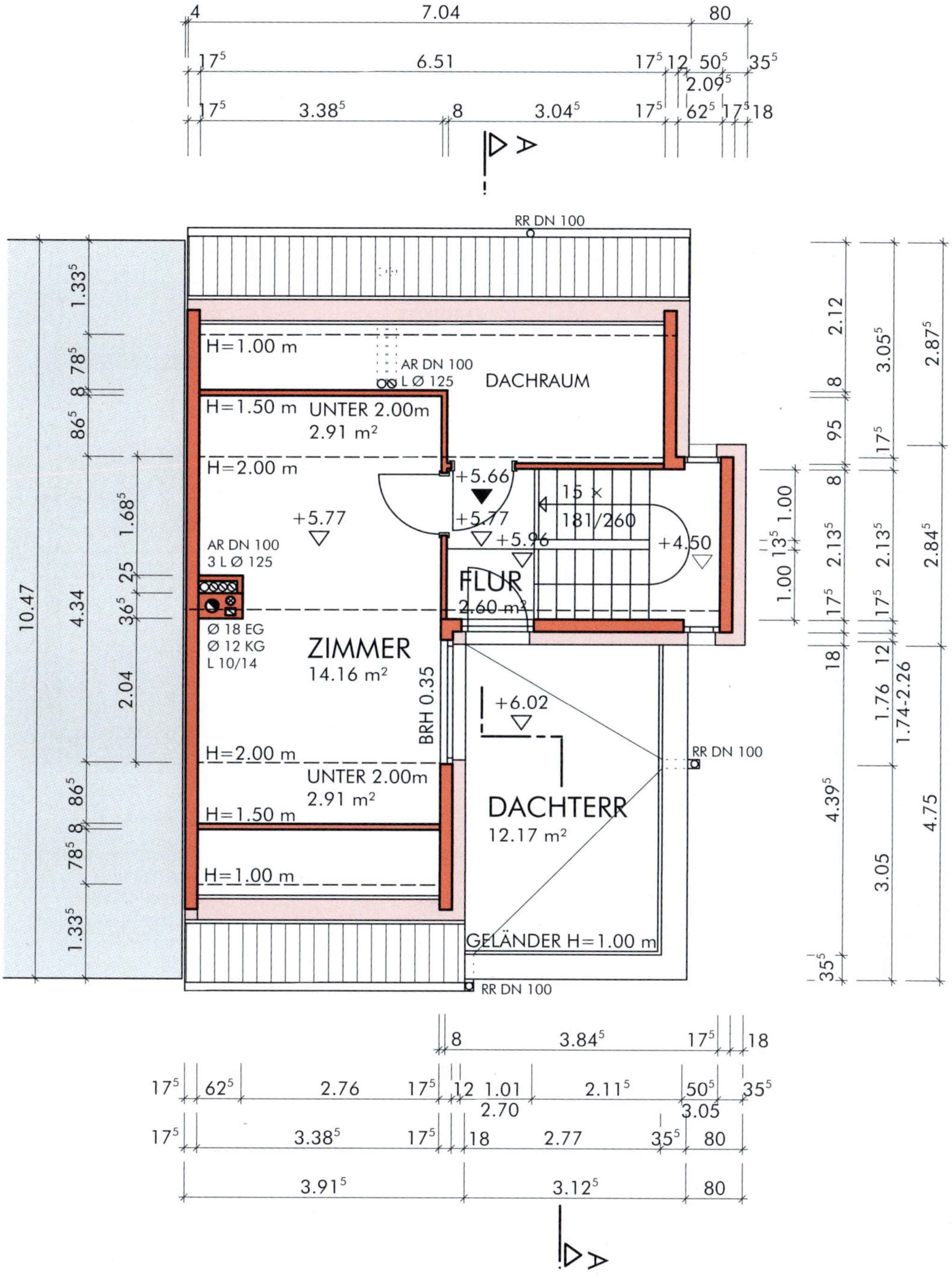

Grundriss Dachgeschoss 1:100

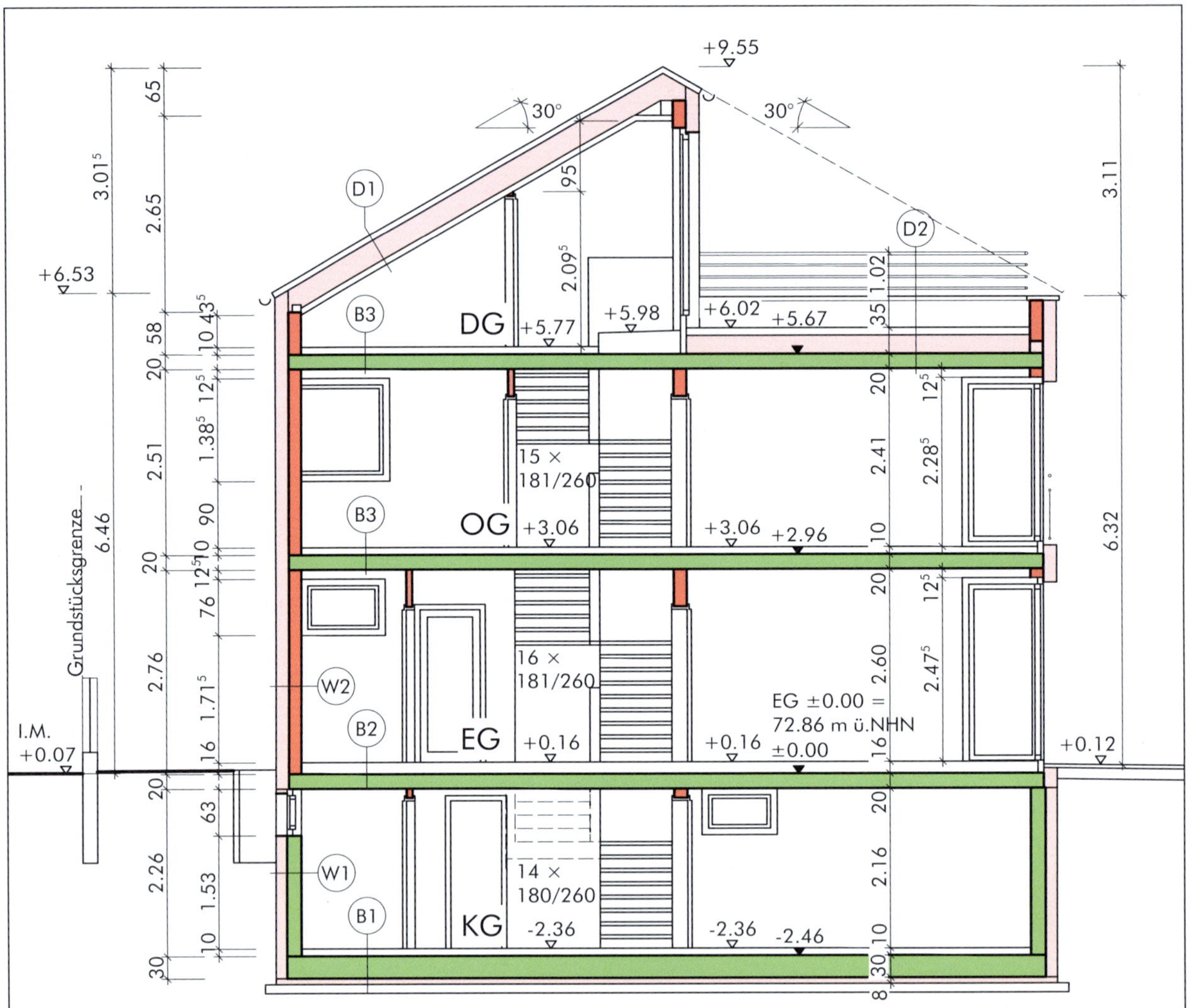

LEGENDE

- Ziegelmauerwerk
- Gips-Wandbauplatten
- Stahlbeton
- Dämmschichten

(W1) Kelleraußenwand

20	Stahlbeton
0^5	Abdichtung
15	Perimeterdämmung
0^5	Dünnputz im Sockelbereich

(W2) Außenwände

1^5	Innenputz
17^5	Ziegelmauerwerk
18	Wärmedämm-Verbundsystem
0^5	Dünnputz

(B1) Fußbodenaufbau Keller

1^5	Keram. Platten Dünnbett
4^5	Fließestrich
1^5	Trittschalldämmplatten
2	Wärmedämmplatten XPS
0^5	Abdichtung
30	Stahlbeton-Fundamentplatte
8	Perimeterdämmung
10	Sauberkeitsschicht Magerbeton

(B2) Fußbodenaufbau Erdgeschoss

1^5	Keram. Platten od. Fertigparkett
4^5	Fließestrich
2	Trittschalldämmplatten
8	Wärmedämmplatten XPS
20	Stahlbetondecke

(B3) Fußbodenaufbau OG und DG

1^5	Keram. Platten od. Fertigparkett
4^5	Fließestrich
2	Trittschalldämmplatten
2	Ausgleichsschüttung
20	Stahlbetondecke
1^5	Deckenputz

(D1) Steildach

1	Faserzementplatten
3	Dachlattung
5	Konterlattung
4	Holzfaserdämmplatte
24	Wärmedämmung zw. Sparren
2	OSB-Platte dampfdicht verklebt
5	Wärmedämmung zw. Latten
1^5	Gipsfaserplatte

(D2) Dachterrasse

4	Betonplatten
7...2	Kies
0^5	Abdichtung
23...28	Gefälledämmung
0^5	Dampfsperre
20	Stahlbetondecke
1^5	Deckenputz

Schnitt A 1:100

Ansichten Nord und Süd 1:100

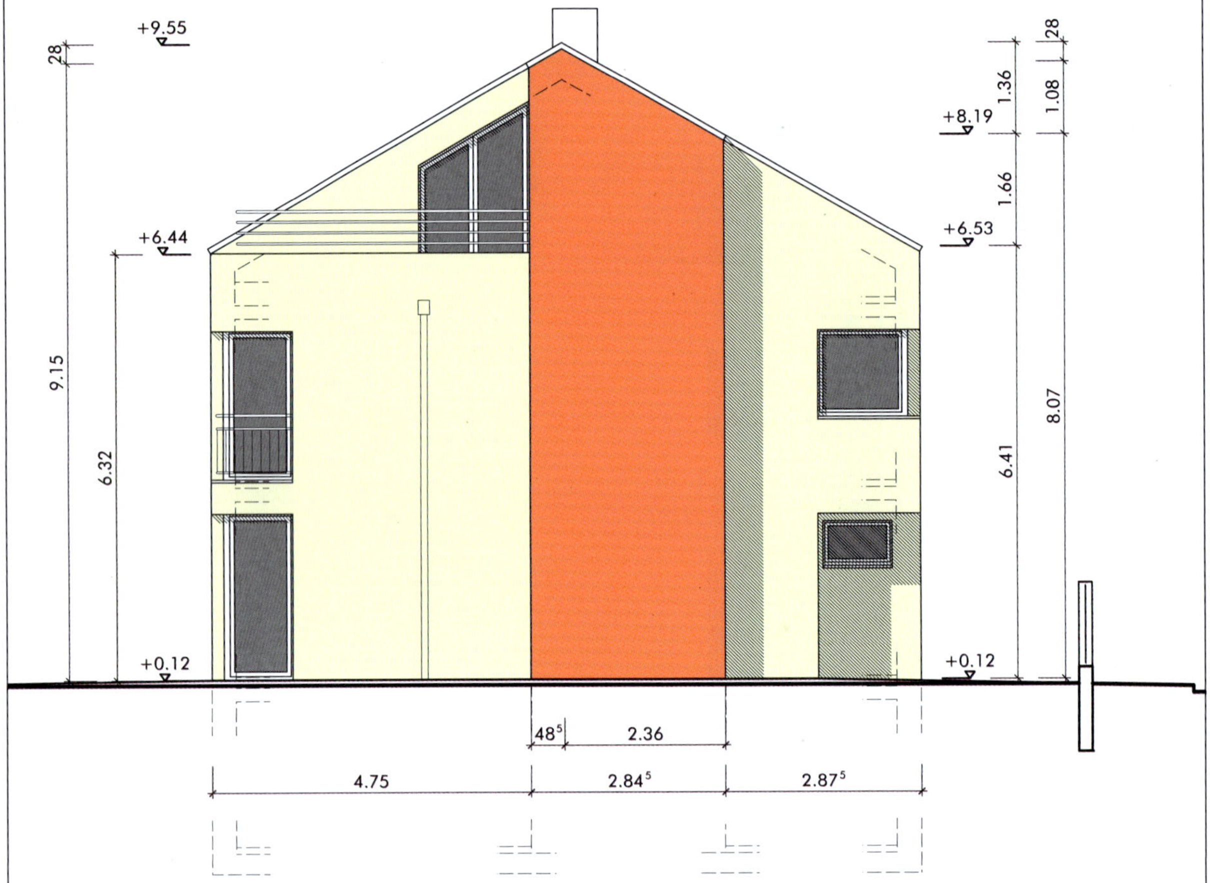

Ansicht Ost 1:100 und Perspektive Südost

Aufgaben

1. *Ein Baugrundstück hat eine Fläche von 561 m². Die GRZ beträgt 0,2. Wie groß ist die Fläche, die bebaut werden darf?*

2. *Ein Baugrundstück hat eine Fläche von 468 m². Die GFZ ist mit 0,6 festgesetzt.*
   a) Die Außenmaße des zweigeschossigen Gebäudes sollen 12,49 m × 11,49 m betragen. Ist das zulässig?
   b) Berechnen Sie die maximal zulässige Breite des Obergeschosses, wenn das Erdgeschoss die Maße 12,49 m x 12,49 m aufweist.

3. *Ein 1200 m² großes Grundstück soll maximal genutzt werden. Es sind 3 Vollgeschosse geplant. Die GRZ beträgt 0,4 und die GFZ 1,0. Welche Fläche dürfen die Geschosse jeweils aufweisen, wenn alle die gleiche Größe haben sollen?*

4. *Auf einem 1040 m² großen Grundstück soll ein Geschäftshaus mit möglichst großem Erdgeschoss und zwei weiteren Geschossen entstehen. Die GRZ beträgt 0,8 und die GFZ 2,0.*
   a) Wie groß darf das Erdgeschoss werden?
   b) Welche Geschossflächen verbleiben jeweils für die beiden oberen Geschosse, wenn sie gleich groß sein sollen?

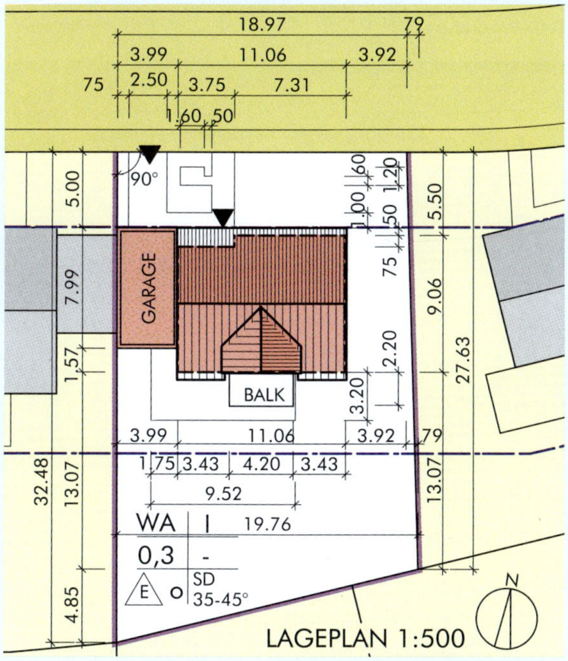

5. *Das oben dargestellte Bauvorhaben für den Neubau eines Einfamilienhauses liegt im Bereich eines gültigen Bebauungsplanes und hält dessen Bestimmungen ein.*
   a) Klären Sie, ob nach der Bauordnung Ihres Bundeslandes das Kenntnisgabeverfahren, das vereinfachte oder das normale Baugenehmigungsverfahren anzuwenden ist.
   b) Berechnen Sie die Grundflächenzahl (GRZ).

6. *Entwerfen Sie für das oben dargestellte Grundstück den Baukörper für ein Haus, das die maximal erlaubte Grundfläche aufweist. Die zulässige Traufhöhe ist mit 4,50 m festgelegt.*

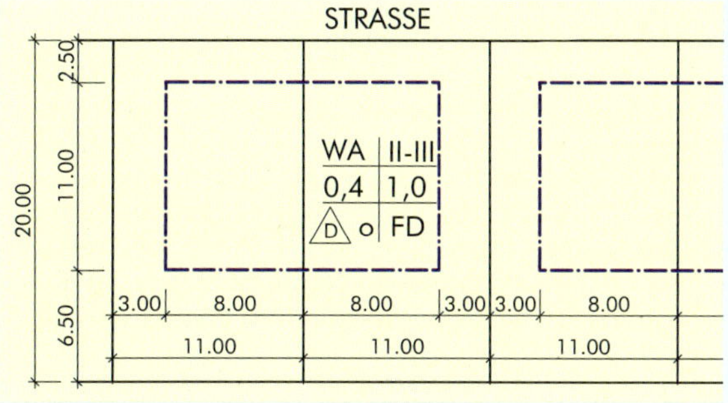

7. *Entwerfen Sie für die oben dargestellten Grundstücke Baukörper für Doppelhäuser, welche die maximal zulässige Größe erreichen und die volle Breite von 8 m ausnützen. Die Abstandsfläche zur Grenze des Nachbargrundstücks beträgt 0,4 H. Bei drei Geschossen beträgt die Gebäudehöhe bis zum Flachdach 8,80 m.*

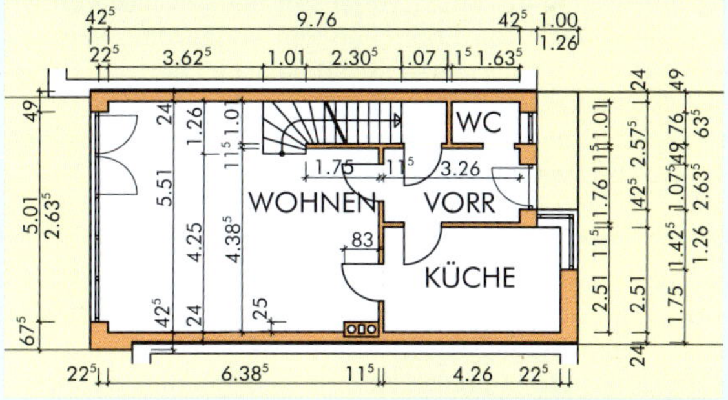

8. *Berechnen Sie die Wohnfläche des oben dargestellten Erdgeschosses. Alle Wände sind 1,5 cm dick verputzt.*

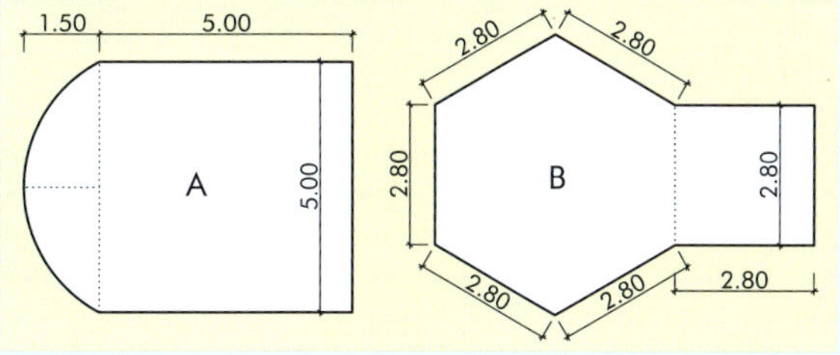

9. *Berechnen Sie die Flächen der oben dargestellten Räume.*

10. *Das Beispiel eines Baugesuches auf den vorherigen Seiten ist Grundlage für die folgenden Aufgaben:*
    a) Klären Sie, ob für dieses Bauvorhaben das Kenntnisgabeverfahren angewandt werden kann.
    b) Verfassen Sie ein Schreiben an die zuständige Bauaufsichtsbehörde mit einer Auflistung der beigefügten Bauvorlagen und Angabe der jeweiligen Anzahl der Ausfertigungen für das Bauvorhaben.
    c) Füllen Sie das Antragsformular aus.
    d) Füllen Sie das Formblatt zur Baubeschreibung aus.
    e) Erstellen Sie den schriftlichen Teil des Lageplanes.
    f) Weisen Sie dazu die Grundflächenzahl (GRZ) und die Geschossflächenzahl (GFZ) nach.
    g) Erstellen Sie den Abstandsflächenplan.
    h) Ermitteln Sie den Bruttorauminhalt.
    i) Stellen Sie die Unterlagen für den Entwässerungsantrag zusammen.

1.10 Datenverarbeitung im Bauwesen

Die Büroarbeiten im Bauwesen werden weitgehend mit Hilfe des Computers durchgeführt. Die allgemeine Büroorganisation, wie Schriftverkehr, Präsentationen, Abrechnung, Verwalten von Dokumenten und Bildern wird mit gängigen Office-Programmen durchgeführt. Für die spezifischen Aufgaben des Bauwesens stehen eigene Programme zur Verfügung, wie Berechnungsprogramme für die Statik, AVA-Programme (**A**usschreibung, **V**ergabe und **A**brechnung) und CAD-Programme (**C**omputer **A**ided **D**esign – Zeichnen und Gebäudemodellierung am Computer).

Hardware und Betriebssystem

Für CAD-Arbeitsplätze ist ein großer Flachbildschirm empfehlenswert. Für Standardanwendungen sind alle am Markt befindlichen Betriebssysteme gut geeignet, da die Daten zwischen den unterschiedlichen Betriebssystemen austauschbar sind. Bauspezifische Programme stehen zahlreich für Windows™ zur Verfügung, einige für MacOS™ und nur wenige für Linux. Vorteilhaft bei den letzteren ist, dass sie seltener von Computerviren angegriffen werden. Verwendet man eines dieser Systeme, ist es günstig, für einige Anwendungen zusätzlich Windows™ installiert zu haben. Dann ist beim Hochfahren des Computers zu entscheiden, welches Betriebssystem geladen wird.

Standardprogramme

Standardprogramme für Textverarbeitung, Tabellenkalkulation, Präsentationen, Bildbearbeitung, Grafik und Datenbankerstellung gibt es auch als Open-Source-Programme, deren Quellcode öffentlich ist und die kostenlos heruntergeladen werden können. Die meisten davon können die Dateien der kommerziellen Programme problemlos bearbeiten und sind in Qualität und Leistungsumfang ebenbürtig.

Bauspezifische Programme

Für Ausschreibung, Vergabe und Abrechnung stehen **AVA-Programme** zur Verfügung, die über eine standardisierte Schnittstelle verfügen, sodass der Architekt das Leistungsverzeichnis an Bauunternehmer weitergeben kann, welche die Preise einsetzen, die sie mit ihrem **Kalkulationsprogramm** errechnet haben.

Das Zeichnen von Plänen per Hand ist fast völlig durch **CAD-Programme** ersetzt worden. Mit diesen Programmen können Pläne gezeichnet und Gebäude dreidimensional modelliert werden. Sogar Bewehrungen können dreidimensional dargestellt werden. Das Gebäudemodell liefert die Daten für Pläne, fotorealistische Darstellungen, Massenberechnungen sowie statische und bauphysikalische Berechnungen. Damit wird die Gebäudegeometrie nur einmal eingegeben und somit Fehler bei der Übertragung vermieden.

Wird für ein Gebäude nur ein zentral verwaltetes dreidimensionales Modell verwendet, auf das alle Fachplaner zugreifen können, wird dies als **BIM – Building Information Management** bezeichnet. Leider sind die in den verschiedenen Büros verwendeten Programme zurzeit noch nicht soweit kompatibel, dass dies auch programmübergreifend funktionierte.

Damit alle beteiligten Planer die Daten verarbeiten können, gibt es für CAD-Programme ein standardisiertes Ausgabeformat, das dxf-Format, das allerdings nur für zweidimensionale Zeichnungen uneingeschränkt funktioniert.

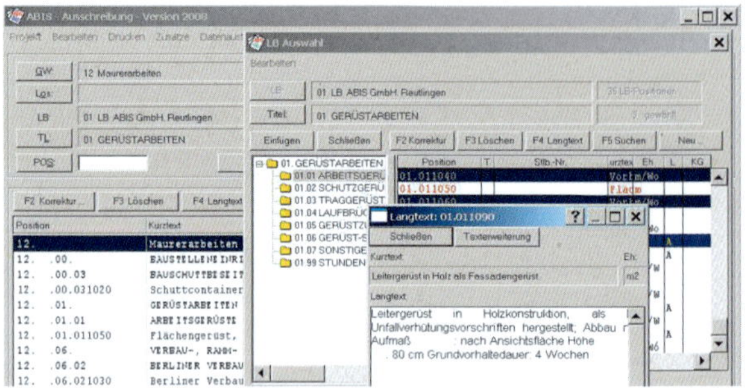

AVA-Programm

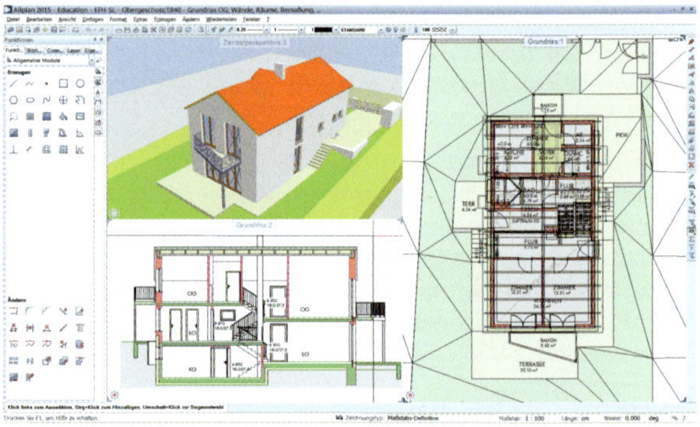

CAD-Programm

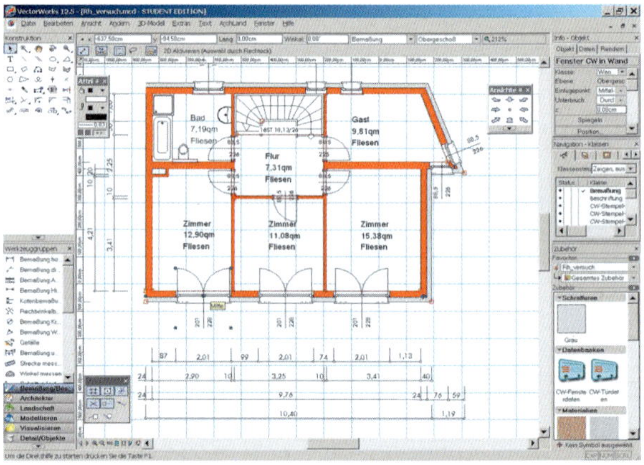

CAD-Programm

Jedes CAD-Projekt wird mit Ebenen, Layern oder Teilbildern strukturiert, die man sich wie übereinandergelegte transparente Folien vorstellen kann. Für die Entwurfszeichnung wird die Ebene mit der Möblierung eingeblendet, für das Baugesuch die mit der Bemaßung. Wird ein dreidimensionales Gebäudemodell erstellt, benötigt man eine Strukturierung nach Geschossen, da für den Plan eines Geschosses nur dieses sichtbar sein darf, für das Erstellen einer Perspektive aber alle Geschosse.

Das Gebäude wird im CAD-Programm mit seinen tatsächlichen Maßen eingegeben, die Planausgabe erfolgt dann im Maßstab. Ist im Programm der Maßstab einzustellen, dient er dazu, die Größen von Texten und Bemaßungen, die Schraffurdichte und die Detailgenauigkeit von Bauteilen dem gewünschten Ausgabemaßstab anzupassen.

Gebäude werden heute meistens im Computer als dreidimensionales Modell dargestellt, das die Grundlage für Pläne und Berechnungen darstellt.

1.11 Ausschreibung, Vergabe und Abrechnung von Bauleistungen (AVA)

Um nach erfolgter Bauplanung und erteilter Baugenehmigung mit der Ausführung der Bauarbeiten beginnen zu können, muss der Bauherr (Auftraggeber) oder der von ihm beauftragte Architekt Unternehmen mit der Ausführung der Leistung beauftragen. Hierzu werden die auszuführenden Arbeiten in einer **Leistungsbeschreibung** i. d. R. in Form von sogenannten **Leistungsverzeichnissen** zusammengestellt. Auf der Grundlage dieser Leistungsverzeichnisse können vergleichbare Angebote von Unternehmen eingeholt werden (**Ausschreibung**). Nach Prüfung und Wertung der abgegebenen Angebote kann die **Vergabe** des Auftrages an Unternehmen (Auftragnehmer) erfolgen. Für die **Ausführung** der Arbeiten steht dem Unternehmer die vereinbarte Vergütung zu. Die **Abrechnung** der Leistungen hat dabei prüfbar zu erfolgen und ist durch Zeichnungen, Mengenermittlungen und andere Nachweise (z. B. Lieferscheine) zu belegen.

Die Ausschreibung, Vergabe und Abrechnung kann mittels bauspezifischen Softwarelösungen erfolgen (vgl. Abschnitt 1.10). Wichtige Bestimmungen für die Vergabe von Bauleistungen und deren Ausführung sowie Allgemeine Technische Vertragsbedingungen sind in der **Vergabe- und Vertragsordnung für Bauleistungen (VOB)** enthalten.

1.11.1 Die Vergabe- und Vertragsordnung für Bauleistungen (VOB)

In der Vergabe- und Vertragsordnung für Bauleistungen (VOB) sind Bestimmungen für die Vergabe von Bauleistungen öffentlicher Auftraggeber und Vertragsbedingungen für die Ausführung von Bauleistungen enthalten. Die VOB wird von einem mit Vertretern öffentlicher Auftraggeber und mit Auftragnehmern besetzten Gremium erarbeitet und regelmäßig fortgeschrieben. Die derzeit aktuelle Ausgabe ist die VOB 2019. Sie gliedert sich in drei Teile:

VOB Teil A – Allgemeine Bestimmungen für die Vergabe von Bauleistungen (VOB/A, DIN 1960)

Die Bestimmungen der VOB/A sind für öffentliche Auftraggeber bei der Vergabe von Bauleistungen verpflichtend anzuwenden. Sie dienen dazu, durch transparente Vergabeverfahren Wettbewerb herzustellen und durch einheitliche Regelungen für alle Bieter Wettbewerbsverzerrungen zu verhindern.

Die VOB/A enthält u. a. Bestimmungen zu den Grundsätzen der Vergabe, Arten der Vergabe, Vertragsarten, Form und Inhalt der Angebote und zur Prüfung und Wertung der eingegangenen Angebote.

VOB Teil B – Allgemeine Vertragsbedingungen für die Ausführung von Bauleistungen (VOB/B, DIN 1961)

Die Regelungen der VOB/B stellen einen partnerschaftlich ausgerichteten Musterbauvertrag für das öffentliche Bauen dar. Die VOB/B ist kein Gesetz, sondern sie hat den Charakter von allgemeinen Geschäftsbedingungen, d. h. die Bedingungen gelten nicht automatisch, sondern sie müssen als Vertragsbestandteil vereinbart werden. Dies geschieht bei öffentlichen Auftraggebern immer und ist in den Vergabeunterlagen vorzuschreiben (§ 8a VOB/A).

Die VOB/B ist nicht für die Anwendung gegenüber Verbrauchern vorgesehen, da vom BGB abweichende Klauseln zum Nachteil eines Verbrauchers bei Streitigkeiten einer gerichtlichen Überprüfung nicht standhalten.

VOB Teil C – Allgemeine Technische Vertragsbedingungen für Bauleistungen (ATV, VOB/C, DIN 18299–18459)

Teil C der VOB enthält Allgemeine Technische Vertragsbedingungen für Bauleistungen (ATV), die wie die VOB/B separat zu vereinbaren sind. Wird bereits VOB/B als Vertragsbestandteil vereinbart, so gilt die VOB/C ebenfalls (§ 1 VOB/B). Die VOB/C gibt Hinweise für das Aufstellen der Leistungsbeschreibung und die Ausführung, Angaben zu Nebenleistungen und besonderen Leistungen sowie Regeln für Aufmaß und Abrechnung der erbrachten Leistung.

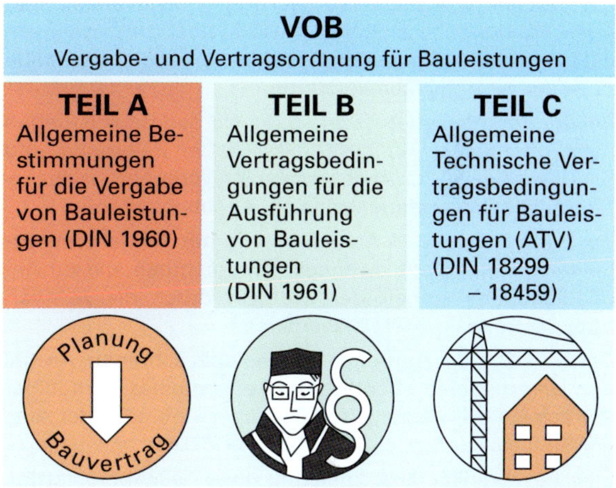

Gliederung der VOB

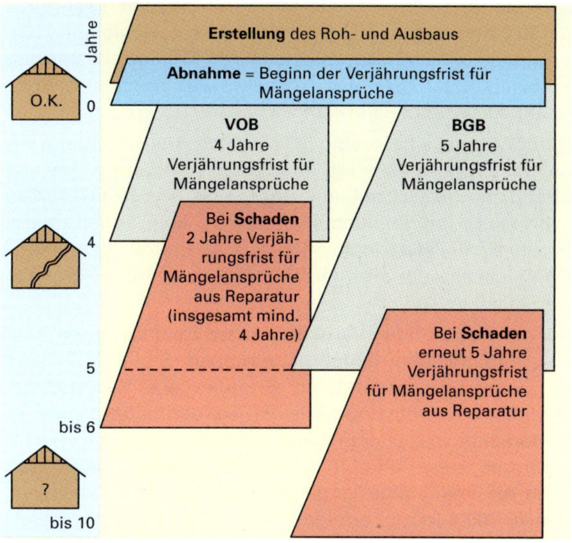

Verjährungsfristen für Mängelansprüche nach VOB und BGB

Die VOB wurde geschaffen, um im Baurecht einen gerechten Ausgleich zwischen den Interessen der Unternehmer und der öffentlichen Auftraggeber zu erzielen. Private Auftraggeber sind im Ausschuss zur Erstellung der VOB nicht vertreten. Für sie gilt das Werkvertragsrecht des Bürgerlichen Gesetzbuches (§§ 631 ff. BGB). In das reformierte, seit dem 01.01.2018 geltende neue Werkvertragsrecht wurden etliche Regelungen, die den Besonderheiten des Bau- bzw. Verbraucherbauvertrages entsprechen, neu aufgenommen.

1.11.2 Ausschreibung und Vergabe von Bauleistungen

Während private Bauherren bei der Auswahl und der Auftragsvergabe an Unternehmen an keine Form gebunden sind und frei darüber entscheiden können, ob sie Vergleichsangebote einholen wollen und wem sie den Auftrag erteilen, sind öffentliche Auftraggeber an die Allgemeinen Bestimmungen für die Vergabe von Bauleistungen (VOB/A) gebunden. Diese Verpflichtung zur Anwendung ergibt sich aus der Bundeshaushaltsordnung und den Haushaltsordnungen der Länder und der Kommunen.

Arten der Vergabe (§ 3 VOB/A)

Die Vergabe von Bauleistungen erfolgt nach öffentlicher Ausschreibung, beschränkter Ausschreibung mit oder ohne Teilnahmewettbewerb oder nach freihändiger Vergabe in einem vereinfachten Verfahren.

Bei der **öffentlichen Ausschreibung** werden Bauleistungen nach öffentlicher Aufforderung (z. B. in Zeitungen und Staatsanzeigern) zur Angebotsabgabe vergeben. Jedes interessierte Unternehmen kann ein Angebot abgeben.

Bei der **beschränkten Ausschreibung mit Teilnahmewettbewerb** erfolgt die Auswahl der Unternehmen, die zur Angebotsabgabe aufgefordert werden, durch die Auswertung des Teilnahmewettbewerbs.

Dabei fordert der Auftraggeber eine unbeschränkte Anzahl von Unternehmen öffentlich zur Abgabe eines Teilnahmeantrags auf. Mindestens fünf Bewerber sind nach der Auswertung einzuladen, ein Angebot abzugeben.

Eine **beschränkte Ausschreibung ohne Teilnahmewettbewerb** kann erfolgen, sofern der Auftragswert eine bestimmte Summe[1] (ohne Umsatzsteuer) nicht überschreitet:

- 50.000 € für Ausbaugewerke (ohne Energie- und Gebäudetechnik), Landschaftsbau und Straßenausstattung
- 150.000 € für Tief-, Verkehrswege- und Ingenieurbau
- 100.000 € für alle übrigen Gewerke

Darüber hinaus kann eine beschränkte Ausschreibung ohne Teilnahmewettbewerb auch dann erfolgen, wenn eine öffentliche Ausschreibung oder eine beschränkte Ausschreibung mit Teilnahmewettbewerb kein annehmbares Ergebnis geliefert hat oder aus Gründen besonderer Dringlichkeit oder erforderlicher Geheimhaltung unzweckmäßig ist.

Bei der **freihändigen Vergabe** werden Bauleistungen in einen vereinfachtem Verfahren vergeben. Sie ist z. B. zulässig, wenn aus besonderen Gründen wie Patentschutz, Dringlichkeit, Notwendigkeit der Geheimhaltung oder erforderlicher spezieller Erfahrungen oder Geräte nur ein bestimmtes Unternehmen in Betracht kommt. Außerdem kann die freihändige Vergabe bis zu einem Auftragswert[1] von 10.000 € (netto) erfolgen.

Ein **Direktauftrag** ohne die Durchführung eines Vergabeverfahrens kann bis zu einem voraussichtlichen Auftragswert von 3.000 € (netto) erteilt werden. Dabei müssen die Grundsätze der Wirtschaftlichkeit und der Sparsamkeit beachtet werden und der Auftraggeber soll zwischen den beauftragten Unternehmen wechseln.

§ 1 Bauleistungen

Bauleistungen sind Arbeiten jeder Art, durch die eine bauliche Anlage hergestellt, instand gehalten, geändert oder beseitigt wird.

§ 2 Grundsätze

(1) Bauleistungen werden im Wettbewerb und im Wege transparenter Verfahren vergeben. Dabei werden die Grundsätze der Wirtschaftlichkeit und der Verhältnismäßigkeit gewahrt.
Wettbewerbsbeschränkende und unlautere Verhaltensweisen sind zu bekämpfen.

(2) Bei der Vergabe von Bauleistungen darf kein Unternehmen diskriminiert werden.

(3) Bauleistungen werden an fachkundige, leistungsfähige und zuverlässige Unternehmen zu angemessenen Preisen vergeben.

§ 6 Teilnehmer am Wettbewerb

(1) 1. Der Wettbewerb darf nicht auf Unternehmen beschränkt werden, die in bestimmten Regionen oder Orten ansässig sind.

§ 9 Einzelne Vertragsbedingungen Ausführungsfristen

(1) 1. Die Ausführungsfristen sind ausreichend zu bemessen; Jahreszeit, Arbeitsbedingungen und etwaige besondere Schwierigkeiten sind zu berücksichtigen. Für die Bauvorbereitung ist dem Auftragnehmer genügend Zeit zu gewähren.

§ 10 Fristen

(1) Für die Bearbeitung und Einreichung der Angebote ist eine ausreichende Angebotsfrist vorzusehen, auch bei Dringlichkeit nicht unter 10 Kalendertagen [...].

(2) Bis zum Ablauf der Angebotsfrist können Angebote in Textform zurückgezogen werden.

§ 14a Öffnung der Angebote, Eröffnungstermin bei Zulassung schriftlicher Angebote

(1) Sind schriftliche Angebote zugelassen, ist bei Ausschreibungen für die Öffnung und Verlesung (Eröffnung) der Angebote ein Eröffnungstermin abzuhalten, in dem nur die Bieter und ihre Bevollmächtigten zugegen sein dürfen. Bis zu diesem Termin sind die zugegangenen Angebote auf dem ungeöffneten Umschlag mit Eingangsvermerk zu versehen und unter Verschluss zu halten. Elektronische Angebote sind zu kennzeichnen und verschlüsselt aufzubewahren.

(2) Zur Eröffnung zuzulassen sind nur Angebote, die bis zum Ablauf der Angebotsfrist eingegangen sind.

§ 16d Wertung

(1) 1. Auf ein Angebot mit einem unangemessen hohen oder niedrigen Preis darf der Zuschlag nicht erteilt werden.
2. Erscheint ein Angebotspreis unangemessen niedrig und ist anhand vorliegender Unterlagen über die Preisermittlung die Angemessenheit nicht zu beurteilen, ist in Textform vom Bieter Aufklärung über die Ermittlung der Preise für die Gesamtleistung oder für Teilleistungen zu verlangen, gegebenenfalls unter Festlegung einer zumutbaren Antwortfrist. Bei der Beurteilung der Angemessenheit sind die Wirtschaftlichkeit des Bauverfahrens, die gewählten technischen Lösungen oder sonstige günstige Ausführungsbedingungen zu berücksichtigen.

§ 18 Zuschlag

(1) Der Zuschlag ist möglichst bald, mindestens aber so rechtzeitig zu erteilen, dass dem Bieter die Erklärung noch vor Ablauf der Zuschlagsfrist (§ 10 Absatz 4 ... 6) zugeht.

Basisparagrafen der VOB/A in Auszügen

Bei der Ausschreibung kann der Auftraggeber zwischen der öffentlichen Ausschreibung und der beschränkten Ausschreibung mit Teilnahmewettbewerb frei wählen. Die freihändige Vergabe und der Direktauftrag sind nur zulässig, wenn die beschriebenen Bedingungen vorliegen (§ 3a VOB/A, Zulässigkeitsvoraussetzungen).

---

[1] Um die Herausforderungen der ausreichenden Wohnraumversorgung zu meistern, kann bis zum 31. Dezember 2021 für Bauleistungen zu Wohnzwecken bis zu einem Auftragswert von 1.000.000 € eine beschränkte Ausschreibung ohne Teilnahmewettbewerb und bis zu 100.000 € eine freihändige Vergabe erfolgen.

Vertragsarten

Bei Bauleistungen soll die Vergütung nach Leistung erfolgen (Leistungsvertrag). Dabei unterscheidet man zwischen verschiedenen Vertragsarten:

Beim **Einheitspreisvertrag** werden Einheitspreise für einzelne Teilleistungen (nach m, m², m³, Stück oder Masse) vereinbart und nach der tatsächlich erbrachten Leistung abgerechnet. Diese Vertragsart stellt bei Bauleistungen den Regelfall dar.

Kann die Leistung nach Ausführungsart und Umfang genau bestimmt werden und ist auch während der Ausführung nicht mit Änderungen zu rechnen, so kann ein **Pauschalvertrag** vereinbart werden.

Bei Bauleistungen geringeren Umfangs, bei denen die Lohnkosten überwiegen, können die Arbeiten auch im Stundenlohn (**Stundenlohnvertrag**) vergeben werden.

Vertragsart	Anwendungsbeispiele	
Einheitspreisvertrag	Regelvertrag, allgemein üblich	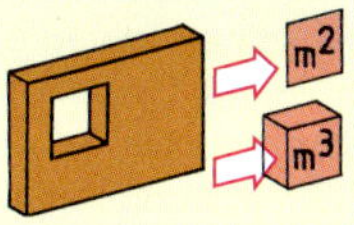
Pauschalvertrag	Bei genau erfassbarer Leistung, z. B. Fertiggaragen, typisierte Kläranlagen	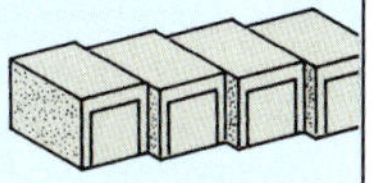
Stundenlohnvertrag	Bei kleinen und lohnintensiven Arbeiten, z. B. Umbauten, Altbausanierung	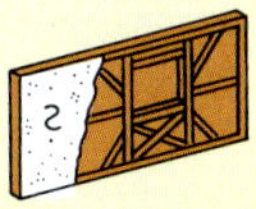

Vertragsarten und Anwendungsbeispiele

1.11.3 Aufstellen der Leistungsbeschreibung

In den Allgemeinen Technischen Vertragsbedingungen für Bauleistungen – Allgemeine Regelungen für Bauarbeiten jeder Art (ATV DIN 18299) der VOB/C sind Hinweise für das Aufstellen der Leistungsbeschreibung enthalten. Dies soll sicherstellen, dass die Leistungsbeschreibung von allen Bietern gleich verstanden wird und keine Missverständnisse über die Art und den Umfang der geforderten Leistung entstehen.

Deshalb müssen in der Leistungsbeschreibung folgende Angaben enthalten sein:

Angaben zur Baustelle, wie z. B.:

- Lage der Baustelle, vorhandene Zufahrtsmöglichkeiten, für den Verkehr freizuhaltende Flächen, die Nutzbarkeit von Transporteinrichtungen,
- Hinweise zu den Baugrundverhältnissen und Ergebnisse von Baugrunduntersuchungen,
- Bedingungen für das Überlassen von Anschlüssen für Wasser, Energieversorgung und Abwasserbeseitigung,
- Besondere umweltrechtliche Vorschriften und Vorgaben für die Entsorgung von Abfall,
- Art und Umfang des Schutzes von Bäumen, Bauteilen, Verkehrsflächen und Grenzsteinen,
- Angaben zu bekannten oder vermuteten Hindernissen im Bereich der Baustelle, z. B. Leitungen, Kanäle, Bauwerksreste oder vermutete Kampfmittel,
- Art und Umfang von Schadstoffbelastungen.

Angaben zur Ausführung, wie z. B.:

- Vorgesehene Arbeitsabschnitte, Arbeitsunterbrechungen oder Erschwernisse durch das Arbeiten in Räumen, in denen der Betrieb weiterläuft,
- besondere Anforderungen bei Arbeiten in kontaminierten Bereichen,
- Mitbenutzung fremder Gerüste, Hebezeuge, Lagerräume,
- besondere Anforderungen an die Art, Güte und Umweltverträglichkeit von Baustoffen und Bauteilen,
- Art, Zusammensetzung und Menge der zu entsorgenden Böden und Stoffe sowie die geforderten Nachweise über deren Transport und die Entsorgung.

Angaben zur Abrechnung, wie z. B.:

- Abrechnungseinheiten,
- Hinweise auf die Abrechnung nach bestimmten Zeichnungen oder Tabellen.

DIN 18299 Allgemeine Regelungen für Bauarbeiten jeder Art
DIN 18300 Erdarbeiten
DIN 18301 Bohrarbeiten
DIN 18305 Wasserhaltungsarbeiten
DIN 18306 Entwässerungskanalarbeiten
DIN 18308 Drän- und Versickerarbeiten
DIN 18313 Schlitzwandarbeiten mit stützenden Flüssigkeiten
DIN 18314 Spritzbetonarbeiten
DIN 18320 Landschaftsbauarbeiten
DIN 18330 Mauerarbeiten
DIN 18331 Betonarbeiten
DIN 18332 Naturwerksteinarbeiten
DIN 18334 Zimmer- und Holzbauarbeiten
DIN 18335 Stahlbauarbeiten
DIN 18336 Abdichtungsarbeiten
DIN 18338 Dachdeckungs- und Dachabdichtungsarbeiten
DIN 18339 Klempnerarbeiten
DIN 18340 Trockenbauarbeiten
DIN 18345 Wärmedämm-Verbundsysteme
DIN 18350 Putz- und Stuckarbeiten
DIN 18351 Vorgehängte hinterlüftete Fassaden
DIN 18352 Fliesen- und Plattenarbeiten
DIN 18353 Estricharbeiten
DIN 18356 Parkettarbeiten
DIN 18358 Rollladenarbeiten
DIN 18363 Maler- und Lackierarbeiten
DIN 18356 Bodenbelagarbeiten
DIN 18366 Tapezierarbeiten
DIN 18451 Gerüstarbeiten
DIN 18459 Abbruch- und Rückbauarbeiten

Auszug aus VOB Teil C: Allgemeine Technische Vertragsbedingungen für Bauleistungen

Dem Aufstellen der Leistungsbeschreibung kommt eine große Bedeutung zu. Die geforderten Bauleistungen müssen so eindeutig und erschöpfend beschrieben werden, dass sie von allen Bietern im gleichen Sinne verstanden werden. Diese müssen ihre Preise auf der Grundlage der Ausschreibung sicher und ohne umfangreiche Vorarbeiten berechnen können (VOB, Teil A, § 7 – Leistungsbeschreibung). Die Beschreibung der Leistung erfolgt in der Regel durch ein in Teilleistungen gegliedertes Leistungsverzeichnis.
Mit dem seit 01.01.2018 geltenden neuen Werkvertragsrecht des BGB gehört es zur Pflicht des Bauunternehmers, dem Verbraucher vor Vertragsabschluss eine Baubeschreibung zu überreichen (§ 650 j BGB). Diese Pflicht entfällt nur dann, wenn der Verbraucher oder sein Architekt die Planungsvorgaben machen.

Die Beschreibung der Leistung erfolgt meist durch ein **Leistungsverzeichnis**, in dem die gesamte Bauleistung in einzelne Gewerke unterteilt wird. VOB Teil C enthält für über 50 Gewerke Allgemeine Technische Vertragsbedingungen, die gewerkespezifische Hinweise zum Aufstellen der Leistungsbeschreibung und zur Ausführung enthalten.

Die Teilleistungen der verschiedenen Gewerke werden mit Ordnungszahlen (**Positionen**) gekennzeichnet und enthalten neben einer Beschreibung der geforderten Leistung auch Angaben zur Ausführungsmenge und zur Abrechnungseinheit.

Leistungsverzeichnisse werden heute in der Regel aus standardisierten Textbausteinen mithilfe von bauspezifischen Ausschreibungs- und Abrechnungsprogrammen erstellt. In Kombination mit CAD-Programmen kann auch die Massenberechnung aus dem Gebäudemodell generiert werden.

Bezeichung	Menge	Einheit	EP	Gesamtpreis
01.10 Oberboden abtragen und seitlich lagern				
	245,78	m²	2,40 €	589,87 €
01.20 Baugrubenaushub, HB1, steife Konsistenz				
	376,469	m³	3,60 €	1.355,29 €
01.30 Abfuhr und Entsorgung des Aushubmaterials				
	326,469	m³	34,50 €	11.263,18 €
01.40 Kapillarbrechende Schicht, $d = 15$ cm				
	112,39	m²	12,30 €	1.382,40 €

Auszug aus einem Leistungsverzeichnis Erdarbeiten mit Kurztexten

1.11.4 Abrechnung von Bauleistungen

Nebenleistungen

In den ATV der VOB/C ist festgelegt, welche Nebenleistungen auch ohne Erwähnung im Bauvertrag zur vertraglichen Leistung gehören und nicht selbstständig vergütet werden. Sind die Kosten der Nebenleistung jedoch von erheblicher Bedeutung, so sind in diesen Fällen hierfür eigene Positionen im Leistungsverzeichnis vorzusehen. Dies kommt insbesondere häufig für das Einrichten und Räumen der Baustelle in Betracht.

Besondere Leistungen

Die besonderen Leistungen gehören nur dann zur vertraglich vereinbarten Leistung, wenn sie in der Leistungsbeschreibung besonders erwähnt sind.

Abrechnung

Die Mengenermittlung zur Abrechnung von Bauleistungen ist auf der Grundlage von Zeichnungen zu ermitteln, sofern die ausgeführte Leistung den Zeichnungen entspricht. Sind solche Zeichnungen nicht vorhanden oder haben sich bei der Ausführung Änderungen gegenüber der Zeichnung ergeben, so ist die Leistung vor Ort aufzumessen.

Die erbrachten Leistungen sind prüfbar abzurechnen, d.h., die Rechnungen müssen übersichtlich aufgestellt werden. Die erforderlichen Mengenberechnungen, Zeichnungen und andere geforderte Belege (z.B. Lieferscheine) sind der Rechnung beizufügen, dabei ist die Reihenfolge der Leistungsbeschreibung einzuhalten.

Für die Mengenermittlung sind in den Allgemeinen Technischen Vertragsbestimmungen gewerkespezifische Abrechnungsregeln enthalten. Darin sind z.B. geregelt:

- die Zulässigkeit üblicher Näherungsverfahren bei der Berechnung,
- die anzusetzenden Böschungswinkel und Arbeitsraumbreiten (z.B. bei Erdarbeiten),
- die zugrunde zu legenden Flächen (z.B. bei Wärmedämm-Verbundsystemen),
- die Behandlung von Unterbrechungen, Aussparungen und Öffnungen (z.B. bei Mauerarbeiten),
- die Berücksichtigung von Rückflächen, Nischen oder Laibungen (z.B. bei Putzarbeiten).

Nebenleistungen sind z.B.:
– Vorhalten der Baustelleneinrichtung
– Vorhalten der Kleingeräte und Werkzeuge
– notwendige Mess- und Absteckarbeiten
– Schutz- und Sicherheitsmaßnahmen nach den Unfallverhütungsvorschriften
– Befördern aller Baustoffe innerhalb der Baustelle
– Beseitigen aller selbst verursachten Verunreinigungen, Entsorgung der Abfälle
– Entsorgung von Abfällen des Auftraggebers, wenn ≤ 1 m³ und nicht schadstoffbelastet
Besondere Leistungen sind z.B.:
– Verkehrssicherungsmaßnahmen und Einholen der hierfür erforderlichen Genehmigungen
– Beseitigung von Hindernissen
– Maßnahmen zur Sicherung gefährdeter Bauwerke, wie Unterfangungen und Stützmauern
– Besondere Maßnahmen aus Gründen des Umweltschutzes sowie der Landes- und Denkmalpflege
– Entsorgung von Abfällen des Auftraggebers, wenn > 1 m³ oder schadstoffbelastet

Nebenleistungen und besondere Leistungen

Zusammenfassung

Jeder Bauausführung geht die Vergabe voraus, wobei man unter Vergabe nicht nur die Erteilung des Auftrages, sondern das gesamte Verfahren der Ausschreibung bis zum Abschluss des Bauvertrages versteht.

Die Vergabe- und Vertragsordnung für Bauleistungen (VOB) stellt das Regelwerk für die Ausschreibung, Vergabe und Abrechnung von Bauleistungen dar. Kenntnisse der darin enthaltenen Regelungen sind für alle mit der Planung und Ausführung von Bauarbeiten befassten Personen unabdingbar.

Die Anwendung der VOB ist für öffentliche Auftraggeber verbindlich. Die Teile B und C müssen bei diesen ebenfalls vereinbart werden.

Private Bauherren können die Regelungen der VOB vereinbaren, ansonsten gilt das Werkvertragsrecht des BGB. Im seit 01.01.2018 geltenden neuen Werkvertragsrecht wurden etliche bauspezifische Besonderheiten berücksichtigt.

2 Vermessung

2.1 Amtliches Vermessungswesen

In der Bundesrepublik Deutschland liegt die Zuständigkeit für das amtliche Vermessungswesen im Verantwortungsbereich der Länder. Daneben wirken (mit Ausnahme von Bayern) öffentlich bestellte Vermessungsingenieure mit. Für besondere Vermessungsaufgaben gibt es Sondervermessungsdienststellen. Das amtliche deutsche Vermessungswesen stellt die eigentumsrechtlichen und geotopographischen Basisinformationen flächendeckend, einheitlich und rechtssicher für Staat, Wirtschaft und Gesellschaft bereit.

Um die Einheitlichkeit für die staatlichen Geobasisinformationen sicherzustellen, arbeiten Bund und Länder in der Arbeitsgemeinschaft der Vermessungsverwaltungen der Länder der Bundesrepublik Deutschland (AdV) zusammen.

Das amtliche Vermessungswesen in Deutschland

- liefert das Geobasisinformationsystem als einheitliche Grundlage für raumbezogene Fachdaten,
- schafft durch eine geodätische Raumbezugsgrundlage Voraussetzungen für das Zusammenspiel der Geodaten,
- sichert Eigentum durch landesweite Liegenschaftsnachweise (Flurstücke, Gebäude) im Liegenschaftskataster, das Grundlage bodenbezogener Steuern und sonstiger grundstücksbezogener Abgaben und Beiträge ist.

2.1.1 Koordinaten in der Lage

Trigonometrische Festpunkte wie Kirchtürme oder örtliche vermarkte Bodenpunkte verlieren durch den Einsatz von Satellitenvermessung zusehends an Bedeutung. Das bereits 1995 eingeführte globale UTM-Koordinatensystem mit dem Bezugssystem ETRS89 hat 2018 das bislang übliche Gauß-Krüger-Koordinatensystem abgelöst.

System	Gauß-Krüger-Koordinaten	Universal Transverse Mercator
Bezeichnung	GK	UTM
	alt	aktuell
	Rechtswert: 3 440 482,22 m Hochwert: 5 419 238,80 m	32 440 430,30 Ost/East 5 417 510,64 Nord/North

Koordinatendarstellung (Beispiel)

Das Bezugssystem ETRS89 hat 6° breite Meridianstreifen, die Koordinaten werden mit dem sechsstelligen East (E)- und North (N)-Wert als Abstand zum Äquator angegeben. Der Mittelmeridian hat E = 500 000 m, der Kennziffer im GK-System entspricht die Angabe der Zone. Deutschland liegt in Zone 32 (Meridianstreifen von 6° … 12°) und 33 (12° … 18°) östlicher Länge.

2.1.2 Höhenbestimmungen

Unterschieden werden:

- „Relative Höhen“ sind im Bauwesen von Bedeutung, weil diese Höhenunterschiede innerhalb eines Bauwerkes oder Bauabschnittes darstellen (siehe S. 80 ff.).
- „Absolute Höhen“ beziehen sich auf den mittleren Meeresspiegel. Hier spricht man von Normalhöhen und vom Geoid als Bezugsfläche. Basis ist bei Messungen absoluter Höhen das Deutsche Haupthöhennetz (DHHN2016).
- „Höhen aus Satellitenmessungen“ beziehen sich auf ein mathematisches Erdellipsoid (ETRS89/GRS80).

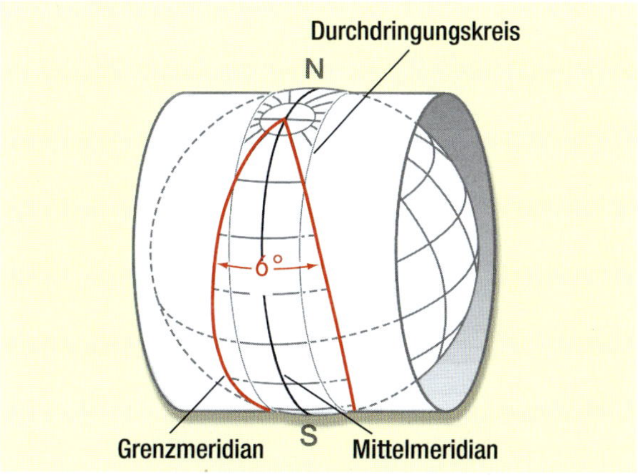

Schematische Darstellung der querachsigen Schnittzylinder-Abbildung mit Meridianstreifen von 6°-Ausdehnung

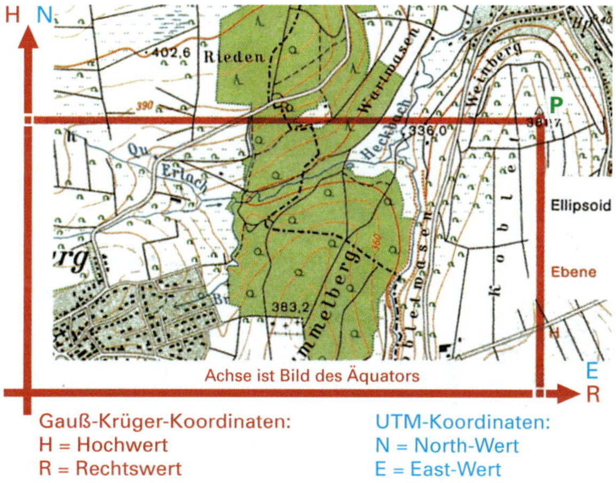

Gauß-Krüger- (alt) und UTM-Koordinaten (aktuell)

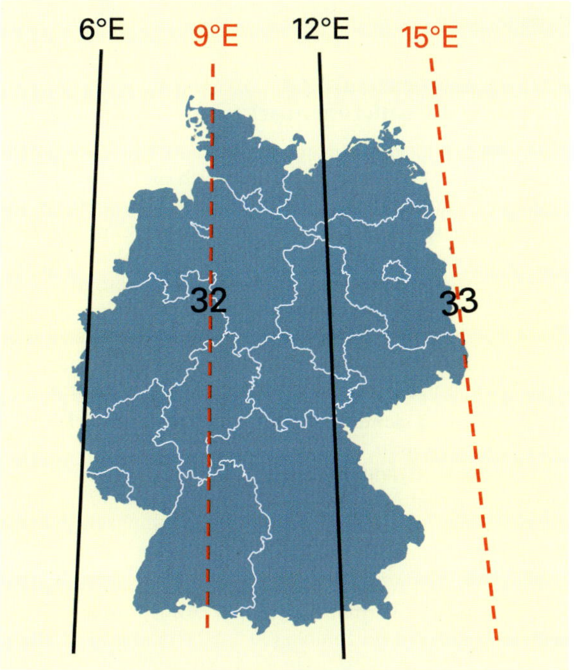

Schematische Darstellung der UTM-Abbildung

Das noch zu besprechende Nivellement (siehe Abschnitt 2.5), seine Auswertung und die Registrierung der Daten erfolgen automatisch.

Höhenfestpunkte sind in besonderem Maße durch Bewegungen der Erdoberfläche gefährdet. Sie müssen in regelmäßigen Abständen wieder bestimmt werden.

Auf das Schwerefestpunktfeld, das u.a. die Bezugsfläche für die Höhen der Landesvermessung darstellt, wird hier nicht eingegangen.

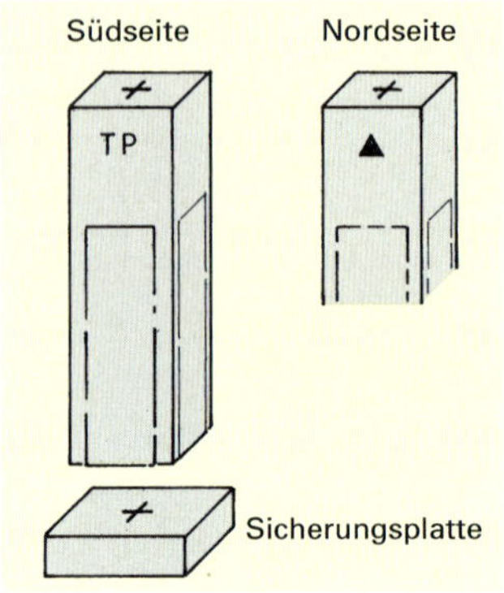

Bodenpunktmarkierung aus Granit

Über die Lage und die Höhen der Festpunkte geben die zuständigen staatlichen Vermessungsämter und die städtischen Vermessungsdienststellen auf Anfrage Auskunft.

Aufgabe der Landesvermessungen ist, Bezugspunkte für Lage-, Höhen- und Schweremessungen auf der Erdoberfläche zu bestimmen und festzuhalten. Die zuständigen Vermessungsdienststellen geben darüber Auskunft.

2.2 Einmessung nach Lage und Höhe

Bei der Aufnahme werden bedeutende Punkte, z.B. vermarkte Grundstücksgrenzen oder Eckpunkte von Bauwerken, in ein bekanntes Koordinatensystem in Lage und Höhe eingemessen.

Bei der Absteckung werden in Karten und Plänen dargestellte Objekte lage- und höherichtig ins Gelände übertragen.

2.2.1 Lagefestpunkte und Punktvermarkung

Zur Absteckung von Punkten und Linien des Lageplanes (mit Bauobjekt) im Gelände müssen sich die Absteckmaße auf Grundstücksgrenzen beziehen. Diese verlaufen geradlinig und sind an Knick- und Endpunkten im Gelände durch Grenzsteine markiert. Bei der Auswahl der Standpunkte für die Absteckung muss auf Sichtverbindungen und Zugänglichkeit geachtet werden. Wichtige Punkte sind dauerhaft und sicher zu markieren, in der Fachsprache zu vermarken, und durch Einmessung auf andere Festpunkte und auf die örtliche Topografie zu sichern.

Dauerhafte und sichtbare Grenz- und Lagepunkte können markiert sein durch:
- Natursteine (Granit, Basalt),
- Pfähle aus Beton,
- Stahlrohre,
- Stahlbolzen oder
- Kunststoffmarken.

Vorübergehende Vermessungs- und Grenzpunkte werden durch angespitzte Holzpfähle (30 ... 50 cm lang, 5 ... 10 cm Durchmesser) mit einem Nagel in Kopfmitte oder durch Fertigteile im Gelände vermarkt.

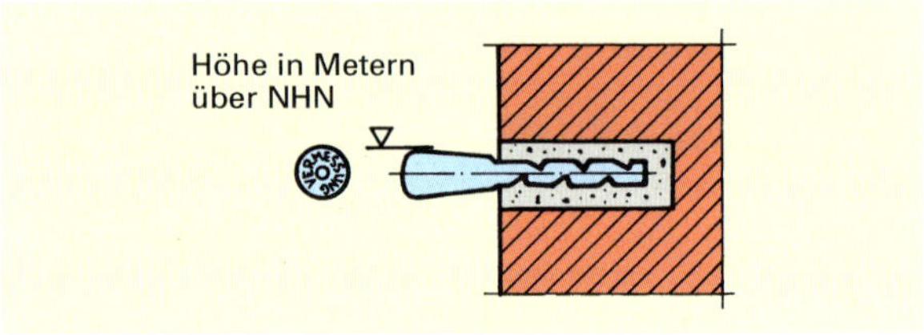

Genormter Höhenbolzen (Höhenfestpunkt)

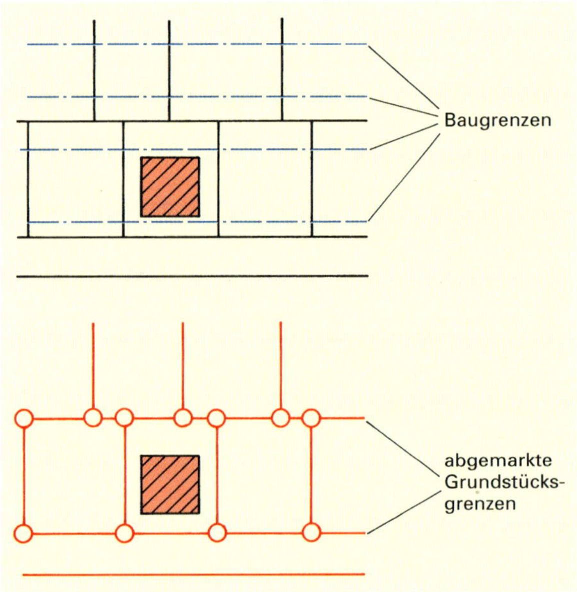

Baugebietserschließung

Vermessungspunkte (Grenzbolzen)

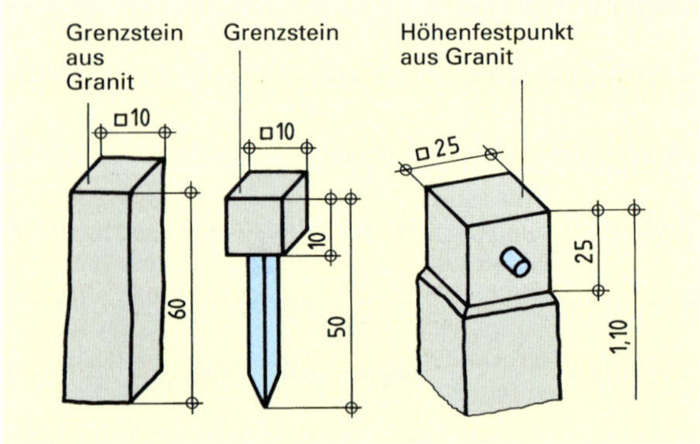

Vermessungszeichen

2.2.2 Abstecken von Flurstücksgrenzen

Zur Lagefestlegung von Flurstücksgrenzpunkten müssen Punkte im Gelände durch Signalisierung sichtbar gemacht, durch Einfluchten ausgerichtet und durch Vermarkung im Gelände festgelegt werden. Für die Signalisierung werden Fluchtstäbe, Senklot und Lattenrichter gebraucht.

Zur Längenmessung kommen meist **Gliedermaßstab** oder **Messbänder**, zum Absetzen rechter Winkel Prismeninstrumente, vor allem das Pentagonprisma und die Kreuzscheibe mit aufgebautem Doppelpentagon in Betracht.

Einfluchten bei Hindernissen

Sind zwei Punkte gegenseitig nicht sichtbar oder unzugänglich und soll eine Gerade abgesteckt werden, so müssen zwei Beobachter die Gerade gegenseitig einweisen.

Beim **Einweisen zwischen zwei Hausecken** werden zwei Punkte C_1 und D_1 so gewählt, dass von C_1 nach B und von D_1 nach A zu sehen ist. Nun weist ein Beobachter von C_1 den Punkt D_1 in die Gerade C_1–B, der zweite Beobachter von D_2 den Punkt C_2 in D_2–A ein. Das beschriebene Verfahren wird so lange fortgesetzt, bis die Gerade A–C–D–B gefunden ist.

Verbaute Messlinien können **mithilfe einer** im Abstand *a* **versetzten Parallele** abgesteckt werden.

Der Abstand a dieser Parallelen ist so zu wählen, dass freies Sichtfeld von A' nach B' (siehe Skizze) besteht. A' wird etwa rechtwinklig abgesetzt.

Dann wird bei Punkt B mit einem Rechtwinkelinstrument auf der Parallelen im Abstand a der Lotfußpunkt B' bestimmt.

Derselbe Vorgang ist bei A (bzw. auch in B) zu wiederholen, um A' (bzw. B') zu erhalten. Rechtwinklig zu $\overline{A'B'}$ lassen sich nun in C' und D' im Abstand *a* die Punkte C und D abstecken.

Ist vorstehendes Verfahren nicht anwendbar, dann müssen über eine Hilfslinie die Messpunkte in der Geraden $\overline{AB}$ (siehe Skizze) bestimmt werden.

Auf die von A ausgehende Hilfslinie wird das Lot im Punkt B gefällt und mit einem Rechtwinkelinstrument der Lotfußpunkt B' bestimmt.

Die erhaltenen Entfernungen $\overline{AB'}$ und $\overline{BB'}$ lassen sich messen und die Punkte C und D einrechnen.

2.2.3 Abstecken von Geraden und Winkeln

Im Bauwesen spielt der rechte Winkel eine wichtige Rolle. Als ein Viertel des Vollkreises (360° ≙ 400 gon) misst er 90° bzw. 100 gon.

Zur Absteckung rechter Winkel, zum Fällen von Loten und Abstecken von Geraden dient meistens eine Kreuzscheibe oder ein Winkelprisma.

Beide sind durch ihre rein mechanische Bauart robust und einfach in der Handhabung und somit, wenngleich auch als Ersatzinstrument, unentbehrlich auf der Baustelle.

Die **Kreuzscheibe** erlaubt beim Arbeiten eine Steilsicht nach oben und unten von 35 gon. Sie ist in bergigem Gelände besonders geeignet, hat aber den Nachteil, dass sie fest stehen muss.

Die Arbeit mit dem **Winkelprisma**, z.B. mit dem doppelten Fünfseitprisma, **Doppelpentagon** genannt (siehe Abbildungen auf der folgenden Seite), geht rascher, vor allem **beim Aufsuchen von Lotfußpunkten**. Diese Instru-

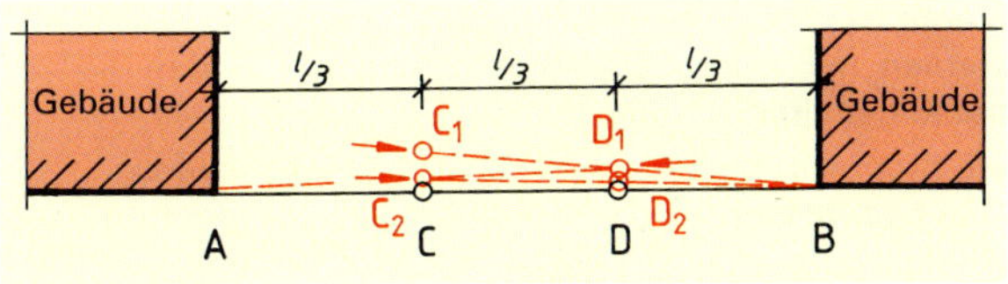

Gegenseitiges Einfluchten bei unzugänglichen Endpunkten

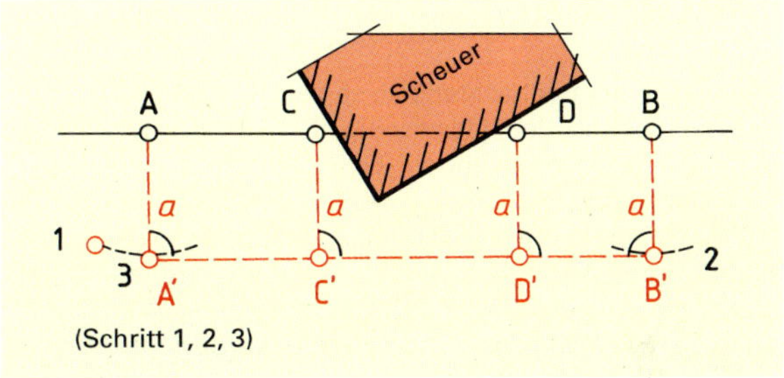

Einweisen über eine Parallele

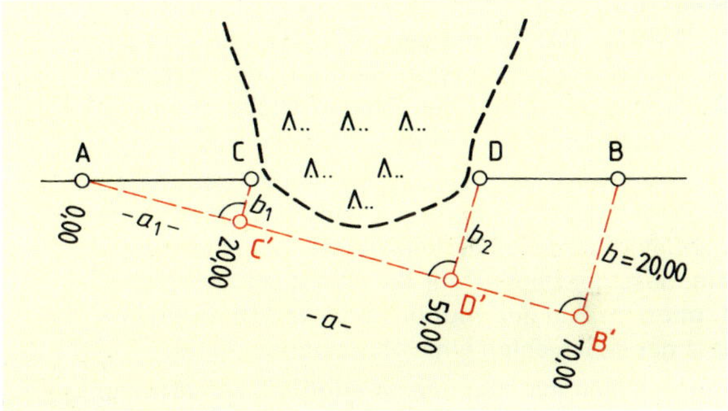

Nach dem Strahlensatz verhält sich:

$$\frac{b_1}{b} = \frac{a_1}{a}; \quad b_1 = \frac{b}{a} \cdot a_1$$

$$\underline{b_1} = \frac{20{,}00\ \text{m}}{70{,}00\ \text{m}} \cdot 20{,}00\ \text{m} = \underline{\underline{5{,}71\ \text{m}}}$$

$$\underline{b_2} = \frac{20{,}00\ \text{m}}{70{,}00\ \text{m}} \cdot 50{,}00\ \text{m} = \underline{\underline{14{,}29\ \text{m}}}$$

Einfluchten über eine Hilfslinie

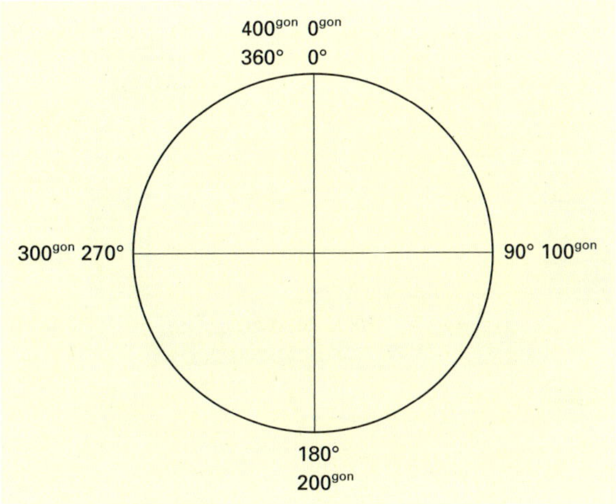

Vergleich Winkeleinheiten Grad und Gon

mente sind mit einem Handgriff versehen und können mit einem Schnurlot über einen Bodenpunkt gehalten werden.

Die **Kreuzscheibe mit aufgebautem Doppelpentagon** vereinigt weitgehend die Vorteile beider Instrumente.

Das Doppelpentagon besteht aus zwei übereinander angeordneten Pentagonen, von denen das eine den von rechts kommenden Strahl und das andere den von links kommenden Strahl um einen rechten Winkel ablenkt. Beide Strahlen zusammen bilden eine Gerade.

Damit kann ein Beobachter sich selbst in eine **Messlinie einfluchten** und gleichzeitig den Lotfußpunkt für einen aufzunehmenden Gegenstand bestimmen. Der Beobachter bewegt das lotrecht zu haltende Prisma senkrecht zur Messlinie, bis die Bilder der beiden Stäbe A und B genau übereinander stehen. Das Prisma befindet sich dann in der Flucht A–B; der Punkt kann abgelotet und markiert werden.

Der Lotfußpunkt eines rechten Winkels ist dann richtig abgesteckt, wenn die Bilder von rechts und links sowie der Zielstab C genau übereinander stehen.

Beim Errichten eines rechten Winkels hält der Beobachter das Prisma senkrecht über dem in der Messlinie eingefluchteten Lotfußpunkt vor das Auge, bis die Bilder der beiden Stäbe A und B übereinander sichtbar sind.

Danach weist der Beobachter durch den freien Prismendurchblick den von einem Gehilfen frei pendelnd gehaltenen senkrechten Fluchtstab so ein, dass der Beobachter das Bild des Fluchtstabes C mit dem Bild der Endpunkte (A und B) im Prisma in einer senkrechten Linie übereinander sieht.

Das Arbeiten mit dem Prisma erfordert, zumal wenn die Punkte sich nicht auf einer nahezu horizontalen Ebene befinden, viel Sorgfalt.

Werden andere als rechte Winkel gebraucht, so werden sie

- mit dem Nivellierinstrument, das einen Teilkreis (Horizontalkreis) mit einer rechts- oder linksläufigen Bezifferung hat, im ebenen Gelände abgesteckt oder gemessen,
- mit dem Theodoliten (s. Seite 78) oder
- mit einem elektronischen Tachymeter abgesteckt (s. Seite 83).

Teilansicht: Nivellierinstrument mit Teilkreis (Horizontalkreis)

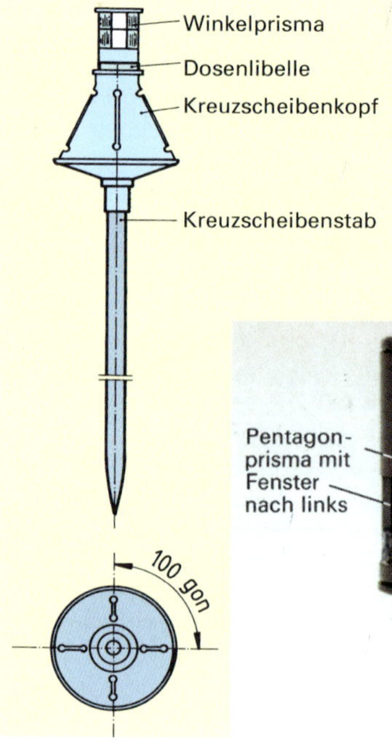

Kreuzscheibe mit aufgesetztem Winkelprisma

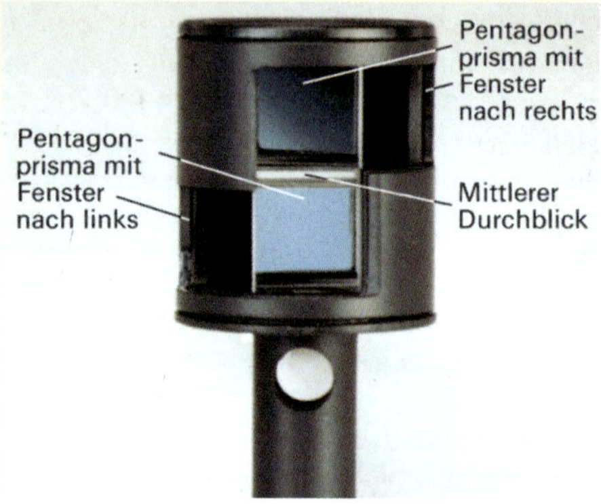

Doppelpentagon mit zwei Prismen 100 gon und 200 gon

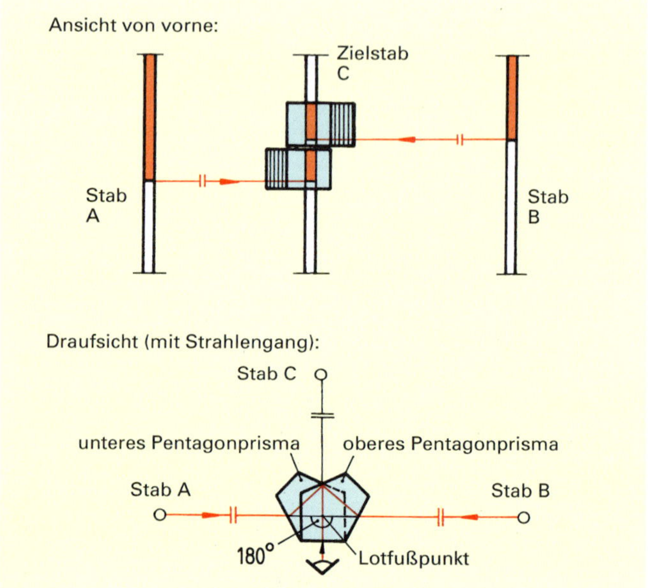

Bestimmen des Lotfußpunktes eines rechten Winkels mit dem Doppelpentagon

Mit allen Rechtwinkelinstrumenten dürfen Senkrechte nur bis 40 m Länge abgesetzt werden. Zum Abstecken eignen sich Kreuzscheibe und Winkelprisma gleichermaßen. Für andere Winkel ist der Theodolit vorteilhaft.

2.2.4 Abstecken von Kreisbögen

Die Achsen von Stadtstraßen und Wegen bestehen aus Geraden und Kreisen. Die geraden Strecken können einfach ins Gelände übertragen werden. Dagegen bereitet die genaue Absteckung eines Bogens größere Schwierigkeiten.

Gitterverfahren

Das **Gitterverfahren** ist ein Näherungsverfahren. Mit diesem Absteckverfahren lässt sich nur angenähert ein Bogen erzielen.

Es wird angewandt, weil zum Abstecken weder Tabelle noch Rechnung notwendig sind.

Gegeben sein müssen die Tangentenrichtungen des Bogens und der Radius des Bogens. Daraus lassen sich Tangentenschnittpunkt (TS), Bogenanfang (BA) und Bogenende (BE) bestimmen.

Nun werden die Tangentenlängen $\overline{BA}$, $\overline{TS}$ und $\overline{BE}$, $\overline{TS}$ in gleiche Teile unterteilt. Die innen liegenden Schnittpunkte ergeben sich als Bogenpunkte, wenn die Teile kreuzweise verbunden werden (siehe auch Abschnitt 1.2.6, S. 17).

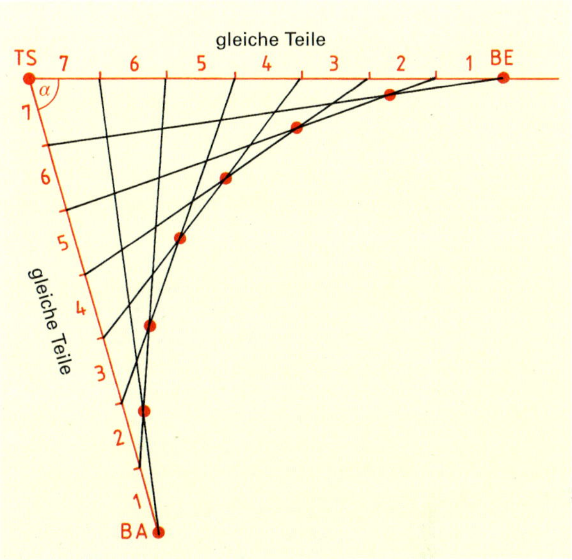

Abstecken von Bogenpunkten mit Gitterverfahren
(Schachtmeisterbogen)

Abstecken von der Tangente aus

Bei dieser genauen Absteckung werden jeweils die Abszisse x auf der Tangente gewählt und die zugehörige Ordinate y berechnet.

Gegeben sein müssen die Tangenten, Bogenanfang (BA), Bogenende (BE) und der Radius des Bogens (Mittelpunkt nicht zugänglich und/oder $R > 25$ m). TS bedeutet Tangentenschnittpunkt.

Die Länge y, die senkrecht zur Tangente abzustecken ist, errechnet sich nach Skizze zu:

$y = R - \sqrt{R^2 - x^2}$

z. B.

$R = 100$ m, $x = 60$ m

$y = 100 \text{ m} - \sqrt{100^2 - 60^2} \text{ m}$

$y = 100 \text{ m} - \sqrt{6400} \text{ m}$

$y = 100 \text{ m} - 80 \text{ m}$

$\underline{y = 20{,}00 \text{ m}}$

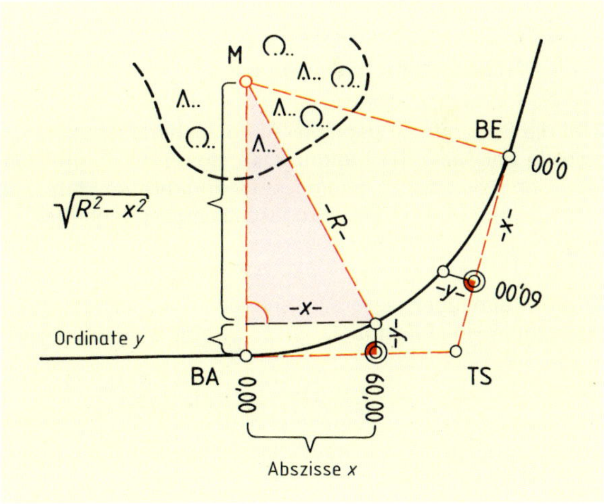

Abstecken von Bogenpunkten von den Tangenten aus

Abstecken nach der Viertelsmethode

Nach der Viertelsmethode, einem Annäherungsverfahren, werden die Bogenzwischenpunkte von den Sehnen aus ermittelt.

Gegeben sein müssen BA, BM und BE.

Gesucht werden die Bogenpunkte in gleichen Abständen.

Nachdem die Sehnenmitte des Bogens abgesteckt ist, wird die Bogenhöhe h gemessen. Auf den Sehnen BA, BM und BM, BE sind Mittelsenkrechte der Länge $h_1 = \frac{h}{4}$ zu errichten.

Die Endpunkte dieser Mittelsenkrechten sind Bogenpunkte im Viertelsabstand.

Das Verfahren kann mit den Sehnen zwischen den Viertelspunkten wiederholt werden:

$h_2 = \frac{1}{4} h_1$ und so fort, bis die gewünschte Punktdichte erreicht ist.

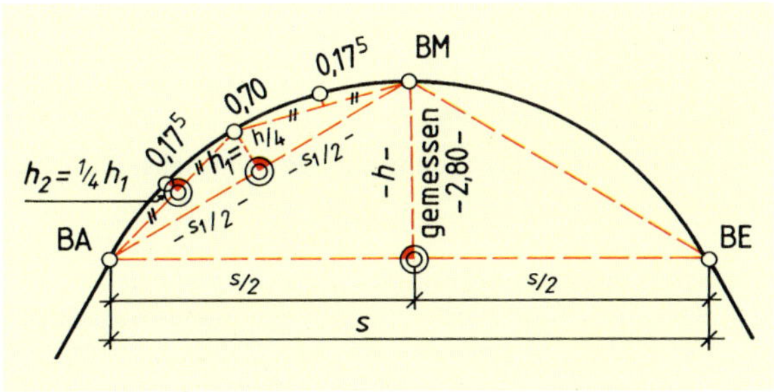

Abstecken von Bogenpunkten nach der Viertelsmethode

2.3 Abstecken und Einmessen eines Gebäudes

2.3.1 Bauabsteckung

Bei dem dargestellten Beispiel handelt es sich um eine einfache Bauabsteckung, bei der die Einhaltung der durch den Bebauungsplan geforderten Grenzabstände gewährleistet sein muss.

Die Absteckung der Gebäudeecken erfolgt durch rechtwinkliges Absetzen mit Rechtwinkelprisma, Messband und Fluchtstäben von einer Ausgangslinie aus – beim Beispiel von der Straßengrenze aus. Von ihr aus sind die einzuhaltenden Mindestabstände zu den Nachbargrundstücken und die Baulinie abzustecken. Von diesen aus ist die weitere Absteckung der Hauseckpunkte durchzuführen. Die abgesteckten Punkte werden durch kleine Pfähle gesichert.

Für den maschinellen Aushub der Baugrube sind Schnurgerüstböcke oft hinderlich. Es ist deshalb ratsam, das Schnurgerüst (siehe Abschnitt 2.3.2) erst nach den Aushubarbeiten anzubringen und dann die Feinabsteckung durchzuführen.

Zur Kontrolle werden gemessen:
- die Geraden, auf denen Punkte liegen, durchlaufend und anschließend jedes zweite Spannmaß,
- die Gebäudeumringungsmaße,
- die Diagonalen (Rechnungsproben).

Um die Baugrube in geplanter Tiefe ausheben zu können, wird in der Nähe der Baugrube an einem der angrenzenden Gebäude oder an einem fest eingerammten Pfahl eine Bezugshöhe (meist EFH = Erdgeschossfußbodenhöhe) angegeben.

Diese Höhe überträgt man entweder von einem nahe gelegenen Höhenfestpunkt, einer Straße oder einem benachbarten Gebäude.

Mit dem Nivellierinstrument und der Nivellierlatte kann die Baugrubentiefe während der Aushubarbeiten genau kontrolliert werden.

Die Absteckung des Gebäudes ist sehr sorgfältig durchzuführen und zu kontrollieren. Für die Höhenmessung auf der Baustelle ist eine Bezugshöhe auf das Baugrundstück zu übertragen. Sie wird von einem Höhenfestpunkt oder der Straße übernommen.

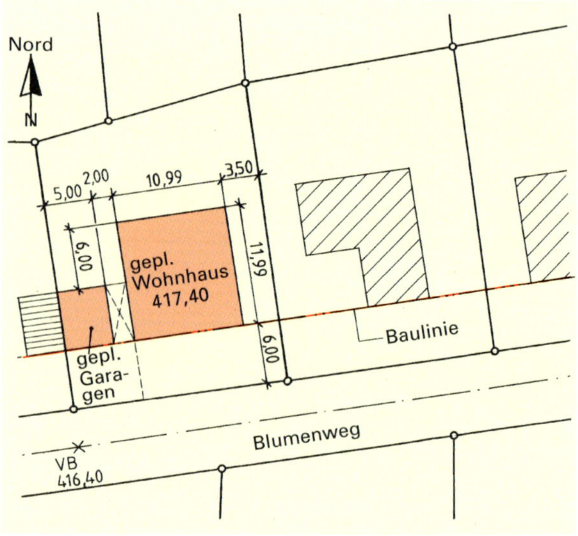

Lageplan

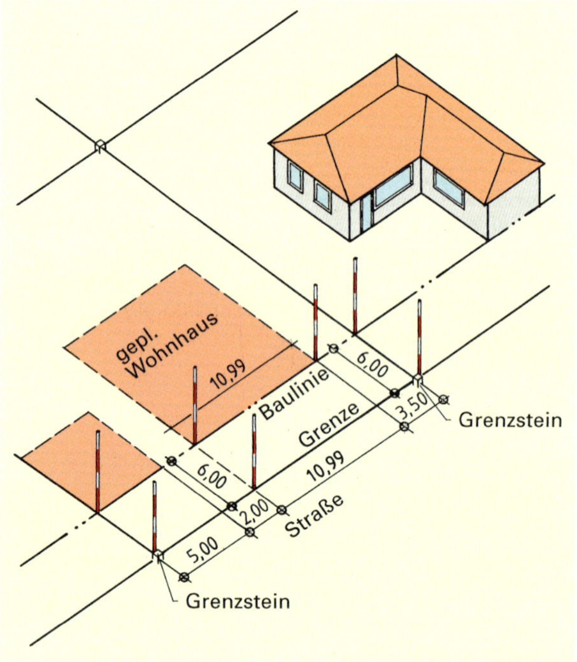

Einmessen des Gebäudes

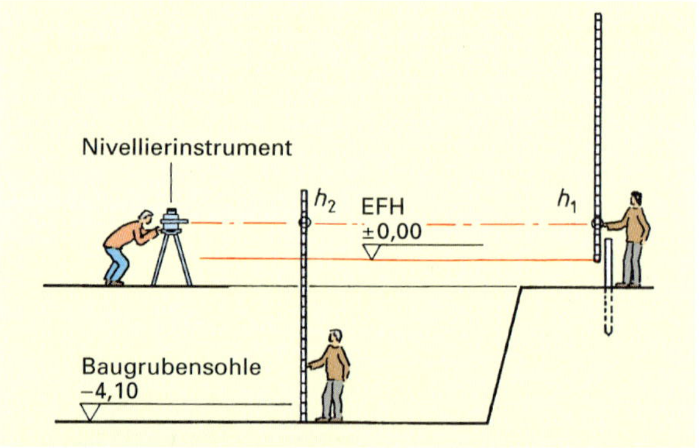

Kontrolle der Baugrubensohle

2.3.2 Schnurgerüst

Das Schnurgerüst dient dem genauen Einmessen der Gebäudefluchten.

Die Schnurgerüstböcke müssen in sicherem Abstand von der Baugrube angebracht werden. Bei kleineren Bauvorhaben reichen Winkelböcke an den Gebäudeecken aus, bei größeren Bauvorhaben sind zusätzlich Schnurböcke in Richtung der tragenden Wände erforderlich.

Die Winkelböcke bestehen aus drei Pfählen und zwei waagerecht daran angenagelten Bohlen oder Brettern. Die Pfähle müssen so eingerammt oder eingegraben werden, dass sie allen Beanspruchungen während der Bauzeit standhalten. Hohe Steifigkeit sowie eine zusätzliche Sicherung der Standfähigkeit erreicht man, vor allem bei höheren Schnurböcken, durch eine Verschwertung der Pfähle. Diagonal an die Pfosten angenagelte Bretter bilden mit den Bohlen biegesteife Dreiecke.

Eingegrabene Pfähle werden mit einer Steinplatte unterlegt, um eine spätere Setzung zu vermeiden.

Die Pfähle werden etwa parallel zu den Gebäudefluchten gesetzt. Die waagerechten Bohlen oder Bretter, die einander gegenüberliegen, sollen in gleicher Höhe an die Pfähle genagelt werden.

Die Oberkante dieser Bohlen oder Bretter sollte etwas über der EFH (siehe auch Abschnitt 2.3.1) des Gebäudes liegen. Sie werden bei kleinen Bauvorhaben mit der Wasserwaage, bei größeren Bauvorhaben mit dem Nivellierinstrument in die erforderliche Höhe und waagerechte Lage gebracht.

Bei stark geneigtem Baugelände können die talseitigen Schnurböcke sehr große Höhen erreichen und müssen u. U. mit einem Arbeitsgerüst versehen werden.

Da kreuzende Schnüre sich nicht berühren dürfen, sind die rechtwinklig zueinander laufenden Bohlen oder Bretter in der Höhe zu versetzen. Dabei ist darauf zu achten, dass die Bohlen für die Fluchtschnüre der längeren Gebäudeabmessung tiefer angenagelt werden.

Die Gebäudefluchten werden auf den Schnurböcken durch Einkerbungen oder durch einen eingeschlagenen Nagel mit Beschriftung gekennzeichnet. Nach dem Festbinden bzw. Einhängen der Fluchtschnüre (Perlonschnur oder dünner Stahldraht) überprüft der Vermessungsbeauftragte die Gebäudeabmessungen und die Lage des Gebäudes auf dem Grundstück.

Bei Baugruben im geneigten Gelände kann durch Anbringung von **Böschungslehren** die Absteckung verständlicher gemacht werden. Das Anbringen von selbstgefertigten Böschungswinkeln oder Böschungswaagen ist bei umfangreicher Absteckung zu empfehlen.

Hergestellt werden Böschungslehren durch
- Einschlagen des Haltepflockes,
- Befestigen der Profillatte (Dachlatte) am Höhenpflock,
- Einrichten der Profillatte mit Böschungswinkel und Wasserwaage bei einspielender Libelle und
- Annageln der Profillatte am Haltepflock.

Auf den Schnurgerüstbohlen sind die Fluchten und Fluchtmaße des Neubaues von der Ausschachtung bis zur Errichtung festzulegen.

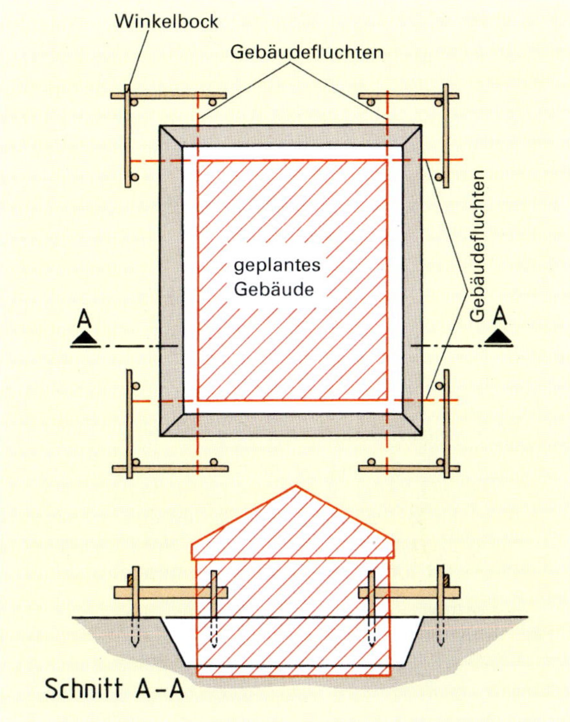

Anordnung der Schnurgerüstböcke

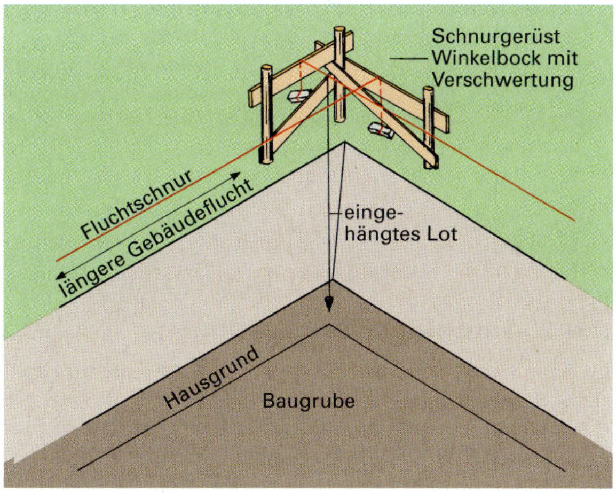

Winkelbock

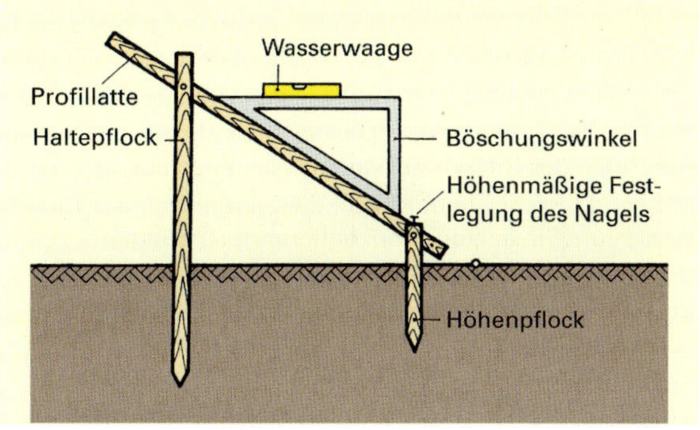

Anbringen einer Böschungslehre

2.4 Höhenmessungen

2.4.1 Allgemeines

Die Höhenmessung hat die Aufgabe, Höhenunterschiede zwischen Punkten der Erdoberfläche zu bestimmen. Je nach der Entfernung der Punkte werden verschiedene Geräte zum Messen verwendet.

Die **Wasserwaage,** seit Jahrhunderten ein unentbehrliches Messwerkzeug aller Handwerker, wird heute nur noch über kurze Strecken eingesetzt.

Auch leistet die **Schlauchwaage** noch gute Dienste, besonders dort, wo die Sicht für Nivellements versperrt ist (z.B. innerhalb von Gebäuden).

Zur Bestimmung von Höhenunterschieden über größere Entfernungen werden zwei Arten unterschieden:

- **Geometrische Höhenbestimmung** oder Nivellement

  Das Prinzip der geometrischen Höhenmessung besteht darin, dass man eine horizontale Ebene herstellt und an senkrechten Maßstäben abliest. Die erzielbare maximale Genauigkeit kann bei 1 mm pro 1 km Nivellementstrecke liegen, sie ist abhängig von der Genauigkeit des Nivelliers.

Grundformel:
Höhenunterschied ΔH
ΔH = Rückwärtsablesung r – Vorwärtsablesung v
$\Delta H = r - v$

- **Trigonometrische Höhenbestimmung** (Messung von Höhenwinkeln)

  Um die Höhenunterschiede bestimmen zu können, müssen der Vertikalwinkel und die Strecke (Horizontal- oder Schrägstrecke) zwischen Instrumentenstandpunkt und Zielpunkt gemessen werden. Die maximale erzielbare Genauigkeit liegt bei etwa 1 cm bei einer Zielweite von 300 m – dabei muss der Höhenwinkel α sorgfältig auf etwa 0,001 gon genau gemessen werden.

Grundformel:
Höhenunterschied ΔH = waagrechte Strecke $s \cdot$ tan (Höhenwinkel)
$\Delta H = s \cdot \tan\alpha$

2.4.2 Automatisches Nivellier

Zu Bauarbeiten werden heute überwiegend selbsthorizontierende Nivelliere verwendet, bei denen sich automatisch die Zielachse des Fernrohres waagerecht stellt und das Einspielen der Röhrenlibelle entfällt.

Zum **Aufstellen des automatischen Nivelliers** ist dieses zuerst durch die Anzugschraube mit dem dreibeinigen Stativ zu verbinden.

Im geneigten Gelände werden zunächst die Stahlspitzen zweier Stativbeine auf gleicher Geländehöhe fest in den Boden eingetreten.

Die Stellung des bergwärts gestellten dritten Stativbeines wird so lange berichtigt, bis die Dosenlibelle nach dem Festtreten des Stativfußes annähernd einspielt.

Mit den Fußschrauben ist nun die Luftblase in der Dosenlibelle zum Einspielen (Horizontierung) zu bringen.

Die Feinhorizontierung besorgt ein Kompensatorprisma im Innern des Instrumentes. Dieses ist beweglich aufgehängt und lenkt infolge der Schwerkraft den Zielstrahl in Verbindung mit anderen Prismen immer in die Horizontale.

Auf eine grobe Horizontierung des Nivelliers mit der Dosenlibelle kann nicht verzichtet werden.

Automatisch horizontierendes Nivelliergerät

Nivellier-Laser, selbstnivellierend, automatische Abschaltung des Laserlichtes bei falscher Aufstellung des Lasersenders

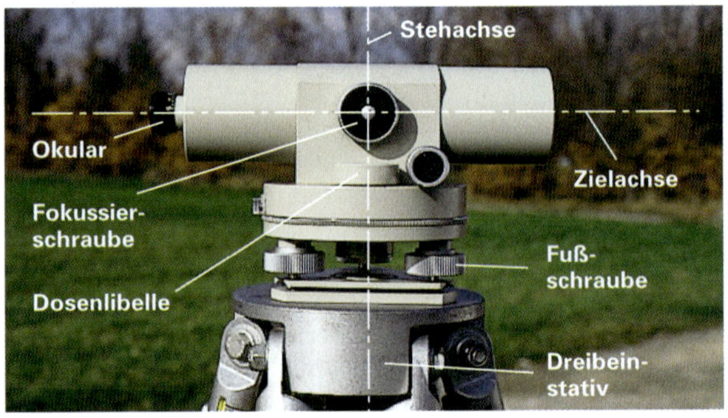

Automatisches Nivellier mit aufrechtem Fernrohrbild

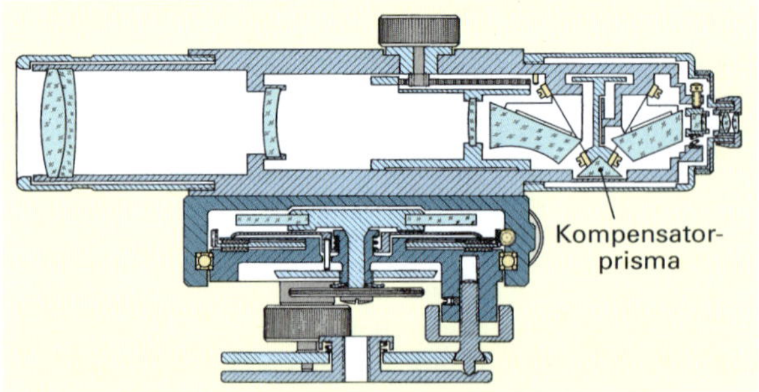

Schnitt durch das automatische Nivellier

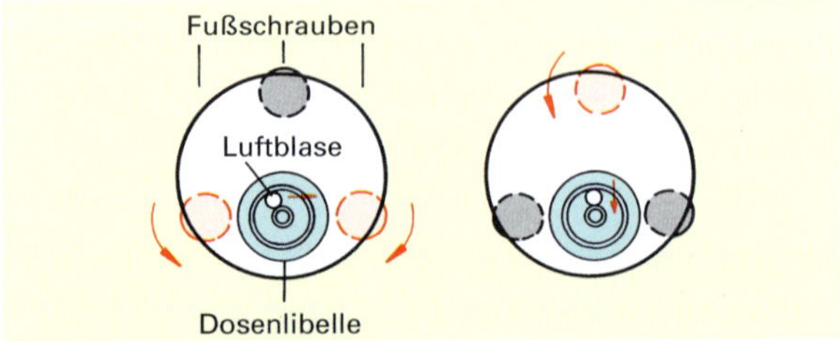

Horizontierung mit der Dosenlibelle

Die Bewegungsfreiheit des Pendelprismas ist konstruktiv eingeschränkt, um evtl. Beschädigungen beim **Transportieren des Nivelliers** auszuschließen.

Aus gleichem Grunde hat der Benutzer dieses Nivellier geneigt zu transportieren, damit das Kompensatorprisma nicht pendeln kann.

Das Strichkreuz im Fernrohr lässt sich am Okular scharf einstellen. An der Fokussierschraube wird gedreht, bis das Lattenbild klar und deutlich sichtbar ist.

Im Fernrohrgesichtsfeld sieht der Beobachter außerdem zwei kurze sogenannte Distanzstriche, mit denen die waagerechte Strecke zur Nivellierlatte gemessen werden kann nach der Formel:

Strecke = Lattenabschnitt · 100

Die **Nivellierlatte** dient zur Messung des Höhenunterschiedes zwischen Ziellinie und aufzunehmendem Punkt. Verwendet werden Lattenlängen von 3, 4 oder 5 m (letztere zusammenklappbar). Durch die längere Latte kann bei größerem Höhenunterschied die Zahl der Instrumentenaufstellungen kleiner gehalten werden. Die Nivellierlatten haben eine Zentimeterteilung; die Millimeter müssen geschätzt werden. Die einzelnen Meterlängen sind häufig verschiedenfarbig ausgeführt, um Meterfehler bei der Ablesung zu vermeiden.

Bei der genauen Übertragung von Höhen über größere Entfernungen werden Fehler vermieden, wenn am Wechselpunkt ein Lattenuntersatz (Bodenplatte) als Unterlage für das Aufsetzen der Nivellierlatte dient, dadurch lässt sich die Nivellierlatte insbesondere bei geneigtem Gelände ohne Höhenverlust wenden.

Das **digitale Nivellier** ist ein selbsthorizontierendes, selbstablesendes und registrierendes Nivellierinstrument. Die Nivellierlatte ist mit einem Strich- oder Barcode versehen, sodass der Lattenabschnitt elektrooptisch erkannt und die Zielung weiterverarbeitet werden kann.

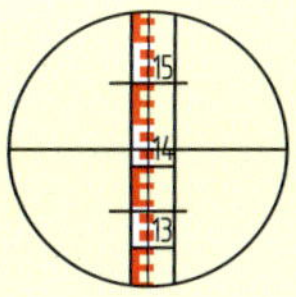

Ablesung oberer Distanzstrich:	1,500
Ablesung für Nivellement:	**1,422**
Ablesung unterer Distanzstrich	1,343
→ Entfernung: 1,500 – 1,343	
→ 0,157 · 100 = 15,7 m	

Lattenbild

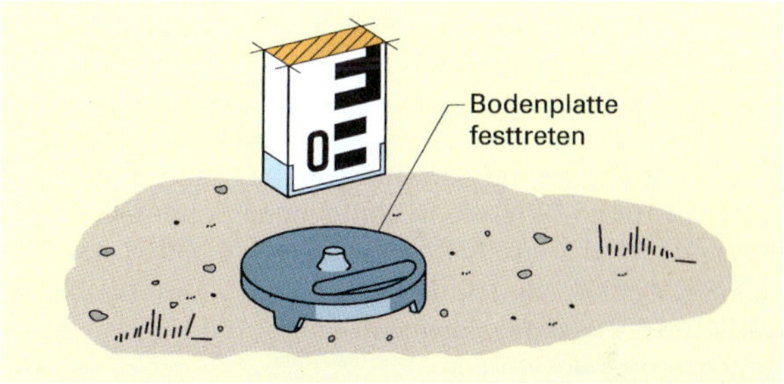

Lattenuntersatz (Bodenplatte)

Digitales Nivellier

2.4.3 Digitales Nivellier

Auch beim digitalen Nivellier handelt es sich um ein selbsthorizontierendes Nivellierinstrument. Dieses Instrument ist deutlich teurer als das optische Nivellier und benötigt einen geladenen Akku. Das digitale Nivellier ist genau betrachtet eine Kombination aus einem Kompensatornivellier und einer digitalen Kamera. In einem Teilerwürfel wird das Licht in infrarotes und sichtbares Licht getrennt. Das sichtbare Licht landet über das Okular beim menschlichen Auge, das infrarote Licht wird durch einen Chip gelesen. Vergleichbar mit den üblichen Strichcodes auf Konsumgütern kann das Gerät den Lattenabschnitt auf der Nivellierlatte scannen und einen Messwert daraus ableiten. Dieser Wert wird auf dem Display ausgegeben und gegebenenfalls auf einem internen Speicher gespeichert.

Gemessen wird in drei Arbeitsschritten:

1. Wie beim optischen Nivellier wird durch den Betrachter die Latte angezielt und das Bild mit der Fokussierschraube scharf gestellt.
2. Durch Drücken der Messtaste wird die Messung ausgelöst.
3. Lattenablesung und Distanz werden auf dem Display ausgegeben.

Anzielen der Latte und fokussieren

Messung auslösen

Ausgabe der Messwerte im Display

2.4.4 Überprüfung des Nivelliers

Bevor Höhenmessungen durchgeführt werden, sollte das Nivellier auf seine Gebrauchsfähigkeit untersucht werden.

Das Instrument wird bei der **1. Aufstellung in der Mitte** zwischen zwei etwa 50 m voneinander entfernte Nivellierlatten gestellt. Mit einspielender Libelle wird jede Lattenhöhe abgelesen und die Differenz (Δh) beider Ablesungen gebildet. Eine evtl. Abweichung (Fehler) zwischen Libellen- und Zielachse fällt bei gleicher Zielweite bei beiden Ablesungen durch Differenzbildung heraus, Δh ist damit der wirkliche Höhenunterschied.

Bei der **2. Aufstellung,** nahe am höher liegenden Punkt B, muss die Ablesung bei A denselben Wert wie die Ablesung bei B addiert mit dem Höhenunterschied Δh von $\overline{AB}$ ergeben. Treten Differenzen von einigen Zentimetern auf, muss das Strichkreuz durch eine Fachkraft justiert werden.

Kleinere Fehler werden ausgeschaltet, wenn bei Rückwärts- und Vorwärtsablesungen immer die gleichen Zielweiten verwendet werden.

Vor Aufnahme der Vermessungsarbeiten ist das Nivellier durch das Nivellement aus der Mitte auf seine Gebrauchsfähigkeit zu untersuchen.

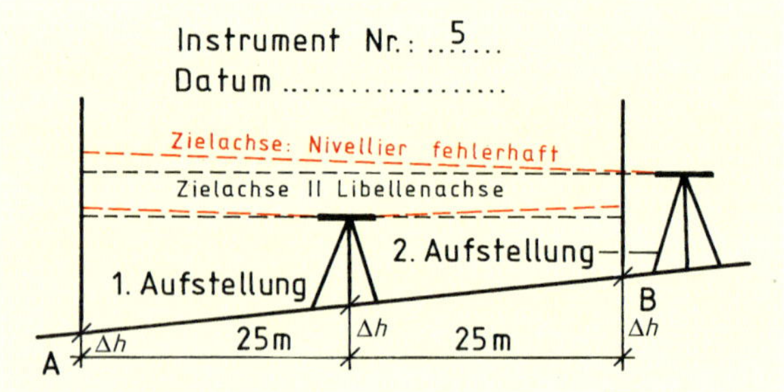

Prüfung Prüfer	1. *Maier*	2. *Schulze*
1. Aufstellung Ablesung an A – Ablesung an B	 *2,219* *0,443*	 *2,223* *0,451*
Δh	*1,776*	*1,772*
2. Aufstellung + Ablesung an B	 *1,280*	 *1,088*
Ablesung an A (Soll) – Ablesung an A (Ist)	*3,056* *3,055*	*2,860* *2,860*
Differenz (Fehler)	*0,001*	*0,000*
	(Nivellier in Ordnung)	

Prüfung des Nivelliers

2.4.5 Baulaser

Das Fluchten und die Höhenbestimmung bei Bauarbeiten erfordern mit den üblichen Messgeräten einen hohen Zeitaufwand. Durch den Einsatz eines optischen Leitstrahls, des Laserstrahls, konnten in den letzten Jahren selbst schwierige Vermessungen in kürzerer Zeit einfacher bewältigt werden.

Der **Laser** (**l**ight **a**mplification by **s**timulated **e**mission of **r**adiation = Lichtverstärker) kann einen Leitstrahl herstellen, der als optische Bezugsachse dienen kann.

Der Nivellierlaser für Bauzwecke besitzt einen roten Lichtstrahl.

Oft genügt es, mit dem Laserstrahl direkt z. B. einen Kanal zu prüfen. Mithilfe des Lichtflecks, den der Laserstrahl auf einer Zielscheibe erzeugt, wird die Abweichung von einem bestimmten Bezugspunkt festgestellt. Die Rohre werden dann so verschoben, dass keine Abweichung mehr feststellbar ist.

Soll der Laser auch zum Herstellen des Planums oder sonstiger Erdarbeiten günstig einsetzbar sein, empfiehlt sich eine Baumaschinensteuerung. Anstelle eines vorhin erwähnten Bezugspunktes wird ein universeller Laserempfänger verwendet.

Die Empfängereinheit wird einfach und schnell zur manuellen Steuerungshilfe, z. B. an der Planierraupe, montiert. Je nach Auftreffen des Laserstrahles auf dem Empfänger signalisiert dieser hell leuchtend – ZU HOCH –, – ZU TIEF – oder – AUF HÖHE –. Danach kann der Maschinenführer seine Baumaschine steuern.

Arbeiten mit dem Laser:

- Warnschilder aufstellen,
- Aufsetzen auf ein Stativ üblicher Bauart,
- Grobhorizontierung mittels Fußschrauben unter Beachtung der Libellen,

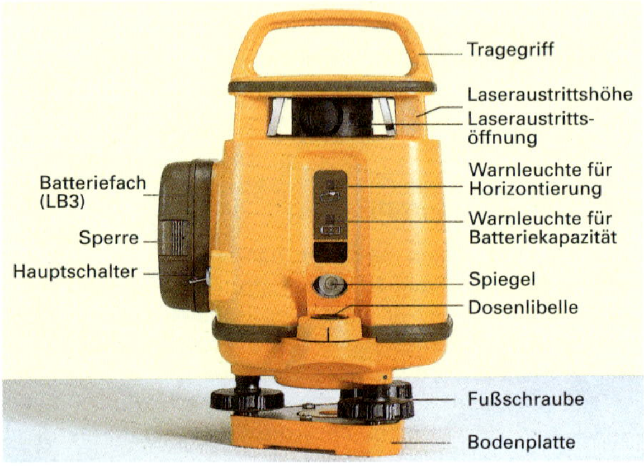

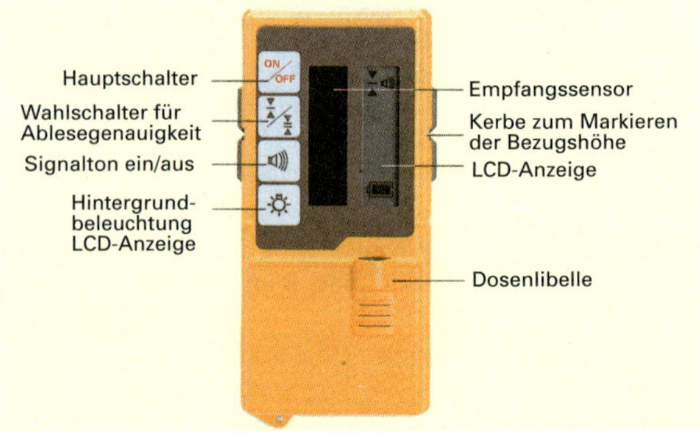

Rotationslaser und Empfänger

Eine gute Ergänzung zur direkten Inaugenscheinnahme in einer Schürfgrube ist die Sondierung. Bei **Sondierungen** wird der Widerstand gegen das Eindringen eines Stabes mit verdickter Spitze in den Boden festgestellt. Aus diesem Widerstand kann in der Regel nicht auf die Art des anstehenden Materials geschlossen werden. Sondierungen sind deshalb nur in Verbindung mit direkten Aufschlüssen oder zur Feststellung von Schichtgrenzen, Hindernissen und Hohlräumen im Untergrund sinnvoll. Im Baubereich sind **Rammsondierungen** am häufigsten.

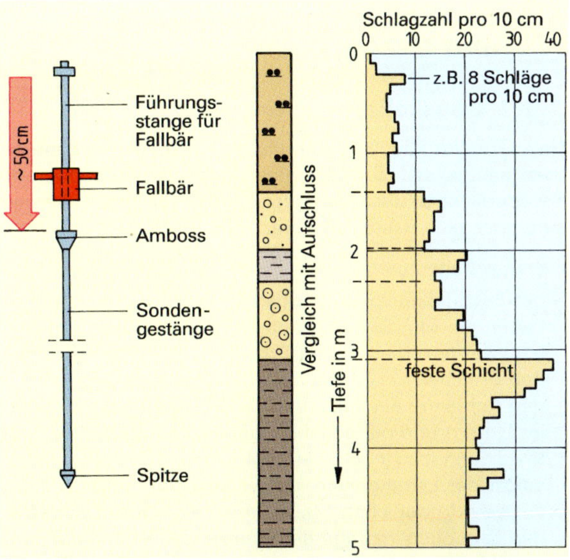

Leichte Rammsonde – Vergleichsprofil und Sondierlinie

Die Rammsonde wird durch Heben und Fallenlassen des Fallbärs nahe einem direkten Aufschluss in den Boden getrieben. Dabei wird die Anzahl der Schläge pro 10 cm Eindringtiefe festgehalten und in der Sondierlinie dargestellt. Nun werden weitere Sondierungen durchgeführt. Solange sich der Verlauf der Sondierlinie nicht ändert, kann von gleichen Baugrundverhältnissen ausgegangen werden. Ändern sich die erforderlichen Schlagzahlen, so muss die Ursache der Änderung durch Bohrungen oder Schürfe festgestellt werden. Da Sondierungen wesentlich billiger als Schürfe oder Bohrungen sind, kann auf diese Weise bei der Baugrunduntersuchung viel Geld gespart werden.

Schürfe und Bohrungen vermitteln direkte Kenntnis über den Baugrund und ermöglichen die Entnahme von Bodenproben. Sondierungen können nur in Verbindung mit Aufschlüssen oder bei bekannten geologischen Verhältnissen eingesetzt werden.

Bohrungen sind bei größerer Tiefe oder höherem Grundwasserstand erforderlich. Sie werden in der Regel von Spezialtiefbauunternehmen ausgeführt (Abb. s. S. 94).

Bei **Kernbohrungen** wird mit einem Bohrrohr ein zusammenhängender Kern aus dem Untergrund entnommen, in dem die ursprüngliche Lagerung der Gesteine erhalten bleibt. Häufig werden auch nur in bestimmten Tiefen, in denen die Beschaffenheit des Untergrundes von besonderem Interesse ist, ungestörte Proben (Sonderproben) entnommen.

Bei **Spülbohrungen** wird das Material mit dem Bohrer nur gelöst. Die Förderung geschieht durch das Spülen des Bohrloches mit Wasser. Dies ergibt naturgemäß unvollständige Proben.

Die gewonnenen **Bodenproben** sind so zu verpacken und aufzubewahren, dass ihre Zusammensetzung bis zur Untersuchung im Labor nicht verändert wird. Alle Proben müssen sofort eindeutig gekennzeichnet werden, um spätere Verwechslungen auszuschließen. Die Proben werden im Labor untersucht und so wichtige Erkenntnisse über die Eignung des jeweiligen Bodens als Baugrund und die erforderlichen Gründungsmaßnahmen gewonnen.

Für manche Untersuchungen sind ungestörte Proben erforderlich, so zum Beispiel für die Bestimmung der Scherfestigkeit und des Steifemoduls, die wesentliche Erkenntnisse über die Tragfähigkeit vermitteln. Viele andere Untersuchungen, wie Kornzusammensetzung, Wassergehalt, Konsistenzgrenzen und Verdichtbarkeit lassen sich auch an gestörten, aber vollständigen Proben ermitteln.

Aufgaben

1. *Weshalb bestehen die obersten Schichten der Erdoberfläche meist aus Böden und nicht aus Festgestein?*
2. *Wovon ist die zulässige Belastung des Baugrundes abhängig?*
3. *Für welche Zwecke werden Böden und Fels in Homogenbereiche eingeteilt?*
4. *Erklären Sie die Begriffe:*
   a) Schluff,
   b) Mergel,
   c) Lösslehm.
5. *Welche Bedeutung haben in Kurzzeichen für Bodenarten die folgenden Buchstaben jeweils: Gr, Cl, O, E, A?*
6. *Unterscheiden Sie bindige und nichtbindige Bodenarten.*
7. *Erklären Sie, weshalb die Tragfähigkeit bindiger Böden vom Wassergehalt abhängig ist.*
8. *Vergleichen Sie das Setzungsverhalten bindiger und nichtbindiger Böden.*
9. *Beschreiben Sie die Bildung von Eislinsen.*
10. *Aus welchen Anhaltspunkten kann ohne Aufschluss auf die Beschaffenheit des Baugrundes geschlossen werden?*
11. *Skizzieren Sie eine Schürfgrube zur Entnahme von Bodenproben.*

3.5 Herstellen von Baugruben und Gräben

3.5.1 Baustellenvorbereitung

Nach erteilter Baugenehmigung kann mit den Arbeiten auf dem Baugrundstück begonnen werden. Bevor jedoch die Baugrube oder die Leitungsgräben ausgehoben werden, sind noch eine Reihe von Vorarbeiten zu leisten.

Die Vorarbeiten umfassen:

- das **Feststellen von Leitungen**
  Leitungen müssen rechtzeitig festgestellt und ggf. verlegt werden. Hierzu sind Erkundigungen vor allem bei den örtlichen Ver- und Entsorgungsunternehmen sowie den Anbietern der Telekommunikation über die Lage der im Untergrund befindlichen Leitungen einzuholen. Sollte es dennoch zu Schäden an Leitungen kommen, muss sofort der Leitungsbetreiber verständigt werden, damit er alle erforderlichen Maßnahmen ergreifen kann. Werden Leitungen im Zuge der Bauarbeiten beschädigt, entstehen meist hohe Kosten und Zeitverluste.
  Bei Leitungen der Strom- und Gasversorger ist oberhalb der eigentlichen Leitung ein farbiges Kunststoffband verlegt, welches das Auffinden erleichtert bzw. als Warnung dient.
- den **Abbruch vorhandener Bauwerke**
  Befinden sich auf dem Baugrundstück alte Bauwerke, so müssen diese zuerst abgebrochen werden. Dies kann nicht nur bei Neubauten, sondern auch bei An- oder Umbauten erforderlich sein. Für Abbrucharbeiten muss, egal ob es sich um einen Komplett- oder lediglich um einen Teilabbruch handelt, ebenso wie für den Neubau eine behördliche Genehmigung vorliegen.
  Der anfallende Bauschutt muss beim Abbrechen aus ökologischen und wirtschaftlichen Gründen getrennt entsorgt werden. Wiederverwendbare Materialien wie z.B. Bauholz, Betonabbruch oder Mauerwerksreste werden in Wiederaufbereitungsanlagen zu neuen Baustoffen aufbereitet (**Recycling von Baustoffen**).
  Anfallender **Sondermüll** (z.B. asbesthaltige Baustoffe, Mineralfaserdämmstoffe, verunreinigtes Erdreich) muss besonders sorgfältig vom übrigen Bauschutt getrennt und auf Sondermülldeponien entsorgt werden.
- das **Roden des Baugrundstückes**/der **Schutz vorhandener Bäume**
  Hierzu gehört das Entfernen vorhandener Bäume und Sträucher von der zu überbauenden Fläche. Bäume und Sträucher, die nicht gerodet werden, sind vorbeugend vor Beschädigung zu schützen. Der Wurzelbereich der Bäume sollte nicht befahren werden. Notwendige Aushubarbeiten im Wurzelbereich sind in Handarbeit auszuführen.
- das **Herstellen erforderlicher Zufahrten**
  Sofern erforderlich, müssen für den Baustellenverkehr auf dem Baugrundstück Baustraßen angelegt und befestigt werden. Eventuell sind für zu querende Gehsteige besondere Sicherungsmaßnahmen zu treffen und Gefahrenhinweise aufzustellen bzw. muss der Fußgängerverkehr umgeleitet werden.
- das **Abtragen von Oberboden**
  Der belebte Oberboden (Mutterboden) ist vor Beginn der Arbeiten abzuschieben und getrennt von anderen Bodenarten zur Wiederverwendung seitlich zu lagern. Der Oberboden wird durch das Anlegen einer Mulde (siehe Skizze) natürlich bewässert und geschützt.

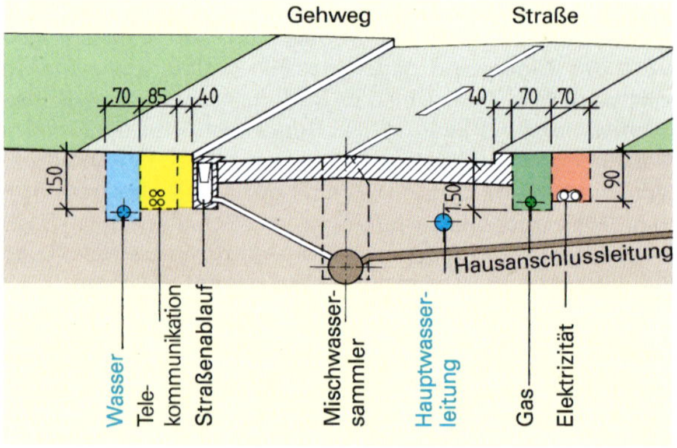

Lage der Leitungen im Straßenquerschnitt

Abbrucharbeiten

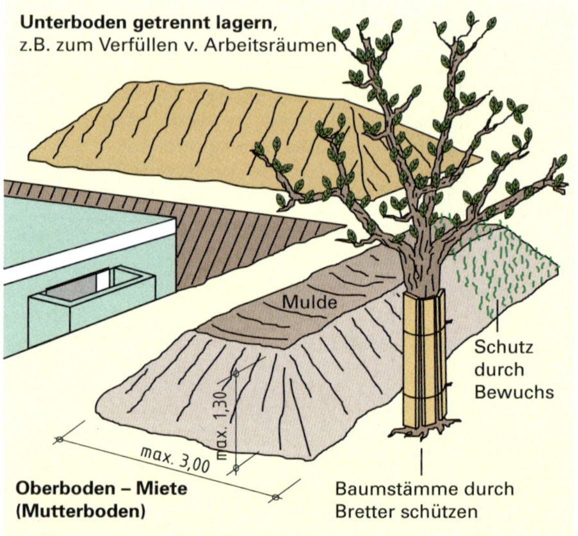

Getrenntes Lagern von Mutterboden (Miete) und Unterboden

Abbruchprodukt	Recyclingprodukt
Ziegelmauerwerk	Ziegelsplitt als Gesteinskörnung für Leichtbeton, Beläge für Tennisplätze
Beton	Splitt für den Straßenbau und als Gesteinskörnung für Normalbeton
Betonstahl und Profilstahl	Schrottzugabe bei der Herstellung neuen Beton- oder Profilstahls

Beispiele für Baustoffrecycling

3.5.2 Abmessungen von Baugruben

Wichtiger Bestandteil der planerischen Grundlagen eines Bauwerkes ist der Lageplan im Maßstab 1:500 oder 1:1000. In ihm werden das Baugrundstück und die Lage der vorhandenen und zu errichtenden Gebäude dargestellt.

Lagepläne werden immer nach den Angaben des Vermessungsamtes (Katasteramtes) durch Ingenieurbüros für Vermessung angefertigt.

Abstecken des Gebäudes

Unter dem Abstecken versteht man das genaue Einmessen der Eckpunkte des zu errichtenden Gebäudes auf dem Grundstück. Diese werden durch in den Baugrund eingeschlagene Holzpflöcke („Auspflocken des Gebäudes") markiert. Hierzu sind Kenntnisse der Längenmessung sowie des Absteckens von Geraden und von Winkeln notwendig. Die benötigten Geräte und der Ablauf einer Bauabsteckung werden in den Abschnitten 2.2 und 2.3 bereits beschrieben.

Zusätzlich zum Gebäudeumriss muss in der Nähe der Baugrube eine Höhenmarke vom Vermessungsingenieur angebracht werden, um die Baugrube in der geplanten Tiefe ausheben zu können. Dabei wird i.d.R. die EFH (Erdgeschossfußbodenhöhe) an einem fest eingerammten Pfahl (z.B. Laternenpfahl) oder an einem benachbarten Gebäude angegeben.

Ermitteln der Abmessungen

Dem abgesteckten Umriss des Gebäudes muss für den Aushub der Baugrube noch die Breite des Arbeitsraumes und die erforderliche Böschungsbreite hinzugerechnet werden.

Arbeitsraumbreite

Der **Arbeitsraum** *a* muss bei geböschten Baugruben eine begehbare Breite von mindestens 50 cm haben. Bei verbauten Baugruben muss der Arbeitsraum mindestens 60 cm breit sein (lichtes Maß).

Werden die Außenwände des Kellergeschosses in Ortbeton ausgeführt, wofür eine Schalung benötigt wird, so ist hierfür zusätzlicher Platzbedarf zu berücksichtigen. Meist werden hierfür pauschal 15 cm angerechnet. Gleiches gilt für den Platzbedarf einer **Verbaukonstruktion,** sofern die Baugrube nicht abgeböscht hergestellt werden kann.

> Die Baugrube umschließt den im Boden befindlichen Teil des künftigen Bauwerkes, den Arbeitsraum, und den Raum für Schalungen, Verbau und Abböschungen.

Böschungswinkel und Böschungsbasis (-breite)

Steht genügend Platz zur Verfügung, so ist insbesondere bei nicht sehr tiefen Baugruben die Wandsicherung durch Abböschen das einfachste und kostengünstigste Verfahren. Die Böschungen sind dabei so anzulegen, dass die in der Baugrube Beschäftigten nicht gefährdet werden. Dies wird in der Regel dadurch erreicht, dass die in DIN 4124 für die einzelnen Bodenarten genannten **Böschungswinkel** eingehalten werden. Mit folgender Tabelle lässt sich der erforderliche Platz für die Böschung und den Arbeitsraum ohne die Verwendung von **Winkelfunktionen** in Abhängigkeit von der Baugrubentiefe *t* ermitteln:

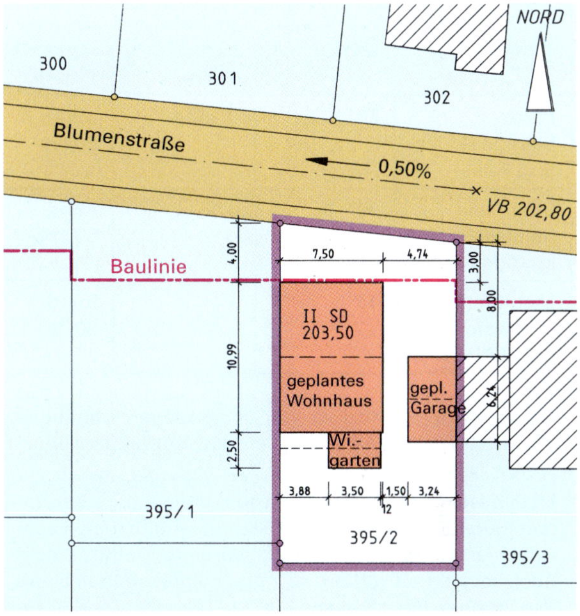

Lageplan Maßstab 1:500

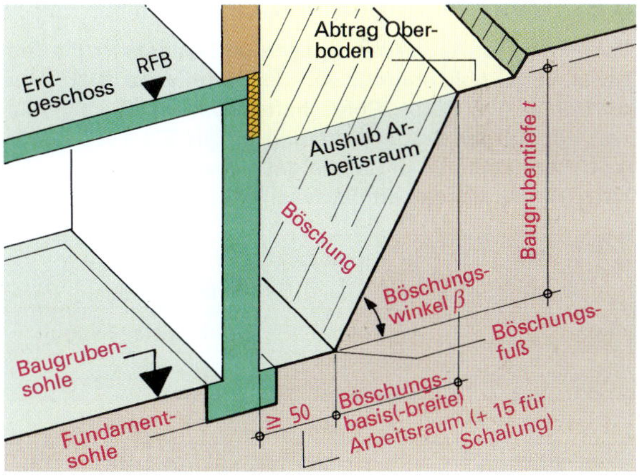

Bezeichnungen an der Baugrube

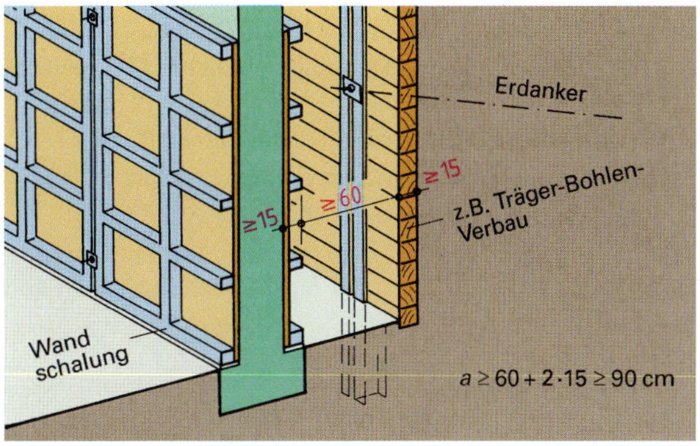

Arbeitsraum bei Baugruben mit Wandschalung und Verbau

Bodenart	Böschungswinkel	Böschungsbasis als Zuschlag	Arbeitsraum als Zuschlag
Feste bindige Böden und Fels	80°	$0{,}18 \cdot t$	mind. 50 cm
Steife und halbfeste bindige Böden	60°	$0{,}58 \cdot t$	mind. 50 cm
Nichtbindige und weiche bindige Böden	45°	$1 \cdot t$	mind. 50 cm

Der Böschungswinkel ist von der Bodenart abhängig. Im Zweifelsfall muss immer ein kleinerer Böschungswinkel gewählt werden.

Ist in besonderen Fällen damit zu rechnen, dass der Boden durch Eindringen von Wasser, ungünstige Lagerungsverhältnisse oder andere störende Einflüsse dennoch seinen Halt verliert, so sind entsprechend flachere Böschungen herzustellen.

Damit die am Bau Beteiligten, aber auch Passanten und spielende Kinder vor Abstürzen in eine Baugrube geschützt sind, sind Baustellen durch Bauzäune zu sichern.

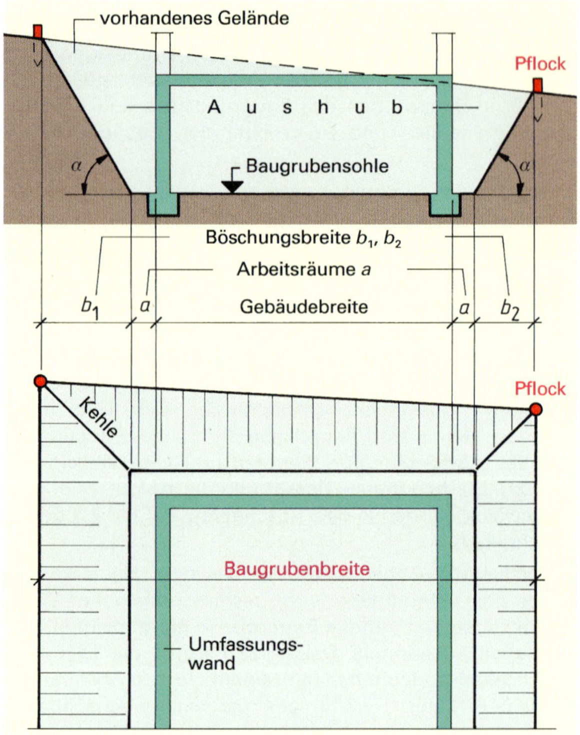

Ermittlung der Baugrubenabmessung (geneigtes Gelände)

3.5.3 Abmessungen von Gräben

Bei Gräben für **Abwasserleitungen und -kanäle** ist die Grabensohle in Abhängigkeit von der **Nennweite (DN)**, vom horizontalen äußeren **Rohrschaftdurchmesser (OD_h)** und von der Art der Grabensicherung in DIN EN 1610 festgelegt. Dazu kommen die Maße der Schalung bzw. des Verbaus. Hierfür werden oft pauschal je 0,15 m angenommen.

DN	Mindestgrabenbreite ($OD_h + x$) in m		
	verbauter Graben	unverbauter Graben	
		$\beta > 60°$	$\beta \leq 60°$
≤ 225	$OD_h + 0{,}40$	$OD_h + 0{,}40$	
> 225 ≤ 350	$OD_h + 0{,}50$	$OD_h + 0{,}50$	$OD_h + 0{,}40$
> 350 ≤ 700	$OD_h + 0{,}70$	$OD_h + 0{,}70$	$OD_h + 0{,}40$
> 700 ≤ 1200	$OD_h + 0{,}85$	$OD_h + 0{,}85$	$OD_h + 0{,}40$
> 1200	$OD_h + 1{,}00$	$OD_h + 1{,}00$	$OD_h + 0{,}40$

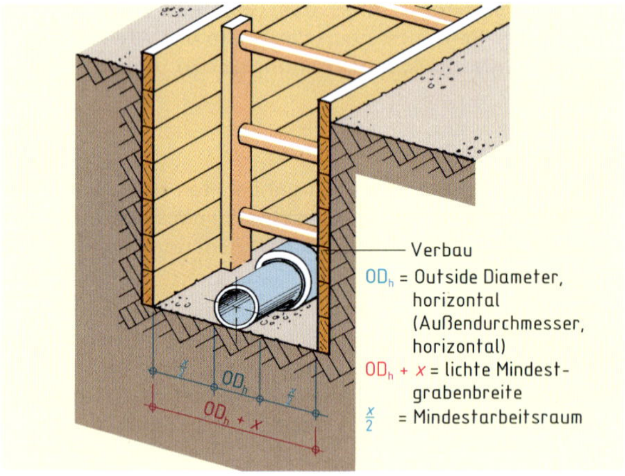

Verbauter Graben

Unabhängig hiervon sind bei Gräben für Abwasserleitungen ab einer Tiefe von 1,00 m folgende lichte Mindestbreiten einzuhalten:

- 0,80 m bei einer Tiefe von 1,00 ... 1,75 m,
- 0,90 m bei einer Tiefe von über 1,75 ... 4,00 m,
- 1,00 m bei einer Tiefe über 4,00 m.

Bei der Herstellung von Gräben für alle übrigen Leitungsarten (z. B. Wasser, Gas) sind die Mindestbreiten in DIN 4124 festgelegt.

Bei Leitungsgräben ist die Breite der Grabensohle abhängig von der Art der Grabensicherung, vom äußeren Rohrschaftdurchmesser und von der Tiefe des Grabens.

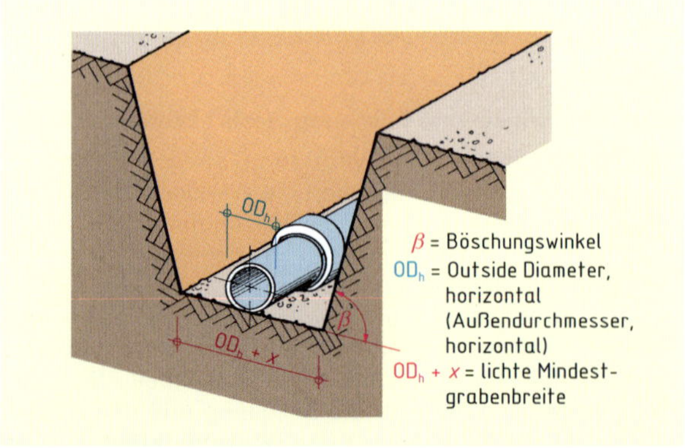

Nicht verbauter Graben

3.5.4 Maschinen- und Geräteeinsatz

Der Aushub von Baugruben und Gräben wird heute fast ausschließlich maschinell ausgeführt. Welches Gerät jeweils zum Einsatz kommt, richtet sich nach Lage, Tiefe und Befahrbarkeit der Baugrube, nach der Bodenart, der Menge des Aushubs und den Transportentfernungen.

- **Baugruben** können mit **Tieflöffelbagger, Greiferbagger, Laderaupe oder Radlader** ausgehoben werden. Zum Abschieben des Oberbodens und zum Ausheben großflächiger Baugruben können Planier- bzw. Laderaupen, oder auch große Radlader eingesetzt werden. Laderaupen und Radlader müssen die Baugrubensohle befahren. Dies ist bei bindigen Böden besonders bei nasser Witterung nachteilig (Aufweichen der Baugrubensohle). Als Zufahrt muss zudem meist eine Rampe angelegt werden, deren Steigung die beladenen Lastwagen überwinden können. Bagger weisen diese Nachteile nicht auf, sie können oberhalb der eigentlichen Aushubsohle auf einer Schutzschicht arbeiten.

  Besteht der Baugrund aus schwer lösbarem Fels, der sich mit einem Tieflöffelbagger nicht aufreißen lässt, muss der anstehende Fels zuerst mit einem Felsmeißel oder durch Sprengungen gelockert und die Baugrube anschließend ausgehoben werden.

- **Leitungsgräben** werden mit Tieflöffelbaggern oder Greiferbaggern ausgehoben. Für das Ausheben von Leitungsgräben mit geringeren Abmessungen und Aushubtiefen werden zunehmend Kleinbagger eingesetzt. Bei leicht lösbaren Bodenarten können auch Grabenfräsen zum Einsatz kommen.

- **Abtransport des Aushubs:** Nicht benötigte Bodenmassen sind möglichst gleich, d. h. ohne Zwischenlagerung mit Lastkraftwagen abzutransportieren. Der für die Verfüllung der Böschungskeile und der Arbeitsräume benötigte Boden ist auf der Baustelle zwischenzulagern, sofern sich das Aushubmaterial für die Wiederverfüllung eignet.

Planierraupe

Tieflöffelbagger

Greiferbagger

Radlader

3.5.5 Nacharbeiten

Nach dem Aushub ist die Baugrubensohle vor Durchnässung und Auflockerung zu schützen, da beides später zu verstärkten Setzungen des Bauwerkes führt.

Bei nichtbindigen Böden ist die Baugrube gegebenenfalls zu verdichten. Aufgeweichte Schichten bindigen Bodens sind vor dem Beginn der Rohbauarbeiten zu entfernen.

Zum Schutz vor zu starker Durchfeuchtung bzw. Austrocknung sind die Baugrubenwände und Böschungen gegebenenfalls mit Folie abzudecken. Ansonsten besteht die Gefahr, dass Arbeitsräume und Fundamentgräben verschüttet werden.

Bestehen irgendwelche Zweifel an der Tragfähigkeit oder entspricht die angetroffene Bodenart nicht den Erwartungen, ist in jedem Fall der Verantwortliche (Bauleiter, Architekt) zu benachrichtigen. Dasselbe gilt, wenn Wasser in die Baugrube eindringt.

3.5.6 Sicherung von Baugruben und Gräben

Arbeiten in Baugruben und Gräben gehören zu den unfallträchtigsten Tätigkeiten am Bau. Dies liegt vor allem daran, dass die Standfestigkeit des Bodens häufig überschätzt und die damit verbundene Gefahr unterschätzt wird. Hierbei muss man sich darüber im Klaren sein, **dass ein Kubikmeter Boden etwa zwei Tonnen wiegt!**

Vorübergehend standfeste Böden können durch verschiedenste Einflüsse plötzlich ihre Standfestigkeit verlieren.

Solche Einflüsse sind z. B.:

- besondere Lagerungsverhältnisse des Bodens,
- Witterungseinflüsse,
- Grundwasserbewegungen,
- Erschütterungen des Bodens,
- zusätzliche Belastungen durch Aufschüttungen, Lagerung von Baustoffen usw.

Unter Berücksichtigung dieser Gefahr schreibt die DIN 4124 vor, dass nur Baugruben und Gräben bis zu einer Tiefe von 1,25 m ohne Wandsicherung erstellt werden dürfen. Bei einer Tiefe von 1,25 ... 1,75 m muss der über 1,25 m überstehende Teil gesichert werden. Bei einer Tiefe von über 1,75 m müssen die Wände in ihrer gesamten Höhe gesichert werden.

Grundsätzlich gibt es zwei Möglichkeiten die Wände von Baugruben und Gräben zu sichern: **Abböschen** oder **Verbauen**.

Die Wände von Baugruben und Gräben mit 1,25 ... 1,75 m Tiefe müssen im oberen Bereich, die Wände von tieferen Baugruben und Gräben in ihrer ganzen Höhe gesichert werden.

Böschungswinkel

Dass das Anlegen abgeböschter Baugrubenwände, insbesondere bei nicht sehr tiefen Baugruben, die einfachste und preisgünstigste Möglichkeit zur Wandsicherung darstellt, wurde bereits dargelegt. Die Böschungen sind dabei so anzulegen, dass die in DIN 4124 für die einzelnen Bodenarten genannten Böschungswinkel eingehalten werden.

Diese betragen:

- **45°** bei nichtbindigen oder weichen bindigen Böden,
- **60°** bei mindestens steifen bindigen Böden,
- **80°** bei Fels.

Im Zweifelsfalle ist immer ein kleinerer Böschungswinkel zu wählen.

In jedem Fall sind an der Böschungsoberkante 60 cm Breite lastfreie **Schutzstreifen** freizuhalten, um die Böschungswände nicht zu sehr zu belasten und das Abrollen von Steinen und Erdbrocken in die Baugrube bzw. den Graben zu verhindern.

Böschungen können zusätzlich durch das Anlegen von **Bermen** gegen das Nachstürzen von Baugrubenwänden gesichert werden.

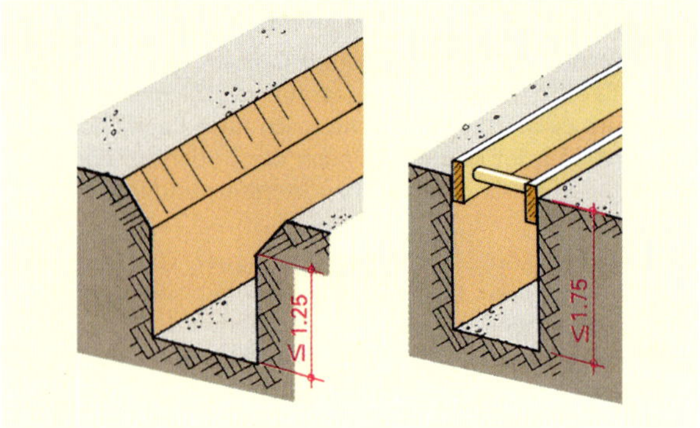

Wandsicherung in Gräben von 1,25 ... 1,75 m Tiefe

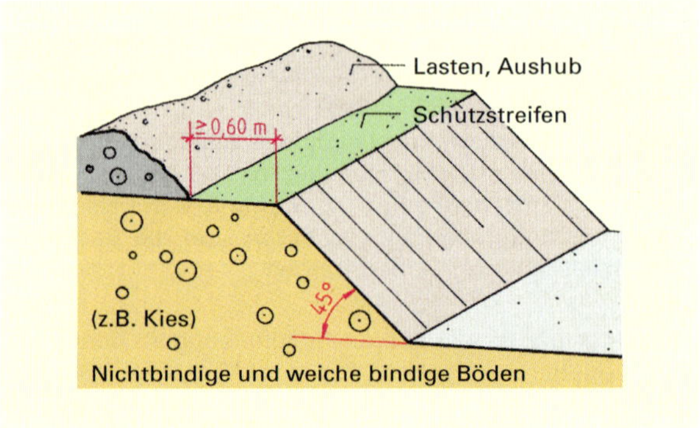

Böschungswinkel 45°

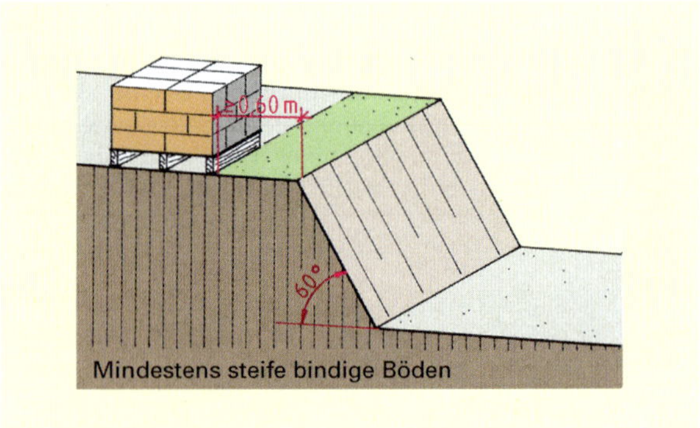

Böschungswinkel 60°

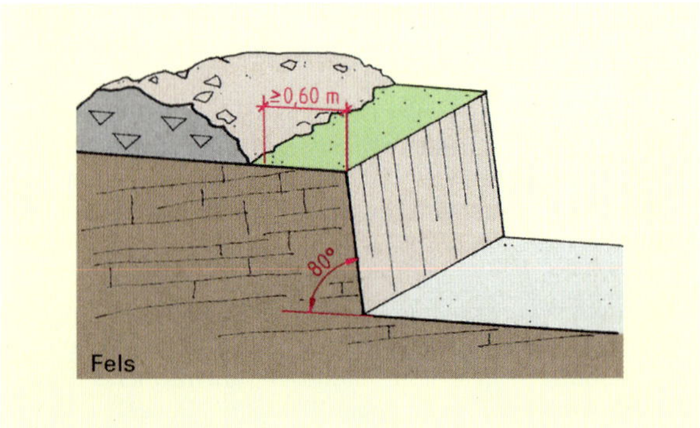

Böschungswinkel 80°

Jede Baugrube muss sicher zu begehen sein. Da bereits eine Böschung von 40° nicht mehr sicher zu begehen ist, müssen auf steileren Böschungen **Leitergänge** angelegt werden.

Baugruben und Gräben sowie Böschungskanten dürfen erst betreten werden, wenn die Standsicherheit der Wände sichergestellt ist.

Beim Abböschen der Wände von Baugruben und Gräben dürfen die in DIN 4124 angegebenen Böschungswinkel nicht überschritten werden. Oberhalb der Böschung ist ein lastfreier Schutzstreifen freizuhalten.

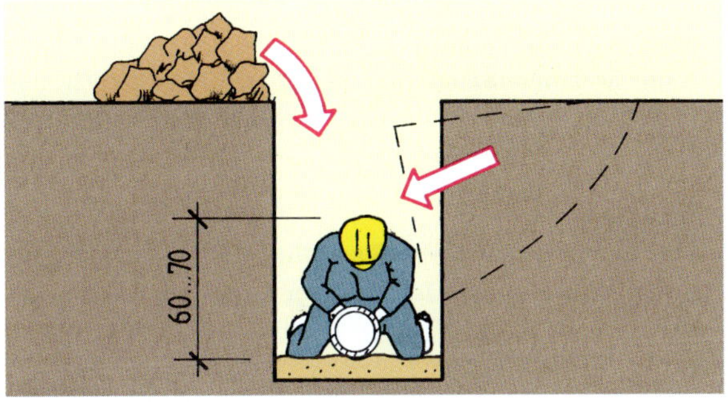

Unfallgefahren beim unverbauten Graben

Verbauarten

Das Abböschen erfordert vor allem bei tiefen Baugruben und Gräben viel Platz. Steht dieser nicht zur Verfügung, wie es bei Baugruben im innerstädtischen Bereich oder beim Ausheben von Gräben im öffentlichen Straßenraum meist der Fall ist, so müssen die Wände verbaut werden.

Der Verbau muss grundsätzlich gleichzeitig mit dem Fortschreiten der Aushubarbeiten hergestellt werden. Eine Ausnahme bilden Gräben, die auf volle Tiefe maschinell ausgehoben werden. Hier kann der Verbau nach Beendigung des Aushubs, aber vor Betreten des jeweiligen Grabenabschnittes hergestellt werden. Hierzu werden **Verbaugeräte** verwendet, die komplett in den Graben eingesetzt und durch Spindeln gegen die Wände ausgesteift werden.

Beim **waagerechten Verbau** werden vor waagerecht eingebrachten Bohlen senkrechte Aufrichter angebracht und mit Rundholzsteifen oder Kanalstreben ausgesteift. Dadurch kann bei fortschreitendem Aushub der Verbau nach unten verlängert werden. Ebenso kann der Verbau beim Verfüllen des Leitungsgrabens von unten nach oben wieder kontinuierlich entnommen werden. Die verwendeten Bohlen müssen mindestens 5 cm dick sein. Aufrichter aus Holz dürfen höchstens doppelt so breit als dick sein.

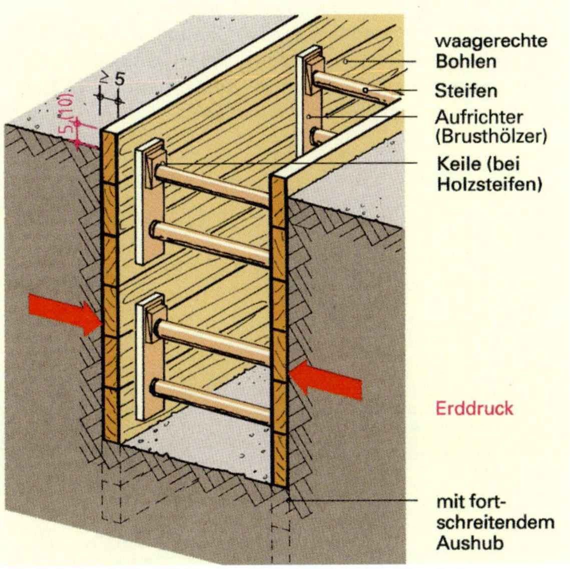

Waagerechter Verbau

Der waagerechte Verbau ist bei vorübergehend standfesten Böden eine gebräuchliche Verbauart, die jedoch aus wirtschaftlichen Gründen zunehmend durch den Verbau mit Verbaugeräten ersetzt wird.

Beim **senkrechten Verbau** werden Holzbohlen oder Kanaldielen eingestellt bzw. eingerammt und zwischen waagerechten Gurthölzern ausgesteift. Bei locker gelagerten nichtbindigen und weichen bindigen Böden müssen die Holzbohlen oder Kanaldielen jederzeit so weit in den Untergrund eingebunden bzw. nachgetrieben werden, dass ein Aufbruch ausgeschlossen ist.

Die Gurthölzer müssen durch Hängeeisen, Ketten oder Ähnliches gegen Herabfallen gesichert werden.

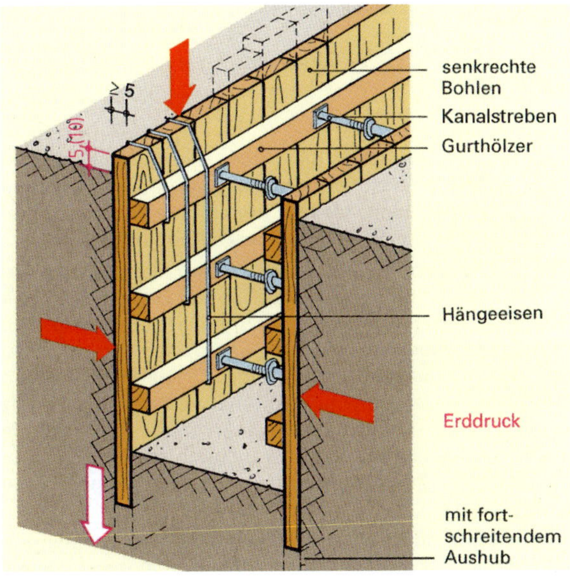

Senkrechter Verbau

Der senkrechte Verbau wird meist in lockeren Böden ausgeführt, die einen waagerechten Verbau und den Einsatz von Verbaugeräten nicht erlauben.

Für alle Verbauarten gilt:

Der Verbau muss hergestellt werden, bevor im Graben bzw. in der Baugrube gearbeitet wird. An der Erdoberfläche muss der Verbau mindestens 5 cm (bei Grabentiefen > 2 m mindestens 10 cm) überstehen, damit kein loses Material über die Kante rollen kann. Hinter dem Verbau dürfen keine Hohlräume verbleiben, die dem anstehenden Boden Raum für Bewegungen geben.

Aus Sicherheits- und Rationalisierungsgründen werden bei maschinellem Aushub des Grabens heute meist vorgefertigte **Grabenverbaugeräte** verwendet, die in den Graben eingesetzt und mit den eingebauten Streben ausgesteift werden.

Maschinell auf volle Tiefe ausgehobene Gräben mit einer Tiefe von mehr als 1,25 m müssen vor dem Betreten durch Verbaugeräte gesichert werden.

Im Wesentlichen sind zwei Bauarten gebräuchlich:

Bei **Verbauboxen** werden zwei großformatige Stahlverbauplatten als komplette Einheit in den bereits ausgehobenen Graben eingestellt und durch zwischen diesen angebrachten Spindeln gegen die Grabenwände gepresst. Bei Böden, die auch nicht vorübergehend über eine ausreichende Standfestigkeit verfügen, müssen die Verbauboxen mit dem Fortschritt des Grabenaushubs in den Boden eingedrückt werden.

Bei **Gleitschienen-Verbaueinheiten** werden erst strebengestützte Gleitschienenpaare in den Graben eingestellt und anschließend die Verbauplatten in die Gleitschienen eingesetzt. Dies hat den Vorteil, dass die Verbautiefe während der Bauarbeiten angepasst werden kann.

Gleitschienen-Verbaueinheit

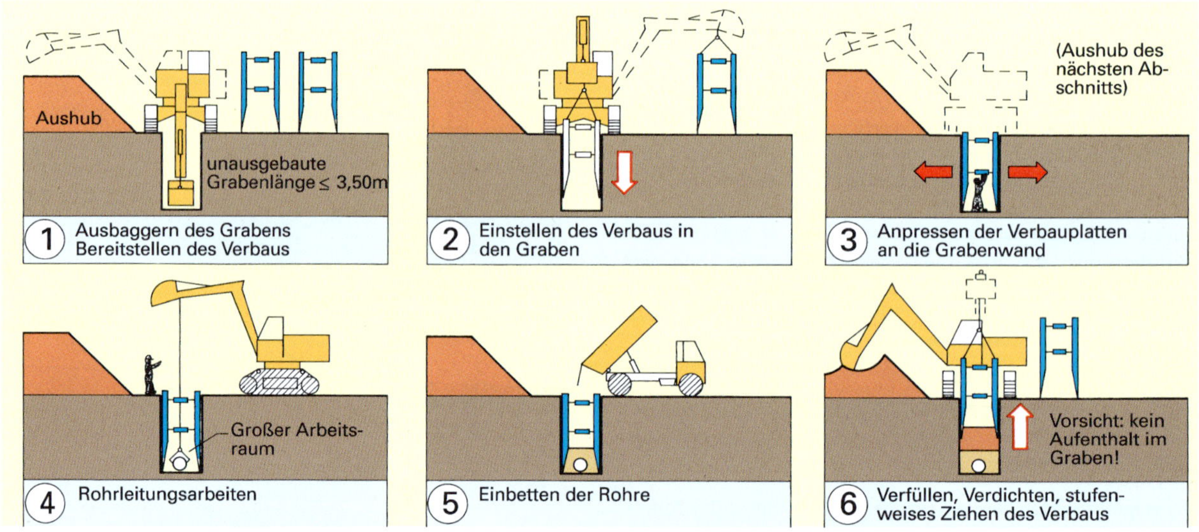

Einsatz von Verbauboxen, Arbeitsablauf (bei vorübergehend standfestem Boden) im „Einstellverfahren"

Vor allem bei sehr tiefen Baugruben, bei denen die Sicherung der Wände aus Platzgründen nicht durch Abböschen erzielt werden kann, stellen **Trägerbohlwände** eine gebräuchliche Form der Baugrubensicherung dar.

Bei der **Trägerbohlwand** (z. B. Berliner Verbau) werden I-Profile aus Stahl vor dem Aushub der Baugrube in den Boden eingerammt bzw. in Bohrlöcher eingestellt. Mit fortschreitendem Aushub der Baugrube werden dann die Fächer zwischen den einzelnen Trägern mit Bohlen oder Kanthölzern ausgefacht und verkeilt. Statt Holz können zur Ausfachung auch Stahlbetonfertigteile oder Kanaldielen aus Stahl verwendet werden. Der Abstand zwischen den Trägern beträgt im Allgemeinen 1,50 … 3,00 m.

Trägerbohlwände können durch horizontale Aussteifung oder durch rückwärtige Verankerung im Baugrund in ihrer Lage gehalten werden.

Trägerbohlwand

3.5.7 Verfüllen und Verdichten von Arbeitsräumen und Gräben

Der nicht durch das Bauwerk bzw. die Rohrleitungen eingenommene Teil einer Baugrube bzw. eines Grabens muss nach Abschluss der Arbeiten in diesem Bereich wieder verfüllt werden.

Das **Verfüllen und Verdichten** muss insbesondere im Bereich von Straßen, Wegen, Zufahrten, Abstellplätzen und Terrassen so sorgfältig erfolgen, dass später keine nennenswerten Setzungen mehr auftreten, die aufwendige **Bauschäden** zur Folge haben können. Solche Bauschäden sind bei Bauwerken häufig über dem früheren Arbeitsraum bzw. im Bereich der Leitungsgräben zu erkennen.

Neben der Sorgfalt bei der Ausführung muss auch bei der Auswahl der Verfüllmaterialien darauf geachtet werden, dass sich diese in ausreichendem Maße verdichten lassen.

Das Verfüllen und Verdichten sollte spätestens vor Beginn der kalten Jahreszeit erfolgen, da sich bei offenem Arbeitsraum unter den Fundamenten bzw. der Bodenplatte leicht Eislinsen bilden können. Eventuell vorhandene wasserführende Schichten müssen hierbei wieder hergestellt werden, damit kein Wasserstau entsteht.

Vor dem Verfüllen sind der Arbeitsraum bzw. die Gräben von Abfällen zu säubern, die ein späteres Nachsacken des Bodens verursachen könnten.

Das Einbringen der Verfüllmaterialien erfolgt meist mit Radladern oder Baggern. An Stellen, die selbst mit Kleingeräten nicht mehr zugänglich sind, kann das Einbringen auch mit dem Krankübel erfolgen, was jedoch sehr zeit- und kostenintensiv ist.

Die Verfüllung muss lagenweise und unter sorgfältiger Verdichtung erfolgen.

Geeignete **Verdichtungsgeräte** für **bindige Bodenarten** sind:

- **Grabenwalzen** (handgeführt),
- **Stampfer.**

Geeignete **Verdichtungsgeräte** für **nichtbindige Bodenarten** sind:

- **Vibrationsplatten,**
- **Vibrationswalzen** (handgeführt).

Sofern ein Grabenverbau vorhanden ist, darf dieser nur in dem Maße entfernt werden, wie die Wiederverfüllung und Verdichtung des Grabens voranschreitet.

Arbeitsräume und Gräben müssen lagenweise wieder verfüllt und sorgfältig mit geeignetem Gerät verdichtet werden.

Handgeführte Walze

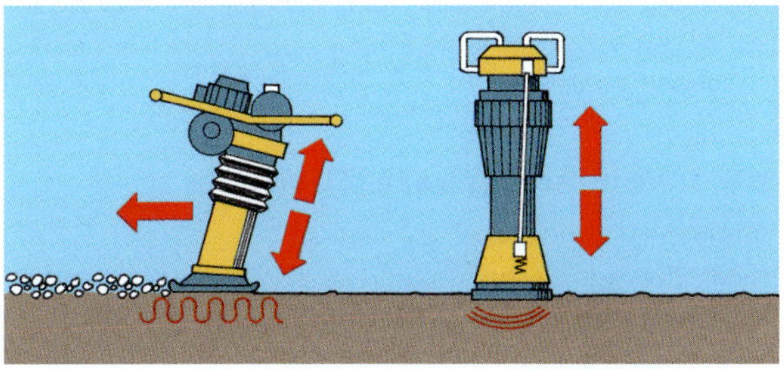

Vibrationsstampfer und Stampframme (bindige Böden)

Vibrationsplatte (nichtbindige Böden)

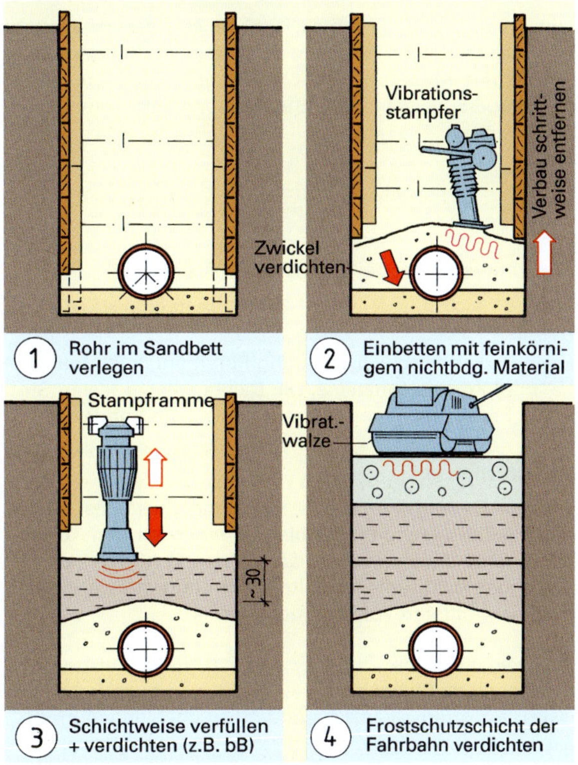

Arbeitsschritte beim Verfüllen von Leitungsgräben
Anwendung der Verdichtungsgeräte

3.6 Abrechnung von Erdarbeiten

Allgemeines

Bereits vor der Ausführung sind die vielfältigen Berechnungen durchzuführen, die Erdarbeiten betreffen. So entscheidet der **Platzbedarf** für die Abböschung einer Baugrube häufig darüber, ob andere Maßnahmen der Baugrubensicherung ergriffen werden müssen. Ebenso wird dadurch die Anordnung der Baustelleneinrichtung (z.B. Standort eines Hochbaukranes, Anordnung von Lagerflächen) beeinflusst. Für die **Kostenschätzung bzw. Kostenberechnung** der geplanten Baumaßnahme sind die Mengen ebenso zu ermitteln, wie für die **Ausschreibung** und die **Vergabe** an den ausführenden Unternehmer. Dem Auftragnehmer (Bauunternehmer) steht für die von ihm erbrachten Leistungen die vereinbarte **Vergütung** zu. Hierzu muss er dem Auftraggeber (Bauherrn) eine prüfbare **Abrechnung** seiner Leistungen vorlegen. Die Mengenermittlung erfolgt entweder auf Grundlage der Ausführungszeichnungen oder die Maße werden vor Ort aufgemessen.

Die Ausführung und Abrechnung von Erdarbeiten ist in **DIN 18300** der VOB („**V**ergabe- und Vertrags**o**rdnung für **B**auleistungen") geregelt.

3.6.1 Volumen, Masse, Dichte

Volumen (*V*)

In der Physik bezeichnet man eine abgegrenzte Menge eines Stoffes als **Körper**. Feste Körper nehmen einen bestimmten Raum ein, man sagt, sie haben ein bestimmtes **Volumen**.

Um das Volumen von Körpern zu bestimmen, bedienen wir uns der Formeln der Mathematik zur Bestimmung von Rauminhalten.

Volumen
Formelzeichen: *V*
SI-Einheit: **m^3 (Kubikmeter)**
$1\ m^3 = 1000\ dm^3$
$1\ dm^3 = 1000\ cm^3$
$1\ cm^3 = 1000\ mm^3$

Masse (*m*)

Ein Körper besteht aus einer genau bestimmbaren **Menge** eines Stoffes, d.h. er besteht aus einer bestimmten Anzahl von Molekülen, Atomen, Ionen. Die **Masse** eines Körpers **ist** im Gegensatz zur Gewichtskraft **ortsunabhängig**, d.h. sie ändert sich bei einem Ortswechsel nicht.

Masse
Formelzeichen: ***m***
SI-Einheit **kg (Kilogramm)**
1 t = 1000 kg
1 kg = 1000 g
1 g = 1000 mg

Dichte (ϱ)

Unter der **Dichte** (ϱ; sprich: rho) eines Körpers versteht man das Verhältnis zwischen der Masse *m* und dem Volumen *V* des Körpers. Die Dichte ist eine Stoffeigenschaft des Körpers. Verschiedene Stoffe haben eine unterschiedliche Dichte.

Dichte
Formelzeichen: ϱ
SI-Einheit: **kg/m^3**
Weitere Einheiten: t/m^3; kg/dm^3; g/cm^3

$$\text{Dichte} = \frac{\text{Masse}}{\text{Volumen}} \qquad \varrho = \frac{m}{V}$$

Man unterscheidet bei der Dichte zwischen:

Rohdichte (ϱ_o)

Feste Baustoffe schließen häufig Poren ein, z.B. Mauerziegel oder Porenbetonsteine. Die Dichte solcher festen Stoffe mit Poren und evtl. Kammern nennt man **Rohdichte.**

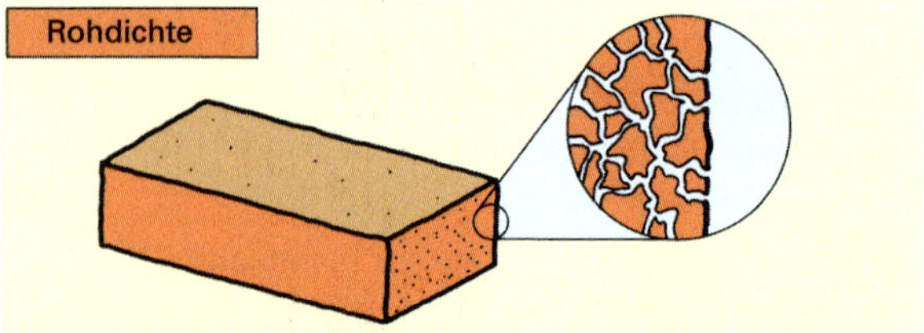

Mauerziegel

Schüttdichte (ϱ_s)

Werden Gesteinskörnungen, wie Sand oder Kies, auf einen Haufen geschüttet, so bleiben zwischen den Körnern Zwischenräume bestehen. Unter der **Schüttdichte** versteht man daher das Verhältnis zwischen der Masse und dem geschütteten Volumen des Stoffes.

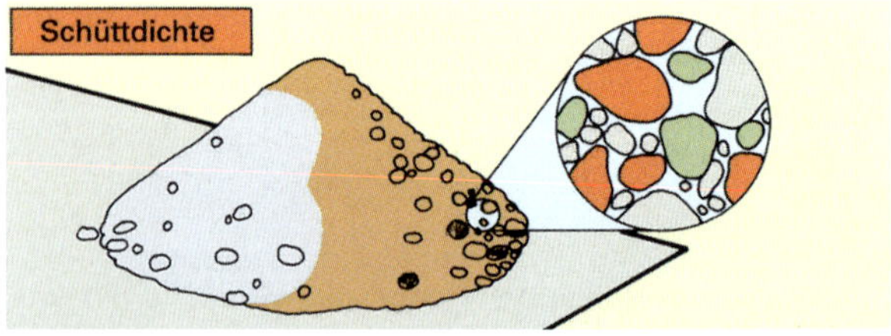

Aufgeschütteter Kiessand

Der ausführende Unternehmer hat seine Leistungen prüfbar abzurechnen, d.h. er hat Art und Umfang der von ihm erbrachten Leistungen durch Mengenermittlungen, Zeichnungen und andere Belege nachzuweisen. Die Abrechnung ist in der „Vergabe- und Vertragsordnung für Bauleistungen" (VOB) geregelt.

3.6.2 Winkelfunktionen

Im rechtwinkligen Dreieck bezeichnet man die beiden kurzen Seiten als **Katheten** und die lange, dem rechten Winkel gegenüberliegende Seite als **Hypotenuse.** Die Katheten werden bezogen auf den gegebenen Winkel als **Ankathete** oder **Gegenkathete** bezeichnet.

Ist der Winkel α bekannt, ergeben sich folgende Bezeichnungen:

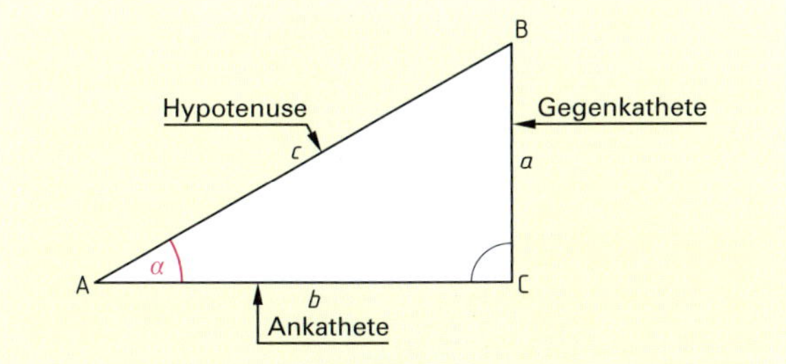

Ist der Winkel β bekannt, so werden Ankathete und Gegenkathete vertauscht:

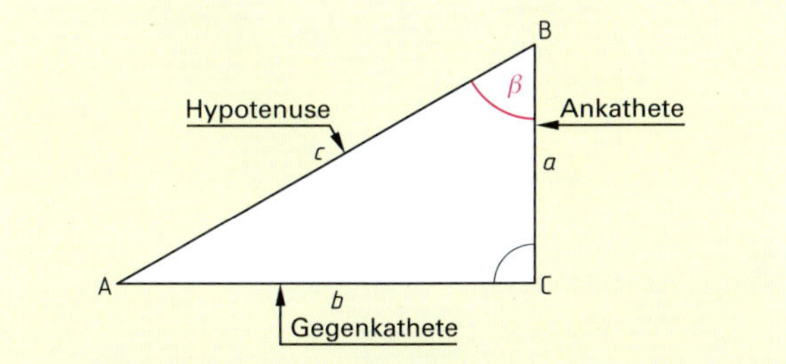

Werden die Seitenverhältnisse von rechtwinkligen Dreiecken mit unterschiedlichen Winkeln miteinander verglichen, so ergibt sich folgendes Bild:

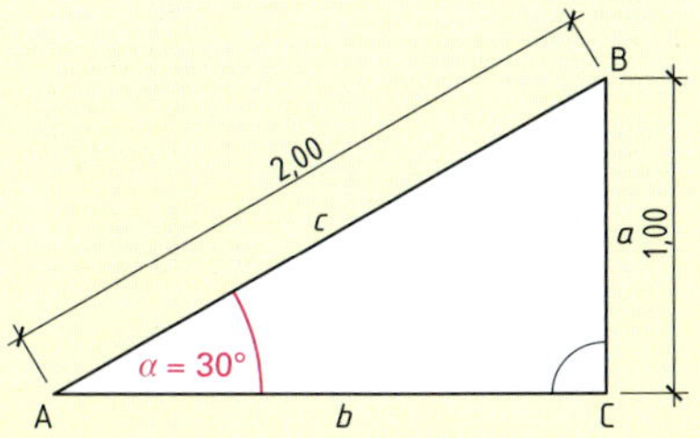

$$\frac{a}{c} = \frac{1{,}00\ \text{m}}{2{,}00\ \text{m}} = \underline{\underline{0{,}5}}$$

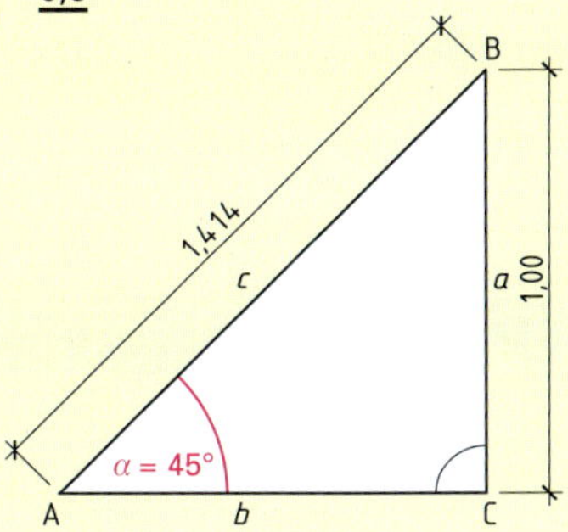

$$\frac{a}{c} = \frac{1{,}00\ \text{m}}{1{,}414\ \text{m}} \approx \underline{\underline{0{,}7072}}$$

Daraus folgt, dass die Seitenverhältnisse von der Größe der Winkel abhängig sind.

Diese Verhältnisse werden als **Winkelfunktionen** bezeichnet.

Im rechtwinkligen Dreieck sind sechs verschiedene Seitenverhältnisse möglich:

$$\frac{a}{c}\ \frac{b}{c}\ \frac{a}{b} \text{ und ihre Kehrwerte } \frac{c}{a}\ \frac{c}{b}\ \frac{b}{a}$$

Jeder Winkel an der Hypotenuse hat daher sechs Winkelfunktionen mit folgenden Bezeichnungen:

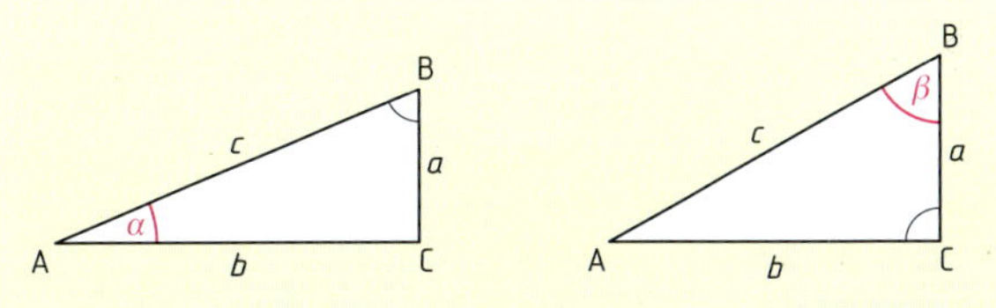

Winkelfunktion	**bezogen auf α**	**bezogen auf β**
Sinus $= \frac{\text{Gegenkathete}}{\text{Hypotenuse}}$	$\sin \alpha = \frac{a}{c}$	$\sin \beta = \frac{b}{c}$
Cosinus $= \frac{\text{Ankathete}}{\text{Hypotenuse}}$	$\cos \alpha = \frac{b}{c}$	$\cos \beta = \frac{a}{c}$
Tangens $= \frac{\text{Gegenkathete}}{\text{Ankathete}}$	$\tan \alpha = \frac{a}{b}$	$\tan \beta = \frac{b}{a}$
Cotangens $= \frac{\text{Ankathete}}{\text{Gegenkathete}}$	$\cot \alpha = \frac{b}{a}$	$\cot \beta = \frac{a}{b}$
Secans $= \frac{\text{Hypotenuse}}{\text{Ankathete}}$	$\sec \alpha = \frac{c}{b}$	$\sec \beta = \frac{c}{a}$
Cosecans $= \frac{\text{Hypotenuse}}{\text{Gegenkathete}}$	$\text{cosec}\ \alpha = \frac{c}{a}$	$\text{cosec}\ \beta = \frac{c}{b}$

Die drei zuletzt aufgeführten Winkelfunktionen Cotangens, Secans und Cosecans sind Kehrwerte der drei erstgenannten Winkelfunktionen. Sie sind für die Ermittlung von Böschungsbreiten im Erdbau von geringer Bedeutung.

Der Sinuswert eines Winkels entspricht dem Cosinuswert seines Ergänzungswinkels.

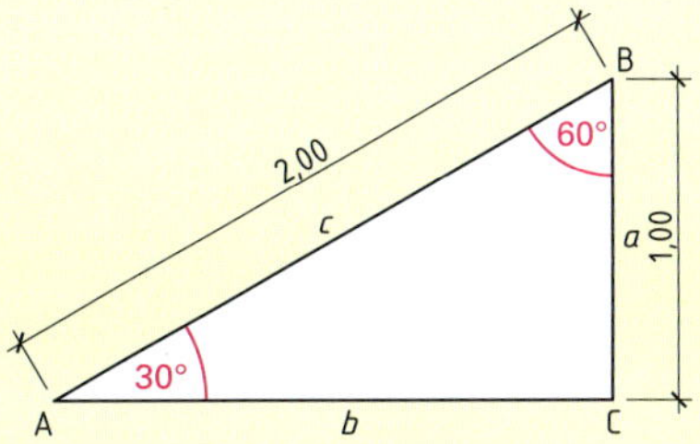

$$\sin 30° = \frac{\text{Gegenkathete}}{\text{Hypotenuse}} = \frac{a}{c} = \frac{1{,}00\ \text{m}}{2{,}00\ \text{m}} = \underline{\underline{0{,}5}}$$

$$\cos 60° = \frac{\text{Ankathete}}{\text{Hypotenuse}} = \frac{a}{c} = \frac{1{,}00\ \text{m}}{2{,}00\ \text{m}} = \underline{\underline{0{,}5}}$$

Ebenso entspricht der Tangenswert eines Winkels dem Cotangenswert seines Ergänzungswinkels.

$$\tan \alpha = \frac{a}{b} = \cot \beta$$

3.6.3 Mengenermittlung bei Baugruben

Boden wird grundsätzlich getrennt nach **Homogenbereiche** und gestaffelt nach Förderwegen abgerechnet. Die Aushubmassen werden nach dem **Volumen des gewachsenen Bodens** ermittelt, also vor der Entnahme oder nach dem Einbau des Bodens. Die sich durch das Lösen des Bodens ergebende **Auflockerung** bleibt somit unberücksichtigt. Sie kann aber bei der Ermittlung des zu transportierenden Volumens eine Rolle spielen und kann je nach Boden und Feuchtigkeitsanteil zwischen 15 und 30 %, bezogen auf die Masse des natürlichen Bodens, betragen.

Zur Berechnung der Aushubmassen sind **Näherungsverfahren** zulässig. Darüber hinaus gibt DIN 18300 jeweils spezielle Abrechnungshinweise für die verschiedenen Erdarbeiten.

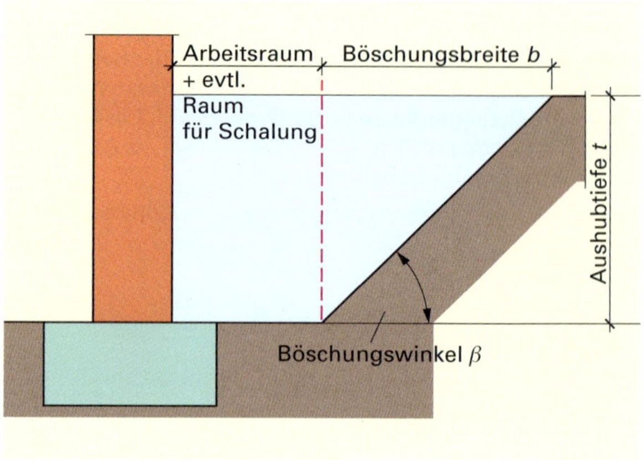

Baugrube bei Schalung und Verbau

Oberbodenabtrag

Der Abtrag von Oberboden (Mutterboden) wird meist nach Flächenmaß (m²), seltener nach Raummaß (m³) abgerechnet. Es ist für die Abrechnung die tatsächliche Fläche und beim Raummaß die tatsächlich vorhandene Dicke zugrunde zu legen.

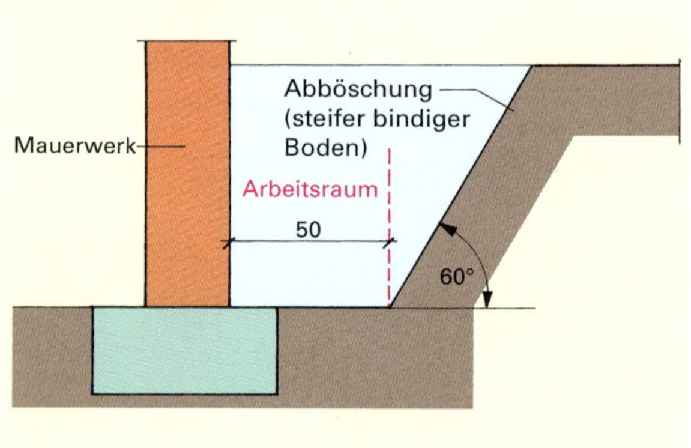

Baugrube bei abgeböschter Baugrube und Mauerwerk

Baugrubenaushub

Die **Aushubtiefe** wird von der Geländeoberkante (gegebenenfalls nach Abzug der Dicke des Oberbodens) bis zur **Baugrubensohle** gerechnet.

Die **Abmessungen** ergeben sich aus den Außenmaßen des Baukörpers zuzüglich

- der Breiten der **Arbeitsräume**,
- des Raumes für die **Schalungskonstruktionen**,
- des Raumes für **Böschungen** bzw. **Verbaukonstruktionen**.

Als **Arbeitsraum** werden den Außenmaßen bei geböschten Baugruben auf jeder Seite 0,50 m, bei verbauten Baugruben 0,60 m zugerechnet. Als Arbeitsraum gilt dabei das Maß bis zum Böschungsfuß bzw. das lichte Maß.

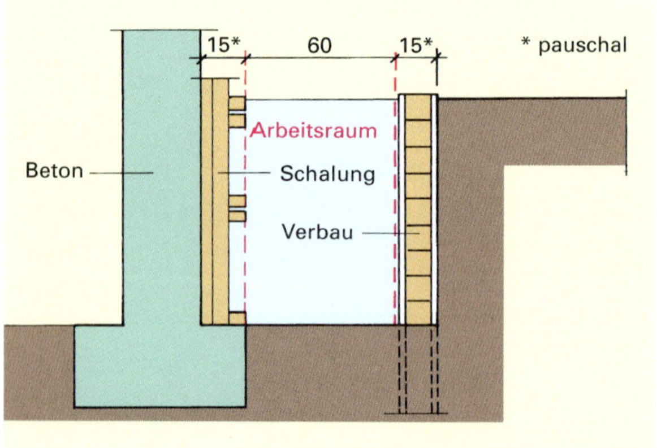

Bezeichnungen an einer abgeböschten Baugrube

Für **Schalungs- und Verbaukonstruktionen** werden pauschal jeweils **0,15 m** angenommen. Sind größere Breiten erforderlich, so sind diese im Einzelfall nachzuweisen.

Bei der Ermittlung der Böschungsbreite *b* gilt für Baugruben und Gräben ein Böschungswinkel von:

- **45°** sofern keine Vorgaben existieren
- **60°** bei mindestens steifen bindigen Böden
- **80°** bei Fels

Die angegebenen Böschungswinkel gelten, sofern kein Nachweis der Standsicherheit erforderlich ist. Muss dieser Nachweis geführt werden, so sind die Maße des Böschungsraumes mit dem dabei ermittelten Böschungswinkel zu berechnen.

Die **Böschungsbreite *b*** kann in Abhängigkeit von der **Aushubtiefe *t*** mit ausreichender Genauigkeit nach nebenstehender Tabelle oder aber mithilfe der Winkelfunktionen berechnet werden.

Böschungswinkel *β*	Böschungsbreite *b*
45°	$= 1 \cdot t$
60°	$= 0{,}58 \cdot t$
80°	$= 0{,}18 \cdot t$

Ermittlung der Böschungsbreite

Beispiel:

Berechnen Sie den Aushub für eine abgeböschte Baugrube steifer bindiger Boden, wenn die UG-Außenmaße 9,50 × 10,50 m betragen und die durchschnittliche Aushubtiefe 2,60 m beträgt.

Die UG-Wände werden in Ortbeton hergestellt.

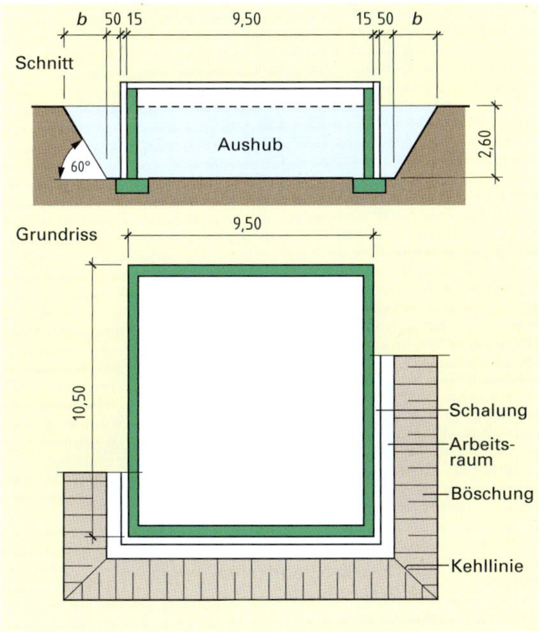

Lösung:

Der Aushubkörper ist ein Keilstumpf. Er kann näherungsweise nach

$$V \approx \frac{\text{Grundfläche} + \text{Deckfläche}}{2} \cdot \text{Höhe}$$

berechnet werden.

Grundfläche

$l_1 = 10{,}50\ \text{m} + 2 \cdot 0{,}50\ \text{m} + 2 \cdot 0{,}15\ \text{m} = 11{,}80\ \text{m}$

$b_1 = 9{,}50\ \text{m} + 2 \cdot 0{,}50\ \text{m} + 2 \cdot 0{,}15\ \text{m} = 10{,}80\ \text{m}$

$A_1 = 11{,}80\ \text{m} \cdot 10{,}80\ \text{m} = 127{,}44\ \text{m}^2$

Berechnung der Böschungsbreite

$\tan 60° = \frac{2{,}60\ \text{m}}{b} \Rightarrow b = \frac{2{,}60\ \text{m}}{\tan 60°} = 1{,}50\ \text{m}$

oder näherungsweise:

$b = 0{,}58 \cdot 2{,}60\ \text{m} = 1{,}51\ \text{m}$

Deckfläche

$l_2 = l_1 + 2 \cdot b = 11{,}80\ \text{m} + 2 \cdot 1{,}50\ \text{m} = 14{,}80\ \text{m}$

$b_2 = b_1 + 2 \cdot b = 10{,}80\ \text{m} + 2 \cdot 1{,}50\ \text{m} = 13{,}80\ \text{m}$

$A_2 = 14{,}80\ \text{m} \cdot 13{,}80\ \text{m} = 204{,}24\ \text{m}^2$

Aushubvolumen

$$V \approx \frac{(127{,}44\ \text{m}^2 + 204{,}24\ \text{m}^2)}{2} \cdot 2{,}60\ \text{m} = 431{,}184\ \text{m}^3$$

Zur (meist nicht erforderlichen) genaueren Berechnung können die Formeln für den Keilstumpf herangezogen werden.

Aufgaben

1. *Berechnen Sie den Aushub für eine Baugrube mit Verbau und Schalung. Die UG-Außenmaße betragen 12,75 × 9,25 m und die durchschnittliche Aushubtiefe 1,75 m.*
2. *Ermitteln Sie die Böschungsbreite einer Baugrube, wenn die Baugrubentiefe bei*
   a) nichtbindigem Boden 1,60 m;
   b) steifem bindigem Boden 2,15 m;
   c) Fels 2,30 m beträgt.
3. *Ermitteln Sie den Aushub für eine abgeböschte Baugrube (Böschungswinkel 45°), wenn die UG-Außenmaße 13,75 × 12,50 m betragen und die durchschnittliche Aushubtiefe 3,15 m beträgt.*
   Die UG-Wände werden betoniert.
4. *Berechnen Sie den Aushub für eine abgeböschte Baugrube (Böschungswinkel 45°), wenn die UG-Außenmaße 14,25 × 10,75 m betragen und die durchschnittliche Aushubtiefe 2,65 m beträgt.*
   Die UG-Wände werden nicht geschalt.
5. *Wie viele m³ Boden müssen bei Aufgabe 4 abgefahren werden, wenn die Auflockerung beim Aushub 20 % beträgt?*
6. *Ein Reihenhaus soll die unten dargestellten Ausmaße erhalten. Die UG-Wände werden betoniert, der anstehende feinkörnige Boden ist von steifer bis halbfester Konsistenz.*
   Ermitteln Sie
   a) die fehlenden Baugrubenmaße und den Böschungswinkel;
   b) den Oberbodenabtrag über der Baugrube in m²;
   c) den Aushub in m³, wenn die mittlere Aushubtiefe 1,80 m beträgt;
   d) den abzufahrenden Boden in m³, wenn die Auflockerung 15% beträgt.

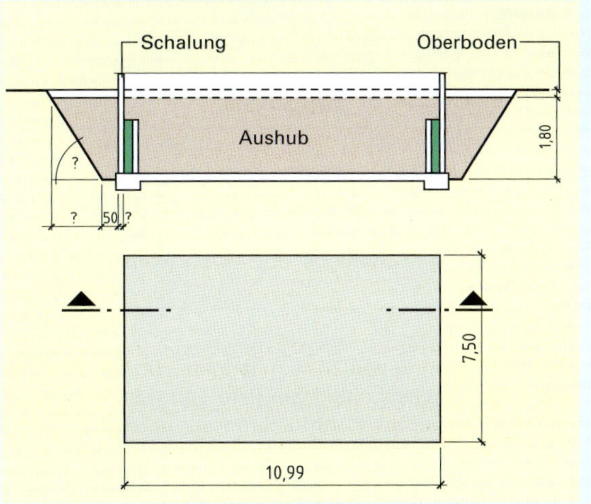

7. *Ermitteln Sie die Kosten der Erdarbeiten (einschl. Mehrwertsteuer) für das Reihenhaus aus Aufg. 6 mit folgenden Einheitspreisen:*

Pos. 1	*Oberbodenabtrag mit seitl. Lagerung*	*2,00 €/m² (netto)*
Pos. 2	*Baugrubenaushub*	*3,80 €/m³ (netto)*
Pos. 3	*Abfuhr und Entsorgung des Aushubmaterials*	*29,40 €/m³ (netto)*

3.6.4 Mengenermittlung bei Leitungsgräben

Für die **Aushubtiefe,** den **Böschungswinkel** und den zu berücksichtigenden Platzbedarf für **Verbaukonstruktionen** gelten beim Aushub von Gräben die Ausführungen zum Aushub von Baugruben entsprechend.

Zur Ermittlung der **Grabenbreite** ist bei Gräben für Abwasserleitungen und -kanäle dem horizontalen äußeren **Rohrschaftdurchmesser (OD_h)** für den **Arbeitsraum** der **Betrag** (x) hinzuzurechnen. Dieser Betrag ist abhängig von der **Nennweite (DN)** der Rohre und der **Art der Grabensicherung** bzw. dem **Böschungswinkel** (β).

DN	≤225	>225 ≤350	>350 ≤700	>700 ≤1200	>1200
Verbau	+0,40	+0,50	+0,70	+0,85	+1,00
$\beta \leq 60°$	+0,40				
$\beta > 60°$	+0,40	+0,50	+0,70	+0,85	+1,00

Zurechnungsbetrag *x* für den Arbeitsraum (s. Abschnitt 3.5.3)

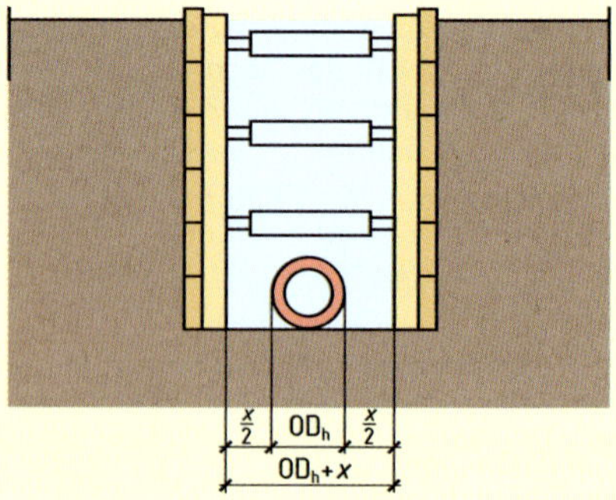

OD_h = Außendurchmesser, horizontal
$OD_h + x$ = lichte Mindestgrabenbreite

Verbauter Graben

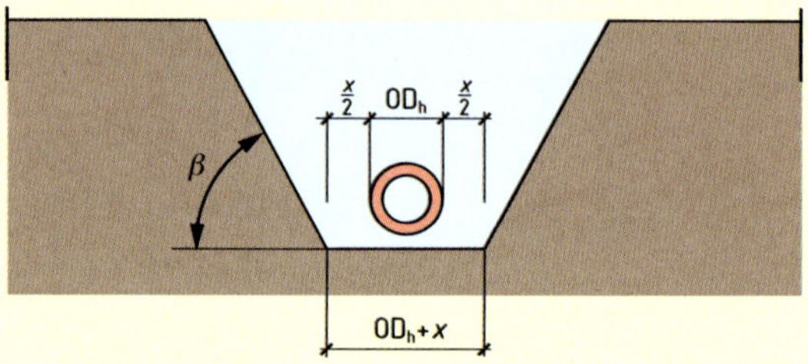

OD_h = Außendurchmesser, horizontal
$OD_h + x$ = lichte Grabenbreite
β = Böschungswinkel

Nicht verbauter Graben

Unabhängig hiervon sind bei Gräben für Abwasserleitungen ab 1,00 m Tiefe lichte **Mindestbreiten** einzuhalten. Es gilt die jeweils größere Breite.

Tiefe (m)	1,00 ... 1,75	>1,75 ... 4,00	>4,00
Mindestbreite (m)	0,80	0,90	1,00

Beispiel:

In einem 1,80 m tiefen, verbauten Graben soll ein Rohr DN 250 mit einem äußeren Rohrdurchmesser OD_h von 28 cm verlegt werden. Welche Grabenbreite gilt?

Lösung:

$OD_h + x = 0{,}28\ \text{m} + 0{,}50\ \text{m} = 0{,}78\ \text{m}$
Mindestbreite bei 1,80 m Tiefe = 0,90 m
Die Mindestbreite ist maßgebend.

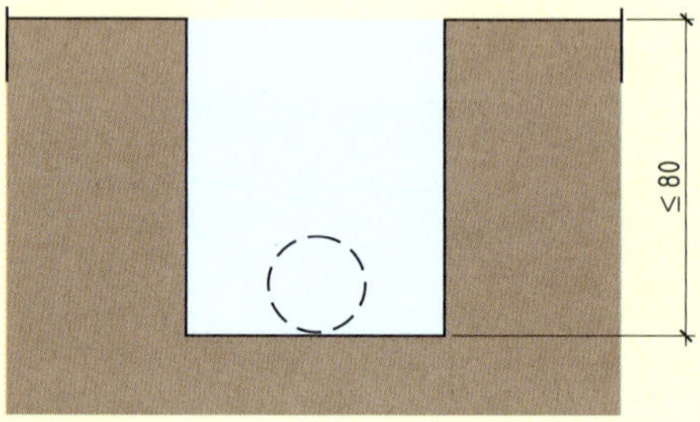

Graben bei Aushubtiefe ≤ 80 cm

Bei der Herstellung von Gräben für alle übrigen Leitungsarten (Wasser, Gas) gelten die Mindestbreiten nach DIN 4124, jeweils zuzüglich der erforderlichen Maße für eventuell notwendige Schalungs- und Verbaukonstruktionen.

Beispiel:

Der Aushub für einen 27,45 m langen, verbauten Graben mit einer durchschnittlichen Tiefe von 1,96 m ist zu ermitteln. Der äußere Rohrdurchmesser beträgt 36 cm (DN 300).

Lösung:

Grabenbreite: 0,90 m (Mindestbreite) + 2 · 0,15 m (Verbau) = 1,20 m

Aushub: $V = 1{,}20\ \text{m} \cdot 1{,}96\ \text{m} \cdot 27{,}45\ \text{m} = \underline{64{,}562\ \text{m}^3}$

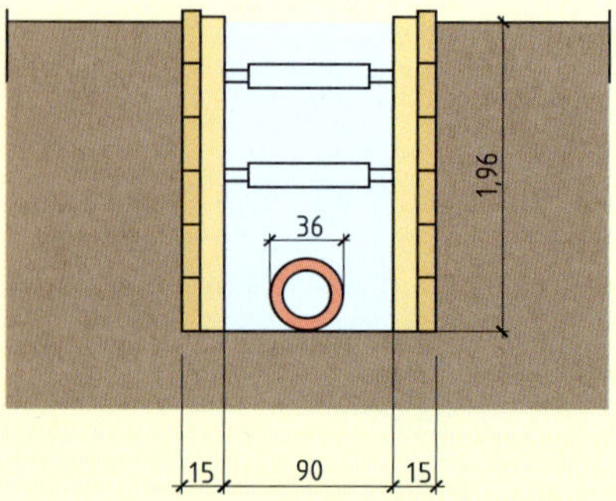

Verbauter Graben

3.6.5 Mengenermittlung bei Verfüllarbeiten

Hinterfüllen, Überschütten und Einbau

Der wieder eingebaute Boden wird grundsätzlich nach Raummaß (m^3) abgerechnet.

Nach VOB (DIN 18300) werden Leitungen, Sandbettungen usw. bis zu 0,1 m^2 Querschnittsfläche nicht abgezogen. Bei Rohren entspricht 0,1 m^2 Querschnittsfläche einem äußeren Rohrschaftdurchmesser von 35,6 cm. Dickere Rohre werden bei der Wiederverfüllung abgezogen.

Beispiel:

Im Beispiel auf der vorhergehenden Seite werden in den Graben ein 15 cm dickes Sandbett und das angegebene Rohr eingebracht. Wie viel Boden kann für die Überschüttung abgerechnet werden?

Lösung:

Aushubquerschnitt: $1{,}20\ m \cdot 1{,}96\ m = 2{,}35\ m^2$

– Sandbettquerschnitt: $1{,}20\ m \cdot 0{,}15\ m = 0{,}18\ m^2$

– Rohrquerschnitt:

$0{,}36\ m \cdot 0{,}36\ m \cdot 0{,}785 = \underline{0{,}10\ m^2}$

Querschnitt der Überschüttung: $2{,}07\ m^2$

Überschüttung: $V = 2{,}07\ m^2 \cdot 27{,}45\ m = \underline{56{,}282\ m^3}$

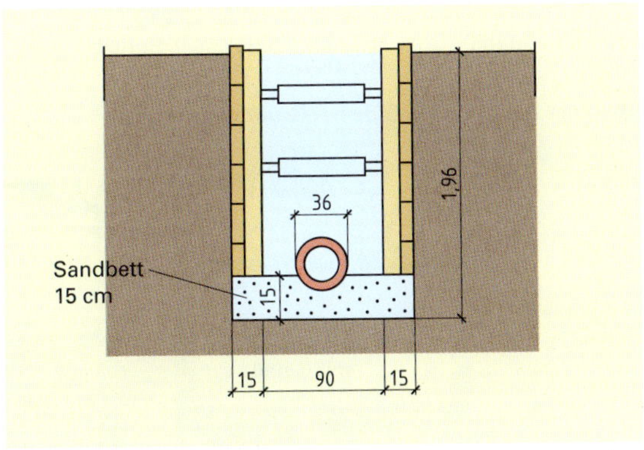

Verbauter Graben mit Sandbett

Aufgaben

1. *Berechnen Sie den Aushub für einen 35,55 m langen verbauten Graben mit einer durchschnittlichen Tiefe von 1,74 m.*
   Der äußere Rohrschaftdurchmesser beträgt 26 cm (DN 200).
2. *Ermitteln Sie den Aushub für einen 28,75 m langen unverbauten Graben mit einer durchschnittlichen Tiefe von 2,05 m und einem Böschungswinkel von 45°. Der äußere Rohrschaftdurchmesser beträgt 46 cm (DN 400).*
3. *Der Aushub für einen 50,50 m langen verbauten Graben mit durchschnittlicher Tiefe von 3,55 m ist zu berechnen. Der äußere Rohrschaftdurchmesser der Schleuderbetonrohre beträgt 176 cm (DN 1500).*
4. *Wie viel Boden kann für die Überschüttung des Beispiels aus Aufgabe 3 abgerechnet werden, wenn in dem Graben außer dem Rohr noch ein 40 cm dickes Sandbett eingebracht wird?*
5. *Berechnen Sie für den im Schnitt dargestellten 28,55 m langen Graben die Überschüttung.*
   Der äußere Rohrschaftdurchmesser beträgt 38 cm (DN 300), die Sickerschicht beträgt 25 cm.
   Grabentiefe bis Sohle 2,06 m.
   Böschungswinkel 60°.

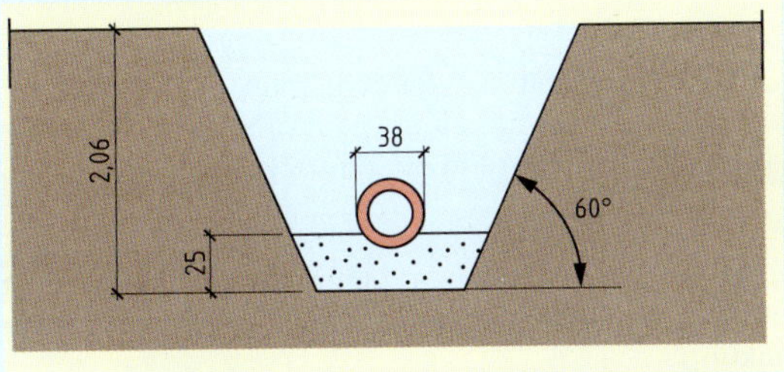

6. *Um die Entwässerung unseres Einfamilienhauses an den Straßenkanal anzuschließen, muss ein Rohr DN 150 (äußerer Rohrschaftdurchmesser 19 cm) in einem 7,80 m langen und durchschnittlich 1,90 m tiefen Graben verlegt werden. Der Graben wird mit Verbaugeräten gesichert.*
   Ermitteln Sie
   a) den Aushub in m^3;
   b) die Wiederverfüllung, wenn ein Sandbett von 20 cm Dicke eingebracht wird.

Arbeitshilfen

In der Praxis wird das Aufmaß auf besonderen **Aufmaßformularen** erstellt. Dies erleichtert das Ausrechnen und das Prüfen der Aufmaße. Vielfach erfolgt die Abrechnung auch mithilfe des Computers. Die speziellen Aufmaßzettel für die **elektronische Datenverarbeitung** sind mit besonderer Sorgfalt auszufüllen, da die Daten oft von Personen in den Computer eingegeben werden, die keine Baufachleute sind. Insbesondere müssen die vorgesehenen Zeilen und Spalten genau eingehalten werden.

Das abgebildete Schema für einen Aufmaßzettel kann mit einem Tabellenkalkulationsprogramm leicht erstellt werden. Durch Eingabe von Formeln lassen sich die Aufgaben auch mit Standard-Bürosoftware leicht lösen.

Schema für ein Aufmaßformular

Pos.	Benennung	Anzahl	Aufmaß			Messgehalt	Abzug	reiner* Messgehalt
			lang	breit	hoch			
5	Sandbett	1	27,45	1,20	0,15	4,941 m^3		

* reiner Messgehalt = Messgehalt – Abzug

3.7 Wasserhaltung

3.7.1 Allgemeines

Beim Erstellen von Bauwerken treffen wir Wasser in der Form von **Oberflächenwasser** oder als **Grundwasser** an. Das Oberflächenwasser stammt aus Niederschlägen. Grundwasser fällt an, wenn man beim Anlegen einer Baugrube oder eines Leitungsgrabens eine im Untergrund befindliche wasserführende Schicht anschneidet oder sich die Aushubsohle unterhalb des Grundwasserhorizontes befindet.

In eine Baugrube bzw. einen Leitungsgraben eindringendes Wasser verursacht folgende Probleme:

- Die Arbeiten werden erschwert oder unmöglich gemacht.
- Die Tragfähigkeit der Baugruben-/Grabensohle wird bei entsprechender Bodenart herabgesetzt.
- Die Böschungswände können bei seitlich eindringendem Wasser ihre Standfestigkeit verlieren und sind deshalb zu verbauen.
- Das Bauwerk/die Rohrleitungen erfahren Auftriebskräfte, die zum Aufschwimmen führen, sofern die Auftriebskräfte größer sind als die Bauwerkslasten.

Aus diesen Gründen muss der Wasserzutritt entweder verhindert, oder eindringendes Wasser umgehend abgeleitet werden.

Unter Wasserhaltung versteht man alle Maßnahmen zur Trockenhaltung einer Baugrube oder eines Leitungsgrabens während der Bauzeit.

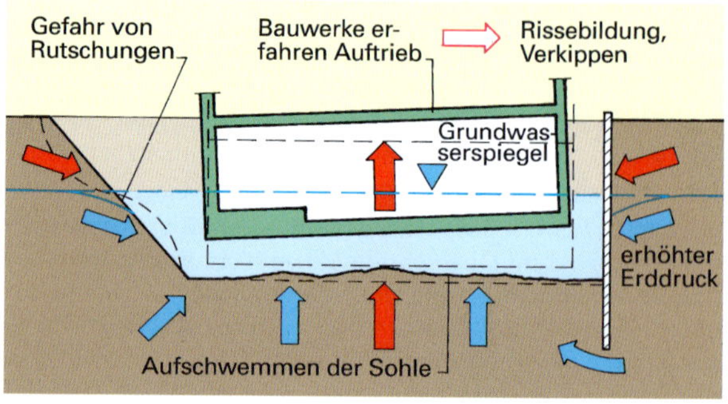

Baugrube im Grundwasser; mögliche Folgen

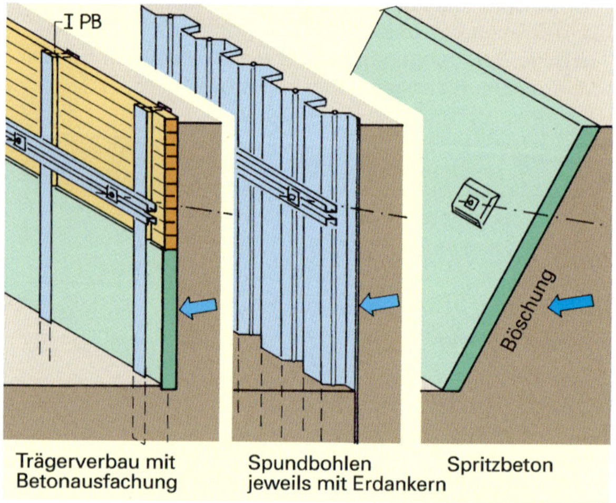

Verbau der Baugrubenwände bei Grundwasseranfall

Im Wesentlichen sind zwei Methoden der Wasserhaltung gebräuchlich: **offene Wasserhaltung** und **Grundwasserabsenkung**.

3.7.2 Offene Wasserhaltung

Das einfachste und kostengünstigste Verfahren der Wasserhaltung ist die **offene Wasserhaltung**. Diese Methode wird deshalb immer dann gewählt, wenn lediglich Oberflächenwasser zu beseitigen ist und nur wenig oder gar kein Grundwasser der Baugrube zufließt.

Man lässt hierbei das Grund- und Oberflächenwasser in die Baugrube eindringen und führt es in Vertiefungen in der Baugrubensohle sog. **Pumpensümpfen** zu, aus denen es dann abgepumpt wird.

Nach Erreichen der endgültigen Aushubsohle können die **Dränleitungen** verlegt und die **Filterschicht** eingebaut werden, um diese zur Entwässerung der Baugrube zu nutzen.

Für die Ausbildung der Pumpensümpfe eignen sich Brunnenringe aus Stahlbeton, die in die ausgehobenen Vertiefungen versetzt werden.

Die offene Wasserhaltung ist die einfachste und kostengünstigste Möglichkeit, eine Baugrube im Grundwasserbereich trocken zu halten.

Bei der offenen Wasserhaltung wird das in die Baugrube eingetretene Wasser über Gräben und Dränleitungen abgeleitet, in Pumpensümpfen gesammelt und abgepumpt.

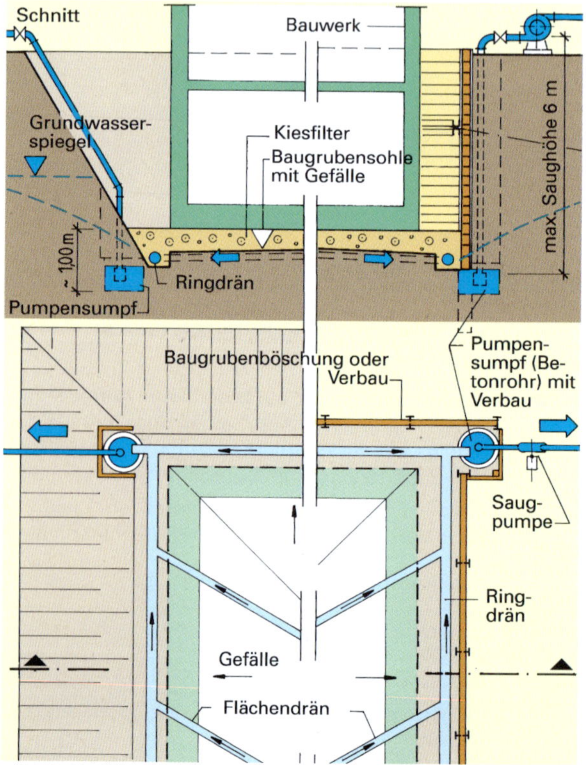

Offene Wasserhaltung mit Filterschicht, Ring- und Flächendränung

3.7.3 Grundwasserabsenkung

Ist der Wasserandrang so groß, dass die Tragfähigkeit des Untergrundes gefährdet wird, oder fällt zu viel Wasser in der Baugrube an, so muss eine **Grundwasserabsenkung** gewählt werden.

Anders als bei der offenen Wasserhaltung lässt man hierbei das anfallende Grundwasser nicht in die Baugrube eindringen, sondern man umgibt die Baugrube mit einem Ring von **Rohrbrunnen,** durch die das Grundwasser abgepumpt wird **(geschlossene Wasserhaltung).**

Durch diese Maßnahme wird der Grundwasserspiegel im Bereich zwischen den Brunnen so weit abgesenkt, dass er unterhalb der Baugrubensohle liegt und somit kein Grundwasser mehr in die Baugrube eindringt.

Die Rohrbrunnen bestehen meistens aus Filterrohren DN 150 aus Stahl oder Kunststoff mit Filterschlitzen in der Wandung, durch die das Grundwasser in die Filterrohre eindringen kann. Diese Filterrohre werden in vorbereitete Bohrungen eingesetzt und mit Saugrohren oder Tauchpumpen versehen, durch die das Wasser an die Oberfläche gefördert und einem Vorfluter zugeführt wird.

Der Aufwand für Herstellung und Unterhaltung einer Grundwasserabsenkungsanlage ist wesentlich höher als bei einer offenen Wasserhaltung. Darüber hinaus besteht bei einer Grundwasserabsenkung die Gefahr, dass an benachbarten Gebäuden **Setzungsschäden** verursacht werden. Kritisch sind auch die Auswirkungen auf die Umwelt bei der Planung einer Grundwasserabsenkung zu betrachten.

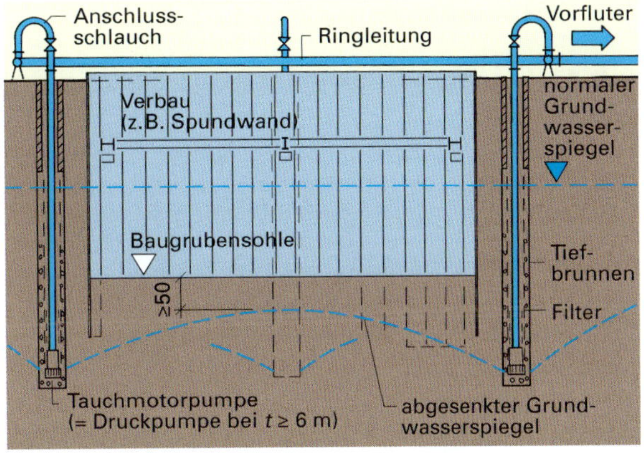

Grundwasserabsenkung und Grundwasserhaltung

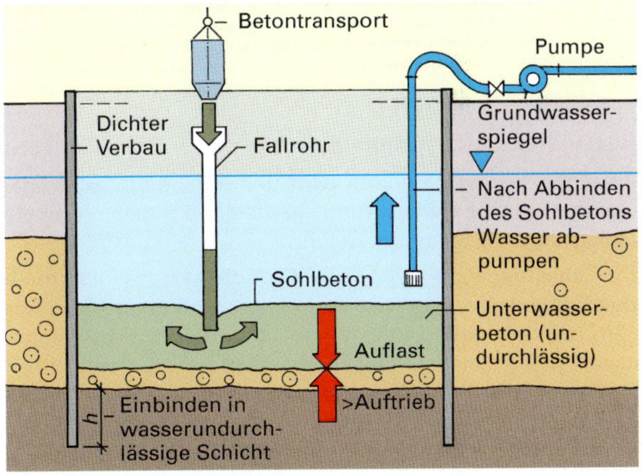

Herstellen einer Unterwasserbetonsohle

3.7.4 Wasserdichte Umschließung der Baugrube

Ist eine Grundwasserabsenkung aus den vorgenannten Gründen nicht zweckmäßig oder nicht genehmigungsfähig und lässt sich die Bauwerkssohle wegen der Menge des eindringenden Wassers nicht mehr durch eine offene Wasserhaltung sichern, so muss die Baugrube wasserdicht umschlossen werden, um den Wasserzutritt zu verhindern.

Als wasserdichte stützende Baugrubenwände, die in den undurchlässigen Untergrund einbinden, kommen **massive Verbauarten** aus Stahlbeton oder **Spundwände** aus Stahlprofilen in Frage.

Ist es nicht möglich oder nicht wirtschaftlich, den Verbau bis in wasserundurchlässige Schichten hinabzuführen, so kann die Baugrubensohle beispielsweise durch das Einbringen einer Sohle aus Unterwasserbeton oder einer Injektionssohle abgedichtet und die Baugrube nach Abbinden des Sohlbetons leergepumpt werden. Hierbei ist stets auf die **Auftriebssicherheit** der Baugrubensohle zu achten.

Die Grundwasserabsenkung ermöglicht es, das Wasser während der Bauzeit von der Baugrube fernzuhalten. Bei vorhandener Nachbarbebauung und aus ökologischen Gründen ist dieses Verfahren jedoch häufig nicht zu empfehlen.

Durch wasserdichte Baugrubenumschließungen wird der Grundwasserhaushalt praktisch nicht gestört. Sie erfordern jedoch zusätzlich eine wasserundurchlässige Baugrubensohle.

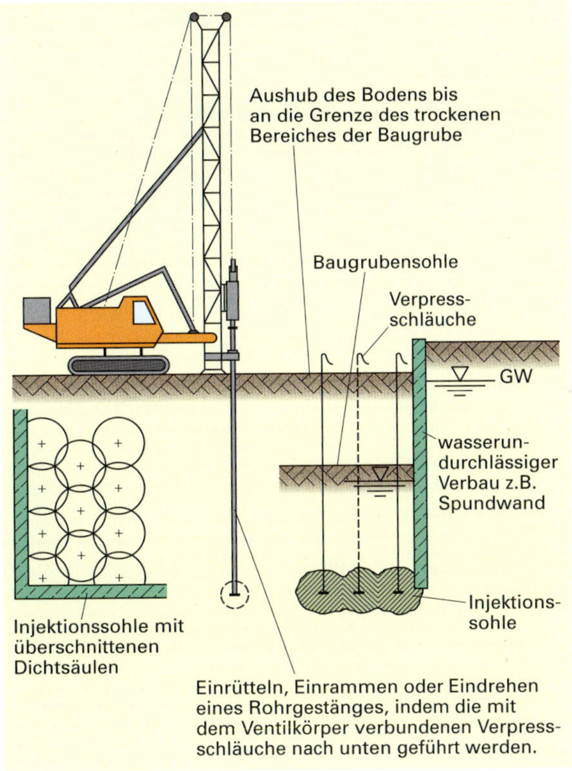

Herstellen einer Injektionssohle

3.8 Entwässerung

3.8.1 Haus-/Grundstücksentwässerung

Jeder Grundstücksbesitzer ist verpflichtet, die auf seinem bebauten Grundstück anfallenden Wässer ordnungsgemäß und schadlos zu entsorgen. Hierbei sind neben den technischen Vorschriften auch örtlich verschiedene behördliche Vorgaben einzuhalten. Der Verlauf der Entwässerungsleitungen ist in einem **Entwässerungsplan** darzustellen (S. 49). Dieser muss der Genehmigungsbehörde zur Erteilung der Baugenehmigung vorgelegt werden.

Abwasserarten

Bei den anfallenden Wässern unterscheidet man:

- **Oberflächenwasser** aus Niederschlägen wie Regen und Schnee.
- **Häusliches Abwasser** das durch den Gebrauch im Haushalt verschmutzt wird und deshalb gereinigt werden muss.
- **Industrielles Abwasser.**

Bestandteile der Hausentwässerung

Innerhalb eines Gebäudes wird das anfallende Schmutzwasser vom Entwässerungsgegenstand über vertikale **Fallleitungen** nach unten geführt.

Die Fallleitungen münden in die **Grundleitung,** die unterhalb des Gebäudes verlegt wird und die gesammelten Abwässer zum auf dem Grundstück befindlichen **Schacht** (Revisionsschacht) hin ableitet. Wegen der besseren Zugänglichkeit stellen unterhalb der Kellerdecke montierte **Sammelleitungen** eine sinnvolle Alternative dar. Die Schächte können als Einsteigschacht mit Zugang für Personen (Durchmesser ≥ 80 cm) oder als Kontrollschacht (Inspektionsöffnung; Durchmesser < 80 cm) ausgeführt werden.

Das auf den Dachflächen anfallende Regenwasser wird über **Regenfallrohre (RR)** zur Grundleitung abgeleitet (siehe dazu auch Abschnitt 16.9).

Bestandteile der Grundstücksentwässerung

Das auf den befestigten Flächen des Grundstückes anfallende Oberflächenwasser kann in Hofeinläufen oder Entwässerungsrinnen gefasst und ebenfalls der Grundleitung zugeführt werden (siehe dazu auch Abschnitt 16.9).

Des Weiteren ist häufig eine **Gebäudedränung** entlang der Außenwände des Untergeschosses vorzusehen, die anfallende Sicker- oder Hangwässer aufnimmt und ableitet.

Anschluss an die Ortsentwässerung

Vom Kontrollschacht auf dem Grundstück leitet der **Hausanschlusskanal** die gesammelten Abwässer zum **Straßenkanal** hin ab, der die an dieser Straße liegenden Haus- und Grundstücksentwässerungen fasst. Über **Hauptsammler,** die beispielsweise die Abwässer einzelner Wohngebiete zusammenfassen, gelangen die Abwässer schließlich zur **Kläranlage,** wo sie nach ihrer Reinigung über einen **Vorfluter** wieder dem natürlichen Wasserkreislauf zugeführt werden.

Aufgabe der Haus- und Grundstücksentwässerung ist es, alle anfallenden Wässer so abzuleiten, dass keine Schäden entstehen. Sämtliche unterhalb der Rückstauebene (= Straßenoberkante) liegenden Entwässerungsgegenstände sind mit einer Sicherung gegen Rückstau zu versehen.

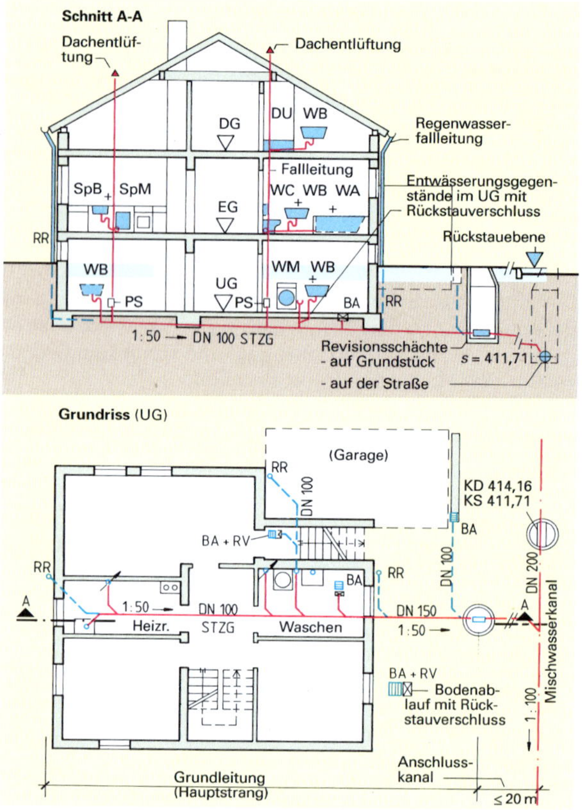

Gebäudeentwässerung mit Fallleitungen, Grundleitung und Anschlusskanal (Mischsystem)

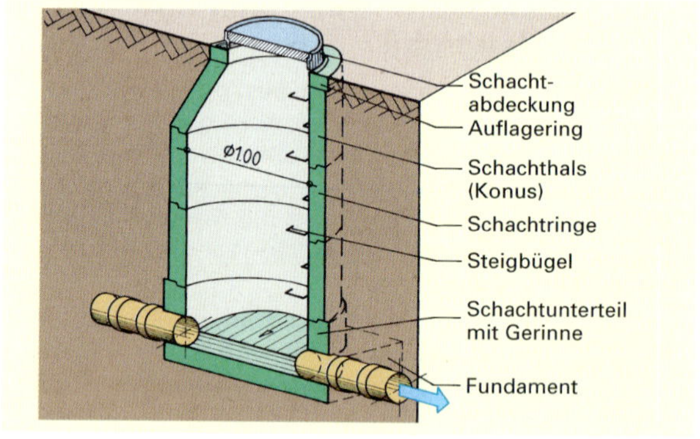

Einstiegsschacht mit offenem Durchlauf

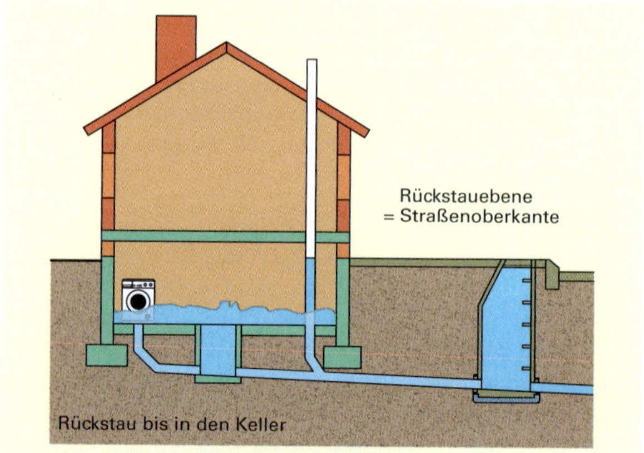

Hausentwässerung ohne Rückstauschutz

Entwässerungsverfahren

Bei der Ableitung der Abwässer eines Ortes oder eines einzelnen Wohngebietes zur Kläranlage sind zwei Verfahren gebräuchlich:

- Das **Mischsystem,** bei dem Schmutz- und Regenwasser in einem gemeinsamen Kanal, dem **Mischwasserkanal,** abgeleitet werden.
- Das **Trennsystem,** bei dem Schmutz- und Regenwasser in zwei getrennten Kanälen, dem **Schmutz-** bzw. dem **Regenwasserkanal,** abgeleitet werden.

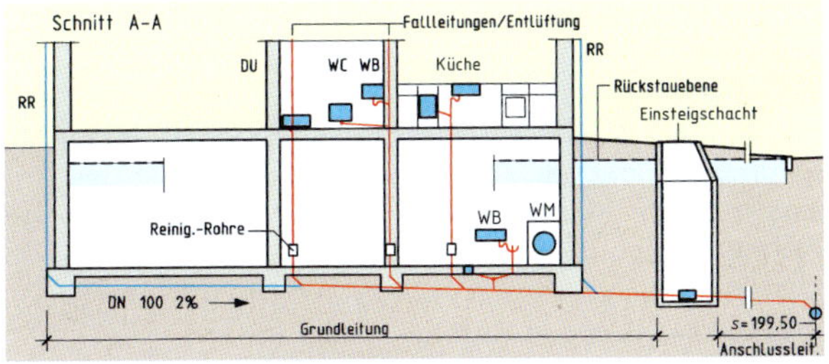

Fallleitungen und Grundleitungen

Vor- und Nachteile des Mischsystems:

+ Es wird nur ein Kanal benötigt,
+ Bau und Betrieb des Kanalnetzes sind dadurch kostengünstiger,
+ Straßenschmutz- und Staubablagerungen werden ebenfalls zur Kläranlage abgeleitet,
+ die Haus- und Grundstücksentwässerung erfolgt mit lediglich einem Anschlusskanal.
- Bei starken Niederschlägen kann der Kanal eingestaut werden,
- bei Überlastung der Regenüberlaufbecken kann der Vorfluter durch Schmutzwasser belastet werden,
- die Kläranlagen sind vergleichsweise groß zu dimensionieren. Sie werden unterschiedlich belastet, da die Schmutzfrachtkonzentration infolge des Regenwassers stark schwankt.

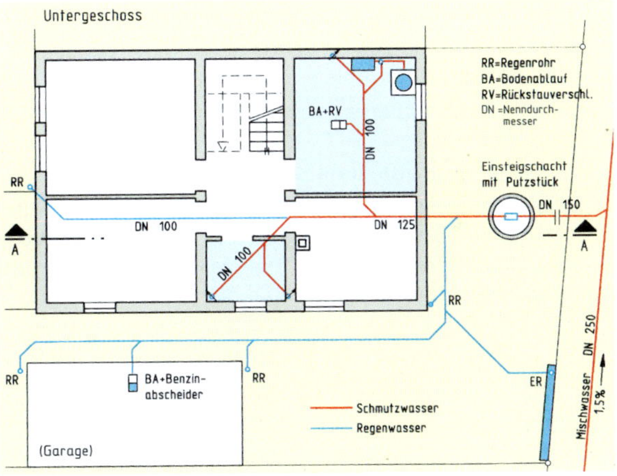

Grundleitungen, Mischsystem

Vor- und Nachteile des Trennsystems:

+ Die Kläranlage wird nur durch den Schmutzwasserkanal beaufschlagt. Die gering schwankende Wassermenge und Schmutzfrachtkonzentration ermöglicht eine kleinere Dimensionierung und bessere Reinigungsleistungen,
+ Rückhaltebauwerke im Kanalsystem sind wesentlich kleiner auszubilden.
- Die doppelte Leitungsführung bringt hohe Bau- und Betriebskosten mit sich,
- Leitungskreuzungen sind sehr aufwendig,
- der Vorfluter wird beim ersten Regenschwall nach einer Trockenperiode stark mit Schmutz belastet,
- die Unterbringung eines zusätzlichen Kanals und der zugehörigen Schachtbauwerke im Straßenquerschnitt kann Schwierigkeiten verursachen.

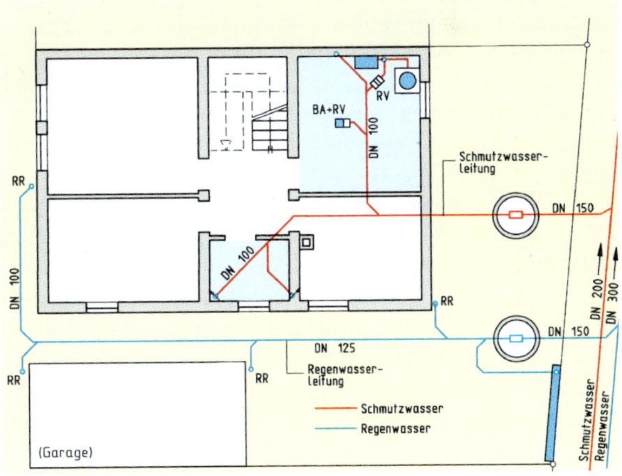

Grundleitungen, Trennsystem

Das beschriebene und in der nebenstehenden Abbildung dargestellte **Trennsystem** ist trotz aller Vorteile neben den hohen Kosten noch mit einem weiteren Problem behaftet:

Der Anschluss von Straßenabläufen und Entwässerungsrinnen befestigter Hofflächen an den Regenwasserkanal muss zumindest kritisch betrachtet werden. Auf diesem Wege gelangen z.B. die Abwässer aus der Autowäsche und Schadstoffe, die bei Unfällen oder Havarien frei werden, ungeklärt in den Vorfluter.

Diese Gefahr ist beim Mischsystem nicht gegeben, da alle Abwässer der Kläranlage zugeführt werden.

Systemvarianten

Da der Problematik der Abwasserreinigung sowohl unter ökologischen, als auch unter finanziellen Gesichtspunkten eine immer größere Bedeutung zukommt, wird es zukünftig notwendig sein, die unverschmutzten Abwässer (z.B. Dachflächenwässer) einer Nutzung innerhalb des Gebäudes (z.B. für die Toilettenspülung oder den Betrieb der Waschmaschine) zuzuführen oder zumindest auf der Grundstücksfläche versickern zu lassen (siehe dazu auch Abschnitt 16.9). Ebenso bietet sich die Möglichkeit, die Dränwässer innerhalb des Grundstückes einem Sickerschacht zuzuführen und somit die Kläranlagen zu entlasten.

3.8.2 Rohre für Entwässerungsleitungen

Anforderungen

Um künftige Schäden zu vermeiden, die stets erhebliche Kosten verursachen und die Gefahr der Verunreinigung des Grundwassers mit sich bringen, werden an Entwässerungsleitungen hohe Anforderungen gestellt. Sie müssen folgende Eigenschaften aufweisen:

- Druckfestigkeit und Formbeständigkeit,
- chemische Beständigkeit gegen aggressive Stoffe, die im Abwasser oder im Boden und im Grundwasser vorhanden sein können,
- Dichtheit der Rohre, Formteile und Rohrverbindungen,
- glatte Innenfläche zur Gewährleistung der Abflussleistung und zur Vermeidung von Ablagerungen,
- einfache Bearbeitbarkeit zur Herstellung von Passstücken und Anschlüssen,
- Wurzelfestigkeit von Rohrverbindungen.

Gebräuchliche Rohrmaterialien für das Herstellen von Entwässerungsleitungen sind: **Steinzeug, Beton, Kunststoff, duktiles Gusseisen** und **Faserzement.** Rohre aus diesen Materialien unterscheiden sich hinsichtlich Eigenschaften, Verarbeitbarkeit und Preis.

Steinzeugrohre

Steinzeugrohre und -formstücke (DIN EN 295) werden aus Ton unter Zugabe von Schamotte als Magerungsmittel zu Rohlingen geformt, innen und außen mit einer Glasur versehen und bei Temperaturen von 1250 °C gebrannt.

Steinzeugrohre sind äußerst beständig gegen chemische Angriffe. Sie besitzen eine geringe Wandrauigkeit und eine große Abriebfestigkeit, was hohe Fließgeschwindigkeiten der Abwässer erlaubt.

Für unterschiedliche Belastungen werden Steinzeugrohre in Tragfähigkeitsklassen und in die **Normallastreihe (N)** und die **Hochlastreihe (H)** eingeteilt.

Steinzeugrohre werden in **Nennweiten** (Innendurchmesser) **DN 100 ... 1400** und in **Baulängen** von **1,00 ... 2,50 m** hergestellt.

Eine Vielzahl von **Formstücken** wie Abzweige, Bögen, Reduzierstücke zur Nennweitenänderung und Übergangsstücke auf andere Rohrmaterialien passen das Rohrsystem an nahezu jede Anforderung an.

Gelenkstücke erfüllen die Forderung nach gelenkigen Anschlüssen an Schachtbauwerke.

Um eine leichte, schnelle und sichere Handhabung zu erzielen, werden Rohre und Formstücke mit fest in der Muffe angebrachten **Gummilippen als Dichtelemente** versehen, die sich je nach Rohrdurchmesser in ihrer Ausführung unterscheiden. Beim Einschieben des Spitzendes in die Muffe entsteht eine dichte Verbindung nach innen und nach außen.

Kanäle aus Steinzeugrohren weisen wegen ihrer Beständigkeit eine lange Lebensdauer auf.

Wegen ihrer Bruchempfindlichkeit ist bei Lagerung, Transport und Einbau mit größter Sorgfalt vorzugehen.

Steinzeugrohre überwiegen in der öffentlichen Abwasserableitung bei Nennweiten bis DN 600.

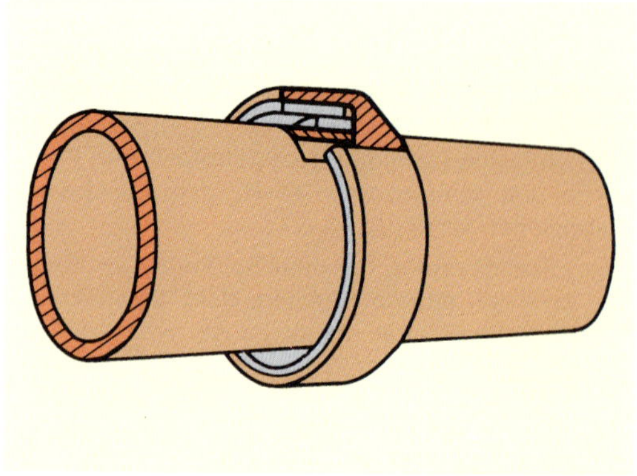

Steckmuffe K

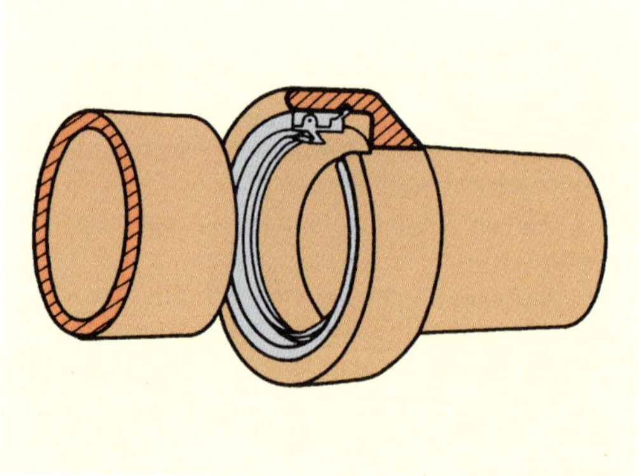

Steckmuffe L

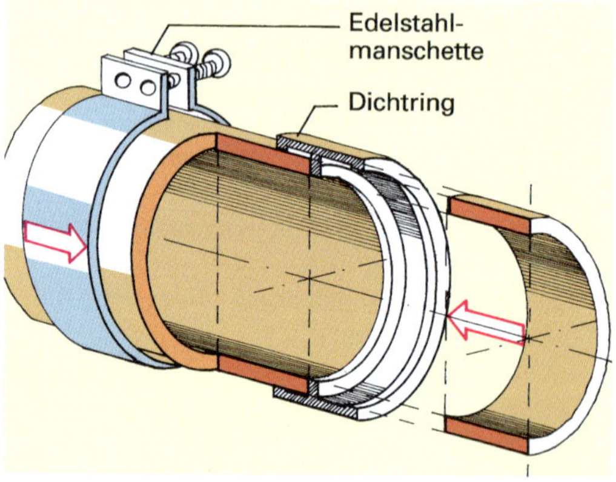

Muffenlose Steinzeug- oder Gussrohre

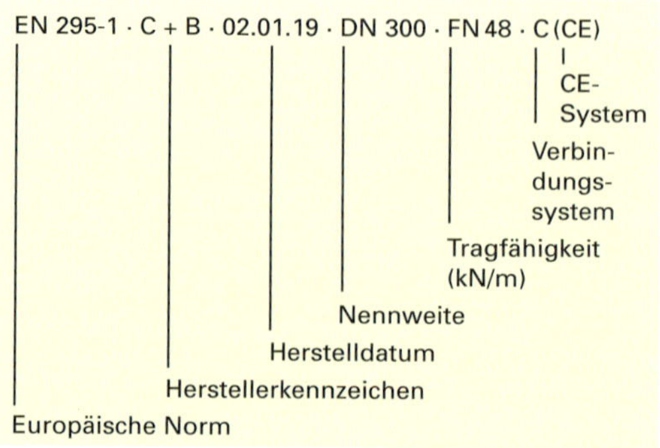

Kennzeichnungsbeispiel eines Steinzeugbauteils nach DIN EN 295-1

Beton- und Stahlbetonrohre (B- und Sb-Rohre)

Beton- und Stahlbetonrohre werden aus Zement, Gesteinskörnungen und Wasser werkseitig im Rüttelpressverfahren mit stehender Achse hergestellt. Betonrohre können mit kreisförmigen, eiförmigen und rechteckigen Querschnitten hergestellt werden.

Betonrohre und Stahlbetonrohre (DIN EN 1916/DIN V 1201) sind bei Einbau und Transport nicht so bruchempfindlich wie Steinzeugrohre und zudem preiswerter. Sie weisen eine höhere Wandrauigkeit auf als Steinzeugrohre und sind außerdem empfindlicher gegen chemische Angriffe bei Einleitung industrieller Abwässer. Für die Ableitung häuslicher Abwässer, insbesondere bei Mischwässern, können Betonrohre jedoch bedenkenlos verwendet werden. Bei den Beton- und Stahlbetonrohren unterscheidet man:

- Typ 1: Rohre, die widerstandsfähig gegen chemisch schwach angreifende Umgebung sind (Expositionsklasse XA 1), für den Bau von Regenwasserleitungen.
- Typ 2: Rohre, die widerstandsfähig gegen mäßig angreifende Umgebung (XA 2) sind, für den Bau von Misch- und Schmutzwasserleitungen.

Betonrohre werden in Nennweiten ab DN 100 ... 1500, Stahlbetonrohre ab DN 250 ... 4000 und in **Baulängen bis 4,50 m** hergestellt. Die Rohrverbindungen werden je nach Form und Bauart der Betonrohre mit verschiedenen Dichtungsmöglichkeiten ausgeführt.

Kanäle aus Beton-/Stahlbetonrohren weisen eine geringere Beständigkeit gegen chemische Angriffe auf, können aber zur Ableitung häuslicher Schmutzwässer bedenkenlos eingesetzt werden.

Betonrohre überwiegen in der öffentlichen Abwasserableitung bei Durchmessern über DN 600.

Beispiel für die Bezeichnung eines Betonrohres nach DIN V 1201:

Betonrohr DIN V 1201 – Typ 2 – B – EF – GM WN/HN 500/700 × 2000

(Norm: DIN V 1201; Betonfestigkeit: Typ 2; Beton: B; Eiform: EF; Glockenmuffe: GM; Nennweite: WN/HN 500/700; Länge: 2000)

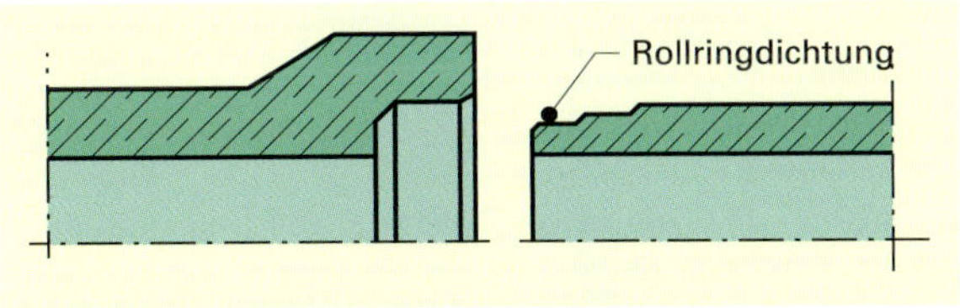

Glockenmuffe mit Rollringdichtung (Beispiel)

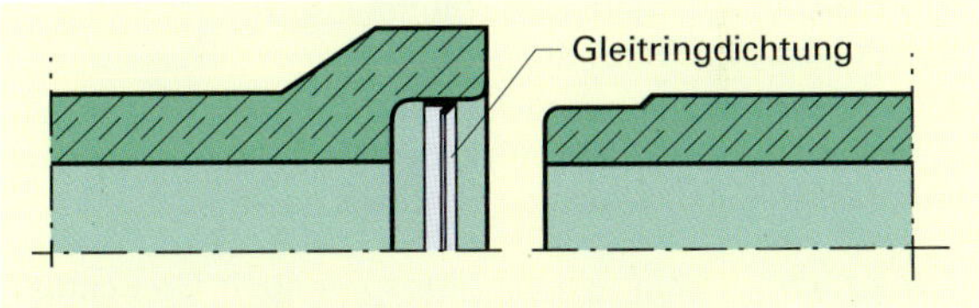

Glockenmuffe mit Gleitringdichtung (Beispiel)

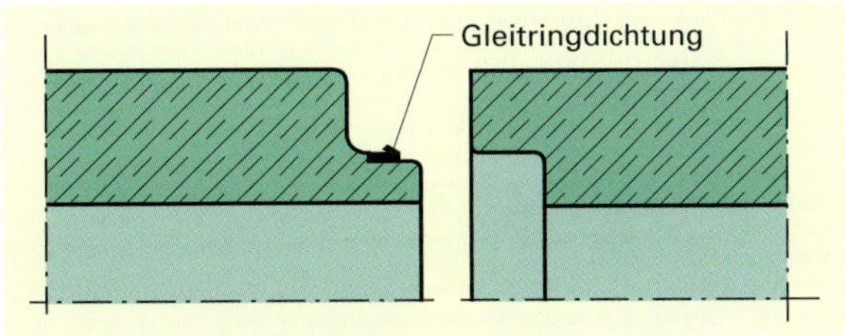

Falzmuffe mit Gleitringdichtung (Beispiel)

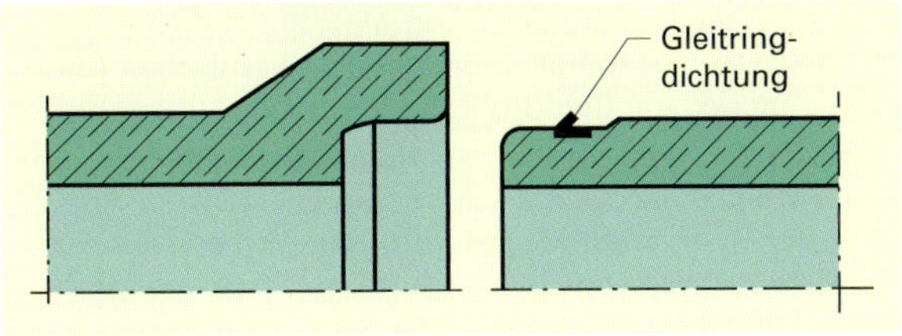

Glockenmuffe mit Gleitringdichtung auf dem Spitzende des Rohres (Beispiel)

Rohre aus duktilem Guss (GJS-Rohre)

Duktile Gussrohre (duktil = verformbar) besitzen gegenüber Grauguss eine andere Form des Grafitanteils, wodurch ihre besonderen mechanischen Eigenschaften bestimmt werden. Sie werden im Schleuderverfahren hergestellt und besitzen eine hohe Zugfestigkeit und eine beachtliche Verformbarkeit (die Mindestbruchdehnung duktiler Schleudergussrohre beträgt 10 %). Außerdem ist duktiles Gusseisen schweißbar.

Wegen der geringen Korossionsbeständigkeit von Gusseisen erhalten duktile Gussrohre innen eine **Zementmörtelauskleidung** (ZMA) und außen eine Beschichtung zur Korrosionsvermeidung.

Duktile Gussrohre (DIN EN 598) werden in **Nennweiten** von **DN 80 ... 2000** hergestellt und sind in **Baulängen von 6 ... 8 m** lieferbar.

Im Abwasserleitungsbau hat sich die TYTON-Steckmuffenverbindung bewährt, die auch als zugfeste Verbindung ausgeführt werden kann.

Duktile Gussrohre werden wegen ihrer besonderen mechanischen Eigenschaften bei schwierigen Geländeverhältnissen (Bergsenkungsgefahren, Steilhänge), sehr geringer oder sehr hoher Überdeckung und hohen Verkehrslasten sowie in Trinkwasserschutzgebieten und für Druckleitungen verwendet.

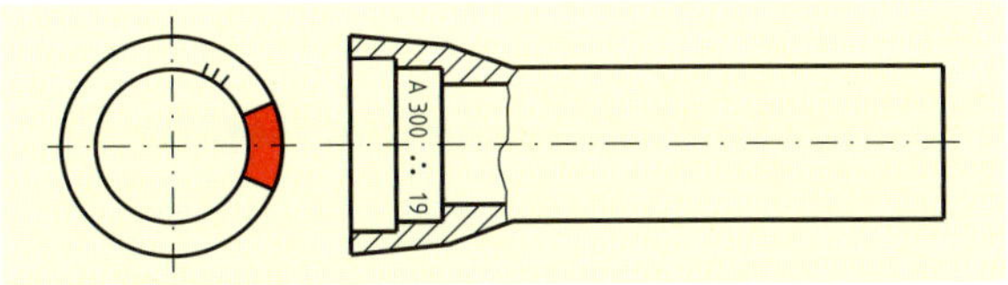

...	3 Kerben auf der Muffenstirn Werkstoff: duktiles Gusseisen oder/und
∴	3 Punkte in der Muffe eingegossen
A	Herstellerzeichen in der Muffe eingegossen
300	Nennweite DN 300
19	Herstellungsjahr
	mind. 20 cm langer roter Strich auf der Muffenstirn bedeutet „für Abwasser“

Kennzeichnung eines Abwasser-Muffenrohres aus duktilem Gusseisen

Kunststoffrohre

Kunststoffrohre nach DIN EN 13476 bestehen überwiegend aus weichmacherfreiem Polyvinylchlorid hart (PVC-U), aus Hochdruck-Polyethylen (PE-HD) oder aus Polypropylen (PP).

Ihr großer Vorteil liegt in der chemischen Beständigkeit gegen fast alle möglichen Angriffe, in der ausreichenden mechanischen Festigkeit, dem geringen Gewicht, der einfachen Bearbeitbarkeit und dem günstigen Preis. Kunststoffrohre besitzen darüber hinaus eine sehr glatte Rohrwandung.

Kunststoffrohre werden auch als **KG-Rohre** bezeichnet (KG = Kanalgrundleitung).

Sie werden in **Nennweiten DN 100 ... 600** und in **Baulängen bis 5 m** hergestellt.

Die Rohrverbindung wird bei Kunststoffrohren meist mit einem separat in die Nut der Steckmuffe einzulegenden Gummidichtring abgedichtet. Muffenlose Rohrstücke werden mit **Überschiebemuffen** verbunden.

Das Angebot an **Formstücken** wie Bögen, Abzweigen, Übergangs- und Reduzierstücken, Reinigungsrohren usw. ist umfassend und erleichtert ebenfalls den Einsatz.

Kunststoffrohre sind wegen ihres geringen Gewichtes besonders leicht von Hand zu verlegen, leicht bearbeitbar und beständig gegen chemische Angriffe.

Kunststoffrohre werden bei der Haus- und Grundstücksentwässerung bevorzugt für die Herstellung der Grundleitungen eingesetzt.

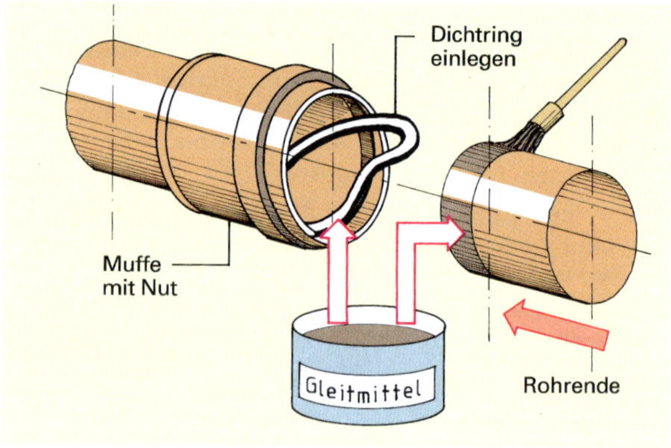

Kunststoffrohr KG mit Muffe und Dichtring

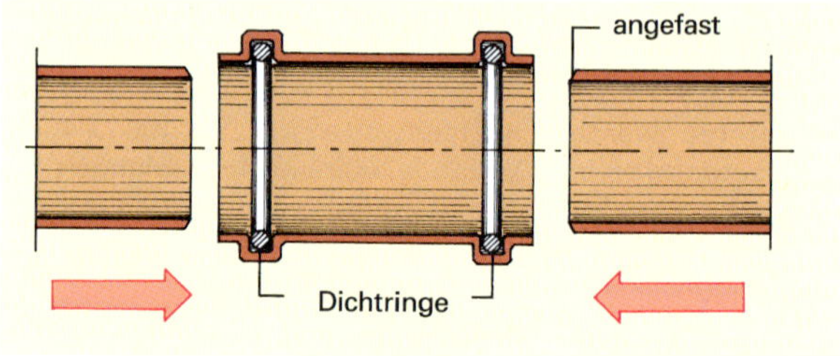

Überschiebemuffe für muffenlose KG-Rohre

Faserzementrohre (Fz-Rohre)

Faserzementrohre nach DIN EN 12763 für Abwasserkanäle werden durch Wicklung eines zementgebundenen Faservlieses um einen Stahlkern hergestellt. Durch den Stahlkern entsteht im Rohr eine sehr glatte Oberfläche mit geringer Rauigkeit. Sie zeichnen sich durch ein geringes Gewicht, lange Rohrstücke und einfache Rohrverbindungen aus. Die Beständigkeit gegenüber chemischen Angriffen ist mit der von Betonrohren vergleichbar.

Faserzementrohre sind in den **Nennweiten DN 50 ... 2000** und in **Baulängen von 2 ... 6 m** lieferbar. Für die Ausführung der Rohrverbindungen sind unterschiedliche Systeme gebräuchlich, die in Sonderfällen auch als zugfeste Verbindung ausgeführt werden können.

Faserzementrohre kommen bevorzugt in Steilhängen und als Druckleitung zur Anwendung.

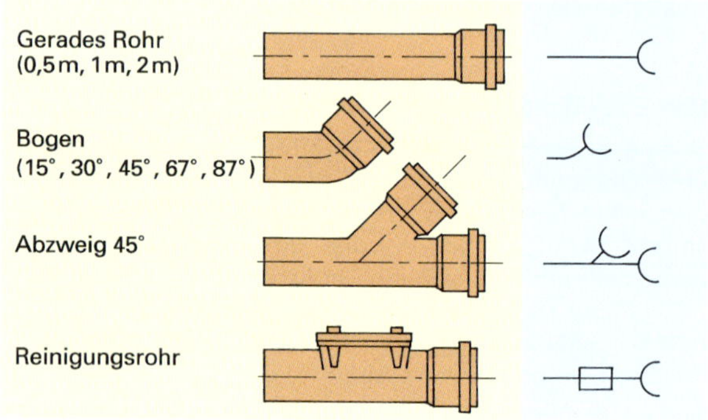

Formstücke und ihre Symbole

3.8.3 Steigung, Neigung und Gefälle

Allgemeines

Damit Wasser auf natürlichem Wege abfließen kann, müssen die Entwässerungsleitungen im **Gefälle** verlegt werden, d.h. sie müssen gegenüber der Horizontalen eine **Neigung** aufweisen. Man spricht bei dieser Art der Abwasserableitung von **Freispiegelleitungen**. Im Gegensatz hierzu gibt es auch **Druckleitungen,** bei denen das Abwasser durch den Einsatz von Pumpen eine **Steigung** überwinden kann.

Die Angabe des erforderlichen Gefälles der Entwässerungsleitungen erfolgt im Entwässerungsplan üblicherweise als **Prozentsatz** oder seltener auch als **Verhältniszahl.**

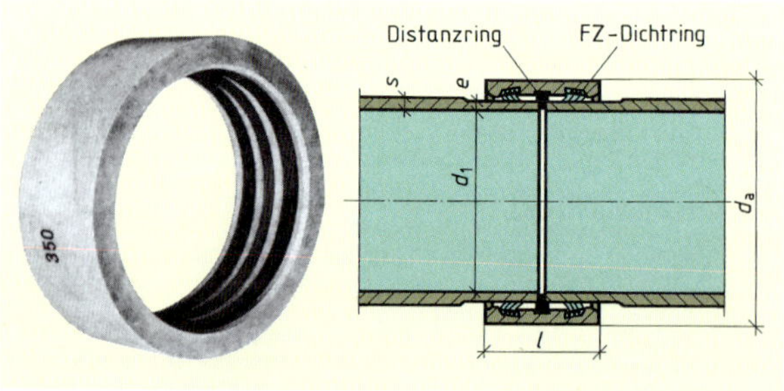

Kupplung für Faserzementrohre

Verhältniszahl

Das **Verhältnis** 1:*n* gibt das Verhältnis zwischen Höhe (*h*) und Länge (*l*) an. Die erste Zahl entspricht also der Höhe, die zweite der Länge. Die Höhe wird gleich 1 gesetzt und die Länge als **Verhältniszahl** (*n*) darauf bezogen. Hat z. B. eine Entwässerungsleitung ein Gefälle von 1:50, so heißt dies, dass die Leitung auf 50 m Länge um 1 m fällt. Eine Böschung mit einer Neigung von 1:2 überwindet auf 2 m einen Höhenunterschied von 1 m.

Bei Angabe des **Verhältnisses** wird einfachheitshalber stets nur mit der **Verhältniszahl** (*n*) gerechnet.

Grundsätzlich sind drei Berechnungsfälle möglich: Es können entweder die Höhe *h* (der Höhenunterschied) oder das Verhältnis 1:*n* oder – in der Praxis selten – die Länge *l* gesucht werden. Die Berechnung erfolgt nach den nebenstehenden Formeln.

Beispiele:

1. Eine 11,50 m lange Grundleitung soll ein Gefälle von 1:50 erhalten. Wie groß muss der Höhenunterschied zwischen Anfangs- und Endpunkt sein?

   Lösung: Höhe $h = \frac{l}{n} = \frac{11{,}50\ \text{m}}{50} = 0{,}23\ \text{m} = \underline{\underline{23\ \text{cm}}}$

   (Verhältniszahl 50)

2. Eine Leitung fällt auf eine Länge von 8,20 m um 18 cm. Ist das vorgeschriebene Mindestgefälle von 1:50 eingehalten?

   Lösung: Verhältniszahl $n = \frac{l}{h} = \frac{8{,}20\ \text{m}}{0{,}18\ \text{m}} = 45{,}6$

   Verhältnis = 1:*n* = $\underline{\underline{1:45{,}6}}$

   Das Gefälle ist etwas größer als das vorgeschriebene Mindestgefälle (1 : 45,6 > 1 : 50).

Prozentsatz

Bei sehr flach geneigten Strecken würde die Zahl im Nenner groß. Solche Steigungen werden deshalb häufiger durch einen **Prozentsatz** angegeben. Diese Prozentsätze geben die Höhe (*h*) in Prozenten der Länge (*l*) an, das heißt, es wird angegeben, um wie viele m (cm) die Strecke auf 100 m (100 cm) steigt. Hat z. B. eine Straße eine Steigung von 3,5 %, so heißt dies, dass sie auf 100 m um 3,5 m ansteigt. Eine Entwässerungsleitung mit einem Gefälle von 1,5 % fällt auf 1 m um 1,5 cm.

Beispiele:

1. Ein 75 m langer Kanal soll mit einem Gefälle von 1 % verlegt werden. Wie groß ist der Höhenunterschied zwischen Anfang und Ende?

   Lösung: Höhe $h = \frac{p\% \cdot l}{100\%} = \frac{1\% \cdot 75\ \text{m}}{100\%} = \underline{\underline{0{,}75\ \text{m}}}$

2. Ein Bach fällt auf 1,5 km um 70 m. Geben Sie das Gefälle in Prozent an.

   Lösung: Prozentsatz $p\% = \frac{h \cdot 100\%}{l} = \frac{70\ \text{m} \cdot 100\%}{1500\ \text{m}} = \underline{\underline{4{,}7\%}}$

Umrechnung von Verhältnissen und Prozentsätzen:

3. Ein Steigungsverhältnis von 1:25 soll in % ausgedrückt werden.

   Lösung: Prozentsatz $p\% = \frac{1}{25} \cdot 100\% = \underline{\underline{4\%}}$

4. Ein Kanal soll mit einem Gefälle von 1,5 % verlegt werden. Welchem Verhältnis entspricht das?

   Lösung: Verhältniszahl $n = \frac{1}{1{,}5\%} \cdot 100\% = 66{,}7$

   Verhältnis ≈ $\underline{\underline{1:67}}$

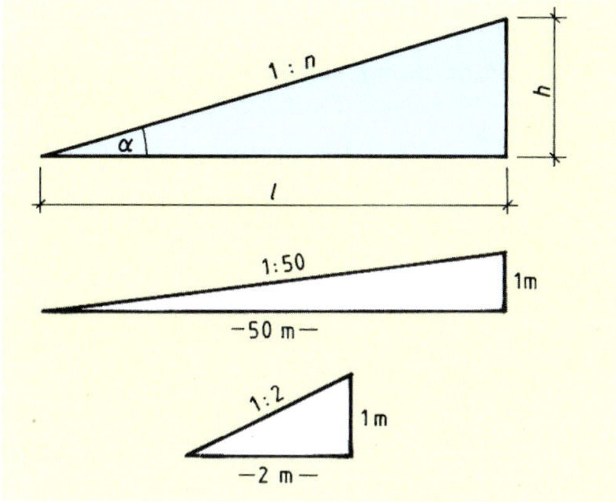

Höhe gesucht:

1. Höhe $(h) = \frac{\text{Länge}\ (l)}{\text{Verhältniszahl}\ (n)}$

Verhältniszahl gesucht:

2. Verhältniszahl $(n) = \frac{\text{Länge}\ (l)}{\text{Höhe}\ (h)}$

   Verhältnis = 1:*n*

Länge gesucht:

3. Länge (*l*) = Verhältniszahl (*n*) · Höhe (*h*)

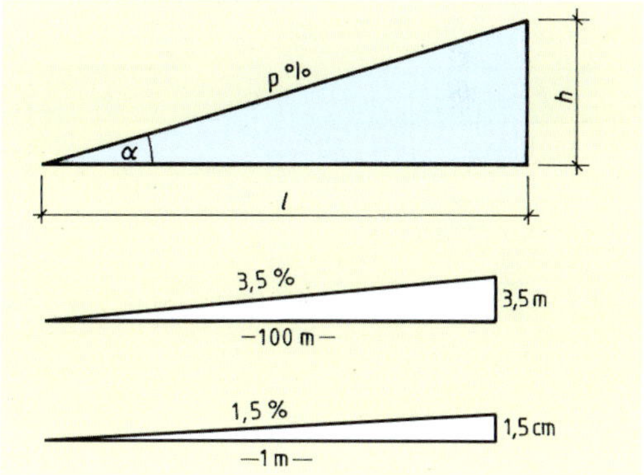

Höhe gesucht:

1. Höhe $(h) = \frac{\text{Prozentsatz}\ (p\%) \cdot \text{Länge}\ (l)}{100\%}$

Prozentsatz gesucht:

2. Prozentsatz $(p\%) = \frac{\text{Höhe}\ (h) \cdot 100\%}{\text{Länge}\ (l)}$

Länge gesucht:

3. Länge $(l) = \frac{\text{Höhe}\ (h) \cdot 100\%}{\text{Prozentsatz}\ (p\%)}$

Verhältnisse und Prozentsätze können durch Prozentrechnung wechselseitig umgerechnet werden:

$p\% = \frac{1}{n} \cdot 100\%$ $n = \frac{1}{p\%} \cdot 100\%$

Ein Winkel von 45° entspricht dem Verhältnis 1:1 und dem Prozentsatz 100 %.

Aufgaben

1. *Die Grundleitung unseres Reihenhauses soll innerhalb des Gebäudes ein Gefälle von 1:66,7 erhalten. Berechnen Sie*
   a) den Höhenunterschied auf 1 m Länge,
   b) den Höhenunterschied zwischen Anfangs- und Endpunkt bei einer Länge von 15,20 m.

2. *Der Anschluss an den Straßenkanal soll ein Gefälle von mindestens 1,5% erhalten. Berechnen Sie*
   a) den Höhenunterschied auf 1 m Länge,
   b) den Höhenunterschied zwischen Anfangs- und Endpunkt bei einer Länge von 7,80 m.

3. *Ein Nassboden soll ein Gefälle von 2% (3%) erhalten.*
   a) Um wie viel cm fällt der Boden auf 1 m Länge?
   b) Drücken Sie das Gefälle als Verhältnis aus.

4. *Eine Entwässerungsleitung aus Steinzeugrohren soll mit einem Gefälle von 1:50 (1:40) verlegt werden.*
   a) Berechnen Sie den Höhenunterschied auf eine Rohrlänge von l = 8,50 m (13,75 m).
   b) Drücken Sie das Gefälle in Prozent aus.

5. *Eine Entwässerungsleitung fällt auf 17,20 m (11,50 m) um 31 cm (15 cm). Wurde das vorgeschriebene Mindestgefälle von 1,5% eingehalten?*

6. *Ergänzen Sie die Tabelle.*

Aufgabe	a)	b)	c)	d)
Verhältnis	1 : 80	?	?	1 : 2
Prozentsatz	?	2,5%	?	?
Länge	120 m	?	6 m	3 m
Höhe	?	107 m	0,3 m	?

7. *In die Waschküche soll ein Estrich eingebracht werden. Das kleinste Gefälle des Estrichs soll 1,5% betragen.*
   a) Berechnen Sie den Höhenunterschied des Estrichs an Bodeneinlauf und Wand.
   b) Berechnen Sie das Gefälle in den Feldern I, II und IV in %.

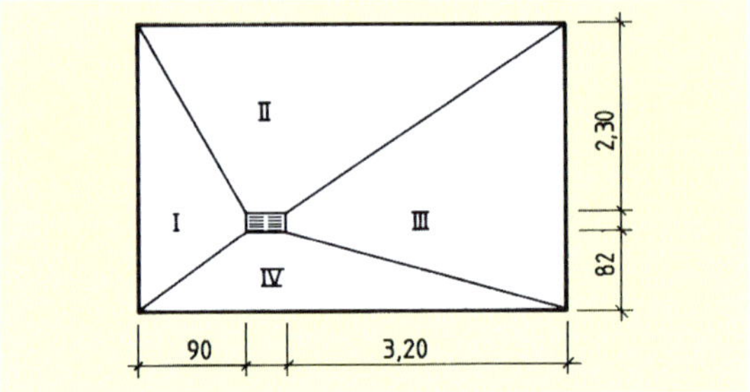

8. *Für den dargestellten Gefälleboden sind die Gefälle in den Richtungen a, b, c, d und e zu berechnen.*

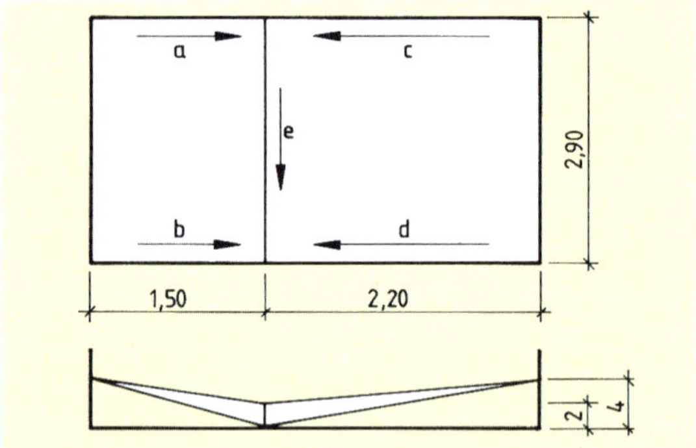

9. *Eine Entwässerungsleitung aus Steinzeugrohren soll mit einem Gefälle von 1:75 (1:80) verlegt werden.*
   a) Drücken Sie das Gefälle in Prozent aus.
   b) Um wie viel m fällt die Leitung auf 100 m Länge?

3.8.4 Verlegen der Grundleitung

Anforderungen

Die Grundleitung wird, nachdem sie verlegt und die Leitungsgräben verfüllt wurden, von der Bodenplatte des Gebäudes überdeckt. Spätere Schäden verursachen darum stets erhebliche Kosten und Belästigungen. Deshalb muss schon beim Verlegen der Grundleitung alles getan werden, um künftige Schäden zu vermeiden.

Die Leitungen müssen dicht sein, damit kein Abwasser austritt und das Grundwasser verunreinigt, und die Verbindungen müssen wurzelfest sein. Die Dichtheit der Leitungen ist durch eine Dichtigkeitsprüfung nachzuweisen. Die Leitungen müssen eine hohe Abriebfestigkeit aufweisen und mit dem richtigen Gefälle verlegt werden, damit sich keine Schmutzteile ablagern können. Für die Ableitung von Regenwasser genügt 1% Gefälle, bei Schmutzwasser müssen es 1 ... 2% sein.

Nenndurchmesser DN	Mindestgefälle für		
	Misch- und Schmutzwasserleitungen	Regenwasserleitungen	Schmutz-, Regen- und Mischwasserleitungen
	innerhalb von Gebäuden		außerhalb von Gebäuden
bis 100	1:50 (=2%)	1:100 (=1%)	1:DN
125	1:66,7 (=1,5%)	1:100	1:DN
150	1:66,7	1:100	1:DN
ab 200	$1:\frac{DN}{2}$	$1:\frac{DN}{2}$	1:DN

Mindestgefälle von Leitungen

Die Grundleitung ist in gleichmäßigem Gefälle zu verlegen. Abzweige dürfen nur mit Formstücken und nur mit einem Winkel von max. 45° hergestellt werden. Bei Richtungsänderungen von 90° sind zwei 45°-Bögen einzubauen. Doppelabzweige sind unzulässig. Der Mindestdurchmesser beträgt für die Grundleitung DN 100, für den Hausanschlusskanal DN 150.

Für Prüf- und Reinigungszwecke sind am Fußpunkt von Fallleitungen Putzstücke vorzusehen. In der Grundleitung sind Kontrollschächte mit Putzstücken in Abständen von max. 20 m einzubauen.

Beim Durchgang durch Fundamente oder andere Bauteile dürfen Abwasserrohre nicht fest eingebaut werden, da dies bei Gebäudesetzungen zu Schäden an den Entwässerungsrohren führen würde. Deshalb werden Schutzrohre größeren Durchmessers eingebaut oder die Rohre an diesen Stellen mit weichen Materialien ummantelt.

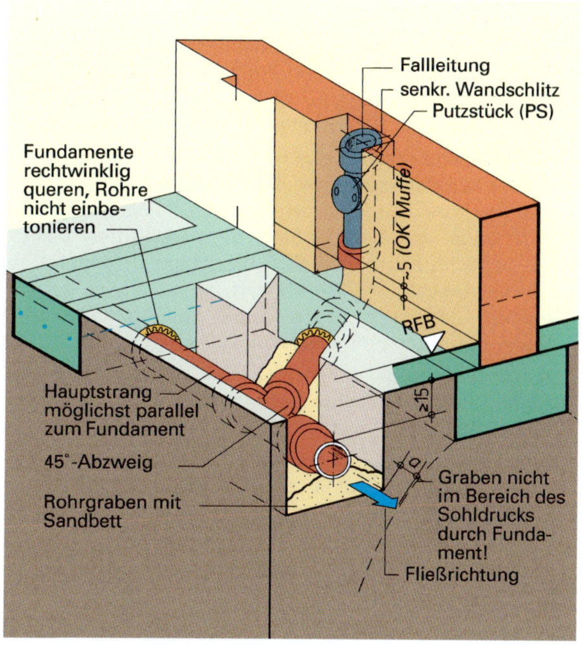

Herstellen der Grundleitungen, Grundregeln

Verlegen der Rohre

Das Verlegen der Grundleitung beginnt mit dem Übertragen der im Entwässerungsplan vorgegebenen Maße auf die Baugrubensohle. Der Leitungsverlauf wird mit Sägemehl, Kalk oder Sand angestreut oder mit Sprühfarbe markiert. Anschließend werden die Gräben, die die Rohrleitungen aufnehmen, ausgehoben. Die Anfangs- und Endhöhen der einzelnen Stränge werden durch Nivellieren festgelegt. Beim Aushub der Rohrgräben wird das Gefälle bereits grob berücksichtigt. Bei der Aushubtiefe der Rohrgräben ist ein **Rohrauflager** aus Sand oder Splitt mit einer Stärke von 10 ... 15 cm zu berücksichtigen.

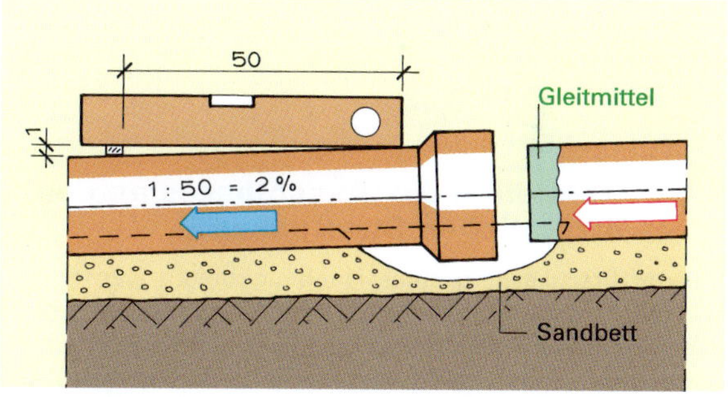

Verlegen der Rohre

Vor dem Verlegen der Rohre werden Gefälle und Richtung der Entwässerungsleitung durch Spannen einer Schnur festgelegt. Beim Verlegen größerer Rohrdurchmesser und Leitungslängen, wie wir sie im Bereich der Straßenkanäle immer vorfinden, werden zur Ausrichtung der Rohre **Kanalbaulaser** (siehe Kapitel 2) eingesetzt, die sich auf das herzustellende Gefälle einstellen lassen und einen gebündelten Lichtstrahl in Richtung der Rohrachse aussenden. Mit einer Zielscheibe, auf der dieser Laserstrahl auftrifft, lässt sich die Lage der verlegten Rohre kontrollieren.

Nachdem das Rohrauflager in die Rohrgräben eingebracht ist, werden die Rohre und Formstücke an der tiefsten Stelle beginnend verlegt. Die Rohre müssen so verlegt werden, dass etwa ein Viertel des Rohrumfanges im Rohrauflager eingebettet ist, der Schaft satt aufliegt und die Muffe frei bleibt. Die Muffe eines Rohres muss stets gegen die Fließrichtung der abzuleitenden Wässer verlegt werden!

Fertig verlegte Grundleitung

Grundleitungen müssen mit größter Sorgfalt und unter genauester Einhaltung von Richtung und Gefälle dem Entwässerungsplan entsprechend verlegt werden.

Das im Entwässerungsplan vorgeschriebene Gefälle darf keinesfalls unterschritten werden.

Beim Verwenden von Kanalbaulasern kann bei längerem direkten Hineinschauen in den Laserstrahl eine Schädigung der Augen auftreten. Der Einsatz eines Lasergerätes ist deshalb durch ein Warnschild zu kennzeichnen.

3.8.5 Herstellen der Schächte

Früher wurden Kontroll- oder Einsteigschächte aus Ortbeton hergestellt oder gemauert. Heute werden sie üblicherweise aus **Stahlbeton-Fertigteilen (DIN EN 1917 mit DIN V 4034-1)** hergestellt. Sie bestehen aus:

- dem **Schachtunterteil,** das meist auf einer Sauberkeitsschicht aus Beton waagerecht versetzt wird und bereits über werkseitig angeformte Anschlussstücke für zu- und abgehende Leitungen verfügen kann. Alternativ besitzt das Schachtunterteil lediglich bruchraue Öffnungen, in die die Anschlussstücke vor Ort lagerichtig eingebaut werden, oder eine geschlossene Leitung mit Reinigungsrohr durchgeführt werden kann;
- **Schachtringen** mit eingebauten Steigeisen oder Steigbügeln unterschiedlicher Höhe (0,25 ... 1,00 m), die im Mörtelbett versetzt werden;
- dem **Aufsatzkonus (Schachthals),** der den Schachtdurchmesser von 1,00 m auf 62^5 cm reduziert;
- **Auflageringen** unterschiedlicher Stärke zum Höhenausgleich;
- einer **Schachtabdeckung,** die für unterschiedliche Belastungen erhältlich ist.

Kontroll- oder Einsteigschächte werden meist aus Stahlbeton-Fertigteilen hergestellt und mit geeigneten Hebegeräten versetzt.

Daneben werden heute auch eine Vielzahl unterschiedlicher Kunststoffschächte für die verschiedensten Einsatzzwecke angeboten.

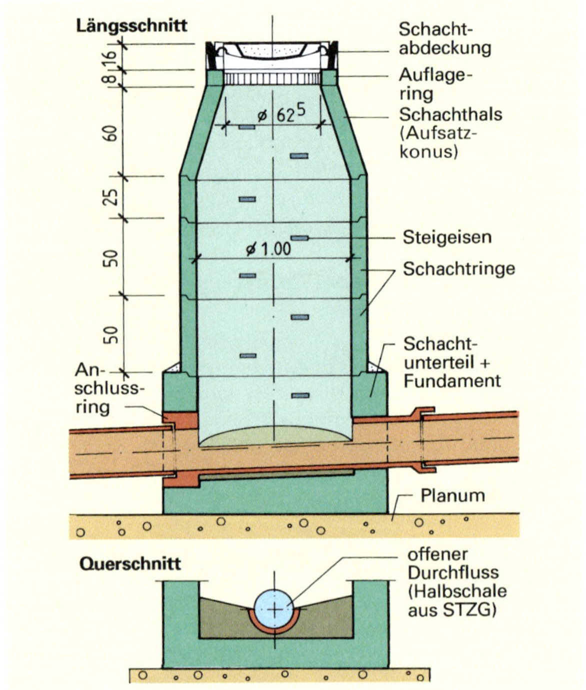

Einsteigschacht aus Betonfertigteilen

3.8.6 Herstellen des Anschlusses an den öffentlichen Straßenkanal

Bei der Erschließung eines Neubaugebietes werden die Hausanschlussleitungen vom Straßenkanal bis ca. 1 m in das noch unbebaute Grundstück hinein bereits mitverlegt. Hier kann bei einer späteren Bebauung des Grundstückes angeschlossen werden, ohne die Straße nochmals aufzubrechen und einen nachträglichen Anschluss an den Straßenkanal herstellen zu müssen.

Nachträgliche Anschlüsse von Haus- und Grundstücksentwässerungen an den Straßenkanal kommen dennoch bei älteren Baugebieten häufig vor, sei es durch spätere Grundstücksteilungen oder durch Abbruch und Neubau. Sie erfordern die Einholung von **Straßenaufbruchgenehmigungen,** die unter Umständen Verkehrsumleitungen und Straßensperrungen notwendig machen. Dabei handelt es sich um verhältnismäßig kleine Baumaßnahmen, die aber einen großen Aufwand erfordern.

Für das Herstellen des nachträglichen Anschlusses gibt es prinzipiell zwei Möglichkeiten:

- Anbohren des Straßenkanales mit einem Kernbohrgerät, Einsetzen eines Bohrringes und eines Anschlussstutzens. Dabei sollte die Nennweite des bestehenden Kanales mindestens DN 300 betragen, um den Anschlussstutzen mit DN 150 einfügen zu können.
- Heraustrennen eines Leitungsstückes aus dem Straßenkanal, Einbauen eines Abzweiges und eines Passstückes, das durch zwei Manschettendichtungen mit dem Straßenkanal verbunden wird.

Anbohren der Kanalleitung

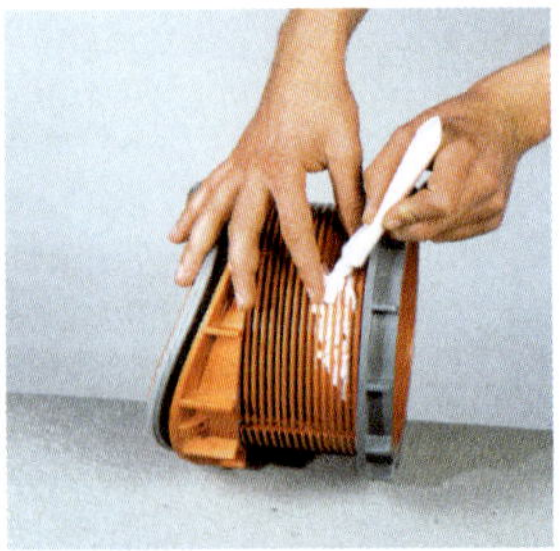

Einsetzen des Sattelstückes

Montage und Prüfung auf korrekten Sitz

3.9 Zeichnerische Darstellung von Baugruben und Gräben

Für das Herstellen einer Baugrube werden deren **Abmessungen** und die **Aushubtiefe** benötigt. Die Ermittlung der Abmessungen wurde in Abschnitt *3.5.3 Abmessungen von Baugruben und Gräben* behandelt.

Die Aushubtiefe ergibt sich aus der Höhenlage des Bauwerkes in Bezug zum vorhandenen Gelände und der vorgesehenen Untergeschosshöhe, der Dicke der Bodenplatte und der Stärke der darunter vorgesehenen kapillarbrechenden Schicht. Sie wird als **Aushubsohle** oder **Baugrubensohle** auf die Meereshöhe bezogen und im **Aushubplan** dem ausführenden Unternehmer vorgegeben. In diesem sind die Baugrube in **Draufsicht** und **Schnitt** gemäß der Musterbeispiele darzustellen.

Die gezeichneten Aushubpläne können, soweit bei der Ausführung keine Änderungen eintreten, als **Abrechnungszeichnung** für die Abrechnung und Rechnungsprüfung der Unternehmerleistungen dienen.

Aufgabe 1: Baugrube mit Schnurgerüst, Maßstab 1:50

Zeichnen Sie die Ecke der Baugrube in Draufsicht und Schnitt. Bestimmen Sie zunächst die fehlenden Maße mit folgenden Angaben:
- Böschungswinkel 60°
- OK Gelände 322,50 m ü. NHN
- Arbeitsraum 50 cm + Platzbedarf für die Schalung
- Fundament 60/50 cm

Aufgabe 2: Baugrube am Hang, Maßstab 1:200

Zeichnen Sie für die farbig unterlegte schematische Vorgabe die Draufsicht und die Profile A–B sowie C–D wie im vorgegebenen Musterbeispiel.
- Böschungswinkel 60°
- Geländeneigung 1:10

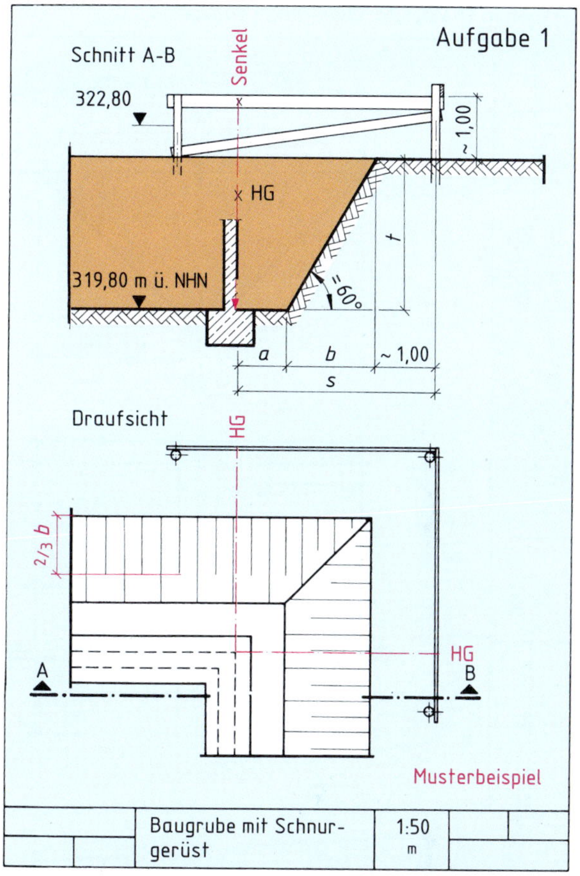

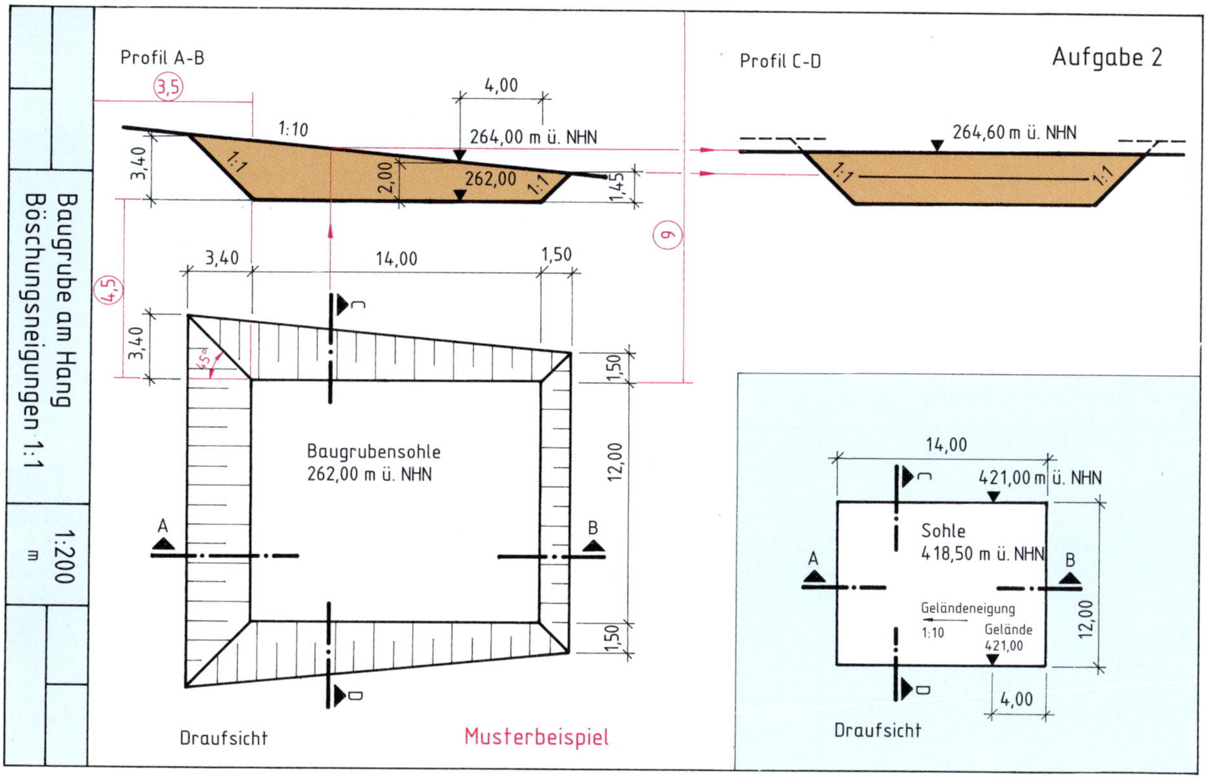

Graben in Draufsicht, Quer- und Längsprofil

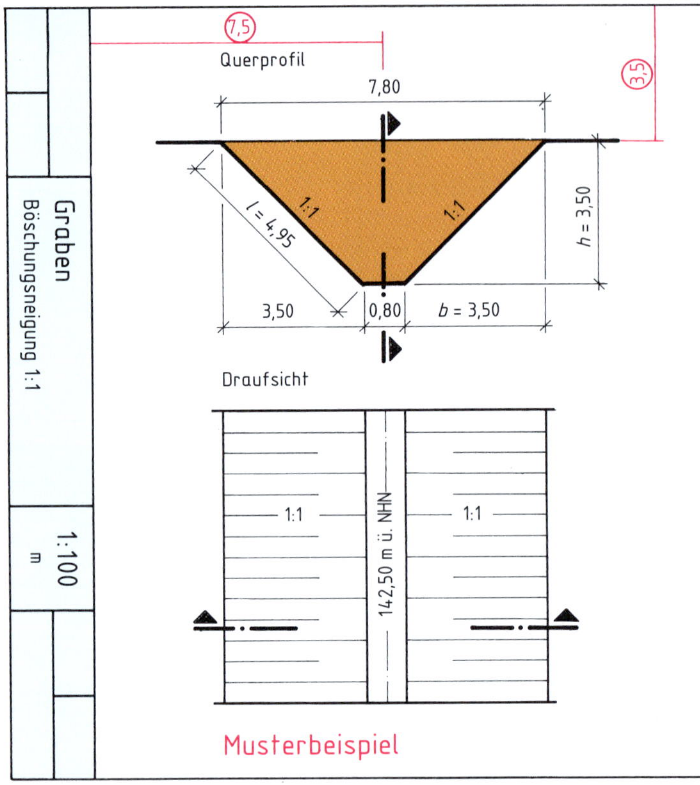

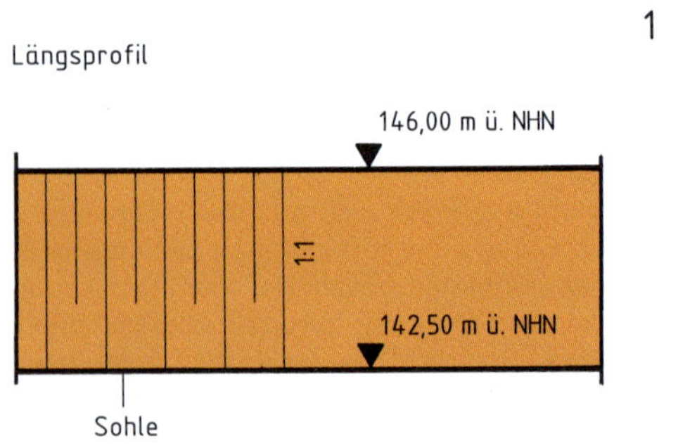

Bemerkung: „Profil" = Schnitt.

Aushub: Legen Sie im Querprofil die Aushubfläche **braun** an.

Aufgabe 3: Graben, Maßstab 1 : 100 – m

Zeichnen Sie Querprofil, Längsprofil und Draufsicht mit Bemaßung.

Grabentiefe *h* = 3,00 m
Sohle = 1,20 m
Böschungsneigung 1 : 1
Gelände OK = 264,00 m ü. NHN

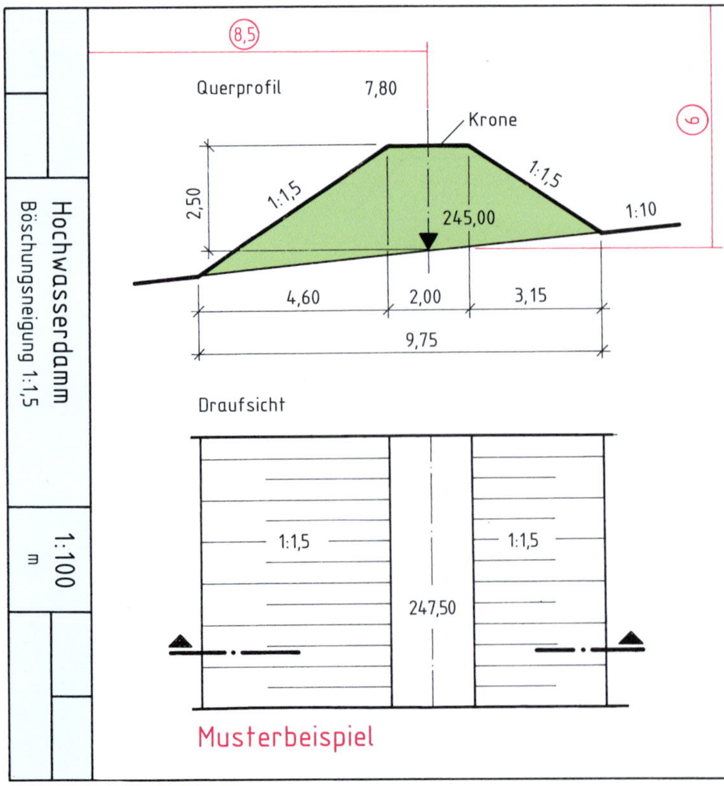

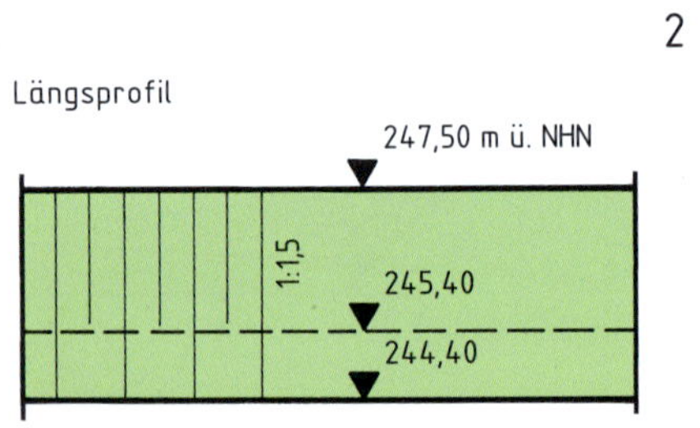

Aufschüttung: Legen Sie im Quer- und Längsprofil die Aufschüttfläche **grün** an.

Aufgabe 4: Hochwasserdamm,
Maßstab 1 : 100 – m

Zeichnen Sie Querprofil, Längsprofil und Draufsicht mit Bemaßung.

Böschungshöhe (in der Achse) *h* = 2,75 m
Krone = 1,50 m, Böschungsneigung 1 : 1,5
Geländehöhe in der Achse 196,00 m ü. NHN
Geländequerneigung 1 : 8

Graben in Draufsicht, Quer- und Längsprofil

Gelände - Querprofil

1:100 m

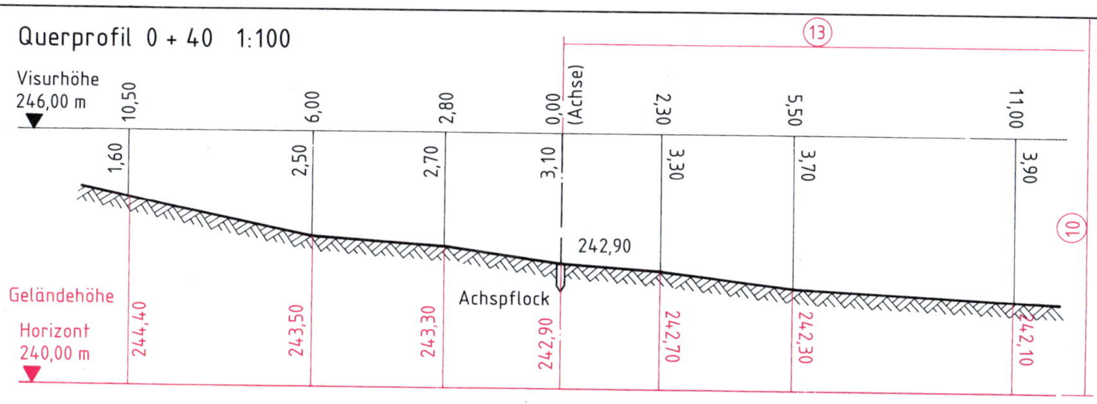

Profil 0 + 40, Horizont 246,00 links | rechts

Aufschrieb (Feldbuch)

Musterbeispiel

Punkt	Ablesung	Höhe	Punkt	Ablesung	Höhe
0,00 Pflock	3,10	242,90	2,30	3,30	242,70
2,80	2,70	243,30	5,50	3,70	242,30
6,00	2,50	243,50	11,00	3,90	242,10
10,50	1,60	244,40			
0,00	2,70	?	3,50	2,90	?
2,60	2,20		7,00	3,30	
6,40	1,70		8,50	3,50	
9,80	1,50		11,20	3,80	

Beispiel für Berechnung der Höhen ü. NHN:
Punkt 2,80 (links)
246,00 – 2,70
= 243,30.

Berechnen Sie die Höhen ü. NHN.

Aufgabe 5:

Zeichnen Sie nach dem Aufschrieb das Querprofil 0 + 80 im Maßstab 1 : 100, Visurhöhe 187,00 m ü. NHN, Horizont 180,00 m ü. NHN.

Querprofil mit Damm

1:100 m

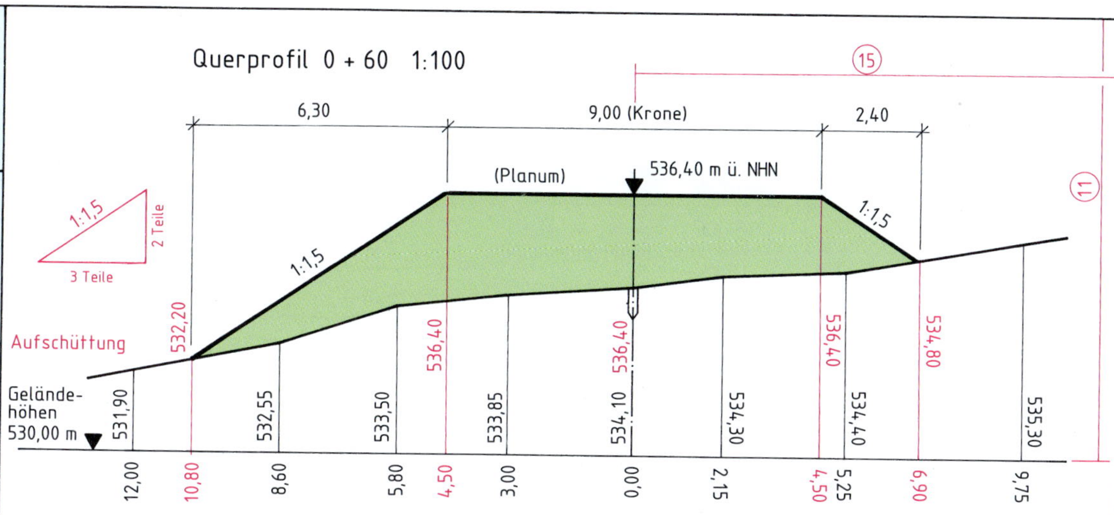

Musterbeispiel

Profil 0 + 20 links | rechts

Punkt	Geländehöhe	Punkt	Geländehöhe
0,00 Pflock	274,80	2,80	274,00
3,00	275,50	7,10	273,30
5,50	275,95	9,40	272,90
9,80	276,20	13,20	272,40

Bemaßen Sie wie im Musterbeispiel: Böschungsenden, Böschungsbreiten. Legen Sie die Aufschüttfläche grün an.

Aufgabe 6:

Zeichnen Sie Gelände und Dammschüttung im Maßstab 1 : 100 des Profils 0 + 20: waagerechte Krone (Planum) 8,00 m
Kronenhöhe 278,10 m ü. NHN
Horizont 270,00 m ü. NHN
Böschungsneigung 1 : 1,5

3.10 Entwässerungszeichnungen

Ein **Entwässerungsplan,** in dem die geplante Ausführung der Haus- und Grundstücksentwässerung dargestellt wird, ist Teil der Planunterlagen, die zur Genehmigung eines Bauvorhabens bei der zuständigen Genehmigungsbehörde eingereicht werden müssen. Er dient als Grundlage zum Verlegen der Grund- und Dränleitungen und des Hausanschlusskanals.

Entwässerungsleitungen werden im Fundament- bzw. im Untergeschossplan im Maßstab 1:50 dargestellt.

3.10.1 Inhalte und Symbole

In einem Entwässerungsplan sind unter Verwendung der ausgewählten Sinnbilder und Zeichen nach DIN 1986-100 darzustellen:

Lage und Verlauf der Entwässerungs- und Dränleitungen, wobei die einzelnen Abwasserarten durch unterschiedliche Linienarten zu unterscheiden sind.	
Schmutzwasserleitung	————
Regenwasserleitung	– – – – –
Mischwasserleitung	–·–·–·–
Dränleitung	–··–··–··–
Angabe der Werkstoffe, der Fließrichtung, des Gefälles und der Nennweiten.	
Steinzeug	STZ
Kunststoff	PVC, PP
Beton	BE
Stahlbeton	STB
Grauguss	GJL
Fließrichtung	→
Gefälle	... % ... ‰
Nennweite	DN ...
Änderungen des verwendeten Werkstoffes und der Rohrdurchmesser.	
Nennweitenänderung	125 / 100
Werkstoffwechsel	——)——
Lage der Fallleitungen und Regenfallrohre.	
Fallleitung	o
Regenfallrohr	o RR
Lüftungsleitung	══════
Bodenabläufe, Rinnen und Schächte nach ihrer Funktion.	
Bodenablauf/ Entwässerungsrinne ohne Geruchsverschluss mit Geruchsverschluss	
Schlammfang	—(S)—
Benzinabscheider	—(B)—
Heizölabscheider	—(HSP)—
Schacht mit offenem Durchfluss	—⊖—
Schacht m. geschlossenem Durchfl.	
Spülrohr (Dränung)	⊕ SP

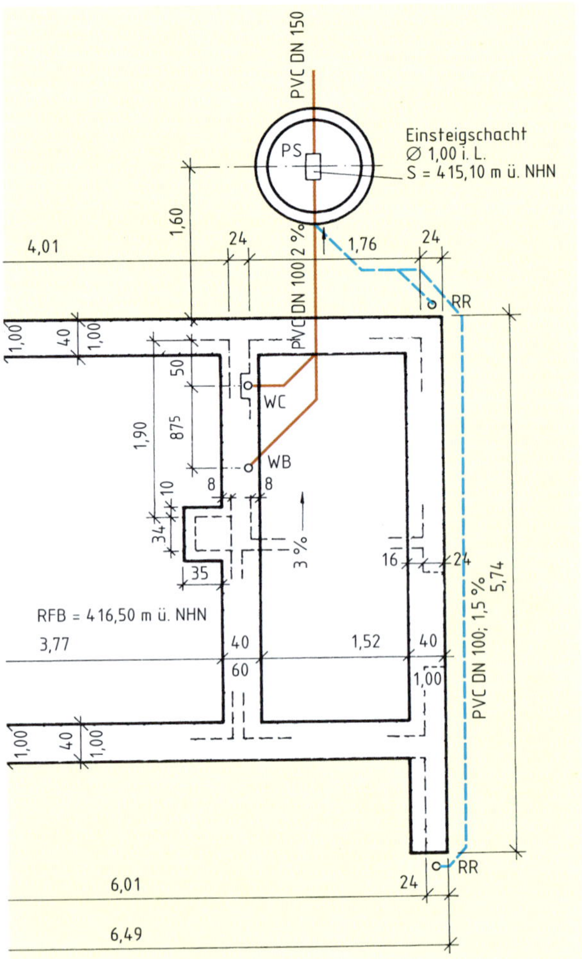

Beispiel: Darstellung der Entwässerungsleitungen im Fundamentplan

Bodenabläufe und Entwässerungsleitungen sind in ihrer Lage in Bezug auf Fundamente oder Wände zu vermaßen. Neben der Lage der Entwässerungsleitungen muss der Entwässerungsplan Angaben zum Werkstoff, zur Nennweite und zum Gefälle enthalten.

Beim Kontrollschacht müssen der Schachtdurchmesser, die Höhe der Rohrsohle und die Höhe der Schachtabdeckung angegeben werden. Die Höhenlage des öffentlichen Kanals muss vor Ort überprüft oder Bestandsplänen entnommen werden.

Pfahlgründungen

Sie werden dort ausgeführt, wo tragfähiger Baugrund nicht oder nur in großer Tiefe zur Verfügung steht.

Die Lasten können auf zwei unterschiedliche Arten, über den **Spitzendruck** und /oder über die **Mantelreibung** abgetragen werden. Der Spitzendruck wirkt nur in den tiefer gelegenen tragenden Bodenschichten, die Mantelreibung entsteht zwischen Boden und Pfahloberfläche.

Während früher ausschließlich Holzpfähle verwendet wurden, kommen heute überwiegend Beton-, Stahlbeton-, Spannbeton- und Stahlpfähle zum Einsatz.

Bei der **stehenden Pfahlgründung** reicht der Pfahl bis in tragfähige Schichten, auf die die Bauwerkslasten übertragen werden. Die Reibung am Mantel des Pfahls spielt hier nur eine untergeordnete Rolle.

Die **schwebende Gründung** wird gebaut, wenn unter der geplanten Gründungssohle kein tragfähiger Baugrund vorhanden ist. Die Bauwerkslast wird ausschließlich durch **Mantelreibung** zwischen Baugrund und Pfahloberfläche aufgenommen. Hierbei ist mit erheblichen Setzungen zu rechnen.

Die **kombinierte Pfahl-Plattengründung** ist eine Verbundkonstruktion mit gemeinsamer Tragwirkung von Fundamentplatte und Pfählen bei der Übertragung von Bauwerkslasten in den Baugrund.

Für Pfahlgründungen werden Fertigpfähle und Ortbetonpfähle eingesetzt. **Fertigpfähle** bestehen aus Stahlbeton oder Stahl. Sie werden überwiegend durch Rammen versetzt und deshalb auch als **Rammpfähle** bezeichnet. Sie werden mit großen Rammen genügend tief in den Untergrund eingedrückt. Wo Rammen wegen der Erschütterungen, des Lärms oder aus anderen Gründen unzweckmäßig ist, werden Ortbetonpfähle eingesetzt. Sie werden an Ort und Stelle durch Bewehren und Ausbetonieren eines Bohrloches hergestellt.

4.1.3 Schutz der Gründung vor Frost

In frostgefährdeten Böden muss die Sohlfläche der Gründung ständig genutzter Bauwerke frostsicher sein. Eislinsenbildung unter den Fundamenten führt zu ungleichen Hebungen und Senkungen und damit zu Bauschäden. Um solche Frostschäden zu vermeiden, muss eine Gründungstiefe von 0,80 ... 1,20 m eingehalten werden (siehe Abschnitt 3.3.3).

4.1.4 Baugrundverbesserungen

Mitunter ist es billiger, nicht tragfähigen Baugrund zu verbessern, als eine aufwendige Gründungskonstruktion zu wählen. Gebräuchliche Methoden der Baugrundverbesserung sind:

- Teilweiser oder völliger Ersatz des nicht tragfähigen Bodens durch tragfähiges Material wie z. B. Kies, Kiessand, Schotter.
- Verdichten durch Rütteln oder Stampfen.
- Einbringen von Bindemitteln wie Kalk und Zement. Dadurch lassen sich feuchte, kaum belastbare bindige Böden verbessern.

4.1.5 Bemessung

Durch die Bauwerkslasten werden die Bodenschichten unter der Gründungssohle zusammengepresst. Die Druckverteilung unter der Sohle müsste eigentlich kugelförmig sein. Da der Boden in größerer Tiefe aber stärker verdichtet ist, verläuft die Linie gleichen Drucks unter dem Fundament etwa **zwiebelförmig**. Diese Linie wird als **Druckzwiebel** bezeichnet (siehe Abschnitt 3.3.2).

Im Bereich der Druckzwiebel wird der Boden zusammengedrückt. Hier können Bauwerke einsinken. Man spricht dann von **Setzungen**.

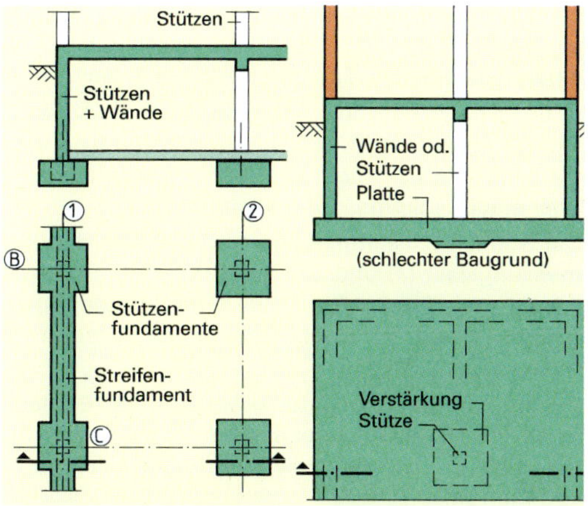

Streifen-, Einzel- und Plattenfundament

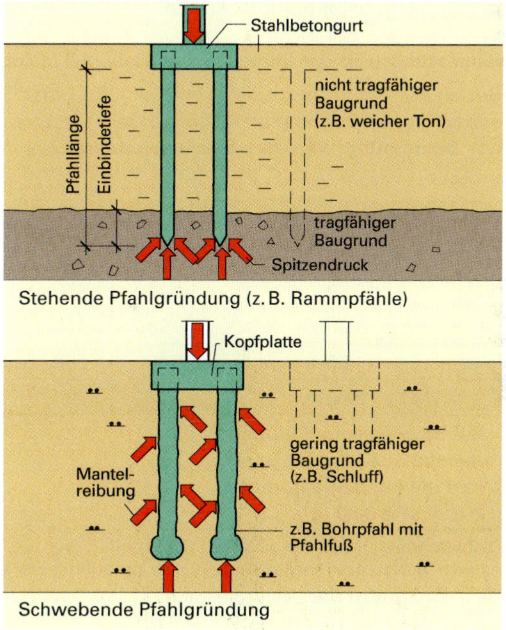

Arten von Pfahlgründungen

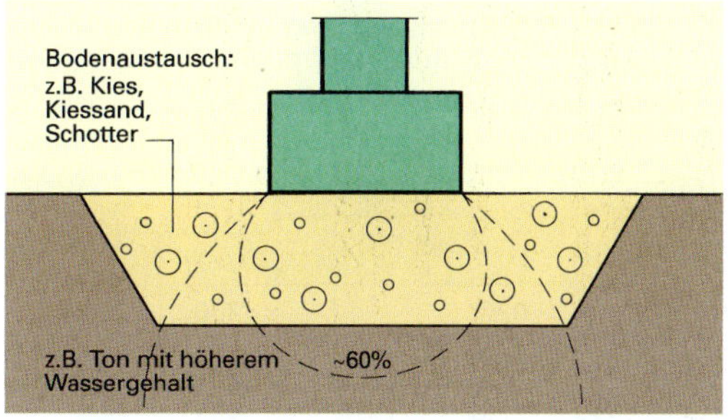

Baugrundverbesserung bei einem Streifenfundament

Bei tragfähigem Baugrund sind bewehrte und unbewehrte Streifen-, Einzel- und Plattenfundamente gebräuchlich. Bei nicht tragfähigem Baugrund werden stehende und schwebende Pfahlgründungen ausgeführt. Bei schwebenden Gründungen ist mit stärkeren Setzungen zu rechnen.

Um Setzungen an Gebäuden weitgehend zu vermeiden bzw. sie so gering wie möglich zu halten, darf der Baugrund nur bis zu einem bestimmten Maß zusammengepresst, d. h. belastet werden.

In der Gründungssohle entsteht durch die Kraftübertragung vom Gründungskörper in den Baugrund eine Kontaktdruckspannung, die als Sohldruck bezeichnet wird. Sie wird mit dem griechischen Buchstaben **„Sigma“ (*σ*)** gekennzeichnet.

Der **Sohldruck** ist abhängig von der Größe der übertragenden **Bemessungslast (*F*)** und der **Sohlfläche (*A*)**, über die die Last übertragen wird. Der Sohldruck wird in kN/m² angegeben. Die Abmessungen eines Rechteckfundamentes werden mit b_x und b_y gekennzeichnet.

In DIN 1054 sind für Streifenfundamente Bemessungswerte des Sohlwiderstands angegeben, die nicht überschritten werden dürfen, wenn es nicht zu starken Setzungen oder gar zum Grundbruch kommen soll.

Die **Sohldruckbeanspruchung $\sigma_{E,d}$** (vorhandener Sohldruck) darf also nicht größer als der **Bemessungswert des Sohlwiderstands $\sigma_{R,d}$** (aufnehmbarer Sohldruck) sein.

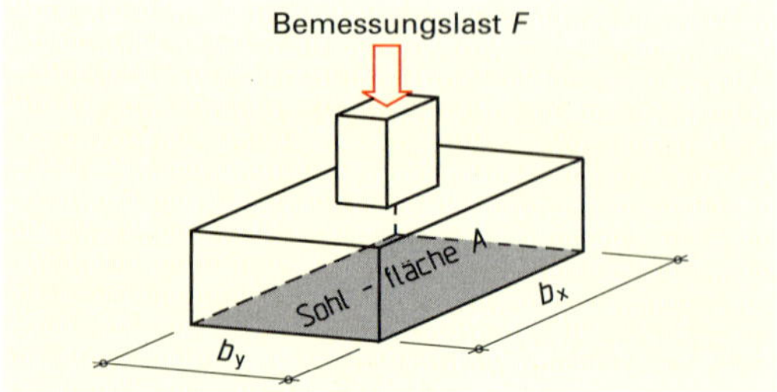

Abmessung eines Fundamentes

$$\sigma_{E,d} \leq \sigma_{R,d}$$

$$\sigma = \frac{F}{A}$$

F Bemessungslast in kN
A Sohlfläche in m²
σ Sohldruck in kN/m²

Bei mittiger Belastung gelten folgende Setzungsmaße:

- etwa 2 cm Setzungen bei Fundamentbreiten bis 1,50 m
- stärkere Setzungen bei breiteren Fundamenten ungefähr proportional zur Fundamentbreite

Bemessungswert des Sohlwiderstands $\sigma_{R,d}$ bei nichtbindigen Böden

Bei einem Boden mittlerer Festigkeit und einer Sohldruckbeanspruchung in senkrechter Richtung kann für Streifenfundamente der **Bemessungswert des Sohlwiderstands $\sigma_{R,d}$** der Tabelle entnommen werden. Die Werte wurden auf der Grundlage einer ausreichenden Grundbruchsicherheit ermittelt.

Kleinste Einbindetiefe *d* des Fundamentes in m	Bemessungswerte $\sigma_{R,d}$ des Sohlwiderstands in kN/m² bei Fundamentbreiten *b* bzw. *b'* [1]										
	0,50	**0,75**	**1,00**	**1,25**	**1,50**	**1,75**	**2,00**	**2,25**	**2,50**	**2,75**	**3,00**
0,50	280	350	420	490	560	630	700	700	700	700	700
1,00	380	450	520	590	660	730	800	800	800	800	800
1,50	480	550	620	690	760	830	900	900	900	800	900
2,00	560	630	700	770	840	910	980	980	980	980	980
Bei Bauwerken mit Einbindetiefen 0,30 m ≤ *d* ≤ 0,50 m und mit Fundamentbreiten *b* bzw. *b'* ≥ 0,30 m	210										

[1]) Zwischenwerte dürfen geradlinig interpoliert werden. Wenn bei ausmittiger Belastung die kleinere reduzierte Seitenlänge *b'* < 0,50 m wird, dürfen die Tabellenwerte hierfür geradlinig extrapoliert werden.

Bemessungswert des Sohlwiderstands $\sigma_{R,d}$ für Streifenfundamente auf nichtbindigem Boden nach DIN 1054

Werden bei Böden mit mittlerer Festigkeit und einer Sohldruckbeanspruchung in senkrechter Richtung die **Setzungen begrenzt**, dann gelten die Werte der unten stehenden Tabelle.

Begrenzung der Setzungen bei mittiger Belastung:

- ≤ 1 cm bei Fundamentbreiten bis 1,50 m
- ≤ 2 cm bei breiteren Fundamenten

Kleinste Einbindetiefe *d* des Fundamentes in m	Bemessungswerte $\sigma_{R,d}$ des Sohlwiderstands in kN/m² bei Fundamentbreiten *b* bzw. *b'* [1]										
	0,50	**0,75**	**1,00**	**1,25**	**1,50**	**1,75**	**2,00**	**2,25**	**2,50**	**2,75**	**3,00**
0,50	280	350	420	440	460	425	390	370	350	330	310
1,00	380	450	520	510	500	465	430	405	380	360	340
1,50	480	550	620	585	550	515	480	445	410	385	360
2,00	560	630	700	645	590	545	500	475	430	410	390
Bei Bauwerken mit Einbindetiefen 0,30 m ≤ *d* ≤ 0,50 m und mit Fundamentbreiten *b* bzw. *b'* ≥ 0,30 m	210										

[1]) Zwischenwerte dürfen geradlinig interpoliert werden. Wenn bei ausmittiger Belastung die kleinere reduzierte Seitenlänge *b'* < 0,50 m wird, dürfen die Tabellenwerte hierfür geradlinig extrapoliert werden.

Bemessungswert des Sohlwiderstands $\sigma_{R,d}$ für Streifenfundamente auf nichtbindigem Boden mit begrenzter Setzung nach DIN 1054

Erhöhung des Bemessungswerts des Sohlwiderstands

Bei Streifenfundamenten mit mindestens 0,50 m Breite und 0,50 m Einbindetiefe ist es zulässig, den in den Tabellen angegebenen Bemessungswert des Sohlwiderstands wie dargestellt zu erhöhen:

um **20 %** bei einer Einbindetiefe ≥ 0,60 · *b* bzw. 0,60 · *b′* bei
- Kreisfundamenten
- Rechteckfundamenten mit einem Seitenverhältnis $b_x : b_y < 2$ bzw. $b'_x : b'_y < 2$ ($b_x : b_y$ bzw. $b'_x : b'_y$ Abmessungen eines Rechteckfundamentes),

um **50 %**, wenn der Baugrund eine ausreichende Festigkeit aufweist
- bis in eine Tiefe unter der Gründungssohle, die der zweifachen Fundamentbreite entspricht,
- mindestens bis 2,0 m Tiefe.

Beispiel 1: Ein Streifenfundament auf nichtbindigem Boden mit 0,60 m Breite weist eine Einbindetiefe von 0,50 m auf. Wie groß ist der Bemessungswert des Sohlwiderstands?

Einbindetiefe = 0,60 · 0,60 m = 0,36 m < 0,50 m

Seitenverhältnis 1,00 m : 0,60 m = 1,7 < 2

Nach Tabelle wird $\sigma_{R,d}$

für *b* = 0,50 m	= 280 kN/m²
+ Zwischenwert für *b* = 0,10 m	= 28 kN/m²
+ 20 % = 308 kN/m² · 0,20	= 61,6 kN/m²
Bemessungswert des Sohlwiderstands	≤ 369,6 kN/m²

Bemessungswert des Sohlwiderstands bei bindigen Böden

DIN 1054 legt Werte für den Bemessungswert des Sohlwiderstands für Streifenfundamente auf reinem Schluff, auf gemischtkörnigem Boden, auf tonig-schluffigem Boden und auf Tonboden fest. Die Werte gelten für Fundamentbreiten von 0,50 ... 2,00 m.

Bei mittig belasteten Fundamenten kann es zu Setzungen in der Größenordnung von 2 ... 4 cm kommen.

Verminderung des Bemessungswerts des Sohlwiderstands bei Grundwasser

Liegt der Grundwasserspiegel in Höhe der Gründungssohle bzw. liegt der Grundwasserspiegel über der Gründungssohle, dann ist der Bemessungswert des Sohlwiderstands nach der Tabelle um 40 % zu verringern, sofern die Einbindtiefe größer als 0,80 m und außerdem größer als die Fundamentbreite *b* bzw. *b′* ist.

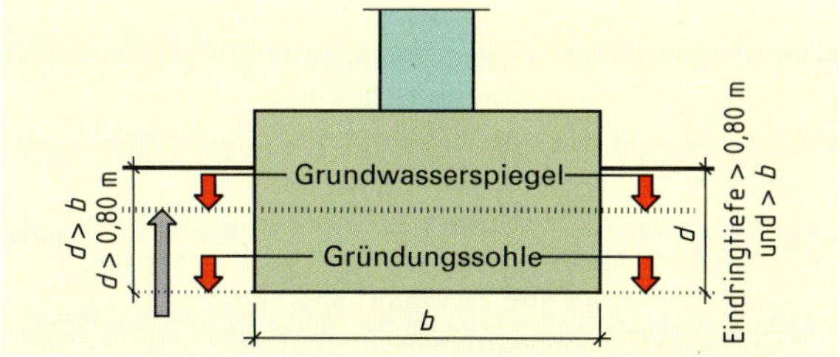

Verringerung des Bemessungswerts des Sohlwiderstands bei Grundwasser

Beispiel 2: Ein Streifenfundament hat auf nichtbindigem Boden eine Breite von 1,50 m und eine Einbindetiefe von 2,0 m. Der Grundwasserspiegel liegt über der Gründungssohle. Das Setzungsmaß darf 1 cm nicht übersteigen. Wie groß ist der Bemessungswert des Sohlwiderstands? Nach Tabelle wird

$\sigma_{R,d}$	= 590 kN/m²
– 40 % = 590 kN/m² · 0,40	= 236 kN/m²
Bemessungswert des Sohlwiderstands	= 354 kN/m²

Kleinste Einbindetiefe *d* des Fundaments in m	Bemessungswert des Sohlwiderstands $\sigma_{R,d}$ in kN/m²
0,50	180
1,00	250
1,50	310
2,00	350

Bemessungswert des Sohlwiderstands für Streifenfundamente auf reinem Schluff bei steifer bis halbfester Konsistenz mit Breiten von 0,50 ... 2,00 m

Kleinste Einbindetiefe des Fundamentes in m	Bemessungswert $\sigma_{R,d}$ des Sohlwiderstands in kN/m² für Streifenfundamente mit Breiten von 0,50...2,00 m								
	Mittlere Konsistenz								
	steif	halbfest	fest	steif	halbfest	fest	steif	halbfest	fest
	Gemischtkörniger Boden			Tonig-schluffiger Boden			Tonboden		
0,50	210	310	460	170	240	390	130	200	280
1,00	250	390	530	200	290	450	150	250	340
1,50	310	460	620	220	350	500	180	290	380
2,00	350	520	700	250	390	560	210	320	420
Mittlere einaxiale Druckfestigkeit in kN/m²	120... 300	300... 700	> 700	120... 300	300... 700	> 700	120... 300	300... 700	> 700

Bemessungswert des Sohlwiderstands für Streifenfundamente bei gemischtkörnigem, tonig-schluffigem Boden und Tonboden

Erhöhung bzw. Verminderung des Bemessungswerts des Sohlwiderstands

Bei Rechteckfundamenten mit einem Seitenverhältnis von $b_x : b_y$ bzw. $b'_x : b'_y < 2$ und bei Kreisfundamenten darf der in den Tabellen angegebene Bemessungswert des Sohlwiderstands um 20 % erhöht werden.

Bei Fundamentbreiten zwischen 2,00 m und 5,00 m muss der in den Tabellen angegebene Bemessungswert des Sohlwiderstands um je 10 % je m zusätzlicher Fundamentbreite vermindert werden.

4.1.6 Anforderungen an Fundamente

Größe und Form der Fundamente

Im Fundament werden die Bauwerkslasten nicht direkt, sondern unter einem **Winkel von 63,5°** zur Waagerechten nach unten abgeleitet.

Diesen Winkel bezeichnet man als **Druck-** oder **Lastverteilungswinkel**. Der Winkel entspricht in etwa einer Neigung von 2 : 1.

Bei anderen Bedingungen, wie z. B. höherer Betonfestigkeitsklasse, höherem Sohldruck, können sich auch kleinere Winkel bis 45° (Neigung 1 : 1) ergeben.

Da die Fundamente nur innerhalb des Druckverteilungswinkels beansprucht werden, können größere Fundamente außerhalb der Druckverteilungslinie abgeschrägt bzw. abgetreppt werden, um so Material zu sparen.

Rechts und links der aufgehenden Wand ergeben sich die **Fundamentvorsprünge *a*.** Die Fundamentbreite *b* setzt sich somit aus der Dicke der Wand *t* und dem zweifachen Fundamentvorsprung 2*a* zusammen.

Fundamentbreite = Wanddicke + 2 · Fundamentvorsprung

$$b = t + 2 \cdot a$$

Bei bekannter Fundamentbreite ist die Fundamenttiefe *d* vom Druckverteilungswinkel abhängig. Bei mittig belasteten Fundamenten kann die Fundamenttiefe rechnerisch ermittelt und zeichnerisch in einem beliebigen Maßstab bestimmt werden.

Bei mittig belasteten Streifen- und Einzelfundamenten aus unbewehrtem Beton beträgt das Verhältnis Fundamenttiefe : Fundamentvorsprung mindestens 2,0.

Fundamenttiefe d : Fundamentvorsprung $a \geq 2{,}0$

Zeichnerische Bestimmung der Fundamenttiefe *d*

- Aufgehende Wand mit ihrer Dicke *t* über einer Bezugslinie zeichnen.
- Druckverteilungswinkel von 60° bzw. 63,5° antragen.
- Fundamentvorsprünge *a* rechts und links der Wand bzw. errechnete Fundamentbreite *b* einmessen.
- Senkrechte Linien durch die Endpunkte zeichnen. Sie schneiden die Linie des Druckverteilungswinkels. Der Schnittpunkt legt die Fundamenttiefe *d* fest.

Rechnerische Ermittlung der Fundamenttiefe *d*

Geht man bei der Druckverteilung von einer Neigung von 2 : 1 aus, entspricht bei mittig belasteten Fundamenten die Fundamenttiefe *d* dem Zweifachen des Fundamentvorsprunges *a*. Bei einer Neigung von 2 : 1 ergibt sich ein Druckverteilungswinkel von 60°. Die Verlängerung der Druckverteilungslinien bildet mit der Gründungssohle ein gleichschenkliges Dreieck.

Fundamenttiefe = zweifacher Fundamentvorsprung

$$d = 2 \cdot a$$

Zu schmale bzw. zu hohe Fundamente führen zu verstärkten Setzungen, bei zu breiten bzw. zu niedrigen unbewehrten Fundamenten sind die Fundamentvorsprünge wirkungslos und reißen ab.

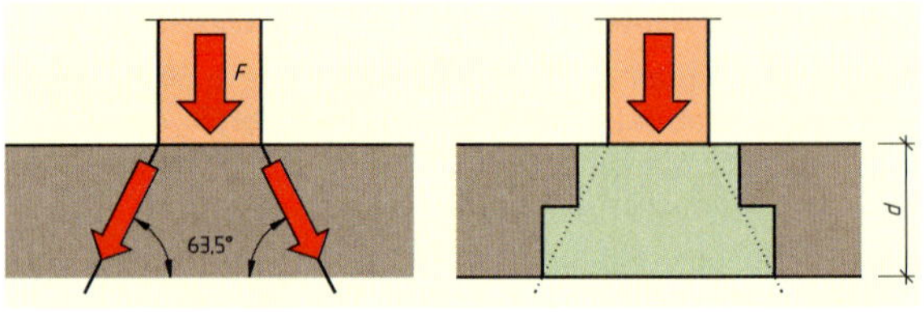

Druck- oder Lastverteilungswinkel **Ideale Fundamentform**

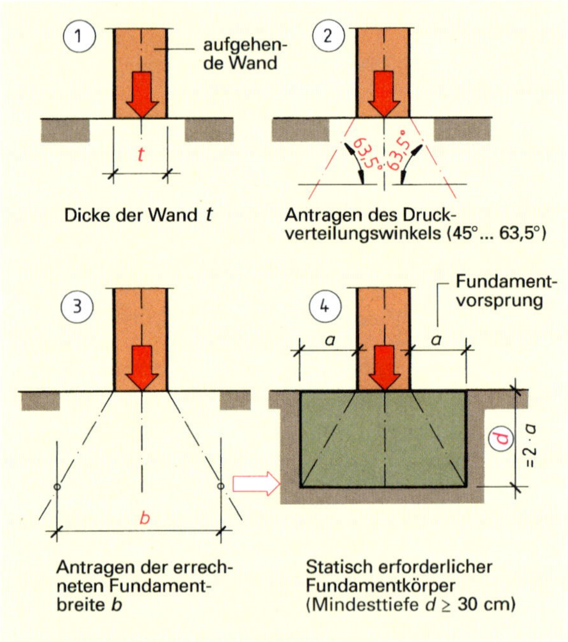

Zeichnerische und rechnerische Ermittlung der Fundamenttiefe

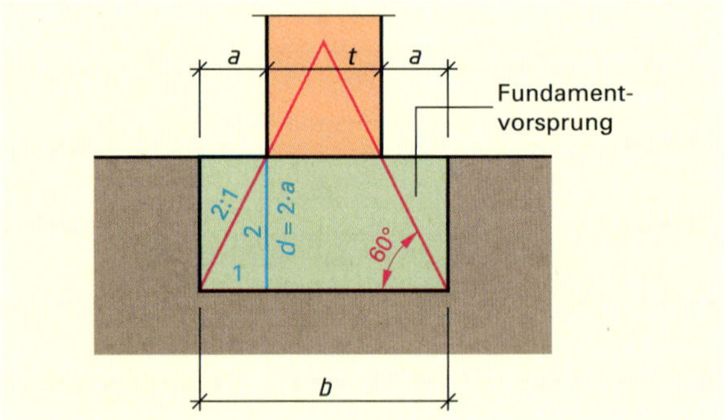

Druckverteilungswinkel bilden mit der Gründungssohle ein gleichschenkliges Dreieck

Beispiel:

Eine 20 cm dicke Stahlbetonwand steht mittig auf einem Streifenfundament, dessen Breite 60 cm misst. Wie groß sind die Fundamentvorsprünge und die Fundamenttiefe?

$2 \cdot a = b - t = 0{,}60 \text{ m} - 0{,}20 \text{ m} = 0{,}40 \text{ m}$

$a = 0{,}40 \text{ m} : 2 = \underline{\underline{0{,}20 \text{ m}}}$

$d = 2 \cdot a = 2 \cdot 0{,}20 \text{ m} = \underline{\underline{0{,}40 \text{ m}}}$

Die Fundamentbreite ist von den vorhandenen Lasten und dem aufnehmbaren Sohldruck des Baugrundes abhängig. Die Fundamenttiefe ergibt sich aus der Fundamentbreite und dem Druckverteilungswinkel.

Bewehrtes Stützenfundament

Fundamente mit niedriger Höhe und großen Fundamentvorsprüngen, wie dies beispielsweise bei Stützenfundamenten der Fall ist, sind nur in Stahlbeton möglich. Sie werden auf Biegung und Schub beansprucht und erhalten eine Bewehrung. Die Tragbewehrung wird in zwei rechtwinklig zueinander verlaufenden Richtungen angeordnet. Sie wird im Bereich des Stützenquerschnittes konzentriert eingebaut. Einzelstäbe werden am Ende mit Winkelhaken im Beton verankert.

Fundamente mit geringer Höhe werden in Stahlbeton ausgeführt.

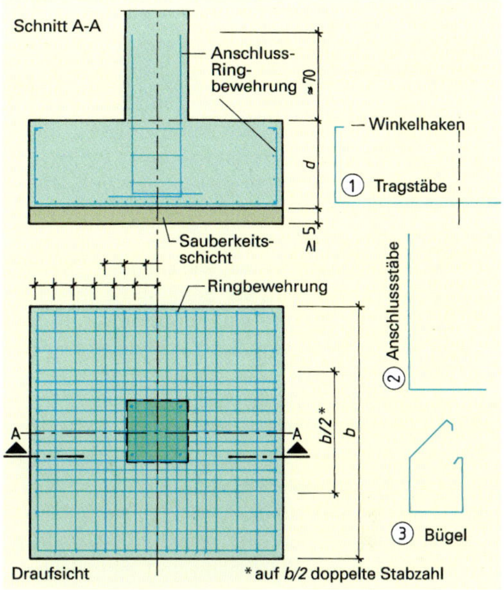

Bewehrung eines quadratischen Stützenfundaments

Lage der Fundamente

Außer der richtigen Größe und Form ist auch die Lage der Fundamente von Bedeutung. Hierbei ist neben der frostsicheren Gründung (siehe Abschnitt 4.1.3) eine ebene Fundamentsohle wichtig.

Ist die Fundamentsohle nicht eben und senkrecht zur herrschenden Kraftrichtung, so kann das Fundament gleiten und kippen. Bei verschiedenen Fundamenttiefen unter einem Gebäude, wie dies bei Hanglagen oder teilweise unterkellerten Gebäuden vorkommt, müssen die Fundamente abgetreppt werden. Die Frosttiefe ist einzuhalten.

Die Fundamentsohle muss in frostsicherer Tiefe und stets senkrecht zur Kraftrichtung liegen.

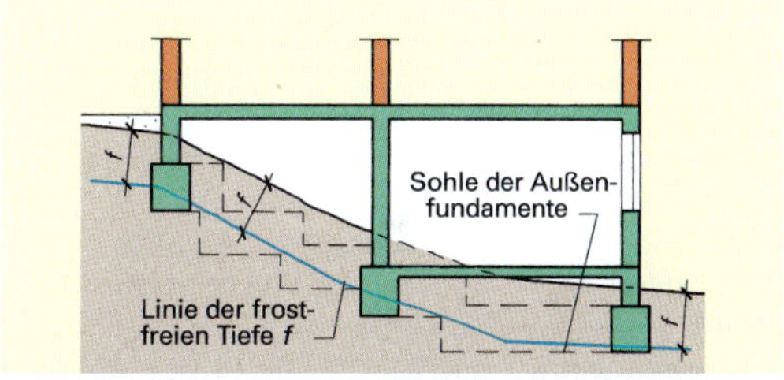

Abgetrepptes Fundament eines Gebäudes am Hang

4.1.7 Herstellen der Fundamente

Ausheben der Fundamentgräben

Die Fundamentgräben werden in der Regel maschinell ausgehoben. Sie müssen den Fundamentmaßen entsprechend sorgfältig hergestellt werden. Die Fundamentsohle muss waagerecht und eben sein, der Grabenquerschnitt darf sich keinesfalls nach unten verjüngen. Gegebenenfalls müssen Wände und Sohle nachgearbeitet werden.

Beim Handaushub werden beiderseits des Grabens Bohlen ausgelegt, die das genaue Abstechen erleichtern. Handaushub ist sehr arbeitsaufwendig und wird deshalb nur angewendet, wenn keine Möglichkeit besteht, Maschinen einzusetzen.

Beim Aushub der Gräben für geschalte Fundamente ist beiderseitig ein entsprechender Arbeitsraum zu berücksichtigen.

Schalen der Fundamente

Werden Streifenfundamente auf den Baugrund aufgesetzt oder liegt nicht standfester Boden vor, müssen sie eingeschalt werden. Die Schalhaut kann aus Brettern, Bohlen oder Schaltafeln bestehen, die durch Gurthölzer, Schwellen, Streben und Pflöcke in ihrer Lage gehalten werden. Abstützung und Verschwertung können auch mit Fundamentzargen aus Stahl ausgeführt werden.

Bei Einzelfundamenten besteht die Schalhaut aus Schaltafeln oder Schalungsplatten. Die Abstützung erfolgt durch Kanthölzer und Gurthölzer. Der Betondruck wird durch Verspannung der gegenüberliegenden Schalungskonstruktion aufgenommen.

Für Fundamente lassen sich auch **Systemschalungen** wirtschaftlich und sinnvoll einsetzen. Hierzu werden beispielsweise Rasterelemente verwendet, die in verschiedenen Breiten und Höhen lieferbar sind. Auf Grund der geringen Masse können die Teile in Handmontage, also kranunabhängig, zusammengebaut werden.

Fundamentgräben müssen genau und maßgerecht ausgeführt werden. Für Fundamentschalungen werden Schaltafeln, vorgefertigte Schalungen und Systemschalungen eingesetzt.

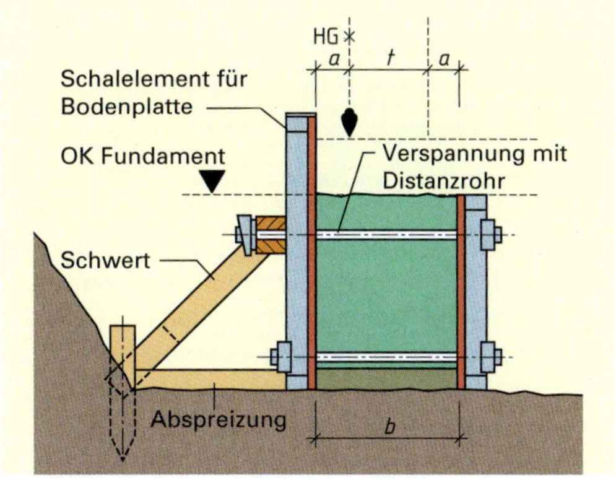

Fundamentschalung bei nicht standfestem Boden

Stützenfundament aus Rasterelementen

Einbringen des Betons und der Bewehrung

Fundamente werden meist aus Beton C12/15 oder C16/20 hergestellt (siehe Abschnitt 4.6.1).

Das Einbringen kann je nach Situation mit Schubkarren, mit Krankübeln, direkt vom Transportmischer oder mit der Betonpumpe erfolgen. Im letzteren Fall muss ein Beton weicherer Konsistenz verwendet werden. Der Beton muss einerseits hohe Belastungen aufnehmen, andererseits dient seine Oberfläche als Standfläche für Wände und Stützen.

Bei bewehrten Fundamenten, wie sie unter Stahlbetonumfassungswänden üblich sind, wird der Beton nicht unmittelbar auf den Baugrund aufgebracht. Um die Bewehrung vor Verschmutzung zu schützen, wird zuerst eine 5...10 cm dicke **Sauberkeitsschicht** aus Beton eingebracht. Ist die Sohle der Fundamentgräben aufgeweicht, so muss das durchnässte Material vor dem Betonieren entfernt und gegebenenfalls ersetzt werden (siehe Abschnitt 4.1.4).

Werden die aufgehenden Wände betoniert, wird in das Fundament eine **Anschlussbewehrung** eingebracht. Sie sorgt für eine kraftschlüssige Verbindung zwischen Fundament und Wand.

In die Fundamente der Außenwände wird ein **Fundamenterder** eingelegt, über den elektrische und metallische Leitungen geerdet werden. Der Fundamenterder wird als geschlossener Ring aus verzinktem Bandstahl hergestellt. Eine Anschlussfahne in den Technikraum ermöglicht dem Elektriker den Anschluss.

Fundamente sollen ohne Unterbrechung betoniert werden. Wo dies nicht möglich ist, müssen **Arbeitsfugen** vorgesehen werden. Darunter versteht man Abschrägungen oder Abtreppungen am Ende eines Betonierabschnittes. Arbeitsfugen dürfen sich nicht unter besonders belasteten Stellen, wie z. B. Ecken, befinden. Sie müssen deshalb vor dem Betonieren festgelegt werden. Vor dem Weiterbetonieren müssen die Anschlussflächen aufgeraut und gereinigt werden. Verdichtet wird der Beton je nach Konsistenz durch Rütteln oder durch Stampfen (siehe Abschnitt 4.5.2).

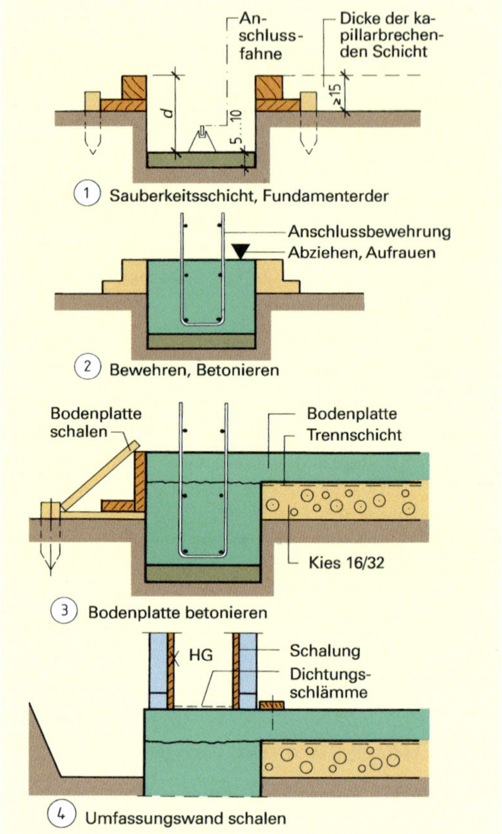

Herstellung der Fundamente

Die Bodenplatte, die auf die Fundamente zu liegen kommt, wird fast immer durchgehend betoniert. Dies ergibt einen sauberen Arbeitsplatz zum Stellen der Wandschalung bzw. zum Aufmauern der Wände. Bei geringer Anforderung an die Nutzung der Untergeschosswände wird der Fußboden durch eine kapillarbrechende Schüttung von 15 cm Dicke unter der Bodenplatte gegen Feuchtigkeit geschützt.

Zusammenfassung

Die Gründung eines Bauwerks gewährleistet die sichere Übertragung der Lasten und Kräfte in den Baugrund.

Fundamente haben die Aufgabe, die auftretenden Bauwerkslasten zu übernehmen und sie in den Baugrund abzuleiten, die Sicherheit zu erhöhen und Setzungen zu vermeiden.

Nach Art und Lage des tragfähigen Baugrundes werden Flach-, Flächen- und Pfahlgründungen unterschieden.

Im Baugrund verteilt sich die Belastung in Form von Druckzwiebeln, in deren Bereich es zu Setzungen kommt.

Die Kontaktdruckspannung an der Gründungssohle wird als Sohldruck bezeichnet.

Der Sohldruck richtet sich bei Streifenfundamenten nach der Bodenart, der Einbindetiefe und den Fundamentabmessungen.

Um Setzungen zu vermeiden, darf der vorhandene Sohldruck nicht größer sein als der aufnehmbare Sohldruck.

Die Fundamentbreite ist von den vorhandenen Bemessungslasten und dem aufnehmbaren Sohldruck abhängig.

Die Fundamenttiefe ergibt sich aus der Fundamentbreite und dem Druckverteilungswinkel.

Die Fundamentsohle muss in frostsicherer Tiefe liegen. Es dürfen unter der Sohlfläche keine Eislinsen entstehen.

Aufgaben

1. *Erklären Sie die Begriffe „Gründung" und „Fundament".*
2. *Nennen Sie Anwendungsbeispiele für Einzel-, Streifen- und Plattenfundamente.*
3. *Welche Fundamentart schlagen Sie für ein Einfamilienhaus vor, wenn es*
   a) auf einem tragfähigen Baugrund,
   b) auf einem schlechten, ungleichmäßigen Baugrund stehen soll?
4. *Weshalb muss die Fundamentsohle*
   a) senkrecht zur Kraftrichtung,
   b) mindestens 80 cm tief sein?
5. *Wovon sind die Fundamentbreite und Fundamenttiefe abhängig?*
6. *Wie tief muss ein 60 cm breites Fundament bei einer Wanddicke von 30 cm sein?*
7. *Warum wird mit zunehmender Einbindetiefe der Bemessungswert des Sohlwiderstands größer?*
8. *Erklären Sie den Begriff „Sohldruck".*
9. *Warum sollten benachbarte Gebäude einen Mindestabstand haben?*

4.1.8 Berechnungen am Fundament

Anmerkung

Die Berechnung (Bemessung) von Fundamenten erfolgt nach dem Sicherheitskonzept. Danach müssen die tatsächlich auftretenden Lasten durch **Teilsicherheitsbeiwerte** erhöht werden.

Die in den Beispielen angegebenen Lasten sind **Bemessungslasten**, bei denen die Teilsicherheitsbeiwerte bereits berücksichtigt sind (siehe Abschnitt 7.1.2).

Bei den Berechnungen am Fundament kann von folgenden **vier Fällen** ausgegangen werden:

1. Fall: Die Bemessungslast und die Fundamentabmessungen sind bekannt. Hier muss nachgewiesen werden, dass der Bemessungswert $\sigma_{E,d}$ der Sohldruckbeanspruchung gleich oder kleiner als der Bemessungswert $\sigma_{E,d}$ des Sohlwiderstands ist. Dies wird auch als **Spannungsnachweis** bezeichnet.

$$\sigma_{E,d} = \frac{F}{A} \qquad \sigma_{E,d} \leq \sigma_{R,d}$$

Beispiel:

Das Streifenfundament eines Reihenhauses steht auf einem nichtbindigen Boden. Die Bemessungslast (einschließlich Eigenlast des Fundamentes) beträgt 0,1 MN/m. Das Fundament hat eine Breite von 0,60 m und weist eine Einbindetiefe von 0,50 m auf.

Der Spannungsnachweis ist zu führen.

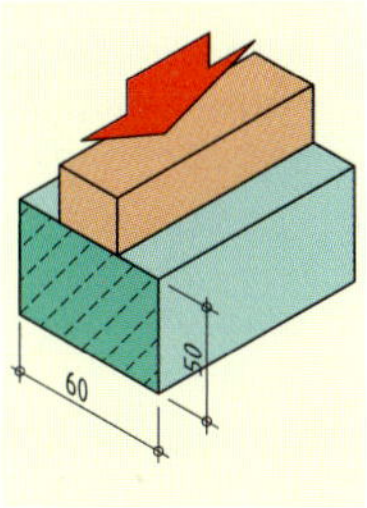

Lösung:

Nach der Tabelle auf Seite 130 ist

$\sigma_{R,d}$ für 0,50 m Breite	= 280 kN/m²
$\sigma_{R,d}$ für 0,10 m Breite	= 28 kN/m²
Bemessungswert des Sohlwiderstands	= <u>308 kN/m²</u>

$$\sigma_{E,d} = \frac{F}{A} = \frac{100\ \text{kN}}{0{,}60\ \text{m} \cdot 1{,}0\ \text{m}} = \underline{166{,}67\ \text{kN/m}^2}$$

Der Bemessungswert der Sohldruckbeanspruchung ist kleiner als der Bemessungswert des Sohlwiderstands.

2. Fall: Die Bemessungslast und der aufnehmbare Sohldruck sind bekannt. Das Fundament soll in seiner Querschnittsfläche festgelegt werden.

$$A \geq \frac{F}{\sigma_{R,d}}$$

Beispiel:

Eine Stahlbetonstütze wird mit 150 kN (= Bemessungslast) belastet. Sie erhält ein quadratisches Fundament. Der Bemessungswert des Sohlwiderstands beträgt 300 kN/m².

Welche Seitenabmessung *a* muss das Stützenfundament erhalten? Die Bemessungslast des Fundamentes ist mit 9,5 kN zu berücksichtigen.

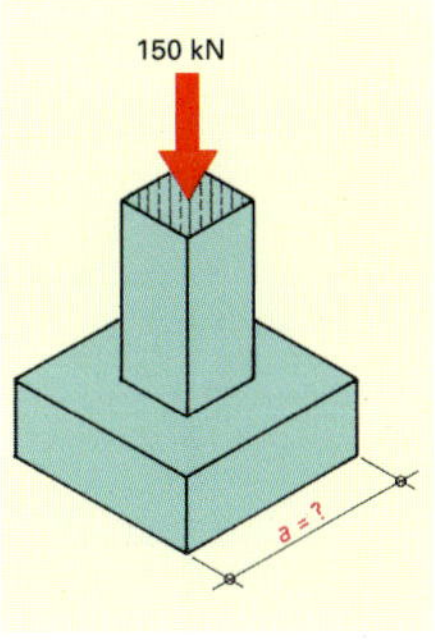

Lösung:

$F = 150\ \text{kN} + 9{,}5\ \text{kN} = 159{,}5\ \text{kN}$

$\sigma_{R,d} = 300\ \text{kN/m}^2$

$$A = \frac{F}{\sigma_{R,d}} = \frac{159{,}5\ \text{kN}}{300\ \text{kN/m}^2} = 0{,}532\ \text{m}^2$$

Die Seitenabmessung eines quadratischen Fundaments wird aus der Quadratwurzel der jeweils erforderlichen Fläche berechnet und auf volle 5 cm aufgerundet.

$a = \sqrt{0{,}532\ \text{m}^2} = \underline{0{,}73\ \text{m}}$

Die Seitenabmessung des Fundamentes beträgt 75 cm.

3. Fall: Bei Streifenfundamenten kann die Fundamentbreite durch Berechnung für ein 1 m langes Stück bestimmt werden.

$$A = \frac{F}{\sigma_{R,d}}$$

Beispiel:

Die Mittelwand eines Reihenhauses überträgt pro Meter eine Bemessungslast von 100 kN auf das Fundament. Der Bemessungswert des Sohlwiderstands beträgt 280 kN/m².

Welche Mindestbreite erhält das Streifenfundament?

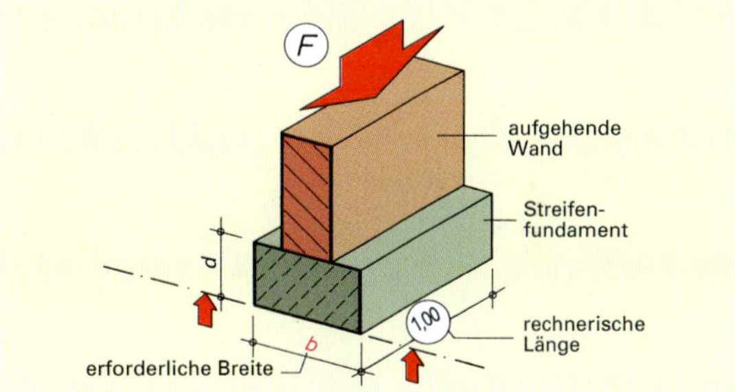

Lösung:

$$A = \frac{F}{\sigma_{R,d}} = \frac{100\ \text{kN}}{280\ \text{kN/m}^2} = 0{,}3571\ \text{m}^2 = \underline{3571\ \text{cm}^2}$$

Die Fundamentfläche ist ein Rechteck, dessen eine Seitenlänge l = 100 cm ist. Die Seitenbreite b wird nach folgender Formel berechnet.

$$b = \frac{A\ \text{in cm}^2}{100\ \text{cm}}$$

$$b = \frac{A}{l} = \frac{3571\ \text{cm}^2}{100\ \text{cm}} = \underline{35{,}7\ \text{cm}}$$

Die Breite eines 1 m langen Streifenfundamentes unter der Wand muss also mindestens 40 cm sein.

4. Fall: Die maximale Bemessungslast soll ermittelt werden.

$$F_{max} = A \cdot \sigma_{R,d}$$

Die maximale **Bemessungslast *F*** setzt sich zusammen aus der veränderlichen Last (Nutzlast Q_k) und der ständigen Last (Eigenlast G_k) des Fundamentes und anderer Bauteile. Die Lasten G_k und Q_k werden als charakteristische Lasten bezeichnet. Durch Multiplikation der charakteristischen Lasten mit Teilsicherheitsbeiwerten wird die Bemessungslast nach folgender Formel ermittelt:

$$\text{Bemessungslast} \quad F = 1{,}35 \cdot G_k + 1{,}50 \cdot Q_k$$

Beispiel:

Das Streifenfundament unter der Außenwand eines Reihenhauses hat eine Breite von 50 cm und eine Einbindetiefe von 1,00 m. Das Fundament steht auf nichtbindigem Boden. Der Bemessungswert des Sohlwiderstands ist der Tabelle auf Seite 130 zu entnehmen.

Wie groß darf die Bemessungslast in kN höchstens werden?

Lösung:

$A = l \cdot b = 0{,}50\ \text{m} \cdot 1{,}00\ \text{m} = 0{,}50\ \text{m}^2$

Nach Tabelle ist $\sigma_{R,d}$ $= 380\ \text{kN/m}^2$

$F \leq 0{,}50\ \text{m}^2 \cdot 380\ \text{kN/m}^2 \quad \leq \underline{190\ \text{kN}}$

Die maximale Bemessungslast des Streifenfundamentes darf den Wert von 190 kN nicht überschreiten.

Aufgaben

1. *Das Untergeschoss eines Reihenhauses belastet ein Streifenfundament mit 80 kN/m (= Bemessungslast). Das Fundament hat eine Breite von 0,75 m und eine Einbindetiefe von 0,50 m. Es steht auf nichtbindigem Boden.*
   a) Wie groß ist der Bemessungswert der Sohldruckbeanspruchung?
   b) Ist das Fundament ausreichend bemessen?
2. *Eine UG-Wand aus Stahlbeton wird mit 110 kN/m belastet (= Bemessungslast).*
   Berechnen Sie die erforderliche Fundamentbreite, wenn der Bemessungswert des Sohlwiderstands 280 kN/m² beträgt.
   Die Bemessungslast der UG-Wand und des Fundamentes wird mit 20 kN/m angenommen.

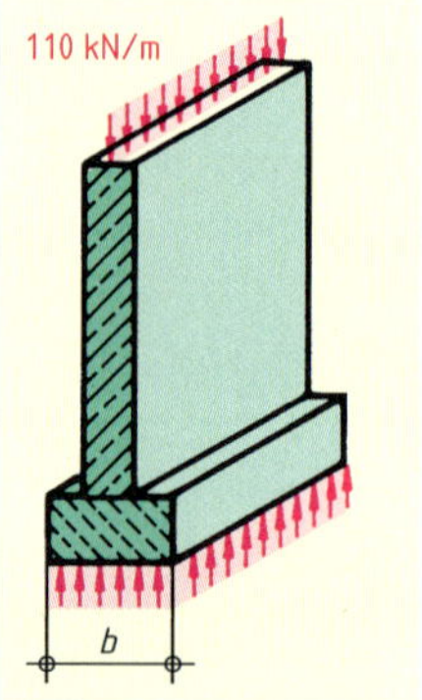

3. *Fester Tonboden darf als Baugrund bei Streifenfundamenten (Einbindetiefe 50 cm) mit 280 kN/m² belastet werden.*
   Berechnen Sie die erforderliche Fundamentbreite, wenn die Belastung (= Bemessungslast einschließlich der Eigenlast des Fundamentes) 130 kN/m beträgt.
4. *Berechnen Sie die erforderliche Fundamentbreite eines Streifenfundamentes, wenn die Belastung (= Bemessungslast einschließlich der Eigenlasten) 100 kN/m beträgt. Das Fundament steht auf steifem, tonig-schluffigem Boden und weist eine Einbindetiefe von 0,50 m aus.*
5. *Das Streifenfundament einer Reihenhausaußenwand hat eine Breite von 50 cm und eine Einbindetiefe von 50 cm. Der nichtbindige Baugrund weist einen Bemessungswert des Sohlwiderstands von 280 kN/m² auf. Wie groß darf die Bemessungslast des Fundamentes höchstens werden?*
6. *Über das zylindrische Stützenfundament wird eine Bemessungslast von 200 kN übertragen.*
   Berechnen Sie den Bemessungswert der Sohldruckbeanspruchung, und führen Sie den Spannungsnachweis für festen Ton-Boden durch.

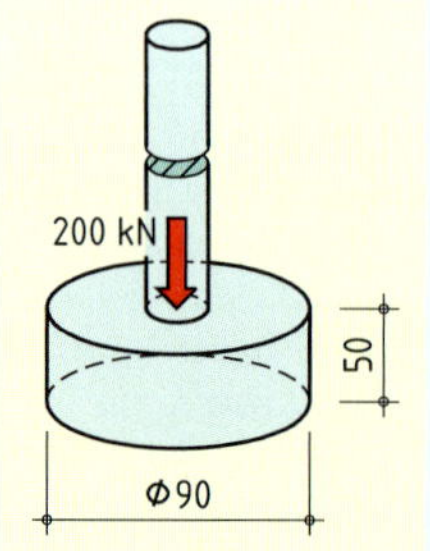

7. *Berechnen Sie die erforderliche Breite und Tiefe für das dargestellte Streifenfundament.*
   Der Boden besitzt einen Bemessungswert des Sohlwiderstands von 280 kN/m².
   Der Druckverteilungswinkel im Fundament beträgt 60°; d.h., der Fundamentüberstand verhält sich zur Fundamenttiefe wie 2 : 1.

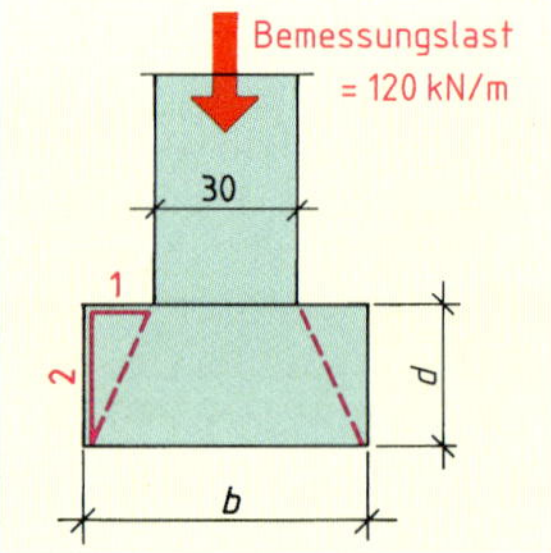

8. *Fundamente mit 1,00 m Breite und 0,50 m Einbindetiefe dürfen sich bei mittiger Belastung etwa 1 cm setzen. Es ist nichtbindiger Boden vorhanden. Wie groß ist der Bemessungswert des Sohlwiderstands?*
9. *Ein Rechteckfundament hat die Abmessungen 1,25 m auf 0,75 m. Der Baugrund besteht aus nichtbindigem Boden, die Einbindetiefe beträgt 1,00 m. Muss der angegebene Bemessungswert des Sohlwiderstands um 20 % erhöht werden?*
10. *Die Bemessungslast eines Fundamentes beträgt 100 kN/m. Der Baugrund ist nichtbindig, und das Streifenfundament hat eine Breite und eine Einbindetiefe von 0,50 m. Ist das Fundament ausreichend dimensioniert? Der Bemessungswert des Sohlwiderstands ist der Tabelle auf Seite 130 zu entnehmen.*
11. *Ein Streifenfundament hat eine Breite von 1,00 m und eine Einbindetiefe von 1,50 m. Der Grundwasserspiegel liegt über der Gründungssohle. Das Setzungsmaß darf 1 cm nicht übersteigen. Wie groß ist der Bemessungswert des Sohlwiderstands?*
12. *Für das dargestellte Streifenfundament mit einer Einbindetiefe von 1,00 m und einer Bemessungslast von 250 kN/m ist die Fundamentbreite zu bestimmen. Das Streifenfundament steht auf festem, gemischtkörnigem Boden. Da der Grundwasserspiegel über der Gründungssohle liegt, ist die Verminderung des Bemessungswerts des Sohlwiderstands nach DIN 1054 zu berücksichtigen.*

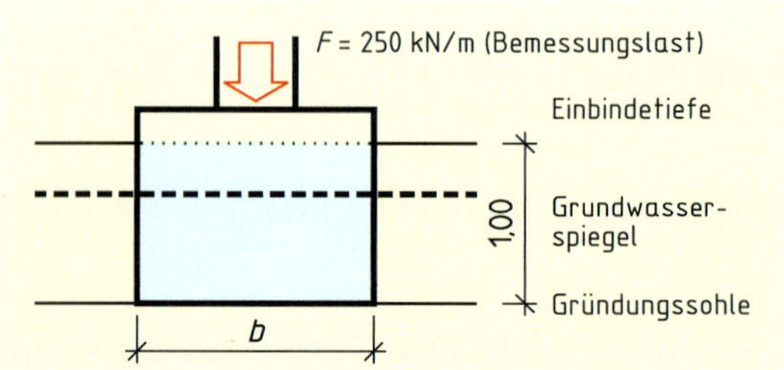

4.2 Beton

4.2.1 Geschichte des Betons

Beton ist ein künstlicher Baustoff, den schon die Römer (500 v. Chr. bis 450 n. Chr.) kannten. Sie entwickelten das sogenannte „Opus Caementicium", einen betonartigen Gussmörtel, der erstaunliche Eigenschaften aufwies. Die Römer stellten daraus Mauern, Hafenanlagen, Abwasserkanäle, aber auch berühmte, noch heute zu bewundernde Bauwerke wie das Kolosseum und das Pantheon in Rom her.

Erst um 1200 wurde in Holland die günstige Wirkung hydraulischer Zusätze wie Trassmehl für den Wasserbau neu entdeckt.

1756 beobachtete der Engländer J. Smeaton an Bindemitteln, die aus mergeligen Kalksteinen gebrannt wurden, hydraulische Eigenschaften, d.h., sie erhärteten unter Wasser und blieben beständig.

1824 entdeckte der Engländer J. Aspin durch Brennen von Kalkstein und Ton ein dem Zement vergleichbares Produkt. Wegen der Ähnlichkeit des daraus hergestellten Betons mit dem auf der Halbinsel Portland vorkommenden Gestein, wurde das Bindemittel als „Portlandzement" bezeichnet. Die Einführung des Portlandzementes führte zur Entwicklung einer bedeutenden Betonwarenindustrie.

1867 gelang dem Franzosen Joseph Monier die Erfindung des bewehrten Betons. Dies leitete den Siegeszug des Stahl- und Spannbetons ein.

Kolosseum in Rom (79/80 n. Chr. eingeweiht)

4.2.2 Betonbezeichnungen

Beton wird durch folgende Fachbegriffe eindeutig gekennzeichnet:

- **Frischbeton** ist der fertig gemischte und noch verarbeitbare Beton.
- **Junger Beton** heißt der noch erhärtende Beton, der aber nicht mehr verarbeitbar ist.
- **Festbeton** bezeichnet man den erhärteten Beton.
- **Zementleim** stellt im Frischbeton das Gemisch aus Zement und Wasser dar.
- **Zementstein** ist erhärteter Zementleim, der die Gesteinskörnungen im Festbeton zu einem festen, künstlichen Stein verkittet.
- **Feinmörtel** ist das Gemisch aus Zement, Wasser und Gesteinskörnungen bis 1 mm Durchmesser.
- **Zementmörtel** ist das Gemisch aus Zement, Wasser und Gesteinskörnungen von höchstens 4 mm Durchmesser.

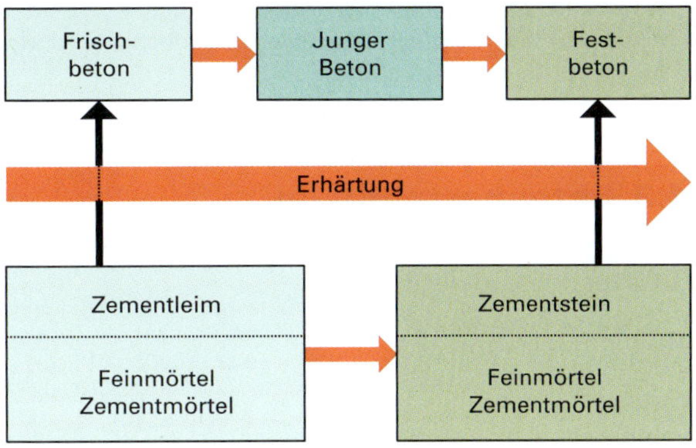

Betonbezeichnungen

4.2.3 Betonarten

Die Bezeichnungen der Betonarten kann nach folgenden Gesichtspunkten vorgenommen werden:

- Nach der **Trockenrohdichte** (= Masse der trockenen Gesteinskörnung je Volumeneinheit) unterscheidet man **Leichtbeton, Normalbeton** und **Schwerbeton**. Wenn keine Verwechslung mit Schwer- und Leichtbeton möglich ist, wird Normalbeton als „Beton" bezeichnet. Die Trockenrohdichte dieser drei Betonarten wird weitgehend von der Art der Gesteinskörnung bestimmt. Sie wird nach DIN 52102 mit dem Messzylinderverfahren und dem Berechnungsverfahren des Dichtigkeitsgrades und der Gesamtporosität festgestellt.

Betonart	**Trockenrohdichte in kg/m³**	**Gesteinskörnung** (Beispiele)
Leichtbeton	≥ 800 und ≤ 2000	Blähton, Blähschiefer, Natur-, Hüttenbims, Ziegelsplitt
Normalbeton	> 2000 und ≤ 2600	Sand, Kies, Splitt, Hochofenschlacke
Schwerbeton	> 2600	Schwerspat, Eisenerz, Eisengranulat

Betonarten nach der Trockenrohdichte

- Nach der **Bewehrung** wird Beton in **Stahlbeton** (schlaff bewehrter Beton, Spannbeton) und **unbewehrten Beton** unterteilt.
- Nach dem **Ort des Abmessens** und **Mischens** werden **Baustellenbeton** und **Transportbeton** unterschieden. Beim Baustellenbeton werden die Bestandteile auf der Baustelle zugegeben und gemischt. Beim Transportbeton werden die Bestandteile außerhalb der Baustelle abgemessen und der Beton in einbaufertigem Zustand an die Baustelle geliefert. Das Mischen kann im Werk oder im Mischfahrzeug erfolgen. Aus wirtschaftlichen Gründen wird heute fast ausschließlich Transportbeton verwendet.
- Nach dem Ort des Einbringens unterteilt man Beton in **Ortbeton** und **Betonerzeugnisse**. Ortbeton ist Beton, der als Frischbeton in Bauteile in ihrer endgültigen Lage eingebracht wird und dort erhärtet. So werden z. B. Fundamente in Ortbetonbauweise hergestellt. Bei Betonerzeugnissen handelt es sich um Betonfertigteile, Betonwaren und Betonwerksteine, die als erhärtete Bauteile eingebaut werden.
- Nach der **Höhe der Druckfestigkeit** werden Normal- und Schwerbeton (bis C50/60) und hochfester Beton (ab C55/67) unterschieden.
- Außerdem kann Beton unterschieden werden nach der Konsistenz des Frischbetons, nach der Art des Förderns und Einbringens, nach der Art der Verdichtung, nach besonderen Eigenschaften des Betons und nach der Art der Oberflächenbeschaffenheit des Festbetons.

Beton ist ein künstlich hergestellter Baustoff, der von den Römern entdeckt wurde.

Betonarten werden nach der Trockenrohdichte, der Bewehrung, dem Herstellungsort, der Druckfestigkeit und dem Einbringungsort unterschieden.

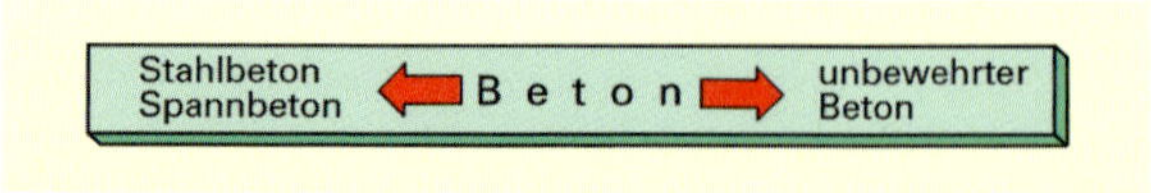

Betonarten nach der Bewehrung

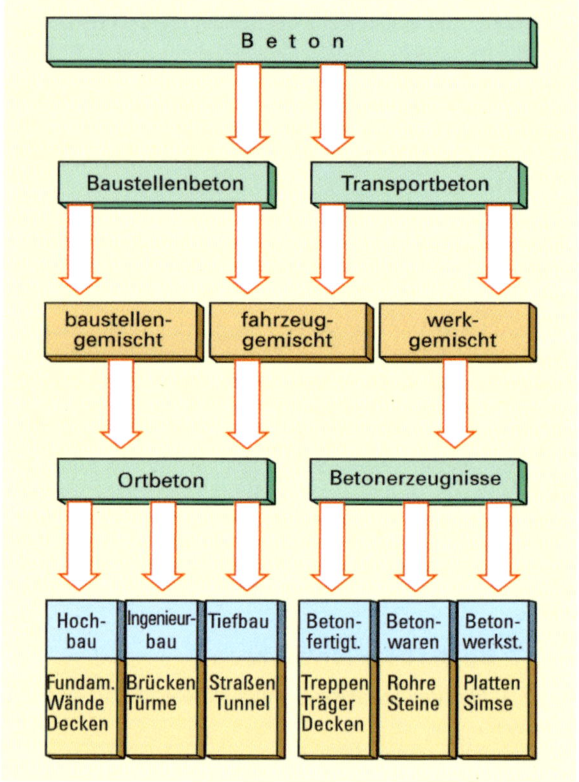

Betonarten nach dem Herstellungs- und Einbringungsort

4.3 Betonbestandteile

Beton ist kein natürlicher Baustoff. Er wird aus folgenden Grundstoffen hergestellt:

- Gesteinskörnungen,
- Zement,
- Wasser,
- gegebenenfalls Betonzusätzen.

Zur Veränderung bestimmter Eigenschaften können dem Beton mehlfeine oder flüssige Zusätze beigegeben werden.

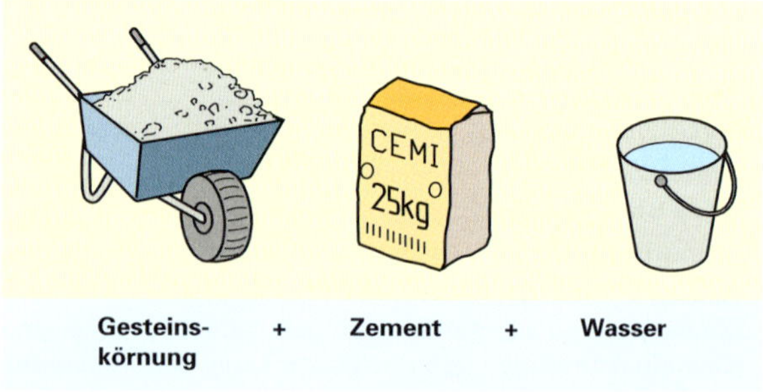

Betonbestandteile

4.3.1 Gesteinskörnungen

Arten und Bezeichnungen

Gesteinskörnungen bilden das feste und dauerhafte Gerüst des Betons. Sie werden durch den Zementstein miteinander verkittet. Die Kraftableitung erfolgt im Normal- und Schwerbeton vorwiegend über die Gesteinskörnung.

Gesteinskörnungen unterscheiden sich nach der **Entstehung** bzw. **Herstellung**:

- natürliche Gesteinskörnungen,
- industriell hergestellte Gesteinskörnungen,
- Rezyklierte Gesteinskörnungen.

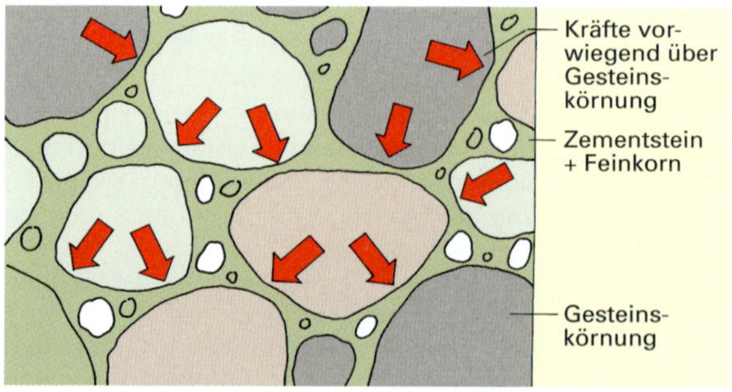

Kraftableitung über die Gesteinskörnung

Zu den **natürlichen Gesteinskörnungen** zählen z.B. Kies und Sand. **Industriell hergestellte Gesteinskörnungen** sind mineralischen Ursprungs, die vorwiegend unter Einfluss thermischer Prozesse entstehen wie z.B. Hochofenschlacke und Hüttenbims. Unter **rezyklierten Gesteinskörnungen** versteht man aus Betonbruch wieder aufbereiteten Betonsplitt und Betonbrechsand.

Nach der **Kornrohdichte** werden folgende Gesteinskörnungen mineralischen Ursprungs unterschieden:

- **leichte** Gesteinskörnungen Rohdichte < 2000 kg/m³,
- **normale** Gesteinskörnungen Rohdichte ≥ 2000 kg/m³ … < 3000 kg/m³,
- **schwere** Gesteinskörnungen Rohdichte ≥ 3000 kg/m³.

Leichte Gesteinskörnungen sind z.B. Naturbims und Hüttenbims. Zu den normalen Gesteinskörnungen gehören Kiessand und zu den schweren Gesteinskörnungen zählen Schwerspat und Magnetit.

Nach **Korngruppen** eingeteilt, werden unterschieden:

- feine Gesteinskörnungen,
- grobe Gesteinskörnungen.

Korngruppen von 0 … 4 mm Durchmesser werden als **feine Gesteinskörnungen** gekennzeichnet. Dazu zählt Sand. **Grobe Gesteinskörnungen** sind Korngruppen von mindestens 2 mm und mehr als 4 mm Durchmesser. Dazu gehören Kiessand und Kies.

Nicht gebrochene und **gebrochene** Gesteinskörnungen werden durch zusätzliche Bezeichnungen unterschieden. Ungebrochene Gesteinskörnungen werden in Gruben, Seen und Flüssen, gebrochene in Steinbrüchen abgebaut.

Nicht gebrochene, natürliche Gesteinskörnungen sind:

- Sand,
- Kies,
- Grobkies.

Gebrochene, natürliche Gesteinskörnungen sind:

- Brechsand,
- Splitt, Edelsplitt,
- Schotter.

Gebrochene, rezyklierte Gesteinskörnungen sind:

- Beton-, Bauwerk-, Mauerwerk- und Mischbrechsand,
- Beton-, Bauwerk-, Mauerwerk- und Mischsplitt.

Nach der Entstehung werden natürliche, industriell hergestellte und rezyklierte Gesteinskörnungen unterschieden. Sand, Kies und Grobkies zählen zu den nicht gebrochenen Gesteinskörnungen, Brechsand, Splitt und Schotter zu den gebrochenen Gesteinskörnungen.

Anforderungen an Gesteinskörnungen

Je nach Verwendung müssen Gesteinskörnungen folgenden Anforderungen genügen:

- frei von Verunreinigungen,
- ausreichende Eigenfestigkeit,
- Widerstand gegen Frost,
- günstige Oberflächenbeschaffenheit,
- günstige Kornform,
- optimale Kornzusammensetzung.

Gesteinskörnungen für Beton	
Unterscheidung nach der **Entstehung**: **– natürliche** **– industriell hergestellte** **– rezyklierte** Gesteinskörnungen	Unterscheidung nach der **Dichte**: Gesteinskörnungen für **– Schwerbeton** **– Normalbeton** **– Leichtbeton**

Unterscheidung von Gesteinskörnungen

Art der Gesteinskörnung	Beispiel	Rohdichte in kg/dm³
leichte Gesteinskörnungen	Naturbims	0,4 … 0,7
	Hüttenbims	0,5 … 1,5
	Blähton, Blähschiefer	0,4 … 1,9
normale Gesteinskörnungen	Kiessand (Quarz)	2,9 … 3,0
	Granit	2,6 … 2,8
	dichter Kalkstein	2,7 … 2,8
	Basalt	2,9 … 3,0
schwere Gesteinskörnungen	Baryt (Schwerspat)	4,6 … 4,8
	Magnetit	4,0 … 4,3
	Hämatit	4,7 … 4,9
rezyklierte Gesteinskörnungen	Betonsplitt, Bauwerksplitt, Betonbrechsand, Bauwerkbrechsand	1,85 … 2,15
	Mauerwerksplitt, Mauerwerkbrechsand	1,65 … 1,95
	Mischsplitt, Mischbrechsand	≥ 1,5

Rohdichte in Gesteinskörnungen (Anhaltswerte)

Gesteinskörnung mit		Bezeichnung der Korngruppen – nicht gebrochen (natürlich) – gebrochen (natürlich und rezykliert)
untere Siebgröße *d* in mm	obere Siebgröße *D* in mm	
0	≤ 4	**feine** Gesteinskörnung: Sand, Brechsand
≥ 2	> 4 ≤ 32	**grobe** Gesteinskörnung: Kies, Splitt
> 32	≤ 45	Grobkies, Schotter

Unterscheidung der Gesteinskörnung nach der Korngruppe

Natürliche Gesteinskörnungen	
nicht gebrochen	**gebrochen**
Sand, Kies aus Gruben, Flüssen, Seen	Brechsand, Splitt, Schotter

Nicht gebrochene und gebrochene Gesteinskörnungen

Verunreinigungen

Verunreinigungen können verursacht werden durch:
- Chloride,
- abschlämmbare Bestandteile,
- Stoffe organischen Ursprungs.

Chloride, z.B. Kochsalz, fördern die Korrosion der Bewehrung. **Sulfate**, z.B. Gips, begünstigen Treiberscheinungen und Rissbildungen im Beton.

Abschlämmbare Teile wie Ton und Lehm mindern die Festigkeitseigenschaften des Betons. Im Labor wird dies durch den **Absetzversuch** folgendermaßen geprüft:
- In einem Messzylinder von 1000 cm^3 Inhalt werden 500 g Gesteinskörnungen mit Wasser aufgefüllt und durchgeschüttelt. Dies wird nach 20 Minuten und nach 40 Minuten wiederholt.
- Innerhalb einer Stunde setzen sich die tonigen Bestandteile in einer deutlich erkennbaren Schicht ab.
- Aus der Dicke dieser Schicht wird die Schlammmenge V in cm^3 abgelesen und die Trockenmasse in % errechnet $(= 0{,}12 \cdot V)$.

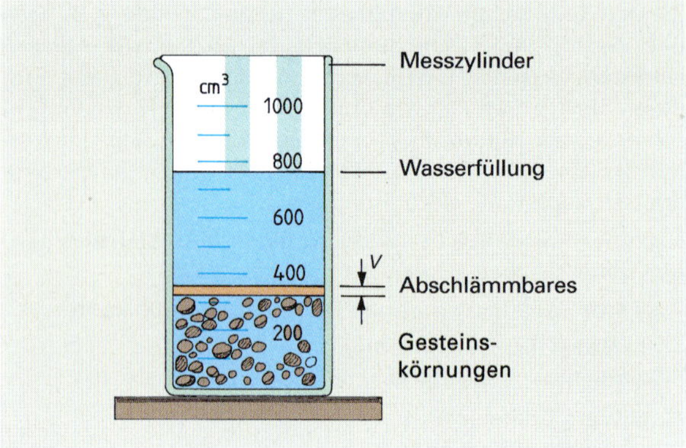

Absetzversuch

Organische Stoffe, wie Humus und Laub, können den Erhärtungsverlauf des Betons stören. Im Labor wird der Gehalt an organischen Stoffen durch den **Natronlaugeversuch** folgendermaßen nachgewiesen:
- 130 cm^3 Gesteinskörnungen werden in einer Klarglasflasche mit 3%iger Natronlauge bis zur Messmarke 200 cm^3 aufgefüllt und kräftig durchgeschüttelt.
- Nach 24 Stunden wird die Färbung der überstehenden Flüssigkeit festgestellt. Je größer der Anteil an organischen Stoffen, desto dunkler ist die Färbung, umso mehr Vorsicht ist geboten. Ein zu hoher Anteil an organischen Stoffen mindert die Festigkeitseigenschaften des Betons.

Natronlaugeversuch

Eigenfestigkeit der Gesteinskörnung

Sie muss mindestens den Wert erreichen, der vom fertigen Beton verlangt wird. Die Kontrolle erfolgt durch Ritzen mit einem Messer oder durch leichten Hammerschlag. Weiche, schiefrige und verwitterte Gesteinskörnungen sind ungeeignet.

Natürlich entstandener Sand und Kies und durch Brechen gewonnene Gesteinskörnungen sind im Allgemeinen so fest, dass sie für die Herstellung von Betonen üblicher Festigkeitsklassen verwendet werden dürfen.

Tonige, schiefrige, verwitterte, weiche Gesteine oder Gesteinsteile sind für die Herstellung von Beton ungeeignet.

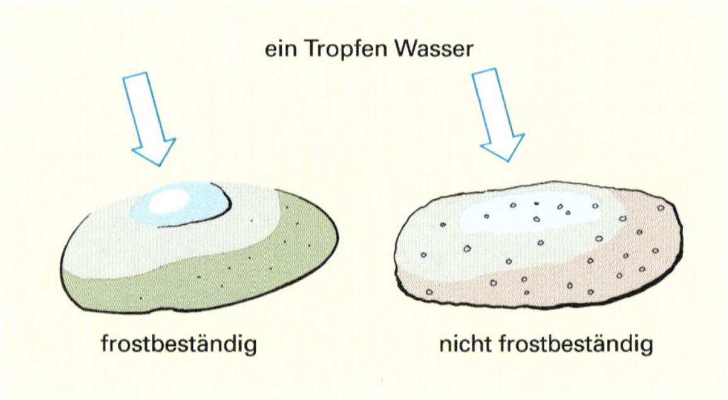

Prüfung der Frostbeständigkeit

Widerstand gegen Frost

Für Betonbauteile, die häufigen Frost-Tau-Wechseln ausgesetzt sind, z.B. horizontale Betonflächen im Freien, ist ein **erhöhter Frostwiderstand** der Gesteinskörnung erforderlich. Er ist ungenügend, wenn ein auf das trockene Korn aufgesetzter Wassertropfen rasch aufgesaugt wird. Bei Frost würde das Wasser gefrieren und die Gesteinskörnung und damit auch den Beton zerstören. Gesteinskörnungen mit erhöhtem Frostwiderstand werden mit F gekennzeichnet. Werden keine Anforderungen an den Frostwiderstand der Gesteinskörnung gestellt, wird dies durch F_{NR} angegeben.

Gesteinskörnungen müssen genügend fest, frostsicher und frei von Ton, organischen Stoffen und gefährlichen Salzen sein.

Oberflächenbeschaffenheit

Sie kann die Betondruckfestigkeit beeinflussen. Bei rauer Oberfläche wird eine bessere Verzahnung zwischen Zementstein und Korn erreicht.

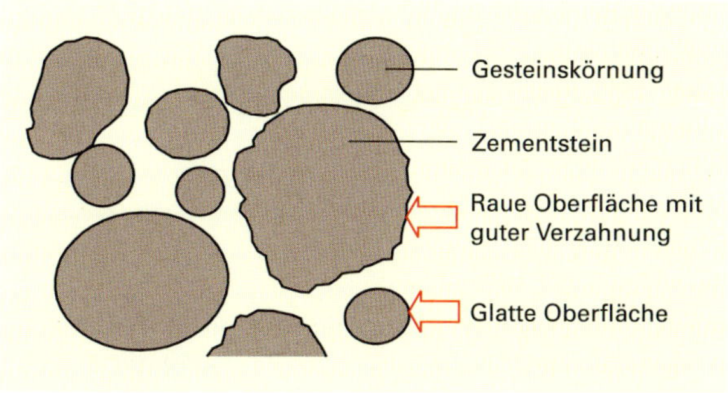

Gute Verzahnung zwischen Zementstein und Gesteinskörnung bei rauer Oberfläche

Kornform

Sie hat Einfluss auf die erforderliche Zementleimmenge und auf die Verarbeitbarkeit des Betons. Bei gleichem Volumen hat ein plattiges oder längliches Korn eine größere Oberfläche als ein gedrungenes, rundes oder würfeliges Korn, und viele kleine Körner ergeben eine größere Gesamtoberfläche als wenige, große Körner.

Beispiel 1:

Das würfelige Korn und das plattige Korn im nebenstehenden Bild haben das gleiche Volumen von 27 cm^3. Es werden die Oberflächen ermittelt.

Würfeliges Korn:

$O = 6 \cdot (3\ cm \cdot 3\ cm) \qquad = \underline{54\ cm^2}$

Plattiges Korn:

$O = 2 \cdot (3\ cm \cdot 9\ cm) + 2 \cdot (9\ cm \cdot 1\ cm) + 2 \cdot (3\ cm \cdot 1\ cm)$
$= 2 \cdot 27\ cm^2 + 2 \cdot 9\ cm^2 + 2 \cdot 3\ cm^2 \qquad = \underline{78\ cm^2}$

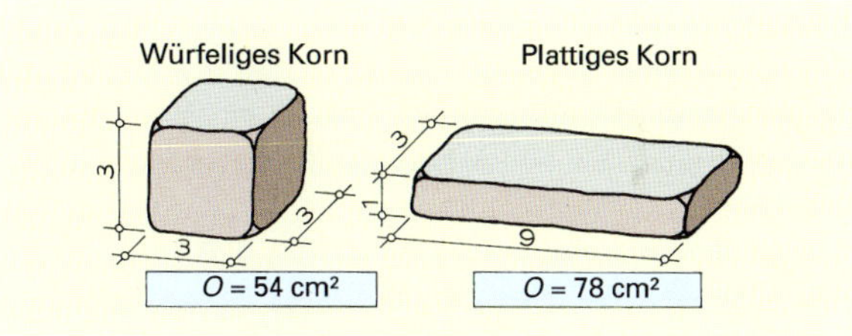

Kornoberfläche bei gleichem Volumen

Daraus ergibt sich:
- Je größer die Oberfläche ist, umso mehr Zementleim wird benötigt.
- Ein Beton aus runden, gedrungenen, glatten Gesteinskörnungen lässt sich besser verdichten als ein Beton mit länglichen Gesteinskörnungen.

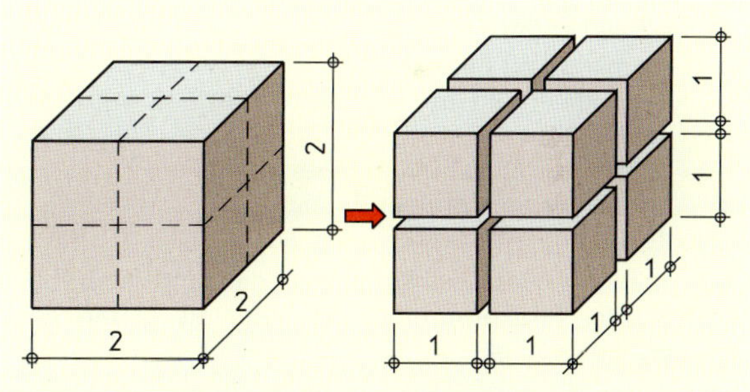

Einfluss der Korngröße auf die Oberfläche bei gleichem Volumen

Beispiel 2:

Ein Würfel mit 2 cm Kantenlänge wird in 8 Würfel von je 1 cm Kantenlänge zerlegt. Volumen und Oberfläche werden verglichen.

a) 1 Würfel: $O = 6 \cdot 2\ cm \cdot 2\ cm \qquad = \underline{24\ cm^2}$
$V = 2\ cm \cdot 2\ cm \cdot 2\ cm \qquad = 8\ cm^3$

b) 8 Würfel: $O = 8 \cdot 6 \cdot 1\ cm^2 \qquad = \underline{48\ cm^2}$
$V = 8 \cdot 1\ cm \cdot 1\ cm \cdot 1\ cm \qquad = 8\ cm^3$

Daraus ergibt sich:
- Bei gleichem Volumen verdoppelt sich die Oberfläche.
- Die Gesamtoberfläche und damit der Bedarf an Zementleim sind umso größer, je kleiner die Einzelkörner sind.

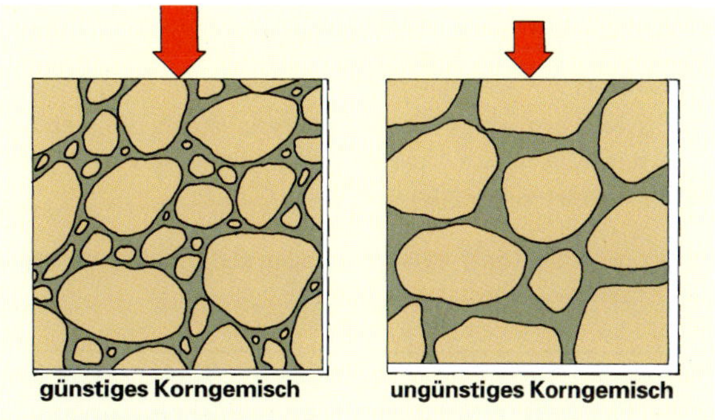

Kornzusammensetzung

Kornzusammensetzung

Sie ist für die Betonqualität von ausschlaggebender Bedeutung. Unter Kornzusammensetzung versteht man die Korngrößenverteilung, die durch die Siebdurchgänge als Massenanteil in Prozent ausgedrückt wird.

Ein Korngemisch aus etwa gleich großen Körnern hat einen sehr großen Gehalt an Hohlräumen. Bei einem Korngemisch mit unterschiedlich großen Körnern füllen die kleinen Körner die Zwischenräume aus.

Kornform, Kornoberfläche und Kornzusammensetzung bestimmen die Qualität des Betons. Eine gute Kornzusammensetzung zeichnet sich durch geringe Hohlräumigkeit, kleine Gesamtoberfläche und gute Verdichtbarkeit aus.

Die Zusammensetzung des Korngemisches wird vorgegeben durch:

- Sieblinie,
- Größtkorn,
- Füllerzugabe,
- Mehlkorngehalt,
- Hohlraumgehalt.

Sieblinien

Die DIN 1045-2 gibt **Grenzsieblinien** vor, die die Beurteilung von Korngemischen mit Größtkorn 8 mm, 16 mm, 32 mm und 63 mm ermöglichen. Bei Gesteinskörnungen mit gleicher Korndichte gibt die Sieblinie über jeder Lochweite den Masseanteil in Prozenten des Gesamtgemisches an, der durch das betreffende Sieb hindurchfällt. So fallen beispielsweise bei dem auf Seite 147 dargestellten Sieblinendiagramm durch das 4-mm-Sieb 34 % hindurch.

Die dargestellten Sieblinien unterscheiden stetige und unstetige Grenzsieblinien und Sieblinienbereiche.

Stetige Grenzsieblinien weisen alle Korngruppen auf. Dazu zählen:

- Sieblinie **A** = grobe, untere Sieblinie, z. B. A 16,
- Sieblinie **B** = mittlere Sieblinie, z. B. B 16,
- Sieblinie **C** = feine, obere Sieblinie, z. B. C 16.

Bei **unstetigen Sieblinien** fehlen eine oder mehrere Korngruppen. Dazu gehört die Sieblinie **U**.

Die Sieblinien grenzen folgende **Bereiche** ab (Kennzeichnung mit den Ziffern ① bis ⑤).

- ① = grobkörniger Bereich,
- ② = Ausfallkörnung (eine oder mehrere Korngruppen fehlen),
- ③ = grob- bis mittelkörniger Bereich,
- ④ = mittel- bis feinkörniger Bereich,
- ⑤ = feinkörniger Bereich.

Der Anteil an Gesteinskörnungen, der unterhalb bzw. oberhalb der Prüfkorngröße liegt, wird als **Unter-** bzw. **Überkorn** bezeichnet.

Um bei der Zusammensetzung eines Korngemisches aus mehreren Korngruppen die vorgegebene Kornzusammensetzung mit ausreichender Genauigkeit einhalten zu können, dürfen die einzelnen Korngruppen nur eine beschränkte Menge an Unter- bzw. Überkorn enthalten. In DIN 4226 ist der zulässige Anteil auf 10 bzw. 15 Masse-% begrenzt.

Größtkorn

Das **Größtkorn** eines Korngemisches ist so zu wählen, dass das Mischen, Fördern, Einbringen und Verarbeiten des Betons gewährleistet ist.

Die Korngröße darf 1/5 der kleinsten Bauteilabmessung nicht überschreiten.

Beispiel:
Eine unbewehrte Betonwand über einem Streifenfundament weist eine Dicke von 15 cm auf. Welche maximale Korngröße ist für das Korngemisch zulässig?

Korngröße ≤ 1/5 · 150 mm ≤ <u>30 mm</u>

Bei enger Bewehrung oder geringer Betondeckung soll der überwiegende Teil der Gesteinskörnung kleiner als der Abstand der Stahleinlagen untereinander von der Schalung sein.

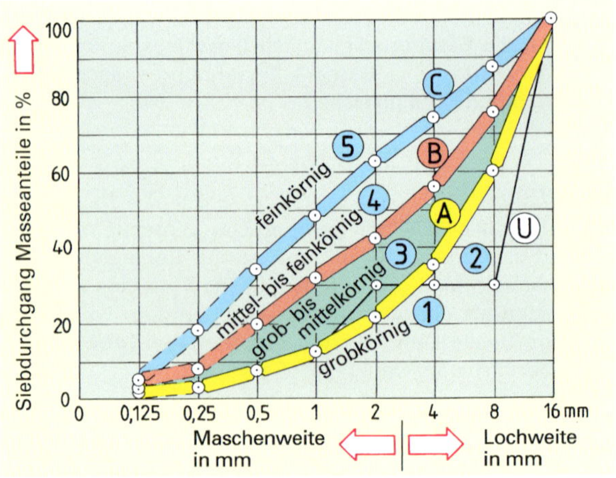

Sieblinie mit einem Größtkorn von 16 mm

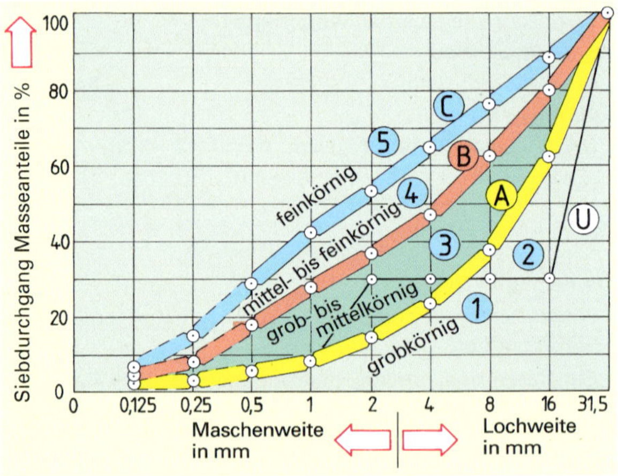

Sieblinie mit einem Größtkorn von 32 mm

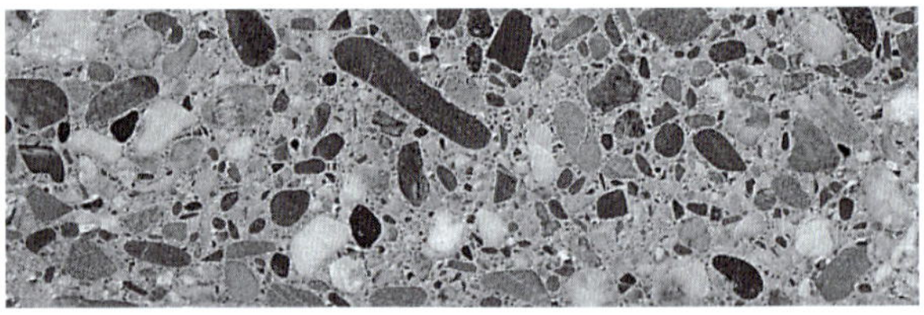

Beton mit Gesteinskörnung nach Sieblinie A 16

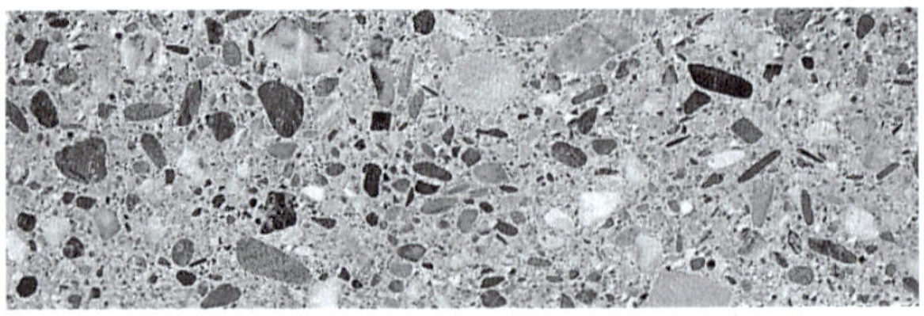

Beton mit Gesteinskörnung nach Sieblinie B 16

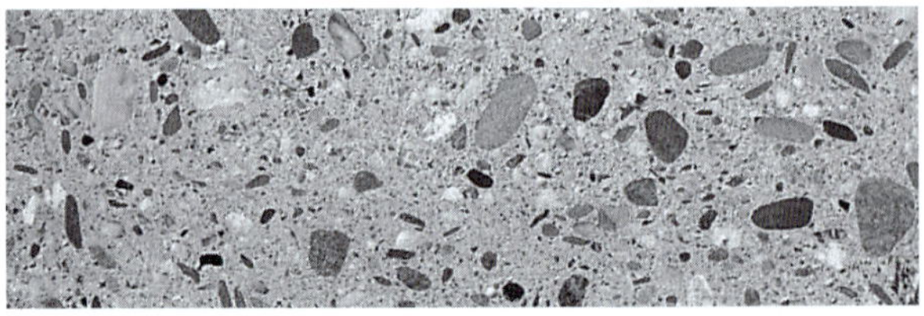

Beton mit Gesteinskörnung nach Sieblinie C 16

Füller

Zur Erreichung bestimmter Eigenschaften können dem Beton **Füller** zugegeben werden. Es handelt sich dabei um Gesteinsmehl, dessen überwiegender Teil durch das 0,063-mm-Sieb hindurchfällt. Nach DIN EN 933-7 dürfen Höchstwerte nicht überschritten werden.

Mehlkorn

Um Beton ausreichend zu verarbeiten und um ein dichtes Gefüge zu erzielen, ist eine bestimmte Menge an **Mehlkorngehalt** erforderlich. Ausreichender Mehlkorngehalt ist sehr wichtig bei Beton, der gepumpt wird, bei Beton für dünnwandige, eng bewehrte Bauteile und bei Beton mit hohem Wassereindringwiderstand. DIN 1045-2 schreibt Maximalwerte vor.

Mehlkorn besteht aus:

- Zement,
- Gesteinskörnungen bis 0,125 mm Durchmesser,
- gegebenenfalls Betonzusatzstoffen.

Hohlraumgehalt

Je geringer die Hohlräume zwischen den Körnern sind, umso

- höher ist die Druckfestigkeit des Betons,
- weniger Zement wird benötigt,
- weniger schwindet der Beton.

Deshalb wählt man ein Korngemisch aus groben und feinen Gesteinskörnungen.

Der Hohlraumgehalt der Gesteinskörnung kann, wie im Bild dargestellt, geprüft werden. Dazu wird ein Standzylinder mit einem Korngemisch gefüllt. Dann wird Wasser so lange zugegossen, bis es an der Oberfläche der Gesteinskörnung austritt. Die zugeführte Wassermenge entspricht dem Hohlraumgehalt der Gesteinskörnung.

$$\text{Hohlraumgehalt in \%} = \frac{\text{Wassermenge} \cdot 100\,\%}{\text{Menge der Gesteinskörnung}}$$

Wassermenge in cm^3
Menge an Gesteinskörnungen in cm^3

Beispiel:

In einen Standzylinder mit 2000 cm^3 wurden 500 cm^3 Wasser zugegossen.
Wie hoch ist der Hohlraumgehalt in %?

Lösung:

$$\text{Hohlraumgehalt} = \frac{500\ cm^3 \cdot 100\,\%}{2000\ cm^3} = \underline{\underline{25\,\%}}$$

Siebversuche

Die Zusammensetzung einzelner Korngruppen wird nach DIN EN 206 durch

- Siebversuche mit Prüfsieben ermittelt,
- in einem Sieblinienprotokoll festgehalten,
- in ein Siebliniendiagramm eingetragen und ausgewertet.

Der Korngröße entsprechend werden Gesteinskörnungen in **Korngruppen** unterteilt und nach dem Verhältnis der oberen Siebgröße *D* und der unteren Siebgröße *d* bezeichnet. Das Verhältnis *D : d* darf nicht kleiner als 1,4 sein.

Bei ungebrochenen Gesteinskörnungen sind folgende Korngruppen gebräuchlich:

0/2 0/4 2/8 4/8 8/16 16/32

Zementgehalt in kg/m³	Höchstzulässiger Mehlkorngehalt in kg/m³				
	Expositionsklassen				
	XF, XM		XO, XC, XD, XS, XA	alle	
	Betonfestigkeitsklasse				
	bis C50/60, LC50/55			ab C55/67, LC55/60	
	Größtkorn der Gesteinskörnung in mm				
	8	16 … 63	8 … 63	8	16 … 63
≤ 300	450	400	550		
≥ 350	500	450	550		
≤ 400				550	500
450				600	550
≥ 500				650	600

Höchstzulässiger Mehlkorngehalt

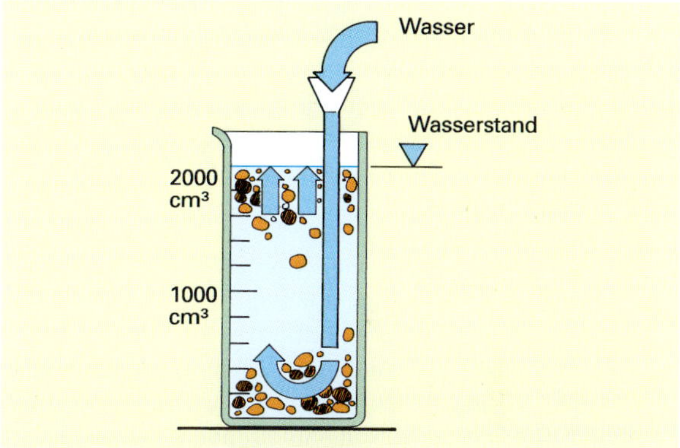

Bestimmung des Hohlraumgehaltes einer Gesteinskörnung

Siebversuch: Gesteinskörnung 0 … 32 mm										
Versuch	Gesamtrückstand	Lochweiten der Siebe in mm								
		0,12	0,25	0,5	1	2	4	8	16	31,5
gewogene Rückstände in g der Versuche 1 bis 3										
1										
2										
3										
Summe										
Rückstand in %										
Durchgang in										

Sieblinienprotokoll

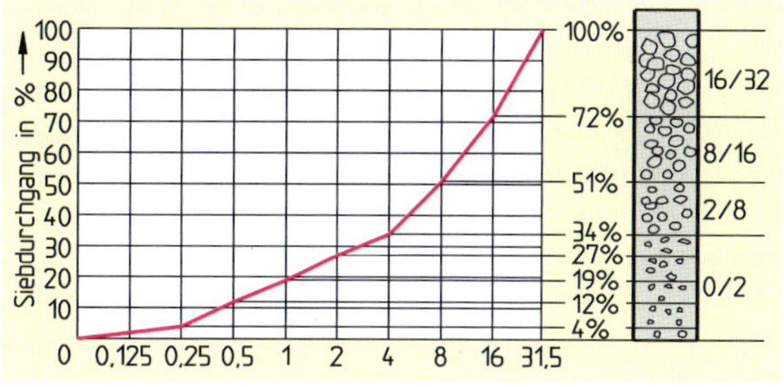

Siebliniendiagramm eines Korngemisches (Werte siehe Seite 148)

Der **Prüfsiebsatz** für Gesteinskörnungen besteht in der Regel aus Einzelsieben mit Maschenlochweiten von 0,125 mm, 0,25 mm, 0,5 mm, 1,0 mm, 2,0 mm und aus Quadratlochsieben mit Lochweiten von 4,0 mm, 8,0 mm, 16,0 mm, 31,5 mm und 63 mm.

Die Prüfmenge richtet sich nach dem Größtkorn der zu prüfenden Menge. Es werden mindestens zwei Probesiebungen durchgeführt.

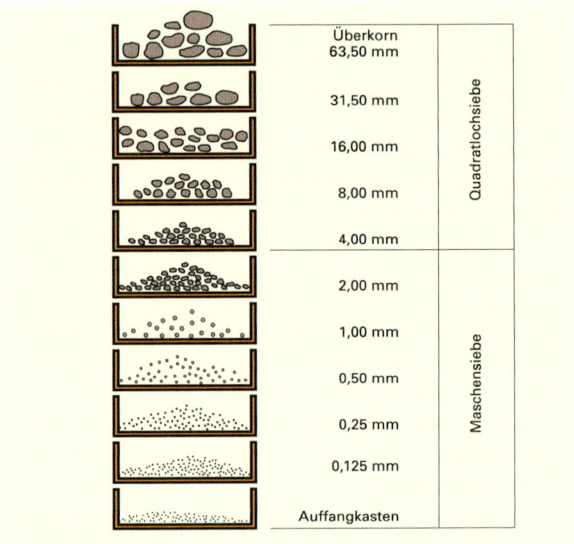

Prüfsiebsatz

Versuchsdurchführung:

- Der Siebsatz wird vorbereitet – feinstes Sieb mit dem Auffangkasten unten, gröbstes Sieb oben.
- 5 000 g trockene Gesteinskörnung wird in das oberste Sieb gegeben.
- Der Siebsatz wird so lange gerüttelt, bis kein Prüfgut mehr durch die Siebe fällt.
- Jedes einzelne Sieb wird abgenommen und über einer hellen Unterlage nachgesiebt. Durchgefallenes Prüfgut wird dem nächst folgenden Sieb zugeschlagen.
- Die Rückstände auf den einzelnen Sieben werden nacheinander gewogen. Die Rückstände auf den folgenden Sieben werden dazu gewogen (= **additives Wiegen**).
- Die Wiegeergebnisse in Gramm aus drei Siebversuchen werden in das Sieblinienprotokoll eingetragen.
- Die Rückstandssummen auf den Sieben werden in Gramm und Prozent ermittelt.
- Die Siebdurchgänge werden in Prozent ermittelt (Siebdurchgang in % = 100% – Rückstand in %) und in das Sieblinienprotokoll eingetragen.
- Die Durchgänge werden in die Regelsieblinie eingetragen.
- Der Sieblinienbereich wird festgestellt.

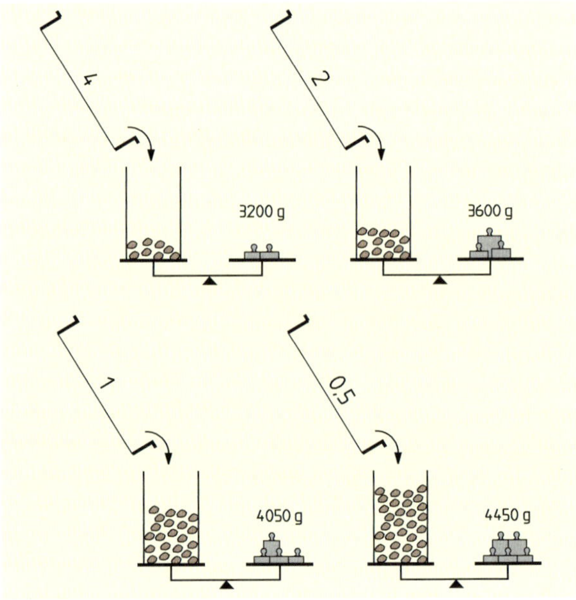

Additives Wiegen am Beispiel der Korngruppe 0/4

Die Kornzusammensetzung von Gesteinskörnungen wird im Siebversuch ermittelt und durch Sieblinien dargestellt und bewertet. Die Kornzusammensetzung muss gemischtkörnig sein.

Versuch	Gesamtrückstand in g	Rückstände in g auf den einzelnen Sieben								
		0,25	0,5	1	2	4	8	16	31,5	63
1	5000	4770	4450	4050	3600	3200	2400	1400	0	0
2	5000	4835	4400	4105	3720	3250	2500	1420	0	0
3	5000	4830	4400	4000	3600	3400	2500	1450	0	0
Rückstandssumme	15000	14435	13250	12155	10920	9850	7400	4270	0	0
Siebrückstand in %	100	96	88	81	73	66	49	28	0	0
Siebdurchgang in %	0	4	12	19	27	34	51	72	100	100
Rückstand und Durchgang in %	100	100	100	100	100	100	100	100	100	100

Siebversuch für Korngruppe 0/32

Körnungsziffer

Die Zusammensetzung der Gesteinskörnung ist mitentscheidend für den Wasseranspruch und die Festigkeit des Betons. Dies muss beim Entwurf der Betonmischung berücksichtigt werden.

Zu diesem Zweck werden Kennwerte ermittelt. Der wichtigste Kennwert ist die **Körnungsziffer *k*.**

Die Körnungsziffer *k* wird aus dem Ergebnis des Siebversuches ermittelt, indem die Summe der Rückstandsprozente auf den Sieben mit den Durchmessern 0,25 – 0,5 – 1 – 2 – 4 – 8 – 16 – 32 – 63 mm durch 100 dividiert wird. Der Rückstand auf dem 0,125-mm-Sieb wird nicht berücksichtigt.

$$\text{Körnungsziffer } k = \frac{\text{Summe der Rückstandsprozente}}{100}$$

Auch die Summe der Durchgänge in Prozent durch alle 9 Siebe (= ***D*-Summe**) kann als Kennwert dienen. Zwischen Körnungsziffer *k* und *D*-Summe besteht folgende Beziehung:

$$100\,k + D = 900 \text{ (9 Siebe)}$$

Je größer das Größtkorn und je sandärmer das Korngemisch ist, umso größer ist der *k*-Wert, bzw. umso kleiner ist die *D*-Summe. Körnungsziffer und *D*-Summe sind deshalb ein Maß für den **Wasseranspruch** des Betons.

Beispiel:

Aus den Ergebnissen des Siebversuches (Seite 144) wird die Körnungsziffer *k* ermittelt.

$$k = \frac{96 + 88 + 81 + 73 + 66 + 49 + 28}{100} = \frac{481}{101} = \underline{4{,}8}$$

Aufgaben

1. Berechnen Sie nach den Siebrückständen in g die Rückstände und Siebdurchgänge in % sowie die Körnungsziffer und die Summe der Durchgangsprozente. Die Siebmenge betrug 5000 g.

Sieb (mm)	0,25	0,5	1	2	4	8	16	32
Rückstand (g)	4810	4666	4467	4151	3701	3049	1809	0

2. Aus den Ergebnissen der Siebversuche sind die Körnungsziffern zu ermitteln.

a) Sieb (mm)	0,25	0,5	1	2	4	8	16	32
Durchgang (%)	6	15	24	31	42	62	79	100
b) Sieb (mm)	0,25	0,5	1	2	4	8	16	32
Durchgang (%)	9	19	27	36	48	70	86	100

Zusammenfassung

Nach ihrer Entstehung bzw. Herstellung werden natürliche, industriell hergestellte und rezyklierte Gesteinskörnungen unterschieden.

Gesteinskörnungen bilden das feste und dauerhafte Gerüst im Beton. Sie müssen genügend fest, frostsicher und frei von Ton, organischen Stoffen und gefährlichen Salzen sein.

Für Normalbeton werden als natürliche Gesteinskörnungen vorwiegend Kies und Sand verwendet.

Gesteinskörnungen mit geringer Kornrohdichte werden für die Herstellung von Leichtbeton eingesetzt.

Die Kornform hat Einfluss auf die erforderliche Zementleimmenge und auf die Verarbeitbarkeit des Betons.

Die Oberflächenbeschaffenheit der Gesteinskörnungen beeinflusst die Betondruckfestigkeit.

Der Hohlraumgehalt bei Gesteinskörnungen hat Einfluss auf die Druckfestigkeit, auf den Zementbedarf und das Schwinden des Betons.

Korngruppen werden mittels unterer und oberer Siebgröße festgelegt.

Die Kornzusammensetzung für Beton muss gemischtkörnig sein, d. h. ein Korngemisch besteht aus Körnern unterschiedlicher, aufeinander abgestimmter Größe.

Die Kornzusammensetzung wird mit genormten Prüfsieben ermittelt und in Form einer Sieblinie dargestellt.

Sieblinien bieten Vergleichsmöglichkeiten für die Beurteilung von Korngemischen.

Zur Erreichung bestimmter Betoneigenschaften können dem Beton Füller und Mehlkorn zugegeben werden. DIN 1045-2 schreibt hierfür Höchstwerte vor.

Die Körnungsziffer ist ein Maß für den Wasseranspruch der Betonmischung.

Aufgaben

1. *Erklären Sie folgende Fachbegriffe:*
   - *Frischbeton,*
   - *Zementleim,*
   - *Zementstein.*
2. *Welche Gesteinskörnungen werden nach der Entstehung unterschieden?*
3. *Nennen Sie Beispiele für normale Gesteinskörnungen.*
4. *Welche Anforderungen werden an Gesteinskörnungen gestellt?*
5. *Wie können Verunreinigungen durch organische Stoffe festgestellt werden?*
6. *Beschreiben Sie den Natronlaugeversuch.*
7. *Begründen Sie, warum Gesteinskörnungen für Betonbauteile im Freien einen erhöhten Frostwiderstand aufweisen müssen?*
8. *Wie beurteilen Sie Korngemische, deren Körner glatte und raue Oberflächen aufweisen?*
9. *Wie kann die Frostbeständigkeit von Gesteinskörnungen ohne Laborversuch festgestellt werden?*
10. *Welche Auswirkungen hat ein ungünstig zusammengesetztes Korngemisch?*
11. *Worin unterscheiden sich die Sieblinienbereiche ① und ④?*
12. *Beschreiben Sie die Durchführung eines Siebversuches.*
13. *Was versteht man unter „additivem Wiegen"?*
14. *Wonach richtet sich die Wahl des Größtkorns bei Korngemischen?*
15. *Was versteht man unter Mehlkorngehalt, welche Bedeutung hat er für den Beton und wo wird Mehlkorn eingesetzt?*
16. *Erklären Sie den Begriff Körnungsziffer.*

4.3.2 Zement

Aufgaben der Zemente

Zemente sind fein gemahlene hoch hydraulische Bindemittel für Mörtel und Beton. Als **hydraulisch** werden Stoffe bezeichnet, die sowohl an der Luft als auch unter Wasser erhärten.

Zement erhärtet nicht wie Luftkalk unter Aufnahme von Kohlendioxid aus der Luft, sondern reagiert mit Wasser unter Bildung unlöslicher Verbindungen. Diese Verbindungen bilden feine, nadelförmige Kristalle aus, die sich untereinander verzahnen und die Gesteinskörner miteinander verkitten und so zu hoher Festigkeit des Mörtels oder Betons führen. Zemente werden nach der europäischen Norm EN 197-1 hergestellt und sind an Gütezeichen sofort zu erkennen. Wenn ein CE-Zeichnen vergeben ist, sind keine nationalen Zusatzbezeichnungen zulässig.

EG-Konformitätszeichen (CE), Übereinstimmungszeichen (Ü), und Zeichen des Vereins Deutscher Zementwerke (VDZ)

Zementherstellung

Zement wird aus folgenden Rohstoffen gewonnen:

- aus Kalkstein,
- aus tonhaltigem Gestein, z. B. Mergel.

Die Rohstoffe werden nach dem Brechen zuerst gemahlen, fein dosiert und innig zu Zementrohmehl gemischt. Das Mengenverhältnis von Kalkstein zu Ton beträgt etwa 3 : 1.

Im Drehrohrofen wird das granulierte (gekörnte) Rohmehl bis etwa 1450 °C, d. h. bis zur beginnenden Schmelze (= **Sintergrenze**), gebrannt. Dabei durchwandert das Brenngut den schräg liegenden, sich drehenden Ofen, der bis zu 100 m lang sein kann. Hierbei wird dem Kalkstein ($CaCO_3$) Kohlendioxid (CO_2) ausgetrieben. Es entsteht Calciumoxid (CaO).

Durch das Brennen des Rohstoffgemisches entstehen neue chemische Verbindungen, und zwar:

- Siliciumdioxid (SiO_2),
- Aluminiumdioxid (Al_2O_3),
- Eisenoxid (Fe_2O_3).

Diese drei Stoffe verbinden sich mit Wasser und ermöglichen so die Erhärtung des Zements. Sie werden deshalb als hydraulische Stoffe oder **Hydraulefaktoren** bezeichnet. Sie beeinflussen ganz entscheidend die Eigenschaften des Zements. Das Mischungsverhältnis der drei Stoffe muss genau eingehalten werden.

Das Calciumoxid verbindet sich mit den Hydraulefaktoren zum steinartigen **Portlandzementklinker**.

Die Klinker, die einen Durchmesser von etwa 1 cm haben, werden mit 3 % Gipsstein fein gemahlen. Je feiner die Zementkörner werden, desto größer wird die Reaktionsoberfläche beim Anmachen mit Wasser.

Kalkstein und tonhaltiges Gestein werden zu Zementrohmehl verarbeitet, bis zur beginnenden Schmelze gebrannt und mit 3 % Gipsstein fein gemahlen.

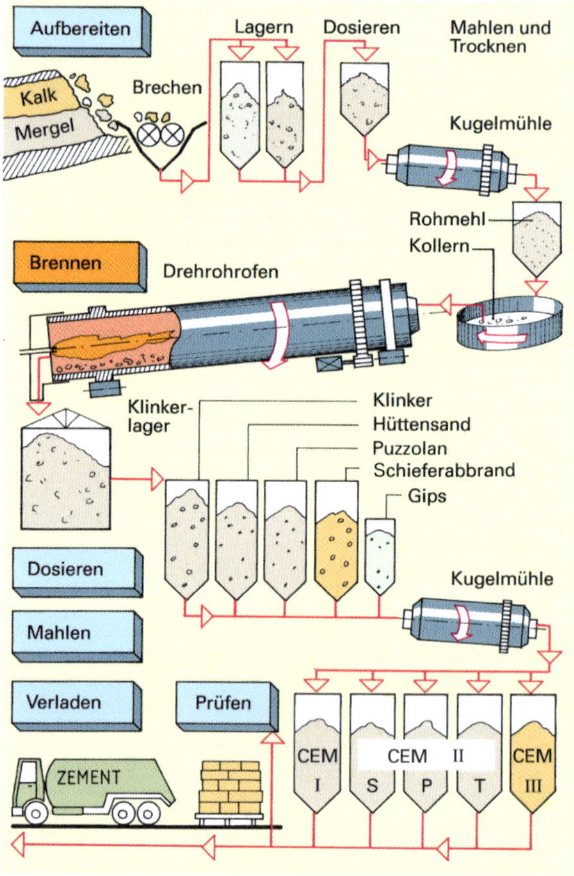

Zementherstellung (Schema)

Mahlen in der Zementmühle

Brennen im Drehrohrofen

Hauptbestandteile der Zemente

In der europäischen Zementnorm DIN EN 197-1 werden die Zemente als **Normalzemente** bezeichnet und mit **„CEM"** abgekürzt. Entsprechend der Zugabemenge ihrer Hauptbestandteile werden **27 Zementarten** unterschieden. Als Nebenbestandteile können die Zemente bis zu 5 Masse-% fein zerkleinerte anorganische, mineralische Stoffe enthalten.

Die Hauptbestandteile der Normalzemente werden mit Großbuchstaben gekennzeichnet. Je nach prozentualem Anteil an Bestandteilen werden die Zemente noch mit den Buchstaben A, B und C klassifiziert.

Zum Einsatz kommen folgende Hauptbestandteile:

Silicastaub (D): Er besteht aus sehr feinen, kugeligen Partikeln mit einem hohen Gehalt an glasartigem Siliciumdioxid. Er entsteht als Filterstaub bei der Herstellung von Silicium oder Siliciumlegierungen.

Portlandzementklinker (K): Er ist ein hydraulischer Stoff, der vorwiegend aus Calciumsilikat besteht.

Kalkstein (L, LL): Fein gemahlen verbessert er die Korngrößenverteilung des Zementes. Kalksteinmehl muss folgende Anforderungen erfüllen:

- $CaCO_3$-Gehalt ≥ 75 Masse-%,
- Gehalt an organischem Kohlenstoff (TOC):
  LL: TOC ≤ 0,20 Masse-%,
  L: TOC ≤ 0,50 Masse-%.

Puzzolan (P, Q): Es sind entweder kieselsäure- und tonerdehaltige Stoffe vulkanischen Ursprungs (P), z. B. Trass und Lava, oder thermisch behandelte Stoffe (Q) wie z. B. Phonolit.

Hüttensand (S): Er besitzt hydraulische Eigenschaften. Bei der Gewinnung von Roheisen fällt Hochofenschlacke an, die zu Hüttensand gemahlen wird.

Gebrannter Schiefer (T): Fein gemahlen besitzt er ausgeprägte hydraulische aber auch puzzolanische Eigenschaften.

Flugasche (V, W): Kieselsäure-Flugaschen (V), die aus steinkohlebefeuerten Kraftwerken stammen, haben puzzolanische Eigenschaften. Kalkreiche Flugaschen (W), die bei Braunkohle-Feuerungsanlagen anfallen, sind feinkörnige Stäube und besitzen hydraulische und/oder puzzolanische Eigenschaften.

Zemente sind aus verschiedenen Hauptbestandteilen und gegebenenfalls Nebenbestandteilen zusammengesetzt. Die Hauptbestandteile sind duch Angabe eines Kennbuchstabens in der Zementbezeichnung zu erkennen.

Hauptzementarten

Die DIN EN 197-1 unterteilt die Normalzemente in fünf **Hauptzementarten**.

Portlandzement (CEM I): Einziger Hauptbestandteil ist fein gemahlener Portlandzementklinker. Der Rest sind Nebenbestandteile, die der Verbesserung der Zementeigenschaften dienen.

Portlandzemente sind
- kalkreich (Rostschutz der Bewehrung),
- erreichen rasch hohe Festigkeit (kurze Ausschalfristen),
- entwickeln relativ viel Hydratationswärme (Betonieren bei niedrigen Temperaturen).

Portlandkompositzement (CEM II): Er enthält neben dem Portlandzementklinker weitere Hauptbestandteile (Gruppe A ≤ 20 M.-%, Gruppe B ≤ 35 M.-%).

Portlandkompositzemente
- sind kalkarme Zemente,
- entwickeln weniger Hydratationswärme (eignen sich für massige Bauteile),
- sind beständig gegen chemische Angriffe (Verwendung im Tief- und Wasserbau).

Kurzzeichen	Bedeutung
A	Masseanteile der Hauptbestandteile in %
B	
C	
D	Silicastaub
K	Portlandzementklinker
L	Kalkstein mit organischem Kohlenstoff < 0,50 %
LL	Kalkstein mit organischem Kohlenstoff < 0,20 %
P	natürliches Puzzolan
Q	thermisch behandeltes Puzzolan
T	gebrannter Schiefer
V	kieselsäurereiche Flugasche
W	kalkreiche Flugasche

Hauptbestandteile in Normalzementen

Kurzzeichen	Hauptart
CEM I	Portlandzement
CEM II	Portlandkompositzement
CEM III	Hochofenzement
CEM IV	Puzzolanzement
CEM V	Kompositzement

Hauptzementarten nach DIN EN 197-1

Die europäische Zementnorm DIN EN 197-1 unterscheidet fünf Hauptzementarten. Sie werden entsprechend der Zugabemenge ihrer Hauptbestandteile in weitere 27 Zementarten unterschieden.

Hochofenzement (CEM III): Hauptbestandteile sind Portlandzementklinker und Hüttensand. Je nach Anteil des Hüttensandes wird der Zement in die Gruppe A (bis 65 M.-%), in die Gruppe B (bis 80 M.-%) und die Gruppe C (bis 95 M.-%) unterteilt.

Hochofenzemente
- erhärten unter geringer Abgabe von Hydratationswärme (besonders geeignet für massige Bauteile),
- entwickeln ihre Festigkeit langsam,
- zeigen gute Nacherhärtung (geeignet für Spannbeton),
- hohe Sulfatbeständigkeit.

Puzzolanzement (CEM IV): Er besitzt Portlandzementklinker (Gruppe A ≥ 65 M.-%, Gruppe B ≥ 45 M.-%) sowie eine oder mehrere weitere Hauptbestandteile wie Silicastaub, Puzzolan, Flugasche.

Puzzolanzemente ergeben einen
- besonders dichten Beton (besonders geeignet für wasserundurchlässigen Beton).

Kompositzement (CEM V): Er ist zusammengesetzt aus Portlandzementklinker (Gruppe A ≥ 40 M.-%, Gruppe B ≥ 20 M.-%), Hüttensand sowie Puzzolanen und/oder kieselsäurereicher Flugasche.

Normalzemente			Hauptbestandteile mit Angabe der Masse-% [1]									
Hauptart	**Benennung**	**Kurzzeichen**	**K**	**S**	**D** [2]	**P**	**Q**	**V**	**W**	**T**	**L**	**LL**
CEM I	Portlandzement	CEM I	95 … 100	–	–	–	–	–	–	–	–	–
CEM II	Portlandhüttenzement	CEM II/A-S	80 … 94	6 … 20	–	–	–	–	–	–	–	–
		CEM II/B-S	65 … 79	21 … 35	–	–	–	–	–	–	–	–
	Portlandsilicastaubzement	CEM II/A-D	80 … 94	–	6 … 10	–	–	–	–	–	–	–
	Portlandpuzzolanzement	CEM II/A-P	80 … 94	–	–	6 … 20	–	–	–	–	–	–
		CEM II/B-P	65 … 79	–	–	21 … 35	–	–	–	–	–	–
		CEM II/A-Q	80 … 94	–	–	–	6 … 20	–	–	–	–	–
		CEM II/B-Q	65 … 79	–	–	–	21 … 35					
	Portlandflugaschezement	CEM II/A-V	80 … 94	–	–	–	–	6 … 20	–	–	–	–
		CEM II/B-V	65 … 79			–	–	21 … 35	–	–	–	–
		CEM II/A-W	80 … 94	–	–	–	–	–	6 … 20	–	–	–
		CEM II/B-W	65 … 79	–	–	–	–	–	21 … 35	–	–	–
	Portlandschieferzement	CEM II/A-T	80 … 94	–	–	–	–	–	–	6 … 20	–	–
		CEM II/B-T	65 … 79	–	–	–	–	–	–	21 … 35	–	–
	Portlandkalksteinzement	CEM II/A-L	80 … 94	–	–	–	–	–	–	–	6 … 20	–
		CEM II/B-L	65 … 79	–	–	–	–	–	–	–	21 … 35	–
		CEM II/A-LL	80 … 94	–	–	–	–	–	–	–	–	6 … 20
		CEM II/B-LL	65 … 79	–	–	–	–	–	–	–	–	21 … 35
	Portlandkompositzement [3]	CEM II/A-M	80 … 94	← 6 … 20 →								
		CEM II/B-M	65 … 79	← 21 … 35 →								
CEM III	Hochofenzement	CEM III/A	35 … 64	36 … 65	–	–	–	–	–	–	–	–
		CEM III/B	20 … 34	66 … 80	–	–	–	–	–	–	–	–
		CEM III/C	5 … 19	81 … 95	–	–	–	–	–	–	–	–
CEM IV	Puzzolanzement [3]	CEM IV/A	65 … 89	–	← 11 … 35 →					–	–	–
		CEM IV/B	45 … 64	–	← 36 … 55 →					–	–	–
CEM V	Kompositzement [3]	CEM V/A	40 … 64	18 … 30	–	18 … 30			–	–	–	–
		CEM V/B	20 … 38	31 … 49	–	31 … 49			–	–	–	–

[1] Alle Normalzemente enthalten noch Nebenbestandteile mit einem Masseanteil zwischen 0 … 5 %. Nebenbestandteile sind besonders ausgewählte, anorganische natürliche mineralische Stoffe oder anorganische mineralische Stoffe, die aus der Klinkerherstellung stammen.
[2] Der Anteil an Silicastaub ist auf 10 % begrenzt.
[3] In den Portlandkompositzementen CEM II/A-M und CEM II/B-M, in den Puzzolanzementen CEM IV/A und CEM IV/B und in den Kompositzementen CEM V/A und CEM V/B müssen die Hauptbestandteile außer Klinker durch die Bezeichnung des Zements angegeben werden.

Normalzemente und ihre Zusammensetzung

Festigkeitsklassen der Normalzemente

Es werden bei der Normfestigkeit drei Klassen unterschieden: **Klasse 32,5**, **Klasse 42,5** und **Klasse 52,5**.

Für jede Festigkeitsklasse gibt es **drei Klassen** der **Anfangsfestigkeit**:

- eine Klasse mit **üblicher** Anfangsfestigkeit (Kennbuchstabe **N** = **N**ormal),
- eine Klasse mit **hoher** Anfangsfestigkeit (Kennbuchstabe **R** = **R**apid),
- eine Klasse mit **niedriger** Anfangsfestigkeit (Kennbuchstabe **L** = **L**ow). Die Klasse L gilt nur für CEM III-Zemente.

Als Normfestigkeit von Zement ist die Druckfestigkeit im Alter von 28 Tagen, als Anfangsfestigkeit von Zement ist die Druckfestigkeit nach 2 bzw. 7 Tagen festgelegt.

[1]) Einheit Megapascal: 1 MPa = 1 Million Pa = 1 N/mm^2
[2]) Die Festigkeitsklasse 22,5 gilt nur für Sonderzemente nach DIN EN 14216.

Festigkeitsklasse	Druckfestigkeit in N/mm^2 oder MPa[1])				Erstarrungsbeginn in min	Raumbeständigkeit in mm
	Anfangsfestigkeit		Normfestigkeit			
	2 Tage	7 Tage	28 Tage			
22,5[2])	–	–	≥ 22,5	≤ 42,5	–	–
32,5 L	–	≥ 12,0	≥ 32,5	≤ 52,5	≥ 75	≤ 10
32,5 N	–	≥ 16,0				
32,5 R	≥ 10,0	–				
42,5 L	–	≥ 16,0	≥ 42,5	≤ 62,5	≥ 60	
42,5 N	≥ 10,0	–				
42,5 R	≥ 20,0	–				
52,5 L	≥ 10,0	–	≥ 52,5	–	≥ 45	
52,5 N	≥ 20,0	–				
52,5 R	≥ 30,0	–				

Anforderungen an die Druckfestigkeit von Normalzementen

Für Säcke und deren Aufdruck werden für die Festigkeitsklassen und die Anfangserhärtung bestimmte **Kennfarben** verwendet.

Festigkeitsklasse	Kennfarbe (Grundfarbe des Sacks)	Farbe des Aufdrucks*)
32,5 L	hellbraun	–
32,5 N		schwarz
32,5 R		rot
42,5 L	grün	–
42,5 N		schwarz
42,5 R		rot
52,5 L	rot	–
52,5 N		schwarz
52,5 R		weiß

*) Für Normalzemente nach DIN 1164-11 und DIN 1164-12 nicht verbindlich

Kennfarben für die Festigkeitsklassen

Hydratationswärme

Die Hydratationswärme von Normalzementen mit niedriger Hydratationswärme darf den charakteristischen Wert von 270 J/g (Joule pro Gramm) nicht überschreiten. Die Hydratationswärme ist entweder nach 7 Tagen oder nach 41 Stunden zu bestimmen.

Normalzemente mit niedriger Hydratationswärme sind durch das **Kurzzeichen „LH"** (**L**ow **H**eat of Hydratation) zu kennzeichnen.

Zusammensetzung und Bezeichnung von Normalzementen mit hohem Sulfatwiderstand (SR-Zemente)

Die sieben Produkte der Familie der Normalzemente mit hohem Sulfatwiderstand müssen zusätzliche Anforderungen an den Gehalt des Klinkers an Tricalciumaluminat (Kurzformel: C_3A) erfüllen. Hauptanwendungsgebiete sind Bauteile, die sulfathaltigen Wässern oder Böden ausgesetzt sind. Sie werden in **drei Hauptzementarten** eingeteilt:

Portlandzement mit hohem Sulfatwiderstand:
CEM I-SR 0 (C_3A-Gehalt = 0%)
CEM I-SR (C_3A-Gehalt ≤ 3%)
CEM I-SR 5 (C_3A-Gehalt ≤ 5%)

Hochofenzement mit hohem Sulfatwiderstand:
CEM III/B-SR (keine Anforderungen an den C_3A-Gehalt)
CEM III/C-SR (keine Anforderungen an den C_3A-Gehalt)

Puzzolanzement mit hohem Sulfatwiderstand:
CEM IV/A-SR (C_3A-Gehalt ≤ 9%)
CEM IV/B-SR (C_3A-Gehalt ≤ 9%)

Sulfathüttenzement DIN EN 15743

Sulfathüttenzement setzt sich aus den Hauptkomponenten Hüttensand (≥ 75%) und Calciumsulfat (5 ... 20%) sowie zusätzlichen Bestandteilen wie Portlandzementklinker zusammen.

Die Zemente werden in die Festigkeitsklassen 32,5; 42,5; 52,5 und in die Anfangsfestigkeitsklassen L und N eingeteilt. Sulfathüttenzement erreicht eine hohe Endfestigkeit, besitzt ein dichtes Mikrogefüge, entwickelt eine geringe Hydratationswärme und weist eine hohe Sulfatbeständigkeit auf. Der Zement ist deshalb für massige Bauteile und wasserdichte Bauteile der Expositionsklasse XA2 und XA3 geeignet. Sulfathüttenzement wird mit **SSC** (**S**uper**s**ulfated **c**ement) bezeichnet.

Zemente mit besonderen Eigenschaften DIN 1164

Zemente mit besonderen Eigenschaften müssen die mechanischen, physikalischen und chemischen Anforderungen sowie die Anforderungen an die Dauerhaftigkeit, wie sie in DIN EN 197-1 beschrieben sind, erfüllen. NA-Zemente finden bei Bauteilen Anwendung, die mit alkaliempfindlichen Gesteinskörnungen hergestellt wurden.

Arten:
- Zement mit niedrigem wirksamen Alkaligehalt = **NA-Zement**
- Zement mit frühem Erstarren = **FE-Zement**
- Zement mit schnellem Erstarren = **SE-Zement**
- Zement mit erhöhtem Anteil an organischen Bestandteilen = **HO-Zement**

Hauptarten	Normalzemente mit hohem Sulfatwiderstand	Zusammensetzung mit Angabe der Masse-% [1]			
		Hauptbestandteile			
		K	S	P	V
CEM I	CEM I-SR 0	95 ... 100	–	–	–
	CEM I-SR 3	95 ... 100	–	–	–
	CEM I-SR 5	95 ... 100	–	–	–
CEM III	CEM III/B-SR	20 ... 34	66 ... 80	–	-
	CEM III/C-SR	5 ... 19	81 ... 95	–	–
CEM IV [2]	CEM IV/A-SR	65 ... 79	–	21 ... 35	
	CEM IV/B-SR	45 ... 64	–	36 ... 55	

[1]) Die Werte beziehen sich auf die Summe der Haupt- und Nebenbestandteile. Der Masseanteil liegt bei den Nebenbestandteilen zwischen 0 ... 5%.
[2]) Für Puzzolanzemente mit hohem Sulfatwiderstand sind neben Klinkern die Hauptbestandteile in der Bezeichnung der Zementart anzugeben.

Normalzemente mit hohem Sulfatwiderstand

Sonderzement mit sehr niedriger Hydratationswärme nach EN 14216

Auf Grund der Zusammensetzung und der Feinheit der Bestandteile verläuft der **Hydratationsprozess langsamer** als bei den Normalzementen. Sonderzemente kommen nur in der Festigkeitsklasse 22,5 vor.

Sonderzemente mit sehr niedriger Hydratationswärme eignen sich insbesondere für den Bau von Dämmen und ähnlichen massiven Bauwerken.

Sonderzemente werden in folgende **drei Hauptzemente** unterteilt:

Hauptzementart	Bezeichnung der Produkte	
VLH* III	Hochofenzement	VLH III/B
		VLH III/C
VLH IV	Puzzolanzement	VLH IV/A
		VLH IV/B
VLH V	Kompositzement	VLH V/A
		VLH V/B

***engl.: Very Low Heat of Hydratation**

Tonerdezement DIN EN 14647

Tonerdezemente sind **Calciumaluminatzemente (CAC)**, deren Klinker aus Bauxit und Kalkstein durch Schmelzen und Sintern hergestellt werden. Die **Druckfestigkeit** muss nach 6 Stunden mindestens **18,0 N/mm²** und nach 24 Stunden mindestens **40,0 N/mm²** betragen. Der Erstarrungsbeginn darf frühestens nach 90 Minuten eintreten. Für tragende Zwecke sollte der Wasserzementwert 0,40 nicht übersteigen. Der **Mindestzementgehalt** beträgt **400 kg/m³**. Tonerdezement ist widerstandsfähig gegen Beanspruchung durch Temperatur, Abrieb und chemischen Angriff.

Tonerdezement wird wie folgt bezeichnet:
Tonerdezement EN 14647 CAC

4.3.3 Wasser

Das zur Herstellung des Betons erforderliche Wasser besteht aus:
- Oberflächenfeuchte und Kernfeuchte der Gesteinskörnung,
- Zugabewasser.

Unter der **Oberflächenfeuchte** versteht man das an den Gesteinskörnern haftende Wasser. Es wird in Masse-%, bezogen auf die trockene Gesteinskörnung, angegeben. Die Oberflächenfeuchte kann großen Schwankungen unterliegen. Bei einem Korngemisch 0/32 muss im Allgemeinen mit einer Oberflächenfeuchte von 3 ... 5% gerechnet werden. Diese Menge muss bei der Wasserzugabe in die Mischmaschine vom Gesamtwasserbedarf abgezogen werden. Gesteinskörnungen mit porigem Gefüge saugen zusätzlich Wasser auf, die sogenannte **Kernfeuchte**. Sie wirkt sich nicht auf die Konsistenz und den Wasserzementwert aus. Sie bleibt deshalb unberücksichtigt.

Unter **Zugabewasser** versteht man Trinkwasser, in der Natur vorkommendes Wasser und Restwasser.
Zugabewasser darf keine Bestandteile enthalten, die das Erhärten des Betons ungünstig beeinflussen und den Korrosionsschutz der Bewehrung beeinträchtigen.

Restwasser ist Wasser, das auf dem Gelände der Betonproduktion anfällt und nach Aufbereitung für Beton bis C50/60 wieder verwendet werden darf.

Zusammenfassung

Zementrohmehl aus Kalkstein und tonhaltigem Gestein wird im Drehrohrofen bei 1450 °C (Sintergrenze) zu Zementklinkern gebrannt.

Zur Erstarrungsregelung werden Zementklinker mit etwa 3% Gips zu Zement fein gemahlen.

Je feiner der Zementklinker gemahlen wird, desto größer wird auch die Druckfestigkeit des Zementes.

Alle Zemente müssen nach 28 Tagen eine Mindestdruckfestigkeit aufweisen. Sie ist für die Einteilung in drei Festigkeitsklassen – 32,5 – 42,5 – 52,5 – entscheidend.

Für jeden Normalzement sind drei Klassen für die Anfangsfestigkeit definiert: eine mit üblicher Anfangsfestigkeit (N), eine mit hoher Anfangsfestigkeit (R) und eine mit niedriger Anfangsfestigkeit (L).

Normalzemente werden in fünf Hauptgruppen unterteilt: CEM I Portlandzement, CEM II Portlandkompositzement, CEM III Hochofenzement, CEM IV Puzzolanzement, CEM V Kompositzement.

Der Gesamtwasserbedarf für den Beton setzt sich aus der Oberflächenfeuchte der Gesteinskörnung und dem Anmachwasser zusammen.

Normbezeichnungen (Beispiele)

1. Bezeichnung eines Portlandzements der Festigkeitsklasse 42,5 mit hoher Anfangsfestigkeit:
Portlandzement EN 197-1 – CEM I 42,5 R

2. Bezeichnung eines Hochofenzements mit einem Masseanteil an Hüttensand zwischen 81 und 95 % in der Festigkeitsklasse 32,5 mit niedriger Anfangsfestigkeit, niedriger Hydratationswärme und mit hohem Sulfatwiderstand:
Hochofenzement EN 197-1 – CEM III/C 32,5 L – LH/SR

3. Bezeichnung eines Sulfathüttenzements der Festigkeitsklasse 42,5 N:
Sulfathüttenzement EN 15743 – SSC 42,5 N

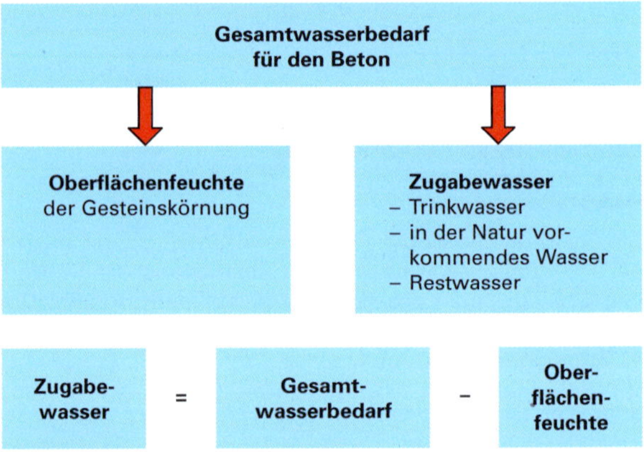

Betonwasser

Beispiel:
Die Garage eines Reihenhauses gründet auf Streifenfundamenten. Hierfür wird Frischbeton aus 250 kg Zement, 1331 kg Gesteinskörnungen und einem Gesamtwasserbedarf von 130 l hergestellt. Die Eigenfeuchte der Gesteinskörnung beträgt 3,5%. Wie viel Wasser muss der Mischung noch zugegeben werden?

Lösung:

$$\text{Oberflächenfeuchte} = \frac{1331\ \text{kg} \cdot 3{,}5\,\%}{103{,}5\,\%} = 45\ \text{kg} = \underline{45\ \text{l}}$$

$$\text{Zugabewasser} = 130\ \text{l} - 45\ \text{l} = \underline{85\ \text{l}}$$

Aufgaben

1. *Welche Rohstoffe sind für die Zementherstellung notwendig?*
2. *Was versteht man unter Sintergrenze?*
3. *Welche Zementeigenschaften reguliert man a) durch den Gipszusatz, b) durch die Mahlfeinheit?*
4. *Nennen Sie die Zementfestigkeitsklassen.*
5. *In welche fünf Hauptarten werden Normalzemente nach DIN EN 197-1 unterteilt?*
6. *Was bedeuten die Bezeichnungen N, R, VLH IV, SR, CAC, SSC, CEM II/A-P und CEM III/A?*
7. *Welchen Zement würden Sie für die Ausführung einer Geschossdecke in einem Reihenhaus verwenden? Begründen Sie Ihre Wahl.*
8. *Warum wird man für ein massiges Betonbauteil einen Zement mit der Kurzbezeichnung VLH verwenden?*

4.4 Zementerhärtung

4.4.1 Hydratation

Zement bindet bei seiner Erhärtung Wasser. Diesen Vorgang der Wasserbindung bezeichnet man als **Hydratation**. Durch das Anmachwasser quillt das Zementkorn auf. Es bilden sich unter Abgabe von Wärme kristallartige Fasern, die aus den Zementkörnern herauswachsen und miteinander verfilzen.

- Salzhydrate kristallisieren aus; sie bilden die **Hydratationsprodukte**, auch als **Zementgel** bezeichnet; das Zementgel weist eine Vielzahl von Poren (Gelporen) auf.
- **Hydratationswärme** wird frei.
- Die kristallartigen Fasern wachsen zu einem festen Gefüge zusammen; aus dem Zementleim entsteht **Zementstein**.

Zum Erhärten des Zementleims wird nur ein geringer Teil des Anmachwassers in den Hydratationsprodukten chemisch gebunden. Bei vollständig hydratisiertem Zement sind es etwa 25 %. Das vom Zement nicht gebundene Wasser, auch **Überschusswasser** genannt, füllt den zwischen den benachbarten Zementkörnchen vorhandenen Zwischenraum. Nach dem Verdunsten des Wassers hinterlassen sie kleine Hohlräume, die als **Kapillarporen** bezeichnet werden. Sie stehen miteinander in Verbindung und sind im Durchmesser 1 000-mal größer als die Gelporen.

Normalzemente erstarren frühestens eine Stunde nach dem Anmachen mit Wasser. Nach 12 Stunden beginnt das Erhärten. Die Erhärtung kann, wenn Feuchtigkeit vorhanden ist, jahrelang andauern.

Fein gemahlener Zement löst sich schneller mit Wasser auf als grob gemahlener; die Hydratationsprodukte bilden sich schneller, der Zement wird schneller fest und erhält höhere Druckfestigkeiten.

4.4.2 Wasserzementwert

Für die Eigenschaften des Betons, besonders für die Festigkeitsentwicklung, ist das Masseverhältnis von Wasser und Zement von besonderer Bedeutung.

Dieses Masseverhältnis wird als **Wasserzementwert** bezeichnet. Er wird als unbenannte Dezimalzahl angegeben.

$$w/z = \frac{w}{z}$$

w/z	Wasserzementwert
w	Wassergehalt in kg
z	Zementgehalt in kg

Ein Wasserzementwert $w/z = 0{,}4$ bedeutet, dass beim Mischen auf 1 kg Zement 0,4 l Wasser oder auf 100 kg Zement 40 l Wasser entfallen. Weniger Wasser ergibt kleinere, mehr Wasser größere w/z-Werte.

Beispiel:

Für die Ausführung von Streifenfundamenten wird eine Betonmischung mit 230 kg Zement, 1240 kg Gesteinskörnung bei 3 % Eigenfeuchte und 90 l Wasser pro m^3 hergestellt. Wie groß ist der Wasserzementwert?

Lösung:

$$\text{Gesamtwassermenge } w = 90\text{ kg} + \frac{1240\text{ kg} \cdot 3\,\%}{103\,\%} = \underline{126{,}1\text{ kg}}$$

$$\text{Wasserzementwert } w/z = \frac{126{,}1\text{ kg}}{230\text{ kg}} = \underline{0{,}55}$$

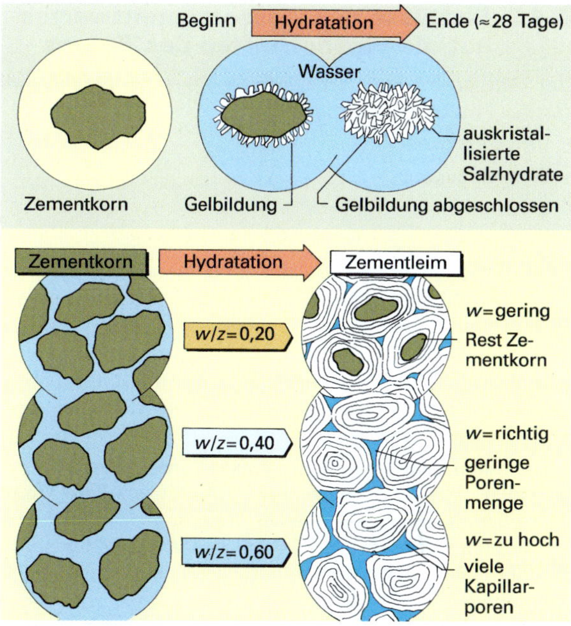

Zementerhärtung

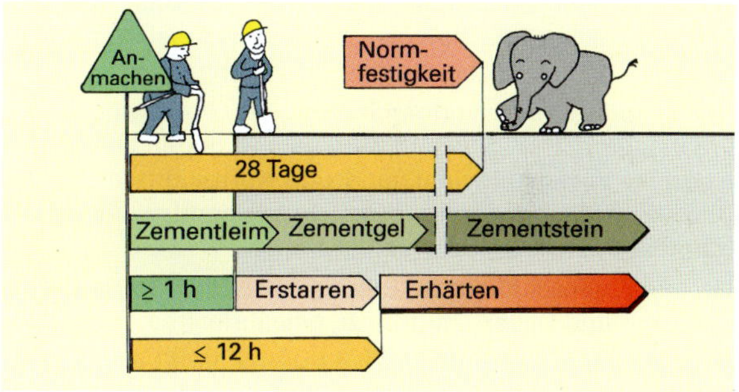

Erstarrungsbeginn bei Normalzementen

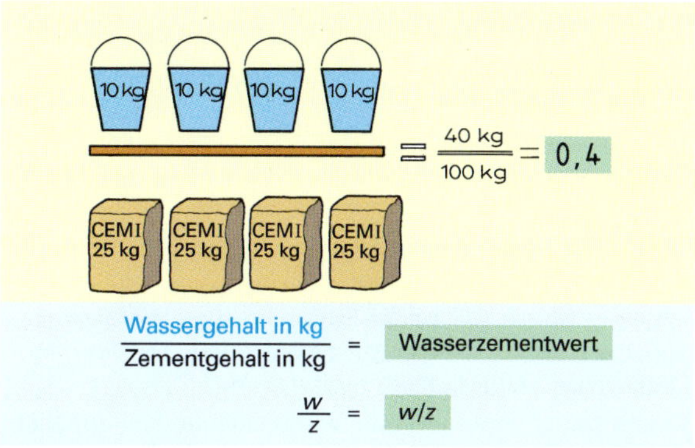

Wasserzementwert

Beim Erhärten nimmt der Zement einen Teil des Wassers auf. Dabei bilden sich nadelförmige Kristalle, die sogenannten Hydratationsprodukte.

Für die Qualität des Betons ist vor allem der Wasserzementwert maßgebend. Er drückt das Masseverhältnis des Wassergehaltes zum Zementgehalt aus.

4.4.3 Einflüsse des Wasserzementwertes auf die Eigenschaften des Betons

Der Wasserzementwert beeinflusst folgende **Eigenschaften** des Frisch- und Festbetons:

- Druckfestigkeit,
- Wassersaugen,
- Schwinden,
- Bluten.

Betonfestigkeit: Sie nimmt mit zunehmendem Wasserzementwert ab. Dabei haben alle Arten von Poren einen festigkeitsmindernden Einfluss.

Wassersaugen: Beton mit hohem Wasserzementwert weist einen hohen Anteil an Kapillarporen auf. Da die Poren untereinander verbunden sind, steigt die Wasserdurchlässigkeit stark an.

Schwinden: Beton mit hohem Wasserzementwert trocknet schneller aus und schwindet deshalb stärker. Unter Schwinden wird die Volumenverringerung des unbelasteten Betons während des allmählichen Austrocknens verstanden. Bei schnellem Austrocknen entstehen hohe Spannungen und infolgedessen Risse.

Bluten des Frischbetons: Frischbeton mit wasserreichem, dünnflüssigem Zementleim sondert Wasser ab, weil sich die Zementkörnchen absetzen. Dieser Vorgang wird als **„Bluten"** oder **„Wasserabsondern des Betons"** bezeichnet. Ein solcher Frischbeton entmischt sich leicht und liefert nach dem Erhärten sandige Oberflächen.

Auch andere Betoneigenschaften wie Frostwiderstand, Frost-Taumittel-Widerstand, Widerstand gegen chemische Angriffe, Verschleißwiderstand und Korrosionsschutz der Bewehrung usw. werden durch zunehmenden Wasserzementwert verschlechtert.

Um die Eigenschaften des Betons, besonders seine Druckfestigkeit und Dauerhaftigkeit zu gewährleisten, dürfen bestimmte Wasserzementwerte aufgrund unterschiedlicher Umweltbedingungen, denen der Beton ausgesetzt ist, nicht überschritten werden (siehe Abschnitt 4.6.2).

Der Wasserzementwert hat Einfluss auf die Druckfestigkeit, die Wassersaugfähigkeit, das Schwinden und Bluten des Betons.

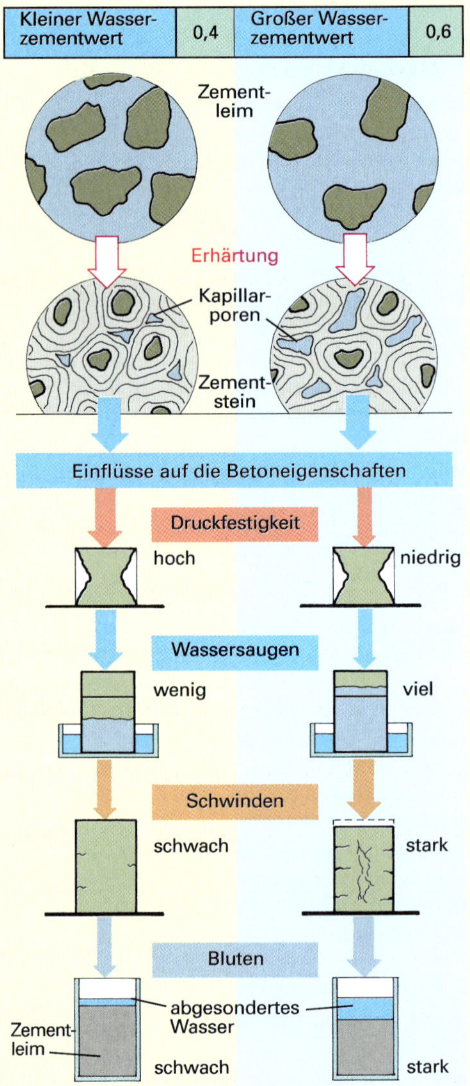

Einflüsse des Wasserzementwertes

Zusammenfassung

Der Wasserzementwert gibt das Masseverhältnis des Wassergehaltes zum Zementgehalt an.

Zement bindet bei seiner Erhärtung eine Wassermenge, die etwa 40 % seiner Masse entspricht. Der Vorgang der Wasserbindung heißt Hydratation.

Nicht gebundenes Wasser verdunstet und hinterlässt feine Kapillarporen. Sie verschlechtern die Qualität des Zementsteins und des Betons.

Bei der Zementerhärtung bilden sich kristallartige Fasern, die zu einem festen Gefüge, dem Zementstein, zusammenwachsen.

Wassersaugfähigkeit, Wasserdurchlässigkeit und Frostbeständigkeit hängen vor allem von der Höhe des Wasserzementwertes ab. Mit zunehmendem Wasserzementwert verschlechtern sich die Betoneigenschaften.

Aufgaben

1. *Was versteht man unter Hydratation?*
2. *Erklären Sie die Entstehung von Kapillarporen.*
3. *Welche Aufgaben hat der Zementleim?*
4. *Wie wird der Wasserzementwert ausgedrückt?*
5. *Warum nimmt die Wassersaugfähigkeit des Betons bei hohem Wasserzementwert zu?*
6. *Vergleichen Sie einen Wasserzementwert von 0,4 und 0,8 im Hinblick auf die Betoneigenschaften.*
7. *Warum ist ein w/z-Wert von unter 0,4 für den Betoneinbau auf der Baustelle unbrauchbar?*
8. *Warum darf bei einer Betonmischung nicht einfach die Zugabewassermenge erhöht werden?*
9. *Warum soll ein zu hoher Zementgehalt im Beton vermieden werden?*

4.5 Konsistenz

4.5.1 Verarbeitbarkeit des Frischbetons

Auf der Baustelle wird ein Beton benötigt, der sich gut verarbeiten lässt. Unter der **Verarbeitbarkeit** versteht man das Verhalten des Frischbetons beim Befördern, Einbringen und Verdichten. Die Verarbeitbarkeit hängt in starkem Maße von der Steife des Frischbetons ab. Sie wird als **Konsistenz** bezeichnet.

Die Konsistenz des Frischbetons wird in erster Linie von der Zementleimmenge, d.h. vom Zement- und Wassergehalt, bestimmt.

Zur Beurteilung der Konsistenz, zur Bestimmung der Konsistenzmaße und Konsistenzklassen sind nach DIN EN 206 in Deutschland zwei Verfahren bzw. Versuche vorgesehen:

- Ausbreitmaßverfahren/Ausbreitversuch,
- Verdichtungsmaßverfahren/Verdichtungsversuch.

Durch Vergleich der Messwerte mit den in DIN EN 206 vorgegebenen Tabellenwerten lässt sich die Konsistenz des Frischbetons feststellen und beschreiben (siehe Abschnitt 4.5.4). Die Konsistenzbestimmung muss zum Zeitpunkt der Verwendung des Frischbetons, beim Transportbeton zum Zeitpunkt der Fischbetonlieferung erfolgen.

4.5.2 Ausbreitverfahren/Ausbreitversuch (DIN EN 12350-5)

Für die Durchführung des Versuchs ist ein Arbeitstisch 70 × 70 cm, eine kegelstumpfförmige Form mit 20 cm Höhe und ein Stößel erforderlich.

Der Versuch wird folgendermaßen durchgeführt:

- Ausbreittisch waagerecht aufstellen, Tischplatte und Innenfläche der Form feucht abwischen.
- Füllen der Form in zwei Schichten, jede Schicht mit zehn leichten Stößen verdichten, Beton bündig an der Oberkante abstreichen.
- 30 Sekunden nach dem Abstreichen Form behutsam nach oben ziehen.
- Tischplatte 15-mal langsam bis zum Anschlag anheben und frei fallen lassen.
- Durchmesser d_1 und d_2 parallel zu den Tischkanten auf cm genau messen und Mittelwert bilden.

Es werden sechs Konsistenzklassen (F1 … F6) mit den jeweiligen Beschreibungen unterschieden. Sie werden mit dem Buchstaben „**F**" (engl.: „**f**low table test") gekennzeichnet.

4.5.3 Verdichtungsmaßverfahren/Verdichtungsversuch (DIN EN 12350-4)

Erforderlich ist ein Blechbehälter von 40 cm Höhe und 20 × 20 cm Grundfläche. Der Versuch wird folgendermaßen durchgeführt:

- Blechbehälter feucht auswischen.
- Blechbehälter mit Beton füllen und den überstehenden Beton mit einem Stahllineal abziehen.
- Beton auf dem Rütteltisch oder mit einem Innenrüttler so lange verdichten, bis er sich nicht weiter setzt,
- An allen vier Seiten mittig das **Abstichmaß *s*** vom oberen Rand bis zur Betonoberfläche auf mm genau bestimmen.

Verarbeitung des Frischbetons auf der Baustelle

Klasse	Ausbreitmaß in mm	Beschreibung
F1	≤ 340	steif
F2	350 … 410	plastisch
F3	420 … 480	weich
F4	490 … 550	sehr weich
F5	560 … 620	fließfähig
F6	≥ 630	sehr fließfähig

Ausbreitmaß nach DIN EN 206

Klasse	Verdichtungsmaß	Konsistenz-beschreibung
C0	≥ 1,46	sehr steif
C1	1,45 … 1,26	steif
C2	1,25 … 1,11	plastisch
C3	1,10 … 1,04	weich
C4	< 1,04	sehr weich (nur für Leichtbeton)

Verdichtungsmaß nach DIN EN 206

Arbeitstisch für den Ausbreitversuch

Beispiel:

Bei einem Ausbreitversuch wurden die Durchmesser $d_1 = 36$ cm und $d_2 = 40$ cm ermittelt. Die Konsistenzklasse ist zu bestimmen.

$$\text{Mittelwert} = \frac{36\text{ cm} + 40\text{ cm}}{2} = 38\text{ cm} = 380\text{ mm}$$

Der untersuchte Beton ist der Konsistenzklasse F2 (plastisch) zuzuordnen.

– Das mittlere Abstichmaß *s* ermitteln:

$$s = \frac{s_1 + s_2 + s_3 + s_4}{4}$$

– Daraus das **Verdichtungsmaß *c*** berechnen:

$$c = \frac{h}{h - s}$$ h – Höhe des Behälters, s – mittleres Abstichmaß

Es werden fünf Konsistenzklassen (C0 ... C5) mit den jeweiligen Konsistenzbeschreibungen unterschieden. Sie werden mit dem Buchstaben „**C**“ (engl.: „**c**ompaction test“) gekennzeichnet.

Zur Feststellung der Konsistenz des Betons dienen zwei Prüfungen – der Ausbreitversuch für weiche und der Verdichtungsversuch für steife und plastische Betone.

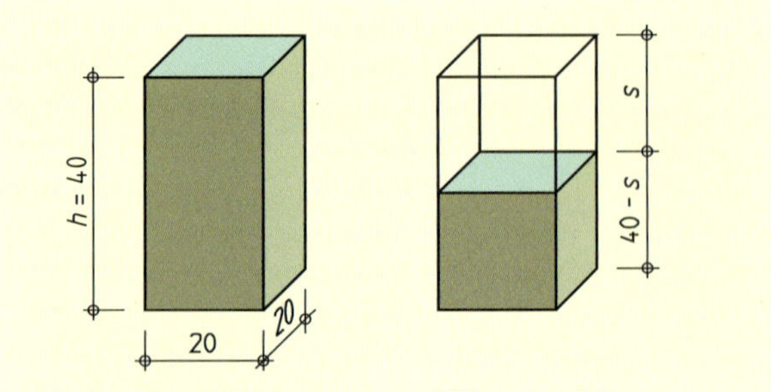

Verdichtungsversuch

Beispiel:

Bei einem Verdichtungsversuch werden folgende Abstiche gemessen: $s_1 = 5{,}0$ cm, $s_2 = 5{,}2$ cm, $s_3 = 5{,}6$ cm, $s_4 = 5{,}8$ cm. Die Konsistenzklasse ist zu bestimmen.

$$s = \frac{50\text{ mm} + 52\text{ mm} + 56\text{ mm} + 58\text{ mm}}{4} = 54\text{ mm}$$

$$c = \frac{400\text{ mm}}{400\text{ mm} - 54\text{ mm}} = \underline{1{,}16}$$

Der geprüfte Beton ist der Konsistenzklasse C2 (plastisch) zuzuordnen.

4.5.4 Konsistenzbeschreibungen

Die Konsistenz des Frischbetons bestimmt die zu wählende **Verdichtungsart**. Zur Veränderung der Konsistenz können dem Frischbeton **Zusatzmittel**, z. B. Betonverflüssiger oder Fließmittel, beigegeben werden. Die unterschiedlichen Konsistenzen werden wie folgt beschrieben:

Sehr steifer und steifer Beton (C0, C1, F1): Der Frischbeton ist beim Schütten noch lose, der Feinmörtel ist erdfeucht, krümelig. Der Beton wird durch kräftiges Rütteln oder Stampfen in dünnen Schüttlagen verdichtet.

Plastischer Beton (C2, F2): Der Frischbeton ist beim Schütten zusammenhängend. Der Beton kann durch Rütteln oder Stampfen verdichtet werden.

Weicher und sehr weicher Beton (C3, C4, F3, F4): Der Frischbeton ist beim Schütten schwach fließend. Die Verdichtung erfolgt durch Stochern oder Klopfen an die Schalung.

Fließfähiger und sehr fließfähiger Beton (F5, F6): Der Frischbeton besitzt gutes Fließ- und Zusammenhaltevermögen. Seine Konsistenz wird durch Zumischen eines Fließmittels eingestellt. Der Beton kann durch Stochern verdichtet werden. Fließbeton darf nicht gerüttelt werden. Durch Rütteln würden zusätzliche Luftporen eingebracht.

Hochfester Beton muss mindestens die Konsistenzklasse F3 haben. Beton mit der Konsistenzbeschreibung sehr weich, fließfähig oder sehr fließfähig wird als **Fließbeton** bezeichnet.

Die Herstellung von sehr fließfähigem Beton führte zur Entwicklung **„Selbstverdichtender Betone“ (SVB)**. Sie zeichnen sich dadurch aus, dass sie allein durch die Schwerkraft entlüften und die Bewehrung umschließen. Die selbstverdichtenden Frischbetoneigenschaften werden durch die Erhöhung des Mehlkorngehalts und/oder durch Zugabe von stabilisierenden Betonzusatzmitteln erreicht. Nach dem Ausbreitmaß wird selbstverdichtender Beton in drei **Setzfließmaßklassen** SF1 (55 ... 65 cm), SF2 (66 ... 75 cm) und SF3 (76 ... 85 cm) eingeteilt.

Sehr steifer, steifer Beton

Plastischer Beton

Weicher Beton

Sehr fließfähiger Beton

Konsistenzbeschreibungen beim Ausbreitversuch

Aufgaben

1. *Erklären Sie den Begriff Konsistenz.*
2. *Welche Konsistenzklassen werden nach dem Ausbreitmaßverfahren unterschieden?*
3. *Worin unterscheiden sich die Konsistenzklassen C1 und F4?*
4. *Bei einem Ausbreitversuch wurden die Durchmesser $d_1 = 46$ cm und $d_2 = 50$ cm gemessen. Bestimmen Sie die Konsistenzklasse und wählen Sie die entsprechende Verdichtungsart.*
5. *Wie wird das Verdichtungsmaß c ermittelt?*
6. *a) Beschreiben Sie die Eigenschaften eines sehr weichen Betons.*
   b) Welchen Konsistenzklassen wird er zugeordnet?
   c) Wie erfolgt die Verdichtung von sehr weichem Beton?
7. *Welche besonderen Eigenschaften weist „selbstverdichtender Beton“ auf?*

4.5.5 Wasseranspruch einer Betonmischung

Der Wasseranspruch einer Betonmischung ist von zwei Faktoren abhängig, und zwar von der

- Zusammensetzung der Gesteinskörnung,
- angestrebten Konsistenz.

Die Zusammensetzung des Korngemisches wird angegeben durch die

- Körnungsziffer (siehe Abschnitt 4.3.1),
- Konsistenzklassen (siehe Abschnitte 4.5.2 und 4.5.3).

Zwischen diesen Größen besteht eine Beziehung, daraus kann der Wasseranspruch grafisch ermittelt werden.

Zur Ermittlung des Wasseranspruchs im dargestellten Diagramm wird folgendermaßen vorgegangen:

- Körnungsziffer auf der unteren waagerechten Skala aufsuchen (Vorsicht! Skalenwerte werden nach rechts kleiner!),
- die Senkrechte schneidet im Skalenpunkt der Körnungsziffer den Konsistenzbereich,
- waagerecht links vom Schnittpunkt wird der Wasserbedarf in Liter für 1 m³ Beton abgelesen.

Die abgelesenen Werte sind Anhaltswerte. Der tatsächliche Wasseranspruch ist bei der Erstprüfung zu ermitteln. Er wird zum Teil durch die an der Gesteinskörnung haftende Oberflächenfeuchte abgedeckt. Der Rest muss als Zugabewasser zugegeben werden.

Gesteinskörnungen mit hohem Anteil an feinen Korngruppen benötigen mehr Wasser zur Erzielung derselben Konsistenz als Gemische mit vorwiegend groben Kornanteilen. Der erhöhte Wasserbedarf der feineren Korngemische erfordert folglich auch eine erhöhte Zementmenge, wenn die gleiche Festigkeit wie bei einem Beton aus grobkörnigem Korngemisch erreicht werden soll.

Die für 1 m³ Beton erforderliche Wassermenge ist abhängig vom Kornaufbau und von der Konsistenz. Anhaltswerte können Diagrammen entnommen werden.

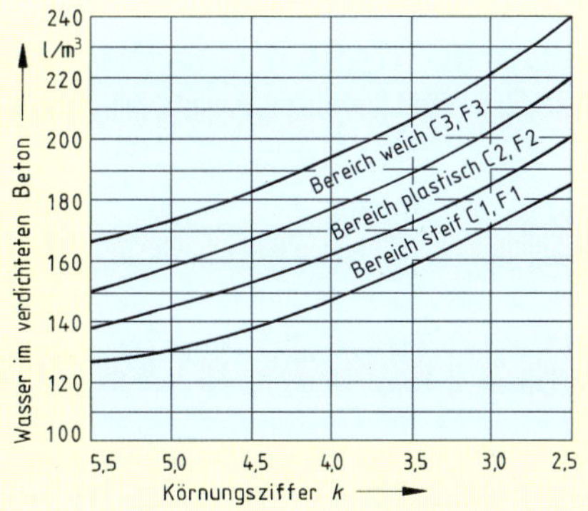

Beziehung zwischen Körnungsziffer, Konsistenz und Wasseranspruch

Beispiele:

Für 1 m³ Beton ist der Wasseranspruch in Liter zu ermitteln für

a) Gesteinskörnung mit Körnungsziffer 3,75; Konsistenz plastisch C2, F2;

b) $k = 4{,}8$; Grenzbereich steif C1/F1/plastisch C2/F2

Lösung:

a) 175 l/m³

b) 148 l/m³

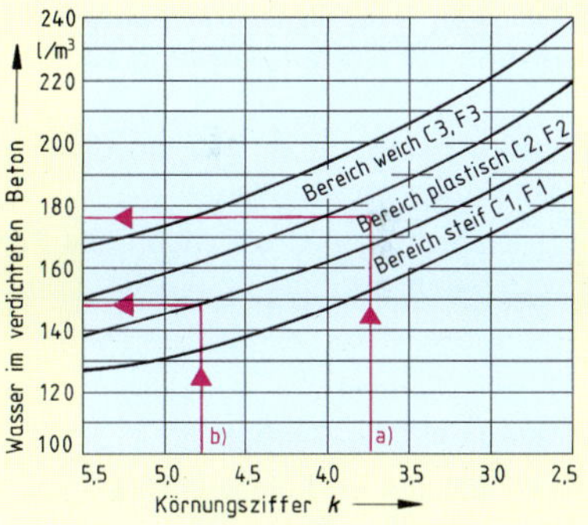

Aufgaben

1. *Was sagt eine hohe Körnungsziffer über das Körnungsgemisch und den Wasseranspruch aus?*
2. *Ermitteln Sie den Wasseranspruch für*
   a) $k = 4{,}33$/plastisch,
   b) $k = 3{,}99$/weich,
   c) $k = 5{,}24$/Grenzbereich steif/plastisch.
3. *Welcher Konsistenzbereich ist zu erwarten, wenn ein Beton aus einem Körnungsgemisch mit $k = 4{,}80$ mit 155 l Wasser angemacht wird?*
4. *Es soll ein Beton mit der Konsistenz steif für Streifenfundamente hergestellt werden. Der Siebversuch ergab:*

Sieb (mm)	0,25	0,5	1	2	4	8	16	32
Rückstand (%)	90	79	69	57	47	28	1	–

Ermitteln Sie den Wasseranspruch.

5. *Warum darf Frischbeton der Konsistenz F5 bzw. F6 nicht gerüttelt werden?*
6. *Wie viel Zugabewasser ist bei dem Beton aus Aufgabe 4 erforderlich, wenn 1965 kg Gesteinskörnung mit einer Eigenfeuchte von 3,5 % verwendet werden.*
7. *Ermitteln Sie den Wasseranspruch für die Sieblinien A_{16}, B_{16} und C_{16}, wenn jeweils die Konsistenz „plastisch“ angestrebt wird.*

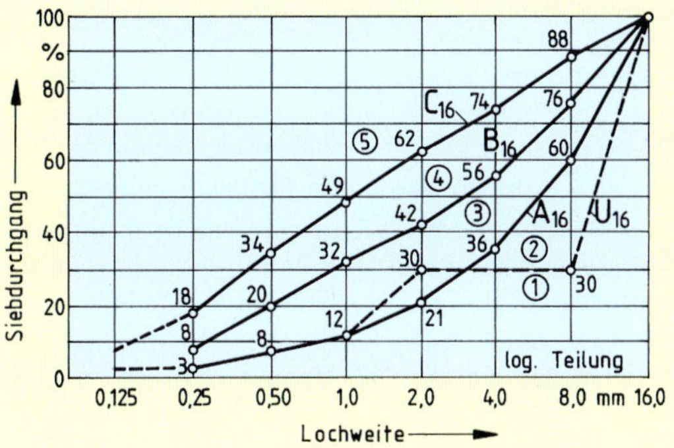

4.6 Tragfähigkeit und Dauerhaftigkeit des Betons

4.6.1 Tragfähigkeit des Betons

Druck- und Biegefestigkeit

Beton ist ein sehr fester Baustoff. Ein Versuch soll verdeutlichen, welche besondere Festigkeitsart der Beton besitzt.

Versuch: Zwei Betonprismen, von denen das eine auf einer unnachgiebigen Unterlage steht und das andere auf zwei Auflagern liegt, werden belastet.

Beobachtung: Das Betonprisma, das auf der Unterlage steht, bricht nicht, das Betonprisma über den Auflagern bricht durch.

Ergebnis: Beton kann auf Druck beansprucht werden, besitzt also eine hohe Druckfestigkeit. Ein belasteter Betonbalken über zwei Auflagern bricht dagegen durch, weil Beton nur geringe Zugspannungen aufnehmen kann.

Die hohe Druckspannung des Betons wird bei bestimmten Bauteilen, wie Fundamenten, Wänden und Stützen, ausgenützt.

Die Druckfestigkeit ist hauptsächlich von der Zementfestigkeitsklasse, dem Wasserzementwert und der Zusammensetzung der Gesteinskörnung abhängig.

Festbeton besitzt hohe Druckfestigkeit, aber nur sehr geringe Biegezugfestigkeit.

Die Druckfestigkeit ist die wichtigste Betoneigenschaft; sie wird daher auch am häufigsten geprüft.

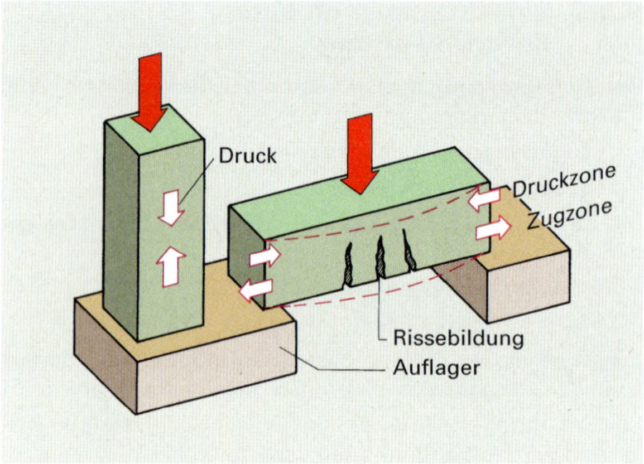

Tragfähigkeit von Beton

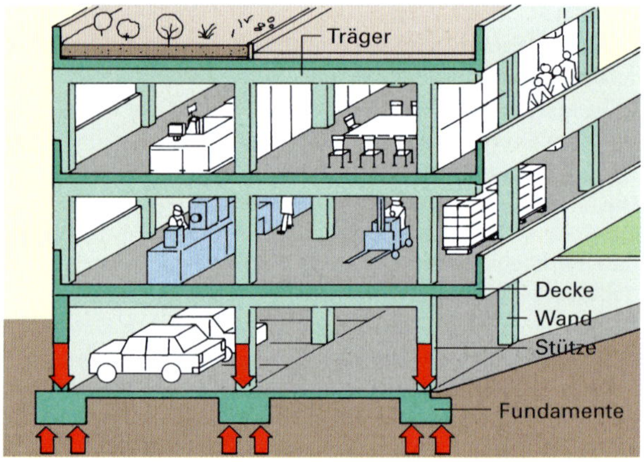

Bauteile aus Beton

Ermittlung der Druckfestigkeit

Nach DIN EN 206 wird die Druckfestigkeit an Probekörpern ermittelt.

Probekörper sind

- **Zylinder** von 150 mm Durchmesser und 300 mm Länge,
- **Würfel** von 150 mm Kantenlänge (sie werden in Deutschland eingesetzt).

Die zur Ermittlung der Druckfestigkeit verwendeten Probekörper werden folgendermaßen hergestellt:

- Beton wird in mindestens zwei Schichten eingebracht und vollständig verdichtet.
- Überstehender Beton wird mit einem Stahllineal bündig mit dem Formenrand abgestrichen.
- Jeder Probekörper wird gekennzeichnet.
- Lagerung der Probekörper erfolgt in ihren Formen in einem geschlossenen Raum; die Formen werden durch Abdeckung vor Feuchtigkeitsverlust geschützt.
- Nach 24 Stunden werden die Probekörper entformt.
- Probekörper werden 6 Tage auf Rosten in einem Wasserbad (Nasslagerung als Referenzverfahren) oder in einer Feuchtekammer (Trockenlagerung) gelagert.
- Im Alter von 7 Tagen nach der Herstellung werden die Probekörper aus dem Wasserbad bzw. der Feuchtekammer entnommen und bis zur Prüfung in einem geschlossenen Raum bei einer Temperatur von 15 ... 22 °C auf einem Lattenrost gelagert.

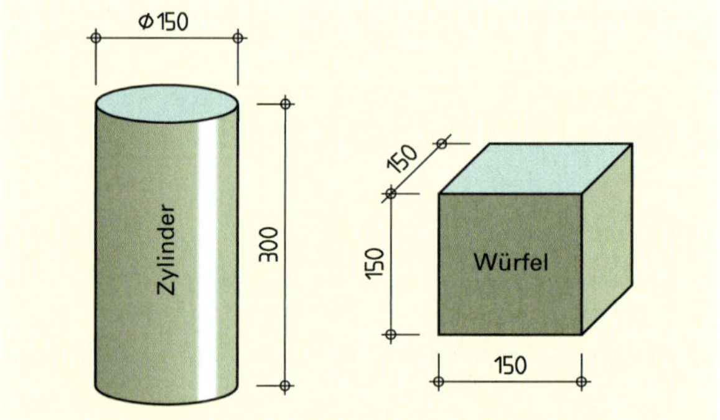

Probekörper – Zylinder und Würfel

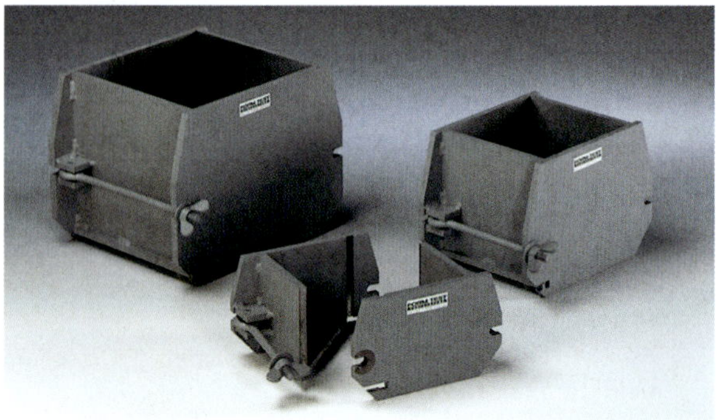
Würfelform zur Herstellung der Probekörper

Die Probekörper werden im Allgemeinen nach 28 Tagen in einer Presse abgedrückt. Die Ergebnisse werden protokolliert, wobei stets die tatsächliche Druckfestigkeit jedes einzelnen Probewürfels angegeben wird. Das Symbol hierfür ist $f_{c,\,dry,\,cube}$. Aus den Einzelwerten wird der Mittelwert ermittelt. Das Symbol hierfür ist $f_{cm,\,dry,\,cube}$. Dabei steht:

- f_c für Betondruckfestigkeit,
- f_{cm} für mittlere Betondruckfestigkeit,
- dry für Trocken- oder Luftlagerung,
- cube für Würfel.

Die Druckfestigkeit ist an Probewürfeln mit 150 mm Kantenlänge zu bestimmen.

Grundlage für die Zuordnung in eine Festigkeitsklasse ist die Druckfestigkeit bei Lagerung nach dem Referenzverfahren ($f_{c,\,cube}$). Sie darf aus den Werten für die Druckfestigkeit bei Trockenlagerung ($f_{c,\,dry,\,cube}$) nach folgender Beziehung berechnet werden:

Druckfestigkeitsklasse	Würfel 150 mm
Normalbeton ≤ C50/60	$f_{c,\,cube} = 0{,}92 \cdot f_{c,\,dry,\,cube}$
Hochfester Beton ≥ C55/67	$f_{c,\,cube} = 0{,}95 \cdot f_{c,dry,\,cube}$

Wenn Würfel mit einer Kantenlänge von 100 mm geprüft werden, sind die Prüfwerte mit 150 mm Kantenlänge nach folgender Formel umzurechnen:

$$f_{c,\,dry,\,cube\,(150\,mm)} = 0{,}97 \cdot f_{c,\,dry,\,cube\,(100\,mm)}$$

Druckfestigkeitsklassen

Nach DIN EN 206 wird Normal- und Schwerbeton in 16 Druckfestigkeitsklassen eingeteilt.

Aus der Bezeichnung gehen zwei Werte hervor:

- die am **Zylinder** ermittelte charakteristische Druckfestigkeit in N/mm², Symbol: f_{ck}
- die am **Würfel** ermittelte charakteristische Druckfestigkeit in N/mm², Symbol: $f_{ck,\,cube}$

Auch wenn in Deutschland die Druckfestigkeit ausschließlich an Würfeln geprüft wird, werden bei der Bezeichnung der Festigkeitsklassen stets auch die Festigkeitswerte der Betonzylinder angegeben.

*) Die Druckfestigkeit kann auch in MPa (Megapascal) angegeben werden. 1 MPa = 1 Million Pa = 1 N/mm²

) Nach **DIN EN 1992-1-1 (Eurocode 2: Bemessung und Konstruktion von Stahlbeton- und Spannbetontragwerken) werden nur noch 15 Druckfestigkeitsklassen unterschieden. Die Druckfestigkeitsklasse C8/10 entfällt. Die charakteristische Zylinderdruckfestigkeit wird mit $f_{ck,\,cyl}$ bezeichnet.

Beispiel:

Beton C30/37; es bedeuten:

- C Symbol für Beton (engl.: „concrete")
- 30 charakteristische Mindestdruckfestigkeit von Zylindern $f_{ck,\,cyl} \geq 30$ N/mm²
- 37 charakteristische Mindestdruckfestigkeit von Würfeln $f_{ck,\,cube} \geq 37$ N/mm²

In DIN EN 206 sind Betone in Druckfestigkeitsklassen eingeteilt und mit dem Buchstaben C abgekürzt. Die Zuordnung des Betons in die jeweilige Druckfestigkeitsklasse erfolgt durch Festigkeitsprüfungen an erhärteten, 28 Tage alten Probekörpern.

Prüfung der Druckfestigkeit – Würfel nach dem Abdrücken

Beispiel:

Im Zeitraum der Erstherstellung wurden 3 Würfel, die vom 7. bis zum 28. Tag trocken gelagert wurden, in der Druckpresse abgedrückt.

Folgende Ergebnisse wurden erzielt:

Würfel 1 $f_{c,\,dry,\,cube}$ = 52,5 N/mm²
Würfel 2 $f_{c,\,dry,\,cube}$ = 42,5 N/mm²
Würfel 3 $f_{c,\,dry,\,cube}$ = 43,0 N/mm²
Mittlere Druckfestigkeit $f_{cm,\,dry,\,cube}$ = <u>46,0 N/mm²</u>

Die Werte der Luftlagerung müssen auf die Nasslagerung nach der Formel

$$f_{c,\,cube} = 0{,}92\ f_{c,\,dry,\,cube}$$

umgerechnet werden.

Würfel 1 $f_{c,\,cube} = 0{,}92 \cdot 52{,}5$ N/mm² = 48,3 N/mm²
Würfel 2 $f_{c,\,cube} = 0{,}92 \cdot 42{,}5$ N/mm² = 39,1 N/mm²
Würfel 3 $f_{c,\,cube} = 0{,}92 \cdot 43{,}0$ N/mm² = 39,6 N/mm²
Mittlere Druckfestigkeit
$f_{cm,\,cube} = 0{,}92 \cdot 46{,}0$ N/mm² = <u>42,3 N/mm²</u>

Druckfestigkeitsklassen	Mindestdruckfestigkeit von Zylindern $f_{ck,\,cyl}$ in N/mm²*)	Mindestdruckfestigkeit von Würfeln $f_{ck,\,cube}$ in N/mm²*)	Betonart
C8/10**)	8	10	Normal- und Schwerbeton
C12/15	12	15	
C16/20	16	20	
C20/25	20	25	
C25/30	25	30	
C30/37	30	37	
C35/45	35	45	
C40/50	40	50	
C45/55	45	55	
C50/60	50	60	
C55/67	55	67	Hochfester Beton
C60/75	60	75	
C70/85	70	85	
C80/95	80	95	
C90/105	90	105	
C100/115	100	115	

Druckfestigkeitsklassen

Wie wird nun der zu prüfende Beton einer Festigkeitsklasse zugeordnet?

Die Zuordnung zur Festigkeitsklasse berücksichtigt den Mittelwert und den kleinsten Einzelwert. Je nach Betonfestigkeitsklasse muss der Mittelwert erhöht und der Einzelwert verringert werden.

Für die Ersterstellung gilt:

- **Erhöhung des Mittelwertes** bei
  ≤ C50/60 um 4 N/mm^2
  ≥ C55/67 um 5 N/mm^2
- **Verminderung des kleinsten Einzelwertes** bei
  ≤ C50/60 um 4 N/mm^2
  ≥ C55/67 um 5 N/mm^2

Die Ergebnisse des Versuches im Beispiel auf Seite 161 haben Folgendes ergeben:

- einen Mittelwert $f_{cm,\,cube}$ = 42,3 N/mm^2
- den kleinsten Einzelwert $f_{c,\,cube}$ = 39,1 N/mm^2

Es ist zu prüfen, ob der Beton die Anforderungen an die Festigkeitsklasse C30/37 erfüllt. Es muss

- der Mittelwert mindestens 37 + 4 = $\underline{41\ N/mm^2}$,
- der kleinste Einzelwert mindestens 37 – 4 = $\underline{33\ N/mm^2}$ sein.

Ergebnis:

Die Druckprüfung hat 42,3 N/mm^2 bzw. 39,1 N/mm^2 ergeben. Die Bedingungen für C30/37 sind somit erfüllt.

Zusammenfassung

Die Konsistenz ist ein Maß für die Verarbeitbarkeit des Frischbetons.

Die Konsistenz wird mit dem Ausbreit- oder Verdichtungsversuch bestimmt.

Nach dem Ausbreitmaßverfahren werden sechs Konsistenzklassen, nach dem Verdichtungsmaßverfahren vier Konsistenzklassen unterschieden.

Für die Ausbreit- und Verdichtungsmaße gibt es zusätzliche Konsistenzbeschreibungen.

Hochfester Beton muss mindestens der Konsistenzbeschreibung „weich" entsprechen.

Fließbeton ist Beton mit der Konsistenzbeschreibung sehr weich, fließfähig oder sehr fließfähig.

Der Wasseranspruch einer Betonmischung ist abhängig von der Zusammensetzung der Gesteinskörnung und von der angestrebten Konsistenz.

Die Körnungsziffer ist ein Maß für den Wasseranspruch des Betons.

Die Körnungsziffer wird umso größer, je größer das Größtkorn und/oder je sandärmer das Korngemisch ist.

Der Wasseranspruch einer Betonmischung kann bei bekannter Körnungsziffer und Konsistenz anhand von Diagrammen ermittelt werden.

Festbeton besitzt hohe Druckfestigkeit, aber nur geringe Biegezugfestigkeit.

Die Druckfestigkeit des Betons wird durch Druckversuche aus eigens dafür hergestellten Probekörpern im Allgemeinen nach 28 Tagen ermittelt.

Als Probekörper werden Würfel- und Zylinderformen eingesetzt.

In Deutschland werden für die Herstellung der Probekörper ausschließlich Würfel verwendet.

Betone werden nach DIN EN 206 in 16 und nach DIN EN 1992-1-1 in 15 Druckfestigkeitsklassen eingeteilt.

Betone ab der Druckfestigkeitsklasse C55/67 werden als hochfeste Betone bezeichnet.

Der Einteilung in Festigkeitsklassen liegen die charakteristische Zylinderfestigkeit und die charakteristische Würfelfestigkeit zu Grunde.

Für die Zuordnung zu einer Festigkeitsklasse sind der Mittelwert und der kleinste Einzelwert maßgebend.

Aufgaben

1. *Nennen Sie wesentliche Faktoren, die die Betondruckfestigkeit beeinflussen.*
2. *Die Betondruckfestigkeit für Beton wird an zylinder- und würfelförmigen Probekörpern ermittelt. Welche Abmessungen haben die Probekörper?*
3. *In welchen Druckfestigkeitsklassen wird Normalbeton hergestellt?*
4. *Bei welchen Bauteilen wird die hohe Druckfestigkeit des Betons ausgenutzt?*
5. *Warum werden für Normal- und Schwerbeton zwei Mindestdruckfestigkeiten angegeben?*
6. *Beschreiben Sie die Herstellung der Probewürfel für den Druckversuch.*
7. *Erklären Sie die Bezeichnung „C40/50".*
8. *Erklären Sie die Symbole*
   a) „$f_{ck,\,cyl}$",
   b) „$f_{c,\,dry,\,cube}$".
9. *In welchen Druckfestigkeitsklassen wird hochfester Beton hergestellt?*
10. *Drei Würfel mit 150 mm Kantenlänge wurden vom 7. bis zum 28. Tag trocken gelagert. Die tatsächliche Druckfestigkeit ergab folgende Werte:*
    Würfel 1 = 56,5 N/mm^2
    Würfel 2 = 40,5 N/mm^2
    Würfel 3 = 47,5 N/mm^2
    Bestimmen Sie die Zuordnung zu einer Festigkeitsklasse.
11. *Drei Würfel werden einen Tag in der Form und 27 Tage in Wasser gelagert. Die tatsächliche Druckfestigkeit ergab folgende Werte:*
    Würfel 1 = 60,5 N/mm^2
    Würfel 2 = 55,8 N/mm^2
    Würfel 3 = 64,5 N/mm^2
    Bestimmen Sie die Zuordnung zu einer Festigkeitsklasse.
12. *Worauf ist zu achten, wenn für die Druckfestigkeitsprüfung Würfel mit einer Kantenlänge von 100 mm eingesetzt werden?*
13. *Probekörper wurden 28 Tage an der Luft gelagert. Welche Auswirkungen hat das für die Zuordnung zu einer Festigkeitsklasse?*

4.6.2 Dauerhaftigkeit des Betons

Umgebungsbedingungen

Beton, der beispielsweise für Fundamente verwendet wird, muss nicht nur tragfähig, sondern vor allem auch **dauerhaft** sein. Das bedeutet, dass neben der Tragfähigkeit auch die Dauerhaftigkeit von Betonbauwerken bzw. Betonbauteilen sicherzustellen ist. Beton gilt als dauerhaft, wenn er über viele Jahrzehnte hinweg (etwa 50 Jahre) widerstandsfähig gegenüber Umwelteinwirkungen bleibt. Unter Umwelteinwirkungen, auch **Umgebungsbedingungen** genannt, sind chemische und physikalische Einwirkungen auf den Beton und die Bewehrung zu verstehen. Bei der Zerstörung spricht man dann von der Bewehrungskorrosion bzw. der Betonkorrosion.

Mögliche Einwirkungen können sein:

- Beanspruchung durch Karbonatisierung (engl. „**C**arbonation"),
- Beanspruchung durch Chlorideinwirkung aus Streusalzen (engl. „**D**eicing salt"),
- Beanspruchung durch Chlorideinwirkung aus Meerwasser (engl. „**S**eawater"),
- Beanspruchung durch Frost mit und ohne Taumittel (engl „**F**reezing"),
- Beanspruchung durch chemische Angriffe (engl. „**Che**mical **a**ttack"),
- Beanspruchung durch Verschleiß (engl. „**M**echanical abrasion").

Betonbauteile sind chemischen und physikalischen Einflüssen ausgesetzt. Diese können zu Schäden am Bauteil führen. Nach Art der schädigenden Einflüsse werden die Umgebungsbedingungen in sieben Expositionsklassen eingeteilt.

Expositionsklassen

Entsprechend den Anforderungen aus den vorliegenden Umgebungsbedingungen werden für den Beton **Expositionsklassen** festgelegt. Sie sind sowohl die Grundlage für die Anforderungen an die Ausgangsstoffe und die Zusammensetzung des Betons als auch an die Mindestmaße der Betondeckung.

Die Kennzeichnung der Expositionsklassen erfolgt durch zwei Großbuchstaben, wobei der erste Buchstabe immer **„X"** ist. Der zweite Buchstabe ist der Anfangsbuchstabe des englischen Fachbegriffes.

Die verschiedenen Angriffsstufen werden mit **Ziffern** gekennzeichnet. In der Regel zeigt eine höhere Ziffer eine Verschärfung des Angriffsrisikos an.

Da Beton mehr als einer Einwirkung ausgesetzt sein kann, müssen die Umgebungsbedingungen als Kombination von Expositionsklassen ausgedrückt werden.

	Bedingungen	Expositionsklasse	Angriffsstufen
Betonkorrosion	kein Angriff	X0	keine
	Frost mit und ohne Taumittel	XF	1…4
	Chemischer Angriff	XA	1…3
	Verschleiß	XM	1…3

Korrosionsarten und Expositionsklassen

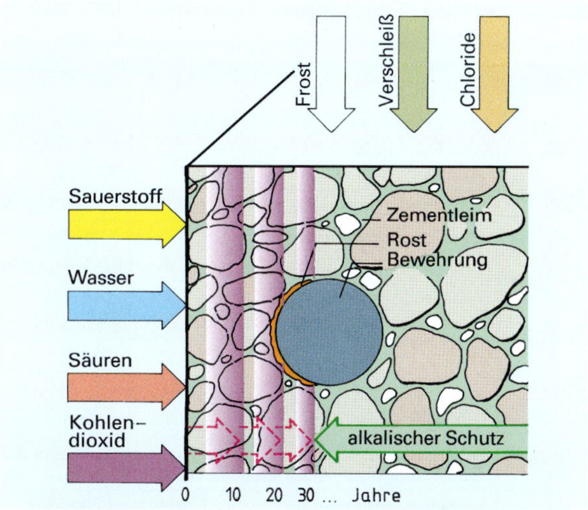

Umgebungsbedingungen für Betonbauwerke

Bewehrungskorrosion durch Karbonatisierung

Betonkorrosion durch Frosteinwirkung

	Bedingungen	Expositionsklasse	Angriffsstufen
Bewehrungskorrosion	Chlorid (Tausalz)	XD	1…3
	Chlorid (Meersalz)	XS	1…3
	Karbonatisierung	XC	1…4

Expositionsklassen nach DIN EN 206 und DIN 1045-2 – baustoffliche Anforderungen

Empfohlene Grenzwerte für die Zusammensetzung und Eigenschaften von Beton. Bauaufsichtlich gilt DIN 1045-2.

Klasse	Umgebung	max w/z	min f_{ck}	min z in kg/m^3[1])	Anwendungsbeispiele
X0	kein Korrosions- oder Angriffsrisiko	–	C8/10 C12/15	–	Füllbeton, Sauberkeitsschichten Fundamente und Innenbauteile ohne Bewehrung
XC	**Bewehrungskorrosion, ausgelöst durch Karbonatisierung (engl. „Carbonation")**				
XC1	trocken oder ständig nass	0,75	C16/20[2])	240 (240)	Beton in Gebäuden mit geringer Luftfeuchte; Beton, der ständig in Wasser getaucht ist
XC2	nass, selten trocken	0,75	C16/20[2])	240 (240)	langzeitig wasserbenetzte Betonoberflächen; vielfach bei Gründungen
XC3	mäßige Feuchte	0,65	C20/25	260 (240)	Beton in Gebäuden mit mäßiger oder hoher Luftfeuchte
XC4	wechselnd nass und trocken	0,60	C25/30	280 (270)	wasserbenetzte Betonoberflächen, die nicht der Klasse XC2 zuzuordnen sind
XD	**Bewehrungskorrosion, ausgelöst durch Chloride, ausgenommen Meerwasser (engl. „Deicing salt")**				
XD1	mäßige Feuchte	0,55	C30/37[3])	300 (270)	Betonoberflächen, die chloridhaltigem Sprühnebel ausgesetzt sind
XD2	nass, selten trocken	0,50	C35/45[3]) [4]) [5])	320[5]) (270)	Schwimmbäder; Beton, der chloridhaltigen Industriewässern ausgesetzt ist
XD3	wechselnd nass und trocken	0,45	C35/45[3]) [5])	320[5]) (270)	Teile von Brücken, die chloridhaltigem Spritzwasser ausgesetzt sind; Fahrbahndecken und Parkdecks
XS	**Bewehrungskorrosion, ausgelöst durch Chloride aus Meerwasser (engl. „Seawater")**				
XS1	salzhaltige Luft, aber kein unmittelbarer Kontakt mit Meerwasser	0,55	C30/37[3])	300 (270)	Bauwerke in Küstennähe oder an der Küste
XS2	ständig unter Wasser	0,50	C35/45[3]) [4]) [5])	320[5]) (270)	Teile von Meeresbauwerken
XS3	Tidebereiche[9]), Spritzwasser und Sprühnebelbereiche	0,45	C35/45[3]) [5])	320[5]) (270)	Teile von Meeresbauwerken
XF	**Frostangriff mit oder ohne Taumittel (engl. „Freezing")**				
XF1	mäßige Wassersättigung, ohne Taumittel	0,60	C25/30	280 (270)	senkrechte Betonoberflächen, die Regen und Frost ausgesetzt sind
XF2	mäßige Wassersättigung, mit Taumittel	0,55[6])	C25/30	300 (270)[6])	senkrechte Betonoberflächen von Straßenbauwerken, die Frost und taumittelhaltigem Sprühnebel ausgesetzt sind
		0,50[6])	C35/45[4]) [5])	320[5]) (270)[6])	
XF3	hohe Wassersättigung, ohne Taumittel	0,55	C25/30	300 (270)	waagerechte Betonoberflächen, die Regen und Frost ausgesetzt sind
		0,50	C35/45[4]) [5])	320[5]) (270)	
XF4	hohe Wassersättigung, mit Taumittel oder Meerwasser	0,50[6])	C30/37	320[6])	Straßendecken und Brückenplatten, die Taumitteln ausgesetzt sind; Betonoberflächen, die direkt taumittelhaltigem Spritzwasser und Frost ausgesetzt sind; Spritzwasserbereich von Meeresbauwerken, die Frost ausgesetzt sind
XA	**Chemischer Angriff (engl. „Chemical attack")**				
XA1	chemisch schwach angreifende Umgebung	0,60	C25/30	280 (270)	Beton, der natürlichem Boden und Grundwasser ausgesetzt ist gemäß, je nach chemischen Merkmalen
XA2	chemisch mäßig angreifende Umgebung	0,50	C35/45[3]) [4]) [5])	320[5]) (270)	
XA3[10])	chemisch stark angreifende Umgebung	0,45	C35/45[3])	320 (270)	
XM	**Betonkorrosion durch Verschleißbeanspruchung (engl. „Mechanical abrasion")**				
XM1	mäßige Verschleißbeanspruchung	0,55	C30/37[3])	300[7]) (270)	tragende oder aussteifende Industrieböden mit Beanspruchung durch luftbereifte Fahrzeuge
XM2	starke Verschleißbeanspruchung	0,55	C30/37[3]) [8])	300[7]) (270)	tragende oder aussteifende Industrieböden mit Beanspruchung durch luft- oder vollgummibereifte Gabelstapler
		0,45	C35/45[3])	320[7]) (270)	

Expositionsklassen (Fortsetzung)

Klasse	Umgebung	max *w/z*	min f_{ck}	min *z* in kg/m^3[1])	Anwendungsbeispiele
XM3	sehr starke Verschleißbeanspruchung	0,45	C35/45[3])[8])	320[7]) (270)	tragende oder aussteifende Industrieböden mit Beanspruchung durch elastomer- oder stahlrollenbereifte Gabelstapler; Oberflächen, die häufig mit Kettenfahrzeugen befahren werden; Wasserbauwerke in geschiebebelasteten Gewässern, z. B. Tosbecken[11])

[1]) Klammerwerte geben den Mindestzementgehalt bei Anrechnung von Zusatzstoffen in kg/m^3 an. Bei 63 mm Größtkorn darf der Zementgehalt um 30 kg/m^3 reduziert werden. [2]) Für Stahlfaserbeton gilt für die Expositionsklassen XC1 und XC2 die Mindestfestigkeitsklasse C20/25. [3]) Bei Verwendung von Luftporenbeton, z. B. aufgrund gleichzeitiger Anforderungen aus der Expositionsklasse XF, eine Festigkeitsklasse niedriger. [4]) Bei langsam und sehr langsam erhärtendem Beton eine Festigkeitsklasse niedriger. [5]) Bei massigen Bauteilen sind kleinere Grenzwerte möglich. [6]) Nur Anrechnung von Flugasche zulässig. [7]) Höchstzementgehalt 360 kg/m^3, jedoch nicht für hochfesten Beton. [8]) Anwendung von Luftporenbeton nicht empfehlenswert. [9]) Unter Tide versteht man das Steigen und Fallen des Meerwassers im Gezeitenablauf. [10]) Schutz des Betons erforderlich. [11]) Als Tosbecken bezeichnet man im Wasserbau ein bremsendes Auffangbecken für das abfließende Wasser einer Talsperre oder einer andersgearteten Stauanlage.

Betonkorrosion infolge Alkali-Kieselsäure-Reaktion

Gesteinskörnungen können Stoffe wie Kalium und Natrium enthalten. Sie werden als Alkalien bezeichnet. Im Beton können sie Wasser aufnehmen. Dabei vergrößert sich das Volumen so stark, dass das Betongefüge geschädigt werden kann. Diese Betonschädigungen werden umgangssprachlich als **Betonkrebs** bezeichnet.
Der Beton ist einer der folgenden **Feuchtigkeitsklassen** zuzuordnen:

Klasse	Beschreibung der Umgebung
WO	Beton, der nach normaler Nachbehandlung nicht längere Zeit feucht und nach dem Austrocknen während der Nutzung weitgehend trocken bleibt.
WF	Beton, der während der Nutzung häufig oder längere Zeit feucht ist.
WA	Beton, der zusätzlich zu der Beanspruchung nach Klasse WF häufiger und langzeitiger Alkalizufuhr von außen ausgesetzt ist.
WS	Beton, der hoher dynamischer Beanspruchung und direktem Alkalieintrag ausgesetzt ist.

4.7 Festlegung des Betons

4.7.1 Verantwortungsträger

In DIN 1045-2 und DIN EN 206 wird neben der Tragfähigkeit auch der Beständigkeit des Betons eine große Bedeutung beigemessen. Standsicherheit und Dauerhaftigkeit von Betonbauwerken sind somit gleichrangig zu sehen. Eine konsequente Qualitätsüberwachung soll ein Mehr an Sicherheit bringen. So hat die Festlegung des Betons den Charakter eines **Qualitätssicherungssystems**.

Unter der Festlegung des Betons versteht man die endgültige Zusammenstellung aller Anforderungen. Sie stellen die Mindestangaben bei einer Betonbestellung dar. Sie müssen

- dokumentiert werden und
- dem Hersteller als Leistung vorgegeben werden.

Für die Feststellung und Herstellung des Betons werden **drei Personenkreise** in die Verantwortung genommen:

- Verfasser,
- Verwender,
- Hersteller.

Zwischen Auftraggeber und den beteiligten Personen sind die Vertragsverhältnisse und die Verantwortlichkeiten eindeutig definiert.

Verfasser der Leistungsbeschreibung: Es ist die Person (Architekt, Tragwerksplaner) oder Stelle, die alle Anforderungen an die Betoneigenschaften festlegt. Der Verfasser muss die Planungsdaten festlegen.

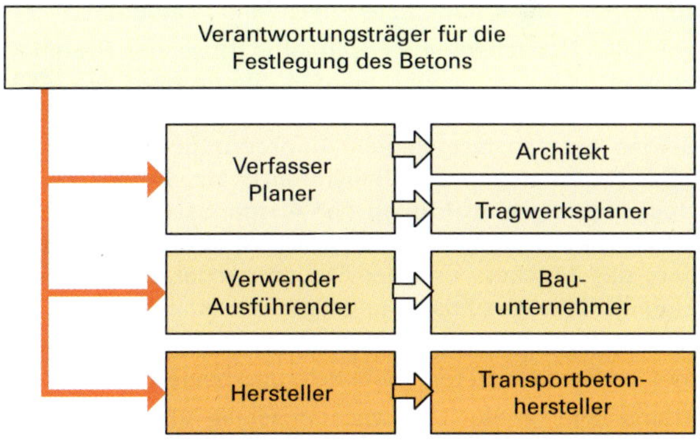

Verantwortungsträger

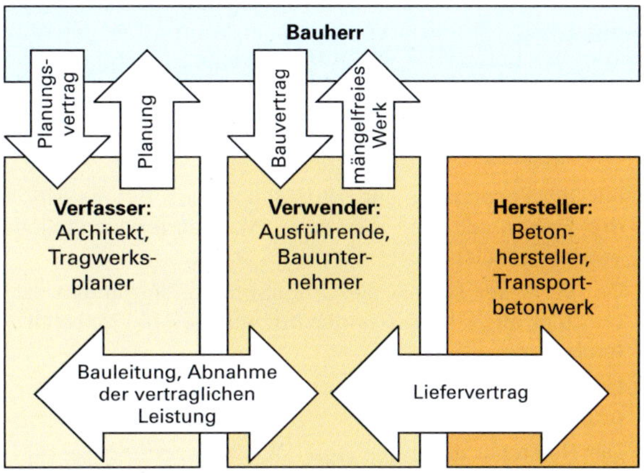

Vertragsverhältnisse und Verantwortlichkeiten

Dazu gehört die Abschätzung der auf ein Bauwerk einwirkenden Umgebungsbedingungen. Aus dieser Abschätzung ergibt sich die Einstufung in eine oder mehrere Expositionsklassen und die Festlegung der Mindestdruckfestigkeitsklasse.

Verwender: Es ist die Bauunternehmung, die den Frischbeton verarbeitet. Sie legt nach der vorgegebenen Expositions- und Mindestdruckfestigkeitsklasse die baubetrieblichen Daten fest. Dazu zählen beispielsweise Konsistenz, Größtkorn, Verarbeitungszeit, Festigkeitsentwicklung. Der Verwender muss auf der Baustelle die **Identitätsprüfung** durchführen. Diese Prüfung stellt fest, ob der gelieferte Beton mit der Bestellung übereinstimmt.

Hersteller des Frischbetons: Es ist der Transportbetonhersteller, der die Anforderungen an den Beton und die Zusammensetzung des Betons systematisch prüft.

Die Qualitätsüberwachung im Betonwerk spielt hierbei eine wichtige Rolle. Dazu zählen:

- Erstprüfung,
- Konformitätsnachweis,
- Produktionskontrolle.

Die **Erstprüfung** erfolgt vor Herstellung des Betons, um zu ermitteln, wie ein neuer Beton zusammengesetzt sein muss. So werden alle festgelegten Anforderungen im frischen und erhärteten Zustand erfasst.

Unter **Konformitätsnachweis** versteht man die systematische Überprüfung, in welchem Umfange der Beton die festgelegten Anforderungen erfüllt.

Der Konformitätsnachweis erfolgt über Eigen- und Fremdüberwachung. Hierzu zählen z.B. Baustoffauswahl, Betonentwurf, Überwachung und Prüfung der Ausgangsstoffe sowie der Eigenschaften des Frisch- und Festbetons.

Von allen Herstellern von Frischbeton muss eine **Produktionskontrolle** durchgeführt werden. Sie umfasst alle Maßnahmen, die für die Erzielung der Übereinstimmung des Betons mit den festgelegten Anforderungen erforderlich sind. Hierzu zählen u.a. Baustoffauswahl, Betonentwurf, Überwachung und Prüfung der Ausgangsstoffe, die Vorrichtung für die Lagerung, der Wäge- und Messeinrichtungen, des Mischers und der Steuerungsgeräte sowie der Eigenschaften des Frisch- und Festbetons.

Die Produktionskontrolle wird für alle Betone mit Ausnahme von Standardbeton überwacht und bewertet durch

- eine anerkannte Überwachungsstelle (Fremdüberwachung),
- eine Zertifizierungsstelle (neutrale Stelle).

Aufgabe der Zertifizierungsstelle ist es, die Übereinstimmung des Betons mit den Anforderungen der Betonnorm festzustellen, die Ergebnisse der Fremdüberwachung zu bewerten und ein **Übereinstimmungszertifikat** zu erteilen.

Für die Festlegung und Herstellung des Betons sind drei Personenkreise – Verfasser, Verwender, Hersteller – verantwortlich.

Der Verfasser schätzt die Umgebungsbedingungen ab und legt alle Anforderungen für die Betoneigenschaften fest.

Der Verwender muss auf der Baustelle die Identitätsprüfung durchführen.

Der Hersteller ist für die Qualitätsüberwachung verantwortlich.

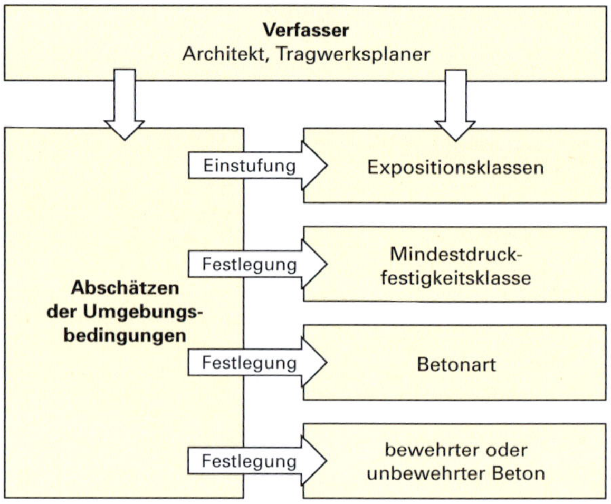

Verantwortlichkeit des Verfassers

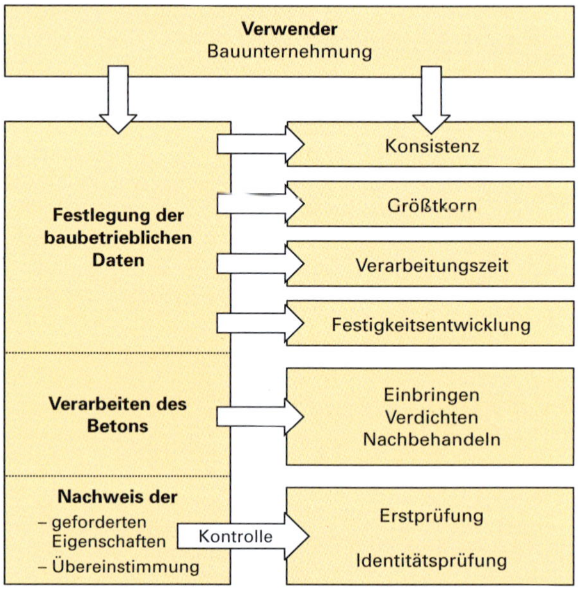

Verantwortung des Verwenders

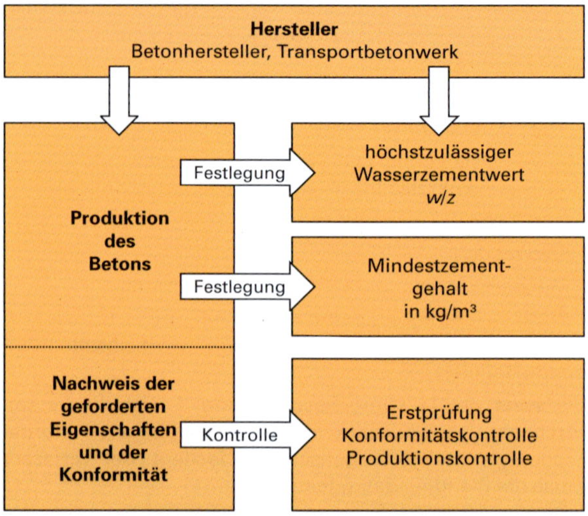

Verantwortung des Herstellers

4.7.2 Betonzusammensetzung

DIN EN 206 unterscheidet für die Betonzusammensetzung in der Leistungsbeschreibung:

- Standardbeton,
- Beton nach Eigenschaften,
- Beton nach Zusammensetzung.

Standardbeton

Anforderungen an die Betonzusammensetzung werden auf der Grundlage von Erfahrungen festgelegt. Standardbeton ist mit dem früheren Rezeptbeton vergleichbar. Eine Eignungsprüfung wird nicht durchgeführt.

Die Zusammensetzung von Standardbeton ist so gewählt, dass die Mindestdruckfestigkeiten erreicht werden und die Bewehrung nicht korrosionsgefährdet ist.

Für die Anwendung müssen folgende Beschränkungen beachtet werden:

- Verwendung natürlicher Gesteinskörnungen,
- Verwendung von Normalzementen,
- Einhaltung der Mindestzementgehalte,
- Herstellung nur in den Konsistenzbereichen steif, plastisch, weich.

Standardbeton darf hergestellt werden

- nur als Normalbeton,
- für unbewehrte Betonbauteile,
- für bewehrte Betonbauteile bis zur Druckfestigkeitsklasse C16/20 und den Expositionsklassen X0, XC1 und XC2,
- bei Festlegung folgender Anforderungen: Druckfestigkeitsklasse, Expositionsklasse, Nennwert des Größtkorns, Konsistenzklasse, Festigkeitsentwicklung (falls erforderlich),
- ohne Zusatzmittel und Zusatzstoffe.

Eine Erstprüfung durch den Hersteller ist nicht erforderlich. Deshalb werden in DIN EN 206 in Abhängigkeit von der Festigkeitsklasse des Betons, der Zementfestigkeitsklasse und der Konsistenz Mindestzementgehalte vorgeschrieben.

Der Mindestzementgehalt ist in nebenstehender Tabelle angegeben. Die Werte gelten für Standardbeton mit einem Größtkorn von 32 mm und Zement der Festigkeitsklasse 32,5 nach DIN EN 197-1.

Der Zementgehalt **muss vergrößert** werden um

- 10 % bei einem Größtkorn von 16 mm,
- 20 % bei einem Größtkorn von 8 mm.

Der Zementgehalt **darf verringert** werden um

- höchstens 10 % bei Zement der Festigkeitsklasse 42,5,
- höchstens 10 % bei einem Größtkorn von 63 mm.

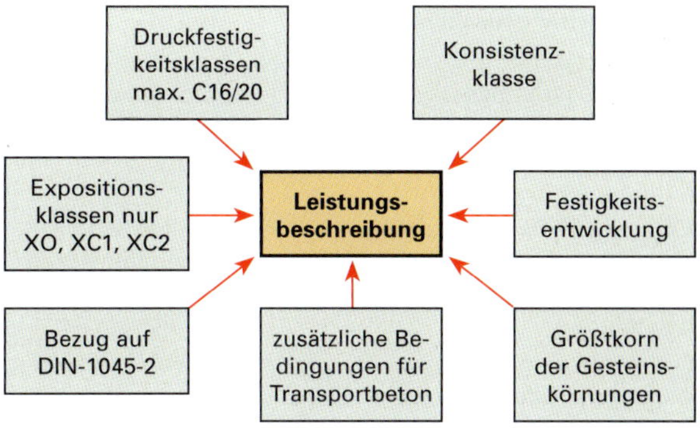

Festlegung für Standardbeton

Konsistenz	Druckfestigkeitsklasse	Sieblinienbereich	Baustoffbedarf		
			Zement in kg/m³	Gesteinskörnung in kg/m³	Wasser in kg/m³
steif C1, F1	C8/10	③ ④	230 250	2045 1975	140 160
	C12/15	③ ④	290 320	1990 1915	140 160
	C16/20	③ ④	310 340	1975 1895	140 160
plastisch C2, F2	C8/10	③ ④	250 270	1975 1900	160 180
	C12/15	③ ④	320 350	1915 1835	160 180
	C16/20	③ ④	340 370	1895 1815	160 180
weich C3, F3	C8/10	③ ④	280 300	1895 1825	180 200
	C12/15	③ ④	350 380	1835 1755	180 200
	C16/20	③ ④	380 410	1810 1730	150 200

Zusammensetzung von Standardbeton (Anhaltswerte) bei Gesteinskörnungen mit einem Größtkorn von 32 mm und Zement der Festigkeitsklasse 32,5 N und 32,5 R

Mindestzementgehalte für Standardbeton

Beispiel 1:

Welcher Mindestzementgehalt ist erforderlich bei C16/20, Konsistenz plastisch, Zement der Festigkeitsklasse 32,5, Größtkorn 16 mm, Sieblinienbereich ③?

Lösung:

Nach Tabelle	= 340 kg/m³
Größtkorn 16 mm + 10 %	= 32 kg/m³
Mindestzementgehalt	≥ 372 kg/m³

Beispiel 2:

Welcher Mindestzementgehalt ist erforderlich bei C12/15, Konsistenz plastisch, Zement der Festigkeitsklasse 42,5, Größtkorn 8 mm, Sieblinienbereich ③?

Lösung:

Nach Tabelle	= 320 kg/m³
wegen Größtkorn 8 mm + 20 %	= + 64 kg/m³
wegen Zementfestigkeitsklasse 42,5	
Verringerung möglich um 10 %	= – 32 kg/m³
Mindestzementgehalt	≥ 352 kg/m³

Beton nach Eigenschaften

Beim Beton nach Eigenschaften entwirft der Betonhersteller die Zusammensetzung der Mischung. Er ist dafür verantwortlich, dass die für die Bauaufgabe geforderten Eigenschaften und zusätzlichen Anforderungen erfüllt werden.

Beton nach Eigenschaften kann für alle Betonfestigkeitsklassen und alle Expositionsklassen verwendet werden. Betonzusatzmittel und Betonzusatzstoffe dürfen zugegeben werden.

Für Beton nach Eigenschaften ist stets eine Erstprüfung (Eignungsprüfung) erforderlich.

Die Festlegung muss folgende Leistungsanforderungen enthalten:

- Anforderung nach Übereinstimmung mit der Norm,
- Druckfestigkeitsklasse,
- Expositionsklasse und Feuchtigkeitsklasse,
- Nennwert des Größtkorns der Gesteinskörnung,
- Art der Verwendung des Betons: unbewehrter Beton, Stahlbeton, Spannbeton,
- Konsistenzklasse.

Zusätzliche Anforderungen (Auswahl)

- Anforderungen an die Frischbetontemperatur,
- besondere Arten und Klassen von Zement und Gesteinskörnungen,
- Festigkeitsentwicklung,
- Wärmeentwicklung während der Hydratation,
- verzögertes Ansteifen,
- Wassereindringwiderstand,
- Abriebwiderstand.

Im Bild unten sind die Verantwortlichkeiten des Verfassers (Planer), Verwenders (Bauunternehmer) und des Herstellers (Betonhersteller) in ihren Abhängigkeiten dargestellt. Der Hersteller führt die notwendigen Erstprüfungen und Konformitätskontrollen durch.

Beispiel:

Der Beton für Fundamente ist als „Beton nach Eigenschaften" herzustellen. Welche Festlegungen haben die Verantwortlichen zu übernehmen?

Der **Verfasser** (Planer) legt fest:

- Betonart ⇒ Normalbeton
- Bewehrung ⇒ Stahlbeton
- Umgebungsbedingungen:
  - vollständig im Erdreich
  - schwacher chemischer Angriff
  - Kontakt mit Süßwasser

  ⇒ XC2, XA1
- Mindestdruckfestigkeitsklasse ⇒ C25/30

Der **Verwender** (Bauunternehmer) legt fest:

- Konsistenzklasse ⇒ F3
- Nennwert des Größtkorns der Gesteinskörnung ⇒ 16 mm
- Festigkeits- bzw. Wärmeentwicklung während der Hydratation des Betons ⇒ mittel

Der **Hersteller** (Betonhersteller) legt fest:

- Wasserzementwert ⇒ $w/z \leq 0{,}60$
- Mindestzementgehalt ⇒ ≥ 280 kg/m²

Bei Beton nach Eigenschaften werden durch den Verfasser dem Hersteller eindeutige Eigenschaften vorgegeben.

Der Transportbetonhersteller führt mit einer Erstprüfung den Nachweis, dass diese Eigenschaften auch sicher erreicht werden und legt damit die Zusammensetzung fest.

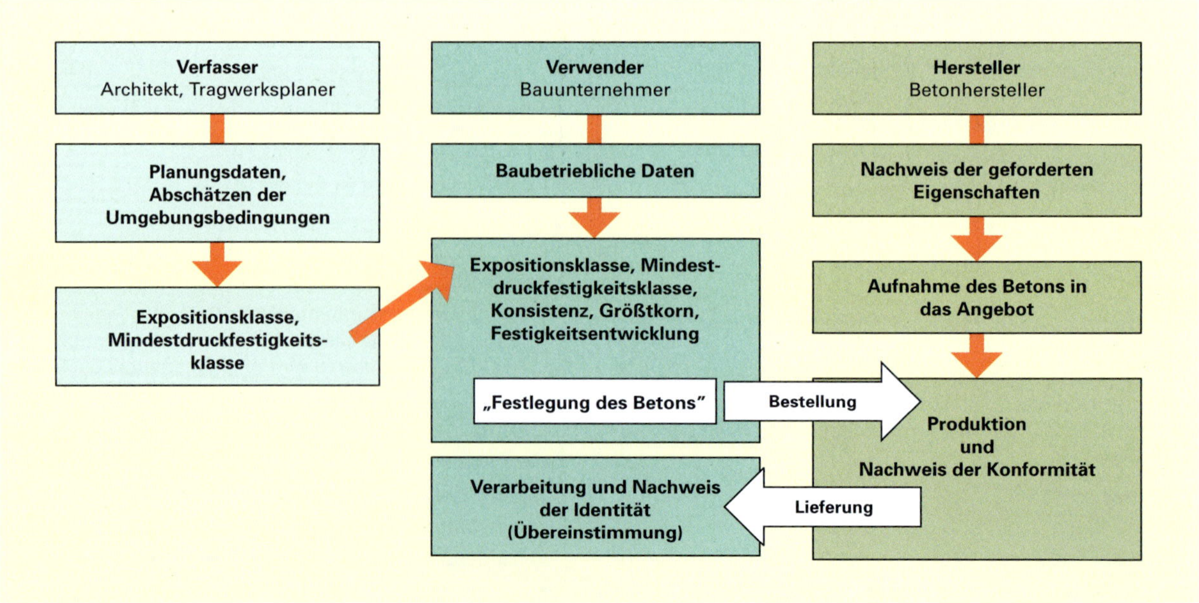

Verantwortlichkeiten bei der Herstellung von Beton nach Eigenschaften

Beton nach Zusammensetzung

Hier handelt es sich um Beton, für den die Zusammensetzung und die Ausgangsstoffe dem Hersteller vorgegeben werden. Der Hersteller ist dann für die Lieferung eines Betons mit dieser festgelegten Zusammensetzung verantwortlich.

Der ausführende Bauunternehmer hat die Annahmeprüfung (Erstprüfung) und den Konformitätsnachweis zu erbringen.

Im Bild unten sind die Verantwortlichkeiten des Verfassers (Planer), Verwenders (Bauunternehmer) und des Herstellers (Betonhersteller) in ihren Abhängigkeiten dargestellt.

Bei Beton nach Zusammensetzung verlagert sich also die Verantwortlichkeit für die Übereinstimmung der Betoneigenschaften mit den Anforderungen der Norm vom Hersteller auf den Verwender.

Beim Beton nach Zusammensetzung werden die zu verwendenden Ausgangsstoffe und deren Zusammensetzung dem Betonhersteller vorgegeben. Er hat die Eigenschaften zu überprüfen.

Die Festlegung muss folgende Leistungsanforderungen enthalten:

- Übereinstimmung mit der Norm,
- Zementgehalt,
- Zementart und Festigkeit des Zements,
- Wasserzementwert oder Konsistenz,
- maximaler Chloridgehalt der Gesteinskörnung,
- Nennwert des Größtkorns der Gesteinskörnung, gegebenenfalls Beschränkung der Sieblinie,
- Art und Menge der Zusatzmittel, Zusatzstoffe oder Fasern.

Zusätzliche Anforderungen:

- Herkunft der Betonausgangsstoffe,
- zusätzliche Anforderungen an die Gesteinskörnung,
- Frischbetontemperatur bei Anlieferung.

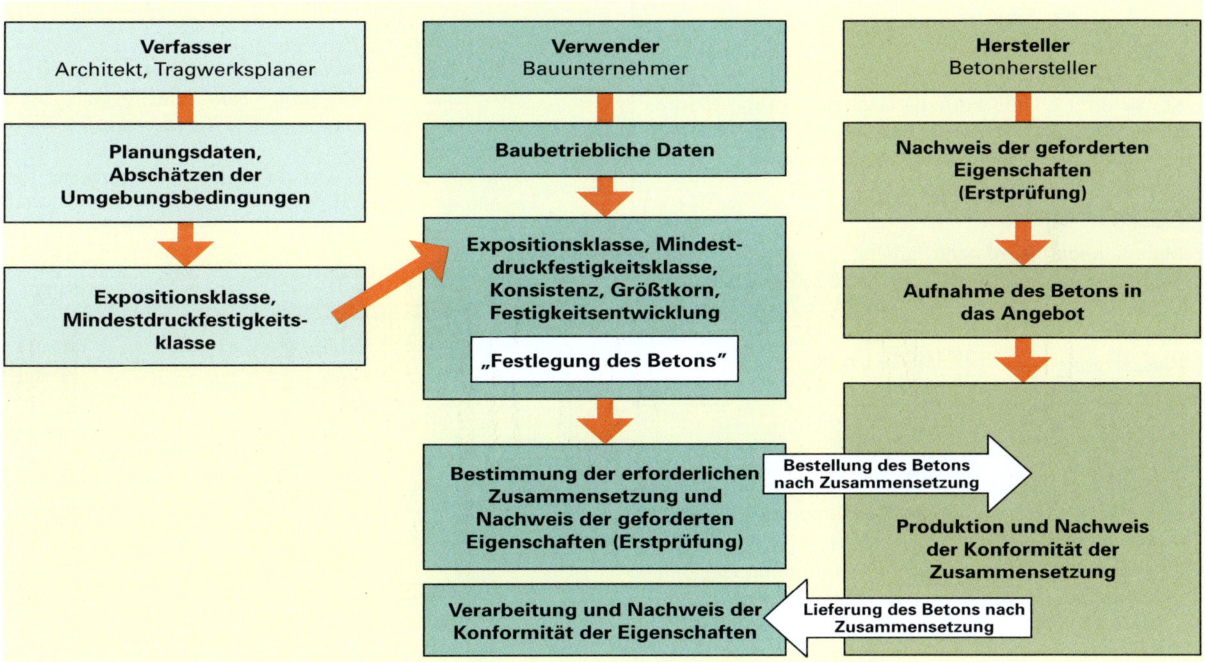

Verantwortlichkeiten bei der Herstellung von Beton nach Zusammensetzung

Zusammenfassung

Der Dauerhaftigkeit von Beton wird in den Betonnormen eine große Bedeutung beigemessen.

Aufgrund der Einwirkung gegenüber Umgebungsbedingungen werden verschiedene Expositionsklassen unterschieden.

Durch die Expositionsklasse wird angegeben, ob mit einer Bewehrungs- und/oder Betonkorrosion zu rechnen ist.

Für die Qualität eines Betons tragen Verfasser, Verwender und Hersteller Verantwortung.

Aufgaben

1. *Welche Umgebungsbedingungen können Bewehrungs- bzw. Betonkorrosion auslösen?*
2. *Erklären Sie folgende Expositionsklassen: XO, XS2, XA3, XM2.*
3. *Für ein Gründungsbauteil wird folgender unbewehrter Beton bestellt: DIN EN 206/DIN 1045-2, C12/15, XO, F3, d_g = 32 mm. Erläutern Sie die Abkürzungen.*
4. *Für ein Bauwerk ist Beton nach Eigenschaften vorgesehen. Welche Verantwortung trägt der Hersteller?*

4.7.3 Betonmischungen

Für Standardbeton sind Anhaltswerte für die richtige Zusammensetzung auf Seite 167 zusammengestellt. Aus der Tabelle kann der Bedarf an Gesteinskörnungen, Zement und Wasser je m³ Beton entnommen werden. Dabei ist zu beachten, dass es sich bei der angegebenen Wassermenge um den Gesamtbedarf handelt. Ein Teil davon wird durch die Eigenfeuchte der Gesteinskörnung abgedeckt, nur der Rest wird als Zugabewasser zugegeben.

Beispiel 1:

Wie viel Zement, Gesteinskörnung und Wasser werden zur Herstellung von 35 m³ Stahlbeton C16/20 (Sieblinienbereich ④, Konsistenz C3) benötigt?

Lösung:

Materialbedarf je m³ nach Tabelle:

Zement	$410\ kg/m^3 \cdot 35\ m^3 =$ **14,350 t**
Gesteinskörnungen	$1730\ kg/m^3 \cdot 35\ m^3 =$ **60,550 t**
Wasser	$200\ kg/m^3 \cdot 35\ m^3 =$ **7000 l**

Beispiel 2:

Für einen Standardbeton C12/15 (Sieblinienbereich ③; Konsistenz F2, Größtkorn der Gesteinskörnung 16 mm, Zementfestigkeitsklasse 32,5 N) ist der Materialbedarf je m³ und der Wasserzementwert zu ermitteln.

Lösung:

Materialbedarf je m³ nach Tabelle:

Zement	$= 320\ kg/m^3 + 32\ kg/m =$ **352 kg/m³**
Gesteinskörnungen	= **1915 kg/m³**
Wasser	= **160 l/m³**

$$\text{Wasserzementwert} = \frac{160\ kg/m^3}{352\ kg/m^3} = \mathbf{0{,}45}$$

Aufgaben

1. *In welchem Fall dürfen die Tabellenwerte nicht angewendet werden?*
2. *Veranschlagen Sie den Bedarf an Zement, Gesteinskörnungen und Wasser nach Tabelle für 1 m³*
   a) C8/10, Sieblinienbereich ③, F1,
   b) C12/15, Sieblinienbereich ④, C2,
   c) C16/20, Sieblinienbereich ③, F3.
3. *Für einen Standardbeton C16/20 (Sieblinienbereich ③, Konsistenz C3, Größtkorn der Gesteinskörnung 8 mm, Zementfestigkeitsklasse 32,5) ist der Materialbedarf je m³ zu ermitteln.*
4. *Um wie viele Liter muss die Wasserzugabe bei C12/15 bei Sieblinienbereich ④ gegenüber Sieblinienbereich ③ erhöht werden?*
5. *Wie viel Zement, Gesteinskörnung und Wasser werden zur Herstellung von 43 m³ Standardbeton C12/15 (Sieblinienbereich ③, Konsistenz F2) benötigt?*
6. *Um wie viele kg/m³ muss der Zementgehalt erhöht werden, wenn ein C12/15, Sieblinienbereich ③ in der Konsistenz weich statt plastisch hergestellt werden soll?*
7. *Die Streifenfundamente eines Reihenhauses sollen in C12/15 (Sieblinienbereich ③; Konsistenz C2) hergestellt werden. Die Streifenfundamente haben eine Gesamtlänge von 62,50 m. Die Fundamentbreite und -tiefe messen jeweils 0,50 m.*
   Wie viel Zement und Gesteinskörnung sind zu bestellen?
8. *Zehn der dargestellten Einzelfundamente sollen in C16/20 (Sieblinienbereich ③; Konsistenz C2) hergestellt werden.*
   Wie viel Zement und Gesteinskörnung sind zu bestellen?

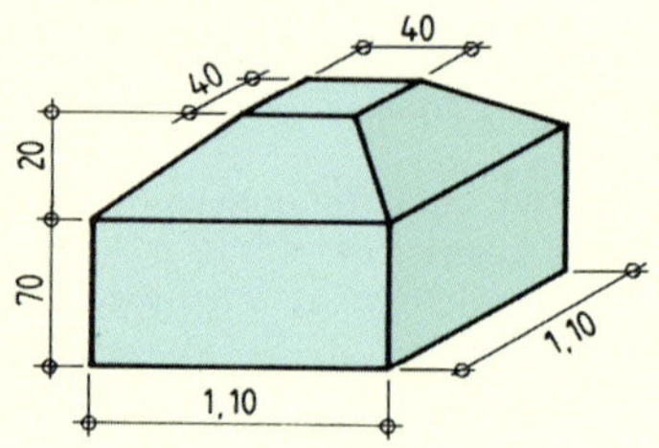

9. *Das dargestellte Fundament soll in C12/15 (Sieblinienbereich ③; Konsistenz C2, Größtkorn der Gesteinskörnung 32,5 mm, Zementfestigkeitsklasse 32,5) hergestellt werden. Die Fundamenttiefe beträgt 60 cm.*
   Wie viel Zement und Gesteinskörnungen sind zu bestellen?

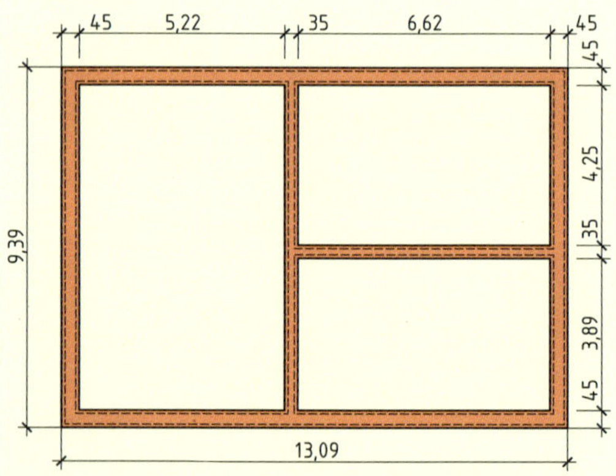

10. *Nach dem im Bild auf Seite 127 dargestellten Fundamentplan sind zu berechnen:*
    a) der Aushub in m³ und
    b) der Bedarf an Zement, Gesteinskörnungen und Wasser.
    Verwendet wird Standardbeton C12/15.
    Betontechnische Angaben:
    – Sieblinienbereich ③
    – Konsistenz F2
    – Zementfestigkeitsklasse 32,5
    – Größtkorn 16 mm
11. *Welche Auswirkungen hat es, wenn bei einem Standardbeton statt eines Größtkorns von 16 mm ein Größtkorn von 8 mm verwendet wird?*

4.8 Projektaufgabe

Für das im Abschnitt 1.9.9 dargestellte Bauvorhaben ist der Fundamentplan zu zeichnen. Anstelle des Plattenfundaments (siehe Seite 58) sind Streifenfundamente vorgesehen.

Für die Ausführung der Streifenfundamente sind folgende Planungsunterlagen auf einem Zeichenblatt A3-Querformat zu erstellen:

a) Fundamentgrundriss im Maßstab 1 : 50,
b) Schnitt A-A im Maßstab 1 : 50,
c) Schnitte B-B und C-C einschließlich Bodenaufbau im Maßstab 1 : 10.

Zu ermitteln sind:

d) die zulässige Bemessungslast für die Streifenfundamente unter Berücksichtigung des Bemessungswerts des Sohlwiderstands,
e) die Mengen für das vorgegebene Leistungsverzeichnis.

Weitere Angaben, wie Gebäudeabmessungen, Höhenmaße, Fußbodenaufbauten können den Seiten 54 und 58 entnommen werden.

Ausführungshinweise:

Boden:	*halbfester Ton*
Streifenfundamente:	*unbewehrter Beton C12/15*
Fundamentabmessungen	
– für Kelleraußenwände:	*50 × 50 cm und 35 × 50 cm*
– für Kellerinnenwände:	*40 × 50 cm*
Bodenplatte	*Stahlbeton C20/25, 20 cm dick*
– Bewehrung:	
mit Betonstahlmatten	*B500A, R 335 A obere und untere Bewehrung vollflächig verlegt*
mit Einzelstabstählen für die Randeinfassung	*B500B Steckbügel ϕ 8 mm Längsstähle ϕ 12 mm*
Betondeckung c_v	*30 mm*

Blatteinteilung:

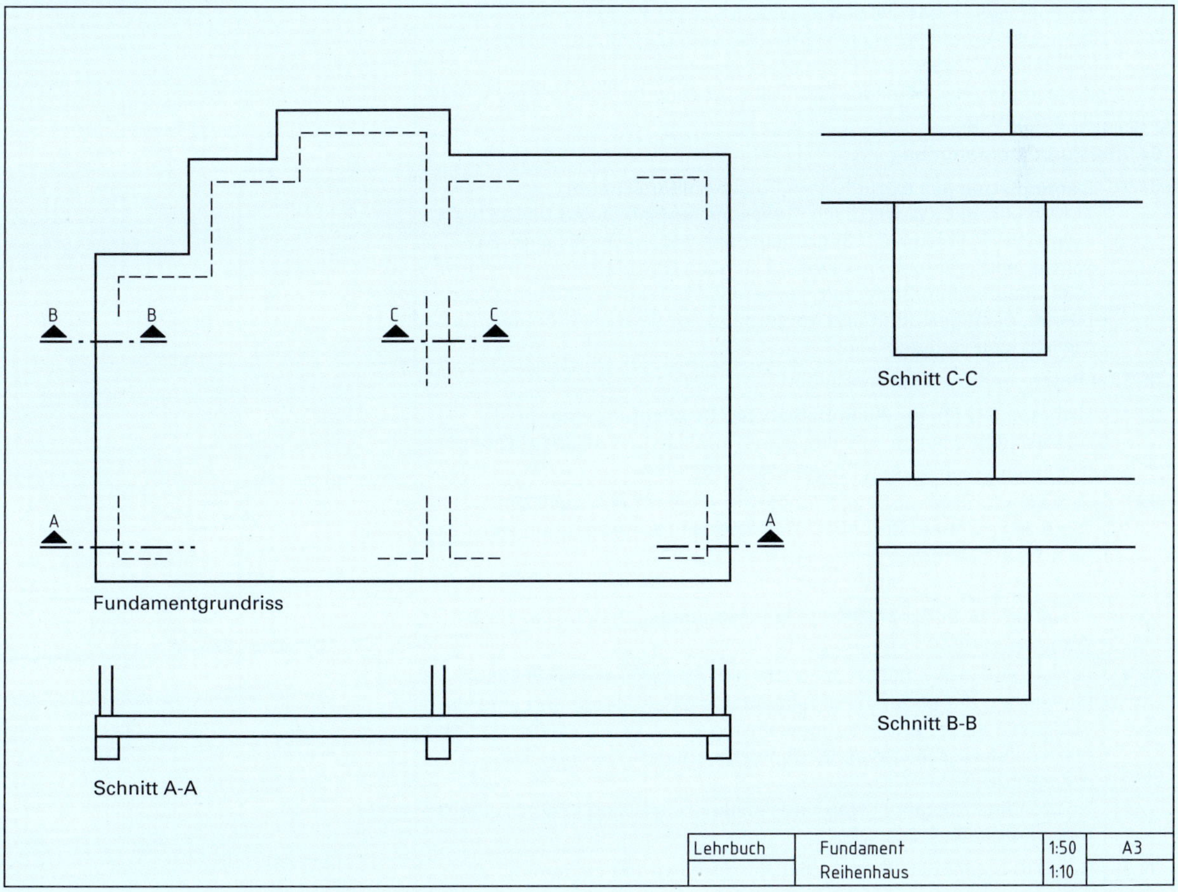

Leistungsverzeichnis

01 Auftrag Rohbau

Nr.	Beschreibung [1]) alle Preise sind Nettopreise	Einheit/Menge	Einheitspreis €[1])	Gesamtpreis €[1])
02 Titel Erdarbeiten				
02.1	**Aushub Fundamentgräben**, Boden (Bodenklasse 4), profilgerecht lösen und Aushub abfahren (Auflockerung 25 %), einschließlich aller Gebühren. Ungeschalte Fundamente: Aushub ab Baugrubensohle in allen vorkommenden Abmessungen und Tiefen. Abgerechnet wird nach den Abmessungen im Fundamentplan.	m^3		
03 Titel Dränarbeiten				
03.1	**Filtervlies**, Breite 208 cm, aus 100 % Polyester-Filamenten, thermisch verfestigt, Bauklasse 1, 130 g/m^2, 0,5 mm dick. Vlies vollflächig, lückenlos mit ausreichender Überlappung (etwa 10 cm) zwischen anstehendem Boden und Kiesfilter unter der Bodenplatte verlegen. Abrechnung nach belegter Grundfläche ohne Berücksichtigung der Überlappung.	m^2		
03.2	**Planum als kapillarbrechende Schicht** aus Kies 8/16, 15 cm unter der Bodenplatte einbauen und eben verdichten zur Auflage der Perimeterdämmung.	m^2		
03.3	**Schutzschicht Baufolie PE**, Dicke 0,3 mm, 400 cm breit. PE-Folie liefern und als Schutzschicht vor dem Betonieren der Bodenplatte auf die Perimeterdämmung verlegen, Stoßüberlappung mindestens 30 cm. Abrechnung nach belegter Grundfläche ohne Berücksichtigung der Überlappung.	m^2		
04 Titel Perimeterdämmung				
04.1	**Dämmplatten** aus extrudiertem Polystyrolhartschaum FCKW- und HFCKW-frei, nach Zulassung, entsprechend DIN 18164-1, Typ WD/WS, Wärmeleitfähigkeitsgruppe 040, nach DIN 4102 B1 – schwer entflammbar, Druckfestigkeit nach DIN EN 1606 0,13 N/mm^2, mit umlaufendem Stufenfalz, Deckmaß 1250 mm × 600 mm, Dicke 60 mm, dicht gestoßen und im Verband auf die kapillarbrechende Schicht lose verlegen.	m^2		
05 Titel Beton- und Stahlbetonarbeiten				
05.1	**Ortbeton C12/15 für die unbewehrten Streifenfundamente** Abmessungen 50 cm × 50 cm, 35 cm × 50 cm und 41 cm × 50 cm. Frischbeton liefern, einbringen und verdichten.	m^3		
05.2	**Ortbeton für Bodenplatte, Stahlbeton als Normalbeton C20/25** Dicke 20 cm, obere Betonfläche waagerecht zur Aufnahme eines Estrichs auf Dämmschicht. Frischbeton liefern, einbringen und verdichten.	m^3		
05.3	**Schalung der Bodenplatte** als Randschalung, Schalungsart nach Wahl des Auftragnehmers, Höhe 20 cm.	m^2		
05.4	**Betonstahlmatten B500A nach DIN 488 als Lagermatten R 335 A** Bewehrung der Bodenplatte besteht aus einer oberen und unteren vollflächig verlegten Mattenbewehrung. Matten liefern, schneiden, biegen und verlegen, Betondeckung c_v = 3,0 cm. Notwendige Abstandleisten und Abstandböcke sind in den Einheitspreis einzukalkulieren.	t		
05.5	**Betonstabstahl B500B** nach DIN 488 als konstruktive Randeinfassung bestehend aus Steckbügeln mit ϕ 8 mm und etwa 1,0 m lang im Abstand von etwa 15 cm und Längsstählen mit ϕ 12 mm, an jeder Seite je 3 Stähle unten und oben mit 1,0 m Überstand an den Innenecken.	t		

5 Kellergeschoss

Kelleraußenwände stehen direkt mit dem Boden in Berührung. Deshalb sind bei der Planung und Ausführung eines Kellers besondere statische und bauphysikalische Anforderungen zu berücksichtigen. Kellerwände sind durch die Lasten aus darüberliegenden Geschossen hoch belastet, dazu wirkt der Erddruck. Bei der Materialauswahl spielen vor allem regionale Gepflogenheiten eine Rolle: Kellerwände können gemauert oder betoniert werden. Bei gemauerten Kellerwänden muss eine geeignete Stein- und Mörtelart ausgewählt werden, deren Eigenschaften die vielfältigen Anforderungen erfüllt. Bei Kellerwänden aus Beton sollten die Vorteile eines Fertigkellers beachtet werden. Um den Keller vor Feuchtigkeit zu schützen, müssen Überlegungen zur Abdichtung und Dränung angestellt werden.

5.1 Aufgaben und Nutzung

5.1.1 Aufgaben eines Kellers

In früheren Jahrhunderten wurde der Keller als kühler und sicherer Lagerraum für Lebensmittel und Waren genutzt. Heute bietet ein Keller neben Abstellflächen auch Raum für Haustechnik, Hobby, Freizeit und Wellness.

In vielen Ländern Europas ist der Bau eines Kellers bei Wohnhäusern nicht so verbreitet wie in Deutschland, wo etwa 70 % der Neubauten mit Keller erstellt werden. Jedoch überlegen sich auch hier Bauherren häufig, auf den Bau eines Kellers zu verzichten, um die Baukosten zu reduzieren.

Dabei bietet der Bau eines Kellers folgende Vorteile:

- Gewinn von Nutzungsfläche bei gleicher Grundstücksfläche,
- genügend Platz für technische Einrichtung wie moderne Heizungsanlage (z. B. Holzpelletheizung) oder Regenwasser-Nutzungsanlage,
- die Wohnfläche der Obergeschosse kann optimal genutzt werden,
- bildet Pufferzone gegen Feuchtigkeit und Kälte,
- besserer Schallschutz bei Reihen- und Doppelhäusern, weil die Schallenergie durch die Kellerwand aufgenommen wird,
- Wertsteigerung der Immobilie beim Wiederverkauf.

5.1.2 Nutzungsarten eines Kellers

Grundsätzlich lässt sich der Nutzkeller vom Wohnkeller unterscheiden.

Der **Nutzkeller** kann als kalter Keller bezeichnet werden, dessen Ausführung sich auf die statischen Notwendigkeiten beschränkt. Auf eine Wärmedämmung der Kellerwand und der Bodenplatte kann verzichtet werden, was zu erheblichen Kosteneinsparungen führt. Die Kellerdecke als Grenze zum Wohngeschoss muss auch bei einem Nutzkeller auf jeden Fall wärmegedämmt werden.

Im Gegensatz dazu ist der **Wohnkeller** ein warmer Keller. Um den dauerhaften Aufenthalt von Personen zu ermöglichen, beträgt die lichte Raumhöhe mindestens 2,40 m. Außerdem müssen die Bodenplatte und die Kelleraußenwände wärmegedämmt sein. Um eine ausreichende natürliche Belichtung zu gewährleisten, werden größere Fenster und bei ebenerdigem Gelände Abböschungen benötigt.

Ein Wohnkeller lässt sich auch als Einliegerwohnung mit gleichmäßigem Wohnklima nutzen. Aufgrund des umliegenden Erdbodens bleiben die Räume im Sommer kühl und im Winter frostfrei.

Ein Keller bietet einen großen Gewinn an Nutzungsfläche, verbessert den Schallschutz und dient als Pufferzone gegen Feuchtigkeit und Kälte. Er kann als Nutzkeller oder Wohnkeller ausgeführt werden.

Keller mit Beton-Außenwänden

Vorteile	Nachteile
+ mehr Wohnfläche	– höhere Baukosten, insbesondere bei hohem Grundwasserspiegel
+ Platz für Haustechnik	– Gefahr in Hochwassergebieten
+ Wertsteigerung	– längere Bauzeit
+ Platz für Hobby, Freizeit, Wellness	– eingeschränkte Tageslichtversorgung

Vor- und Nachteile eines Kellers

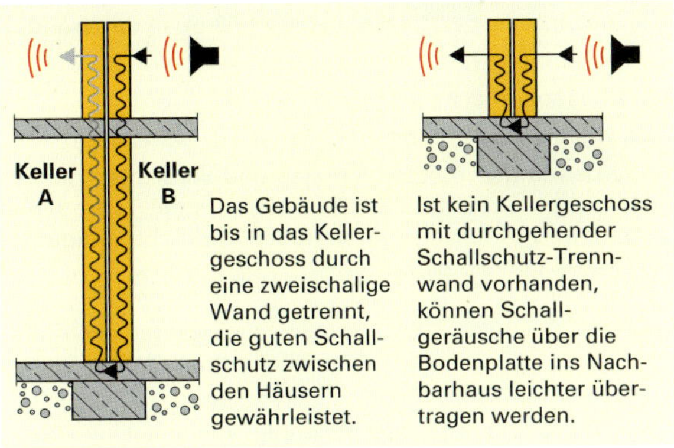

Schallschutzverbesserung durch einen Keller

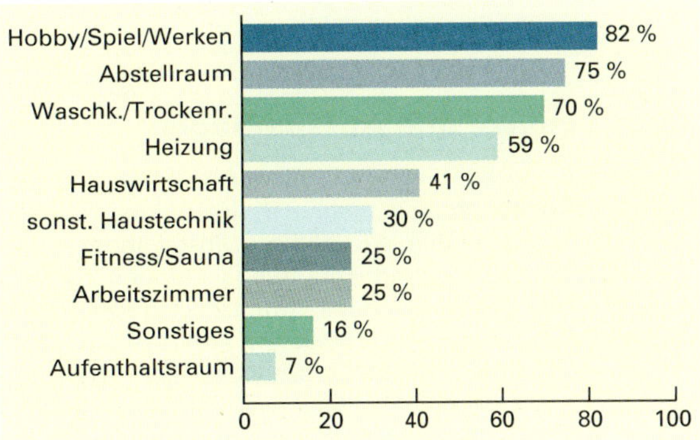

Kellernutzungen (Mehrfachnennung möglich)

5.2 Belastungen von Kellerwänden

5.2.1 Statische Belastungen

Kellerwände müssen außer den vertikalen Lasten aus dem Bauwerk auch horizontal wirkende Lasten aus dem Erddruck aufnehmen. Bei einem gemauerten Keller ist hierzu eine Steinfestigkeit von mehr als 4 N/mm² erforderlich.

Kelleraußenwände müssen durch Querwände und eine Deckenscheibe ausreichend ausgesteift werden (siehe Kap. 6).

Die erforderliche Wanddicke für Kelleraußenwände ist stark abhängig von der Höhe der Erdanschüttung. Besonders im Bereich von Terrassen ist eine große Erdanschüttungshöhe bis Oberkante der Kellerrohdecke erforderlich. Gleichzeitig ist wegen großer Terrassen-Fenster-Tür-Elemente die Auflast eher gering.

In Bereichen von Garagenzufahrten ist die Nutzlast des auf die Kellerwand wirkenden Erddrucks von besonderer Bedeutung.

Eine hohe Auflast am Wandkopf erhöht die Standsicherheit der Kelleraußenwand, da die größere senkrechte Kraft eine stärker vertikal gerichtete Resultierende bildet.

Ohne rechnerischen Nachweis des Erddrucks können die erforderlichen Dicken und Druckfestigkeiten von gemauerten Kellerwänden nach einer vereinfachten Berechnungsmethode ermittelt werden, wenn folgende Bedingungen erfüllt sind:

- Wanddicke $t \geq 24$ cm,
- lichte Höhe der Kellerwand $h \leq 2{,}60$ m,
- Kellerdecke wirkt als Scheibe,
- Nutzlast q_k auf der Geländeoberkante ≤ 5 kN/m²,
- keine Einzellast ≥ 15 kN näher als 1,50 m an der Wand,
- Anschütthöhe $h_e \leq 1{,}15 \cdot h$,
- Geländeoberfläche steigt nicht an und
- es wirkt kein hydrostatischer Druck auf die Wand.

Außerdem müssen beim Verfüllen und Verdichten des Arbeitsraumes übermäßige Erschütterungen vermieden werden und es dürfen zum Verfüllen nur nichtbindige Böden verwendet werden.

Kelleraußenwände müssen so ausgebildet werden, dass sie vertikale und horizontale Lasten sicher aufnehmen und ableiten können.

Die Wanddicke ist stark abhängig von der Höhe der Erdanschüttung und dem daraus folgenden Erddruck.

Eine hohe Auflast am Wandkopf erhöht die Standsicherheit der Kelleraußenwand.

Erdanschüttung einer Kellerwand

Scheibenwirkung der Kellerdecke

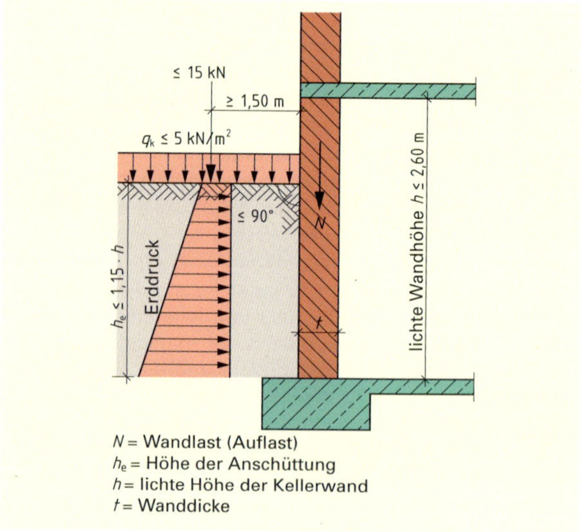

Beanspruchung einer Kelleraußenwand

5.2.2 Schlitze und Aussparungen

Schlitze und Aussparungen in Wänden nehmen Ver- und Entsorgungsleitungen auf, wie z.B. Heizungs-, Wasser- und Abwasserleitungen sowie Elektroinstallationen. Oft werden auch für Be- und Entlüftungsleitungen Schlitze und Aussparungen angeordnet. Grundsätzlich schwächen sie den Wandquerschnitt und mindern so die Standsicherheit. Aussparungen und Schlitze sollten schon beim Errichten der Wände berücksichtigt werden. Dafür werden Schlitzpläne erstellt, außerdem wird die Anordnung der Schlitze statisch überprüft.

Schlitze und Aussparungen vermindern in erheblichem Maß den Schall und Wärmeschutz einer Wand. Deshalb kann es in Einzelfällen besser sein, Leitungen in einer Vorwand-Installation zu führen, indem die Leitungen auf der Wand geführt und verkleidet werden.

Für Rohrleitungsschlitze in gemauerten Wänden werden häufig Installationssteine (Schlitzsteine) verwendet. Installationssteine für horizontale Schlitze müssen aus Stahlbeton bestehen.

Bei einer nachträglichen Herstellung der Schlitze und Aussparungen darf der Mauerwerksverband nicht gelockert werden. Dazu sind Geräte zu verwenden, mit denen die Schlitztiefe genau eingehalten werden kann.

Vertikale Schlitze und Aussparungen können die Tragfähigkeit der Wände u. U. stärker beeinträchtigen als horizontale, weil die seitliche Halterung verringert wird.

Wenn die Standsicherheit der von horizontalen Schlitzen und Aussparungen geschwächten Wand nicht gesondert nachgewiesen werden soll, sind folgende Regeln einzuhalten:

- Horizontale Schlitze sind nur zulässig in einem Bereich bis zu 40 cm am Wandkopf oder Wandfuß.
- Horizontale Schlitze sind nur mit einem Mindestabstand von 49 cm zu einer Öffnung zulässig.
- Horizontale Schlitze müssen untereinander in Längsrichtung einen Mindestabstand von doppelter Schlitzlänge aufweisen.
- Bei horizontalen Schlitzen muss eine Restwanddicke von ≥ 11,5 cm verbleiben.
- Bei Wanddicken zwischen 17,5 cm und 36,5 cm beträgt die zulässige Länge horizontaler Schlitze ≤ 1,25 m.
- In 11,5 cm dicken Wänden dürfen keine horizontalen und schrägen Schlitze hergestellt werden.

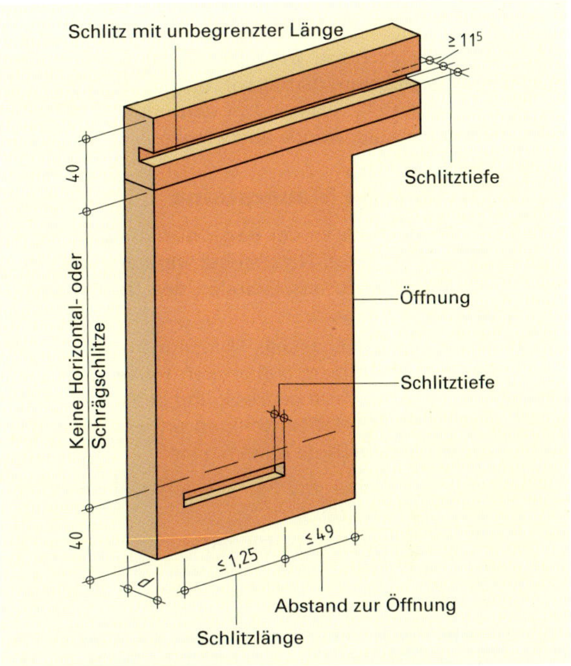

Regeln zur Anbringung von horizontalen Schlitzen ohne Nachweis der Standsicherheit

Schlitze und Aussparungen schwächen den Wandquerschnitt, vermindern die Tragfähigkeit und verringern den Schall- und Wärmeschutz einer Wand. Deshalb sollten sie schon beim Errichten der Wand berücksichtigt und statisch überprüft werden.

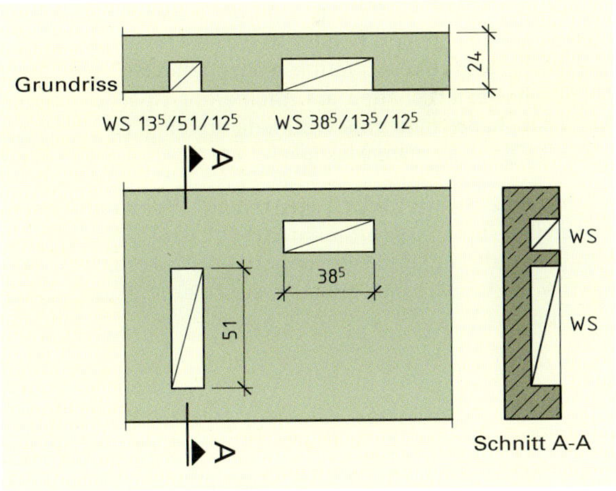

Darstellung von Wandschlitzen in Ausführungszeichnungen

Zusammenfassung

Kelleraußenwände werden durch vertikale Lasten und durch den horizontal wirkenden Erddruck beansprucht. Deshalb ist die Wanddicke von der Höhe der Erdanschüttung und dem daraus folgenden Erddruck abhängig. Kellerwände müssen durch Querwände und eine Deckenscheibe ausgesteift werden. Bei Einhaltung bestimmter Regeln kann auf den rechnerischen Nachweis des Erddrucks verzichtet werden.

Um Ver- und Entsorgungsleitungen in Wänden anordnen zu können, sind Schlitze und Aussparungen notwendig, obwohl sie den Wandquerschnitt schwächen und die Tragfähigkeit mindern. Sie sollten möglichst bereits beim Errichten der Wände berücksichtigt werden, indem Schlitzpläne erstellt und die Anordnung von Schlitzen statisch überprüft werden. Nachträglich dürfen Schlitze nur mit Geräten hergestellt werden, mit denen die Schlitztiefe genau eingehalten werden kann. Vertikale Schlitze beeinträchtigen u. U. die Tragfähigkeit einer Wand stärker als horizontale, weil die seitliche Halterung verringert wird.

Wenn bestimmte Regeln eingehalten werden, muss die Standsicherheit der von horizontalen Schlitzen geschwächten Wand nicht gesondert nachgewiesen werden.

Um Schall- und Wärmeschutz einer Wand nicht durch Schlitze zu vermindern, ist es manchmal besser, Leitungen in einer Vorwand-Installation zu führen.

Aufgaben

1. *Welche Belastungen wirken auf Kelleraußenwände?*
2. *Welche Bedingungen müssen erfüllt sein, damit die Dicke einer Kellerwand ohne rechnerischen Nachweis des Erddrucks bestimmt werden kann?*
3. *Erklären Sie, warum Schlitze und Aussparungen das Tragverhalten einer Wand verringern.*
4. *Ordnen Sie in einer Wand Ihres Klassenzimmers zwei horizontale Schlitze mit einer Länge von je 1,00 m richtig an.*
5. *Nennen Sie eine Möglichkeit, mit der Schlitze vermieden werden können.*

5.3 Gemauerte Keller

Im südlichen Deutschland werden Kelleraußenwände vorwiegend in Stahlbeton (Ortbeton) oder aus Stahlbetonfertigteilen hergestellt, während in den übrigen Regionen gemauerte Kelleraußenwände überwiegen.

Untergeschoss aus Ziegelmauerwerk

5.3.1 Künstliche Mauersteine

Heute werden Gebäude in der Regel aus künstlich hergestellten Steinen errichtet. Natursteine werden nur noch in besonderen Fällen, z.B. aus Gründen des Denkmalschutzes, verwendet.

Für die Herstellung künstlicher Mauersteine werden die Rohstoffe je nach Steinart aufbereitet. Danach wird das Material geformt, teilweise gepresst und gehärtet oder gebrannt. Entsprechend der Herstellung unterscheidet man gebrannte und ungebrannte Mauersteine.

Gebrannte Mauersteine werden aus tonigen Rohstoffen hergestellt. Dazu gehören:
- Mauerziegel (Vollziegel, Lochziegel, Leichtziegel),
- Klinker,
- Schamottesteine.

Ungebrannte Mauersteine werden aus Bindemittel, Gesteinskörnung und Wasser hergestellt. Dazu zählen:
- Kalksandsteine,
- Leichtbetonsteine,
- Porenbetonsteine.

Welcher Mauerstein ausgewählt wird, hängt von den statischen und bauphysikalischen Anforderungen der Wand ab. Steine mit einer hohen Rohdichte weisen eine hohe Druckfestigkeit, eine hohe Wärmespeicherfähigkeit und gute Schallschutzeigenschaften auf. Steine mit einer geringeren Rohdichte haben eine gute Wärmedämmfähigkeit und meistens eine geringere Druckfestigkeit.

Verarbeitung von Kalksandsteinen

Gebrannte Steine werden aus tonigen Rohstoffen hergestellt. Ungebrannte Steine werden aus Bindemittel, Gesteinskörnung und Wasser hergestellt. Je nach Steinart wird das Material gepresst und gehärtet oder gebrannt.

Mauersteine über 25 kg dürfen nicht von Hand versetzt werden. Sie werden mithilfe von Versetzgeräten verarbeitet.

künstliche Mauersteine

ungebrannte

Kalksandsteine
- Kalksandvollsteine
- Kalksandhochlochsteine
- Kalksandhohlblocksteine
- Kalksandvormauersteine
- Kalksandverblendsteine
- Kalksandstein-Planelemente
- Kalksandstein-Bauplatten

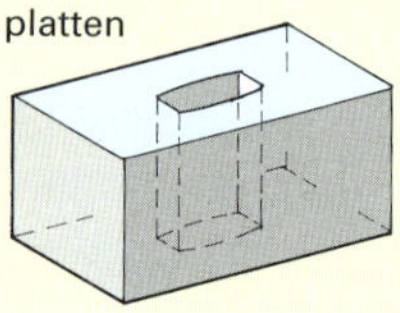

Porenbetonsteine
- Porenbeton-Plansteine
- Porenbeton-Planelemente

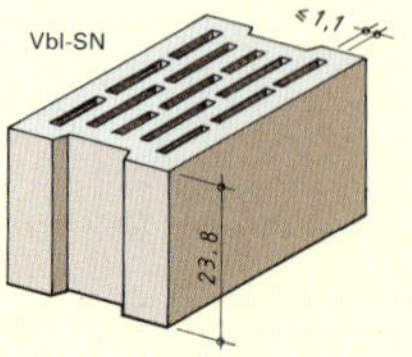

Leichtbetonsteine
- Leichtbeton-Vollsteine
- Plan-Leichtbeton-Vollsteine
- Leichtbeton-Vollblöcke
- Plan-Leichtbeton-Vollblöcke
- Leichtbeton-Blöcke, geschlitzt
- Plan-Leichtbeton-Blöcke, geschlitzt
- Leichtbeton-Hohlblocksteine
- Plan-Leichtbeton-Hohlblocksteine

gebrannte

Ziegel
- Vollziegel
- Hochlochziegel
- Vormauerziegel
- Leichthochlochziegel
- Wärmedämmziegel
- Zahnziegel
- Planziegel

Klinker
- Vollklinker
- Hochlochklinker

Übersicht künstliche Mauersteine

5.3.2 Steinformate

Die Maße der Mauersteine sind durch die **Maßordnung im Hochbau** festgelegt. Dadurch können Bauteile gemauert werden, deren Abmessungen Teile oder Vielfache von 25 cm ergeben.

Das 25-cm-Maß wird als **Baurichtmaß** bezeichnet. Darin sind die Steinmaße mit den erforderlichen Mörtelfugen berücksichtigt. Die Steinmaße sind **Nennmaße**, die sich aus den Baurichtmaßen und den Fugendicken ergeben.

Das **Dünnformat (DF)** und das **Normalformat (NF)** sind Grundformate für Mauersteine. Alle anderen Formate werden als Vielfache von 1 DF angegeben, z. B. 2 DF oder 3 DF.

Je nach Größe werden kleinformatige, mittelformatige und großformatige Steine unterschieden. Nach der Handhabung werden Einhandsteine von Zweihandsteinen unterschieden.

Das Baurichtmaß bezeichnet ein 25-cm-Maß, das sich aus Steinmaß und Mörtelfuge ergibt. Grundformate für Mauersteine sind das Dünnformat (DF) und Normalformat (NF). Damit können Bauteile gemauert werden, deren Abmessungen Teile oder Vielfache von 25 cm ergeben.

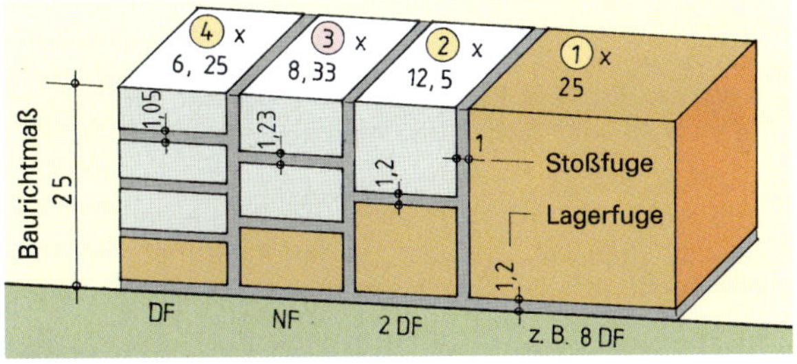

Steinhöhen mit Fugendicken

Kurzbezeichnung	Maße in cm Länge *t*	Breite *b*	Höhe *h*	Gruppen	
1 DF (Dünnformat)	24	11,5	5,2	Kleinformate	Einhandsteine
NF (Normalformat)	24	11,5	7,1		
2 DF	24	11,5	11,3		
3 DF	24	17,5	11,3	Mittelformate	
4 DF	24	24	11,3		
5 DF	24	30	11,3		
6 DF	24	36,5	11,3		
8 DF	24	24	23,8	Großformate	Zweihandsteine
10 DF	24	30	23,8		
12 DF	24	36,5	23,8		
16 DF	49	24	23,8		
20 DF	49	30	23,8		

Steinformate

5.3.3 Mauerziegel

Mauerziegel werden aus Lehm oder tonigen Massen teilweise mit Zusatzstoffen geformt und anschließend getrocknet und gebrannt. Als Lehm wird mit Sand gemagerter Ton bezeichnet.

Herstellung

- **Rohstoffabbau** in Lehm- bzw. Tongruben, Transport zum Ziegelwerk.
- **Aufbereiten**: Ton und Lehm werden zerkleinert, gemischt, teilweise mit Sand gemagert und in die gewünschte Plastizität gebracht.
- **Formen** im Strangpressverfahren: Die Tonmasse wird durch ein Mundstück getrieben; Lochungen der Ziegel werden mit Kerneinsätzen im Mundstück erzeugt. Durch Abschneiden vom Strang entstehen die Rohlinge.
- **Trocknen** der Rohlinge in Trockenkammern bei Temperaturen bis 100 °C, um Schwind- bzw. Trocknungsrisse beim Brennen zu vermeiden.
- **Brennen** im Tunnelofen, Brenntemperatur in der Brennzone 900 ... 1200 °C. Die Ziegelrohstoffe bilden eine wasserbeständige Verbindung. Der Eisenoxidgehalt im Ton bzw. Lehm bewirkt die rote Färbung des Ziegelscherbens.

Die Brenntemperaturen bestimmen weitgehend die Dichte der Ziegel und ihre Festigkeit. **Klinker** werden bis zur Sinterung bei etwa 1 450 °C gebrannt, wodurch ihre besondere Dichte erreicht wird. Sie bewirkt eine hohe Druckfestigkeit und geringe Wasseraufnahmefähigkeit.

Mauerziegel bestehen aus Lehm oder tonigen Massen. Der Herstellungsprozess besteht aus dem Rohstoffabbau, Aufbereitung, Formen, Trocknen und Brennen. Die Dichte und Festigkeit der Ziegel wird durch die Brenntemperatur bestimmt. Klinker werden bis zur Sinterung gebrannt.

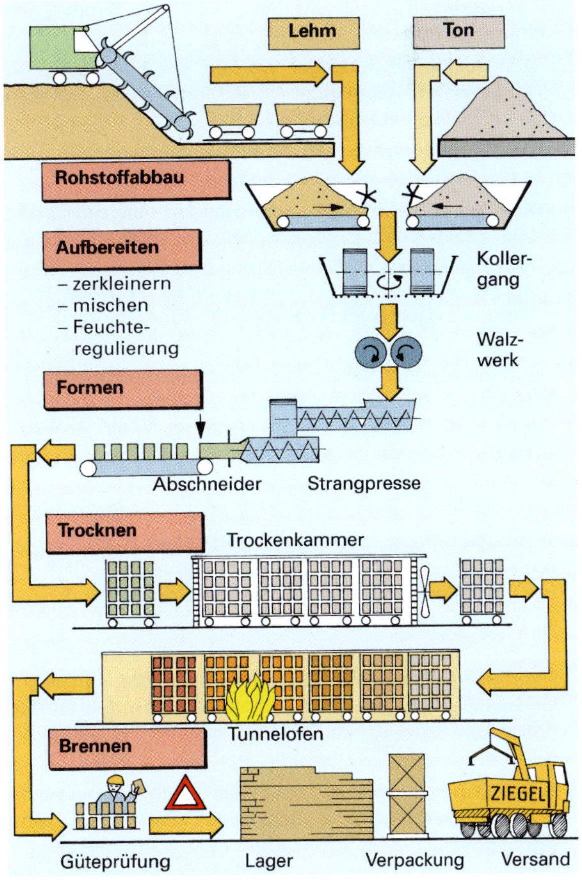

Herstellung von Mauerziegeln

Arten von Mauerziegeln und Klinkern

Mauerziegel sind in DIN EN 771-1/DIN 20000-401 genormt. Sie werden für viele Bauaufgaben verwendet, weshalb es eine Vielzahl von Formen und Abmessungen gibt.

- **Vollziegel**, **Mz**, werden als gelochte und ungelochte Ziegel hergestellt. Die Lochung darf nicht mehr als 15% der Lagerfläche des Steins betragen.

- **Hochlochziegel**, **HLz**, weisen einen Lochanteil von mehr als 15% senkrecht zur Lagerfläche auf. Die in der Lochung eingeschlossene Luft bewirkt eine hohe Wärmedämmwirkung und verringert die Masse des Ziegels.

  Je nach Lochanteilen werden folgende Arten unterschieden:

  HLzA: 15 ... 50% Lochung mit einem Lochquerschnitt bis 2,5 cm^2.

  HLzB: Lochanteile wie HLzA, jedoch mit einem Lochquerschnitt bis 6,0 cm^2.

  HLzC: über 50% Lochung mit einem Lochquerschnitt bis 16 cm^2.

  HLzW: bis 55% Lochung mit einem Lochquerschnitt bis 6,0 cm^2.

- **Leichthochlochziegel** sind durch ihre geringe Rohdichte von 0,6 ... 1,0 kg/dm^3 sehr leicht. Bei der Herstellung werden dem Ziegelrohstoff porenbildende Stoffe zugegeben wie z.B. Polystyrolgranulat oder Sägemehl, die beim Brennen ausgasen und eine Vielzahl feiner Poren hinterlassen. Dadurch werden die Wärmedämmeigenschaften verbessert.
  - Als **Hochlochblockziegel** werden sie vor allem für Außenwände verwendet. Ihre Mörteltaschen dienen der einfachen Vermörtelung.
  - **Zahnziegel** weisen ein Nut-Feder-System auf, wodurch die Stoßfugenvermörtelung entfällt.
  - **Hochlochziegel mit Dämmkern** haben eine mit Perlite oder Steinwolle ausgefüllte Lochung. Dadurch werden hervorragende Wärmedämmeigenschaften erreicht, sodass oft auf das Anbringen eines Wärmedämm-Verbundsystems verzichtet werden kann.

- **Vormauerziegel**, **VMz** und **Vormauerhochlochziegel VHLz**, auch mit strukturierter Oberfläche, sind Ziegel, deren Frostsicherheit durch Prüfung nachgewiesen wird. Sie können auch ohne Verputz als Sichtmauerwerk verwendet werden.

- **Wärmedämmziegel**, **WDz**, mit Lochungsart W erfüllen erhöhte Anforderungen an die Wärmedämmung. Wie beim Leichthochlochziegel werden Polystyrolgranulat oder Sägemehl beigemischt.

- **Handformziegel** sind Vollziegel mit unregelmäßiger Oberfläche, wodurch die Maßhaltigkeit geringer ist. Sie haben kein Kurzzeichen.

- **Langlochziegel** werden auch als Lochkammersteine oder Hohlkammersteine bezeichnet. Sie weisen eine horizontale Lochung auf, wodurch die Tragfähigkeit verringert ist. Deshalb werden Langlochziegel vor allem für nichttragende Wände verwendet.

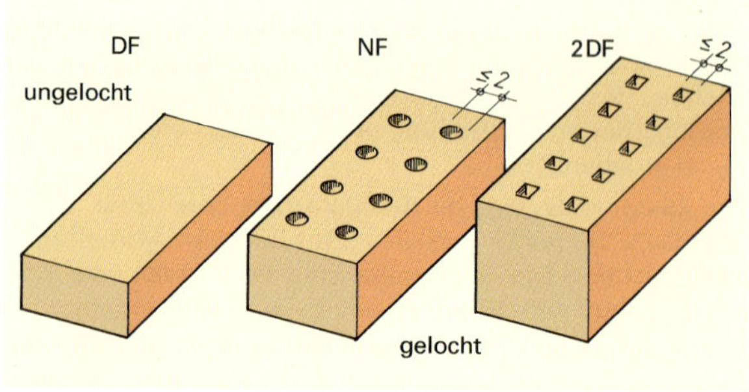

Vollziegel Mz

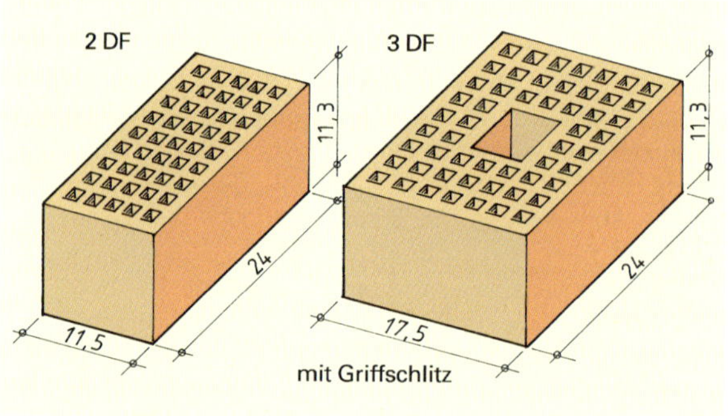

Hochlochziegel mit Lochung A (HLzA)

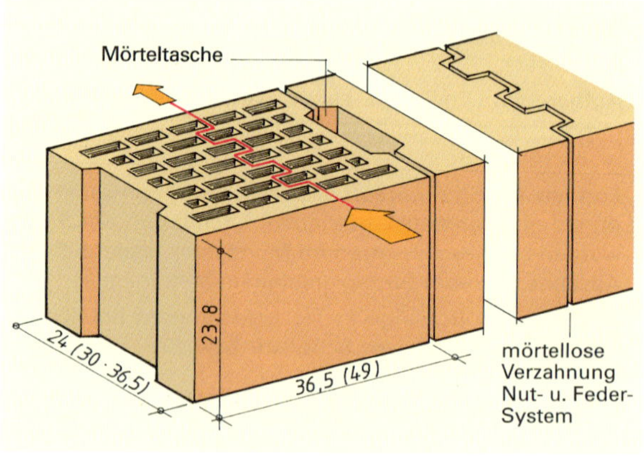

Hochlochblockziegel mit Lochung W (HLzW)

Mit Mineralwolle bzw. Perlit gefüllte Hochlochziegel

- **Vollklinker**, **KMz** werden bei etwa 1450 °C bis zur Sinterung gebrannt. Dadurch erhalten sie eine hohe Druckfestigkeit, geringe Wasseraufnahmefähigkeit und eine hohe Frostbeständigkeit. Vollklinker werden in den Formaten DF und NF für Sicht- und Verblendmauerwerk hergestellt. Die Druckfestigkeit eines Vollklinkers muss mindestens 28 N/mm^2 betragen, die eines hochfesten Klinkers mindestens 36 N/mm^2. Beide Klinkerarten dürfen eine Lochung von bis zu 15% der Querschnittsfläche aufweisen.

- **Hochlochklinker**, **KHLz** mit senkrecht zur Lagerfläche verlaufender Lochung A, B und C haben Lochanteile wie Hochlochziegel HLz.

Hochlochziegel haben aufgrund ihrer Lochung gute Wärmedämmeigenschaften. Bei Vormauerziegeln ist die Frostsicherheit von besonderer Bedeutung. Klinker haben eine hohe Druckfestigkeit und sind frostbeständig.

Langlochziegel

Eigenschaften von Mauerziegeln

Wände aus Mauerziegeln haben viele Vorzüge. Sie besitzen eine gute **Wärmedämm- und Wärmespeicherfähigkeit**, sodass die Innenräume im Sommer bei hohen Außentemperaturen tagsüber die Wärme speichern. Kühlt in der Nacht die Außenluft ab, wird die gespeicherte Wärme abgegeben.

Ziegelwände sorgen für eine gute **Feuchteregulierung**, indem sie Feuchtigkeit aufnehmen und bei zu trockener Zimmerluft diese wieder abgeben. So kann die relative Luftfeuchtigkeit bei 40 ... 60% gehalten und Schimmelbildung verhindert werden.

Das kapillare Gefüge des Mauerziegels ermöglicht einen geringen Diffusionswiderstand, sodass Feuchte und Wasserdampf die Wände durchdringen können.

Durch eine Massivbauweise mit Ziegeln wird auch ein guter **Schallschutz** ermöglicht. Die Schalldämmwerte von gemauerten Außenwänden liegen deutlich über denen von Leichtkonstruktionen.

Norddeutsches Friesenhaus mit Klinkerfassade

Ziegelwände haben eine gute Wärmedämm- und Speicherfähigkeit sowie eine gute Feuchteregulierung. Außerdem ermöglichen Ziegelwände einen guten Schallschutz.

Mauerziegel nach DIN EN 771-1

Neben DIN 20000-401 gilt in Deutschland vorrangig die europäische Mauerziegelnorm DIN EN 771-1. Dadurch können Mauerziegel aus anderen EU-Staaten grenzüberschreitend vertrieben und verbaut werden. Durch die europaweite CE-Kennzeichnung wird die Übereinstimmung der Ziegel mit DIN EN 771-1 nachgewiesen.

DIN EN 771-1 unterscheidet zwischen **P-Ziegeln**, die nur in geschütztem Mauerwerk verwendet werden dürfen, und **U-Ziegeln**, die auch in ungeschütztem Mauerwerk Verwendung finden. **Geschütztes Mauerwerk** ist Mauerwerk, das gegen eindringendes Wasser geschützt ist und keinen Kontakt zu Boden oder Grundwasser hat. Als **ungeschütztes Mauerwerk** wird Mauerwerk bezeichnet, das Regen- oder Frostbeanspruchung ausgesetzt ist und ohne Schutz Kontakt zu Boden oder Grundwasser hat.

Tag- und Nachtverhalten einer Ziegelwand

Rohdichte

Als Rohdichte eines Mauerziegels wird die Dichte bezeichnet, die ein vollständig trockener Ziegel mit Hohlräumen und Poren aufweist. Unter den Hohlräumen sind Lochung, Kammer und Griffschlitze zu verstehen.

Druckfestigkeit

Die Druckfestigkeit eines Ziegels wird ermittelt, indem er im Druckversuch bis zum Bruch belastet wird. Von der Höhe der ermittelten Bruchlast hängt es ab, welcher **Druckfestigkeitsklasse** der Ziegel zugeordnet wird.

Es werden zwei Kategorien unterschieden:

- **Kategorie I** werden Mauerziegel zugeordnet, bei denen eine Wahrscheinlichkeit von ≥ 95 % besteht, dass sie die vom Hersteller angegebene Druckfestigkeit erreichen.
- **Kategorie II** umfasst alle Mauerziegel, die die Festigkeitswerte der Kategorie I nicht zuverlässig erreichen.

Kennzeichnung

Mauerziegel müssen mit folgenden Angaben gekennzeichnet sein: CE-Kennzeichnung, Norm-Hauptnummer, Kurzzeichen, Verwendung, Maße, Druckfestigkeitsklasse, Rohdichteklasse, Format-Kurzzeichen.

Beispiel:

Kennzeichnung: CE

Norm-Hauptnummer: EN 771-1

Verwendung: U-Ziegel der Kategorie I, Mauerziegel für tragendes und nichttragendes, geschütztes und ungeschütztes Mauerwerk

Maße: 247 × 300 × 238 mm

Kurzzeichen nach DIN 20000-401: HLzB

Druckfestigkeitsklasse: 8

Rohdichteklasse: 0,8

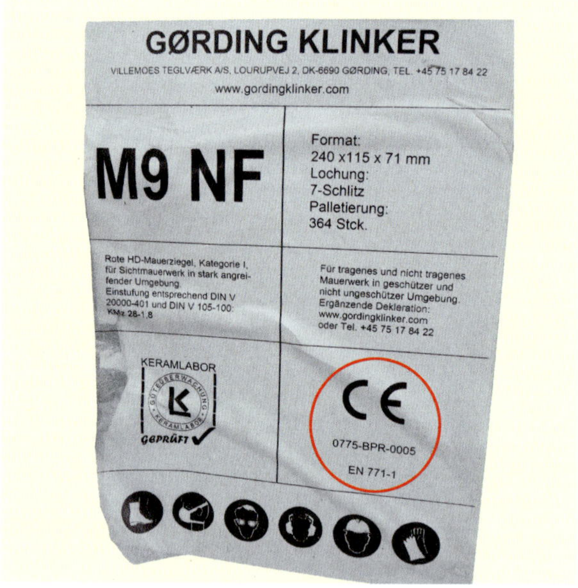

Kennzeichnung von dänischen Klinkersteinen

Druckfestigkeitsklasse	Kleinster Einzelwert in N/mm²	Mittlere Mindestdruckfestigkeit in N/mm²	Kennzeichnung
4	4,0	5,0	blau
6	6,0	7,5	rot
8	8,0	10,0	keine [1])
10	10,0	12,5	keine [1])
12	12,0	15,0	ohne
16	16,0	20,0	keine [1])
20	20,0	25,0	gelb
28	28,0	35,0	braun
36	36,0	45,0	violett
48	48,0	60,0	schwarz
60	60,0	75,0	2 schwarze Streifen

[1]) Aufstempelung der Druckfestigkeit in schwarzer Farbe

Druckfestigkeitsklassen und ihre Kennzeichnung

Rohdichteklasse	0,5	0,6	0,7	0,8	0,9	1,0	1,2
Ziegelrohdichte in kg/dm³	0,41 … 0,50	0,51 … 0,60	0,61 … 0,70	0,71 … 0,80	0,81 … 0,90	0,91 … 1,00	1,01 … 1,20
Rohdichteklasse	1,4	1,6	1,8	2,0	2,2	2,4	
Ziegelrohdichte in kg/dm³	1,21 … 1,40	1,41 … 1,60	1,61 … 1,80	1,81 … 2,00	2,01 … 2,20	2,21 … 2,40	

Rohdichteklassen

Zusammenfassung

Mauerziegel werden aus Ton, Lehm und ggf. Sand hergestellt. Aufgrund ihrer vielseitigen Verwendung werden sie in zahlreichen unterschiedlichen Arten und Formen produziert.

Die Maße der Steine sind durch die Maßordnung im Hochbau festgelegt.

Neben der guten Wärmedämm- und Wärmespeicherfähigkeit sorgen Mauerziegel für eine gute Feuchteregulierung und ermöglichen einen guten Schallschutz.

Ziegel werden in Druckfestigkeitsklassen eingeteilt und mit einer CE-Codierung gekennzeichnet.

Aufgaben

1. *Erklären Sie den Zusammenhang zwischen den Abmessungen eines Ziegels und der Maßordnung im Hochbau.*
2. *Beschreiben Sie den Herstellungsprozess von Mauerziegeln.*
3. *Nennen Sie die wichtigsten Ziegelarten und geben Sie deren Eigenschaften an.*
4. *Nennen Sie Eigenschaften von Mauerziegeln, die sie zu einem beliebten Baustoff machen.*

5.3.4 Kalksandsteine

Kalksandsteine gehören zu den ungebrannten künstlichen Steinen. Sie werden für Innen- und Außenmauerwerk verwendet. Wegen ihrer hellen Farbe sind sie besonders für helle gemauerte Außenfassaden geeignet.

Herstellung

Die Grundstoffe des Kalksandsteins sind Branntkalk und kieselsäurehaltige Quarzsande. Sie werden unter Wasserzugabe intensiv vermischt und für 2 ... 3 Stunden in einem Reaktionsbehälter gelagert. Dabei löscht der Branntkalk (CaO) zu Kalkhydrat ($Ca(OH)_2$) ab und wird dann gepresst. Die Steinrohlinge werden im Härtekessel (Autoklaven) einige Stunden unter Dampfdruck bei bis zu 220 °C gehärtet. Dabei entsteht ein Calcium-Silicat-Hydrat, das die Sandkörner zu einem festen Gefüge verkittet.

Kalksandsteine werden aus Branntkalk, Quarzsand und Wasser hergestellt.

Arten von Kalksandsteinen

Kalksandsteine sind in DIN EN 771-2/DIN 20000-402 genormt. Darin sind folgende Steinarten festgelegt:

- **Voll- und Blocksteine, KS**, sind mit Ausnahme der Grifföffnung geschlossene Mauersteine, deren Querschnitt durch Lochung bis zu 15% gemindert sein darf.
- **Loch- und Hohlblocksteine, KS L**, sind abgesehen von der Grifföffnung oben geschlossene Mauersteine mit einer Steinhöhe von mindestens 113 mm, deren Querschnitt durch Lochung zu mehr als 15% gemindert ist.
- **Plansteine, KS P**, werden als Voll-, Loch-, Block- und Hohlblockstein hergestellt. Wegen der hohen Maßhaltigkeit von Plansteinen werden diese in Dünnbettmörtel versetzt.
- **Planelemente** sind großformatige Vollsteine mit einer Mindesthöhe von 248 mm und einer Mindestlänge von 498 mm. Die Querschnittsfläche darf durch Lochung bis zu 15% gemindert sein. Aufgrund der hohen Maßhaltigkeit wird zur Vermauerung Dünnbettmörtel verwendet. Je nach Ausbildung von Lochung und Längsnut werden folgende Planelemente unterschieden:
  - **KS XL** ohne Lochung, ohne Längsnut,
  - **KS XL-N** ohne Lochung, mit Längsnut,
  - **KS XL-E** mit Lochung, mit Längsnut.
- **Fasensteine, KS F**, sind Plansteine mit abgefasten Kanten.
- **Nut-Feder-System, KS R**, der Stein ist mit einem Nut-Feder-System ausgebildet.
- **Bauplatte, KS BP**, bezeichnet Kalksandsteine mit einer Dicke < 11,5 cm und einer Regelhöhe von 248 mm. Sie werden für nichttragende Innenwände verwendet.
- **KS-Vormauersteine, KS Vm**, sind frostbeständige Kalksandsteine.
- **KS-Verblender, KS Vb**, erfüllen höhere Anforderungen bezüglich der Grenzabmaße und des Frostwiderstandes.

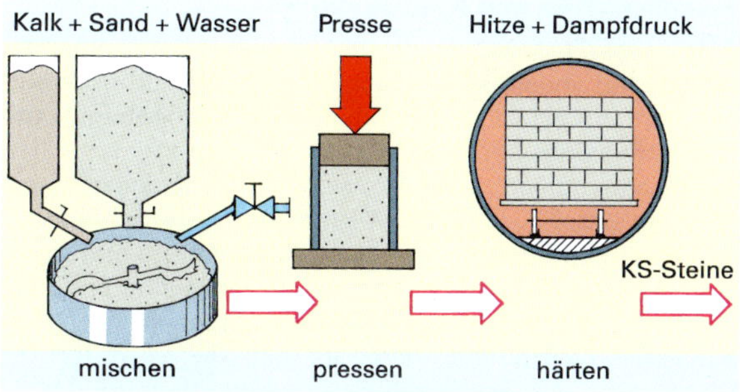

Herstellung von Kalksandsteinen (Schema)

Das Härten der Rohlinge erfolgt in Härtekesseln (Autoklaven)

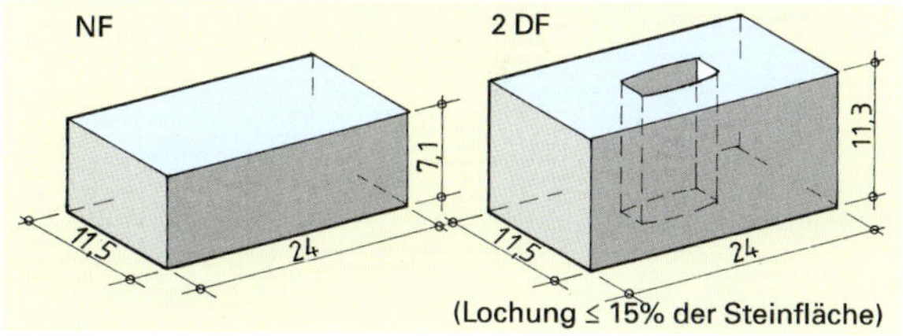

Kalksandvollsteine

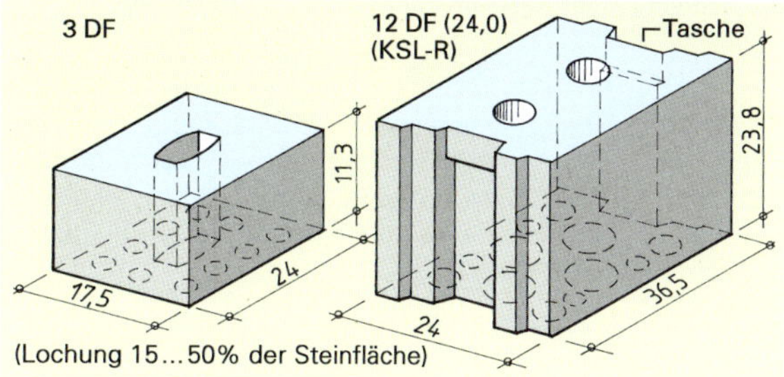

Kalksandlochstein, Kalksandhohlblockstein

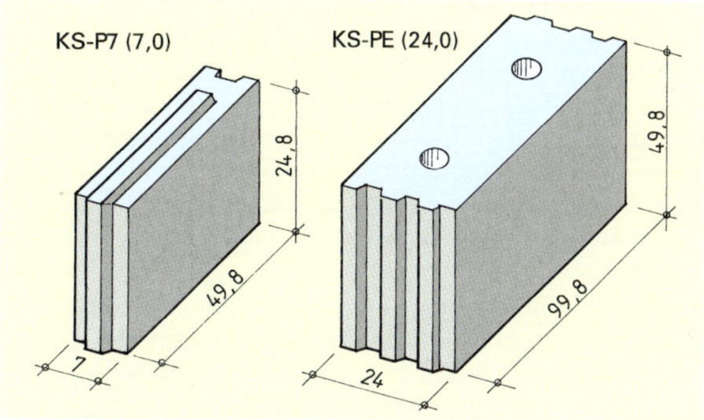

Kalksandstein-Wandbauplatte, Planelement

Eigenschaften und Kennzeichnung

Kalksandsteine wirken aufgrund ihrer Kapillaren **feuchteregulierend**, indem sie überschüssige Luftfeuchtigkeit aufnehmen und erst an die Raumluft wieder abgeben, wenn die Luftfeuchtigkeit dort gesunken ist. Aufgrund der hohen Rohdichte von 600 … 2200 kg/m³ verfügen Kalksandsteine über ein besonders **hohes Wärmespeichervermögen**. Dadurch wird im Sommer bei hohen Außentemperaturen ein angenehmes Raumklima ermöglicht. Ein weiterer Vorteil der hohen Rohdichte von Kalksandsteinen ist das **hohe Schalldämmvermögen**, denn es gilt: Je schwerer die Wand, desto weniger Schall kommt durch sie hindurch.

Nach DIN EN 771-2 werden Kalksandsteine der Kategorie I und Kategorie II unterschieden.

- **Kategorie I** umfasst Kalksandsteine mit einer vom Hersteller angegebenen Druckfestigkeit, wobei die Wahrscheinlichkeit, diese Druckfestigkeit nicht zu erreichen, nicht über 5 % liegen darf.
- **Kategorie II** umfasst Kalksandsteine, die die Festigkeitswerte für Steine der Kategorie I nicht erreichen.

Kalksandsteine werden wie im abgebildeten Beispiel gekennzeichnet und erhalten zusätzlich eine CE-Kennzeichnung entsprechend den Mauerziegeln (siehe Abschnitt 5.3.3).

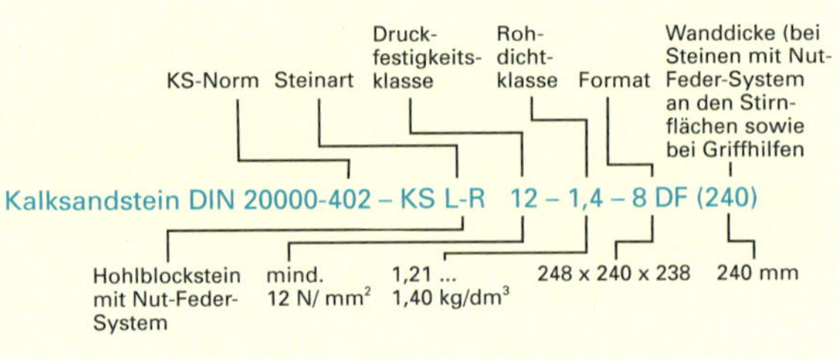

Bezeichnung eines Kalksandsteins nach DIN 20000-402

Kalksandsteine zeichnen sich durch gute Wärmespeicherfähigkeit, Feuchteregulierung und hohen Schallschutz aus. Sie werden in Druckfestigkeitsklassen eingeteilt, die durch farbige Kennzeichnung zu unterscheiden sind.

Zusammenfassung

Kalksandsteine sind ungebrannte künstliche Steine, die aus Branntkalk und kieselsäurehaltigen Quarzsanden hergestellt werden. Die hohe Rohdichte von 600 … 2200 kg/m³ verleiht Kalksandsteinen gute Eigenschaften in den Bereichen Wärmespeicherung und Schallschutz. Aufgrund der kapillaren Struktur wirken sie feuchteregulierend. Sie werden in vielen Formen und Abmessungen als Steine, Planelemente und Bauplatten hergestellt.

Kalksandsteine können aufgrund hoher Maßhaltigkeit und planebener Oberflächen mit Dünnbettmörtel verarbeitet werden. Großformatige Abmessungen ermöglichen ein rationelles, maßgerechtes Bauen.

Steinart	Kurzzeich.	Sollmaße in mm
Vollsteine Lochsteine Blocksteine Hohlblock Plansteine Fasensteine	KS KSL KS KSL KSP KSF	Länge: 190 … 625 Breite: 115 … 365 Höhe: 52 … 248
Planelemente – ohne Längsnut, ohne Lochung – mit Längsnut, ohne Lochung – ohne Längsnut, mit Lochung	 KSXL KSXL-N KSXL-E	Länge: 498 … 998 Breite: 115 … 365 Höhe: 498 … 648
Bauplatten	BP	Länge: 248 … 998 Breite: 50 … 100 Höhe: 248

Kalksandsteine mit Kurzzeichen und Sollmaßen

Druckfestigkeitsklasse	Mittlere Druckfestigkeit in N/mm²	Farbige [1]) Kennzeichnung
4	5,0	blau
6	7,5	rot
8	10,0	rot
10	12,5	grün
12	15,0	ohne
16	20,0	2 grüne Streifen
20	25,0	gelb
28	35,0	braun
36	45,0	violett
48	60,0	2 schwarze Streifen
60	75,0	2 schwarze Streifen

[1]) Farbige Kennzeichnung, wenn keine Kennzeichnung durch Stempelung

Druckfestigkeitsklassen und ihre Kennzeichnung

Mauerwerk aus Kalksandsteinen

Aufgaben

1. *Beschreiben Sie die Herstellung von Kalksandsteinen.*
2. *Welche Bedeutung haben folgende Abkürzungen: KS, KS L, KS P, KS Vm?*
3. *Nennen Sie die wichtigsten Eigenschaften von Kalksandsteinen.*
4. *Erklären Sie folgende Kennzeichnung: DIN 20000-402–KS R P 12–1,8–8 DF (240)*

5.3.5 Leichtbetonsteine

Mauersteine aus Leichtbeton werden aus Gesteinskörnungen mit porigem Gefüge, Zement als Bindemittel und Wasser hergestellt. Durch Verwendung der porigen Gesteinskörnung wird die Rohdichte verringert und die Wärmedämmfähigkeit verbessert.

Leichte Gesteinskörnungen

- **Bims** ist ein poröses Vulkangestein. Durch einen gasreichen Vulkanausbruch wurde das herausgeschleuderte Magma aufgeschäumt.
- **Blähschiefer** entsteht durch das Erhitzen von gebrochenem Schiefergestein und hat ein offenporiges Gefüge.
- **Blähton** wird industriell aus getrocknetem, gemahlenem und bei 1200 °C gebranntem Ton hergestellt. Dadurch entsteht eine kugelige Kornform mit geschlossener Oberfläche, die im Innern eine poröse Struktur aufweist.
- **Blähperlit** entsteht durch kurzes Erhitzen des Vulkangesteins Rohperlit, wodurch es sich bis zum Zwanzigfachen seines Ausgangsvolumens aufbläht.

Herstellung

Die Gesteinskörnung wird mit dem Zement unter Zugabe von Wasser gemischt, in Formen eingefüllt und durch Vibration verdichtet. Die Erhärtung des frischen Leichtbetons erfolgt an der Luft oder mit Dampf.

Die Normdruckfestigkeit wird nach 28 Tagen erreicht.

Steinarten

Nach DIN V 18151-100/18152-100/DIN EN 771-3 werden folgende Leichtbetonsteine hergestellt:

- **Vollsteine, V**, sind kleinformatige Steine ohne Luftkammern. Sie werden mit Normal- und Leichtmauermörtel vermauert.
- **Plansteine, V-P**, sind Steine ohne Luftkammern mit einer Mindesthöhe von 249 mm zur Vermauerung mit Dünnbettmörtel (2 mm Schichtdicke).
- **Vollblöcke** sind großformatige Mauersteine mit einer Mindesthöhe von 238 mm. Sie werden mit Normal- oder Leichtmauermörtel verarbeitet.
  - **Vollblock, Vbl**, ohne Luftkammern,
  - **Vollblock, Vbl S**, mit Luftkammern,
  - **Vollblock, Vbl SW**, mit Luftkammern und besonderen Wärmedämmeigenschaften.
- **Plan-Vollblöcke** zeichnen sich durch besondere Maßhaltigkeit und ebene Flächen aus, wodurch eine Vermauerung mit Dünnbettmörtel möglich ist.
  - **Plan-Vollblock, Vbl-P**, ohne Luftkammern,
  - **Plan-Vollblock, Vbl S-P**, mit Luftkammern,
  - **Plan-Vollblock, Vbl SW-P**, mit Luftkammern und besonderen Wärmedämmeigenschaften.

Leichte Gesteinskörnungen

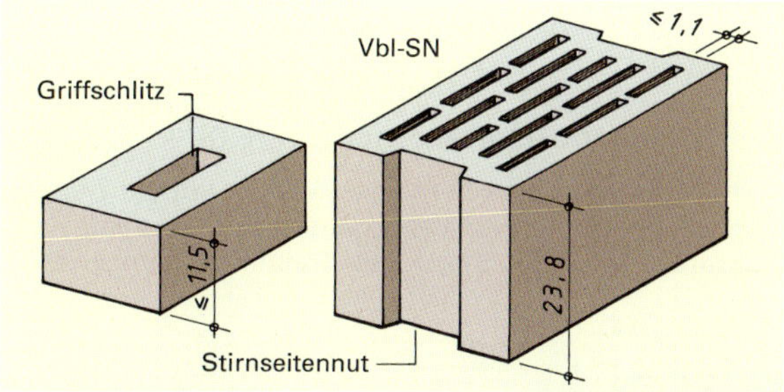

Vollstein mit Griffloch **Vollblock, geschlitzt mit Nut**

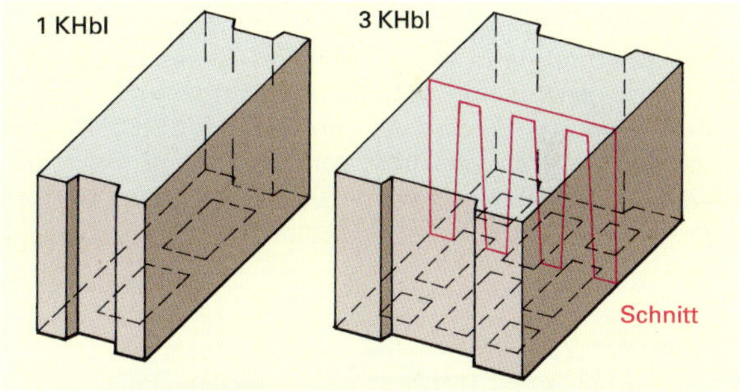

Einkammer- und Dreikammer-Hohlblock

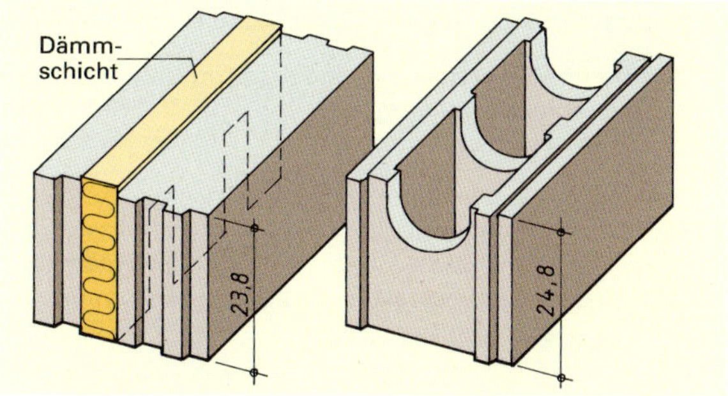

Zweischaliger Hohlblock **Schalungsstein**

Steinart	Steinformate	Rohdichte-klasse	Festigkeits-klassen
Hohlblöcke	8 DF … 24 DF	0,45 … 1,6	2 …12
Vollsteine	1,7 DF … 10 DF	0,45 … 2,0	2 … 20
Vollblöcke	5 DF … 24 DF	0,45 … 2,0	2 … 20

Formate und Eigenschaften von Mauersteinen mit porigen Gesteinskörnungen

– **Hohlblock, Hbl**, ist ein Leichtbetonstein mit 1 ... 6 Luftkammern, die mit einer 10 mm dicken Abdeckung verschlossen sind. Die Steinhöhe beträgt mindestens 238 mm. Die Verarbeitung erfolgt in Normal- und Leichtmauermörtel.

– **Plan-Hohlblock, Hbl-P**, ist ein Leichtbetonstein wie Hbl, zusätzlich mit besonderer Maßhaltigkeit zur Vermauerung mit Dünnbettmörtel.

Leichtbetonsteine werden aus Zement, Wasser und poriger Gesteinskörnung hergestellt. Dadurch haben sie eine geringe Rohdichte und weisen ein hohes Wärmedämmvermögen auf.

Vermauerung von Leichtbetonsteinen

5.3.6 Porenbetonsteine

Porenbeton weist ein feinporiges Gefüge auf. Zur Herstellung werden fein gemahlener Quarzsand, Zement, Kalk, Wasser und Aluminiumpulver als Treibmittel gemischt.

Herstellung

Das Gemisch wird in große Formen gegossen und stehen gelassen. Für große Bauteile kann in diesem Produktionsschritt eine korrosionsgeschützte Stahlbewehrung eingelegt werden.

In der Mischung entsteht ein Treibgas (Wasserstoff), das den Beton gleichmäßig feinporig aufbläht. Wenn die Masse fest genug ist, werden die Rohblöcke mit Stahldrähten in Mauersteine der gewünschten Größe und Form geschnitten. Anschließend werden sie in großen Druckbehältern unter Dampfdruck gehärtet.

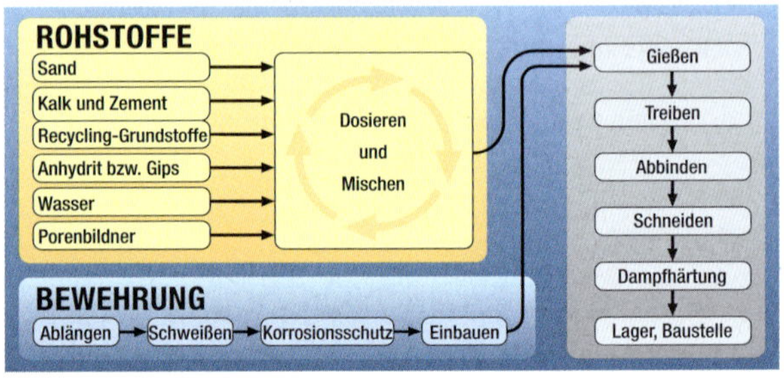

Herstellung von Porenbetonsteinen

Steinarten

Nach DIN EN 771-4/DIN 20000-404 werden Porenbetonsteine als Plansteine und Planelemente hergestellt.

Im Gegensatz zu anderen Mauersteinen werden Porenbetonsteine nicht als Vielfaches des Dünnformates angegeben, sondern mit Längen-, Breiten- und Höhenmaßen.

– **Porenbeton-Plansteine, PP**, sind großformatige Vollsteine, die mit Dünnbettmörtel bei Fugendicken von 1 ... 3 mm verarbeitet werden.

– **Porenbeton-Planelemente, PPE**, ermöglichen aufgrund ihrer großen Abmessungen ein besonders wirtschaftliches Bauen. Die Stirnflächen von Planelementen sind mit Nut und Feder versehen, die beim Vermauern ineinander geschoben werden.

Abmessungen	Plansteine PP		Planelemente PPE	
	Mindestmaß	Höchstmaß	Mindestmaß	Höchstmaß
Länge *l*	248	625	499	1499
Breite *b*	115	500	115	500
Höhe *h*	123	249	374	649

Maße von Porenbetonsteinen

Eigenschaften

Porenbetonsteine haben eine Rohdichte zwischen 0,3 und 1,0 kg/dm³. Sie verfügen über eine relativ gute Druckfestigkeit von 2,5 ... 10,0 N/mm², sodass Porenbetonbauteile auch mit tragender Funktion eingesetzt werden können. Wegen ihres hohen Anteils an Luftporen verfügen Porenbetonsteine über gute Wärmedämmeigenschaften. Die Mikroporen ermöglichen aufgrund der Kapillarwirkung eine gute Feuchtigkeitsaufnahme und -abgabe und sorgen durch Wasserdampfdiffusion für ein gutes Raumklima.

Kurzbezeichnung		Druckfestigkeitsklasse	Druckfestigkeit* N/mm² Mittelwert	Rohdichteklassen	Kennfarbe
PP2	PPE2	2	2,5	0,35-0,40-0,45-0,50	grün
PP4	PPE4	4	5,0	(0,50)-0,55-0,60-0,65-0,70-0,80	blau
PP6	PPE6	6	7,5	(0,60)-0,65-0,70-0,80	rot
PP8	PPE8	8	10,0	0,80-0,90-1,00	keine

* Bei Steinhöhen < 174 mm und Steinbreiten ≥ 175 mm

Druckfestigkeitsklassen und Rohdichteklassen von Porenbetonsteinen

Porenbetonsteine sind leicht zu verarbeiten, da sie pass- und maßgenau zugesägt, gehobelt, geschliffen, gefräst und gebohrt werden können.

Kennzeichnung

Die Kennzeichnung von Porenbetonsteinen erfolgt sinngemäß wie bei Ziegeln und Kalksandsteinen:

Beispiele für Steinbezeichnungen:

PP–2–0,50–499x365x186
Porenbeton-Planstein Festigkeitsklasse 2,
Rohdichteklasse 0,50,
Länge = 499 mm, Breite = 365 mm, Höhe = 186 mm

PPE–4–0,60–999x250x599
Porenbeton-Planelement Festigkeitsklasse 4,
Rohdichteklasse 0,60,
Länge = 999 mm, Breite = 250 mm, Höhe = 599 mm

Porenbetonsteine werden aus Quarzsand, Zement, Kalk und Wasser hergestellt. Der Zusatz eines Treibmittels lässt den Beton feinporig aufblähen, sodass eine feinporige Struktur entsteht.

Porenbetonsteine zeichnen sich durch großformatige Steinmaße und rationelle Verarbeitbarkeit aus.

Durch einen hohen Luftporenanteil verfügen sie über gute Wärmedämmeigenschaften. Mikroporen ermöglichen eine hohe Feuchtigkeitsaufnahme und -abgabe und verbessern das Raumklima.

Versetzen von Porenbetonsteinen

Maß- und passgenaues Sägen der Porenbetonsteine

Aufgaben

1. *Nennen Sie die Rohstoffe für die Zusammensetzung von Leichtbetonsteinen und Porenbetonsteinen.*
2. *Welche Unterschiede gibt es bei der Herstellung von Leichtbetonsteinen und Porenbetonsteinen?*
3. *Wofür steht die Abkürzung Vbl-P bei einem Leichtbetonstein?*
4. *Nennen Sie die wichtigsten Eigenschaften von Leichtbetonsteinen.*
5. *Warum lassen sich Porenbetonsteine sehr rationell verarbeiten?*
6. *Erklären Sie, welchen Einfluss die Mikroporen in Porenbetonsteinen auf das Raumklima haben.*
7. *Warum verfügen Porenbetonsteine über gute Wärmedämmeigenschaften?*
8. *Erklären Sie folgende Steinkennzeichnung: PPE – 4 – 0,60-999x250x599*
9. *Beraten Sie den Bauherrn eines Doppelhauses, welche Mauersteine für folgende Bauteile besonders geeignet sind:*
   - *Kelleraußenwand,*
   - *Außenwand Erdgeschoss,*
   - *Haustrennwand,*
   - *Innenwand Badezimmer.*
10. *Informieren Sie sich mithilfe des Internets über die Preise verschiedener Mauersteine.*
11. *Besuchen Sie ein Neubaugebiet und stellen Sie fest, welche Steinart besonders häufig verwendet wird.*
12. *Welche Steine sind für den Bau eines Kellers empfehlenswert? Begründen Sie Ihre Antwort.*

Zusammenfassung

Leichtbetonsteine werden aus Gesteinskörnungen mit porigem Gefüge, Wasser und Zement hergestellt. Als porige Gesteinskörnungen werden Bims, Blähschiefer, Blähton und Blähperlit verwendet. Sie verringern die Rohdichte und verbessern die Wärmedämmfähigkeit. Leichtbetonsteine gibt es auch als Plansteine mit großen Steinmaßen, die mit Dünnbettmörtel verlegt werden.

Porenbetonsteine weisen ein feinporiges Gefüge auf. Zur Herstellung werden fein gemahlener Quarzsand, Zement, Kalk, Wasser und Aluminiumpulver als Treibmittel gemischt. Bei geringer Rohdichte verfügen sie über gute Druckfestigkeit und gute Wärmedämmeigenschaften. Feine Mikroporen nehmen Feuchtigkeit auf, geben sie wieder ab und sorgen damit für ein gutes Raumklima. Porenbetonsteine zeichnen sich durch großformatige Steinmaße und rationelle Verarbeitbarkeit aus.

5.4 Mauermörtel

Der Mörtel hat die Aufgabe, Unebenheiten zwischen den Mauersteinen bzw. Steinschichten auszugleichen. Dadurch können die Lasten vollflächig übertragen werden. Gleichzeitig soll der Mörtel die einzelnen Steine miteinander verbinden.

Damit der Verbund des Mauerwerks bei Setzungen und Erschütterungen erhalten bleibt, muss der Mörtel eine gewisse Elastizität aufweisen.

Der Mörtel verbindet die Mauersteine und gleicht Unebenheiten zwischen den Steinschichten aus.

Rohstoffe zur Mörtelherstellung

5.4.1 Bestandteile des Mörtels

Frischer Mauermörtel besteht aus einem Gemisch von Sand, Bindemittel, Wasser und evtl. Zusatzmitteln.

Der Sand als **Gesteinskörnung** soll gemischtkörnig und so abgestuft sein, dass kleine Körner die Hohlräume zwischen den großen Körnern ausfüllen. Dadurch wird eine gute Abstützung des Korngerüstes erreicht und der Bedarf an Bindemittel verringert. Die Kornform sollte möglichst gedrungen sein und nicht plattig oder länglich. Tonverschmutzungen oder organische Verunreinigungen müssen aus der Gesteinskörnung ausgewaschen werden.

Kalk und Zement als **Bindemittel** haben die Aufgabe, die Gesteinskörner fest zu verbinden. Zu wenig Bindemittel führt zum Absanden, zu viel Bindemittel führt zu erhöhtem Schwinden. Ein Bindemittelüberschuss wird als „fett" bezeichnet, das Gegenteil als „mager".

Das **Anmachwasser** (Zugabewasser und Eigenfeuchte des Sandes) macht den Mörtel plastisch und verarbeitbar. Um die Festigkeitsentwicklung nicht zu stören und Ausblühungen zu vermeiden, muss das Zugabewasser frei von Verunreinigungen sein. Wird zu wenig Wasser zugegeben, werden die Gesteinskörner nicht vollständig mit Bindemittelleim umhüllt. Bei zu viel Wasserzugabe besteht die Gefahr, dass Bindemittel ausgeschwemmt wird. Beides vermindert die Druckfestigkeit und die Frostbeständigkeit des Mauermörtels.

Mit **Zusatzmitteln** lassen sich die Mörteleigenschaften durch chemische oder physikalische Wirkung verändern. Dazu gehören Luftporenbildner, Verflüssiger, Dichtungsmittel, Erstarrungsbeschleuniger und -verzögerer sowie Haftverbesserer. Weil Zusatzmittel die Eigenschaften eventuell auch negativ beeinflussen können, dürfen sie nur in der vorgeschriebenen Menge zugegeben werden. Außerdem ist jeweils eine Eignungsprüfung erforderlich.

Mörtel für **Natursteinmauerwerk** besteht aus Trass, Zement und Kalk. Für besondere Anforderungen können auch spezielle Mörtelrezepturen benutzt werden. Wenn die Gefahr besteht, dass Kalkverfärbungen auftreten, darf der Mörtel keine Kalkbestandteile aufweisen. Kalkausblühungen können durch Verwendung von Portlandpuzzolanzement vermieden werden.

Mörtel ist ein Gemisch aus Sand, Kalk und/oder Zement und Wasser. Mit Zusatzmitteln lassen sich die Mörteleigenschaften durch chemische oder physikalische Wirkung verändern.

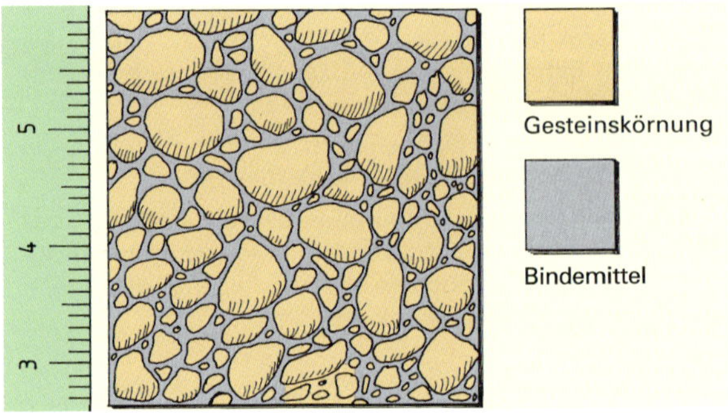

Aufbau des Mörtels (vergrößert)

Sandart	Eigenschaften
Flusssand, Seesand	rundkörnig und abgeschliffen oft fehlt Feinkorn
Grubensand	weniger rundkörnig, stellenweise tonige Bestandteile
Dünensand	feinkörnig und einkörnig
Brechsand	scharfkantige Körner durch Zerkleinern von Natursteinen

Eigenschaften der Sandart

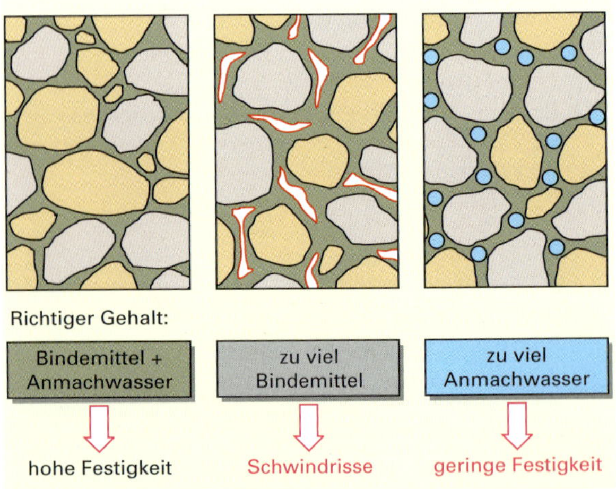

Bindemittel und Anmachwasser

5.4.2 Mörtelarten

Nach Art der Herstellung wird zwischen **Mauermörtel nach Eignungsprüfung** und **Mauermörtel nach Rezept** unterschieden.

Nach den Eigenschaften und/oder dem Verwendungszweck wird zwischen **Normalmauermörtel**, **Leichtmauermörtel** und **Dünnbettmörtel** unterschieden.

Ein weiteres Unterscheidungsmerkmal ist der Ort oder die Art der Herstellung. Danach wird unterschieden zwischen **werkmäßig hergestelltem Mauermörtel** und **Baustellenmauermörtel**.

Beim werkmäßig hergestelltem Mauermörtel wird noch zwischen **Werk-Trockenmörtel** und **Werk-Frischmörtel** unterschieden.

Beim Baustellenmörtel werden alle Mörtelbestandteile auf der Baustelle dosiert und gemischt.

Eingeteilt werden die Normalmauermörtel in die Mörtelgruppen I (Kalkmörtel), II, IIa (Kalkzementmörtel), III und IIIa (Zementmörtel), die Leichtmauermörtel in die Gruppen LM 21 und LM 36.

Entsprechend ihrer Druckfestigkeit werden die Mauermörtel den Klassen M 1, M 2,5, M 5, M 10 und M 20 zugeordnet.

Der Zusammenhang zwischen den Mauermörtelgruppen und Mörtelklassen ist in folgender Tabelle dargestellt:

Mörtelgruppe (bisherige Bezeichnung der Mauermörtel)	**Mörtelklasse**	**Druckfestigkeit** N/mm² (Mindestdruckfestigkeit nach Eignungsprüfung)
Normalmauermörtel		
I	M 1	1
II	M 2,5	2,5
II a	M 5	5
III	M 10	10
III a	M 20	20
Leichtmauermörtel		
LM 21	M 5	5
LM 36	M 5	5
Dünnbettmörtel		
DM	M 10	10

Mörtelbezeichnungen

Nach Art der Herstellung wird zwischen Mauermörtel nach Eignungsprüfung und Mauermörtel nach Rezept unterschieden. Nach den Eigenschaften und/oder dem Verwendungszweck wird zwischen Normalmauermörtel, Leichtmauermörtel und Dünnbettmörtel unterschieden.

Trockenmörtel besteht aus trockener Gesteinskörnung, den Bindemitteln und gegebenenfalls Zusätzen. Trockenmörtel wird in Säcken oder in Silos geliefert. Vor dem Verarbeiten wird dem Trockenmörtel auf der Baustelle Wasser hinzugegeben und er wird gemischt. Werk-Frischmörtel wird verarbeitungsfertig vom Werk auf die Baustelle geliefert.

Nach Ort und Art der Herstellung wird zwischen werkmäßig hergestelltem Mauermörtel und Baustellenmauermörtel unterschieden.

Anlieferung von Werk-Frischmörtel

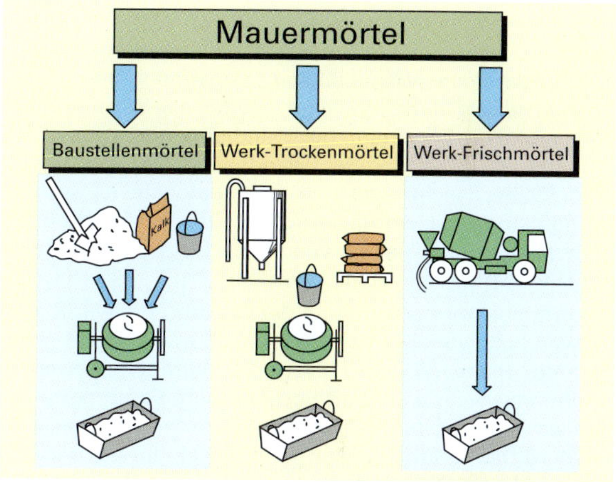

Mauermörtel, Unterscheidung nach Ort und Art der Herstellung

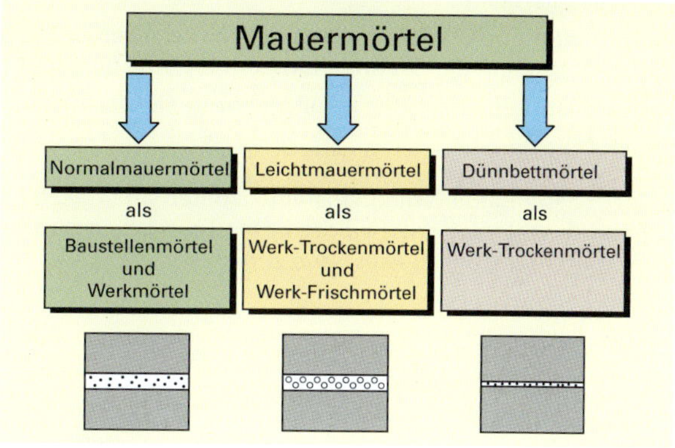

Mörtelarten

Fugenaufzug mit Normalmauermörtel

Normalmauermörtel

Normalmauermörtel ist in fünf Mörtelklassen M 1, M 2,5, M 5, M 10 und M 20 eingeteilt (M steht für Mörtelklasse, die darauf folgende Zahl kennzeichnet die Mindestdruckfestigkeit in N/mm^2). Die Eigenschaften dieser Mörtel sind jeweils durch Art und Menge des Bindemittels sowie ihre Mindestdruckfestigkeit bedingt.

Die Bindemittel der Normalmauermörtel sind Baukalke, Zemente und/oder Putz- und Mauerbinder.

Eine immer noch übliche, jedoch nicht mehr genormte Einteilung der Normalmauermörtel, ist die Einteilung in die Mörtelgruppen I, II, IIa, III und IIIa.

Leichtmauermörtel

Um den erhöhten Anforderungen an den Wärmeschutz zu genügen, werden heute für Außenmauerwerk meist hoch wärmedämmende Wandbausteine verwendet. Bei solchen Steinen würde herkömmlicher Mörtel als Wärmebrücke wirken und die Dämmung der Wand abmindern. Zum Vermauern hoch dämmender Wandbausteine, wie Leichtbetonsteine, Leichtziegel und Porenbetonsteine, werden deshalb meist **Leichtmauermörtel** (Dämm-Mauermörtel) eingesetzt, sofern diese Mauersteine nicht als Plansteine mit Dünnbettmörtel versetzt werden.

Die erhöhte Wärmedämmung der Leichtmörtel wird durch Verwendung von leichten Gesteinskörnungen wie Blähglimmer, Blähperlit oder Polystyrolschaumperlen erreicht. Leichtmauermörtel sind als vorgemischte Fertigmörtel erhältlich und brauchen nur noch mit Wasser angemacht zu werden. Die Verarbeitbarkeit ist weniger gut als bei normalem Mörtel. Dies darf aber keinesfalls durch Sandzugabe ausgeglichen werden, da dadurch die Dämmwirkung verschlechtert wird.

Leichtmauermörtel wird in Abhängigkeit von seiner Wärmeleitfähigkeit in die Gruppen LM 21 und LM 36 eingeteilt.

Hinsichtlich ihrer Druckfestigkeit gehören sie der Mörtelklasse M 5 an.

Hoch dämmende Wandbausteine sollten mit Leichtmauermörtel vermauert werden. Den Leichtmauermörteln darf nachträglich kein Sand zugemischt werden!

Zusammenfassung

Damit im Mauerwerk die Lasten vollflächig übertragen werden können, muss der Mörtel die einzelnen Steine verbinden und Unebenheiten zwischen den Steinen ausgleichen.

Mauermörtel wird nach den Hauptgruppen Normalmauermörtel, Leichtmauermörtel und Dünnbettmörtel unterschieden.

Normalmauermörtel werden nach verwendeten Bindemitteln und erreichbaren Mindestdruckfestigkeiten in die Mörtelgruppen I, II, II a, III und III a und in die Mörtelklassen M 1, M 2,5, M 5, M 10 und M 20 eingeteilt. Bei Mauermörtel nach Eignungsprüfung ist die Druckfestigkeit vom Hersteller anzugeben.

Nach Ort und Art der Herstellung wird zwischen Baustellenmörtel, Werk-Trockenmörtel und Werk-Frischmörtel unterschieden.

Dünnbettmörtel

Dünnbettmörtel sind werkgemischte Trockenmörtel mit einem Größtkorn der Gesteinskörnung von 1 mm und Normzement als Bindemittel.

Dünnbettmörtel werden zum Vermauern der besonders maßhaltigen **Plansteine** mit einer Fugendicke von 1 ... 3 mm verwendet. Der Fugenanteil eines solchen Mauerwerks ist dadurch sehr gering und die Wärmebrücken, die durch dicke Fugen entstehen, entfallen.

Hinsichtlich seiner Druckfestigkeit gehört Dünnbettmörtel der Mörtelklasse M 10 an.

Zusatzmittel

Zusatzmittel sind in geringer Menge zugegebene Zusätze, die die Mörteleigenschaften durch chemische oder physikalische Wirkung ändern. Hierzu gehören Luftporenbildner, Verflüssiger, Dichtungsmittel, Erstarrungsbeschleuniger und -verzögerer sowie Haftverbesserer. Da Zusatzmittel nicht zu Schäden führen dürfen, sind nur Zusatzmittel mit Prüfzeichen zu verwenden. Außerdem ist jeweils eine Eignungsprüfung erforderlich, da manche Zusatzmittel einige Eigenschaften positiv und gleichzeitig andere auch negativ beeinflussen können.

Es dürfen nur Zusatzmittel mit Prüfzeichen nach Eignungsprüfung und in vorgeschriebener Dosierung verwendet werden.

Aufbringen von Dünnbettmörtel mit der Mörtelrolle

Aufgaben

1. *Welche Aufgaben hat der Mörtel im Mauerwerk?*
2. *Welche Rohstoffe werden zur Mörtelherstellung benötigt und welche Eigenschaften sollen diese aufweisen?*
3. *Welche Folge hat es, wenn der Mörtel zu viel Bindemittel aufweist?*
4. *Welche Eigenschaften des Mörtels lassen sich durch Zusatzmittel beeinflussen?*
5. *Erklären Sie den Zusammenhang zwischen Anmachwasser und Festigkeit des Mauermörtels.*
6. *Nennen Sie die Mörtelklassen der Normalmauermörtel.*
7. *Worin besteht der Unterschied zwischen Normalmauermörtel, Leichtmauermörtel und Dünnbettmörtel?*
8. *Nennen Sie zu den in Frage 7 aufgeführten Mörtel je eine typische Verwendungsmöglichkeit.*
9. *Welche Lieferformen gibt es für Mauermörtel?*

5.5 Maßordnung im Hochbau

Um eine einfache Planung und Ausführung von Mauerwerksbauten zu erreichen, ist die **Maßordnung im Hochbau** in DIN 4172 festgelegt worden. Darin sind Bauteilmaße festgelegt, deren Basis eine Grundmaßeinheit ist. DIN 4172 zielt darauf ab, eine Vereinheitlichung der Baumaße und eine Vereinfachung der Bauausführung zu erreichen.

Bei Einhaltung der Maßordnung im Hochbau können bei der Ausführung von Mauerwerksarbeiten die Arbeitskosten und der Materialverlust vermindert werden. Außerdem können Einbauten wie Fenster und Türen ohne zusätzliche Stemmarbeiten vorgenommen werden.

Weil Mauerwerksbauteile in der Regel vor Ort hergestellt werden, entstehen Abweichungen von den bei der Planung festgelegten Maßen. Diese Maßabweichungen müssen bis zu den in DIN 18202 festgelegten zulässigen Grenzabmaßen toleriert werden, weil höhere Anforderungen an die Maßhaltigkeit nur mit erheblich höheren Herstellungskosten erzielt werden können.

Die Maßordnung im Hochbau ermöglicht eine einfache Planung und Ausführung von Mauerwerksbauteilen. Ihre Einhaltung stellt eine kostengünstige Herstellung von Mauerwerk sicher. Deshalb ist die Einhaltung der Maßordnung im Hochbau von besonderer Bedeutung.

5.5.1 Grundmaße

Die Maßordnung im Hochbau geht von 1 m = 100 cm als Längenmaß aus. Dieses Längenmaß wird durch die Teiler 4, 8, 12, und 16 in die **Richtmaße 25 cm**, **12,5 cm**, **8,5 cm** und **6,25 cm** unterteilt. Nach diesen Richtmaßen werden die Maße der Bauteile festgelegt.

Als Grundmaßeinheit aller Mauermaße hat sich der Achtelmeter (1 am = 12,5 cm), auch Kopfmaß genannt, eingebürgert. Damit werden Mauerlängen, -dicken und -höhen berechnet. Das **Kopfmaß** 1 am ergibt sich aus der Steinbreite von 11,5 cm und einer Fugendicke von 1 cm. Mithilfe des kleinen Maßsprunges von 1 am wird eine individuelle Gebäudeplanung ermöglicht.

Weil im modernen Mauerwerksbau oft mit dünneren Fugen gearbeitet wird, ergeben sich neue Steinabmessungen; die Rohbaumaße bleiben davon unberührt. Bei Anwendung von Dünnbettmörtel muss der Hersteller die Steinhöhe vergrößern, bei Verwendung von Nut- und Federsteinen ohne Stoßfugenvermörtelung die Steinlänge.

Als Grundmaß aller Mauermaße wird der Achtelmeter verwendet. Er ergibt sich aus der Steinbreite von 11,5 cm und einer Fugendicke von 1 cm. Bei Anwendung von Dünnbettmörtel muss der Steinhersteller die Steingröße anpassen.

5.5.2 Baurichtmaß und Baunennmaß

In der Maßordnung im Hochbau werden Baurichtmaße von Baunennmaßen unterschieden.

Baurichtmaße basieren auf dem Grundmaß von 25 cm, das in Teilen oder ganzen Vielfachen verwendet werden kann. Baurichtmaße sind Planungsmaße, nach denen sich die wirklichen Baumaße richten, damit sie zusammenpassen. Beispiele für Baurichtmaße sind 12,5 cm, 25 cm, 37,5 cm, 50 cm, … .

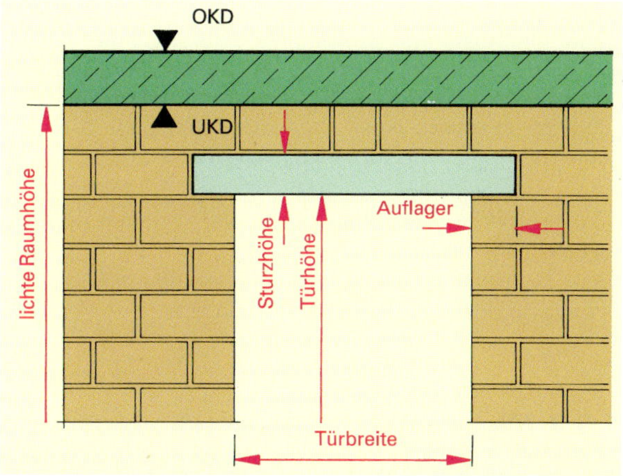

Mauer- und Sturzmaße nach der Maßordnung im Hochbau (z. B. 2 DF)

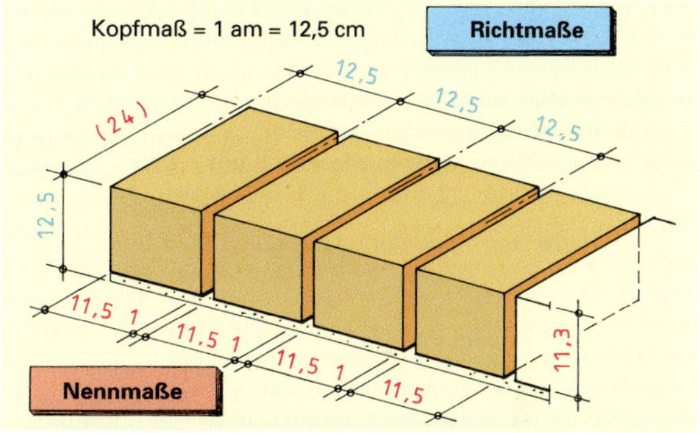

Der Achtelmeter als Kopfmaß

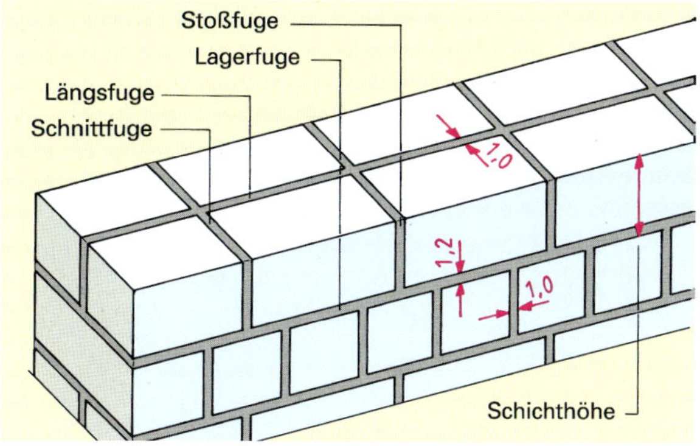

Benennung und Dicken der Fugen

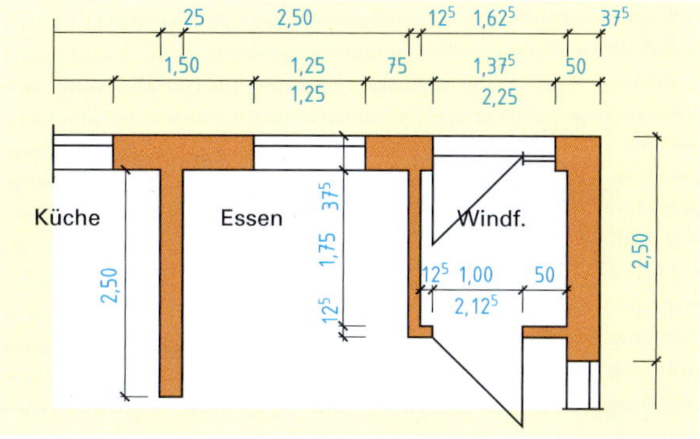

Baurichtmaße, z. B. in Entwurfzeichnungen

Baunennmaße werden aus den Baurichtmaßen gebildet, wenn die Ausführungszeichnungen (Werkpläne) erstellt werden. Es sind die wirklichen Maße der Bauteile. Das Baunennmaß errechnet sich aus dem Baurichtmaß zuzüglich oder abzüglich einer Fugendicke. Beispiele für Baunennmaße sind 11,5 cm, 24 cm, 36,5 cm, 49 cm ….

Baurichtmaße sind Planungsmaße, die auf einem Grundmaß von 25 cm basieren.

Baunennmaße errechnen sich aus den Baurichtmaßen zuzüglich oder abzüglich einer Fugendicke.

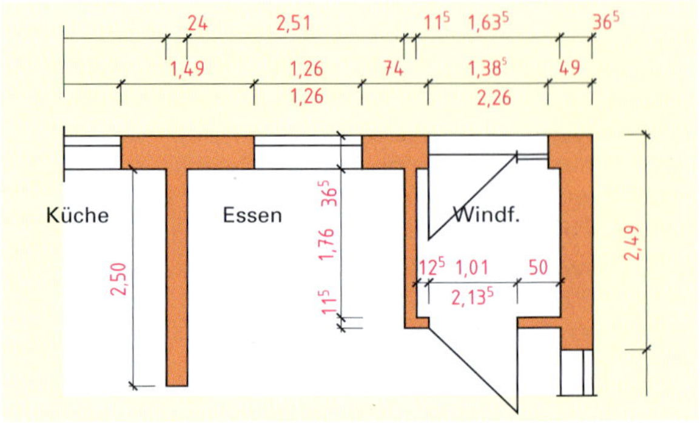

Nennmaße (= Baumaße) in Ausführungszeichen (Maße in m und cm)

5.5.3 Mauermaße für Bauzeichnungen

Alle Steinformate sind auf die Maßordnung im Hochbau abgestimmt, sodass sich die Mauermaße mit den Kopfmaßen und der Anzahl der Fugen ermitteln lassen.

Bei **Mauerlängen** werden drei Arten von Maßen unterschieden:

- **Außenmaße** bei Mauerwerksbauteilen mit freiem Ende (Pfeiler oder Gebäudeaußenmaße):
  Nennmaß: **Anzahl der Köpfe × 12,5 cm – 1 cm**
  Beispiel: $l = 5 \cdot 12{,}5$ cm – 1 cm = 61,5 cm
- **Innenmaße** bei beidseitig angebauten Mauern (Öffnungsmaße für Türen und Fenster oder Rauminnenmaße):
  Nennmaß: **Anzahl der Köpfe × 12,5 cm + 1 cm**
  Beispiel: $l = 5 \cdot 12{,}5$ cm + 1 cm = 63,5 cm
- **Anbaumaße** bei angebauten Mauern (Mauervorlagen):
  Nennmaß: **Anzahl der Köpfe × 12,5 cm**
  Beispiel: $l = 5 \cdot 12{,}5$ cm = 62,5 cm
  Bei Anbaumaßen entspricht das Baunennmaß dem Baurichtmaß.

Mauerdicken sind Außenmaße und werden in cm oder am angegeben.
Nennmaß: **Anzahl der Köpfe × 12,5 cm – 1 cm**
Beispiel: $d = 2 \cdot 12{,}5$ cm – 1 = 24 cm

Die **Mauerhöhen** errechnen sich aus der Schichthöhe und der Anzahl der Schichten. Die Schichthöhe ergibt sich aus der Steinhöhe zuzüglich einer Lagerfugendicke. Lagerfugen haben eine durchschnittliche Dicke von 1,2 cm.

Die genaue Fugendicke errechnet sich aus Anzahl und Höhe der Steine auf einem Meter Mauerhöhe. Aus Mauerhöhe und Schichthöhe wird die Schichtanzahl errechnet.

Beispiele:
Wie hoch ist eine Mauer mit 30 Schichten NF-Steinen?
Mauerhöhe = Schichtanzahl · Schichthöhe
$h = 30 \cdot 8{,}33$ cm = **249,9 cm**
Welche Schichtanzahl ist bei einer Mauerhöhe von 3,50 m in 2 DF-Steinen nötig?
Schichtanzahl = Mauerhöhe : Schichthöhe
$n = 350$ cm : 12,5 cm = **28**

Bei der Ermittlung der Mauerlängen wird zwischen Außenmaß, Innenmaß und Anbaumaß unterschieden. Die Mauerhöhe errechnet sich aus der Schichthöhe und der Anzahl der Schichten.

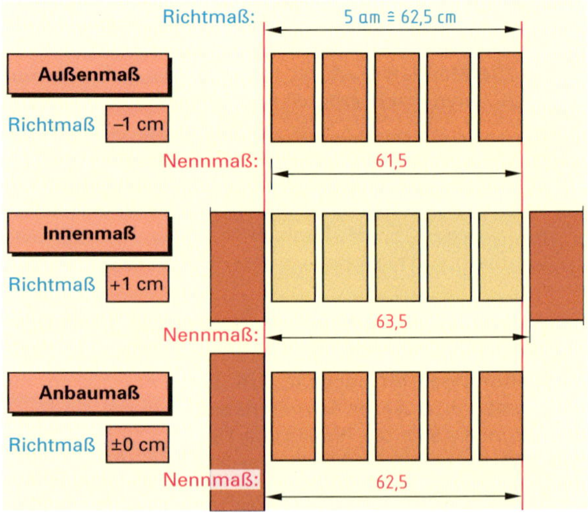

Mauer-Nennmaße

Formate	DF	NF	2 DF 3 DF	Großformate
Steinhöhe in cm	5,2	7,1	11,3	23,8
Lagerfuge in cm	1,05	1,23	1,2	1,2
Schichthöhe in cm	6,25	8,33	12,5	25
Schichtenzahl je 25 cm Mauerhöhe	4	3	2	1

Höhenmaße des Mauerwerks nach der Maßordnung

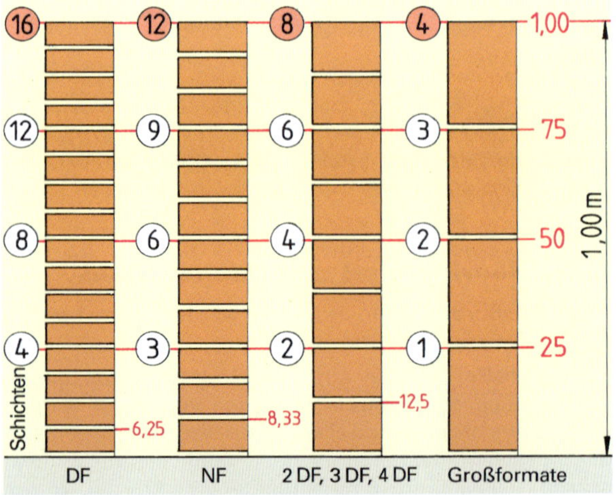

Schichtenhöhen mit verschiedenen Formaten

Zusammenfassung

Um Mauerwerksbauteile wirtschaftlich und schnell herstellen zu können, sind in der Maßordnung im Hochbau der Achtelmeter (Kopfmaß) oder Vielfache davon als Richtmaße festgelegt worden.

Baurichtmaße sind Planungsmaße, nach denen sich die wirklichen Baumaße richten. Baunennmaße sind die wirklichen Maße der Bauteile. Sie werden aus den Baurichtmaßen gebildet.

Mauerlängen werden als Außenmaß, Innenmaß oder Anbaumaß ermittelt.

Die Mauerhöhe errechnet sich aus der Schichthöhe und der Anzahl der Schichten. Die Schichthöhe ergibt sich aus der Steinhöhe zuzüglich einer Lagerfugendicke.

Aufgaben

1. *Nennen Sie das Grundmaß aller Mauermaße.*
2. *Erklären Sie den Unterschied zwischen Baurichtmaß und Baunennmaß.*
3. *Berechnen Sie für das Baurichtmaß 2,75 m das Anbaumaß, Innenmaß und Außenmaß.*
4. *Um welche Maße handelt es sich bei Mauerdicken?*
5. *Erklären Sie die Berechnung einer Mauerhöhe.*
6. *Berechnen Sie die Mauerhöhe für 30 Schichten mit NF-Steinen.*
7. *Ermitteln Sie die Schichtanzahl bei einer Mauerhöhe von 3,25 m mit 2DF-Steinen.*

5.6 Mauerverbände

Durch den Mauerverband werden Zusammenhalt und Tragfähigkeit des Mauerwerks gewährleistet. Der Verband legt die Anordnung der Steine im Mauerwerk fest und verhindert, dass Stoßfugen und Längsfugen der Steine übereinander zur Deckung kommen. Durch die versetzte Anordnung der Steine in den übereinanderliegenden Schichten ergibt sich eine Überbindung der Steine, die zur Verzahnung der Steine im Mauerwerk führt. Die Überbindung muss mindestens das 0,4-Fache der Steinhöhe betragen und darf nicht kleiner als 4,5 cm sein. Je nach Überbindemaß spricht man von einem mittigen oder schleppenden Verband.

Die Wahl des Mauerverbands wird bestimmt durch die Mauerwerksdicke und das verwendete Steinformat. Für Kelleraußenwände werden überwiegend großformatige Steine verwendet, die im Läuferverband oder Binderverband angeordnet werden.

Beim **Läuferverband** liegen die Steine in Längsrichtung. Die Wanddicke wird dabei durch die Steinbreite bestimmt. Die Läuferschichten werden gegeneinander versetzt, indem in jeder zweiten Schicht mit einem Halbstein begonnen wird. Großformatige Steine werden grundsätzlich im Läuferverband gemauert.

Beim **Binderverband** werden die Steine quer zur Wandrichtung vermauert. Um die Verzahnung der Steine untereinander herzustellen und ein großes Überbindemaß zu ermöglichen, ist der Binderverband nur bei großformatigen Steinen empfehlenswert. In jeder zweiten Schicht wird mit zwei Läufern aus Dreiviertel-Steinen begonnen.

Beim Block- und Kreuzverband wechseln sich Binder- und Läuferschichten ab.

Beim **Blockverband** werden die Läuferschichten gleich ausgebildet, sodass die Läufer genau übereinander liegen.

Der **Kreuzverband** unterscheidet sich vom Blockverband dadurch, dass die Läuferschichten gegeneinander um $\frac{1}{2}$ Stein versetzt angeordnet werden. Durch die unregelmäßige Verzahnung wird der Längsverbund im Mauerwerk verstärkt.

Um Zusammenhalt und Tragfähigkeit des Mauerwerks zu gewährleisten, müssen die Steine im Verband versetzt werden. Beim Läuferverband liegen die Steine in Längsrichtung, beim Binderverband quer zur Wandrichtung.

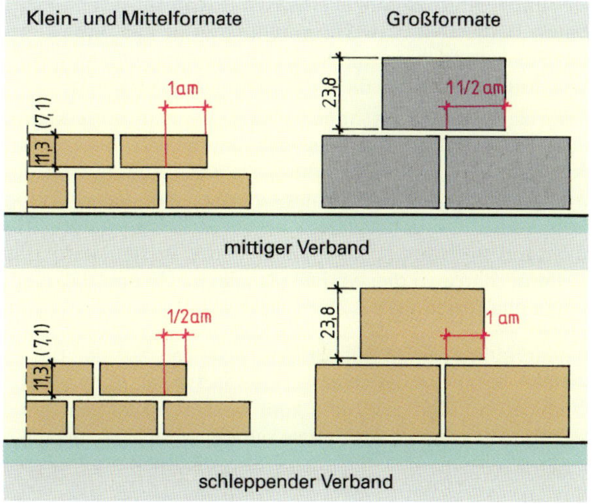

Mindest-Überbindemaße

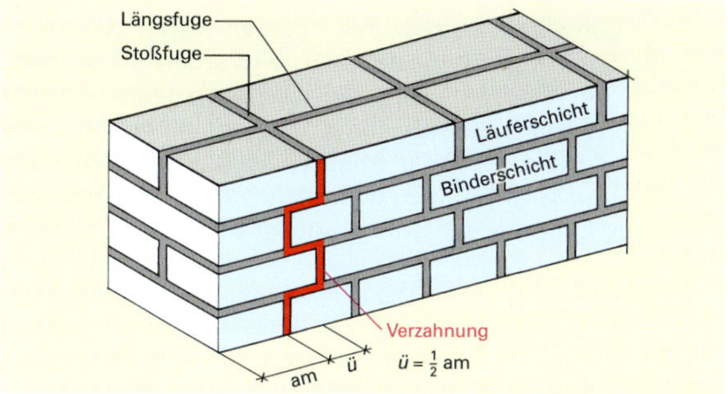

Überbindemaß und Verzahnung (Blockverband aus NF-Steinen)

Läuferverband

Binderverband

Blockverband

Kreuzverband

5.7 Keller aus Beton

Kelleraußenwände können nicht nur aus Mauerwerk, sondern auch aus Stahlbeton oder unbewehrtem Beton hergestellt werden. Dabei wird zwischen dem vor Ort hergestellten Keller (Ortbetonkeller) und dem Keller aus Betonfertigteilen (Fertigkeller) unterschieden.

Keller aus Beton werden entweder aus Ortbeton oder Fertigteilen hergestellt.

5.7.1 Ortbetonkeller

Beim vor Ort hergestellten Betonkeller wird die Schalung für die Kellerwand aufgestellt, falls notwendig eine Bewehrung eingelegt und der von einem Betonwerk gelieferte Frischbeton in die Schalung gefüllt und verdichtet.

Der unbewehrte Betonkeller wird aus Normal- oder Leichtbeton hergestellt. Um Zugspannungen in der unbewehrten Kellerwand zu verhindern, ist eine entsprechende Auflast durch das darüberliegende Gebäude notwendig.

Falls kein Beton mit hohem Wassereindringwiderstand, kurz als wasserundurchlässiger Beton (WU-Beton) bezeichnet, verwendet wird, muss die Kelleraußenwand gegen Feuchtigkeit abgedichtet werden. Bei Verwendung von wasserundurchlässigem Beton ist keine weitere Abdichtung notwendig. Der hellen Farbe wegen wird das Kellergeschoss in diesem Fall als „Weiße Wanne" bezeichnet (siehe Abschnitt 5.8.2).

Kelleraußenwände aus Ortbeton werden auf der Baustelle betoniert. Sie können bewehrt oder unbewehrt ausgeführt werden. Wenn kein wasserundurchlässiger Beton verwendet wird, muss die Kelleraußenwand gegen eindringende Feuchtigkeit abgedichtet werden.

5.7.2 Fertigkeller

Kelleraußenwände aus Betonfertigteilen werden in einem Betonfertigteilwerk hergestellt. Dabei werden die Abmessungen der Fertigteilelemente computergesteuert auf Schalungstischen aufgezeichnet und mit einem Roboter Länge und Höhe der Wand abgeschalt. Aussparungen wie Fenster- und Türöffnungen oder Installationsschlitze, Leerrohre und Elektrodosen werden dabei berücksichtigt. Eine Bewehrungsmaschine legt passgenau die Bewehrung ein und verschweißt diese. Danach werden die Fertigteilelemente maschinell betoniert und härten in einem Trocknungslager aus. Unter Berücksichtigung der Bedarfsfolge werden die Fertigteile in der richtigen Reihenfolge auf Lkw verladen und auf die Baustelle geliefert. Dort werden die Fertigteile auf der Bodenplatte verankert.

Vorteile

Die Vorteile eines Fertigkellers liegen in der schnellen Bauzeit und in der Unabhängigkeit von Witterungseinflüssen. Die Fertigteile können zum gewünschten Termin geliefert werden, sodass Termin- und Planungssicherheit für den weiteren Bauablauf besteht. Individuelle Grundrisse lassen sich bei einem Fertigteilkeller genauso verwirklichen wie bei einem Keller aus Mauerwerk oder Ortbeton.

Ein Keller aus Fertigteilen zeichnet sich durch seine schnelle Bauzeit und Unabhängigkeit von der Witterung aus.

Mattenschweißanlage

EDV-gelenkter Schalungsroboter

Betonieren im Fertigteilwerk

Aufstellen der Fertigteile

Konstruktion

Fertigkeller aus Beton werden als **Hohlwände** auf die Baustelle transportiert. Die innere und äußere Betonschale der Hohlwand sind durch Gitterträger verbunden. Die Plattendicken betragen mindestens 4 cm, bei der Außenplatte werden 6 cm empfohlen. Der Abstand zwischen Innen- und Außenplatte beträgt mindestens 15 cm, sodass die übliche Wanddicke 23 ... 30 cm beträgt.

Der Verbund mit der Bodenplatte erfolgt über die in die Bodenplatte eingelegte Anschlussbewehrung. Der vertikale Verbund der einzelnen Platten erfolgt über Verbindungsschlaufen.

Für Wohnkeller eignen sich Hohlwände mit einer bereits eingebauten Kerndämmung. Dadurch können die notwendigen Dämmarbeiten auf der Baustelle entfallen.

Die **Betonmassivwand** ist ein vollständig vorgefertigtes Wandelement, das als Innen- oder Außenwand eingesetzt werden kann. Im Gegensatz zu Hohlwänden müssen Betonmassivwände nicht mehr mit Ortbeton ausgegossen werden.

Montage

Auf die Fundamentplatte werden die Fertigteilplatten gesetzt, maßgenau ausgerichtet und abgestützt. Mit den Außenwänden wird begonnen, dann folgen die Innenwände. Danach werden die Deckenelemente verlegt und bewehrt. Zum Schluss werden Außenwände und Decke mit Ortbeton zu einem massiven Bauwerk verbunden.

Fertigkeller werden in Teilen in einem Betonfertigteilwerk vorgefertigt, auf der Baustelle aufgestellt und mit den Deckenelementen durch Einfüllen von Frischbeton zu einem massiven Bauwerk verbunden.

Zusammenfassung

Kellerwände aus Beton können entweder aus Ortbeton oder aus Fertigteilen hergestellt werden. Beim vor Ort hergestellten Betonkeller wird die Schalung für die Kellerwand aufgestellt, falls notwendig eine Bewehrung eingelegt und Frischbeton in die Schalung gefüllt und verdichtet.

Kelleraußenwände aus Betonfertigteilen werden in einem Betonfertigteilwerk hergestellt. Der Produktionsprozess ist weitgehend automatisiert, insofern als die Elemente computergesteuert in Höhe und Länge abgeschalt werden, die Bewehrung durch eine Bewehrungsmaschine passgenau eingelegt wird und danach die Elemente ausbetoniert werden. Unter Berücksichtigung der richtigen Bedarfsfolge werden die fertigen Elemente auf die Baustelle geliefert. Dort werden die Fertigteile auf der Bodenplatte verankert. Aussparungen wie Fenster- und Türöffnungen oder Installationsschlitze werden im Werk maßgenau hergestellt.

Fertigkeller aus Beton werden als Hohlwände, die mit Gitterträgern verbunden sind, auf die Baustelle transportiert. Auf die Fundamentplatte werden die Fertigteilwandplatten gesetzt, danach werden die Deckenelemente verlegt. Abschließend werden Decke und Außenwände mit Frischbeton zu einem massiven Bauwerk vergossen.

Verlegen der Deckenelemente

Ausbetonieren von Wand- und Deckenelementen

Aufgaben

1. *Ein Bauherr versteht die Begriffe Ortbetonkeller und Fertigkeller nicht. Erklären Sie ihm diese und erläutern Sie Vor- und Nachteile.*
2. *Beschreiben Sie den Produktionsprozess von Fertigteilelementen im Betonfertigteilwerk.*
3. *In welchem Fall können Kelleraußenwände aus unbewehrtem Beton hergestellt werden?*
4. *Skizzieren Sie den Aufbau einer Kelleraußenwand aus Fertigteilen.*
5. *Welche Plattendicken und Abstandsmaße müssen bei der Herstellung von Hohlwänden eingehalten werden?*
6. *Warum muss zwischen Außen- und Innenplatte ein Mindestabstand eingehalten werden?*
7. *Welche Bedeutung hat die Abkürzung WU-Beton?*
8. *Wie erfolgt die Verbindung der Fertigteile untereinander und mit der Bodenplatte?*
9. *Erläutern Sie den Bauablauf eines Fertigkellers.*
10. *Überlegen Sie, in welchen Fällen Fertigkeller unwirtschaftlich sein können.*

5.8 Feuchtigkeitsschutz

Die häufigste Ursache von Bauschäden ist ein mangelhafter Feuchtigkeitsschutz. In der Regel werden diese Schäden durch eine fehlerhafte konstruktive Durchbildung oder durch eine unsachgemäße Ausführung hervorgerufen.
Das Ziel der Kellerabdichtung ist, trockene Kellerräume zu erhalten, damit das Bauteil selbst, in den Räumen gelagerte Dinge und haustechnische Einrichtungen wie z. B. Heizungs- und Warmwasseranlage, Strom- und Gasanschluss vor eintretender Feuchtigkeit geschützt werden.

Durch die Kellerabdichtung werden das Bauteil selbst und die haustechnischen Einrichtungen vor Feuchtigkeitsschäden geschützt.

Durchfeuchtete Kellerwand

5.8.1 Feuchtigkeitsarten

Zur Beurteilung der zu erwartenden Feuchtigkeitsbelastung einer Kelleraußenwand sind folgende Feuchtigkeitsarten zu unterscheiden:

- **Sickerwasser** entsteht als Teil des natürlichen Wasserkreislaufs, wenn Niederschläge oder Schmelzwasser von der Erdoberfläche in den Boden eindringen und in tiefere Schichten sickern. An wenig wasserdurchlässigen Bodenschichten kommt es zum Aufstauen des Sickerwassers. Wenn Sickerwasser im Bereich eines Bauwerks gestaut wird, spricht man von Stauwasser. Es übt einen hydrostatischen Druck auf Bauteile in diesem Bereich aus.
- **Schichtwasser** entsteht, wenn sich in wenig wasserdurchlässigen Böden einige gut durchlässige Bodenschichten befinden, in denen das Sickerwasser hauptsächlich entlangfließt. Auch Schichtwasser kann sich im Bereich eines Bauwerks aufstauen. Häufig entsteht Stauwasser, wenn in wenig durchlässigem Boden eine Baugrube ausgehoben und später der Raum zwischen Bauwerk und dem gewachsenem Boden mit lockerem und durchlässigem Boden verfüllt wird.
- **Kapillarwasser** entsteht durch die Kapillarwirkung feiner Bodenporen. Dadurch steigt Wasser über den Grundwasserspiegel auf. Während die Kapillarwirkung in nichtbindigen Böden gering ist, kann in bindigen Böden die kapillare Steighöhe 3 … 10 m betragen. Je nach Kornzusammensetzung des Baugrunds muss damit gerechnet werden, dass Kapillarwasser an die Kellersohle oder die Kelleraußenwände transportiert wird.

Sickerwasser entsteht, wenn Niederschlag im Boden versickert und sich an wenig durchlässigen Schichten aufstaut.

Schichtwasser entsteht, wenn Sickerwasser in durchlässigen Schichten fließt.

Kapillarwasser steigt durch die Kapillarwirkung bindiger Böden auf.

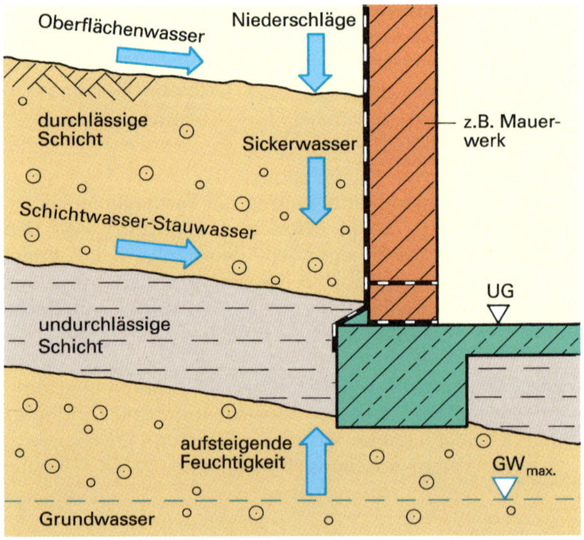

Anfallende Wässer

Bitumenhaltiger Außenanstrich

5.8.2 Abdichtungen

Planung und Wahl der Abdichtungsmaßnahmen werden in DIN 18533 **„Abdichtung von erdberührten Bauteilen"** geregelt. Die Abdichtung hat die Aufgabe, das Bauwerk gegen Bodenfeuchtigkeit zu schützen und Wasserbewegungen innerhalb eines Bauteils zu verhindern.
Die Wahl der passenden Maßnahme ist abhängig von den Einwirkungen auf die Abdichtung und der Raumnutzung (Anforderungen an die Trockenheit). Diese sind abhängig von

- der Wassereinwirkungsklasse (W1-E … W4-E),
- der Rissklasse (R1-E … R4-E) und
- der Raumnutzungsklasse (RN1-E … RN3-E).

Abzudichtende Bauwerksbereiche müssen für die Planung der Abdichtung jeweils einer **Wassereinwirkungsklasse** zugeordnet werden. Für die Einwirkungen auf die Abdich-

tungsschichten wird zwischen **nichtdrückendem Wasser** (Bodenfeuchte, nicht aufstauendes, nichtdrückendes Wasser), **drückendem Wasser** (aufstauendes und drückendes Wasser) und **Spritzwasser** unterschieden.
Da sich **Risse** in den abzudichtenden Bauteilen nicht vollständig vermeiden lassen, muss die gewählte Abdichtungsart Bewegungen durch Rissbildung im Untergrund ohne Schäden aufnehmen können.
Durch die Zuordnung zu **Raumnutzungsklassen** wird die Anforderung an die Trockenheit der Raumluft von erdseitig abgedichteten Räumen und die Zuverlässigkeit der Abdichtungsart festgelegt.

Die Wahl geeigneter Abdichtungsmaßnahmen von erdberührten Bauteilen ist im Wesentlichen von der Wassereinwirkungsklasse, der Rissklasse und der Raumnutzungsklasse abhängig.

Abdichtungsstoffe und Abdichtungsbauarten

DIN 18533 beinhaltet bahnenförmige und flüssig zu verarbeitende Abdichtungsstoffe. Deren Verarbeitung und Zuordnung zu Wassereinwirkungs-, Riss- und Raumnutzungsklassen werden in DIN 18533 Teil 2 und Teil 3 geregelt.
Beispiele für Abdichtungsstoffe:
- *bahnenförmige Stoffe:* Bitumen- und Polymerbitumenbahnen, Kunststoff- und Elastomerbahnen,
- *flüssig zu verarbeitende Stoffe:* Kunststoffmodifizierte Bitumendickbeschichtungen (PMBC), Gussasphalt, Asphaltmastix und mineralische Dichtungsschlämmen (MDS).

Als Abdichtungsstoffe sind in DIN 18533 bahnenförmige und flüssig zu verarbeitende Stoffe enthalten.

Abdichtung bei Bodenfeuchtigkeit und nichtdrückendem Wasser

Unter **Bodenfeuchte** versteht man Wasser, das als Kapillarwasser und nicht stauendes Sickerwasser auftritt. Unter **nichtdrückendem Wasser** versteht man Niederschlags- und Sickerwasser oder Brauchwasser, das sich nicht aufstauen kann und dadurch keinen Druck auf die Abdichtung ausübt. Durch den Einbau eines Gefälles kann Niederschlagswasser dauerhaft abgeleitet und von der Abdichtung ferngehalten werden.
Bei gemauerten Kelleraußenwänden ist bei Bodenfeuchtigkeit und nichtdrückendem Wasser mindestens eine Horizontalabdichtung notwendig. Diese wird in der Regel unter der ersten Steinlage angeordnet. Für die Abdichtung werden Bitumendachbahnen oder Kunststoffbahnen verwendet. Sie müssen mindestens einlagig eingebaut und dürfen nicht aufgeklebt werden. An den Stößen müssen die Bahnen eine Überlappung von mindestens 20 cm aufweisen.

Die horizontale Abdichtung gemauerter Kelleraußenwände erfolgt über mindestens eine Horizontalsperre aus z. B. Bitumendachbahnen unter der ersten Steinlage.

Bei Kellerwänden aus wasserundurchlässigem Beton wird keine horizontale Abdichtung benötigt.
Alle **erdberührten Außenwandflächen** benötigen eine Abdichtung gegen Feuchtigkeit. Das Abdichtungssystem bei Wassereinwirkungsklasse W1-E ist in der Regel wie folgt aufgebaut (von innen nach außen):
- Untergrundvorbehandlung (Voranstrich)
- Abdichtungsschicht (bahnenförmige oder flüssig zu verarbeitende Abdichtungsstoffe)

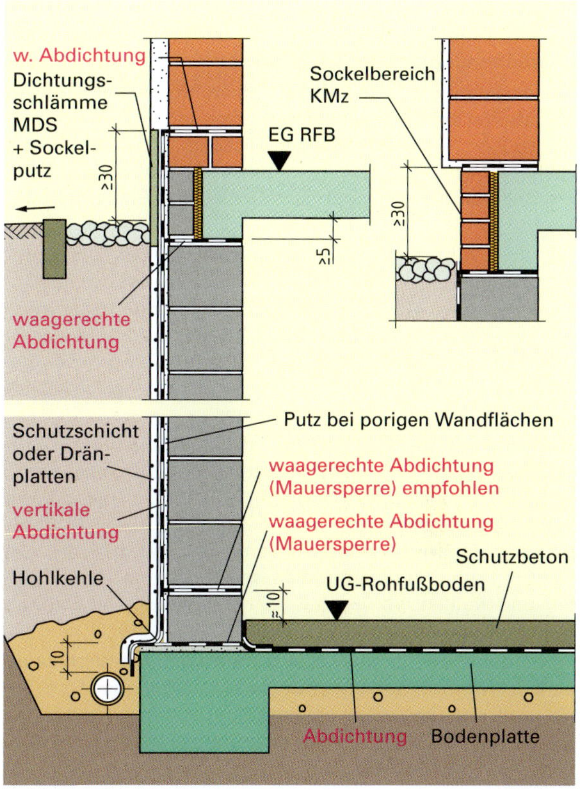

Abdichtung einer Untergeschoss-Umfassungswand aus Mauerwerk gegen Bodenfeuchte/nicht stauendes Wasser

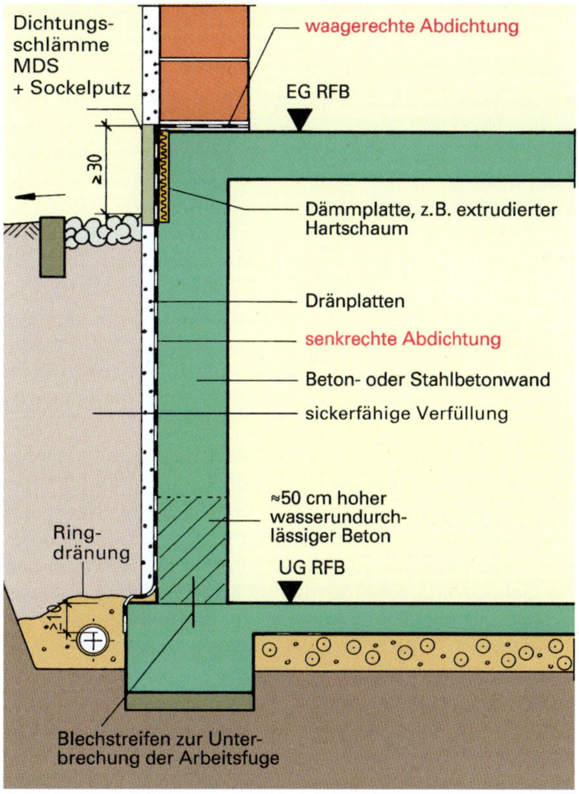

Abdichtung einer Kelleraußenwand aus Stahlbeton

– Schutz- bzw. Funktionsschicht (z. B. Kunststoff-Noppenbahn, Drähnbahn mit Filtervlies- und Gleitfolie, Perimeterdämmung ggf. mit Gleitschicht)

Die Abdichtungsstoffe müssen umweltfreundlich und lösemittelfrei sein, um das Grundwasser nicht zu gefährden. Sie sollen dehnfähig, rissüberbrückend, gut haftend und leicht verarbeitbar sein (z. B. Bitumendachbahnen, Bitumenschweißbahnen oder Kunststoff- und Elastomerbahnen).

Vor dem Aufbringen der Abdichtung müssen die abzudichtenden Flächen eine ebene und geschlossene Oberfläche aufweisen. Mörtelreste und vorspringende Grate müssen entfernt werden. Ecken und Kanten sind zu brechen oder abzuschrägen. Um eine gute Haftung zu gewährleisten muss der Untergrund fest und frei von schädlichen Verunreinigungen (z. B. Fett, Öl) sein.

Die **Bodenplatte** erhält eine horizontale Abdichtung. Dafür kommen z. B. Bitumenbahnen, Bitumendachbahnen, Kunststoff- und Elastomerbahnen, PMBC, Gussasphalt oder Asphaltmastix zur Anwendung, die auf den Rohfußboden aufgebracht werden und an die waagerechte Abdichtung der Wände angeschlossen werden müssen. Kanten und Kehlen werden bei der Abdichtung mit Bahnen vorher abgerundet.

Wenn der Keller nicht für Wohnzwecke genutzt wird, ist eine kapillarbrechende Schüttung von mindestens 15 cm Dicke und der Einbau einer Trennschicht ausreichend. Zusätzlich zur Abdichtung sollten die Kelleraußenwände eine Ringdränung erhalten.

Gebäude werden durch horizontale Abdichtungen vor aufsteigender Feuchtigkeit geschützt. Außerdem müssen alle erdberührten Flächen gegen Feuchtigkeit abgedichtet werden. Bewohnte Kellerräume benötigen eine Abdichtung im Fußboden.

Abdichtung bei drückendem Wasser

Bei Kellern, die im Grundwasser stehen, muss eine wasserdruckbeständige Abdichtung vorgesehen werden. Eine Abdichtung gegen drückendes Wasser schützt das Bauwerk nicht nur gegen Bodenfeuchtigkeit, sondern hält zusätzlich dem Druck von Grund- und Stauwasser stand. Um diese Anforderungen zu erfüllen, muss die Abdichtung konstruktiv als **Wanne** ausgebildet werden. Darunter ist die Abdichtung gegen den Wasserdruck zu verstehen.

Bei **nichtbindigen Böden** ist die Abdichtung mindestens 30 cm über den Grundwasserhöchststand als Wanne auszuführen. Zusätzlich muss das Gebäude bis etwa 30 cm über der Geländeoberkante mit einer Abdichtung gegen nichtdrückendes Wasser geschützt werden.

Bei bindigen Böden muss die Abdichtung mindestens 15 cm über dem Gelände als Wanne ausgeführt werden.

Bei einer **Schwarzen Wanne** wird auf einer Sohle aus Unterbeton eine Schutzwand erstellt, die eine Art Trog um den Keller bildet. Anschließend wird auf der Sohle und an der Schutzwand eine mehrlagige Klebeabdichtung aufgebracht, die mit einem Anstrich vor Beschädigungen geschützt wird. Danach wird die Fundamentplatte eingebaut und die Kellerwände werden errichtet.

Wenn für den Keller wasserundurchlässiger Beton (WU-Beton) verwendet wird, spricht man von einer **Weißen Wanne**. Aufgrund seines dichten Gefüges schützt der wasserundurchlässige Beton das Bauwerk vor Durchfeuchtung durch drückendes Wasser.

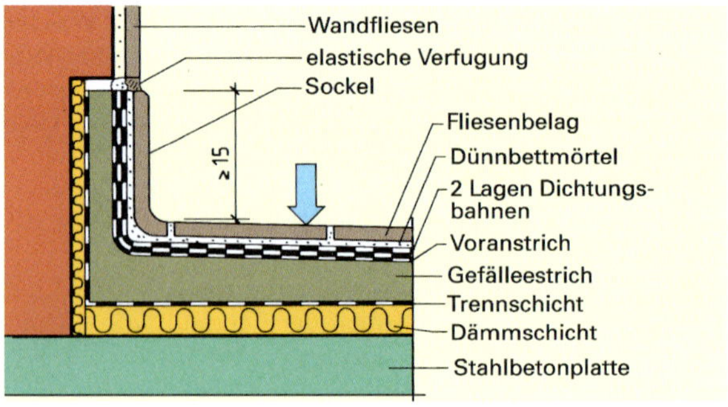

Fußbodenaufbau in einem Feuchtraum

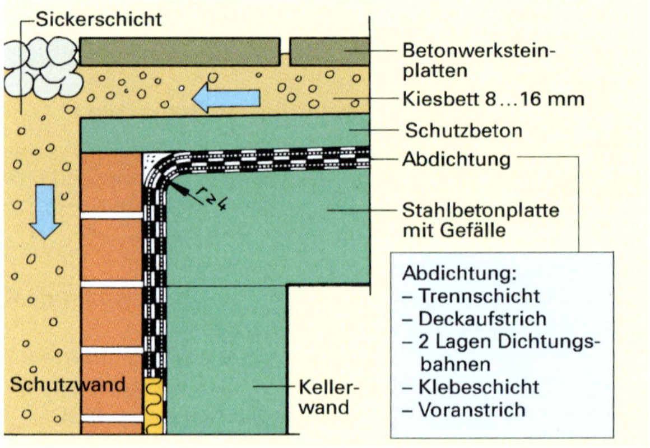

Terrassenbelag über einem Kellerraum

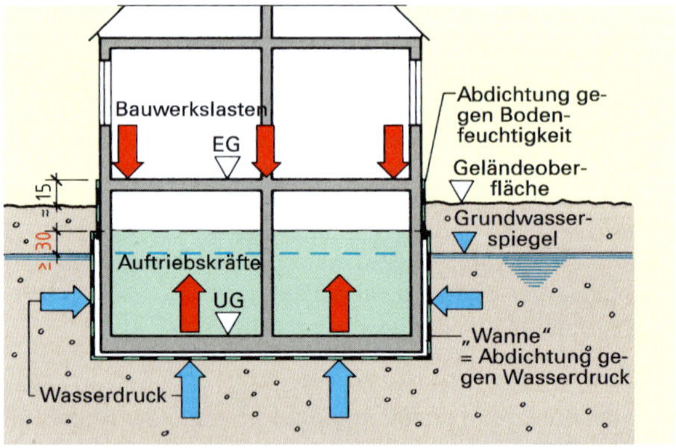

Prinzip der Abdichtung gegen drückendes Wasser

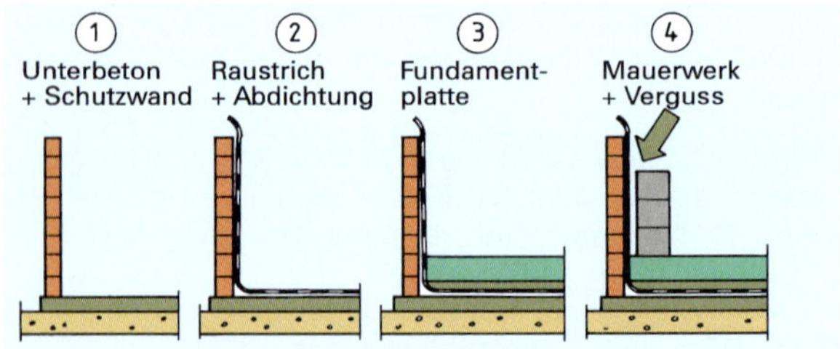

Arbeitsschritte beim Herstellen der Schwarzen Wanne

Abdichtungen gegen drückendes Wasser können als
– Schwarze Wanne mit Bitumenabdichtungen oder
– Weiße Wanne mit wasserundurchlässigem Beton
ausgebildet werden.

6 Wände

Bei der Planung einer Außenwandkonstruktion müssen statische und bauphysikalische Anforderungen berücksichtigt werden. Die Auswahl geeigneter Baustoffe wird durch diese Anforderungen maßgebend bestimmt. Deshalb sind Kenntnisse über Materialgefüge und Eigenschaften der Baustoffe sehr wichtig.

Auf jeden Fall sollte beachtet werden, dass die bauphysikalischen Eigenschaften einer Außenwand wesentlich vom Wärme- und Schallschutz der Fenster und Türen abhängen.

Genauso wichtig sind Überlegungen, wie die Außenwandkonstruktion langfristig vor Durchfeuchtung und Verschmutzung geschützt werden kann.

6.1 Aufgaben von Außenwänden

Die Außenwände eines Gebäudes haben sehr unterschiedliche Aufgaben zu erfüllen.

Dazu gehören:

- der **Witterungsschutz**: Die Außenwand soll das Gebäude vor eindringender Feuchtigkeit, Wind und Temperaturschwankungen schützen.
- die **Tragfähigkeit**: Außenwände sind tragende Wände. Sie nehmen die Lasten der Dach- und Deckenkonstruktionen sowie zusätzliche Kräfte aus Wind- und Schneelasten auf und leiten diese ab (siehe Abschnitt 7.1.2).
- der **Wärmeschutz**: Die Außenwand soll im Sommer das Innere des Gebäudes vor schnellem Aufheizen und hohen Tagestemperaturen schützen. Dazu sind wärmespeichernde Baustoffe notwendig.

  Im Winter soll die Außenwand möglichst wenig Wärme vom geheizten Innenraum nach außen abwandern lassen. Dafür sind **wärmedämmende** Baustoffe notwendig.
- der **Schallschutz**: Das Wohlbefinden des Menschen hängt stark vom Schallschutz ab. Außenwände müssen vor allem einen guten Luftschallschutz bieten, um den Innenraum gegen Verkehrs- oder Fluglärm abzuschirmen.

Außenwände müssen das Gebäude vor Witterungseinflüssen schützen, Eigenlasten sowie Wind- und Schneelasten in den Untergrund ableiten, wärmedämmende und wärmespeichernde Eigenschaften haben sowie das Innere des Gebäudes gegen Außenlärm schützen.

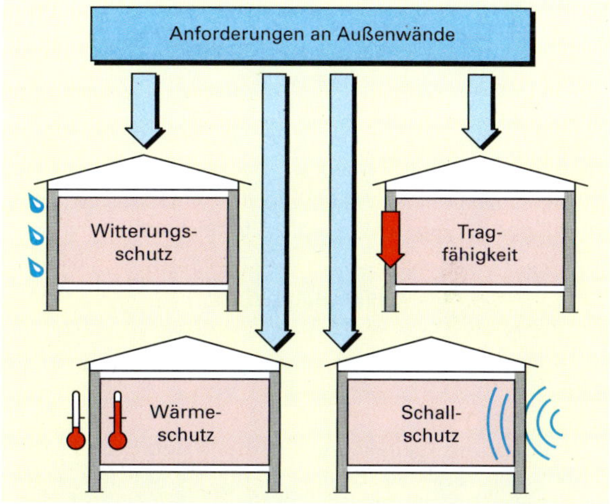

Anforderung an Außenwände

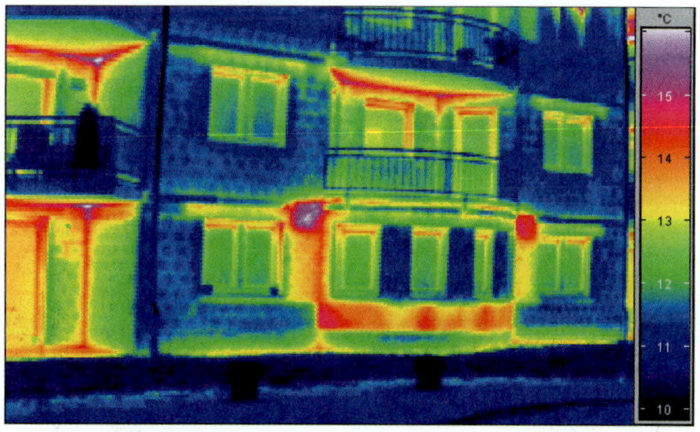

Thermografie der Fassade eines Wohnhauses: Bauteile mit hohem Wärmedurchgang werden durch helle Farben gekennzeichnet

6.2 Standsicherheit von Außenwänden

Um die Aufgabe der Tragfähigkeit erfüllen zu können, müssen Außenwände vor allem standsicher sein. Das ist möglich, indem sie durch aussteifende Innenwände und Decken, oder auch durch Pfeiler und Unterzüge, gesichert werden.

6.2.1 Schlankheit von Bauteilen

Wände sind schlanke, scheibenartige Bauteile mit einer geringen Aufstandsfläche. Bei schlanken Bauteilen wie Stützen oder Wänden besteht die Gefahr, unter vertikaler Belastung auszuknicken. Die Knicksicherheit eines schlanken Bauteils wird maßgebend beeinflusst von seiner Höhe (Knicklänge) und Breite. Je höher und dünner eine Wand ist, desto größer ist die Knickgefahr.

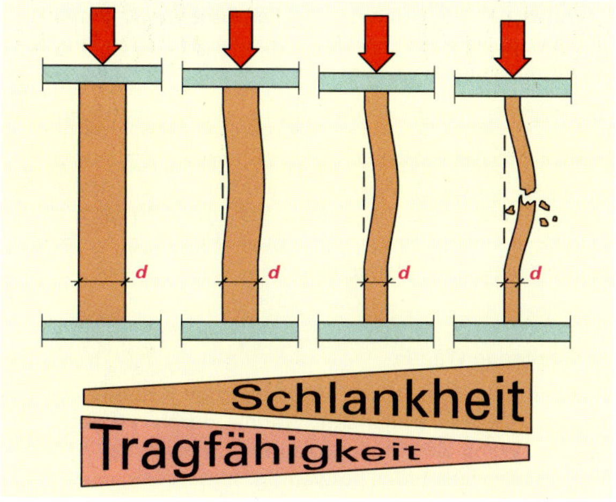

Zusammenhang zwischen Tragfähigkeit und Schlankheit einer Wand

Die Knicklänge h_{ef} ist eine „rechnerische" Wandhöhe in Abhängigkeit von der lichten Geschosshöhe h. Die Ermittlung der Knicklänge h_{ef} hängt davon ab, an wie vielen Seiten die Wand gehalten wird. Man unterscheidet:

- zweiseitig gehaltene Wände,
- dreiseitig gehaltene Wände,
- vierseitig gehaltene Wände.

Für zweiseitig gehaltene Wände wird die Knicklänge folgendermaßen ermittelt:

$$h_{ef} = \varrho_n \cdot h$$

Der Abminderungsbeiwert ϱ_n ist von der Randeinspannung und Lagerung abhängig.

Als Schlankheit einer Wand wird das Verhältnis zwischen Knicklänge h_{ef} und der Wanddicke bezeichnet.

$$\text{Schlankheit} = h_{ef} / t_{ef}$$

Je größer die Schlankheit, desto knickgefährdeter ist das Bauteil.

Bei schlanken Bauteilen wie Wänden und Stützen besteht bei vertikaler Belastung die Gefahr des Ausknickens. Die Knicksicherheit wird maßgebend von deren Höhe und Breite bestimmt.

6.2.2 Wandarten

Nach statischen Gesichtpunkten werden folgende Wandarten unterschieden:

- tragende Wände,
- aussteifende Wände,
- nichttragende Wände.

Tragende Wände

Tragende Wände werden überwiegend durch Druckkräfte beansprucht und müssen eine Dicke von mindestens 11,5 cm haben. Tragende Außenwände werden aus Gründen des Schallschutzes in der Regel nicht dünner als 17,5 cm ausgeführt. Für Mauerpfeiler betragen die Mindestabmessungen 11,5 cm × 36,5 cm oder 17,5 cm × 24 cm.

Um die Kräfte auf kurzem Wege abtragen zu können, sollen tragende Wände immer übereinander angeordnet werden und direkt auf Fundamenten gegründet sein. Sollte dies in Ausnahmefällen nicht möglich sein, muss die tragende Wand durch eine meist aufwendige Konstruktion abgefangen werden.

Aussteifende Wände

Aussteifende Wände sind scheibenartige Bauteile, die das Ausknicken der tragenden Wände durch vertikale Belastung verhindern sollen. Außerdem sind sie zur Aussteifung des Gebäudes notwendig.

Aussteifende Wände können gleichzeitig auch tragende Funktion übernehmen.

Einspannung durch Decken oder Dach

1.
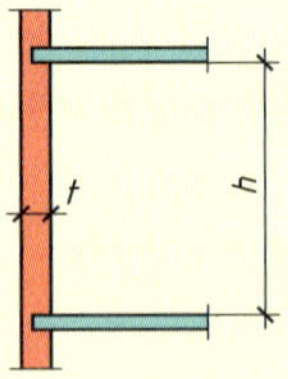

Nur oben und unten horizontal gehaltene Wände. Auflagertiefe der Betondecken mind. $\frac{2}{3}$ der Wanddicke, aber nicht weniger als 85 mm.

Wenn die Wand als Endauflager einer Decke wirkt.

$\varrho_2 = 1{,}0$

2.
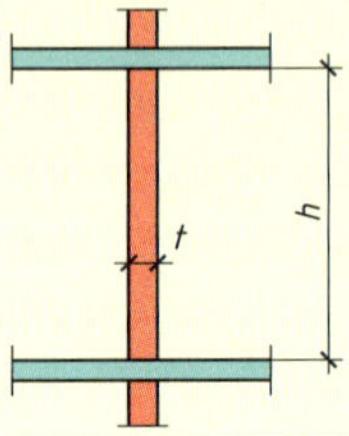

Wie bei 1.

Für alle übrigen Wände

$\varrho_2 = 0{,}75$

Keine Einspannung durch Decken und Dach

3.
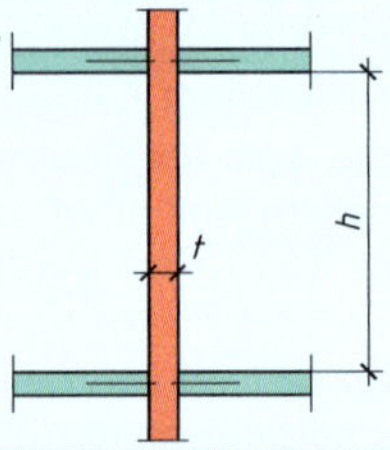

Nur oben und unten horizontal gehaltene Wände (z. B. durch Ringbalken oder Holzbalkendecke), ohne Einspannung durch Decken oder Dach.

$\varrho_2 = 1{,}0$

Horizontal oben und unten gehalten sowie an einem vertikalen Rand

4.
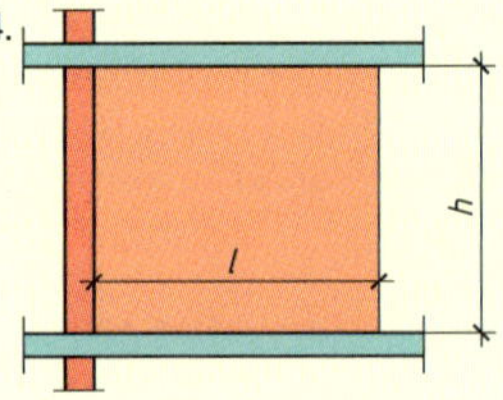

Einspannung oben und unten, wenn die Wand nicht als Endauflager einer Decke wirkt.

$\varrho_3 = 1{,}5 \cdot \frac{l}{h} \leq 0{,}75$

in allen anderen Fällen nach 1. ... 3.

$\varrho_3 \leq 1{,}0$

Horizontal oben und unten gehalten sowie an beiden vertikalen Rändern

5.
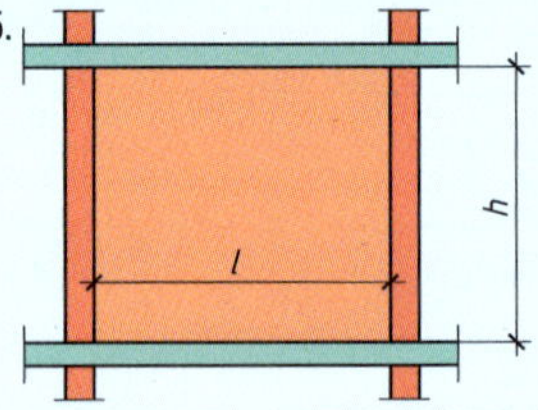

Einspannung oben und unten, wenn die Wand nicht als Endauflager einer Decke wirkt.

$\varrho_4 = \frac{l}{2h} \leq 0{,}75$

in allen anderen Fällen nach 1. ... 3.

$\varrho_4 \leq 1{,}0$

t = Wanddicke, h = lichte Geschosshöhe,
l = Abstand zwischen den Halterungen der vertikalen Ränder

Ermittlung des Abminderungsfaktors ϱ_n

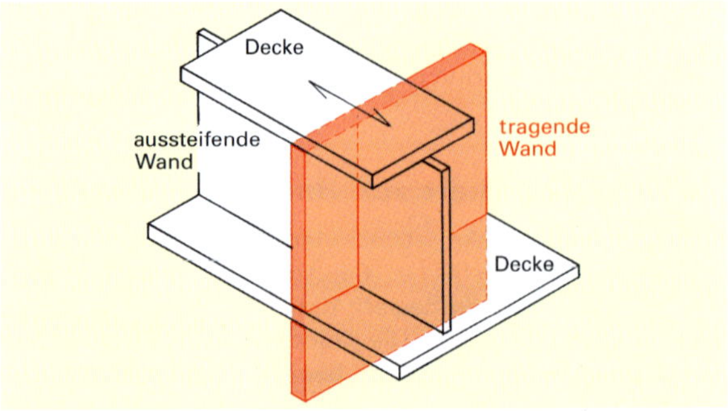

Tragende Wand

Damit Wände eine aussteifende Wirkung haben, müssen sie eine erforderliche Wandlänge von mindestens $\frac{1}{5}$ der lichten Geschosshöhe aufweisen und eine Dicke von mindestens $\frac{1}{3}$ der auszusteifenden Wand haben.

Ist die aussteifende Wand durch Öffnungen unterbrochen, so muss die Länge des Wandteiles zwischen Öffnung und auszusteifender Wand mindestens $\frac{1}{5}$ der lichten Höhe der Öffnung betragen.

Die Mindestwanddicke aussteifender Wände beträgt 11,5 cm. Sie stehen immer im rechten Winkel zur auszusteifenden Wand und werden mit ihr im Verband gemauert.

Nichttragende Wände

Nichttragende Wände werden überwiegend durch ihre Eigenlast beansprucht. Nichttragende Außenwände müssen zusätzlich horizontal wirkende Lasten (z. B. Windlasten) auf die angrenzenden Wand- oder Deckenscheiben übertragen.

Als nichttragende Wände werden nur solche bezeichnet, die nicht tragend sind und nicht zur Gebäudeaussteifung oder zur Knickaussteifung tragender Wände herangezogen werden.

Nach statischen Gesichtspunkten lassen sich folgende Wandarten unterscheiden:
- Tragende Wände nehmen vertikale Lasten (z. B. Deckenlasten) und horizontale Lasten (z. B. Windlasten) auf.
- Aussteifende Wände dienen der Knickaussteifung tragender Wände.
- Nichttragende Wände werden überwiegend durch ihre Eigenlast belastet.

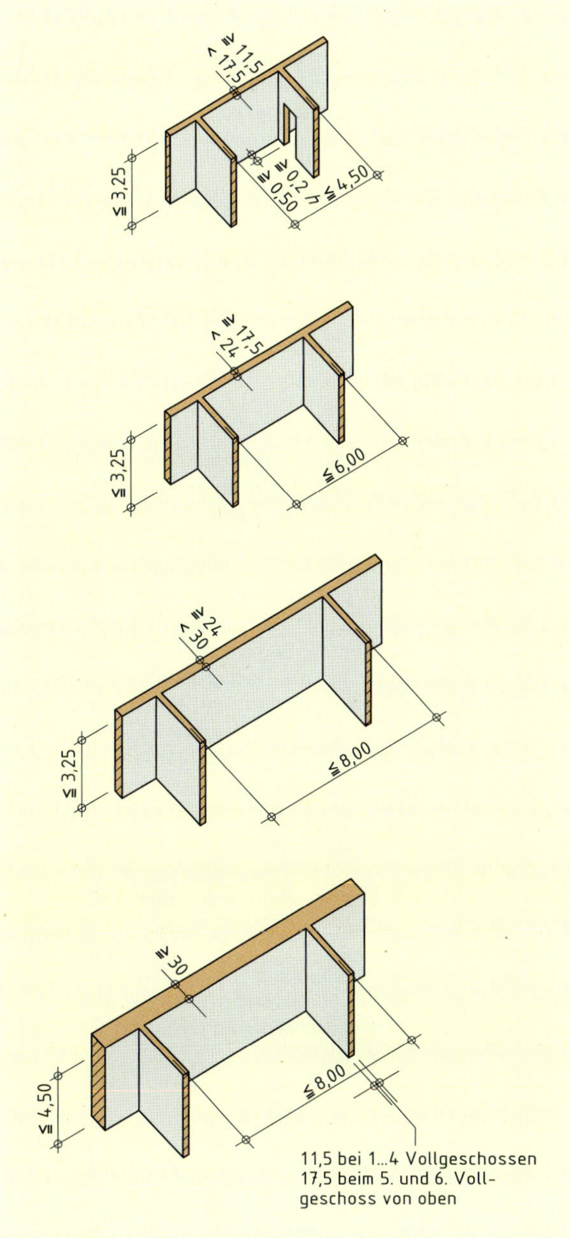

Zulässige Abmessungen aussteifender Querwände

6.2.3 Räumliche Steifigkeit

Eine Wand ist ein scheibenartiges Bauteil, das aufgrund seiner geringen Dicke nur über eine kleine Standfläche verfügt. Dadurch ist ihre Standsicherheit auch nur gering und sie neigt zum Kippen, was durch aussteifende Wände verhindert wird.

Aussteifende Wände können aber nicht verhindern, dass ein Gebäude beim Angriff von Horizontalkräften, wie z. B Windkräften, Verschiebungen erleidet. Erst durch den Einbau einer steifen Deckenscheibe, die mit den Wandscheiben verankert sein muss, kann eine unverschiebbare, raumstabile Zelle hergestellt werden, die die Standsicherheit gewährleistet. Das System der räumlichen Steifigkeit bildet die Grundlage des mehrgeschossigen Mauerwerkbaus. Können aus Gründen der Raumnutzung keine aussteifenden Wände eingebaut werden, muss die Standsicherheit durch Stützen aus Stahl oder Stahlbeton mit steifen Deckenanschlüssen erreicht werden.

Ebenso wichtig ist die Scheibenwirkung der Geschossdecken. Decken mit Scheibenwirkung sind Stahlbetondecken. Als Decken ohne Scheibenwirkung gelten Holzbalkendecken oder Stahlbeton-Fertigteildecken.

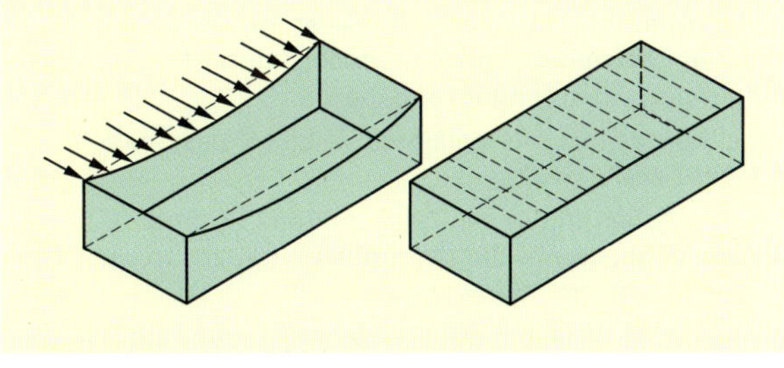

Verschiebungen durch Horizontalkräfte, Deckenscheibe erzeugt räumliche Steifigkeit

Wenn Holzbalkendecken als liegende Scheiben verwendet werden sollen, müssen sie diagonal ausgesteift oder durch einen Dielenboden schubsteif ausgebildet werden. Außerdem wird ein umlaufender Ringbalken benötigt. Auch Fertigteildecken können bei schubsteifer Ausführung und in Verbindung mit einem umlaufenden Ringbalken eine Scheibenwirkung entfalten.

Das Kippen von Wänden wird durch aussteifende Querwände verhindert. Durch den Einbau einer steifen Deckenscheibe wird eine unverschiebbare, raumstabile Zelle hergestellt, die die Standsicherheit gewährleistet.

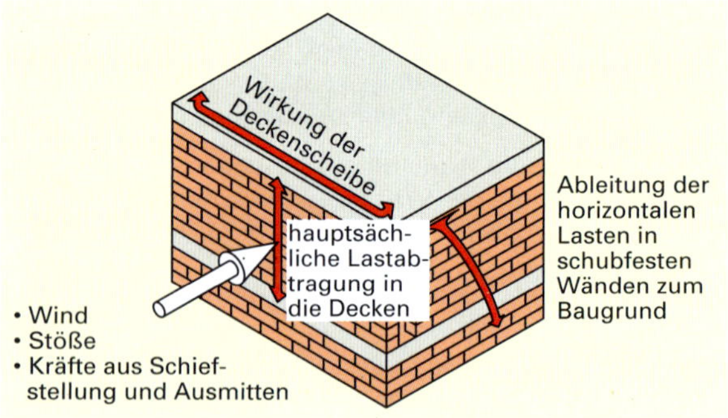

Abtragung horizontaler Lasten durch raumstabile Zelle

6.2.4 Ringbalken

Werden Decken ohne Scheibenwirkung verwendet (z. B. Holzbalkendecken), sind Ringbalken zur seitlichen Halterung der Wände erforderlich. Auch bei der Anordnung von Gleitschichten unter den Deckenauflagern von Flachdächern ist der Einbau von Ringbalken notwendig. Durch die Gleitschicht wird gewährleistet, dass sich die Decke frei bewegen kann.

Ringbalken sind horizontale Balken, die in der Wandebene liegen und als Ersatz für die Deckenscheibe dienen. Sie können aus Stahlbeton, bewehrtem Mauerwerk, Stahl oder Holz bestehen. Um Wärmebrücken zu vermeiden, muss der Ringbalken wärmegedämmt werden.

Die Aufgabe des Ringbalkens besteht darin, horizontal auftretende Kräfte (z. B. Wind) auf angrenzende Querwände zu übertragen. Dadurch werden sie auf Biegung beansprucht. Der in Windrichtung liegende Teil des Ringbalkens gibt die Lasten über Reibungskräfte an die Wandscheiben weiter.

Ringbalken müssen eingebaut werden, wenn Decken ohne Scheibenwirkung verwendet werden oder Gleitschichten unter den Deckenauflagern von Flachdächern angeordnet werden.

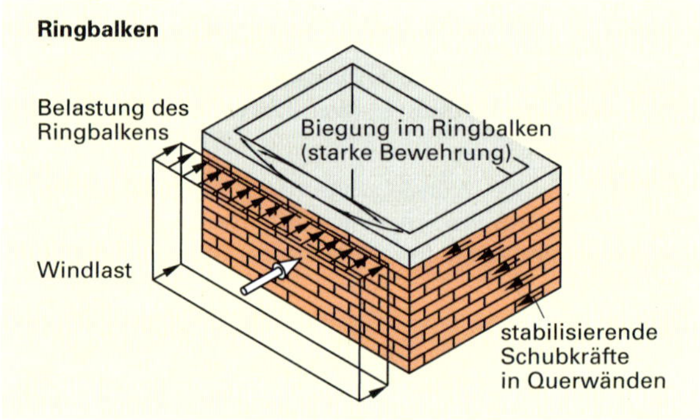

Statische Wirkung des Ringbalkens

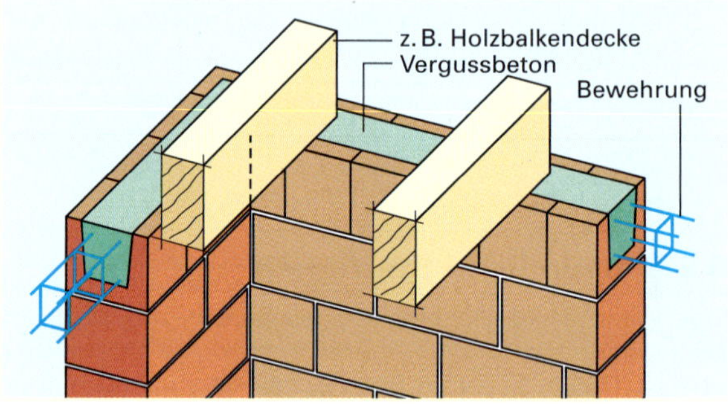

Ringbalken aus U-Schalen

6.2.5 Ringanker

Infolge von Baugrundsetzungen und Temperaturschwankungen können Verformungen entstehen, die Zugspannungen in Wänden erzeugen. Weil gemauerte Wände nur geringe Zugkräfte aufnehmen können, ist dafür ein bewehrter Ringanker notwendig, der die tragenden Wände wie ein Ring zusammenhält. Im Gegensatz zum Ringbalken werden Ringanker nicht auf Biegung, sondern auf Zug beansprucht.

Alle Außen- und Innenwände, die an der Abtragung horizontaler Lasten beteiligt sind, müssen unter folgenden Bedingungen einen Ringanker haben:

- bei Bauten, die mehr als zwei Vollgeschosse haben oder länger als 18 m sind;
- bei Wänden mit vielen oder großen Öffnungen, besonders dann, wenn alle Öffnungsbreiten zusammen 60 % der Wandlänge übersteigen;
- ebenso bei Wänden mit Fenstern, die mehr als $\frac{2}{3}$ der Geschosshöhe übersteigen und dabei 40 % der Wandlänge einnehmen;

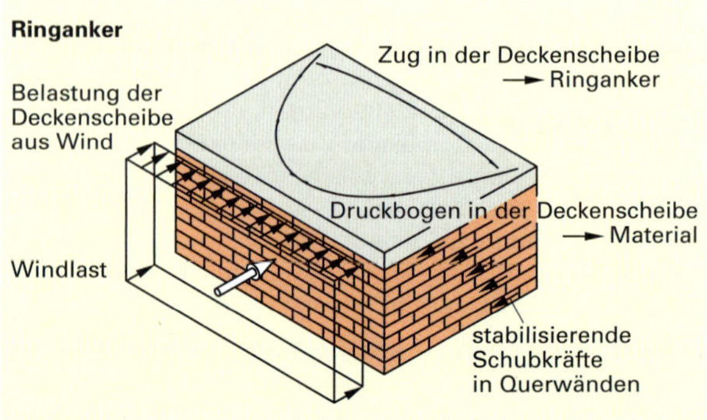

Statische Wirkung des Ringankers

- bei Baugrundverhältnissen, die unterschiedliches Setzungsverhalten erwarten lassen.

Ringanker sollen > 15 cm hoch sein und sind mit mindestens zwei durchlaufenden Rundstäben zu bewehren, die mindestens eine Zugkraft von 30 kN aufnehmen können.

Betondecken übernehmen bei entsprechender Ausführung die Funktion des Ringankers und des Ringbalkens.

Ringanker halten die tragenden Wände zusammen und nehmen Zugspannungen auf, die im Mauerwerk durch Verformungen und ungewollte Baugrundsetzungen entstehen.

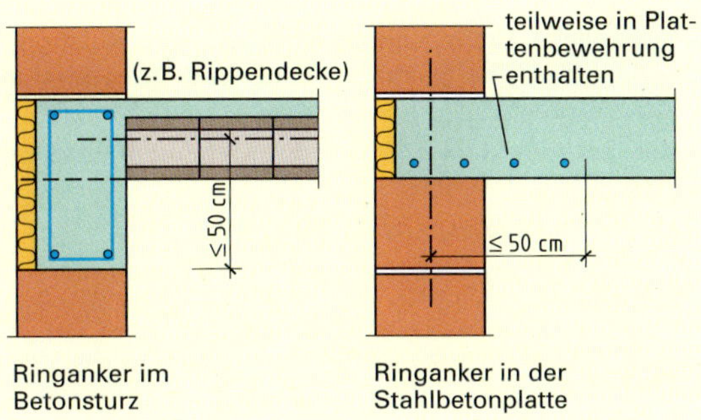

Ausbildung der Ringanker

Zusammenfassung

Außenwände nehmen die Lasten der Dach- und Deckenkonstruktionen sowie Wind- und Schneelasten auf, um sie abzuleiten. Damit Wände diese Aufgabe erfüllen können, müssen sie standsicher sein.

Weil Wände schlanke Bauteile sind, besteht unter vertikaler Belastung die Gefahr des Ausknickens. Die Knicksicherheit einer Wand wird maßgebend von ihrer Höhe und Breite beeinflusst.

Nach statischen Gesichtspunkten werden tragende Wände, aussteifende Wände und nichttragende Wände unterschieden. Tragende Wände nehmen die Lasten des Gebäudes auf und tragen sie auf möglichst kurzem Wege in den Untergrund ab. Aussteifende Wände sollen das Ausknicken der tragenden Wände verhindern, indem sie im rechten Winkel zur auszusteifenden Wand angeordnet werden. Nichttragende Wände werden vor allem durch ihre Eigenlast beansprucht. Als Außenwand müssen sie auch horizontale Lasten aufnehmen können.

Tragende Wände sollten grundsätzlich übereinander angeordnet und direkt auf Fundamenten gegründet werden.

Damit ein Gebäude beim Angriff horizontaler Kräfte keine Verschiebungen erfährt, muss eine räumliche Steifigkeit durch den Einbau steifer Deckenscheiben erreicht werden.

Wenn Decken ohne Scheibenwirkung verwendet werden, muss die Steifigkeit durch den Einbau eines Ringbalkens hergestellt werden. Dieser nimmt horizontale Kräfte auf und überträgt sie in angrenzende Querwände.

Um Zugspannungen im Mauerwerk infolge von Baugrundsetzungen und anderer unvorhergesehener Verformungen zu verhindern, ist ein bewehrter Ringanker notwendig, der die tragenden Wände wie ein Ring zusammenhält. Ringanker sind in jeder Deckenlage oder darunter einzubauen.

Aufgaben

1. *Nennen Sie Aufgaben, die Außenwände zu erfüllen haben.*
2. *Welche statischen Probleme sind mit der Schlankheit von Bauteilen verbunden?*
3. *Berechnen Sie die Schlankheit λ für eine Wand in Ihrem Klassenzimmer.*
4. *Welche Wandarten werden nach statischen Gesichtspunkten unterschieden?*
5. *Erklären Sie, welche Gefahren bestünden, wenn tragendes Mauerwerk mit einer geringeren Dicke als 11,5 cm ausgeführt würde.*
6. *Erläutern Sie die Aufgaben aussteifender Wände.*
7. *Nehmen Sie zu folgender Aussage Stellung: „Nichttragende Wände gibt es eigentlich gar nicht!"*
8. *Warum ist die räumliche Steifigkeit einer Gebäudekonstruktion für deren Standsicherheit so wichtig?*
9. *Wie müssen die Geschossdecken ausgebildet sein, damit es eine raumstabile Zelle gibt?*
10. *Nennen Sie Beispiele für Deckenkonstruktionen,*
    a) die als Scheibe wirken,
    b) die nicht als Scheibe wirken.
11. *Wann ist der Einbau eines Ringbalkens notwendig?*
12. *Vergleichen Sie die Wirkungsweise eines Ringbalkens und Ringankers.*
13. *Nennen Sie Bedingungen, bei denen der Einbau eines Ringankers notwendig ist.*

6.3 Wärmeschutz

Der bauliche Wärmeschutz ist heute ein wichtiger Bestandteil des Energiesparens und des Umweltschutzes. Durch wirksame Wärmeschutzmaßnahmen werden:

- der Schadstoffausstoß bei der Gebäudeheizung reduziert,
- Heizkosten eingespart,
- wertvolle Energieressourcen der Erde geschont.

Daneben ist ein wirksamer Wärmeschutz für die Gesundheit der Bewohner und deren Wohlbefinden unverzichtbar.

Der Wärmeschutz umfasst alle Maßnahmen zur Verringerung der Wärmeübertragung sowohl durch die Umfassungswände eines Gebäudes als auch durch die Trennflächen von Räumen mit unterschiedlichen Temperaturen. Der Wärmebedarf eines Gebäudes ist abhängig von der Gebäudeform, der Anordnung der Räume untereinander und der Größe der Fensterflächen.

Ein unzureichender oder fehlender Wärmeschutz verursacht an Gebäuden vielfältige Bauschäden. Wasserdampf, der aufgrund fehlender Wärmedämmung im Wandinneren kondensiert, führt zu Feuchtigkeitsschäden.

Der bauliche Wärmeschutz ist ein Beitrag zur Energieeinsparung und vermindert die Produktion klimaverändernder CO_2-Emissionen. Durch die Energieeinsparverordnung (EnEV) wird der Energieverbrauch von Gebäuden deutlich verringert.

Der bauliche Wärmeschutz ist ein wichtiger Bestandteil des Energiesparens. Durch unzureichenden Wärmeschutz wird das Wohlbefinden der Bewohner beeinträchtigt und Feuchtigkeitsschäden verursacht.

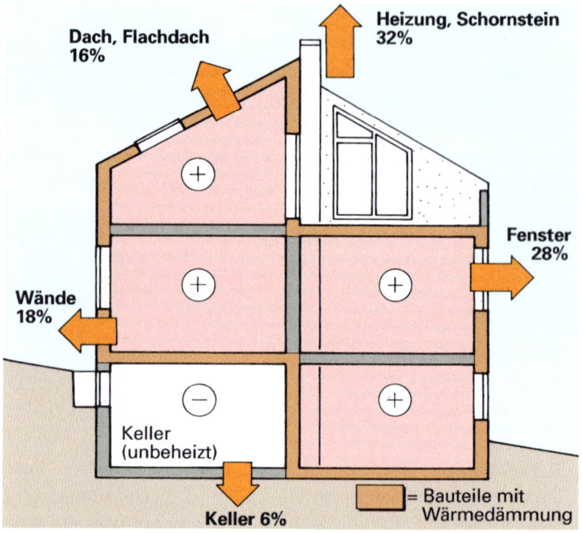

Wärmeverluste eines Einfamilenhauses

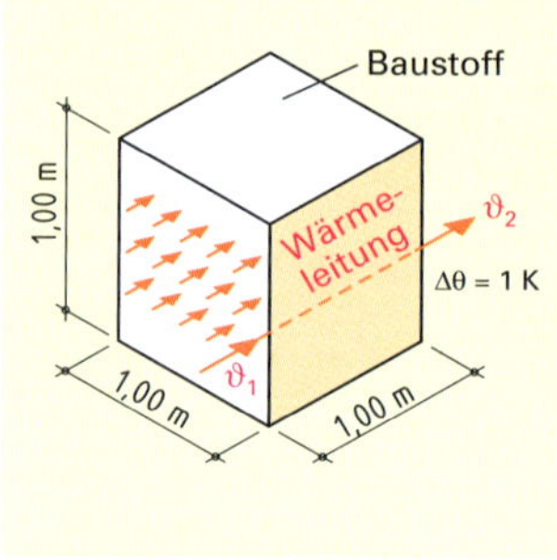

Wärmeleitung

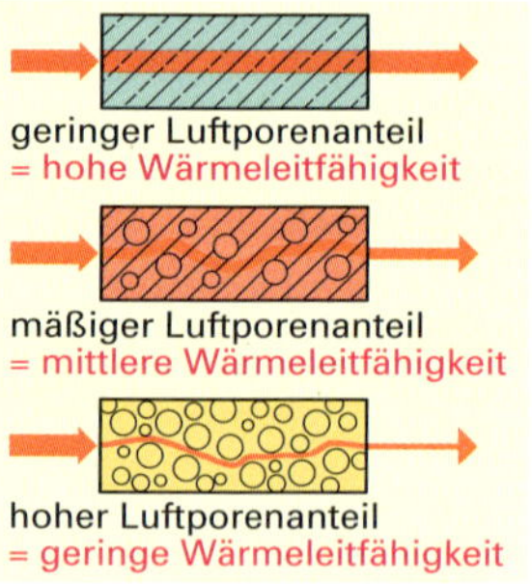

Wärmeleitfähigkeit

6.3.1 Wärmedämmung

Die Wärmedämmfähigkeit einer Außenwand ist davon abhängig, wie groß der **Wärmestrom** ϕ (phi) ist, der pro Sekunde durch das Bauteil gelangen kann. Der Wärmestrom verläuft immer von warmen Bereichen in kältere Bereiche, d.h. im Winter von innen nach außen und im Sommer bei hohen Außentemperaturen von außen nach innen.

Die Wärmeübertragung von innen nach außen läuft in drei Phasen ab:

1. Wärmeübergang: Die Wärme der Innenraumluft geht auf die Außenwand über.
2. Wärmeleitung: Die Wärme wird von der inneren Wandoberfläche zur äußeren Wandoberfläche weitergeleitet.
3. Wärmeübergang: Die Wärme geht von der Außenwandoberfläche auf die Außenluft über.

Wie stark ein Bauteil die Wärme leitet, ist von der Wärmeleitfähigkeit λ der verwendeten Baustoffe und von der Bauteildicke bzw. den Schichtdicken d abhängig. Beide Faktoren beeinflussen den Wärmedurchlasswiderstand R des Bauteils. Je größer die Bauteildicke und je kleiner die Wärmeleitfähigkeiten der Baustoffe sind, umso größer ist der **Wärmedurchlasswiderstand** R.

$$R = \frac{d_1}{\lambda_1} + \frac{d_2}{\lambda_2} + \frac{d_3}{\lambda_3} \dots + \frac{d_n}{\lambda_n} \quad \left[\frac{m^2 \cdot K}{W}\right]$$

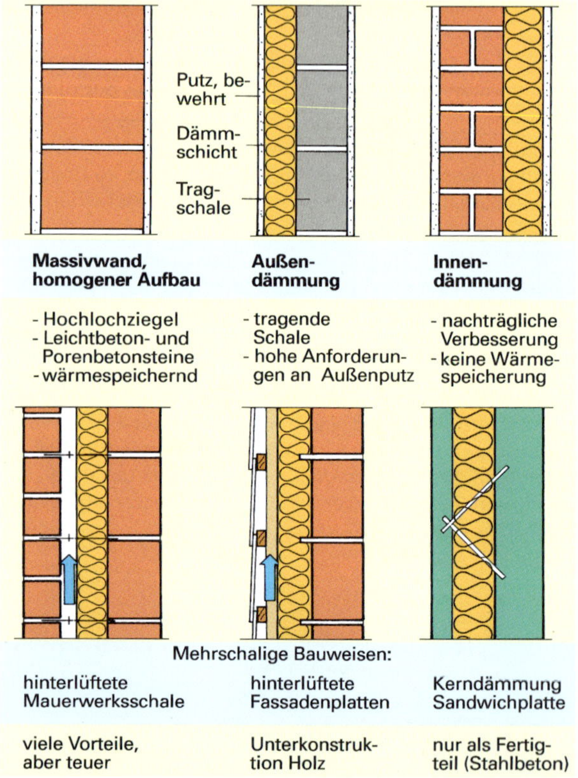

Wärmedämmung verschiedener Wandkonstruktionen

Weil sich die Wärmeübertragung aus Wärmeleitung und Wärmeübergang zusammensetzt, müssen noch der **Wärmeübergangswiderstand an der Innenseite** R_{Si} und der **Wärmeübergangswiderstand an der Außenseite** R_{Se} berücksichtigt werden. Daraus ergibt sich das Maß für die Wärmedämmfähigkeit eines Bauteils, der **Wärmedurchgangswiderstand** R_{tot}:

$$R_{tot} = R_{Si} + R + R_{Se} \quad \left[\frac{m^2 \cdot K}{W}\right]$$

Der **Wärmedurchgangskoeffizient** U gibt an, wie groß die durchfließende Wärmemenge ist, die je Sekunde auf einer Fläche von 1 m^2 bei einem Temperaturunterschied von 1 Kelvin durch die Konstruktion hindurchgeht. Er ergibt sich aus dem Kehrwert des Wärmedurchgangswiderstandes R_{tot}.

$$U = \frac{1}{R_{tot}} \quad \left[\frac{W}{m^2 \cdot K}\right]$$

Zur überschlägigen Berechnung der Wärmedämmung von Dämmschichten können folgende Faustregeln angewendet werden:

$$U = \frac{4}{d\,(\text{cm})}$$

Beispiel: 20 cm Dämmung

$$U = \frac{4}{20\text{ cm}} = 0{,}2\ \frac{W}{m^2 \cdot K}$$

$$d = \frac{4}{U}$$

Beispiel: $U_{erf} = 0{,}15$

$$d = \frac{4}{0{,}15} = 26{,}7\text{ cm}$$

6.3.2 Wärmeschutzberechnungen

Die Erstellung von Wärmeschutznachweisen ist verhältnismäßig kompliziert und Aufgabe des Architekten oder Bauingenieurs. Einfache Berechnungen zum Wärmedurchlasswiderstand R oder Wärmedurchgangskoeffizient U können aber auch vom Bauzeichner erwartet werden.

Für die dargestellte Außenwandkonstruktion soll der Wärmedurchlasswiderstand R, Wärmedurchgangswiderstand R_{tot} und der Wärmedurchgangskoeffizient U berechnet werden.

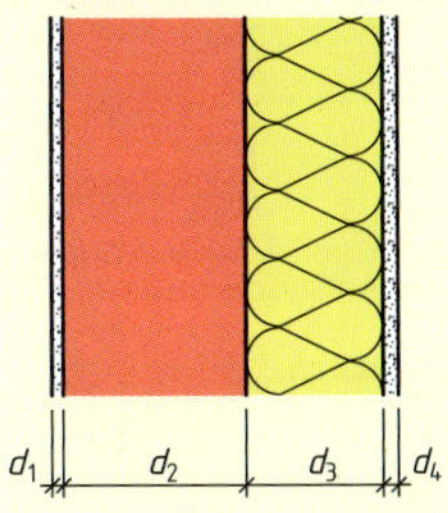

d_1 = 1,5 cm Kalkgipsputz
λ_1 = 0,700 W/(m · K)
d_2 = 24,5 cm Porenziegel
λ_2 = 0,120 W/(m · K)
d_3 = 18,0 cm Mineralwolle
λ_3 = 0,035 W/(m · K)
d_3 = 2,0 cm Leichtputz
λ_3 = 0,380 W/(m · K)

Wärmedurchlasswiderstand *R*

$$R = \frac{d_1}{\lambda_1} + \frac{d_2}{\lambda_2} + \frac{d_3}{\lambda_3} + \frac{d_4}{\lambda_4} = \left(\frac{0{,}015}{0{,}700} + \frac{0{,}240}{0{,}120} + \frac{0{,}180}{0{,}035} + \frac{0{,}020}{0{,}380}\right) \frac{m^2 \cdot K}{W}$$

$$= 7{,}22\ \frac{m^2 \cdot K}{W}$$

Wärmedurchgangswiderstand R_{tot}

$$R_{tot} = R_{si} + R + R_{se}$$

$$R_{si} = 0{,}13\ \frac{m^2 \cdot K}{W} \quad \text{und} \quad R_{se} = 0{,}04\ \frac{m^2 \cdot K}{W}$$

$$R_{tot} = (0{,}13 + 7{,}22 + 0{,}04)\ \frac{m^2 \cdot K}{W} = 7{,}39\ \frac{m^2 \cdot K}{W}$$

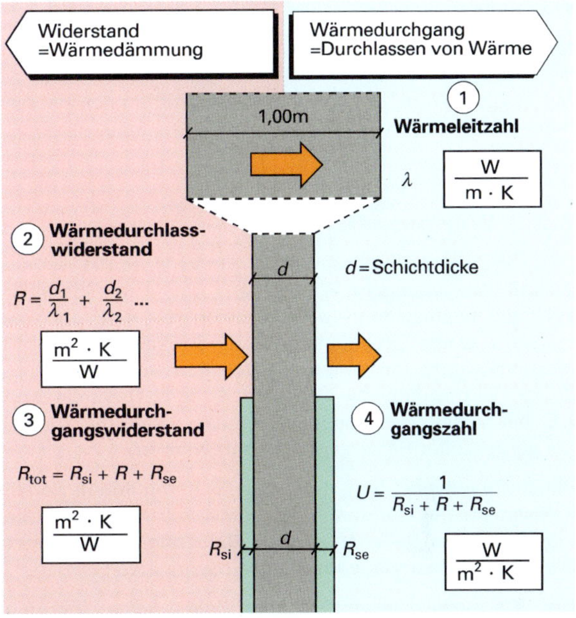

Begriffe mit Berechnungsformeln

Wie stark ein Bauteil die Wärme leitet, ist von der Wärmeleitfähigkeit λ der verwendeten Baustoffe und von der Bauteildicke bzw. den Schichtdicken d abhängig.

Größe	Symbol	Einheit
Wärmestrom	ϕ	W
Bemessungswert der Wärmeleitfähigkeit	λ	W/(m · K)
Bemessungswert des Wärmedurchlasswiderstandes	R	(m^2 · K)/W
Wärmeübergangswiderstand, innen	R_{si}	(m^2 · K)/W
Wärmeübergangswiderstand, außen	R_{se}	(m^2 · K)/W
Wärmedurchgangswiderstand	R_{tot}	(m^2 · K)/W
Wärmedurchgangskoeffizient	U	W/(m^2 · K)
Temperatur	θ	°C
Innentemperatur	θ_i	°C
Außentemperatur	θ_e	°C
Temperaturdifferenz	$\Delta\theta$	K
Bauteildicke	d	m
Rohdichte	ϱ	kg/m^3

Abkürzungen und Einheiten des baulichen Wärmeschutzes

Wärmeübergangswiderstand in m^2 · K/W	Richtung des Wärmestroms		
	aufwärts	horizontal	abwärts
R_{Si}	0,10	0,13	0,17
R_{Se}	0,04	0,04	0,04

Wärmeübergangswiderstände nach DIN EN ISO 6946

Wärmedurchgangskoeffizient U

$$U = \frac{1}{R_T} = \frac{1}{7{,}39} = 0{,}135\ \frac{W}{m^2 \cdot K}$$

Mit $U \leq 0{,}15\ W/(m^2 \cdot K)$ erfüllt der Wandaufbau den Passivhaus-Standard.

6.3.3 Wärmespeicherung

Unter Wärmespeicherung versteht man, dass die auf ein Bauteil übergegangene Wärme darin über einen längeren Zeitraum festgehalten – also gespeichert – wird und nur langsam wieder abgegeben wird. So sollen die Umfassungswände von dauerbeheizten Räumen bei verminderter Wärmezufuhr die Wärme speichern. Dadurch kann z. B. bei Klassenzimmern nach dem Unterricht die Wärme bei gedrosselter Heizung gespeichert werden.

Baustoffe mit einer hohen Dichte (z. B. Beton, Mauerziegel, Kalksandsteine) verfügen über gute wärmespeichernde Eigenschaften. Dagegen weisen Baustoffe mit geringer Dichte nur eine geringe Wärmespeicherfähigkeit auf.

Die Wärmespeicherung ist besonders auch für den sommerlichen Wärmeschutz nötig, um Räume vor Überhitzung zu schützen. Bestehen Außenwände und Decken aus wärmespeichernden Baustoffen, wird die tagsüber von der Sonne eingebrachte Wärme vorübergehend gespeichert und nicht sofort an die Raumluft abgegeben. In den kühleren Abend- und Nachtstunden wird die aufgespeicherte Wärme wieder abgegeben, sodass die Außenwand oder Decke am folgenden Tag wieder als Wärmespeicher zur Verfügung steht.

Dichte Baustoffe verfügen über eine gute Wärmespeicherfähigkeit, wodurch angenehme Raumtemperaturen auch im Sommer gewährleistet werden können.

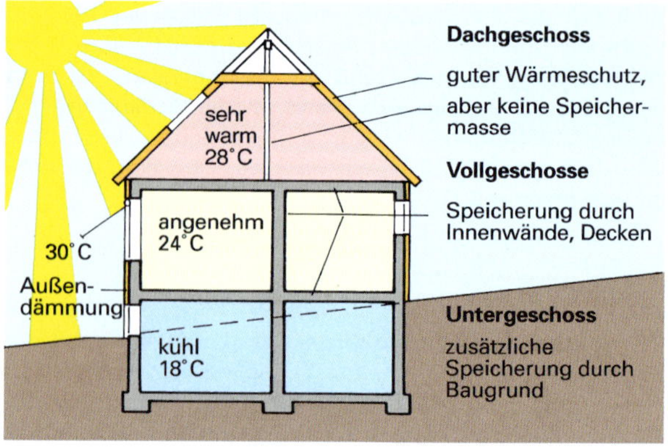

Sommerlicher Wärmeschutz

6.3.4 Wärmebrücken

Als Wärmebrücken werden Stellen bezeichnet, an denen die wärmedämmende Gebäudehülle geschwächt oder durchbrochen wird. Dadurch werden zusätzliche Wärmeverluste und niedrige Oberflächentemperaturen hervorgerufen, die zu Tauwasserbildung führen können.

Es werden materialbedingte und formbedingte Wärmebrücken unterschieden.

Materialbedingte Wärmebrücken treten dort auf, wo konstruktionsbedingt Baustoffe mit unterschiedlicher Wärmeleitfähigkeit aufeinandertreffen, z. B. wenn eine gemauerte Wand von einer Stahlbetonstütze unterbrochen wird. Aufgrund der höheren Wärmeleitfähigkeit der Stahlbetonstütze findet eine höhere Wärmeleitung statt, die zu einer niedrigeren Oberflächentemperatur gegenüber der angrenzenden Mauer führt.

Besonders groß ist der Wärmebrückeneffekt, wenn die Bauteile mit hoher Wärmeleitfähigkeit die wärmegedämmte Gebäudehülle direkt durchstoßen, z. B. auskragende Balkonplatten aus Normalbeton.

Die geometrische Formgebung kann ebenfalls zur Ausbildung von Wärmebrücken führen. Ein typisches Beispiel dafür ist die Raumecke:

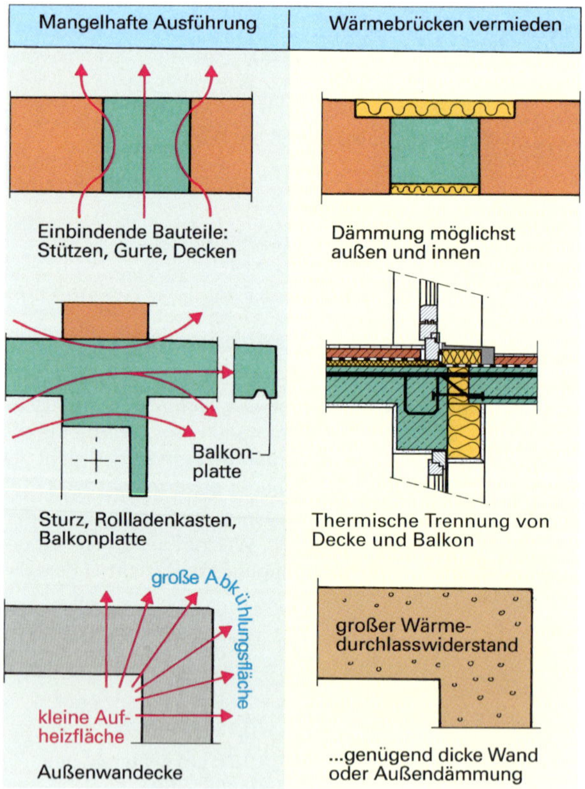

Ursachen und Vermeidung von Wärmebrücken

Wenn die Innentemperatur 20 °C beträgt, kann die Innenoberflächentemperatur bei 14,1 °C liegen, in der Raumecke sogar nur noch bei 8,5 °C. Wie kommt es zu dem starken Temperaturabfall in der Raumecke? Die wärmeabgebende Fläche außen ist größer als die wärmeaufnehmende Innenfläche, was zu einem hohen Wärmeverlust führt.

Um Wärmebrücken zu vermeiden, ist eine sorgfältige Detailplanung und eine gewissenhafte Ausführung von An- und Abschlüssen, Übergängen und Durchdringungen unabdingbar.

Maßnahmen zur Vermeidung von Wärmebrücken

- Gebäude ringsum dämmen.
- Dämmung der Außenwand bis an Dachschalung hochziehen und nahtlos an das Dämmsystem des Daches anfügen.
- Außenwanddurchdringende Betondecken besonders wärmedämmen.
- Auskragende Bauteile wie Balkone vollständig vom gedämmten Bauteil trennen.
- Fenster und Balkontüren in einer Ebene mit der Dämmung anordnen, sonst die Laibungsfläche dämmen.
- Rollladenkästen vor die gedämmte Gebäudehülle setzen.
- Verrutschen von Dämmschichten durch ausreichende Befestigung bzw. das Zusammensacken von Schüttdämmstoffen durch Verdichten vermeiden.
- Bei Leichtmauerwerk Leichtmauermörtel verwenden, dessen Dämmwert dem Mauerstein entspricht.

6.3.5 Dämmstoffe für den Wärmeschutz

Kennzeichnung von Dämmstoffen

Es gibt eine Vielzahl unterschiedlicher Produkte, die aus organischen und anorganischen Stoffen bestehen und als Dämmmatten, -platten oder schüttfähiges Granulat angeboten werden. Es dürfen nur genormte oder bauaufsichtlich zugelassene Produkte verwendet werden. Mit der CE-Kennzeichnung bestätigt der Hersteller, dass die europäischen Normen eingehalten wurden. Dies ist keine neutrale Fremdüberwachung.

In der Produktdeklaration wird ein Nennwert der Wärmeleitfähigkeit λ_D angegeben. Die Wärmeschutzberechnungen sind aber mit dem Bemessungswert der Wärmeleitfähigkeit λ_B durchzuführen, der meist um 0,001 W/m · K höher ist.

$$\lambda_B = \lambda_D + 0{,}001 \frac{W}{m \cdot K}$$

Zum Beispiel:

Auf der Verpackung ist der Nennwert der Wärmeleitfähigkeit angegeben:

$$\lambda_D = 0{,}034 \frac{W}{m \cdot K}$$

Die Berechnungen sind aber mit dem Bemessungswert der Wärmeleitfähigkeit durchzuführen:

$$\lambda_B = 0{,}034 + 0{,}001 \frac{W}{m \cdot K} = 0{,}035 \frac{W}{m \cdot K}$$

Die Kennzeichnung von Wärmedämmstoffen kann nach dem Material, der Dämmfähigkeit oder nach dem Einbauort erfolgen.

Die Dämmfähigkeit eines Wärmedämmstoffes wird durch die Wärmeleitgruppe (*WLG*) oder Wärmeleitstufe (*WLS*) angegeben. Die Bezeichnung erfolgt nach der Wärmeleitfähigkeit λ, wobei die ersten drei Ziffern hinter dem Komma angegeben werden.

Beispiel: Dämmstoff mit der Wärmeleitfähigkeit λ = 0,040 W/(m · K) wird als WLG 040 bezeichnet.

Nach dem Einbauort im Gebäude lassen sich Dämmstoffe in die Bereiche Decke und Dach, Wand und Perimeter (erdberührte Bauteile) einteilen.

DIN V 4108-10 kennzeichnet Dämmstoffe nach 17 Anwendungsbereichen mit Kurzzeichen:

- Decke und Dach: DAD, DAA, DUK, DZ, DI, DEO, DES.
- Wand: WAB, WAA, WAP, WZ, WH, WI, WTH, WTR.
- Perimeter: PW, PB.

Dämmstoffe müssen eine bauaufsichtliche Zulassung aufweisen. Mit der CE-Kennzeichnung bestätigt der Hersteller, dass die europäischen Normen eingehalten wurden.

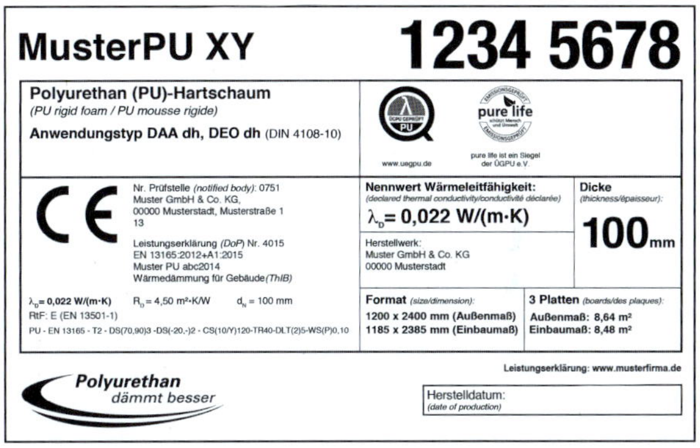

Muster einer Kennzeichnung von Dämmplatten aus Polyurethan-Hartschaum

Bezeichnung	Kurzzeichen
Mineralwolle	MW
Polystyrol-Hartschaum	EPS
Polystyrol-Extruderschaum	XPS
Polyurethan-Hartschaum	PUR
Phenolharz-Hartschaum	PF
Schaumglas	CG
Holzwolle, Mehrschichtplatten	WW, WW-C
Expandiertes Perlit	EPB
Expandierter Kork	ICB
Holzfaser	WF

Kennzeichnung von Wärmedämmstoffen nach dem Material

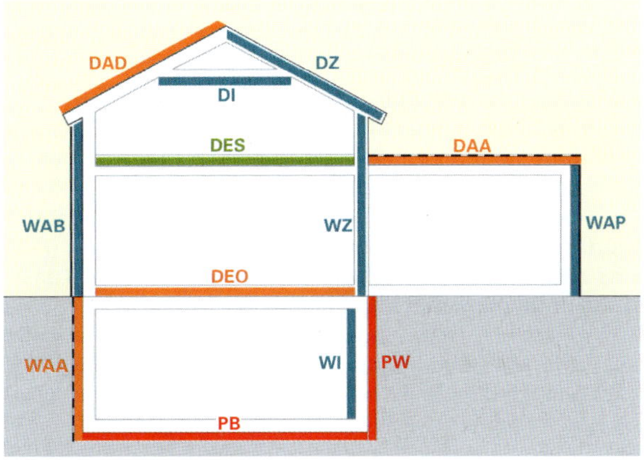

Anwendungsgebiete von Wärmedämmungen und ihre Kurzzeichen nach DIN V 4108-10

Anwendungsgebiet	Anwendungsbeispiele		Kurzzeichen
Decke Dach	Außendämmung von Dach oder Decke, vor Bewitterung geschützt, Dämmung unter Deckungen		DAD
	Außendämmung von Dach oder Decke, vor Bewitterung geschützt, Dämmung unter Abdichtung		DAA
	Außendämmung des Daches, der Bewitterung ausgesetzt (Umkehrdach)		DUK
	Zwischensparrendämmung, zweischaliges Dach, nicht begehbare, aber zugängliche oberste Geschossdecken		DZ
	Innendämmung der Decke (unterseitig) oder des Daches, Dämmung unter den Sparren/Tragkonstruktionen, abgehängte Decke usw.		DI
	Innendämmung der Decke oder Bodenplatte (oberseitig) unter Estrich	ohne Schallschutzanforderungen	DEO
		mit Schallschutzanforderungen	DES
Wand	Außendämmung der Wand hinter Bekleidung		WAB
	Außendämmung der Wand hinter Abdichtung		WAA
	Außendämmung der Wand unter Putz		WAP
	Dämmung von zweischaligen Wänden, Kerndämmung		WZ
	Dämmung von Holzrahmen- und Holztafelbauweise		WH
	Innendämmung der Wand		WI
	Dämmung zwischen Haustrennwänden mit Schallschutzanforderungen		WTH
	Dämmung von Raumtrennwänden		WTR
Perimeter	Außen liegende Wärmedämmung von Wänden gegen Boden (außerhalb der Abdichtung)		PW
	Außen liegende Wärmedämmung unter der Bodenplatte gegen Boden (außerhalb der Abdichtung)		PB

Dämmstoffe nach Anwendungsgebieten

Anforderungen an Wanddämmstoffe

Die thermischen und feuchtetechnischen Beanspruchungen von Wanddämmstoffen sind zwar geringer als für Dämmstoffe von Dächern, dennoch müssen sie je nach Anwendungsgebiet unterschiedliche Anforderungen erfüllen.

Außendämmung unter Putz (WAP):

Hier kommen großflächige Wärmedämm-Verbundsysteme zum Einsatz, die auf die Außenwand geklebt und/oder gedübelt werden. Darauf wird ein Putz aufgebracht.

Der Dämmstoff muss druckfest sein, damit er Eigenlast und Winddruck aufnehmen kann. Die Oberfläche muss eine gute Putzhaftung ermöglichen. Um Rissbildung zu verhindern, muss die Temperaturdehnung von Putz und Dämmstoff aufeinander abgestimmt sein.

Als Dämmstoff werden überwiegend Polystyrol-Hartschaumplatten (EPS) verwendet. Es können auch die höher wärmedämmenden Kunststoffe Polyurethan-Hartschaum (PUR) oder Phenolharz-Hartschaum (PF) eingesetzt werden. Kunststoffdämmungen weisen ein äußerst problematisches Brandverhalten auf.

Die aus natürlichen Rohstoffen gewonnenen Dämmstoffe Holzfaserdämmplatten (WW) und expandierter Kork (ICB) sind zwar auch brennbar, wirken aber nicht wie die Kunststoffdämmungen brandbeschleunigend.

Nichtbrennbare Dämmstoffe wie Mineral- und Steinwolle oder Mineralschaumplatten eignen sich besonders für mehrgeschossige Bauwerke. Sie werden für geringe Wasseraufnahme hydrophobiert.

Dämmung von Holzrahmen- und Holztafelwänden (WH):

Zur Dämmung der Gefache von Holzrahmen- und Holztafelwänden können Dämmstoffmatten oder lose Dämmstoffe verwendet werden. Es bestehen keine Anforderungen an die Druckfestigkeit oder Temperaturausdehnung. Dämmstoffmatten dürfen jedoch unter ihrer Eigenlast nicht zusammensacken. Deshalb werden sie mit Übermaß bestellt und durch Zusammenpressen in den Rahmen eingeklemmt. Raumseitig muss eine allseitig luftdicht angeschlossene **Dampfbremse** angebracht sein, um des Eindringen der Raumfeuchtigkeit in die Dämmung zu verhindern.

Innendämmung von Außenwänden (WI):

Eine raumseitige Dämmung kann mit allen Dämmstoffen ausgeführt werden. Dämmstoffmatten können zwischen Holz- oder Metallunterkonstruktionen eingebaut werden, die eine Innenverkleidung tragen. Eine luftdichte, feuchtevariable Dampfbremse ist allseitig dicht anzuschließen.

Kapillar saugende Dämmstoffe, wie Holzfaserdämmplatten, Mineralschaumplatten oder Perlitplatten, können auch vollflächig mit einem Klebemörtel auf die Außenwand geklebt werden und mit einem diffusionsoffenen Verputz beschichtet werden. Dann kann die Dampfbremse entfallen.

Siehe auch Abschnitt 12.5.4 (Seite 468/469)

Bei Außendämmungen kommen großflächig verlegte Wärmedämm-Verbundsysteme zum Einsatz. Zur Dämmung der Gefache von Holzrahmen- und Holztafelwänden können Dämmstoffmatten oder lose Dämmstoffe verwendet werden. Mit kapillar saugfähigen Dämmstoffen lassen sich Innendämmungen ohne Dampfbremse ausführen, sonst ist außer bei Wärmedämm-Verbundsystemen raumseitig immer eine Dampfbremse anzuordnen.

Form	Dämmstoff	Verwendungsbeispiele
Dämmplatten und Dämmmatten	**Holzwolle-Platten (WW):** Hergestellt aus Holzwolle, getränkt und überzogen mit Bindemitteln wie Zement, Magnesit oder Gips. 15 … 100 mm dick, 0,50 m breit und 2,00 m lang. **Holzwolle-Mehrschichtplatten (WW-C) mit Hartschaumschicht:** Sie bestehen aus Schaumkunststoffen (z. B. Polystyrolschaum) und einseitiger oder beidseitiger Beschichtung aus mineralisch gebundener Holzwolle, 15 … 75 mm dick, 0,50 m breit und 2,00 m lang.	Außen- oder innenliegende Dämmschicht an Bauteilen aus Beton. Zwischenschicht für zweischaliges Mauerwerk. Als Putzträger bei leichten Trennwänden und Gebälk (Holzbalkendecken, Dächer). Als Dämmschicht bei Estrichen auf Dämmschicht. Als Dämmschicht bei Kalt- und Warmdächern.
	Platten aus Schaumkunststoffen: Werkmäßig hergestellte Wärmedämmstoffe aus expandiertem Polystyrol (EPS), aus extrudiertem Polystyrolschaum (XPS), aus Phenolharzschaum (PF) und aus Polyurethan-Hartschaum (PUR).	Als Dämmschicht bei Estrichen auf Dämmschicht. Zwischenschicht bei zweischaligem Mauerwerk. Zur Herstellung von Verbundplatten. Als Füllkörper für Stahlbetonrippendecken.
	Platten aus Schaumglas (CG): Fester Dämmstoff aus geschäumtem Glas mit geschlossenzelliger Struktur.	
	Korkdämmplatten aus expandiertem Kork (ICB): Aus aufgeblähtem Korkschrot (Rinde der Korkeiche) und Steinkohlenteer als Bindemittel.	Als Dämmschicht bei Estrichen auf Dämmschicht und bei Warmdächern.
	Faserdämmstoffe aus Mineralwolle (MW): Hergestellt aus Glasfasern, Hochofenschlackenfasern oder Steinfasern. Im Handel als Matten, Filze oder Platten in unterschiedlichen Dicken. Vorzugsmaße der Platten 0,50 m/1,00 m, Matten und Filze auf Rollen mit 1,00 m Breite. Dichte zwischen 20 und 30 kg/m³. **Matten aus lockeren Faserdämmstoffen** sind in der Regel mit einer elastischen Schicht (z. B. Bitumenpapier) versteppt. **Pflanzliche Faserdämmstoffe** werden aus Kokosfasern oder chemisch und mechanisch aufbereiteten Holzfasern hergestellt.	Belastbare Faserdämmstoffe als Dämmschicht bei Estrichen auf Dämmschicht. Nicht belastbare Dämmschicht bei Kalt- und Warmdächern. Als Zwischenbauteil in leichten Trennwänden. Dämmschicht in Holzbalkendecken und bei geneigten Dächern (zwischen den Sparren). Ummantelung von Rohrleitungen. Zwischenschicht bei zweischaligem Mauerwerk.
lose Dämmstoffe	Naturbims, Hüttenbims, Kieselgur, expandiertes Perlit (EPB), Glas oder Steinwolle.	Zur Herstellung von Leichtbeton und Mauersteinen. Als Füllstoff für Holzbalkendecken.
	Schaumige Kunststoffe, wie z. B. Polystyrolschaum oder Polyurethanschaum.	Zur Herstellung von Styropor-Beton und Styropor-Mauerziegel. Zum Ausschäumen von Fertigteilen (Wandelemente) und Flachdachkonstruktionen aus Holz oder Stahl.
biologische Dämmstoffe	**Holzfaserplatten** Hergestellt aus langfaserigem Nadelholz, evtl. auch Laubholz. Als Bindemittel dient eine Wachsemulsion mit Aluminiumsulfat. Für den Schädlings- und Brandschutz werden die Platten mit Borsäure getränkt. Eine Hydrophobierung kann durch das Aufbringen einer Bitumen- oder Naturharzemulsion erreicht werden.	Als Außendämmung hinter Putz oder Bekleidung, im Holzrahmen- und Holztafelbau, zur Dämmung von Raumtrennwänden. Auch als Zwischensparrendämmung oder unter Estrichen. Gesundheitlich unbedenklich, Holz als nachwachsender Rohstoff ist ökologisch sinnvoll.
	Hanf Herstellung aus Fasern der Hanfpflanze. Als Zusatzstoffe werden Stützfasern aus Polyester und Kartoffelstärke verwendet. Als Brandschutzmittel werden Natriumkarbonat oder Borsalz verwendet, zur Hydrophobierung Bitumen.	Verwendung vor allem im Holzrahmen- und Holztafelbau, wegen geringer Druckbelastung als Außendämmung nur hinter Bekleidung verwendbar. Im Dach als Zwischensparrendämmung, auch als Einblasdämmung, einsetzbar.
	Flachs Aus den Kurzfasern der Flachspflanze wird ein Faservlies hergestellt. Als Bindemittel wird Kartoffelstärke verwendet und Borsalz als Brandschutzmittel. Bei dicken Platten werden Polyesterfasern als Stützarmierung eingearbeitet.	Verwendung wie bei Hanf.
	Zellulosefasern Herstellung durch Zerkleinern von Altpapier mit Zusatz von Borsalz als Brandschutzmittel. Bei der Herstellung von Platten werden Bindemittel wie Harz oder Aluminiumsulfat zugegeben.	Eine Norm ist in Vorbereitung. Für handelsübliche Produkte liegen bauaufsichtliche Zulassungen vor. Zellulosefasern werden durch Einblasen in vorbereitete Hohlräume eingebracht. Verwendung vor allem im Holzrahmen- und Holztafelbau, wegen geringer Druckbelastung als Außendämmung nur hinter Bekleidung verwendbar. Im Dach als Zwischensparrendämmung einsetzbar.
	Strohballen Strohballen sind ein landwirtschaftliches Beiprodukt mit äußerst geringem Energieeinsatz.	Eine allgemeine bauaufsichtliche Zulassung liegt für zertifizierte Baustrohballen vor. Verwendung hauptsächlich für die Gefachdämmung im Holzrahmenbau. Strohballen werden meist direkt innen mit Lehmmörtel und außen mit einem Leichtkalkmörtel verputzt.

Dämmstoffe für den Wärmeschutz

Zusammenfassung

Die Wärmedämmung eines Bauteils hängt von der Wärmeleitfähigkeit des verwendeten Baustoffes und der Bauteildicke ab. Je dichter ein Stoff und je größer seine Rohdichte ist, desto besser leitet er die Wärme.

Ein Bauteil mit guter Wärmedämmung kann aber gleichzeitig über eine geringe Wärmespeicherfähigkeit verfügen. Wärmespeicherung bedeutet, dass ein Bauteil Wärme aufnimmt, über einen längeren Zeitraum festhält und langsam wieder abgibt. Diese Eigenschaft haben dichte Baustoffe, was besonders für den sommerlichen Wärmeschutz günstig ist.

Wärmebrücken verursachen hohe Wärmeverluste und niedrige Bauteiloberflächentemperaturen, die zu Feuchtigkeitsschäden führen können. Sie treten beim Zusammentreffen unterschiedlicher Werkstoffe oder durch geometrische Formgebung auf. Um sie zu vermeiden, ist eine sorgfältige Detailplanung und gewissenhafte Ausführung notwendig.

Dämmstoffe werden aus organischen und anorganischen Stoffen hergestellt. Sie können als Dämmplatten, -matten oder als lose Schüttung verarbeitet werden.

Aufgaben

1. *Warum ist heute ein guter Wärmeschutz an Gebäuden von außerordentlicher Bedeutung?*
2. *Erläutern Sie die drei Phasen der Wärmeübertragung von innen nach außen.*
3. *Erklären Sie den Unterschied zwischen Wärmedämmung und Wärmespeicherung.*
4. *Welche Maßnahmen können ergriffen werden, um bei einem Gebäude einen ausreichenden Wärmeschutz im Winter und im Sommer zu gewährleisten?*
5. *Erklären Sie, wie Wärmebrücken entstehen.*
6. *Welche Folgen haben Wärmebrücken?*
7. *Nennen Sie typische Bereiche an Gebäuden, an denen Wärmebrücken entstehen können.*
8. *Mit welchen Maßnahmen können Wärmebrücken vermieden werden?*
9. *Nennen Sie verschiedene Dämmstoffarten und deren Verwendung.*
10. *Was sagt das CE-Zeichen aus?*

6.3.6 Vorschriften zum Wärmeschutz

DIN 4108 „Wärmeschutz und Energieeinsparung im Hochbau"

In DIN 4108 werden Mindestanforderungen für den Wärmeschutz festgelegt. Sie bilden die Grundlage für die Wärmeschutzberechnungen mit Mindestwerten für den Wärmedurchlasswiderstand R und Höchstwerten für den Wärmedurchgangskoeffizienten U.

Dadurch wird sichergestellt, dass an jeder Stelle der Gebäudehülle bei ausreichender Beheizung und Lüftung Tauwasserfreiheit besteht und ein hygienisches Raumklima ohne Schimmelpilzbildung garantiert ist.

Die wärmeschutztechnischen Anforderungen aus DIN 4108 müssen bei beheizten Wohngebäuden immer erfüllt sein.

Energieeinsparverordnung (EnEV)

In der Energieeinsparverordnung werden neben den baulichen Aspekten eines Gebäudes auch die anlagentechnischen Einflüsse berücksichtigt. Dabei geht es bei der Bewertung nicht nur um den Wärmebedarf eines Gebäudes, sondern um den Gesamtenergiebedarf für Heizwärme und Warmwasser. Darüber hinaus werden alle Energieverluste von der Energiegewinnung bis zur Heizungsanlage als *Primärenergie* in die Energiebilanz mit einbezogen. Dadurch soll eine Reduzierung des Energiebedarfs erreicht werden.

Um das Zusammenspiel von Gebäudehülle und heiztechnischer Anlage optimal aufeinander abstimmen zu können, müssen bei der Planung und Ausführung der Gebäudehülle folgende Faktoren berücksichtigt werden:

- *Baulicher Wärmeschutz:* senkt Transmissionswärmeverluste.
- *Architektur:* die Form und Ausrichtung des Gebäudes beeinflussen die Höhe des Energieverbrauchs und der solaren Wärmegewinne.
- *Massive Bauweise:* erhöht solare und interne Wärmegewinne durch hohe Wärmespeicherfähigkeit.
- *Vermeidung von Wärmebrücken:* reduziert Transmissionswärmeverluste.
- *Dichtheit des Gebäudes:* reduziert Lüftungswärmeverluste.
- *Sommerlicher Wärmeschutz:* verhindert Überhitzung und spart Kühlenergie.
- *Moderne Heiztechnik:* nutzt den Energieträger besser aus und reduziert Wärmeverluste der Heizungsanlage.

Mit der EnEV 2014 steigen die energetischen Anforderungen eines Neubaus gegenüber der EnEV 2009, indem der Primärenergiebedarf des Referenzgebäudes (Vergleichsgebäude) ab 2016 mit dem Faktor 0,75 multipliziert wird. Dadurch sinkt der Primärenergiebedarf eines Neubaus um 25%.

Parallel dazu wird der Wärmeschutz der Gebäudehülle verschärft, indem der auf die Gebäudehülle bezogene Transmissionswärmeverlust bei Neubauten ab 2016 den Wert des Referenzgebäudes nicht überschreiten darf. Dadurch wird eine bis zu 20% bessere Wärmedämmung der Gebäudehülle erforderlich.

Die Anforderungen der EnEV müssen eingehalten werden bei Sanierung, Modernisierung oder Erneuerung von Bauteilen der wärmeübertragenden Gebäudehülle, sowie dem Ausbau unbeheizter Gebäudeteile oder dem Anbau neuer Gebäudeteile.

Um Anreize für den verstärkten Einsatz erneuerbarer Energien zu schaffen, kann der aus erneuerbaren Energien erzeugte Strom vom rechnerischen Energiebedarf des Gebäudes abgezogen werden. Auch die Verwendung von Energie aus Biomasse fließt in die energetischen Berechnungen für das jeweilige Gebäude mit ein.

Die Energieeinsparverordnung EnEV berücksichtigt neben den baulichen Aspekten die anlagetechnischen Einflüsse auf den Energiebedarf eines Gebäudes. In der Energiebilanz eines Gebäudes werden Energieverluste und Energiegewinne berücksichtigt. Die Anforderungen der EnEV lassen sich durch das Erfüllen der DIN 4108 allein nicht erreichen.

Eine Fassadensanierung sollte immer mit dem Anbringen eines WDVS verbunden werden. Weil die Kosten für Gerüst und Baustelleneinrichtung ohnehin anfallen, fallen die Kosten für die Dämmung nicht so stark ins Gewicht.

Die von den Herstellern angebotenen Systeme unterscheiden sich in der Regel durch die verwendeten Dämmstoffe, Befestigungsarten und Oberflächenbeschichtungen voneinander.

Bei Verwendung genormter Baustoffe ist eine allgemeine bauaufsichtliche Zulassung nicht erforderlich. Die Ausführung sollte nur von einem Fachbetrieb vorgenommen werden.

Bei einem Wärmedämm-Verbundsystem sind Wärmedämmschicht, Klebemörtel, Armierungsschicht und Außenputz fest miteinander verbunden.

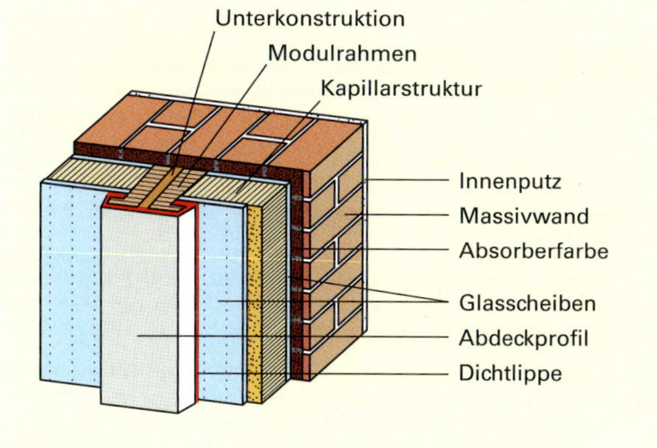

Wirkungsweise einer transparenten Wärmedämmung

Transparente Wärmedämmung

Bei einer transparenten Wärmedämmung (TWD) wird die Sonneneinstrahlung durch das Dämmmaterial hindurch gelassen. Sie besteht aus einer Glasabdeckung und einer strahlungsdurchlässigen Dämmschicht aus Kunststoff- oder Glaskapillaren. Dadurch kann die Sonnenstrahlung von der dahinterliegenden Wand absorbiert und in Wärme umgewandelt werden. Das Mauerwerk gibt die Wärme dann zeitversetzt an den Innenraum ab.

Auf diese Weise wird eine passive Nutzung von Solarenergie ermöglicht und gleichzeitig der Wärmeabfluss nach außen behindert.

Die im Winter vorteilhaften Eigenschaften der transparenten Wärmedämmung können im Sommer zu unerwünschter Aufheizung des Innenraumes führen. Deshalb muss für die Sommermonate die Möglichkeit der Verschattung durch einen Sonnenschutz bestehen.

Transparente Wärmedämmung eines Bürogebäudes

Bei Systemen, die als transparenter Außenputz ausgebildet sind, kann auf eine Verschattung verzichtet werden, sie bewirken aber auch eine geringere solare Energieausnutzung.

Eine transparente Wärmedämmung lässt die Sonnenstrahlung bis zur dahinterliegenden Wand durch, wo sie absorbiert und in Wärme umgewandelt wird.

Zusammenfassung

In DIN 4108 werden Mindestwerte für den Wärmedurchlasswiderstand *R* und Höchstwerte für den Wärmedurchgangskoeffizienten *U* von raumabschließenden Bauteilen festgelegt. Mit der Energieeinsparverordnung wird der Gesamtenergiebedarf ermittelt, indem Transmissions- und Lüftungswärmeverluste den internen Wärmegewinnen gegenübergestellt werden. Zusätzlich wird die heiztechnische Anlage bei der Energiebilanz berücksichtigt.

Um einen hohen Wärmeschutz zu erreichen, ist es wichtig, dass alle Außenbauteile gut gedämmt sind. Deshalb müssen auch Fenster und Außentüren einen hohen Wärmeschutz aufweisen.

Als Wärmeschutzmaßnahmen können beispielsweise ein Wärmedämm-Verbundsystem oder eine transparente Wärmedämmung angebracht werden.

In den Außenbereich auskragende Bauteile müssen thermisch getrennt werden.

Um die Vorgaben der EnEV zu erfüllen, sind für Außenwände bei Neubauten meistens Wärmedurchgangskoeffizienten von $U \leq 0{,}20\ W/(m^2 \cdot K)$ erforderlich. Für Sanierungen gilt $U \leq 0{,}24\ W/(m^2 \cdot K)$, bei Innendämmung $U \leq 0{,}35\ W/(m^2 \cdot K)$. Für Passivhäuser muss $U \leq 0{,}15\ W/(m^2 \cdot K)$ sein.

Aufgaben

1. *Erläutern Sie die Unterschiede zwischen DIN 4108 und der Energieeinsparverordnung.*
2. *Worauf sollte bei der Planung eines Gebäudes geachtet werden, um einen möglichst guten Wärmeschutz im Sommer und Winter zu erreichen?*
3. *Berechnen Sie den Wärmedurchlasswiderstand R und den Wärmedurchgangskoeffizienten U für folgenden Wandaufbau (von innen nach außen): Kalkgipsputz 1,5 cm, Stahlbeton 20 cm, Mineralwolle WLG 035 20 cm, Kalkzementputz 2 cm.*
4. *Skizzieren Sie den Aufbau eines Wärmedämm-Verbundsystems.*
5. *Nach welcher Himmelsrichtung sollte eine Außenwand orientiert sein, an der eine transparente Wärmedämmung angebracht wird?*

6.3.10 Anordnung der Wärmedämmschicht

Die Wärmedämmung sollte das gesamte beheizte Gebäudevolumen umhüllen. Eine Dämmschicht, die außerhalb der tragenden massiven Wandschicht liegt, schützt diese vor temperaturbedingten Bewegungen. Durch die wärmespeichernde Masse der tragenden inneren Wandschicht wird ein guter Schutz vor sommerlicher Überwärmung erreicht. Dies ist bei Außendämmung und zweischaligem Mauerwerk der Fall.

Bei einer innen liegenden Wärmedämmschicht sind Wärmebrücken an einbindenden Trennwänden und Decken unvermeidbar, ebenso thermische Bewegungen des Mauerwerks. Durch die innen liegende Dämmung weist die Konstruktion eine geringe wärmespeichernde Masse auf, was für den sommerlichen Wärmeschutz ungünstig ist.

Einschalige Wand mit Außendämmung

Die Dämmstoffstärke hängt von der Wärmeleitzahl λ des Dämmstoffes ab, wird aber meist zwischen 16 und 30 cm liegen. Der Dämmstoff wird vollflächig verklebt und zusätzlich an den Ecken mechanisch befestigt. Die außen liegende Putzschicht muss temperaturbedingte Bewegungen aufnehmen können und wird deshalb bewehrt. Da die Bauteilschichten miteinander verklebt sind, sind Rückbau und Entsorgung schwierig. Wegen des problematischen Brandverhaltens und umweltschädigender Inhaltsstoffe sind die preisgünstigen Dämmungen auf Kunststoffbasis nicht empfehlenswert.

Zweischalige Wand mit Kerndämmung

Nach DIN beträgt der maximale Abstand der Wandschalen 15 cm. Damit lässt sich eine gute Wärmedämmung nur erreichen, wenn die tragende innere Wandschicht einen bedeutenden Beitrag zur Wärmedämmung leistet. Es gibt aber auch bauaufsichtlich zugelassene Anker, die einen größeren Schalenabstand und damit eine bessere Wärmedämmung erlauben. Die Außenschale muss Schlagregen von der Dämmschicht abhalten. Der winterliche Tauwasseranfall verdunstet im Sommer vollständig.

Um die temperaturbedingten Bewegungen aufnehmen zu können, müssen in der Außenschale Bewegungsfugen eingebaut werden.

Zweischalige Wand mit Luftschicht und Wärmedämmung

Die Luftschichtdicke muss mindestens 4 cm betragen, daher wird ein Schalenabstand von 20 cm und mehr für eine ausreichende Dämmschichtdicke erforderlich sein. Durch die Hinterlüftung fällt im Winter kein Tauwasser in der Wand an.

Einschalige Wand mit Innendämmung

(Siehe auch Abschnitt 12.5.4)

Innendämmungen werden bei Neubauten nur ausnahmsweise verwendet, sind jedoch für Sanierungen interessant, wenn das äußere Erscheinungsbild des Hauses nicht verändert werden soll, wie es bei dekorierten Fassaden oder Fachwerkhäusern der Fall ist. Die Dämmstärke sollte nicht zu groß sein, damit Wämebrücken sich nicht zu stark auswirken. Die EnEV schreibt für Sanierungen mit Innendämmung $U \leq 0{,}35$ W/(m² · K) vor, was sich mit Dämmschichtdicken von 8 … 10 cm erreichen lässt.

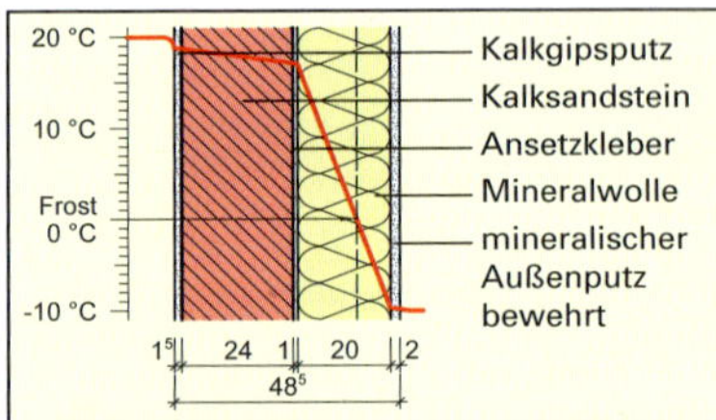

Wandaufaufbau	λ [W/(m · K)]	Dicke [cm]	U [W/(m² · K)]
Kalkgipsputz	0,700	1,5	
Kalksandstein	0,700	24	
Ansetzkleber	1,000	1	0,159
Mineralwolle	0,035	20	
mineralischer Außenputz	1,000	2	

Einschalige Wand mit Außendämmung

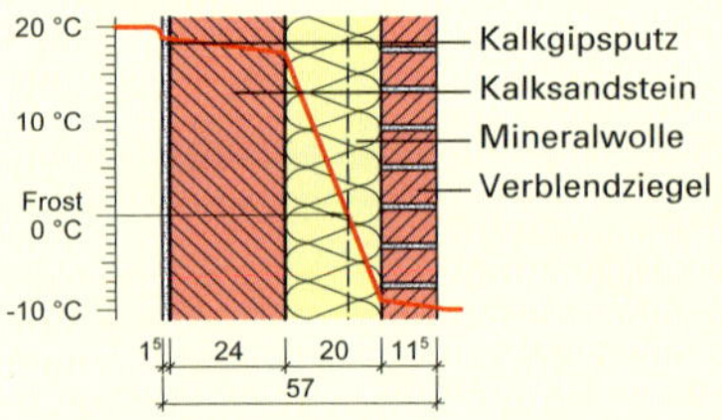

Wandaufaufbau	λ [W/(m · K)]	Dicke [cm]	U [W/(m² · K)]
Kalkgipsputz	0,700	1,5	
Kalksandstein	0,700	24	0,156
Mineralwolle	0,035	20	
Verblendziegel	0,700	11,5	

Zweischalige Wand mit Kerndämmung

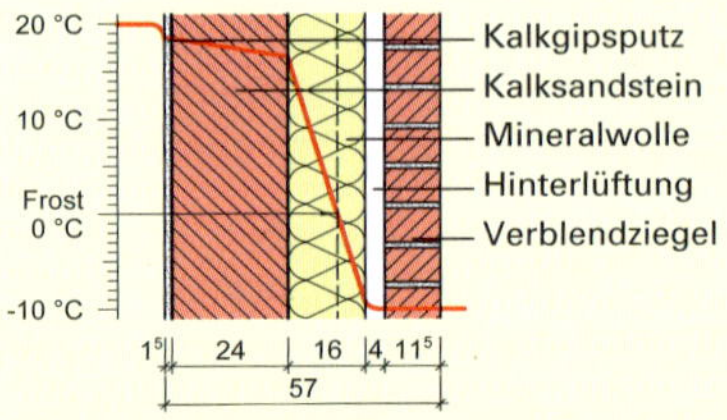

Wandaufaufbau	λ [W/(m · K)]	Dicke [cm]	U [W/(m² · K)]
Kalkgipsputz	0,700	1,5	
Kalksandstein	0,700	24	
Mineralwolle	0,035	16	0,192
Hinterlüftung	–	4	
Verblendziegel	–	11,5	

Zweischalige Wand mit Luftschicht und Wärmedämmung

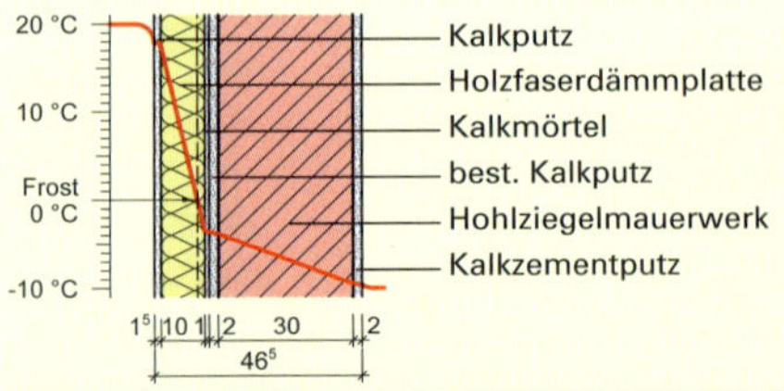

Wandaufaufbau	λ [W/(m · K)]	Dicke [cm]	U [W/(m² · K)]
Kalkputz	0,750	1,5	
Holzfaserdämmplatte	0,040	10	
Kalkmörtel	0,750	1	0,293
best. Kalkputz	0,750	2	
Hochlochziegel	0,450	30	
Kalkputz	0,750	2	

Einschalige Wand mit Innendämmung

6.4 Wände aus Stahlbeton

Beton hat den Vorteil, dass er beliebig formbar ist und hohe Belastungen aufnehmen kann. Gegenüber Mauerwerk hat Beton aber den Nachteil, dass er über schlechte Wärmedämmeigenschaften verfügt. Deshalb werden Betonwände überwiegend dort eingesetzt, wo die Wärmedämmeigenschaften der Wand geringe Bedeutung haben (z. B. bei Untergeschosswänden, im Industriehallenbau, im Wasserbau und Tiefbau) oder die Architektur es erfordert.

Im modernen Betonbau wird die tragende Struktur von der dämmenden Struktur eines Gebäudes getrennt, sodass der Wärmeschutz gewährleistet ist.

Bei massigen Bauteilen kann es durch die Wärme, die bei der Erhärtung des Zements frei wird (Hydratationswärme), zu Temperaturspannungen kommen, die Trennrisse oder Oberflächenrisse zur Folge haben können. Damit die Wärme möglichst wenig und nur langsam zunimmt, kann man gekühltes Anmachwasser verwenden.

NS-Dokumentationszentrum in München

6.4.1 Wandschalung

Um Wände aus Beton herstellen zu können, muss der Frischbeton in eine Schalung gefüllt werden. Nach dem Erhärten des Betons kann die Wand ausgeschalt werden. Obwohl die Schalung nur ein Hilfsmittel ist, verursacht ihre Herstellung je nach Bauteilart und -form einen mehr oder weniger großen Aufwand und Kosten.

Aus wirtschaftlichen Gründen werden für Betonwände heute vorwiegend **Großflächenschalungen** eingesetzt. Sie eignen sich besonders für das Schalen von Wänden und zeichnen sich durch hohe Einsatzhäufigkeit, lange Lebensdauer sowie leichte Montage, Abbauen und Umsetzen aus.

Großflächenschalungen bestehen aus Schalhaut, Schalungsträgern und Zubehörteilen. Die Schalungsträger und die Schalhaut bilden ein biegesteifes und formstabiles Element.

Rahmenschalung

Rahmenschalung

Eine Art der Großflächenschalung ist die Rahmenschalung. Sie besteht aus Stahlrahmen mit aussteifenden Querprofilen und aufgeschraubten Schalungsplatten. Um die Masse zu reduzieren, können Rahmen und Querprofile auch aus Aluminium gefertigt sein, sodass die Schalung ohne Kran umgesetzt werden kann.

Wenige, in Höhe und Breite genormte Standardelemente genügen, um mit Rahmenschalungen wechselnde Wandhöhen und -längen einschalen zu können. Besonders ausgebildete Kupplungsstücke ermöglichen eine fugendichte, fluchtgenaue zug- und druckfeste Verbindung der einzelnen Schalungselemente. Für das Schalen von Innen- und Außenecken stehen Zusatzelemente zur Verfügung.

Zum Fixieren und lotrechten Ausrichten der Schalung werden zweiarmige Richtstützen verwendet, die sich abhängig von der Wandhöhe teleskopartig ausziehen lassen. Bei einseitigen Schalungen (einhäuptige Schalungen) können die hohen Frischbetondrücke über Schalungsabstützböcke sicher abgeleitet werden.

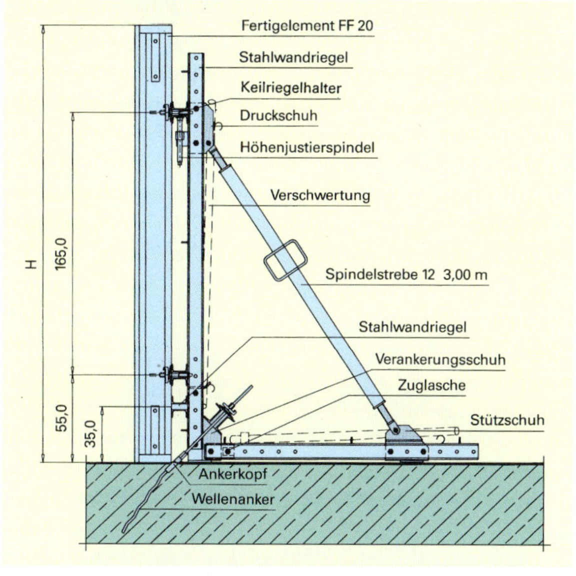

Schalungsabstützbock für einseitige Schalung

Die Rahmenschalung besteht aus Stahl- oder Alurahmen mit aussteifenden Querprofilen und aufgeschraubten Schalungsplatten.

Trägerschalung

Eine weitere Art der Großflächenschalung ist die Trägerschalung. Sie besteht aus der Schalhaut, die durch senkrecht angeordnete Vollwand- oder Gitterträger aus Holz unterstützt wird. Zur Aussteifung ist im unteren und oberen Drittel der Trägerschalung quer eine Stahlgurtung angebracht, an der Spannanker und Richtstützen befestigt werden.

Bei der Trägerschalung wird die Schalhaut durch senkrechte Vollwand- oder Gitterträger unterstützt und mit einer Quergurtung ausgesteift.

Trägerschalung mit Vollwandträgern und Quergurtung

Sonderschalungen

Für geometrisch aufwendige Bauteile wie z. B. Rundungen und schiefwinklige Bauteile müssen Sonderschalungen hergestellt werden. Sie sind zeitaufwendig, kostenintensiv und erfordern ein hohes handwerkliches Können. Oft werden Sonderschalungen an dreidimensionalen Modellen abgenommen und passgenau zugeschnitten.

Bei geometrisch aufwendigen Bauteilen werden Sonderschalungen angefertigt.

Sonderschalung (Mercedes-Benz-Museum)

Schalhaut

Die Schalhaut gibt einem Betonbauteil die Form und bestimmt seine Oberflächenstruktur. Sie muss maßhaltig und dicht sein und den Druck des Frischbetons gleichmäßig auf die Tragkonstruktion übertragen. Außerdem sollte sie für möglichst viele Schalungsvorgänge verwendbar sein.

Die Schalhaut von Großflächenschalungen besteht aus Holzwerkstoffplatten, die auf die Tragkonstruktion aufgeschraubt werden. Ihre Oberflächen erhalten eine Phenolharz-Beschichtung, die das Ausschalen und Reinigen erleichtert und eine längere Lebensdauer (70 … 100 Einsätze) ermöglicht. Auf diese Weise wird ein dichtes Oberflächengefüge und eine glatte Betonfläche erreicht.

Vor dem Aufbau der Schalung wird auf die Schalhaut ein Trennmittel (Schalöl) aufgesprüht, das die Haftung zwischen Beton und Schalhaut vermindert, das Ausschalen erleichtert und die Lebensdauer der Schalhaut erhöht. Als Trennmittel werden säurefreie Fette verwendet. Die Bewehrung darf nicht mit Trennmittel in Berührung kommen, um die Verbundwirkung und Haftung zwischen Beton und Stahl nicht zu vermindern.

Wenn der Beton ausreichend erhärtet ist, kann ausgeschalt werden. Das darf erst geschehen, wenn das Betonbauteil eine ausreichende Festigkeit aufweist, damit

- das Bauteil die im weiteren Bauablauf aufgebrachten Lasten aufnehmen kann,
- ungewollte Verformungen vermieden werden,
- es nicht zu Beschädigungen der Oberflächen und Kanten kommt.

Strukturoberfläche

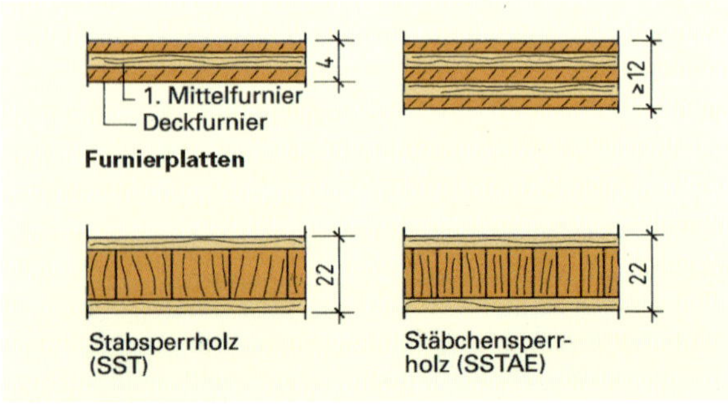

Schalungsplatten

Die Schalhaut bestimmt die Oberflächenstruktur des Betons. Sie muss dicht sein und den Frischbetondruck gleichmäßig übertragen. Um die Haftung zwischen Schalhaut und erhärtetem Beton zu vermindern, wird ein Trennmittel (Schalöl) auf die Schalung gesprüht.

6.4.2 Bewehren von Wänden

Je nach Beanspruchung werden Wände bewehrt oder unbewehrt ausgeführt. Bei Beanspruchung auf Zug, außermittiger Belastung oder Knickgefahr müssen Wände bewehrt werden.

Unbewehrte Wände

Um grobe Schwindrisse zu vermeiden, müssen in Außen- und Wohnungstrennwänden etwa in Höhe jeder Geschossdecke zwei durchlaufende Bewehrungsstäbe (Ringanker) mit einem Mindestdurchmesser von 12 mm gelegt werden. Die Bewehrungsstäbe können auch Teil der Decken- oder Fenstersturzbewehrung sein.

Bewehrte Wände

An welchen Stellen Bewehrungsstahl eingelegt werden muss, richtet sich nach der Belastungsart. Wände können auf Druck, Zug und Biegung beansprucht werden. Am häufigsten kommt die druckbeanspruchte Wand vor.

Bei druckbeanspruchten Wänden unterscheidet man die Längsbewehrung von der Querbewehrung.

- **Längsbewehrung:** Sie besteht aus Tragstäben mit einem Mindestdurchmesser von 8 mm. Werden Betonstahlmatten verwendet, muss ein Mindeststabdurchmesser von 5 mm eingehalten werden. Der Abstand der Stäbe darf höchstens 20 cm betragen.

  Die Längsbewehrung verläuft in der Betonwand waagerecht. Sie soll die Last im Bauteil verteilen und die Bildung von Schwindrissen vermeiden.

- **Querbewehrung:** Für sie ist mindestens $\frac{1}{5}$ des Querschnitts der Längsbewehrung erforderlich. An Beginn und Ende jeder Wand sind je Meter Wandhöhe mindestens 3 Bewehrungsstäbe mit einem Mindestdurchmesser von 6 mm einzubringen. Werden Betonstahlmatten verwendet, ist ein Stabdurchmesser von mindestens 4,5 mm einzuhalten.

Außen liegende Bewehrungsstäbe sind je m² Wandfläche an mindestens vier versetzten Stellen durch S-Haken zu verbinden.

Bei dickeren Wänden sind dazu Steckbügel zu verwenden. Sie müssen im Inneren der Wand verankert werden.

An den freien Rändern der Wand (Wandanfang oder -ende) sind die Eck-Bewehrungsstäbe durch Steckbügel zu sichern. An Fenstern und Türen sind zusätzliche Bewehrungsstäbe mit einem Mindestdurchmesser von 12 mm anzuordnen und durch Steckbügel zu sichern.

Die Steckbügel werden im Abstand verlegt, der höchstens der Wanddicke oder dem 12-fachen Durchmesser der Eckbewehrung entspricht.

In Abhängigkeit von der Belastung können Wände bewehrt oder unbewehrt ausgeführt werden. Bewehrte Wände, die auf Druck belastet werden, erhalten eine Längs- und Querbewehrung.

Wandbewehrung

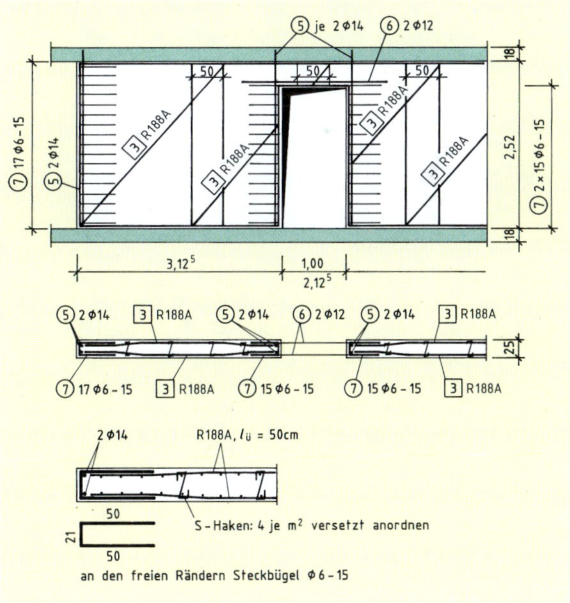

Bewehrungsplan für druckbeanspruchte Wand

Mindestdicke in cm		unbewehrte Wände		bewehrte Wände	
		Decken nicht durchlaufend	Decken durchlaufend	Decken nicht durchlaufend	Decken durchlaufend
C12/15 oder LC16/18	Ortbeton	20	14	–	–
ab C16/20 oder LC16/18	Ortbeton	14	12	12	10
	Fertigteil	12	10	10	8

Mindestwanddicken für tragende Betonwände

6.4.3 Betonfertigteile

Durch den Einsatz von Betonfertigteilen kann der Bauablauf wesentlich wirtschaftlicher und schneller gestaltet werden als mit konventioneller Herstellungsweise. Besonders bei sich häufig wiederholenden Bauteilen eignet sich der Einsatz von Betonfertigteilen.

Tafelsysteme

Bei Tafelsystemen werden Tafeln in Form von Wänden oder Wandteilen und Deckenplatten zu Räumen zusammengefügt. Sie eignen sich für Systembauten wie Büro- oder Wohngebäude.

Von einer **Großtafelbauweise** spricht man, wenn die Tafeln so ausgeführt sind, dass Tragwirkung und Raumbegrenzung in einem Element vereinigt sind. Dabei werden Außenwand-, Innenwand-, Decken- und Sonderelemente (z. B. Installations- oder Aufzugsschächte) unterschieden.

Die Tafeln bestehen entweder aus Leichtbeton oder sind als Sandwichplatten ausgeführt, wobei eine innere Stahlbeton-Tragschicht mit einer Wärmedämmung und einer äußeren Verkleidung aus Stahlbeton kraftschlüssig verbunden ist. Die Innenwand- und Deckentafeln werden in Stahlbeton ausgeführt. Die Tafeln werden mit dem Kran versetzt, die Bewehrungsanschlüsse gegebenenfalls verschweißt und die Fugen mit Ortbeton vergossen.

Die Großtafelbauweise mit Sandwichelementen war in den 1960er und 1970er Jahren vor allem im Osten weit verbreitet und wird heute kaum mehr eingesetzt. Mit einer nachträglichen Außendämmung können bestehende Großtafelbauten heutigen Anforderungen gerecht werden.

Doppelwandelemente

Doppelwandelemente bestehen aus 4 ... 6 cm dicken Betonplatten, die im Fertigteilwerk durch Gitterträger unverschiebbar miteinander verbunden werden. Nach dem Versetzen auf der Baustelle wird der Plattenzwischenraum mit Beton verfüllt. Eine zusätzliche Bewehrung ist nicht nötig. Fenster, Türen und Rohrdurchführungen können individuell eingearbeitet werden.

Siehe auch Abschnitt 5.7.2.

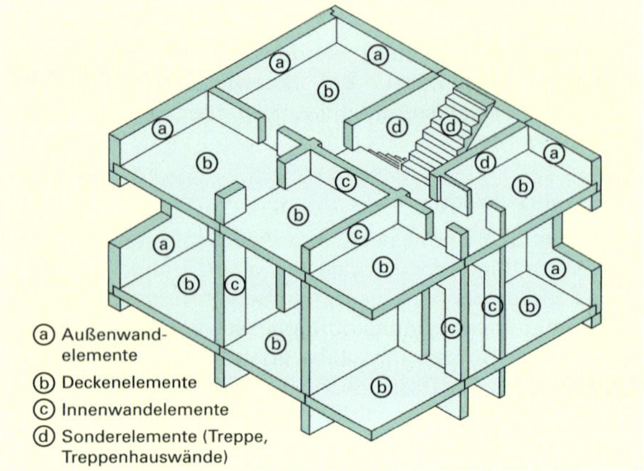

Großtafelbauweise

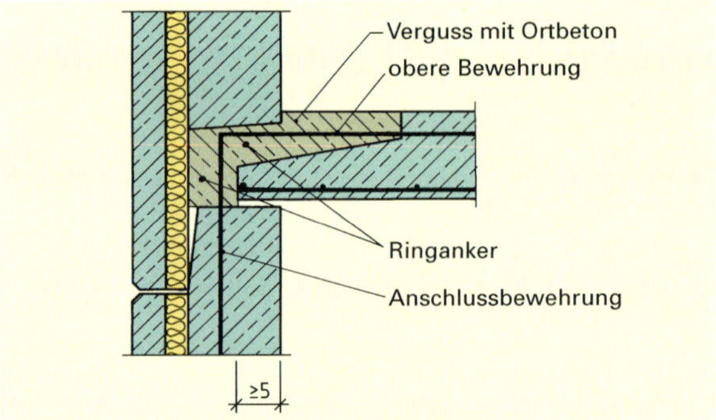

Deckenanschluss bei Großtafelbauweise

Doppelwandelemente vor dem Versetzen

Zusammenfassung

Um Betonwände wirtschaftlich herstellen zu können, werden heute überwiegend Großflächenschalungen eingesetzt. Dabei unterscheidet man die Rahmentafelschalung von der Trägerschalung. Die Rahmentafelschalung besteht aus Stahl- oder Alurahmen mit aussteifenden Querprofilen und aufgeschraubten Schalungsplatten. Bei der Trägerschalung wird die Schalhaut durch senkrecht angeordnete Vollwand- oder Gitterträger unterstützt, die mit einer Quergurtung ausgesteift werden.

Je nach Beanspruchung werden Betonwände bewehrt oder unbewehrt ausgeführt. Bei druckbeanspruchten Wänden ist eine Längs- und Querbewehrung erforderlich.

Betonfertigteile ermöglichen einen raschen Bauablauf. Doppelwandelemente ersetzen Schalung und Bewehrung und werden an der Baustelle mit Beton verfüllt.

Aufgaben

1. *Welche Vor- und Nachteile haben Betonwände gegenüber Mauerwerkswänden?*
2. *Nennen Sie zwei Arten von Großflächenschalungen und beschreiben Sie deren Aufbau.*
3. *Welche Aufgaben hat die Schalhaut und welche Anforderungen muss sie erfüllen?*
4. *Aus welchem Material besteht die Schalhaut von Großflächenschalungen?*
5. *Welche Aufgabe hat das Trennmittel und was muss bei der Verarbeitung beachtet werden?*
6. *Wann darf ein Betonbauteil ausgeschalt werden?*
7. *Welche Vorgaben sind bei der Bewehrung von druckbeanspruchten Wänden zu beachten?*

6.5 Wände in Holzbauweise

Holz ist als nachwachsender Rohstoff und wegen seines günstigen Verhältnisses von Tragfähigkeit zu Eigenlast, seiner leichten Bearbeitbarkeit und der verhältnismäßig guten Wärmedämmung als Baustoff gut geeignet. Mit geeigneten Brandschutzbekleidungen lassen sich auch große und hohe Gebäude errichten. In Bad Aibling wurde beispielsweise ein achtgeschossiges Wohnhaus in Holzbauweise realisiert.

Holzkonstruktionen lassen sich günstig in der Halle vorfertigen. Auf der Baustelle werden die Tafeln aufgerichtet und mit innerer und äußerer Bekleidung versehen.

Traditioneller Blockbau

Bauen mit Massivholzwandelementen

6.5.1 Massive Holzwände

Blockwände bestehen aus liegenden Hölzern. Beim historischen Blockbau wurden wenig bearbeitete Rundhölzer übereinandergeschichtet und nur auf der Innenseite verkleidet. Heute werden die Blockprofile exakt gefräst und mit einer zusätzlichen Dämmung versehen. Diese liegt entweder auf der Innenseite oder zwischen zwei Schalen in Blockkonstruktion.

Massivholzwände werden aus kreuzweise vernagelten oder verleimten Brettern hergestellt. Sie werden als fertige Tafeln an der Baustelle montiert. Einige Systeme kommen ohne zusätzliche Dämmung aus.

Fachwerkhäuser in Bad Urach

6.5.2 Holzständerwände

Das historische **Fachwerk** ist geschossweise aufgebaut. Auf einer horizontalen Schwelle stehen die senkrechten Pfosten, die das Rähm tragen, welches das Auflager für die Balkendecke bildet. Zur Aussteifung gibt es schräge Streben und horizontale Riegel unter Fenstern und über Türen. Zwischen den Hölzern befinden sich die Gefache, die entweder mit Steinen oder Ziegeln ausgemauert, oder mit Lehm auf Weidengeflecht ausgefüllt sind. Die Gefache sind verputzt, das tragende Holzgerippe außen sichtbar. Innen gibt es eine Verkleidung, meist Putz auf einem Putzträger, wie etwa Schilfmatten.

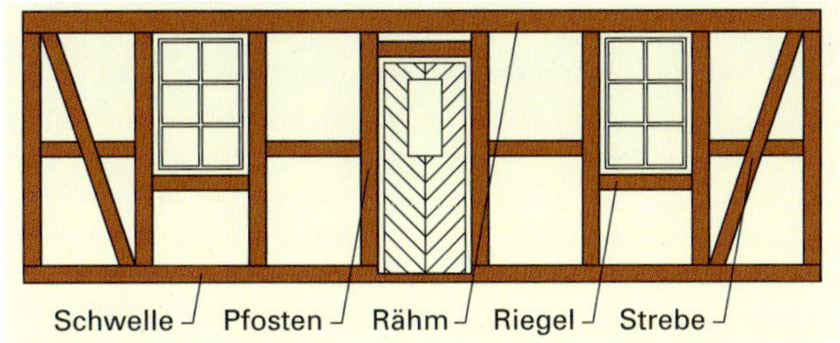

Traditionelle Fachwerkwand

Der moderne **Holzrahmenbau** ist ähnlich wie das Fachwerk geschossweise aufgebaut. Auf einer Schwelle stehen die Holzständer, den oberen Abschluss bildet das Rähm. Die Aussteifung erfolgt durch diagonale Streben, eine diagonale Schalung, meist aber durch eine Bekleidung mit Holzwerkstoffplatten auf der Innenseite.

Außen wird die Konstruktion auch mit einer Schalung oder mit Platten bekleidet. Dafür eignen sich besonders Holzfaserdämmplatten, die es auch Wasser ableitend gibt. Damit wird ein Kasten gebildet, der mit Dämmstoff gefüllt wird. Dies kann ein Faserdämmstoff sein oder Zelluloseflocken, die in den Hohlraum eingeblasen werden.

Innen muss die Konstruktion luftdicht und dampfbremsend sein, damit sich kein Kondensat in der Dämmschicht niederschlägt. Häufig werden für die aussteifende innere Bekleidung OSB-Platten (oriented strand board) verwendet, die mit luftdicht verklebten Fugen die Funktion der Dampfbremse übernehmen. Wird keine Plattenverkleidung auf der Innenseite ausgeführt, muss eine Dampfbremsfolie eingesetzt werden. Diese ist an den Stößen und Anschlüssen luftdicht zu verkleben.

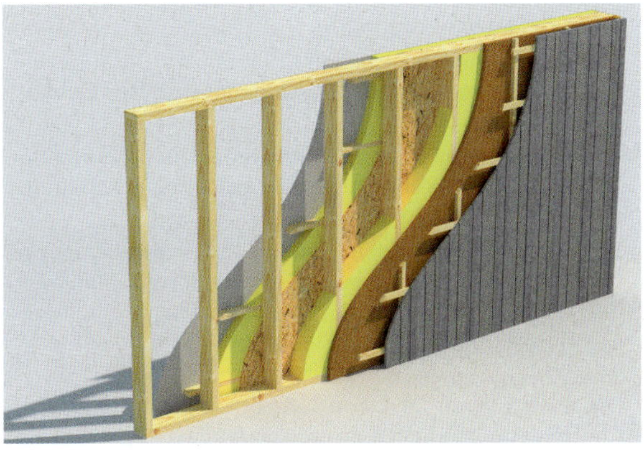
Wand in Holzrahmenbauweise

Die Innenverkleidung wird häufig mit Gipsplatten ausgeführt. Dabei hat es sich bewährt, diese auf einer Lattung hinter der luftdichten Schicht anzubringen, womit eine Installationsebene gebildet wird. Damit wird vermieden, dass Elektroinstallationen die luftdichte Schicht unterbrechen.

Die luftdichte Schicht darf auch vom Deckenauflager nicht unterbrochen werden. Dies kann erreicht werden, indem eine Dampfbremsfolie um die Balkenköpfe geführt und mit der Dampfbremse der Wand verklebt wird.

Bei einer Installationsebene von etwa 6 cm Breite kann das Deckenauflager durch einen Auflagerbalken gebildet werden, der innerhalb der luftdichten Schicht liegt und durch Dübel und Bolzen an den Pfosten schubfest verankert wird.

Da die konstruktiven Hölzer besser wärmeleitend sind als der Dämmstoff dazwischen, sollten die Hölzer überdämmt werden. Das kann durch eine äußere Holzfaserdämmplatte und eine innere ausgedämmte Installationsebene erreicht werden.

Die Außenverkleidung muss schlagregendicht sein. Dafür werden entweder die Platten der Außenseite an den Stößen verklebt oder es wird eine diffusionsoffene Unterdachbahn eingesetzt.

Außen kann ein Verputz aufgebracht werden oder eine hinterlüftete Fassadenverkleidung aus Holz oder jedem anderen geeigneten Material, wie etwa Glas oder Faserzementplatten.

Werden große Wandelemente in der Halle vorgefertigt, auf der Baustelle aufgerichtet und mit innerer und äußerer Bekleidung versehen, spricht man von **Holztafelbau**.

Fertighäuser werden häufig in Holztafelbauweise mit bereits fertiger innerer und äußerer Bekleidung ausgeführt. Dabei ist auf die dichte Ausbildung der Fugen zwischen den einzelnen Elementen besonders zu achten.

Holzkonstruktionen sind innen luftdicht und außen wind- und schlagregendicht auszuführen.

Mit vorgefertigten Tafeln in Massivholz- oder Holzrahmenbauweise ergeben sich kurze Bauzeiten.

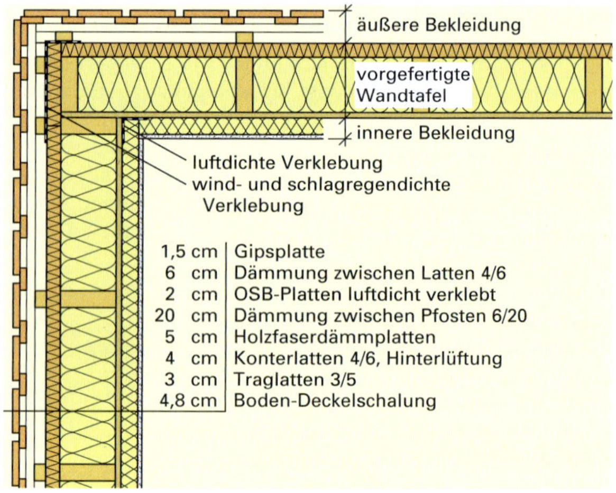

Holzrahmenwand: Grundriss Eckausbildung

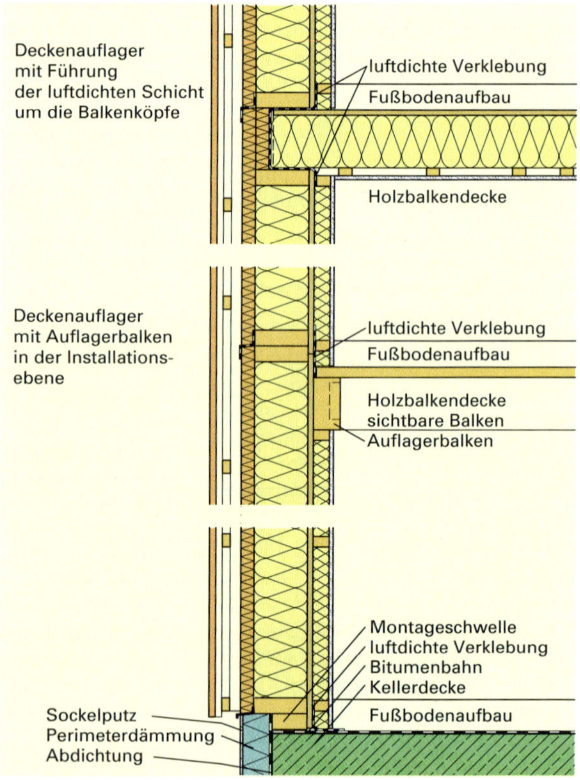

Holzrahmenwand: Schnitt Sockel und Deckenauflager

Zusammenfassung

Holzbau ist Ressourcen schonend und lässt einen hohen Grad an Vorfertigung zu.

Mit geeigneten Konstruktionen lassen sich die Brand- und Schallschutzanforderungen auch größerer Gebäude erfüllen.

Massive Holzwände werden entweder als Blockwände aus liegenden Hölzern oder aus kreuzweise vernagelten Brettern ausgeführt.

Bei Holzständerwänden erfolgt die Lastabtragung durch stehende Pfosten, die Gefache dazwischen werden meist mit Dämmstoff ausgefüllt. Zur Aussteifung des Holzrahmens werden Platten oder Diagonalen eingesetzt.

Die Konstruktion ist innen luftdicht und außen wind- und schlagregendicht auszuführen.

Aufgaben

1. *Benennen Sie die wesentlichen Hölzer einer traditionellen Fachwerkwand.*
2. *Aus welchen Elementen besteht eine vorgefertigte Wandtafel im Holzrahmenbau? Skizzieren Sie Horizontal- und Vertikalschnitt.*
3. *Wodurch kann die innere luft- und dampfbremsende Schicht gebildet werden und wie sind Übergänge und Anschlüsse auszubilden?*
4. *Wodurch kann die äußere Bekleidung einer Holzwand erfolgen?*

6.6 Einschalige Außenwände aus Mauerwerk

Neben dem Wärmeschutz müssen Außenwände den Anforderungen des Feuchtigkeitsschutzes und der Schlagregensicherheit genügen.

Weil Feuchtigkeit Wärme schneller ableitet, führt eine Durchfeuchtung der Außenwände zu Einbußen im Wärmeschutz. Außerdem kann Feuchtigkeit zu Schäden wie Ausblühungen oder Rissen führen.

Außenwände müssen statisch eine notwendige Wanddicke von mindestens 11,5 cm aufweisen. Mit dieser Wanddicke können die wärmeschutztechnischen Anforderungen nicht erfüllt werden, sodass das Aufbringen einer zusätzlichen Wärmedämmung erforderlich ist.

Auch durch die Verwendung von wärmedämmenden und großformatigen Steinen, die mit Dünnbett- oder Leichtmörtel vermauert werden, können Wärmeverluste verringert werden. Mit Porenbetonsteinen oder porosierten Hochlochziegeln kann bei 42,5 cm Mauerstärke ein Wärmedurchgangskoeffizient von $U = 0{,}175\ \text{W/(m}^2 \cdot \text{K)}$ erreicht werden.

Bei Vorhangfassaden müssen mögliche Wärmeverluste, die durch die Verbindungsanker zwischen Innen- und Außenschale entstehen, berücksichtigt werden.

Einschaliges Mauerwerk ohne Anforderungen an den Wärmeschutz kann auch als Verblendmauerwerk ausgeführt werden, bei dem die äußeren Mauerflächen sichtbar bleiben. Dafür sind je Schicht mindestens zwei Steinreihen notwendig, die im Verband gemauert werden. Eine durchgehende hohlraumfreie Längsfuge dient als Schlagregenbremse und muss deshalb mindestens 2 cm breit sein. Dadurch ergeben sich Mauerdicken von 31 cm statt 30 cm und 37,5 cm statt 36,5 cm.

Um den Wärmeschutz einschaliger Wände zu gewährleisten, sind dicke, hoch wärmedämmende Steine oder zusätzliche Wärmedämmschichten erforderlich.

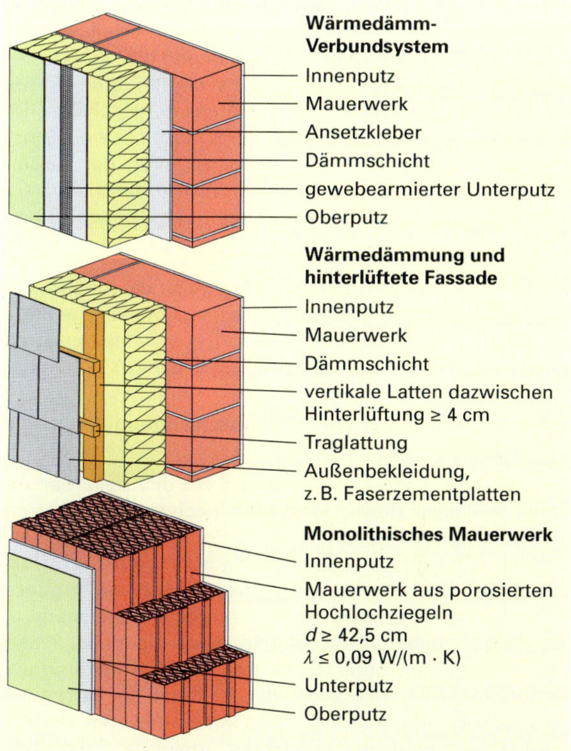

Wärmeschutzmaßnahmen bei einschaligen Außenwänden

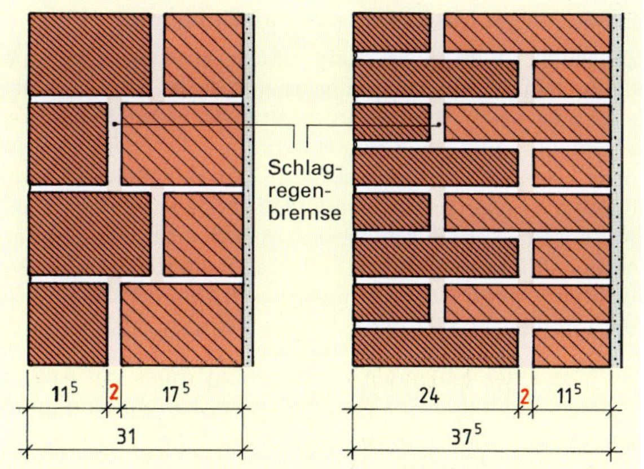

Verblendwerk bei einschaligen Außenwänden

6.7 Zweischalige Außenwände aus Mauerwerk

6.7.1 Arten von zweischaligen Außenwänden

Um eine Fassade aus unverputztem Mauerwerk, wie etwa Sichtziegeln oder Klinkern zu erhalten, wird ein zweischaliges Mauerwerk ausgeführt. Seltener wird die äußere Mauerschale verputzt.

Zweischaliges Mauerwerk mit Luftschicht

Zwischen den beiden Schalen besteht ein 6 ... 15 cm breiter Luftspalt, in dem Luft zirkulieren kann, wodurch Kondenswasser und eindringende Feuchtigkeit nach außen transportiert werden. Dafür werden in der Außenschale

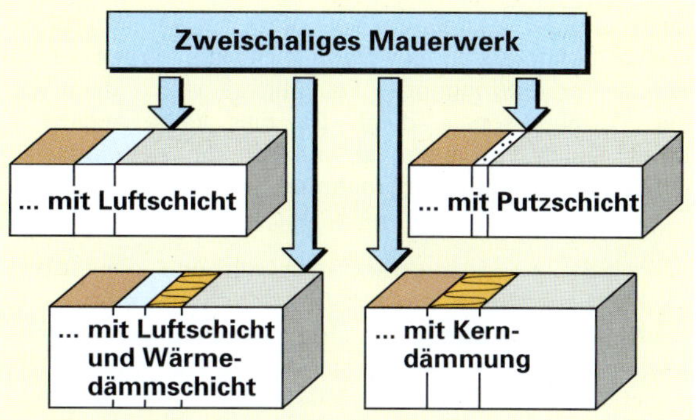

Zweischaliges Mauerwerk (Übersicht)

unten und oben Lüftungsöffnungen eingebaut, indem die Stoßfugen offen gelassen und nicht vermörtelt werden. Die Innenschale, die Geschossdecken und die Wand unterhalb des zweischaligen Mauerwerks werden durch Einbau einer Dichtungsschicht vor Feuchtigkeit geschützt. Die Drahtanker besitzen im Bereich der Luftschicht eine Kunststoffscheibe, um den Feuchtetransport von der Außenschale zur Innenschale zu verhindern. Thermisch wirksam sind nur die Schichten innerhalb der Hinterlüftungsschicht.

Für ausreichende Wärmedämmung muss die Innenschale aus dicken, hoch wärmedämmenden Steinen gebildet werden.

Zweischaliges Mauerwerk mit Luftschicht

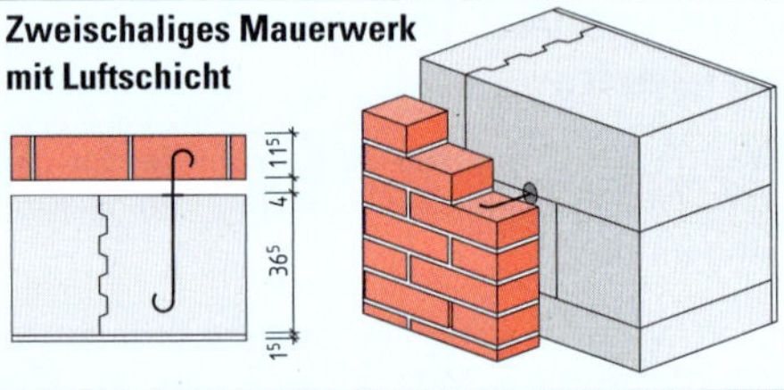

Schicht	Dicke [cm]	λ [W/(m · K)]	R [(m² · K)/W]
		Wärmeübergang innen	0,130
Kalkgipsputz	1,5	0,700	0,021
Porenbetonstein	36,5	0,090	4,056
Luftschicht	4,0	–	–
Verblendziegel	11,5	–	–
		Wärmeübergang außen	0,130
		Summe R_{tot} =	4,326
		$1/R_{tot} = U$ [W/(m² · K)] =	**0,232**

Zweischaliges Mauerwerk mit Luftschicht und Wärmedämmschicht

Die Luftschicht muss mindestens 4 cm dick sein, der Abstand zwischen den beiden Mauerwerksschalen beträgt nach DIN 1053-1 maximal 15 cm. Damit ergibt sich nach DIN eine maximale Dämmschichtdicke von 11 cm. Mit bauaufsichtlich zugelassenen Ankern kann ein größerer Schalenabstand erreicht werden, um eine ausreichend dicke Dämmschicht unterzubringen, wenn die innere Wandschale nur einen geringen Beitrag zur Wärmedämmung leistet, wie es bei Kalksandstein oder Beton der Fall ist. Als Wärmedämmung werden meist Mineralfaserdämmstoffe verwendet. Ansonsten erfolgt die Ausführung wie beim zweischaligen Mauerwerk mit Luftschicht.

Zweischaliges Mauerwerk mit Luftschicht und Wärmedämmung

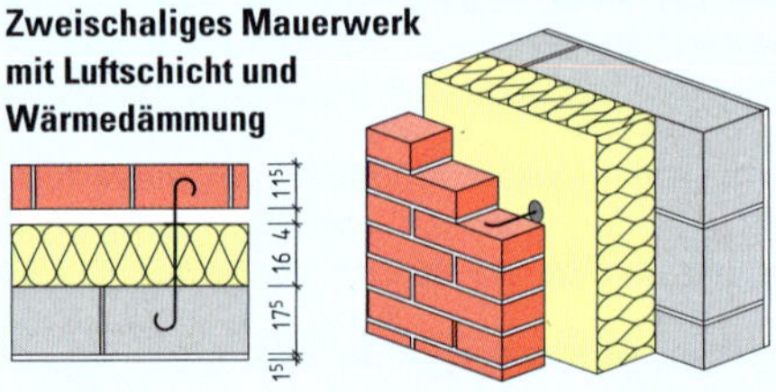

Schicht	Dicke [cm]	λ [W/(m · K)]	R [(m² · K)/W]
		Wärmeübergang innen	0,130
Kalkgipsputz	1,5	0,700	0,021
Kalksandstein	17,5	0,700	0,250
Mineralwolle	16,0	0,035	4,571
Luftschicht	4,0	–	–
Verblendziegel	11,5	–	–
		Wärmeübergang außen	0,130
		Summe R_{tot} =	5,103
		$1/R_{tot} = U$ [W/(m² · K)] =	**0,196**

Zweischaliges Mauerwerk mit Kerndämmung

Zwischen Innen- und Außenschale wird eine Wärmedämmschicht aus Mineralfaserdämmstoff, Schaumkunststoff oder einem losen Wärmedämmstoff eingebracht. Die Wärmedämmung füllt den Hohlraum vollständig aus, sodass keine Luft zirkulieren kann. Zum Ableiten eventuell durch die Fugen eindringender Feuchtigkeit werden in der Außenschale am Fußpunkt und über den Stürzen Entwässerungsöffnungen (offene Stoßfugen) eingebaut. Eine Abdichtung verhindert das Eindringen von Feuchtigkeit in darunterliegende Bauteile.

Aufgrund der fehlenden Hinterlüftung muss die Außenschale dampfdurchlässig sein. Weil Klinker nur eine geringe Dampfdurchlässigkeit aufweisen, sollten Vormauerziegel verwendet werden.

Zweischaliges Mauerwerk mit Kerndämmung

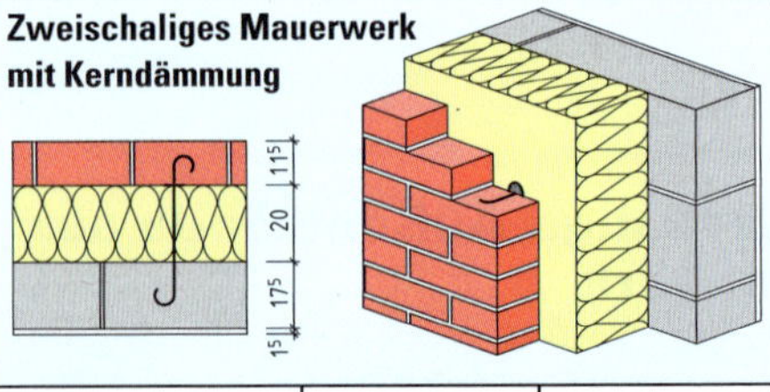

Schicht	Dicke [cm]	λ [W/(m · K)]	R [(m² · K)/W]
		Wärmeübergang innen	0,130
Kalkgipsputz	1,5	0,700	0,021
Kalksandstein	17,5	0,700	0,250
Zellulose-Einblasdämmung	20,0	0,040	5,000
Verblendziegel	11,5	0,700	0,164
		Wärmeübergang außen	0,040
		Summe R_{tot} =	5,606
		$1/R_{tot} = U$ [W/(m² · K)] =	**0,178**

Zweischaliges Mauerwerk mit Putzschicht

Zwischen der Vormauerschale und der inneren Wandschicht befindet sich eine Putzschicht, die als zusätzlicher Schutz vor eindringender Feuchtigkeit durch die Fugen der Vormauerschale dient. Da hier keine zusätzliche Dämmschicht vorhanden ist, muss die innere Wandschale die Wärmedämmung übernehmen.

> Zweischaliges Mauerwerk kann mit und ohne Luftschicht ausgeführt werden. Bei Anordnung einer Luftschicht zirkuliert die Luft im Hohlraum, wodurch Feuchtigkeit abgeführt werden kann. Der Hohlraum kann auch vollständig mit einer Wärmedämmschicht (Kerndämmung) oder Putzschicht versehen werden.

6.7.2 Sichtmauerwerk

Bei zweischaligem Mauerwerk wird die Außenschale in der Regel unverputzt als Sichtmauerwerk (auch Verblendmauerwerk genannt) ausgeführt. Die Verblendung hat die Aufgabe, das dahinterliegende Mauerwerk zu schützen und die Oberfläche architektonisch zu gestalten.

Gebäude mit Klinkerfassade

Mauersteine für Sichtmauerwerk

Weil Sichtmauerwerk den Witterungseinflüssen ungeschützt ausgesetzt ist, können nur bestimmte Mauersteine dafür verwendet werden. Am häufigsten kommen Ziegel oder Kalksandsteine zum Einsatz.

Für Sichtmauerwerk verwendete Ziegel dürfen nur eine geringe Wassersaugfähigkeit aufweisen, damit sie frostbeständig sind. Diese Voraussetzung erfüllen Vormauerziegel und Klinker. Außerdem sollten die Steine ansprechend aussehen, weil Sichtmauerwerk das Erscheinungsbild eines Gebäudes prägt und wie eine „Visitenkarte" wirkt.

Sollen für das Sichtmauerwerk Kalksandsteine verwendet werden, müssen diese witterungsbeständig sein und sich zur Gestaltung eines Sichtmauerwerks eignen. Diese Anforderungen erfüllen KS-Vormauersteine und KS-Verblender.

> Mauersteine für Sichtmauerwerk müssen witterungsbeständig sein. Diese Anforderung erfüllen Vormauerziegel, Klinker, KS-Vormauersteine und KS-Verblender.

Verbandarten von Sichtmauerwerk

Sichtmauerwerk wird häufig auch als **Verblendmauerwerk** bezeichnet.

Durch das Zusammenstellen verschiedener Schichten kann bei Sichtmauerwerk eine reizvolle Flächenwirkung geschaffen werden. So können größere Wandflächen mit unterschiedlichen Verbandarten gestaltet werden. Man spricht deshalb auch von **Zierverbänden**. Wenn die Fassade unverputzt bleiben soll, sind Zierverbände eine Alternative zum herkömmlichen Mauerwerksbau. Die wichtigsten Verbandarten sind:

Einfache Verbände
- Binderverband
- Läuferverband
- Blockverband

Zierverbände
- Kreuzverband
- Märkischer Verband
- Gotischer Verband
- Holländischer Verband
- Wilder Verband

Auch die Ausfachung von Holz-, Stahl- und Stahlbetonskelettbauten mit Sichtmauerwerk kann zu einer interessanten Fassadengliederung führen.

Um ein optisch gefälliges Sichtmauerwerk herzustellen, sollte das Verhältnis von Fuge zu Stein so beschaffen sein, dass die Stoßfuge 10 mm dick ist und die Lagerfuge 12 mm. Diese Werte sind Richtmaße.

> Die Art des Verbandes ist ein wichtiges Element zur Gestaltung einer Wand aus Sichtmauerwerk. Sie werden auch als Zierverbände bezeichnet.

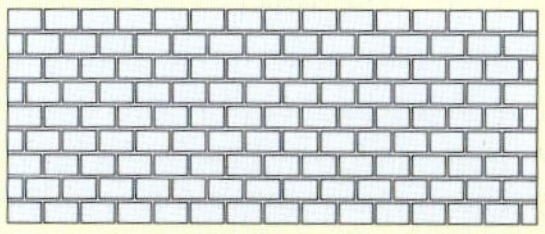

Binderverband
Für 24 cm dicke Wände. Es werden nur Binder verwendet die um $\frac{1}{2}$ am überbinden.

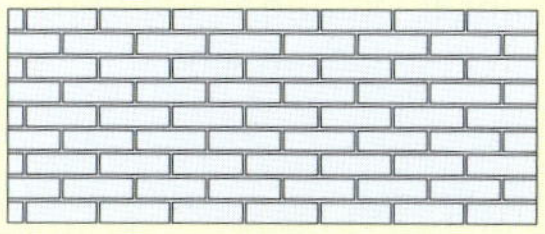

Läuferverband
Für 11,5 cm starke Wände. Der Verband für Vormauerschalen bei zweischaligem Mauerwerk. Es werden nur Läufer verwendet, die um 1 am überbinden.

Blockverband
In jeder Schicht wechseln sich Binder und Läufer ab. Die Binder liegen jeweils mittig über den Läufern.

Kreuzverband
In jeder Schicht wechseln sich Binder und Läufer ab. Läufer und Binder liegen mittig übereinander. Nach drei Schichten wird die Ordnung um $\frac{1}{2}$ am versetzt, sodass über einem Binder eine Stoßfuge liegt.

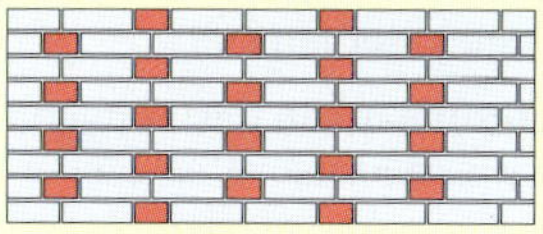

Märkischer Verband
Zwei Läufer und ein Binder wechseln sich in jeder Schicht ab. Die Binder liegen jeweils über den Stoßfugen der Läufer.

Gotischer Verband
In jeder Schicht wechseln sich Binder und Läufer ab. Die Schichten sind um $\frac{1}{2}$ am versetzt.

Holländischer Verband
Nach einer Schicht, in der sich Binder und Läufer abwechseln, kommt eine reine Binderschicht.

Wilder Verband
Die Anordnung von Läufern ist beliebig, jedoch kommt nach höchstens fünf Läufern ein Binder. Die Köpfe sollten um $1\frac{1}{2}$ am versetzt sein.

Verbandarten

6.7.3 Bauliche Durchbildung von zweischaligen Außenwänden

Die Mindestdicke der Außenschale beträgt 11,5 cm. Außenschalen, die dünner als 9 cm sind, werden als Bekleidungen bezeichnet.

Ist die Außenschale nicht höher als zwei Geschosse oder wird sie alle zwei Geschosse abgefangen (z. B. durch Konsolen), darf sie bis zu einem Drittel ihrer Dicke über ihr Auflager vorstehen.

Außen- und Innenschale werden pro Quadratmeter durch mindestens fünf Drahtanker aus rostfreiem Stahl mit einem Mindestdurchmesser von 3 mm miteinander verbunden. Ist der Abstand der Mauerwerksschalen größer als 7 cm, muss der Durchmesser der Drahtanker mindestens 4 mm betragen. Das gilt auch für Wandbereiche, die mehr als 12 m über der Geländeoberfläche liegen. Der senkrechte Abstand der Drahtanker soll höchstens 50 cm, der waagerechte Abstand höchstens 75 cm betragen. Andere Verankerungselemente als Drahtanker können verwendet werden, wenn sie bauaufsichtlich zugelassen sind.

Außen- und Innenschale müssen pro Quadratmeter mit mindestens fünf Drahtankern verbunden werden.

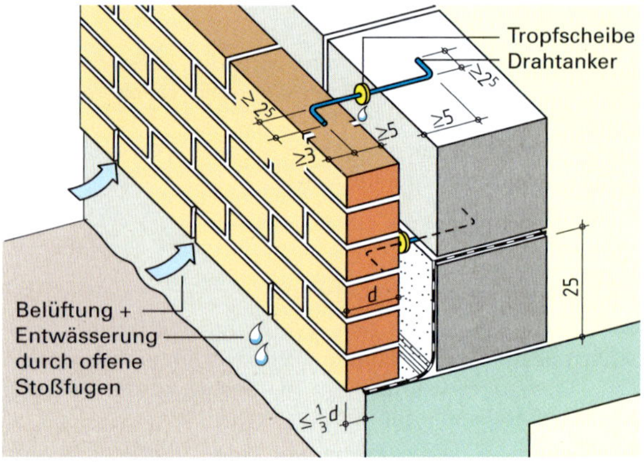

Bauliche Durchbildung von zweischaligem Mauerwerk

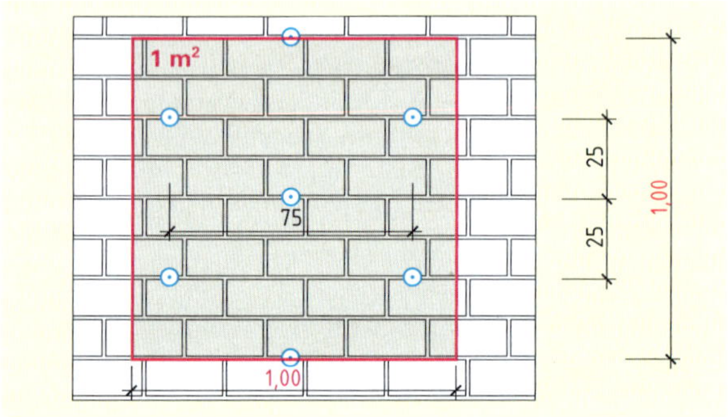

Drahtanker

Verblendabfangung

Eine Abfangung des Verblendmauerwerks ist notwendig:

- in der Höhe mindestens alle 12 m oder alle zwei Geschosse, wenn bis zu einem Drittel seiner Dicke über dem Auflager vorstehen,
- über größeren Öffnungen,
- wenn aus bauphysikalischen Gründen das Verblendmauerwerk nicht auf ein Fundament gegründet oder auf auskragenden Decken aufgelagert werden soll,
- wenn Deckenbereiche oder Balkone durch das Verblendmauerwerk nicht belastet werden dürfen.

Es gibt eine Vielzahl von Systemen für Abfangkonstruktionen. Meistens werden die Konsolanker an Schienen befestigt, die in die Innenschale eingedübelt werden. Wichtig ist, dass der Konsolanker viele Möglichkeiten der Justierung bietet, um Einbautoleranzen schnell ausgleichen zu können.

Abfangkonsolen können auch nachträglich zur Herstellung von Sichtmauerwerk bei bestehenden Gebäuden angewendet werden. Dazu müssen ausreichend tiefe Auflagerkammern in das vorhandene Mauerwerk gestemmt werden. Anschließend sind die Abfangkonsolen einzumörteln.

Soll das Sichtmauerwerk eine Höhe von 12 m übersteigen oder müssen größere Öffnungen überbrückt werden, sind Verblendabfangungen notwendig.

Verblendabfangung über einem Fenster

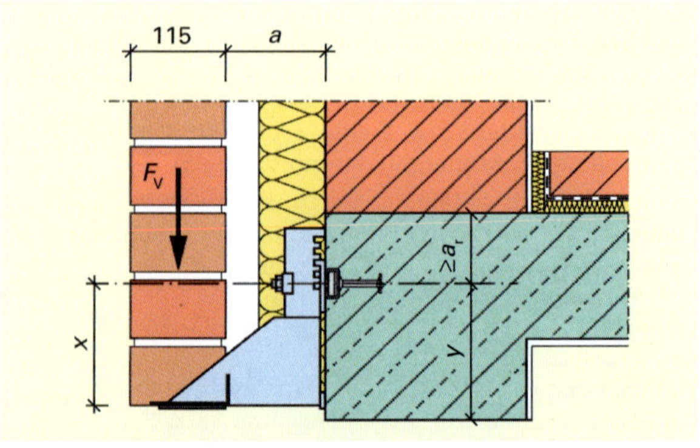

Detailschnitt mit Abfangkonsole

Sockelausbildung

Sowohl Innen- als auch Außenschale müssen vor aufsteigender Feuchtigkeit geschützt werden. Deshalb ist in der Innenschale eine Bahn aus Bitumen oder Kunststoffen einzulegen. Im Bereich der Luftschicht wird die Dichtungsschicht im Gefälle verlegt. Die untere Steinschicht der Außenschale wird ohne Stoßfugenvermörtelung oder mit besonderen Lüftungssteinen ausgeführt. Die Öffnungen dienen der Entwässerung und Belüftung des Luftspaltes.

Die Außenschale wird auf einem Sockel z. B. Kellermauerwerk aufgestellt oder von Konsolen aus Metall getragen, die mit Schwerlastdübeln in den Wänden des Untergeschosses befestigt werden.

Um Innen- und Außenschale vor aufsteigender Feuchtigkeit zu schützen, müssen Dichtungsbahnen eingebaut werden.

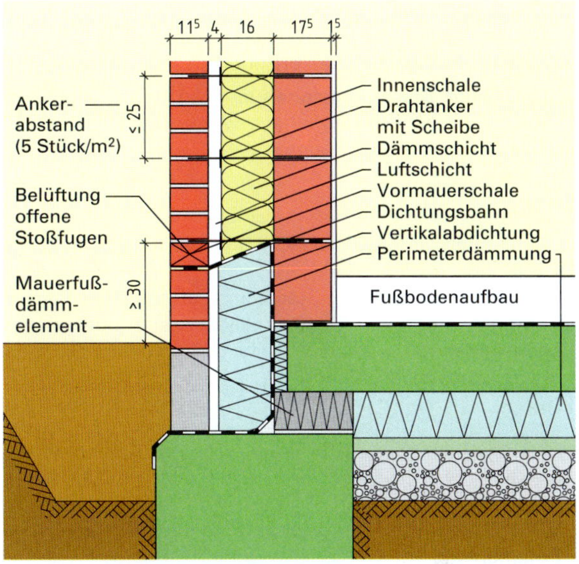

Sockelausbildung von zweischaligem Mauerwerk mit Luftschicht und Wärmedämmung

Verfugung

Zum Verfugen wird Normalmauermörtel der Mörtelgruppen II, II a und III verwendet. Die Farbe des erhärteten Mörtels muss durchgängig gleich sein.

Die Verfugung kann durch vollfugiges Vermauern oder nachträgliches Verfugen hergestellt werden. Der Fugenmörtel soll möglichst bindig mit den Mauersteinen abschließen, damit sich kein Schmutz ablagern kann und die Gefahr von Frostschäden durch eindringendes Wasser verringert wird.

Die Verfugung soll möglichst bindig mit den Mauersteinen abschließen, um Schmutzablagerungen und Frostschäden zu vermeiden.

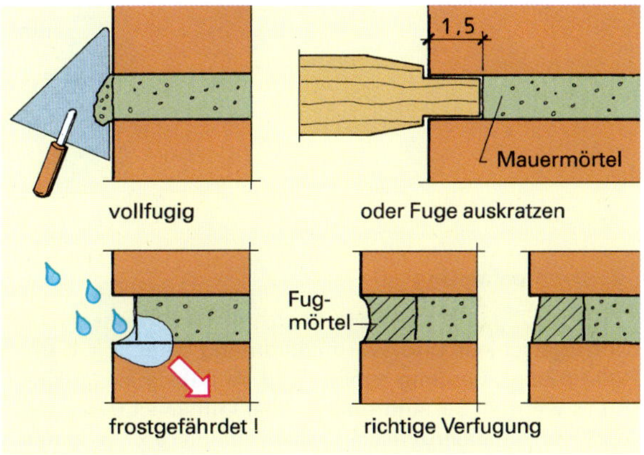

Fugenausbildung

Bewegungsfugen

Durch Temperaturschwankungen werden in der Außenschale erhebliche Bewegungen verursacht. Bei steigenden Temperaturen dehnt sich das Mauerwerk aus, bei sinkenden Temperaturen verkürzt es sich.

Damit solche Bewegungen keine Schäden verursachen, müssen sie durch geplante Fugen in senkrechter und waagerechter Richtung ausgeglichen werden. Die Fugen werden mit elastischem Material verschlossen.

Wie groß die Bewegung ist, hängt ab von:

- Temperaturschwankungen,
- der Himmelsrichtung und der Jahreszeit: Im Sommer wird die Süd- und Westseite stark besonnt, im Winter besonders die Südseite,
- der Farbe der Außenschale: Flächen mit dunkler Farbe heizen sich schneller auf als helle Flächen.

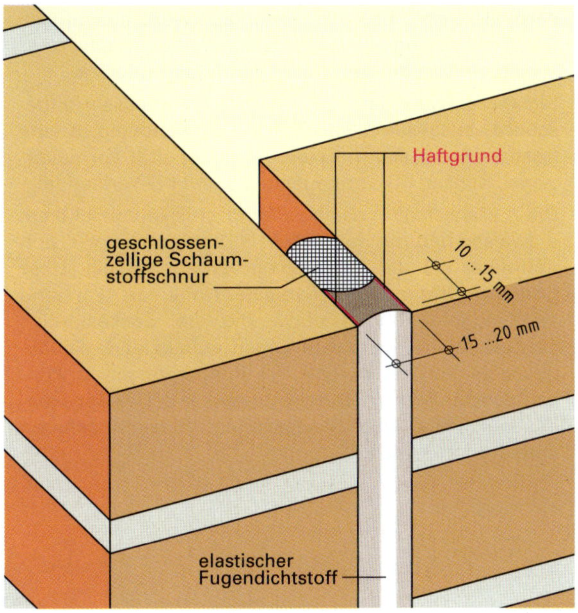

Ausbildung einer Bewegungsfuge

Senkrechte Bewegungsfugen sind an allen Gebäudeecken anzuordnen. Bei langen Wänden sind zusätzlich alle 8 ... 10 m Bewegungsfugen erforderlich.

Waagerechte Bewegungsfugen sind an den Stellen notwendig, an denen die Außenschale von unten gegen ein anderes Bauteil trifft, z. B. unter:

- Dachüberständen,
- Fenster- und Sohlbänken,
- Verblendabfangungen in einer Höhe von mehr als 12 m.

Die Bewegungsfugen müssen mit elastischen Fugendichtstoffen (auf Acryl- oder Siliconbasis) oder durch Fugenbänder aus elastoplastischem Schaumstoff dauerhaft verschlossen werden.

Bewegungen der Außenschale durch Temperaturschwankungen werden durch senkrecht und waagerecht angeordnete Bewegungsfugen aufgenommen. Sie müssen dauerhaft durch Fugendichtstoffe oder Fugenbänder verschlossen werden.

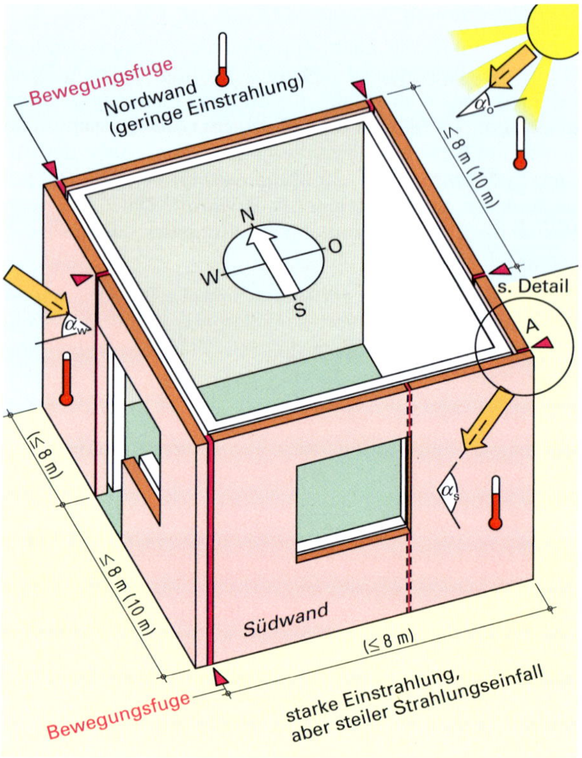

Anordnung senkrechter Bewegungsfugen

Zusammenfassung

Zweischaliges Mauerwerk kann mit einer Luftschicht, mit Luftschicht und Wärmedämmung oder mit Kerndämmung zwischen Innen- und Außenschale ausgeführt werden. Bei Anordnung einer Luftschicht kann die Luft im Schalenzwischenraum zirkulieren, wodurch Feuchtigkeit abgeführt wird.

Die Außenschale wird in der Regel nicht verputzt, sondern als Sicht- bzw. Verblendmauerwerk ausgeführt. Das Erscheinungsbild eines Gebäudes wird dabei entscheidend von der gewählten Verbandart geprägt.

Sichtmauerwerk ist den Witterungseinflüssen ungeschützt ausgesetzt, sodass die verwendeten Steine frostbeständig sein müssen. Geeignet sind Vormauerziegel, Klinker, KS-Vormauersteine und KS-Verblender.

Die Außenschale muss eine Mindestdicke von 11,5 cm aufweisen und mit mindestens 5 Drahtankern pro Quadratmeter mit der Innenschale verbunden sein. Über größeren Öffnungen und ab einer Höhe von 12 m sind Verblendabfangungen notwendig. Im Sockelbereich müssen Dichtungsbahnen gegen aufsteigende Feuchtigkeit angeordnet werden. Um Temperaturschwankungen ausgleichen zu können, müssen in der Außenschale senkrechte und waagerechte Bewegungsfugen angeordnet werden.

Aufgaben

1. *Nennen Sie verschiedene Arten von zweischaligem Mauerwerk.*
2. *Skizzieren Sie den Aufbau von zweischaligem Mauerwerk mit Luftschicht und Wärmedämmschicht und erläutern Sie die Funktionsweise.*
3. *Wählen Sie für die Außenwände eines Wohnhauses eine Art von zweischaligem Mauerwerk und begründen Sie Ihre Entscheidung.*
4. *Welche Anforderungen müssen Mauersteine erfüllen, damit sie für Sichtmauerwerk verwendet werden können?*
5. *Welche Aufgabe haben Drahtanker zu erfüllen?*
6. *Nennen Sie Stellen, an denen Verblendabfangungen notwendig sind.*
7. *Skizzieren Sie den Sockelbereich eines zweischaligen Mauerwerks mit Luftschicht und Wärmedämmung.*
8. *Erklären Sie die Aufgabe einer Bewegungsfuge.*
9. *Wo ist die Anordnung von Bewegungsfugen notwendig und wie können sie dauerhaft verschlossen werden?*

6.8 Fenster in Außenwänden

6.8.1 Aufgaben und Anforderungen

Durch Fenster wird die Belichtung und Lüftung von Innenräumen ermöglicht, gleichzeitig wird durch Fenster der Sichtkontakt zur Außenwelt hergestellt. Für das äußere Erscheinungsbild eines Gebäudes bildet das Fenster ein wichtiges Gestaltungselement, das durch Form, Größe, Gliederung und Anordnung das Fassadenbild bestimmt.

Neben den gestalterischen Anforderungen werden an ein Fenster vor allem funktionelle und technische Anforderungen gestellt. So zeichnet sich ein gutes Fenster dadurch aus, dass es:

- zug- und wasserdicht abschließt,
- sich leicht öffnen, schließen und reinigen lässt,
- den Innenraum vor Witterungseinflüssen wie Kälte, Hitze, Regen und Wind schützt,
- den Innenraum vor Lärm und in begrenztem Maße gegen Feuer und Einbruch schützt.

Größe und Anzahl der Fenster sind abhängig von der Raumgröße, der Lage des Raums über dem Gelände sowie der Höhe und dem Abstand der gegenüberliegenden Bebauung.

Damit große Fensterflächen im Sommer die Räume nicht aufheizen, muss ein Sonnenschutz eingebaut werden. Auch Dachvorsprünge oder auskragende Bauteile können die Räume vor starker Sonneneinstrahlung schützen.

Als Sonnenschutz eignen sich am besten außen liegende Jalousien. Um der Windbelastung standzuhalten, sind dicke Profile und eine Führung in Schienen erforderlich. Mit den verstellbaren Lamellen der Jalousien kann der Lichteinfall gut reguliert werden – bis hin zum Sichtschutz bei geschlossenen Lamellen. Auch Klapp- oder Schiebeläden mit jalousieartig angeordneten Lamellen eigenen sich gut als Sonnenschutz.

Roll- und Klappläden können nur verdunkeln, wodurch zwar die Überhitzung gebremst, aber im Raum eine künstliche Lichtquelle benötigt wird. Der Beitrag zum Wärmeschutz spielt bei modernen Fensterkonstruktionen keine Rolle mehr.

Balkon- und Terrassentüren werden den Fenstern zugeordnet, weil sie dieselben Konstruktionen und Beschläge aufweisen.

> Fenster dienen der Belichtung und Belüftung von Räumen. Gleichzeitig ermöglichen sie den Sichtkontakt nach außen.

6.8.2 Fensterteile

Ein Fenster besteht aus den folgenden Teilen:

- **Rahmen** (Blendrahmen): Er ist fest mit dem Bauwerk verbunden. Der Spalt zwischen Mauerwerk und Rahmen wird mit Mineralwolle, PUR-Schaum oder elastischen Materialien abgedichtet und teilweise mit Deckleisten abgedeckt.
- **Flügel**: Sie werden am Rahmen beweglich befestigt. Durch Falze zwischen Rahmen und Flügel wird eine gute Abdichtung gegen Feuchtigkeit und Wärmeverluste erreicht, die durch den Einbau von Gummidichtungsprofilen noch verbessert wird.
- **Pfosten** (früher Setzholz genannt): Er unterteilt den Rahmen in der Breite.

Fenster als Gestaltungselemente

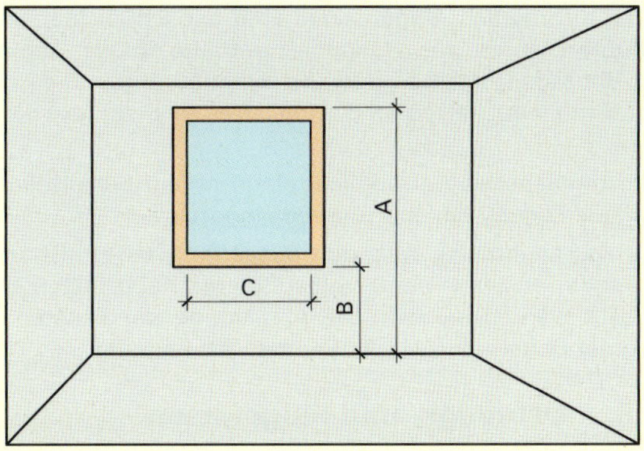

A	Oberkante Fenster über Fußboden	≥ 2,20 m
B	Oberkante Fensterbrüstung über Fußboden	≤ 0,90 m
C	Breite des durchsichtigen Fensteranteils	≥ 55 % der Raumbreite

Anforderungen an die Abmessungen von Fenstern in Wohnungen (nach DIN 5034)

- **Riegel** (früher Kämpfer genannt): Er unterteilt den Rahmen in der Höhe.
- **Sprossen:** Leisten, die den Flügelrahmen in Höhe und Breite unterteilen. Sie dienen vor allem der Gestaltung.
- **Verglasung:** Sie besteht in der Regel aus mehreren Glasscheiben, die in den Glasfalz des Flügels eingesetzt werden. Die Scheibendicke ist abhängig vom zu erwartenden Winddruck.

Fenster bestehen aus Rahmen, Flügeln, Pfosten, Riegeln, eventuell Sprossen und Verglasung.

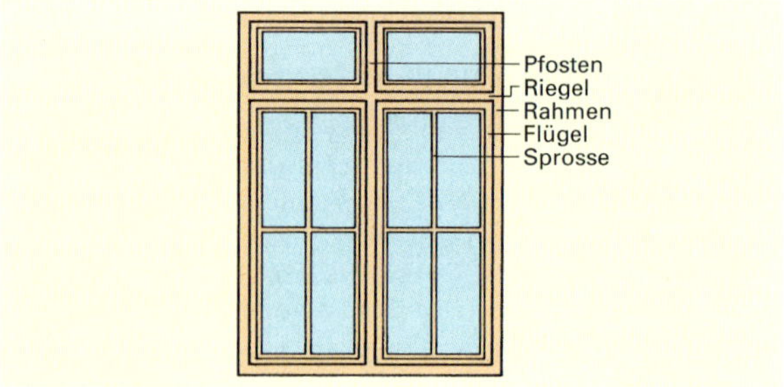

Fensterteile

6.8.3 Anschlagarten

Fensteröffnungen können mit innerem Anschlag, äußerem Anschlag oder ohne Anschlag ausgeführt werden.

Die Fensterebene sollte aus Gründen des Wärmeschutzes immer im mittleren Drittel der Wand liegen, weil dadurch der Wärmebrückeneffekt am geringsten ausfällt.

Die **anschlaglose** Öffnung ist im Rohbau am einfachsten und kostengünstigsten herzustellen. Nachteilig ist die einstufige Fugenausbildung, die sowohl die Regen- und Windsperre übernehmen als auch raumseitig die Luftdichtheit des Anschlusses gewährleisten muss. Die Abdichtung zwischen Mauerwerk und Rahmen muss deshalb sorgfältig ausgeführt werden.

Der **Innenanschlag** erfordert bei der Ausführung der Außenwand einen größeren Aufwand, ist aber die technisch beste Lösung. Er wird bei gedämmten Außenwänden und zweischaligem Mauerwerk ausgeführt. Beim Innenanschlag ist eine dauerhafte Schlagregendichtheit und gute Schalldämmung gegeben, außerdem schützt die größere äußere Laibungstiefe das Fenster vor starker Witterungsbeanspruchung.

Der Wärmebrückeneffekt ist am geringsten, wenn das Fenster in der Dämmebene eingebaut wird und der Rahmen soweit wie möglich überdämmt wird. Dazu ist eine aufwendige Befestigung der Fenster vor der Rohbauöffnung erforderlich. Ungünstiger, aber baulich leichter auszuführen ist es, den Rahmen zur Hälfte in die Dämmschicht ragen zu lassen oder ihn außenbündig in die Rohbauwand einzusetzen und möglichst weit zu überdämmen.

Der Innenanschlag ermöglicht einen hohen Schallschutz, weil die Fugenschallübertragung eingeschränkt ist.

Der **Außenanschlag** wird dort ausgeführt, wo große und schwere Fensterelemente von außen mit Hebezeugen eingebaut werden müssen. Die Abdichtung der Fenster ist von der Dauerhaftigkeit der Dichtstoffe abhängig.

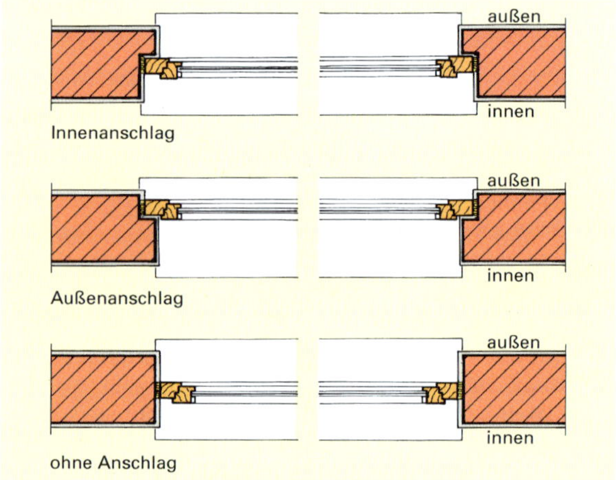

Anschlagarten

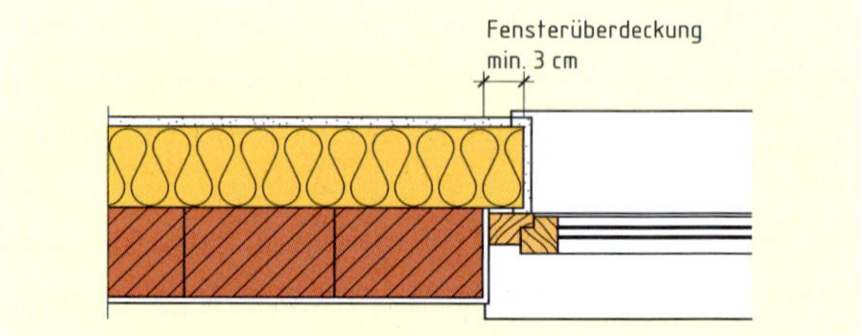

Anschlaglose Fenstereinbindung mit Wärmedämm-Verbundsystem

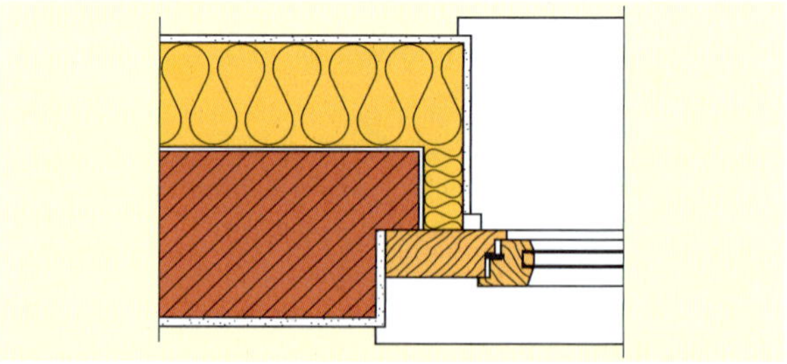

Fensterinnenanschlag mit Wärmedämm-Verbundsystem

6.8.4 Öffnungs- und Flügelarten

Nach der Bewegungsrichtung der Flügel werden folgende Öffnungsarten unterschieden:

- **Drehflügelfenster:** Die Fensterflügel werden links oder rechts am Rahmen angeschlagen und lassen sich in der Regel nach innen öffnen.
- **Kippfenster:** Die Fensterflügel werden am unteren Rahmenholz angeschlagen. Kippfenster werden meist als Oberlicht ausgeführt.
- **Dreh-Kippfenster:** Spezialbeschläge ermöglichen die Umstellung des Fensters zum Dreh- oder Kippflügel. In gekippter Stellung wird das Fenster durch eine Schere gehalten.

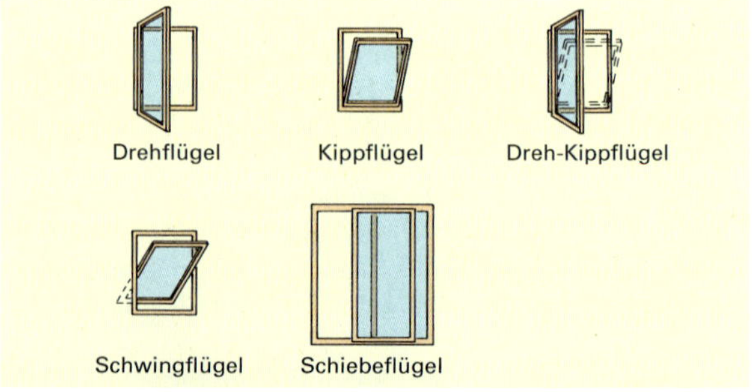

Öffnungs- und Flügelarten

- **Schwingflügelfenster**: Der Fensterflügel wird in der Mitte der senkrechten Rahmenhölzer durch ein Drehlager mit dem Rahmen verbunden. Beim Öffnen schwingt der untere Teil des Fensters nach außen, der obere Teil nach innen. Vorteilhaft ist dabei, dass der Fensterflügel beim Lüften nicht in den Raum hineinragt. Nachteilig wirkt sich aus, dass die wärmere Straßenluft durch die Ausstellung des Flügels in den Raum hineinströmt. Außerdem können Rollläden als Sicht-, Blend- oder Sonnenschutz bei geöffnetem Fenster nicht vollständig heruntergelassen werden.
- **Wendeflügelfenster**: Die Fensterflügel werden in der Mitte der waagerechten Rahmenhölzer mithilfe von Drehlagern angeschlagen. Beim Öffnen dreht eine Flügelhälfte nach innen, die andere nach außen. Rollläden können bei geöffnetem Fenster überhaupt nicht heruntergelassen werden.
- **Schiebefenster**: Die Fensterflügel können zum Öffnen in waagerechter Richtung verschoben werden.

Als Balkon- und Terrassentüren werden überwiegend Dreh-Kippflügel, Schiebe-Kippflügel oder Hebeschiebeflügel eingebaut.

Die Öffnungsart des Fensters wird nach der Bewegungsrichtung der Fensterflügel benannt. Die häufigste Öffnungsart ist das Dreh-Kipp-Fenster.

Darstellung der Fenster nach Öffnungsarten in der Ansicht von außen

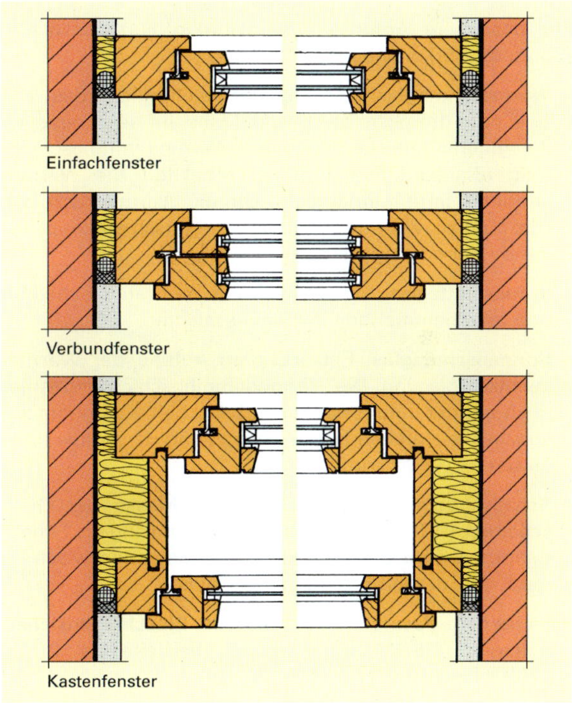

Fensterkonstruktionen

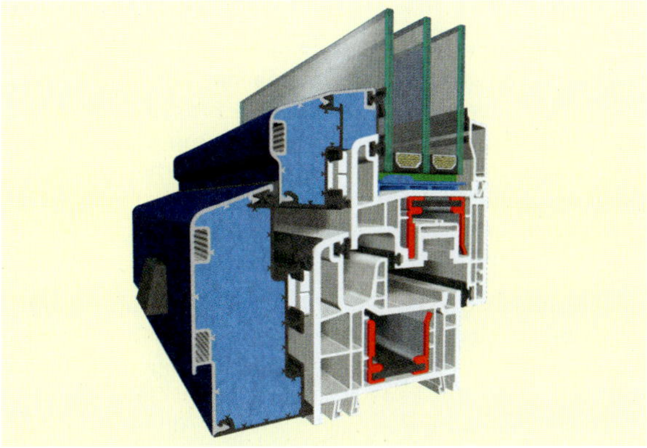

Passivhausfenster mit gedämmtem Rahmen

6.8.5 Fensterkonstruktionen

Nach der Bauart werden Fenster unterteilt in:

- **Einfachfenster**: Sie bestehen aus einem Rahmen und einem oder mehreren nebeneinander angeordneten Flügeln. Die Verglasung besteht aus zwei – in besonderen Fällen – aus drei Scheiben (Mehrscheiben-Isolierglas).
- **Verbundfenster**: Zwei hintereinander liegende Flügel sind an einem gemeinsamen Drehpunkt miteinander verbunden. Zum Reinigen können beide Flügel getrennt werden.
- **Kastenfenster**: Historische Fensterkonstruktion, bei der zwei Einfachfenster mit einem gemeinsamen oder getrennten Rahmen hintereinander angeordnet werden. Die Flügel bewegen sich voneinander unabhängig mit eigenen Drehpunkten. Kastenfenster zeichnen sich durch einen hohen Schallschutz aus, der jedoch mit modernen Fensterkonstruktionen ebenfalls erreicht werden kann.
- **Passivhausfenster**: Sie bestehen immer aus einer Dreifachverglasung mit einer sehr guten Rahmendämmung. Dadurch sind die Wärmegewinne im Winter größer als die Wärmeverluste. Im Sommer kann dieser Effekt leicht zu Überhitzungen führen, weshalb eine sorgfältige Planung und ein entsprechender Sonnenschutz erforderlich sind.

Als Rahmenwerkstoffe können verwendet werden:

- Holz: Douglasie, Fichte, Kiefer, Lärche, Tanne, Eiche.
- Kunststoff: Polyvinylchlorid (PVC) oder Polyurethan. Bei großen Rahmen ist eine zusätzliche Aussteifung aus Metall notwendig.
- Aluminium oder Aluminium mit Holz kombiniert.

6.8.6 Verglasung

Aufgrund der höheren Anforderungen an den Wärmeschutz führte die Entwicklung zu immer besseren Verglasungen:

Eine **Einfachverglasung** ist aufgrund des geringen Wärmeschutzes nur noch in Innenräumen oder Bauwerken zugelassen, bei denen keine Anforderungen an den Wärmeschutz bestehen, wie z. B. Garagen und Gerätehäuschen. Für Fenster von beheizten Innenräumen ist der Einbau von **Doppel-** und **Dreifachverglasungen** Standard.

Ein einfach verglastes Fenster hat einen *U*-Wert von 5,2 W/(m^2 · K), ein doppelt verglastes von 2,6 W/(m^2 · K). Der *U*-Wert moderner Fenster liegt bei 1,1 W/(m^2 · K), der von Passivhausfenstern darf nicht größer als 0,8 W/(m^2 · K) sein.

Die Dicken der Glasscheiben und deren Zwischenraum sind abhängig von der Größe der Glasfläche und den Anforderungen an den Wärme-, Schall- und Brandschutz.

Für besondere Anforderungen wurden Funktionsgläser (Sondergläser) entwickelt:

- **Wärmeschutzglas:** Mehrscheiben-Isolierglas, das aus zwei oder drei Scheiben besteht. Eine auf der Innenseite der Innenscheibe aufgebrachte Wärmedämmbeschichtung (Zinnoxid, Gold, Silber) reflektiert die Wärmestrahlung in den Innenraum. Um die Wärmebrücke am Glasrand zu reduzieren, wird ein thermisch entkoppelter Randverbund eingesetzt.
- **Brandschutzglas:** Verbundglas aus mehreren Scheiben und feuerhemmenden Zwischenschichten.
- **Sonnenschutzglas:** Entspricht im Aufbau der Wärmeschutzverglasung. Die Wärmedämmbeschichtung ist jedoch auf der Innenseite der Außenscheibe aufgebracht, sodass die einfallende Wärmestrahlung der Sonne nach außen reflektiert wird.
- **Schallschutzglas:** Durch eine hohe Masse der Glasscheiben wird die Schallübertragung verringert. Schallmindernd wirkt sich auch ein großer Scheibenzwischenraum aus, der mit Schwergas gefüllt ist.
- **Sicherheitsglas:** Es wird zwischen **Einscheibensicherheitsglas (ESG)** und **Verbundsicherheitsglas (VSG)** unterschieden.

Einscheibensicherheitsglas ist vorgespannt, sodass es schlagfester ist und in stumpfe Glasteilchen zerbricht.

Verbundsicherheitsglas besteht aus mehreren Scheiben, die durch Kunststofffolien miteinander verbunden sind. Beim Bruch der Scheibe bleiben die Bruchstücke an der Kunststofffolie kleben, wodurch Verletzungen durch Glassplitter ausgeschlossen sind. Verbundsicherheitsglas kann bei entsprechenden Scheibenstärken auch durchschuss- oder durchwurfhemmende Wirkung aufweisen.

Die Verglasung kann als Einfach-, Doppel- und Mehrscheiben-Isolierverglasung ausgeführt werden. Einfachverglasung darf aufgrund des geringen Wärmeschutzes nicht für Fenster von beheizten Räumen verwendet werden. Für spezielle Anforderungen wurden Funktionsgläser entwickelt.

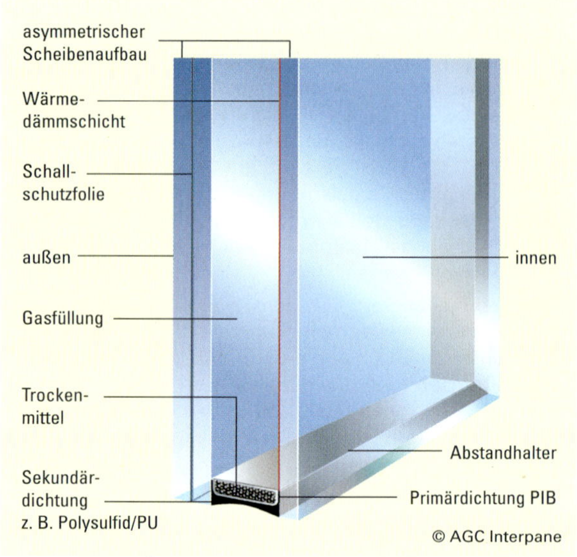

Aufbau einer Isolierverglasung mit Gasfüllung

Transparente Fassaden sind nur mithilfe moderner Wärme- und Sonnenschutzverglasungen möglich

Bruchbild von Verbundsicherheitsglas. Sicherheitsgläser erschweren den Durchgriff bzw. Durchstieg durch das Fenster.

6.8.7 Fenstergrößen

Fenster werden bei modernen Gebäuden auch als gestalterisches Element eingesetzt. Der Formenvielfalt sind dabei keine Grenzen gesetzt.

Die Fenstergröße ist abhängig von dem zu belichtenden Raum und der Himmelsrichtung. Auch die klimatischen Bedingungen spielen bei der Wahl der richtigen Fenstergröße eine Rolle: Im Winter soll der Raum bei möglichst geringen Wärmeverlusten gut belichtet werden, im Sommer soll dagegen eine Überhitzung des Raumes vermieden werden.

Fenstergrößen und Brüstungshöhen werden in der Landesbauordnung, Arbeitsstättenverordnung und in DIN 18025 festgelegt.

Es gilt, dass Aufenthaltsräume über Fenster belichtet und belüftet werden müssen. Das Rohbaumaß der Fensterfläche soll mindestens $\frac{1}{8}$ der Grundfläche des Raumes betragen, in Kindergärten und Schulen mindestens $\frac{1}{5}$.

Bei Räumen bis zu 50 m² gilt, dass die Unterkante des Fensters maximal 90 cm über dem Fußboden liegen darf, die Oberkante mindestens 2,20 m.

Die Brüstung bei zu öffnenden Fenstern muss bis zum fünften Geschoss mindestens 80 cm hoch sein. Darüber liegende Geschosse müssen eine Brüstungshöhe von mindestens 90 cm aufweisen.

Sollen Fenster als Fluchtwege dienen, müssen sie mindestens 90 cm × 120 cm groß sein. Bei Dachfenstern darf die Brüstungshöhe maximal 1,20 m und die horizontale Entfernung zur Traufe höchstens 1 m betragen.

Die Fenstergröße ist abhängig von der Raumgröße. Das Rohbaumaß soll mindesten 1/8 der Grundfläche des Raumes betragen.

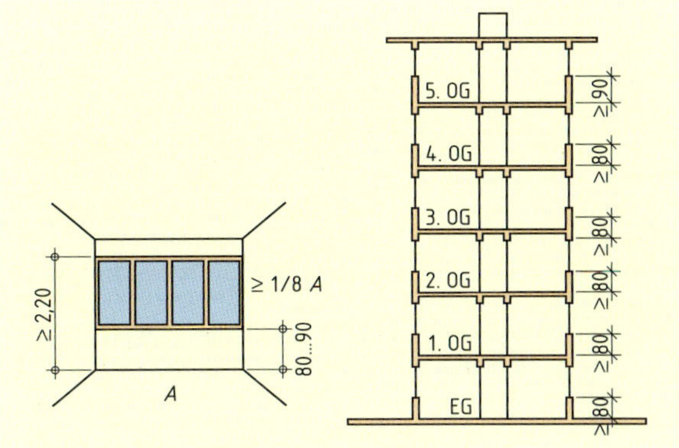

Regeln für Fenster als Fluchtwege

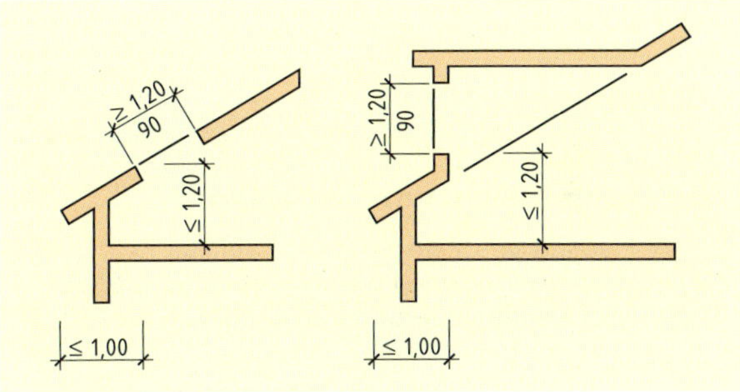

Fenstergrößen und Brüstungshöhen

Fassadengestaltung mit Fenstern außerhalb der Normgrößen: mehr Gestaltungsmöglichkeiten, aber teurer

6.8.8 Überdeckung von Fenster- und Türöffnungen

Aus Gründen der Wirtschaftlichkeit werden immer häufiger vorgefertigte Bauteile verwendet. Neben dem üblichen vorgefertigten Stahlbetonsturz gibt es auch den vorgefertigten Ziegelsturz.

Vorgefertigter Ziegelverblendsturz

Er besteht (einschließlich Fuge) aus 25 cm langen, 7,1 cm hohen und 11,5 cm oder 17,5 cm breiten Ziegeln, die mit Aussparungen oder Lochkanälen versehen sind, um die Stahleinlagen und den Vergussbeton aufnehmen zu können.

Bei der Überdeckung einer Wandöffnung nimmt der Ziegelsturz die Zugkräfte auf (Zugzone). Weil Mauerwerk nur geringe Zugkräfte aufnehmen kann, ist das Einlegen einer Bewehrung notwendig. Diese kann schlaff oder vorgespannt sein. Die Übermauerung des Ziegelsturzes oder des darüberliegenden Ringbalkens bildet die Druckzone. Zug- und Druckzone zusammen ergeben einen tragfähigen Balken.

Es werden auch Verblendstürze angeboten, deren Kern aus einem vorgefertigten Betonsturz besteht und mit Ziegeln verblendet wird. Sie werden im Verlauf der Mauerarbeiten mit Konsolankern oder Winkelblechen eingebaut. Zusätzliche Dehnfugen werden nicht benötigt.

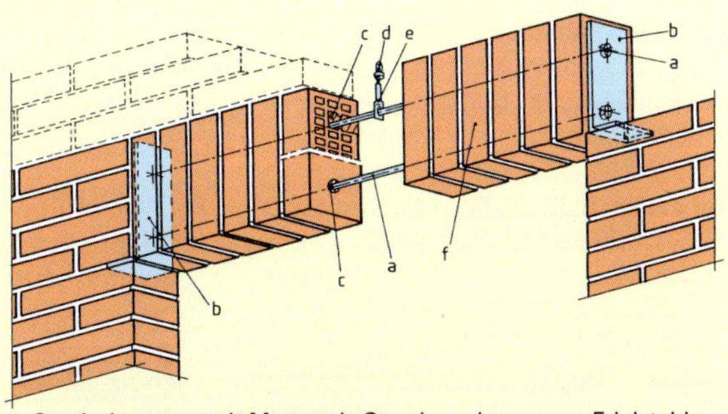

a Gewindestange mit Mutter als Sturzbewehrung aus Edelstahl
b Stützwinkel als Auflager und Widerlager aus Edelstahl
c Bewehrungsdurchführung vermörtelt
d Montage-Ringöse für Krantransport
e Hülsenanker mit Gewinde für Transport und Montagesicherung
f Verblender beliebter Formate

Ziegelverblendsturz aus bewehrtem Mauerwerk

Ziegelverblendstürze werden bis zu einer Länge von 3,00 m angeboten. Die Überdeckung kleinerer Öffnungen kann auch als Verblendabfangung ausgeführt werden.

Vorgefertigter Flachsturz

Flachstürze werden aus schalenförmigen Ziegeln oder Kalksandsteinen hergestellt. Die Schalen sind 25 cm lang, 7,1 cm oder 11,3 cm hoch und so geformt, dass sie im Innern die Stahleinlagen und den Vergussbeton aufnehmen können. Damit sie sich in die üblichen Steinmaße einfügen, beträgt ihre Breite 11,5 cm oder 17,5 cm. Die Bewehrung besteht aus Betonstabstahl B500B(8). Flachstürze sind bis zu einer Länge von 3,00 m erhältlich, sodass Wandöffnungen bis zu 2,75 m überdeckt werden können.

Als Sonderausführung von Flachstürzen werden Rollladenblenden hergestellt.

Ziegelverblendsturz mit Kernbeton und Winkelblechaufhängung

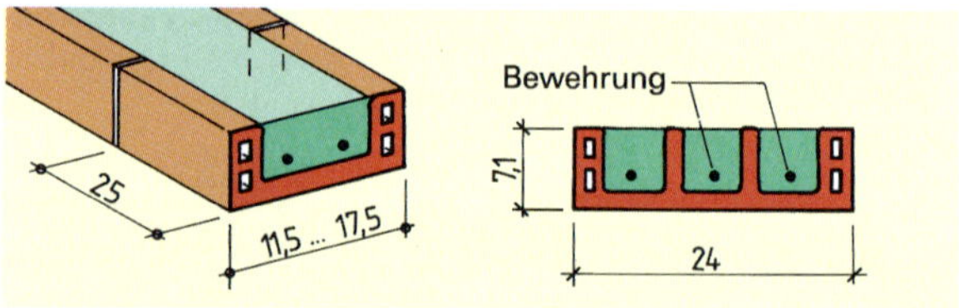

Vorgefertigte Ziegelflachstürze

6.8.9 Einbaulage von Fenstern

Bei der Planung von Fenstern muss auf die richtige Einbaulage in der Außenwand geachtet werden, um Wärmebrücken und Schimmelpilzbildung im Bereich der Fensterlaibung zu vermeiden.

Die Anordnung des Fensters im Wandaufbau ist abhängig von der Wandkonstruktion, der Befestigung des Fensterrahmens und dessen Abdichtung sowie dem Temperaturverlauf (Isothermenverlauf). Als Mindestanforderung wird nach DIN 4108-2 eine raumseitige Oberflächentemperatur von 12,6 °C vorgeschrieben.

Bei einschaligen **Außenwänden ohne Wärmedämmung** ist die Anordnung des Fensters in Wandmitte am günstigsten, weil die Oberflächentemperatur am Übergang zwischen Mauerwerk und Fenster abnimmt, je weiter die Einbaulage des Fensters nach außen verschoben wird.

Bei **Wänden mit Wärmedämmung** ist es vom Wärmeschutz her am günstigsten, das Fenster in der Wärmedämmebene anzuordnen. Der Fensterrahmen wird durch lastabtragende Anker im Mauerwerk befestigt, was mit höheren Kosten verbunden ist.

Wird das Fenster bündig mit der Außenkante des Mauerwerks gesetzt, ist die Verankerung des Rahmens einfacher und eine Aussparung der Wärmedämmung entfällt.

Bei einer Sanierung kann das neue Fenster wie das alte mittig eingebaut werden. Dadurch kann die innen liegende Fensterbank beibehalten werden. Die Laibung des Fensters ist jedoch zu dämmen.

Bei **zweischaligen Wandaufbauten** sind Fenster in Ebene der Dämmschicht einzubauen. Wenn das nicht möglich ist, ist eine ausreichende Überdeckung des Rahmens durch die Wärmedämmung herzustellen.

Bei einschaligen Wänden ohne Wärmeschutz ist der Einbau des Fensters in mittiger Einbauebene am günstigsten. Bei Außenwänden mit Wärmedämmung ist die Einbauebene des Fensters in der Wärmedämmebene energetisch am sinnvollsten. Bei zweischaligen Wänden wird das Fenster in der Ebene der Dämmschicht eingebaut.

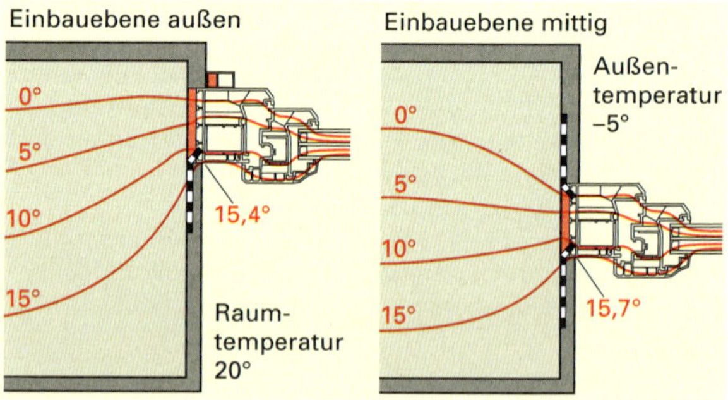

Isothermenverlauf bei Einbau des Fensters in außenseitiger oder mittiger Einbauebene und einer Wärmeleitfähigkeit des Mauerwerks von 0,10 W/mK

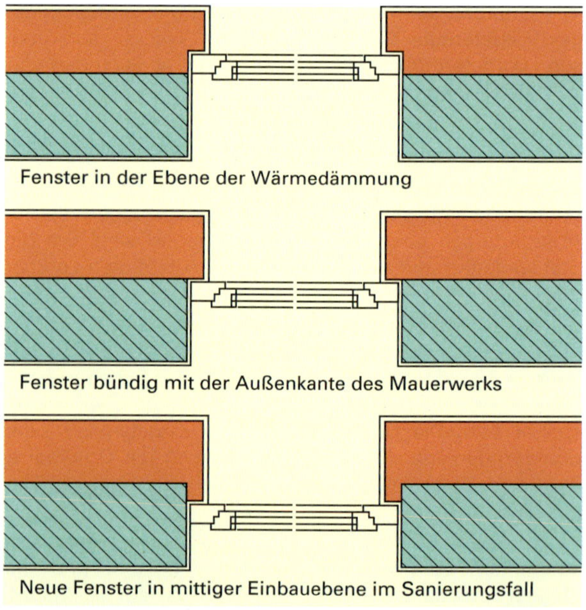

Einbauebenen eines Fensters bei Außenwänden mit Wärmedämmung.

Zusammenfassung

Fenster dienen der Belichtung und Belüftung von Innenräumen. Gleichzeitig stellen sie den Sichtkontakt zur Außenwelt her. Anzahl und Größe der Fenster sind abhängig von der Lage und Höhe des Raumes sowie dem Abstand der gegenüberliegenden Bebauung.

Fenster bestehen aus Blend- und Flügelrahmen, Pfosten, Riegel, evtl. Sprossen und der Verglasung. Die Fensteröffnung kann mit Innenanschlag, Außenanschlag oder ohne Anschlag ausgeführt werden. Nach Öffnungsart werden Drehflügel- und Kippfenster, Schwingflügel- und Wendeflügelfenster sowie Schiebefenster unterschieden. Die häufigste Öffnungsart ist das Dreh-Kippfenster.

Fensterrahmen können aus Holz, Kunststoff oder Aluminium hergestellt werden. Auch eine Kombination aus Holz und Aluminium ist möglich. Die Verglasung kann als Einfach-, Doppel- und Mehrscheiben-Isolierverglasung ausgeführt werden. Einfachverglasung darf aufgrund der hohen Wärmeverluste nicht für Fenster in beheizten Räumen verwendet werden. Werden höhere Anforderungen an den Wärme-, Schall- oder Brandschutz sowie die Schlagfestigkeit gestellt, werden Funktionsgläser verwendet.

Bei modernen Gebäuden werden Fenster auch als Gestaltungselemente eingesetzt, sodass es vielfältige Formen gibt. Die Fenstergröße ist von Raumgröße und klimatischen Bedingungen abhängig. Im Winter soll der Wärmeverlust durch das Fenster möglichst gering sein, im Sommer darf es nicht zu einer Überhitzung des Raumes kommen. Das Rohbaumaß der Fensterfläche soll mindestens 1/8 der Grundfläche des Raumes betragen. Die Brüstungshöhe bei zu öffnenden Fenstern beträgt bis zum fünften Geschoss mindestens 80 cm, bei darüberliegenden Geschossen mindestens 90 cm.

Fenster- und Türöffnungen können durch vorgefertigte Ziegelstürze, Flachstürze oder Ziegelverblendstürze überdeckt werden.

Aufgaben

1. *Welche Anforderungen muss ein modernes Fenster erfüllen?*
2. *Benennen Sie am Beispiel der Fenster Ihres Klassenraumes die unterschiedlichen Fensterteile, die Anschlagart und Öffnungs- bzw. Flügelart.*
3. *Welche Vor- und Nachteile haben die verschiedenen Anschlagarten?*
4. *Skizzieren Sie die Fensteransichten in Ihrem Klassenzimmer und zeichnen Sie die Anschlagart richtig ein.*
5. *Verdeutlichen Sie mithilfe einer Skizze den Unterschied zwischen Verbundfenster und Kastenfenster.*
6. *Erklären Sie den Begriff Passivhausfenster.*
7. *Welche Vor- und Nachteile haben die unterschiedlichen Rahmenwerkstoffe für Fenster?*
8. *Nennen Sie Anwendungsbeispiele für Funktionsgläser.*
9. *Überprüfen Sie, ob der Fensteranteil Ihres Klassenzimmers mindestens 1/5 der Grundfläche beträgt.*
10. *Überprüfen Sie die Brüstungshöhe Ihres Klassenzimmers.*
11. *Welche Unterschiede bestehen zwischen einem vorgefertigten Ziegelsturz, einem Flachsturz und einem Ziegelverblendsturz?*
12. *Bis zu welcher Länge werden Flachstürze angeboten und wie groß sind die Wandöffnungen, die damit überdeckt werden können?*
13. *Nennen Sie Faktoren, von denen die Einbaulage des Fensters abhängt.*
14. *Welche raumseitige Oberflächentemperatur muss nach DIN 4108-8 das Fenster aufweisen und warum muss diese eingehalten werden?*
15. *Erklären Sie die günstigste Einbaulage des Fensters bei einer*
    - *Wand ohne Wärmedämmung,*
    - *Wand mit Wärmedämmung,*
    - *zweischaligen Wand.*
16. *Welche Maßnahme ist nötig, wenn das Fenster nach Anbringen einer Wärmedämmung weiterhin mittig eingebaut bleiben soll?*

6.9 Außenputz

Außenputze sollen die Dauerhaftigkeit einer Außenwand sicherstellen. Deshalb sind im Außenbereich folgende Flächen zu verputzen:
- Sockelflächen,
- über dem Sockel liegende Flächen,
- Deckenuntersichten, die der Witterung ausgesetzt sind.

6.9.1 Aufgaben und Eigenschaften

Aufgaben

Außenputze vervollständigen die Wandkonstruktion und haben folgende Aufgaben zu erfüllen:
- Gestaltung des Gebäudes,
- Schutz vor Durchfeuchtung der Wandbaustoffe infolge Schlagregens,
- Aufnahme von Temperaturschwankungen,
- Schutz vor mechanischen Einflüssen,
- je nach Wandart und -höhe kommen Aufgaben des Wärme-, Brand- und Schallschutzes hinzu.

Eigenschaften

Damit der Außenputz seine Aufgaben erfüllen kann, muss er folgende Eigenschaften aufweisen:
- gute Haftung und Verbund am Putzgrund,
- gleichmäßiges Gefüge innerhalb des Putzes,
- ausreichende Festigkeit gegenüber mechanischen Beanspruchungen,
- ausreichende Wasserdampfdurchlässigkeit,
- ausreichende Biegezugfestigkeit, um Risse durch Schwingungen und Erschütterungen zu vermeiden,
- gute Verarbeitbarkeit, abgestimmt auf Maschineneinsatz oder Verputzen von Hand.

6.9.2 Putze mit mineralischen Bindemitteln

Die mineralischen Putzmörtel sind nach DIN 18550 den Druckfestigkeitskategorien CS I ... CS IV und B1 ... B7 zugeordnet.

Die Eigenschaften des Festmörtels werden bezüglich Druckfestigkeit (CS I ... IV), Wasseraufnahme (W 0 ... 2) und Wärmeleitfähigkeit (T 1, 2) klassifiziert.

Putzmörtel bestehen aus Bindemitteln, Gesteinskörnung, Wasser, Zusatzmitteln und -stoffen, mit denen Eigenschaften wie das Abbinden, Haftung, Porigkeit oder Farbe beeinflusst werden können.

6.9.3 Putze mit organischen Bindemitteln – Kunstharzputze

Kunstharzputze, auch Dispersionsputze genannt, bestehen aus organischen Bindemitteln, Gesteinskörnung, Zusatzmitteln und -stoffen. Sie werden werksseitig hergestellt und als Fertigprodukt in Eimern oder Pulverform geliefert. Kunstharzputze werden überwiegend als Oberputze bei Wärmedämm-Verbundsystemen angewendet, weil sie sehr gut am Putzgrund haften, eine geringe Rissanfälligkeit aufweisen und in geringer Schichtdicke aufgetragen werden können. Bei Oberflächenstruktur und Farbgebung gibt es keine Einschränkungen.

Modernes Wohnhaus unverputzt und verputzt

Eigenschaften	Kategorien	Werte
Druckfestigkeit nach 28 Tagen	CS I	0,4 ... 2,5 N/mm²
	CS II	0,4 ... 5,0 N/mm²
	CS III	3,5 ... 7,5 N/mm²
	CS IV	$\geq$ 6 N/mm²
Kapillare Wasseraufnahme	W 0	Nicht festgelegt
	W 1	$c \leq 0{,}40$ kg/m² · min^{0,5}
	W 2	$c \leq 0{,}20$ kg/m² · min^{0,5}
Wärmeleitfähigkeit	T 1	$\leq$ 0,1 W/m · K
	T 2	$\leq$ 0,2 W/m · K

Klassifizierung der Eigenschaften von Festmörtel nach EN 998

Bezeichnung	Putzmörtel mit	Produktnorm	Druckfestigkeitskategorie
Mörtel mit Luftkalk (CL)	Luftkalk (Kalkhydrat) als Hauptbindemittel	DIN EN 998-1	CS I
Mörtel mit hydraulischem Kalk (NHL, HL)	Hauptbindemittel hydraulischer Kalk (NHL, HL)	DIN EN 998-1	CS I/CS II
Kalkzementmörtel	Bindemittel Baukalk (Kalkhydrat) und Zement	DIN EN 998-1	CS II/CS III
Zementmörtel	Hauptbindemittel Zement	DIN EN 998-1	CS III/CS IV
Gips-/Gipskalkmörtel	Hauptbindemittel Calciumsulfat	DIN EN 13279-1	B1 ... B7
Lehmmörtel	Lehm als Bindemittel	DIN 18947	S I/S II

Putzmörtel-/Putzarten mit mineralischen Bindemitteln (DIN 18550-2)

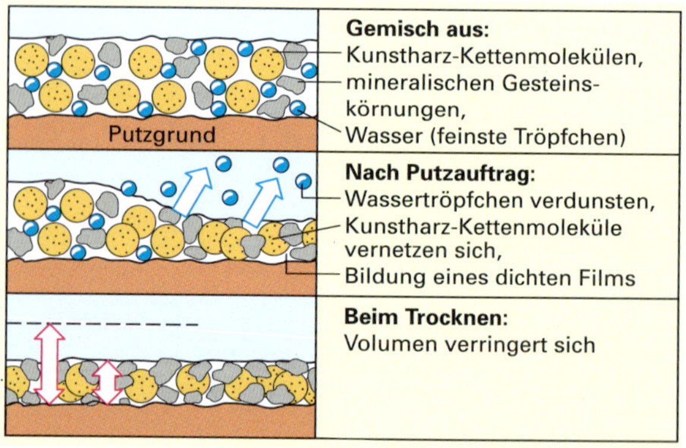

Die Erhärtung von Kunstharzputzen als physikalische und chemische Reaktion

6.9.4 Putzgrund

Eigenschaften

Damit der Putzmörtel sich mit dem Putzgrund dauerhaft verbindet, muss der Putzgrund folgende Eigenschaften aufweisen:

- **Sauberkeit**: Schmutz (wie z.B. Staub, Rückstände von Schalungsöl oder Ausblühungen) bilden eine Trennschicht und verhindern die Haftung.
- **Rauigkeit** vergrößert die Oberfläche, sodass der Putzmörtel gut haften kann (vor allem im frischen Zustand wichtig).
- **Anziehen des Putzmörtels**: Der angeworfene Mörtel soll am Putzgrund „anziehen", aber nicht so viel Wasser entzogen bekommen, dass er nicht mehr bearbeitbar und abbindefähig ist.
- **Tragfähigkeit**: Der Putzgrund sollte mindestens die Festigkeit des erhärteten Putzes aufweisen.
- **Keine Risse** und **offenen Fugen**: Die Putzschale kann sonst reißen.
- **Kein Mischmauerwerk**: Sonst könnten unterschiedliche Spannungen zu Rissbildungen im Putz führen.
- **Lot-** und **fluchtgerecht**, sowie **eben**: Dadurch werden Materialkosten gespart und die Gefahr von Schwindrissen verringert sich.

Um diese Eigenschaften zu erreichen, muss der Putzgrund vorbereitet werden. Dazu gehört das Reinigen mit Stahlbesen oder Bürste und das Entfernen von Schalölrückständen mit Spezialmitteln. Unebenes Mauerwerk wird durch einen Mörtelvoranwurf abgeglichen.

Die Putzhaftung kann durch einen Spritzbewurf erhöht werden. Ein stark saugender Untergrund muss vorgenässt werden. Dies ist auch bei warmer Witterung notwendig. Dadurch wird verhindert, dass dem frischen Putzmörtel das Wasser zu schnell entzogen wird.

Putzträger

Bei ungenügender Tragfähigkeit des Putzgrundes müssen Putzträger aufgebracht werden. Dazu gehören z.B. Konstruktionsteile aus Holz und Stahl oder Kunststoff. Auch an Hohlräumen wie Installationsschlitzen oder an Übergängen verschiedener Baustoffe sind Putzträger notwendig.

Putzträger werden mit Dübeln oder Klammern am Putzgrund befestigt und bestehen meistens aus Drahtgewebe wie z.B. Rippenstreckmetall, Ziegeldrahtgewebe oder verzinktem Drahtgitter. Es können auch Holzwolleplatten, Polystyrolplatten oder Gipsplatten Typ P zur Anwendung kommen.

Bei der Sanierung alter Putzflächen stößt man häufig auf Rohrmatten als Putzträger.

Putzbewehrung

Eine Putzbewehrung soll Zugspannungen aufnehmen, die im Putz auftreten und zu Rissen führen können. Dies ist bei folgenden Putzgründen der Fall: Verkleidungen über Rollladenkästen, Decken- und Türstürzen, tiefen und breiten Schlitzen sowie uneinheitlichem Putzgrund aus verschiedenen Materialien. Auch Wärmedämm-Verbundsysteme werden großflächig mit Putzbewehrung verkleidet.

Die Putzbewehrung besteht üblicherweise aus einem Glasfasergewebe, seltener aus gitterartigem Metallgewebe.

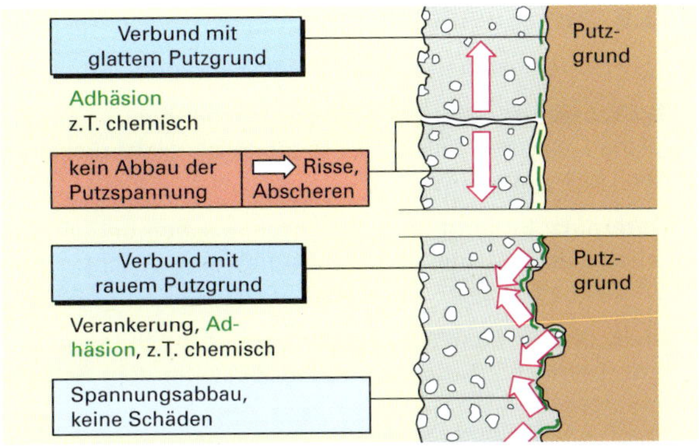

Haftverbund von Putz auf glattem und rauem Putzgrund

Mischmauerwerk ist als Putzgrund zu vermeiden

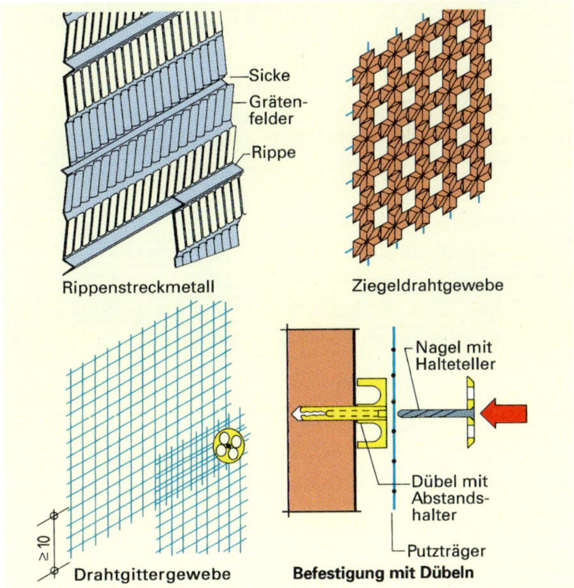

Putzträger

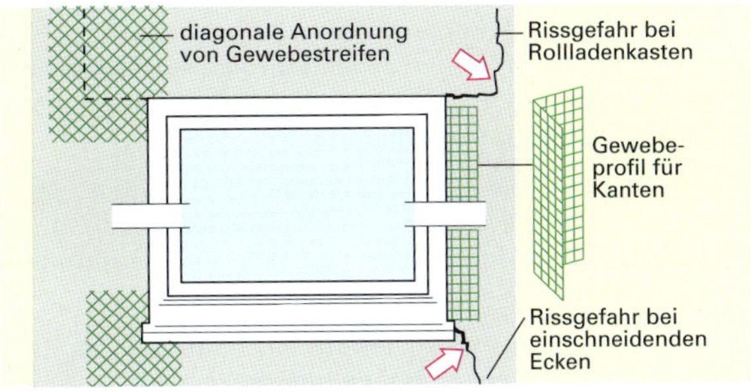

Putzbewehrung an einer Fensterlaibung

6.9.5 Putzaufbau

Putzsysteme bestehen aus mehreren Putzlagen

- **Spritzbewurf**: Mit ihm sollen Unebenheiten ausgeglichen werden, außerdem dient er als Haftbrücke für den Unterputz.
- **Unterputz**: Er sorgt für einen mechanischen und chemischen Verbund mit dem Putzgrund und gleicht grobe Unebenheiten aus.
- **Oberputz**: Er dient der gestalterischen Ausbildung der Putzoberfläche (Struktur und Farbe) sowie dem Schlagregenschutz.

Eine Putzlage kann durch mehrere Anwürfe des Putzmörtels nass in nass hergestellt werden.

Durch die mehrlagige Ausführung werden starke Schwindvorgänge vermieden, die zu Spannungen und Rissbildungen führen. Die Festigkeit der Putzlagen soll von innen nach außen abnehmen.

Die mittlere Dicke eines Außenputzes muss 20 mm betragen. An einigen wenigen Stellen darf eine Mindestdicke von 15 mm erreicht werden. Zwischen dem Aufbringen der einzelnen Putzlagen sind folgende Wartezeiten einzuhalten:

- Spritzbewurf und Unterputz: 1 Tag je mm Putzdicke (z. B. 10 mm Putzdicke = 10 Tage).
- Wärmedämmputz: 1 Tag je 10 mm Putzdicke, mindestens jedoch 7 Tage.

Innenputze werden meist einlagig mit einer Schichtdicke von 10 mm ausgeführt. Dies ist ausreichend, um das Raumklima durch Feuchtigkeitsaufnahme und -abgabe zu regulieren.

Putzsysteme bestehen aus Spritzbewurf, Unterputz und Oberputz. Dadurch werden Spannungen und Risse vermieden.

Zwischen dem Aufbringen der einzelnen Putzlagen müssen Wartezeiten beachtet werden.

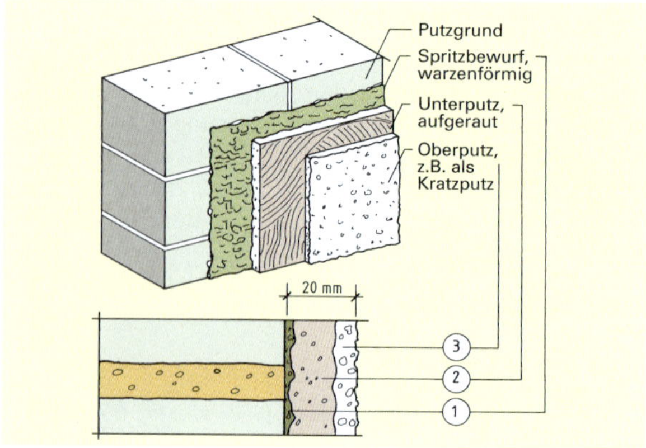

Putzaufbau

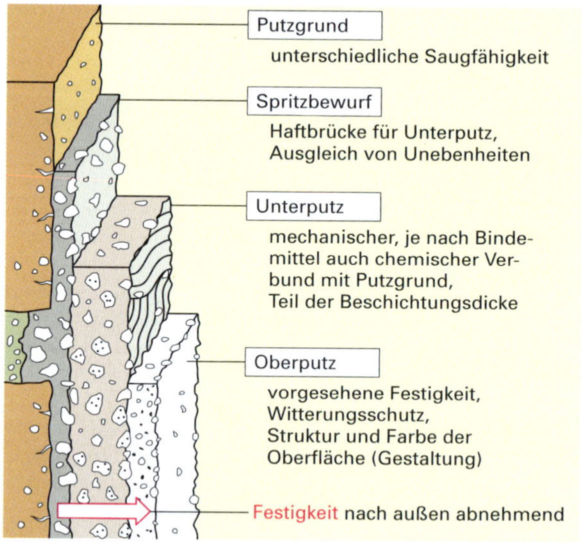

Funktionen der Putzlagen

Wandart	Anzahl der Lagen im Putzsystem	Mindest-Gesamtputzdicke mm
Beton	Zwei Lagen	15
Massives Mauerwerk	Zwei Lagen	15
Mauerwerk zweischalig	Zwei Lagen	15
Putzträger	Drei Lagen	20

Empfehlung für Mindestputzdicken

6.9.6 Putzoberfläche

Mithilfe der Farbe und Struktur des Oberputzes kann das Erscheinungsbild eines Gebäudes gestaltet werden.

Farbgebung

Wird die Putzfarbe durch die Gesteinskörnung und das Bindemittel erzielt, spricht man von Naturputz. Er ist besonders an historischen Gebäuden zu finden.

Andere Putzfarben können erzielt werden, indem bei Herstellung der Werktrockenmischung farbige Gesteinsmehle und Farbpigmente zugesetzt werden. Man spricht dann von Edelputz oder gefärbtem Putz.

Natürlich kann die Putzoberfläche auch durch Farbanstriche gestaltet werden. Anstrichsysteme haben oft eine Wasser abweisende Wirkung (Hydrophobierung) und verbessern dadurch den Regenschutz.

Bei der Farbwahl sollte auch berücksichtigt werden, dass sich die Helligkeit einer Fassade maßgeblich auf die Oberflächentemperatur auswirkt.

Farbige Putzfassade in der Hufeisensiedlung Berlin von Bruno Taut 1925–1930

Putzstruktur

Die Oberflächenstruktur des Putzes ist abhängig von der gewählten Putzweise (Oberflächenbehandlung):

- **Geriebener Putz** (auch Reibeputz genannt): Die noch nicht abgebundene Putzoberfläche wird mit einer Holzscheibe oder Traufel abgerieben. Dabei erzeugt ein rundes Korn (Rollkorn), das dem Putz zugesetzt wird, eine Rillenstruktur. Andere Bezeichnungen für Reibeputz sind: Münchner Rauputz, Rillenputz, Wurmputz, Altdeutscher Putz.
- **Spritzputz**: Der Putz wird mit einem Spritzputzgerät in zwei oder drei Lagen aufgebracht. Spritzputze finden z. B. als Akkustikputze Anwendung.
- **Kratzputz**: Mithilfe eines Nagelbretts, Sägeblatts oder einer Ziehklinge wird die bindemittelreiche Oberfläche des Oberputzes abgekratzt. Durch das herausspringende Korn entsteht die charakteristische Struktur. Nach dem Erhärten sind die losen Teile zu entfernen.
- **Waschputz**: Durch Abwaschen der obersten Bindemittelschicht mit verdünnter Salzsäure erhält der Putz seine Struktur.
- **Kellenstrichputz**: Nach dem Putzauftrag wird der Mörtel mit einer Kelle oder Traufel schuppenförmig verstrichen.
- **Gefilzte Oberfläche**: Der Putz wird während des Erhärtens mit einer Filzscheibe abgerieben. Um Schwindrisse zu vermeiden, muss der richtige Zeitpunkt genau eingehalten werden.

Das Erscheinungsbild eines Gebäudes wird durch die Farbe und Struktur des Oberputzes beeinflusst. Die Oberflächenstruktur des Oberputzes ist von der gewählten Putzweise abhängig.

Geriebener Putz

Spritzputz

Kratzputz

6.9.7 Putze mit besonderen Eigenschaften

Neue Baustoffe und höhere Anforderungen haben zur Entwicklung von Putzen mit besonderen Eigenschaften geführt.

Wärmedämmputze verbessern den Wärmeschutz der Außenwand. Er besteht aus einem wärmedämmenden, wasserhemmenden Unterputz, auf den ein Dämmputz und Oberputz aufgebracht wird. Wärmedämmputze weisen eine Wärmeleitfähigkeit von λ 0,028 ... 0,2 W/(m · K) auf.

Die wärmedämmende Wirkung des Unterputzes wird durch das Einmischen von porigen Gesteinskörnungen wie z. B. Aerogel, Perlit, Blähton oder Polystyrol-Hartschaumkügelchen erreicht.

Wärmedämmputze werden in Schichtdicken bis 10 cm aufgetragen. Ab einer Schichtdicke von 4 ... 5 cm werden Wärmedämmputzträger benötigt, die den Putz halten sollen.

Das Auftragen eines Wärmedämmputzes genügt in der Regel nicht, um den erforderlichen Wärmeschutz nach der Energieeinsparverordnung zu erfüllen. Mit einem Wärmedämmputz kann jedoch der Wärmeschutz ergänzt werden, wenn z. B. ein Ziegel mit sehr guter Dämmeigenschaft verwendet wird.

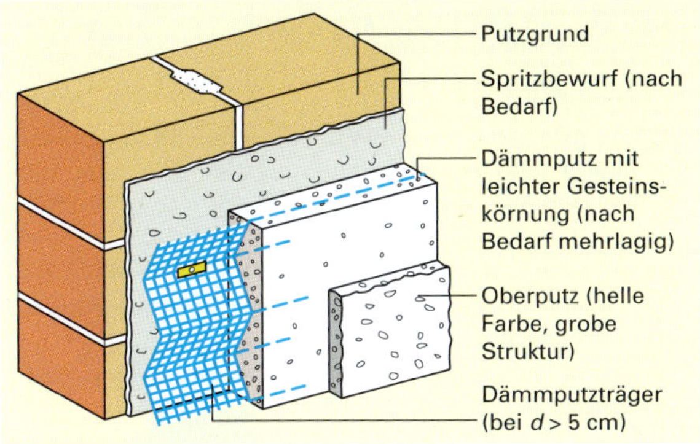

Wärmedämmputz

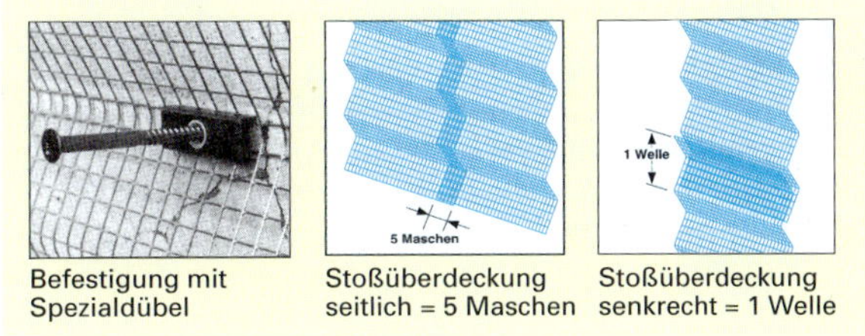

Dämmputzträger ab 5 cm Putzdicke

Leichtputze wurden entwickelt, um leichte Außenwandbaustoffe wie z.B. wärmedämmende Leichtziegel verputzen zu können. Weil der Putz niemals härter sein darf als der verwendete Wandbaustoff, haben Leichtputze aufgrund der Verwendung leichter Gesteinskörnungen eine geringe Rohdichte. Durch die Verwendung von Luftporenbildnern kann die Endfestigkeit verringert werden.

Sanierputze sind speziell für die Sanierung von feuchtigkeitsgeschädigtem und salzhaltigem Mauerwerk geeignet und werden vor allem im Sockelbereich und im Bereich des Erdgeschosses verwendet.

Durch die Beimengung von Luftporenbildnern und wasserabweisenden Zusätzen in den Putzmörtel wird bewirkt, dass der Putz Feuchtigkeit nicht kapillar aufnimmt. Die aus der Wandkonstruktion austretende Feuchtigkeit verdunstet innerhalb des Putzes und lagert dort die mitgeführten Salze ab. Die Austrocknung der Wand mithilfe eines Sanierputzes kann aber nur erfolgreich sein, wenn vorher das Mauerwerk dauerhaft trockengelegt wurde.

Sockelputze schützen die Außenwand im Sockelbereich vor Regen, Spritzwasser und Schmutz. Der Spritzwasserbereich reicht bis zu einer Höhe von 30 cm über der Geländeoberkante. Sockelputze sind Zementputze mit hoher Festigkeit, geringer Saugfähigkeit und geringer Elastizität.

Sperrputze eignen sich als Untergrund für die Abdichtung an Kellerwänden. Sie werden mit unterschiedlich großen Gesteinskörnungen, einem hohen Mehlkorngehalt und abdichtenden Zusätzen versetzt, um eine geringe Wasserdurchlässigkeit und hohe Wasserdampfdichtigkeit zu erreichen. Sperrputze müssen zusätzlich abdichtend beschichtet werden.

Brandschutzputze sind nichtbrennbare, mineralische Putze, die im Brandfall feuerhemmend oder feuerbeständig wirken. Durch poröse Zuschläge wie Blähglimmer oder Perlit wird die Schutzwirkung erhöht.

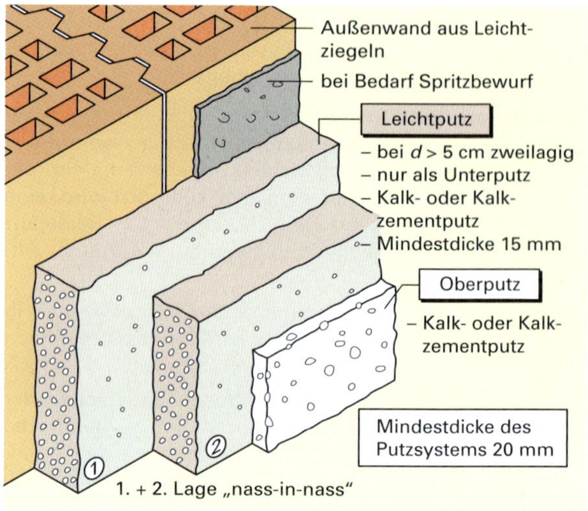

Leichtputz

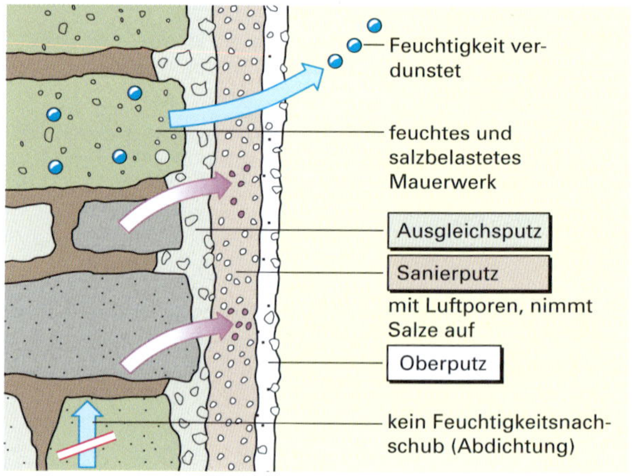

Wirkungsweise eines Sanierputzes

Zusammenfassung

Außenputze schützen die Wandkonstruktion vor Durchfeuchtung und mechanischen Einflüssen. Um dauerhaft zu sein, müssen Außenputze am Putzgrund gut haften und ein gleichmäßiges Gefüge aufweisen. Dafür muss der Putzgrund sauber, rau, tragfähig und eben sein.

Zur Verbesserung der Tragfähigkeit des Putzgrundes können Putzträger aufgebracht werden. An Stellen, an denen Zugspannungen auftreten können, ist eine Putzbewehrung in den Außenputz einzulegen.

Der Außenputz besteht aus mehreren Putzlagen: Spritzbewurf, Unterputz und Oberputz. Zwischen dem Aufbringen der Putzlagen müssen Wartezeiten beachtet werden.

Zur Gestaltung der Putzoberfläche gibt es unterschiedliche Putzweisen, mit denen verschiedene Strukturen hergestellt werden können. Für Bereiche mit speziellen Anforderungen werden Putze mit besonderen Eigenschaften angeboten.

Aufgaben

1. *Nennen Sie Aufgaben und Eigenschaften eines Außenputzes.*
2. *Wie muss der Putzgrund beschaffen sein und mit welchen Mitteln lässt er sich verbessern?*
3. *An welchen Gebäudeteilen können Rissbildungen im Putz auftreten und wodurch können sie vermieden werden?*
4. *Nennen Sie die einzelnen Putzlagen eines Putzsystems und deren Aufgaben.*
5. *Welche Putzweisen gibt es?*
6. *Welchen Vorteil bietet ein Wärmedämmputz und wodurch wird dieser erzielt?*
7. *Erklären Sie die Wirkungsweise eines Sanierputzes.*
8. *Wo kommen Sperrputze zum Einsatz?*

6.10 Fassadenschutz

6.10.1 Schäden und Mängel

Porige mineralische Fassadenbaustoffe wie z.B. Ziegel, Kalksandsteine, Porenbeton, Stahlbeton, Putz, Sandsteine und Kalksteine können aufgrund der Kapillarwirkung Wasser aufnehmen. Durch unzureichenden Schlagregenschutz kann Wasser in die Fassade eindringen und zu folgenden Schäden und Mängeln führen:

- Frostschäden,
- Ausblühungen, indem Salze oder Kalk im Baustoff gelöst werden und an die Oberfläche wandern,
- Befall und Bewuchs mit Mikroorganismen, Algen, Moosen (Vergrünung),
- Transport von Schadstoffen in den Baustoff hinein,
- verminderte Wärmedämmfähigkeit des Baustoffes.

Die Verwitterung von Fassadenoberflächen ist ohne Feuchtigkeit nicht möglich. Deshalb ist es wichtig, die Wasseraufnahme des Baustoffes zu verringern.

Porige Fassadenbaustoffe verwittern durch eindringende Feuchtigkeit. Um diesen Vorgang zu verhindern, muss die Wasseraufnahme des Baustoffes verringert werden.

Frostschäden

Kalkauswaschungen

Bewuchs

Salzausblühungen

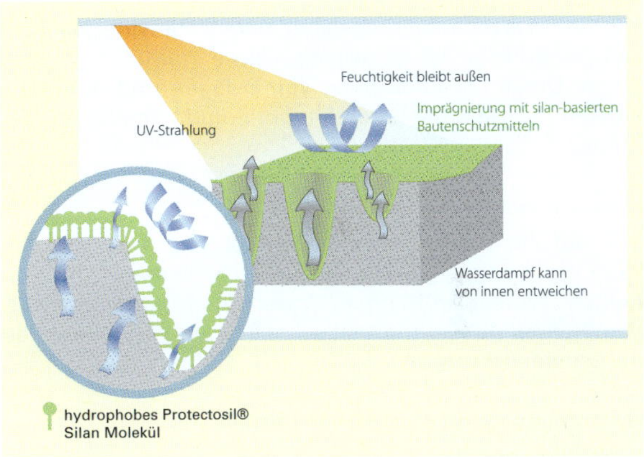

Wirkungsweise einer Hydrophobierung

6.10.2 Hydrophobierung

Unter Hydrophobierung versteht man das Imprägnieren (Durchtränken) der Fassadenoberfläche mit einem flüssigen Wirkstoff, der die Kapillaren und Poren im Baustoff mit einer dünnen Schicht auskleidet. Dadurch verändert sich der Benetzungswinkel des Wassers gegenüber der Baustoffoberfläche, sodass Feuchtigkeit unter atmosphärischem Druck nicht mehr aufgesaugt, sondern abgestoßen wird.

Die Atmungsfähigkeit des Baustoffes bleibt dabei erhalten, weil die behandelte Fassadenoberfläche weiterhin offenporig ist. Die Wirksamkeit der Maßnahme ist abhängig von der erzielten Eindringtiefe in den Porenraum.

Durch die Hydrophobierung einer Fassadenoberfläche ergeben sich folgende Vorteile:

- Verminderung der Schadstoffaufnahme sowie der Verschmutzungs- und Vergrünungsgefahr,
- Erhaltung der Wärmedämmfähigkeit des Baustoffes,
- Verbesserung der Frostbeständigkeit,
- Verminderung der Rissanfälligkeit infolge von Quell- und Schwindvorgängen durch Feuchtigkeit.

Bei der Hydrophobierung werden die Kapillaren und Poren eines Fassadenbaustoffes mit einer dünnen Wirkstoffschicht überzogen, die das Aufsaugen von Feuchtigkeit verhindert.

Feuchtigkeit auf hydrophobierter Oberfläche (links oben) und nicht hydrophobierter Oberfläche (rechts unten)

6.10.3 Imprägniermittel

Silane bestehen aus kleinstteiligen Silicium-Verbindungen. Durch eine chemische Reaktion mit dem Baustoff werden Silicone gebildet, die Wasser abweisend sind. Silane sind besonders für den Einsatz auf alkalischen Baustoffen wie Beton geeignet, weniger auf chemisch neutralen Baustoffen wie Naturstein oder Ziegel.

Siloxane bestehen aus kettenförmig aneinander gereihten Siliciumatomen. Sie können tief in feinporige Baustoffe eindringen und sind universell auf neutralem, alkalischem sowie leicht feuchtem Untergrund einsetzbar.

Kieselsäure-Verbindungen sind wässrige Imprägniermittel für helle Baustoffe wie Kalksandsteine oder mineralische Putze.

Als Imprägniermittel für Hydrophobierungen können je nach Beschaffenheit des Baustoffes Silane, Siloxane und Kieselsäure-Verbindungen zum Einsatz kommen.

Baustoff	Mindesteindringtiefe in mm
Sichtbeton	1 ... 2
Porenbeton	6 ... 8
Kalksandstein	3
Mineralputz	3 ... 4
Sandstein, dicht	2 ... 3
Sandstein, saugfähig	5 ... 6
Ziegel, dicht	2 ... 3
Ziegel, saugfähig	6 ... 8

Durchschnittliche Eindringtiefe einer Hydrophobierung in unterschiedliche Baustoffe

6.10.4 Fassadenreinigung

Vor der Hydrophobierung einer bereits bewitterten Fassadenoberfläche ist es wichtig, diese gründlich zu reinigen. Durch die Entfernung von Belägen und Schmutzkrusten werden die Baustoffporen und -kapillaren geöffnet.

Nassreinigung ohne chemische Mittel

Soll auf chemische Reinigungsmittel verzichtet werden, kann die Reinigungswirkung durch die Verwendung von heißem Wasser und hohem Wasserdruck gesteigert werden. Heißes Wasser trocknet schnell ab und vermindert so die Durchfeuchtung.

Nassreinigung mit chemischen Mitteln

Dabei werden die Schmutzschichten chemisch so verändert, dass sie wasserlöslich werden. Rückstände der chemischen Mittel müssen nach der Reinigung restlos ausgespült werden.

Der Einsatz von **starken Säuren** auf mineralischen Baustoffen ist nicht erlaubt, weil besonders auf kalkgebundenen Steinen das Bindemittel chemisch gelöst und zerstört wird. Bei Verwendung verdünnter saurer Reinigungsmittel ist die Steinoberfläche gut vorzunässen und nach dem Reinigungsvorgang abzuwaschen, bis die Steinoberfläche chemisch neutral ist.

Alkalische Reinigungsmittel sind zur Reinigung von Ziegeln und kalkhaltigen, säureempfindlichen, dichten Natursteinen gut geeignet. Auch hierbei muss intensiv vorgenässt werden und nach der Reinigung das alkalische Medium vollständig ausgewaschen werden. Grobporige, zerklüftete Natursteine wie z.B. Travertin und Muschelkalk dürfen nicht mit alkalischen Mitteln gereinigt werden, weil die Laugenreste aus den Vertiefungen schlecht entfernt werden können und es zu weißen Kaliumcarbonatausscheidungen kommen kann.

Die Reinigung einer Fassade kann durch Nassreinigung mit oder ohne chemische Mittel stattfinden. Für Ziegelmauerwerk und säureempfindliche Natursteinfassaden eignen sich alkalische Reinigungsmittel.

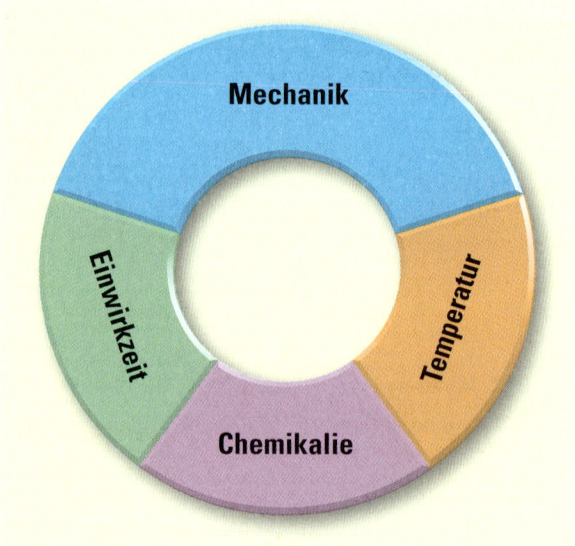

Bei der Reinigung einer Oberfläche sind vier Einflussfaktoren wirksam; welcher Faktor wie stark eingesetzt wird, bestimmen im Wesentlichen die Baustoffoberfläche, die Verschmutzungsart und der gewünschte Reinigungsgrad

Hochdruck-Nassreinigung mit chemischen Mitteln

Mechanische Reinigungsverfahren

Weil mechanische Reinigungsverfahren wie z.B. Sandstrahlen mit einem Materialverlust verbunden sind, sollten sie nur auf harten Baustoffoberflächen wie z.B. Beton zur Anwendung kommen. Bei weichen Natursteinen kann eine mechanische Reinigung zu schweren Oberflächenschädigungen führen. In diesem Fall sollte versucht werden, Verschmutzungen durch Abbürsten grob zu entfernen und abzuwaschen.

Die bei der Fassadenreinigung anfallenden Stoffe müssen vollständig aufgefangen und gesammelt werden. Dazu muss die Arbeitsstelle nach allen Seiten abgeschirmt werden und entsprechende Auffangvorrichtungen vorhanden sein.

Je nach Reinigungsverfahren können bei der Fassadenreinigung große Mengen an Abfall anfallen, für deren ordnungsgemäße Entsorgung der Abfallerzeuger, d.h. der die Arbeiten ausführende Betrieb, verantwortlich ist.

Mechanische Reinigungsverfahren sind immer mit einem Materialverlust verbunden. Deshalb dürfen sie nur auf harten Baustoffoberflächen angewendet werden, sonst kann es zu schweren Oberflächenschäden kommen.

Verschmutzungsart	Reinigungsart
 Vergrünung durch Algen	Vernichtung durch organische Zinn- und Stickstoffverbindungen; Nachbehandlung mit Algiziden und Fungiziden.
 Kalkausblühungen	Nassverfahren mit chemischen Mitteln; mechanische Verfahren, z.B. Abbürsten.
 Graffiti-Verunreinigung	Spezialreiniger auftragen; Reaktionszeit abwarten und mit Hochdruck abwaschen.

Verschmutzungs- und Reinigungsarten

Zusammenfassung

Mineralische Fassadenbaustoffe wie z.B. Ziegel, Beton oder Putz können aufgrund ihrer Porigkeit Wasser aufnehmen. Bei unzureichendem Schlagregenschutz kann dadurch Wasser in die Fassade eindringen und zu vermindertem Wärmeschutz, Frostschäden, Ausblühungen oder Bewuchs führen.

Um eine Durchfeuchtung der Außenwand durch Witterungseinflüsse zu verhindern, kann diese hydrophobiert werden. Dabei werden die Poren und Kapillaren mit einer dünnen Wirkstoffschicht ausgekleidet. Dadurch ändert sich der Benetzungswinkel des Wassers gegenüber der Baustoffoberfläche so, dass Feuchtigkeit nicht mehr aufgesaugt wird. Die „Atmungsfähigkeit" der Außenwand bleibt dabei jedoch erhalten.

Als Imprägniermittel für Hydrophobierungen können je nach Beschaffenheit des Baustoffes Silane, Siloxane oder Kieselsäure-Verbindungen zum Einsatz kommen.

Vor einer Hydrophobierung muss die Fassadenfläche gereinigt werden. Dabei können Nassreinigungsverfahren mit oder ohne chemische Mittel sowie mechanische Reinigungsverfahren wie z.B. Abbürsten oder Sandstrahlen zur Anwendung kommen. Bei Verwendung chemischer Reinigungsmittel muss nach der Reinigung so lange nachgewaschen werden, bis die Fassadenoberfläche chemisch neutral ist.

Weil mechanische Reinigungsverfahren zu oberflächlichen Materialverlusten führen, dürfen sie nur auf harten Baustoffen eingesetzt werden. Bei weichen Natursteinen kann es sonst zu schweren Oberflächenschäden kommen.

Alle bei der Fassadenreinigung anfallenden Stoffe müssen aufgefangen, gesammelt und ordnungsgemäß entsorgt werden.

Aufgaben

1. *Welche Schäden und Mängel kann eindringendes Wasser an einer Außenwand verursachen?*
2. *Was versteht man unter der Hydrophobierung einer Fassade?*
3. *Welche Vorteile sind mit einer Hydrophobierung verbunden?*
4. *Erklären Sie, woraus Silane und Siloxane bestehen.*
5. *Nennen Sie vier Einflussfaktoren, die bei der Reinigung einer Fassadenoberfläche wirksam sind.*
6. *Aus welchem Grund ist es wichtig, eine bewitterte oder verschmutzte Fassade vor der Hydrophobierung zu reinigen?*
7. *Nennen Sie vier Faktoren, welche die Reinigung einer Oberfläche beeinflussen.*
8. *Erläutern Sie zwei Arten der Nassreinigung.*
9. *Worauf ist beim Einsatz saurer Reinigungsmittel zu achten?*
10. *Warum sind alkalische Reinigungsmittel für grobporige Natursteine ungeeignet?*
11. *Warum sollte auf Sandstrahlen als mechanische Reinigungsart möglichst verzichtet werden?*
12. *Machen Sie jeweils einen Vorschlag, wie Sie folgende Verschmutzungen beseitigen würden:*
    - *Vergrünung durch Algen,*
    - *Kalkausblühungen,*
    - *Verschmutzung durch Graffiti.*

6.11 Sanierung von Mauerwerk

Die meisten Schäden am Mauerwerk werden durch kapillare Feuchtigkeitsbewegung verursacht. Ziegel, Kalksandsteine und Mörtel sind sehr poröse Baustoffe und weisen bei Berührung mit Wasser eine hohe Kapillarität auf. Ihr Luftporenanteil liegt bei 25 %. Dagegen weisen dichte Natursteine wie z. B. Granit fast keinen Porenraum auf und können deshalb kaum Wasser aufnehmen. Bei Natursteinwänden kann meist nur der Mörtel Feuchtigkeit aufnehmen.

Mit der Feuchtigkeitsaufnahme gelangen in die Wand häufig Salze und Säuren, die bei Verdunstung des Wassers Ausblühungen, Kalkablagerungen und Abplatzungen an Mauerwerk und Putz verursachen.

Durch Feuchtigkeit geschädigtes Mauerwerk

Durch die Aufnahme von Feuchtigkeit können Salze und Säuren in das Mauerwerk gelangen, was zu Ausblühungen, Kalkablagerungen und Abplatzungen führen kann.

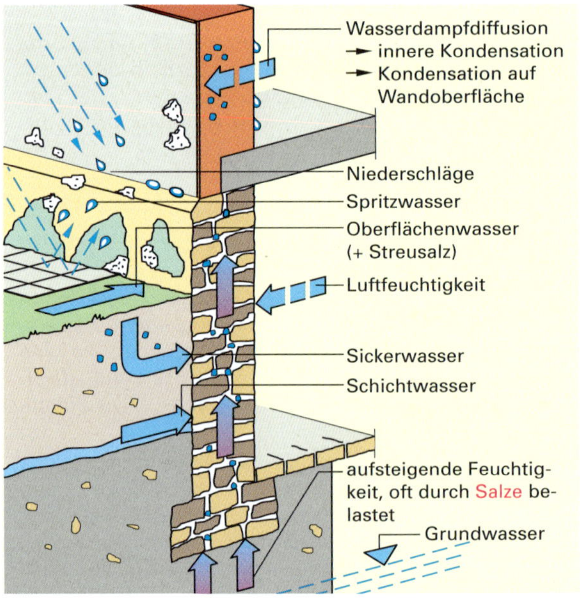

Wege, auf denen Feuchtigkeit in das Mauerwerk gelangen kann

6.11.1 Feuchtigkeitsmessung

Um Mauerwerksschäden beurteilen zu können, muss die Mauerwerksfeuchtigkeit gemessen werden. Dazu gibt es zerstörende und zerstörungsfreie Methoden.

Zur **zerstörungsfreien Methode** zählen:

- Die **Widerstandsmessung,** bei der der elektrische Widerstand zweier in die Wand eingebrachter Elektroden gemessen wird, woraus auf den Feuchtigkeitsgehalt geschlossen werden kann.
- Die **Infrarot-Thermografie,** bei der mit einer speziellen Kamera die Wärmestrahlung der Wandoberfläche aufgenommen wird. Weil durch das Verdunsten von Feuchtigkeit auf der Wandoberfläche eine Temperaturabsenkung verursacht wird, kann daraus auf unterschiedliche Feuchtigkeitsgehalte geschlossen werden.
- Das **radiometrische Neutronenmessverfahren,** das nach dem Prinzip der Neutronenabbremsung arbeitet. Von einer Sonde werden Neutronen ausgesendet, die beim Auftreffen auf den Wasserstoffkern langsamer werden. Durch eine elektronische Auswertung des Bremsvorganges kann auf den Feuchtigkeitsgehalt geschlossen werden.
  Weil für die Messung strahlungsintensives Material verwendet wird, sind Transport und Bedienung sehr aufwendig.

Zur **zerstörenden Methode** zählt die **Calcium-Carbid-Methode.** Dabei wird eine Probe aus der schadhaften Wand entnommen und in einem Druckgefäß mit Carbid in Berührung gebracht. Durch das sich entwickelnde Acetylengas steigt der Druck im Gefäß an, sodass daraus auf den Wassergehalt geschlossen werden kann.

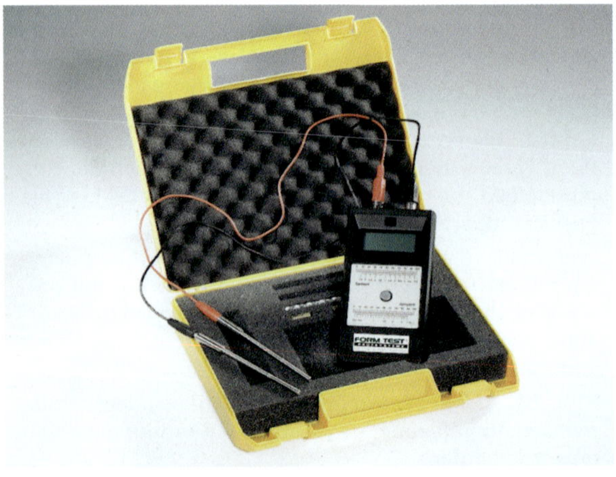

Gerät zur Messung des elektrischen Widerstandes

Der Feuchtigkeitsgehalt einer Wand kann mithilfe elektrischer Widerstandsmessung, Infrarot-Thermografie oder durch die Calcium-Carbid-Methode bestimmt werden.

6.11.2 Horizontalabdichtung von Mauerwerk

Um den kapillaren Feuchtigkeitstransport im Mauerwerk zu unterbrechen, muss eine Horizontalabdichtung eingebracht werden. Gleichzeitig muss eine Vertikalabdichtung und Entsalzung, z. B. durch Aufbringen eines Sanierputzes des Mauerwerks, durchgeführt werden.

Eine horizontale Abdichtung kann mit mechanischen oder chemischen Verfahren erreicht werden.

Unter **mechanischen Verfahren** versteht man das Edelstahlblechverfahren und Mauersägeverfahren.

Beim **Edelstahlblechverfahren** werden mit einer Luftdruckramme geriffelte Edelstahlbleche in eine Lagerfuge des Mauerwerks eingetrieben. Das Ineinandergreifen der Bleche garantiert eine unterbrechungsfreie Horizontalabdichtung. Das Verfahren eignet sich jedoch nur für Mauerwerk, das gut zugänglich ist und Erschütterungen standhält.

Beim **Mauersägeverfahren** wird das Mauerwerk auf kurzen Abschnitten mithilfe einer Kreissäge durchtrennt und mit Keilen gestützt. In die aufgeschnittene Fuge werden Abdichtungsfolien aus Kunststoff, bitumenkaschierter Aluminium- oder Bleifolie oder Edelstahlplatten eingeschoben. Noch vorhandene Hohlstellen werden danach mit schnell bindendem Mörtel oder Harzen verpresst.

Mit **chemischen Verfahren** kann der Kapillarendurchmesser verringert werden oder die Oberflächenspannung in den Kapillaren erhöht werden, sodass keine Feuchtigkeit mehr aufsteigen kann. Dazu werden in das Mauerwerk flüssige Dichtstoffe (Injektionsmittel) eingebracht, die aus organischen Harzlösungen wie z. B. Spezialparaffinen, Epoxid-, Polyurethan- oder Polyesterharzen bestehen. Damit das Injektionsmittel in die Kapillaren gelangen kann, muss das durchfeuchtete Mauerwerk zunächst mit Heizstäben ausgetrocknet werden. Dazu müssen Bohrlöcher hergestellt werden, in die nach der Austrocknung Einfülltrichter mit dem Injektionsmittel gesteckt werden. Hierfür ist eine zweite Bohrlochreihe notwendig, die etwa 20 cm versetzt über der ersten angeordnet wird. Die Bohrlöcher haben einen Abstand von 10 ... 20 cm und werden schräg nach unten gebohrt.

Das Injektionsmittel bildet eine bis zu 15 cm dicke Sperrschicht.

Das **elektrophysikalische Verfahren** der Elektro-Osmose, beruht darauf, dass der Feuchtigkeitsstrom von der Anode (+) zur Kathode (–) geht. Dazu werden Elektroden unter Putz in leitfähigem Mörtel verlegt und dauerhaft mit Strom versorgt. Ein Regelgerät steuert die Stromabgabe, die bei trockenem Mauerwerk aufhört. Da die Kathode unten angeordnet wird, wirkt das der kapillar aufsteigenden Feuchtigkeit entgegen. Probleme gibt es bei leitenden Einbauten, wie Wasserrohren.

Eine nachträgliche Horizontalabdichtung kann durch das Edelstahlblechverfahren, Mauersägeverfahren oder durch das Einbringen chemischer Injektionsmittel erreicht werden.

Edelstahlbleche werden in die Fuge eingerammt

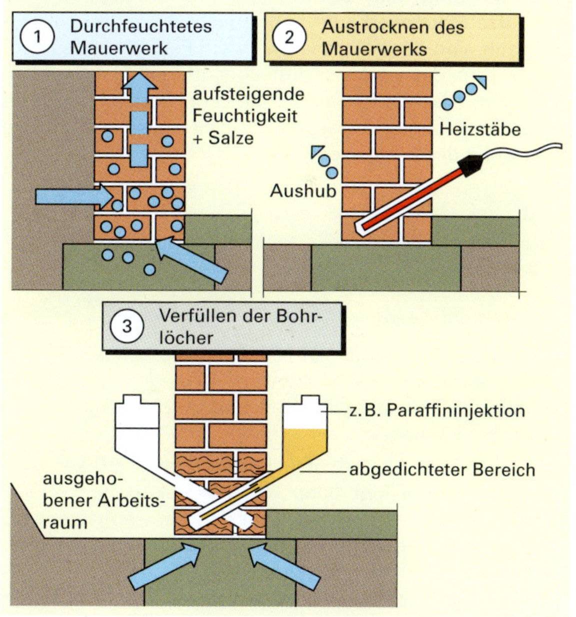

Mauerwerktrockenlegung mit chemischen Mitteln

Einpressen des Injektionsmittels

6.11.3 Vertikalabdichtung von Mauerwerk

Mauerwerk, das sich unterhalb der Geländeoberfläche im Boden befindet, muss durch eine Vertikalabdichtung gegen Grund- und Sickerwasser sowie Erdfeuchte abgedichtet werden. Dies kann auf der Außen- oder Innenseite des Mauerwerkes geschehen.

Beim nachträglichen Aufbringen einer **Außenabdichtung** muss vor der Kellerwand aufgegraben, die Fugen ausgekratzt und neu verfugt werden, lose Steine ersetzt und ein Ausgleichsputz aufgetragen werden. Für die Abdichtung können verwendet werden:

- ein wasserdichter Sperrputz aus Zement,
- zementgebundene Dichtungsschlämmen,
- wasserdichte Bitumenschweißbahnen,
- bitumenhaltige Beschichtungen.

Es kann auch eine wasserdichte Betonwand vor das Mauerwerk gesetzt werden oder ein Dränvlies zur Abführung von Feuchtigkeit aufgebracht werden. Damit sich kein Wasser vor der Wand stauen kann, ist vor der Abdichtung eine Dränschicht anzuordnen.

Eine **Innenabdichtung** sollte nur zur Anwendung kommen, wenn das Mauerwerk von außen nicht aufgegraben werden kann. Von der Innenseite wird ein Feuchtwandsystem aufgebracht, das aus einer diffusionsoffenen Matte und einem mineralischen Putzaufbau besteht. Dadurch wird der natürliche Feuchtigkeitsaustausch sichergestellt und eine Zerstörung des Putzes verhindert.

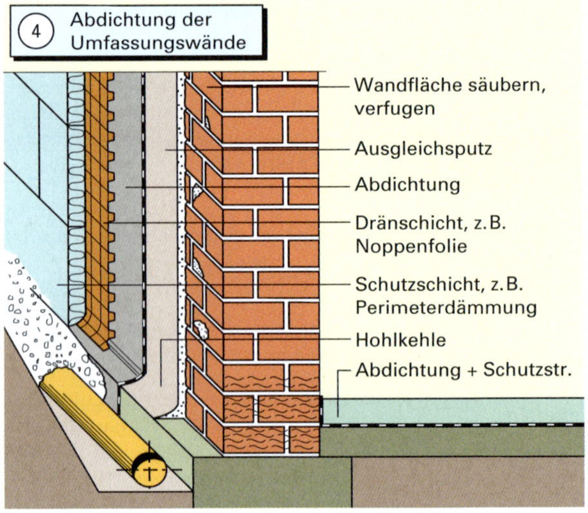

Nachträgliches Aufbringen einer Außenabdichtung

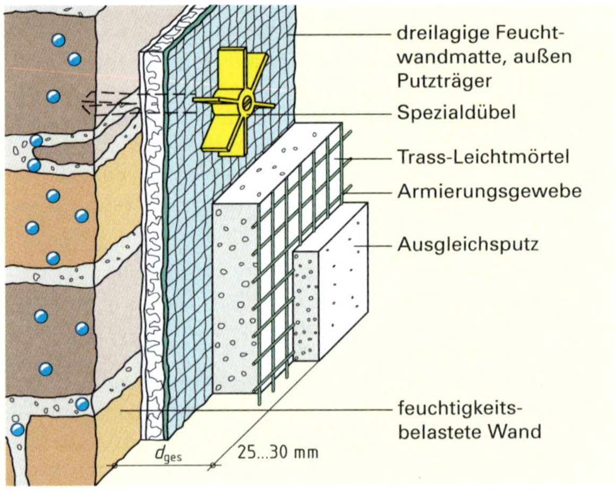

Innenabdichtung mit Feuchtwandsystem

Zusammenfassung

Durch die Aufnahme von Feuchtigkeit können Salze und Säuren in das Mauerwerk gelangen, die Ausblühungen, Kalkablagerungen und Abplatzungen verursachen können.

Um den Grad der Durchfeuchtung zu messen, können zerstörungsfreie Methoden wie die elektrische Widerstandsmessung oder Infrarot-Thermografie angewendet werden, oder zerstörende Methoden wie die Calcium-Carbid-Methode eingesetzt werden.

Um die vertikale Feuchtigkeitszufuhr zu unterbrechen, können mechanische Verfahren wie das Edelstahlblechverfahren und das Mauersägeverfahren oder chemische Verfahren angewendet werden.

Die horizontale Feuchtigkeitszufuhr kann durch eine Außen- oder Innenabdichtung unterbrochen werden. Für die Außenabdichtung muss das Mauerwerk freigelegt, die Fugen ausgekratzt und neu verfugt sowie eine Dichtungsschicht aufgebracht werden. Um einen Feuchtigkeitsstau zu verhindern, muss vor der Abdichtung eine Dränschicht angeordnet werden.

Aufgaben

1. *Welche schädigenden Stoffe gelangen mit eindringender Feuchtigkeit in das Mauerwerk und welche Schäden verursachen sie?*
2. *Beschreiben Sie unterschiedliche Methoden der Feuchtemessung.*
3. *Worin unterscheidet sich das Edelstahlblechverfahren vom Mauersägeverfahren?*
4. *Erläutern Sie das Vorgehen zur Herstellung einer Horizontalabdichtung mit chemischen Verfahren.*
5. *Warum müssen Kellerwände auch mit einer Vertikalabdichtung versehen werden?*
6. *Skizzieren Sie den Aufbau einer nachträglichen Außenabdichtung.*

6.12 Projektaufgabe

Sie sind maßgeblich in die Planung des auf S. 53 ... 60 dargestellten Einfamilienhauses einbezogen und sollen sowohl statische, wärmeschutztechnische als auch gestalterische Aufgaben lösen.

Statik

1. *Unterscheiden Sie im Grundriss auf S. 55 tragende Wände und nichttragende Wände voneinander. Begründen Sie Ihre Antwort.*
2. *Der Bauherr wünscht im Erdgeschoss einen offenen Grundriss und möchte Wohnbereich, Küche und Vorraum nicht durch die geplante Wand voneinander trennen. Welche statische Funktion hat diese Wand?*
3. *Im Wohnbereich soll als Raumteiler eine 11,5 cm dicke, zweiseitig gehaltene Wand eingebaut werden. Ermitteln Sie für diese Wand die Knicklänge h_k und die Schlankheit λ.*

Wärmeschutz

4. *Suchen Sie für den Aufbau der Außenwand (vgl. S. 57) Materialien mit geringer Wärmeleitfähigkeit λ aus und berechnen Sie damit den Wärmedurchlasswiderstand R.*
5. *Berechnen Sie den Wärmedurchgangswiderstand R_{tot} und den Wärmedurchgangskoeffizienten U. Wurde der Mindestwert nach EnEV eingehalten?*
6. *Machen Sie eine Vergleichsrechnung, wenn statt Ziegeln Kalksandsteine verwendet werden sollen und beurteilen Sie das Ergebnis.*
7. *Ermitteln Sie für den Außenwandbereich, wie viel m^2 Wärmedämmung benötigt wird. Notwendige Maße können aus den Ansichten S. 59/60 herausgemessen werden.*
8. *Markieren Sie im abgebildeten Schnitt durch das Wohnhaus die Systemgrenzen des Gebäudes bei einem unbeheizten Keller.*
9. *Ermitteln Sie die wärmeübertragende Umfassungsfläche A so genau wie möglich.*
10. *Berechnen Sie das beheizte Gebäudevolumen V_e des Wohnhauses.*
11. *Berechnen Sie die Gebäudenutzfläche A_N des Wohnhauses.*
12. *Ermitteln Sie das beheizte Luftvolumen V in der vereinfachten Form.*
13. *Machen Sie Vorschläge, wie der Wärmeschutz des Wohnhauses verbessert werden könnte.*
14. *Zeichnen Sie einen Schnitt im Maßstab 1:10 durch die Außenwand des Wohnhauses im Bereich der Kellerdecke.*
15. *Tragen Sie in den in Aufgabe 14 gezeichneten Schnitt durch die Außenwand den Temperaturverlauf im Winter ein, wenn innen 20 °C und außen –10 °C herrschen.*

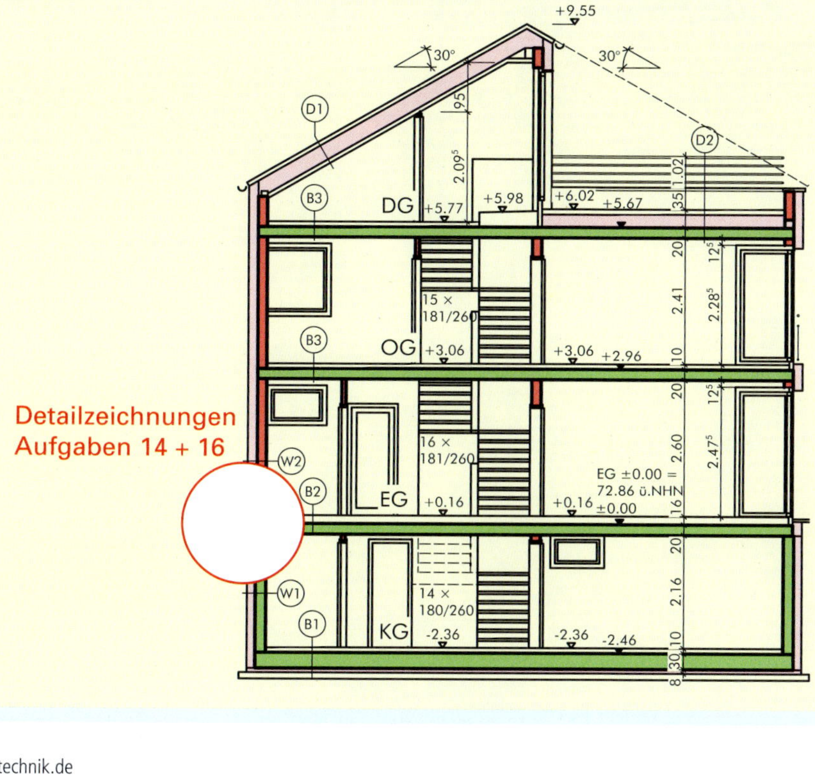

Zweischaliges Mauerwerk

Statt des vorgesehenen einschaligen Aufbaus der Außenwand könnte auch ein zweischaliger Aufbau in Erwägung gezogen werden.

16. *Zeichnen Sie einen Schnitt im Maßstab 1:10 durch die Außenwand des Wohnhauses als zweischaliges Mauerwerk mit Luftschicht und Dämmung: Ziegelvorsatzschale 11,5 cm, Dämmung 11 cm, Luftspalt 4 cm.*
17. *Wählen Sie einen geeigneten Ziegel für die Vorsatzschale.*
18. *Wählen Sie einen Verband für die Ziegelvorsatzschale aus und zeichnen Sie diesen für eine Fläche von 1 m^2 im Maßstab 1:10.*
19. *Tragen Sie in die Zeichnung aus Aufgabe 18 die Drahtanker ein. Berechnen Sie für die gesamte Fassade die notwendige Anzahl der Anker, indem Sie das Ergebnis aus Aufgabe 7 nutzen.*
20. *Zeichnen Sie in die Ansicht des Wohnhauses alle notwendigen Bewegungsfugen ein.*

7 Konstruieren eines Stahlbetonbalkens

Mit der Entwicklung des Stahlbetons wurden Überdeckungen mit größeren Spannweiten möglich. Im Wohnungsbau dienen Stahlbetonbalken zur Überdeckung von Fenstern und Türen oder werden als Über- und Unterzüge zur Auflagerung von Decken eingebaut. Im Industriebau können mit Stahlbetonbalken weite Hallen überspannt werden.

Stahlbetonbalken sind überwiegend auf Biegung beanspruchte Bauteile. Das Zusammenwirken von Beton und Betonstahl ist für die statische Beanspruchung entscheidend. Für die richtige Anordnung der Bewehrung ist es deshalb wichtig, Lage und Art der auftretenden Spannungen zu kennen.

7.1 Berechnungen an Stahlbetonbalken

Auf alle Bauwerke wirken **Kräfte**. So wirken z. B. Windkräfte auf Dächer ein, Einrichtungsgegenstände und Personen belasten Decken und Träger, aufgefüllte Böden beanspruchen die Untergeschosswände, die Eigenmassen der Bauteile üben auf andere Bauteile Belastungen aus. Allen diesen Kräften und Belastungen müssen **gleich große Gegenkräfte** gegenüberstehen, damit das Bauwerk im **Gleichgewicht** bleibt.

Stahlbetonbalken werden eingebaut, wenn vertikal wirkende Kräfte in ihrer Wirkungsrichtung versetzt abgeleitet werden sollen. Am häufigsten ist dies bei Fenster- und Türstürzen der Fall. Hier liegen die Stahlbetonbalken rechts und links auf dem Mauerwerk auf. Bei Über- und Unterzügen dient der Stahlbetonbalken als **Auflager** für die Decke.

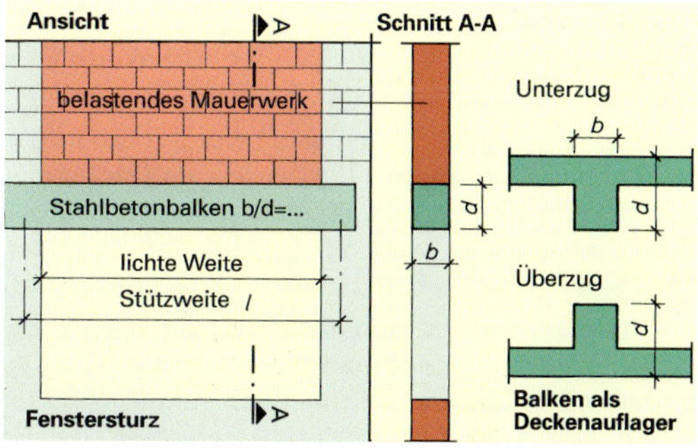

Stahlbetonbalken

7.1.1 Grundformen

Nach Anordnung und Ausführung der Auflager unterscheidet man:

- **Kragträger**,
- **Einfeldträger**,
- **Mehrfeld-** oder **Durchlaufträger**.

Bei Einfeld- und Mehrfeldträgern können die Auflager eingespannt oder frei aufliegend ausgeführt sein.

Kragträger sind am Auflager entweder eingespannt, oder sie treten als Verlängerung eines Ein- oder Mehrfeldträgers auf. Der über das Auflager hinausragende Teil des Trägers wird als **Kragarm** bezeichnet.

Für die richtige Anordnung der Bewehrung ist es wichtig, die Lage und die Art der auftretenden Spannungen zu kennen und zu wissen, wie die Belastungen auf einen Stahlbetonbalken zustande kommen.

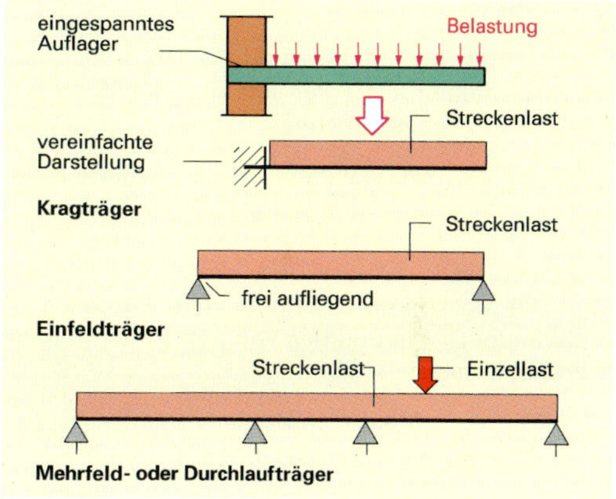

Trägerarten

7.1.2 Eigen- und Nutzlasten

Nach der Dauer der Lasteinwirkung auf Bauteile werden Eigenlasten und Nutzlasten unterschieden.

- **Eigenlasten** sind in der Regel unveränderlich und ständig vorhanden. Die Eigenlast resultiert aus der Masse der tragenden oder stützenden Bauteile und den unveränderlichen, von den tragenden Bauteilen dauernd aufzunehmenden Lasten, wie z. B. Auffüllungen, Fußbodenbeläge, Putze usw.

  Eigenlasten können bei Decken einen wesentlichen Anteil der Gesamtlast ausmachen, bei Trägern ist ihr Anteil dagegen meist gering.
- **Nutzlasten** sind veränderliche oder bewegliche Lasten, die auf das Bauteil einwirken, wie z. B. Personen, Einrichtungsstücke, unbelastete leichte Trennwände, Lagerstoffe, Maschinen, Fahrzeuge, Kranlasten, Wind und Schnee.

Lasten sind die von außen auf Teile eines Bauwerks einwirkenden Kräfte. Nach ihrer Wirkungsdauer werden Eigenlasten und Nutzlasten unterschieden.

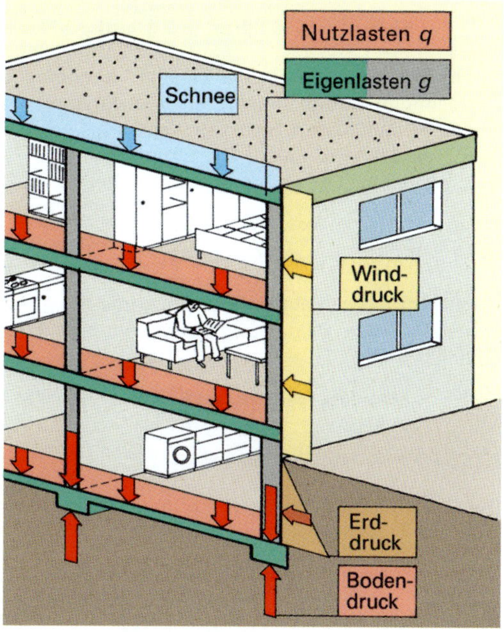

Lasten und Kräfte am Bau

Um einen Stahlbetonbalken bemessen zu können, müssen die Lasten ermittelt werden. Zur Berechnung der Nutzlasten dient die **DIN EN 1991-1-1 „Einwirkungen auf Tragwerke"**. Diese enthält genaue Angaben über lotrechte Nutzlasten für Decken, Treppen, Balkone, Dächer und Parkhäuser (siehe Tabelle auf Seite 253).

Entsprechend ihrer Nutzung werden die Bauteile in **Nutzungskategorien** eingeteilt. Für die Bemessung ist bei gleichmäßig verteilter Last der charakteristische Wert q_k in **kN/m²** und bei konzentrierten Einzellasten der charakteristische Wert Q_k in **kN** zu verwenden. Die Werte können der Tabelle auf Seite 253 entnommen werden.

Die Rechenwerte der Eigenlasten werden für Träger als Volumenbauteile in **kN/m³**, für Decken als Flächenbauteile je cm Dicke in **kN/m²** angegeben. Die Last pro Einheitsfläche oder Einheitslänge wird mit g_k bzw. der charakteristische Wert einer ständigen Einwirkung mit G_k gekennzeichnet.

Zur Berechnung der Eigenlasten ist die **Wichte** γ erforderlich. Darunter versteht man die Gesamtlast pro Volumeneinheit eines Stoffes einschließlich seiner Hohlräume und Poren. Die Werte für die Wichte verschiedener Baustoffe können der **DIN EN 1991-1-1 „Allgemeine Einwirkung auf Tragwerke"** (siehe Tabelle auf Seite 254) entnommen werden.

Die Eigenlast der Bauteile und Baustoffe als Einzellast in kN wird mithilfe des Volumens und der Wichte nach folgender Formel ausgerechnet:

Eigenlast in kN = Volumen in m³ · Wichte in kN/m³

$$g_k = V \cdot \gamma$$

Die Eigenlast kann auch über die **Masse** berechnet werden. Die Masse von Baustoffen und Bauteilen lässt sich mithilfe der Dichte und des Volumens nach folgender Formel bestimmen:

Masse = Volumen · Dichte

$$m = V \cdot \varrho$$

Die Einheit der Dichte ist kg/m³. Weitere Einheiten sind kg/dm³, g/cm³ und t/m³.

1 kg/dm³ = 1000 kg/m³ (= 1 g/cm³ = 1 t/m³)

Die Masse wird dann in die Eigenlast umgerechnet. Die Umrechnung erfolgt, indem die Masse in kg mit dem Faktor 10 multipliziert wird. Der neue Wert erhält die Einheit **Newton**. Der Faktor 10 ergibt sich aus der Fallbeschleunigung (g); sie beträgt aufgrundet 10 m/s².

Eigenlast in N = Masse in kg · 10

$$g_k = m \cdot 10$$

Die Eigenlast der Bauteile und Baustoffe als gleichmäßig verteilte Last in kN/m² wird nach folgender Formel berechnet:

Eigenlast in kN/m² = Dicke des Bauteils in m · Wichte in kN/m²

$$g_k = d \cdot \gamma$$

Die Gesamtlast ist gleich der Summe aus Eigenlast und Nutzlast.

Gesamtlast in kN/m² = Eigenlast in kN/m² + Nutzlast in kN/m²

$$\text{Gesamtlast} = g_k + q_k$$

Ermittlung der Bemessungslasten

Die Belastungen eines Bauteils können sich trotz genauer und gewissenhafter Ermittlung verändern. Eine Schneelast kann sich z.B. durch Verwehungen ungünstig verändern oder die Eigenlast eines Baustoffes kann sich erhöhen, wenn er durchfeuchtet wird. Ebenso kann sich eine Nutzlast auf eine Decke erhöhen, wenn auf der Decke mehr Lasten abgesetzt werden als ursprünglich in der Berechnung angenommen wurde. Um derartigen Problemen gerecht zu werden, müssen die Lasten (ständige und veränderliche Lasten) mit einem **Teilsicherheitsbeiwert** multipliziert werden.

Die zunächst ermittelten Lasten werden als charakteristische Lasten bezeichnet. Die **Bemessungslasten *F*** entstehen durch Multiplikation mit den Teilsicherheitsbeiwerten. Der Teilsicherheitsbeiwert beträgt für Nutzlasten 1,50 und für ständige Lasten 1,35.

Teilsicherheitsbeiwert γ_G	= 1,35
Teilsicherheitsbeiwert γ_Q	= 1,50
Bemessungslast F	$= \gamma_G \cdot G_k + \gamma_Q \cdot Q_k$
Vereinfacht: Bemessungslast F	$\approx 1{,}40 \cdot (G_k + Q_k)$

Beispiel:

Bestimmen Sie die Eigenlast und die Bemessungslast eines Stahlträgers I P 360 mit 14 m Länge.

Lösung:

Eigenlast $G_k = m \cdot 10 = 57{,}1\ \text{kg/m} \cdot 14\ \text{m} \cdot 10$
$= \underline{7994{,}0\ \text{N}}$

Bemessungslast $F = \gamma_G \cdot G_k = 1{,}35 \cdot 7{,}994\ \text{kN}$
$= \underline{10{,}792\ \text{kN}}$

Aufgaben

1. *Berechnen Sie die Masse einer 12,5 mm dicken Gipsplatte mit den Abmessungen 2600/1250 mm und mit einer Dichte von 900 kg/m³.*
2. *Bestimmen Sie die Eigenlast und die Bemessungslast der dargestellten Winkelstufe aus Betonwerkstein mit einer Dichte von 2200 kg/m³. Ihre Länge misst 1,20 m.*

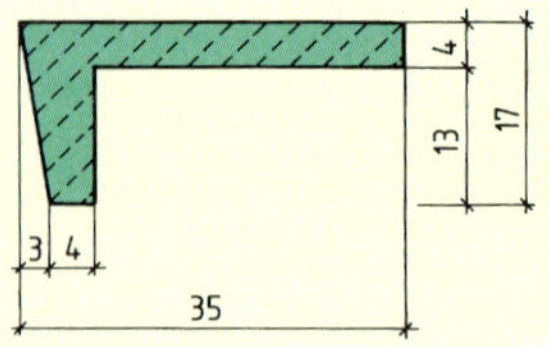

3. *Ermitteln Sie für das dargestellte 30 m lange Brückenfertigteil aus Stahlbeton die Eigenlast und die Bemessungslast.*

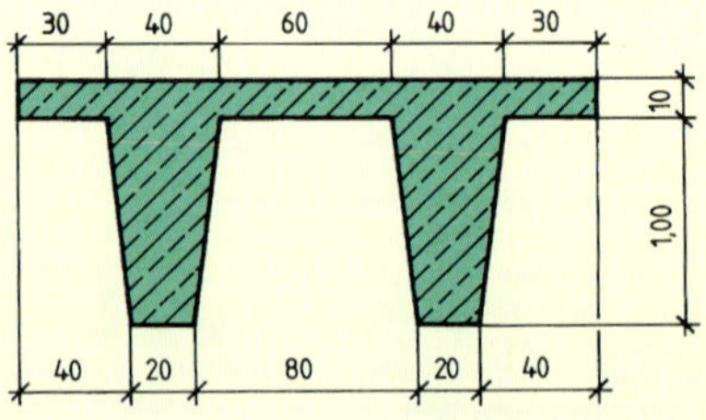

Aufgaben

1. *Auf einen Träger wirken die Kräfte $F_1 = 15$ kN, $F_2 = 20$ kN und $F_3 = 85$ kN. Die vertikale Auflagerkraft bei A beträgt 50 kN.*

   Wie groß ist die vertikale Auflagerkraft bei B?

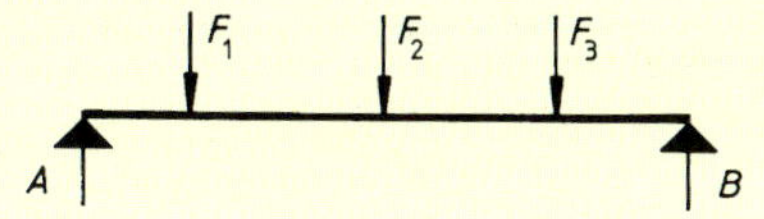

2. *Ein Träger wird durch eine Horizontalkraft H = 25 kN belastet.*

   Wie groß ist die Summe der horizontalen Auflagerkräfte?

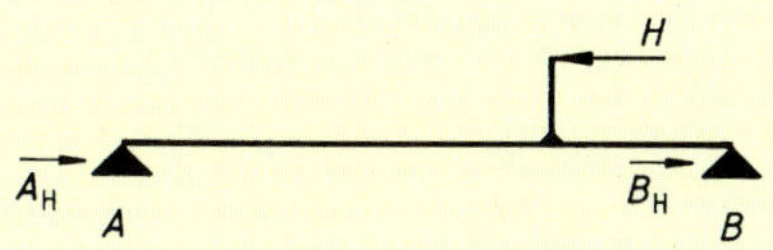

3. *Das Auflager B eines Trägers wird durch einen Drehpunkt ersetzt. Die Summe der linksdrehenden Momente (hervorgerufen durch die belastenden Kräfte) beträgt 35 kNm. Wie groß muss das rechtsdrehende Moment (hervorgerufen durch die Auflagerkraft bei A) sein?*

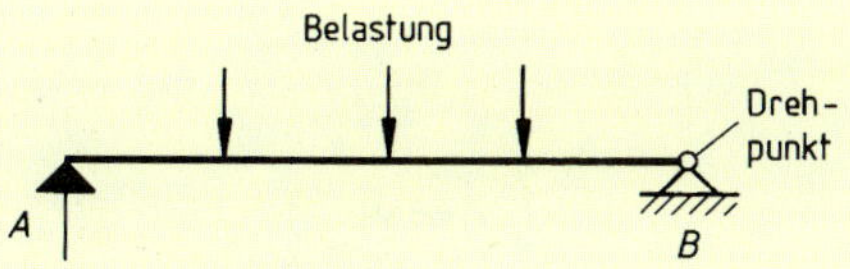

4. *Das Auflager A eines Trägers wird als Drehpunkt gesehen. An ihm wirkt ein Moment von 150 kNm. Wie groß ist die Auflagerkraft bei B, wenn die Stützweite 7,00 m beträgt?*

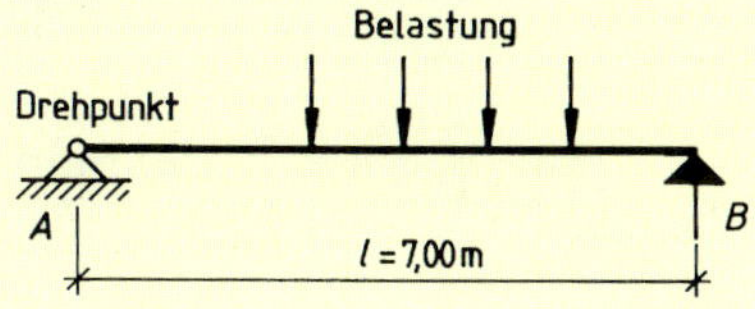

5. *Ein Träger wird genau in der Mitte durch eine Kraft F = 5 kN vertikal belastet. Wie groß sind die vertikalen Auflagerkräfte bei A und B?*

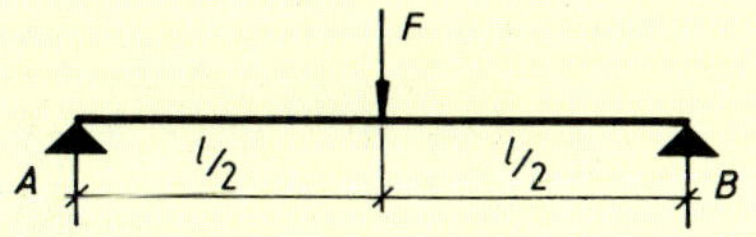

6. *Berechnen Sie die fehlenden Größen.*

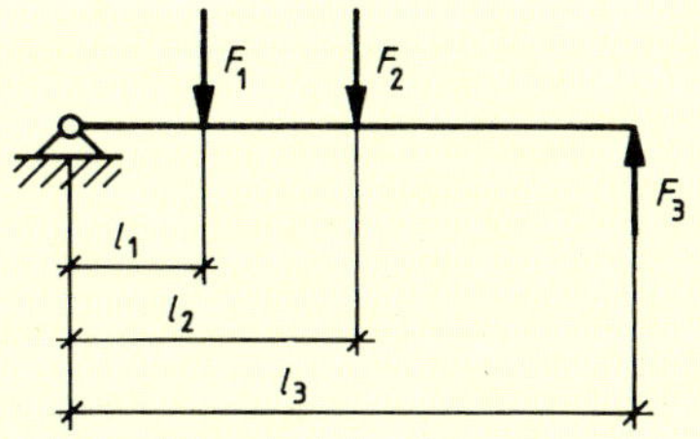

	a)	b)	c)	d)	e)	f)
F_1	?	10 N	1,8 MN	120 kN	8 N	0,7 MN
l_1	1,20 m	?	2,15 m	60 cm	20 cm	1,35 m
F_2	75 kN	35 N	?	60 kN	14 N	1,70 kN
l_2	1,40 m	35 cm	3,40 m	?	25 cm	180 cm
F_3	85 kN	20 N	2,4 MN	70 kN	?	0,4 MN
l_3	1,90 m	75 cm	4,15 m	1,80 m	35 cm	?

7. *Berechnen Sie die fehlenden Größen.*

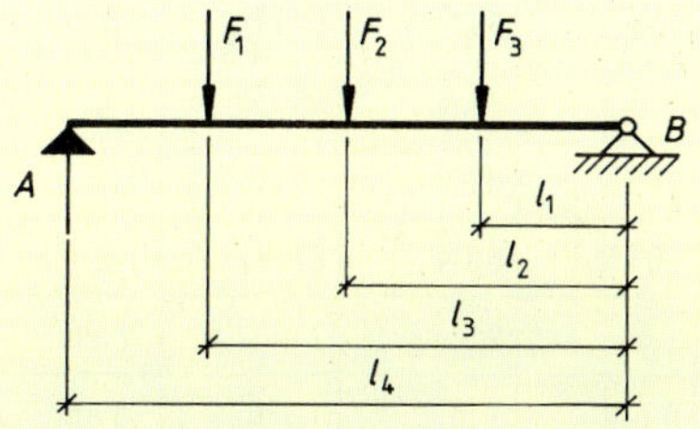

	a)	b)	c)	d)
F_1	10 kN	?	15 kN	2 kN
F_2	15 kN	2 MN	?	8 kN
F_3	20 kN	7 MN	80 kN	3 kN
l_1	1 m	2,50 m	50 cm	1,00 m
l_2	2 m	3,00 m	60 cm	?
l_3	3 m	4,00 m	2,00 m	2,00 m
l_4	4 m	8,00 m	2,50 m	5,00 m
A	?	10 MN	30 kN	4 kN

8. *Berechnen Sie die Auflagerkräfte A und B am dargestellten Träger.*

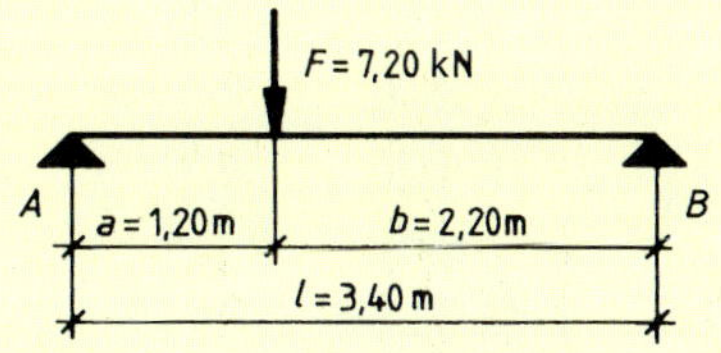

9. Für den dargestellten Träger sollen die Auflagerkräfte berechnet werden.

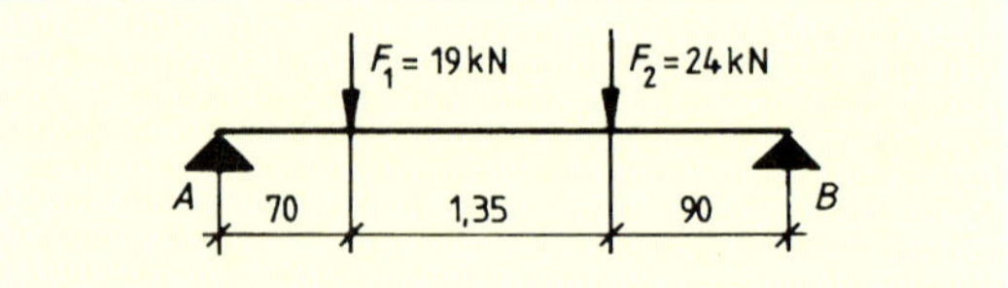

10. Berechnen Sie die Länge a.

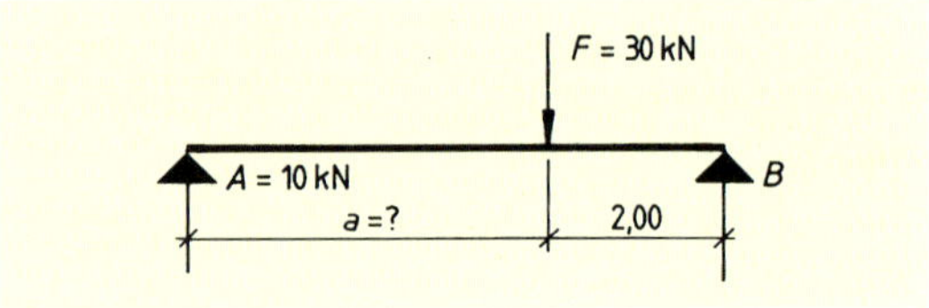

11. Berechnen Sie die Auflagerkräfte bei A und B.

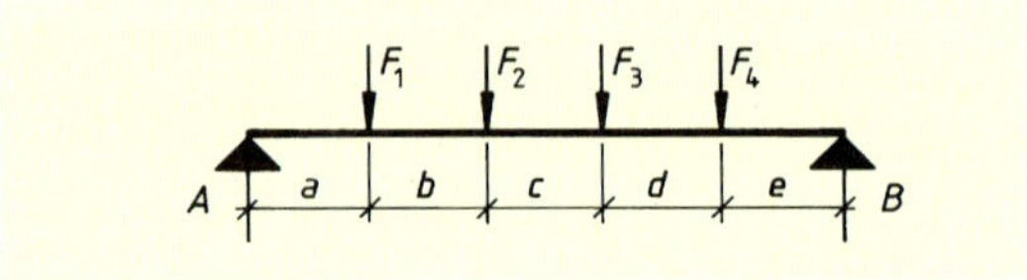

	a)	b)	c)	d)	e)
F_1	10 kN	2 kN	50 kN	5 N	1,5 MN
F_2	2 kN	1 kN	80 kN	9 N	5,5 MN
F_3	17 kN	6 kN	90 kN	3 N	7,9 MN
F_4	56 kN	6 kN	67 kN	3 N	6,1 MN
a	1 m	2,5 m	2 m	20 cm	5,7 m
b	0,7 m	1 m	1,5 m	15 cm	2,0 m
c	1,4 m	2,0 m	1,8 m	80 cm	2,8 m
d	2,2 m	3,7 m	2,9 m	1 m	4,3 m
e	1,1 m	2,5 m	5,7 m	70 cm	2,5 m

12. Berechnen Sie die Auflagerkräfte.

a)

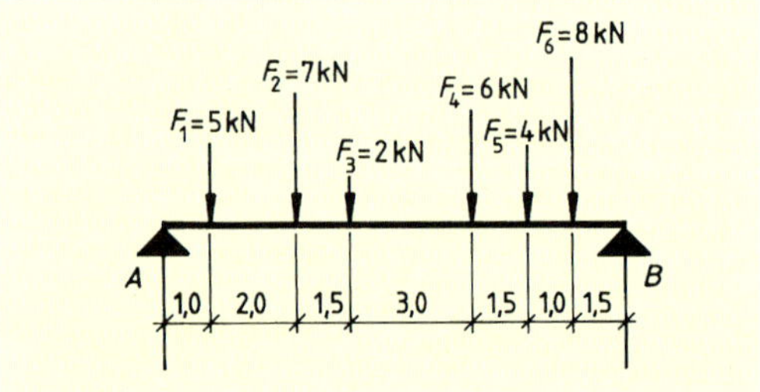

b)

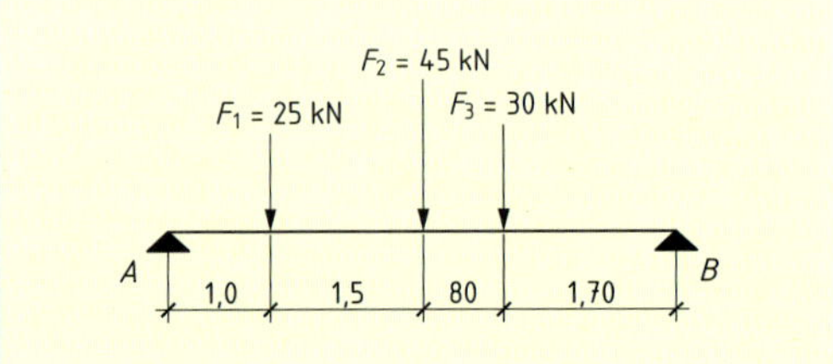

c)

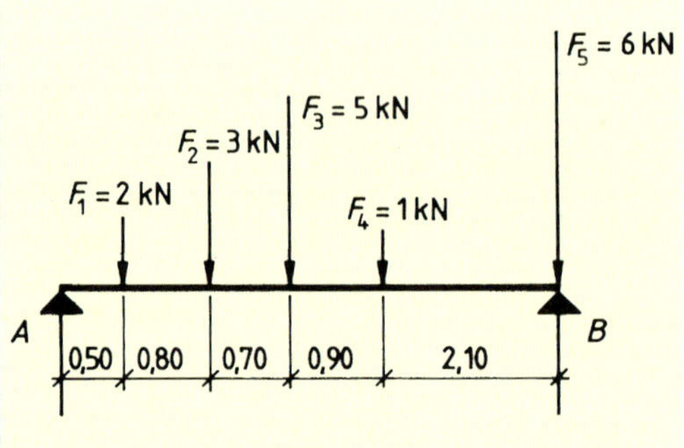

d)

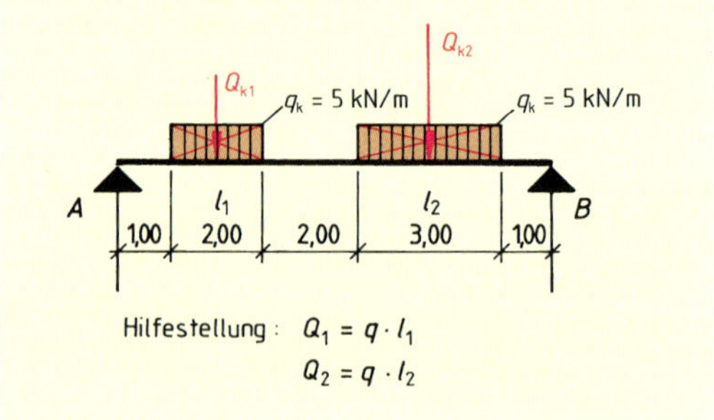

e)

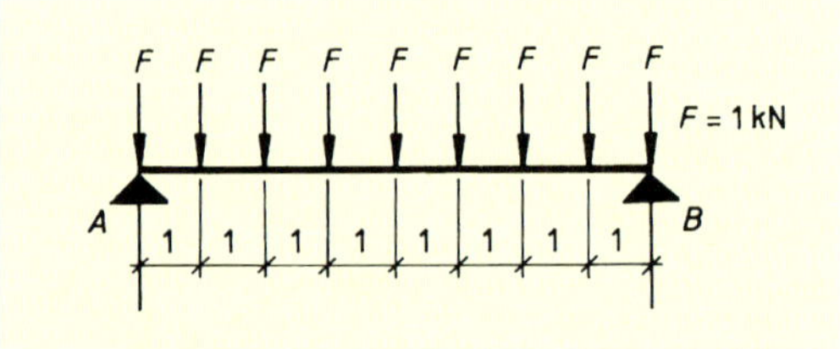

f)

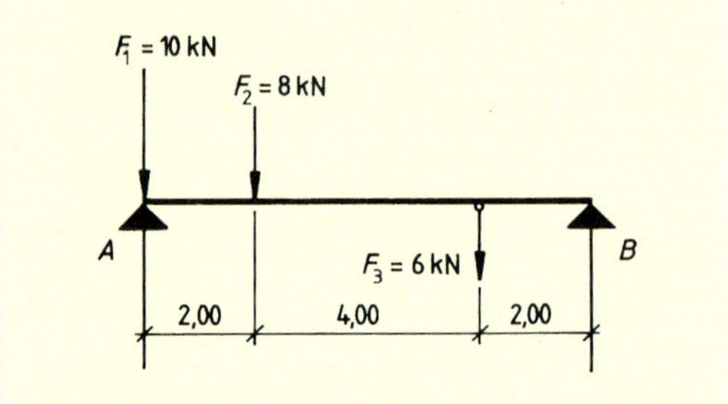

g)

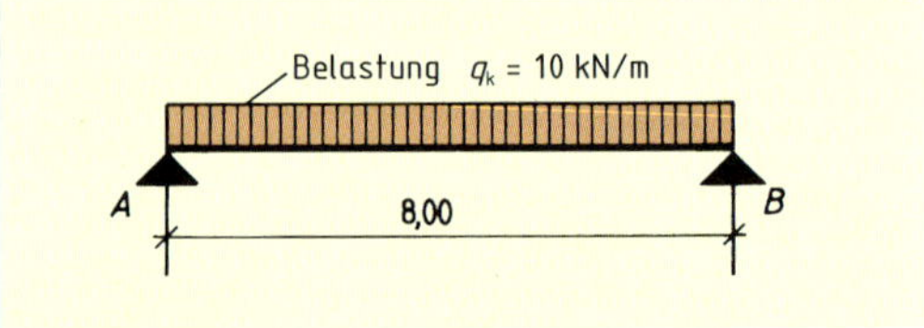

h)

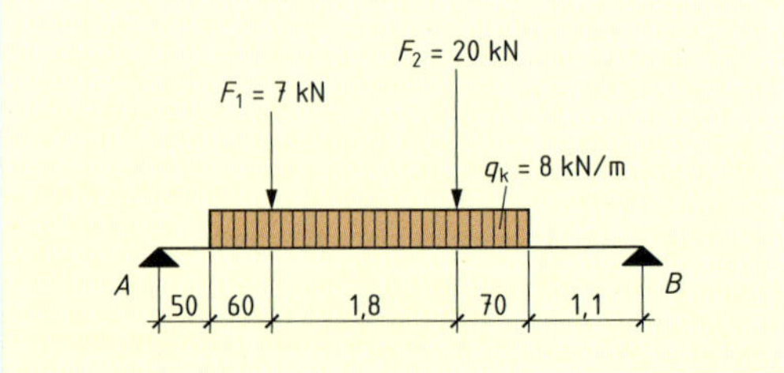

7.1.6 Auflagerpressung

Stahlbetonbalken übertragen die Eigen- und Nutzlasten auf die Auflager. Sie können aus Mauerwerk, Beton, Stahlbeton oder Stahl bestehen. Trägerauflager müssen druckfest ausgeführt werden. Durch die Beanspruchung entstehen im Auflager **Druckspannungen**. Sie sind abhängig von der **Auflagerfläche** und der **Größe der Kraft** (= Bemessungslast).

Die Druckspannung kann nach folgender Formel berechnet werden:

$$\textbf{Druckspannung } \sigma_D = \frac{\textbf{Kraft } F}{\textbf{Fläche } A}$$

σ_D in MN/m² oder in N/mm²

Ist die Belastung größer als die Spannung, die das Auflager aushalten kann, kommt es zu Zerstörungen des Auflagers. Um dies zu vermeiden, darf die **vorhandene Spannung** nicht größer als die **zulässige Spannung** sein.

vorhandene Spannung ≤ zulässige Spannung

$$\sigma_{vor} \leq \sigma_{zul}$$

Bei den Berechnungen kann von folgenden Fällen ausgegangenen werden:

1. Die Belastung ist bekannt, und Abmessungen und Material des Bauteils sind bereits gewählt. Hier muss nachgewiesen werden, dass die vorhandene Spannung an der schwächsten Stelle des Bauteils (z.B. dem Baustoff mit der geringsten zulässigen Spannung oder der kleinsten Querschnittsfläche) gleich oder kleiner als die zulässige Spannung ist.

$$\textbf{Spannung} = \frac{\textbf{Kraft}}{\textbf{Fläche}}$$

$$\sigma_{vor} = \frac{F}{A}$$

2. Die Belastung ist bekannt; das Bauteil soll in seiner Querschnittsfläche festgelegt werden.

$$\textbf{Fläche} \geq \frac{\textbf{Kraft}}{\textbf{zulässige Spannung}}$$

$$A \geq \frac{F}{\sigma_{zul}}$$

Aus der Fläche lassen sich die Abmessungen des Auflagers berechnen.

Quadratisches Auflager: $l = \sqrt{A}$

Rechteckiges Auflager: $l = \frac{A}{b}$ **oder** $b = \frac{A}{l}$

3. Für ein Bauteil soll die zulässige Belastung berechnet werden. Auch hier muss der Berechnung die schwächste Stelle des Bauteils zugrunde gelegt werden.

max. Kraft = min. Fläche · zulässige Spannung

$$F_{max} = A_{min} \cdot \sigma_{zul}$$

Die in den Beispielen und Aufgaben angegebenen Kräfte bzw. Lasten sind Bemessungslasten, bei denen die Teilsicherheitsbeiwerte bereits berücksichtigt sind (siehe Abschnitt 7.1.2).

Beispiel 1:

Ein Stahlbetonbalken überträgt auf ein darunterliegendes Mauerwerk eine Kraft von 25 kN. Die Auflagerfläche beträgt 24 cm x 24 cm.

Wie groß ist die vorhandene Spannung?

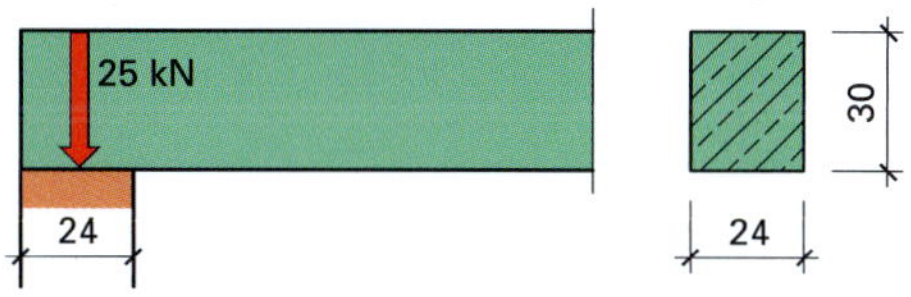

Lösung:

vorh. Spannung $\sigma_{vor} = \frac{\text{Kraft } F}{\text{Fläche } A}$

$A = 240 \text{ mm} \cdot 240 \text{ mm} = 57\,600 \text{ mm}^2$

$\sigma_{vor} = \frac{25\,000 \text{ N}}{57\,600 \text{ mm}^2} = \underline{0{,}434 \text{ N/mm}^2}$

Beispiel 2:

Eine Maueröffnung wird mit einem Stahlträger überbrückt. Die Auflagerkraft beträgt 30 kN.

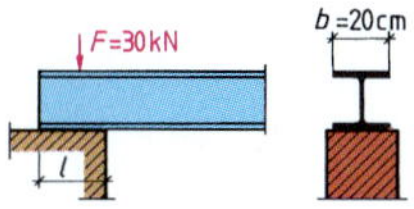

Der Stahlträger hat eine Auflagerbreite von 20 cm. Wie lang muss das Trägerauflager mindestens sein, wenn die zulässige Druckspannung des Mauerwerks 1,6 MN/m² beträgt?

Lösung:

$A_{erf} = \frac{F}{\sigma_{zul}} = \frac{0{,}030 \text{ MN} \cdot \text{m}^2}{1{,}6 \text{ MN}} = 0{,}019 \text{ m}^2$

$A = l \cdot b$

Durch Umstellen der Formel erhält man die erforderliche Auflagerlänge.

$l_{erf} = \frac{A}{b} = \frac{0{,}019 \text{ m}^2}{0{,}20 \text{ m}} = \underline{0{,}095 \text{ m}}$

Beispiel 3:

Ein Stahlbetonbalken belastet das Mauerwerk mit einer zulässigen Druckspannung von 2,2 N/mm².

Wie groß ist die Auflagerkraft in kN, wenn die Auflagerlänge 20 cm beträgt?

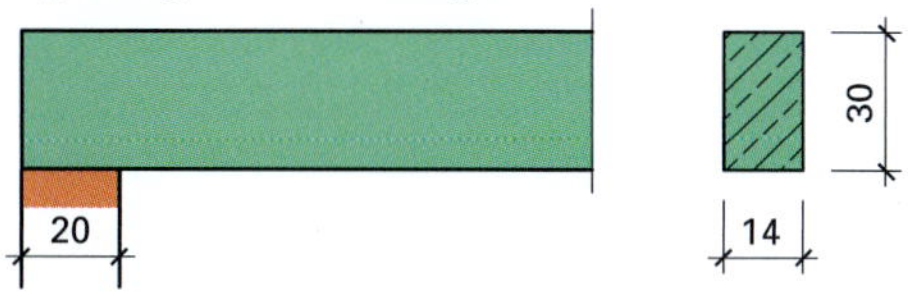

Lösung:

Die Kraft errechnet sich aus der Auflagerfläche und der zulässigen Druckspannung für das vorhandene Mauerwerk.

$F_{max} = A_{min} \cdot \sigma_{zul}$

$A = 200 \text{ mm} \cdot 140 \text{ mm} = 28\,000 \text{ mm}^2$

$F = 28\,000 \text{ mm}^2 \cdot 2{,}2 \text{ N/mm}^2$

$F = 61\,600 \text{ N} = \underline{61{,}6 \text{ kN}}$

Aufgaben

1. Die Auflagerkraft eines 24 cm breiten Stahlbetonsturzes beträgt 35 kN. Das darunterliegende Mauerwerk besteht aus Hbl 2, Mörtelgruppe II. Berechnen Sie die erforderliche Auflagerlänge l.

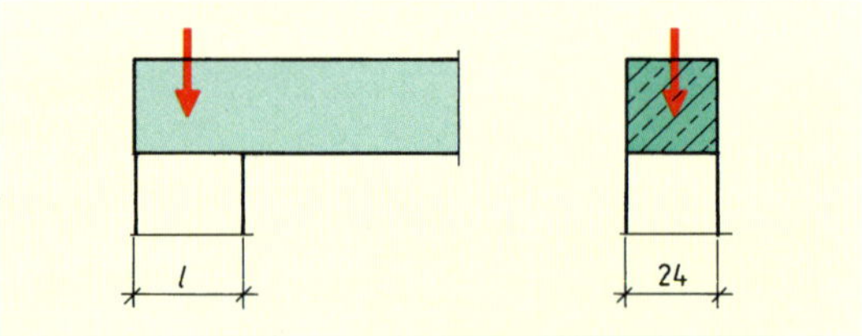

2. Ein Stahlbetonunterzug überträgt auf eine Stahlbetonstütze eine Bemessungslast von 35 kN.

   Berechnen Sie die größte Spannung in der Stütze und den auftretenden Sohldruck.

   Die Bemessungslast der Stütze und des Fundamentes ist zu berücksichtigen.

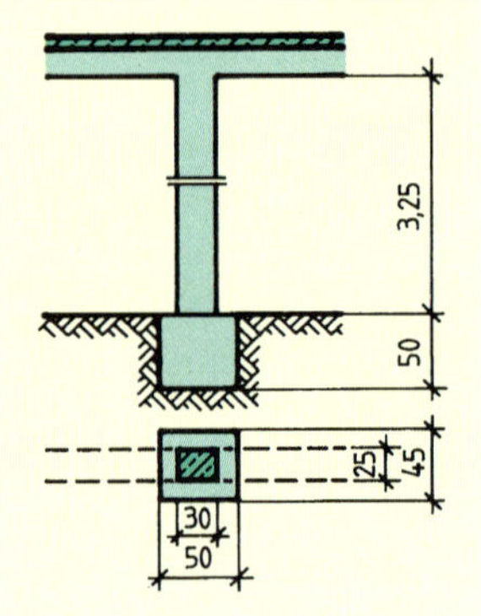

3. Berechnen Sie am dargestellten Stahlbetonsturz
   a) die Auflagerkräfte A und B,
   b) die vorhandene Spannung an den Auflagern.
   c) Welches Mauerwerk muss für die Auflagerbereiche gewählt werden?

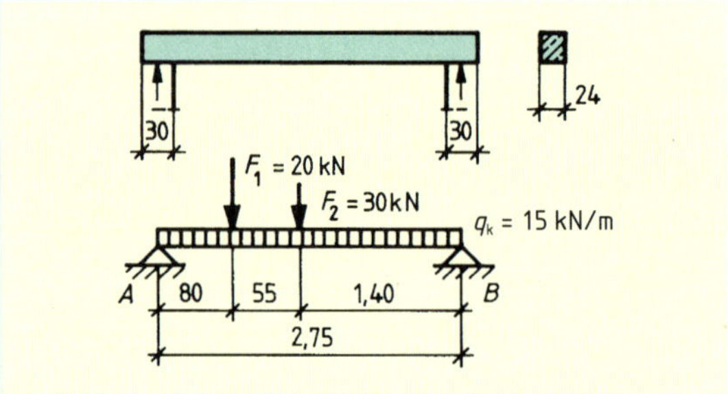

4. Eine Stahlstütze IPB 160 soll auf ein Betonfundament gestellt werden. Die Stütze ist mit 280 kN belastet und soll als Fuß eine quadratische Stahlplatte erhalten.

   Berechnen Sie die erforderliche Seitenabmessung b dieser Stahlplatte, wenn eine Betondruckspannung von 7 MN/m² nicht überschritten werden soll.

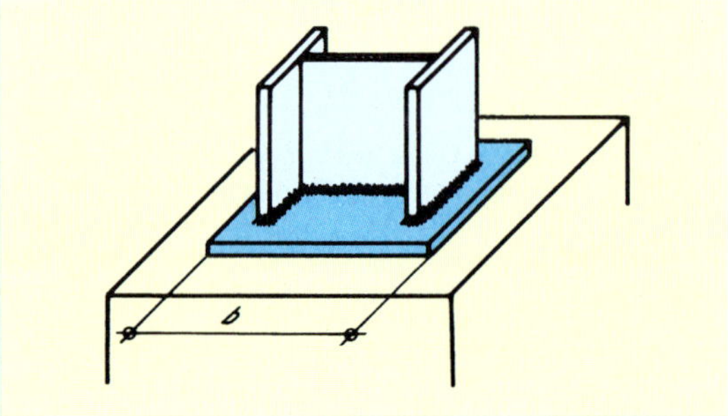

5. Ein Profilstahlträger als Sturz über einer Toreinfahrt hat sein Auflager auf einer 30 cm dicken Wand.

   Die Wand besteht aus Mauerziegeln der Steinfestigkeitsklasse 6, Mörtelgruppe IIa.

   Die Auflagerkraft am Trägerende beträgt 143,75 kN. Wie lang muss die druckverteilende Stahlplatte bei einer Breite von 25 cm mindestens sein, damit die zulässige Druckspannung des Mauerwerkes nicht überschritten wird?

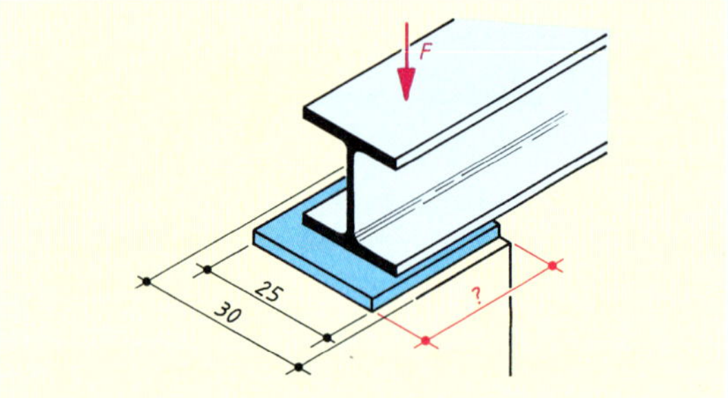

6. Ein Stahlträger IPB 180 soll auf einer 30 cm dicken Wand aufgelagert werden. Das Mauerwerk besitzt eine zulässige Druckspannung von 4,8 N/mm² (Mauerziegel der Steindruckfestigkeitsklasse 10 und Normalmauermörtel NM II).

   Berechnen Sie die erforderliche Auflagerlänge l, wenn die Auflagerkraft 68 kN (108 kN) beträgt.

   (Hinweis ein Stahlträger IPB 180 hat eine Flanschbreite von 180 mm.)

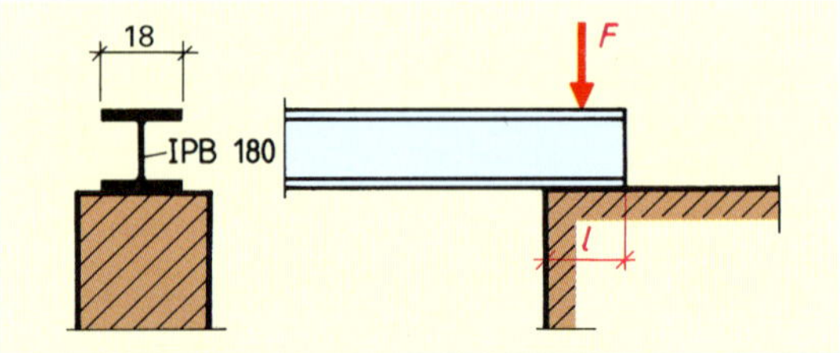

7. Für eine Garage ist ein Träger IPE 240 erforderlich. Die Auflagerkraft beträgt 125 kN. Die Größe der Auflagerfläche ist zu bestimmen, wenn die Untermauerung eine zulässige Spannung von 3,1 N/mm² (Hohlblöcke aus Leichtbeton der Steindruckfestigkeitsklasse 6 und Normalmauermörtel NM IIa) zulässt.

8. Berechnen Sie für den dargestellten Kragträger
   a) die Auflagerkräfte A und B,
   b) die vorhandene Spannung an den Auflagern.
   Welches Mauerwerk muss für die Auflagerbereiche gewählt werden?

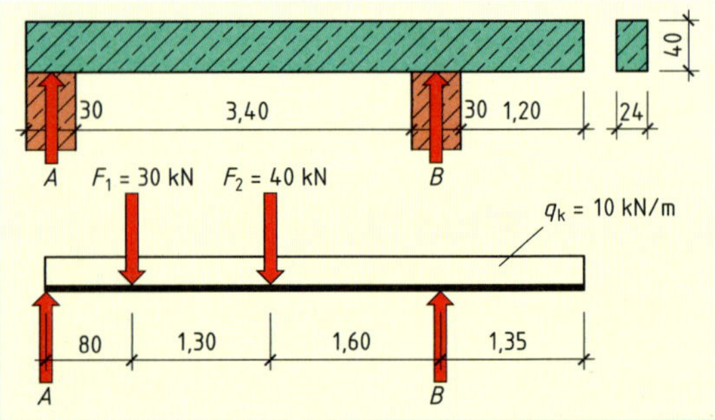

7.1.7 Schnittkräfte

Infolge der äußeren Kräfte, die auf einen Stahlbetonbalken einwirken, entstehen im Tragwerk innere Gegenkräfte, die dem Bruch oder der Verformung des Tragwerkes entgegenwirken. Wird ein Stahlbetonbalken an einer beliebigen Stelle durchgeschnitten, dann könnten die inneren Kräfte in dieser Schnittfläche nicht mehr wirken, das Gleichgewicht wäre gestört.

Die in einer Schnittfläche wirkenden Kräfte werden als Schnittkräfte bezeichnet. Dazu zählen **Querkräfte** und **Biegemomente**. Die **Querkraft *V*** an einer beliebigen Stelle des Trägers ist die Summe aller Vertikalkräfte links oder rechts des Schnittes. Das **Biegemoment *M*** an einer beliebigen Stelle des Trägers ist die Summe aller Momente links oder rechts vom Schnitt. Die Schnittkräfte, die an einer beliebigen Stelle des Trägers wirken, können rechnerisch oder zeichnerisch ermittelt werden.

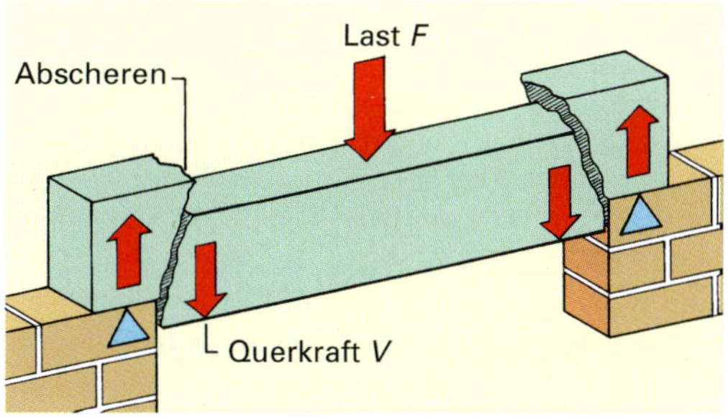

Gefährdeter Querschnitt bei einem Stahlbetonbalken

Einfeldträger mit Einzellasten

Am Beispiel
- eines **Einfeldträgers mit Einzellasten**,
- eines **Einfeldträgers mit gleichmäßig verteilter Belastung** und
- eines **Kragträgers mit gleichmäßig verteilter Belastung**

werden die Querkräfte und die Biegemomente ermittelt.

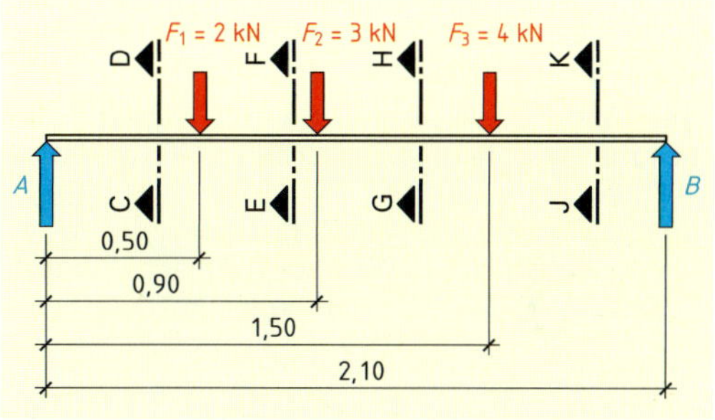

Einfeldträger wird an beliebigen Stellen geschnitten

1. Rechnerische Ermittlung der Querkräfte

Zur Bestimmung der Querkräfte wird der dargestellte Einfeldträger mit Einzellasten an beliebigen Stellen geschnitten. Es wird festgestellt, welche Kräfte nach oben oder nach unten in den Querschnitten wirken, und zwar rechts oder links der Schnittflächen.

Zur eindeutigen Bestimmung der Schnittkräfte werden Regeln für ihre Vorzeichen festgelegt. Die Querkraft ist **positiv (+)**, wenn durch die äußeren Kräfte der linke Trägerteil nach oben oder der rechte Trägerteil nach unten verschoben wird. Die Querkraft ist **negativ (–)**, wenn durch die äußeren Kräfte der linke Trägerteil nach unten, der rechte Trägerteil nach oben verschoben wird.

Zur Bestimmung der Querkräfte wird der linke Trägerteil betrachtet:

1. **Schnitt C–D:** Hier wirkt als maximale Querkraft die Auflagerkraft *A* quer zur Balkenachse. Sie versucht den Trägerteil nach oben zu verschieben. Die Querkraft V_A ist also positiv.
2. **Schnitt E–F:** Links vom Schnitt wirken die Auflagerkraft *A* und die Einzellast F_1, und zwar *A* nach oben (+) und F_1 nach unten (–).
3. **Schnitt G–H:** Links vom Schnitt wirken die Auflagerkraft *A* nach oben (+) und die Einzellasten F_1 und F_2 jeweils nach unten (–).
4. **Schnitt I–K:** Links vom Schnitt wirken die Auflagerkraft A nach oben (+) und die Einzellasten F_1, F_2 und F_3 jeweils nach unten (–).

Für jeden beliebigen Schnitt zwischen *A* und F_1 beträgt die Querkraft $V_A = +4{,}38$ kN, ebenso zwischen F_1 und F_2 beträgt sie $V_1 = +2{,}38$ kN. Bei F_2 wechselt die Querkraft jedoch ihr Vorzeichen, V_2 wird $-0{,}62$ kN. Das bedeutet, dass der durch die maximale Biegebeanspruchung gefährdete Querschnitt immer dort liegt, wo die Querkraft ihr Vorzeichen wechselt.

Der gefährdete Querschnitt eines Stahlbetonbalkens kann rechnerisch mithilfe der Querkraft ermittelt werden. Die Querkraft wirkt rechtwinklig zur Stabachse links oder rechts eines gedachten Schnittes. Der durch maximale Biegebeanspruchung gefährdete Querschnitt liegt dort, wo die Querkraft ihr Vorzeichen ändert.

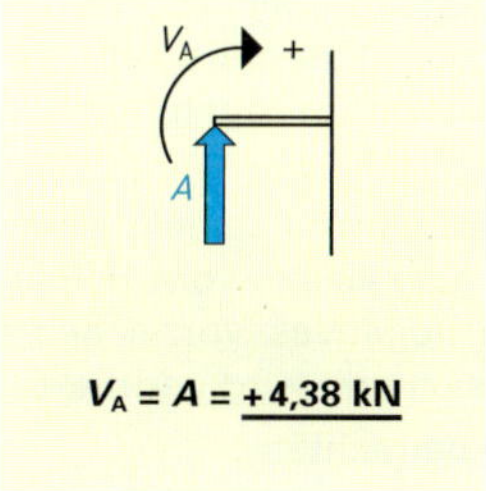

Schnitt C–D

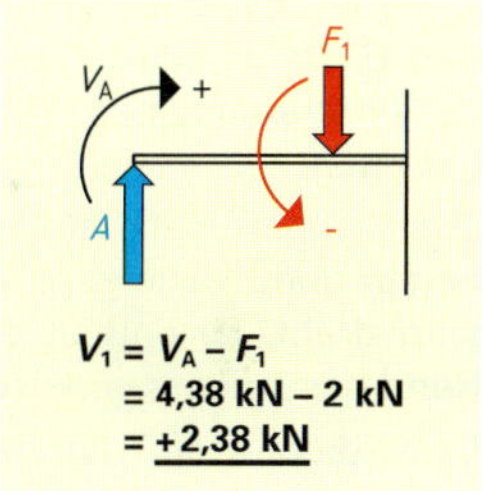

Schnitt E–F

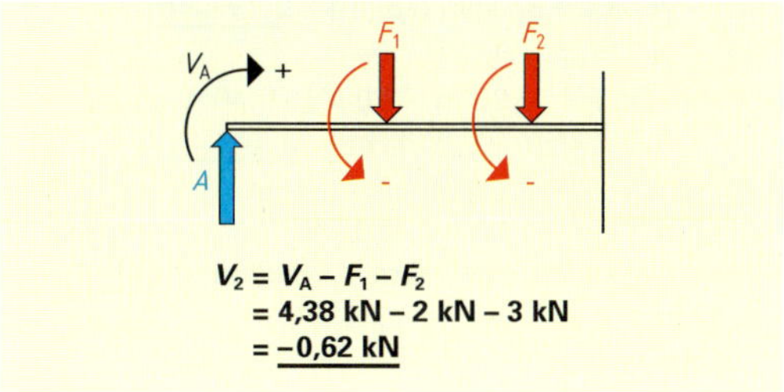

Schnitt G–H

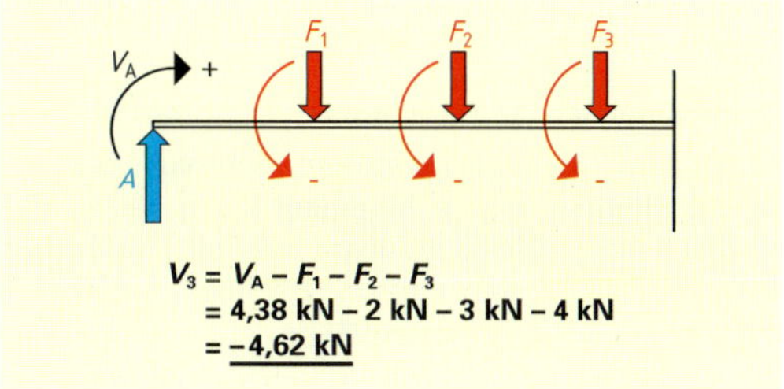

Schnitt J–K

2. Zeichnerische Ermittlung des gefährdeten Querschnitts

Von einer beliebigen waagerechten Achse wird in einem Kräftemaßstab, z. B. 1 kN ≙ 0,5 cm, beim Auflager A die Querkraft $V_1 = +4{,}38$ kN mit 2,19 cm senkrecht nach unten abgetragen. Eine waagerechte Linie wird bis zur Last F_1 gezogen. Entsprechend ihrer Richtung wird die Last $F_1 = -2{,}00$ kN mit 1 cm lotrecht nach oben abgetragen.

Eine waagerechte Linie verläuft bis zur Einzellast F_2, die wiederum im Kräftemaßstab nach oben eingezeichnet wird.

In gleicher Weise wird mit der Einzellast F_3 verfahren bis zur Auflagersenkrechten B. Hier wird die Auflagerkraft $B = -4{,}62$ kN entsprechend ihrer Richtung nach unten eingetragen. Der Linienzug schließt sich, er bestätigt die Gleichgewichtsbedingung $\Sigma V = 0$.

Unterhalb der Achse sind die Querkräfte positiv, oberhalb negativ. An der Übergangsstelle von positiv zu negativ liegt der **gefährdete Querschnitt**.

Vergleicht man die positive und die negative Querkraftfläche, so stellt man fest, dass beide Flächen gleich groß sind.

Alle Querkräfte, die den Träger belasten, bilden eine Fläche, die Querkraftfläche. Die Querkraftfläche kennzeichnet Größe und Richtung der Querkraft für jeden Trägerquerschnitt.

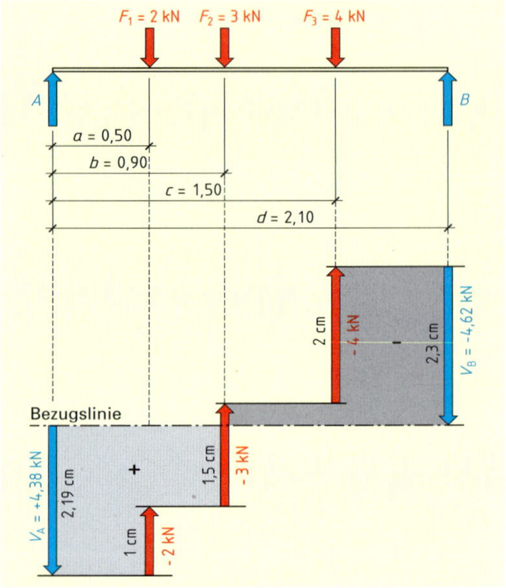

Querkraftfläche

3. Rechnerische Ermittlung der Biegemomente

Zur Ermittlung der Biegemomente wird der Träger unter den Einzellasten geschnitten. Das Biegemoment ist **positiv**, wenn es links eines Schnittes im Uhrzeigersinn oder rechts vom Schnitt gegen den Uhrzeigersinn dreht. Es erhält ein positives Vorzeichen (+). Der untere Rand des Trägers wird gezogen und nach unten durchgebogen.

Das Biegemoment ist **negativ**, wenn es links eines Schnittes entgegen dem Uhrzeigersinn oder rechts vom Schnitt im Uhrzeigersinn dreht. Es enthält ein negatives Vorzeichen (–). Der untere Rand des Trägers verkürzt sich und wird gedrückt.

Es wird der linke Trägerteil betrachtet:

Die Biegemomente berechnen sich wie folgt:

$M_A = \underline{0 \text{ kNm}}$

$M_1 = A \cdot a = 4{,}38 \text{ kN} \cdot 0{,}50 \text{ m} = \underline{2{,}19 \text{ kNm}}$

$M_2 = A \cdot b - F_1 \cdot (b - a)$
$= 4{,}38 \text{ kN} \cdot 0{,}90 \text{ m} - 2{,}0 \text{ kN} \cdot 0{,}40 \text{ m}$
$= 3{,}942 \text{ kNm} - 0{,}80 \text{ kNm} = \underline{3{,}142 \text{ kNm}}$

$M_3 = A \cdot c - F_1 \cdot (c - a) - F_2 \cdot (c - b)$
$= 4{,}38 \text{ kN} \cdot 1{,}50 \text{ m} - 2{,}0 \text{ kN} \cdot 1{,}0 \text{ m} - 3{,}0 \text{ kN} \cdot 0{,}60 \text{ m}$
$= 6{,}57 \text{ kNm} - 2{,}0 \text{ kNm} - 1{,}8 \text{ kNm} = \underline{2{,}77 \text{ kNm}}$

$M_B = A \cdot d - F_1 \cdot (d - a) - F_2 \cdot (d - b) - F_3 \cdot (d - c)$
$= 4{,}38 \text{ kN} \cdot 2{,}10 \text{ m} - 2{,}0 \text{ kN} \cdot 1{,}60 \text{ m}$
$- 3{,}0 \text{ kN} \cdot 1{,}20 \text{ m} - 4{,}0 \text{ kN} \cdot 0{,}60 \text{ m}$
$= 9{,}2 \text{ kNm} - 3{,}2 \text{ kNm} - 3{,}6 \text{ kNm} - 2{,}4 \text{ kNm} = \underline{0 \text{ kNm}}$

Das **größte Biegemoment** ergibt sich unter der **Einzellast F_2**.

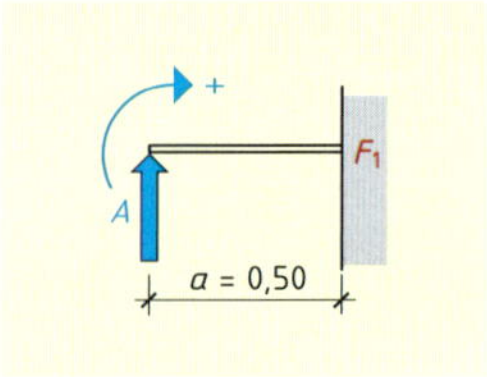

Biegemoment M_1

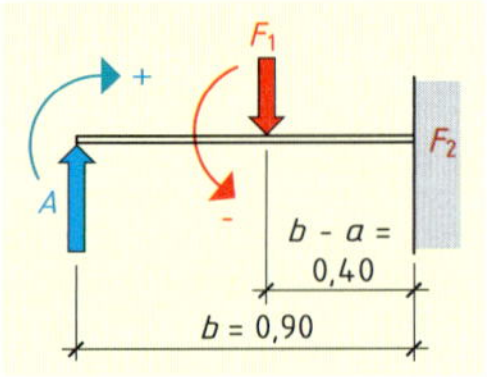

Biegemoment M_2

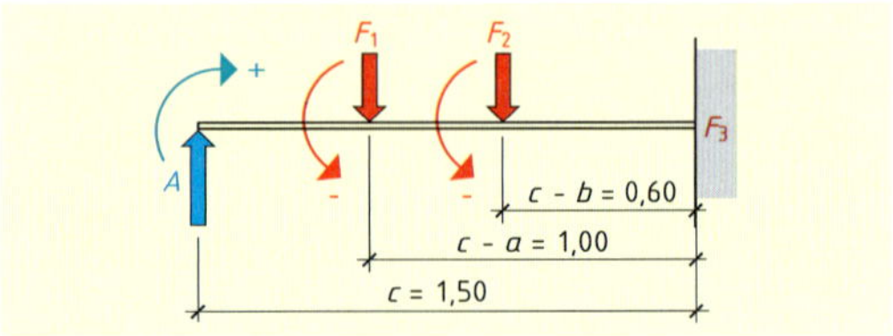

Biegemoment M_3

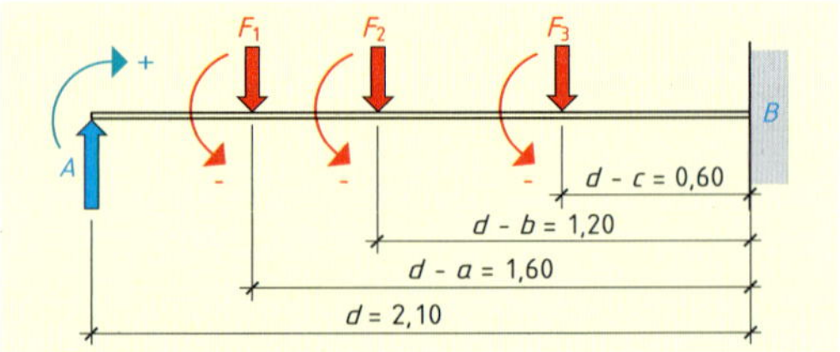

Biegemoment M_B

4. Zeichnerische Darstellung der Momentenfläche

Unter dem Träger zeichnet man rechtwinklig zu einer Bezugsachse die Biegemomente in einem geeigneten Maßstab ein, z. B. 1 kNm ≙ 1 cm. Die Endpunkte werden miteinander verbunden. Zwischen den Linien und der Bezugsachse entsteht eine Fläche, die sogenannte **Momentenfläche**.

Jedes weitere Moment lässt sich an jeder beliebigen Stelle abmessen und durch Berechnung bestätigen.

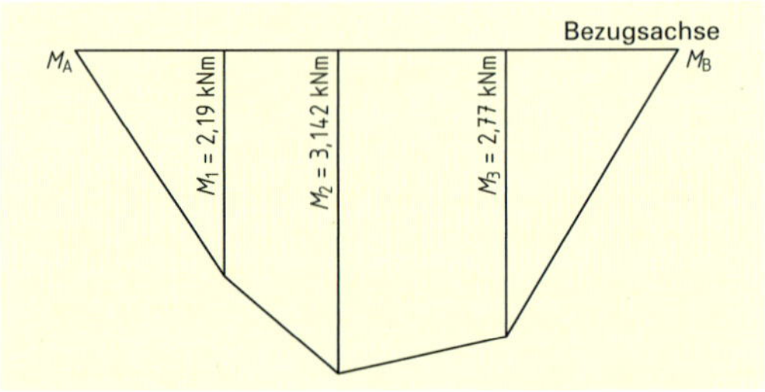

Momentenfläche bei einem Träger mit Einzellasten

Zwischen Momenten- und Querkraftfläche können folgende Zusammenhänge hergestellt werden:

- Am Auflager entsteht die Querkraft sprunghaft um den Betrag der Auflagerkraft. An der Stelle der maximalen Querkräfte im Auflagerbereich ist das Biegemoment gleich null. Hier entstehen nur dann Biegemomente, wenn die Auflager eingespannt sind.
- Unter einer Einzellast hat die Querkraftlinie einen Sprung um den Betrag der Einzellast. Sprünge in der Querkraftlinie ergeben einen Knick in der Momentenlinie.
- Zwischen den Einzellasten bleibt die Querkraft gleich groß. Die Momentenlinie hat zwischen den Einzellasten einen geraden Verlauf.
- Wo die Querkraftlinie durch die Bezugsachse geht und die Querkraftfläche das Vorzeichen wechselt, ist die Querkraft gleich null. Wo die Querkraft gleich null wird, hat das Biegemoment einen maximalen Wert (M_{max}).
- Die Summe aller Querkräfte ist gleich null, also muss auch die Summe der positiven und negativen Querkraftflächen gleich null sein.
- Das Biegemoment an einer beliebigen Stelle ist gleich dem Inhalt der Querkraftfläche vom Auflager bis zu dieser Stelle.

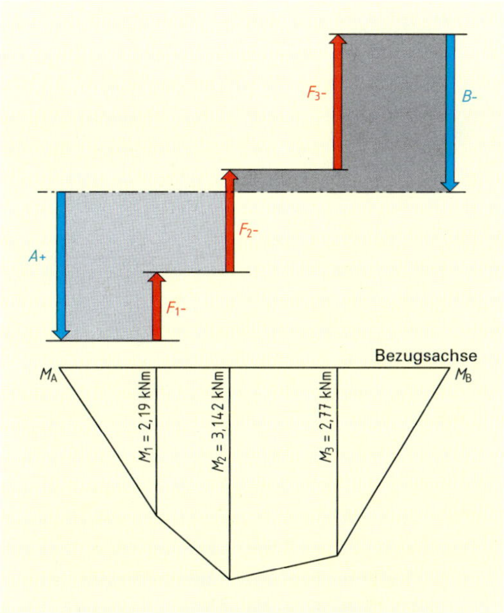

Querkraft- und Momentenfläche bei Einzellasten

Einzellasten ergeben rechtwinklig begrenzte Querkraftflächen und eine geradlinig begrenzte Momentenfläche.

Einfeldträger mit gleichmäßig verteilter Belastung

Gleichmäßig verteilte Lasten werden als sogenannte **Streckenlasten** in Kilonewton pro Meter Tragwerk (kN/m) angegeben. Sie setzen sich aus den Eigen- und Nutzlasten (siehe Abschnitt 7.1.2) zusammen.

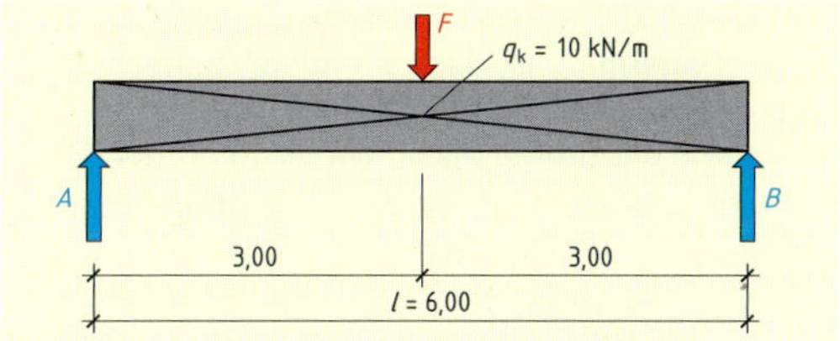

Einfeldträger mit gleichmäßig verteilter Belastung

Streckenlasten können in wenige, gleich große Einzellasten aufgeteilt werden. Sie würden eine treppenförmige Querkraftlinie ergeben. Je größer nun die Zahl der Einzellasten, d.h., je kleiner die Einzellast selbst wäre, umso kleiner würden die einzelnen Stufen der Querkraftlinie. Dies führt dazu, dass die Querkraftlinie bei einer Streckenlast nicht mehr sprungweise, sondern **stetig verläuft**.

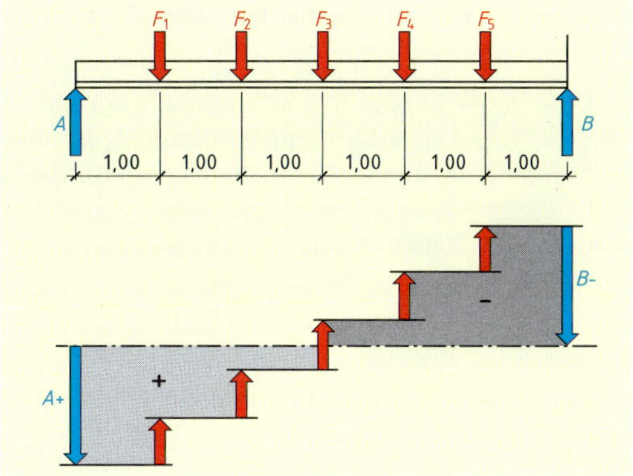

Querkraftfläche bei Streckenlasten

Die Querkraftfläche wird bei Streckenlasten von einer schräg verlaufenden Linie begrenzt.

Für die Berechnung der Auflagerkräfte wird zunächst die gleichmäßig verteilte Last q_k auf der ganzen Länge l zu einer resultierenden Kraft $Q_k = q_k \cdot l$ zusammengefasst.

$Q_k = 10\ \text{kN/m} \cdot 6{,}00\ \text{m} = \underline{60\ \text{kN}}$

Da sich die gesamte Belastung je zur Hälfte auf die Auflager A und B verteilt, werden die Auflagerkräfte wie folgt berechnet

$$\boldsymbol{A = \frac{Q_k}{2} = \frac{q_k \cdot l}{2} \qquad B = \frac{Q_k}{2} = \frac{q_k \cdot l}{2}}$$

$$A = \frac{10\ \text{kN/m} \cdot 6\ \text{m}}{2} = \frac{60\ \text{kN}}{2} = \underline{30\ \text{kN}}$$

$$B = \frac{10\ \text{kN/m} \cdot 6\ \text{m}}{2} = \frac{60\ \text{kN}}{2} = \underline{30\ \text{kN}}$$

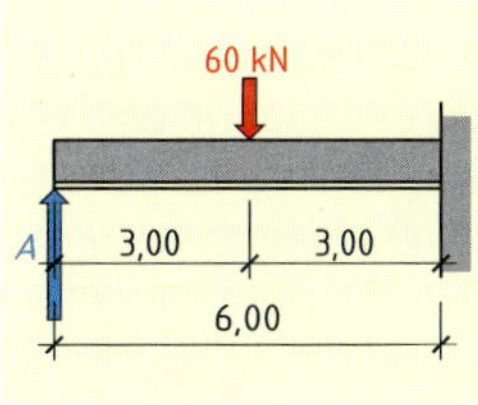

Auflagerkraft A

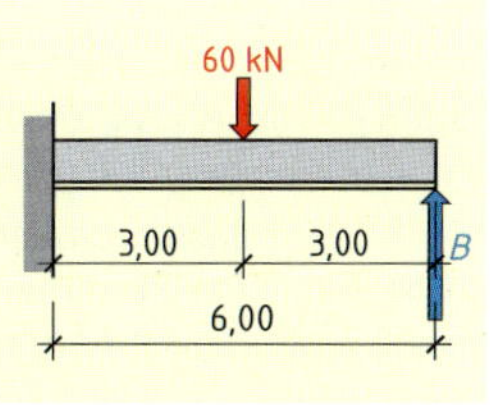

Auflagerkraft B

Für die Querkraft Q_x an einer beliebigen Stelle x muss die gleichmäßig verteilte Last bis zu dieser Stelle von der Auflagerkraft abgezogen werden. Die Auflagerkraft wirkt ja der Belastung entgegen.

Die Querkraft an einer **beliebigen Stelle *x*** kann wie folgt berechnet werden:

$$V_x = A - q_k \cdot x = \frac{q_k \cdot l}{2} - q_k \cdot x \qquad \text{oder} \qquad V_x = q_k \cdot \left(\frac{l}{2} - x\right)$$

Vom Auflager aus gemessen werden für die Abstände $x_1 = 1{,}50$ m; $x_2 = 3{,}00$ m und $x_3 = 4{,}50$ m die Querkräfte berechnet:

$V_A = A = \underline{+30\ \text{kN}}$

$V_{x_1} = 30\ \text{kN} - 10\ \text{kN/m} \cdot 1{,}50\ \text{m} = \underline{+15\ \text{kN}}$

$V_{x_2} = 30\ \text{kN} - 10\ \text{kN/m} \cdot 3{,}00\ \text{m} = \underline{0\ \text{kN}}$

$V_{x_3} = 30\ \text{kN} - 10\ \text{kN/m} \cdot 4{,}50\ \text{m} = \underline{-15\ \text{kN}}$

$V_B = B = \underline{-30\ \text{kN}}$

Werden die Punkte zeichnerisch dargestellt und miteinander verbunden, erhält man eine nach links absteigende, gerade Linie. Sie schließt mit der Bezugsachse die Querkraftfläche ein und schneidet sie in der Mitte bei $x = l/2$. Dort ist die Querkraft gleich null ($V_x = 0$).

Auch die Biegemomente können an **beliebigen Stellen** ermittelt werden, z. B. bei $x_1 = 1{,}50$ m, $x_2 = 3{,}00$ m und $x_3 = 4{,}50$ m.

$M_1 = A \cdot 1{,}50\ \text{m} - 10\ \text{kN/m} \cdot 1{,}50\ \text{m} \cdot 0{,}75\ \text{m}$
$= 30\ \text{kN} \cdot 1{,}50\ \text{m} - 11{,}25\ \text{kNm} = \underline{33{,}75\ \text{kNm}}$

$M_2 = A \cdot 3{,}00\ \text{m} - 10\ \text{kN/m} \cdot 3{,}00\ \text{m} \cdot 1{,}50\ \text{m}$
$= 90\ \text{kNm} - 45\ \text{kNm} = \underline{45\ \text{kNm}}$

$M_3 = A \cdot 4{,}50\ \text{m} - 10\ \text{kN/m} \cdot 4{,}50\ \text{m} \cdot 2{,}25\ \text{m}$
$= 135\ \text{kNm} - 101{,}25\ \text{KNm} = \underline{33{,}75\ \text{kNm}}$

In der Trägermitte ist der gefährdete Querschnitt, da hier die Querkraft gleich null ist. Für diesen Fall wird der Abstand $x = l/2$. Daraus ergibt sich das größte maximale Biegemoment $M_{max} = M_2 = \underline{45\ \text{kNm}}$.

Werden die Biegemomente im Kräftemaßstab gezeichnet und miteinander verbunden, so erhält man die **Momentenfläche**. Es entsteht eine Kurve, eine sogenannte **Parabel**.

Um sie zu konstruieren, sind drei Punkte erforderlich, und zwar die beiden Endauflager *A* und *B* und der Scheitelpunkt *S*, der durch das maximale Moment vorgegeben ist. Dieser Abstand wird bis zum Punkt *T* verdoppelt. Die Punkte *A* und *T* bzw. *B* und *T* werden miteinander verbunden. Die Verbindungslinien stellen die Außentangenten für die Parabel dar. Um weitere Tangenten zu konstruieren, werden die Abschnitte $\overline{AT}$ und $\overline{BT}$ in eine beliebige Anzahl gleicher Abschnitte (z. B. 8 Abschnitte) unterteilt und mit Punkten von 1 … 8 gegenläufig beziffert. Werden die Punkte miteinander verbunden, erhält man weitere Tangenten für die Parabel.

Bei einem Träger mit gleichmäßiger Belastung wird die Momentenfläche parabelförmig begrenzt.

Träger mit Kragarm

Einfeldträger mit Kragarmen werden als **Kragträger** bezeichnet. Die Belastungen im „Feld" und auf dem „Kragarm" wirken recht unterschiedlich. Der Träger könnte, wenn er zu schwach bemessen wäre, an zwei Stellen brechen:

- zwischen den Auflagern, d. h. im „Feld" und am
- inneren Ende des Auflagers, d. h. über dem Auflager *B*.

Die Lasten auf dem Kragarm üben wie bei einem Hebel eine Drehwirkung aus. Durch diese Drehwirkung um das angrenzende Auflager *B* wird dieses belastet, das andere, entferntere Auflager *A*, um den gleichen Betrag entlastet.

Die Kragarmlasten biegen den Kragarm nach unten durch. Sie verringern das Biegemoment im Feld. Durch ungünstige Laststellungen (Eigenlast auf ganzer Trägerlänge und Nutzlast nur auf Kragarmlänge) könnte das Biegemoment im Feld negativ werden, der Träger wird dann im Bereich des Feldes nach oben durchgebogen.

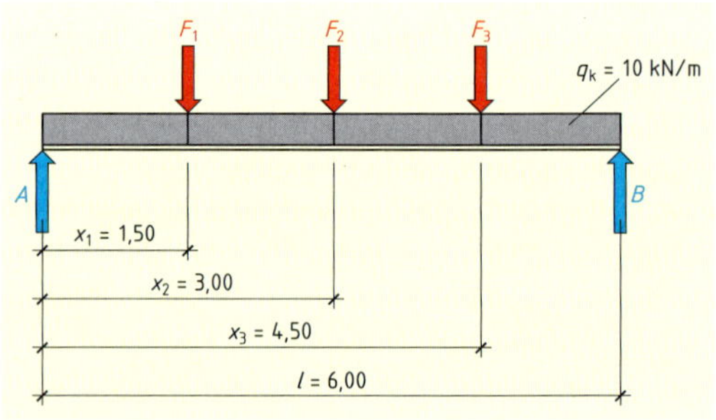

Querkräfte an beliebiger Stelle

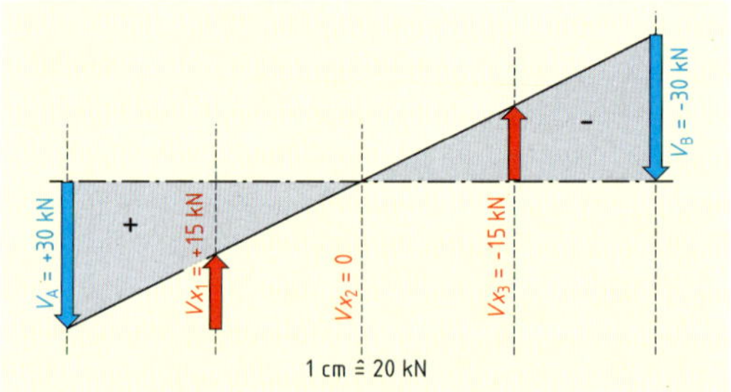

Querkraftfläche

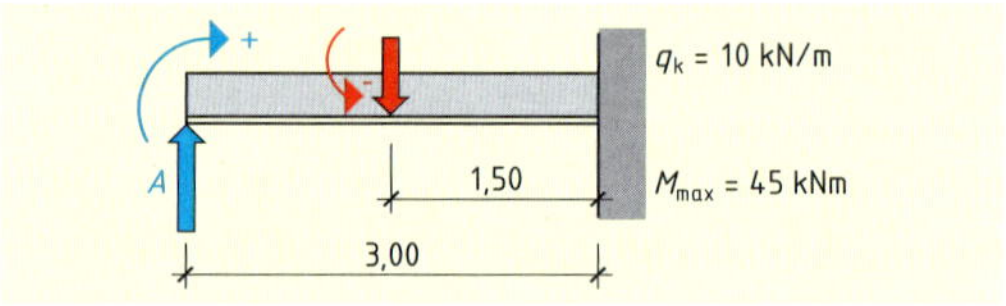

Maximales Biegemoment

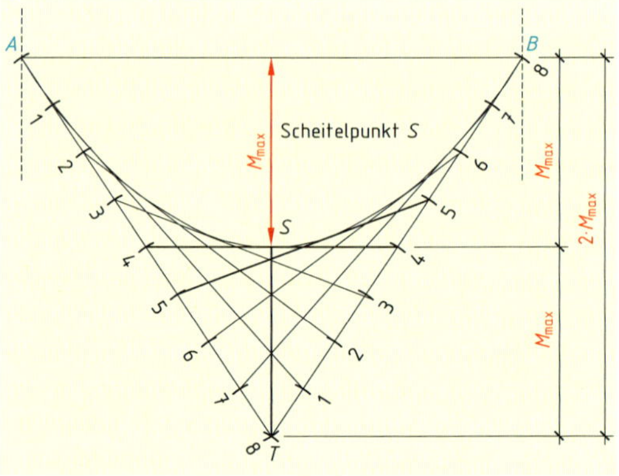

Momentenfläche

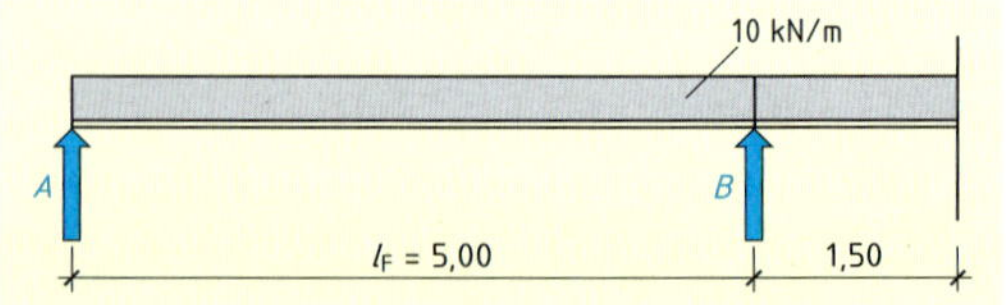

Kragträger mit Streckenlast

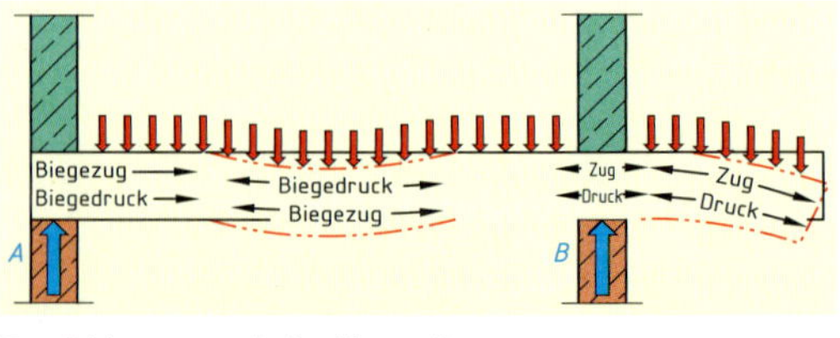

Durchbiegungen beim Kragträger

Die Kragarmbelastung erzeugt also ein negatives Biegemoment. Das Kragmoment ist über dem angrenzenden Auflager am größten. Es ist an der Kragarmspitze und am anderen Auflager gleich null.

Für den dargestellten Träger (Eigen- und Nutzlast auf gesamter Trägerlänge) werden zunächst die Auflagerkräfte *A* und *B* ermittelt. Die Streckenlast über dem Feld wird durch die Gesamtlast Q_{k1} = 10 kN/m · 5,00 m = 50 kN in der Mitte der Belastungslänge l_F, die Streckenlast über dem Kragarm durch die Gesamtlast Q_{k2} = 10 kN/m · 1,50 m = 15 kN ersetzt.

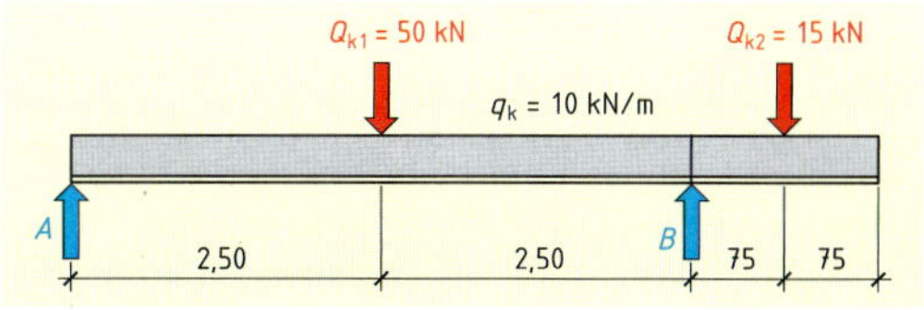

Gesamtlasten Q_1 und Q_2

Auflager *A*

$A \cdot 5{,}00\ m + 15\ kN \cdot 0{,}75\ m - 50\ kN \cdot 2{,}50\ m = 0$

$A \cdot 5{,}00\ m = 50\ kN \cdot 2{,}50\ m - 15\ kN \cdot 0{,}75\ m$

$$A = \frac{125\ kNm - 11{,}25\ kNm}{5{,}00 m} = \underline{22{,}75\ kN}$$

Auflager *B*

$B \cdot 5{,}00\ m - 50\ kN \cdot 2{,}50\ m - 15\ kN \cdot 5{,}75\ m = 0$

$B \cdot 5{,}00\ m = 50\ kN \cdot 2{,}50\ m + 15\ kN \cdot 5{,}75\ m$

$$B = \frac{125\ kNm + 86{,}25\ m}{5{,}00\ m} = \underline{42{,}25\ kN}$$

Probe: $A + B = 22{,}75\ kN + 42{,}25\ kN = \underline{65\ kN}$

$Q_k = q_k \cdot 6{,}50\ m = 10\ kN/m \cdot 6{,}50\ m = \underline{65\ kN}$

Die Querkräfte werden im Auflager *A* (V_A) und im Auflager *B*, links (V_{Bli}) und rechts (V_{Bre}), vom Schnitt ermittelt:

$V_A = A = +22{,}75\ kN$

$V_{Bli} = V_A - q \cdot l = 22{,}75\ kN - 10\ kN/m \cdot 5{,}00\ m = \underline{-27{,}25\ kN}$

$V_{Bre} = V_{Bli} + B = -27{,}25\ kN + 42{,}25\ kN = \underline{+15\ kN}$

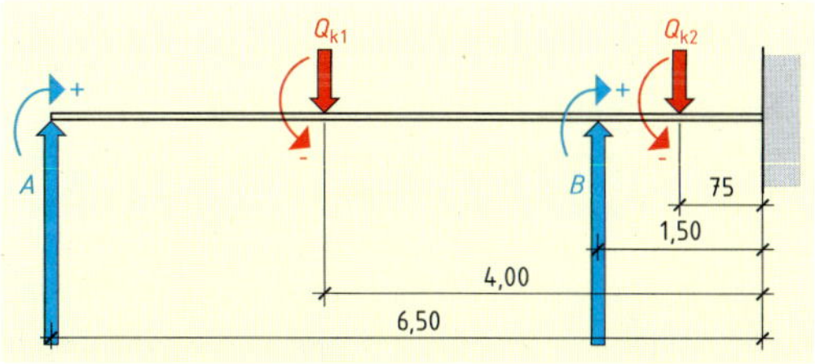

Berechnung der Auflagerkraft *A*

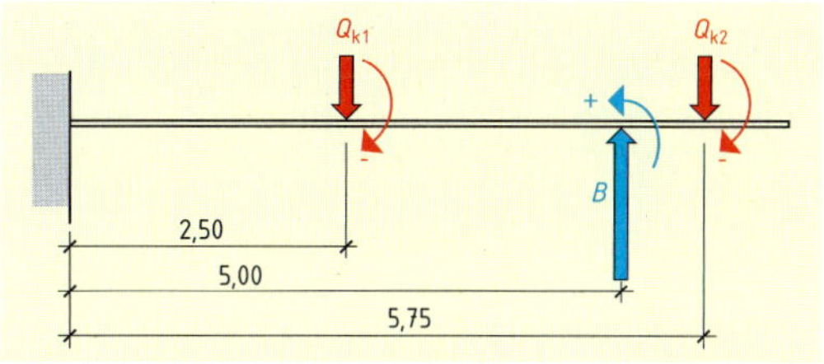

Berechnung der Auflagerkraft *B*

Die Querkraft beginnt in *A* mit +22,75 kN. Als positive Schnittgröße wird sie nach unten dargestellt. In Punkt *B* wird sie dann mit ihrem negativen Wert von −27,25 kN nach oben und mit ihrem positiven Wert von +15 kN nach unten abgetragen. Am Kragarmende ist die Querkraft gleich null. Verbindet man die Querkräfte mit einer Linie, so schneidet sie die waagerechte Achse. Hier liegt der gefährdete Querschnitt und hier wechselt die Querkraftfläche ihr Vorzeichen.

Die Lage des gefährdeten Querschnitts (x_0 = Nullstelle der Querkräfte), in dem die Querkraft gleich null wird und das Vorzeichen wechselt, wird wie folgt berechnet:

$$V = A - q_k \cdot x_0 = 0; \qquad x_0 = \frac{A}{q_k} = \frac{22{,}75\ kN}{10\ kN/m} = \underline{2{,}275\ m}$$

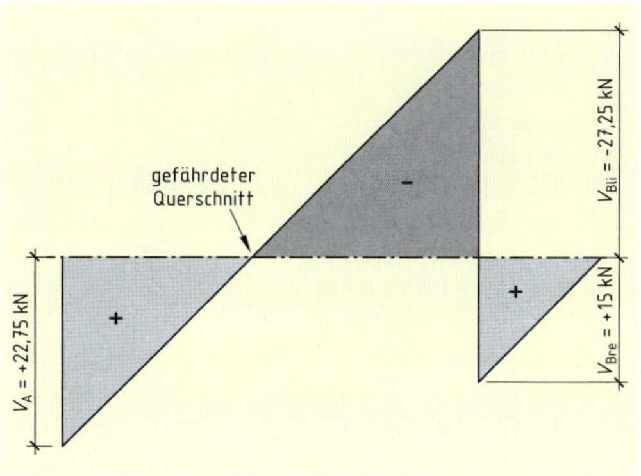

Querkraftfläche

Das größte Biegemoment wirkt im gefährdeten Querschnitt und wird wie folgt berechnet:

$$\begin{aligned} M_{max} &= V_A \cdot x_0 - q_k \cdot x_0 \cdot x_0/2 \\ &= 22{,}75\ kN \cdot 2{,}275\ m - 10\ kN/m \cdot 2{,}275\ m \cdot 1{,}138\ m \\ &= 51{,}756\ kNm - 25{,}89\ kNm = \underline{+25{,}866\ kNm} \end{aligned}$$

Die Stelle für das maximale Moment im Feld ist durch x_0 gegeben. Der Momenten-Nullpunkt liegt an der Stelle $2 \cdot x_0$. Zwischen dem Auflager *A* und dieser Stelle ist die Parabel symmetrisch. Sie kann mit der Tangentenkonstruktion dargestellt werden. Das Biegemoment im Punkt *B* ist negativ. Es dreht rechts vom Schnitt im Uhrzeigersinn. Es wird wie folgt berechnet:

$$M_{B\,min} = \frac{q_k \cdot l \cdot l}{2} = \frac{10\ kN/m \cdot 1{,}50\ m \cdot 1{,}50\ m}{2} = \underline{-11{,}25\ kNm}$$

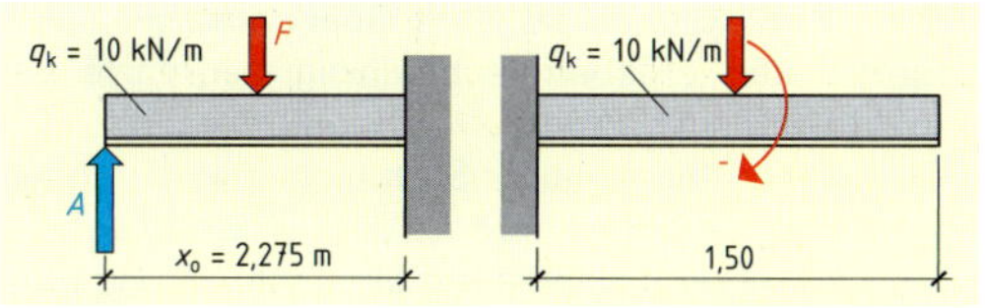

Bestimmung der Nullstelle x_0 und des Biegemomentes $M_{B\,min}$

Im Kragarmbereich ist die Momentenlinie ebenfalls eine Parabel. Sie kann durch Tangenten konstruiert werden. Die Momentenlinie läuft am Kragarmende tangential zur Trägerachse.

Der Momenten-Nullpunkt ist der Übergangspunkt vom positiven zum negativen Momentenbereich. Im Bereich der positiven Momente wird die untere Trägerzone gezogen, im Bereich der negativen Momente wird die untere Trägerzone gedrückt. Beim Momenten-Nullpunkt ist der Übergang von der Zug- zur Druckbeanspruchung im Trägerrand. Dadurch erfolgt eine Biegung der Trägerachse in anderer Richtung.

Bei gleichmäßig verteilten Lasten bestehen zwischen Belastung, Querkraftfläche und Momentenlinie folgende Beziehungen:

- Am Auflager ist die Querkraft gleich der Auflagerkraft. Die Biegemomente sind dort gleich null.
- Im Bereich der Streckenlasten ist die Querkraft stetig veränderlich. Die Querkraftlinie ist unter Streckenlasten eine nach links fallende Gerade. Sie fällt umso stärker, je größer die Streckenlast ist. Die Momentenlinie beschreibt eine Parabel.
- Die Stelle des maximalen Moments wird durch den Nullpunkt der Querkraftlinie gekennzeichnet.
- Der Inhalt der positiven Querkraftfläche ist gleich dem Inhalt der negativen Querkraftfläche.

Die Querkraftlinie eines Trägers über zwei Auflagern mit Kragarm schneidet die waagerechte Systemachse zweimal: einmal im Feld und einmal über dem Auflager. Jedes Mal wechselt dabei das Vorzeichen und kennzeichnet an diesen Nullstellen die gefährdeten Trägerquerschnitte.

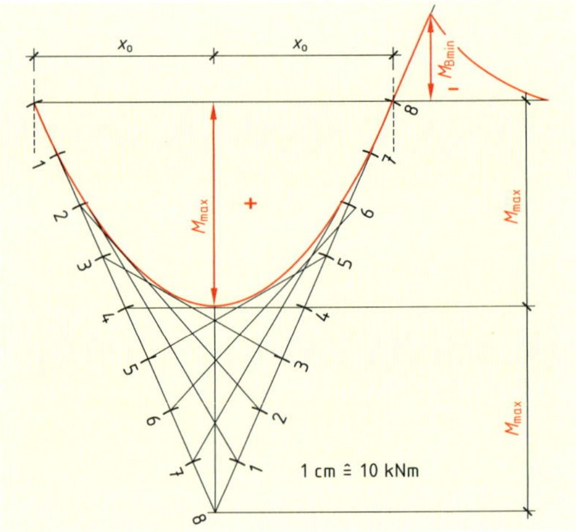

Momentenlinie im Feldbereich

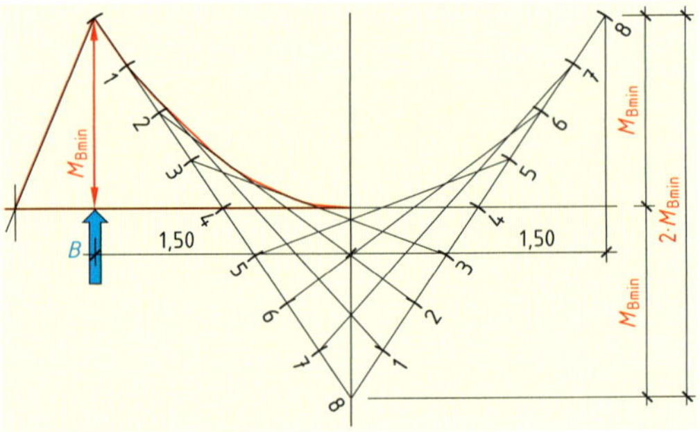

Momentenlinie im Kragarmbereich

Zusammenfassung

Als Lasten werden Kräfte bezeichnet, die auf Bauteile von außen einwirken.
Es werden Eigenlasten und Nutzlasten unterschieden. Entsprechend ihrer Nutzung werden die Bauteile in Nutzungskategorien eingeteilt.
Ein Moment ist das Produkt aus Kraft oder Last und dem zugehörigen Hebelarm. Es ist zugleich ein Maß für die Biegebeanspruchung des Hebels.
Gleichgewicht am Hebel besteht, wenn die Summe aller Momente gleich null ist.
Die zulässige Spannung ist ein materialabhängiger, höchstzulässiger Grenzwert, der von der vorhandenen Spannung nicht überschritten werden darf.
Zu den Schnittkräften in einem Stahlbetonbalken zählen Querkräfte und Biegemomente.
Der gefährdete Querschnitt eines Stahlbetonbalkens kann rechnerisch oder zeichnerisch mithilfe der Querkraft ermittelt werden.
Der durch maximale Biegebeanspruchung gefährdete Querschnitt eines Stahlbetonbalkens liegt dort, wo die Querkraft ihr Vorzeichen wechselt.
Die Querkraftfläche kennzeichnet Größe und Richtung der Querkraft für jeden Balkenquerschnitt und gibt an der Nullstelle die Lage des gefährdeten Querschnitts an.
Die positive und die negative Querkraftfläche sind flächengleich.
Einzellasten ergeben rechtwinklig begrenzte Querkraftflächen und geradlinig begrenzte Momentenflächen.
Die Querkraftfläche einer Streckenlast wird von einer schräg verlaufenden Geraden begrenzt, die sich stetig verändert.
Unter Streckenlasten ist die Momentenfläche parabelförmig begrenzt.

Aufgaben

1. *Erklären Sie die Begriffe Kragträger, Einfeldträger und Durchlaufträger.*
2. *Welche Unterschiede bestehen zwischen Eigenlasten und Nutzlasten?*
3. *Wie berechnen Sie die Eigenlast einer Stahlbetondecke?*
4. *Ermitteln Sie mithilfe von Tabellen die Eigenlast und die Bemessungslast von 2,5 m³ Stahlbeton und 3 m³ Granit.*
5. *Erklären Sie die Begriffe „Drehmoment" und „Hebelarmlänge".*
6. *Wie lauten die Gleichgewichtsbedingungen?*
7. *Wovon hängt die Auflagerpressung ab?*
8. *Erklären Sie die Begriffe „Schnittkräfte, Querkräfte, Biegemomente".*
9. *Wie lassen sich Auflagerkräfte berechnen?*
10. *Wie lässt sich bei einem Balken mit mehreren Einzellasten der gefährdete Querschnitt zeichnerisch ermitteln?*
11. *Begründen Sie, warum die positive und die negative Querkraftfläche flächengleich sind.*
12. *Wie wird a) die Querkraftfläche, b) die Momentenfläche bei einem Einfeldträger mit Streckenlast begrenzt?*
13. *Skizzieren Sie die Querkraftfläche und die Momentenfläche bei einem*
    a) Kragträger mit Streckenlast,
    b) Einfeldträger mit mittiger Einzellast.

Die in den Beispielen und Aufgaben angegebenen Kräfte bzw. Lasten sind Bemessungslasten, bei denen die Teilsicherheitsbeiwerte bereits berücksichtigt sind (siehe Abschnitt 7.1.2).

Beispiel:

Für den dargestellten Träger mit Strecken- und Einzellast sind

a) die Schnittkräfte zu ermitteln und

b) die Querkraft- und Momentenfläche im geeigneten Maßstab zu zeichnen.

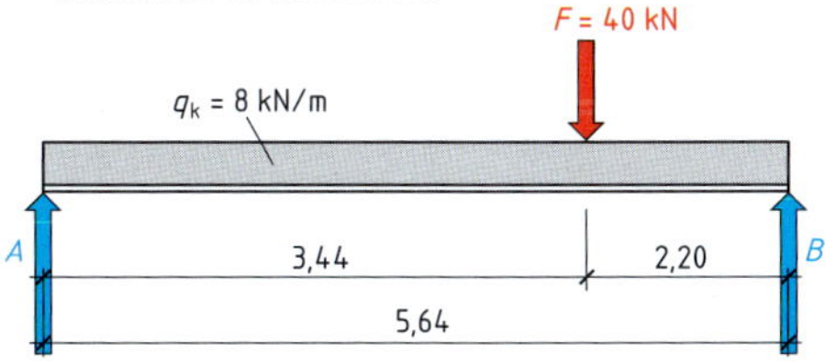

Lösung:

1. Berechnung der Auflager A und B:

Auflager A:

$A \cdot 5{,}64\ \text{m} - 8\ \text{kN/m} \cdot 5{,}64\ \text{m} \cdot 2{,}82\ \text{m} - 40\ \text{kN} \cdot 2{,}20\ \text{m} = 0$

$A \cdot 5{,}64\ \text{m} - 127{,}238\ \text{kNm} - 88\ \text{kNm} = 0$

$A = \dfrac{127{,}238\ \text{kNm} + 88\ \text{kNm}}{5{,}64\ \text{m}} = \underline{38{,}163\ \text{kN}}$

Auflager B:

$B \cdot 5{,}64\ \text{m} - 40\ \text{kN} \cdot 3{,}44\ \text{m} - 8\ \text{kN/m} \cdot 5{,}64\ \text{m} \cdot 2{,}82\ \text{m} = 0$

$B \cdot 5{,}64\ \text{m} - 137{,}60\ \text{kNm} + 127{,}238\ \text{kNm} = 0$

$B = \dfrac{137{,}60\ \text{kNm} + 127{,}238\ \text{kNm}}{5{,}64\ \text{m}} = \underline{46{,}957\ \text{kN}}$

2. Berechnung der Querkräfte:

$V_A = A = \underline{+38{,}163\ \text{kN}}$

$V_{Fli} = A - q_k \cdot l$
$= 38{,}163\ \text{kN} - 8\ \text{kN/m} \cdot 3{,}44\ \text{m}$
$= 38{,}163\ \text{kN} - 27{,}52\ \text{kN} = \underline{+10{,}643\ \text{kN}}$

$V_{Fre} = V_{Fli} - F$
$= 10{,}643\ \text{kN} - 40\ \text{kN} = \underline{-29{,}357\ \text{kN}}$

$V_{Bli} = -B = \underline{-46{,}957\ \text{kN}}$

Die Querkräfte nehmen von A nach B hin linear ab. An der Stelle der Einzellast F tritt ein Versprung um den Betrag von F auf. Das Vorzeichen der Querkraft wechselt hinter F, sodass an dieser Stelle das maximale Moment vorherrscht.

3. Berechnung der Momente:

$M_A = 0$

$M_F = M_{max} = A \cdot 3{,}44\ \text{m} - 8\ \text{kN/m} \cdot 3{,}44\ \text{m} \cdot 1{,}72\ \text{m}$
$= 38{,}163\ \text{kN} \cdot 3{,}44\ \text{m} - 27{,}52\ \text{kN} \cdot 1{,}72\ \text{m}$
$= 131{,}281\ \text{kNm} - 47{,}334\ \text{kNm} = \underline{+83{,}947\ \text{kNm}}$

4. Querkraftfläche:
Maßstab 1 cm ≙ 20 kN

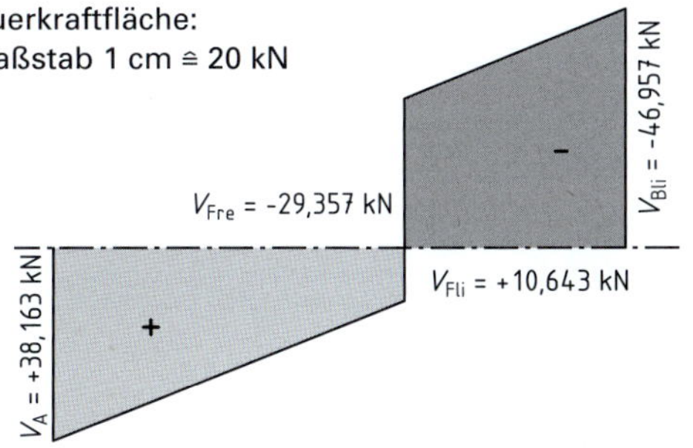

5. Momentenfläche: Maßstab 1 cm ≙ 40 kNm

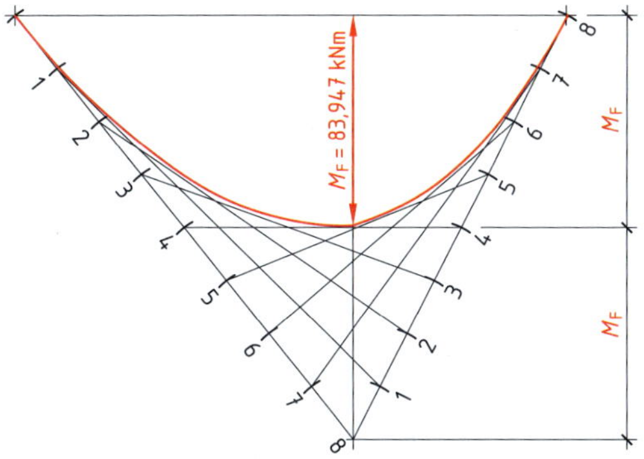

Aufgaben

1. Bestimmen Sie die Auflagerkräfte für die dargestellten Kragträger.

a)

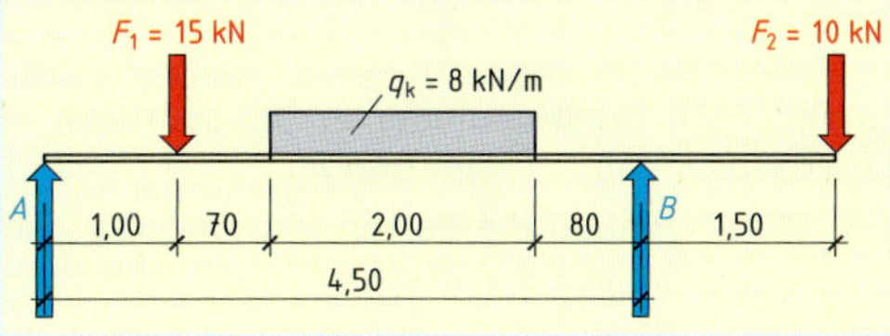

b)

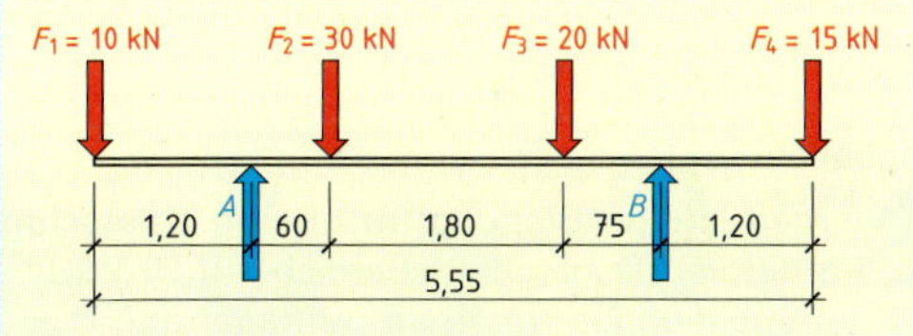

2. Ermitteln Sie die Schnittkräfte für die dargestellten Träger und zeichnen Sie die Querkraft- und die Momentenfläche im geeigneten Maßstab.

a)

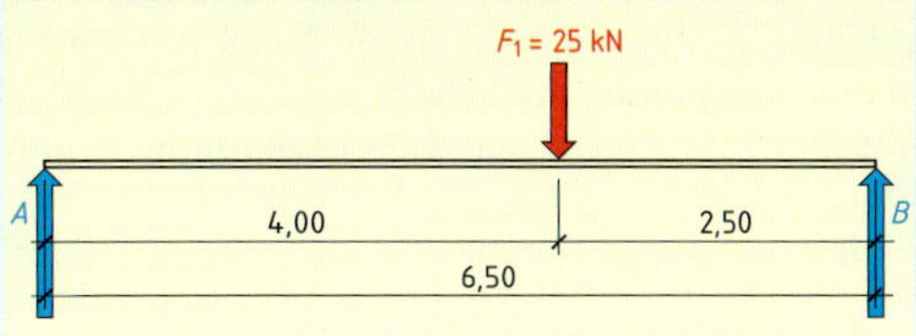

b)

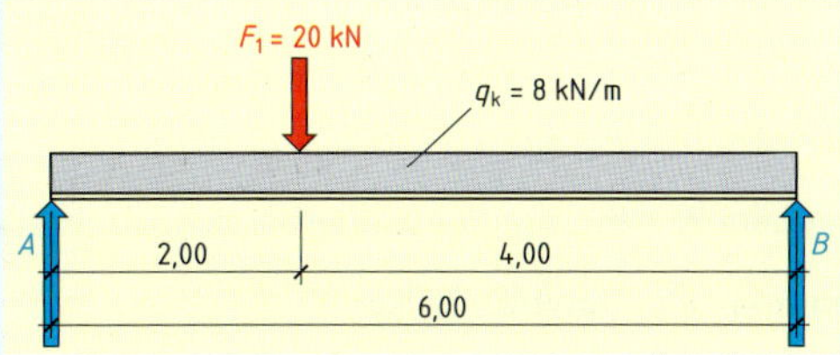

c)

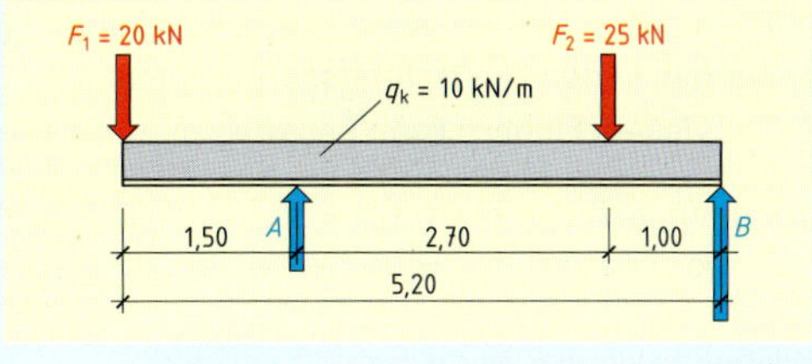

7.2 Tragverhalten eines Stahlbetonträgers

Die rechnerische Ermittlung und die zeichnerische Darstellung der Biegemomente haben deutlich gemacht, dass positive Biegemomente im unteren und negative Biegemomente im oberen Querschnittsteil eines Stahlbetonträgers Zug erzeugen. Bei Stahlbetonträgern ist die Unterscheidung der Vorzeichen wichtig, weil sich danach Lage und Anordnung der Bewehrung richten.

Zur Bemessung von Stahlbetontragwerken wird heute die anerkannte ingenieurmäßige **Methode der Stabwerkmodelle** angewandt. Nach diesem Modell werden die Betondruckspannungen zu geraden Druckstäben zusammengefasst, die gemeinsam mit den Zugstäben der Bewehrung ein **Fachwerk** bilden. Mithilfe des Fachwerks können die Bewehrungskräfte berechnet werden. Stabwerkmodelle ermöglichen die Absicherung des Tragwerks gegen Betonversagen, und sie zeigen, wo die Bewehrung zu verankern ist.

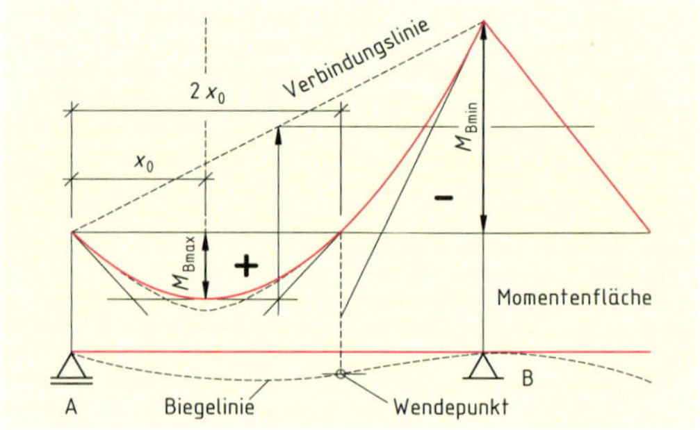

Positive und negative Biegemomente

7.2.1 Zug- und Druckspannungen

Stahlbetonbalken sind **biegebeanspruchte** Bauteile. Sie erfordern immer eine Bewehrung. Da Balken unterschiedlich belastet sein können, gibt es keine einheitliche Bewehrung, sondern ihre Lage und Ausführung kann sehr verschieden sein.

Frei aufliegende Einfeldbalken

Hier treten bei Beanspruchung auf Biegung im oberen Querschnittsbereich Druckspannungen (**Biegedruck**), im unteren Bereich Zugspannungen (**Biegezug**) auf.

Da im Stahlbetonbau die Bewehrung hauptsächlich auf Zug beansprucht wird, liegt die Zugbewehrung beim frei aufliegenden Einfeldbalken im unteren Querschnittsbereich. Die Druckspannungen werden im oberen Querschnittsbereich im Allgemeinen durch den Beton aufgenommen.

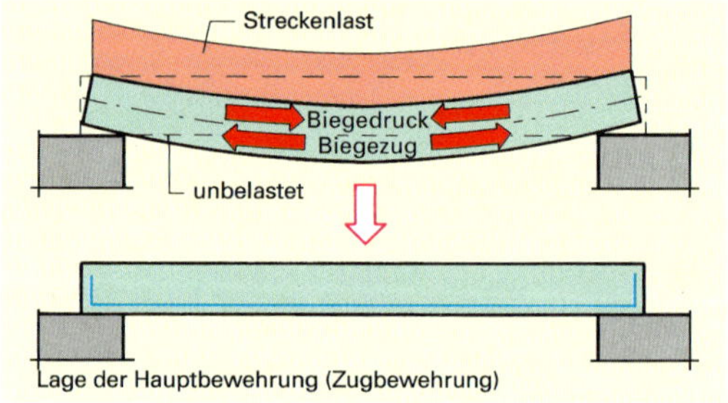

Frei aufliegender Einfeldbalken

Kragbalken

Sie werden infolge Biegung im oberen Querschnittsbereich auf Zug, im unteren Querschnittsbereich auf Druck beansprucht. Die größten Spannungen treten am Auflager auf. Die Zugbewehrung liegt demzufolge oben. Mit zunehmender Entfernung vom Auflager kann die Bewehrung vermindert werden.

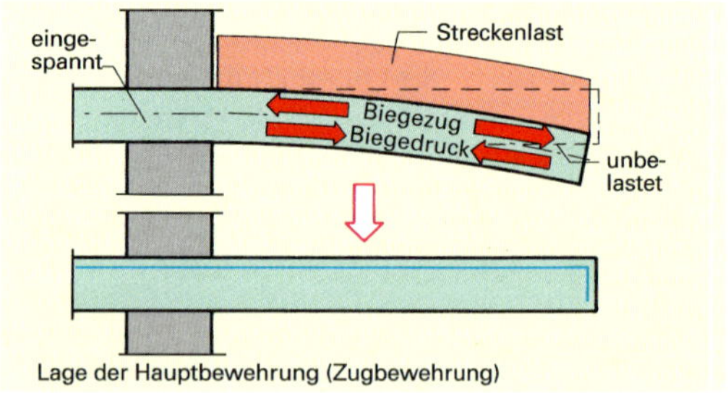

Kragbalken

Eingespannte Einfeldbalken

Einfeldbalken mit eingespannten Auflagern sind im Bereich der Auflager im oberen Querschnitt auf Zug beansprucht. Im unteren Querschnittsbereich treten Druckspannungen auf. Im mittleren Feldbereich ist die Spannungsverteilung ähnlich wie beim frei aufliegenden Einfeldträger, d.h. im oberen Querschnittsbereich treten Druck-, im unteren Bereich Zugspannungen auf.

Die Lage der Zugbewehrung wechselt also im Auflagerbereich von oben zum Bereich in Feldmitte nach unten. Der Wendepunkt liegt etwa $\frac{1}{5}$ der Spannweite vom Auflager entfernt. Die unten liegende Feldbewehrung kann zum Teil aufgebogen werden (unter 30°, 45° oder 60°, je nach Trägerhöhe), oder es wird eine zusätzliche obere Bewehrung im Auflagerbereich vorgesehen.

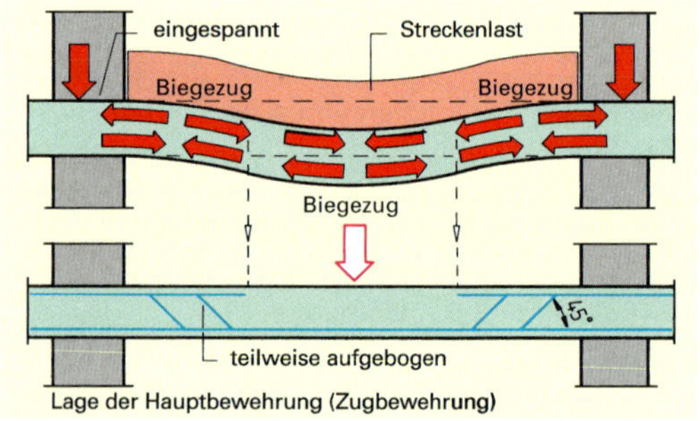

Einfeldbalken mit eingespannten Auflagern

Mehrfeld- oder Durchlaufbalken

Sie können sowohl eingespannte als auch frei aufliegende Endauflager haben. Entsprechend treten auch die Druck- und Zugspannungen in den Querschnittsbereichen auf.

Bei sehr kleinen Feldern kann es vorkommen, dass bei Belastung der benachbarten Felder über die gesamte Feldlänge im oberen Querschnittsbereich des Trägers Zugspannungen auftreten. Sind jedoch die benachbarten Felder entlastet und das kleine Feld stark belastet, so ist es durchaus möglich, dass im mittleren Feldbereich die Zugspannungen unten auftreten.

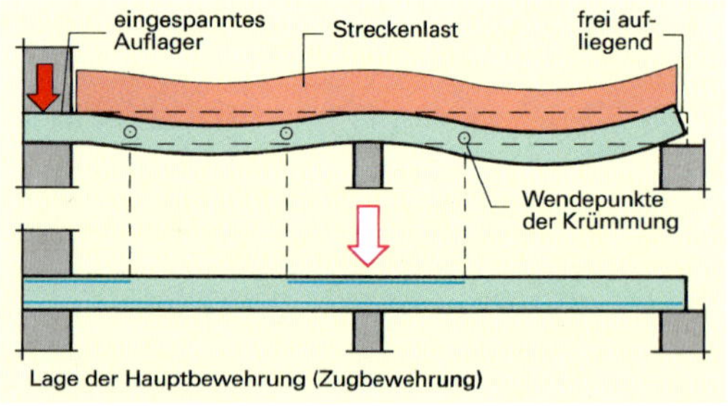

Durchlaufbalken

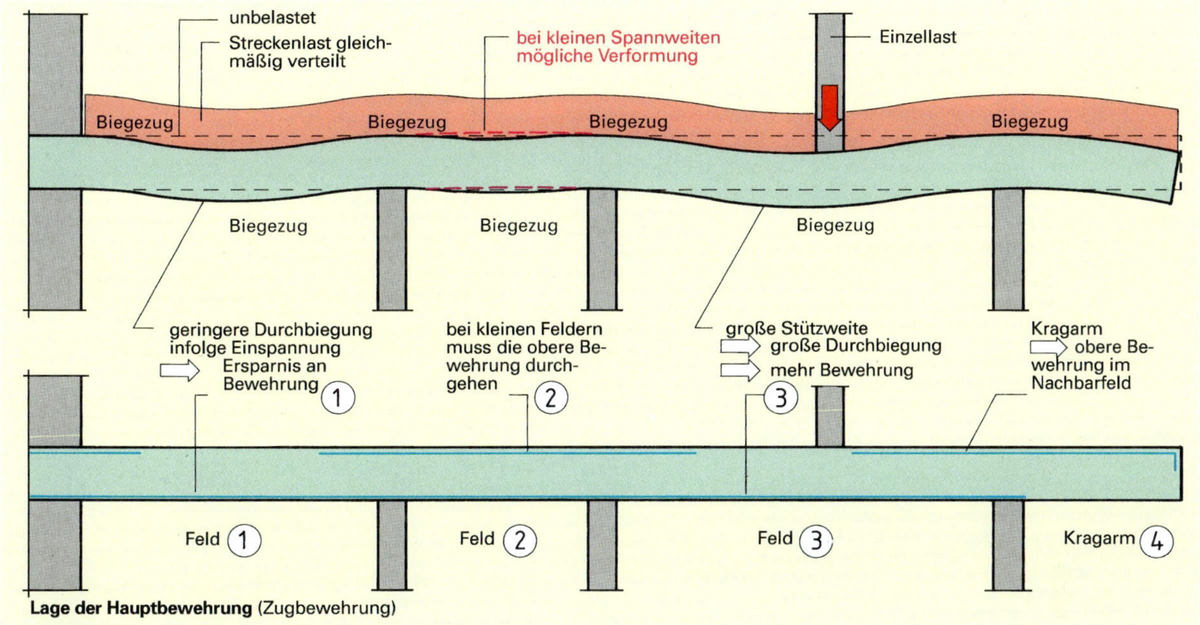

Lage der Hauptbewehrung (Zugbewehrung)

Durchlaufbalken mit Kragarm

Im Bereich der Zwischenlager, ob eingespannt oder frei aufliegend, treten im oberen Querschnittsbereich Zugspannungen, im unteren Bereich Druckspannungen auf.

Die Lage der Hauptbewehrung (Zugbewehrung) liegt immer in der Zugzone. Bei kleinen Feldern ist eine durchgehende obere Bewehrung vorzusehen.

Ist die Betonfläche in der Druckzone nicht groß genug, um die auftretenden Druckspannungen aufzunehmen, so muss in der Druckzone eine Druckbewehrung eingelegt werden. Hierbei werden die Bewehrungsstäbe auf Druck beansprucht.

Im Stahlbetonbalken nimmt der Beton die Druckspannungen, die Bewehrung dagegen die Zugspannungen auf. Eingespannte Balken und Kragbalken werden in der Oberseite auf Zug beansprucht. Die Bewehrung ist also oben anzuordnen.

7.2.2 Schubspannungen

Wird ein frei aufliegender Einfeldbalken mit unten liegender Bewehrung sehr hoch belastet, so entstehen in der Nähe der Auflager schräge, unter etwa 45° verlaufende und zur Trägermitte hin steiler werdende Risse. Trotz Erhöhung der unten liegenden Zugbewehrung treten bei Probebelastungen diese Risse in Erscheinung.

Die Ursache für diese Risse sind die in einem Stahlbetonbalken auftretenden **Querkräfte**, die Schubspannungen in Längs- und in Querrichtung des Balkens bewirken. Durch das Zusammenwirken von Längs- und Querschubspannungen können solche Schrägrisse im Balken entstehen.

Längsschubkräfte sind eine Folge der Biegebeanspruchung; denn die Biegekräfte (äußere Belastung) rufen im Balken Verschiebungen hervor.

Werden mehrere Holzleisten übereinander gelegt und auf Biegung beansprucht, so kann beobachtet werden, dass sich die einzelnen Leisten verschieben. Markiert man die übereinander liegenden Leisten in unbelastetem Zustand durch senkrechte Striche, so wird bei Belastung festgestellt, dass in der Mitte keine Verschiebung auftritt, jedoch zu den Auflagern hin die Verschiebung zunimmt.

Ähnlich verhält sich der Stahlbetonbalken. In ihm treten zwischen dem oberen und dem unteren Rand Kräfte auf, welche die **waagerechten Schubspannungen** hervorrufen.

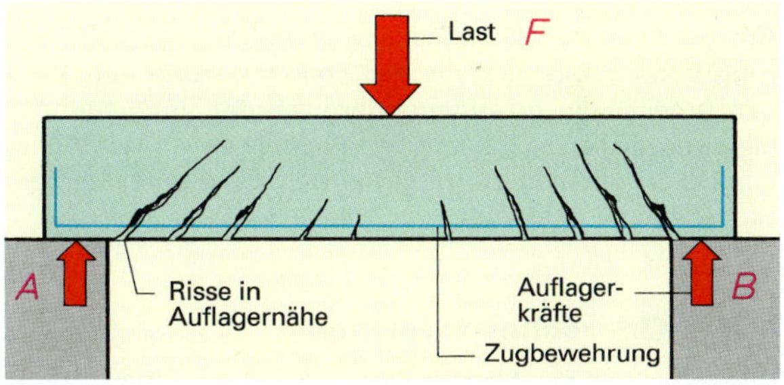

Stahlbetonbalken mit unzureichender Bewehrung

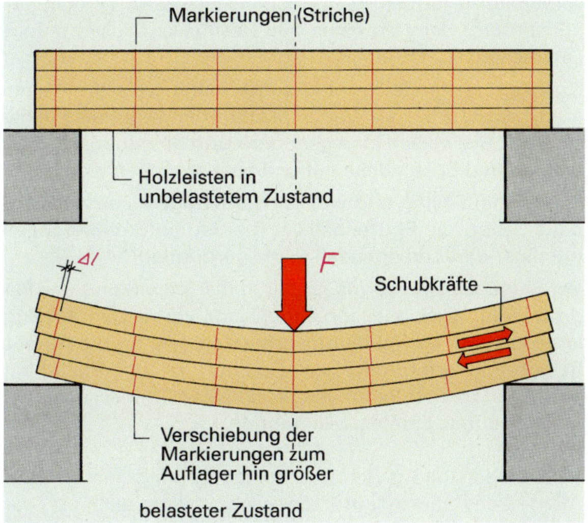

Waagerechte Schubspannungen

Herrscht an einem Träger Gleichgewicht, so ist die Summe aller vertikalen Kräfte gleich null. Der am Träger angreifenden Belastung wirken also gleich große Kräfte an den Auflagern entgegen. Die Belastung versucht den Träger nach unten zu drücken. Aus den entgegengesetzten Wirkungsrichtungen entstehen senkrechte Schubkräfte, auch **Querkräfte** genannt. Sie wollen die Querschnittsflächen gegeneinander verschieben und können den Balken an den Auflagern – hier ist die Querkraft am größten – zum Abscheren bringen. Die Querkräfte rufen **senkrechte Schubspannungen (Querschubspannungen)** parallel zur Querschnittsebene hervor.

Durch das Zusammenwirken der Längs- und Querschubkräfte entstehen im Beton, besonders im Auflagerbereich, schräg gerichtete Zugkräfte, welche die Schubspannungen verursachen. Da Beton nur geringe Zugspannungen aufnehmen kann, muss bei Stahlbetonbalken eine Schubbewehrung, auch **Querkraftbewehrung** genannt, in Richtung der auftretenden Schubspannungen vorgesehen werden.

Die Querkraftbewehrung darf aus einer Kombination folgender Bewehrungen bestehen:
- Bügel, welche die Längszugbewehrung und die Druckzone umfassen,
- aufgebogene Längsstähle (= Schrägstäbe),
- Querkraftzulagen in Form von Körben, Leitern u.a.; das Schließen der Bügelkörbe in der Druckzone bei Balken bzw. in der Druck- und Zugzone bei Plattenbalken ist zulässig.

In Stahlbetonbalken dürfen Schrägstäbe und Querkraftzulagen als Querkraftbewehrung nur gleichzeitig mit Bügeln verwendet werden. Mindestens 50% der aufzunehmenden Querkraft müssen durch Bügel abgedeckt sein.

Aus Gründen der Wirtschaftlichkeit werden für die Schubbewehrung immer seltener Teile der Zugbewehrung aufgebogen. Um den Arbeitsaufwand zu verringern, werden vorwiegend industriell vorproduzierte einbaufertige **Elemente** eingesetzt. Sie werden aus Betonstahlmatten, geschweißten Betonstahl-Elementen und Stabstählen vorgefertigt.

7.2.3 Querschnittsformen

Stahlbetonbalken können die verschiedensten Querschnittsformen haben. Die häufigste im Bauwesen auftretende Querschnittsform ist das Rechteck. Anschläge an Fenster- oder Türstürzen erfordern oft einen aus Rechtecken zusammengesetzten Querschnitt.

Hochkant stehende Rechteckquerschnitte weisen ein günstigeres Tragverhalten auf als quadratische oder liegende Rechteckquerschnitte. Sie weisen eine geringere Durchbiegung bei gleicher Belastung und Spannweite auf und beanspruchen weniger Stahl.

Zu den häufigsten und wirksamsten Tragwerken des Stahlbetonbaus gehört der **Plattenbalken**. Hier ist ein Stahlbetonbalken fest mit einer darüberliegenden Platte verbunden.

Bei Biegebeanspruchung ist durch die Mitwirkung der Platte eine große, auf Druck beanspruchte Fläche vorhanden. Im Zugbereich ist jedoch nur so viel Beton vorhanden, wie für die Aufnahme der Bewehrung erforderlich ist. Dadurch ist bei Plattenbalken im Vergleich zu Stahlbeton-Rechteckbalken immer eine verhältnismäßig geringe Eigenlast vorhanden.

Der Widerstand gegen Durchbiegung hängt nicht nur von der Größe des Querschnitts, sondern vor allem auch von der Form des Trägers ab.

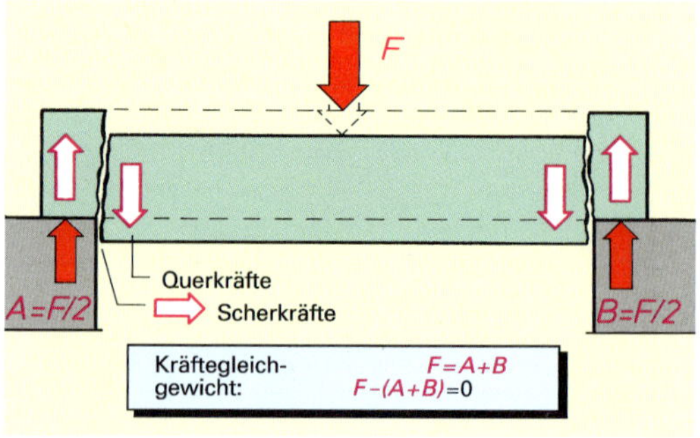

Senkrechte Schubspannungen

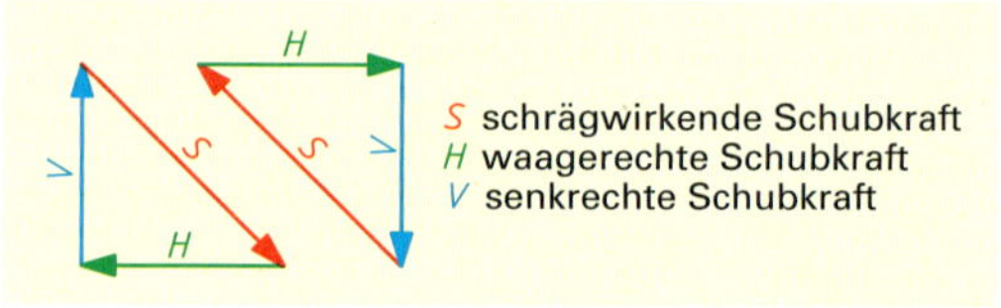

Längs- und Querschubkraft

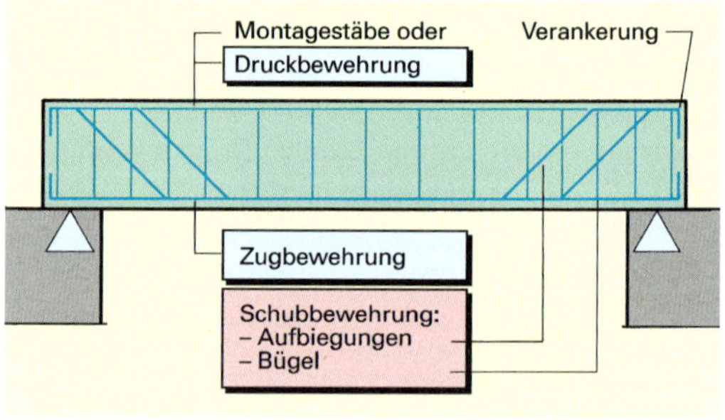

Bewehrung des Stahlbetonbalkens

Neben den Biege- und Druckspannungen wirken in einem Balken auch noch Längs- und Querschubspannungen, die schräg gerichtete Zugkräfte auslösen. Deshalb erhalten Stahlbetonbalken eine Schubbewehrung.

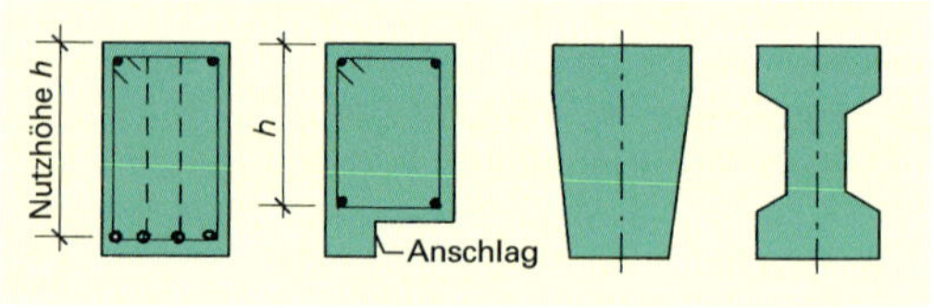

Querschnittsformen von Stahlbetonbalken

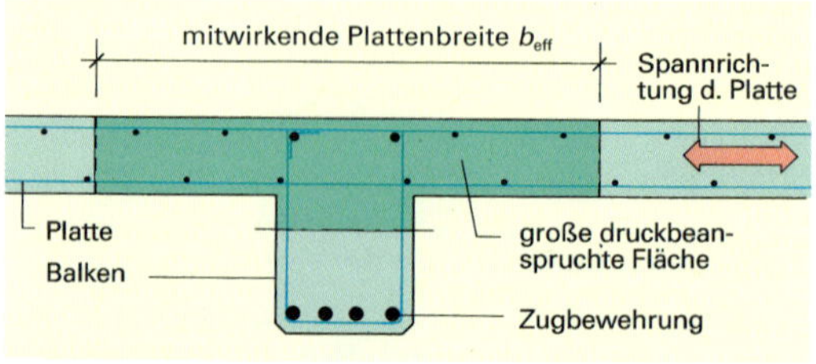

Plattenbalken

7.2.4 Auflager

Die Auflagertiefe bei Stahlbetonbalken muss so gewählt werden, dass die zulässige Pressung in der Auflagerfläche für Mauerwerk oder Beton nicht überschritten wird und die erforderlichen Verankerungslängen der Bewehrung untergebracht werden können. Die **Auflagertiefe** von Balken und Plattenbalken muss aber **mindestens 10 cm** betragen. Bei sehr hohen Querschnittsformen ist auf Stabilität gegen Kippen zu achten.

Hochkant stehende Rechteckquerschnitte weisen ein günstigeres Tragverhalten auf als quadratische oder liegende Rechteckquerschnitte. Die Auflagertiefe muss mindestens 10 cm betragen.

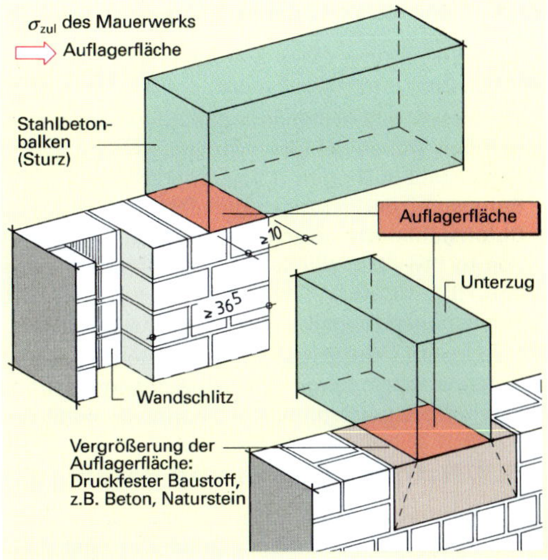

Balkenauflager

Zusammenfassung

Stahlbetonbalken sind überwiegend auf Biegung beanspruchte Träger.

Am häufigsten sind hochkant stehende Rechteckquerschnitte.

Beim Plattenbalken ist ein Stahlbetonbalken fest mit einer darüberliegenden Platte verbunden. Er gehört mit zu den wirksamsten Tragwerken des Stahlbetonbaus.

Am belasteten Stahlbetonbalken treten Zug-, Druck- und Schubspannungen auf.

Bei frei aufliegenden Einfeldträgern treten im oberen Querschnittsbereich Druckspannungen, im unteren Bereich Zugspannungen auf.

Bei eingespannten Ein- und Mehrfeldträgern treten im Bereich der Auflager im oberen Querschnittsbereich Zug- und im unteren Bereich Druckspannungen auf.

Die Druckspannungen werden in der Regel durch den Beton aufgenommen, u. U. kann jedoch eine Druckbewehrung notwendig werden.

Die Zugspannungen werden durch die Zugbewehrung aufgenommen.

Zur Aufnahme der Schubspannungen dienen Bügel, schräg aufgebogene Bewehrungsstäbe und Querkraftzulagen.

Im frei aufliegenden Einfeldbalken treten oben Druckspannungen und unten Zugspannungen auf.

Kragbalken werden an der Oberseite auf Zug beansprucht. Die Stahlbewehrung ist also oben anzuordnen. Mit zunehmender Entfernung vom Auflager kann die Bewehrung vermindert werden.

Querkräfte bewirken Schubkräfte, die Längs- und Querschubspannungen auslösen.

Im Zusammenwirken ergeben die Längs- und Querschubspannungen schräg gerichtete Zugkräfte, die zu Schubrissen führen können.

Da Beton nur geringe Zugspannungen aufnehmen kann, muss bei Stahlbetonbalken eine Schubbewehrung in Richtung der auftretenden Schubspannungen vorgesehen werden.

Zur Aufnahme der Schubspannungen dienen aufgebogene Längsstähle, Bügel und Querkraftzulagen in Form von Bügelkörben.

Für die Querkraftbewehrung werden aus wirtschaftlichen Gründen vorwiegend industriell gefertigte Verankerungselemente eingesetzt.

Die Auflagertiefe von Balken und Plattenbalken muss mindestens 10 cm betragen.

Aufgaben

1. *In welchem Querschnittsbereich liegt die Zugbewehrung bei*
   a) Kragbalken,
   b) frei aufliegenden Einfeldbalken,
   c) Durchlaufbalken?
2. *Unter welchen Umständen ist bei einem Stahlbetonbalken in der Druckzone eine Druckbewehrung erforderlich?*
3. *Zeichnen Sie in den Längsschnitt eines Einfeldbalkens mit eingespannten Auflagern und einseitigem Kragarm die Zugbewehrung ein.*
4. *Skizzieren Sie die Durchbiegung bei einem eingespannten Zweifeldträger mit einseitigem Kragarm und zeichnen Sie den Kräfteverlauf ein.*
5. *Begründen Sie, warum bei zweiachsig gespannten Balken in den Ecken eine zusätzliche Zugbewehrung eingebaut wird.*
6. *Erklären Sie, warum es bei belasteten Stahlbetonbalken zu schräg verlaufenden Rissen kommen kann.*
7. *Durch welche Bewehrungen werden bei Stahlbetonbalken die Schubspannungen aufgenommen?*
8. *Begründen Sie, warum in einem Stahlbetonbalken die Bügel im Auflagerbereich enger angeordnet werden als in Feldmitte.*
9. *Bei welcher der drei Querschnittsformen eines Stahlbetonbalkens tritt bei gleicher Belastung und gleicher Spannweite die geringste Durchbiegung auf?*

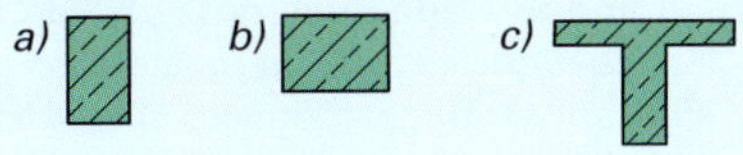

10. *Welche Auflagertiefe muss bei Balken und Plattenbalken mindestens eingehalten werden?*

7.3 Bewehren eines Stahlbetonbalkens

Für die Bewehrung eines Stahlbetonbalkens wird Betonstahl verwendet. Zum Einsatz kommen:

- **Betonstabstahl** (Kurzname B500B): Gerippter Betonstahl, der in geraden Stäben geliefert wird.
- **Betonstahl in Ringen** (Kurzname B500A und B500B): Gerippter Betonstahl, der in Ringen geliefert wird.
- **Betonstahlmatte** (Kurzname B500A und B500B): Anordnung von rechtwinklig zueinander verlaufenden Längs- und Querstäben, die an allen Kreuzungsstellen durch elektrische Widerstandspunktschweißung verbunden werden.

Zur Aufnahme der Zugspannungen werden Betonstabstähle und/oder Betonstahl in Ringen und zur Aufnahme der Schubspannungen vorwiegend Betonstahlmatten in Form von Bügelkörben verwendet.

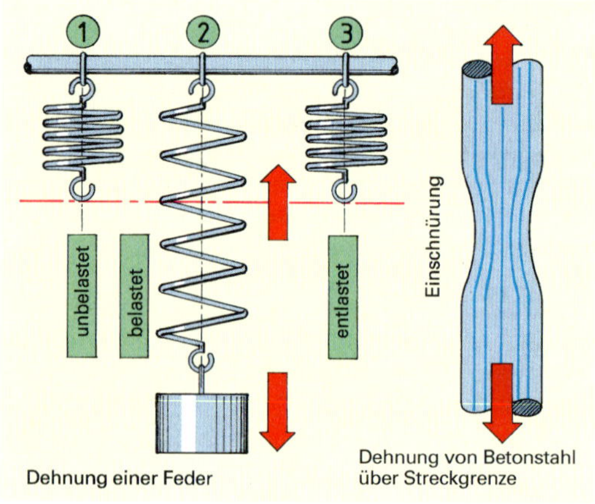

Elastische und bleibende Verformung

7.3.1 Betonstahlgüte und Betonstahlsorten

Für ihre Verwendung im Stahlbetonbau ist die **Zugfestigkeit** der Betonstähle ausschlaggebend. Die Festigkeitseigenschaften werden durch Zugversuche ermittelt, die entsprechenden Kenngrößen in **Diagrammen** aufgezeichnet.

Betonstähle werden durch Zugkräfte gestreckt. Bei geringer Belastung verhält sich der Betonstahl **elastisch**, vergleichbar einer Feder, die sich bei Belastung dehnt und nach Entlastung ihre ursprüngliche Länge wieder einnimmt. Die Höchstspannung, bis zu der ein Betonstahl elastisch bleibt, wird als **Streckgrenze** bezeichnet.

Zur Messung von Längenänderungen bzw. Dehnungen werden Sensoren, sogenannte **Extensometer**, eingesetzt.

Wird ein Betonstahl über die Streckgrenze hinaus belastet, so wird er bleibend, d. h. **plastisch**, verformt.

Der für die Bemessung notwendige **Streckgrenzwert** beträgt einheitlich **500 N/mm²**.

Betonstahl wird nach DIN 488 wie folgt hergestellt:

- **warmgewalzt**, ohne Nachbehandlung; der Stahl besitzt seine Festigkeit aufgrund seiner chemischen Zusammensetzung,
- **warmgewalzt** und aus der Walzhitze **wärmebehandelt**,
- **warmgewalzt** und **kaltgereckt**; der Stahl erhält aufgrund seiner Kaltverformung verbesserte Festigkeitseigenschaften,
- **kaltverformt** durch Ziehen oder Kaltwalzen.

Nach ihrer Dehn- und Formbarkeit werden drei **Stahlsorten** (Duktilitätsklassen) unterschieden, die mit den Großbuchstaben „**A**“, „**B**“ und „**C**“gekennzeichnet werden.

Duktilität ist ein Maß für die Dehnung, die der Betonstahl aufnehmen kann, ohne dass er zerstört wird. **A** kennzeichnet Betonstähle mit **normaler**, **B** mit **hoher Duktilität**. DIN EN 1992-1-1 sieht Betonstähle mit **sehr hoher Duktilität** (Kennzeichnung **C**) vor, die allerdings in Deutschland nicht zur Anwendung kommen.

Die Betonstähle sind nach den in DIN 488 angegebenen Verfahren zum Schweißen geeignet.

Betonstähle werden nach ihrem Streckgrenzenwert und nach ihrer Duktilität gekennzeichnet.

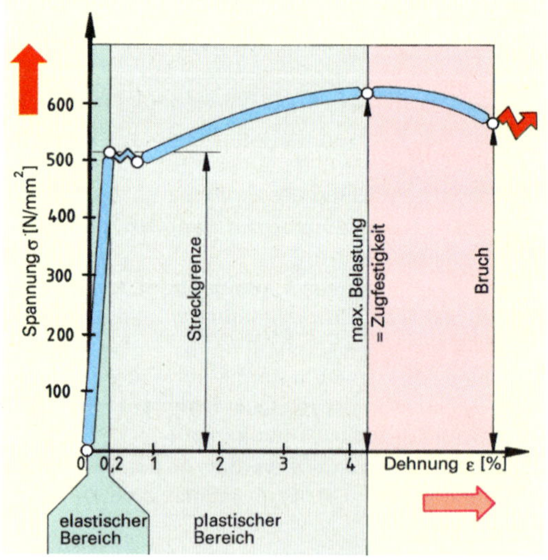

Spannung/Extensometer-Dehnungs-Kurve von Betonstahl B500A

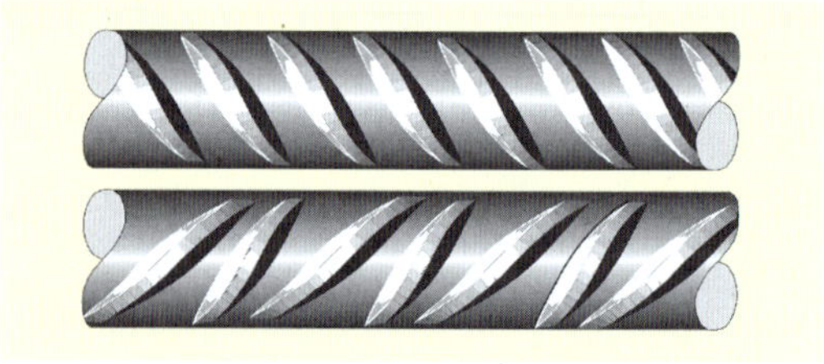

Betonstabstahl B500B

Betonstabstahl B500B, gerippt

7.3.2 Betonstabstahl und Betonstahl in Ringen

Betonstabstahl B500B ist ein hochduktiler, gerippter Stahl.

Betonstabstahl ist voll schweißbar. Er wird in Stablängen von 12, 14 und 15 m und in Nenndurchmessern von 6, 8, 10, 12, 14, 16, 20, 25, 28, 32 und 40 mm hergestellt. Andere Längen von 6...21 m sind auf Anfrage möglich. Die Auslieferung erfolgt in Bunden mit 2500 kg Masse.

Betonstahl Stab ist ein hochduktiler, warmgewalzter und kaltverformter Stahl mit gerippter Oberfläche.

Betonstahl in Ringen für Anwendung nach DIN EN 1992-1-1

Betonstahl in Ringen ist gerippter Stahl, der aus den Stahlsorten **B500A** (normalduktil) und **B500B** (hochduktil) hergestellt wird.

Betonstahl in Ringen wird entweder warmgewalzt und anschließend thermisch nachbehandelt (Duktilität B) oder aus Walzdraht kaltgewalzt (Duktilität A).

Bei der **Kaltwalzung** wird der Walzdraht durch eine oder mehrere Walzgerüste geführt. Durch den Druck der Walzen wird der gewünschte Durchmesser erreicht und die Festigkeit des Stahls erhöht sich.

Bei der **thermischen Nachbehandlung** aus der Walzhitze kommt das sogenannte Tempcore-Verfahren zur Anwendung. Hierbei wird der noch glühende Stahl mit Wasser auf etwa 1000 °C abgekühlt und die Oberfläche gehärtet. Dadurch werden die Duktilität und die Festigkeit des Stahls verbessert.

Die Nenndurchmesser betragen für die Stahlsorte B500A 6, 8, 10 und 12 mm, für die Stahlsorte B500B 14 und 16 mm. Betonstahl in Ringen ist voll schweißbar.

Der Stahl wird auf **kernlose Ringe** aufgespult, die eine Masse von 2500 kg, 3000 kg, 4000 kg oder 5000 kg bei den Durchmessern 8 ... 16 mm bzw. 2000 kg beim Durchmesser 6 mm aufweisen.

Betonstahl in Ringen wird weiterverarbeitet zu **Betonstahlmatten** (B500A und B500B); siehe Abschnitt 9.3.1.

Gerippter Betonstahl in Ringen wird aus den Stahlsorten B500A und B500B hergestellt.

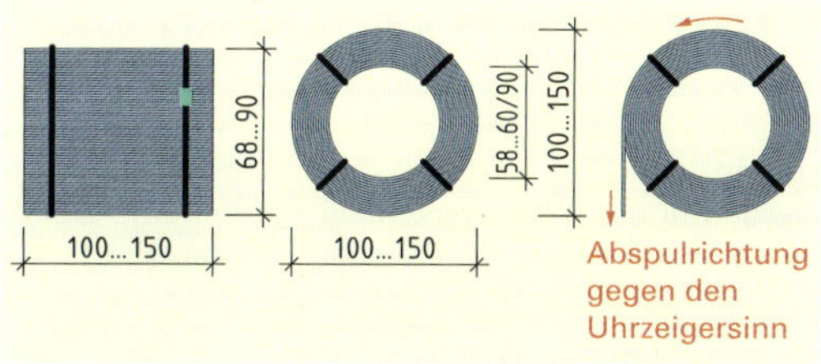

Gespulte Ringe

Betonstahl in Ringen

7.3.3 Zusammenwirken von Beton und Stahl (Verbundwirkung)

Stahlbeton ist ein **Verbundbaustoff**. Zwischen beiden Ausgangsstoffen – Stahl und Beton – muss eine feste Verbindung bestehen.

Sie wird durch den **Verbund des Stahls im Beton** hergestellt und beruht auf **Adhäsion**. Durch die Haftung kann so der Beton die in ihm auftretenden Zugspannungen auf den Stahl übertragen. Der Verbund wird allerdings nur dann erreicht, wenn die Stahloberfläche von Schmutz, Fett, Öl und losem Rost frei ist. Das Einsprühen der Schalungshaut mit Schalöl hat deshalb stets vor dem Einbringen der Bewehrung zu erfolgen.

Die **Qualität des Verbundes** hängt wesentlich von der Oberflächengestaltung des Betonstahls, den Abmessungen des Bauteils sowie der Lage und dem Neigungswinkel der Bewehrung während des Betonierens ab. Es gibt **gute** und **mäßige Verbundbedingungen.**

Die **Verbundbedingungen** sind als **gut** anzusehen für alle Stäbe mit einer Neigung α von 0 ... 45° zur Waagerechten während des Betonierens, die in Bauteile eingebaut sind, deren Dicke in Betonierrichtung 30 cm nicht überschreitet.

Bei Bauteilen, deren Dicke größer als 30 cm sind, liegen dann gute Verbundbedingungen vor, wenn die Stäbe entweder höchstens 30 cm über der Unterkante des Frischbetons oder mindestens 30 cm unter der Oberseite des Bauteils oder eines Betonierabschnittes liegen (gelber Bereich).

Für alle Stäbe mit einer Neigung α von 45 ... 90° zur Waagerechten während des Betonierens liegen ebenfalls gute Verbundbedingungen vor.

In allen anderen Fällen sind die **Verbundbedingungen** als **mäßig** anzusehen (grauer Bereich).

Die Qualität des Verbundes hängt von der Oberflächengestaltung des Betonstahls, den Abmessungen des Bauteils und von der Lage und dem Neigungswinkel der Bewehrung während des Betonierens ab.

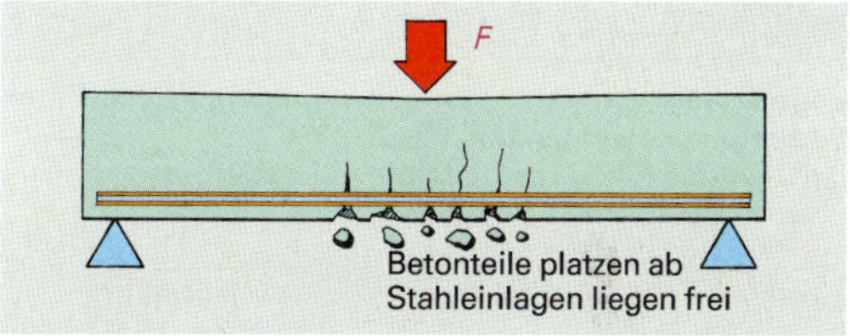

Unzureichende Haftung der Stähle

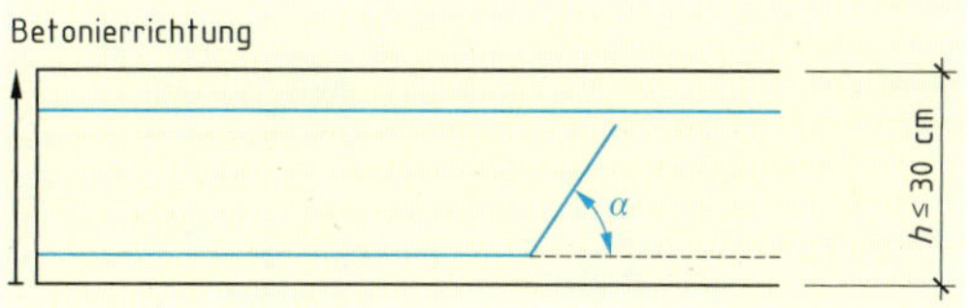

Gute Verbundwirkungen

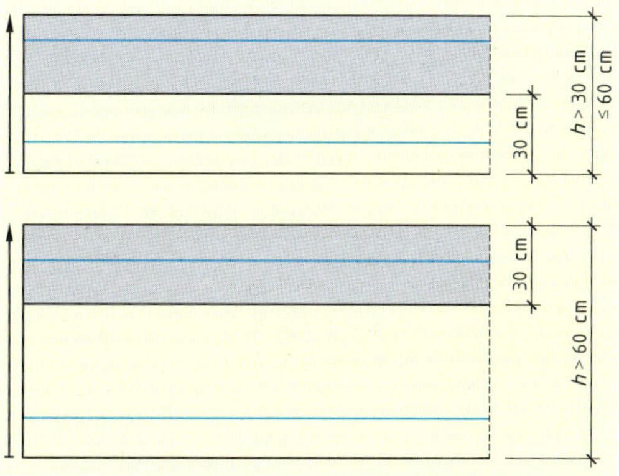

Stäbe im gelben Bereich: gute Verbundwirkung
Stäbe im grauen Bereich: mäßige Verbundwirkung

7.3.4 Verankerung der Längsbewehrung

Die Verankerung der Bewehrungsstäbe im Beton ist für eine sichere Aufnahme der Kräfte ganz entscheidend. Die Stäbe müssen so verankert sein, dass ihre Kräfte in den Beton eingeleitet werden und eine Längsrissbildung und ein Abplatzen des Betons im Verankerungsbereich ausgeschlossen sind.

Bei der Verankerungsart wird zwischen geraden Stabenden, Haken, Schlaufen oder Ankerkörpern unterschieden. Stäbe mit einem größeren Durchmesser als 32 mm müssen als gerade Stäbe oder mit Ankerkörpern verankert werden. Für Druckbewehrungen sind Haken, Winkelhaken oder Schlaufen nicht zulässig.

Formelzeichen für die Verankerungslängen

$l_{b,rqd}$ = Grundwert der Verankerungslänge; die Verankerungslänge wird entlang der Mittellinie gemessen

l_{bd} = Bemessungswert der Verankerungslänge

$l_{b,eq}$ = Ersatzverankerungslänge

$l_{b,min}$ = Mindestwert der Verankerungslänge

σ_{sd} = berechnete Bemessungsspannung des Bewehrungsstabes (= Streckgrenze : Teilsicherheitsbeiwert γ_s, für Betonstahl = 500 N/mm² : 1,15 = 437,78 N/mm²)

f_{bd} = Bemessungswert der Verbundspannung bei $\phi \leq 32$ mm

α = Beiwert zur Berücksichtigung der Wirksamkeit der Verankerungsarten (siehe Tabelle unten)

Beton C	12/15	16/20	20/25	25/30	30/37	35/45	40/45
f_{bd} [1])	1,6	2,0	2,3	2,7	3,0	3,4	3,7

Bemessungswerte der Verbundspannung f_{bd} für Betonstahl bei guten Verbundbedingungen und $\phi \leq 32$ mm

[1]) Für mäßige Verbundbedingungen sind die Werte mit dem Faktor 0,7 zu multiplizieren

Beispiel: Für einen geraden Zugstab mit angeschweißtem Querstab aus B500B, ϕ 32 mm, im Verbundbereich „gut", Beton der Festigkeitsklasse C30/37 ist der Mindestwert der Verankerungslänge $l_{b,min}$ zu ermitteln.

Die **erforderliche Verankerungslänge** wird berechnet aus:

$l_{b,rqd} = \frac{\phi}{4} \cdot \frac{\sigma_{sd}}{f_{bd}}$

$l_{bd} = \alpha_1 \cdot \alpha_2 \cdot \alpha_3 \cdot \alpha_4 \cdot \alpha_5 \cdot l_{b,rqd} \geq l_{b,min}$

$l_{b,min} = 0{,}3 \cdot l_{b,rqd} \geq 10 \cdot \phi$ bei Verankerungen unter Zug

$l_{b,min} = 0{,}6 \cdot l_{b,rqd} \geq 10 \cdot \phi$ bei Verankerungen unter Druck

ϕ = Durchmesser Bewehrung

Als vereinfachte Alternative darf die Verankerung unter Zug als Ersatzverankerungslänge $l_{b,eq}$ angegeben werden:

- bei Winkelhaken, Haken, Schlaufen wird $l_{b,eq} = \alpha_1 \cdot l_{b,rqd}$,
- bei geraden Stäben mit angeschweißtem Querstab $l_{b,eq} = \alpha_4 \cdot l_{b,rqd}$.

Lösung:

$l_{b,rqd} = \frac{\phi}{4} \cdot \frac{\sigma_{sd}}{f_{bd}} = \frac{32\text{ mm}}{4} \cdot \frac{437{,}78\text{ N/mm}^2}{3{,}0\text{ N/mm}^2}$

$= \underline{1167{,}4\text{ mm}}$

$l_{b,min} = 0{,}3 \cdot l_{b,rqd} = 0{,}3 \cdot 1167{,}4\text{ mm} = \underline{350{,}22\text{ mm}}$

$10 \cdot \phi = 10 \cdot 32\text{ mm} = \underline{320\text{ mm}}$

$l_{b,eq} = \alpha_4 \cdot l_{b,rqd} = 0{,}7 \cdot 1167{,}4\text{ mm} = \underline{817{,}17\text{ mm}}$

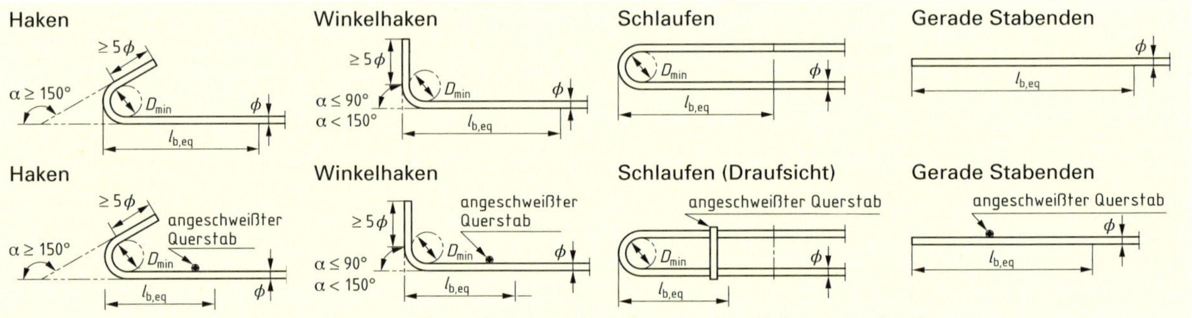

Zulässige Verankerungsarten von Betonstahl

Einflussfaktor	Verankerungsart	Bewehrungsstab	
		unter Zug	unter Druck
		Beiwerte α	
Form der Stäbe	gerade	$\alpha_1 = 1{,}0$	$\alpha_1 = 1{,}0$
	gebogen	$\alpha_1 = 0{,}7$ für $c > 3\,\phi$ sonst $\alpha_1 = 1{,}0$	$\alpha_1 = 1{,}0$
Betondeckung	gerade	$0{,}7 \geq \alpha_2 \leq 1{,}0$	$\alpha_2 = 1{,}0$
	gebogen	$0{,}7 \geq \alpha_2 \leq 1{,}0$	$\alpha_2 = 1{,}0$
nicht an die Hauptbewehrung angeschweißte Querbewehrung	alle Arten	$0{,}7 \geq \alpha_3 \leq 1{,}0$	$\alpha_3 = 1{,}0$
angeschweißte Querbewehrung [1])	alle Arten, Positionen und Größen	$\alpha_4 = 0{,}7$	$\alpha_4 = 1{,}0$
Querdruck	alle Arten	$0{,}7 \geq \alpha_5 \leq 1{,}0$	–

[1]) Bei direkter Lagerung darf l_{bd} auch geringer als $l_{b,min}$ angesetzt werden, wenn mindestens ein Querstab innerhalb der Auflagerung angeschweißt ist. Dieser sollte mindestens 15 mm vom Lageranschnitt entfernt sein.

Beiwerte α_1, α_2, α_3, α_4 und α_5 nach DIN EN 1992-1-1

7.3.5 Betondeckung

Die im Beton eingebetteten Stähle werden bei ausreichender Betondeckung und genügendem Zementgehalt vor Rostbildung geschützt. Die vollständige Ummantelung der Stähle mit Zementleim ist ein wirksamer Schutz gegen Rost. Die alkalische Reaktion des Zementleims verhindert ein Weiterrosten des Bewehrungsstahles. Er wird durch eine lückenlose Schicht vor Korrosion geschützt. Er ist „unantastbar", er verhält sich „passiv" gegenüber aggressiven Einflüssen. Ein vorzeitiges Zerstören des Verbundes durch **Korrosion der Stähle** ist bei auftretenden Haarrissen in der Zugzone – man spricht hier von der gerissenen Zugzone – nicht zu befürchten, wenn die Rissbreite an der Bewehrung kleiner als 0,4 mm ist.

Für die Betondeckung der Bewehrung sind nach DIN EN 1992-1-1 **Mindestmaße** vorgesehen. Sie richten sich nach den **Expositionsklassen** (siehe Abschnitt 4.6.2).

Das **Nennmaß der Betondeckung** c_{nom} definiert sich als die Summe aus der **Mindestbetondeckung** c_{min} und dem **Vorhaltemaß** Δc_{dev}. Die Mindestbetondeckung c_{min} ergibt sich aus der Anforderung zur **Sicherstellung des Verbundes** $c_{min,b}$ bzw. der Anforderung an die **Dauerhaftigkeit** $c_{min,dur}$ von Betonstahl einschließlich eines **Sicherheitsbeiwertes** $\Delta c_{dur,\gamma}$.

Der Bemessung ist der größere Wert der Betondeckung, der sich aus den Verbund- bzw. Dauerhaftigkeitsanforderungen ergibt, zugrunde zu legen.

Auch bei parallel liegenden Stahleinlagen müssen wegen des Korrosionsschutzes durch genügende Betonumhüllung Mindestabstände eingehalten werden (siehe Abschnitt 7.3.6).

Die **Mindestbetondeckung** c_{min} muss eingehalten werden, um
- Verbundkräfte sicher zu übertragen,
- einbetonierten Stahl vor Korrosion zu schützen,
- den erforderlichen Feuerwiderstand sicherzustellen.

Die Betondeckung wird durch den Einbau von Abstandhaltern gesichert. Dies wird für die untere und seitliche Deckung durch Abstandhalter aus Kunststoffen o. Ä. erreicht.

Weitere Informationen zur Betondeckung sind in Abschnitt 9.3.3 (Geschossdecken) dargelegt.

Längenausdehnungskoeffizient bei Beton und Stahl

Der Verbund zwischen Beton und Stahl bleibt auch bei starken Temperaturschwankungen erhalten, weil die Längenausdehnungskoeffizienten (Längenausdehnungszahlen) beider Baustoffe annähernd gleich sind. Die Längenausdehnungszahl beträgt bei Stahl 0,012 mm/m K und bei Beton 0,010 mm/m K.

Die Wärmeausdehnung bei Stahlbetonbauteilen soll an einem Beispiel veranschaulicht werden:

Eine Stahlbetonbrücke hat bei einer Temperatur von 20 °C eine Länge von 135 m. Bei dauernder Sonneneinstrahlung erwärmt sich die Brücke auf 45 °C. Es ergeben sich hierdurch folgende Längenzunahmen:

- Bei Stahl 0,012 mm/m K · 135 m · 25 K = <u>40,5 mm</u>
- Bei Beton 0,010 mm/m K · 135 m · 25 K = <u>33,8 mm</u>

Diese geringe Abweichung in der Längenausdehnung beider Baustoffe führt nicht zur Zerstörung der Haftwirkung. Nach DIN EN 1992-1-1 darf für beide Baustoffe mit einer **Längenausdehnungszahl von 0,01 mm/m K** gerechnet werden.

Bauschaden infolge zu geringer Betondeckung

Beispiel:

Ein Stahlbetonbalken aus C20/25, der Anforderungsklasse S3 und der Expositionsklasse XC4 wird mit Längsstählen ϕ 22 mm bewehrt.

Bestimmen Sie das Nennmaß der Betondeckung.

Lösung:

$c_{nom} \geq c_{min} + \Delta c_{dev}$

$c_{min,b} = 22$ mm

$\Delta c_{dev} = 15$ mm

Nach der Tabelle Seite 365 wird

$c_{min,dur} = 25$ mm und $\Delta c_{dur} = 0$ mm.

Für die Mindestbetondeckung wird der größere Wert zugrunde gelegt.

$c_{min} = c_{min,dur} = 25$ mm

$c_{nom} = 25$ mm + 15 mm = <u>40 mm</u>

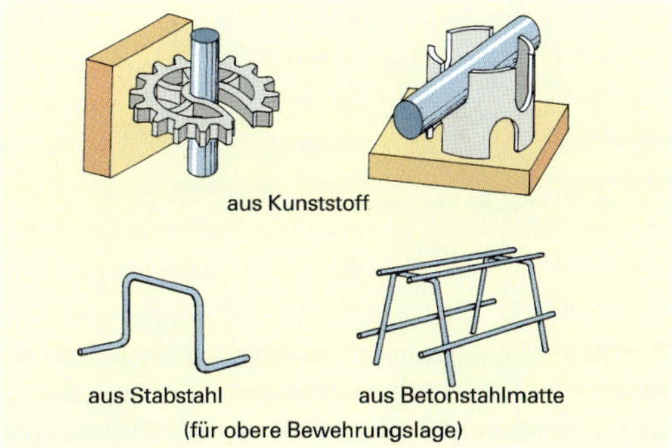

Abstandhalter

Beispiel:

Berechnen Sie die Längenänderung einer 8,00 m langen Stahlbetonplatte, die im Sommer einer Temperatur ϑ_2 von 45 °C und im Winter einer Temperatur ϑ_1 von –20 °C ausgesetzt ist.

Lösung:

Längenausdehnungszahl α für Beton = 0,01 $\frac{mm}{mK}$

Temperaturdifferenz $\Delta\vartheta = \vartheta_2 - \vartheta_1 = 45\,K + 20\,K = 65\,K$

Längenänderung $\Delta l = \alpha \cdot l_1 \cdot \Delta\vartheta$

$\Delta l = 0{,}01\,\frac{mm}{mK} \cdot 8{,}00\,m \cdot 65\,K$

$\Delta l = \underline{5{,}2\,mm}$

Die Verbundwirkung von Stahl und Beton bleibt infolge der gleichen Längenausdehnungskoeffizienten der beiden Stoffe auch bei Temperaturschwankungen erhalten.

7.3.6 Bewehrungsrichtlinien

Stababstände

Der Stababstand muss mindestens so groß sein, dass der Beton eingebracht und ausreichend verdichtet werden kann sowie ein ausreichender Verbund zwischen Betonstahl und Beton sichergestellt ist. Der lichte Abstand gleichlaufender Bewehrungsstäbe muss mindestens 2 cm betragen. Außerdem darf der Abstand nicht kleiner als der Stabdurchmesser sein.

Bei Verwendung von Betonen mit einem Größtkorndurchmesser der Gesteinskörnung $d_g > 16$ mm muss der Stababstand $\phi + 5$ mm betragen.

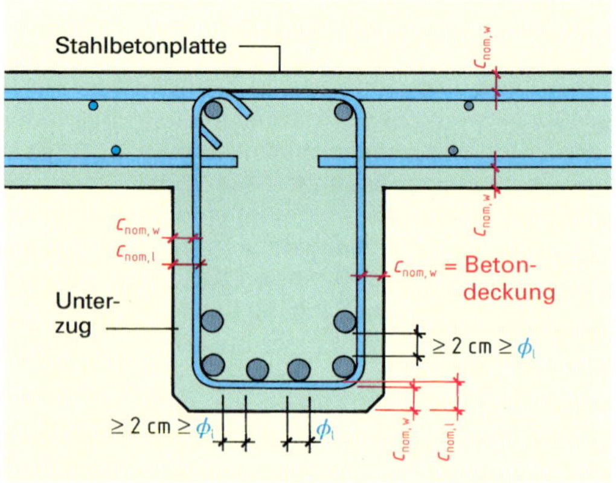

Betondeckung und Stababstände

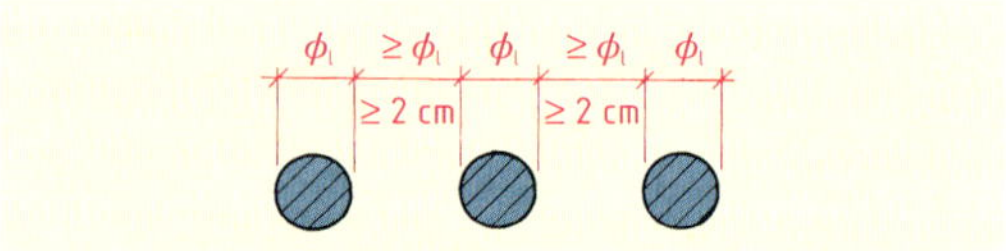

Abstand der Bewehrungsstäbe

Bewehrungsstöße

Bewehrungen müssen häufig gestoßen werden, zum einen aus herstellungstechnischen Gründen (kurze Stäbe sind leichter einzubauen als lange), zum anderen besitzen Stabstähle eine Vorzugslänge von 12 m, 14 m und 15 m.

Die Bewehrungsstöße werden **indirekt** als Übergreifungsstoß (gerade Stabenden, Haken, Winkelhaken, Schlaufen) oder **direkt** als Schweißstoß, Muffenstoß oder Kontaktstoß (nur bei Druckstäben) ausgeführt.

Übergreifungsstöße müssen die Kraftübertragung von einem Stab zum anderen sicherstellen. Betonabplatzungen sind zu vermeiden. Übergreifungsstöße mit Betonstäben, deren Durchmesser größer als 32 mm ist, sind nur bei Bauteilen mit überwiegender Biegung zulässig. Vollstöße sollen nicht in hoch beanspruchten Bereichen liegen.

Der Wert für die Übergreifungslänge wird vom Tragwerksplaner berechnet und in den Bewehrungsplänen angegeben.

Bewehrungsstöße werden entweder direkt durch mechanische Verbindungen oder durch Schweißen oder indirekt durch Übergreifen der Betonstähle ausgeführt.

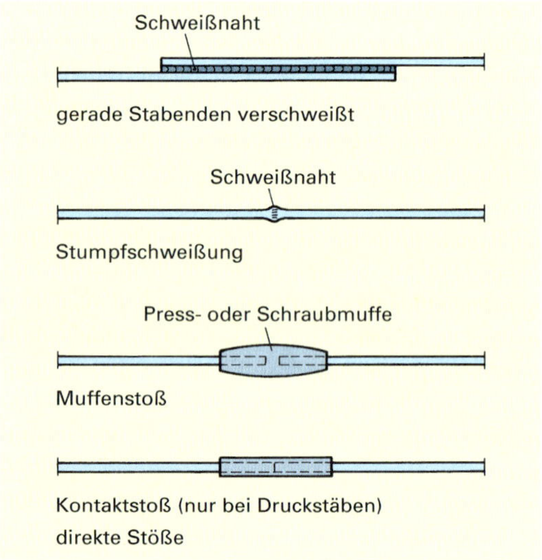

Bewehrungsstöße

Biegerollendurchmesser

Beim Biegen wird der Betonstahl um eine Biegerolle umgelenkt. Zu kleine Biegerollen würden den Stahl an der Biegung so sehr stauchen bzw. strecken, dass es zu einer beachtlichen Minderung der Stahlqualität käme. Deshalb sind für die Biegerollendurchmesser in Abhängigkeit vom Stahldurchmesser und von der Art der Aufbiegung **Mindestwerte** vorgeschrieben. Für geschweißte Stäbe, die nach dem Schweißen gebogen werden, gelten andere Mindestwerte.

ϕ = Durchmesser der Längsstähle	Haken, Winkelhaken, Schlaufen		Schrägstäbe oder andere gebogene Stäbe		
	Stabdurchmesser		Mindestwerte der Betondeckung rechtwinklig zur Biegeebene		
	$\phi < 20$ mm	$\phi \geq 20$ mm	> 100 mm > 7 ϕ	> 50 mm > 3 ϕ	≤ 50 mm ≤ 3 ϕ
Mindestwerte der Biegerollendurchmesser D_{min}	4 ϕ	7 ϕ	10 ϕ	15 ϕ	20 ϕ

Mindestwerte der Biegerollendurchmesser D_{min} nach DIN EN 1992-1-1/NA

ϕ = Durchmesser der Längsstähle	vorwiegend ruhende Einwirkung		nicht vorwiegend ruhende Einwirkung	
	Schweißung außerhalb des Biegebereiches	Schweißung innerhalb des Biegebereiches	Schweißung auf der Außenseite der Biegung	Schweißung auf der Innenseite der Biegung
für $a < 4\,\phi$	20 ϕ	20 ϕ	100 ϕ	500 ϕ
für $a \geq 4\,\phi$	Werte siehe Tabelle oben			

a = Abstand zwischen Biegeanfang und Schweißstelle

Mindestwerte der Biegerollendurchmesser D_{min} für nach dem Schweißen gebogene Bewehrung nach DIN EN 1992-1-1/NA

7.4 Balkenschalung

Zur Arbeitsvorbereitung für die Schalung eines Stahlbetonbalkens gehört die Erstellung von Schalplänen und Schalungsplänen.

Schalpläne zeigen den einzuschalenden Stahlbetonbalken in seiner Lage und seinen Abmessungen.

In **Schalungsplänen** werden Größe und Form der Schalhaut, die Konstruktion und die Abmessungen der Unterstützung und der Aussteifung dargestellt.

Bei einer systemlosen Balkenschalung besteht die Schalhaut aus zwei Seitenplatten und einer Bodenplatte. Sie werden meist aus sägerauen Brettern, 24 mm dick und 8 ... 10 cm breit, ausgeführt. Die Bretter werden stumpf gestoßen und durch Laschen zu Platten zusammengenagelt. Die Bodenplatte ist so breit wie der Balken, sie liegt also zwischen den Seitenplatten. Die Brettlaschen müssen beidseits als Auflager für die Seitenplatten mindestens 24 mm überstehen.

Drängbretter sichern die Seitenplatten im unteren Bereich gegen Ausweichen. Im oberen Bereich, etwa in $\frac{2}{3}$ der Schalungshöhe, wird der auftretende Betondruck durch waagerecht verlaufende Gurthölzer mit Schalungszwingen oder Schalungsankern aufgenommen.

Ein Schalungsanker besteht aus Ankerplatte, Ankerstab, Ankerverschluss und Abstandhalter. Für die Ankerstäbe werden Betonstab- und Spannstähle mit und ohne Gewinde verwendet. Bei den Ankerverschlüssen unterscheidet man Keil-, Exzenter- und Schraubverschlüsse.

Zum Verspannen der Schalung werden heute zunehmend Schraubverschlüsse eingesetzt. Die Kräfte werden durch eine Flügelmutter übertragen, die auf ein Gewinde des Ankerstabes aufgeschraubt wird. Solche Verschlüsse lassen sich leicht montieren und sind für hohe Schalungsdrücke geeignet.

Die Unterstützung erfolgt bei breiten Stahlbetonbalken durch Stützenpaare unter längs laufenden Kanthölzern (Joche) und quer liegenden Kopfhölzern. Die Stützen werden in Abständen von höchstens 1,00 m eingebaut. Zur Längsaussteifung können die Stützen eine diagonal verlaufende Verschwertung erhalten.

Schalungen für Plattenbalken müssen so konstruiert sein, dass die Unterstützung der Balkenschalung auch zur Unterstützung der Deckenschalung mit herangezogen werden kann.

Für Plattenbalken lassen sich auch **Systemschalungen** einsetzen. Mit ihnen können alle Unterzugsquerschnitte geschalt werden. Die Rahmenteile lassen sich sowohl in der Höhe als auch in der Breite beliebig verstellen. Die Elemente sind so aufeinander abgestimmt, dass eingeschalte Unterzüge in jede Deckenschalung integriert werden können.

Die Schalhaut der Balkenschalung besteht aus Bodenplatte und zwei Seitenplatten. Drängbretter und Schalungsanker halten die Seitenplatten in der gewünschten Lage. Alle anfallenden Kräfte werden über Kopfhölzer und Stützen in den Untergrund oder in die Decke geleitet. Mit Systemteilen lassen sich Plattenbalken mit geringerem Zeitaufwand einschalen.

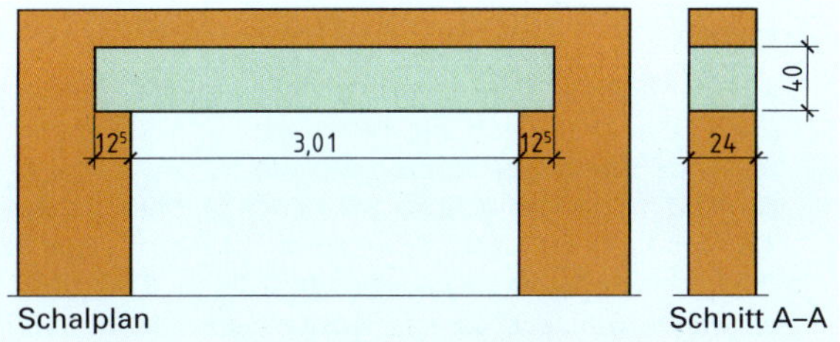

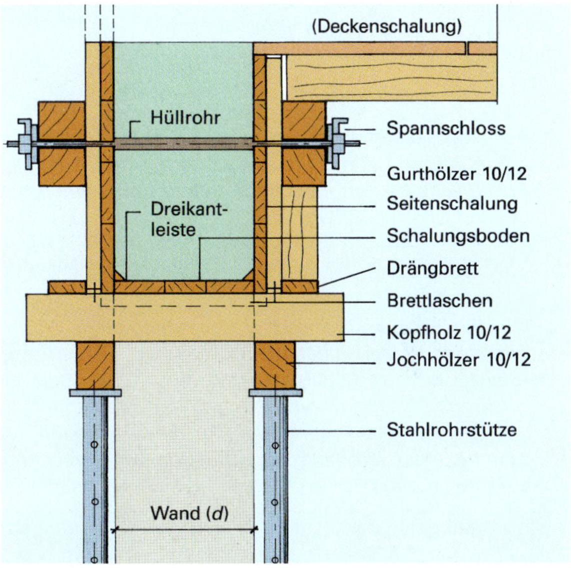

Balkenschalung mit doppelter Unterstützung (Schalungsplan-Schnitt)

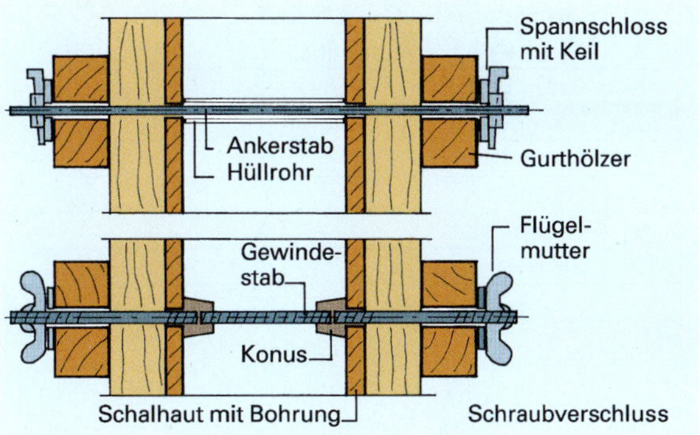

Verspannen der Balkenschalung

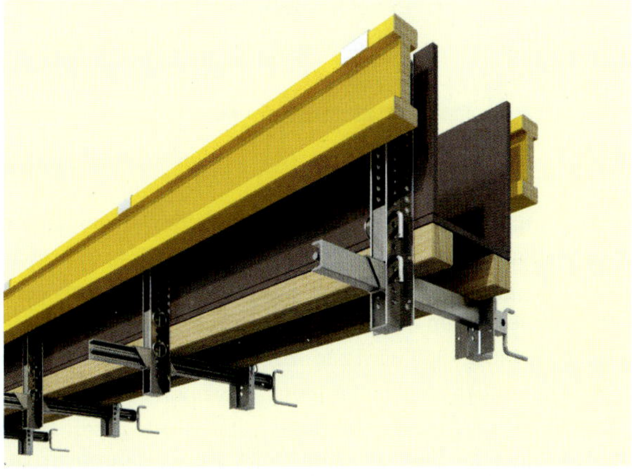

Rasterschalung für Plattenbalken

Aufgaben

1. Mit geringstem Schnittverlust sollen aus 6 Brettern mit 3,50 m Länge und aus 4 Brettern mit 4,50 m Länge folgende Bretter geschnitten werden:
2 × 0,80 m; 0,84 m; 0,95 m; 2 × 1,00 m; 1,24 m; 1,36 m; 1,50 m; 1,76 m; 1,82 m; 1,88 m; 1,90 m; 2,04 m; 2 × 2,12 m; 2,20 m; 2,32 m; 2,60 m; 2,96 m, 3,00 m.
a) Stellen Sie fest, ob alle Ausgangsbretter benötigt werden.
b) Wie groß ist der Schnittverlust in m?

2. Auf eine Baustelle werden zur Einschalung von Stahlbetonbalken 126 m^2 Schalungsbretter geliefert. Die Schalfläche beträgt jedoch nur 109 m^2. Berechnen Sie den Verschnittzuschlag.

3. Für den Türsturz über dem Hauseingang eines Wohngebäudes ist die Schalung im Maßstab 1 : 10 in der Ansicht bis zur Mittelachse und im Querschnitt zu zeichnen. Fehlende Abmessungen der Schalungsteile sind selbst festzulegen, und der Materialbedarf ist mithilfe einer Holzliste zu ermitteln. Der Verschnittzuschlag beträgt 15 %.

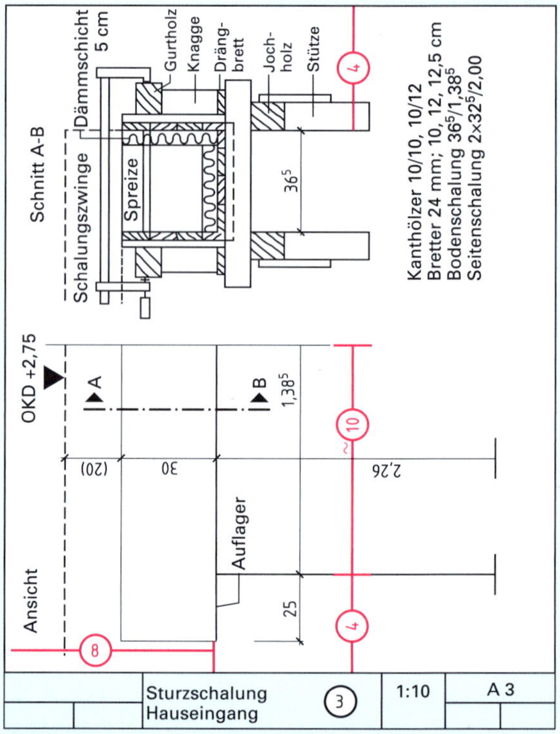

Nr.	Bezeichnung	Stück	Querschnitt in cm	Länge in m		Nettomenge in m^2	Bruttomenge in m^2
				einzeln	zusammen		
1	Bretter für Seitenplatten						
2	Bretter für Bodenplatte						
3	Laschen für Seitenplatten						
4	Laschen für Bodenplatte						
5	Drängbretter						
6	Knaggen						
7	Kopfhölzer						
8	Gurthölzer						
9	Jochhölzer						
10	Stützen						
					Gesamt		

Holzliste

4. Welche Positionsangaben sind bei jedem Betonstabstahl erforderlich?

5. Ein Betonstabstahl mit ϕ 16 mm soll zur Verankerung am Ende aufgebogen werden. Berechnen Sie die Länge der Schräge bei einem Aufbiegewinkel von 30°, einer Balkenhöhe von 50 cm und einem Bügeldurchmesser von 6 mm. Die Betondeckung beträgt 25 mm.

6. Erklären Sie bei der vereinfachten Darstellung von Bewehrungen die Angaben: 22B18-21-200T2.

7. Erklären Sie das Schlüsselsystem für Stabformen. Zeichnen Sie die Stabform mit der Schlüsselnummer 46.

8. Skizzieren Sie im Maßstab 1 : 10 den Schalungsquerschnitt für einen Stahlbetonbalken mit den Maßen 50 × 30 cm.

Zusammenfassung

Bewehrungszeichnungen bestehen aus Bewehrungsplan, Stahlauszug und Stahlliste.

Im Stahlauszug werden die Biegeformen mit allen notwendigen Maß- und Positionsangaben aufgeführt.

Die Schnittlängen der Stäbe setzen sich aus der Länge der geraden Stahleinlagen einschließlich aller Längenzugaben für Aufbiegungen und Winkelhaken zusammen.

Nach DIN ISO 4066 wird zur Beschreibung und Bezeichnung der Bewehrungsstäbe eine Stabliste angelegt.

In der Stabliste werden für jeden einzelnen Stahl die Biegemaße erfasst.

Die Einführung eines Schlüsselsystems erleichtert die Anwendung von DV-Anlagen. Jede Stabform erhält zwei Zeichen. Das erste Zeichen gibt die Anzahl der Bögen an, das zweite den Winkelgrad und die Richtung der Bögen.

7.5 Projektaufgaben

1. Für die Garage des Wohnhauses, das auf Seite 10 dargestellt ist, soll der Sturz (24 × 40 cm) über dem Garagentor gefertigt werden.

Erstellen Sie folgende Planungsunterlagen auf einem Zeichenblatt A3-Format mit den notwendigen Berechnungen und Stücklisten:

a) Bewehrungsplan mit Stahlauszug im Maßstab 1:20,
b) Querschnitt durch die Balkenschalung mit anschließender Decke (18 cm dick) im Maßstab 1:10,
c) Seiten- und Bodenschild für die Balkenschalung im Maßstab 1:20.

Zu ermitteln sind:

d) die Auflagerbeanspruchung der Wand für KSL 1,6-12 und Mörtelgruppe III bei einer Streckenlast von 15 kN/m (= Bemessungslast). Die Bemessungslast des Stahlbetonbalkens ist zu berücksichtigen,
e) für den Sturz der Bedarf an Zement, Gesteinskörnung und Wasser, wenn Standardbeton verwendet wird.

Ausführungshinweise:

Bewehrung:	*Betondeckung c_v = 35 mm* *Betonstabstahl B500B* *gerade Stäbe 2 ϕ 14 mm* *aufgebogene Stäbe 2 ϕ 14 mm, Aufbiegung 48,5 cm vom Auflager entfernt unter 45°* *Montagestäbe 2 ϕ 12 mm* *Bügel ϕ 8 mm, Abstand 20 cm, Einbindelänge in die Decke 65 cm* *Haken bzw. Winkelhaken 10 · ϕ*
Beton:	*Transportbeton C16/20* *Expositionsklasse XC2* *Feuchtigkeitsklasse WO* *Konsistenz F2* *Sieblinienbereich ③*
Schalung:	*Brettschalung* *Kanthölzer* *Stahlrohrstützen* *Schalungsanker*

Blatteinteilung

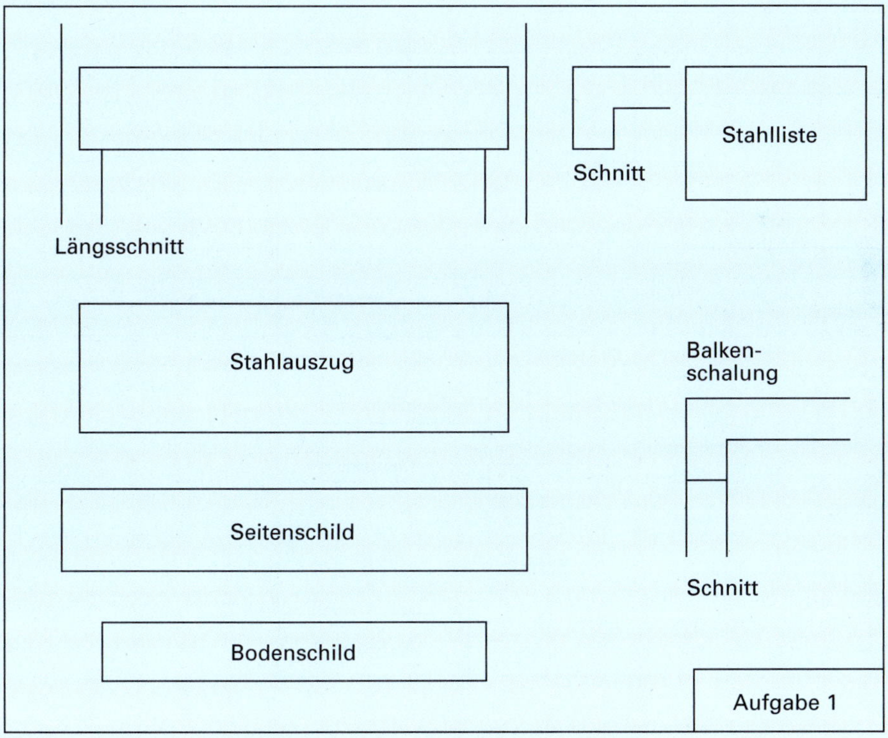

2. *Für das Reihenhaus, dargestellt auf Seite 12, Aufgabe 6, soll der Sturz (24 × 50 cm) über der Fensteröffnung des Wohnzimmers als Stahlbetonüberzug gefertigt werden.*

   Erstellen Sie folgende Planungsunterlagen auf einem Zeichenblatt A3-Format:

   a) Bewehrungsplan mit Stahlauszug im Maßstab 1:20, einschließlich Stahlliste,
   b) Schnitt durch den Stahlbetonüberzug im Maßstab 1:10 mit Rollladen in wärmedämmender Ausführung. Die Geschossdecke ist 20 cm dick.
   Darzustellen sind: aufgehendes Mauerwerk, Außendämmung, Bodenaufbau als Estrich auf Dämmschicht, Rollladenkasten (Informationen unter www.energiesparaktion.de).
   c) Zu ermitteln sind die Schnittkräfte für den Träger.
   d) Zeichnen Sie die Querkraft- und die Momentenfläche in einem geeigneten Maßstab auf ein besonderes Blatt.

Ausführungshinweise:

Bewehrung: *Betondeckung 30 mm*
Betonstabstahl B500B
gerade Stäbe 2 ϕ 20 mm
aufgebogene Stäbe 2 ϕ 16 mm, Aufbiegung 63 cm vom Auflager entfernt unter 45°
Montagestäbe (oben) 2 ϕ 14 mm
Montagestäbe (Balkenmitte) 2 ϕ 10 mm
Bügel ϕ 8, Abstand 15 cm im Auflagerbereich (1,40 m), in Feldmitte Abstand 20 cm
Haken bzw. Winkelhaken 10 · ϕ

Beton: *Transportbeton C20/25*
Expositionsklasse XC2
Feuchtigkeitsklasse WO

Belastung des Trägers (Bemessungslasten):
Eigenlast einschließlich Sturz 12,0 kN/m,
Nutzlast 7,5 kN/m

Rollladen: *hochwärmedämmende Ausführung*

Außendämmung: 15 cm dick

Blatteinteilung

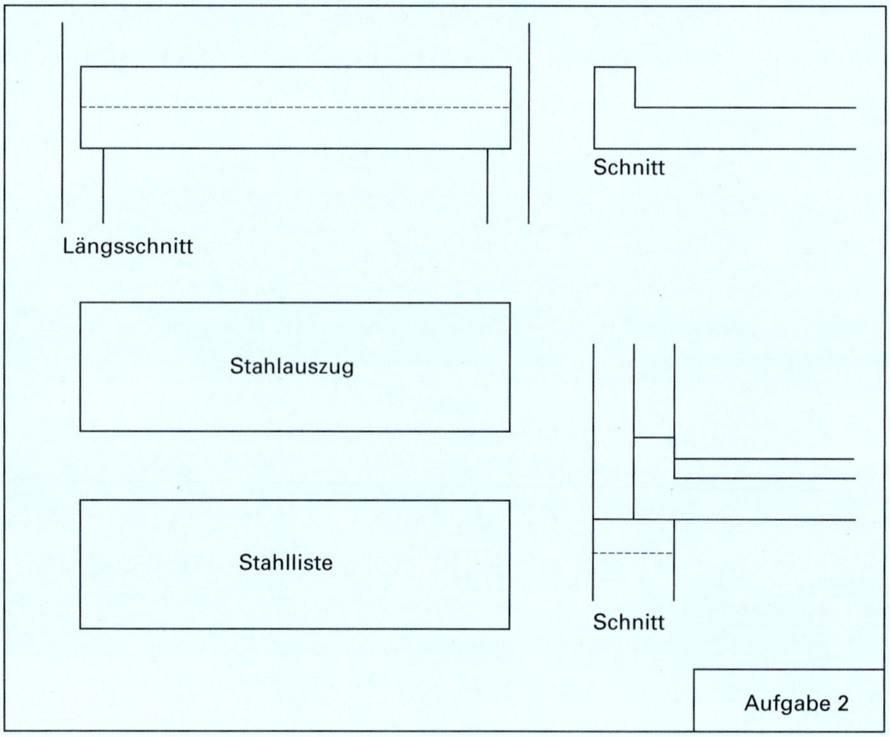

8 Konstruieren einer Treppe

Treppen dienen zur Höhenüberwindung sowohl im Freien als auch in Gebäuden. Hierfür kommen unterschiedliche Formen, eine Vielzahl von Treppenkonstruktionen und Materialien infrage.
Gestalterische Anforderungen durch den Bauherrn und Architekten, baurechtliche Vorschriften und die Funktion der Treppe bestimmen Lage, Laufrichtung und Konstruktion. Auch die Wahl der Materialien spielt eine wesentliche Rolle im Treppenbau. Stabilität, Abnutzung und Aussehen der Treppen werden durch das Material beeinflusst.
Das Planen, Berechnen und Zeichnen von Treppen gehört mit zu den anspruchsvollsten Aufgaben des Bauzeichners.

8.1 Grundlagen des Treppenbaus

8.1.1 Begriffe und Vorschriften

In der DIN 18065 und den Landesbauordnungen der Länder sind Begriffe und Vorschriften für den Treppenbau festgelegt.

DIN 18065 unterscheidet bei den Hauptmaßen für Treppen zwischen **Gebäuden im Allgemeinen** und **Wohngebäuden** mit bis zu zwei Wohnungen und innerhalb von Wohnungen.

Treppe

Eine Treppe besteht aus wenigstens einem Treppenlauf, der mindestens drei Treppenstufen aufweist. Eine Treppe dient zum Überwinden von Höhenunterschieden zwischen mindestens zwei unterschiedlichen Ebenen durch stufenweises Steigen.

Geschosstreppe und Ausgleichstreppe

Eine Geschosstreppe verbindet zwei Vollgeschosse, eine Ausgleichstreppe verbindet in der Regel versetzte Geschosse miteinander.

Notwendige und nicht notwendige Treppen

Treppen, die nach behördlichen Vorschriften (z. B. Bauordnungen der Länder) vorhanden sein müssen, werden als „notwendige Treppen" bezeichnet. Sie dienen als Hauptzugang zu den darüberliegenden Geschossen eines Gebäudes. Dazu zählen Geschosstreppen, Dachgeschosstreppen, Sicherheitstreppen. Nicht notwendige Treppen sind zusätzliche Treppen, die gegebenenfalls auch der Hauptnutzung dienen können.

Treppenstufen, Treppenauftritt, Treppensteigung

Eine Treppenstufe besteht aus Steigung und Auftritt.

Der **Treppenauftritt *a*** ist das waagerechte Maß von der Vorderkante einer Stufe bis zur Vorderkante der nächsten Stufe.

Die **Treppensteigung *s*** ist das lotrechte Maß von der Trittfläche einer Stufe zur Trittfläche der folgenden Stufe. DIN 18065 schreibt in Abhängigkeit von der Gebäudeart für die Treppensteigung Maximalwerte und für den Treppenauftritt Minimalwerte vor.

Die **Trittfläche** ist die betretbare waagerechte oder annähernd waagerechte Oberfläche einer Stufe. Die Ausdehnungen einer Stufe sind die **Stufenlänge *l*** und die **Stufenbreite *b***.

Der waagerechte Teil einer Stufe wird **Trittstufe**, der lotrechte oder annähernd lotrechte Stufenteil **Setzstufe** genannt.

Treppen ohne Setzstufen werden als **offene Treppen**, solche mit Setzstufen als **geschlossene Treppen** bezeichnet.

Die erste bzw. unterste Stufe eines Treppenlaufs wird als **Antrittstufe**, die letzte bzw. oberste Stufe als **Austrittstufe** bezeichnet. Sie ist bereits Teil des Podestes oder des Zwischenpodestes. Stufen zwischen zwei Nutzungsebenen mit geringem Höhenunterschied werden **Treppenausgleichstufen** genannt.

Treppenlauf und Treppenlauflinie

Der Treppenlauf ist die ununterbrochene Folge von mindestens drei Treppenstufen (drei Steigungen) zwischen zwei Ebenen.

Der Treppenlauf wird im Grundriss durch die **Treppenlauflinie** gekennzeichnet. Sie liegt innerhalb des Gehbereichs einer Treppe und gibt den üblichen Weg der Benutzer einer Treppe an.

Ein Punkt oder Kreis markiert die Vorderkante der Antrittstufe, ein Pfeil die Vorderkante der Austrittstufe. Der Pfeil gibt an, in welcher Richtung die Treppe ansteigt.

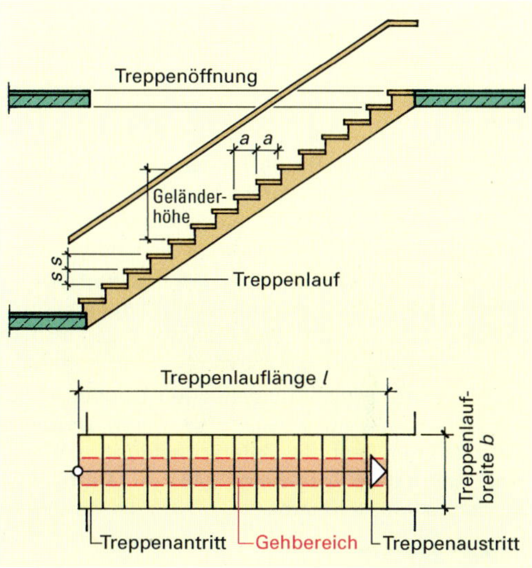

Geschosstreppe

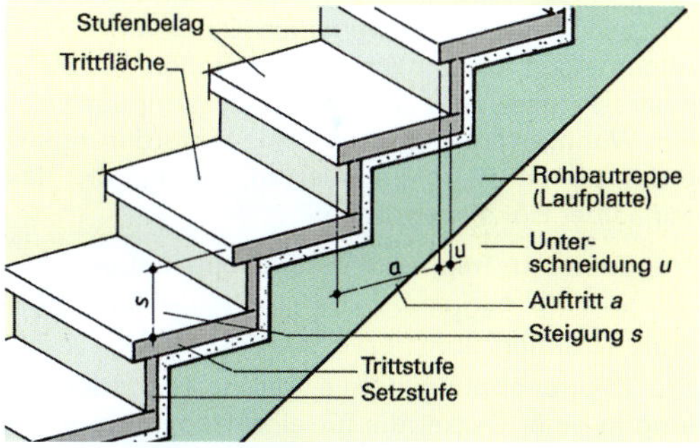

Treppenstufen

Fertigmaße für	Treppenart	nutzbare Laufbreite in cm	Steigung *s* in mm	Auftritt *a* in mm
Wohngebäude mit bis zu zwei Wohnungen und innerhalb von Wohnungen	baurechtlich notwendige Treppe	≥ 80	140 … 200	230 … 370
	baurechtlich nicht notwendige (zusätzliche) Treppe	≥ 50	140 … 210	210 … 370
Gebäude im Allgemeinen	baurechtlich notwendige Treppe	≥ 100	140 … 190	260 … 370
	baurechtlich nicht notwendige (zusätzliche) Treppe	≥ 50	140 … 210	210 … 370

Fertigmaße (Grenzmaße) im Endzustand

Treppenlauflänge und Treppenlaufbreite

Das Maß von Vorderkante Antrittstufe bis Vorderkante Austrittstufe, im Grundriss an der Lauflinie gemessen, ergibt die **Treppenlauflänge**.

Die **Treppenlaufbreite** ist gleich dem Grundrissmaß der Konstruktionsbreite bzw. der lichte Abstand zwischen den Rohbauwänden. Das lichte Fertigmaß zwischen begrenzenden Oberflächen, Bauteilen und/oder Handlaufinnenkanten ergibt die **nutzbare Treppenlaufbreite**. DIN 18065 schreibt für die nutzbare Treppenlaufbreite Mindestmaße vor (siehe Seite 289).

Unterschneidung

Das waagerechte Maß, um das die Vorderkante einer Stufe über die Breite der Trittfläche der darunterliegenden Stufe vorspringt, ergibt die **Unterschneidung *u***. Bei Treppen ohne Setzstufen ist eine Unterschneidung von mindestens 30 mm vorzusehen. Bei baurechtlich notwendigen Treppen in Wohngebäuden muss bei Stufen, deren Treppenauftritt *a* unter 260 mm liegt, die Unterschneidung *u* mindestens so groß sein, dass insgesamt 260 mm Trittfläche erreicht werden ($a + u \geq 260$ mm).

Bei baurechtlich nicht notwendigen Treppen – dies gilt für alle Gebäude – muss bei Stufen, deren Treppenauftritt *a* unter 240 mm liegt, die Unterschneidung *u* mindestens so groß sein, dass insgesamt 240 mm Trittfläche erreicht werden ($a + u \geq 240$ mm).

Treppenpodeste

Treppenpodeste sind Treppenabsätze am Anfang und am Ende eines Treppenlaufs. Meistens sind sie Teil der Geschossdecken. Bei notwendigen Treppen in Gebäuden im Allgemeinen muss nach 18 Steigungen ein **Zwischenpodest** als Ruhe- oder Ausweichpodest angeordnet werden. Für Wohngebäude gibt es keine Anforderungen zur Anordnung von Zwischenpodesten. Häufig wird das Podest auf halber Höhe angeordnet.

Treppenraum, Treppenöffnung, Treppenauge

Der für eine Treppe vorgesehene Raum wird als **Treppenraum** (Treppenhaus) bezeichnet.

Die **Treppenöffnung** ist die Aussparung oder Auswechslung in einer Decke, die für eine Treppe vorgesehen werden muss.

Der vom Treppenlauf und den Podesten umschlossene freie Raum wird als **Treppenauge** bezeichnet.

Lichte Treppendurchgangshöhe

Der senkrecht gemessene kleinste Abstand zwischen Vorderkante der Stufen und der Unterkante darüberliegender Bauteile (weitere Treppenläufe, Türstürze, Unterzüge usw.) wird als lichte Treppendurchgangshöhe oder als Kopfhöhe bezeichnet. Sie muss nach DIN 18065 mindestens 200 cm betragen.

Treppenwange und Treppenholm

Treppenwangen tragen die Stufen seitlich und begrenzen den Lauf seitlich. Je nach Lage unterscheidet man zwischen Wand- und Lichtwange. Die Wandwangen befinden sich an der Treppenhauswand, die Licht- oder Freiwangen an der freien Treppenseite. Treppenholme, auch Treppenbalken genannt, tragen bzw. unterstützen die Stufen. Sie kommen z. B. bei aufgesattelten Holztreppen zur Anwendung (siehe Abschnitt 8.3.7).

In der DIN 18065 und in den Landesbauordnungen sind Begriffe und Vorschriften für den Treppenbau festgelegt.

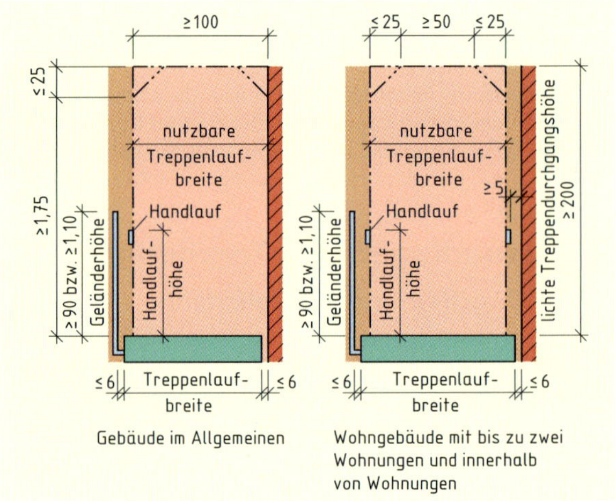

Treppenlaufbreite

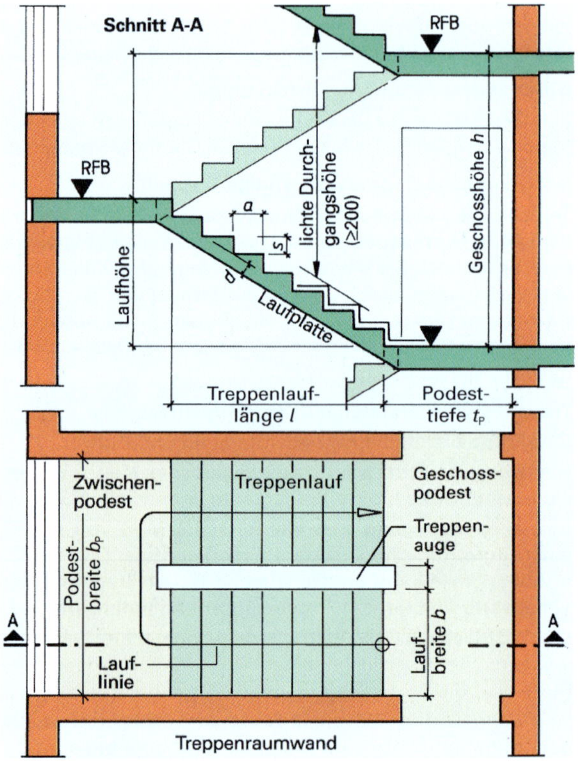

Treppenpodeste

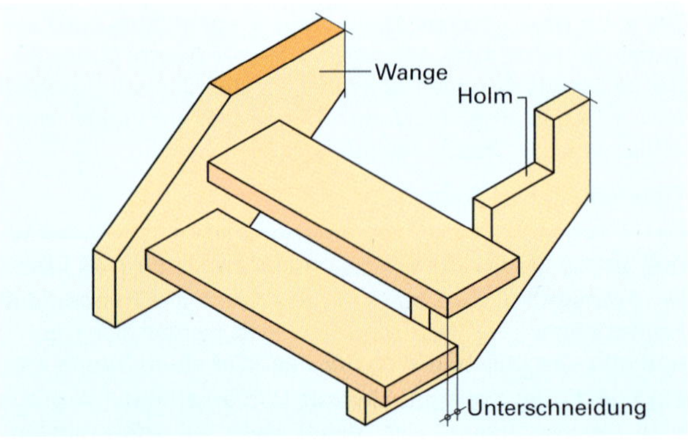

Treppenwange und Treppenholm

8.1.2 Treppenarten nach der Form

In DIN 18065 werden Treppenarten nach ihrer Form unterschieden. Die Form einer Treppe wird hauptsächlich von der Größe und Bedeutung des Bauwerks und dem zur Verfügung stehenden Raum bestimmt. Auch gestalterische Gesichtspunkte beeinflussen die Wahl der Form.

Nach der **Anordnung** und **Zahl der Treppenläufe** gibt es

- einläufige,
- zweiläufige und
- mehrläufige Treppen.

Nach der **Form der Treppenläufe** werden Treppen unterschieden mit

- geraden und
- gewendelten Treppenläufen.

Treppen werden nach der **Bewegung** beim Aufwärtsschreiten als

- Linkstreppen (gegen den Uhrzeigersinn) und
- Rechtstreppen (im Uhrzeigersinn) unterschieden.

Die **einläufige gerade Treppe** wird vorwiegend in Wohngebäuden mit geringer Geschosshöhe eingebaut. Ein Zwischenpodest kann entfallen.

Die **zweiläufige gerade Treppe mit Zwischenpodest** und die **zweiläufige gewinkelte Treppe mit Zwischenpodest** brauchen viel Platz und werden deshalb nur selten im Wohnungsbau verwendet.

Die **zweiläufige gegenläufige Treppe mit Zwischenpodest** wird meist bei vielgeschossigen Gebäuden mit größeren Geschosshöhen vorgesehen. Sie ist sicher und bequem zu begehen, beansprucht wenig Platz und ist bei der Grundrissgestaltung von Wohnhäusern unproblematisch. Sie wird häufig als **„Podesttreppe"** bezeichnet. Zwischenpodeste liegen zwischen den Geschossdecken und verbinden die Treppenläufe.

Die **dreiläufige zweimal abgewinkelte Treppe mit Zwischenpodest** wird häufig in Mehrfamilienhäusern eingebaut. Zwischen den Podesten kann ein Aufzug untergebracht werden.

Bei **gewendelten Treppen** werden die Zwischenpodeste durch Stufen ersetzt. Sie werden so ausgebildet und angeordnet, dass die Richtung des Treppenlaufs nicht scharf gebrochen wird, sondern sich in einer Drehbewegung vollzieht. Gewendelte Treppen beanspruchen weniger Grundfläche als gerade Treppen. Nachteilig ist jedoch bei einigen gewendelten Treppen, dass sie nicht so bequem zu begehen sind wie gerade Treppen.

Einläufige viertelgewendelte Treppen können sowohl im Austritt als auch im Antritt gewendelt werden. Im Austritt gewendelte Treppen sind jedoch ungünstig zu begehen und sollten daher möglichst nicht zum Einsatz kommen. Der Gehrhythmus ist nicht ganz so gleichmäßig wie bei durchgehend geraden Treppen.

Einläufige zweimal viertelgewendelte Treppen und **einläufige halbgewendelte Treppen** benötigen ebenfalls erheblich weniger Platz als gerade Treppen vergleichbarer Form.

Bei **Rechtstreppen** liegt das Geländer beim Begehen der Treppe auf der rechten Seite (Gehen im Uhrzeigersinn). **Linkstreppen** haben beim Hinaufgehen der Treppe das Geländer links (Gehen gegen den Uhrzeigersinn).

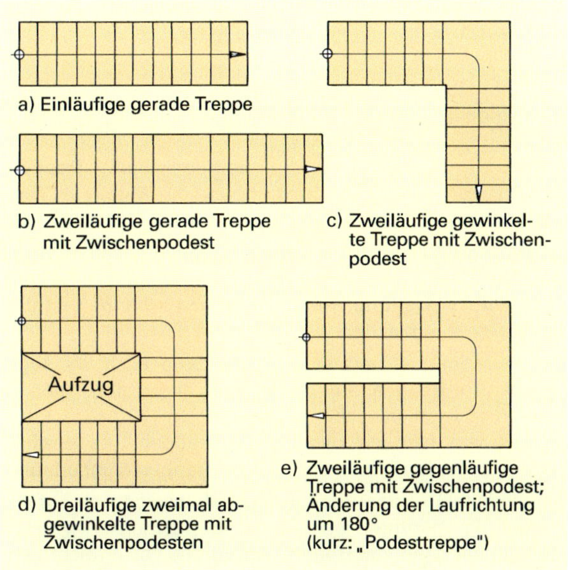

Gerade Treppenformen

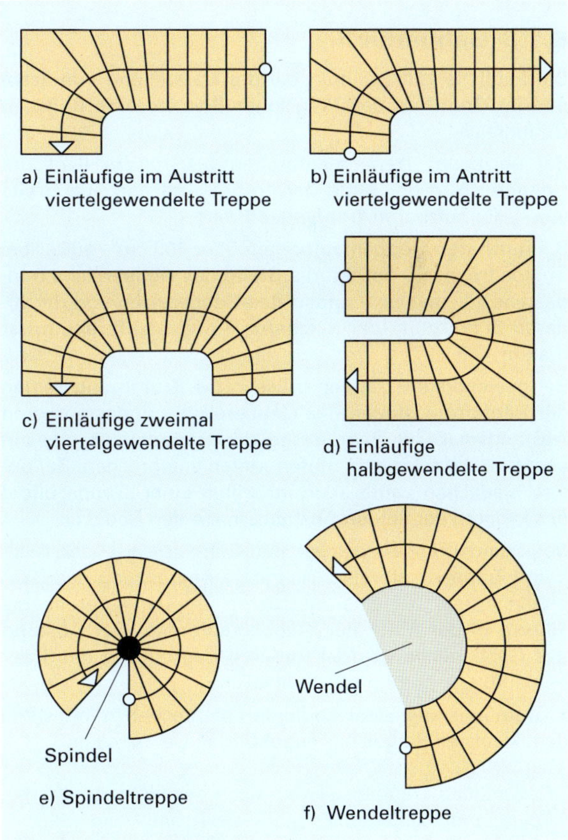

Gewendelte Treppenformen

Nach der Zahl der Treppenläufe werden einläufige, zwei- und mehrläufige Treppen, nach der Form gerade und gewendelte Treppenläufe und nach der Bewegungsrichtung Links- und Rechtstreppen unterschieden.

Bei ganz gewendelten Treppen, sie zeigen einen kreisförmigen Grundriss, unterscheidet man

- Spindeltreppen und
- Wendeltreppen.

Der Kern in der Mitte einer Spindeltreppe heißt **Treppenspindel**, während die Wendeltreppe in der Mitte ein **Treppenauge** aufweist.

Da Treppen dieser Form meist aus gestalterischen Gründen gewählt werden, kommt die Schönheit dieser Treppen erst dann zur Geltung, wenn viel Platz vorhanden ist und sie frei im Raum stehen.

Viele gewendelte Treppen werden heute auch als sogenannte **Spartreppen** auf dem Markt angeboten. Sie benötigen je nach baulicher Situation etwa 70% des Platzbedarfs von bequem begehbaren Treppen. Als einziger Zugang zu Wohnräumen sind solche Treppen nicht erlaubt.

Gewendelte Treppen werden, vor allem wenn es auf die Gestaltung ankommt, auch in Sonderformen hergestellt. Man spricht dann von **Bogentreppen**. Die Form reicht vom engen „U" bis zum weit geschweiften Bogen. Die gleichmäßig verzogene Treppenführung erfordert großes planerisches wie auch handwerkliches Geschick.

Spindeltreppe in einem repräsentativen Gebäude

8.1.3 Gehbereich

Die Lauflinie kennzeichnet bei der Darstellung von Treppen im Grundriss den Weg eines Benutzers im üblichen Gehbereich.

Bei nutzbaren Treppenlaufbreiten bis 100 cm liegt der Gehbereich in der Mitte der Treppe und hat eine Breite von $\frac{2}{10}$ der nutzbaren Treppenlaufbreite.

Bei nutzbaren Treppenlaufbreiten über 100 cm – außer bei Spindeltreppen – beträgt die Breite des Gehbereichs mindestens 20 cm. Der Abstand des Gehbereichs von der inneren Begrenzung der nutzbaren Treppenlaufbreite misst maximal 40 cm.

Bei gewendelten Treppen müssen die Krümmungsradien der Begrenzungslinien des Gehbereichs mindestens dem Abstandsmaß zur Begrenzung der Treppenlaufbreite auf der Seite der schmalen Stufenbreiten entsprechen. Bei unterschiedlichen Laufbreiten innerhalb einer Treppe bildet das kleinere der beiden Abstandsmaße den Radius.

Bei Spindeltreppen beträgt der Gehbereich $\frac{2}{10}$ der nutzbaren Treppenlaufbreite. Die innere Begrenzung des Gehbereichs liegt bei einer nutzbaren Treppenlaufbreite bis 130 cm in der Mitte der Treppenlaufbreite. Der Abstand des Gehbereichs von der äußeren Begrenzung der Treppenlaufbreite beträgt maximal 40 cm.

Krümmungsradien der Lauflinie entsprechen mindestens dem kleinsten Radius des zugehörigen Gehbereichs.

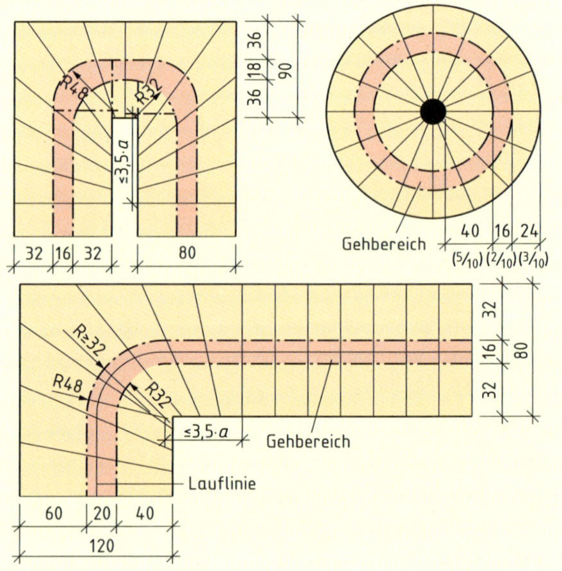

Gehbereiche bei gewendelten Treppen

Gewendelte Treppen werden nach der Form der Wendelung unterschieden. Es gibt viertel-, halb- und vollgewendelte Treppen.

Aufgaben

1. *Was versteht man unter*
   a) notwendigen Treppen,
   b) nicht notwendigen Treppen?
2. *Wie groß muss die Unterschneidung sein?*
3. *Wie wird das Maß für die Treppenlauflänge festgelegt?*
4. *Erklären Sie folgende Begriffe: Lauflinie, Treppensteigung, Auftritt, Treppenwange, lichte Treppendurchgangshöhe, Trittstufe.*
5. *Skizzieren Sie im Grundriss eine einläufig gerade Treppe; eine dreiläufige zweimal abgewinkelte Treppe mit Zwischenpodesten; eine einläufige im Antritt viertelgewendelte Treppe; eine Podesttreppe und eine Wendeltreppe.*
6. *Nennen Sie die Vor- und Nachteile gewendelter Treppen.*

8.1.4 Platzbedarf von Treppen

Der Platzbedarf von Treppen hängt von folgenden Faktoren ab:

- Lage der Räume,
- Zugang zu den Räumen,
- Nutzung der Treppe,
- Form der Treppe.

Werden über Treppen sperrige Gegenstände befördert, ist nicht nur der Platzbedarf, sondern auch die Konstruktion der Treppe entscheidend. Es dürfen keine durchgehenden Ständer vorhanden sein, da sie Transporte be- oder gar verhindern. Nach DIN 18056 muss in Gebäuden im Allgemeinen der Transport eines Patienten auf einer Krankentrage möglich sein. Über dem Geländer sollte genügend Freiraum sein.

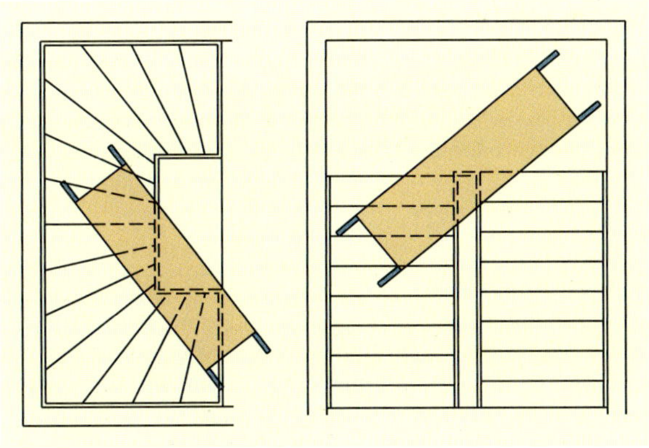

Transport von Gegenständen

Treppen- und Treppenraum-Flächenbedarf

Ausgegangen wird bei allen dargestellten Grundrissen von einer Laufbreite von 100 cm, 15 Steigungen und 275 mm Auftrittbreite.

Die Maße für den Treppen-Flächenbedarf (TF) und den Treppenraum-Flächenbedarf (TRF) sind aufgerundete Richtwerte.

Grundriss	Treppenform	Platzbedarf in m²		Anmerkungen
		TF	TRF	
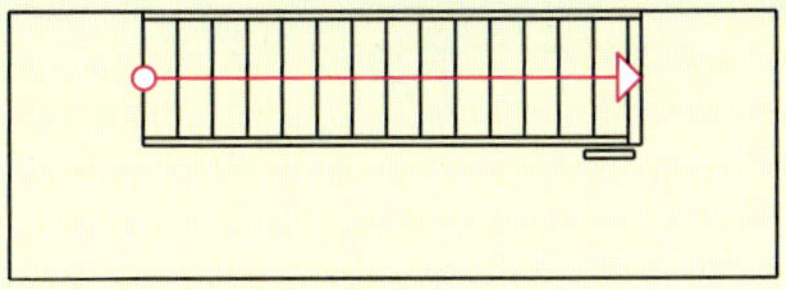	einläufige gerade Treppe	3,85	13,22	Besonders transportfreundliche, sicher begehbare Treppe. Diese Bauart erfordert eine entsprechend großzügige Raumplanung. Sie besticht durch ihre Optik.
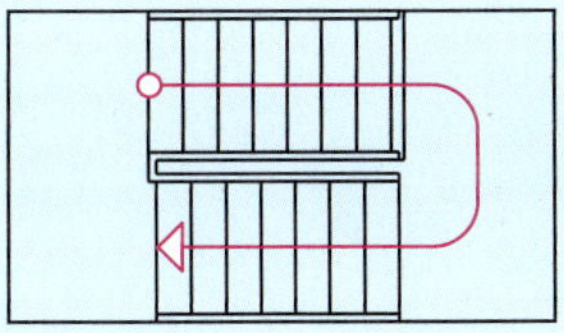	zweiläufige gegenläufige Treppe mit Zwischenpodest	6,00	9,04	Ideal für halbgeschossig versetzte Wohnebenen. Sie unterstreichen die Freizügigkeit und vergrößern optisch Räume. Die einzelnen Treppenläufe sollten in gleicher Länge bzw. mit gleicher Steigungszahl geplant werden.
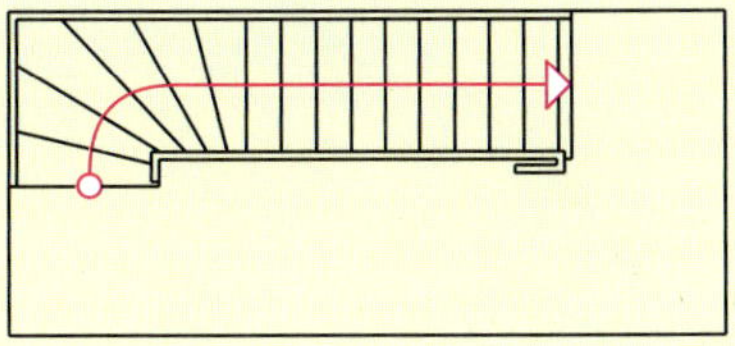	einläufige im Antritt viertelgewendelte Treppe	2,90	11,75	Optisch ansprechende Wirkung. Je nach Verziehung mit mehr oder weniger Platzbedarf möglich. Der Geh-Rhythmus ist auf viertelgewendelten Treppen nicht ganz so gleichmäßig wie bei durchgehend geraden oder ganz gewendelten Treppen.
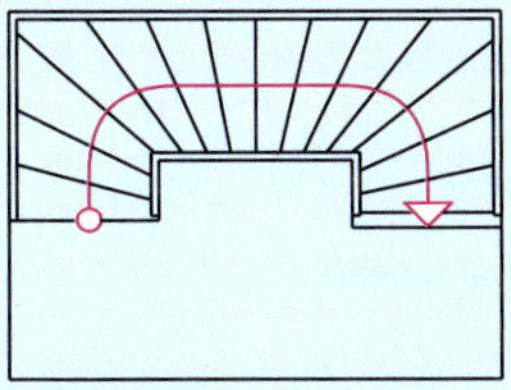	einläufige zweimal viertelgewendelte Treppe	2,50	9,00	Mit dieser Treppenform lässt sich Platz sparen. Die Treppe sollte symmetrisch geplant werden, d. h. im Antritt und Austritt gleich tief sein. Durch die breite Ansicht wirkt die Treppe optisch sehr gefällig.
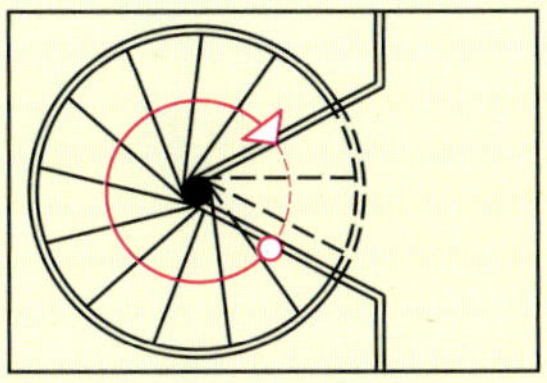	Treppe mit Spindel	3,50	7,90	Häufig sind zusätzliche Verkehrsflächen vor den Podesten nötig. Optisch interessant, wenn die Treppe über die ganze Höhe sichtbar bleibt, z. B. Aufgänge zu einer Galerie oder zur zweiten Wohnebene.

Platzbedarf von Treppen (Beispiele)

8.1.5 Treppenregeln

Bei der Planung einer Treppe ist darauf zu achten, dass sie sicher und bequem zu begehen ist. Wichtig dabei ist das Verhältnis von Treppensteigung *s* zu Treppenauftritt *a*, auch **Steigungsverhältnis *s*/*a*** genannt.

Das Verhältnis der Maße zueinander wird in **Millimeter** angegeben, z. B. 170/260.

Steigungsverhältnis

Als Grundlage zur Ermittlung des Steigungsverhältnisses dient die mittlere Schrittlänge eines Menschen, die mit 590 ... 650 mm angenommen wird. Beim Treppensteigen verkürzt sie sich. Steigt man z. B. 100 mm hoch, beträgt die horizontale Schrittlänge nur noch 430 mm, bei 180 mm nur noch 270 mm. Die Schrittlänge verringert sich demnach um das Zweifache der Höhe. Daraus wird die sogenannte **Schrittmaßregel** abgeleitet, nach der die Summe aus zwei Steigungen (*s*) und einem Auftritt (*a*) 630 mm beträgt. Mit der Schrittmaßregel werden vorzugsweise Treppen mit Steigungshöhen zwischen 150 mm und 190 mm berechnet. Bei geringeren Steigungen wird die Auftrittbreite zu groß, bei größeren zu klein. Bei zu kleinen Treppenauftritten kann der Fuß beim Begehen der Treppe nicht voll aufgesetzt werden. Bei zu großen Treppenauftritten ist die Gefahr groß, dass man, insbesondere beim Aufwärtsgehen, mit dem Absatz an der Stufenvorderkante hängen bleibt.

Neben der Schrittmaßregel gibt es noch folgende ergänzende Berechnungsmethoden:

- die Sicherheitsregel und
- die Bequemlichkeitsregel

Nach der **Sicherheitsregel** beträgt die Summe aus Steigung und Auftritt 460 mm.

Nach der **Bequemlichkeitsregel** ist die Differenz zwischen Auftritt und Steigung 120 mm.

Untersuchungen haben für den Wohnungsbau als günstigstes Steigungsverhältnis 170 mm auf 290 mm ermittelt. Dieses Steigungsverhältnis erfüllt sowohl die Schrittmaß-, die Bequemlichkeits- als auch die Sicherheitsregel. Soweit keine Vorschriften die Steigungsverhältnisse regeln, werden im Allgemeinen folgende Steigungen eingehalten:

- Garten, Freitreppen 140 ... 160 mm
- Theater, Schulen 160 ... 170 mm
- Mehr- und Einfamilienhäuser 170 ... 180 mm
- Keller- und Bodentreppen 200 ... 210 mm

Podesttiefe

Beim Begehen einer Treppe wird der Geh-Rhythmus durch das Steigungsverhältnis bestimmt. Dieser Rhythmus sollte durch das Podest nicht unterbrochen werden. Die Podesttiefe sollte daher dem Schrittmaß der Treppe entsprechen.

Die Mindestlänge eines Podestes beträgt in Gebäuden im Allgemeinen 3 Auftritte des Treppenlaufs. Wird in Wohngebäuden ein Zwischenpodest angeordnet, so beträgt die Mindestlänge 2,5 Auftritte des Treppenlaufs.

Bequemes und sicheres Begehen einer Treppe ist vom Steigungsverhältnis abhängig. Das Steigungsverhältnis kann mithilfe der Schrittmaßregel, der Sicherheitsregel und der Bequemlichkeitsregel bestimmt werden.

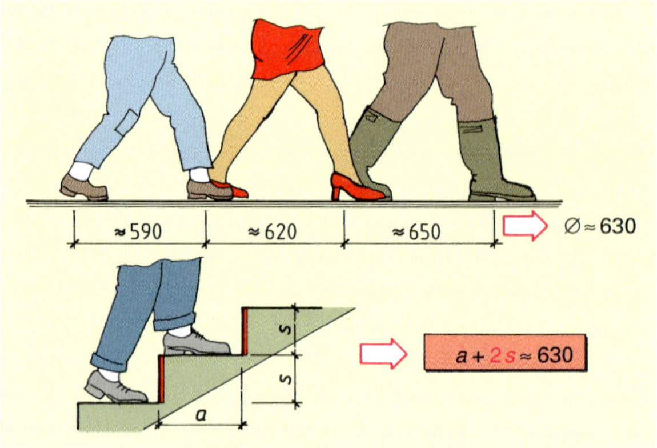

Durchschnittliche Schrittmaße des Menschen

a) Schrittmaßregel	$a + 2s = 630$ mm	590 ... 650 mm
	$a = 630$ mm $- 2s$	
b) Sicherheitsregel	$a + s = 460$ mm	
	$a = 460$ mm $- s$	
c) Bequemlichkeitsregel	$a - s = 120$ mm	
	$a = 120$ mm $+ s$	

Treppenregeln

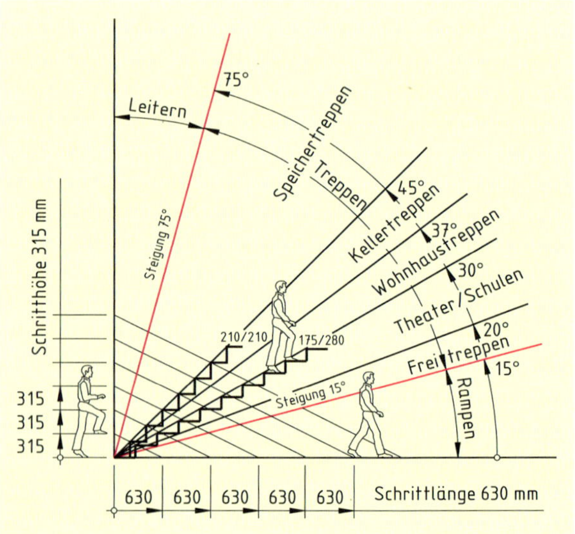

Unterschiedliche Treppensteigungen

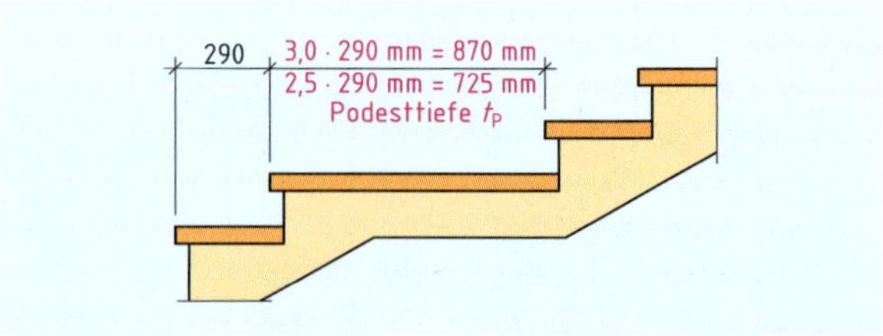

Podesttiefe

8.1.6 Berechnungen an Treppen

Anmerkung:

Bei allen Berechnungen wird in Abweichung von DIN 18065 das Verhältnis von Treppensteigung zu Treppenauftritt in Zentimetern angegeben.

Bei Treppen sind in der Regel folgende Maße zu berechnen:

- Steigungsverhältnis *s*/*a*,
- Anzahl der Steigungen *n*,
- Treppensteigung *s*,
- Treppenauftritt *a*,
- Treppenlauflänge *l*,
- Länge der Treppenwange l_w,
- lichte Durchgangshöhe h_D,
- erforderliche Treppenöffnung $l_ö$.

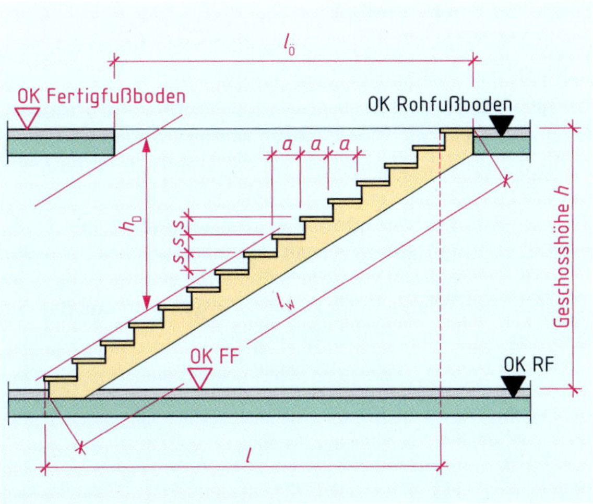

Berechnungsmaße an Treppen

Steigungsverhältnis, Treppenauftritt, Treppenlauflänge

Zur Ermittlung des Steigungsverhältnisses für eine bestimmte Treppe muss die Geschosshöhe *h* von Oberkante Fußboden bis Oberkante Fußboden des darüberliegenden Geschosses bekannt sein.

Um die **Anzahl der Steigungen *n*** zu erhalten, wird die Geschosshöhe durch eine gewählte Treppensteigung geteilt. Da das Ergebnis nur selten eine ganze Zahl ergibt, muss ab- oder aufgerundet werden. Anschließend wird die Geschosshöhe durch die ermittelte Anzahl der Steigungen geteilt. Das Ergebnis ist die genaue **Treppensteigung *s***.

Der **Treppenauftritt *a*** wird entweder durch die Schrittmaß- oder Sicherheitsregel ermittelt.

Zur **Ermittlung der Treppenlauflänge *l*** wird der Treppenauftritt *a* mit der Anzahl der Auftritte multipliziert. Dabei ist zu beachten, dass die Anzahl der Steigungen je Treppenlauf immer um 1 größer ist als die Anzahl der Auftritte, da der letzte Auftritt ein Teil des Podestes oder der Geschossdecke ist.

Je niedriger die Treppensteigung gewählt wird, umso länger wird die Lauflänge. Die Treppe beansprucht somit viel Platz.

Anzahl der Treppensteigungen *n*

$$n = \frac{\text{Geschosshöhe } h}{\text{gewählte Treppensteigung } s}$$

⇩

Exakte Treppensteigung *s*

$$s = \frac{\text{Geschosshöhe } h}{\text{Anzahl der Treppensteigungen } n}$$

⇩

Treppenlauflänge *l*

l* = Anzahl der Auftritte (*n* – 1) · Treppenauftritt *a

Wird die Anzahl der Steigungen abgerundet, ergeben sich größere Steigungshöhen und kleinere Treppenauftritte. Wird die Anzahl der Steigungen aufgerundet, so ergeben sich kleinere Steigungshöhen und größere Treppenauftritte.

Beispiele:

1. Wie groß sollte der Treppenauftritt einer Treppe sein, wenn die Treppensteigung 17,5 cm beträgt?

   Lösung:

   Nach der Schrittmaßregel gilt:

   $a = 63\text{ cm} - 2 \cdot s$
   $a = 63\text{ cm} - 2 \cdot 17{,}5\text{ cm}$
   $a = \underline{28\text{ cm}}$

2. Berechnen Sie nach der Schrittmaßregel die Treppensteigung einer Treppenstufe, wenn der Treppenauftritt 29 cm beträgt.

   Lösung:

   Die Treppensteigung misst bei Wohnungstreppen zwischen 17 und 18 cm.

   $a + 2 \cdot s = 63\text{ cm}$
   $29\text{ cm} + 2 \cdot s = 63\text{ cm}$
   $2 \cdot s = 63\text{ cm} - 29\text{ cm}$
   $s = 34\text{ cm} : 2$
   $s = \underline{17\text{ cm}}$

3. In einem Wohnhaus mit einer Geschosshöhe von 2,75 m soll eine einläufige gerade Treppe eingebaut werden. Berechnen Sie

   a) die Anzahl der Steigungen *n*,
   b) die Treppensteigung *s*,
   c) den Treppenauftritt *a* nach der Schrittmaßregel,
   d) die Treppenlauflänge *l*.

   Lösung:

   a) $n = \frac{h}{s} = \frac{275\text{ cm}}{17\text{ cm}} = 16{,}18$
   gewählt: 16 Steigungen (unterstrichen)

   b) $s = \frac{h}{n} = \frac{275\text{ cm}}{16} = \underline{17{,}2\text{ cm}}$

   c) $a = 63\text{ cm} - 2 \cdot s = 63\text{ cm} - 2 \cdot 17{,}2\text{ cm}$
   $a = \underline{28{,}6\text{ cm}}$
   Steigungsverhältnis: 16 × 172/286

   d) $l = (n - 1) \cdot a = 15 \cdot 28{,}6\text{ cm} = \underline{429\text{ cm}}$

Länge der Treppenwange

Bei Holztreppen ist die Wangenlänge in der Regel mit dem Lehrsatz des Pythagoras zu berechnen.

Da bei Holztreppen auch der letzte Auftritt zur Treppenkonstruktion zählt, muss dieser ebenso bei der Berechnung berücksichtigt werden wie die Unterschneidung der Stufen.

Zuerst wird das Grundmaß l_G der Wangenlänge l_W ermittelt. Darunter versteht man das waagerechte Maß von Vorderkante Wange im Auftritt bis Hinterkante Wange im Austritt. Die anrechenbare Höhe h_W ergibt sich aus der Geschosshöhe minus eine Stufendicke.

Grundmaß der Wange l_G
= Lauflänge + 1 Auftritt – Unterschneidung

$$l_G = l + a - u$$

⇩

anrechenbare Höhe h_W = Geschosshöhe – Stufendicke

$$h_W = h - d$$

Wangenlänge $l_W = \sqrt{(l_G)^2 + (h_W)^2}$

Beispiel:

Berechnen Sie die Wangenlänge einer Treppe mit 16 Steigungen.

Steigungsverhältnis	= 170/290 mm
Letzter Auftritt	= 29 cm
Unterschneidung	= 4 cm
Stufendicke	= 5 cm

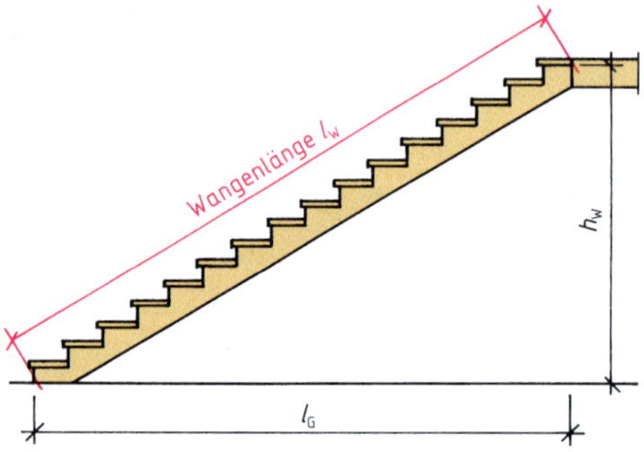

Lösung:

Es müssen das Grundmaß der Wange l_G und die anrechenbare Höhe h_W ermittelt werden. Dazu ist die Lauflänge l der Treppe und die Geschosshöhe h zu berechnen.

Lauflänge
$l = (n - 1) \cdot a$ = 15 · 29 cm = 435 cm

Wangengrundmaß
$l_G = l + a - u$ = 435 cm + 29 cm – 4 cm = 460 cm

Geschosshöhe
$h = n \cdot s$ = 16 · 17 cm = 272 cm

Anrechenbare Höhe
$h_W = h - d$ = 272 cm – 5 cm = 267 cm

Wangenlänge
$l_W = \sqrt{(l_G)^2 + (h_W)^2} = \sqrt{(4{,}60\ \text{m})^2 + (2{,}67\ \text{m})^2}$ = 5,32 m

Lichte Treppendurchgangshöhe und Treppenöffnung

Zur Ermittlung der lichten Treppendurchgangshöhe h_D werden die Dicke der Decke und die Summe der Treppensteigungen, die außerhalb der Treppenöffnung liegen, von der Geschosshöhe h abgezogen. Das übrig gebliebene senkrechte Maß muss mindestens der vorgeschriebenen lichten Durchgangshöhe h_D entsprechen. Von der lichten Durchgangshöhe wird die Länge der Treppenöffnung $l_Ö$ beeinflusst. Als Treppenöffnung, auch Treppenloch genannt, wird die Aussparung in der Geschossdecke bezeichnet. Über eine gedachte Ebene, gebildet durch die Vorderkanten der Stufen, wird die lichte Treppendurchgangshöhe als lotrechtes Fertigmaß (in gebrauchsfertigem Zustand der Treppe) gemessen.

Lichte Treppendurchgangshöhe h_D
= Geschosshöhe – Deckendicke – Anzahl Steigungen außerhalb der Treppenöffnung

$$h_D = h - d - n \cdot s$$

Die Länge des Treppenlochs kann mithilfe des Steigungsverhältnisses ermittelt werden:

Treppenlochlänge $l_Ö = \dfrac{(h_D + d) \cdot a}{s}$

Beispiel:

Berechnen Sie für die dargestellte Treppe die lichte Durchgangshöhe h_D und die Länge der Treppenöffnung $l_Ö$. Zwei Steigungen liegen außerhalb der Treppenöffnung.

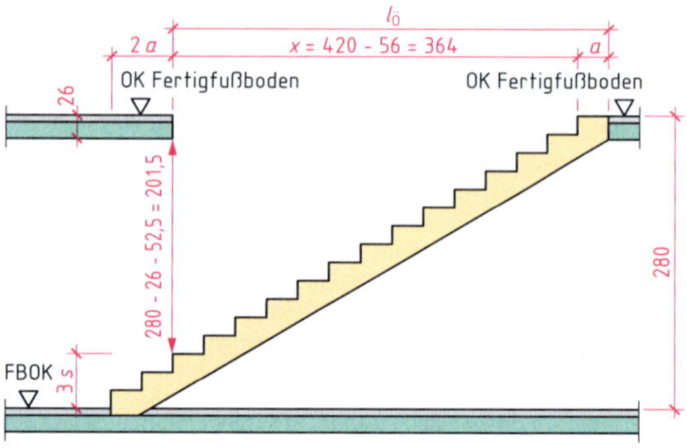

Lösung:

$n = h : s$ = 280 cm : 17 cm = 16,5
gewählt: 16 Steigungen
$s = h : n$ = 280 cm : 16 = 17,5 cm
a = 63 cm – 2 · s = 63 cm – 2 · 17,5 cm = 28 cm
$l = (n - 1) \cdot a$ = 15 · 28 cm = 420 cm

Lichte Durchgangshöhe
$h_D = h - d - n \cdot s$ = 280 cm – 26 cm – 3 · 17,5 cm = 201,5 cm
Die Anforderung der DIN 18065 ist eingehalten.

Treppenöffnung

1. Möglichkeit:
Für die Berechnung der Treppenöffnung wird ein Treppenauftritt von der Lauflänge abgezogen.
$l_Ö = l - a$ = 420 cm – 28 cm = 392 cm

2. Möglichkeit:
$x = \dfrac{(201{,}5\ \text{cm} + 26\ \text{cm}) \cdot 28\ \text{cm}}{17{,}5\ \text{cm}}$ = 364 cm
$l_Ö = x + a$ = 364 cm + 28 cm = 392 cm

Aufgaben

1. *Berechnen Sie die Treppenlauflänge einer geraden Hauseingangstreppe mit 5 Steigungen. Der Treppenauftritt misst 29,2 cm.*
2. *Wie groß ist der Treppenauftritt einer Kellertreppe mit 15 Steigungen und einer Treppenlauflänge von 2,80 m?*
3. *Berechnen Sie die Treppenlauflänge einer geraden Treppe mit 16 Steigungen. Der Treppenauftritt beträgt 28,6 cm.*
4. *Wie groß ist der Treppenauftritt einer geraden einläufigen Treppe bei 16 Steigungen und 4,02 m Treppenlauflänge?*
5. *Die Geschosshöhe eines Kellers beträgt 2,625 m. Berechnen Sie für eine einläufige gerade Treppe:*
   a) Anzahl der Steigungen n,
   b) Treppensteigung s,
   c) Treppenauftritt a,
   d) Treppenlauflänge l.
6. *In einem Einfamilienhaus mit einer Geschosshöhe von 2,875 m soll eine einläufige gerade Treppe eingebaut werden. Berechnen Sie*
   a) die Anzahl der Steigungen n,
   b) die Treppensteigung s,
   c) den Treppenauftritt a,
   d) die Treppenlauflänge l,
   e) die lichte Treppendurchgangshöhe h_D bei der dritten Steigung und einer Geschossdeckendicke d = 20 cm.
7. *Ermitteln Sie für die dargestellte Ausgleichstreppe*
   a) die Treppenlauflänge l,
   b) die Höhendifferenz h.

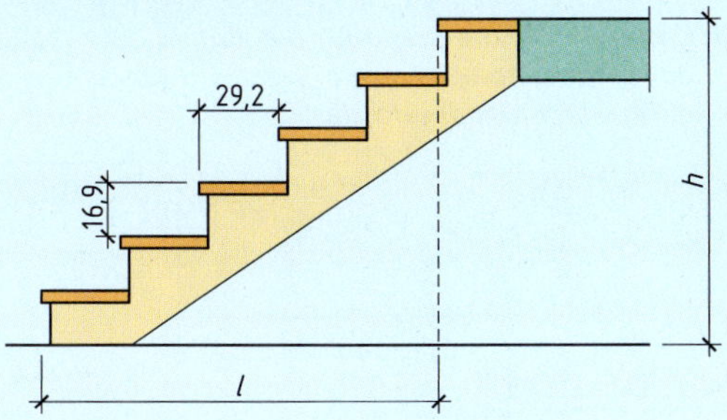

8. *Eine Geschosstreppe hat 16 Treppensteigungen. Wie viele Treppenauftritte sind vorhanden?*
9. *Berechnen Sie das Steigungsverhältnis der dargestellten Treppe.*

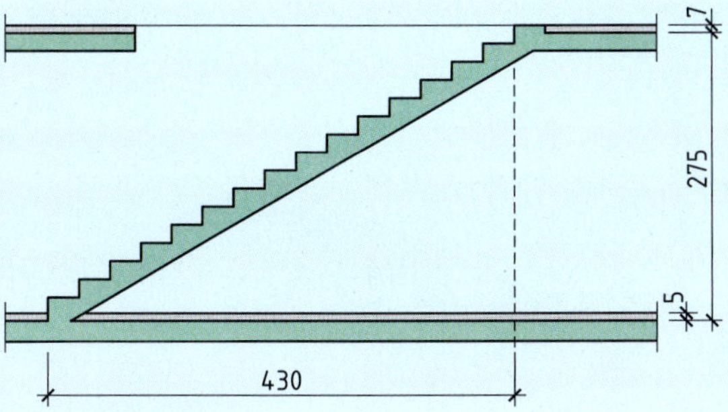

10. *Ermitteln Sie die fehlenden Werte in der Tabelle.*

Aufgabe	Schrittmaßregel		Sicherheitsregel	
	Treppensteigung	Treppenauftritt	Treppensteigung	Treppenauftritt
a)	16,4 cm	?	14,2 cm	?
b)	?	26,2 cm	19,6 cm	?
c)	?	29,8 cm	?	34,3 cm
d)	17,9 cm	?	15,4 cm	?
e)	?	28,4 cm	?	32,6 cm

11. *Für ein Wohnhaus mit einer Geschosshöhe von 2,72 m soll eine Treppe hergestellt werden.*
    Ermitteln Sie mithilfe der Schrittmaßregel (Schrittmaß 63 cm angenommen)
    a) das Steigungsverhältnis,
    b) die Treppenlauflänge.
12. *Berechnen Sie für die abgebildete Treppe*
    a) die Treppensteigung,
    b) den Treppenauftritt,
    c) die Treppenlauflänge.
    Schrittmaß 63 cm

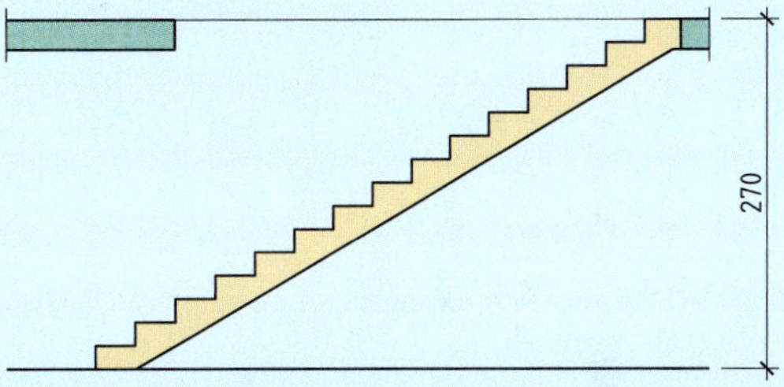

13. *Berechnen Sie die lichte Durchgangshöhe der dargestellten Wohnhaustreppe.*
    Prüfen Sie, ob sie der Vorschrift nach DIN 18065 entspricht.

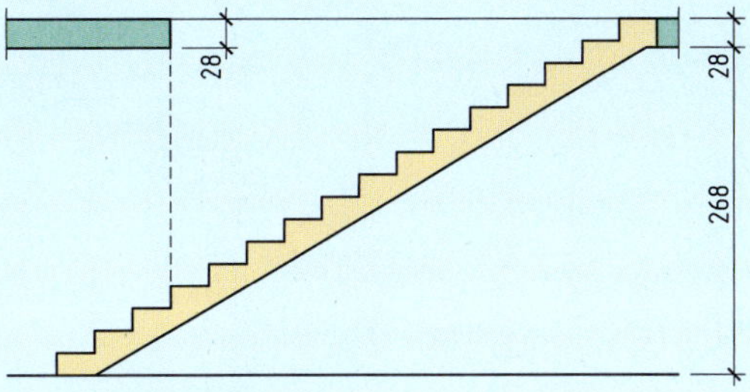

14. *Bei der dargestellten Treppe sind zu berechnen:*
    a) das Steigungsverhältnis,
    b) die Treppenlauflänge,
    c) die Treppenöffnung bei einer lichten Treppendurchgangshöhe von 2,10 m.

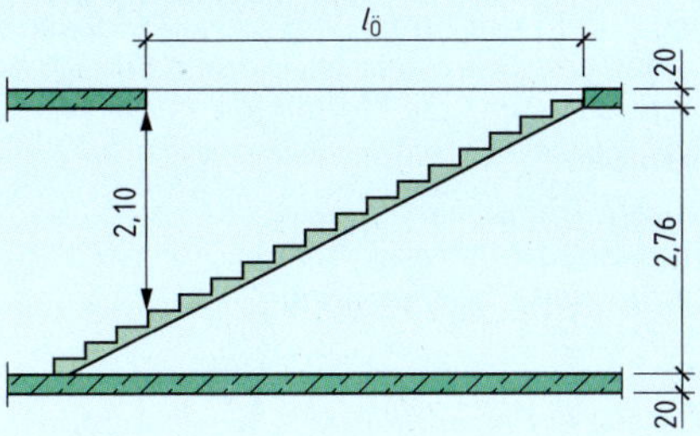

15. Berechnen Sie mithilfe der Schrittmaßregel

a) die Treppensteigung,
b) den Treppenauftritt,
c) die Treppenlauflänge,
d) die Treppenöffnung.

Die lichte Durchgangshöhe beträgt 210 cm. Schrittmaß 63 cm

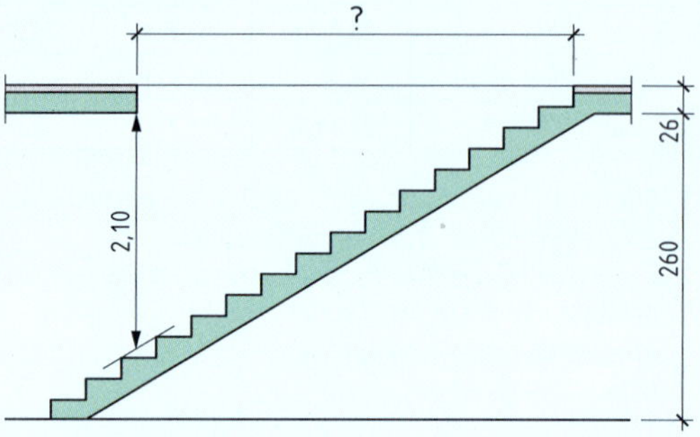

16. Ermitteln Sie die Wangenlänge der aufgesattelten Ausgleichstreppe, wenn das Steigungsverhältnis 172/286 mm beträgt. Die Stufendicke misst 5 cm.

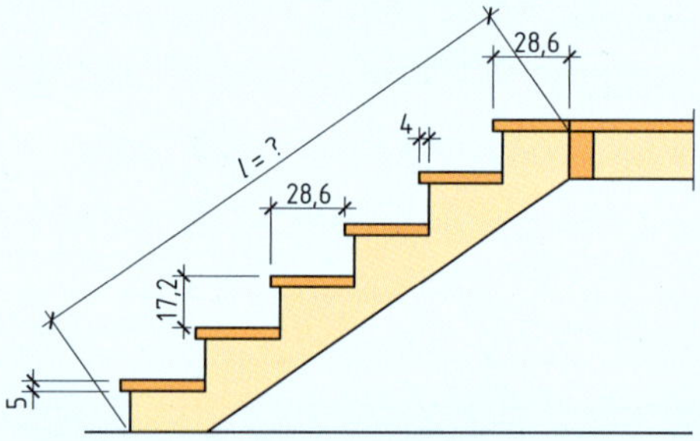

17. Berechnen Sie die ungefähre Wangenlänge der abgebildeten halb gestemmten Treppe. Das Steigungsverhältnis beträgt 170/290 mm.

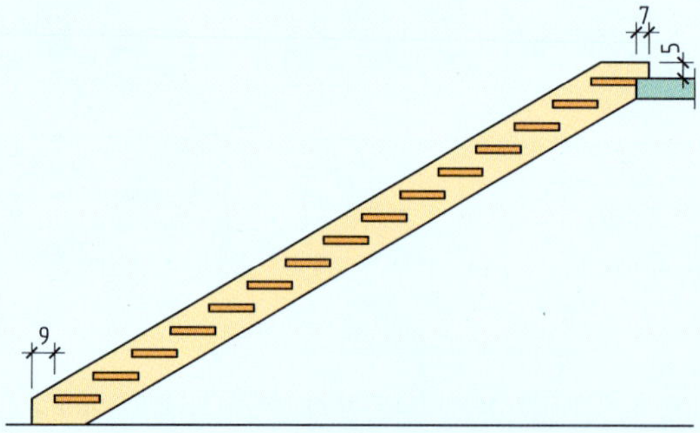

21. Für eine Gartenanlage soll eine Freitreppe mit Zwischenpodest geplant werden. Das Zwischenpodest erhält ein Gefälle. Vorgesehen sind trapezförmige Blockstufen aus Betonwerkstein mit den Abmessungen 15 × 40 × 120 cm. Die Unterschneidung beträgt 3 cm, die Auflagerung 2 cm, die Mörtelfuge 1 cm.

Berechnen Sie:

a) die Anzahl Treppensteigungen,
b) die Treppenauftrittbreite,
c) die Länge eines Treppenlaufs,
d) die Podesttiefe,
e) die Bauhöhe eines Treppenlaufs,
f) das Gefälle in Prozent für das Zwischenpodest.

18. Berechnen Sie die kleinstmögliche Treppenöffnung, wenn eine lichte Durchgangshöhe von 200 cm (210 cm) gefordert wird.

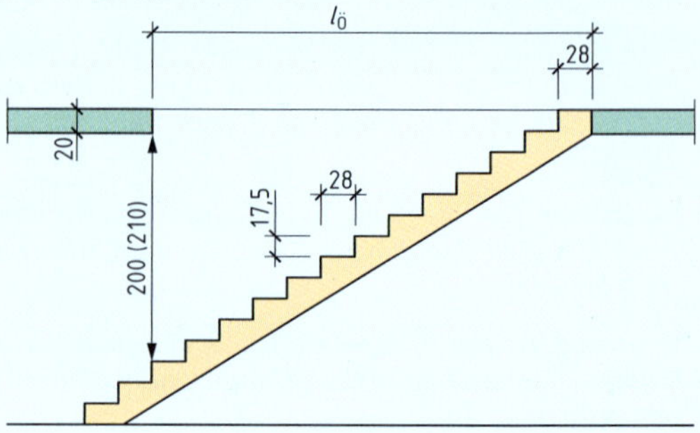

19. Bei der dargestellten aufgesattelten Ausgleichstreppe sind Stufenbreite und Treppenauftritt der Austrittstufe gleich.

Ermitteln Sie das Steigungsverhältnis.

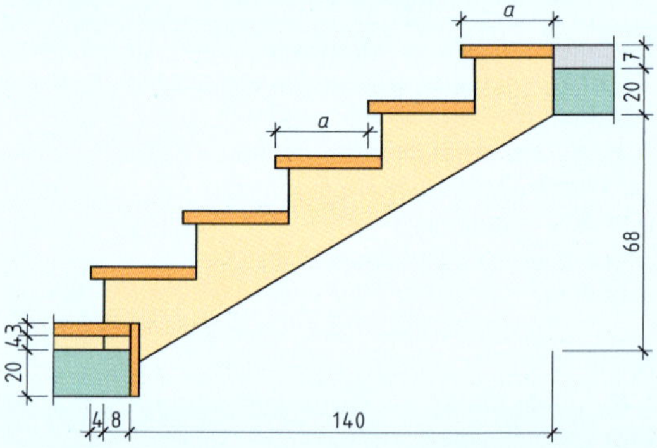

20. Ermitteln Sie die Breite für die abgebildete Wange einer aufgesattelten Treppe, wenn für das untere Wangenbesteck 18 cm erforderlich sind.

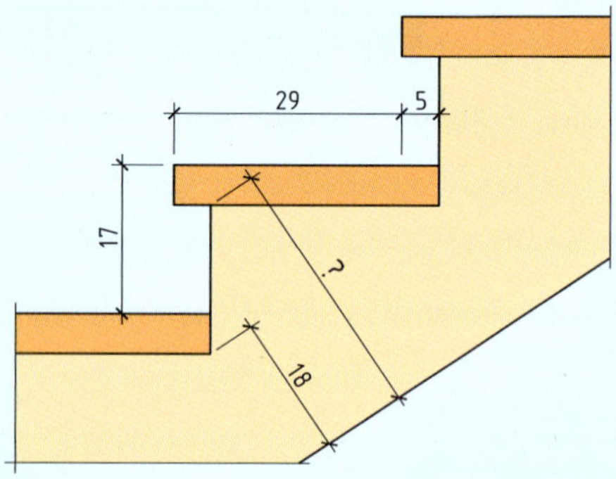

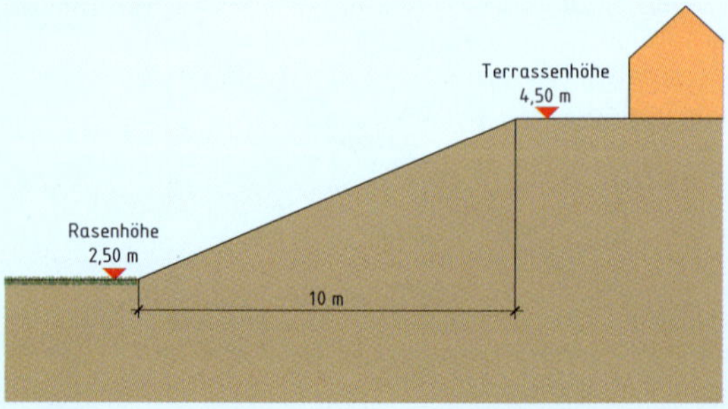

8.1.7 Stufenarten

Stufenarten werden unterschieden nach

- Querschnitt,
- Werkstoff.

Stufenarten nach dem **Querschnitt** sind:

- Blockstufen,
- Keilstufen,
- Plattenstufen,
- Winkelstufen,
- L-Stufen.

Blockstufen haben einen rechteckigen und trapezförmigem Querschnitt. Die Stufenhöhe *h* und die Steigungshöhe *s* sind annähernd gleich.

Keilstufen haben einen dreieckigen Querschnitt. Bei Holztreppen können sie in Ausnahmefällen eingesetzt werden; dann sind sie aus Vollholz oder Brettschichtholz.

Plattenstufen haben einen plattenförmigen Querschnitt. Plattenstufen gibt es mit und ohne Setzstufen. Die Stufendicke *d* ist, im Gegensatz zur Blockstufe, wesentlich geringer als die Steigung *s*. Bei Holztreppen werden fast ausschließlich Plattenstufen verwendet; die Stufendicke ist dann 40 ... 80 mm. Der **lichte Stufenabstand** ist bei Plattenstufen das lotrechte Fertigmaß zwischen Trittfläche und Unterfläche der darüberliegenden Stufe. Es darf nicht kleiner als 4 cm und nicht größer als 12 cm sein.

Winkelstufen und **L-Stufen** haben einen winkelförmigen Querschnitt. Sie werden nur in Betonwerkstein ausgeführt.

Die **Stufendicke *d*** ist die größte Höhe (Dicke) bei Blockstufen, Keilstufen, Plattenstufen und bei winkelförmigen Stufen die größte Dicke der Trittstufe.

Block- und Keilstufen kommen dort zum Einsatz, wo die Stufen beidseitig unterstützt werden, Platten- und Winkelstufen werden meist als Beläge für Stahlbetontreppen im Wohnungsbau verwendet.

Stufenarten nach dem **Werkstoff** sind:

- Naturwerksteinstufen,
- Betonwerksteinstufen.

Naturwerksteinstufen werden steinmetzmäßig hergestellt. Geeignet sind wetterbeständige, harte Steine, wie Granit, Basaltlava und harte Sandsteine. Die freitragende Länge des Granits reicht bis 1,50 m, die des Sandsteines bis 1,20 m.

Betonwerksteinstufen bestehen aus Kernbeton und Vorsatzbeton. Der Kern wird aus Beton der Festigkeitsklasse C25/30 hergestellt. Die Sichtflächen der Stufen erhalten einen 1,5 ... 3 cm dicken, abriebfesten Vorsatzbeton, der in der Regel maschinell geschliffen wird. Nach DIN 18500 müssen Kern- und Vorsatzbeton untrennbar miteinander verbunden sein. Betonwerksteinstufen können bewehrt werden. Die Bewehrung wird aus Sicherheitsgründen und zum Transport vorgesehen.

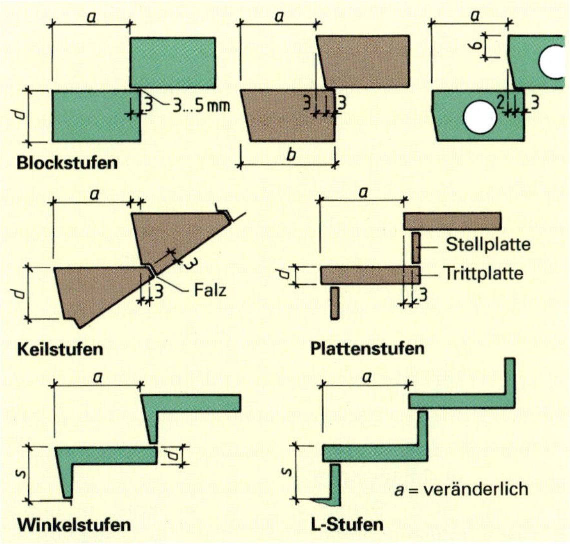

Stufenarten

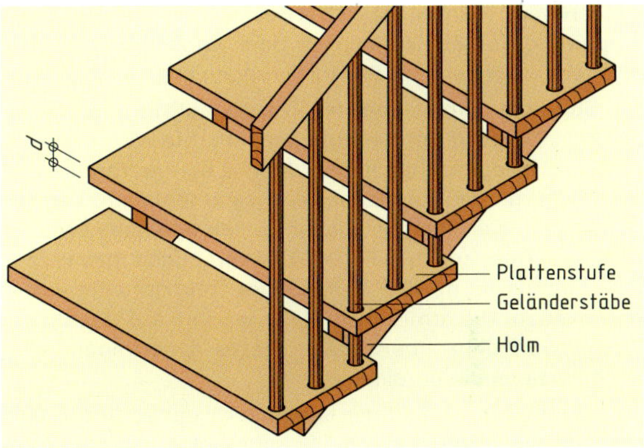

Plattenstufen aus Holz

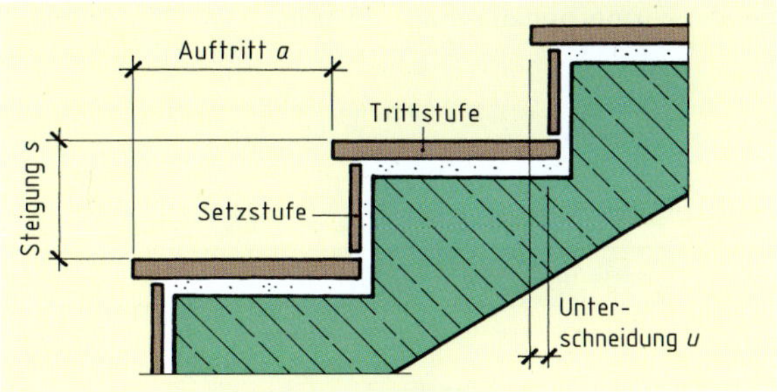

Plattenstufen auf einer Stahlbetontreppe

Aufgaben

1. *Erläutern Sie die drei Regeln zur Berechnung des Steigungsverhältnisses.*
2. *Wo wird die lichte Treppendurchgangshöhe gemessen?*
3. *Warum weisen die Steigungshöhen bei Treppen im Freien ein geringeres Maß auf als bei Treppen im Wohnungsbau?*
4. *Zeichnen Sie im Querschnitt im Maßstab 1:10 folgende Stufenarten: a) Blockstufen, b) Keilstufen, c) Winkelstufen.*

8.1.8 Verziehen von Stufen

Bei gewendelten Treppen dürfen die Vorderkanten der Trittstufen nicht wie Speichen eines Rades zum Mittelpunkt laufen. Eine solche Treppe wäre schwer begehbar. Da die Lichtwange kürzer als die Lauflinie ist, wird der Treppenauftritt der Stufen an der Lichtwange kleiner.

Nach DIN 18065 sind einige **Anforderungen** zu beachten:

- In Wohngebäuden mit bis zu zwei Wohnungen müssen Wendelstufen an der schmalsten Stelle der inneren Begrenzung einen Auftritt ***a'* ≥ 50 mm** haben. In allen übrigen Gebäuden muss der Auftritt ***a'* ≥ 100 mm** aufweisen.
- Der Auftritt von Wendelstufen muss für jede Stufe an der schmalsten Stelle zur Wendelungsecke hin gleichbleibend sein oder stetig abnehmen. Gemessen wird die schmalste Stelle jeder Wendelstufe parallel zur inneren. Im Bogen oder in der Winkelausbildung gilt das Sehnenmaß als Mindestauftritt.
- Im geradlinigen Bereich eines Treppenlaufs dürfen aus einer Wendelung heraus nur bis zu einer Länge von 3,5 Auftritten Wendelstufen angeordnet werden. Gemessen wird diese Länge an der Lichtwange.

Anmerkung: Werden beim Verziehen einer gewendelten Treppe die Verhältnis-, Winkel- oder Kreisbogenmethode angewandt, gelten diese Anforderungen nicht.

Die Stufe mit dem schmalsten Treppenauftritt in der Wendelungsecke wird **Spickelstufe** genannt. Sie wird symmetrisch zur Treppenachse angeordnet, d. h., die Vorderkante darf nicht mit der Treppenachse zusammenfallen. Das hat den Vorteil, dass die verzogenen Stufen ebenfalls symmetrisch zur Treppenachse liegen. Das vereinfacht das Verziehen. Es müssen nur die Stufen einer Treppenhälfte verzogen werden. Die ermittelten Maße werden auf die andere Treppenlaufhälfte übertragen. Dieses Übertragen wird auch als **Spiegeln** bezeichnet.

Im Krümmungsbereich der Lauflinie ist der Auftritt gleich der **Sehne**, die sich durch die Schnittpunkte der gekrümmten Lauflinie mit den Stufenvorderkanten ergibt.

Der Treppenauftritt *a'* an der Spickelstufe kann nach folgender Formel genau ermittelt werden:

$$a' = a - \frac{y \cdot b \cdot \pi}{n + z}$$

Erklärung der Formelzeichen

a'	Treppenauftritt an der Lichtwange
a	Treppenauftritt auf der Lauflinie
y	Faktor, der die Art der Wendelung angibt – viertelgewendelte Treppe $y = 1$ – halbgewendelte Treppe $y = 2$ – dreiviertelgewendelte Treppe $y = 3$ – vollgewendelte Treppe $y = 4$
b	Abstand der Lauflinie von der Innenkante der Lichtwange
π	Kreiszahl 3,14
n	Anzahl der zu verziehenden Stufen
z	Faktor, der bei gleichmäßiger Zunahme der Auftrittbreite an der Wange 1 beträgt

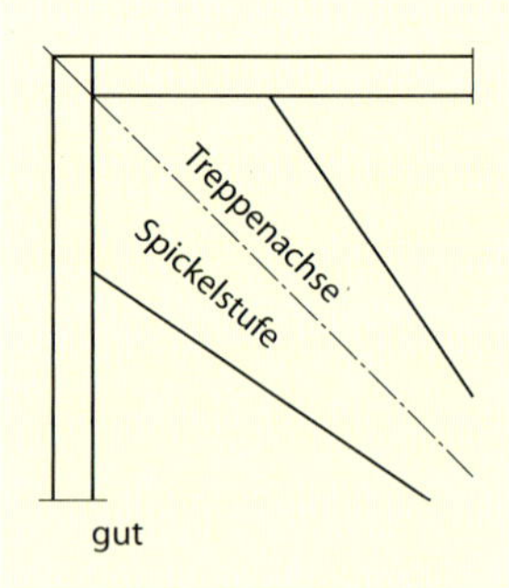

Spickelstufe symmetrisch zur Treppenachse

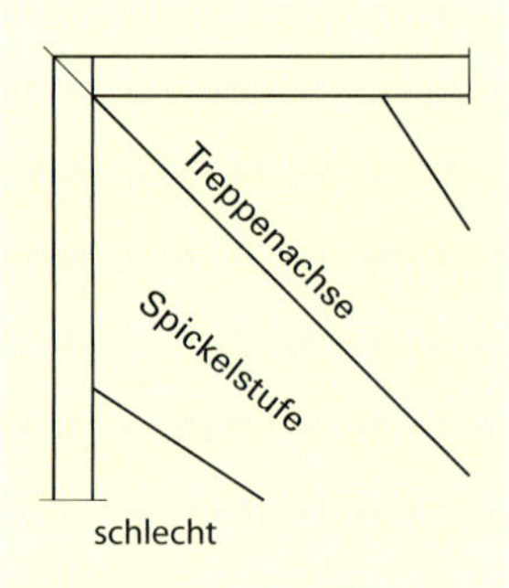

Spickelstufe fällt mit der Treppenachse zusammen

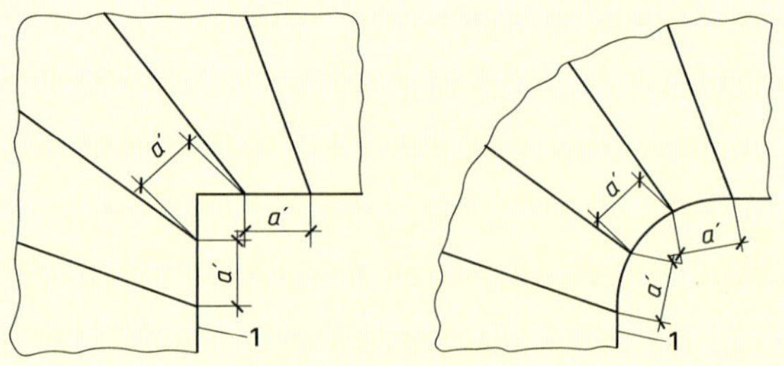

Auftritt von Wendelstufen an der schmalsten Stelle

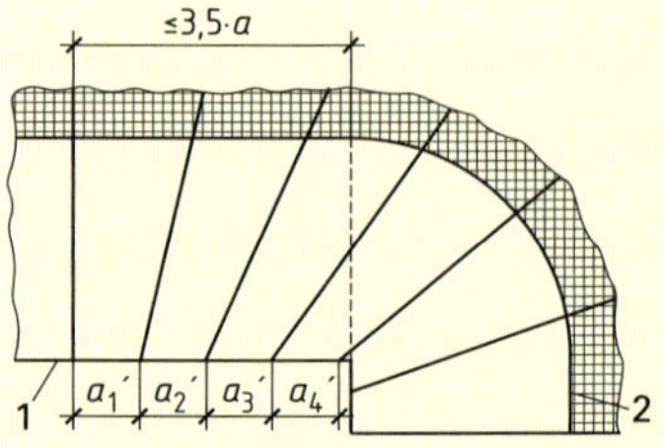

a' – schmalster Auftritt

$a_1' \geq a_2' \geq a_3' \geq a_4'$ – stetig abnehmende Auftritte

a – Treppenauftritt an der inneren Begrenzung des Gehbereichs

1 – innere Begrenzung der nutzbaren Laufbreite

2 – innere Begrenzung des Gehbereichs

Stetig abnehmende Auftritte an der schmalsten Stelle bei gewendelten Treppen

Beispiel:

Für eine viertelgewendelte Treppe ist der Treppenauftritt der Spickelstufe an der Lichtwange zu ermitteln.

Der schmalste Auftritt *a'* soll 100 mm betragen.

Gegeben:

- Steigungsverhältnis 180/270 mm
- lichte Treppenlaufbreite 100 cm
- 9 Stufen sind zu verziehen
- die Lauflinie liegt in der Mitte des Treppenlaufs

Lösung:

$$a' = 270\text{ mm} - \frac{1 \cdot 500\text{ mm} \cdot 3{,}14}{9 + 1} = \underline{113\text{ mm}}$$

Der Treppenauftritt ist größer als das geforderte Mindestmaß von 100 mm und somit zulässig. Sollte sich ein zu kleiner Treppenauftritt ergeben, muss die Anzahl der zu verziehenden Stufen vergrößert werden.

Das Verziehen der Stufen erfolgt nach

- rechnerischer und
- grafischer Methode.

Rechnerisches Verziehen

Es wird am Beispiel einer einläufigen im Antritt viertelgewendelten Treppe und am Beispiel einer einläufigen halbgewendelten Treppe erläutert.

Beispiel: Einläufige im Antritt viertelgewendelte Treppe

Gegeben sind die Geschosshöhe mit 2,80 m und die nutzbare Treppenlaufbreite mit 100 cm. 9 Stufen sollen verzogen werden. Die Spickelstufe wird symmetrisch zur Treppenachse angeordnet. Ausgehend von der Treppenachse ergeben sich zum Antritt hin 4,5 Treppenauftritte und in Richtung des Austrittes 10,5 Auftritte; zusammen also 15 Treppenauftritte.

Im Bereich des Lauflinienbogens l_B werden die Treppenauftritte als Gerade und nicht als Bogenstücke abgetragen. Dies ergibt bei der Berechnung der Lauflinienlänge l_L kleine Maßabweichungen, die jedoch unberücksichtigt bleiben.

Vorgehensweise:

1. Ermittlung der Anzahl Steigungen n, der Treppensteigung s, des Treppenauftritts a und der Länge der Lauflinie l_L.

   n = 280 cm : 17 cm = 16, 47; gewählt = <u>16 Stg.</u>

   s = 280 cm : 16 = <u>17,5 cm</u>

   a = 63 cm – 2 · s = 63 cm – 35 cm = <u>28 cm</u>

   l_L = 28 cm · 15 = <u>420 cm</u>

2. Berechnung des Treppenauftritts a' an der Spickelstufe:

   a' = 28 cm – 1 · 50 cm · 3,14 : (9 + 1) = <u>12,3 cm</u>

   Der schmalste Treppenauftritt an der Spickelstufe ist größer als das geforderte Mindestmaß von 10 cm.

3. Zur Festlegung der Treppenauftritte der verzogenen Stufen an der Lichtwange werden folgende Längen berechnet:

   l_1 = Länge der Lauflinie vom Treppenantritt bis zur Treppenachse

   l_2 = Länge der Lauflinie vom Treppenantritt bis zum Lauflinienbogen

   l_3 = Länge der Lichtwange vom Treppenantritt bis zur Treppenachse

   l_4 = Länge der Lauflinie vom Treppenantritt bis zur Vorderkante Spickelstufe

   l_5 = Länge der Lichtwange vom Treppenantritt bis zur Vorderkante Spickelstufe

Berechnung von l_1:

l_1 setzt sich aus 4,5 Treppenauftritten zusammen.

l_1 = 4,5 · 28 cm = <u>126 cm</u>

Berechnug von l_2:

l_2 ergibt sich aus der Länge l_1 abzüglich der Hälfte des großen Viertelkreisbogens l_B

$l_B = \pi \cdot R : 4$ = 3,14 · 80 cm : 4 = <u>62,8 cm</u>

l_2 = 126 cm – 62,8 cm = <u>63,2 cm</u>

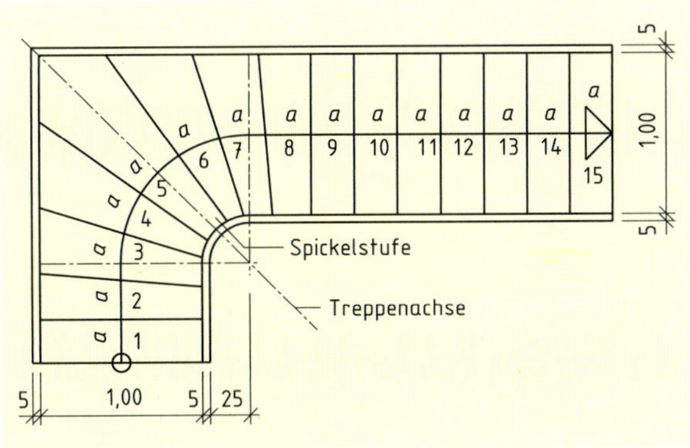

Verziehen einer einläufigen, am Antritt viertelgewendelten Treppe – Lauflinienlänge

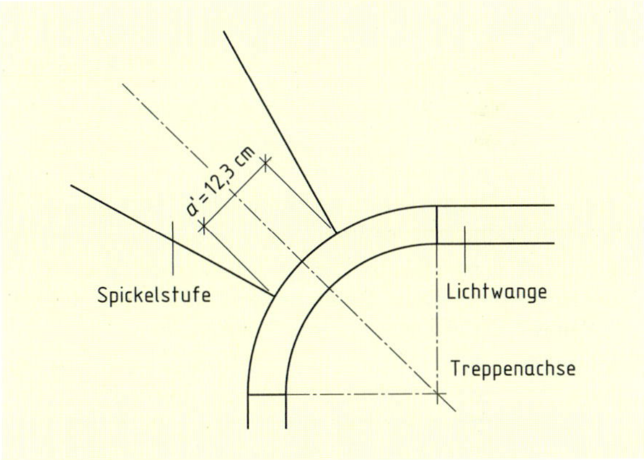

Schmalster Treppenauftritt an der Spickelstufe

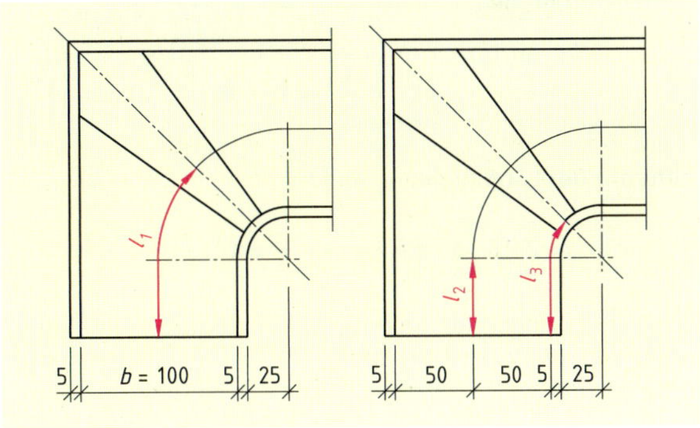

Berechnung der Längen l_1, l_2 und l_3

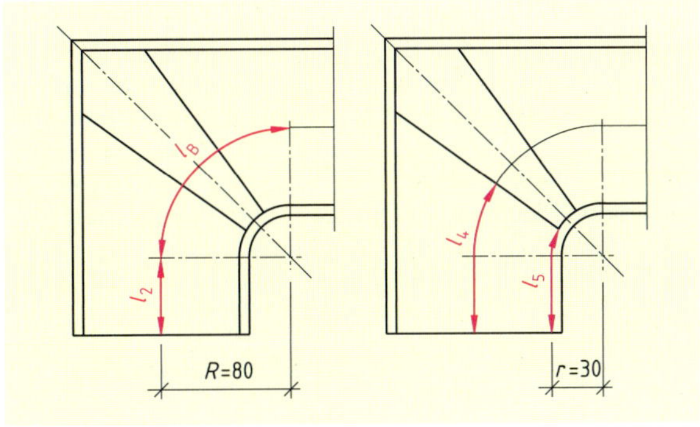

Berechnung der Längen l_4 und l_5

Berechnung von l_3:

l_3 ergibt sich aus der Länge l_2 zuzüglich der Hälfte des kleinen Viertelkreisbogens l_b

$l_b = \pi \cdot r : 4 = 3{,}14 \cdot 30\text{ cm} : 4 \qquad = \underline{23{,}55\text{ cm}}$

$l_3 = 63{,}2\text{ cm} + 23{,}55\text{ cm} \qquad = \underline{86{,}75\text{ cm}}$

Brechnung von l_4:

l_4 ergibt sich aus der Länge l_1 abzüglich eines halben Treppenauftritts $a/2$

$l_4 = 126\text{ cm} - 28\text{ cm} : 2 \qquad = \underline{112\text{ cm}}$

Berechnung von l_5:

l_5 ergibt sich aus der Länge l_3 abzüglich der Hälfte des errechneten Treppenauftritts an der Spickelstufe

$l_5 = 86{,}75\text{ cm} - 12{,}3\text{ cm} : 2 \qquad = \underline{80{,}6\text{ cm}}$

Die Differenz von Länge l_4 und l_5 stellt das Verkürzungsmaß der zu verziehenden vier Stufen an der Lichtwange dar.

$\Delta l = l_4 - l_5 = 112\text{ cm} - 80{,}6\text{ cm} \qquad = \underline{31{,}4\text{ cm}}$

4. Ermittlung der Teilbeträge der zu verziehenden Stufen

Die Zunahme der Treppenauftritte im Bereich der Lichtwange erfolgt von der Spickelstufe aus um gleiche Teilbeträge. Die zu berechnenden Teilbeträge werden mit x gekennzeichnet.

Bei der dargestellten Treppe entsprechen jeweils folgende Treppenauftritte einander: Stufe 4 und 6, Stufe 3 und 7, Stufe 2 und 8, Stufe 1 und 9.

Infolge der symmetrischen Anordnung werden nur die Treppenauftritte der Stufen 1 bis 4 berechnet.

Es ergeben sich folgende Verkürzungsteile:

Stufe 4 (= Stufe 6): $a'_4 = 1x + a' \qquad = 1x + 12{,}3\text{ cm}$

Stufe 3 (= Stufe 7): $a'_3 = 2x + a' \qquad = 2x + 12{,}3\text{ cm}$

Stufe 2 (= Stufe 8): $a'_2 = 3x + a' \qquad = 3x + 12{,}3\text{ cm}$

Stufe 1 (= Stufe 9): $a'_1 = 4x + a' \qquad = 4x + 12{,}3\text{ cm}$

$= 10x + a' \qquad = 10x + 49{,}2\text{ cm}$

Das Maß $10x + 49{,}2$ cm entspricht der Länge $l_5 = 80{,}6$ cm.

Daraus errechnet sich

$x = (80{,}6\text{ cm} - 49{,}2\text{ cm}) : 10 \qquad = \underline{3{,}14\text{ cm}}$

Mit diesem Wert lassen sich die verzogenen Treppenauftritte festlegen:

Stufe 4 (und 6): $a'_4 = 1 \cdot 3{,}14\text{ cm} + 12{,}3\text{ cm} \qquad = 15{,}44\text{ cm}$

Stufe 3 (und 7): $a'_3 = 2 \cdot 3{,}14\text{ cm} + 12{,}3\text{ cm} \qquad = 18{,}58\text{ cm}$

Stufe 2 (und 8): $a'_2 = 3 \cdot 3{,}14\text{ cm} + 12{,}3\text{ cm} \qquad = 21{,}72\text{ cm}$

Stufe 1 (und 9): $a'_1 = 4 \cdot 3{,}14\text{ cm} + 12{,}3\text{ cm} \qquad = 24{,}86\text{ cm}$

Summe $\qquad = \underline{80{,}6\text{ cm}}$

Der Teilbetrag x kann auch nach der Formel berechnet werden:

$$x = \frac{a - a'}{n + 1} = \frac{28\text{ cm} - 12{,}3\text{ cm}}{4 + 1} \qquad = \underline{3{,}14\text{ cm}}$$

a Treppenauftritt an der Lauflinie bzw. Lichtwange

a' schmalster Treppenauftritt an der Spickelstufe

n Anzahl der zu verziehenden Stufen, die zwischen der Spickelstufe und der ersten Stufe mit Treppenauftritt a an der Lichtwange liegen (Stufen 1 … 4 bzw. 6 … 9)

Die Maße der verzogenen Stufen können auch aus der Differenz der Viertelkreise im Bereich der Wendelung ermittelt werden.

Zuerst wird die durch Stufenverziehung auszugleichende Differenz zwischen der Lauflinienlänge in Treppenmitte und der Lichtwange berechnet.

Differenz der Lauflinienlängen Δl:

$$\boldsymbol{\Delta l = 2 \cdot R \cdot \pi : 4 - 2 \cdot r \cdot \pi : 4 = \pi/2 \cdot (R - r)}$$

Das Verjüngungsmaß Δa ergibt sich, wenn die Lauflinienlänge Δl durch die Summe der Verjüngungsteile geteilt wird.

$$\boldsymbol{\Delta a = \frac{\text{Lauflinienlänge } \Delta l}{\text{Summe der Verjüngungsteile}}}$$

Der Auftritt der Spickelstufe wird am stärksten verjüngt. Jeder folgende Auftritt davor oder dahinter wird um das Verjüngungsmaß Δa größer als der vorhergehende. Für die dargestellte Treppe ergeben sich 25 Verjüngungen: 5 Teile für die schmalste Stufe (= Spickelstufe), 4 Teile für die 4. und 6. Stufe, 3 Teile für die 3. und 7. Stufe usw.

Berechnung:

$\Delta l = \pi/2 \cdot (80\text{ cm} - 30\text{ cm}) = 78{,}54\text{ cm}$

$\Delta a = 78{,}54\text{ cm} : 25\text{ Teile} \qquad = \underline{3{,}14\text{ cm je Teil}}$

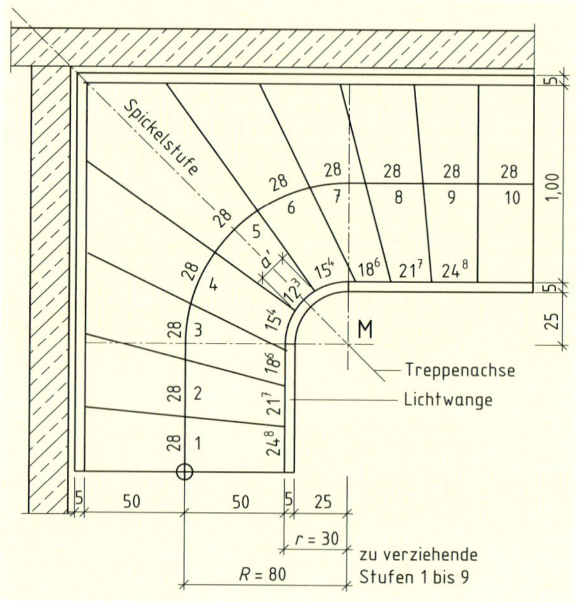

Stufe	Verjüngungen		Auftrittmaße an der Lichtwange in cm
	einzeln	zusammen	
5	5	5	28 – 5 · 3,14 = 12,3
4 + 6	4	8	28 – 4 · 3,14 = 15,4
3 + 7	3	6	28 – 3 · 3,14 = 18,6
2 + 8	2	4	28 – 2 · 3,14 = 21,7
1 + 9	1	2	28 – 1 · 3,14 = 24,9
Gesamt		25 Teile	

Beispiel: Einläufige halbgewendelte Treppe

Gegeben sind die Geschosshöhe mit 2,80 m, die nutzbare Treppenlaufbreite mit 90 cm und das Steigungsverhältnis 175/290 mm. Die Spickelstufe liegt symmetrisch zur Treppenachse. Es werden 11 Stufen verzogen; dies sind die Stufen 3 … 13. Der Lauflinienabstand von der Lichtwange beträgt 36 cm. In der Regel liegt die Lauflinie in der Mitte der Treppenlaufbreite. Bei gewendelten Treppen kann sie jedoch innerhalb des Gehbereiches frei gewählt werden.

Vorgehensweise

1. Berechnung des schmalsten Treppenauftritts a' an der Spickelstufe nach der Formel

   $$a' = a - \frac{y \cdot b \cdot \pi}{n + 1}$$

   $a' = 29\text{ cm} - (2 \cdot 36\text{ cm} \cdot \pi) : 12 \quad = \underline{10{,}16\text{ cm}}$

   Der schmalste Treppenauftritt an der Spickelstufe ist größer als das geforderte Mindestmaß von 10 cm.

2. Zur Festlegung der Treppenauftritte der verzogenen Stufen an der Lichtwange werden folgende Längen berechnet:

   a) $l_1 = 5{,}5 \cdot 29\text{ cm} \quad = \underline{159{,}5\text{ cm}}$

   b) $l_2 = 159{,}5\text{ cm} - 29\text{ cm} : 2 \quad = \underline{145\text{ cm}}$

   c) l_3 ergibt sich aus der Länge l_1 abzüglich der Hälfte des großen Halbkreisbogens l_B

   $l_3 = 159{,}5\text{ cm} - 3{,}14 \cdot 46\text{ cm} : 2 \quad = \underline{87{,}28\text{ cm}}$

   d) l_4 ergibt sich aus der Länge l_3 zuzüglich der Hälfte des kleinen Halbkreisbogens l_b

   $l_4 = 87{,}28\text{ cm} + 3{,}14 \cdot 10\text{ cm} : 2 \quad = \underline{102{,}98\text{ cm}}$

   e) l_5 ergibt sich aus der Länge l_4 abzüglich der Hälfte des errechneten Treppenauftritts an der Spickelstufe $a/2$

   $l_5 = 102{,}98\text{ cm} - 10{,}16\text{ cm} : 2 \quad = \underline{97{,}9\text{ cm}}$

   Es ergeben sich folgende Verkürzungsteile:

Stufe 7 (und 9) =	$1x + a$	= $1x + 10{,}16$ cm
Stufe 6 (und 10) =	$2x + a$	= $2x + 10{,}16$ cm
Stufe 5 (und 11) =	$3x + a$	= $3x + 10{,}16$ cm
Stufe 4 (und 12) =	$4x + a$	= $4x + 10{,}16$ cm
Stufe 3 (und 13) =	$5x + a$	= $5x + 10{,}16$ cm
	= $15x + a$	= $15x + 50{,}8$ cm

   Das Maß $15x + 50{,}8$ cm entspricht der Länge $l_5 = 97{,}9$ cm. Daraus errechnet sich

   $x = (97{,}9\text{ cm} - 50{,}8\text{ cm}) : 15 \quad = \underline{3{,}14\text{ cm}}$

   Mit diesem Wert lassen sich die verzogenen Stufen festlegen:

Stufe 7 (und 9) = $1 \cdot 3{,}14$ cm + 10,16 cm	= 13,30 cm
Stufe 6 (und 10) = $2 \cdot 3{,}14$ cm + 10,16 cm	= 16,44 cm
Stufe 5 (und 11) = $3 \cdot 3{,}14$ cm + 10,16 cm	= 19,58 cm
Stufe 4 (und 12) = $4 \cdot 3{,}14$ cm + 10,16 cm	= 22,72 cm
Stufe 3 (und 13) = $5 \cdot 3{,}14$ cm + 10,16 cm	= 25,86 cm
Summe der fünf schmalen Treppenauftritte	= 97,9 cm

   Der Teilbetrag x kann auch nach der Formel berechnet werden:

   $x = (a - a') : (n - 1) = (29\text{ cm} - 10{,}16\text{ cm}) : (5 + 1)$

   $x = 18{,}84\text{ cm} : 6 \quad = \underline{3{,}14\text{ cm}}$

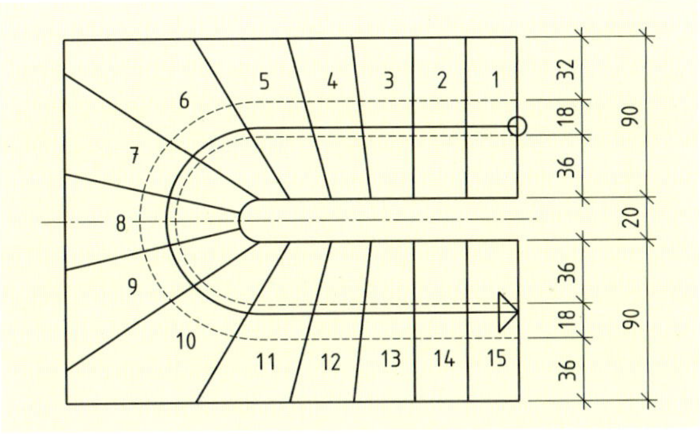

Verziehen einer einläufigen halbgewendelten Treppe

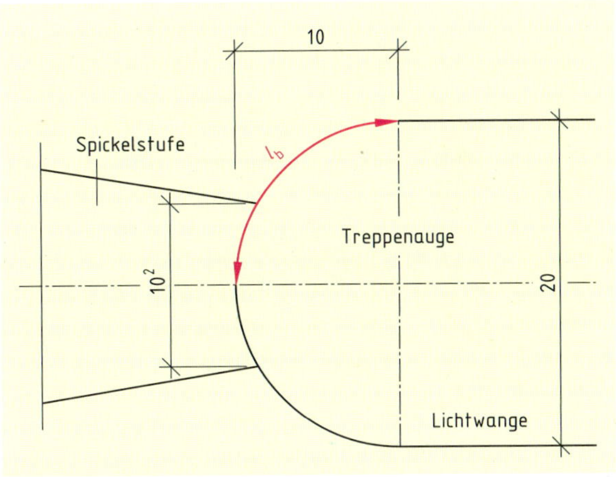

Schmalster Treppenauftritt an der Spickelstufe

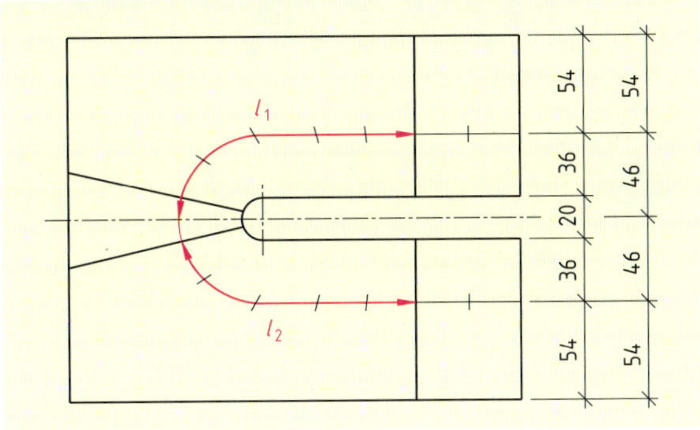

Berechnung der Längen l_1 und l_2

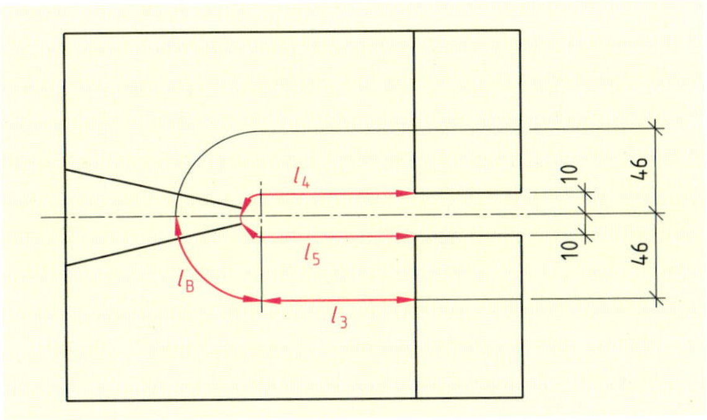

Berechnung der Längen l_3, l_4 und l_5

Aufgaben

1. Nennen Sie wesentliche Grundsätze, die beim Verziehen von gewendelten Treppen zu beachten sind.

2. Berechnen Sie für die dargestellten Treppen die Treppenlauflängen.

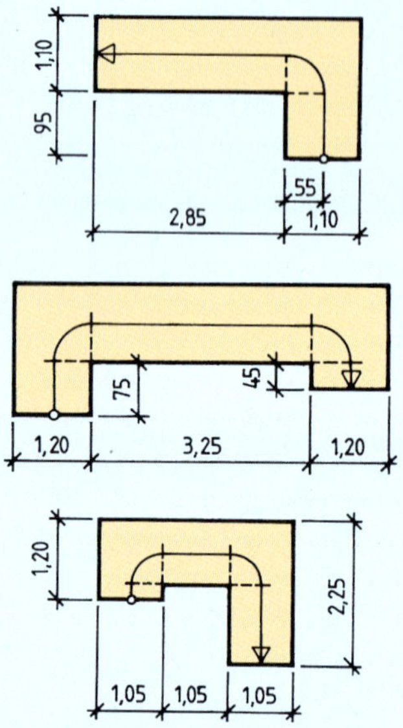

3. Die dargestellte Wohnhaustreppe hat 17 Steigungen. Das Steigungsverhältnis beträgt 178/274 mm. Die Stufen 1 … 6 und 12 … 17 sind zu verziehen.

Ermitteln Sie die Treppenauftritte der verzogenen Stufen im Abstand von 150 mm von der Lichtwange mithilfe der Rechenmethode. Die Stufen 3 und 15 sind Spickelstufen.

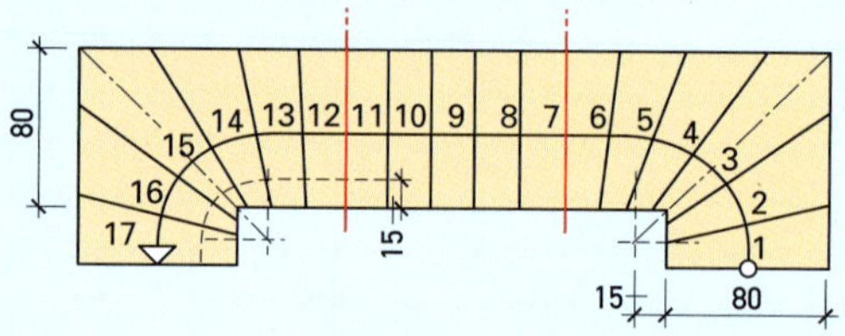

4. Der Treppenauftritt beträgt 290 mm.

Berechnen Sie die Verziehung für die Stufen 1 … 9.

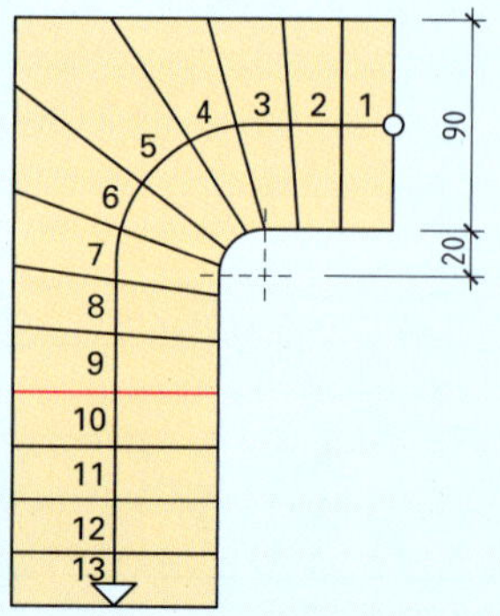

5. Der Treppenauftritt der halbgewendelten Treppe beträgt 280 mm. Der schmalste Treppenauftritt an der Lichtwange soll 100 mm betragen.

Verziehen Sie die Stufen 3 … 15 mit der Rechenmethode.

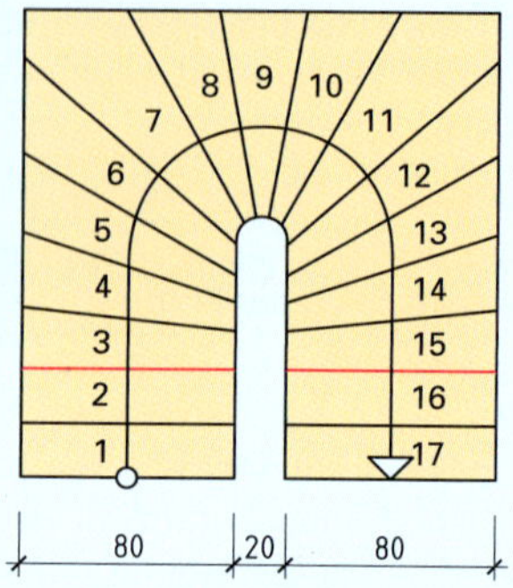

6. Ermitteln Sie die Lage der ersten und letzten geraden Stufe, wenn der Treppenauftritt an der Lichtwange mindestens 100 mm beträgt. Der Treppenauftritt auf der Lauflinie beträgt 295 mm.

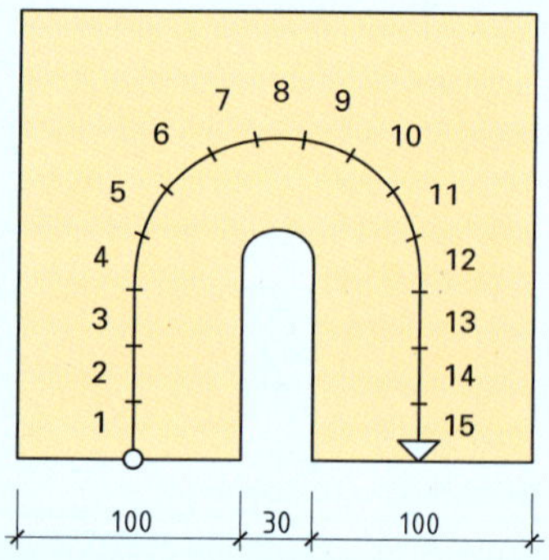

7. Bei einem Einfamilienhaus mit einer Geschosshöhe von 2,75 m soll eine im Antritt viertelgewendelte Treppe eingebaut werden.
Die nutzbare Treppenlaufbreite beträgt 1,00 m.
Die Treppenlauflinie liegt in der Mitte der nutzbaren Treppenlaufbreite.
Die Anzahl der verzogenen Stufen ist frei wählbar.

Es ist rechnerisch zu ermitteln:
a) die Anzahl der Steigungen,
b) die Steigungshöhe,
c) die Auftrittbreite,
d) die Lauflänge,
e) die Auftrittbreiten der verzogenen Stufen an der Innenkante der Freiwange.

Die Treppe ist im Grundriss in einem geeigneten Maßstab darzustellen.

8. a) Erklären Sie den Begriff „Spickelstufe".
b) Worauf ist bei der Anordnung der Spickelstufe zu achten?

Grafisches Verziehen

Grafisch können gewendelte Treppen verzogen werden nach der

- Winkelmethode, auch als Vergatterung bezeichnet,
- Verhältnismethode, auch als Proportionalmethode bezeichnet,
- Kreismethode.

Vorgehensweise bei der **Winkelmethode**:

- Die Längen l_1, l_3 und a' werden rechnerisch ermittelt (siehe Abschnitt 8.1.8).
  l_1 = 126 cm l_3 = 86,75 cm a' = 139 mm
- Die Umrisse der Treppe werden in der Draufsicht maßstäblich (z.B. Maßstab 1:20 oder 1:25) aufgerissen. Auf der Lauflinie werden die Treppenauftritte abgetragen, die Spickelstufe festgelegt und die Treppenachse eingezeichnet.
- In einem zusätzlichen Aufriss wird ein rechter Winkel gezeichnet. Auf der horizontalen Achse wird die Länge l_3 (= Strecke $\overline{AB}$) abgetragen. In Punkt A wird in einem Winkel von etwa 20° eine Linie gezogen. Auf ihr werden die Anzahl der zu verziehenden Treppenauftritte und die Hälfte des Treppenauftritts der Spickelstufe abgetragen. Dies ergibt die Länge l_1 (= Strecke $\overline{AC}$). Durch die Punkte C und B wird eine Linie über B hinausgezogen. Sie schneidet die senkrechte Linie des rechten Winkels in Punkt D.
- Von Punkt D aus werden Linien durch die auf der Strecke $\overline{AC}$ angetragenen Treppenauftritte gezogen. Die sich ergebenden Schnittpunkte auf der Strecke $\overline{AB}$ stellen die Treppenauftritte der verzogenen Stufen auf der Lichtwange dar.
- Die ermittelten Treppenauftritte werden in den Grundriss übertragen. Die Verbindungen der auf der Lauflinie angetragenen Treppenauftritte mit den auf der Lichtwange übertragenen Stufenteilungen ergeben die jeweilige Stufenvorderkante.

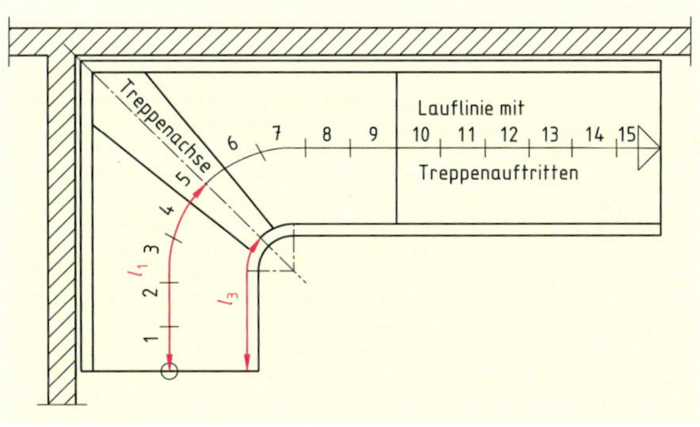

Draufsicht einer einläufigen im Antritt viertelgewendelten Treppe

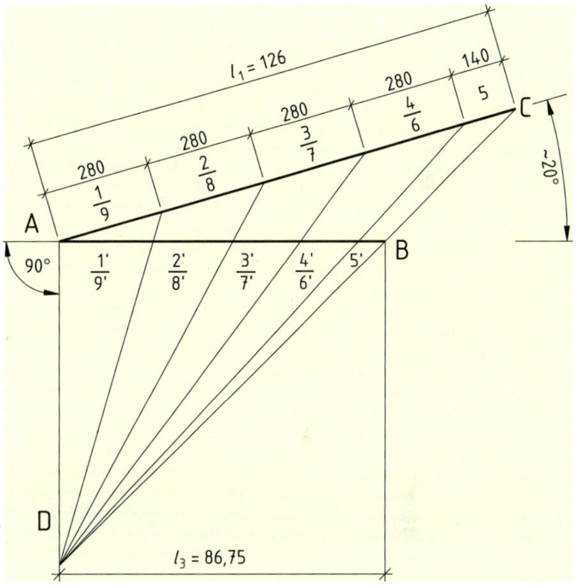

Durchführung der Winkelmethode

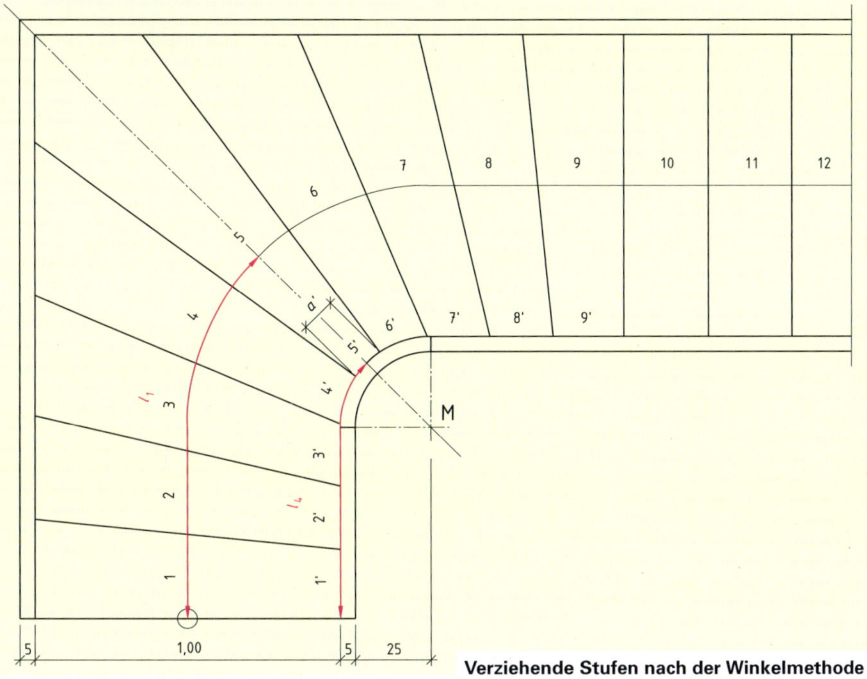

Verziehende Stufen nach der Winkelmethode

Vorgehensweise bei der **Verhältnismethode**:

- Die Methode lässt sich für viertel- und halbgewendelte Treppen anwenden. Die Einteilung erfolgt symmetrisch von der Spickelstufe aus.
- Der schmalste Treppenauftritt *a'* an der Lichtwange der Spickelstufe ist vorgegeben bzw. wird errechnet (siehe Abschnitt 8.1.8), *a'* = 139 mm.
- Die Umrisse der Treppe werden maßstäblich (z. B. Maßstab 1:20 oder 1:25) in der Draufsicht aufgerissen. Auf der Lauflinie werden die Treppenauftritte abgetragen, die Spickelstufe festgelegt und die Treppenachse eingezeichnet.
- Die Vorder- und Hinterkante der Spickelstufe werden verlängert, sie schneiden die Treppenachse im Punkt A.
- Die Verlängerung der Vorderkante der ersten verzogenen Stufe bzw. der Hinterkante der letzten verzogenen Stufe schneiden die Treppenachse im Punkt B.
- Auf einer beliebigen Linie von Punkt A aus werden Teillängen im Verhältnis 1:2:3:4 usw. abgetragen. Die Zahl der Teillängen richtet sich nach der Anzahl der zu verziehenden Stufen, die zwischen Spickelstufe und der ersten nicht verzogenen Stufe liegen.
- Der Endpunkt C der Teilstrecke wird mit Punkt B verbunden.
- Parallel zur Strecke $\overline{BC}$ werden Linien durch die übrigen Teilpunkte der Strecke $\overline{AC}$ gezogen.
- Die Schnittpunkte mit der Treppenachse werden mit den auf der Lauflinie festgelegten Treppenauftritten verbunden. Die Verbindungslinien ergeben die Vorderkanten der zu verziehenden Stufen.

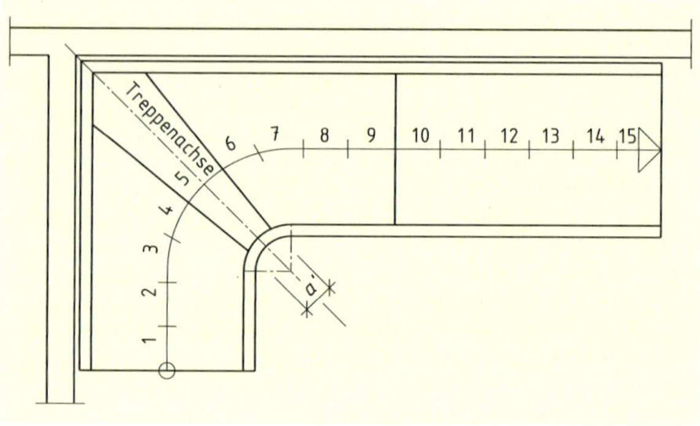

Draufsicht einer einläufigen, im Antritt viertelgewendelten Treppe

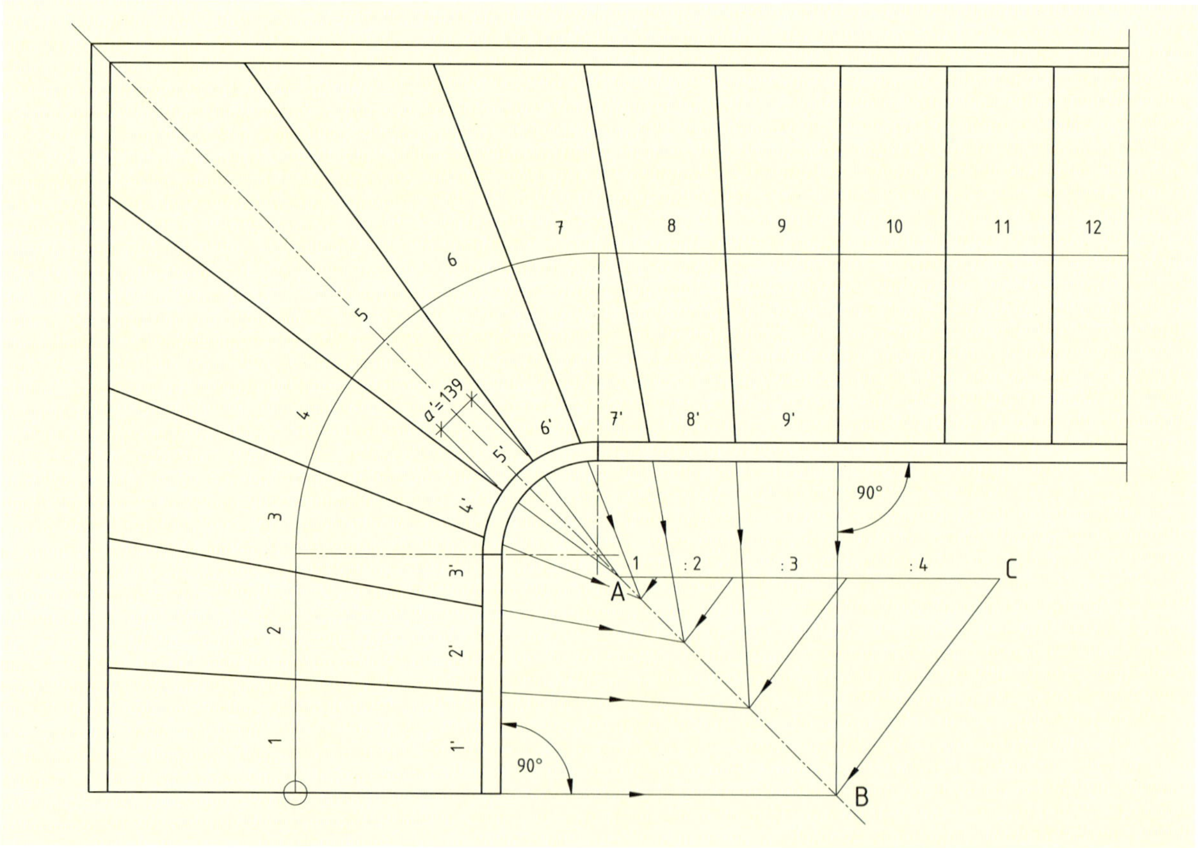

Durchführung der Verhältnismethode

Beim zeichnerischen Verziehen von gewendelten Treppen ist darauf zu achten, dass die Spickelstufe nicht mit der Treppenachse zusammenfällt. Die schmalste Auftrittbreite *a'* muss vorgegeben werden. Sie kann rechnerisch ermittelt werden.

Vorgehensweise bei der **Kreismethode**:

- Die Umrisse der Treppe werden maßstäblich in der Draufsicht aufgerissen, die Lauflinie und die Treppenachse eingezeichnet und die Treppenauftritte abgetragen.
- Sowohl die Spickelstufe – symmetrisch zur Treppenachse gelegen – als auch die vorausgehende und nachfolgende Stufe werden festgelegt. Alle drei Stufen erhalten an der Lichtwange einen Mindesttreppenauftritt von 100 mm.
- Eine ungerade Anzahl von Stufen, in der Regel 13 Stufen, wird verzogen.
- Die Verlängerung der Vorderkante bzw. der Hinterkante der neben der Spickelstufe liegenden Stufen schneiden sich auf der Treppenachse im Punkt A.
- Die Verlängerung der Vorderkante der ersten bzw. der Verlängerung der letzten verzogenen Stufen ergeben auf der Treppenachse den Punkt B.
- Um Punkt B wird ein Viertelkreisbogen mit dem Radius $r = \overline{AB}$ geschlagen.
- Der Viertelkreisbogen wird in so viele gleich große Teile geteilt wie zu verziehende Stufen innerhalb des Bogens vorhanden sind.
- Die Punkte auf dem Kreisbogen werden auf die Treppenachse gelotet.
- Die Stufenkanten ergeben sich, wenn die Punkte auf der Treppenachse mit jenen auf der Lauflinie verbunden werden.

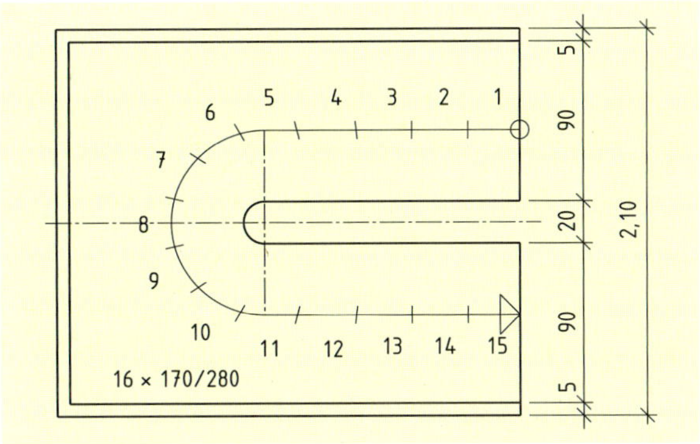

Draufsicht einer einläufigen halbgewendelten Treppe

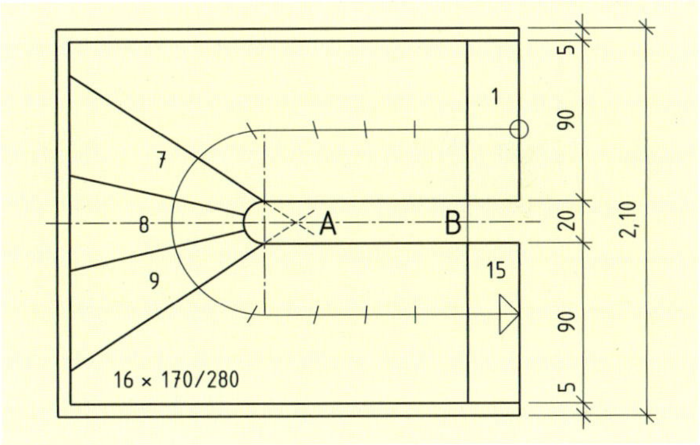

Festlegung der Spickelstufe

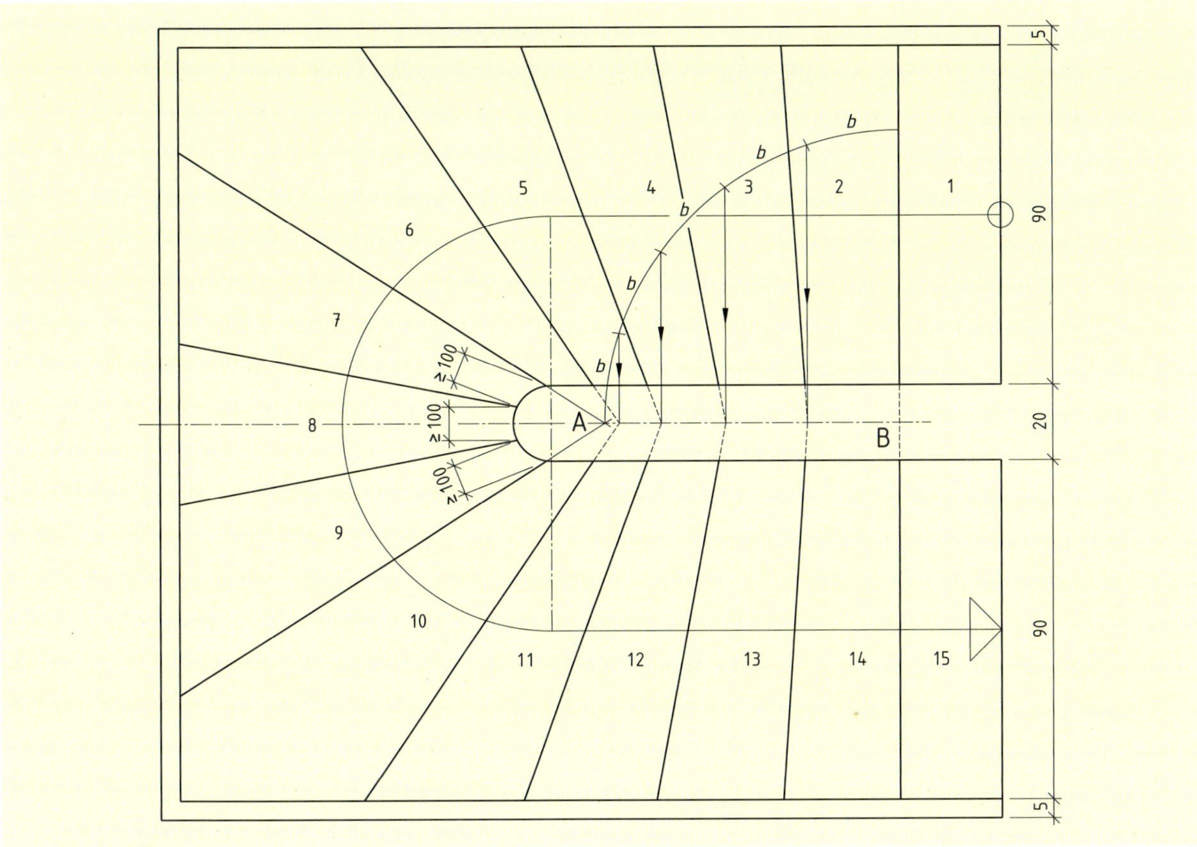

Durchführung der Kreismethode

Aufgaben

Alle Aufgaben sind im Maßstab 1:20 auf einem Zeichenblatt A4 zu lösen.

1. *Die im Grundriss dargestellte viertelgewendelte Treppe ist nach der Winkelmethode zu verziehen. Die Geschosshöhe beträgt 2,635 m, der Treppenauftritt 280 mm.*

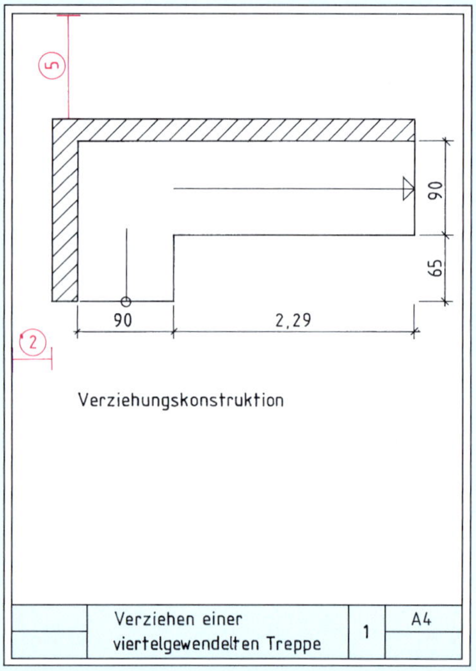

2. *Verziehen Sie den im Antritt viertelgewendelten Treppenlaufabschnitt nach der Winkelmethode. Der Treppenauftritt beträgt 280 mm. Der Mindesttreppenauftritt der Spickelstufe an der Lichtwange beträgt 120 mm. Die Anzahl der zu verziehenden Stufen ist festzulegen.*

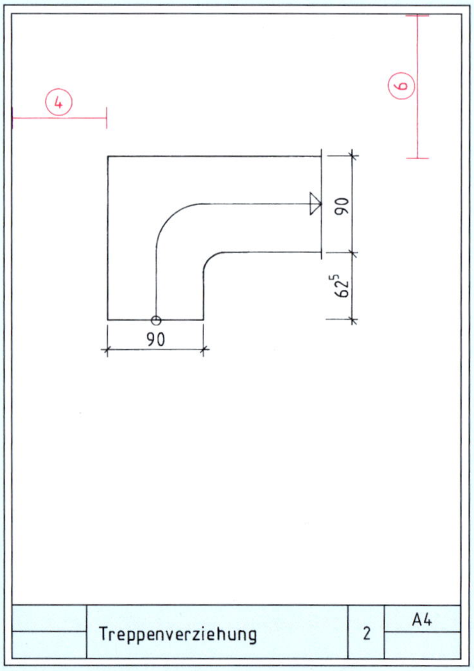

3. *Die im An- und Austritt viertelgewendelte Treppe mit 14 Treppensteigungen ist nach der Verhältnismethode zu verziehen. Der Treppenauftritt misst 253 mm.*

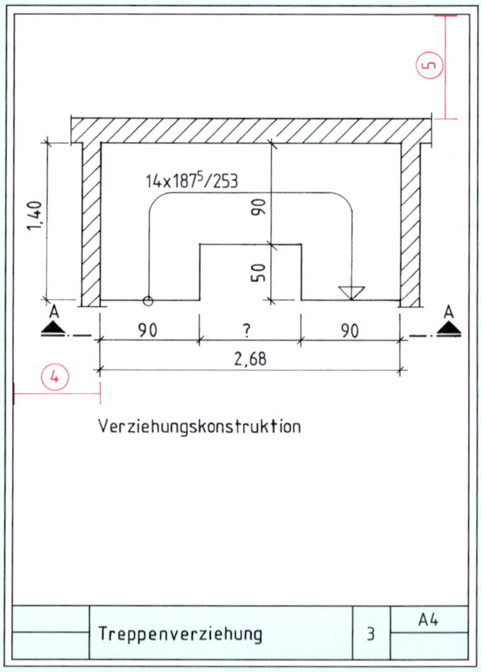

4. *Die im Grundriss dargestellte, einläufige halbgewendelte Treppe ist nach der Verhältnis- und nach der Kreismethode zu verziehen. Die Geschosshöhe beträgt 2,75 m. Die Treppenauftritte sind durch die Lauflinienlänge gegeben.*

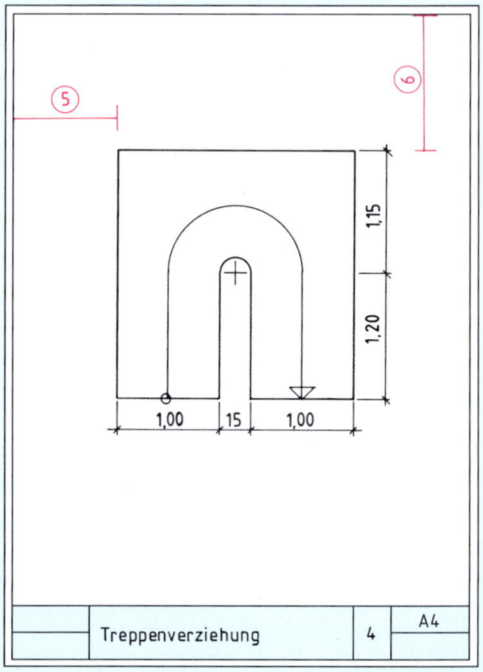

8.2 Zeichnerische Darstellung von Treppen

8.2.1 Treppendarstellung

Treppen werden im Schnitt und im Grundriss, gelegentlich auch in den Ansichten dargestellt. Zugrunde liegen Ausführungspläne im Maßstab 1:50 und Detailpläne im Maßstab 1:10 bzw. 1:20.

Im **Grundriss** wird die Treppe in der Draufsicht dargestellt. Die Steigungsrichtung wird in der Mitte der Laufplatte durch den Lauflinienpfeil, der Treppenanfang durch einen Kreis am Schnittpunkt zwischen Lauflinie und Antrittstufenvorderkante gekennzeichnet. Bei gewendelten Treppen verläuft die Lauflinie im Bereich der Wendelung in der Regel kreisförmig.

Bei übereinanderliegenden Treppen wird der Treppenlauf im Grundriss geschnitten und der darunterliegende Teil des Treppenlaufs weiter gezeichnet. Die Schnittlinie durch den Treppenlauf wird durch eine schräge Doppellinie markiert. Treppenkanten, die oberhalb der Schnittebene liegen, werden durch Punktlinien dargestellt. Die Schnittebene für den Grundriss geht etwa durch die fünfte bis sechste Steigung des aufwärts führenden Treppenlaufs.

Vorgehensweise bei der **Konstruktion des Treppengrundrisses:**

1. Länge und Breite des Treppenraumes aufreißen.
2. Umrisse der Treppenläufe und der Podeste einzeichnen.
3. Anzahl der Treppenauftritte mithilfe der Streckenteilung ermitteln oder aus darüberliegendem Schnitt übertragen.
4. Treppenauge bei mehrläufigen Treppen einzeichnen.

Im **Schnitt** wird die Treppe in der gesamten Höhe gezeichnet. Bei der Konstruktion des Treppenschnittes geht man immer von den **Fertigmaßen** aus. Die **Rohbaumaße** errechnen sich aus dem Fertigmaß abzüglich der für den Treppenbelag notwendigen Dicke. Bei unterschiedlichem Bodenaufbau kann es sein, dass die Antritt- und die Austrittstufe unterschiedliche Rohbaumaße für die Steigungshöhe aufweisen. Bei der Austrittstufe kann ein Höhenunterschied durch einen Absatz an der Deckenoberseite ausgeglichen werden.

Treppenmaße sind Fertigmaße

Im Schnitt sind einzuzeichnen:

- geschnittene Treppenläufe,
- Geschossdecken und Podeste,
- nicht geschnittene Treppenläufe in der Ansicht,
- Schraffuren für die verwendeten Baustoffe,
- Ausbildung der Treppenstufen,
- Anschluss der Treppenbeläge in den einzelnen Geschossebenen,
- Verlauf der Treppenbrechkante an der Unterseite des Treppenlaufs,
- vorhandene Tür- und Fensteröffnungen.

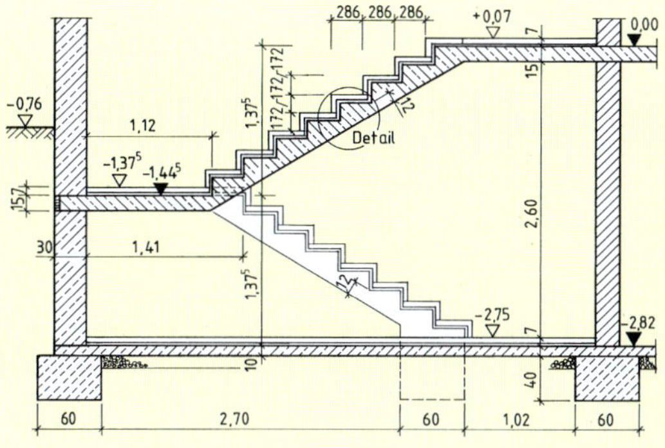

Schnitt durch eine gerade gegenläufige Treppe mit Zwischenpodest

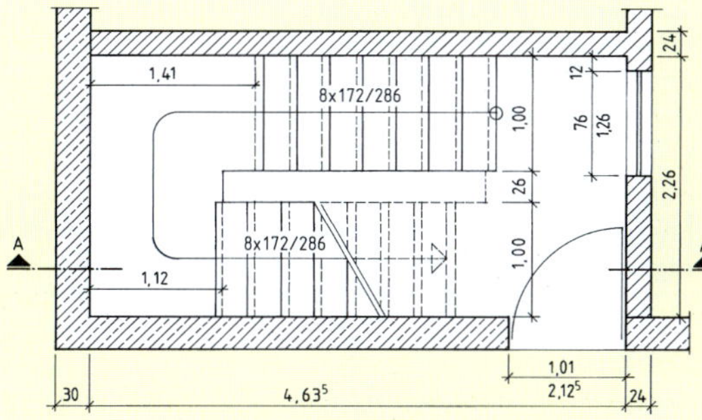

Grundriss einer geraden gegenläufigen Treppe mit Zwischenpodest

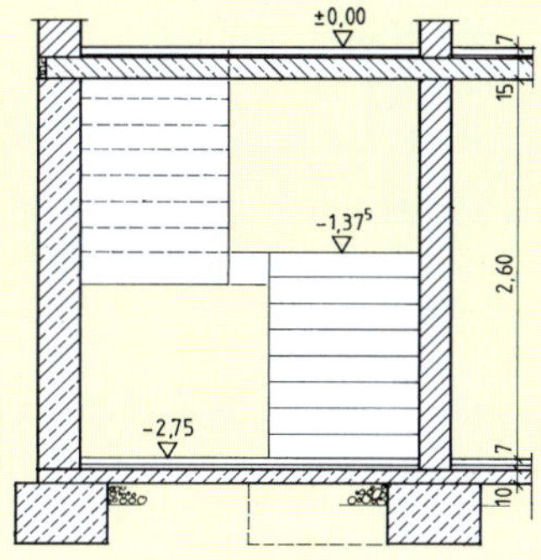

Ansicht einer geraden gegenläufigen Treppe mit Zwischenpodest

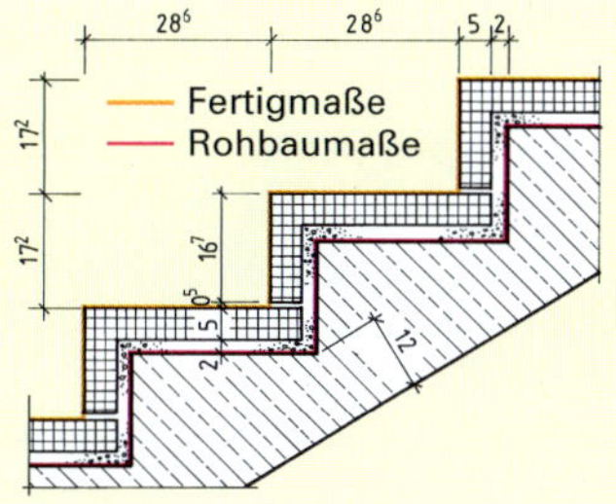

Treppendetail – Fertigmaße und Rohbaumaße

Vorgehensweise bei der **Konstruktion des Treppenschnittes:**

1. Geschossebenen zeichnen.
2. Treppenantrittstufe festlegen.
3. Treppenlauflänge von der Antrittstufe B bis Vorderkante Austrittstufe C antragen;
   Treppenlauflänge $\overline{BC}$ durch die Anzahl der Auftritte teilen – Anwendung der Streckenteilung – Anzahl der Auftritte entspricht der Anzahl der Steigungen – 1.
4. Geschosshöhe in C rechtwinklig zu $\overline{BC}$ antragen;
   Geschosshöhe ist das Maß von Oberkante Fertigfußboden untere Decke bis Oberkante Fertigfußboden obere Decke.
5. Geschosshöhe durch Anzahl der Steigungen teilen – Anwendung der Streckenteilung.
6. Parallelen durch die jeweiligen Teilpunkte ziehen; die Schnittpunkte ergeben die Treppenvorderkanten.
7. Treppenlaufdicke rechtwinklig zur Treppenuntersicht vom Schnittpunkt der Rohbaulinien zwischen Auftritt und Steigung antragen; die Linie für die Treppenuntersicht verläuft parallel zu den Schnittpunkten.
8. Lichte Durchgangshöhe lotrecht über der Verbindungslinie der Stufenvorderkanten abtragen; eine Parallele durch den Endpunkt D ergibt den notwendigen freien Raum bis zur Geschossdecke.

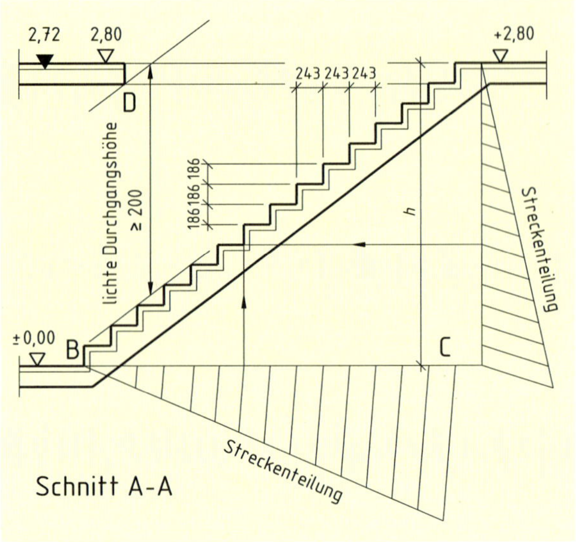

Schnitt durch eine gerade einläufige Treppe

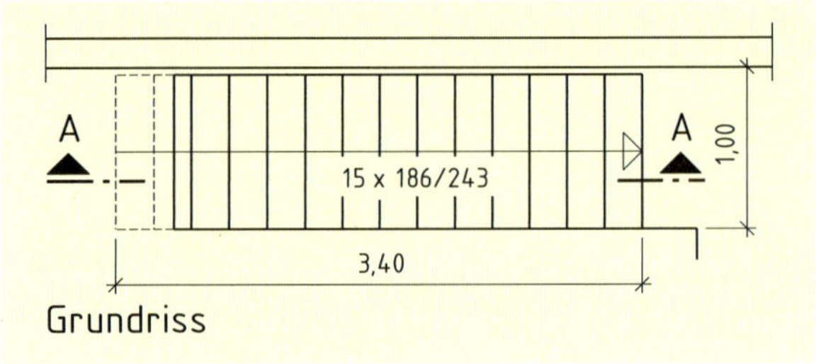

Grundriss einer geraden einläufigen Treppe

Bei zweiläufigen geraden Treppen sollen die Unterseite der beiden Treppenläufe sowie die Unterseite des Podestes in einer Linie zusammentreffen. Dies kann folgendermaßen erreicht werden:

- Die Stufenvorderkanten der Treppenläufe werden in der Schnittdarstellung senkrecht übereinanderliegend angeordnet.

  Die Unterseiten der Treppenläufe schneiden sich. Der Schnittpunkt legt die Unterseite der Podeste fest. Es kann eine größere Podestdicke als vorgesehen entstehen.
- Es wird die Unterseite des unteren Treppenlaufs mit der Unterseite des Podestes zum Schnitt gebracht. Vom Schnittpunkt aus wird die Unterseite des oberen Treppenlaufs konstruiert. Von dieser Treppenlauflinie aus wird die Treppenkonstruktion nach oben hin aufgebaut. Der untere und der obere Treppenlauf werden gegeneinander verschoben. Dies kann zu einer Vergrößerung des Treppenraumes führen.

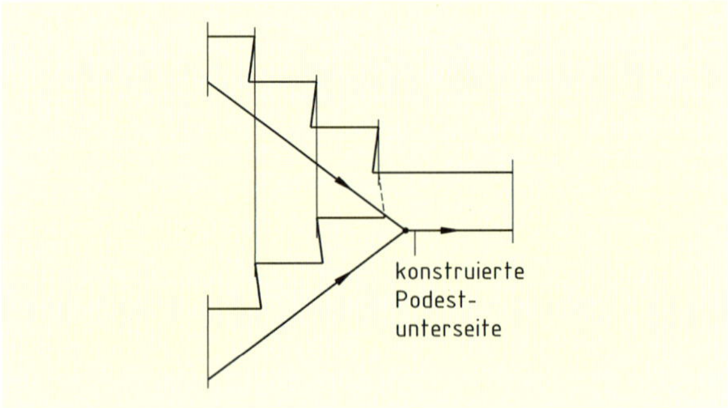

Stufenvorderkanten liegen senkrecht übereinander

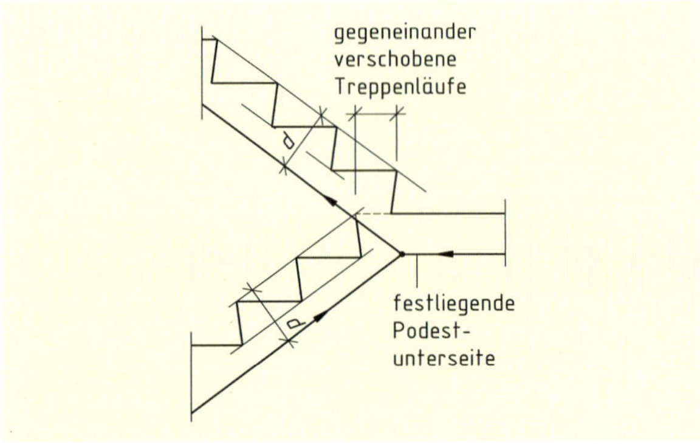

Stufenvorderkanten sind gegeneinander verschoben

Treppen werden im Grundriss und im Schnitt dargestellt.

Grundrisse sind Horizontalschnitte. Die Schnittlinie durch den Treppenlauf wird durch eine schräg verlaufende Doppellinie dargestellt.

Im Schnitt wird die Treppe in ihrer gesamten Höhe gezeichnet.

Treppenmaße sind immer Fertigmaße.

8.2.2 Treppenbemaßung

Treppenmaße werden sowohl im Grundriss als auch im Schnitt dargestellt.

Im **Grundriss** sind einzutragen:

- Treppenlänge, Treppenbreite, Podesttiefe, Podestbreite, Auftrittbreite, Treppenauge.
- Anzahl der Steigungen und Steigungsverhältnis über der Lauflinie geschrieben.
- Nummern für die einzelnen Stufen von unten nach oben vor der Stufenkante in Laufrichtung.
- Höhenangaben mit den in DIN 1356 vorgesehenen Dreiecken (▼ = Rohkonstruktion, ▽ = Fertigkonstruktion) und den zugehörigen Maßzahlen.

Im **Schnitt** sind einzutragen:

- Podestbreite, Treppenlauflänge,
- Podestdicke, Deckendicke, Laufplattendicke,
- mehrere Treppensteigungen und -auftritte in einer Maßkette,
- Fußbodenaufbau,
- Höhenangaben mit Dreiecken und zugehörigen Maßzahlen,
- lichte Durchgangshöhe,
- Treppenöffnung,
- Geschosshöhe.

Rohbaumaße errechnen sich aus dem Fertigmaß abzüglich der für den Treppenbelag notwendigen Dicke.

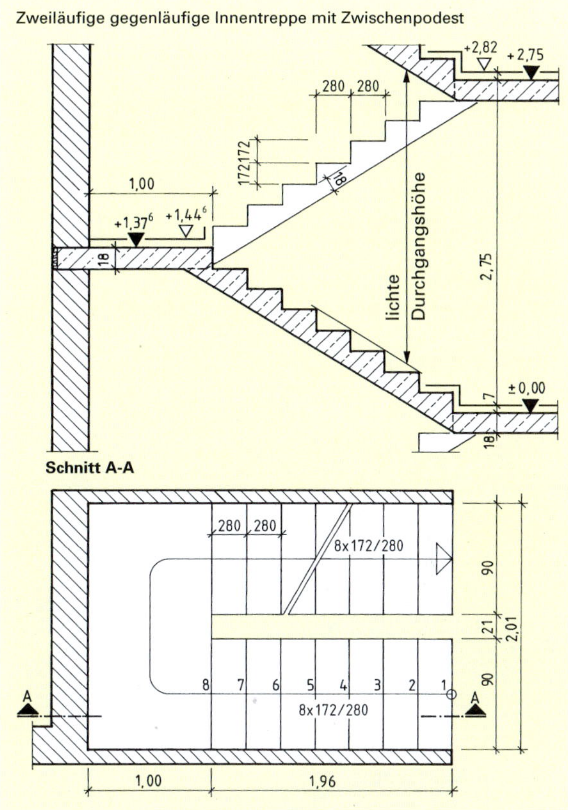

Bemaßung von Grundriss und Schnitt

8.2.3 Konstruktionsaufgaben

1. Aufgabe:

Zeichnen Sie für die dargestellte zweiläufige gegenläufige Treppe mit Zwischenpodest auf ein A3-Blatt im Maßstab 1:20
a) den Grundriss,
b) den Schnitt A–A.

Die Zeichnungen sind vollständig zu bemaßen.
Stellen Sie im Maßstab 1:10 das Stufendetail im Austrittsbereich dar.

Berechnen Sie
a) die Zahl der Steigungen n,
b) die Treppensteigung s,
c) den Treppenauftritt a.

Ausführung:

Die Treppe wird als Stahlbetontreppe in Ortbetonbauweise hergestellt.

Trittstufen 40 mm, Setzstufen 20 mm dicke Natursteinplatten im Mörtel verlegt.

Decken- und Podestdicke sind selbst festzulegen. Die Unterseiten des auf- und abwärtsführenden Treppenlaufs sollen mit dem Podest in einer durchlaufenden Knicklinie zusammentreffen, die zugleich das Treppenauge begrenzt.

Im Grundriss sollen gegenüberliegende Stufenvorderkanten auf einer gemeinsamen Fluchtlinie und im Schnitt lotrecht übereinander liegen.

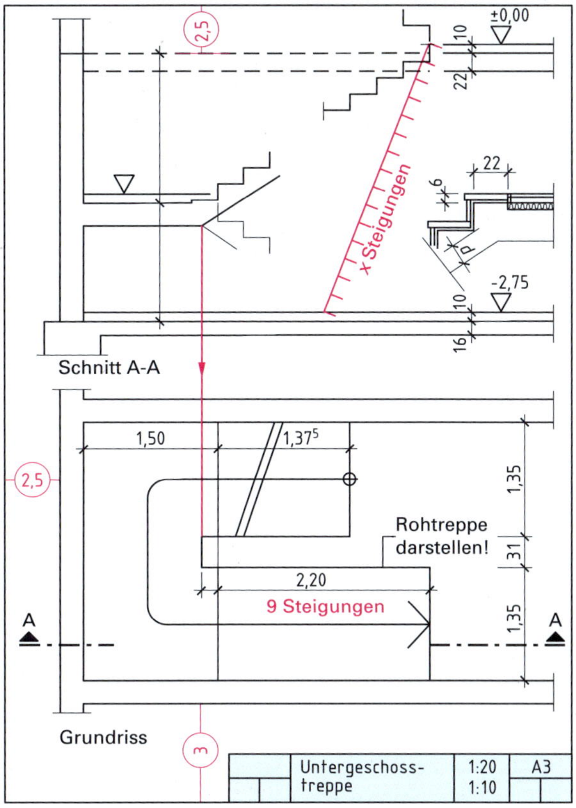

Untergeschosstreppe

2. Aufgabe:

Zeichnen Sie in den vorgegebenen Treppenraumgrundriss eine zweiläufige gegenläufige Treppe mit Zwischenpodest im Grundriss und Schnitt A–A auf Zeichenblatt A3 im Maßstab 1:20. Das Detail B–B ist unter Beachtung der Trittschalldämmung im Maßstab 1:10 zu zeichnen.

Die Treppenlaufuntersichten sollen im Treppenauge in einem Punkt zusammenlaufen.

Ausführung

Trittstufe 40 mm, Setzstufe 20 mm dicke Natursteinplatten im Mörtel verlegt. Decken- und Podeststärke sind selbst festzulegen.

Planausschnitt : Treppenraum
Geschosshöhe 2,82[5]

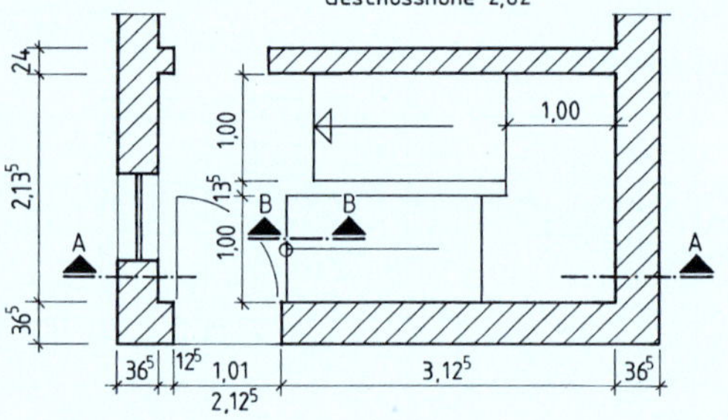

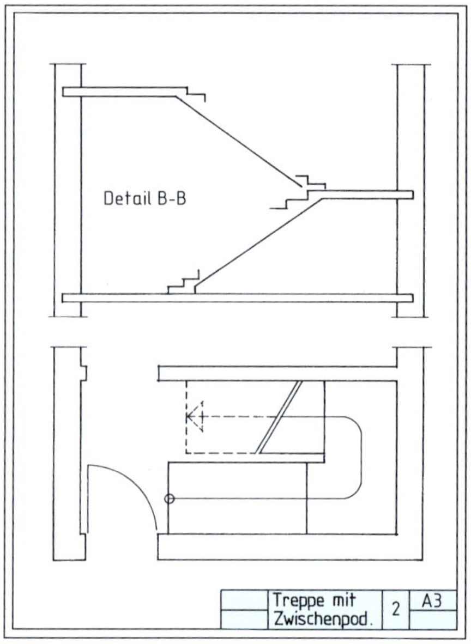

Zusammenfassung

Die Treppengrundrissform hängt ganz entscheidend vom zur Verfügung stehenden Platz ab.

Das Steigungsverhältnis einer Treppe kann mit der Schrittmaß-, der Sicherheits- und der Bequemlichkeitsregel ermittelt werden.

Treppensteigung und -auftritt sollen im Wohnungsbau aus Gründen der Sicherheit und Bequemlichkeit an das Steigungsverhältnis 170/290 mm angepasst werden.

Zur Festlegung des Steigungsverhältnisses muss die Geschosshöhe bekannt sein.

Bei bekannter Steigung kann der Treppenauftritt nach der Schrittmaßregel und/oder Sicherheitsregel berechnet werden.

Die lichte Treppendurchgangshöhe muss nach DIN 18065 mindestens 200 cm betragen.

Damit gewendelte Treppen sicher und bequem zu begehen sind, müssen die Stufen sorgfältig verzogen werden.

Die Anzahl der zu verziehenden Stufen muss festgelegt werden. Es wird in der Regel eine ungerade Anzahl von Stufen verzogen.

An der Spickelstufe ist der Treppenauftritt am kleinsten. Er darf die in DIN 18065 festgelegten Mindestmaße nicht unterschreiten.

Die Vorderkante der Spickelstufe darf bei viertelgewendelten Treppen nicht mit der Treppenachse zusammenfallen. Die Spickelstufe sollte symmetrisch zur Treppenachse liegen.

Das Verziehen der Stufen kann mithilfe grafischer und rechnerischer Methoden vorgenommen werden.

Mit der Winkel-, Verhältnis- und Kreisbogenmethode können die Stufen zeichnerisch verzogen werden.

Treppen werden im Grundriss und im Schnitt dargestellt. Beim Zeichnen einer Treppe werden immer die Fertigmaße zugrunde gelegt.

Aufgaben

1. *In ein repräsentatives Gebäude ist eine Treppe einzuplanen. Welche Treppenform schlagen Sie vor? Begründen Sie Ihre Wahl.*
2. *Welches Steigungsverhältnis ist für den Wohnungsbau günstig?*
3. *Welche Querschnittsformen gibt es für Werksteinstufen?*
4. *Zeichnen Sie im Maßstab 1:10 den Schnitt durch drei übereinanderliegende Betonwerksteinstufen mit trapezförmigem Querschnitt. Die Zeichnung ist zu bemaßen.*
5. *Wie wird der Treppenauftritt a′ an der Lichtwange berechnet?*
6. *Für eine einläufige viertelgewendelte Treppe ist der Treppenauftritt der Spickelstufe zu ermitteln, wenn das Steigungsverhältnis 180/290 mm und die lichte Treppenlaufbreite 95 cm betragen. 11 Stufen sind zu verziehen. Die Lauflinie liegt in der Mitte der Treppenlaufbreite.*
7. *Für eine einläufige halbgewendelte Treppe ist der Treppenauftritt der Spickelstufe zu ermitteln, wenn das Steigungsverhältnis 175/290 mm und die lichte Treppenlaufbreite 1,05 m betragen. Der Lauflinienabstand von der Lichtwange misst 40 cm. Es werden 13 Stufen verzogen.*
8. *Nach welchen Methoden können gewendelte Treppen grafisch verzogen werden?*
9. *Die Stufen einer einläufigen, halbgewendelten Treppe werden nach der Kreismethode verzogen. Beschreiben Sie die Vorgehensweise.*
10. *Worauf ist bei einer viertelgewendelten Treppe hinsichtlich der Lage der Spickelstufe zu achten?*
11. *Wie wird die Steigungsrichtung eines Treppenlaufs im Grundriss angegeben?*
12. *Welche Höhenangaben werden bei Treppenzeichnungen mit schwarzem Dreieck und mit weißem Dreieck gekennzeichnet?*
13. *Welche Maßangaben sind im Treppengrundriss erforderlich?*

8.3 Ausführung von Treppen

8.3.1 Konstruktionsarten

Bei Treppen werden grundsätzlich zwei Konstruktionsarten unterschieden.

- Treppen mit unterstützten Stufen,
- Treppen mit freitragenden Stufen.

Treppen mit unterstützten Stufen

Stufen können an ihren beiden Enden, in der Mitte oder vollflächig unterstützt werden. Es gibt folgende Konstruktionsmöglichkeiten:

- Die Stufen werden beidseitig eingemauert und/oder untermauert.
- Die Stufen werden beidseitig durch Wangen und/oder Holme unterstützt. Sie spannen von Podest zu Podest.
- Die Stufen werden durch Stahlbeton-Laufplatten unterstützt. Die Laufplatten können längs und quer gespannt sein und brauchen keine Einbindung in seitliche Wände. Längs gespannte Platten lagern entweder auf quer gespannten Podestbalken, auf quer gespannten Podestplatten mit verstärkten Podesträndern oder spannen als geknickte Laufplatten von Treppenhauswand zu Treppenhauswand. Diese Konstruktion kommt heute selten vor. Die große Spannweite verlangt größere Konstruktionsdicken und Stahlquerschnitte.
- Stufen können auch in ihrer Mitte durch einen Balken unterstützt werden; sie kragen nach beiden Seiten aus. Stufen und Balken müssen biegesteif miteinander verbunden sein.

Unterstützte Stufen können eingemauert oder untermauert werden, sie liegen zwischen Wangen, auf Holmen, auf Stahlbeton-Laufplatten oder werden mittig bzw. beidseitig durch Balken unterstützt.

Treppen mit freitragenden Stufen

Treppenkonstruktionen mit freitragenden Stufen brauchen zur Unterstützung keine Wangen, Holme, Platten oder Träger. Die Stufen sind einseitig eingespannt. Jede Stufe stellt einen Kragarm dar. Bevorzugte Konstruktion hierfür ist die Spindeltreppe.

Freitragende Stufen werden häufig auch mit Plattenstufen aus Natur- und Betonwerksteinen ausgeführt. Die freien Stufenenden können über Rundstäbe gegeneinander abgestützt werden.

Freitragende Stufen werden wie eingespannte Kragträger auf Biegung beansprucht.

Nach dem verwendeten **Werkstoff** unterscheidet man folgende **Treppenkonstruktionen**:

- Gemauerte Treppen,
- Treppen mit unterstützten Werksteinstufen,
- Treppen aus Stahlbeton (Ortbeton),
- Treppen aus Stahlbetonfertigteilen,
- Treppen aus Holz,
- Treppen aus Stahl.

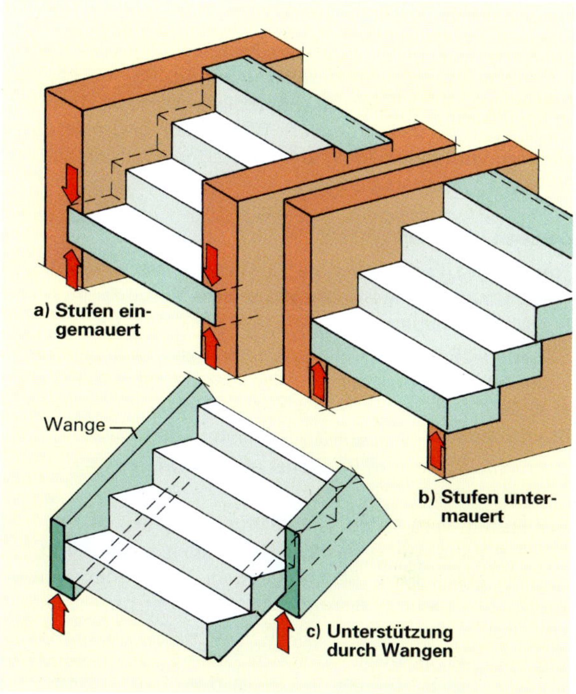

Treppen mit unterstützten Stufen

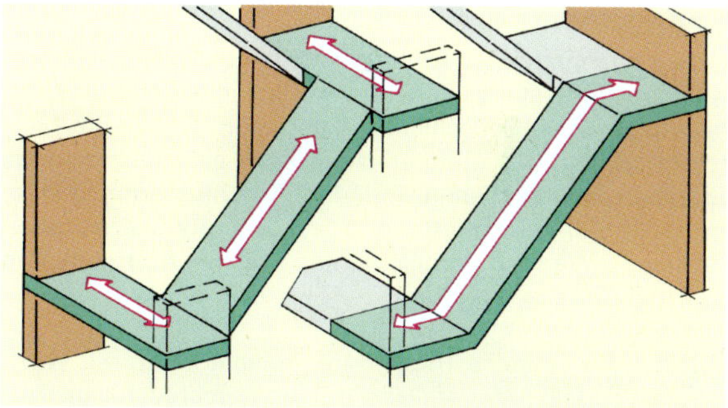

Laufplatte von Podest zu Podest gespannt **Geknickte Laufplatte zwischen Treppenhauswänden gespannt**

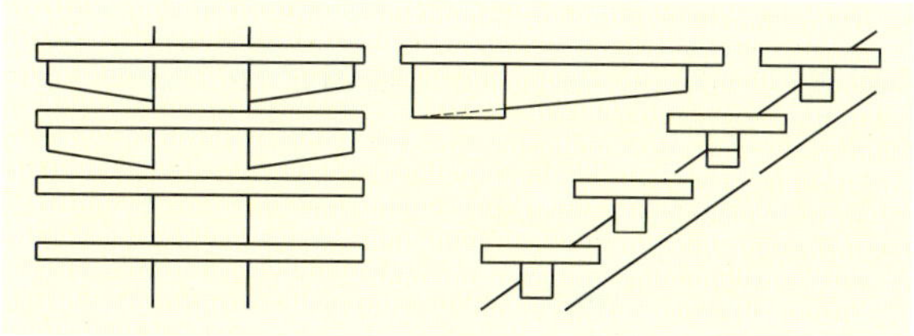

Treppenbalken

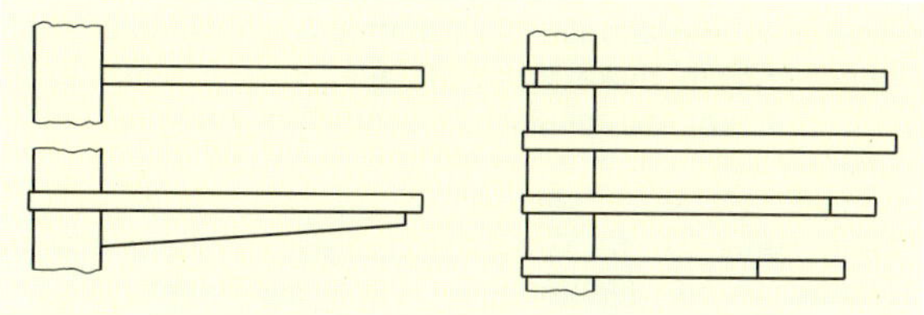

Spindeltreppe mit eingespannten, freitragenden Stufen

8.3.2 Gemauerte Treppen

Gemauerte Treppen verlangen Treppenstufen aus Mauerwerk mit hohem Abnutzungswiderstand. Bei Treppen im Freien ist zusätzlich Frostbeständigkeit gefordert. Treppenstufen aus Klinkermauerwerk (Vollklinker und Hochlochklinker), Vormauerziegeln und aus harten Natursteinen haben sich besonders bewährt.

Treppen im Freien

Treppen im Freien, wie sie in Garten- und Parkanlagen vorkommen, erhalten abgestufte Streifenfundamente für die Wangenmauern.

Bei ausreichender Tragfähigkeit kann der Boden als Auflager für die Stufen dienen. Der Boden wird abgetreppt, und die Steine werden in einer mindestens 5 cm dicken Brechsandschicht oder im Mörtelbett verlegt.

Bei nichttragfähigem Boden ist eine Betonplatte als Unterstützung erforderlich.

Die Stufen werden aus architektonischen Gründen häufig aus Natursteinen hergestellt (heute auch zunehmend Betonfertigteile; siehe Abschnitt 16.4). Verwendet werden hierfür Bruchsteine, also mit dem Hammer grob bearbeitete Steine. Die Stufen werden in ganzer Höhe gemauert und können zusätzlich mit Bruchsteinplatten abgedeckt werden. Die Platten, die 5…6 cm dick sind, werden mit 3 cm Überstand und geringem Gefälle über dem Steinauflager im Mörtelbett verlegt.

Hauseingangstreppen

Hauseingangstreppen mit nur wenigen Stufen können mit Klinkern hergestellt werden. Die Klinker werden stehend als sogenannte Rollschicht mit geringem Gefälle im Mörtelbett verlegt. Als Unterstützung kann eine auskragende Stahlbetonplatte dienen. Für den Anschluss der auskragenden Stahlbetonplatte gibt es Sonderkonstruktionen (tragende Wärmedämmelemente), die ein Auftreten von Wärmebrücken verhindern.

Stufen für einfache Treppen im Freien können mit Vormauerziegeln oder Vollklinkern und Hochlochklinkern hergestellt werden.
Treppen in Garten- und Parkanlagen werden bevorzugt mit Bruchsteinen ausgeführt.

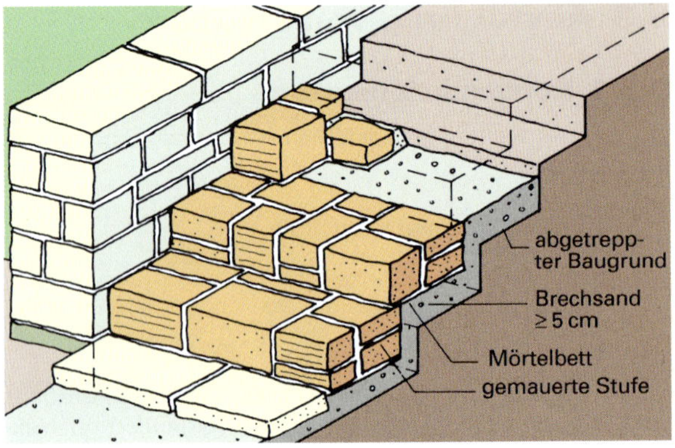

Gemauerte Natursteinstufen im Sandbett

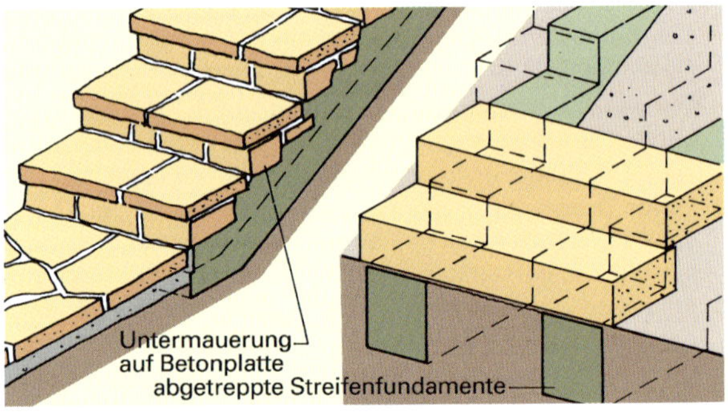

Gemauerte Natursteinstufen auf Fundamenten

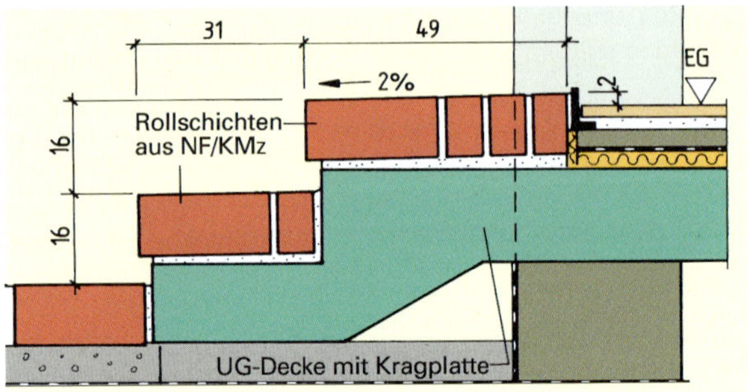

Hauseingangstreppe aus Vollklinkern

8.3.3 Treppen mit unterstützten Werksteinstufen

Geschosstreppen

Die Stufen liegen in Aussparungen der Treppenhauswände und/oder werden durch Wangenmauern unterstützt. Um eine ebene Treppenuntersicht zu erhalten, werden Keilstufen mit Falz verwendet. Sie behalten im Bereich der Einmauerung einen rechteckigen Querschnitt. Die Aussparungen werden beim Mauern der Treppenhauswände angeordnet. Wirtschaftlich ist es jedoch, eine eigene 11,5 cm dicke Wangenmauer vorzusehen. Hochführen der Wangenmauern und Verlegen der Werksteinstufen erfolgen dann in einem Arbeitsgang.

Werksteinstufen für Geschosstreppen können in Treppenhauswände einbinden und/oder auf einer Untermauerung aufliegen.

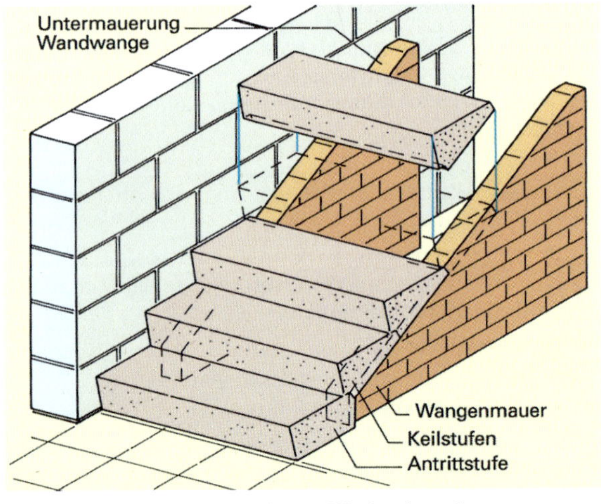

Geschosstreppe mit unterstützten Werksteinstufen

Hauseingangstreppen

Auch Eingangstreppen lassen sich mit Werksteinstufen ausführen. Die Stufen werden beispielsweise durch Wangen aus Mauerwerk, Beton oder Stahlbeton unterstützt. Auf frostfreie Gründung der Wangen ist zu achten.

Die Abbildung zeigt eine Hauseingangstreppe, bei der Betonwerksteinplatten auf vorgefertigten Stahlbetonwangen lagern. Die Wangen werden oben beidseits der Türöffnung eingemauert und können unten auf eine Fundamentschwelle abgestützt werden.

Kellerinnentreppen

Die Kellerinnentreppe wird vielfach durch Wangenmauern bzw. Treppenhauswände begrenzt. Als Auflager reicht für die Stufen an beiden Enden 11,5 cm dickes Mauerwerk, das unmittelbar neben den Wangenmauern bzw. Treppenhauswänden hochgeführt wird.

Die Abbildung zeigt eine einläufige gerade Treppe mit Zwischenpodest.

Blockstufen aus Betonwerkstein mit trapezförmigem Querschnitt werden an der Untergeschosswand durch eine 11,5 cm dicke Mauer unterstützt. An der Lichtwange liegen die Stufen 12,5 cm tief auf einer 24 cm dicken Wangenmauer, die mit 11,5 cm Dicke über die Stufen hinausgeführt wird.

Beim Versetzen der Blockstufen muss die Fertigfußbodenhöhe berücksichtigt werden.

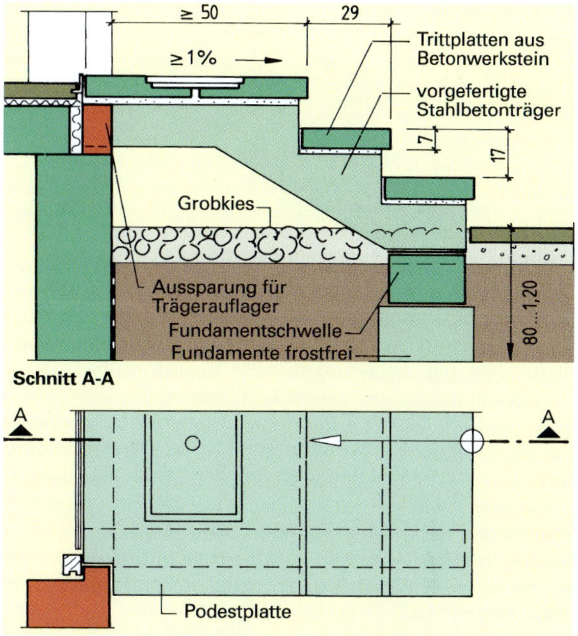

Hauseingangstreppe aus Betonwerksteinstufen

Für Hauseingangstreppen eignen sich Betonwerksteinplatten, die auf vorgefertigten Stahlbetonwangen versetzt werden.

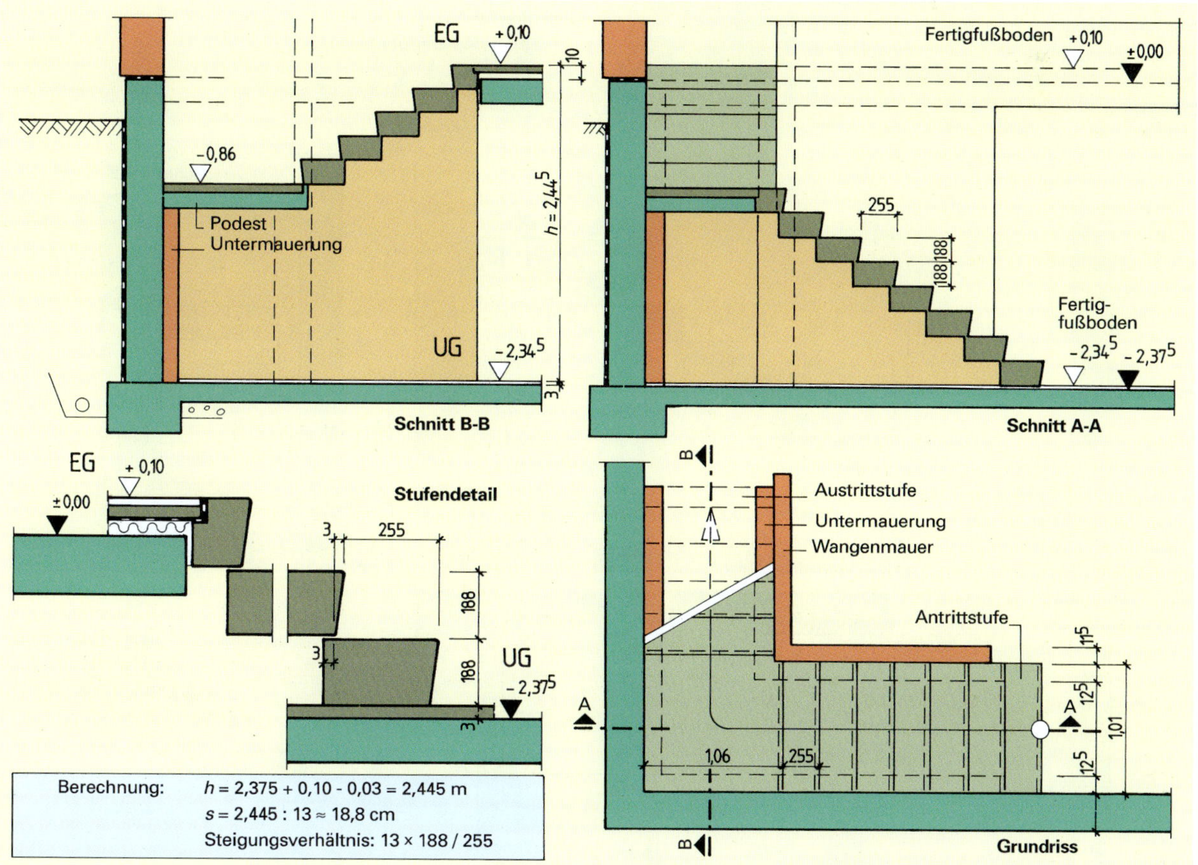

Berechnung: $h = 2{,}375 + 0{,}10 - 0{,}03 = 2{,}445$ m
$s = 2{,}445 : 13 \approx 18{,}8$ cm
Steigungsverhältnis: 13 × 188 / 255

Kellerinnentreppe

Kelleraußentreppen

Die Kelleraußentreppe wird im Allgemeinen parallel oder rechtwinklig zum Gebäude angeordnet. Im ersten Fall begrenzen Untergeschosswände und Wangenmauern die Treppe; im zweiten Fall liegt sie zwischen zwei Wangenmauern. Die Wangenmauern, die den Erddruck aufnehmen, müssen mindestens 24 cm dick sein. Sie werden knapp über das Gelände geführt; ihre Fundamente sind frostfrei zu gründen. Die Stufen werden wie bei Kellerinnentreppen durch halbsteindicke Mauern unterstützt.

Die Abbildung zeigt eine einläufige gerade Treppe mit Vorplatz. Die Treppe liegt parallel zum Gebäude. Die Wangenmauer wird aus Stahlbeton hergestellt. Betonwerksteinstufen mit rechteckigem oder trapezförmigem Querschnitt mit oder ohne profilierte Vorderkanten werden auf einer 11,5 cm dicken Untermauerung versetzt. Zwischen die Untermauerung wird unterhalb der Werksteinstufen eine Schotterschicht eingebracht. Sie wirkt als kapillarbrechende Schicht.

Um Masse einzusparen, können auch Winkelstufen verwendet werden. Statt auf eine Untermauerung werden sie auf abgetreppte Fertigteilträger gelegt, die auf Querriegeln auflagern.

Werksteinstufen für Geschosstreppen können in Treppenhauswände einbinden und/oder auf einer Untermauerung aufliegen.

Kellerinnen- und Kelleraußentreppen werden vielfach mit Betonwerksteinstufen ausgeführt. Die Stufen werden durch halbsteindicke Mauern unterstützt. Wangenmauern bei Kelleraußentreppen sind frostfrei zu gründen.

Sowohl bei Kellerinnen- als auch bei Kelleraußentreppen wird das Treppenprofil auf der Untergeschosswand bzw. der Wangenmauer angerissen.

Hierzu werden auf Richtlatten die Treppensteigungen und Treppenauftritte eingemessen. Durch die Teilpunkte auf den Richtlatten werden **Lot-** und **Waagerisse** gezogen, die das Profil der Treppe ergeben. Zum Anzeichnen der Lotrisse müssen die Fertigfußbodenhöhen unbedingt bekannt sein.

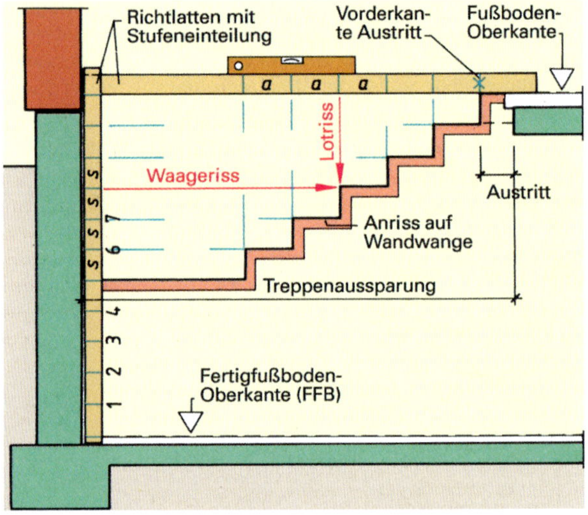

Anreißen des Treppenprofils

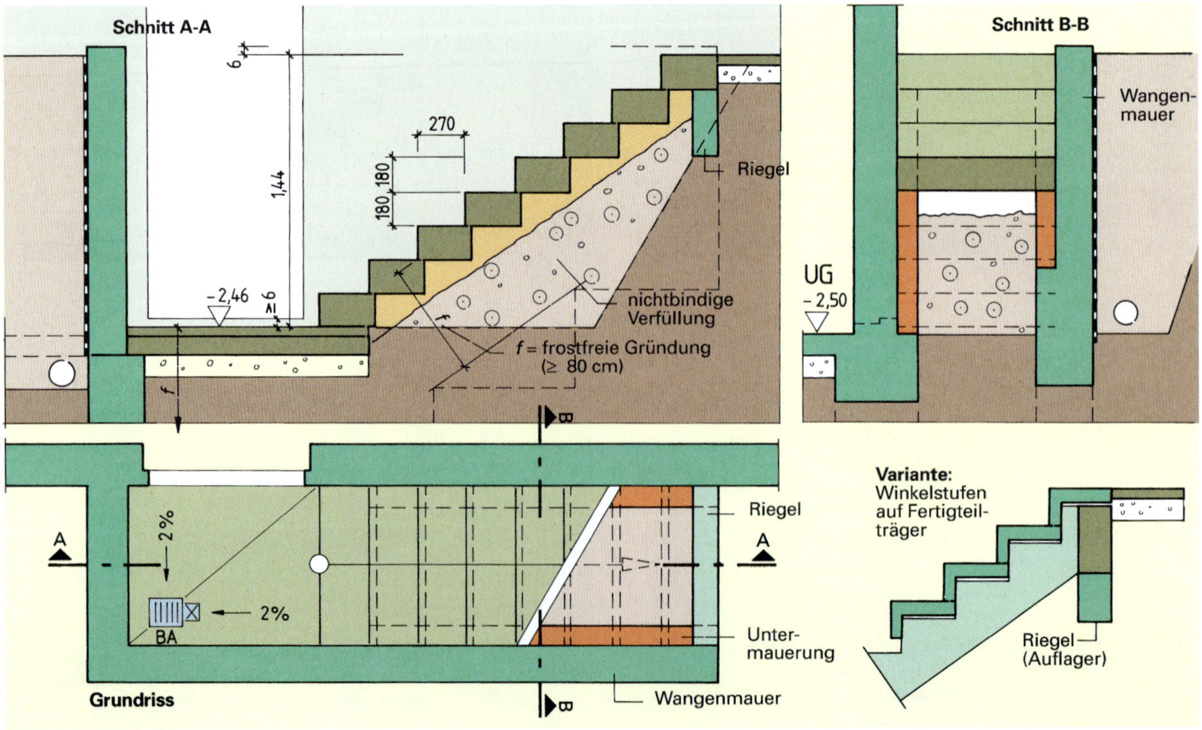

Kelleraußentreppe

Konstruktionsaufgaben

1.

Zeichnen Sie die dargestellte Kelleraußentreppe im Maßstab 1:20 bzw. 1:10 auf ein Zeichenblatt A3.

Verlangt werden:
a) Grundriss,
b) Schnitt A–A,
c) Schnitt B–B,
d) Stufendetails.

Ausführung:

Verwendet werden Betonblockstufen oder Winkelstufen mit 11,5 cm Untermauerung.

Führen Sie die Treppenberechnung durch.

Ermitteln Sie folgende Maße:
a) Zahl der Steigungen n,
b) Treppensteigung s,
c) Treppenauftritt a,
d) Treppenlauflänge l.

Zeichnen Sie zuerst den Grundriss, dann die Schnitte A–A und B–B und schließlich die Stufendetails mit rechteckigen und trapezförmigen Blockstufen und Winkelstufen.

Alle Zeichnungen sind vollständig zu bemaßen, die geschnittenen Bauteile sind zu schraffieren.

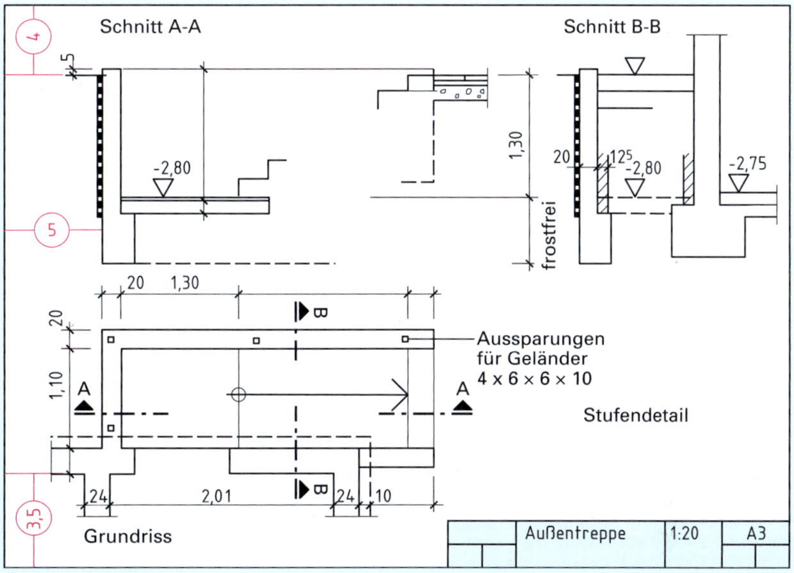

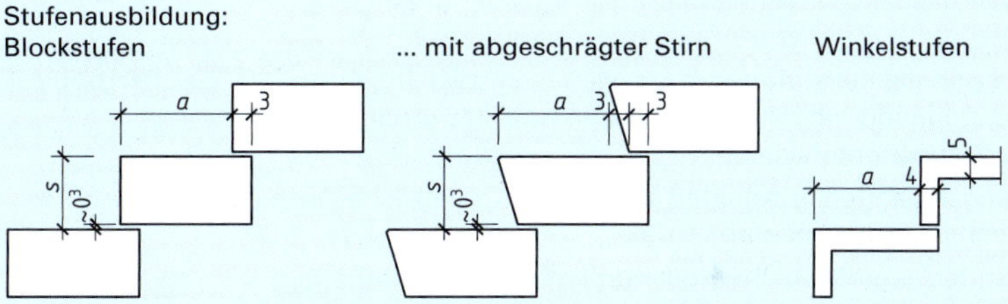

2.

In eine Galeriewohnung wird eine zweiläufige gewinkelte Treppe mit Zwischenpodest eingebaut.

Zeichnen Sie auf ein Zeichenblatt A3
a) den Grundriss und die Ansicht dieser Treppe im Maßstab 1:20,
b) das Stufendetail im Maßstab 1:10.

Ausführung:

Verwendet werden Keilstufen mit Falz aus Betonwerkstein, die mit einer 11,5 cm dicken Wand untermauert werden.

Die Maße für die Keilstufen sind selbst festzulegen.

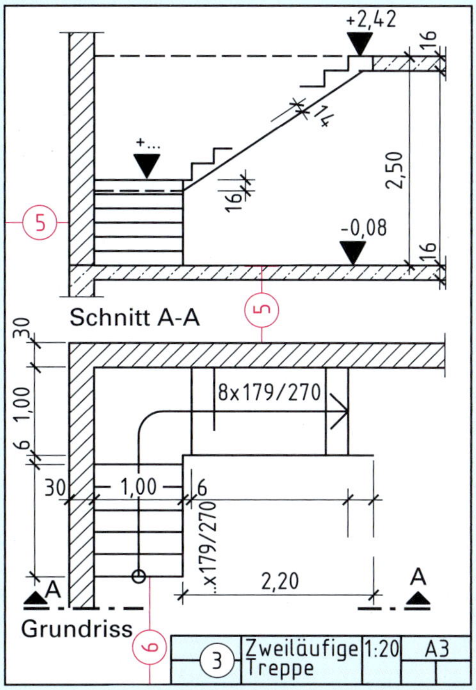

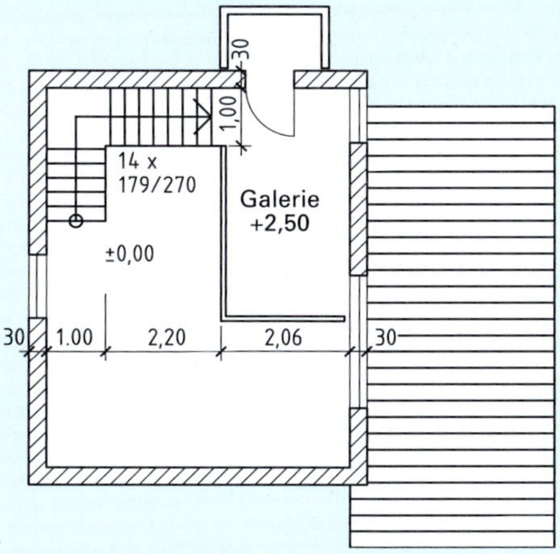

Grundriss Galeriegeschoss (Planausschnitt)

8.3.4 Treppen mit freitragenden Werksteinstufen

Freitragende Werksteinstufen sind einseitig in die Treppenhauswand eingespannt. Tragfähigkeit und Sicherheit einer solchen Treppe sind von der Auflast, von der Einbindetiefe im Mauerwerk und von der Biegefestigkeit der Stufen abhängig. Die Treppenhauswände müssen mindestens 24 cm dick sein, um eine ausreichende Auflast zu haben. Bei Treppen bis 1,00 m Laufbreite genügt es, wenn jede dritte Stufe 24 cm, die übrigen 12 cm einbinden. Stufen größerer Freilänge binden durchweg 24 cm ein.

Zur trittschalltechnischen Trennung von eingespannten Stufen und Treppenhauswand können besondere Aussparungsformen eingesetzt werden.

Die Laufbreite der freitragenden Treppe ist durch die maximale Auskragung der Stufen auf etwa 1,20 m begrenzt.

Betonwerksteinstufen erhalten zur Erhöhung ihrer Biegefestigkeit eine **Bewehrung**. Jede Stufe stellt einen eingespannten Kragträger dar, bei dem infolge der Belastung die Zugspannungen oben auftreten. Die Bewehrungsstähle müssen deshalb zur Aufnahme der Zugspannungen oben liegen.

Eingespannte Keilstufen stützen sich zusätzlich noch im Falz aufeinander ab. Durch Keilstufen mit Falz erhält man glatte Treppenuntersichten.

Bei eingespannten Trittplatten erfolgt eine zusätzliche Abstützung durch Stahlbolzen.

Die Stufen werden beim Hochmauern der Treppenhauswände versetzt. Unter den freien Stufenenden ist eine **Einrüstung** erforderlich. Sie darf erst entfernt werden, wenn die Geschossdecke betoniert, das Mauerwerk genügend erhärtet und die Fugen der Stufen vermörtelt sind.

8.3.5 Treppen aus Stahlbeton (Ortbeton)

Aufbau

Als Stahlbetontreppen werden solche Treppen bezeichnet, bei denen Laufplatten und Podeste in Ortbeton hergestellt werden. Die Laufplatten werden heute fast ausschließlich mit aufbetonierten Trittstufen hergestellt. Die Trittstufen werden nach Fertigstellung des Innenausbaues mit Platten aus Natur- oder Betonwerkstein oder mit Winkelstufen aus Betonwerkstein verkleidet.

Um Dehnungen zu ermöglichen, werden Tritt- und Setzstufen und Winkelplatten nicht voll im Mörtelbett, sondern auf etwa 10 cm breiten Mörtelstreifen aus plastischem Zementmörtel verlegt.

Von der Vielzahl der Treppenkonstruktionen wird die **längs gespannte Laufplattentreppe** wegen ihrer Zweckmäßigkeit und einfachen Herstellung bevorzugt ausgeführt. Die geeignete Treppenform für den Geschosswohnungsbau ist die zweiläufige gegenläufige Treppe mit Zwischenpodest. Die Laufplatte wird durch die Podeste abgestützt. Die Podeste liegen auf den seitlichen Treppenhauswänden auf.

Im Geschosswohnungsbau werden längs gespannte Treppenlaufplatten wegen ihrer einfachen Herstellung bevorzugt.

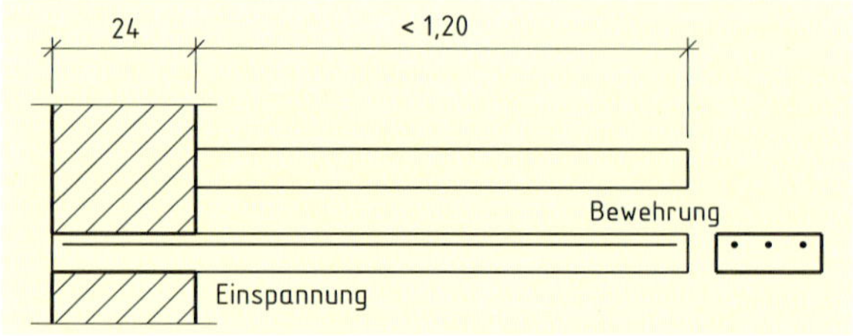

Eingespannte Betonwerksteinstufen mit Bewehrung

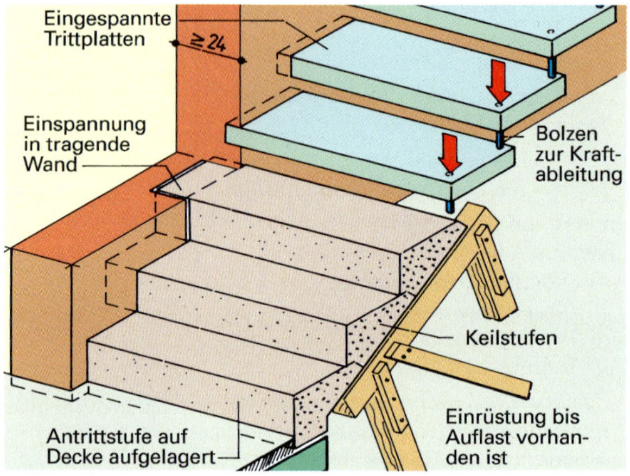

Einseitig eingespannte Keil- und Plattenstufen

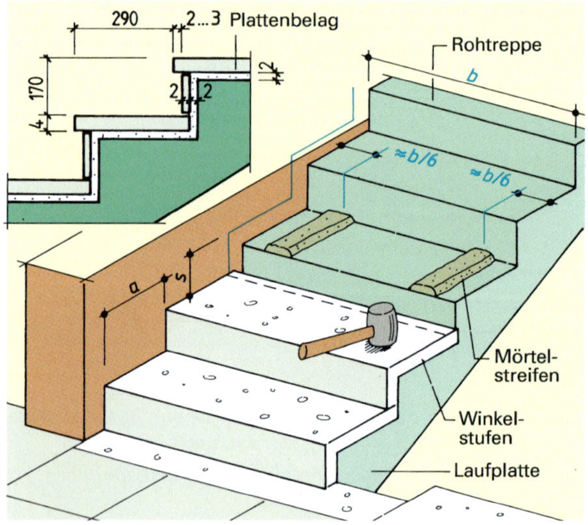

Laufplatte mit Belägen, Verlegevorgang

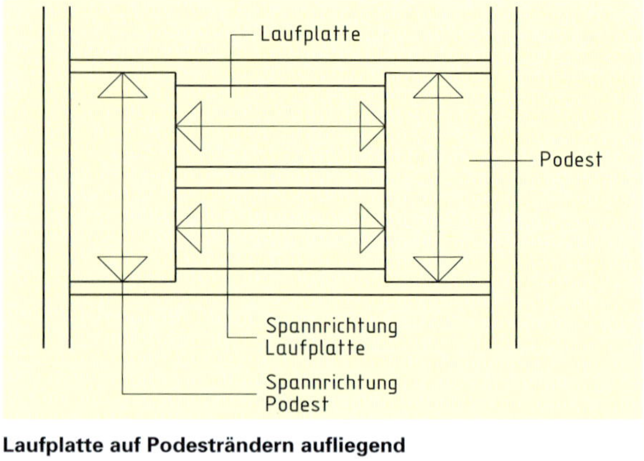

Laufplatte auf Podeständern aufliegend

Bewehrung

Die Bewehrung einer längs gespannten Laufplattentreppe, auf Podesträndern aufliegend, besteht aus:

- Hauptbewehrung von Podesten und Laufplatten,
- Bewehrung an den Knickstellen,
- Bewehrung der Podestränder.

Die Podestränder stützen die Laufplatten. Deshalb müssen sie besonders verstärkt werden. Das geschieht durch eine zusätzliche Bewehrung, d.h. die Podestränder erhalten zwei bis drei Bewehrungsstäbe, die über die gesamte Podestbreite liegen.

Die Bewehrung der Laufplatten und der Podeste gleicht der Bewehrung von Geschossdecken (siehe Abschnitt 9.3.2). An der Unterseite der Laufplatte entstehen Zugkräfte, die durch die Bewehrung mit Einzelstäben oder Betonstahlmatten aufgenommen werden. Die Podeste werden ebenfalls an der Unterseite auf Zug beansprucht, die Bewehrung erfolgt in der Regel durch Betonstahlmatten.

Die Knickstellen zwischen Treppenlauf und den Podesten müssen durch eine zusätzliche Bewehrung verstärkt werden. An den unteren ausspringenden Ecken wird die Bewehrung der Laufplatte um die Knickstellen geführt und die umgelenkten Kräfte der Bewehrung durch Zulagen aufgenommen. An den einspringenden Ecken darf die Zugbewehrung nicht um die Knickstelle geführt werden, da der Beton bei Zugbeanspruchung der Bewehrung abplatzen kann. Deshalb werden kreuzende Bewehrungsstäbe nach dem Prinzip biegesteifer Ecken angeordnet, die in der Platte zu verankern sind.

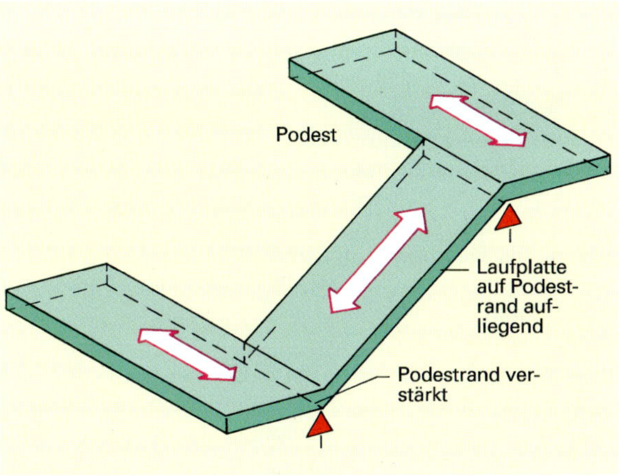

Podestränder stützen die Laufplatten

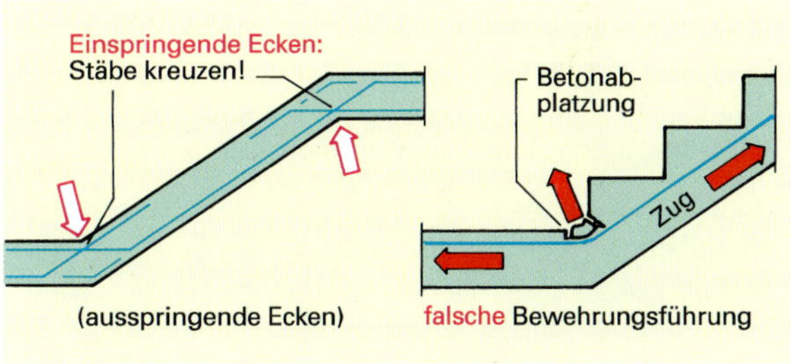

Bewehrungsführung an den Knickstellen

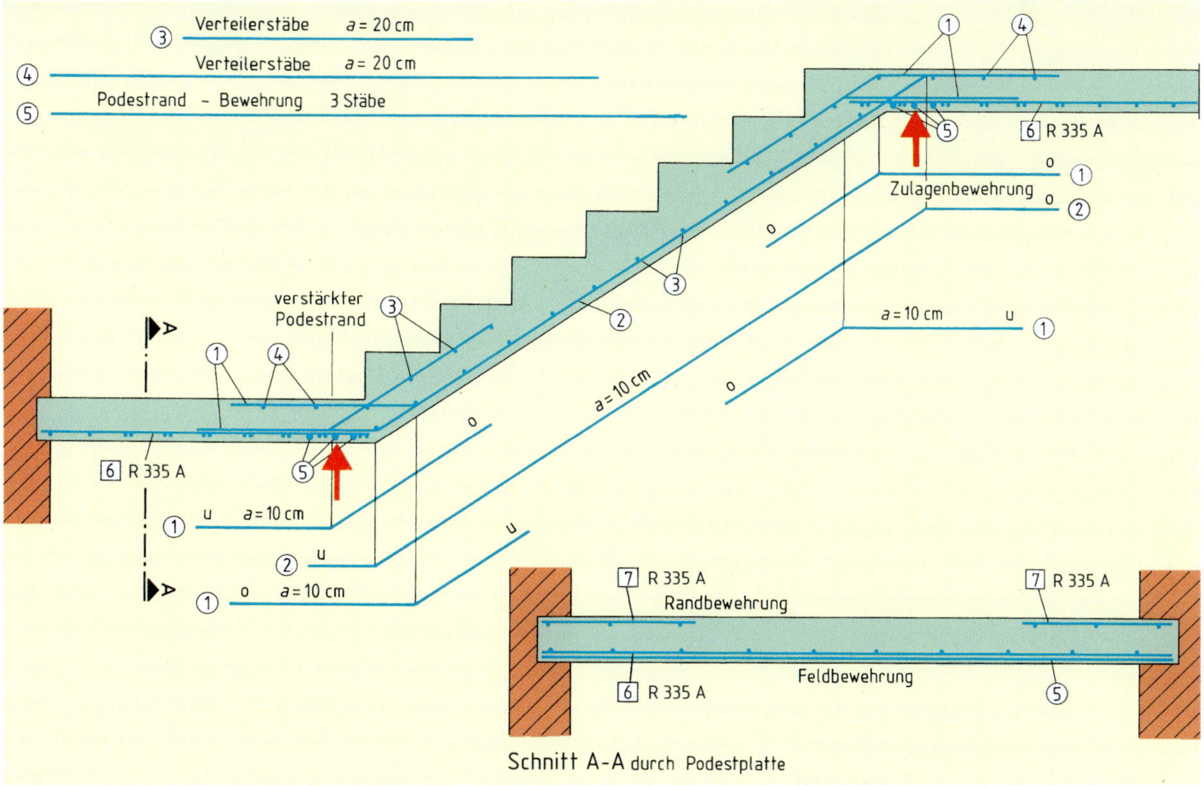

Bewehrung einer zweiläufigen Treppe mit Zwischenpodest, Laufplatte liegt auf verstärkten Podesträndern

Bewehrungszeichnungen für Stahlbetontreppen

Der Bewehrungsplan, im Maßstab 1:20 gezeichnet, erfasst den Schnitt durch den Treppenlauf mit der Bewehrungslage, den Stahlauszug und die Stahlliste.

Die Treppenbewehrung besteht aus der Hauptbewehrung von Podesten und Laufplatte sowie der Bewehrung an den Knickstellen. Die Stababstände der Hauptbewehrung dürfen höchstens 15 cm zuzüglich $\frac{1}{10}$ der Plattendicke betragen. Als Querbewehrung müssen mindestens 3 Stabstähle 6 mm oder mindestens 20 % des Querschnittes der Hauptbewehrung betragen.

Am Musterbeispiel der zweiläufigen Treppe mit Zwischenpodest wird die Bewehrung der geknickten Laufplatte dargestellt. Die Bewehrung der Treppe gleicht der Bewehrungsführung von Geschossdecken (siehe Abschnitt 9.3.2).

- Im Längsschnitt werden die Stähle eingezeichnet und mit Positionsnummern versehen.
- Der Stahlauszug wird unter dem Schnitt angeordnet. Die Einzelstähle werden von oben nach unten heraus gezeichnet. Jede anfallende Schnittlänge und/oder Biegeform ist mit der Positionsnummer und den Positionsangaben versehen.
- Die Lage der Bewehrung wird im Stahlauszug durch die Begriffe „unten" und „oben" gekennzeichnet.

Stahlbetontreppen aus Ortbeton werden im Geschosswohnungsbau meist als zweiläufige gegenläufige Treppen mit Zwischenpodesten ausgeführt.

Längsgespannte Stahlbetonplatten werden auf verstärkten Podesträndern gelagert. Die Bewehrung muss oben und unten in die Podeste eingreifen. Die Knickstellen müssen durch zusätzliche Bewehrung verstärkt werden.

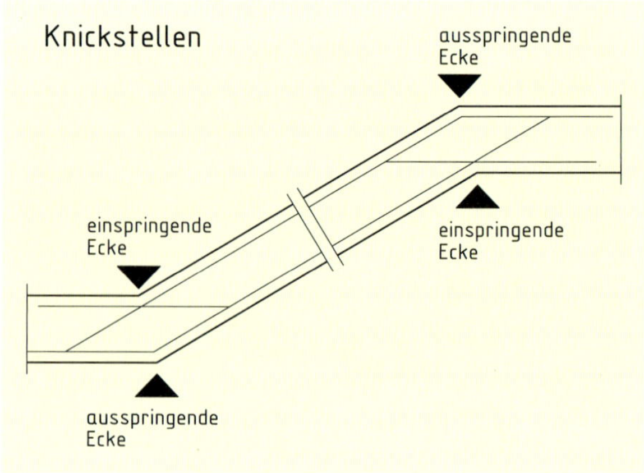

Bewehrung in den Knickstellen

Pos.	Stück	Durchmesser in mm	Einzellänge in m	Gesamtlänge in m ϕ 10	ϕ 12
1	9	12	6,40		57,60
2	9	10	2,40	21,60	
3	9	10	2,05	18,45	
4	9	10	3,20	28,80	
5	9	12	2,35		21,15
6	16	10	1,15	18,40	
7	32	10	2,45	78,40	
Gesamtlänge			m	165,65	78,75
Längenbezogene Masse			kg/m	0,617	0,888
Masse			kg	102,21	69,93
Gesamtmasse B500B			kg	172,14 kg	

Stahlliste

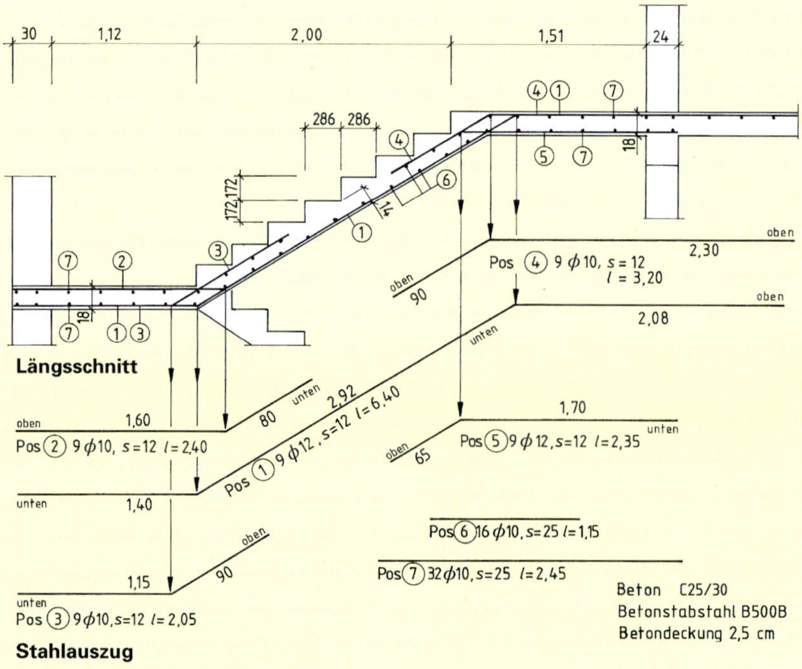

Bewehrungsplan für eine geknickte Laufplatte

Aufgaben

1. *Zeichnen Sie im Maßstab 1:20 auf ein Zeichenblatt A3 für eine einläufige gerade Treppe anhand des vorgegebenen Stahlauszuges die Bewehrungslage in den Längsschnitt ein und erstellen Sie die Stahlliste.*

Angaben:	*Steigungen n*	*= 16 cm*
	Treppensteigung s	*= 172,5 mm*
	Treppenauftritt a	*= 285 mm*
	Laufplattendicke	*= 16 cm*
	Dicke Geschossdecken	*= 18 cm*

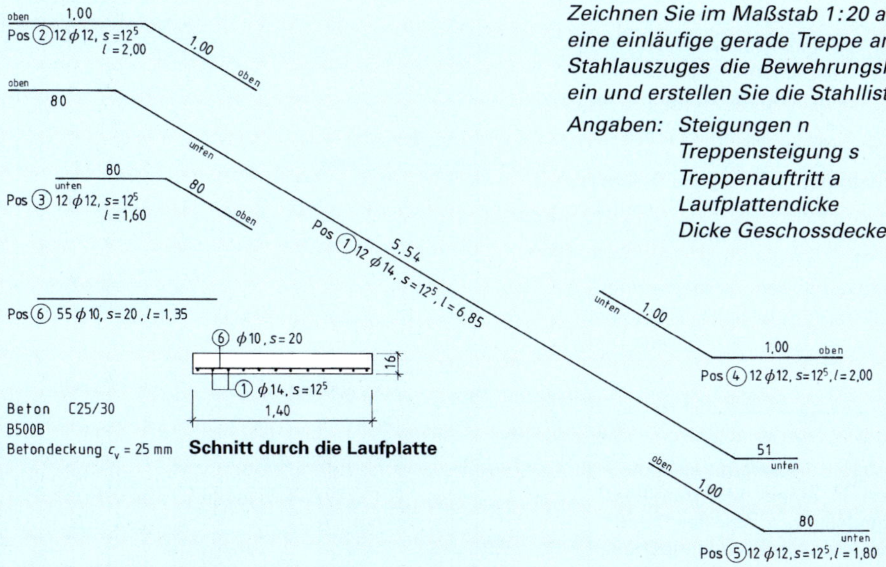

2. *Zeichnen Sie den Schnitt durch die geknickte Treppenlaufplatte im Maßstab 1:20 auf Zeichenblatt A3.*

   Die Bewehrung ist entsprechend dem Musterbeispiel einzuzeichnen, und eine Stahlliste ist anzufertigen.

Bewehrung:	*B500B*
Masse pro m:	*ϕ 10 mm = 0,617 kg/m*
	ϕ 12 mm = 0,888 kg/m
Beton:	*C25/30*
Betondeckung:	*c_v = 25 mm*
Laufbreite:	*0,90 m*
Podestbreite:	*2,50 m*

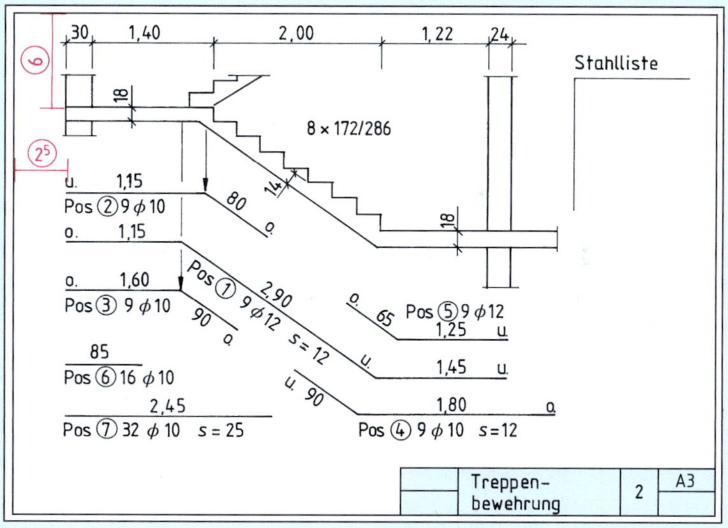

3. *Zeichnen Sie den Längs- und Querschnitt der einläufigen Treppe im Maßstab 1:20 auf Zeichenblatt A3.*

   Die Bewehrung ist entsprechend dem Musterbeispiel einzuzeichnen, und eine Stahlliste ist anzufertigen.

Bewehrung:	*B500B*
Masse pro m:	*ϕ 10 mm = 0,617 kg/m*
	ϕ 12 mm = 0,888 kg/m
	ϕ 14 mm = 1,21 kg/m
Beton:	*C25/30*
Betondeckung:	*c_v = 25 mm*

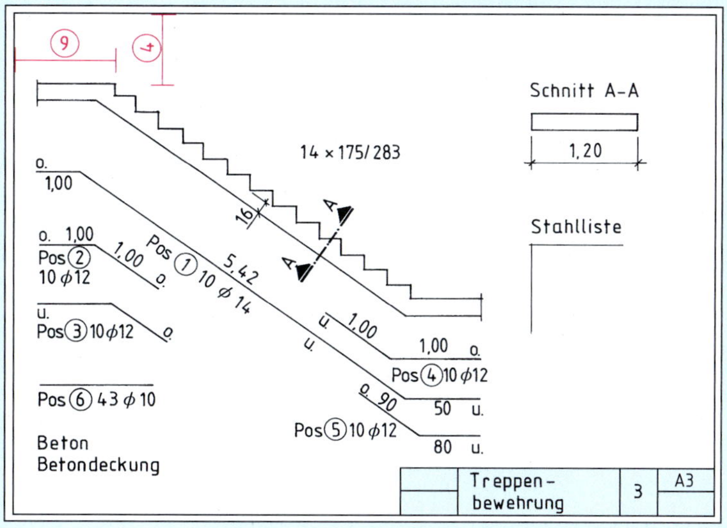

Materialbedarf

Der Auftragnehmer ist verpflichtet, seine Leistungen prüfbar abzurechnen. Die Leistungen sind nach Zeichnung zu ermitteln oder aufzumessen. Die zum Nachweis von Art und Umfang der Leistung erforderlichen Massenberechnungen, Zeichnungen und Belege sind beizufügen. Abrechnungshinweise sind in der Vergabe- und Vertragsordnung für Bauleistungen (VOB) enthalten.

Für Stahlbetontreppen wird Beton ab der Festigkeitsklasse C16/20 mit weicher Konsistenz verwendet. Der Frischbeton sollte nicht zu weich sein, um das Bluten des Betons zu verhindern. Er darf auch nicht zu steif sein, weil sich sonst unter Umständen Kiesnester bilden. Da die Laufplatten einen hohen Bewehrungsanteil aufweisen, sollte das Korngemisch im Sieblinienbereich ③ mit dem Kornaufbau 0/16 liegen.

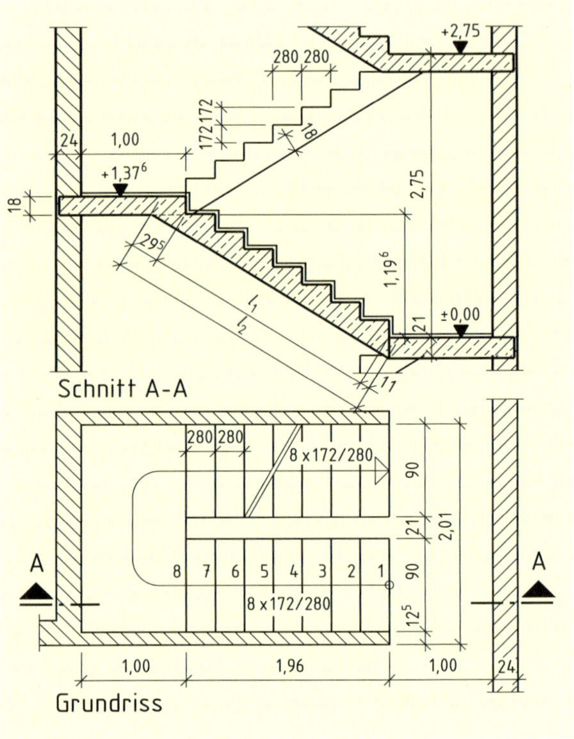

Zweiläufige gegenläufige Treppe mit Zwischenpodest

Beispiel:

Für den Bau einer zweiläufigen gegenläufigen Innentreppe mit Zwischenpodest in einem Mehrfamilienhaus, die in Ortbeton hergestellt wird, soll der Betonbedarf für eine Laufplatte und ein Zwischenpodest ermittelt werden. Verwendet wird Standardbeton nach DIN EN 206/DIN 1045-2, C16/20, XO, F3, Sieblinienbereich ③, d_g = 16 mm. Der Beton wird beim Transportbetonwerk bestellt. Somit wird der Verdichtungsfaktor bereits im Werk berücksichtigt. Es genügt also die Angabe der benötigten Festbetonmenge.

Zusätzlich soll der Bedarf an Zement, Gesteinskörnungen und Wasser nach Tabelle veranschlagt werden (vgl. Abschnitt 4.7.2).

Vorgehensweise:

Der Betonbedarf entspricht dem Volumen aus Laufplatte, Podest und aufbetonierten Keilstufen. Die Laufplatte stellt ein Prisma mit trapezförmiger, das Podest mit rechteckförmiger und die Keilstufen mit dreiecksförmiger Querschnittsfläche dar.

Das Volumen eines Prismas wird nach der Formel berechnet:

$V = A \cdot h_K$ A – Grundfläche h_K – Körperhöhe

1. Betonbedarf für die Laufplatte

Die Breite der Laufplatte beträgt 0,90 m, die Treppenlauflänge 1,96 m und die zu berücksichtigende Höhe 1,196 m.
Es wird die trapezförmige Querschnittsfläche nach der Formel $A = (l_1 + l_2) : 2 \cdot b$ berechnet.
Die Länge der Laufplatte l_1 wird mithilfe des Satzes von Pythagoras ermittelt.

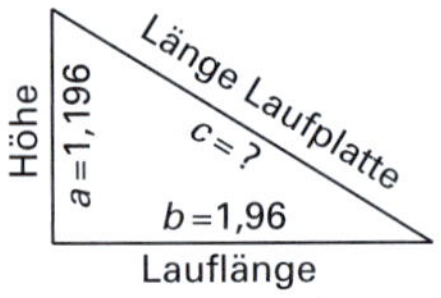

$$c^2 = a^2 + b^2$$
$$c = \sqrt{a^2 + b^2}$$

$l_1 = \sqrt{(1{,}96\ \text{m})^2 + (1{,}196\ \text{m})^2}$ = 2,30 m

l_2 = 2,30 m + 0,295 m + 0,11 m = 2,705 m

Berechnung der Querschnittsfläche und des Volumens (= Betonbedarf) für die Laufplatte:

A = (2,30 m + 2,705 m) : 2 · 0,18 m = 0,450 m²

V = 0,450 m² · 0,90 m = <u>0,405 m³</u>

2. Betonbedarf für die Keilstufen (14 Stück)

$$V = \frac{0{,}172\ \text{m} \cdot 0{,}28\ \text{m}}{2} \cdot 0{,}90\ \text{m} \cdot 14\ \text{Stück} = \underline{0{,}303\ \text{m}^3}$$

3. Betonbedarf für das Zwischenpodest

Es wird zuerst die Grundfläche des Podestes berechnet. Das Podest bindet in die Treppenhauswände ein. An seinen Stirnseiten erhält es 2 cm dicke Dämmplatten. Dies muss bei der Berechnung der Länge und Breite berücksichtigt werden.

l_{Podest} = 1,00 m + 0,22 m = 1,22 m

b_{Podest} = 2,01 m + 2 · 0,095 m = 2,20 m

Betonbedarf = 1,22 m · 2,20 m · 0,18 m = <u>0,483 m³</u>

4. Gesamter Betonbedarf

V = 0,405 m³ + 0,303 m³ + 0,483 m³ = <u>1,191 m³</u>

5. Betonbestandteile

Bei Standardbeton können die Bestandteile pro m³ Festbeton der Tabelle auf Seite 167 (siehe Abschnitt 4.7.2) entnommen werden. Danach beträgt der Gehalt an

Zement	= 380 kg/m³
+ 10% für Größtkorn 16 mm	= 38 kg/m³
Zement	= 418 kg/m³
Bedarf = 418 kg/m³ · 1,191 m³	= <u>497,84 kg</u>
Gesteinskörnungen = 1810 kg/m³ · 1,191 m³	= <u>2 155,71 kg</u>
Bedarf an Wasser = 150 kg/m³ · 1,191 m³	= <u>178,65 kg</u>

Aufgaben

1. *Eine Kelleraußentreppe wird mit den in der Abbildung dargestellten Blockstufen in Variante 1 und 2 ausgeführt. Erforderlich sind insgesamt 13 Stufen. Die Stufen sind 1,0 m breit.*

   Ermitteln Sie für beide Varianten den Bedarf an Festbeton in m^3. Wie hoch ist der Zementgehalt, der Gehalt an Gesteinskörnung und an Wasser zu veranschlagen, wenn Standardbeton C12/15, XO, F2, Sieblinienbereich ③, d_g = 16 mm und Zement der Festigkeitsklasse 32,5 verwendet werden?

2. *Die dargestellte Laufplattentreppe wird für ein Mehrfamilienwohnhaus vorgefertigt. Die Laufplattenbreite misst 1,00 m.*

   Ermitteln Sie für 8 Stück
   a) den Bedarf an Festbeton in m^3.
   b) Wie hoch ist der Zementgehalt, der Gehalt an Gesteinskörnung und an Wasser zu veranschlagen, wenn Standardbeton C16/20, XO, F3, Sieblinienbereich ③, d_g = 16 mm und Zement der Festigkeitsklasse 42,5 verwendet werden?

3. *Eine Geschosstreppe erhält die in der Abbildung dargestellten Winkelstufen. Die Stufen haben eine Breite von 90 cm.*

   Ermitteln Sie für 17 Stufen den Bedarf an Festbeton in m^3.

4. *Die dargestellte gerade einläufige Geschosstreppe wird in Stahlbeton ausgeführt. Die Trittstufen werden mit 3 cm dicken Natursteinplatten belegt.*

   Ermitteln Sie
   a) den Bedarf an Festbeton in m^3,
   b) den Bedarf an Trittstufen in m^2.
   Die Treppenlaufbreite beträgt 1,10 m; die Unterschneidung misst 3 cm und die Laufplattendicke 18 cm.

5. *Für die dargestellten eingespannten Plattenstufen sind zu berechnen:*
   a) der Bedarf an Festbeton in m^3 bei 15 Stück,
   b) die Massen an Bewehrungsstäben, wenn pro Platte 3ϕ 12 mm eingebaut werden.

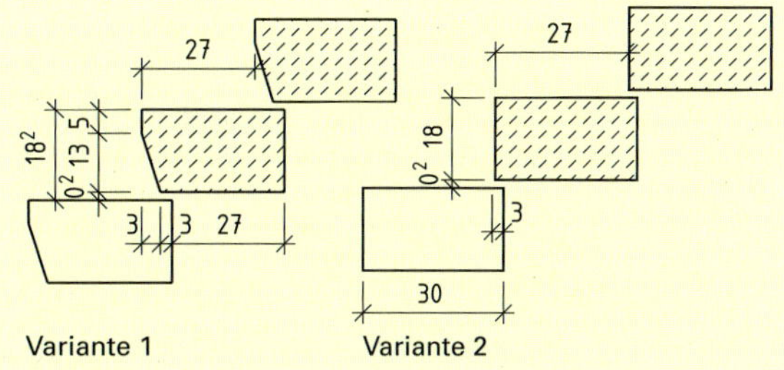

Blockstufen

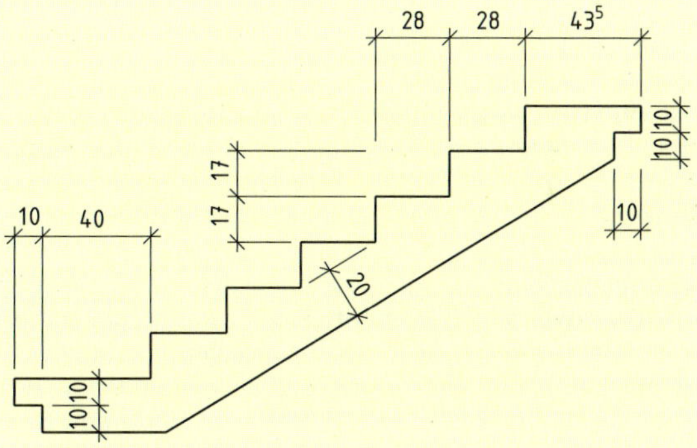

Vorgefertigte Laufplatte

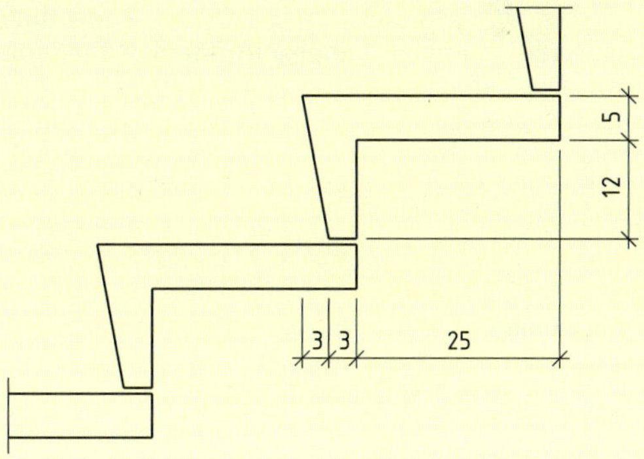

Winkelstufen

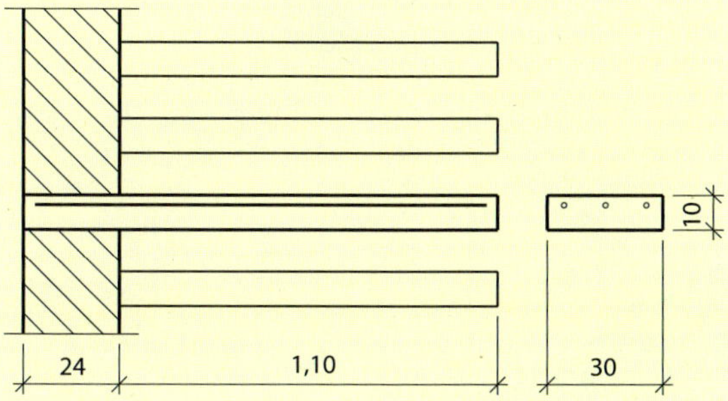

Eingespannte Betonplattenstufen

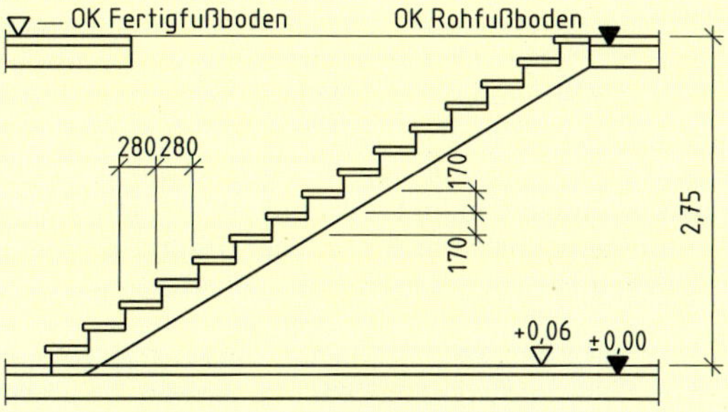

Einläufige gerade Geschosstreppe

8.3.6 Treppen aus Stahlbetonfertigteilen

Für den Einsatz von Stahlbetonfertigteilen sprechen wirtschaftliche und technische Gründe. Es lassen sich dadurch zeitraubende Schalungsarbeiten vermeiden und einwandfreie Sichtbetonflächen herstellen. Voraussetzung für den Einbau ist jedoch die Einhaltung der Stockwerkshöhen nach DIN 4174: **2,625 m**; **2,75 m** und **3,00 m**. Zum Einsatz kommen:

- Elementtreppe,
- Laufträger- oder Lamellentreppe,
- Laufplattentreppe.

Elementtreppe

Aus Element-Treppenfertigteilen lassen sich bevorzugt gewendelte Treppen herstellen. Bei den einzelnen Elementen handelt es sich um Fertigteil-Massivplatten mit aufbetonierten Keilstufen, die aus Normalbeton C45/55 in Stahlschalungen im Werk vorgefertigt werden. Die Elemente werden am Antritt auf der Bodenplatte und an den Podesten vorzugsweise auf Fertigteil-Podestträgern bzw. Massivdecken gelagert. Es gibt **dreiteilige Elementtreppen**, bestehend aus einem gewendelten unteren und oberen Eckelement, einem geraden Zwischenstück und Podestträgern. Die **zweiteilige Elementtreppe** besteht aus einem gewendelten unteren oder oberen Eckelement und einer geraden Laufplatte oder nur aus zwei gewendelten Eckelementen. Sie erhalten ihre Auflager auf der einen Seite durch den Podestträger und auf der anderen Seite durch Auflager-Konsolen.

Die Elemente können mit einem Baukran versetzt werden.

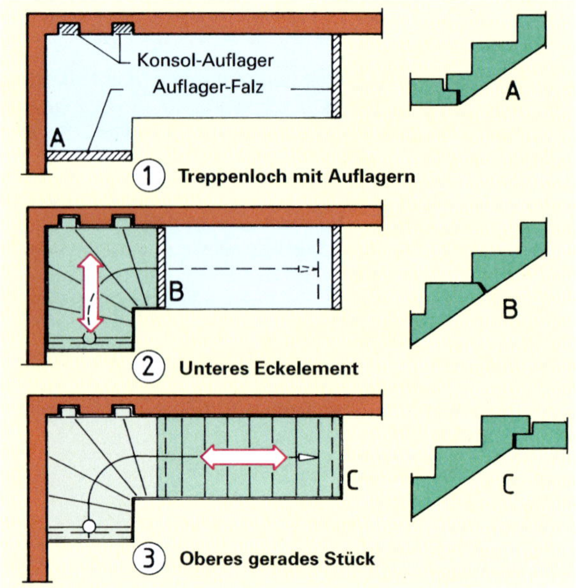

Versetzen einer zweiteiligen Elementtreppe

Laufträgertreppe (Lamellentreppe)

Diese Treppe besteht aus vorgefertigten **Podestbalken** und mehreren schmalen **Längslaufträgern**, sogenannten Lamellen. Die Lamellen haben eine Breite von 16,6 cm; sechs Lamellen einschließlich Fugen ergeben somit eine Treppenlaufbreite von 1,00 m. Der Querschnitt der Lamellen ist [-förmig. Zuerst werden die Podestbalken auf den Treppenhauswänden in die richtige Lage gebracht und eingemauert. Danach werden die Lamellenträger zwischen die Podestbalken eingehängt. Nach Fertigstellung eines Treppenlaufes wird in die Aussparungen in der Mitte der Lamellen eine Querbewehrung eingelegt und die Querrippe von oben mit Beton ausgegossen.

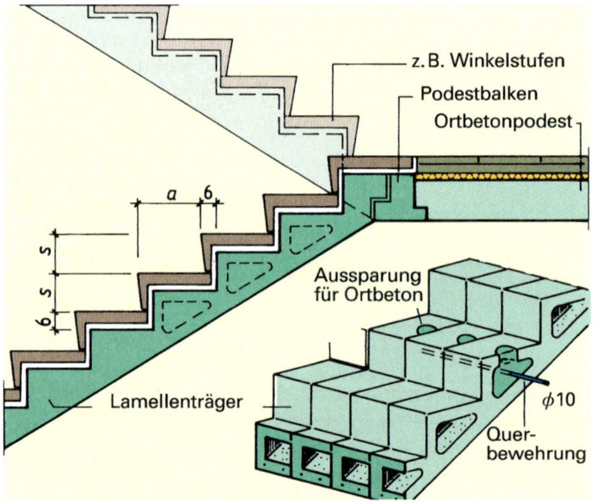

Laufträgertreppe (Lamellentreppe)

Laufplattentreppe

Bei dieser Konstruktion werden keine einzelnen Treppenfertigteile zusammengebaut. Vielmehr werden Laufplatten mit Trittstufen in ganzer Länge im Betonwerk vorgefertigt. Die Podeste spannen quer und liegen auf den Außenwänden auf. Die Laufplatten werden zwischen die Podeste „eingehängt". Über Justierelemente, die in die Podeste einbetoniert werden, kann die Höhe exakt eingestellt werden (Bild). Schalldämmmaßnahmen sind hierbei unerlässlich (siehe Seite 325). Auch die Treppenbeläge aus Beton- und Naturstein werden im Werk aufgebracht. Die Treppen sind sofort begehbar. Der Einbau der Treppe erfolgt geschossweise mit dem Baufortschritt.

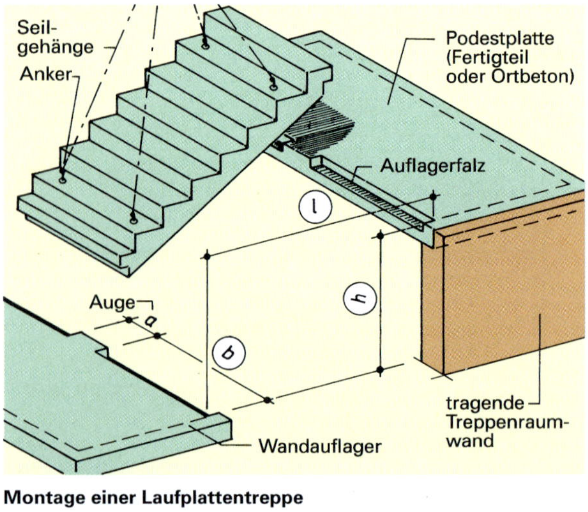

Montage einer Laufplattentreppe

Treppen aus Stahlbetonfertigteilen haben sich vorwiegend im Geschosswohnungsbau durchgesetzt. Es werden entweder einzelne Treppenfertigteile montiert oder Treppenläufe in einem Stück versetzt.

Trittschallschutz bei Stahlbetontreppen

Innerhalb des Gebäudes stellen Treppen und Treppenhäuser eine Schallquelle dar. Durch das Begehen der Treppen entsteht Trittschall, der in die Räume übertragen werden kann. In der DIN 4109 „Schallschutz im Hochbau" werden Anforderungen an den Schallschutz gestellt, um Menschen vor Belästigungen durch Schallübertragungen zu schützen.

Um den Trittschallschutz zu verbessern, können folgende Maßnahmen durchgeführt werden:

- Treppe und umgebende Wände werden durch eine umlaufende Randfuge von ca. 1 cm getrennt.
- Treppenlauf und Podest werden schalldämmtechnisch entkoppelt. Dies erfolgt durch ein vorgefertigtes Element, das aus einer Anschlussbewehrung und einer Fugenplatte aus festem, flexiblem Polyethylen besteht. Das Element wird Tronsole genannt.
- Bei Treppen aus Stahlbetonfertigteilen wird die Auflagerung für den Treppenlauf mit Fugenplatten ausgekleidet. Zusätzlich können zur Aufnahme der Druckkräfte noch Elastomerlager eingebaut werden. Ein Estrich auf Dämmschicht auf den Podesten mit Trennfugenabgrenzung an den Wänden verhindert die Trittschallübertragung.
- Podeste in Ortbetonbauweise werden von den Treppenhauswänden schalldämmtechnisch entkoppelt. Dazu werden in die Wände fertige, körperschallgedämmte Tronsolen einbetoniert und die Podestränder mit Fugenplatten versehen.

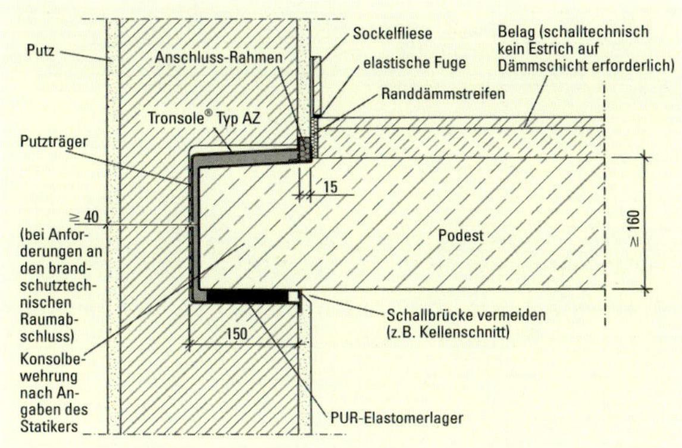

Einbetonierte Tronsolen

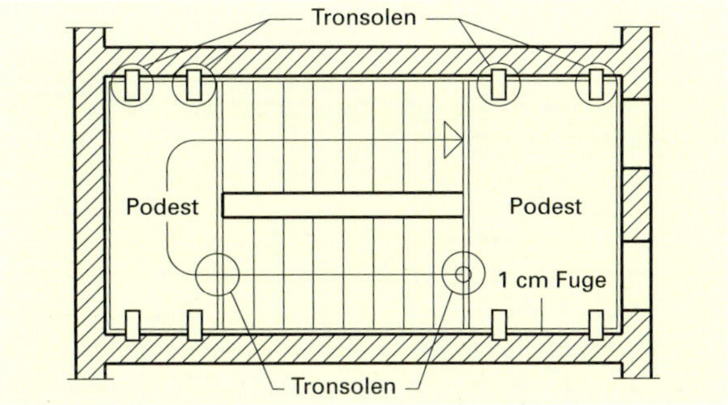

Randfuge zwischen Podesten, Treppenläufen und Treppenhauswänden

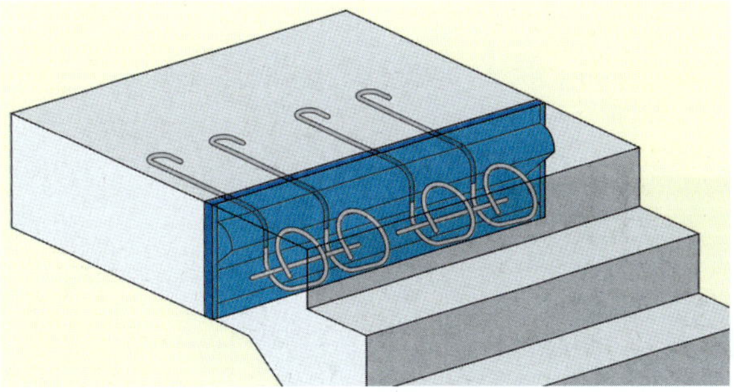

Tronsole

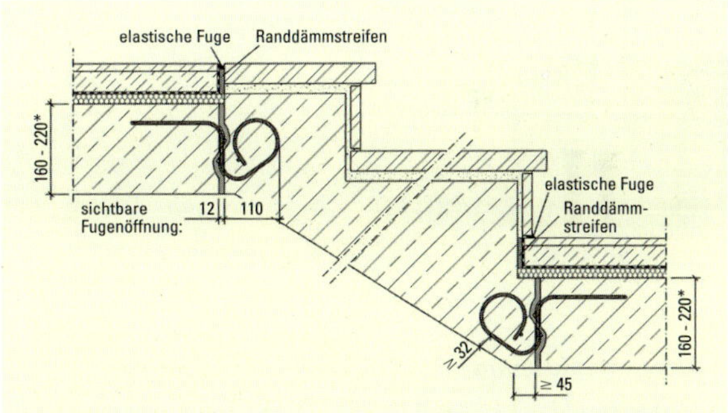

Schalldämmtechnische Entkopplung zwischen Podest und Laufplatte

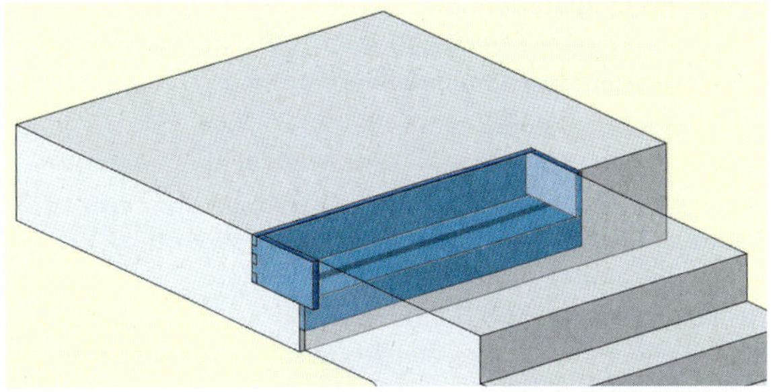

Schalldämmtechnische Entkopplung durch Fugenplatten

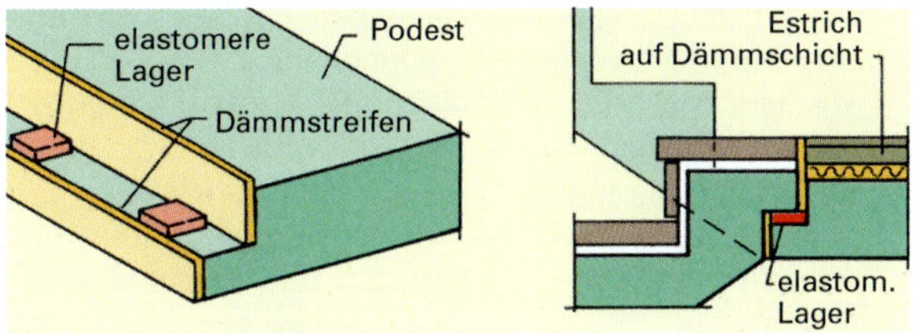

Estrich auf Dämmschicht

Aufgabe

Zeichnen Sie für eine zweiläufige gegenläufige Treppe mit Zwischenpodest aus Stahlbetonfertigteilen auf ein A3-Zeichenblatt (Hochformat)

a) den Grundriss im Maßstab 1:20,

b) den Schnitt A–A im Maßstab 1:20,

c) das Stufendetail im Maßstab 1:10,

d) den Vertikalschnitt durch die Tronsole im Maßstab 1:10.

Die Treppenlaufuntersichten sollen im Treppenauge in einem Punkt zusammenlaufen. Trittschalldämmmaßnahmen sind zu beachten. Decken- und Podeststärke sind selbst festzulegen.

Die Geschosshöhe beträgt 2,72 m, das Steigungsverhältnis 16 × 170/270.

Ausführung:

Stahlbeton C25/30, Trittstufen 40 mm, Setzstufen 20 mm im Mörtel verlegt.

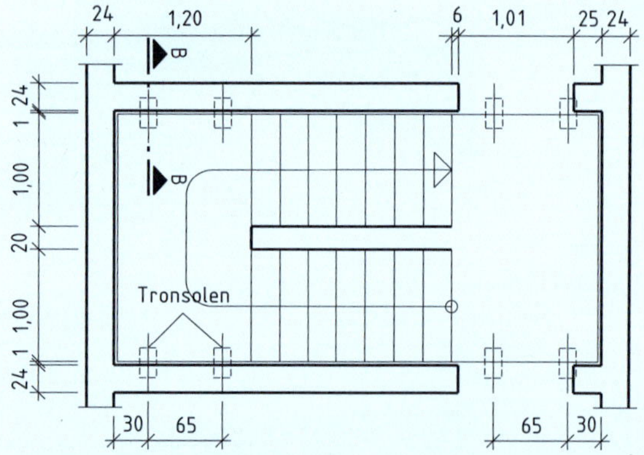

Grundriss einer zweiläufigen gegenläufigen Treppe mit Zwischenpodest

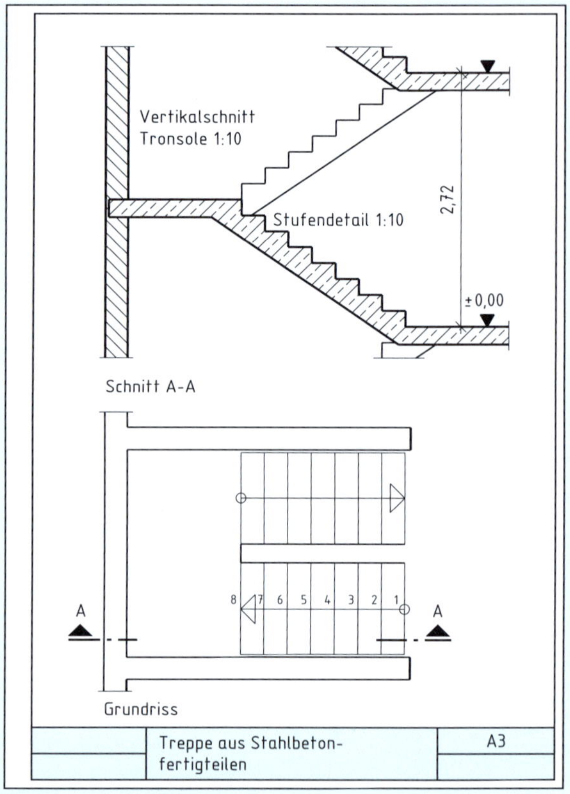

Zusammenfassung

Werksteintreppen werden mit Natur- und Betonwerksteinstufen hergestellt. Sie eignen sich für Geschosstreppen, Kellerinnen- und Kelleraußentreppen und für Hauseingangstreppen.

Werksteinstufen binden in die Treppenhauswände ein oder werden durch halbsteindicke Mauern unterstützt.

Freitragende Stufen sind als Kragarme fest in die Treppenhauswand oder in eine Spindel eingespannt.

Längs gespannte Stahlbetonplatten werden auf verstärkte Podestränder gelagert. Die Bewehrung muss oben und unten in die Podeste eingreifen.

Geknickte Stahlbetonplatten liegen auf den Treppenhauswänden auf. Sie werden wie Platten über zwei Auflagern bewehrt.

Treppen aus Stahlbetonfertigteilen haben sich vorwiegend im Geschosswohnungsbau durchgesetzt. Es überwiegt die zweiläufige gegenläufige Treppe mit Zwischenpodest, bei der sowohl die Podeste als auch die Treppenlaufplatten vorgefertigt werden.

Bei Treppen aus Stahlbetonfertigteilen kann eine gute Schalldämmung erreicht werden. Tronsolen führen zur Trennung von Podest, Treppenlauf und Treppenhauswänden.

Aufgaben

1. *Welche Konstruktionsarten werden bei der Herstellung einer Treppe unterschieden?*
2. *Was versteht man unter freitragenden Stufen?*
3. *Eine einläufige gerade Kellerinnentreppe ist auszuführen. Sie wird durch zwei Wangenmauern begrenzt.*
   a) Geben Sie die Unterstützungsart an.
   b) Zeichnen Sie im Maßstab 1:10 den Schnitt durch drei übereinanderliegende Betonwerksteinstufen mit trapezförmigem Querschnitt. Die Zeichnung ist zu bemaßen.
4. *Warum ist eine halbsteindicke Treppenhauswand für die Herstellung einer freitragenden Treppe unbrauchbar?*
5. *Wie können längs gespannte Stahlbetontreppen aufgelagert werden?*
6. *Wie müssen bei einer Stahlbetontreppe die einspringenden und ausspringenden Ecken bewehrt werden?*
7. *Beschreiben Sie den Aufbau einer Elementtreppe.*
8. *Worin unterscheiden sich Laufträgertreppen von Laufplattentreppen?*
9. *Welche Möglichkeiten gibt es, um Treppen trittschalldämmend auszuführen.*

8.3.7 Holztreppen DIN EN 16481

Im Holztreppenbau werden andere **Formelzeichen** verwendet:

> Treppenauftritt *g*, Treppensteigung *r*, Unterschneidung *o*, unteres Besteck m_{lower}, oberes Besteck m_{upper}, Dicke der Wange d_{string}, Dicke der Trittstufe d_{tread}, Breite der Trittstufe w_{tread}.

Holztreppen zeichnen sich zum einen durch ihre geringe Masse, zum anderen durch die gestalterischen Möglichkeiten des Werkstoffes Holz aus. Im **traditionellen Holztreppenbau** werden folgende Konstruktionen unterschieden:

> aufgesattelte, eingeschobene halbgestemmte, vollgestemmte und abgehängte Treppen.

Im **modernen Treppenbau** sind außerdem Mischkonstruktionen möglich, bei denen z. B. nur die Trittstufen aus Holz bestehen und die unterstützenden Konstruktionen aus Stahl oder Stahlbeton gefertigt werden.

Aufgesattelte Treppen

Hierbei werden die Trittstufen auf Holme gelegt und befestigt. Die Tragholme sind stufenförmig ausgeschnitten. Die Trittstufen werden mit Dübeln, verstöpselten Holzschrauben oder verdeckten Verbundschrauben befestigt.

Für die Verbindung zwischen Treppenpodest und Treppenholm gibt es folgende Möglichkeiten:

- Das untere Auflager wird häufig mit einer Klaue (Einschnitt am unteren und oberen Holmenbereich) ausgeführt. Ein Einreißen des Klauenecks wird durch Bolzen verhindert, die rechtwinklig zur Unterkante des Treppenholms durchgeschraubt werden.
- Am Treppenaustritt wird der Holm gegen das Podest gelehnt und mit Schrauben oder Winkeln gesichert.

Eine Schallentkopplung erfolgt durch eine Dämmzwischenlage unter den Trittstufen.

> Die Stufen aufgesattelter Treppen werden auf die Treppenholme gelegt und befestigt. Aufgesattelte Treppen können als gerade oder gewendelte Treppen hergestellt werden.

Eingeschobene Treppen

Die Trittstufen werden von Wangen getragen. Sie sind in 2…3 cm tiefe Wangennuten eingeschoben. Die Wangen müssen dann durch Treppenschrauben zusammengehalten werden. Auf Treppenschrauben kann verzichtet werden, wenn die Tritte in schwalbenschwanzförmige Wangennuten eingepasst werden. Die Trittstufen stehen vorne über die Treppenwange. Der untere Wangenrand wird auf einer Resthöhe von 4…5 cm nicht ausgefräst. Dieser Teil über- und unterhalb der Trittstufen heißt **Vorholz** oder **Besteck**. Es wird lotrecht von den Trittstufenkanten zu den Wangenkanten gemessen. Dies erhöht die Biegefestigkeit der Wange. Wird die Unterseite verschalt, so sind die Trittstufen an der Unterkante abzuschrägen.

Eingeschobene Treppen werden meist als Nebentreppen verwendet und sind in der Regel sehr steil. Sie kommen nur für gerade Treppenläufe infrage und haben keine Setzstufen.

> Die Trittstufen eingeschobener Treppen werden in eingefräste Wangennuten geschoben. Eingeschobene Treppen haben keine Setzstufen.

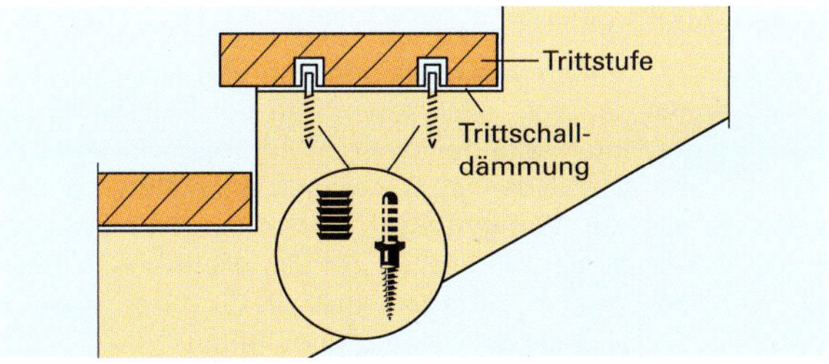

Aufgesattelte Treppe – Befestigung der Trittstufen

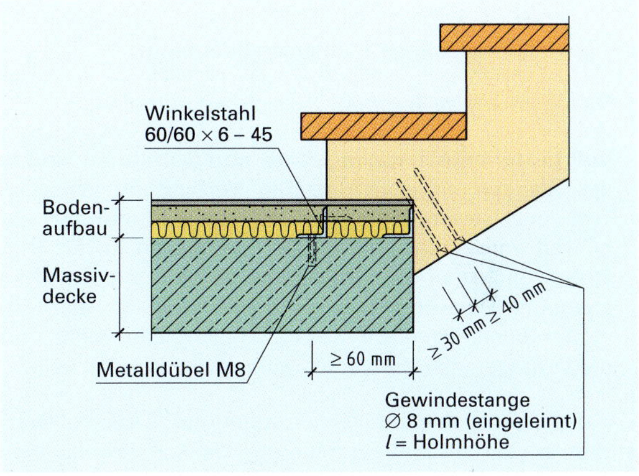

Aufgesattelte Treppe – Treppenantritt

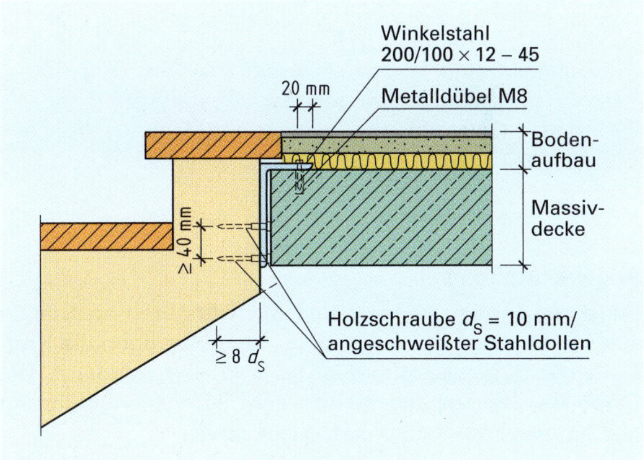

Aufgesattelte Treppe – Treppenaustritt

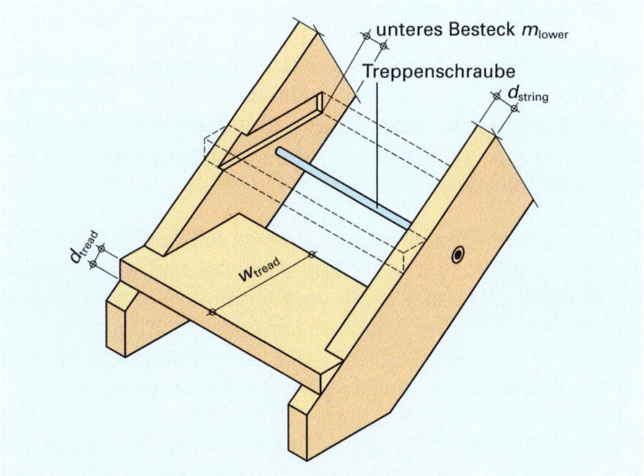

Eingeschobene Treppe

Gestemmte Treppen

Gestemmte Treppen unterscheiden sich von eingeschobenen Treppen dadurch, dass sowohl an der Oberkante als auch an der Unterkante der Wangen ein Besteck (Vorholz) von 4 ... 5 cm vorhanden ist. Die eingefrästen Nuten gehen also nie bis zur Wangenober- oder Wangenunterkante durch. Die Tritte werden wie bei der eingeschobenen Treppe von den Wangen getragen, und die Wangen werden durch Treppenschrauben zusammengehalten.

Das Wangenauflager wird wie bei der aufgesattelten Treppe ausgeführt.

Bei gestemmten Treppen unterscheidet man:

- **Halb gestemmte Treppen** – Setzstufen entfallen.
- **Voll gestemmte Treppen** – Tritt- und Setzstufen sind in die Wangen eingestemmt. Die Verbindung zwischen Tritt- und Setzstufe ist sorgfältig auszuführen. An der oberen Verbindung werden die Setzstufen in die Trittstufen eingestemmt. Die untere Verbindung muss so ausgeführt werden, dass sie als Auflager für die Trittstufen dienen kann. Es muss also ausreichend Platz für die Vernagelung oder Verschraubung vorhanden sein.

Vor dem Abnageln bzw. Verschrauben der Tritt- und Setzstufen an der unteren Verbindung werden jeweils zwei Trittstufen **auseinandergekeilt**. Dadurch entsteht eine Verspannung der Stufen, die einem späteren Knarren entgegenwirkt.

Bei gestemmten Treppen werden die Tritt- und Setzstufen in die Wangen eingelassen. Gestemmte Treppen werden als gerade und gewendelte Treppen ausgeführt.

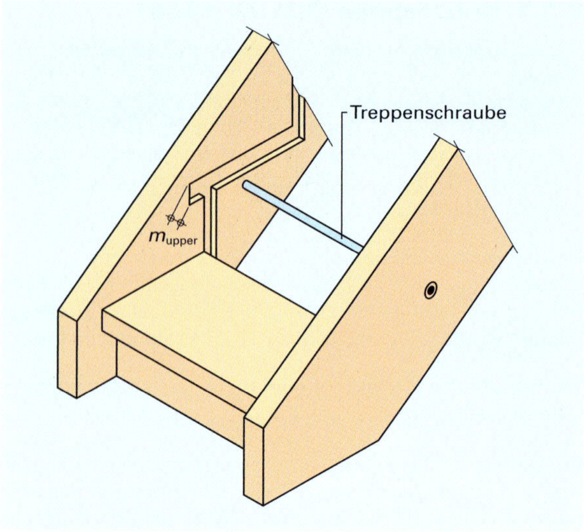

Voll gestemmte Treppe

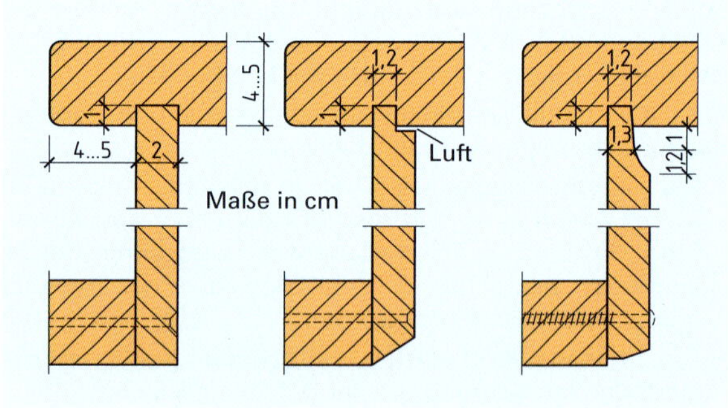

Verbindung zwischen Tritt- und Setzstufe

Abgehängte Treppen

Bei abgehängten Treppen sind die Trittstufen an Stäben aus Metall oder Holz aufgehängt. Sie übertragen die Kräfte in die Deckenkonstruktion oder in den Handlauf. Die Stäbe werden auf Zug beansprucht. Für die Ausführung gibt es zwei Konstruktionsmöglichkeiten:

- Die Trittstufen werden nur an einer Seite abgehängt. Auf der anderen Seite werden sie in eine Wandwange eingestemmt.
- Die Trittstufen werden an beiden Enden abgehängt. Dann muss die Treppe gegen quer zum Treppenlauf wirkende Kräfte bzw. Bewegungen gesichert werden. Dies erfolgt durch Verankerung einzelner Stufen mit der Treppenhauswand.

Die einzelnen Treppenstufen sind jeweils mit einem Bolzen verbunden, der auf der Unterseite einer Trittstufe angezogen und dabei leicht vorgespannt wird. Der Bolzen steckt in einer Hülse, die den genauen Abstand der Trittstufen gewährleistet. Durch die so erreichte Steifigkeit kann die Treppe wie ein Biegeträger betrachtet werden.

Geländerstäbe und Bolzen wirken transparent, sodass die Bolzen neben ihrer tragenden Funktion gleichzeitig zum Gestaltungsmittel werden.

Abgehängte Treppe mit Wandanker

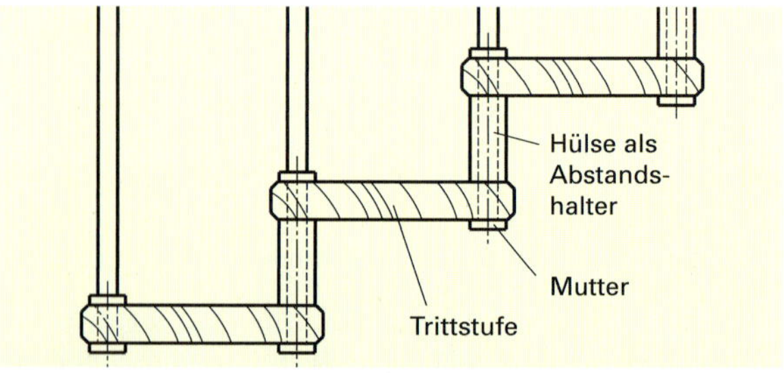

Verbindung von Trittstufen mit Zugstäben

Stahlholmentreppen

Die Holme bestehen aus Profilstählen. Es werden häufig rechteckige Stahlhohlprofile eingesetzt. Sie können auch im Steigungsverhältnis der Treppe gewinkelt geschweißt werden. Die Trittstufen (Holz, Naturstein, Werkstein) können bei abgestuften Wangen auf diese aufgesattelt werden.

Die dargestellte einläufige halbgewendelte Stahltreppe besteht aus zwei tragenden Holmen, die aus Flachstahl hergestellt werden. Zur Aussteifung sind Querträger vorgesehen, die beidseitig über die Holme hinaus auskragen und im Bereich der Wendelung die Trittstufen aus Werkstein tragen. Die Befestigung der Holme erfolgt auf dem Rohfußboden mit Fußplatten, oben werden sie mit Laschen an der Decke verdübelt. Der Grundriss zeigt die Lage der Querträger und die Befestigungspunkte der Holme am An- und Austritt.

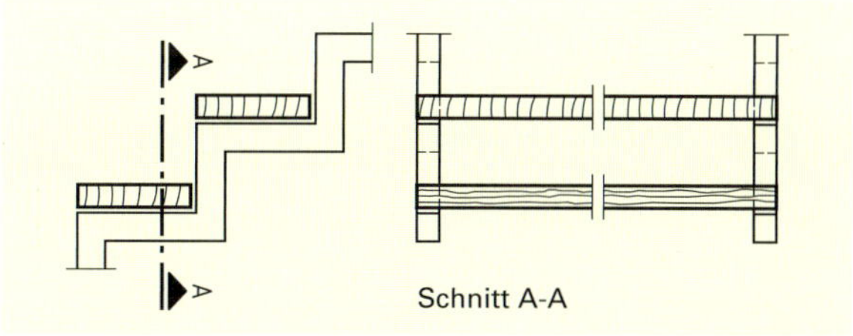

Abgewinkelte Stahlhohlprofile

Untersicht einer Stahlholmentreppe

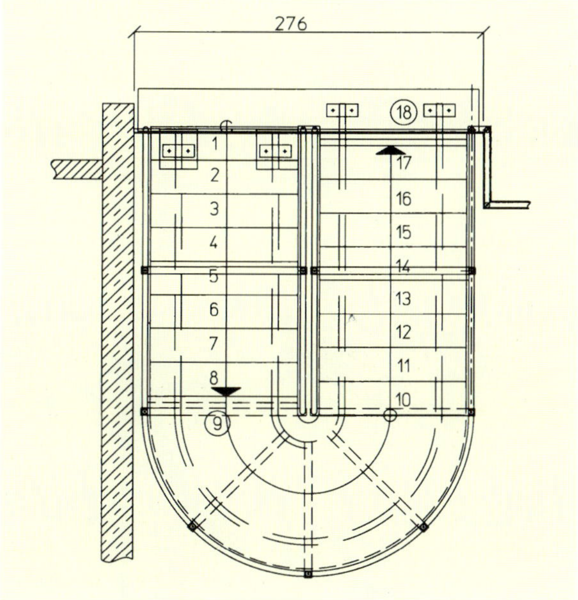

Grundriss der Stahlholmentreppe

Stahlspindeltreppen

Als Tragkonstruktion dient ein rundes Stahlrohr. Durchmesser und Wanddicke des Rohres richten sich nach der Größe der Treppe. Die Treppenspindel steht auf dem Rohfußboden und wird zur Befestigung mit einer Fußplatte verschweißt. Zur Schallentkopplung kann unter die Fußplatte ein Schallelement aus Neoprene vorgesehen werden.

Die Treppenspindel ist über die letzte Steigung hinaus normalerweise um Geländerhöhe zuzüglich eines Zuschlags von 2 ... 5 cm verlängert. Die Verlängerung dient dem An- bzw. Abschluss des Geländers an der Podesthinterkante.

Die Trittkonstruktionen werden an der Spindel angeschweißt und sind in der Regel freitragend. Verwendet werden I-, T- oder halbierte I-Profile, Rechteckrohrprofile oder Rundrohre. Auf ihnen werden die Trittbeläge aus Massivholz verschraubt.

Stahlspindeltreppe mit Trittstufen aus Holz

Bei vorgefertigten Stahlspindeltreppen werden die Auflagerkonsolen für die Trittstufen an Stahlringe geschweißt. Ihre Höhe entspricht der Steigungshöhe der Treppe. Die Stahlringe werden passgenau über die Tragspindel geschoben und fixiert.

Bei Stahlbetonpodesten wird eine an der Spindel angeschweißte Lasche von oben und/oder von unten verdübelt.

Zur optischen Gestaltung der Treppe können noch Außenwangen angebracht werden. Sie übernehmen keine statischen Aufgaben, tragen aber zur Laufruhe bei, indem die auftretenden Vibrationen beim Begehen vermieden werden.

Stahltreppen werden als Wangen-, Holmen- und Spindeltreppen ausgeführt. Reine Stahltreppen finden im Industriebau Anwendung. Kombiniert mit Tritten aus Holz, Natursteinen oder Betonwerksteinen kommen Stahltreppen auch im Wohnungsbau vor.

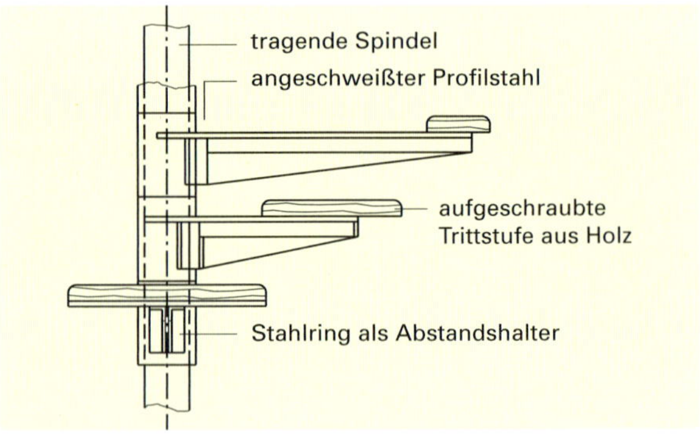

Stahlspindeltreppe

Absturzhöhen	Gebäudeart	Mindestmaße für Treppengeländerhöhen
bis 12 m [1])	Wohngebäude und andere Gebäude, die nicht der Arbeitsstättenverordnung unterliegen	90 cm [2])
bis 12 m [1])	Arbeitsstätten	100 cm [3])
über 12 m	für alle Gebäudearten	110 cm

[1]) außerdem bei größeren Absturzhöhen, wenn das Treppenauge bis 20 cm breit ist.
[2]) nach Bauordnungsrecht
[3]) nach Arbeitsschutzrecht

Treppengeländerhöhen

8.3.9 Treppengeländer

Anforderungen für Gebäude im Allgemeinen:

- In Gebäuden, in denen mit der Anwesenheit von unbeaufsichtigten Kleinkindern zu rechnen ist, darf der lichte Abstand von Geländerteilen in einer Richtung nicht mehr als 12 cm betragen. Die Geländer sind so zu gestalten, dass ein Überklettern erschwert wird.
- Liegt das Geländer neben dem Treppenlauf oder dem Treppenpodest, darf das Maß zwischen Unterkante Geländer und Stufe/Podest nicht größer als 6 cm sein. Die Unterkante muss so weit heruntergezogen werden, dass sie mit einer gedachten Verbindungslinie von *g*/2 jeder Stufe zusammenfällt.
- Liegt die Unterkante des Geländers unterhalb der Trittfläche von Stufe/Podest, dann muss deren lichter Abstand mindestens 2 cm betragen.
- Liegt das Treppengeländer über dem Treppenlauf, so ist die Unterkante des Treppengeländers so auszubilden, dass zwischen ihr und den Stufen ein Würfel mit einer Kantenlänge von 15 cm in keiner Lage hindurchgeschoben werden kann. Liegt das Geländer über dem Treppodest, so ist die Unterkante so auszubilden, dass das lichte Maß höchstens 12 cm beträgt.

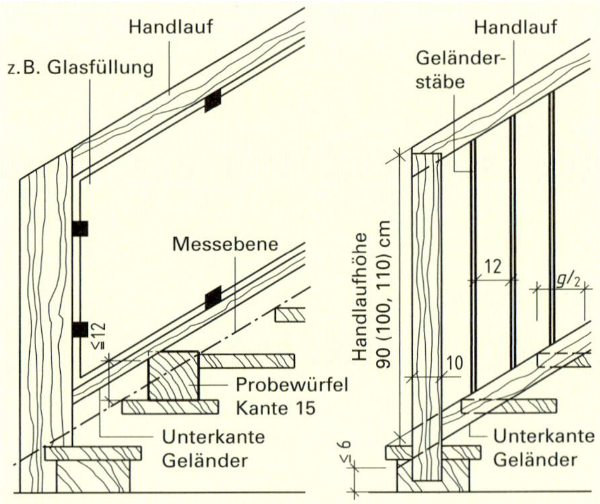

Anforderungen an Treppengeländer

Ausführung

Über diese Vorschriften hinaus hat vor allem die Ausführung des **Handlaufs** Bedeutung für die Sicherheit. In allen Gebäuden müssen Treppen mindestens auf einer Seite einen festen und griffsicheren **Handlauf** haben. Dieser ist in einer Höhe von 80 ... 115 cm anzubringen. Die Breite des Handlaufs sollte mindestens 2,5 cm und höchstens 6 cm betragen. In Gebäuden im Allgemeinen sollten Treppenhandläufe durchgehend ausgeführt werden.

In Wohngebäuden können Treppenhandläufe im Wendelungsbereich unterbrochen sein. Bei notwendigen Treppen muss der lichte Abstand einer Handlaufunterbrechung ≥ 5 cm und ≤ 20 cm sein. Dabei darf der Höhenversatz der Handläufe an der Oberkante höchstens 20 cm betragen.

Für **Handläufe** werden verwendet:

- profilierte Vollhölzer,
- verleimte Bohlen,
- Flachstahl mit Metall- oder Holzauflagen,
- Kunststoffprofile.

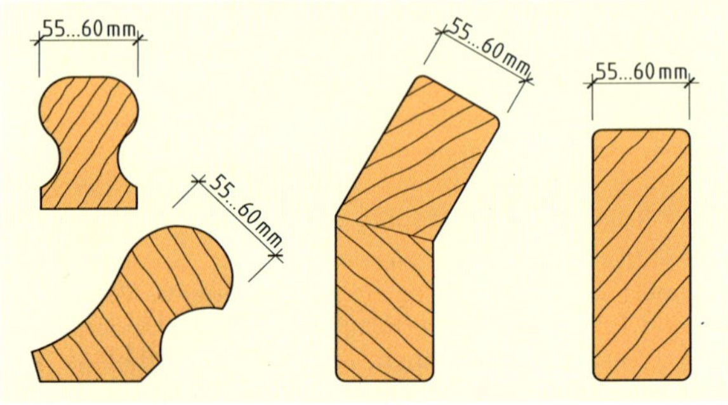

Mögliche Querschnittsformen von Handläufen

Für die **Geländerfelder** kommen infrage:

- Holz- und Metallstäbe oder -profile, Drähte, Rohre; senkrecht, horizontal oder parallel zum Handlauf angebracht.
- Geschlossene oder transparente Tafeln aus Holzwerkstoffen, Draht- oder Sicherheitsglas, Acrylglas.
- Geflechte oder Verspannungen aus Draht, Betonstahlmatten, Seile.

Die Befestigung der Geländerstäbe hängt von der Treppenkonstruktion und von gestalterischen Überlegungen ab.

Bei Stahlbetontreppen mit aufbetonierten Trittstufen und verlegten Werksteinplatten werden Metallstützen in entsprechende Bohrungen eingesetzt und mit Schnellbindern vergossen. Die Anschlussstelle wird mit einer Kunststoff- oder Metallrosette abgedeckt. Geländerstäbe können auch seitlich an der Laufplatte oder an Massivwangen mit Ankerplatten aufgedübelt oder mit einbetonierten Ankerplatten verschweißt werden.

Bei **aufgesattelten Treppen** werden die Geländerstäbe entweder seitlich an den Wangen befestigt oder direkt mit den Trittstufen verbunden. Stahlstäbe werden häufig an der Unterseite der Stufe verschraubt, während Holzstäbe eingebohrt und verleimt werden. Vielfach werden auch abgewinkelte Stahlprofile verwendet, die unterhalb der Trittstufen seitlich an der Wange befestigt werden.

Bei **eingeschobenen** und **gestemmten Treppen** wird der Geländerpfosten in die Blockstufe eingezapft und mit der Wange verbunden. Der Handlauf ist mit dem Pfosten verdübelt oder verzapft. Die Geländerstäbe sind in die Wange und in den Handlauf eingelassen. Diese Geländerform wurde früher sehr häufig verwendet, wobei die Geländerpfosten und -stäbe meist verziert waren.

Bei **Stahltreppen** werden im Allgemeinen Metallstützen oder -stäbe verwendet, die angeschweißt oder angeschraubt werden.

Treppengeländer dienen der Sicherheit. Bei der Ausführung sind die Sicherheitsvorschriften zu beachten. Die Ausführung hängt von der Treppenkonstruktion und gestalterischen Überlegungen ab.

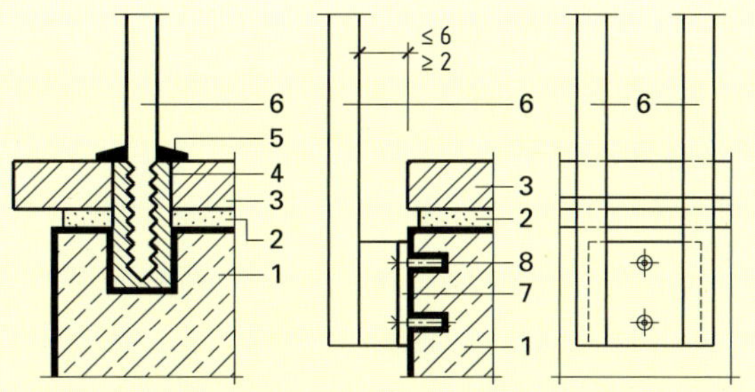

1 – Stahlbetonplatte
2 – Verlegemörtel
3 – Werksteinstufe
4 – Bohrung mit Verguss
5 – Abdeckrosette
6 – Geländerstab
7 – Ankerplatte
8 – Dübelverschraubung

Geländerbefestigung in gebohrten Werksteinstufen (links) und seitlich an Laufplatten (rechts)

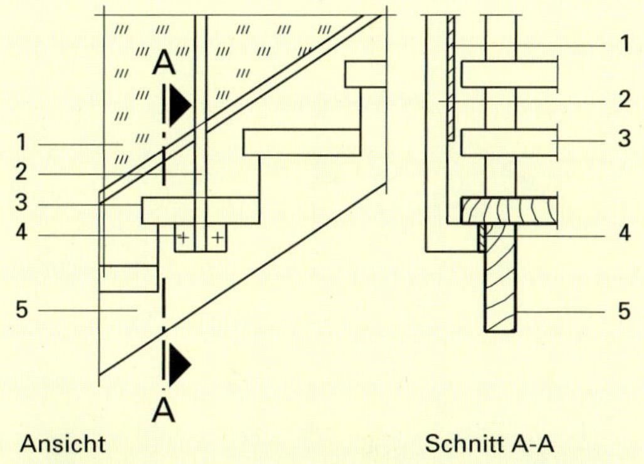

1 – Glasfüllung
2 – abgewinkelter Geländerstab an der Wange befestigt
3 – Trittstufe
4 – Ankerplatte
5 – Treppenwange

Aufgesattelte Treppe – Befestigung des Geländerstabes an der Wange

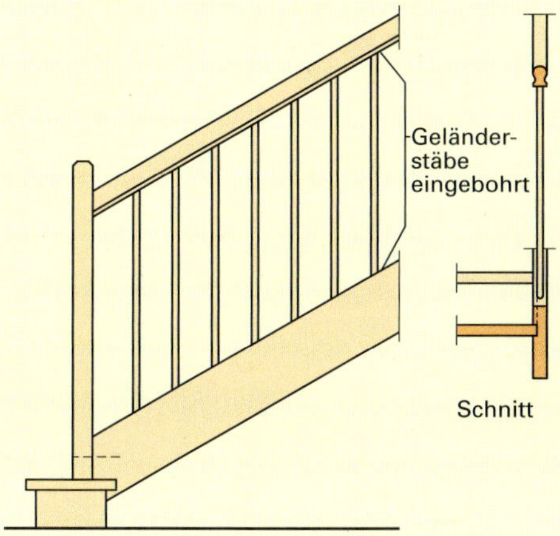

Treppengeländer für eingeschobene und gestemmte Treppen

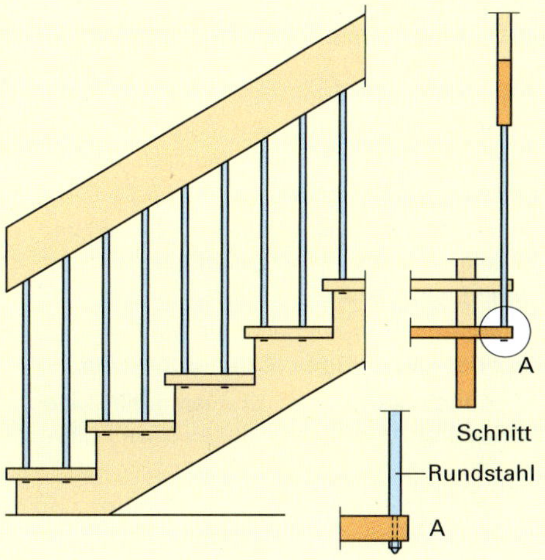

Aufgesattelte Treppe – direkte Verbindung des Geländerstabes mit den Trittstufen

Beispiele für Geländerausführungen

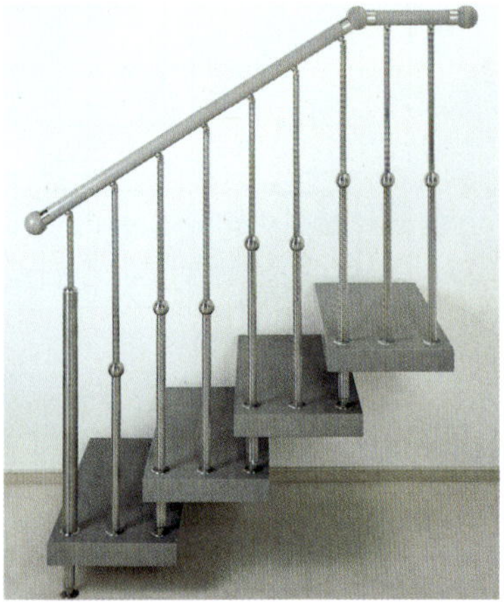

Geländer aus Edelstahl

Holzgeländer für eine aufgesattelte Treppe

Holzgeländer für eine eingeschobene Treppe

Messinggeländer mit Glasfüllung

Holzrahmen mit Glasfüllung

Eckpfosten und Rundstäbe aus Holz

Zusammenfassung

Stahltreppen werden als Wangen-, Holmen- und Spindeltreppen ausgeführt.

Kombiniert mit Trittstufen aus Holz, Naturstein, Stahl und Werkstein kommen Stahltreppen auch im Wohnungsbau vor.

Bei Stahlwangentreppen werden die Innen- und Außenwange über eingeschweißte Auflager zu einer tragenden Einheit verbunden.

Bei Stahlholmentreppen bestehen die Träger aus Profilstählen oder rechteckigen Stahlhohlprofilen.

Bei der Konstruktion einer Stahlspindeltreppe werden an das Stahlrohr Profilstähle angeschweißt, die den Belag tragen.

Treppengeländer sichern gegen Absturz und bieten Hilfe beim Begehen der Treppe.

Nach DIN 18065 gelten hohe Anforderungen an die Ausbildung von Geländern.

Aufgaben

1. *Welche Vorteile bieten Stahltreppen gegenüber anderen Treppenkonstruktionen?*
2. *Welche Grundkonstruktionen werden bei Stahltreppen unterschieden?*
3. *Beschreiben Sie den Aufbau*
   a) einer Stahlwangentreppe,
   b) einer Stahlholmentreppe.
4. *Welche Möglichkeiten bestehen bei Stahlspindeltreppen, die Trittstufen mit der Spindel zu verbinden?*
5. *Welche Vorschriften müssen hinsichtlich der Geländerhöhe beachtet werden?*
6. *Warum darf der lichte Abstand der Geländerteile nicht mehr als 12 cm betragen?*
7. *Skizzieren Sie ein Treppengeländer für eine Stahlbetontreppe und eine aufgesattelte Holztreppe.*

8.4 Projektaufgabe

Für die Doppelhaushälfte, dargestellt auf den Seiten 53 … 60, wünscht sich der Bauherr vom Erdgeschoss zum Obergeschoss eine aufgesattelte, zweiläufig gegenläufige Geschosstreppe aus Holz.

Anzahl der Stufen, Steigungshöhe, Auftrittbreite, Maßangaben und Fußbodenaufbauten sind den Zeichnungen auf Seite 55, 56 und 58 zu entnehmen.

Die Höhe des Treppenholms und die Dicke der Trittstufen sind festzulegen. Die Treppenläufe sind ohne Geländer darzustellen.

Für die Ausführung der Treppe sind folgende Planungsunterlagen auf einem Zeichenblatt A3 zu erstellen:

a) Grundriss im Maßstab 1:25,

b) Schnitt A–A im Maßstab 1:25,

c) Detail B einschließlich Fußbodenaufbau im Maßstab 1:10,

d) Detail C einschließlich Fußbodenaufbau im Maßstab 1:10.

Treppenholme tragen bzw. unterstützen die Treppenstufen. Die Verbindung der Treppenstufen mit den Holmen erfolgt beispielsweise über Steckverbundschrauben. In die Unterseite der Stufen werden Kunststoffhülsen eingeleimt. In die Stufenlagerflächen des Holms werden Stielkopfschrauben eingelassen. Damit die Treppe nicht knarrt, werden zwischen den Stufen und dem Holm Fugenbänder eingelegt.

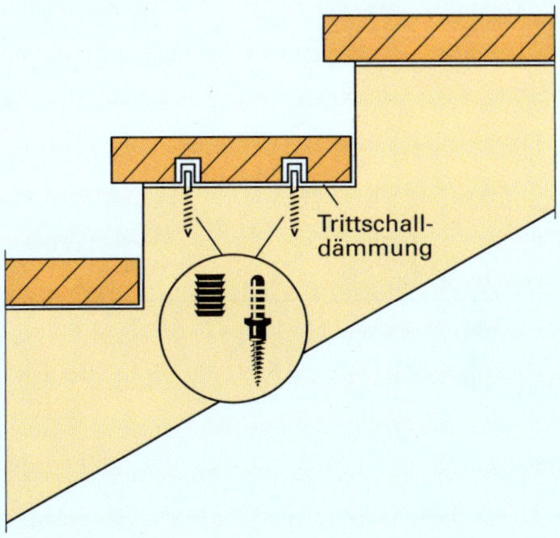

Die Befestigung der Holme an der EG-Decke erfolgt über einen Stahlwinkel, der auf der Decke und an den Holmen befestigt wird.

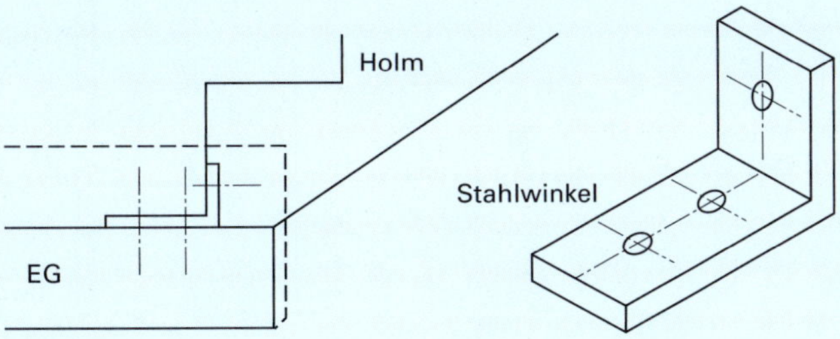

Der Anschluss des Holms an das Podest erfolgt über einen Hängewinkel mit Bolzen.

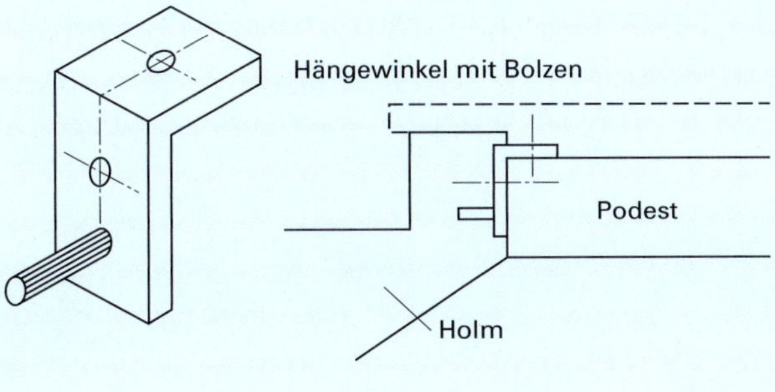

Blatteinteilung

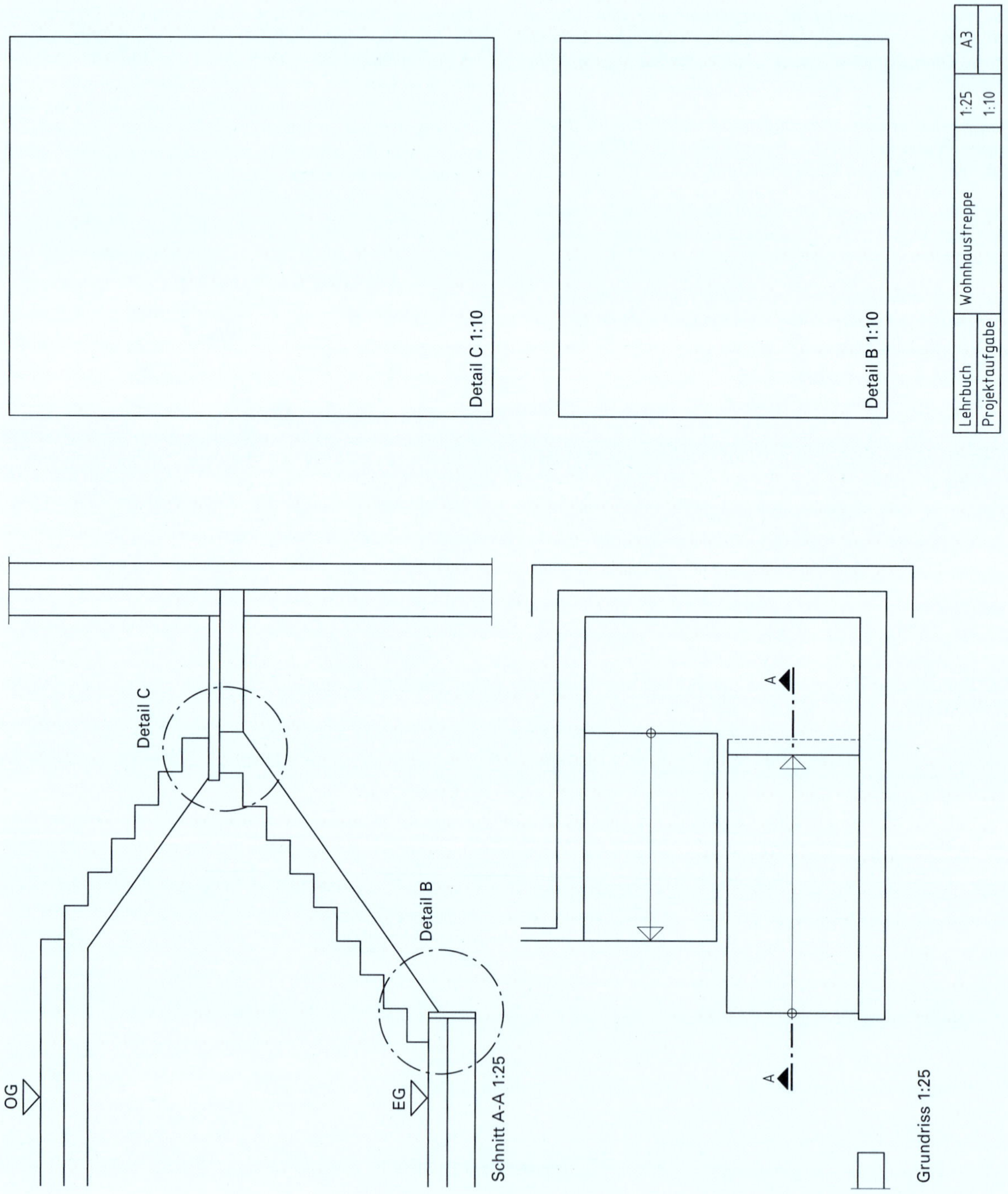

9 Planen einer Geschossdecke

Die älteste Art, Räume massiv zu überdecken, sind das gemauerte Gewölbe und die Holzbalkendecke. Ende des 19. Jahrhunderts, mit der Entdeckung des Portlandzementes, wurde damit begonnen, den sogenannten „Eisenbeton" für Decken einzusetzen. Heute ermöglicht der Baustoff „Stahlbeton", Deckenkonstruktionen mit geringer Bauhöhe und großer Spannweite auszuführen.
Massivdecken können als Stahlbetonvollplatten und/oder Teilmontagedecken eingebaut werden. Die Verwendung industriell hergestellter Fertigteildecken hat zum Ziel, wirtschaftlicher und schneller zu bauen, sowie Preise und Bautermine zu halten.
Für den Bauzeichner ist es wichtig, sich die erforderlichen statischen, bauphysikalischen und wirtschaftlichen Kenntnisse über den Baustoff Stahlbeton anzueignen. Er muss in der Lage sein, die erforderlichen Bewehrungs-, Positions- sowie Schal- und Schalungspläne zu fertigen und daraus die Materialmengen zu berechnen.

9.1 Deckenkonstruktionen

Geschossdecken sind flächige Bauteile, die Räume nach oben bzw. nach unten abschließen, und die bauphysikalische Anforderungen hinsichtlich Schall-, Wärme- und Brandschutz erfüllen müssen. Sie werden so ausgeführt, dass sie alle auftretenden Lasten aufnehmen und sicher in die Auflager ableiten.

Solche auftretenden Lasten sind **Eigenlasten**, wie z. B. die Lasten der Decken und Wände, und **Nutzlasten**, wie z. B. die Belastung durch Personen und Einrichtungsgegenstände (siehe Abschnitt 7.1.2).

Geschossdecken liegen als ebene **Flächentragwerke** linienförmig auf Wänden oder Balken oder punktförmig auf Stützen.

Neben der raumabschließenden und kräfteableitenden Funktion erfüllen Decken eine wichtige **aussteifende Aufgabe**.

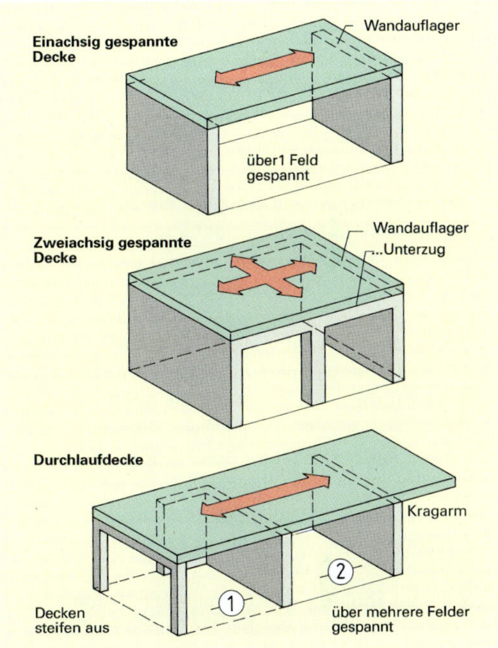

Grundformen der Massivdecken

Grundformen

Massivdecken weisen unterschiedliche **Spannrichtungen** auf. Sie ergeben sich aus den vorhandenen Auflagerflächen. Decken können auf Stahlbetonwänden und auf gemauerten Wänden aufliegen. Aus der vorhandenen Auflagerfläche ergibt sich die Spannrichtung.

Die Decken können **einachsig** gespannt sein, d. h., die Lasten werden auf zwei einander in einer Richtung gegenüberliegende Auflager abgeleitet. Bei **zweiachsig** gespannten Decken werden die Lasten über alle unterstützten Deckenränder abgeleitet. Weiter können Decken über ein Feld (**Einfeldplatte**) oder über mehrere Felder gespannt sein (**Durchlaufplatte** oder **Mehrfeldplatte**). Balkone werden in den meisten Fällen als Kragarme angeschlossen.

Grundsätzlich können die Massivdecken aus Stahlbeton drei unterschiedlichen Gruppen zugeordnet werden:

- den **Balkendecken**,
- den **Plattenbalkendecken**,
- den **Plattendecken**.

Bei Balken- und Plattenbalkendecken werden zur Verringerung der Eigenlasten leichtere Zwischenbauteile eingesetzt. Plattendecken werden aus Gründen der Wirtschaftlichkeit vorzugsweise aus vorgefertigten Teilen hergestellt.

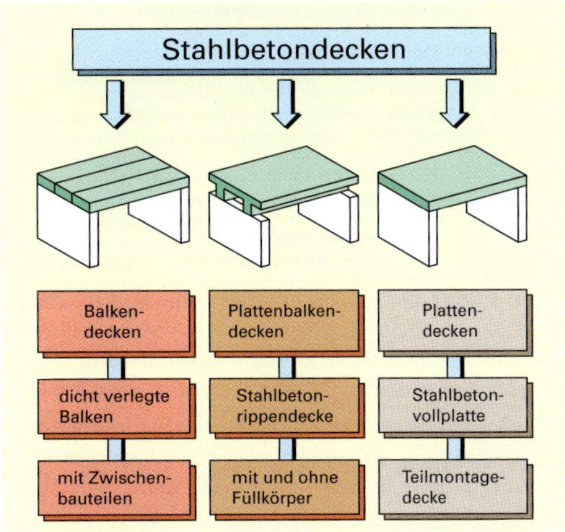

Übersicht über Konstruktionsarten von Massivdecken

Massivdecken sind einachsig oder zweiachsig gespannt und können als Einfeld-, Durchlauf- oder Kragarmplatte ausgebildet werden. Sie können der Gruppe der Balken-, der Plattenbalken- und Plattendecken zugeordnet werden.

9.1.1 Balkendecken

Bei **Balkendecken** (Holzbalkendecke siehe Abschnitt 12.5) trägt jeder Balken den von ihm selbst eingenommenen Teil der Decke. Sind die Balken in Abständen angeordnet und die Zwischenräume durch Ausfachungen oder Überdeckungen geschlossen, so tragen die Balken die Last des jeweiligen Balkenfeldes.

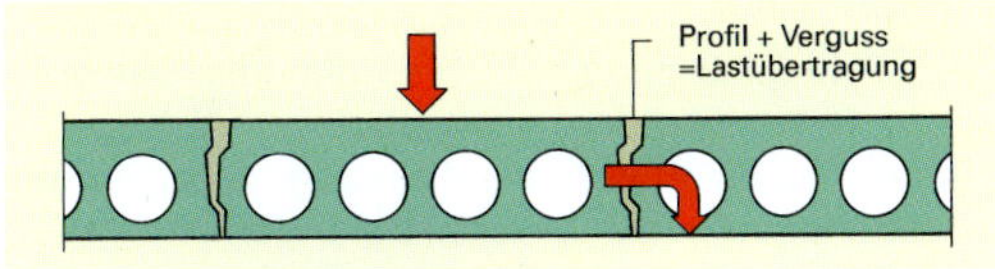

Decke aus Stahlbetonhohldielen

Dicht nebeneinander verlegte Balken

Die einzelnen Stahlbetonbalken werden vorgefertigt. Bei Belastung eines Balkens müssen die benachbarten Balken mittragen. Dies kann durch entsprechende Querschnittsformen der Balken oder durch eine querbewehrte Ortbetonschicht über den Balken erreicht werden.

Balkendecken mit Zwischenbauteilen

Die Stahlbetonbalken oder Stahlleichtträger werden auf Abstand verlegt. Die Zwischenräume sind mit Zwischenbauteilen, die in Längsrichtung nicht mittragen, auszufachen. Sie bestehen aus Leichtbeton, Normalbeton oder Ziegeln. Nur die Stahlbetonbalken als Fertigteile in Verbindung mit Ortbeton sind statisch wirksam.

Die meisten dieser Decken können auch mit einer **Ortbetonschicht** über den Zwischenbalken als Rippendecke ausgeführt werden.

Der Arbeitsablauf beim Herstellen einer Balkendecke mit Zwischenbauteilen lässt sich mit folgenden Arbeitsschritten beschreiben:

1. Verlegen der Träger: Die Trägerauflager müssen mindestens 10 cm betragen. Als Abstandhalter werden an den Trägerenden Zwischenbauteile eingehängt.
2. Montageunterstützungen (Joche) nach den im Verlegeplan angegebenen Abständen aufstellen.
3. Einhängen der Zwischenbauteile: Am Verlegeanfang werden die Deckensteine einerseits auf die Wand, andererseits auf den ersten Träger gelegt. Das Auflager auf dem Mauerwerk beträgt etwa 2,5 cm. Ist ein Endfeld kleiner als die Breite der Deckensteine, so legt man es mit Plattenstreifen aus.
4. Einbau der zusätzlichen Bewehrung (z. B. Ringanker oder Querbewehrung).
5. Einbringen und Verdichten des Vergussbetons: Vorher sind die Zwischenbauteile (vor allem bei Ziegel-Zwischenbauteilen) zu nässen.
6. Nachbehandlung des Betons. Nach dem Erhärten (Ausschalfristen beachten!) werden die Joche entfernt.

9.1.2 Plattenbalkendecken

Bei großen Deckenbelastungen oder großen Spannweiten, wie sie vor allem bei Industriebauten auftreten, werden **Plattenbalkendecken** eingebaut. Hier sind Stahlbetonbalken fest mit einer Deckenplatte verbunden. Die Balken verlaufen in Spannrichtung und bieten der daraufliegenden Platte die Auflager. In Spannrichtung nimmt der Beton für die Platte die Druckspannungen, die Balkenbewehrung die Zugspannungen auf. Die Betonmasse im Bereich der Zugzone ist auf ein Mindestmaß begrenzt.

In der Regel werden Plattenbalkendecken in Ortbeton ausgeführt. Es ist aber auch möglich, sie als Voll- oder Teilmontagedecken herzustellen. Bei Teilmontage werden üblicherweise die Balken vorgefertigt und die Platte in Ortbeton ausgeführt.

Bei Vollmontage sind Balken und Platten vorgefertigt, lediglich die Verbindungsfugen werden in Ortbeton ausgeführt. Im Allgemeinen haben die Balken einen Abstand zwischen 2 m und 3 m.

Vouten (Abschrägungen) an der Deckenunterseite zwischen Balken und Platte vermindern den Stahlbedarf. Der Schalungsaufwand ist aber wesentlich höher.

Bei Plattenbalkendecken verlaufen die Balken in Spannrichtung. Sie dienen der Deckenplatte als Auflager. Da Balken und Platte fest miteinander verbunden sind, nimmt die Platte in Spannrichtung die Druckspannungen auf. Die Bewehrungsstäbe in den Balken nehmen die Zugspannungen auf.

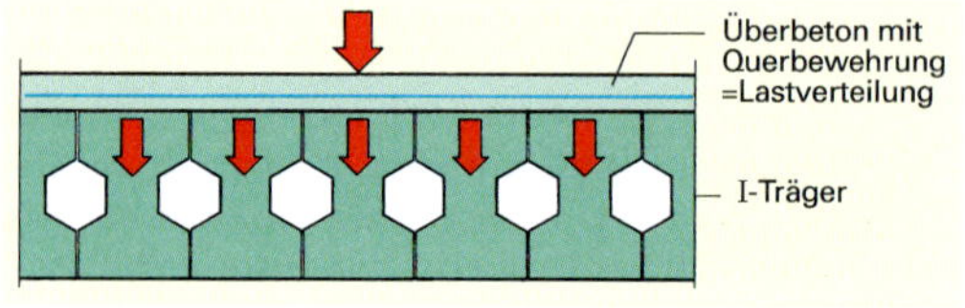

Balkendecke

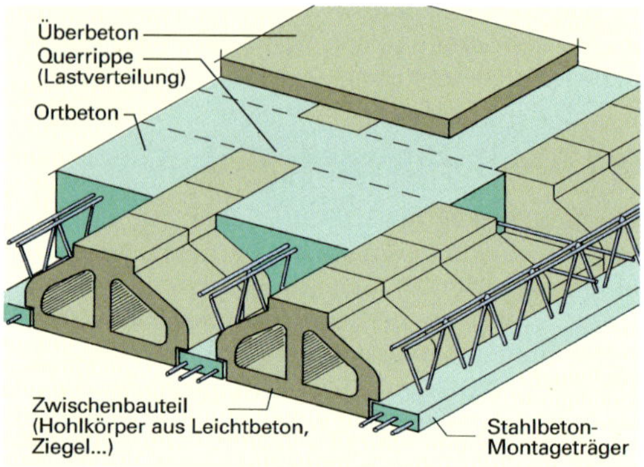

Balkendecke mit Zwischenbauteilen

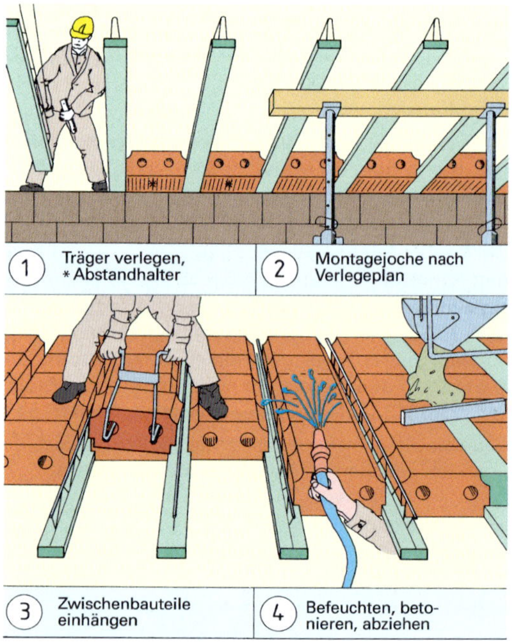

Arbeitsschritte beim Herstellen einer Balkendecke mit Zwischenbauteilen (z. B. Ziegeln)

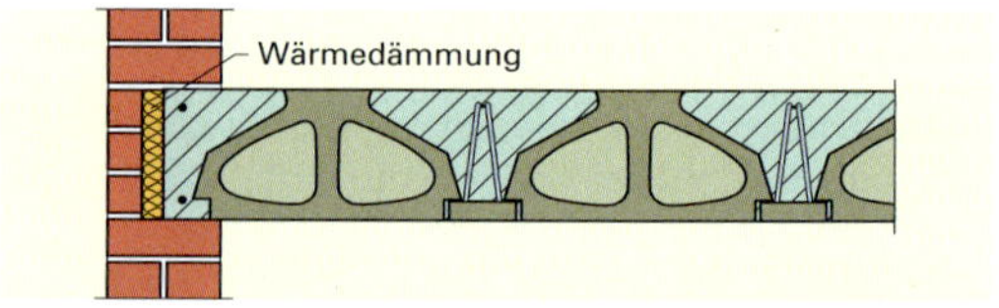

Verlegeanfang

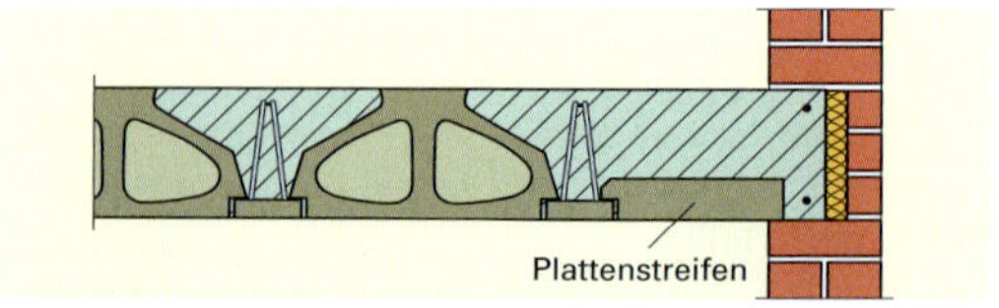

Verlegeende

Stahlbetonrippendecke

Stahlbetonrippendecken entsprechen in ihrer statischen Wirkung der Plattenbalkendecke.

Sie können als **Vollplatten** betrachtet werden, wenn
- der Rippenabstand nicht größer als 1,50 m ist,
- die Rippenhöhe unter der Gurtplatte die 4-fache Rippenbreite nicht übersteigt,
- die Dicke der Gurtplatte mindestens 1/10 des lichten Abstands zwischen den Rippen oder 5 cm beträgt (der größere Wert ist maßgebend) und
- Querrippen vorgesehen werden, deren lichter Abstand nicht größer als die 10-fache Deckendicke ist.

Stahlbetonrippendecken können mit oder ohne **Füllkörper** hergestellt werden.

Decken ohne Füllkörper werden mit genormten Stahlblechen geschalt. Die Rippen haben Abstände von 50 cm oder 62,5 cm. Neben den Stahlschalungen sind auch Schalkörper aus heiß verformten Holzfaserhartplatten, die mit Lattenrahmen ausgesteift sind, üblich. Diese Schalkörper können mehrfach verwendet werden oder als verlorene Schalung in der Decke verbleiben.

Zweiachsig gespannte Rippendecken werden als **Kassettendecken** ausgeführt. Als Schalung sind, wie oben beschrieben, Stahlblech- oder Holzfaserformen üblich.

Stahlbetonrippendecken mit Füllkörpern erfordern keine Rippenschalung. Die Füllkörper werden auf einer ebenen Schalung verlegt, die Zwischenräume bewehrt und mit Ortbeton ausgefüllt.

Bei den Füllkörpern sind zwei Bauarten üblich, **statisch mitwirkende** und **statisch nicht mitwirkende** Zwischenbauteile. Sie werden in der Regel aus Leichtbeton oder aus gebranntem Ton hergestellt. Ihre Ausführung und Prüfung müssen der DIN 4158 und DIN 4159 entsprechen.

Bei statisch mitwirkenden Zwischenbauteilen übernimmt der Füllkörper zum Teil die Aufgabe der Druckplatte.

Rippendecken mit Zwischenbauteilen können mit ganz oder teilweise vorgefertigten Rippen ähnlich wie Balkendecken hergestellt werden. Sie unterscheiden sich von Balkendecken mit Zwischenbauteilen im Wesentlichen durch eine Druckplatte aus Ortbeton oder durch die Verwendung von statisch mitwirkenden Zwischenbauteilen. Stahlbetonrippendecken mit Zwischenbauteilen haben eine geschlossene Unterseite.

Ist eine Kragplatte vorgesehen, so muss ein Halb- oder Vollmassivstreifen angeordnet werden. Zu diesem Zweck wird der Randbereich mit Plattenstreifen ausgelegt. Um Wärmebrücken zu vermeiden, werden vorgefertigte Wärmedämmelemente eingesetzt. Sie übertragen die Biegemomente und Querkräfte und bewirken die thermische Trennung von Decke und Kragplatte (siehe Abschnitt 9.1.3).

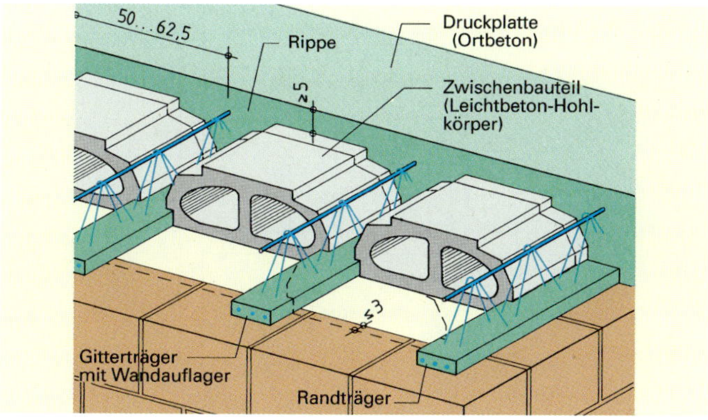

Stahlbetonrippendecke als Montagedecke

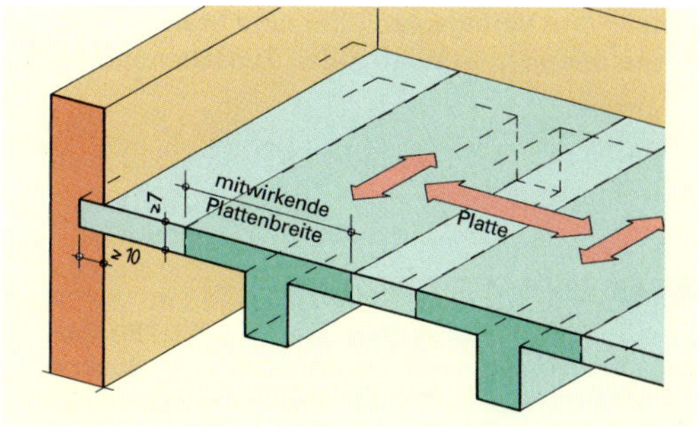

Plattenbalkendecke

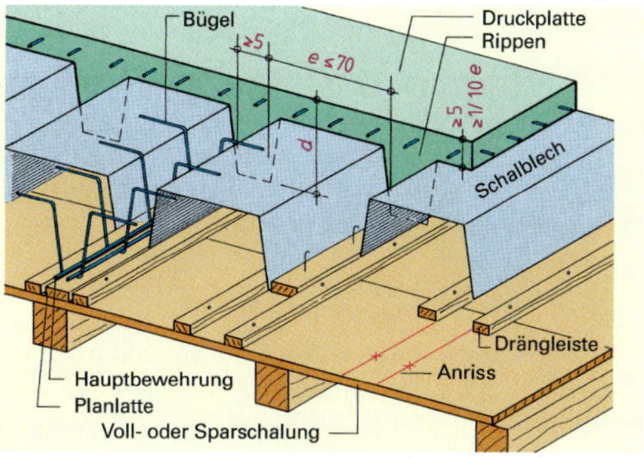

Stahlbetonrippendecke ohne Füllkörper

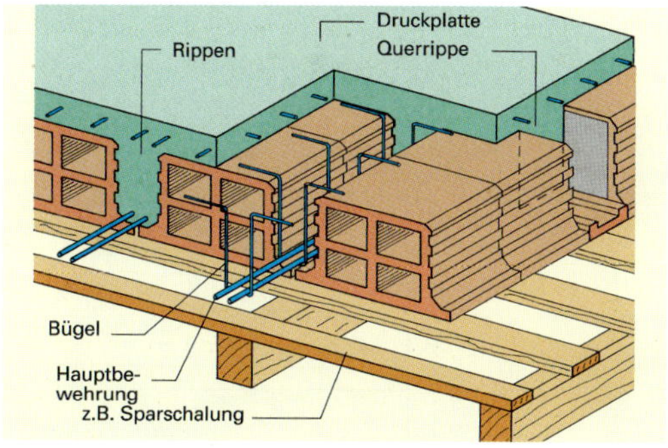

Stahlbetonrippendecke mit Füllkörpern
(nicht mitwirkende Deckenziegel)

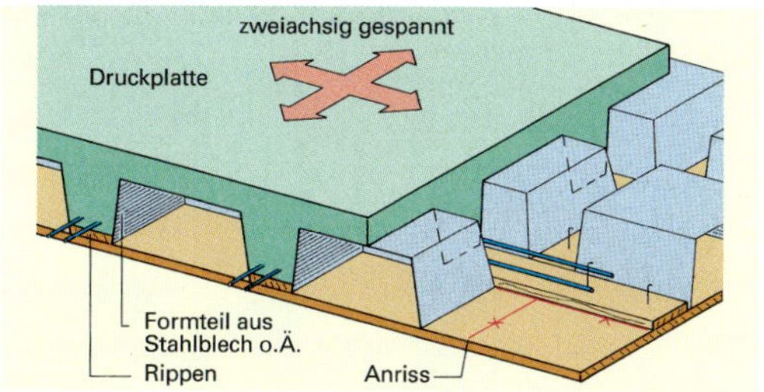

Stahlbetonrippendecke als Kassettendecke

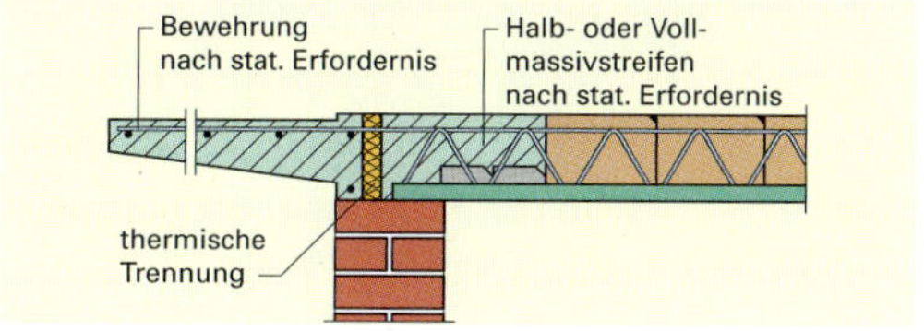

Kragplatte mit thermischer Trennung

Details und Verlegeplan über eine Stahlbetonrippendecke mit nicht mitwirkenden Zwischenbauteilen

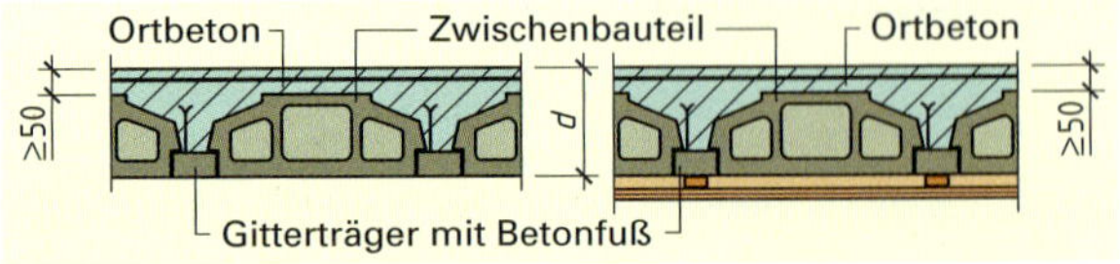

Aufbau einer Rippendecke

Geometrie	max. Lieferlänge 10 m Standardraster 625,750 mm Breitenausgleich durch Querrippensteine (Plattenstreifen)		Trägermasse: 15 … 20 kg/Stück Masse eines Zwischenbauteils: 10 … 25 kg/Stück				
	Standarddicken d in mm		170	200	250	300	350
	Eigenlast g_k in kN/m²		2,4	2,8	3,3	3,8	4,3
Standsicherheit	Montageunterstützung		erforderlich, Abstand alle 1,5 … 2,3 m				
	Nutzlast q_k		☒ Einfeldplatte		☒ Durchlaufplatte		
	Anwendungsbereich		max. Stützweite l in m (Richtwerte)				
	I	q_k = 0,75 kN/m²	5,5 … 4,9	6,5 … 5,3	8,1 … 5,9	9,8 … 6,5	10,8 … 7,1
	II	q_k = 1,5 kN/m²	5,5 … 4,9	6,5 … 5,3	7,4 … 5,9	8,4 … 6,5	9,0 … 7,1
	III	q_k = 5,0 kN/m²	5,2 … 4,9	5,9 … 5,3	6,3 … 5,9	7,1 … 6,5	8,0 … 7,1
Brandschutz	Feuerwiderstandsklasse		F 30 – A (Standard)				
			F 90 – A (größere Betondeckung und/oder Putz)				
Schallschutz	Masse in kg/m²		215	295	200	280	–
	bewertetes Bau-Schalldämm-Maß R'_w		55	57	54	56	–
	bewerteter Norm-Trittschallpegel $L'_{n,w}$		54	50	56	51	–
	Um die ermittelten Trittschallpegel $L'_{n,w}$ mit den Anforderungen in DIN 4109 zu vergleichen, müssen die Rechenwerte noch um 2 dB abgemindert werden.						

Stützweiten einer Stahlbetonrippendecke

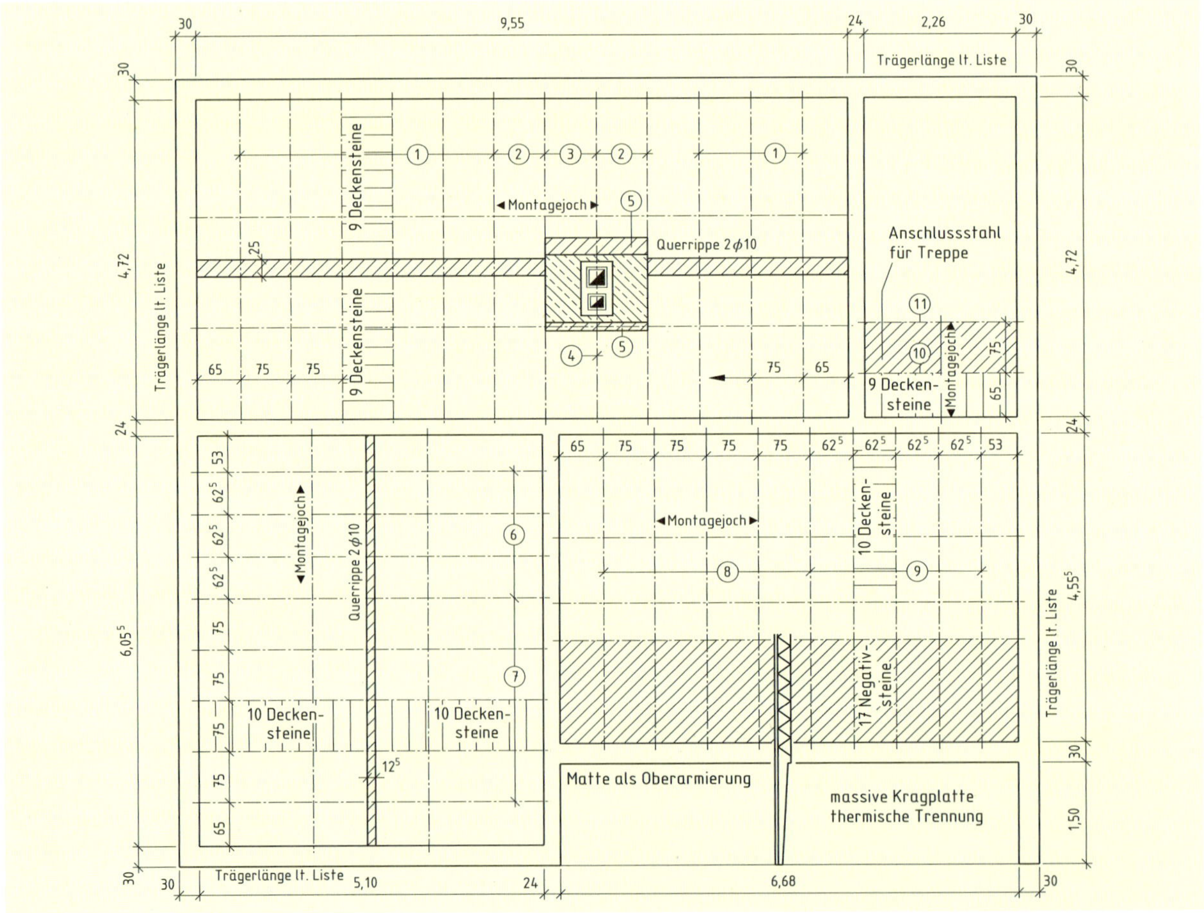

Verlegeplan

9.1.3 Plattendecken

Stahlbetonvollplatten

Platten sind ebene Flächentragwerke, die rechtwinklig zu ihrer Ebene belastet werden. Sie können linienförmig (z. B. Wandauflager) oder punktförmig (z. B. stützenförmig) gelagert sein.

Die Auflagertiefe ist wie bei Stahlbetonbalken so zu wählen, dass die zulässigen Pressungen in der Auflagerfläche nicht überschritten werden und die erforderlichen Verankerungslängen der Bewehrung untergebracht werden können.

Folgende **Mindestauflagertiefen** sind einzuhalten:

- **7 cm** bei Mauerwerk und Beton C8/10,
- **5 cm** bei Beton C16/20 ... C50/60 und Stahlbetonbauteilen,
- **3 cm** bei Trägern aus Stahlbeton oder Stahl, wenn seitliches Ausweichen der Auflager verhindert wird und die Stützweite der Platte nicht größer als 2,5 m ist.

Die Dicke der Platte richtet sich nach der Nutzlast, der Eigenlast, der Spannweite und der Bewehrung. Außerdem müssen die Forderungen des Bautenschutzes (Schall-, Wärme- und Brandschutz) berücksichtigt werden.

Sofern nicht mit Rücksicht auf die Tragfähigkeit und den Bautenschutz dickere Decken erforderlich sind, werden folgende **Mindestdicken** gefordert:

- **7 cm** im Allgemeinen,
- **16 cm** für Platten mit Querkraftbewehrung,
- **20 cm** für Platten mit Durchstanzbewehrung,
- **5 cm** für Platten, die nur ausnahmsweise begangen werden (z. B. bei Dachdecken zu Reinigungs- und Ausbesserungsarbeiten).

Im Wohnungsbau besitzen die Decken in der Regel eine Dicke von 16 ... 20 cm.

Die **Bewehrung** besteht aus Betonstabstählen (siehe Abschnitt 7.3.2) oder Betonstahlmatten (siehe Abschnitt 9.3.1). Sie muss in der Ausführung DIN EN 1992-1-1 entsprechen. Aus Gründen der Wirtschaftlichkeit werden für die Bewehrung fast ausschließlich **Betonstahlmatten** eingesetzt. Die Bewehrungsgrundsätze werden in Abschnitt 9.4 im Einzelnen dargestellt.

Stahlbetonvollplatte mit Balkon

Die früher übliche Lösung, die Ortbetondecke nach außen auskragen zu lassen, brachte erhebliche bauphysikalische Nachteile mit sich. Wärmebrücken waren häufig die Ursache für Bauschäden an Balkonen. Dort findet material- und/oder konstruktionsbedingt ein höherer Wärmeabfluss statt. Im Bereich der Wärmebrücken sinkt die Oberflächentemperatur derart, dass in der kalten Jahreszeit der Taupunkt unterschritten wird. Die an die Raumluft gebundene Feuchtigkeit kondensiert und verursacht Feuchte- und nicht selten Schimmelschäden im Rauminnern.

Ungedämmte Balkonanschlüsse führen auch zu einem Temperaturgefälle zwischen Balkon- und Deckenplatte. Infolge unterschiedlicher Ausdehnungen kommt es zu Spannungsrissen. Deshalb erfolgt eine **thermische Trennung** des Balkons von der Stahlbetondecke. Hierzu wird ein spezielles mit Edelstählen bewehrtes Dämmelement eingebaut, das Biegemomente und Querkräfte überträgt.

Platten sind ebene Flächentragwerke, die quer zu ihrer Ebene belastet und linien- oder punktförmig gelagert sind. DIN EN 1992-1-1 schreibt für die Stahlbetonvollplatten Mindestdicken vor. Im Wohnungsbau üblich sind Deckendicken von 16 ... 20 cm. Um Bauschäden zu vermeiden, werden Balkone von der Stahlbetondecke thermisch getrennt.

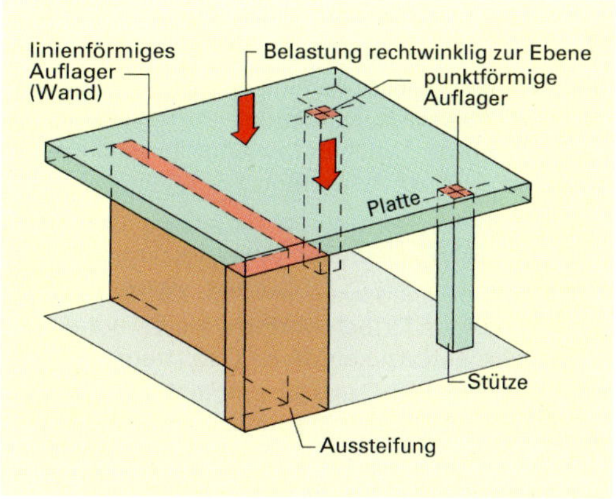

Auflager von Stahlbetonplatten

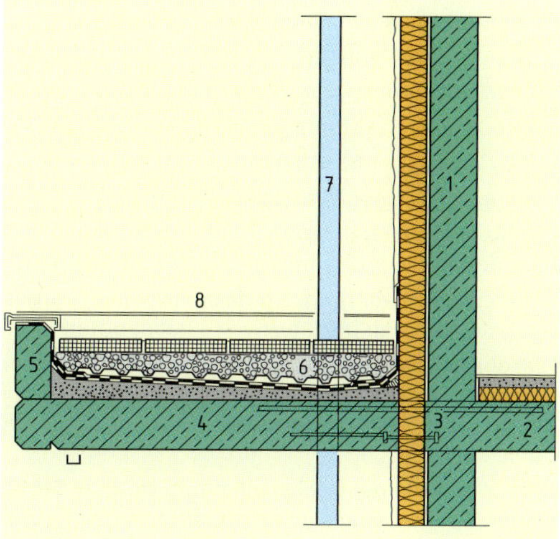

1 – Außenwand aus Stahlbeton
2 – Decke aus Stahlbeton
3 – Gedämmtes Bewehrungselement
4 – Balkonplatte
5 – Aufkantung
6 – Balkonaufbau aus Gefälleestrich, Abdichtung, Dränplatte, Kiesbett, Betonplatte
7 – Regenfallrohr
8 – Abdeckung

Tragendes Wärmedämm-Element für Balkone

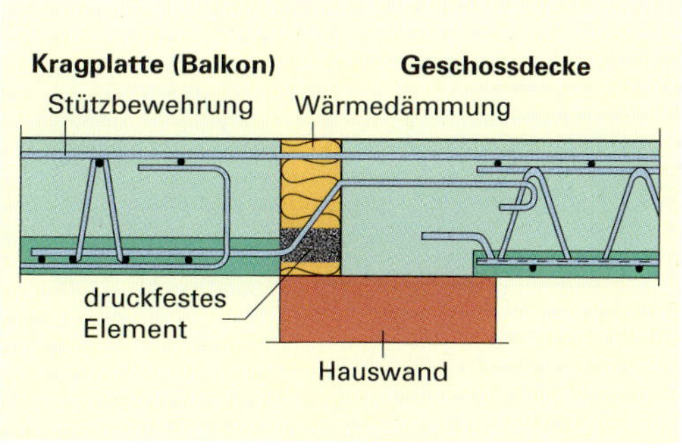

Thermische Trennung von Balkon- und Deckenplatte

Fertigteil-Montagedecken

Plattendecken können auch als Fertigteil-Montagedecken hergestellt werden. Diese Decken bestehen aus einer Fertigteilplatte und einer statisch mitwirkenden Ortbetonschicht. Sie kommen als Einfeld- und als Durchlaufplatten, die einachsig oder zweiachsig gespannt sind, zur Anwendung.

Die Fertigteile erfordern im Gegensatz zu Ortbetonplatten keine Schalung. Es sind lediglich Unterstützungen notwendig.

Fertigteil-Montagedecken erhalten **Gitterträger**, die mit der statisch wirkenden Ortbetonschicht als Verbund- und Schubbewehrung zum Einsatz kommen. Gitterträger bestehen aus einem Obergurt (ein Stab), aus einem Untergurt (zwei Stäbe) und aus Diagonalen, die unter einem Winkel von 45° verlaufen. Die einzelnen Elemente werden mittels Widerstandspunktschweißung miteinander verbunden. Alle Stäbe müssen die Eigenschaften und Abmessungen nach DIN 488 aufweisen. Gitterträger werden aus den Stahlsorten B500A und B500B hergestellt (siehe Abschnitt 7.3.1). Die Gurte der Gitterträger werden in beiden Duktilitätsklassen (A = normalduktil und B = hochduktil) ausgeführt.

Für jede Decke wird ein **Verlegeplan** erstellt. Er enthält alle für die Verlegung wichtigen Angaben:

- Lage der Elemente im Grundriss,
- Positionsnummer der Elemente,
- Anordnung der Montageunterstützung,
- Bewehrung der Stoßfugen,
- Anordnung einer Zusatzbewehrung.

Die Montageunterstützung ist vor dem Verlegen zu errichten. Dabei müssen die Joche immer quer zu den Trägern stehen.

Eine Zusatzbewehrung ist beispielsweise vorgesehen bei Auswechslungen und bei kreuzweise gespannten Platten.

Die obere Bewehrung der Decke ist einem gesonderten Bewehrungsplan zu entnehmen. Eine obere Bewehrung ist in der Regel bei Durchlaufdecken (Stützbewehrung) und bei Kragplatten erforderlich.

Über die Stöße der Deckenelemente sind als **Stoßbewehrung** entweder Streifen aus Betonstahlmatten oder Einzelstäbe zu legen. Die Dimension der Bewehrung ist im Verlegeplan anzugeben. Die Stoßbewehrung muss mindestens um das im Verlegeplan angegebene Maß l_o über den Plattenstoß reichen.

> Teilmontagedecken bestehen aus einer Fertigteilplatte mit Gitterträgern und einer statisch mitwirkenden Ortbetonschicht.

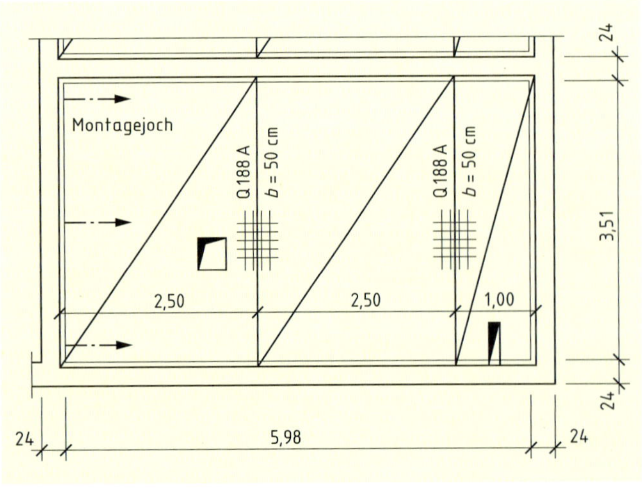

Verlegeplan

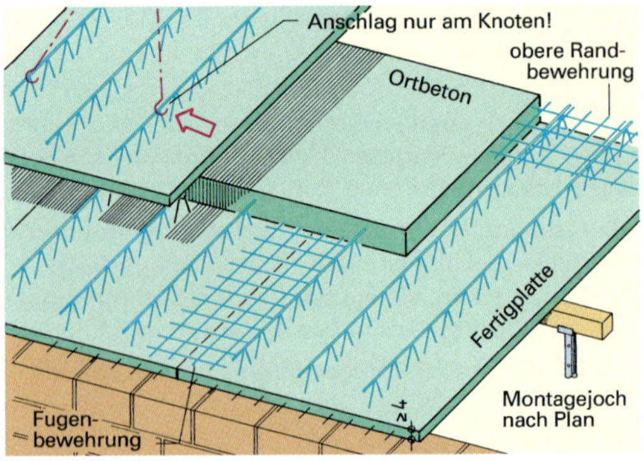

Plattendecke als Fertigteil – Elementdecke (Teilmontagedecke)

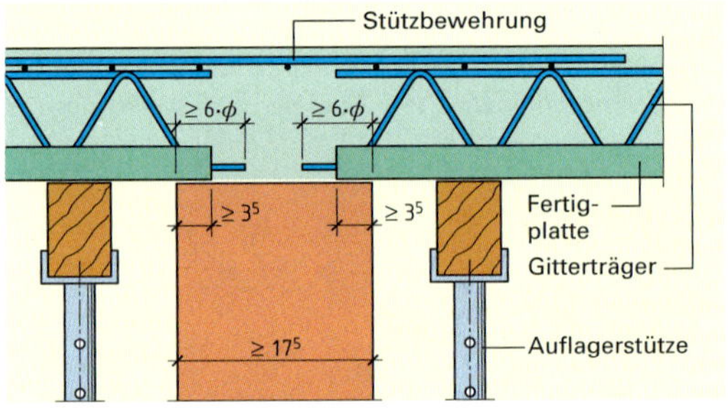

Zwischenauflager einer Teilmontagedecke

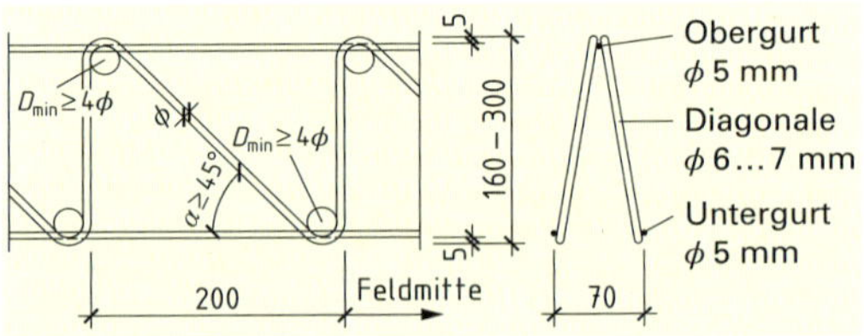

Aufbau eines Gitterträgers

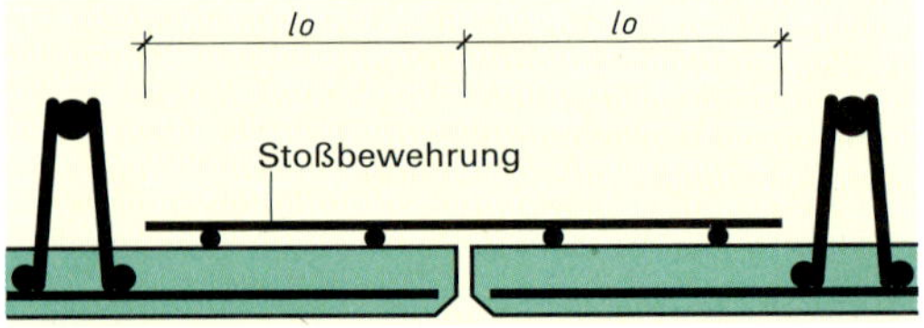

Stoßbewehrung

> Fertigteil-Montagedecken besitzen folgende **Vorteile:**
>
> - gute Lastabtragung und Lastverteilung auf die unterstützenden Wände,
> - Punktlasten und Linienlasten können gut abgetragen werden,
> - Aussparungen (Deckendurchbrüche) sind an allen Stellen möglich,
> - gute Luftschalldämmung und guter Brandschutz sind gegeben,
> - Montagedecken ersetzen die Deckenschalung; sie haben eine glatte und ebene Untersicht, die nicht verputzt werden muss,
> - aufwendige Schalungs- und Bewehrungsarbeiten entfallen.

Stahlsteindecken

Stahlsteindecken sind Decken aus besonderen Deckenziegeln mit längs und quer verlaufenden Betonfugen. Sie dürfen nur einachsig gespannt ausgeführt werden. Die Betonstabbewehrung liegt in den Längsfugen. Bei Decken mit einer Nutzlast von ≤3,5 kN/m^2 darf auf eine Querbewehrung verzichtet werden.

Die Deckenziegel müssen den Anforderungen der DIN 4159 entsprechen. Danach wird zwischen Deckenziegeln mit teilvermörtelbaren und vollvermörtelbaren Stoßfugen unterschieden. Sie sind jeweils 25 cm breit und haben eine Höhe von 9 ... 29 cm. Die Längen betragen 16,6 cm, 25 cm, 33,3 cm oder 50 cm, wobei letztere Ziegel nur für Decken ohne Querbewehrung verwendet werden dürfen.

Durch die Deckenziegel wird die Eigenlast der Decke verhältnismäßig niedrig gehalten. Es können dadurch größere Spannweiten erreicht werden, ohne dabei unwirtschaftlich (zu hoher Stahlbedarf und zu große Konstruktionshöhe) zu werden.

Die Deckenziegel dürfen nicht auf den Auflagern liegen. In den Auflagerbereichen der Umfassungswände sind Massivstreifen zur Aufnahme des Ringankers vorzusehen. Da die Deckenziegel im oberen Bereich (Druckzone) Druck aufnehmen, ist darauf zu achten, dass die Stoßfugen dicht vermörtelt sind. Die erforderliche Querbewehrung liegt in den Stoßfugen.

Für den Fugenverguss ist Beton mindestens der Festigkeitsklasse C16/20 zu verwenden.

Zur Unterstützung der Ziegel wird entweder ein geschlossener Schalungsboden oder eine Streifenschalung im Achsabstand von 25 cm benötigt.

Nach dem trockenen Verlegen der Deckenziegel und dem Einbringen der Bewehrungsstäbe sind die Ziegel vor dem Ausbetonieren der Fugen so anzufeuchten, dass sie nur noch wenig Wasser aufsaugen.

Stahlsteindecken werden heute häufig als Fertigteildecken (Montagedecken) ausgeführt. Diese Montagedecken werden unterstützungsfrei von Auflager zu Auflager verlegt.

> Stahlsteindecken bestehen aus Deckenziegeln und bewehrten Betonfugen. Die Deckenziegel werden im oberen Bereich auf Druck beansprucht. Die Zugbewehrung liegt in den Längsfugen.

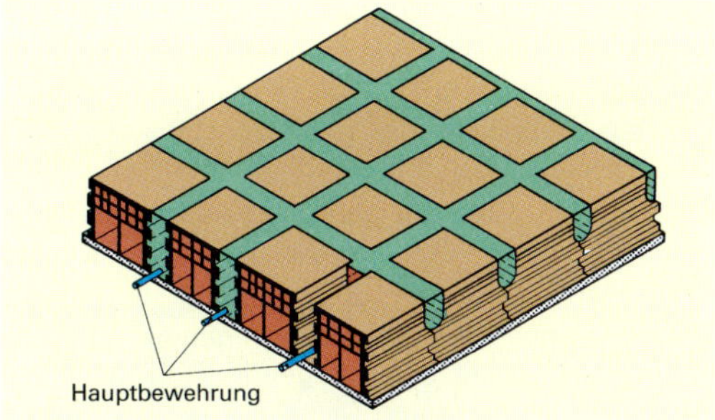

Stahlsteindecke aus Deckenziegeln für teilvermörtelbare Stoßfugen

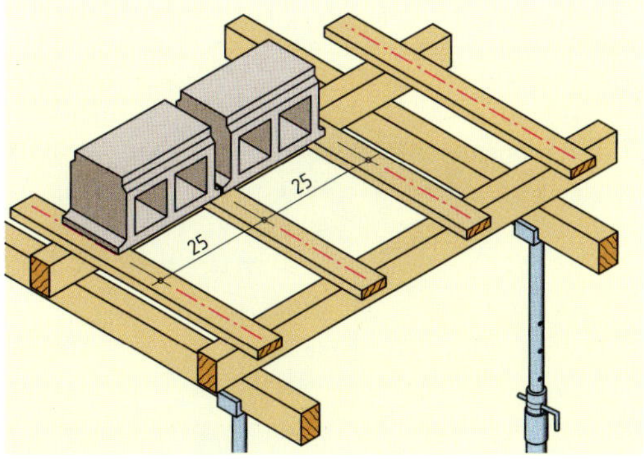

Streifenschalung für Stahlsteindecken

Stahlsteindecke als Montagedecke

Punktförmig gestützte Platten

Punktförmig gestützte Platten sind Decken, die **ohne Unterzug** auf Stützen aufgelagert und mit ihnen verbunden sind. Sie werden häufig für Gebäude vorgesehen, die große und leicht überschaubare Räume (z. B. bei Großraumbüros) erfordern.

Für den weiteren Ausbau der Gebäude sind bei punktförmig gestützten Platten keine hinderlichen Unterzüge vorhanden.

Da das Schalen und Bewehren von Unterzügen sehr aufwendig ist, sind punktförmig gestützte Platten in der Herstellung kostengünstiger.

Die Konstruktionshöhen der punktförmig gestützten Platten sind im Vergleich zu Plattenbalken- oder Rippendecken gering. Die vorgeschriebene **Mindestdicke** beträgt **15 cm**.

Da die Platte nur punktförmig aufgelagert ist, besteht die Gefahr des Durchstanzens. Die Sicherheit gegen Durchstanzen wird durch geeignete Bewehrungsmaßnahmen in der Deckenplatte folgendermaßen erreicht:

- durch eine innen liegende Stützenkopfverstärkung,
- durch eine zusätzliche außerhalb der Decke liegende Stützenkopfverstärkung,
- durch eine besondere Durchstanzbewehrung.

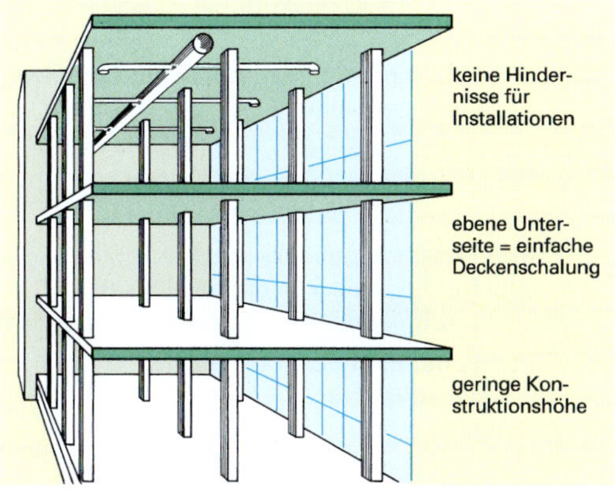

Skelettbau mit punktförmig gestützten Platten („Flachdecken")

Die innen liegende Stützenkopfverstärkung wird durch eine zusätzliche Bewehrung und Schubsicherung über dem Stützenkopf erreicht. Vorgefertigte Durchstanzbewehrungs-Systeme setzen sich aus Doppelkopfbolzen (Betonstabstahl B500B), Auflageböcken, Distanzstäben und Abstandhaltern zusammen.

Auch außen liegende Stützenkopfverstärkungen erhalten eine pilzkopfähnliche Form, wonach auch die Deckenart früher benannt wurde.

Der Schalungsaufwand außen liegender Stützenkopfverstärkungen ist sehr hoch. Innen liegende Stützenkopfverstärkungen erfordern hingegen einen Mehraufwand an Bewehrung und u. U. eine dickere Deckenplatte.

Punktförmig gestützte Platten sind Decken, die unmittelbar auf Stützen aufgelagert sind. Die Stützen können mit oder ohne verstärkten Kopf ausgebildet werden.

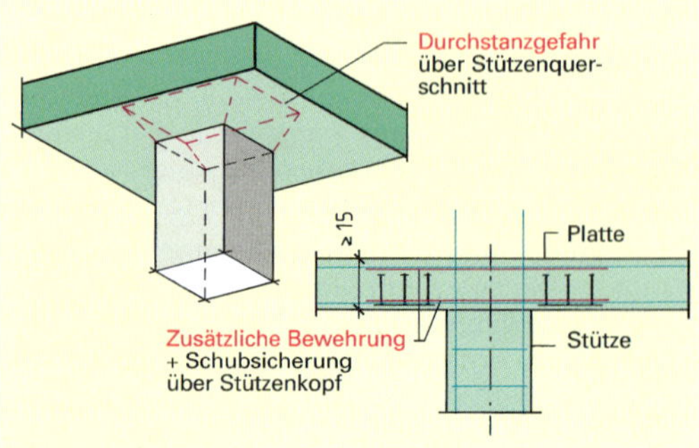

Stützenkopf mit innen liegender Verstärkung („Flachdecke")

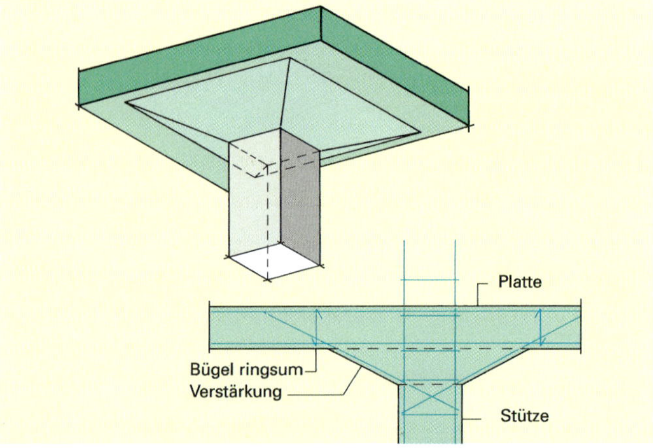

Außen liegende Stützenkopfverstärkung

Durchstanzbewehrung in Bereich von Stützen

Zusammenfassung

Decken haben neben der raumabschließenden und Kräfte übertragenden Funktion eine wichtige aussteifende Aufgabe.

Geschossdecken können einachsig und zweiachsig gespannt sein.

Sie werden als Einfeldplatten, Durchlaufplatten und als Kragarmplatten ausgebildet.

Massivdecken können drei unterschiedlichen Gruppen zugeordnet werden: den Balken-, Plattenbalken- und den Plattendecken.

Eine Vielzahl der Decken wird aus vorgefertigten Teilen hergestellt.

Bei Fertigteil-Elementdecken entfallen die aufwendigen Schal- und Bewehrungsarbeiten.

Zur Gruppe der Balkendecken zählen
- dicht nebeneinander liegende Balken,
- Balkendecken mit Zwischenbauteilen.

Zur Gruppe der Plattenbalkendecken zählen
- Stahlbetonrippendecken ohne Füllkörper,
- Stahlbetonrippendecken mit Zwischenbauteilen.

Zur Gruppe der Plattenbalken zählen
- Stahlbetonvollplatten,
- Stahlsteindecken,
- punktförmig gestützte Platten.

Punktförmig gestützte Platten liegen direkt auf Stützen auf.

Aufgaben

1. *Welche Aufgaben erfüllen Decken?*
2. *Wie werden Lasten abgeleitet*
   a) bei einer einachsig gespannten Decke,
   b) bei einer zweiachsig gespannten Decke?
3. *Nennen Sie den Unterschied zwischen einer Einfeld- und einer Zweifeldplatte.*
4. *Eine Industriehalle mit 8 m Spannweite soll einachsig mit einer Decke überspannt werden. Welche Deckenart schlagen Sie vor? Begründen Sie Ihre Wahl.*
5. *Beschreiben Sie den Arbeitsablauf beim Herstellen einer Balkendecke mit Zwischenbauteilen.*
6. *Was versteht man unter einer Rippendecke?*
7. *Welche Aufgaben übernehmen statisch mitwirkende Zwischenbauteile bei einer Rippendecke?*
8. *Wonach richtet sich die Dicke einer Stahlbetonvollplatte als Decke in einem Wohngebäude?*
9. *Warum müssen punktförmig gestützte Platten im Stützenkopfbereich besonders verstärkt werden?*
10. *Begründen Sie, warum eine thermische Trennung zwischen Balkon und Massivdecke erforderlich ist.*

9.2 Deckenschalungen

Beton ist bei seiner Herstellung plastisch und formbar. Zur Formgebung werden Schalungen als stützende Umhüllung verwendet. Sie verleiht durch den Abdruck ihrer Oberfläche dem Beton das Aussehen. Schalungen müssen maßgenau ausgeführt werden, und sie müssen stabil sein, um alle anfallenden Belastungen sicher aufnehmen zu können. Schalungen dürfen sich unter Belastung nicht verformen.

Da die Schalung etwa 35% der Kosten einer Konstruktion in Beton- oder Stahlbetonbauweise verursacht, ist man bestrebt, den Schalungsaufwand möglichst zu reduzieren.

Für Deckenschalungen kommen systemlose Schalungen (= herkömmliche) und Systemschalungen infrage.

9.2.1 Systemlose Schalungen

Systemlose Schalungen zeigen einen dreiteiligen Aufbau. Sie bestehen aus der Schalhaut, der Unterkonstruktion, der Unterstützung und der Verspannung.

Für die **Schalhaut** werden Brettschalungen und Schalungsplatten verwendet.

Brettschalungen werden aufgrund ihrer aufwendigen Herstellung und ihrer geringen Einsatzhäufigkeit nur noch zur Herstellung von Passschalungen, Schalungen für Aussparungen und bei Restflächen eingesetzt. Verwendet werden in der Regel etwa 24 mm dicke sägeraue oder gehobelte Bretter aus Fichten- und Tannenholz.

Schalungsplatten werden bei großen Deckenschalungsflächen eingesetzt. Sie kommen entweder als dreischichtverleimte Platten aus Stabsperrholz (Kennzeichnung BST) oder als mehrschichtige Furnierplatten (Kennzeichnung BFU) zum Einsatz. Sie sind koch- und wetterfest verleimt. Die Oberfläche der Dreischichtplatten erhält eine hochdruckverpresste Kunstharzbeschichtung, die einen etwa 30-maligen Einsatz ermöglicht. Die mehrschichtigen Furnierplatten erhalten durch getränktes Papier oder Folie eine Filmbeschichtung, die die Platten wasserundurchlässig machen und einen etwa 100-maligen Einsatz gewährleisten.

Schalungsplatten können für alle Aufgaben eingesetzt werden. Sie werden in der Regel in Dicken von 21 mm und 27 mm gefertigt und sind in Formaten von 100/50 ... 600/100 cm lieferbar.

Für die **Unterkonstruktion**, sie besteht aus Joch- und Querträgern, können Kanthölzer und Schalungsträger eingesetzt werden. Die Tragfähigkeit von Kanthölzern hängt vom Querschnitt ab, wobei rechteckige Hölzer in Hochkantstellung mehr tragen. Schalungsträger sind gegenüber Kanthölzern formstabiler und in ihren Abmessungen genauer.

Schalungsträger kommen als **Vollwandträger** (Typ P) und **Gitterträger** (Typ L) zum Einsatz. Bei Vollwandträgern greift der aus Furnieren verleimte Steg mit Keilzinken in die Gurthölzer ein. Bei Gitterträgern sind die Gurte mehrschichtig verleimt und mit den Streben ebenfalls durch Keilzinken verbunden. Die Schalungsträger werden in unterschiedlichen Längen und Höhen geliefert. Die Anpassung an die Raummaße erfolgt durch Überlappung.

Für die **Unterstützung** werden genau justierbare Stahlrohrstützen verwendet. Sie müssen nach dem Entwurf der europäischen Norm als Stützen der Klasse E eine Belastung von 30 kN über den gesamten Stützenauszugsbereich aufnehmen. Die mit Stützbeinen und verschiedenen Halteköpfen versehenen **Stahlrohrstützen** nehmen mit ihren Absenk- bzw. Halteköpfen die Jochträger (Hauptträger) auf. Auf die Jochträger kommen die Querträger (Nebenträger) zu liegen, auf denen die Schalungsplatten und/oder Brettschalungen verlegt werden.

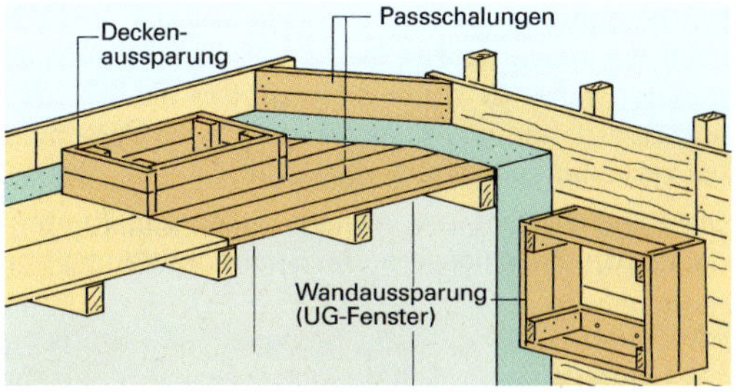

Einsatzbeispiele von Brettschalungen

Verlegen von Schalungsplatten

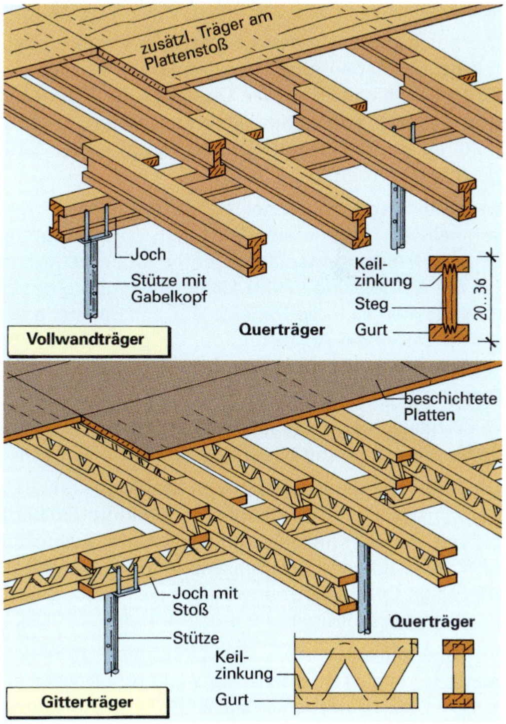

Schalungsträger aus Holz

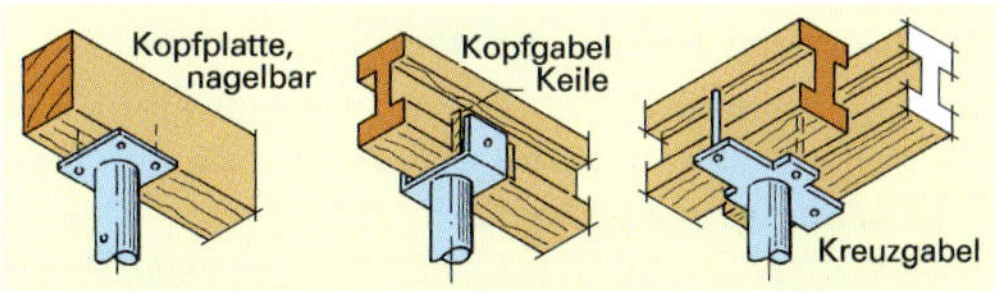

Verschiedene Halteköpfe für eine Stahlrohrstütze

Die Schalhaut formt den Beton und bestimmt die Betonoberfläche. Unterkonstruktion und Unterstützung müssen alle Lasten aufnehmen und die Unverformbarkeit der Schalung garantieren.

Der Abstand der Stahlrohrstützen und der Jochträger richtet sich nach der gewünschten Deckenstärke und dem gewählten Querträgerabstand. Er sollte nicht größer als 1,20 m sein. In Längs- und Querrichtung werden Stützen durch Verschwertung (= diagonal verlaufende Bretter) ausgesteift.

Die Randschalung am Auflager wird von Kanthölzern gehalten, die mit Spannschlössern und Spanndrähten verspannt werden.

Systemlose Schalungen bestehen aus Brettschalungen oder Schalungsplatten, Schalungsträger und Stahlrohrstützen.

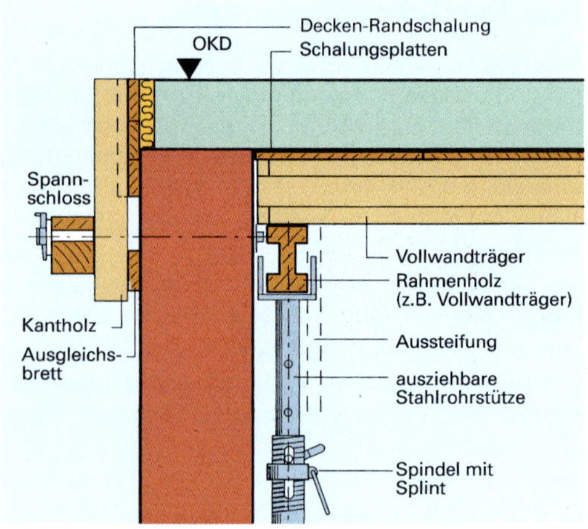

Deckenschalung mit Vollwandträgern

9.2.2 Systemschalungen

Deckenschalungssysteme werden aus vorgefertigten, industriell hergestellten Schalungselementen zusammengebaut. Für das Einschalen von Massivdecken kommt vorzugsweise eine **Paneel-Deckenschalung** zum Einsatz. Ihr Vorteil liegt darin, dass mit leichten und handlichen Bauteilen ein kraftsparendes Arbeiten und durch einfache, systematische Montagefolge ein schnelles Schalen möglich ist.

Die Deckenschalung besteht aus Längsträgern, Paneelen, Abdeckleisten und Stahlrohrstützen mit besonders ausgebildeten Stützköpfen.

Die pulverbeschichteten **Längsträger** werden aus Aluminium gefertigt. Sie haben eine Regellänge von 2,25 m und eine geringe Eigenmasse von 15 kg. Die Oberseite der Träger besitzen nach außen stehende Fangzähne aus Kunststoffen, in die die Paneele eingehängt und so gegen Verrutschen in Längs- und Querrichtung gesichert werden.

Die selbsttragenden **Paneele** sind Rahmenkonstruktionen aus verschweißten Aluminiumprofilen mit eingelegten 9 mm dicken Sperrholz-Schalungsplatten, deren Oberfläche kunstharzvergütet ist. Mit Abmessungen von 150 × 75 cm und einer Eigenmasse von 15 kg lassen sich die Paneele auf der Baustelle einfach transportieren. Durch die Abstufung der Länge (150 cm, 75 cm) und Breite (75 cm, 50 cm, 37,5 cm) kann der Passbereich sehr gering gehalten werden.

Die **Abdeckleisten** bestehen aus Kunststoff. Sie werden auf die Fallköpfe gelegt und bilden mit den Paneelen eine ebene Fläche.

Die in der Länge veränderbaren **Stahlrohrstützen** erhalten besonders ausgebildete Stützköpfe, sogenannte **Fallköpfe**. Der Fallkopf ist mit einem Klinkenschnellverschluss ausgestattet, sodass er sich ohne aufwendiges Schrauben mit der Stahlrohrstütze verbinden lässt. Der Fallkopf unterstützt die Träger und die Paneele und leitet die Last mittig in die Stütze weiter.

In Abhängigkeit von Deckenstärke und Betonfestigkeit kann teilweise bereits nach einem Tag ausgeschalt werden. Dazu wird der Fallkopf per Hammerschlag entriegelt. Die Schalung senkt sich dabei um 6 cm ab. Träger und Paneele können ausgeschalt werden. Lediglich die Stahlrohrstützen mit den Fallköpfen und die Abdeckleisten bleiben stehen.

Bei Standardanwendungen mit Längsträgern von 2,25 m Länge trägt eine Stahlrohrstütze eine Feldgröße von bis zu 3,45 m². Das spart Material und Arbeitszeit.

Paneel-Deckenschalungen bestehen immer aus den gleichen Systemteilen: Längsträgern, Paneelen, Abdeckleisten und Stahlrohrstützen mit besonders ausgebildeten Fallköpfen. Durch die Aluminiumkonstruktion ist die Eigenlast der Systemteile sehr gering, sodass die Elemente von Hand versetzt werden können.

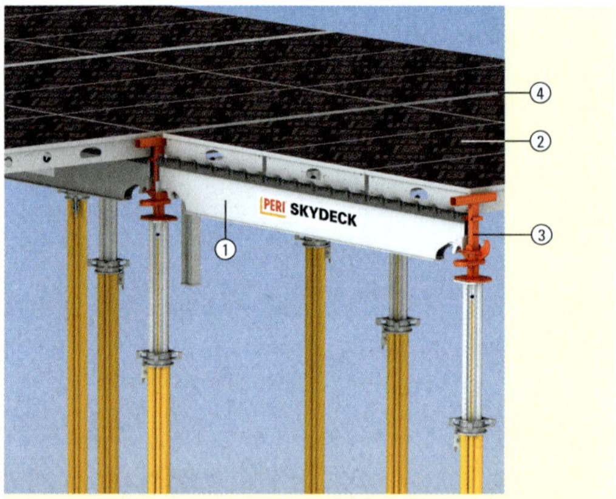

① Längsträger mit Fangzähnen
② Paneel
③ Stahlrohrstütze mit Fallkopf
④ Abdeckleiste

Aufbau einer Paneel-Deckenschalung

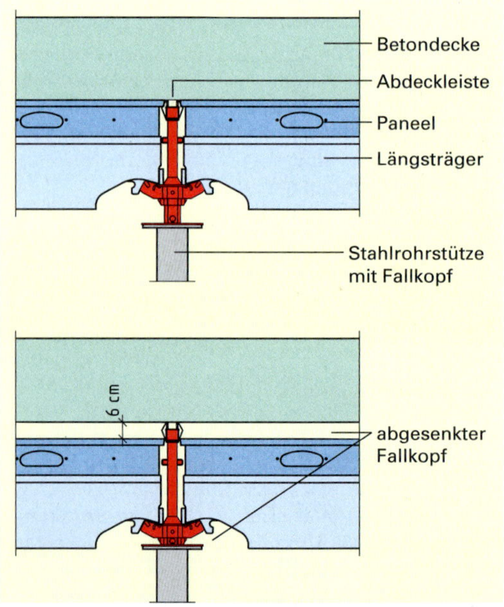

Fallkopf vor und nach dem Absenken

9.2.3 Schalungspläne

Schalungspläne gehören zu den Ausführungszeichnungen. Sie enthalten die Darstellung der Stahlbetonbauteile im geplanten Endzustand und ihre vollständige Bemaßung. Sie sind Grundlage für die Materialberechnungen.

Für komplizierte Einschalungen werden besondere Schalungspläne angefertigt. Sie stellen die Schalungskonstruktion dar und dienen als Hilfe für die Bauausführenden. Darüber hinaus erleichtern sie die Arbeitsvorbereitung und ermöglichen eine genauere und umfassendere Disposition.

Mithilfe von **Computerprogrammen** sind heute Möglichkeiten geboten, Schalungsplanungen automatisch zu lösen. Das Planen in nacheinander folgenden Arbeitstakten wird genauer und schneller. Das Ergebnis sind übersichtliche Pläne und genaue Stücklisten. Mit diesen Daten können Logistik, Kalkulation und Abrechnung unterstützt werden.

Die Schalungsplanung für umfangreiche Bauteile kann heute mit gängigen Schalungsprogrammen rasch und sicher gelöst werden. Mit geringem Planungsaufwand werden maximale Einsparungen an Material und Schalungszeit erreicht.

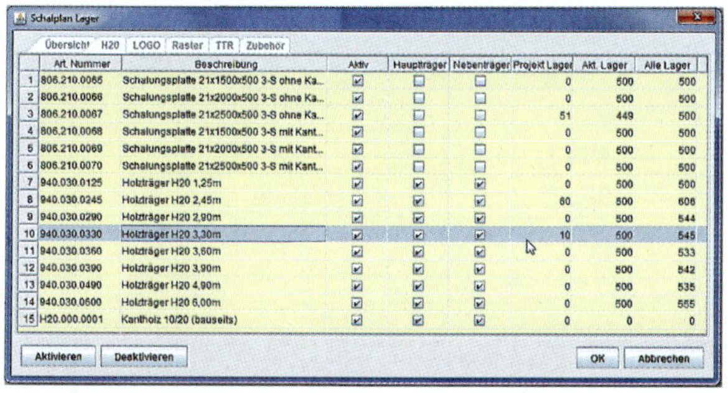

	Art. Nummer	Beschreibung	Aktiv	Hauptträger	Nebenträger	Projekt Lager	Akt. Lager	Alle Lager
1	806.210.0065	Schalungsplatte 21x1500x500 3-S ohne Ka...	☑	☐	☐	0	500	500
2	806.210.0066	Schalungsplatte 21x2000x500 3-S ohne Ka...	☑	☐	☐	0	500	500
3	806.210.0067	Schalungsplatte 21x2500x500 3-S ohne Ka...	☑	☐	☐	51	449	500
4	806.210.0068	Schalungsplatte 21x1500x500 3-S mit Kant...	☑	☐	☐	0	500	500
5	806.210.0069	Schalungsplatte 21x2000x500 3-S mit Kant...	☑	☐	☐	0	500	500
6	806.210.0070	Schalungsplatte 21x2500x500 3-S mit Kant...	☑	☐	☐	0	500	500
7	940.030.0125	Holzträger H20 1,25m	☑	☑	☑	0	500	500
8	940.030.0245	Holzträger H20 2,45m	☑	☑	☑	60	500	606
9	940.030.0290	Holzträger H20 2,90m	☑	☑	☑	0	500	544
10	940.030.0330	Holzträger H20 3,30m	☑	☑	☑	10	500	545
11	940.030.0360	Holzträger H20 3,60m	☑	☑	☑	0	500	533
12	940.030.0390	Holzträger H20 3,90m	☑	☑	☑	0	500	542
13	940.030.0490	Holzträger H20 4,90m	☑	☑	☑	0	500	535
14	940.030.0600	Holzträger H20 6,00m	☑	☑	☑	0	500	555
15	H20.000.0001	Kantholz 10/20 (bauseits)	☑	☑	☑	0	0	0

Lagerbestand für Schalungsplatten und Holzträger

Zusammenfassung

Systemlose Schalungen für Massivdecken setzen sich aus der Schalhaut, der Unterkonstruktion und der Unterstützung zusammen.

Für die Schalhaut kommen Brettschalungen und Schalungsplatten zum Einsatz. Für die Unterkonstruktion werden Kanthölzer, Vollwand- und Fachwerkträger verwendet. Die Unterstützung erfolgt vorwiegend über Stahlrohrstützen.

Systemschalungen für Decken werden aus vorgefertigten Schalungselementen zusammengebaut. Schalhaut und Unterkonstruktion bilden dabei eine biegefeste und stabile Einheit.

Paneel-Deckenschalungen zeichnen sich aus durch
- leichte und handliche Bauteile (kraftsparendes Arbeiten),
- schnelles Schalen mit einfacher, systematischer Montagefolge,
- frühes Ausschalen mithilfe des Fallkopfsystems: Stützen mit Fallkopf und Abdeckleisten bleiben stehen, nur Paneele und Längsträger werden ausgeschalt (abgesenkt).

Für umfangreiche Deckenkonstruktionen wird die Schalungsplanung mit gängigen Computerprogrammen rasch und sicher gelöst.

Vorgehensweise für die Schalungsplanung am PC:

1. **Grundrisseingabe:** Sie erfolgt mit Maus oder Tastatur. Schneller und komfortabler erfolgt die Bauwerkseingabe durch die direkte Übernahme aus einer bestehenden CAD-Zeichnung.
2. **Schalung planen:** Auf Knopfdruck kann das Bauwerk mit dem vorher gewählten Schalungssystem eingeschalt und eingerüstet werden. Der automatische Vorschlag kann manuell verändert werden.
3. **Statikberechnung:** Für Träger-Deckenschalungen wird automatisch eine komplette Statik berechnet.
4. **Stückliste erstellen:** Aus dem Ergebnis der Schalungsplanung werden genaue Stücklisten im Excelformat erstellt. Sie sind die Basis für weitere Kalkulationen, z. B. für die Ermittlung der Schalzeiten und Lohnkosten.

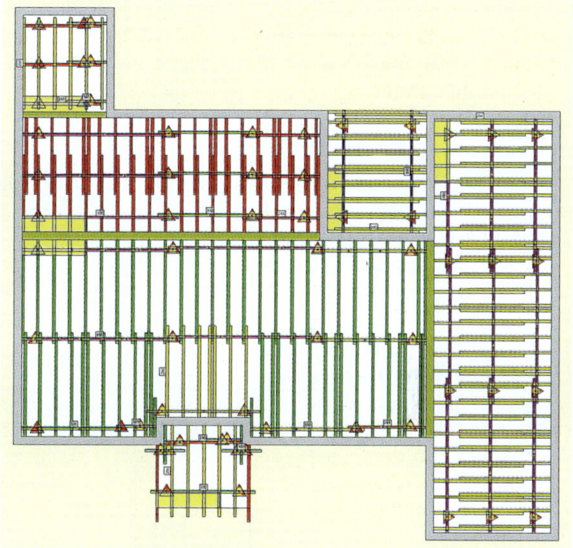

Ein fertig geschalter Grundriss für eine Deckenschalung

Aufgaben

1. *Aus welchen Elementen besteht eine systemlose Schalung für Massivdecken?*
2. *Welche Vorteile haben Schalungsplatten gegenüber Brettschalungen?*
3. *Welche Teile sind bei einer Deckenschalung für die Unterkonstruktion und die Unterstützung erforderlich?*
4. *Warum müssen die Stützen bei einer Deckenschalung nach beiden Richtungen ausgesteift werden?*
5. *Skizzieren Sie im Maßstab 1:10 den Querschnitt durch die Deckenschalung im Randbereich. Verwendet werden Vollwandträger, Stahlrohrstützen, Kanthölzer, Schalungsbretter und Spannschlösser.*
6. *a) Erklären Sie den Aufbau einer Paneel-Deckenschalung.*
   b) Aus welchen Materialien bestehen die Teile?
7. *Welche Vorteile bietet die Paneel-Deckenschalung gegenüber systemlosen Schalungen?*
8. *Beschreiben Sie die Vorgehensweise bei der Schalungsplanung mithilfe eines Computerprogrammes.*

9.2.4 Materiallisten

Wird eine systemlose Schalung für Stahlbetondecken verwendet, so wird anhand des Schalungsplanes eine Materialliste erstellt, in die tabellarisch für die einzelnen Schalungsteile Stückzahl, Querschnittsabmessungen, Längen, Fertig- und Rohmengen eingetragen werden. Die Fertigmengen werden nach den Maßangaben der Schalungspläne ermittelt, die Rohmengen berücksichtigen einen Verschnittzuschlag von 10…20%.

Der Verschnittzuschlag ist die Verschnittmenge in %, wobei die Fertigmenge 100% entspricht. In der Praxis wird vorwiegend mit einem **Faktor** gerechnet. Er ergibt sich aus dem Verschnittzuschlag, der prozentual auf die Fertigmenge zugeschlagen wird; z. B. ein Verschnittzuschlag von 30% ergibt einen Faktor von 1,3.

Rohmenge = Fertigmenge · Faktor

Beispiel 1:

Eine Garagendecke weist eine Deckenschalfläche von 19,70 m² aus. Wie viele m² Schalbretter sind erforderlich, wenn mit einem Verschnittzuschlag von 15% gerechnet wird?

Lösung:

Fertigmenge = 19,70 m²

Rohmenge = 19,70 m² · 1,15 = <u>22,66 m²</u>

Beispiel 2:

Die Decke über dem EG eines Wohnhauses erhält eine systemlose Schalung aus Schalungsplatten, Schalungsträgern und Stahlrohrstützen.

Ermitteln Sie anhand einer Materialliste für den dargestellten Ausschnitt

a) die Fertigmenge an Schalungsplatten in m² und Stück; verwendet werden Schalungsplatten 150/50/2,4 cm,
b) den Bedarf an Hauptträgern (Gitterträger) in m und Stück,
c) den Bedarf an Stahlrohrstützen in Stück.

Lösung:

Nr.	Bezeichnung	Stück	Abmessung in cm	Länge in m einzeln	Länge in m zus.	Fertigmenge in m²
Deckenschalung						
1	Hauptträger H 24/145	6		1,45		
2	Hauptträger H 24/290	9		2,90		
3	Hauptträger H 24/330	10		3,30		
4	Stahlrohrstützen	60				
5	Schalungsplatten	92	150/50			69

Materialliste

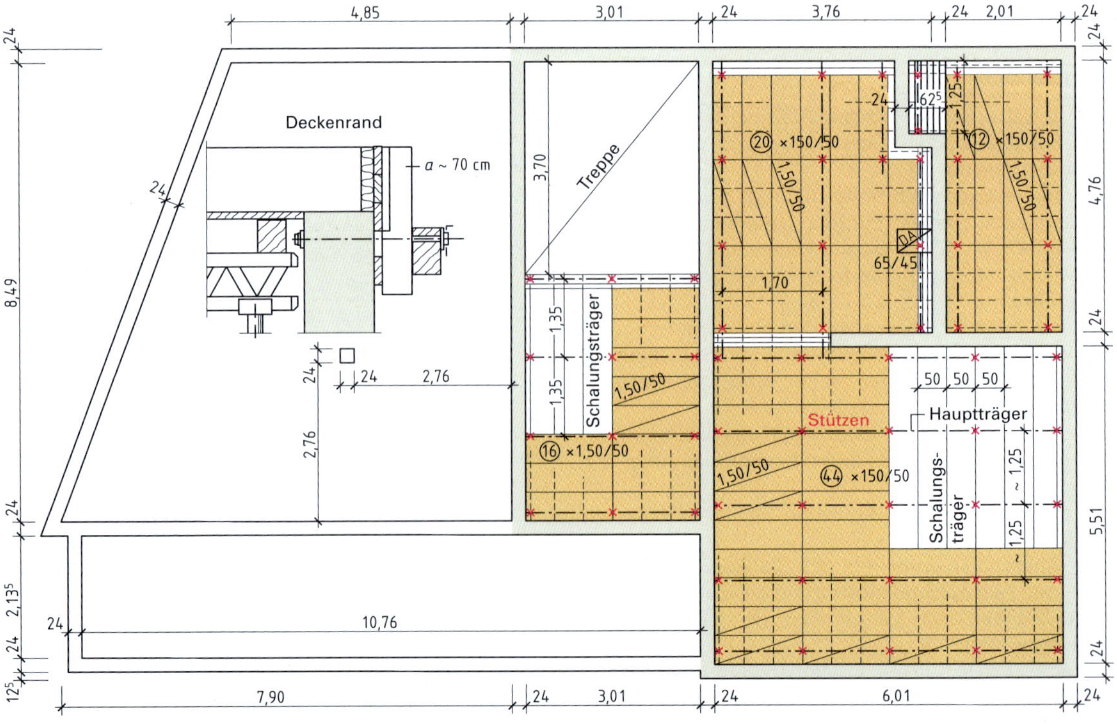

Schalungsplan der Decke über dem EG (Ausschnitt) 1:50 (verkleinert)

Aufgaben

1. *Die Decke einer Garage erhält eine 16 cm dicke Stahlbetonvollplatte. Es ist eine systemlose Schalung (siehe Beispiel 2 auf Seite 354) vorgesehen. Zum Einsatz kommen Vollwandträger mit 16 cm Konstruktionshöhe, Kanthölzer und Schalungsplatten mit den Abmessungen 150/50 cm und 125/50 cm.*
   a) Ermitteln Sie anhand einer Materialliste den gesamten Bedarf an Schalungsteilen.
   b) Zeichnen Sie im Maßstab 1:50 den Schalungsplan.
   c) Zeichnen Sie im Maßstab 1:10 den Querschnitt durch die Deckenrandschalung, die mit Kanthölzern, Schalungsbrettern und Spannschlössern ausgeführt wird.
2. *Die Decke über dem OG eines Wohnhauses wird in Stahlbeton ausgeführt. Die Stahlbetonmassivplatte hat eine Dicke von 20 cm. Zur Einschalung stehen Vollwandträger mit einer Höhe von 20 cm zur Verfügung. Die Schalungsplatten haben eine Dicke von 22 mm. Die notwendigen Konstruktionsmaße sind den unten stehenden Tabellen zu entnehmen.*
   a) Zeichnen Sie im Maßstab 1:50 den Schalungsplan für die Decke.
   b) Ermitteln Sie anhand einer Materialliste den Bedarf an Schalungsteilen.

   Lösen Sie die Aufgabe in Kleingruppen und stellen Sie Ihre Ergebnisse in der Klasse vor.

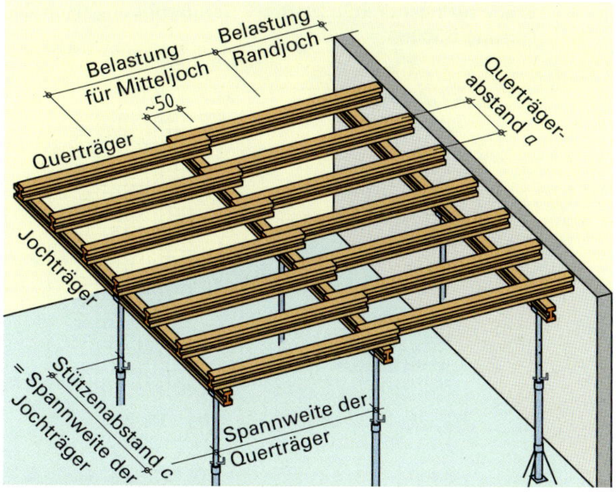

Belastung nach DIN 4421:
Eigenlast $g_k = 0{,}40\ kN/m^2$
Betonlast $b = 26\ kN/m^3 \cdot d$
Nutzlast $q_k = 0{,}20 \cdot b;\ 1{,}5 \le p \le 5{,}0\ kN/m^2$
Gesamtlast $= g_k + b + q_k$

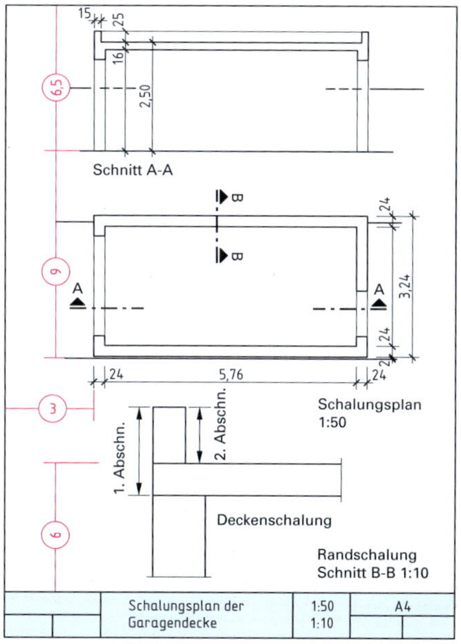

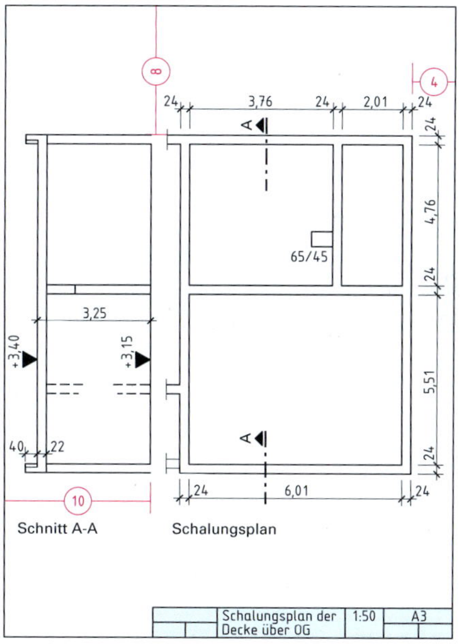

Dicke 22 mm	Länge 200, 250, 300, 500 cm	Breite 50 cm

Schalungsplatten

Bezeichnung	**Höhe** in cm	**Länge** in cm	**Masse** in kg/m
P 16	16	145, 245, 265, 290, 330, 360, 390, 450, 490, 590	4,6
P 20	20		5,9

Vollwandträger P

Bezeichnung des Trägers	**Dicke der Decke *d*** in cm	**Belastung q_k** in kN/m²	**zulässige Spannweite für Querträger** in m – **Querträgerabstand *a*** in m					**Zulässige Spannweite für Jochträger, Stützenabstand *c*** in m – **Jochträgerabstand *b*** in m										
			0,40	0,50	0,625	0,67	0,75	1,00	1,25	1,50	1,75	2,00	2,25	2,50	3,00	3,50	4,00	4,60
P 16	16	6,1	2,73	2,54	2,36	2,31	2,22	2,01	1,87	1,54	1,39	1,29	1,22	1,11	0,93	–	–	–
P 20	20	7,1	3,11	2,89	2,68	2,62	2,52	2,37	2,06	1,85	1,73	1,55	1,38	1,24	1,03	0,89	0,77	0,69

Vollwandträger P-Abstände

9.3 Deckenbewehrung

Eine Decke ist vergleichbar mit vielen nebeneinanderliegenden Balken geringer Höhe. Damit treten auch in einer Decke die gleichen Spannungen auf wie in einem Balken (siehe Abschnitt 7.2). Die Druckspannungen werden im Allgemeinen durch den Beton aufgenommen, u. U. kann eine Druckbewehrung notwendig werden. Die Zugspannungen werden durch die Zugbewehrung, die Schubspannungen durch die Querbewehrung und offene Bügel aufgenommen.

Für die Bewehrung von Massivdecken können Betonstabstähle (siehe Abschnitt 7.3.2) oder Betonstahlmatten verwendet werden. Aus wirtschaftlichen Gründen werden vorwiegend **Betonstahlmatten** eingesetzt.

9.3.1 Betonstahlmatten

Aufbau

Betonstahlmatten sind werkmäßig vorgefertigte Bewehrungen, bei denen rechtwinklig zueinander verlaufende Längs- und Querstäbe durch elektrische Widerstandspunktschweißung verbunden werden. Der für die Bemessung notwendige Streckengrenzwert beträgt einheitlich 500 N/mm^2 bzw. 500 MPa.

Betonstahlmatten werden in den Duktilitätsklassen **A (normalduktil)** und **B (hochduktil)** hergestellt. Zur eindeutigen Unterscheidung muss immer die Bezeichnung angegeben werden.

Normal- und hochduktile Matten erhalten nach DIN 488 eine **gerippte Oberfläche**. Normalduktile Matten haben drei, hochduktile Matten zwei oder vier Schrägrippenreihen.

Hinsichtlich Aufbau und Konstruktion unterscheiden sich hoch- und normalduktile Matten nicht.

DIN 488 legt für die Betonstahlmatten Kurznamen fest. Der Handel sieht drei unterschiedliche **Betonstahlmatten-Systeme** vor: Vorratsmatten, Listenmatten und Lagermatten.

Vorratsmatten

Vorratsmatten sind standardisierte Matten, die direkt vom Werk geliefert werden.

Die Mattenlänge von 6,0 m ist eine Vorzugsgröße, auf Anfrage können andere Mattenlängen geliefert werden. Ihre Breite misst 2,45 m.

An zwei Seiten weisen Vorratsmatten Überstände auf, die so gewählt sind, dass gute Verbundbedingungen (siehe Abschnitt 7.2.3) hergestellt werden können.

Vorratsmatten werden mit „B" gekennzeichnet und in folgenden Typen geliefert: B 188, B 257, B 335, B 424, B 524, B 636.

Die Matten B 188 … B 524 besitzen quadratische Stababstände von 150 × 150 mm, die Matte B 636 weist rechteckige Stababstände von 100 × 125 mm auf. Die Zahl hinter dem Buchstaben „B" gibt für die Vorratsmatten B 188 bis B 524 jeweils die Querschnittsfläche der Stähle in Längs- und Querrichtung in mm^2 pro m an. Bei der Vorratsmatte B 636 beträgt der Mattenaufbau in Längsrichtung 636 mm^2 pro m und in Querrichtung 628 mm^2 pro m.

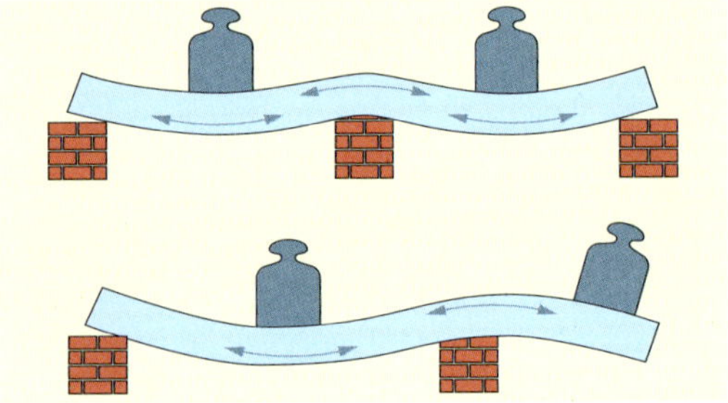

Belastung bei Massivdecken

Kurznamen – B500A bzw. B500B

Stäbe für normalduktile Matten – Rippung nach DIN 488

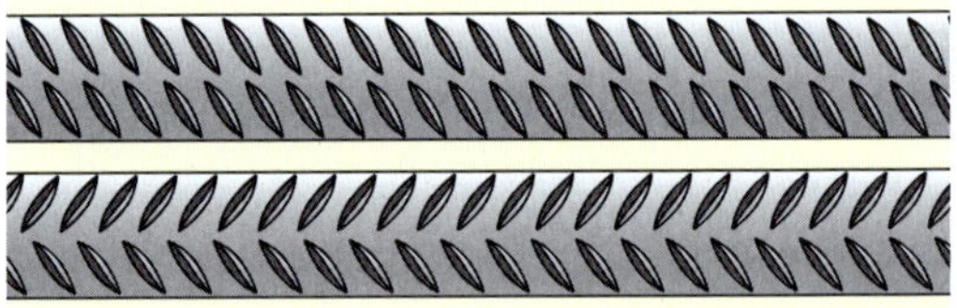

Stäbe für hochduktile Matten – Sonderrippung nach Zulassung B500B

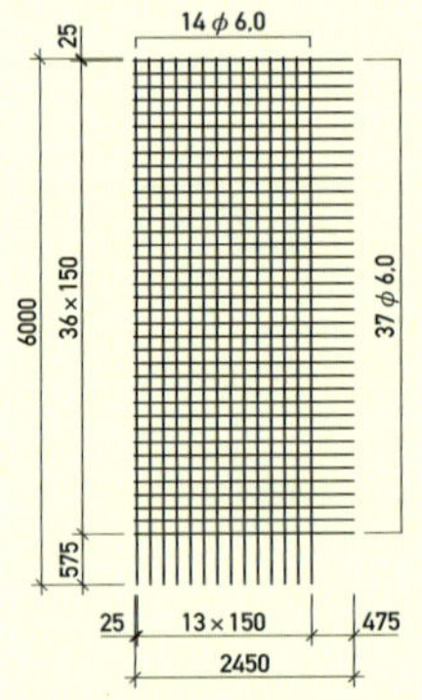

B 188 – 38,8 kg

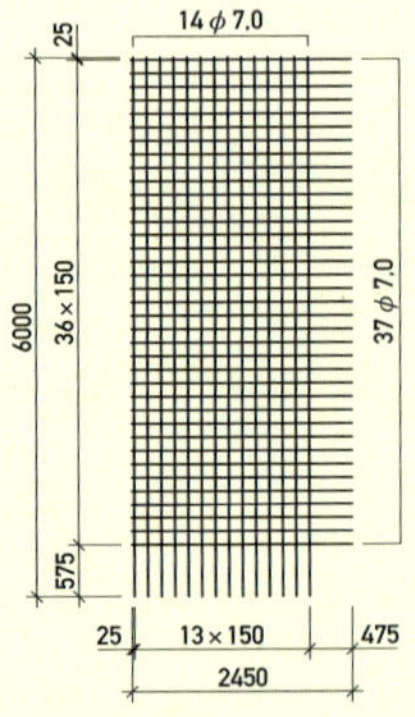

B 257 – 52,7 kg

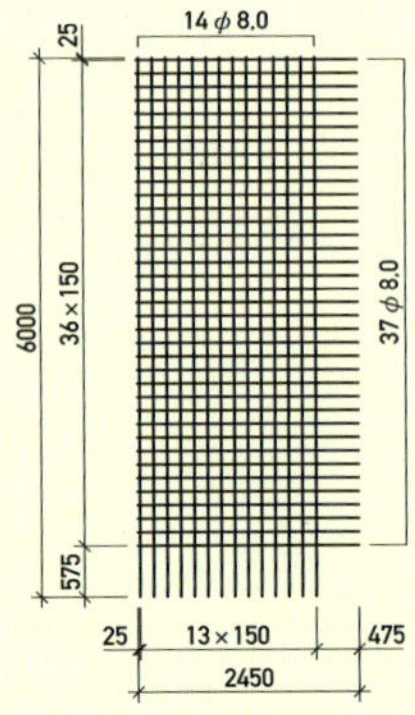

B 335 – 69,0 kg

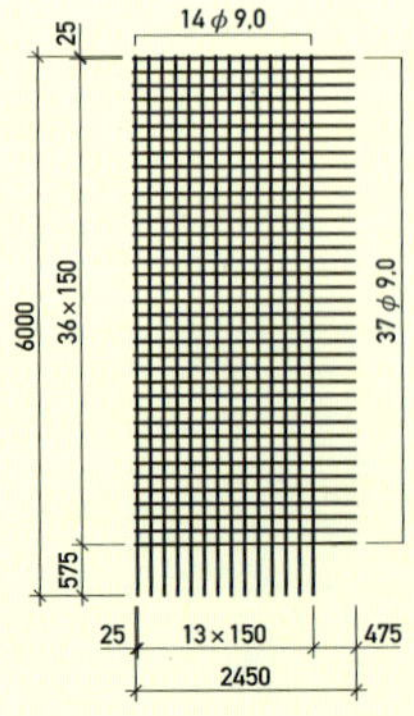

B 424 – 87,2 kg

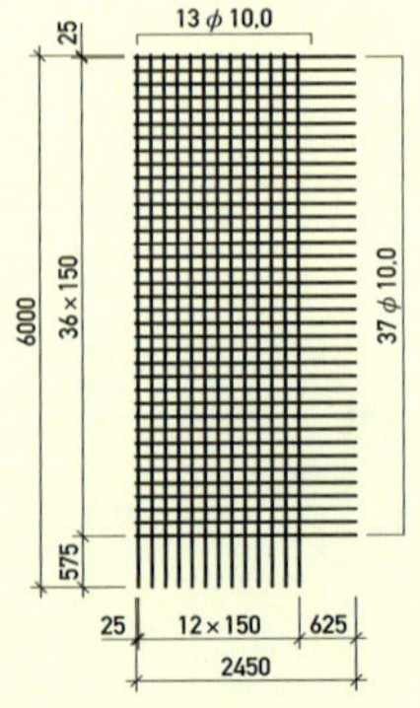

B 524 – 104,1 kg

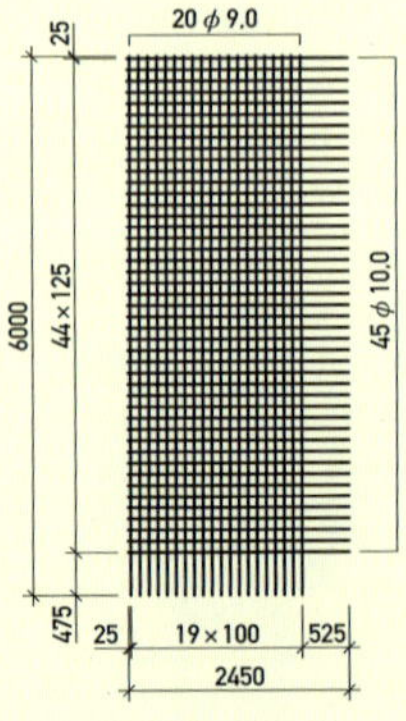

B 636 – 127,9 kg

Listenmatten

Listenmatten sind Matten, die vom Anwender nach individuellen Anforderungen konstruiert werden. Länge, Breite, Stabdurchmesser und Stababstand sind frei wählbar.

Listenmatten werden als **Einzelstab-** und **Doppelstabmatten** hergestellt, die als Einachsmatten, Zulagen oder mit weiteren Varianten in den Handel kommen. Prinzipiell können die Stababstände sowohl der Längsstäbe als auch der Querstäbe beliebig kombiniert werden. Für die Anordnung der Stababstände und Stabdurchmesser sind jedoch bei den Längs- und Querstäben Regeln einzuhalten.

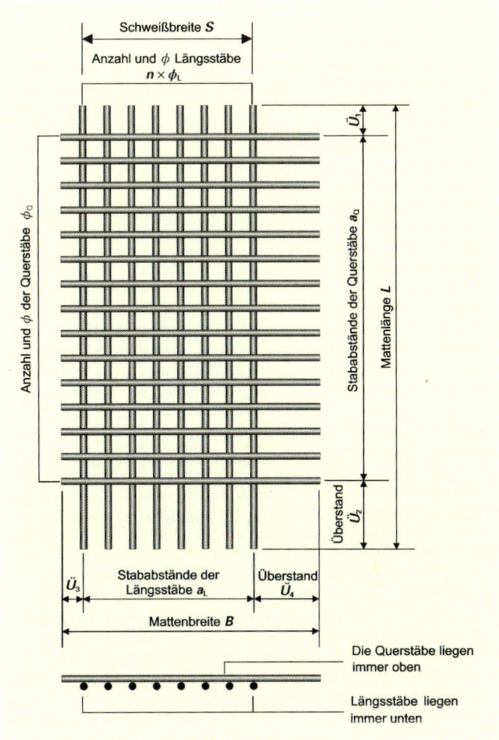

Aufbau einer Listenmatte

- ***S*** Schweißbreite – Abstand zwischen erstem und letztem Längsstab, max. 30 Maschen
- ***L*** Mattenlänge, frei wählbar von 4,00 ... 14,00 m
- ***B*** Mattenbreite, frei wählbar von 1,55 ... 3,00 m
- $\ddot{U}_1$ Überstand vom Mattenanfang; er bestimmt die Lage des 1. Querstabes, min. 25 mm, max. 100 · Durchmesser
- $\ddot{U}_2$ Überstand am Mattenende; er bestimmt die Lage des letzten Querstabes, min. 25 mm, max. 100 · Durchmesser
- $\ddot{U}_3$ Überstand am linken Mattenrand; er bestimmt die Lage des 1. Längsstabes, min. 25 mm, max. 100 · Durchmesser
- $\ddot{U}_4$ Überstand am rechten Mattenrand; er bestimmt die Lage des letzten Längsstabes, min. 25 mm, max. 100 · Durchmesser
- a_L wählbare Stababstände der Längsstähle
- ϕ_L wählbare Durchmesser der Längsstäbe
- a_Q wählbare Stababstände der Querstäbe
- ϕ_Q wählbare Durchmesser der Querstäbe

Einzelstabmatten

Längsstäbe: Es können alle Stababstände ≥ 75 mm beliebig kombiniert werden (siehe Beispiel a und b). Es werden maximal zwei unterschiedliche Stabdurchmesser im Block (siehe Beispiel d) und nicht im Wechsel (siehe Beispiel c) angeordnet, sie dürfen allerdings um höchstens 2 mm differieren.

Querstäbe: Es können alle Stababstände ≥ 50 mm beliebig kombiniert werden (siehe Beispiel b). Es darf prinzipiell nur ein Stabdurchmesser gewählt werden.

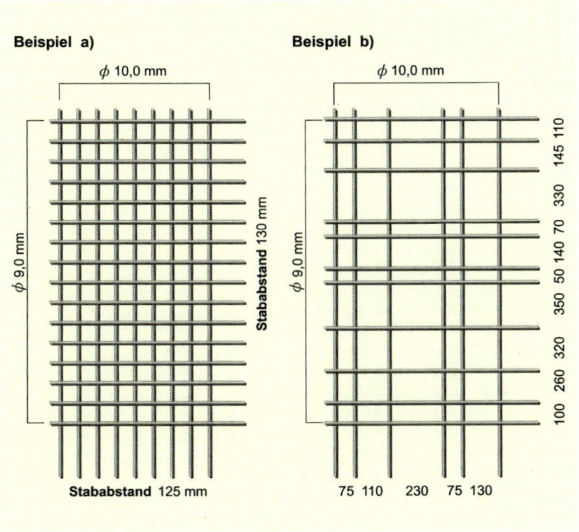

Einzelstabmatten – Längsabstände ≥ 75 mm
– Querabstände ≥ 50 mm

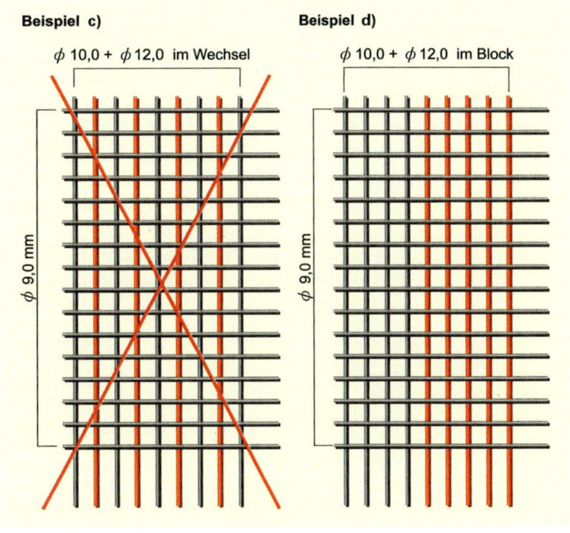

– max. 2 unterschiedliche Stabdurchmesser im Block
– für Querstäbe nur ein Stabdurchmesser

Bei **Einachsmatten** gelten für die Längsstäbe die gleichen Regeln. Die Querstäbe werden als reine Montagestäbe eingebaut und daher in großen Abständen angeordnet. Es müssen mindestens drei Montagestäbe sein. Einachsmatten werden ohne seitliche Übergreifung verlegt. Für $\ddot{U}_3$ und $\ddot{U}_4$ können daher die minimalen Überstände von 25 mm gewählt werden. Für den übrigen Aufbau gelten folgende Regeln:

Bei $\phi_L \leq$ 9 mm wird ϕ_Q = 8 mm;	$\ddot{U}_1$, $\ddot{U}_2$, $a_Q \leq 120 \cdot \phi_L$
Bei $\phi_L \geq$ 10 mm wird ϕ_Q = 10 mm;	$\ddot{U}_1$, $\ddot{U}_2$, $a_Q \leq 140 \cdot \phi_L$

Bei **Zulagen** werden zusätzliche Stäbe in Mattenlängsrichtung eingebaut. Zwischen den Längsstäben kann maximal eine Zulage angeordnet werden. Die Länge der Zulage (LK) muss mindestens 3,0 m betragen. Das Maß für den Anfang der Zulage (AK) und das Maß für das Ende der Zulage (EK) muss für alle Zulagestäbe gleich sein. Der Durchmesser der Zulage ist gleich dem Durchmesser der Längsstäbe. In Querrichtung können keine Zulagen angeordnet werden.

Weitere **Varianten** sind z.B. Matten mit versetzten Stäben, d.h., gleichlange Stäbe werden so gegeneinander versetzt, dass der Anfang der Zulage (AK) gleich dem Ende der Zulage (EK) ist. Werden die Zulagen nur am Rande angeordnet, können zwei unterschiedliche Durchmesser mit maximal 2 mm Unterschied verwendet werden.

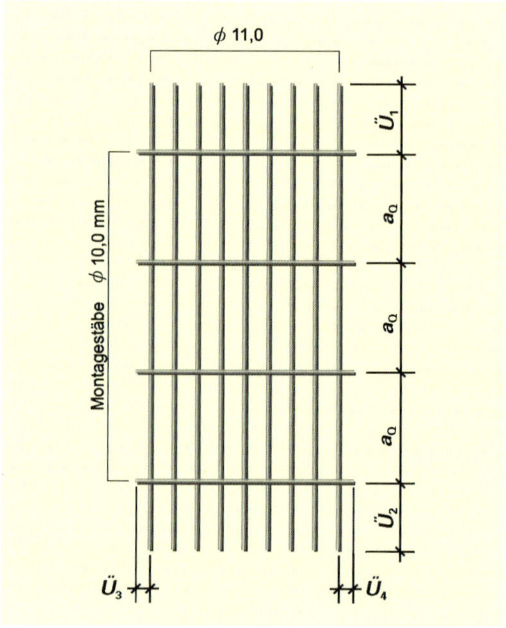

Anordnung der Stabdurchmesser bei Einzelstabmatten

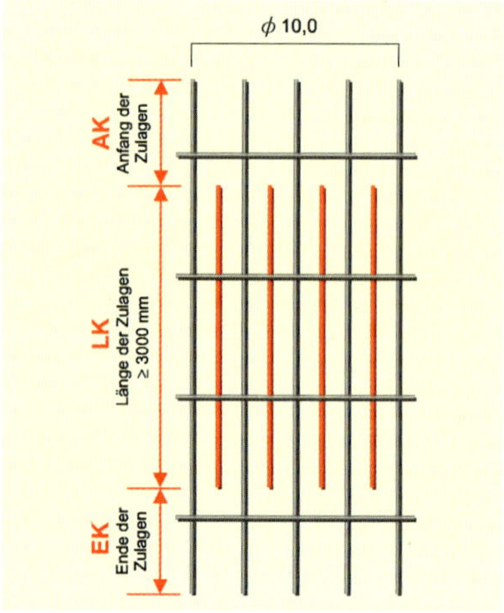

Zulage (Feldspareffekt)

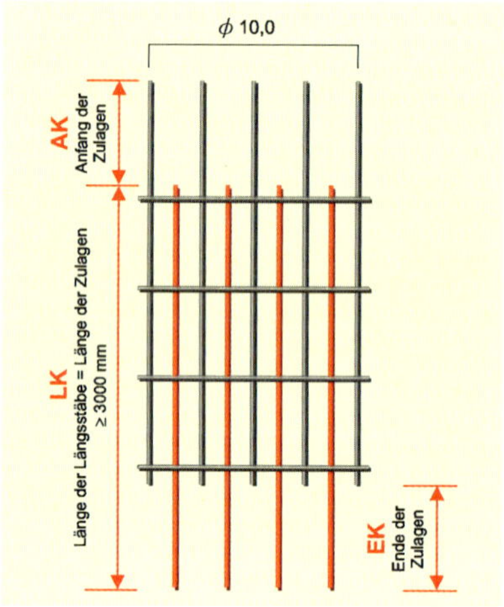

Variante mit versetzten Stäben

Variante mit am Rand angeordneten Stäben

Doppelstabmatten

Längsstäbe: Doppelstäbe sind dicht nebeneinander liegende Einzelstäbe gleichen Durchmessers (Beispiel a). Es können maximal zwei unterschiedliche Stabdurchmesser angeordnet werden, sie dürfen um höchstens 2 mm differieren. Prinzipiell können alle Stababstände ≥ 100 mm beliebig kombiniert werden (Beispiel b). Es dürfen maximal zwei unterschiedliche Stabdurchmesser im Block (Beispiel d), nicht im Wechsel (Beispiel c) angeordnet werden, sie dürfen um höchstens 2 mm differieren.

Querstäbe: Es sind nur Einzelstäbe möglich. Es können alle Stababstände ≥ 50 mm beliebig kombiniert werden (Beispiel b). Nur ein Stabdurchmesser ist möglich.

Für Einachsmatten, Zulagen und Varianten gelten die gleichen Regeln wie bei Einzelstabmatten.

Listenmatten werden als Einfach- und als Doppelstabmatten hergestellt. Länge, Breite, Stababstand und Stabdurchmesser sind frei wählbar.

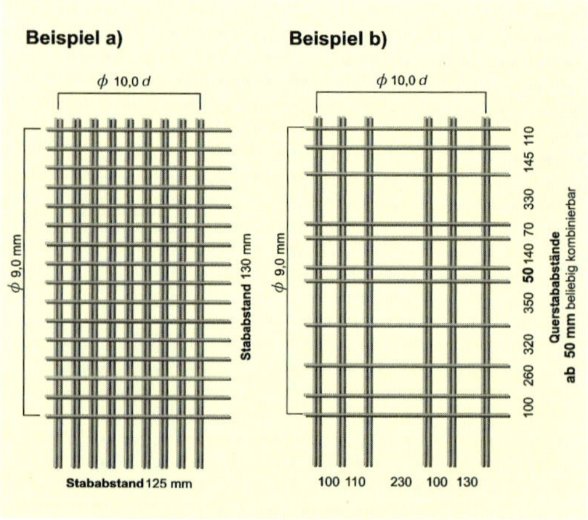

Doppelstabmatten – Längsabstände ≥ 100 mm
– Querabstände ≥ 50 mm

Einachsmatten

Abstände und Durchmesser der Längsstäbe entsprechen den Angaben wie bei den Doppelstabmatten. Querstäbe werden in der Regel als reine Montagestäbe verwendet und daher in großen Abständen angeordnet (Beispiel e). Es müssen mindestens drei Montagestäbe vorgesehen werden.

Bei $\phi_L \leq 9$ mm wird $\phi_Q = 8$ mm; $Ü_1, Ü_2, a_Q \leq 120 \cdot \phi_L$
Bei $\phi_L \geq 10$ mm wird $\phi_Q = 10$ mm; $Ü_1, Ü_2, a_Q \leq 140 \cdot \phi_L$
Für $Ü_3$ und $Ü_4$ können die minimalen Überstände von 25 mm gewählt werden.

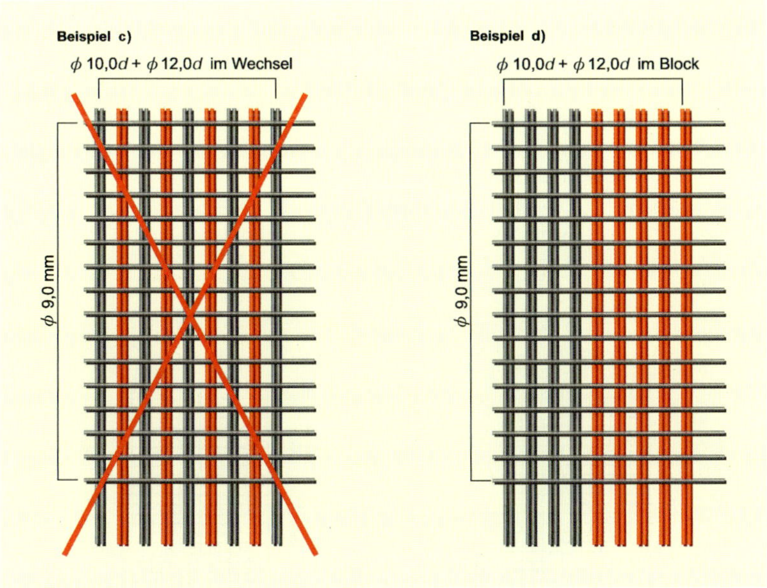

Anordnung der Stabdurchmesser bei Doppelstabmatten

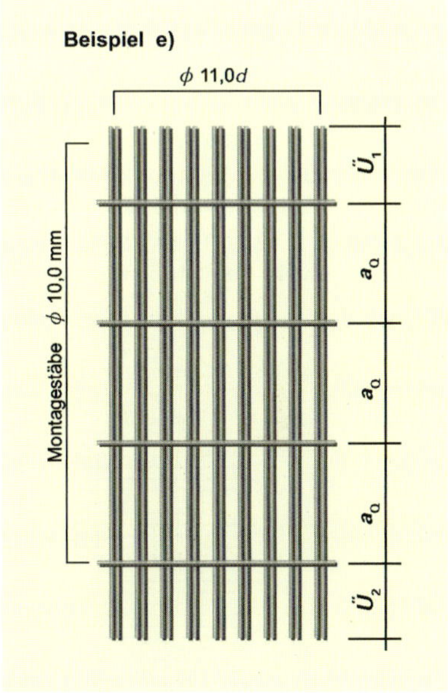

Doppelstabmatten als Einachsmatten

Zulagen

Bei den Längsstählen kann maximal eine Zulage als Variante „d" oder „dz" angeordnet werden. Das Maß AK und die Länge LK sind für alle Zulagestäbe gleich. Die Länge der Zulagen (LK) muss mindestens 3,00 m sein. In Querrichtung können keine Zulagen angeordnet werden.

Varianten

Weitere Varianten sind z. B. Matten mit versetzten Stäben. Bei der Variante „dv" werden gleich lange Stäbe gegeneinander versetzt (AK = EK).

Werden die Zulagen nur am Rand angeordnet, können zwei verschiedene Durchmesser mit maximal 2 mm Unterschied verwendet werden.

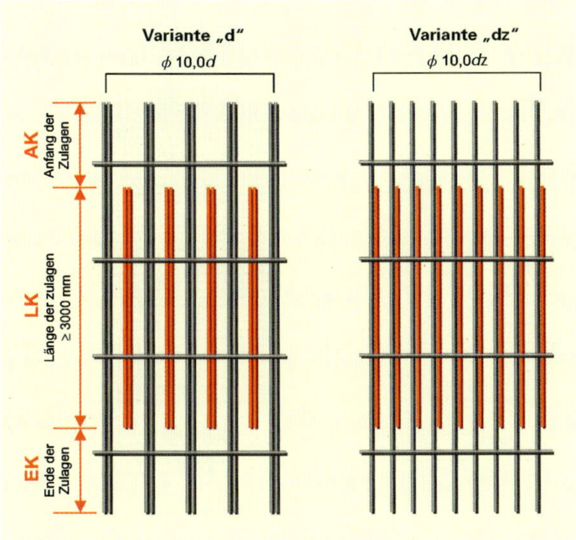

Doppelstabmatten – Zulagen

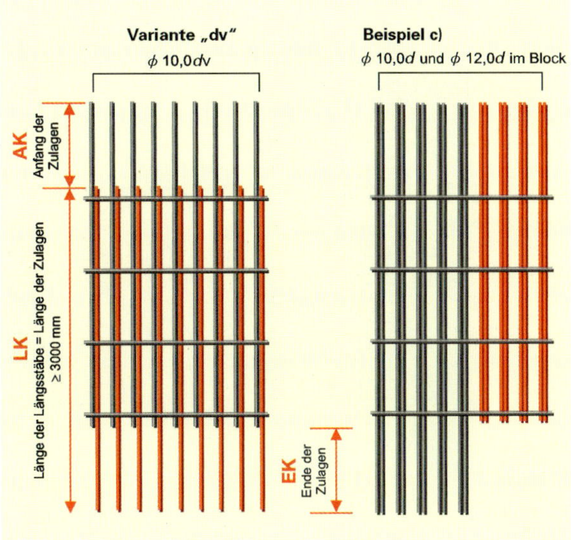

Doppelstabmatten – Varianten

Lagermatten

Lagermatten sind standardisierte Betonstahlmatten mit festgelegten Abmessungen und festgelegtem Aufbau. Sie können direkt ab Lager geliefert werden. Lagermatten sind 6,00 m lang und 2,30 m bzw. 2,35 m bei Q 636 breit. Es werden **Q-** und **R-Matten** unterschieden:

Q-Matten: Es sind Matten mit lastabtragender Längs- und Querbewehrung. Folgende Mattentypen werden unterschieden:

Q 188 A/B, Q 257 A/B, Q 335 A/B, Q 424 A/B, Q 524 A/B, Q 636 A/B

Die Matten Q 188 A/B … Q 524 A/B haben quadratische Stababstände von 150 mm x 150 mm, die Matte Q 636 A/B weist Stababstände von 100 mm x 125 mm auf.

Die Matten Q 424 A/B, Q 524 A/B und Q 636 A/B besitzen am Rand jeweils vier Stäbe mit Durchmesser 7 mm.

Kurzbezeichnung einer Lagermatte, z. B. **Q 335 A/B**

Q	= Matte mit quadratischen Stababständen
335	= Stahlquerschnitt in mm^2/m
A	= normale Duktilität
B	= hohe Duktilität

R-Matten: Es sind Matten mit lastabtragender Längsbewehrung. Folgende Mattentypen werden unterschieden:

R 188 A/B, R 257 A/B, R 335 A/B, R 424 A/B, R 524 A/B

Die Matte R 188 A/B hat in Längs- und Querrichtung den gleichen Stabdurchmesser von 6 mm. Bei allen anderen Matten sind die Durchmesser in Längs- und Querrichtung unterschiedlich.

Die Matten R 424 A/B und R 524 A/B besitzen am Rand jeweils zwei Längsstäbe mit Durchmesser 8 mm.

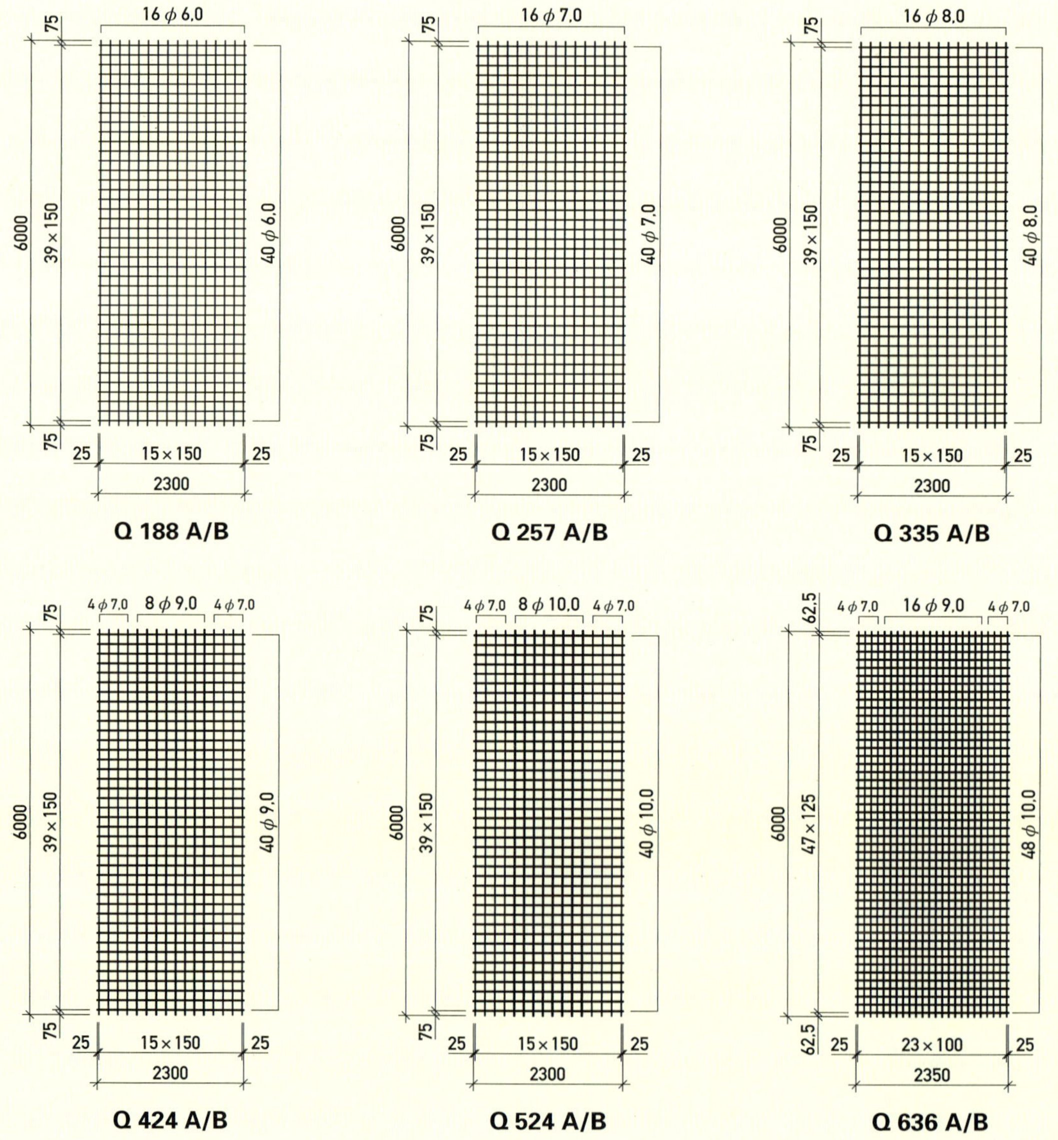

Q-Matten

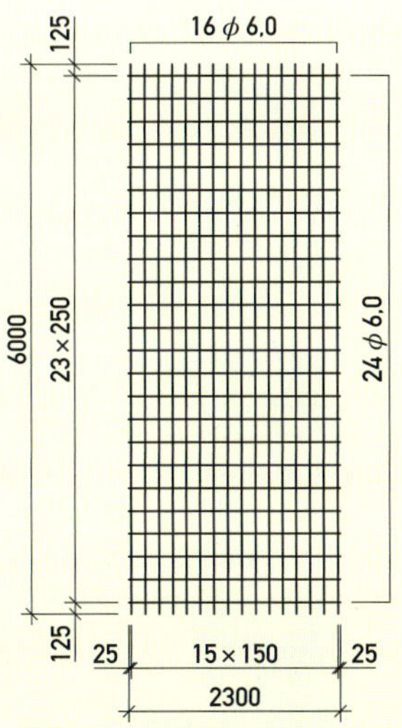

R 188 A/B

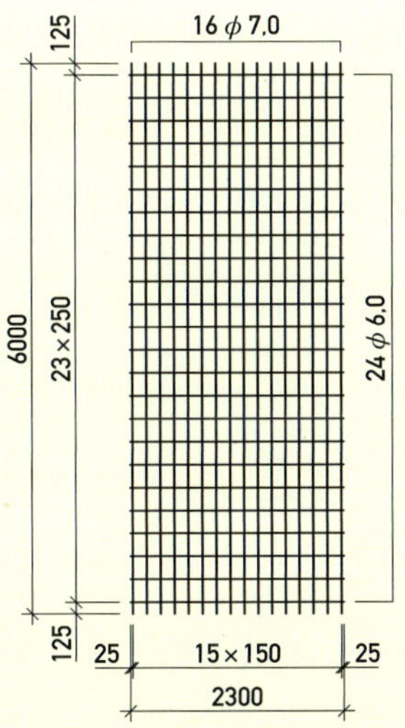

R 257 A/B

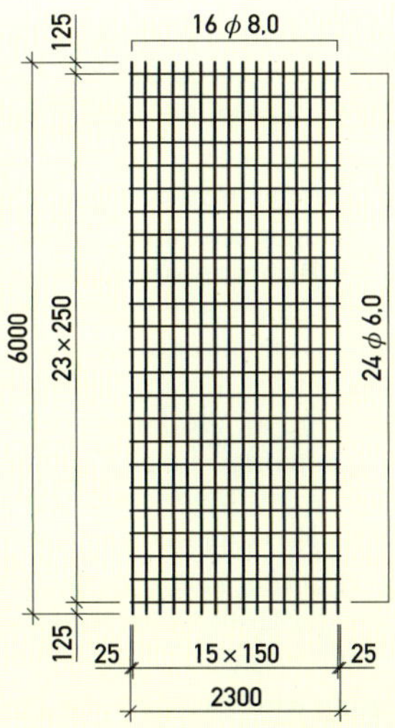

R 335 A/B

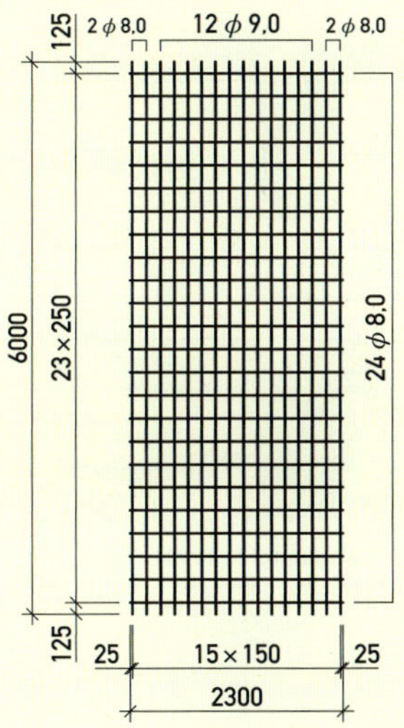

R 424 A/B

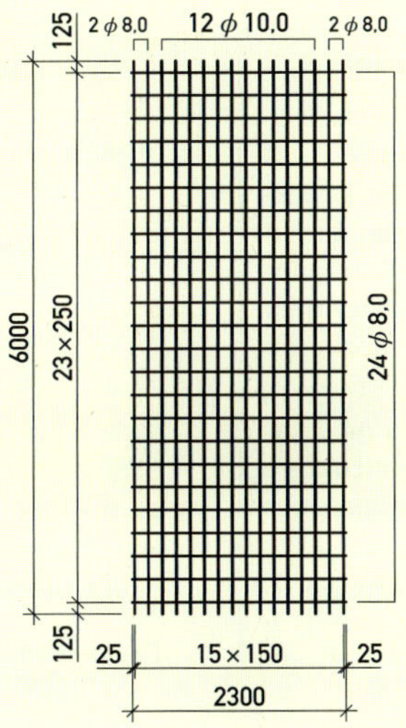

R 524 A/B

Mattentyp	Masse in kg	
	je Matte	pro m^2
Q 188 A/B	41,7	3,02
Q 257 A/B	56,8	4,12
Q 335 A/B	74,3	5,38
Q 424 AB	84,4	6,12
Q 524 AB	100,9	7,31
Q 636 A/B	132,0	9,36
R 188 A/B	33,6	2,43
R 257 A/B	41,2	2,99
R 335 A/B	50,2	3,64
R 424 A/B	67,2	4,87
R 524 A/B	75,7	5,49

Lagermatten werden als Q- und R-Matten in festgelegten Abmessungen und Stahlquerschnitten hergestellt. Sie werden direkt ab Lager geliefert. Sie sind 6,00 m lang und 2,30 m breit.

R-Matten

Zusammenfassung

Betonstahlmatten werden in den Betonstahlsorten B500A und B500B geliefert.

Sie können als Vorratsmatten, Listenmatten und Lagermatten gefertigt werden.

Lagermatten haben festliegende Stabdurchmesser und Abmessungen. Sie werden als Q- und R-Matten geliefert.

Listenmatten werden vom Anwender nach individuellen Anforderungen konstruiert. Länge, Breite, Stabdurchmesser sind frei wählbar.

Vorratsmatten sind standardisierte Matten, die die Vorteile der Lager- und Listenmatten miteinander verknüpfen.

Aufgaben

1. *Erklären Sie die Bedeutung des Kurznamens B500B.*
2. *Welche Informationen gehen aus den Mattenbezeichnungen Q 257 A und R 524 B hervor?*
3. *Welcher Unterschied besteht zwischen einer Q- und einer R-Matte?*
4. *Bei welchem Matten-System kommen Einzelstab- und Doppelstabmatten vor?*
5. *In welchen Vorzugsgrößen werden Vorratsmatten gefertigt?*
6. *Welche Stababstände hat die Vorratsmatte B 188 A und B 636 A?*
7. *Welches Mindestmaß muss bei einer Listenmatte für die Stababstände der Längsstäbe eingehalten werden?*
8. *Warum können bei Einachsmatten die Querstäbe in großen Abständen angeordnet werden?*

9.3.2 Lage der Bewehrung

Massivdecken sind biegebeanspruchte Bauteile, d.h. immer dort, wo Zugkräfte auftreten, muss eine **Zugbewehrung** eingelegt werden.

Massivdecken können einachsig oder zweiachsig als Einfeld- oder Durchlaufplatten ausgeführt werden. Das vorhandene Auflager bestimmt die **Spannrichtung** der Decke und gibt die **Richtung der Zugbewehrung** an. Quer dazu treten ebenfalls Zugspannungen auf, sodass auch dort Bewehrungen angeordnet werden müssen. Diese **Querbewehrung** beträgt je nach statischer Situation 20 ... 100 % der Zugbewehrung. Wird das Mauerwerk weitergeführt, so entsteht eine geringe Einspannung, die zu einem Aufwölben der Decke im Randbereich führt. Um dies zu vermeiden, ist dort eine konstruktive Zugbewehrung erforderlich.

Da es für Decken keine einheitliche Deckenbewehrung gibt, sollen die Grundsätze an einigen **Beispielen** dargestellt werden.

Die Belastung wird jeweils in Feldmitte, beim Kragarm am Kragarmrand angenommen. Die Auflager sind eingespannt. Dargestellt wird jeweils im **Schnitt** und in der **Draufsicht** die untere und obere Bewehrung.

Beispiel 1: Stahlbetondecke, einachsig gespannt

Eingebaut wird eine einachsig gespannte Platte, d.h. sie liegt nur auf zwei Auflagern.

- Im **Feldbereich** treten unten Zug- und oben Druckspannungen auf. Die Längsstäbe der Matten liegen im Feldbereich unten und nehmen die Zugspannungen auf. Die Querstäbe verteilen die Querlast auf die Längsstäbe und nehmen die geringen Schubkräfte auf.
- Im **oberen Randbereich** ergeben sich geringe Zugspannungen. Es wird im Rand eine **konstruktive Zugbewehrung** angeordnet, deren Längsstäbe quer zu den Auflagern oben liegen.
- Wird die Decke in Ortbeton ausgeführt, kommen R-Matten zum Einsatz.

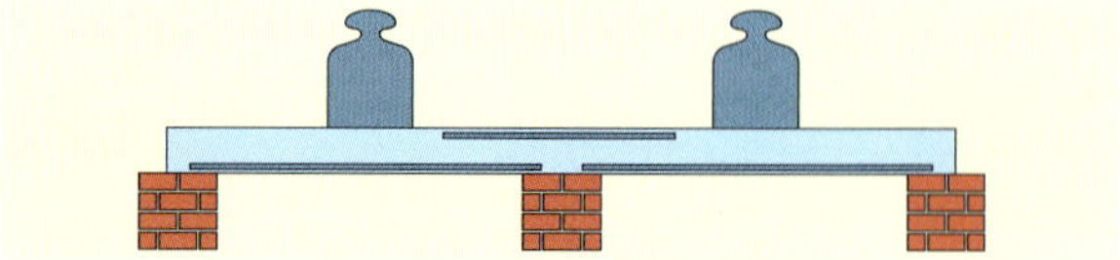

Auftretende Zugspannungen in Massivdecken

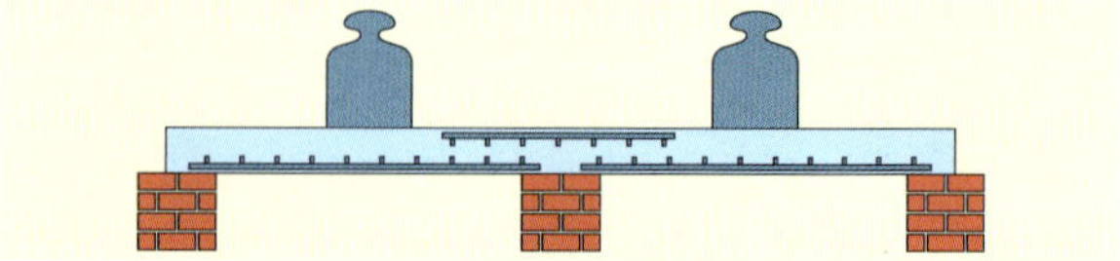

Querbewehrung in einer Massivdecke

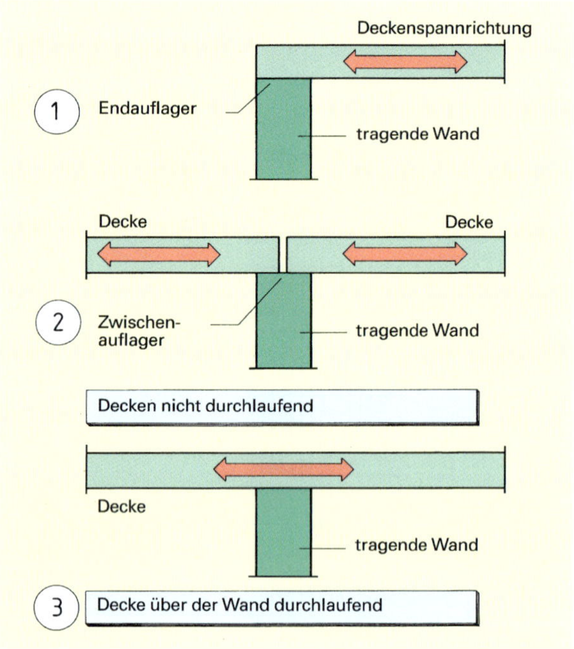

Deckenauflagerung

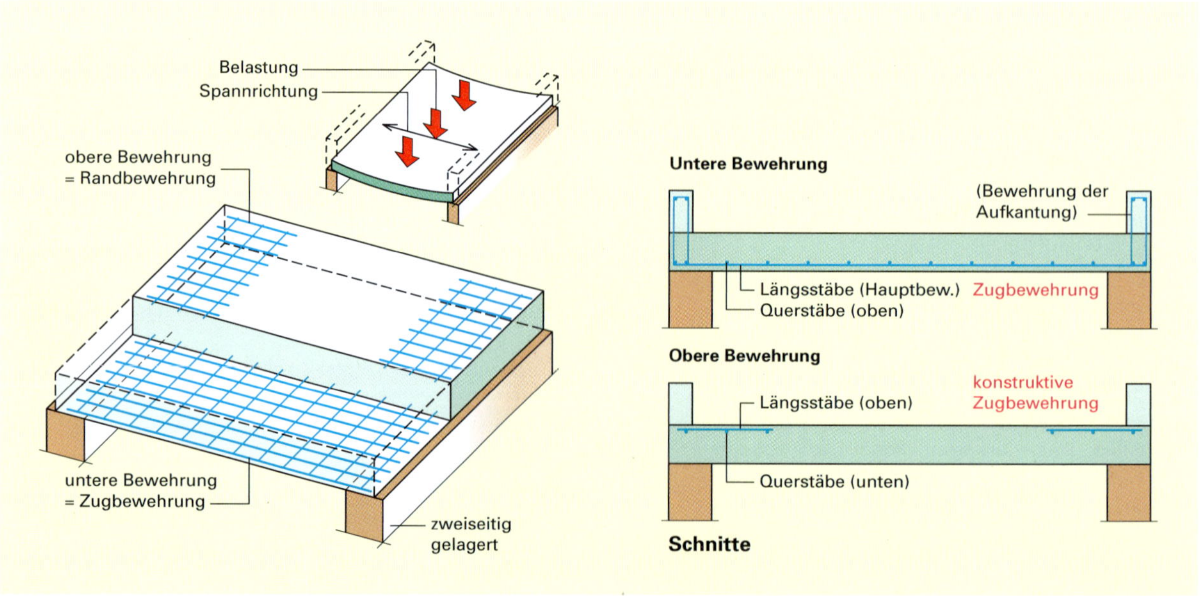

Bewehrung einer einachsig gespannten Platte

Beispiel 2: Stahlbetondecke, zweiachsig gespannt

Eingebaut wird eine zweiachsig gespannte Decke, d. h. sie liegt auf vier Auflagern. Aufgrund der Wandauflast ist die Decke an allen vier Auflagern eingespannt.

- Im **Feldbereich** treten unten Zug- und oben Druckspannungen auf. Die Zugbewehrung im Feld liegt in zwei Richtungen. Es werden Matten eingebaut, die etwa gleich dicke Längs- und Querstäbe haben.
- Im **Randbereich** aller vier Auflager zeigen sich in den Rändern geringere, in den Ecken stärkere Zugspannungen. Die rechtwinklige **Eckbewehrung**, sie wird auch **Drillbewehrung** genannt, verhindert ein Aufwölben der Decke. Die ringsumlaufende **Randbewehrung** nimmt die Zugkräfte infolge Einspannung auf und vermeidet die Rissebildung am oberen Rand.
- Wird die Decke in Ortbetonbauweise ausgeführt, kommen Q-Matten zum Einsatz.

Beispiel 3: Stahlbetondecke über drei Auflagern

Eingebaut wird eine Platte über drei Auflagern, d. h. sie überspannt zwei Felder. Man spricht deshalb von einer **Zweifeldplatte**. Aufgrund der Wandauflast ist die Decke an allen drei Auflagern eingespannt.

- Die Decke wird in **beiden Feldern** unten auf Zug und oben auf Druck beansprucht. Die Längsstäbe der Matten liegen im Feldbereich unten und nehmen die Zugspannungen auf.
- Über dem **mittleren Auflager** treten oben Zug- und unten Druckspannungen auf. Die Zugbewehrung über dem mittleren Auflager, sie wird auch als **Stützbewehrung** bezeichnet, ragt in die Felder hinein. Die Längsstäbe der Matten liegen oben, quer zum Auflager.
- Im **Randbereich** ergeben sich oben an den Rändern geringere, an den Ecken größere Zugspannungen. Die Zugbewehrung in den Rändern und Ecken verhindert ein Aufwölben der Decke.

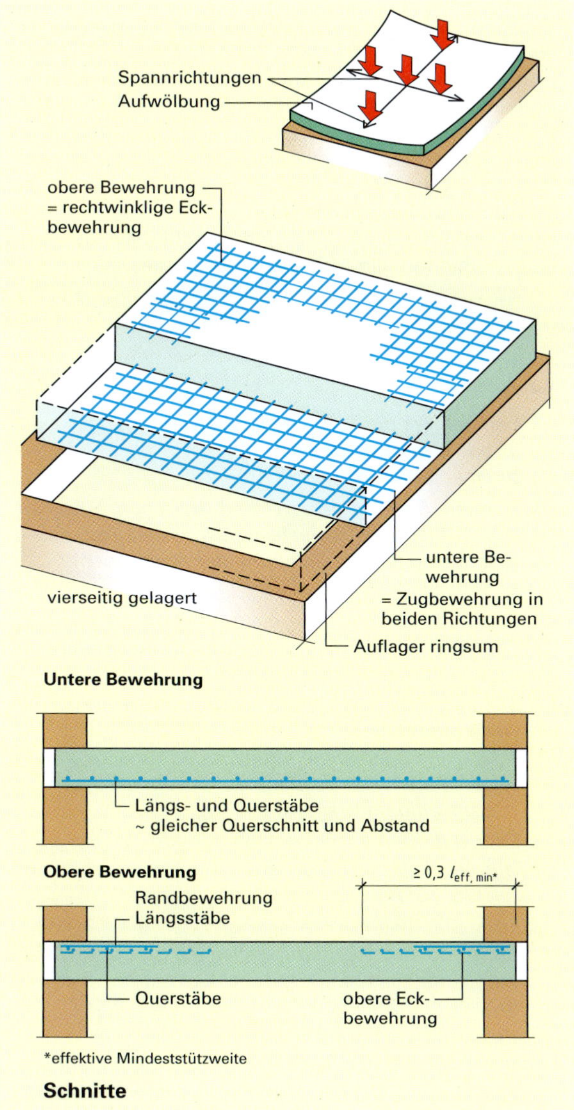

Bewehrung einer zweiachsig gespannten Stahlbetonplatte

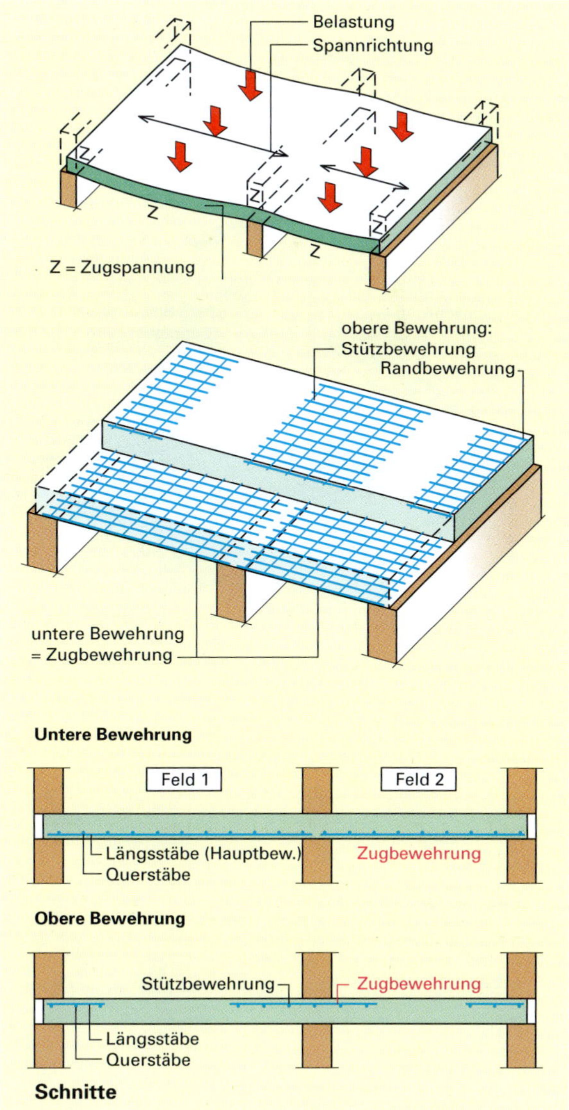

Bewehrung einer Stahlbetonplatte über drei Auflagern

Beispiel 4: Stahlbetonplatte mit Kragarm

Es handelt sich hierbei um eine **Einfeldplatte mit Kragarm**. Die Decke, die einachsig gespannt ist, kragt auf einer Seite aus, wie dies beispielsweise bei Balkonen der Fall ist. Aufgrund der Wandauflast ist die Decke an den beiden Auflagern eingespannt.

- Im **Feldbereich** wird die Decke unten auf Zug und oben auf Druck beansprucht. Die Längsstäbe der Matten liegen im Feldbereich unten und nehmen die Zugspannungen auf.
- Im **Kragarmbereich** entstehen aufgrund der Durchbiegung oben große Zugspannungen. Die Bewehrung kommt deshalb oben zu liegen. An der Unterseite des Kragarmes treten nur geringe Zugspannungen auf.
- Im **Randbereich** ist oben mit geringen, an den Ecken mit größeren Zugspannungen zu rechnen. Die Zugbewehrung in den Rändern und Ecken verhindert ein Aufwölben der Decke.

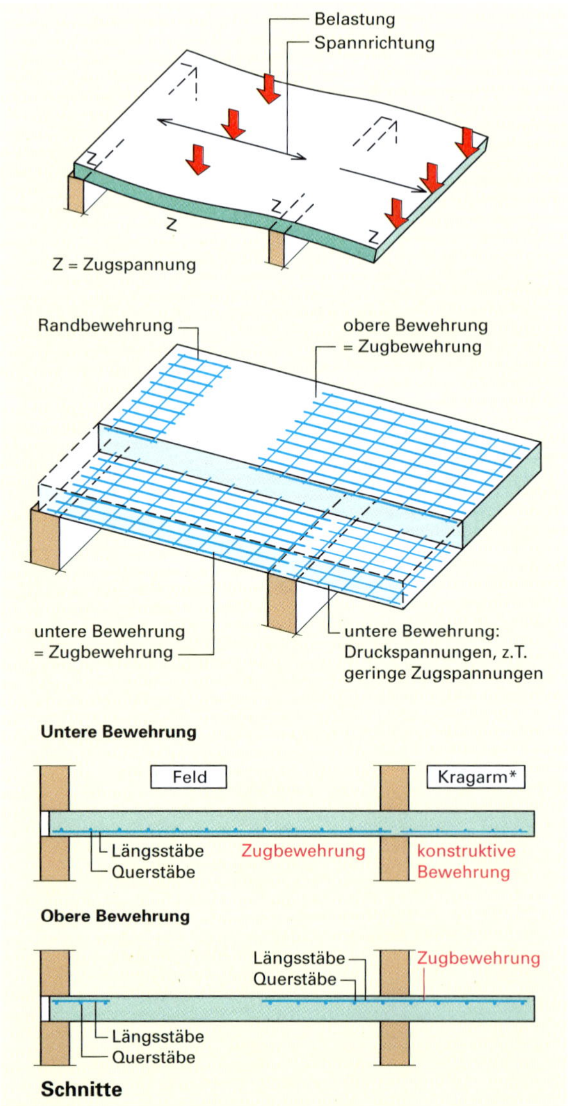

* Thermische Trennung siehe Abschnitt 9.1.3

Bewehrung einer Einfeldplatte mit Kragarm

Zusammenfassung

Für die Bewehrung von Stahlbetonplatten werden vorzugsweise Betonstahlmatten eingesetzt.
Stahlbetonplatten über Auflagern sind biegebeanspruchte Bauteile.
Massivdecken können einachsig oder zweiachsig als Einfeld- oder Durchlaufplatten ausgeführt werden.
Die Bewehrung richtet sich nach den vorhandenen Belastungsfällen.
Die Hauptbewehrung (Zugbewehrung) liegt immer dort, wo Biegezugkräfte auftreten.
Bei einachsig gespannten Stahlbetondecken treten im Feldbereich unten Zugspannungen und oben Druckspannungen auf.
Bei zweiachsig gespannten Stahlbetondecken treten ebenfalls unten Zug- und oben Druckspannungen. Die Zugbewehrung wird allerdings im Feld in zwei Richtungen eingebaut.
Bei Durchlaufplatten entstehen Zugspannungen zwischen den Auflagern an der Plattenunterseite und über den Auflagern an der Plattenoberseite.
Bei Stahlbetonplatten mit Auskragungen treten große Zugspannungen an der Oberseite über die ganze Auskragung auf.
Dort wo Decken eingespannt sind, treten an der Oberseite im Auflagerbereich Zugspannungen auf.
Die Bewehrung muss die Zugspannungen aufnehmen.
Bewehrungen im Bereich der Plattenunterseite werden als Feldbewehrung, im Bereich der Plattenoberseite als Stützbewehrung bezeichnet.
Drillbewehrungen im Eck- und Randbereich der Auflager verhindern ein Aufwölben der Decke.

Aufgaben

1. *Erklären Sie die Lage der Zugbewehrung*
   a) bei einer Einfeldplatte,
   b) einer Einfeldplatte mit Kragarm.
2. *Nennen Sie den Unterschied zwischen einachsig gespannten und zweiachsig gespannten Decken*
   a) in Bezug auf die Ableitung der Kräfte,
   b) in Bezug auf die Bewehrungsführung.
3. *Begründen Sie, warum bei zweiachsig gespannten Platten in den Ecken eine zusätzliche Zugbewehrung eingebaut wird.*
4. *Skizzieren Sie die Durchbiegung und zeichnen Sie den Kräfteverlauf*
   a) bei einem eingespannten Einfeldträger,
   b) bei einem eingespannten Zweifeldträger mit beidseitigem Kragarm ein.
5. *Eine Garage erhält eine Stahlbetondecke mit seitlicher Aufkantung. Skizzieren Sie den Schnitt und zeichnen Sie die Zugbewehrungen ein.*
6. *Eine Stahlbetondecke spannt über drei Auflager. Aufgrund der Wandauflast ist die Decke an allen drei Auflagern eingespannt. Skizzieren Sie den Schnitt und zeichnen Sie die erforderlichen Zugbewehrungen ein.*
7. *Eine Stahlbetonplatte über zwei Auflagern kragt aus. Skizzieren Sie den Schnitt und zeichnen Sie die Zugbewehrungen ein.*

9.3.3 Bewehrungsgrundsätze

Betondeckung

Die Betondeckung ist der minimale Abstand zwischen einer Bewehrungsoberfläche zur nächstgelegenen Betonoberfläche (einschließlich vorhandener Bügel, Haken oder Oberflächenbewehrung).

Das **Nennmaß der Betondeckung** c_{nom} muss auf den Plänen eingetragen werden. Darunter versteht man die Summe aus der **Mindestbetondeckung** c_{min} und dem **Vorhaltemaß** Δc_{dev}. Das Vorhaltemaß beträgt 10 … 15 mm. Es ist in Deutschland für die Expositionsklassen XC2 … XC4, XD und XS auf 15 mm festgelegt.

$$c_{nom} = c_{min} + \Delta c_{dev}$$

Die Mindestbetondeckung c_{min} ergibt sich aus den Anforderungen zur **Sicherstellung des Verbundes** $c_{min,b}$ bzw. den Anforderungen an die **Dauerhaftigkeit des Betonstahls** $c_{min,dur}$ einschließlich eines **Sicherheitselementes** $\Delta c_{dur,\gamma}$.

Zur Sicherstellung des Verbunds und einer ausreichenden Verdichtung des Betons darf die Mindestbetondeckung $c_{min,b}$ nicht geringer als der Durchmesser des Betonstabstahls sein.

Der Bemessung ist der größere Wert der Betondeckung $c_{min,b}$, der sich aus den Verbund- bzw. Dauerhaftigkeitsanforderungen ergibt, zugrunde zu legen.

$$c_{min} = \max\,[c_{min,b};\ c_{min,dur} + \Delta c_{dur,\gamma}]$$
$$c_{min,b} \geq \phi$$

Das Sicherheitselement richtet sich nach den **Anforderungsklassen S1 … S6**. Sie ermöglichen eine verfeinerte Einstufung der Dauerhaftigkeitsanforderungen in Abhängigkeit von der Betonfestigkeitsklasse oder von nachgewiesenen Qualitätskontrollen. Nach nationalen Erfahrungen entspricht die Anforderungsklasse S3 einer Nutzungsdauer von 50 Jahren.

Nach DIN EN 1992-1-1/NA (NA = Nationaler Anhang) wird die Mindestbetondeckung $c_{min,dur}$ bei einem Beton der Anforderungsklasse S3 um das Sicherheitselement $\Delta c_{dur,\gamma}$ erhöht (siehe Tabelle).

Das **Verlegemaß** c_v der Betondeckung ist maßgebend für die durch Abstandhalter zu unterstützende Bewehrung. Es leitet sich aus dem Nennmaß der Betondeckung c_{nom} ab.

Die Betondeckung muss durch den Einbau von Abstandhaltern gesichert werden. Dies wird für die untere Bewehrung durch Kunststoffabstandhalter erreicht. Sie dürfen sich beim Einbringen und Verdichten des Betons nicht verschieben oder verformen.

Der geforderte Abstand der oberen von der unteren Bewehrung wird durch Abstandbügel oder serienmäßig gefertigte Unterstützungskörbe oder Unterstützungsstreifen gesichert. Unterstützungen, die auf der Schalung stehen, müssen mit einem alkalibeständigen Korrosionsschutz an den Füßen versehen sein.

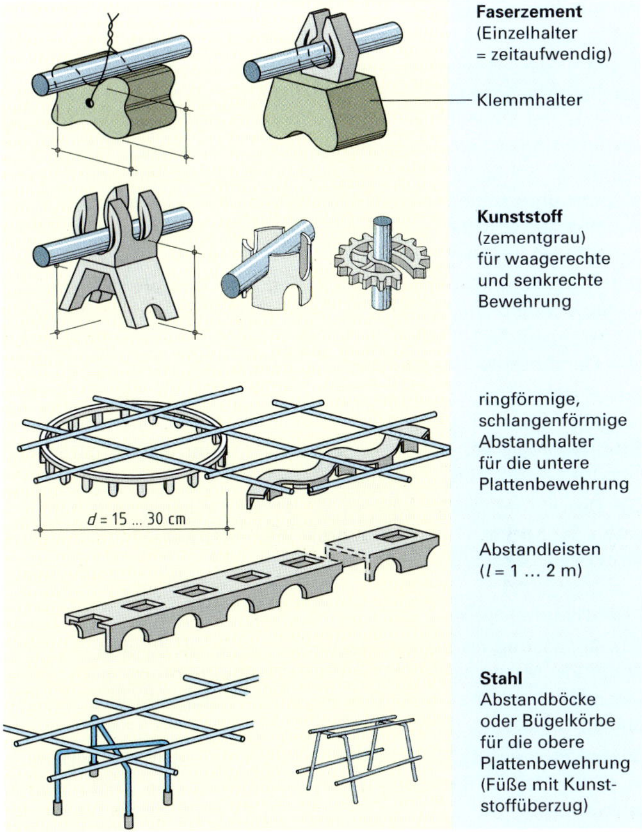

Abstandhalter

Anforderungsklassen	Expositionsklassen						
	X0	XC1	XC2 XC3	XC4	XD1 XS1	XD2 XS2	XD3 XS3
	Mindestbetondeckung $c_{min,dur}$ in mm						
S1	10	10	10	15	20	25	30
S2	10	10	15	20	25	30	35
S3	10	10	20	25	30	35	40
$\Delta c_{dur,\gamma}$	0	0	0	0	+10	+5	0
S4	10	15	25	30	35	40	45
S5	15	20	30	35	40	45	50
S6	20	25	35	40	45	50	55

Mindestbetondeckung $c_{min,dur}$-Anforderungen an die Dauerhaftigkeit von Betonstahl nach DIN EN 1992-1-1/NA

Beispiel:

Für eine Stahlbetondecke aus C25/30, Anforderungsklasse S3, Expositionsklasse XC2, bewehrt mit Betonstahlmatten R 257 A, ist das Nennmaß der Betondeckung zu bestimmen.

Lösung:

Δc_{dev} = 15 mm $c_{min,b} = \phi$ = 7 mm $c_{min,dur}$ = 20 mm

$\Delta c_{dur,\gamma}$ = 0 mm (siehe Tabelle)

Der größere Wert $c_{min,dur}$ = 20 mm wird zugrunde gelegt.

$c_{min} = c_{min,dur}$ = 20 mm

$c_{nom} = c_{min} + \Delta c_{dev}$ = 20 mm + 15 mm = 35 mm

Eine ausreichend dichte und dicke Betondeckung muss eingehalten werden, um die Verbundkräfte sicher zu übertragen, den Stahl vor Korrosion zu schützen und den erforderlichen Feuerwiderstand sicherzustellen.

Verankerungslänge

Damit der Stahl im Beton Zugkraft aufnehmen kann, muss er im Beton verankert werden. Die Verankerung ist von der Stahlsorte, der Betonfestigkeit, der Lage der Bewehrung, der Verankerungsart und der Beanspruchung der Bewehrung abhängig. Bei der Verankerungsart wird zwischen geraden Stabenden, Haken, Winkelhaken, Schlaufen, angeschweißten Querstählen oder Ankerkörpern unterschieden (siehe Abschnitt 7.3.4). Die geraden Stabenden erfordern die größten Verankerungslängen, sind aber am einfachsten herzustellen.

Die Verankerungslängen der Matten am Mattenrand müssen im Verlegeplan angegeben werden. Der Mindestwert der Verankerungslängen ($l_{b,min}$) von Zug- und Druckstäben beträgt 10ϕ (ϕ = Durchmesser des Stahls).

Bewehrungen müssen häufig gestoßen werden, zum einen aus herstellungstechnischen Gründen, zum anderen, weil Stabstähle eine maximale Länge von 12 m bzw. 15 m und Lagermatten 6 m lang und 2,30/2,35 m breit sind.

Die Bewehrungsstöße werden direkt als Schweißstoß, Muffenstoß oder Kontaktstoß oder indirekt als Übergreifungsstoß ausgeführt (siehe Abschnitt 7.3.6).

Übergreifungsstöße

Zur Anpassung an die Abmessungen der Bauteile sind oft übergreifende Mattenstöße in Längs- und Querrichtung notwendig. Diese Übergreifungsstöße können als Ein-Ebenen-Stoß und Zwei-Ebenen-Stoß ausgeführt werden.

Bei **Ein-Ebenen-Stößen** liegen die Stäbe im Übergreifungsbereich in einer Ebene. Sie sind mit Vorratsmatten und Listenmatten durchführbar. Der Ein-Ebenen-Stoß sichert die exakte Lage der Bewehrung, erfordert nur eine Abstandhalterhöhe und erleichtert damit die Einhaltung der geforderten Betondeckung.

Bei **Zwei-Ebenen-Stößen** liegen die Stäbe im Übergreifungsbereich in zwei Ebenen. Sie kommen in der Praxis ausschließlich bei Lagermatten vor. Bei dieser Ausführung kommt es häufig zur Überlagerung von Übergreifungsstößen. Diese Bewehrungsanhäufungen müssen minimiert und bei der Planung anderer Bewehrungen berücksichtigt werden.

Die Übergreifungsstöße in Tragrichtung (Hauptbewehrung) und in Querrichtung (Querbewehrung) richten sich nach den Betonfestigkeitsklassen und den Verbundbedingungen. So beträgt beispielsweise bei einem Beton C35/45, mit Lagermatten R 335 A bewehrt, im Verbundbereich I der Übergreifungsstoß in Längsrichtung 38 cm (1 Mattenmasche) und in Querrichtung 15 cm (1 Mattenmasche).

Die Übergreifungslängen l_0 sind statisch zu ermitteln und den Verlegplänen zu entnehmen.

Zusatzbewehrung

Massivdecken werden an verschiedenen Stellen durchbrochen. Deshalb sind die Ränder der Aussparungen in der unteren Bewehrungslage durch zusätzliche Bewehrungsstäbe zu verstärken.

Rechtwinklige Eckbewehrung

Wie in Abschnitt 9.3.2 dargelegt, wird die Eckbewehrung als obere Bewehrung bei Endauflagern eingebaut. Sie verhindert ein Abheben der Platte und nimmt die im Randbereich durch die Einspannung der Decke im Mauerwerk auftretenden geringen Zugspannungen auf. Die Eckbewehrung wird auch als Abreißbewehrung bezeichnet. Die Länge muss mindestens 0,3 der effektiven Mindeststützweite $l_{eff,min}$ betragen. Die Drillbewehrung hat in jeder Richtung die gleiche Querschnittsfläche wie die Feldbewehrung. In der Regel werden hierfür Restmatten verwendet.

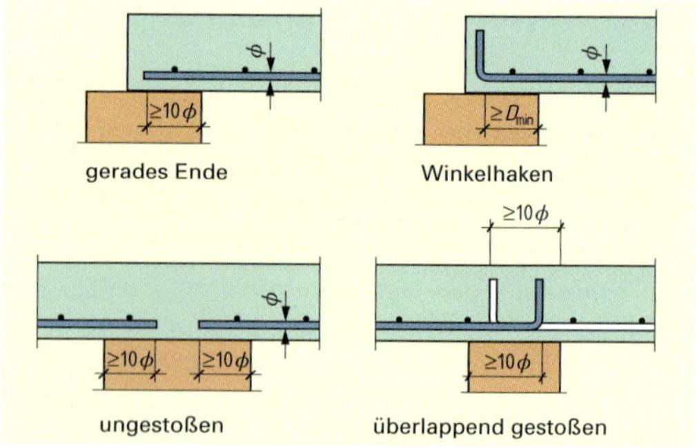

Mindestmaße für die Verankerungslängen bei Mattenbewehrungen

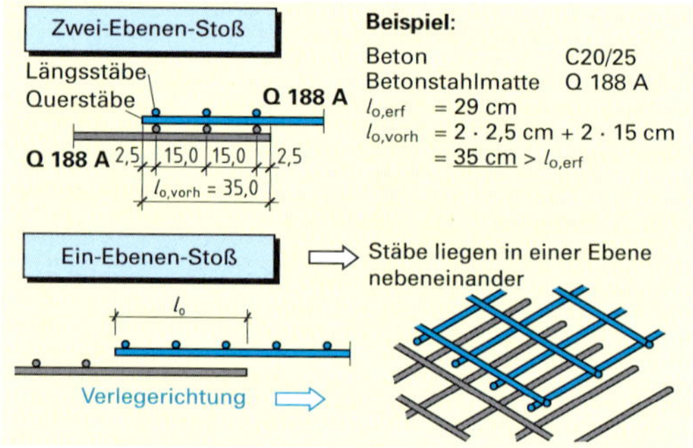

Übergreifungsstöße in Querrichtung bei Lagermatten
(l_o = Übergreifungslänge)

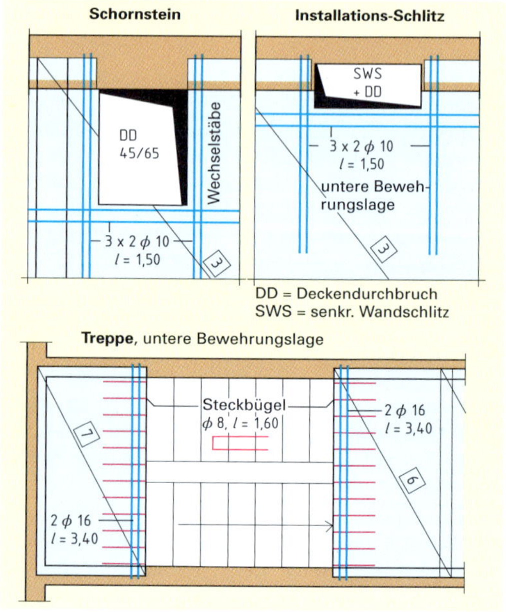

Zusatzbewehrung bei Deckendurchbrüchen und freien Rändern

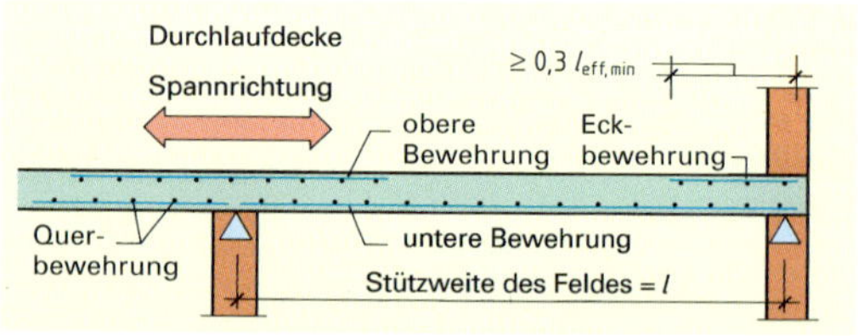

Eckbewehrung bei eingespannten Decken

Randbewehrung

Nicht eingespannte, freie und ungestützte Deckenränder erhalten eine besondere Zulagenbewehrung (Längs- und Querbewehrung). Sie besteht aus einer Randlängsbewehrung und einer bügelartigen Einfassung, den sogenannten Steckbügeln. Anstelle von Steckbügeln können auch gebogene Bewehrungsstäbe verwendet werden, wobei die freie Schenkellänge der zweifachen Plattendicke entsprechen soll.

Eine Randbewehrung ist beispielsweise bei einem Balkon (Kragplatte) vorzusehen.

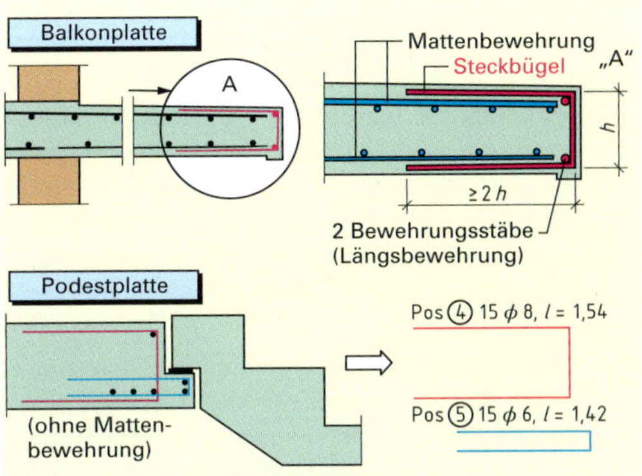

Randbewehrung bei ungestützten Deckenrändern

9.3.4. Zeichnerische Darstellung

Grundlage sind **Positionspläne**, die vorwiegend der Erläuterung der statischen Berechnung dienen. Sie enthalten Angaben über die Lage der tragenden Bauteile, über die Bauteilabmessungen, über die Positionsnummern und über die Tragrichtung der Decken.

DIN 1356-1 regelt die Darstellungsweise von Bewehrungen. Zum Herstellen und Einbauen der Bewehrungen müssen **Bewehrungspläne** erstellt werden. Zum Bewehrungsplan einer Stahlbetonvollplatte gehören Verlegepläne für die obere und untere Bewehrung und Schneideskizzen mit Mattenlisten.

Die **Schneideskizze** dient als Ausführungshilfe zum Ablängen der Bewehrungsstäbe. Eine Schneideskizze ist dann unverzichtbar, wenn Lagermatten auf der Baustelle zugeschnitten werden.

Für die Erstellung von **Mattenlisten** werden von einzelnen Herstellern geeignete Formulare, auf denen Mattenabmessungen bereits maßstäblich vorgedruckt sind, zur Verfügung gestellt. Die Massen für die einzelnen Mattensorten können Tabellen entnommen werden.

Schneideskizzen und Mattenlisten können folgende Angaben entnommen werden:

- Art der Matten,
- Positionsnummer der Matten,
- Abmessungen der Matten,
- Art der Unterstützungskörbe für die obere Bewehrung,
- Gesamtbedarf der Matten.

Tragrichtung	Anwendungsbereich
	Zweiseitig gelagert
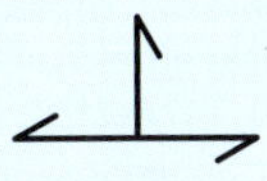	Dreiseitig gelagert
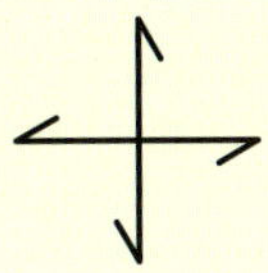	Vierseitig gelagert
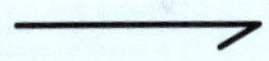	Auskragend

Symbole für die Tragrichtung

Zum Bewehrungsplan einer Stahlbetondecke gehören Verlegeplan, Schneideskizzen und Mattenliste.

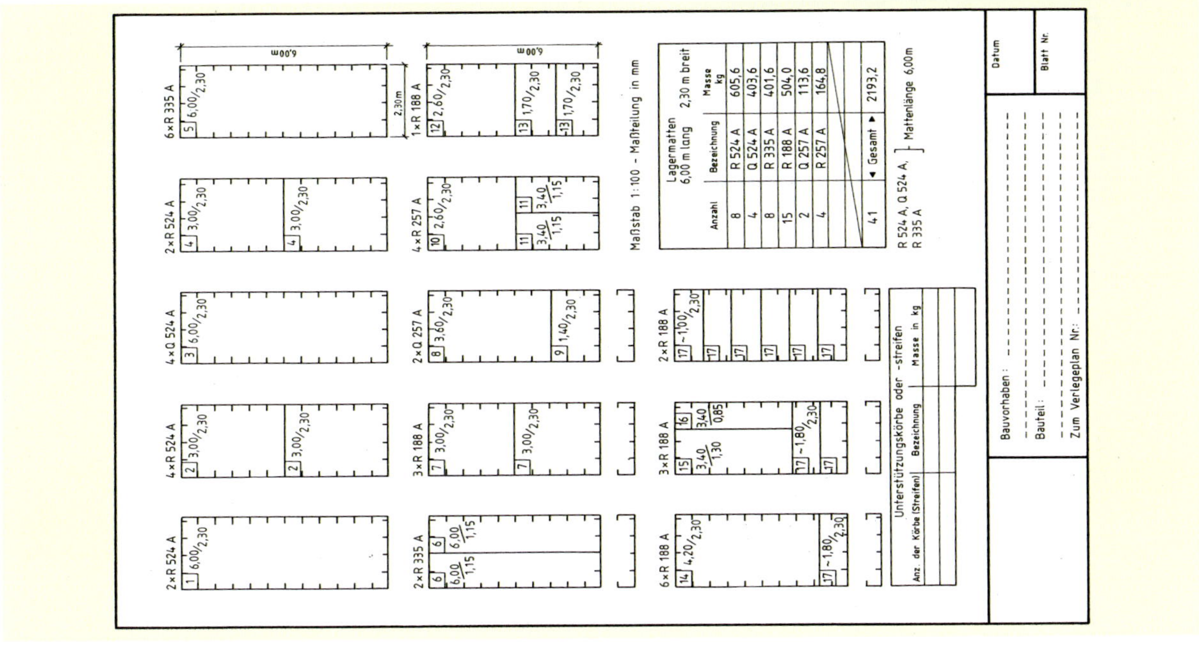

Mattenliste und Schneideskizzen

Verlegepläne geben an, wo und wie die Betonstahlmatten einzubauen sind. Für die obere und untere Bewehrung muss je ein eigener Verlegeplan erstellt werden.

In **Verlegeplänen** werden bei Betonstahlmatten die Positionsnummern, die Mattenkurzbezeichnung und, soweit erforderlich, die Betonstahlsorte angegeben. Bei der Darstellung von Matten ist Folgendes zu beachten:

- Die Positionsnummer steht in einem Rechteck. Bei Lagermatten wird mindestens einmal die Kurzbezeichnung des Mattentyps angegeben.
- In Verlegeplänen werden nie die einzelnen Stäbe einer Matte gezeichnet, sondern immer nur die Matten in ihren Umrissen bzw. mit ihren Achsen. Die Diagonale kennzeichnet stets die Fläche der Matte. Das Mindestmaß des Übergreifungsstoßes l_s (siehe Abschnitt 9.4.3) ist durch Querlinien zu markieren und muss bei jeder Mattenposition mindestens einmal angegeben werden.
- In der Regel werden die untere und die obere Bewehrung getrennt dargestellt. Bei einfachen Anwendungen lassen sich die untere und obere Bewehrung in einem Grundriss bzw. einer Draufsicht darstellen.
- Bei der Verwendung von Mattenresten muss die Tragrichtung der Matte mit einem Doppelpfeil gekennzeichnet werden, wenn aufgrund der Seitenlänge der Matte Verwechslungen möglich sind.

Bei der Darstellung von Matten in Verlegeplänen sind **drei Formen** möglich:

1. **Einzelmattendarstellung:** Jede einzelne Matte wird in der Draufsicht mit Umrisslinie und Diagonale dargestellt.
2. **Zusammengefasste Darstellung:** Matten gleicher Positionsnummern werden mit einer gemeinsamen Umrisslinie und mit einer Diagonalen gekennzeichnet. Mattenanzahl, Positionsnummer und Übergreifungslänge sind anzugeben.
3. **Achsbezogene Darstellung:** Auf die Darstellung der Mattenumrisse wird verzichtet. Es werden nur die Achsen der Längs- und Querstäbe gezeichnet. Die Position jeder Matte und die Übergreifungslänge sind anzugeben.

Bei Matten, die auf der Baustelle zugeschnitten werden, ist eine Schneideskizze mit Mattenliste unentbehrlich. In Verlegeplänen werden nicht die einzelnen Stäbe einer Matte gezeichnet, sondern immer nur die Matte in ihren Umrissen.

Zur Unterstützung der oberen Bewehrung stehen verschiedene **Unterstützungselemente** (linien- und punktförmige Unterstützungskörbe) zur Verfügung. Sie stehen auf der unteren Bewehrung.

DIN EN 1992-1-1 schreibt vor, dass auf den Bewehrungszeichnungen die Maßnahmen zur Lagesicherung der Bewehrung sowie die Anordnung, Maße und Ausführung der Unterstützung der oberen Bewehrung anzugeben sind. Der Verlegeabstand für die Unterstützungselemente richtet sich nach dem Durchmesser der oberen Bewehrung.

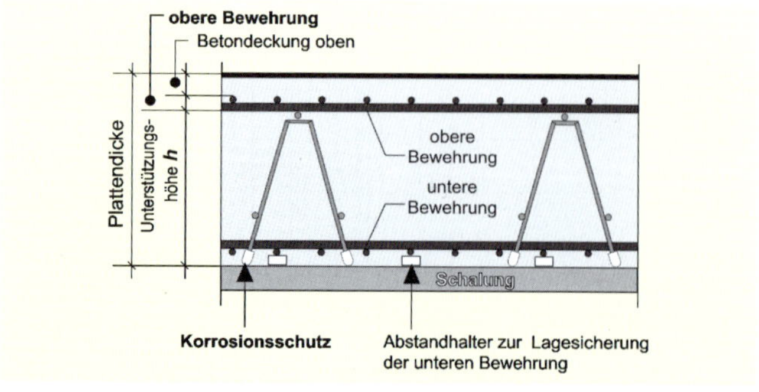

Unterstützungskörbe, die auf der Schalung stehen

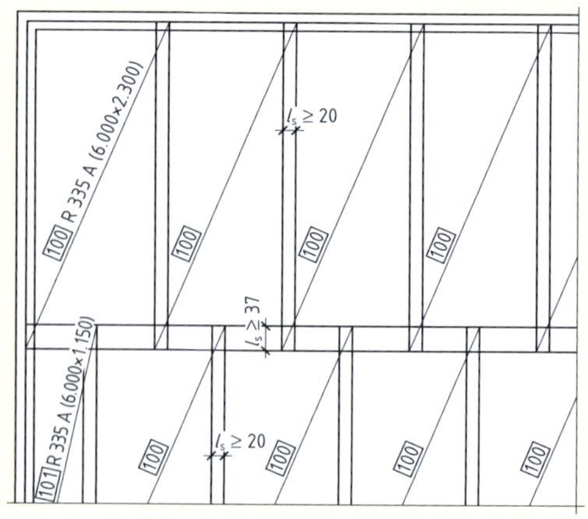

Einzelmattendarstellung

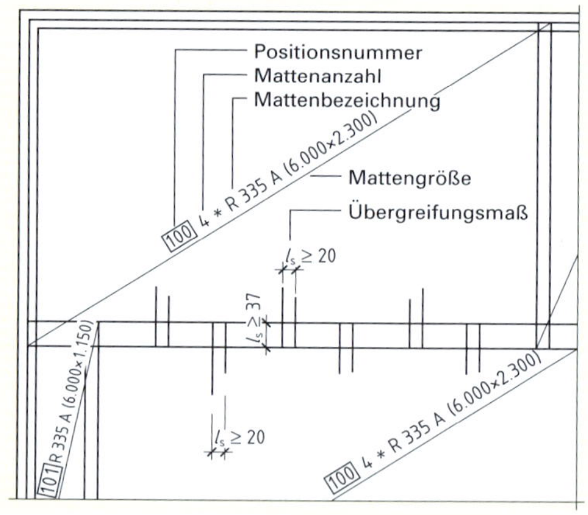

Zusammengefasste Mattendarstellung

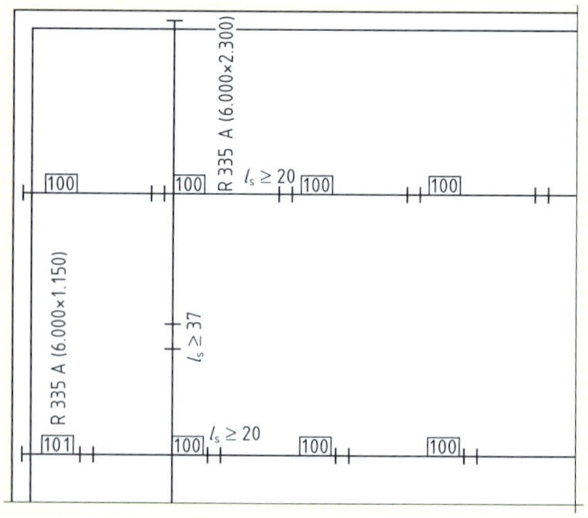

Achsbezogene Mattendarstellung

Durchmesser der oberen Bewehrung	Verlegeabstand *s* (= Achsmaß) in cm
$\phi \leq 6{,}5$ mm	50
6,5 mm > $\phi \leq 12$ mm	70
$\phi > 12$ mm	70

Verlegeabstand für Unterstützungskörbe

Beispiel 1:

Am Beispiel einer Garage soll die Bewehrungsführung dargelegt werden. Die Garage erhält eine einachsig gespannte Stahlbetonvollplatte mit 16 cm Dicke. Sie wird hergestellt aus Beton der Druckfestigkeitsklasse C20/25 und der Expositionsklasse XC 1. Für die Bewehrung sind Lagermatten R 257 A vorgesehen. Die Betondeckung beträgt 30 mm.

Zu zeichnen sind in Einzelmattendarstellung die Verlegepläne und die Schneideskizzen. Die Mattenliste ist zu erstellen.

Angaben:	Mauerwerk	3 KHbl6 – 1,0 – 12 DF
	Beton	C20/25
	Bewehrung	Lagermatten R 257 A
	Betondeckung c_v	30 mm

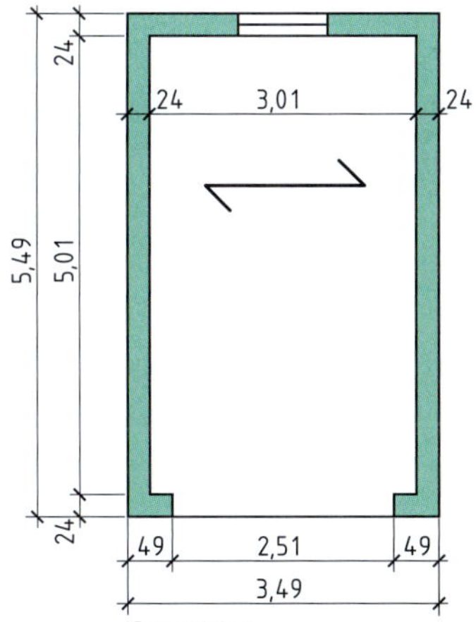

Grundriss

Lösung:

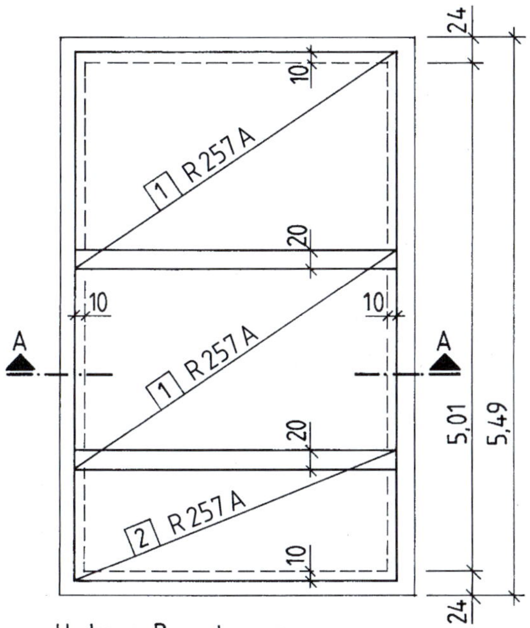

Untere Bewehrung

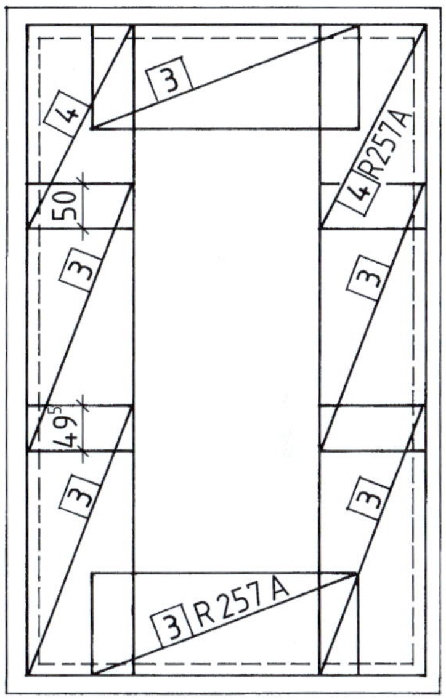

Obere Bewehrung

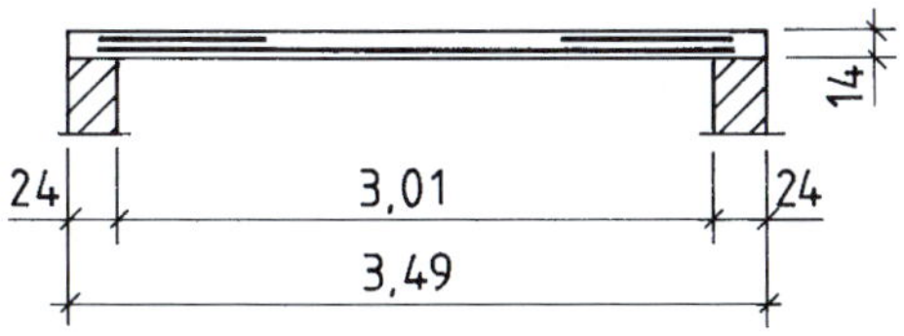

A – A

Lagermatten B500A			
Stück	Bezeich.	kg/Matte	kg
3	R257A	41,2	123,6

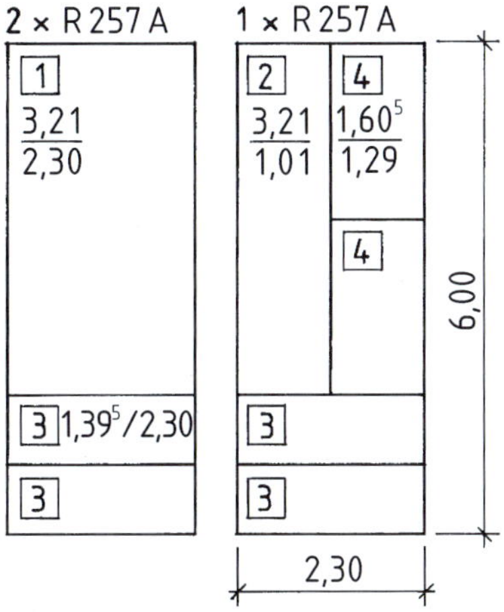

Schneideskizze

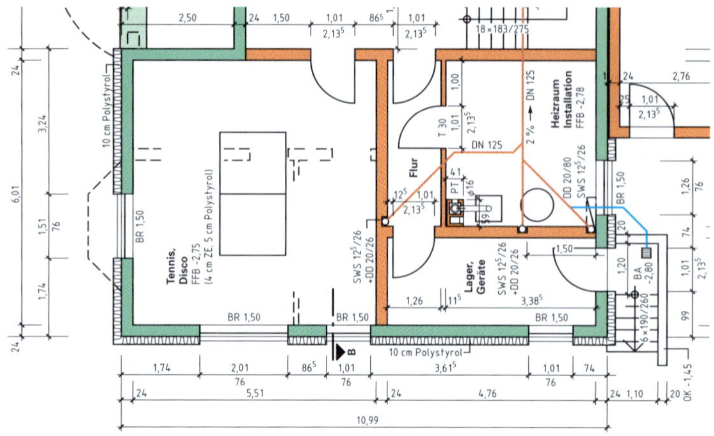

Beispiel 2:

Für eine zweiachsig gespannte Stahlbetonvollplatte über Heiz-, Geräte- und Hobbyraum sind in Einzeldarstellung die Verlegepläne zu zeichnen sowie die Schneideskizzen und die Mattenlisten zu erstellen.

Für die untere Bewehrung werden Lagermatten Q 524 A, für die Bewehrung im oberen Randbereich und in den Ecken Lagermatten Q 524 A und R 524 A verwendet.

Verarbeitet wird Beton der Druckfestigkeitsklasse C30/37 und der Expositionsklasse XC 1.

Die Betondeckung c_v beträgt 30 mm.

Lösung:

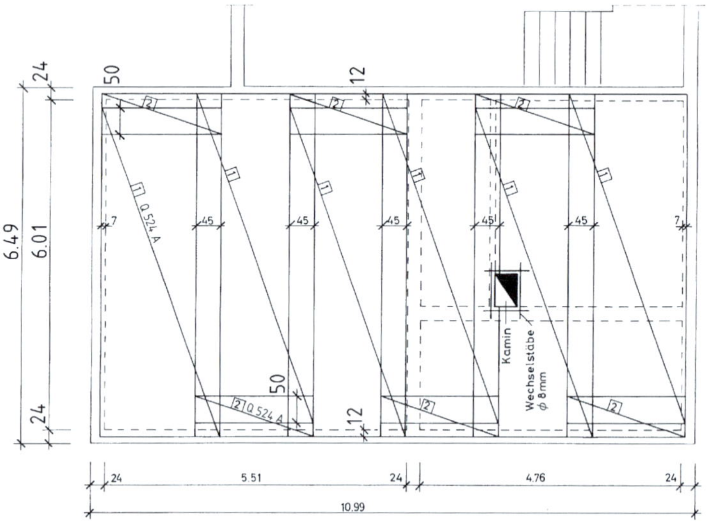

Untere Bewehrung

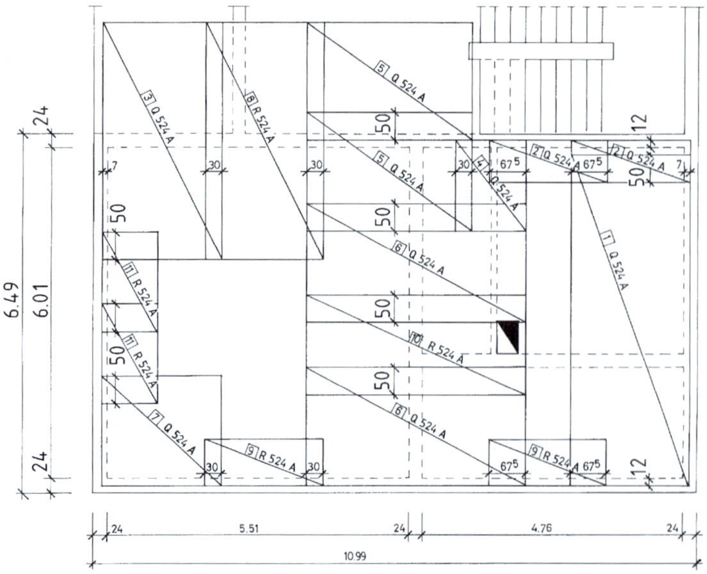

Obere Bewehrung

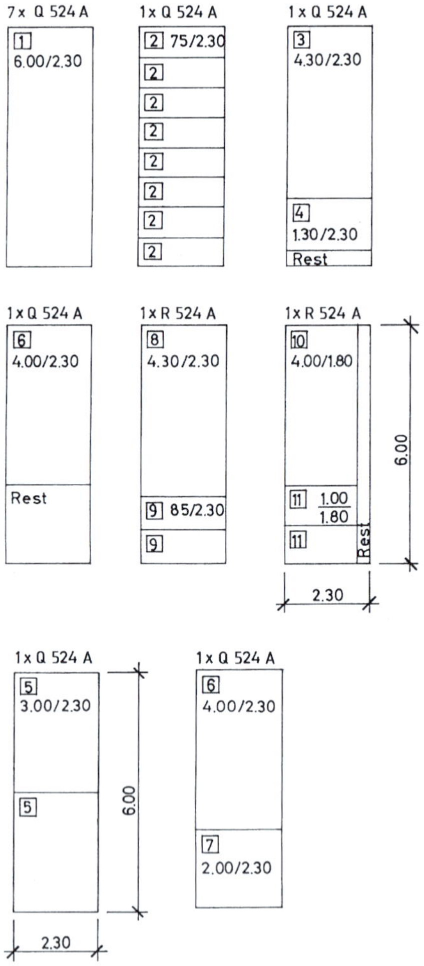

Schneideskizzen

Lagermatten B500A			
Stück	Bezeich.	kg/Matte	kg
12	Q 524 A	100.9	1210.8
2	R 524 A	67.2	134.4

Mattenliste

Aufgaben

1. *In der Zeichnung ist die Mattenbewehrung für eine Garagendecke dargestellt. Zeichnen Sie den Schnitt A–A im Maßstab 1:50 und die Schneideskizzen im Maßstab 1:100. Erstellen Sie die Mattenliste.*

   Angaben: *Stahlbetondecke mit d = 16 cm*
   Betondruckfestigkeitsklasse C16/20
   Expositionsklasse XC 1
   Betondeckung c_v 30 mm

   Beantworten Sie folgende Fragen:
   a) Wie bezeichnet man die Positionen 1 *und* 3*?*
   b) Um welche Mattenart handelt es sich?
   c) Wie groß ist die Verankerungslänge der Matten?
   d) Wie groß ist der Abstand in cm zwischen Ober- und Unterbewehrung?

2. *Die 15 cm starke Stahlbetonmassivdecke des dargestellten Kiosks mit seitlichem Überstand von 7 cm ist mit Betonstahlmatten zu bewehren.*

   Zeichnen Sie die untere und obere Lage der Bewehrung mit Schnitt A–A im Maßstab 1:50 mit Mattenliste und Schneideskizzen im Maßstab 1:100 auf ein Zeichenblatt A3 Querformat.

   Angaben:
   Untere Bewehrung: einachsig mit R 335 A
   Obere Bewehrung: Randeinspannung umlaufend mit R 257 A, Breite ca. 80 cm, Mattenauflagerlänge 12 cm, Betondeckung c_v 30 mm

3. *Die Decke über der Küche und dem Vorratsraum eines Wohnhauses ist mit Betonstahlmatten zu bewehren.*

   Zeichnen Sie die untere und obere Lage der Bewehrung mit Schnitt A–A im Maßstab 1:50 mit Mattenliste und Schneideskizzen im Maßstab 1:100 auf ein Zeichenblatt A3 Querformat.

   Angaben:
   Stahlbetondecke mit d = 22 cm
   Betondruckfestigkeitsklasse C30/37
   Expositionsklasse XC 1
   Betondeckung c_v 20 mm
   Mattenauflagerlänge 12 cm
   Untere Bewehrung im Feld R 257 A, Zusatzbewehrung für Aussparung Kamin ϕ 14 mm B500B
   Obere Bewehrung: Stützbewehrung R 257 A, Randeinspannung umlaufend mit R 335 A, Breite 1,20 m

   Beantworten Sie folgende Fragen:
   a) Wie groß ist das Mindestmaß für die Verankerungslänge der Matten?
   b) Warum ist eine Randbewehrung erforderlich?
   c) Welche Angaben muss der Verlegeplan enthalten?
   d) Welche Abstände haben bei den verwendeten Matten die Längs- und Querstäbe voneinander?
   e) Erklären Sie die Lage der Stützbewehrung.

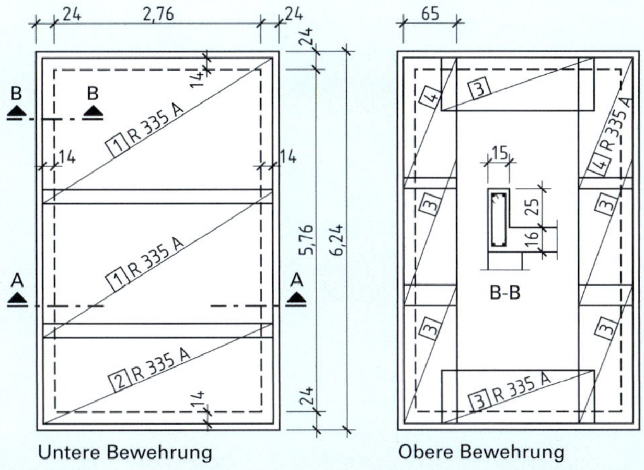

Bewehrung der Garagendecke

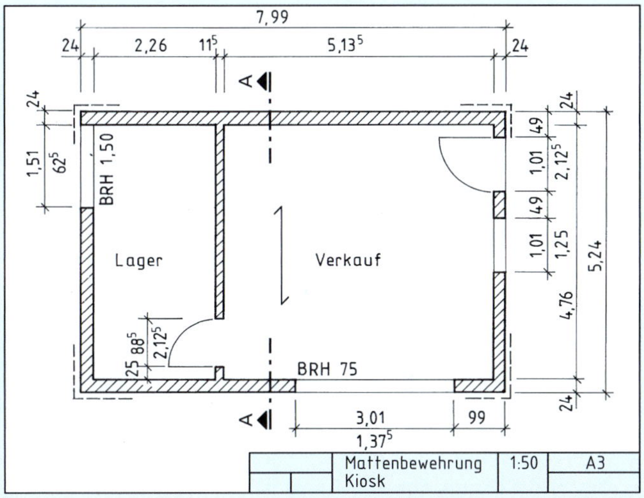

Grundriss (Kiosk)

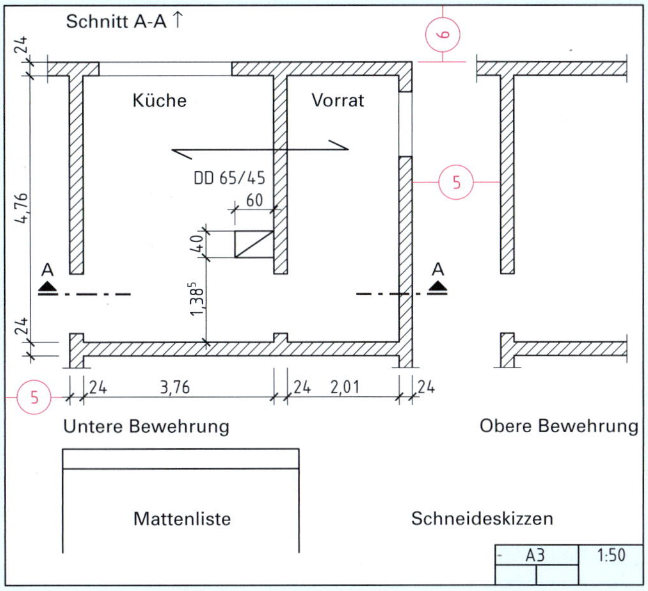

Mattenbewehrung über 3 Stützen

4. *Zeichnen Sie den Bewehrungsplan für die untere und obere Bewehrungslage mit Schnitt A–A im Maßstab 1:50 und Schneideskizzen im Maßstab 1:100 auf ein Zeichenblatt A3 Querformat.*

   Angaben:
   Untere Bewehrung: R 257 A
   Zusatzbewehrung Aussparung
   4 ϕ 14 mm, l = 3,70 m und
   2 ϕ 14 mm, l = 1,00 m

   Obere Bewehrung:
   Stützbewehrung R 335 A

   Randeinspannung umlaufend mit R 335 A, Breite 1,00 m

   Mattenauflagerlänge 12 cm, Betondeckung c_v 20 mm

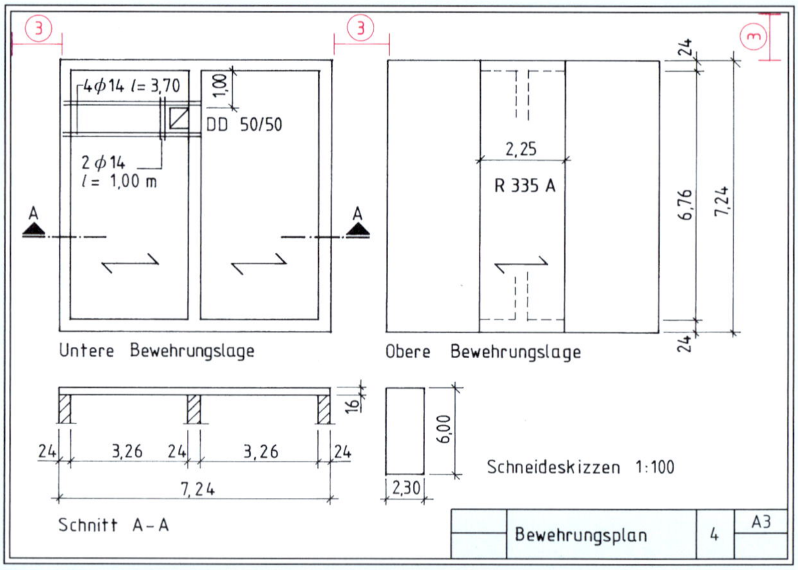

5. *Für eine Decke mit Balkonplatte d = 16 cm ist der Bewehrungsplan für die untere und obere Bewehrungslage mit Schnitt A–A im Maßstab 1:50 einschließlich Stahlliste, Mattenliste und Schneideskizzen im Maßstab 1:100 auf ein Zeichenblatt A3 Querformat zu zeichnen.*

   Angaben:
   Untere Bewehrung:
   im Feld R 257 A
   Bereich Kragplatte Q 188 A

   Obere Bewehrung: R 257 A
   Länge 3,25 m
   Zulage R 188 A, Länge 2,50 m
   Randbereich R 188 A,
   Breite 1,20 m

   Stabbewehrung:
   Pos. ① 2 ϕ 12 mm, Pos. ②
   2 ϕ 12 mm, Pos. ③ 21 ϕ 6 mm,
   Pos. ④ 2 × 8 ϕ 6 mm

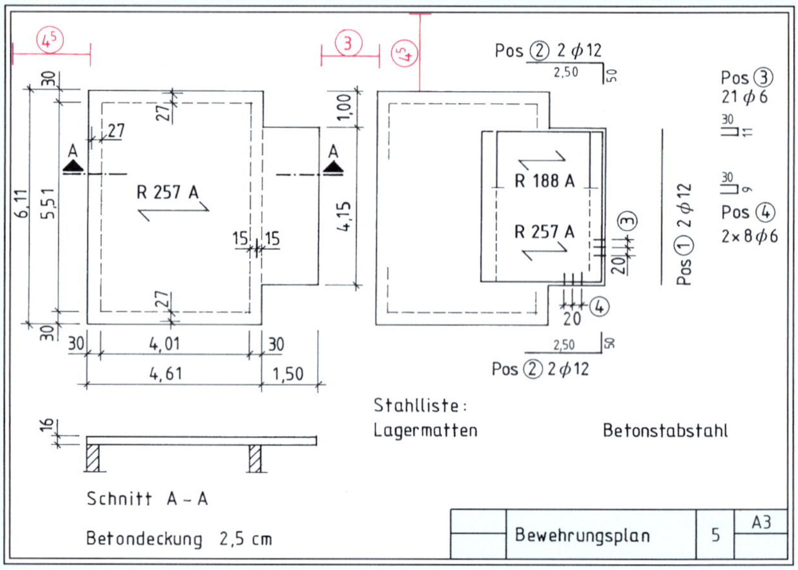

6. *Zeichnen Sie für ein kleines Wohnhaus den Bewehrungsplan für die Decke über UG im Maßstab 1:50 mit Stahlliste, Mattenliste und Schneideskizzen im Maßstab 1:100 auf ein Zeichenblatt A3 Querformat.*

   Angaben:
   Mattenauflagerlänge 25 cm, Betondeckung c_v 25 mm

   Untere Bewehrung: Q 524 A und R 335 A

   Obere Bewehrung:
   über Mittelwand R 335 A
   l = 5,00 m, über Stütze Q 335 A
   l = 2,50 m

   Stabbewehrung siehe Zeichnung.

   Beantworten Sie folgende Fragen:

   a) Welche Abmessungen haben die Matten Q 524 A und R 335 A?

   b) Wie werden die Positionen ① und ③ fachgerecht bezeichnet?

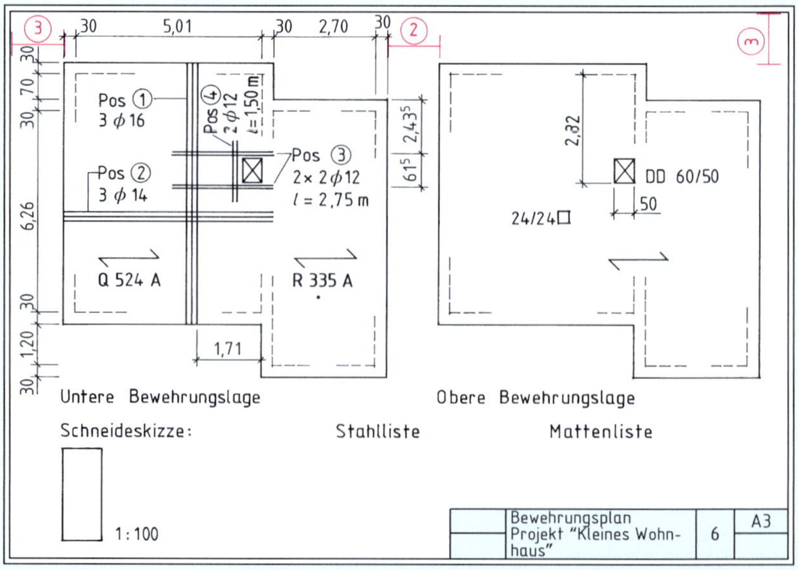

10 Dachkonstruktionen

Holz gehört zu den ältesten Baustoffen. Wegen seiner guten Eigenschaften wie z. B. der geringen Dichte, der hohen Festigkeiten, der leichten Bearbeitbarkeit und der geringen Wärmeleitfähigkeit hat der Werkstoff Holz bis heute nichts von seiner Bedeutung verloren.

Sehr viele Bauteile können aus dem Werkstoff Holz hergestellt werden (Decken, Wände, Treppen, Dachkonstruktionen).

Im Folgenden wird jedoch nur auf den wichtigsten Einsatzbereich des Werkstoffes Holz eingegangen, auf die Dachkonstruktionen.

Die obere Begrenzung eines Gebäudes ist das Dach. Neben der raumabgrenzenden Aufgabe hat das Dach auch die Aufgabe, das Gebäude vor Witterungseinflüssen wie Regen, Schnee, Wind, Kälte und Hitze zu schützen.

Dächer haben auch einen wesentlichen Einfluss auf das Gesamtaussehen eines Gebäudes. Außerdem gestalten die Dächer auch sehr stark das Erscheinungsbild der Landschaft. Besonders die geneigten Dächer fügen sich oft sehr schön in die natürliche Landschaftsform ein.

Dächer erfüllen also nicht nur sachliche, zweckdienliche Aufgaben, sondern sie besitzen auch eine sehr große Bedeutung für die **Gestaltung unserer Umwelt**.

Form, Neigung, Konstruktion, Deckungsart und **Farbe** des Daches sind entscheidend dafür, wie sich der Baukörper in seine Umgebung einpasst oder ob er möglicherweise wie ein Fremdkörper wirkt.

Dächer haben einen sehr hohen Einfluss auf die architektonische Wirkung eines Gebäudes; sie erfüllen also nicht nur zweckdienliche Aufgaben.

Bevor auf die Planung und die Konstruktion von Dächern eingegangen werden kann, müssen Kenntnisse über den wichtigsten Werkstoff für Dachkonstruktionen, das Holz, vorhanden sein.

10.1 Bauholz

Wegen seiner guten Eigenschaften, z.B. der geringen Dichte, hohen Festigkeiten, leichten Bearbeitbarkeit, geringen Wärmeleitfähigkeit usw., zählt Holz zu den ältesten Baustoffen.

Außer für die Verwendung als Baustoff für Dachkonstruktionen, Treppen, Fenster, Wandverkleidungen, Möbel usw. ist das Holz der Rohstoff zur Papierherstellung und Herstellung plattenförmiger Werkstoffe (z.B. Spanplatten, Sperrholzplatten, Holzwolle-Leichtbauplatten, Faserplatten usw.).

In der natürlichen Lebensgemeinschaft der Bäume, dem Wald, entwickeln sich aus Samenkörnern die Bäume. Die Wachstumszeit beträgt je nach Baumart, Bodenart und klimatischen Verhältnissen 40 ... 400 Jahre.

Um den Nutzen des Waldes zu steigern, greift der Mensch ordnend und planend ein. In den Forsten werden vorzugsweise solche Bäume gepflanzt, die technisch wertvolles Holz in ausreichender Menge liefern. Das Wachstum der Bäume wird so überwacht, dass nur gesund gewachsene Bäume weiterkommen und die Bäume vor tierischen und pflanzlichen Schädlingen geschützt werden.

Neben dem forstwirtschaftlichen Nutzen ist der Wald Erholungsraum, natürliches Wasserreservoir und Sauerstoffquelle der menschlichen Umwelt. Außerdem ist der Wald der natürliche Lebensraum unserer Waldtiere, bietet im Gebirge Lawinenschutz und schützt die Böden vor Verkarstung.

Dachlandschaft

„Gesunder" Wald

„Gestorbener" Wald

Das Waldsterben in sehr vielen Regionen ist ein Alarmzeichen für die Menschen, sich umweltbewusster zu verhalten.

Die wichtigsten Holzarten zur Herstellung von Dachkonstruktionen sind die heimischen Nadelhölzer **Fichte, Tanne, Kiefer** und **Lärche**.

10.1.1 Handelsformen des Holzes

Beim Bauholz wird zwischen Baurundholz, Bauschnittholz, Konstruktionsvollholz und Brettschichtholz unterschieden. Das Baurundholz findet nur in Ausnahmefällen (z. B. für Abspießungen, Gerüste) Verwendung.

Nadelschnittholz ist nach DIN 4074 ein „Holzerzeugnis" mit einer Dicke von mindestens 6 mm. Dabei wird zwischen

- Kantholz,
- Bohle,
- Brett und
- Latte

unterschieden.

Konstruktionsvollholz (KVH) ist ein güteüberwachtes Schnittholz aus Nadelholz, das insbesondere für sichtbare Holzkonstruktionen aus Vollholz verwendet wird. An Konstruktionsvollholz werden gegenüber Nadelschnittholz erhöhte Güteanforderungen gestellt, wie z. B.

- Holzfeuchte von etwa 15 %,
- herzfreier bzw. herzgetrennter Einschnitt,
- gehobelte und gefaste Oberfläche,
- Aussägen von Fehlstellen und Verleimung mittels Keilzinkstoß,
- Beschränkung der Rissbreiten und Baumkanten.

Brettschichtholz (GL = **g**lued **l**aminated timber) besteht aus mindestens drei Lagen miteinander verleimter Bretter. Die technisch (künstlich) getrockneten und gehobelten Bretter (Lamellen) werden mittels Keilzinkstoß in der Länge verleimt.

Brettschichtholz hat höhere Festigkeiten als Vollholz, ist formbeständiger und durch die Verleimung sind Querschnittsbreiten bis etwa 30 cm und Querschnittshöhen bis etwa 3 m möglich.

Beim Holz für Dachkonstruktionen wird zwischen Nadelschnittholz, Konstruktionsvollholz und Brettschichtholz unterschieden.

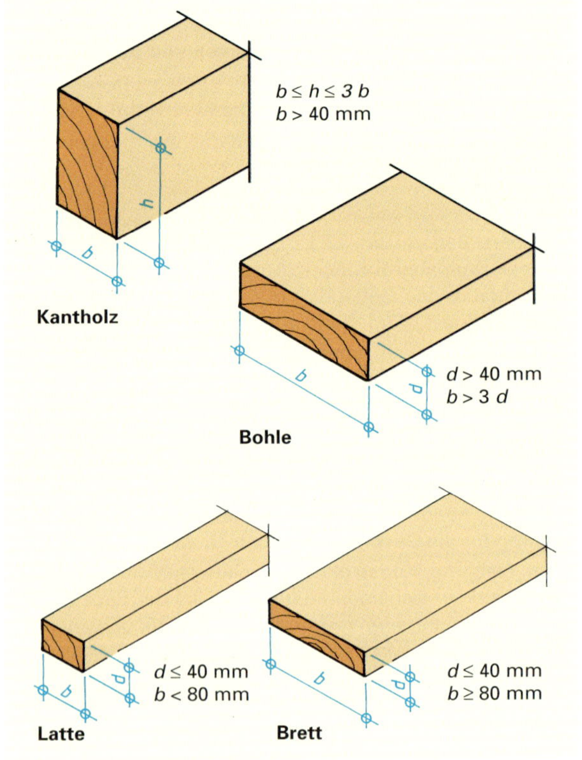

Nadelschnittholz nach DIN 4074

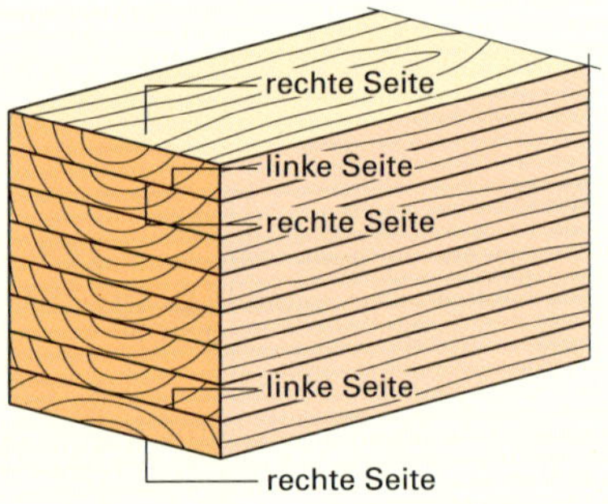

Brettschichtholz

10.1.2 Holzfeuchte

Würde man feuchtes Holz in Konstruktionen verarbeiten, so hätte dies unter Umständen große Bauschäden zur Folge. Z. B. könnte das Holz reißen, sich verformen und Verbindungen könnten sich lockern oder lösen. Außerdem bietet feuchtes Holz einen idealen Nährboden für pflanzliche Schädlinge (Pilze) und tierische Schädlinge (Insekten).

Frisch gefälltes Holz enthält etwa 50 % Feuchtigkeit, bezogen auf die Darrmasse (Trockenmasse). Um das Holz verarbeiten zu können, muss es auf einen niedereren Feuchtegehalt gebracht werden. Dies kann auf natürliche Art, durch **luftiges Lagern**, oder auf technische Art, in **Holztrocknungsanlagen**, geschehen.

Die Volumen- und Formveränderungen infolge des Quellens und Schwindens sind von den Feuchteunterschieden im Holz abhängig. Deshalb sollte alles Holz vor dem Einbau auf den Feuchtegehalt getrocknet werden, der für das Holz im eingebauten Zustand zu erwarten ist.

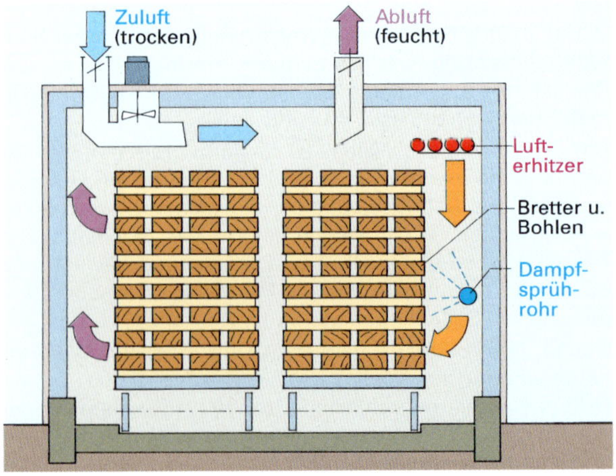

Holztrocknungsanlage (schematisch)

Die Holzfeuchte, bei der das Holz weder Feuchte an die umgebende Luft abgibt noch Feuchte aus der umgebenden Luft aufnimmt, wird als **Ausgleichsfeuchte** bezeichnet. Es handelt sich dabei um die sich im Mittel einstellende Feuchte im Bauwerk.

Holzbauwerke werden wegen der spezifischen physikalischen Eigenschaften des Holzes drei Nutzungsklassen zugewiesen. Bezüglich der geforderten Ausgleichsfeuchten gelten folgende Richtwerte:

Nutzungsklasse	zum Beispiel	Ausgleichsfeuchte
1	in allseitig geschlossenen und beheizten Bauwerken	5...15%
2	bei überdachten offenen Bauwerken	10...20%
3	für Konstruktionen, die der Witterung ausgesetzt sind	12...24%

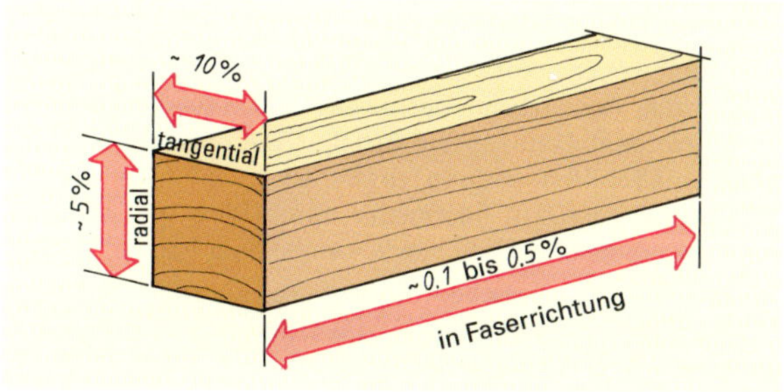

Durchschnittliche Schwindmaße des Holzes

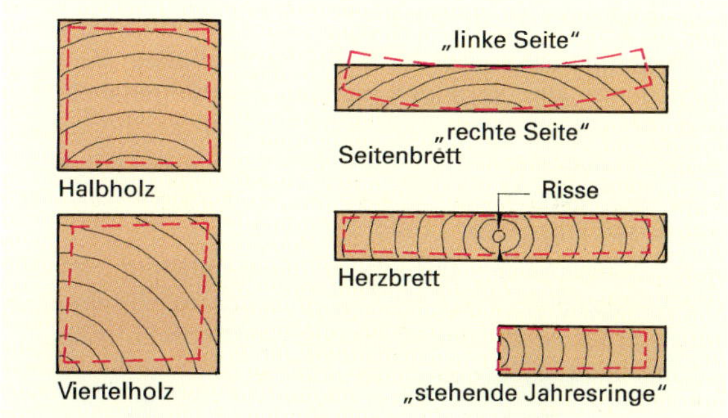

Querschnittverformung infolge des Schwindens

Feuchtebestimmung

Die Holzfeuchte wird entweder nach dem Darrverfahren oder mithilfe von Feuchtemessgeräten ermittelt. Beim Darrverfahren werden Probescheiben des Holzes in einem Trockenofen so lange getrocknet, bis keine Abnahme der Masse mehr festzustellen ist. In diesem Falle haben die Holzproben ihre Darrmasse (= Holzmasse ohne Feuchtigkeit) erreicht.

Die Holzfeuchte wird als Prozentsatz der Feuchtigkeit, bezogen auf die Darrmasse, angegeben. Die Masse des Wassers ist die Differenz aus der Feuchtmasse der Holzproben und ihrer Darrmasse.

Dieses genormte Verfahren zur Bestimmung der Holzfeuchtigkeit liefert sehr genaue Ergebnisse, es ist allerdings sehr zeitraubend und erfordert außerdem die Entnahme von Probescheiben.

Die Holzfeuchte wird, nachdem die Darrmasse und die Feuchtmasse vorher ermittelt wurden, mit folgender Formel berechnet:

$$\textbf{Holzfeuchte in \%} = \frac{\textbf{(Feuchtmasse in g – Darrmasse in g)} \cdot \textbf{100\%}}{\textbf{Darrmasse in g}}$$

Für eine rasche und praxisgerechte Feuchtemessung wurden deshalb elektrische Feuchtemessgeräte entwickelt, die ohne Probescheiben auskommen und trotzdem ausreichend genaue Ergebnisse liefern. Diese Messgeräte arbeiten größtenteils nach dem Prinzip der Abhängigkeit des elektrischen Widerstandes vom Feuchtegehalt des Holzes. Durch zwei in das Holz eingepresste oder eingedrückte Elektroden wird der elektrische Widerstand, der von der Holzfeuchtigkeit abhängt, gemessen; die prozentuale Holzfeuchte kann unmittelbar am Messgerät abgelesen werden. Diese Messgeräte haben in der Regel einen Messbereich zwischen 5 und 35% und eine Genauigkeit von ±2% Holzfeuchte.

Die genaue Holzfeuchte kann nur nach dem Darrverfahren ermittelt werden. In der Praxis werden elektrische Feuchtemessgeräte verwendet. Sie ermöglichen eine rasche Feuchtemessung und liefern ausreichend genaue Messergebnisse.

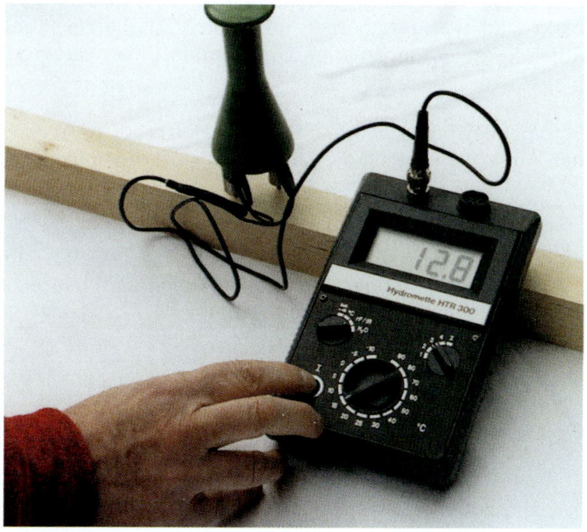

Feuchtemessgerät

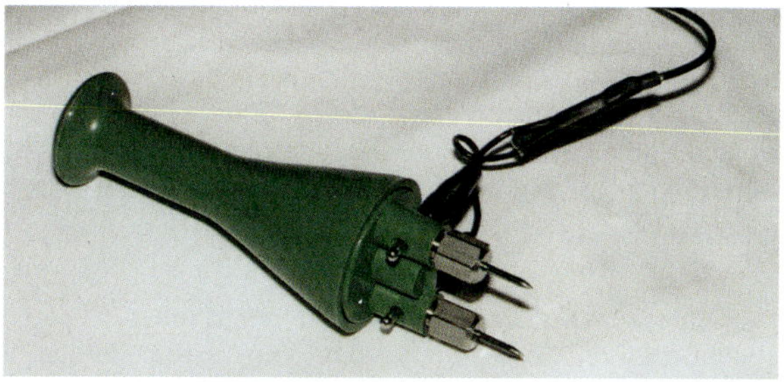

Einschlag-Elektroden

10.1.3 Holzschutz

Holz zählt wegen seiner guten Eigenschaften zu den ältesten Baustoffen. Viele Jahrhunderte alte Holzbauwerke bezeugen dies. Trotzdem kann es bei falscher Behandlung und unsachgemäßer Verwendung zu Schäden kommen. Solche Schäden werden am häufigsten durch Pilze und tierische Holzschädlinge (Insekten) sowie durch Feuer hervorgerufen.

Durch den Holzschutz soll die Anfälligkeit gegenüber diesen Schädigungen herabgesetzt werden.

Man unterscheidet beim Holzschutz zwischen **vorbeugenden** und **bekämpfenden** Maßnahmen sowie zwischen **konstruktiven** und **chemischen** Maßnahmen.

Jahrhundertealtes Holzhaus

Konstruktiver Holzschutz

Zahlreiche Holzschäden können bereits durch konstruktive Maßnahmen verhindert werden. Die wichtigsten Maßnahmen gelten der Veränderung des Feuchtegehaltes von Holz. Aber auch die richtige Wahl der Holzart, die fachgerechte Konstruktion und Detailausbildung sowie die geeignete Querschnittswahl können ausschlaggebend für den Schutz vor vorzeitiger Zerstörung sein.

Pilze entwickeln sich besonders gut in feuchtem Holz. Es dürfen deshalb nur ausreichend getrocknete Hölzer eingebaut werden; und zwar so, dass eine Wiederbefeuchtung auszuschließen ist.

Fruchtkörper des Echten Hausschwamms

Chemischer Holzschutz

Chemische Holzschutzmaßnahmen sind erforderlich, wenn das Holz der Gefahr von Bauschäden durch **Organismen** ausgesetzt ist. Organismen in diesem Zusammenhang sind Holz zerstörende und Holz verfärbende Pilze, Käfer, Termiten und marine Organismen (Meerwasserorganismen).

In folgender Tabelle werden Holz und Holzprodukte je nach den Gebrauchsbedingungen sechs Gebrauchsklassen zugeordnet. Außerdem enthält die Tabelle auch Informationen über das Auftreten von Organismen.

Gebrauchsklasse	Allgemeine Gebrauchsbedingungen	Auftreten von Organismen
0	Innenbereich, trocken, Gefahr durch Insekten kann ausgeschlossen werden	–
1	Innenbereich, trocken	Käfer, Termiten
2	Innenbereich oder unter Dach (nicht der Witterung ausgesetzt), Möglichkeit der Kondensation	Käfer, Termiten, Holz zerstörende und Holz verfärbende Pilze
3	Außenbereich (ohne Erdkontakt) und der Witterung ausgesetzt. Wenn unterteilt:	
	3.1 eingeschränkt feuchte Bedingungen	
	3.2 anhaltend feuchte Bedingungen	
4	Außenbereich, in Kontakt mit Erde oder Süßwasser	
5	Dauerhaft oder regelmäßig in Salzwasser eingetaucht	Marine Organismen (Der oberhalb des Wasserspiegels befindliche Bereich kann auch allen oben genannten Organismen ausgesetzt sein.)

Holz verfärbende Pilze, Holz zerstörende Pilze, Käfer und marine Organismen sind überall in Europa verbreitet, Termiten treten lediglich lokal auf.

Gebrauchsklassen

Chemischer Holzschutz ist häufig nur dann erforderlich, wenn der konstruktive Holzschutz nicht beachtet wurde, nicht die richtige Holzart gewählt wurde oder bereits bei der Planung wichtige Grundsätze des Holzbaus missachtet wurden.

Holzschutzmittel

Die Wirksamkeit der Holzschutzmittel beruht auf dem Inhalt biologisch wirksamer (biozider) Stoffe. Diese Stoffe sind **giftig**; ohne diese Stoffe wäre aber der Einsatz gegen die Schadorganismen (Insekten und Pilze) sinnlos.

Für tragende Teile dürfen nur Holzschutzmittel verwendet werden, die das **Prüfzeichen** für Zulassung und Überwachung besitzen.

Dieses Zeichen besagt, dass das Mittel in seiner Wirksamkeit amtlich geprüft und vom Bundesgesundheitsamt und Umweltbundesamt bewertet worden ist. Außerdem müssen die Holzschutzmittel ein **Prüfprädikat** besitzen.

Folgende Prüfprädikate werden dabei unterschieden:

Kurzzeichen	Bedeutung
Iv	gegen Insekten vorbeugend wirksam
P	gegen Pilze vorbeugend wirksam (Fäulnisschutz)
W	auch für Holz, das der Witterung ausgesetzt ist, jedoch nicht im ständigen Erdkontakt und nicht im ständigen Kontakt mit Wasser
E	auch für Holz, das extremer Beanspruchung ausgesetzt ist (im ständigen Erdkontakt und/oder im ständigen Kontakt mit Wasser sowie bei Schmutzablagerungen in Rissen und Fugen)

Im Wesentlichen kann bei den Holzschutzmitteln zwischen **wasserlöslichen** und **öligen** Mitteln unterschieden werden.

Die öligen Holzschutzmittel sind in der Regel lösungsmittelhaltig und werden gebrauchsfertig geliefert. Das zu behandelnde Holz muss trocken oder halbtrocken sein.

Die wasserlöslichen Holzschutzmittel (Salze) eignen sich besonders zur Behandlung von halbtrockenem und feuchtem Holz, bei Anwendung besonderer Einbringverfahren auch von saftfrischem Holz.

Für tragende Holzbauteile dürfen nur Holzschutzmittel mit Prüfzeichen und Prüfprädikaten verwendet werden.

Es wird zwischen wasserlöslichen und öligen Holzschutzmitteln unterschieden.

Prüfzeichen

Zusammenfassung

Wegen seiner guten Eigenschaften, z.B. der geringen Dichte, hohen Festigkeiten, leichten Bearbeitbarkeit, geringen Wärmeleitfähigkeit usw., zählt Holz zu den ältesten Baustoffen.

Beim Bauholz wird zwischen Baurundholz, Bauschnittholz, Konstruktionsvollholz und Brettschichtholz unterschieden.

Nadelschnittholz ist nach DIN 4074 ein „Holzerzeugnis" mit einer Dicke von mindestens 6 mm. Dabei wird zwischen Kantholz, Bohle, Brett und Latte unterschieden. An Konstruktionsvollholz werden erhöhte Güteanforderungen gestellt. Brettschichtholz besteht aus in Faserrichtung verleimten Brettlagen.

Frisch gefälltes Holz enthält etwa 50% Feuchtigkeit. Um es verarbeiten zu können, muss es auf einen niedrigeren Feuchtegehalt gebracht werden. Dies kann auf natürliche Art, durch luftiges Lagern, oder auf technische Art, in Holztrocknungsanlagen, geschehen.

Beim Holzschutz wird zwischen vorbeugenden und bekämpfenden Maßnahmen sowie zwischen konstruktiven und chemischen Maßnahmen unterschieden. Je nach der Art und dem Ausmaß der Gefährdung wird das Holz den Gebrauchsklassen zugeteilt.

Die Wirksamkeit der chemischen Holzschutzmittel beruht auf dem Inhalt biologisch wirksamer (biozider) Stoffe. Für tragende Holzbauteile dürfen nur Holzschutzmittel mit Prüfzeichen und Prüfprädikaten verwendet werden.

Aufgaben

1. *Welche Bedeutung hat der Wald für den Menschen?*
2. *Nennen Sie die wichtigsten Holzarten für die Herstellung von Dachkonstruktionen.*
3. *Worin besteht der Unterschied zwischen Nadelschnittholz und Konstruktionsvollholz?*
4. *Nennen Sie je drei Querschnittsabmessungen für Kanthölzer, Bohlen, Bretter und Latten aus Nadelschnittholz.*
5. *Beschreiben Sie den Aufbau von Brettschichtholz.*
6. *Auf welche Arten kann die Holzfeuchte gemessen werden?*
7. *Warum ist die Wahl der geeigneten Holzart ein wesentlicher Bestandteil des vorbeugenden Holzschutzes?*
8. *Nennen Sie Maßnahmen, die getroffen werden können, das eingebaute Holz vor Wiederbefeuchtung zu schützen.*
9. *Zu welchem Zweck werden die Hölzer in Gebrauchsklassen eingeteilt?*
10. *Erklären Sie die Bedeutung der Kurzzeichen Iv, P, W und E.*
11. *Wann kann auf einen chemischen Holzschutz verzichtet werden?*
12. *Welche Vorteile besitzt der konstruktive Holzschutz gegenüber dem chemischen?*

10.2 Zimmermannsmäßige Holzverbindungen

Um Dachkonstruktionen fachgerecht zeichnerisch darstellen zu können, müssen Bauzeichnerinnen und Bauzeichner Kenntnisse von den wichtigsten Holzverbindungen haben. In diesem Abschnitt wird auf die wichtigsten zimmermannsmäßigen Verbindungen eingegangen. Solche Verbindungen werden seit Jahrhunderten im Holzbau angewandt und treten auch heute noch bei zimmermannsmäßigen Dachkonstruktionen auf.

Im Folgenden wird eine Auswahl wichtiger, im modernen zimmermannsmäßigen Holzbau üblicher, Verbindungen dargestellt. Dies sind die **Zapfenverbindungen**, die **Blattverbindungen** und die **Versatzungen.**

Die zimmermannsmäßigen Verbindungen können unter Umständen die zu verbindenden Holzteile schwächen. In solchen Fällen ist abzuwägen, ob nicht eine Verbindung des Ingenieurholzbaus (z. B. Einbau eines Blechformteils) eine günstigere Lösung darstellt.

Durch den Einsatz moderner CNC-gesteuerter Abbundanlagen haben die zimmermannsmäßigen Verbindungen wieder an Bedeutung gewonnen. Die Verbindungen werden auf solchen Anlagen mit höchster Passgenauigkeit in sehr kurzer Zeit hergestellt.

10.2.1 Zapfenverbindungen

Die Zapfenverbindung ist die im Holzbau am häufigsten vorkommende Verbindung. Sie kommt bei Längsverbindungen (z. B. Zapfenstoß), bei Querverbindungen (z. B. einfacher Zapfen) und bei Schrägverbindungen (z. B. Scherzapfen) vor.

Am Beispiel der Querverbindung mit einem einfachen Zapfen soll im Folgenden die Tragweise erläutert werden.

Durch die Zapfenverbindung entsteht ein druckfester, unverschieblicher Anschluss von Pfosten an Schwellen oder Pfetten. Auch Streben oder Kopfbänder (Büge) können mit einem Zapfen an Pfetten und Pfosten angeschlossen werden. In der Regel sind es druckfeste Verbindungen. Das Zapfenloch muss dabei ca. 1 cm tiefer als die Zapfenlänge sein, damit die Druckkraft nie über den kleineren Zapfenquerschnitt übertragen werden kann.

> Die Zapfenverbindung ist die im Holzbau am häufigsten vorkommende Verbindung.

10.2.2 Blattverbindungen

Blattverbindungen kommen bei Längsverbindungen (z. B. Blattstoß), bei Querverbindungen (z. B. einfaches Blatt) und bei Eckverbindungen (z. B. Eckblatt) vor .

Werden Hölzer mit gleicher Dicke mit einem Blatt verbunden, so wird in der Regel die Blattfläche in der Mitte des Querschnitts angeordnet.

Von den Blattverbindungen kommt das Eckblatt am häufigsten vor, z. B. an Schwellenecken oder Pfettenecken bei Walmdächern.

> Zu den Blattverbindungen zählen der Blattstoß als Längsverbindung, das einfache Blatt als Querverbindung und das Eckblatt als Eckverbindung.

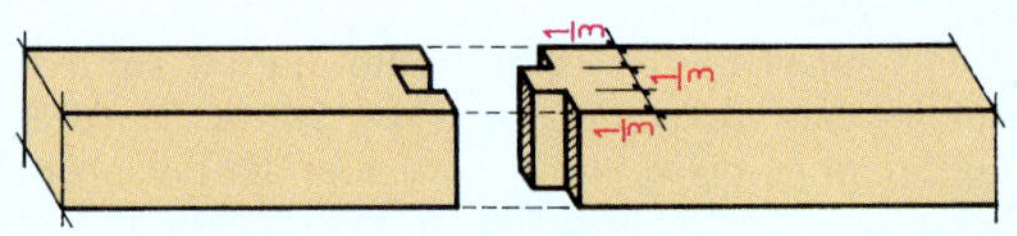

Zapfenstoß (seitlich unverschieblich)

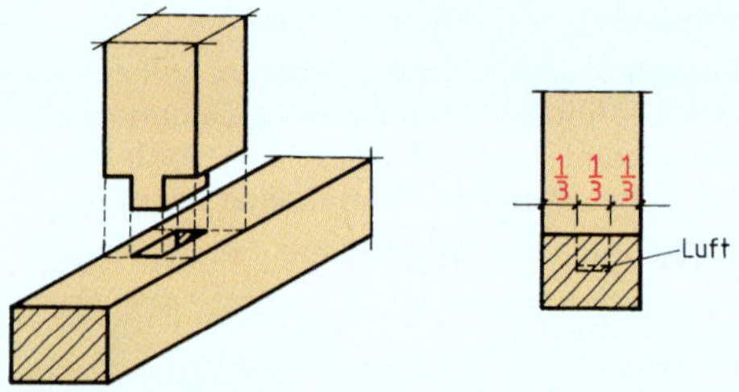

einfacher Zapfen

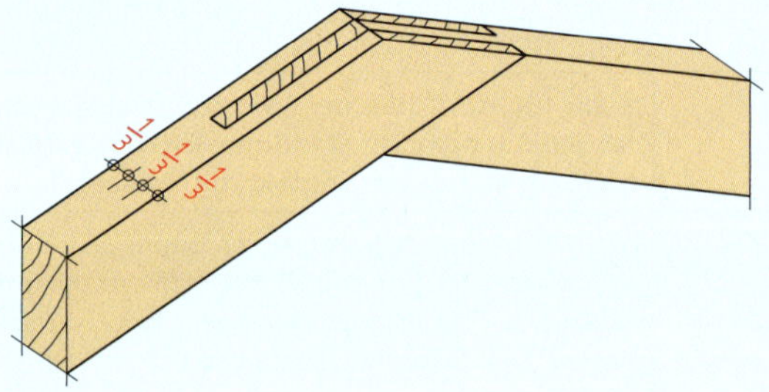

Scherzapfen

Zapfenverbindungen

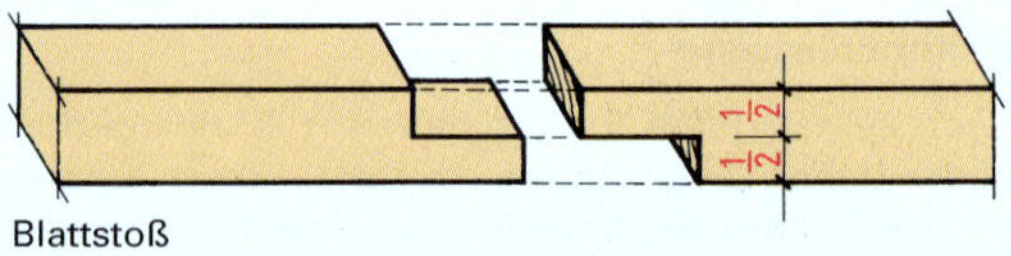

Blattstoß

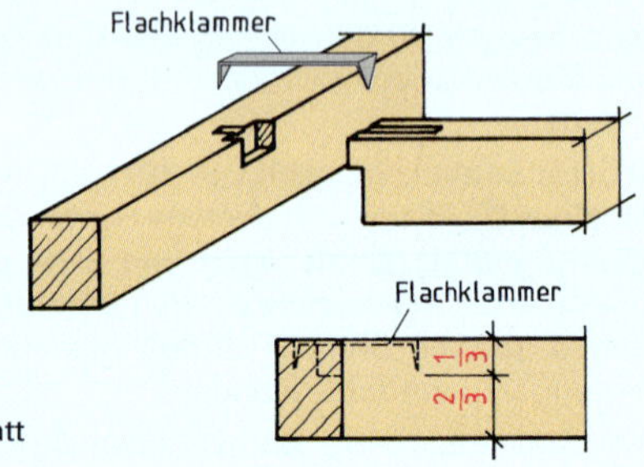

einfaches Blatt

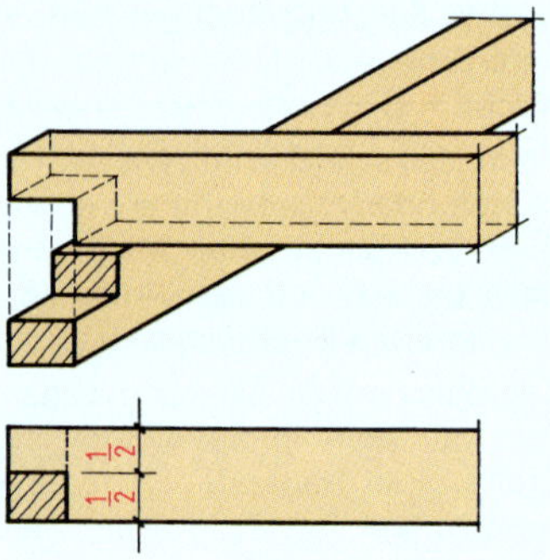

Eckblatt

Blattverbindungen

10.2.3 Versatzungen

Versatzungen gehören zu den Schrägverbindungen. Sie sind in der Lage, **hohe Druckkräfte** zu übertragen.

Gegen seitliches Verschieben werden Versatzungen meist durch einen Schraubenbolzen gesichert.

Bei den Versatzungen sind drei Formen üblich:

- einfacher Stirnversatz,
- doppelter Versatz,
- Fersenversatz.

Die Stirnflächen von einfachem und doppeltem Versatz, über die der Druck übertragen wird, verlaufen in der Winkelhalbierenden. Die Fersenfläche beim doppelten Versatz und beim Fersenversatz verläuft rechtwinklig zur Strebe.

Die Versatztiefe (Einschnitttiefe) t_v ist abhängig vom Anschlusswinkel der Strebe und von der Höhe h des Konstruktionsteils, an das die Strebe angeschlossen wird.

α	≤ 50°	55°	≥ 60°
zul t_v	0,250 h	0,209 h	0,167 h

Bei zweiseitigen Versatzungen (z.B. zwei gegenüberliegende Streben an einem Pfosten) ist die Einschnitttiefe am Pfosten unabhängig vom Anschlusswinkel immer $\leq \frac{1}{6}$ der Pfostendicke.

Die Ferse beim doppelten Versatz ist immer geringfügig tiefer eingeschnitten als die Stirn.

Versatzungen gehören zu den Schrägverbindungen. Sie sind in der Lage, hohe Druckkräfte zu übertragen.

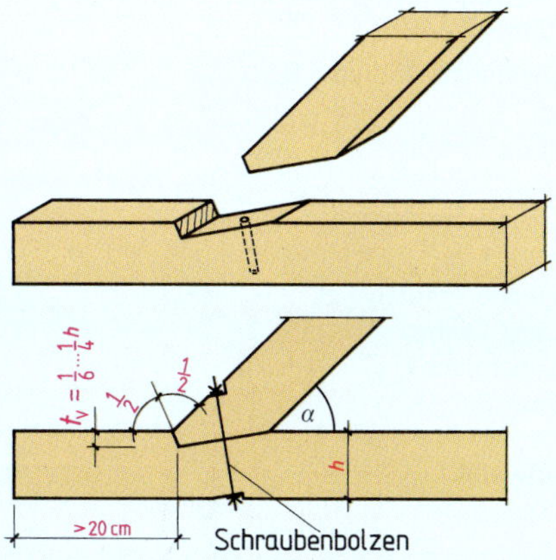

a) einfacher Stirnversatz

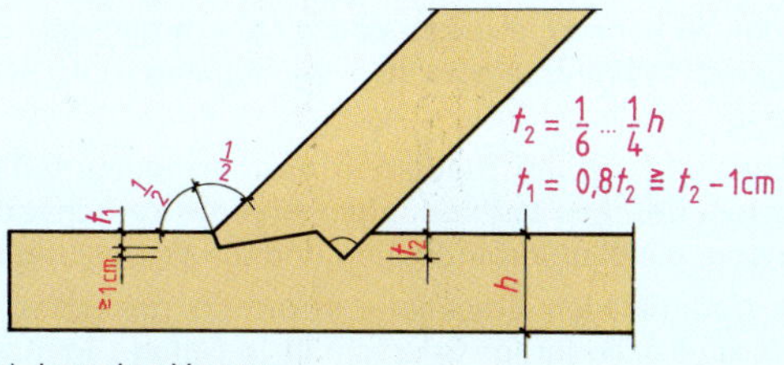

b) doppelter Versatz

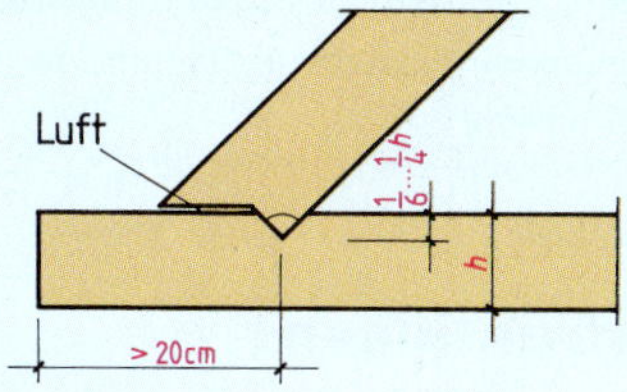

c) Fersenversatz

Versatzungen

10.3 Dachformen und Dachteile

Durch die Wahl einer entsprechenden Dachform kann ein wesentlicher Einfluss auf die Gesamterscheinung eines Gebäudes genommen werden.

Die traditionellen Erscheinungsformen geneigter Dächer sind nach ihrem Querschnitt in Sattel-, Mansard- und Pultdach zu unterscheiden, nach ihrem Längsschnitt in Giebel-, Krüppelwalm-, Walm- und Zeltdach.

Durch die Kombination der Dachformen hinsichtlich ihrer Quer- und Längsschnitte, entstehen die verschiedenen Erscheinungsformen.

Sind die Dachgrundflächen schiefwinklig begrenzt oder bestehen die Dachgrundflächen aus zusammengesetzten Flächen, so ergeben sich sehr interessante Dachformen. Ebenso ergibt ein Zusammentreffen unterschiedlich geneigter Dachflächen reizvolle und interessante Formen.

Von 10…40° Neigung werden Dächer als **mäßig steile Dächer** bezeichnet; alle Dächer mit mehr als 40° Neigung als **Steildächer**, und bis zu einer Neigung von 10° werden sie als **Flachdächer** bezeichnet.

Neben den traditionellen Erscheinungsformen geneigter Dächer treten in der modernen Architektur verschiedenste Formen auf, deren Flächen nicht eben sind, z.B. Kuppeln oder Schalen. Diese ausgefallenen Formen bieten sich vor allem für die Gestaltung von Repräsentations-, Kirchen-, Theater- oder Sportbauten an.

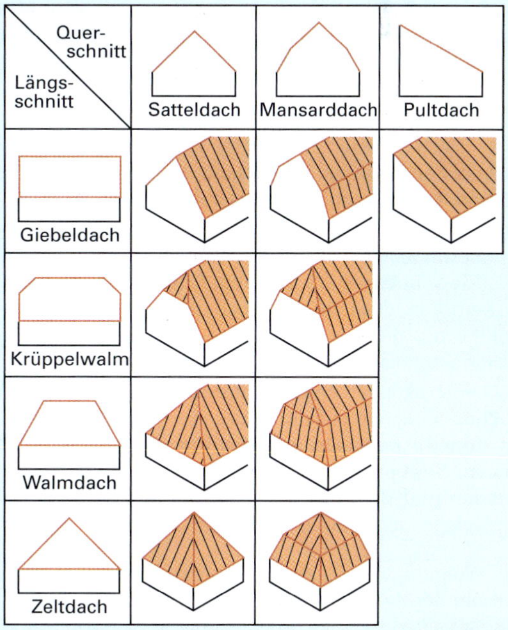

Traditionelle Dachformen

Bei den **Dachteilen** wird zwischen Dachlinien und Dachflächen unterschieden.

Zu den Dachlinien zählen z. B.
- Traufe,
- Ortgang,
- First,
- Grat,
- Kehle.

Zu den Flächen zählen z. B.
- Hauptdachfläche,
- Nebendachfläche,
- Giebel,
- Walm,
- Krüppelwalm.

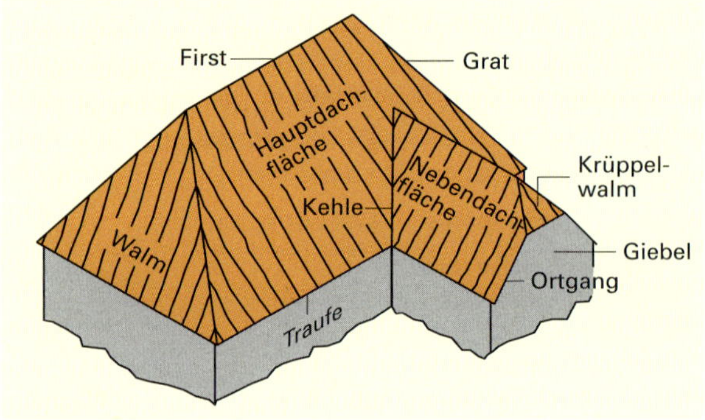

Dachlinien und Dachflächen

Zusammenfassung

Um Dachkonstruktionen fachgerecht zeichnerisch darstellen zu können, müssen Bauzeichnerinnen und Bauzeichner Kenntnisse von den wichtigsten Holzverbindungen haben.

Die wichtigsten, im modernen zimmermannsmäßigen Holzbau üblichen Verbindungen sind die Zapfenverbindungen, die Blattverbindungen und die Versatzungen.

Die traditionellen Erscheinungsformen geneigter Dächer sind nach ihrem Querschnitt in Sattel-, Mansard- und Pultdach zu unterscheiden, nach ihrem Längsschnitt in Giebel-, Krüppelwalm-, Walm- und Zeltdach.

Bei den Dachteilen wird zwischen Dachlinien und Dachflächen unterschieden.

Aufgaben

1. *Warum sind auch im modernen Holzbau immer noch zimmermannsmäßige Holzverbindungen üblich?*
2. *Nennen Sie je ein Beispiel für eine Zapfenverbindung, eine Blattverbindung und eine Versatzung.*
3. *Skizzieren Sie jeweils eine Zapfenverbindung, eine Blattverbindung und eine Versatzung.*
4. *Warum muss die Stirnfläche eines Versatzes in Richtung der Winkelhalbierenden verlaufen?*
5. *Nennen Sie die traditionellen Formen geneigter Dächer.*
6. *Nennen Sie die Bezeichnungen für Dachlinien und Dachflächen.*

10.4 Konstruktionen

Für Dächer gibt es eine Vielzahl von Konstruktionen.

Im Wohnungsbau überwiegen bei geneigten Dächern die **zimmermannsmäßigen** Konstruktionen. Für weitgespannte Dachkonstruktionen, vor allem bei flach geneigten oder flachen Dächern, sind die Konstruktionen des Ingenieurholzbaus wirtschaftlicher, da hier der Baustoffbedarf (Holzbedarf) und damit die Eigenlast der Konstruktion geringer sind.

Die zimmermannsmäßigen Dachkonstruktionen für geneigte Dächer lassen sich im zeitgemäßen Holzbau wie nebenstehend gezeigt in **Pfettendachstühle** und in **Sparren- und Kehlbalkendächer** unterteilen.

Daneben gibt es auch noch verschiedene Konstruktionen, die ursprünglich für größere Spannweiten zum Einsatz kamen (Kino, Tanzsaal, ...) und vom Prinzip her veraltet sind. Sie kommen deshalb nur noch in Ausnahmefällen zur Ausführung, dies sind z. B. die **Sprengwerksdächer** und die **Hängewerksdächer**.

Dachkonstruktionen sind Dachtragwerke. Alle auf die Konstruktion wirkenden Lasten müssen sicher über die einzelnen Konstruktionsteile wie Sparren, Pfetten, Schwellen, Pfosten, Streben usw. abgetragen werden. Für Bauzeichnerinnen und Bauzeichner ist es deshalb wichtig zu wissen, welche Lasten auf die Dachkonstruktionen einwirken.

Im Wohnungsbau überwiegen bei geneigten Dächern die zimmermannsmäßigen Konstruktionen. Dies sind im Wesentlichen die Pfettendachstühle sowie die Sparren- und Kehlbalkendächer.

Dachkonstruktion

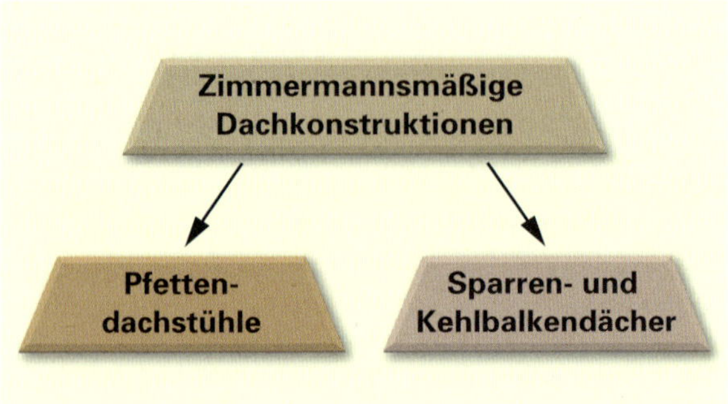

Zimmermannsmäßige Dachkonstruktionen

10.4.1 Belastungen

Die Planung einer Dachkonstruktion setzt Kenntnisse über die Belastungen der einzelnen Konstruktionsteile voraus.

Dächer werden durch **ständig wirkende Lasten** und **Nutzlasten** beansprucht.

Die ständig wirkenden Lasten sind die Eigenlasten der Konstruktion. Sie wirken in der Regel in senkrechter Richtung.

Die Nutzlasten sind nicht ständig wirkende Lasten.

Dazu gehören
- Windlast,
- Schneelast,
- Lasten durch Personen,
  - Möbel,
  - Geräte.

Die **Schneelast** sowie die Lasten durch Personen, Möbel und Geräte wirken in der Regel wie die Eigenlasten in senkrechter Richtung auf die Konstruktion.

Aufgrund der unterschiedlichen klimatischen Gegebenheiten, ist Deutschland in die Schneelastzonen 1 ... 3 unterteilt. Dabei erfasst die Zone 1 jene Regionen mit dem geringsten Schneevorkommen, die Zone 3 jene mit sehr hohem Schneevorkommen. Für Gegenden mit besonders hohem Schneevorkommen, z. B. im Oberharz, im Fichtelgebirge oder in Reit im Winkel, geben die örtlichen Baubehörden über die Belastungen Auskunft. Außerdem ist die Geländehöhe des Gebäudestandortes für die Schneelast mitbestimmend.

Da bei geneigten Dächern der Schnee abrutscht, darf die Schneelast mit zunehmender Dachneigung abgemindert werden.

Bei Tonnendächern, bei Höhensprüngen in den Dachflächen oder wenn durch eine entsprechende Dachform Schneeanhäufungen oder ein Schneeüberhang möglich werden, sind besondere Nachweise bzw. Maßnahmen erforderlich.

Die Größe der Schneelast ist abhängig von der
- Schneelastzone,
- Geländehöhe des Gebäudestandortes,
- Dachneigung.

Die horizontale **Windlast** wird rechtwinklig zu den Bauteilen wirkend angenommen und verursacht auf der der Windrichtung zugeneigten Seite eine Druckbeanspruchung (= Winddruck) und auf der der Windrichtung abgeneigten Seite eine Zugbeanspruchung (= Windsog). Besonders groß ist bei Dächern die Windsogbeanspruchung im Bereich der Dachvorsprünge. Die Größe der Windlast hängt von der **Windgeschwindigkeit** und dem **Windgeschwindigkeitsdruck** ab. Windgeschwindigkeit und Windgeschwindigkeitsdruck sind abhängig von der **Windzone** und der Gebäudehöhe über dem Gelände. Da Dächer den oberen Abschluss der Gebäude bilden, sind sie in der Regel hohen Windbelastungen ausgesetzt.

Aufgrund der unterschiedlichen klimatischen und topografischen Gegebenheiten, ist Deutschland in die Windzonen 1 ... 4 unterteilt. Dabei erfasst die Zone 1 jene Regionen mit der geringsten Windgeschwindigkeit und dem

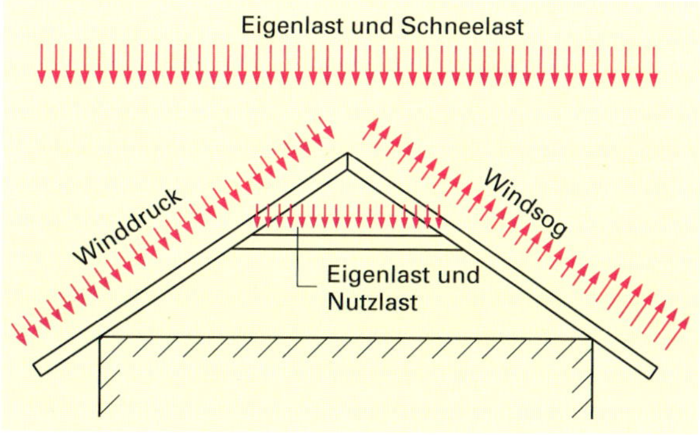

Belastungen an Dächern

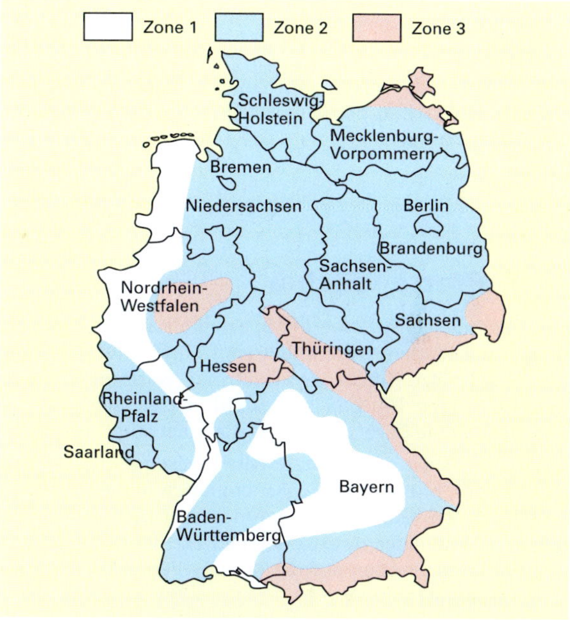

Schneelastzonen

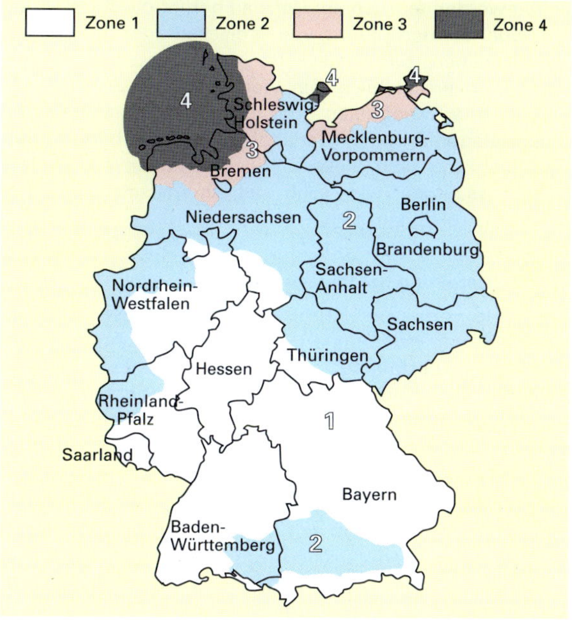

Windzonen

geringsten Windgeschwindigkeitsdruck, die Zone 4 jene mit der höchsten Windgeschwindigkeit und dem höchsten Windgeschwindigkeitsdruck.

Aufgrund der weltweiten Klimaveränderung treten auch in Mitteleuropa immer häufiger extreme Wettersituationen auf, die sich durch starke Stürme und Schneefälle äußern. Nur bei Einhaltung der strengen Vorschriften bezüglich der Schnee- und Windlasten ist die Standsicherheit unserer Gebäude gewährleistet.

Nutzlasten, verursacht durch Personen, Möbel, Geräte usw. wirken im Innern der Dachkonstruktionen. Dies ist der Fall, wenn z.B. das Dachinnere durch eine Decke unterteilt wird. Zweifach bzw. dreifach stehende Pfettendächer oder Kehlbalkendächer sind durch eine Balkenlage (Kehlbalkenlage) unterteilt. Auf diese Balkenlagen (Decken) wirken die durch Personen, Möbel, Geräte usw. verursachten Nutzlasten.

Die Windlast verursacht eine Druck- und Sogbeanspruchung. Die Größe der Windlast ist von der Windzone und von der Höhe über dem Gelände abhängig.

Sturmschaden an einem Gebäude

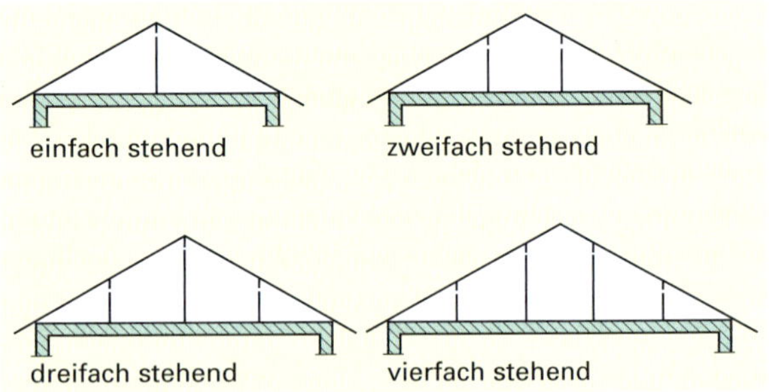

Systemskizzen Pfettendachstühle

10.5 Pfettendächer

Bei Pfettendächern ruhen die Sparren als schräg liegende Balken auf Pfetten. Die Pfetten sind durch Stützen (Pfosten) unterstützt. Diese Unterstützung wird im zimmermannsmäßigen Holzbau als „Stuhl" bezeichnet. Deswegen ist auch die Bezeichnung „Pfettendachstuhl" üblich.

Nach der Lage der Pfetten wird zwischen Fußpfetten (Schwellen), Mittel- oder Zwischenpfetten und Firstpfetten unterschieden. Die Pfetten sammeln die Dachlasten und leiten sie entweder direkt oder indirekt über die Stützen (Pfosten) und Streben auf die darunterliegenden Bauteile (z.B. Decke, Wände) ab.

Dachkonstruktionen müssen immer ein steifes Gerippe bilden, wobei stets die Längs- und die Quersteifigkeit beachtet werden müssen. Im Holzbau beruht die Aussteifung entweder auf der Bildung von Dreiecken oder der Bildung von Scheiben. Ein Dreieck ist im Gegensatz zu einem Viereck unverschieblich. Ein Viereck wird erst durch den Einbau einer Diagonalen oder durch die Beplankung mit einem plattenförmigen Werkstoff (= Scheibenbildung) unverschieblich. Nach diesem Prinzip erfolgen sowohl die Längsaussteifung wie auch die Queraussteifung aller Dachkonstruktionen.

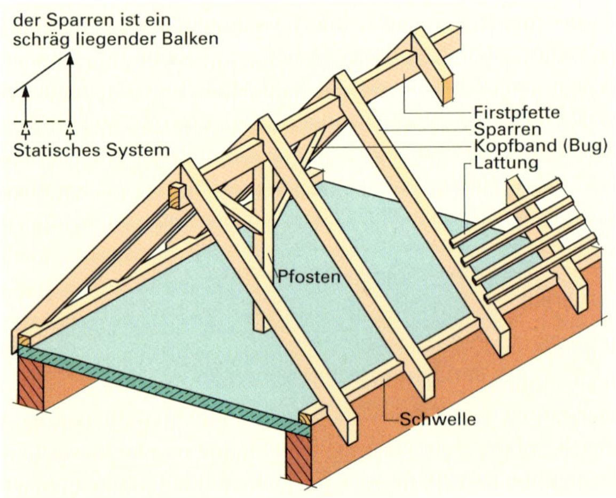

Pfettendach mit einfach stehendem Stuhl

Längsaussteifung bei Pfettendächern

Der Wind verursacht eine Beanspruchung der Dachkonstruktionen in horizontaler Richtung. Im Dachquerschnitt erfolgt die Aussteifung in der Regel durch Dreiecke, die sich aus der Querschnittsform (Querschnittsgeometrie) des Daches ergeben. In Längsrichtung müssen die Dreiecke erst geschaffen werden.

In Längsrichtung werden Pfettendächer in der Regel durch Pfettenstränge ausgesteift. Die Pfetten werden durch senkrechte Stützen (Pfosten) mit Kopfbändern (Bügen), V-förmig angeordneten Streben oder Dreifachstützen (bestehend aus einer Stütze und zwei Streben) unterstützt. Die Steifigkeit in Längsrichtung wird durch die entstehenden Dreiecke hervorgerufen.

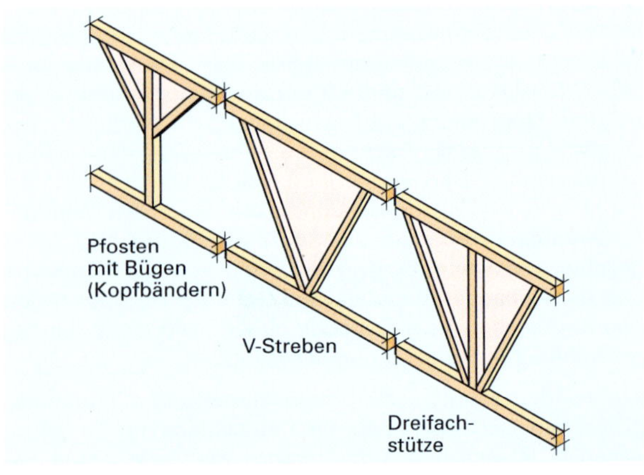

Dreiecke zur Längsaussteifung

Die Längsaussteifung kann auch durch Scheiben erfolgen, wobei die Scheiben in Form von Dachgeschoss-Längswänden vorhanden sein können, oder es kann auch die Dachfläche selbst als Scheibe ausgebildet sein. Letzteres kann z.B. durch eine Dachschalung aus plattenförmigen Holzwerkstoffen erfolgen.

In Längsrichtung werden Pfettendächer durch die Pfettenstränge, die Scheibenwirkung der Dachgeschoss-Längswände oder die Scheibenbildung in der Dachfläche ausgesteift. Bei den Pfettensträngen zur Längsaussteifung müssen Stützen mit den Kopfbändern oder Streben so angeordnet sein, dass sie mit der Pfette unverschiebliche Dreiecke bilden.

Queraussteifung bei Pfettendächern

In Querrichtung erhält das Pfettendach seine Steifigkeit durch die Dreiecke aus Stütze (Pfosten), Sparren und Decke. Am First müssen die Sparren gegenüberliegender Dachflächen nicht an einem Punkt zusammentreffen oder gar miteinander verbunden werden; die beiden Sparrenlagen gegenüberliegender Dachflächen sind voneinander unabhängig.

In Querrichtung erhalten Pfettendächer ihre Steifigkeit durch unverschiebliche Dreiecke aus Sparren, Stütze (Pfosten) und Decke.

Je nach Anzahl der Pfettenstränge wird das Pfettendach als **einfach, zweifach** oder **dreifach stehendes Tragwerk** (Stuhl) ausgebildet.

In der Regel sind zweifach stehende Pfettendachstühle wirtschaftlicher als einfach stehende. Dreifach stehende Pfettendachstühle sind im Allgemeinen erst bei Spannweiten über 13 m oder bei sehr hohen Schneelasten wirtschaftlicher als zweifach stehende. Mehr als dreifach stehende Pfettendächer sind eher seltene Konstruktionen, sie kommen gelegentlich bei weitgespannten Dächern, geringen Dachneigungen oder hohen Belastungen (z.B. hohen Schneelasten im Gebirge) vor.

Die sogenannten **abgestrebten Pfettendachstühle**, bei denen die Pfosten zusätzlich abgestrebt sind und die **liegenden Pfettendachstühle**, bei denen die Pfetten durch parallel zu den Sparren verlaufenden Streben unterstützt sind, kommen für Neubauten kaum noch zur Ausführung.

Sie stellen veraltete, unzweckmäßige Tragwerke dar.

Nach Anzahl der vorhandenen Pfettenstränge werden die Pfettendachstühle in einfach und mehrfach stehende Pfettendächer unterschieden.

Der Einbau (auch nachträglicher Einbau) von **Dachflächenfenstern** oder der Einbau von **Dachgauben** ist bei Pfettendachstühlen verhältnismäßig unkompliziert, solange die Pfettenstränge dabei nicht unterbrochen werden müssen.

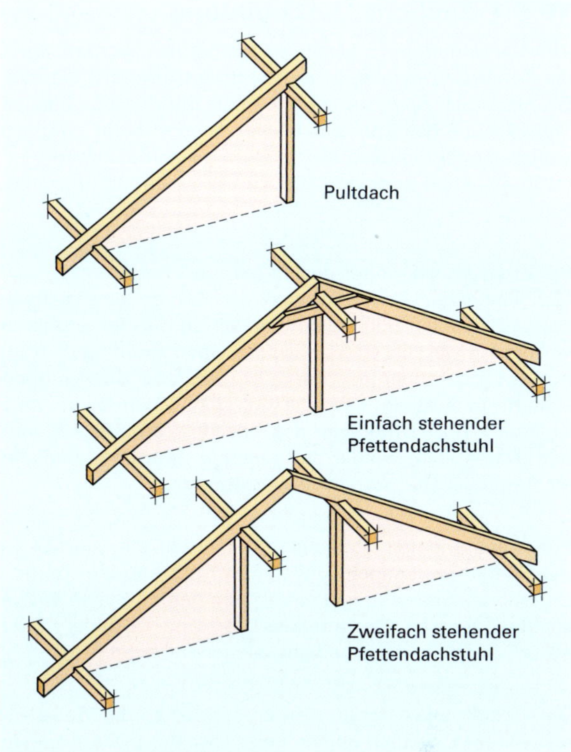

Dreiecke zur Queraussteifung

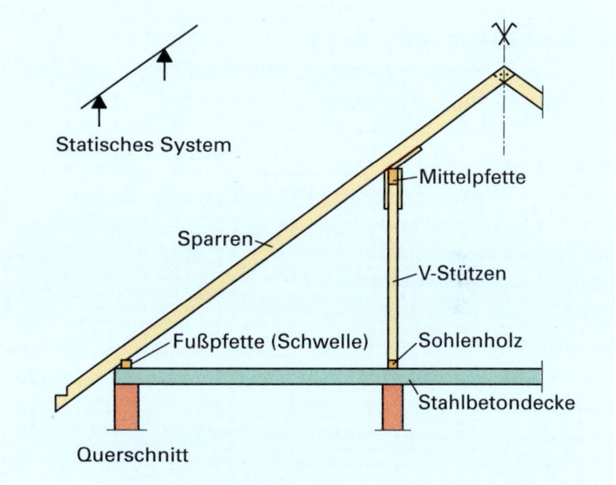

Zweifach stehender Pfettendachstuhl

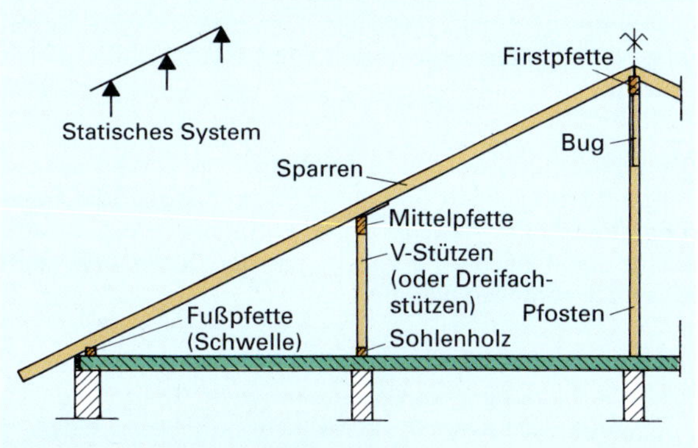

Dreifach stehender Pfettendachstuhl

10.5.1 Bauliche Durchbildung

Alle Verbindungen müssen so ausgeführt werden, dass die Konstruktionsteile nicht **unnötig geschwächt** werden. Grundsätzlich rufen Kerven am First- und Fußpunkt keine Schwächung des Sparrens hervor. Kragen beim zweifach stehenden Pfettendach die Sparren bis zu ca. einem Viertel ihrer Länge aus, sind die Kerven ebenfalls unschädlich.

Bei Sparren, die weiter auskragen, und bei Sparren dreifach stehender Stühle können die Kerven eine Schwächung darstellen und sollen deshalb an den Mittelpfetten vermieden werden. Im Bereich des Sparrenauflagers trägt nur noch der über der Kerve vorhandene Sparrenquerschnitt. In solchen Fällen kann statt einer Kerve eine Knagge an die Unterseite des Sparrens angenagelt werden. Damit steht wieder der gesamte Sparrenquerschnitt als tragender Querschnitt zur Verfügung.

Zur Aufnahme der Windsogkräfte werden die Sparren an die Pfetten angenagelt. Bei hohen Sparrenquerschnitten müssen die Sparrennägel schräg von beiden Seiten eingeschlagen werden. Der Ausziehwiderstand ist dabei höher als bei einem von oben eingeschlagenen Nagel.

Die Pfosten und Streben werden stumpf an die Pfette angeschlossen. Seitlich angenagelte Laschen sichern gegen seitliches Verschieben, und sie übertragen bei den Streben die Horizontalkraft.

Bei größeren Horizontalkräften wird an der Pfettenunterseite eine Knagge angenagelt, und die Strebe wird abgestirnt daran angeschlossen.

Zapfenverbindungen, Versatzungen und Verbindungen mit **abgestirnten Strebenzapfen** rufen eine Schwächung der Pfette hervor und sollen deshalb nur noch bei sehr geringer Pfettenbelastung oder sehr eng angeordneten Streben ausgeführt werden.

Ist eine Stahlbetondecke vorhanden, so werden die Fußpunkte der Pfosten und Streben verankert. Bei leichten Dachkonstruktionen ist diese Verankerung besonders wichtig. Die Pfosten werden an Beton-Flachstahlankern angeschlossen. Für Streben kann auch ein Sohlenholz auf der Decke verankert und daran die Strebe mit Versatz angeschlossen werden. V-Streben und Dreifachstützen werden auf ein verankertes Sohlenholz gesetzt und mit einer Lochplatte beidseitig gesichert. Eine ebenso gute Sicherung kann durch verankerte T- und L-Walzprofile erzielt werden.

Die Sparrenfüße werden in der Regel mit Kerven auf die Fußpfette aufgelagert und durch Sparrennägel oder Sparrenpfetten-Anker gesichert. Die Fußpfette muss in Abständen von höchstens 2,00 m mit der Decke bzw. dem Kniestock verankert werden.

Alle Verbindungen müssen unter dem Gesichtspunkt ausgeführt werden, die Hölzer nicht unnötig zu schwächen.

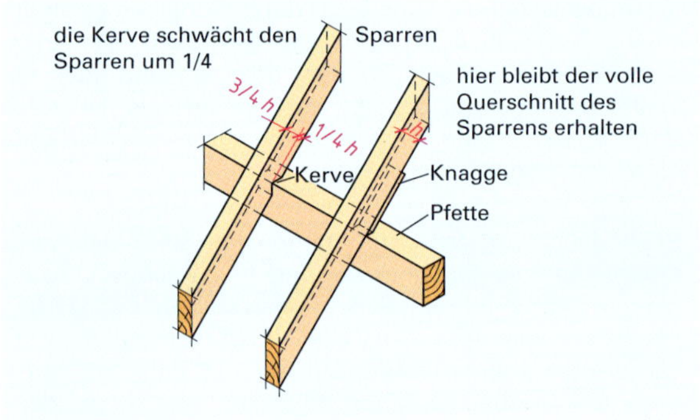

Sparrenlagerung

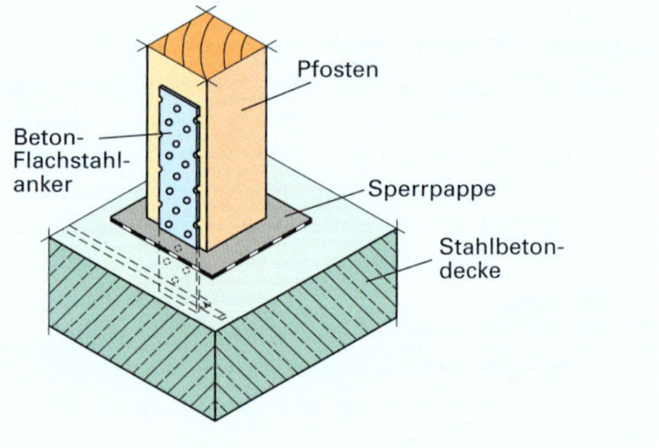

Pfostenverankerung mit Beton-Flachstahlanker

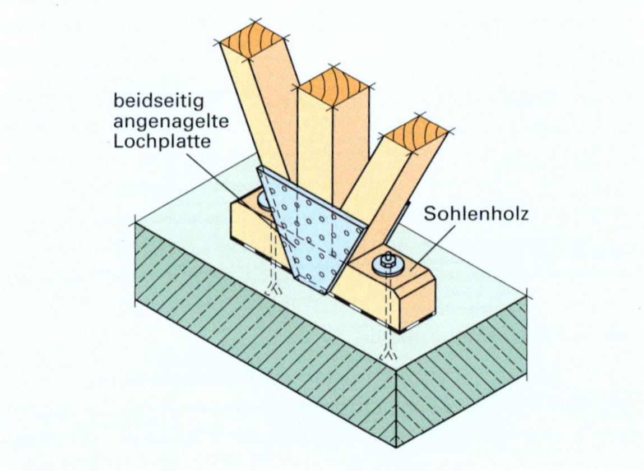

Fußpunkt einer Dreifachstütze

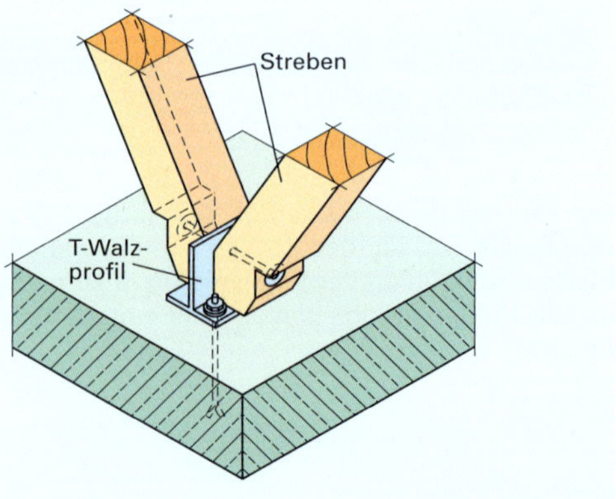

Fußpunkt einer V-Stütze

10.6 Sparren- und Kehlbalkendächer

Beim **Sparrendach** bilden die Sparren mit der darunterliegenden Decke ein **steifes Dreieck**. Die Verbindungspunkte können gelenkig ausgebildet werden. Es ist jedoch dabei zu beachten, dass an den Sparrenfußpunkten neben den Vertikalkräften auch beachtliche Horizontalkräfte auftreten. Je geringer die Dachneigung ist, umso größer werden die Horizontalkomponenten der Auflagerkräfte.

Sparrendächer sind deswegen auch nur für steile Dächer (ab etwa 25° Dachneigung) in der Form von Satteldächern geeignet.

Die gegenüberliegenden Dachflächen können unterschiedlich geneigt sein.

Das Sparrendach erlaubt eine größtmögliche Freiheit im Hinblick auf die Ausbaumöglichkeit des Dachraums, da keinerlei innen liegende Konstruktionsteile vorhanden sind.

Das statische System des Sparrendaches ist der „Dreigelenkrahmen" (aus Sparrenpaar und Decke). Dieses System muss bei Dachumbauten, Dacheinbauten oder Dachaufbauten immer erhalten bleiben.

So ist z.B. der Einbau von Dachflächenfenstern, die breiter als ein Sparrenfeld sind, äußerst problematisch und darf nur nach Rücksprache mit einem Baustatiker erfolgen. Dasselbe gilt auch für den nachträglichen Einbau von Dachgauben.

Da bei Sparrendächern keine Pfetten, Pfosten oder Streben erforderlich sind, gelten Sparrendächer bis zu einer Spannweite (= Gebäudebreite) von etwa 10 m als sehr wirtschaftliche Dachkonstruktionen. Der Holzverbrauch und der Arbeitsaufwand sind geringer als bei vergleichbaren Pfettendachstühlen.

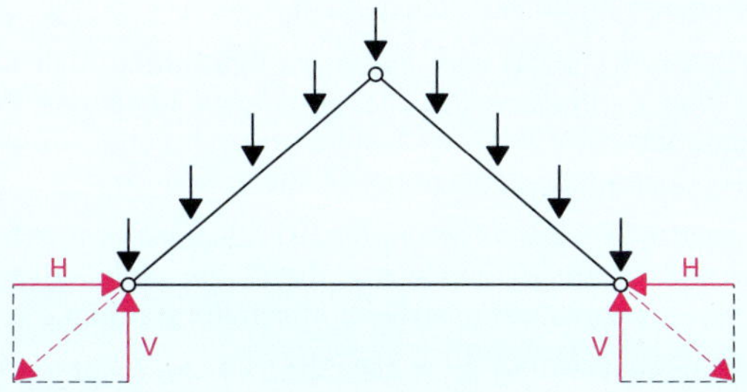

Auflagerreaktion beim Sparrendach

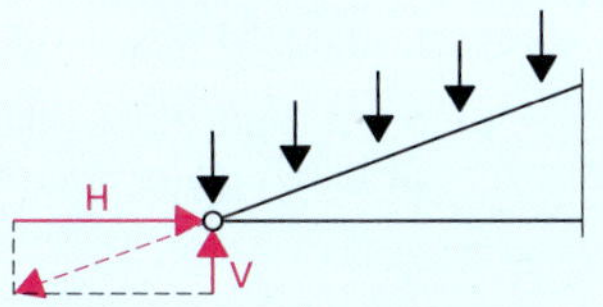

Je geringer die Dachneigung, umso größer die Horizontalkomponente

Vertikale und horizontale Auflagerkräfte
(Zur Veranschaulichung vereinfachte Darstellung.)

Beim Sparrendach bilden die Sparren in Verbindung mit der Decke ein unverschiebliches Dreieck.

An den Sparrenfußpunkten treten neben den vertikalen Auflagerkräften auch beachtliche horizontale Kräfte auf.

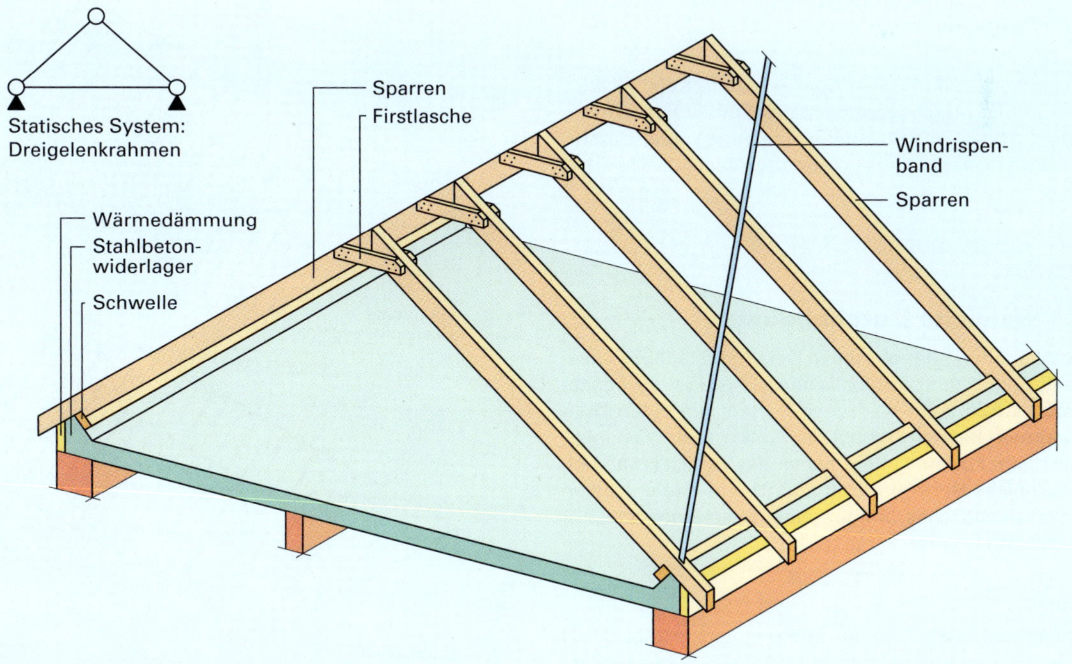

Sparrendach

Beim **Kehlbalkendach** wird das Sparrenpaar zusätzlich durch einen Kehlbalken ausgesteift.

Die Sparren stützen sich außer im Firstpunkt auch noch über den Kehlbalken ab. Die günstigste Lage des Kehlbalkens ist etwa in $\frac{3}{4}$ der Dachhöhe; u.U. kann ein eventueller Dachausbau eine andere Lage erfordern.

Das statische System des Kehlbalkendaches ist wie beim Sparrendach der „Dreigelenkrahmen", der lediglich durch den Kehlbalken eine zusätzliche Aussteifung erhält.

Die **Queraussteifung** wird bei Sparren- und Kehlbalkendächern durch die unverschieblichen Dreiecke aus den Sparrenpaaren und der darunterliegenden Decke hervorgerufen.

Die Queraussteifung bei Sparren- und Kehlbalkendächern erfolgt durch die Dreiecksbildung aus Sparrenpaar und Decke.

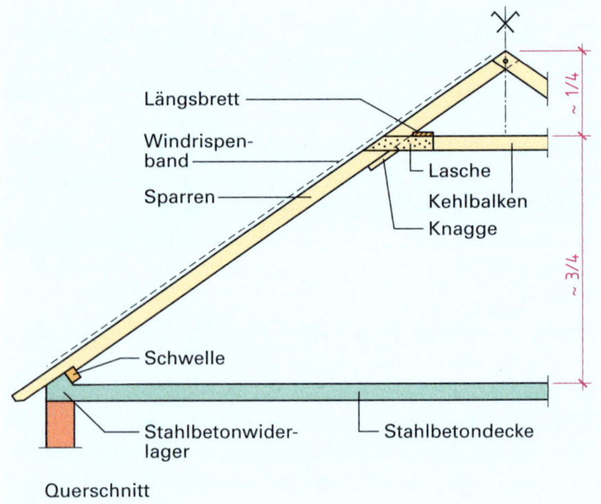

Kehlbalkendach

In Längsrichtung muss die Steifigkeit durch besondere Maßnahmen gewährleistet werden. Die Dachlattung allein bewirkt lediglich das Zusammenwirken aller Sparren, sie gibt jedoch keine Sicherheit gegen das Umkippen aller Sparrenpaare. Zur Sicherung der **Längssteifigkeit** werden an den Sparrenunterseiten Windrispen angenagelt. Wird eine glatte Sparrenuntersicht gefordert (z.B. beim Dachausbau), so ist eine aussteifende Verschalung an den Sparrenober- oder -unterseiten vorzusehen.

Außerdem kann die Längsaussteifung durch Windrispenbänder (verzinkte Stahlbänder 2 × 40 mm mit Bohrungen ∅5 mm) erfolgen. Die Stahlbänder werden diagonal auf die Sparren mit Ankernägeln genagelt.

Sparrendächer stellen bei geringen Gebäudebreiten (bis ca. 8,00 m) die wirtschaftlichste Dachkonstruktion dar. Kehlbalkendächer sind nur bei steilen Dächern (ab 45° Dachneigung) und bei größeren Spannweiten wirtschaftlicher als Sparrendächer.

Die Längsaussteifung der Sparren- und Kehlbalkendächer erfolgt durch den diagonalen Einbau von Windrispen, durch diagonale Bretterschalungen oder durch eine Dachschalung aus plattenförmigen Holzwerkstoffen.

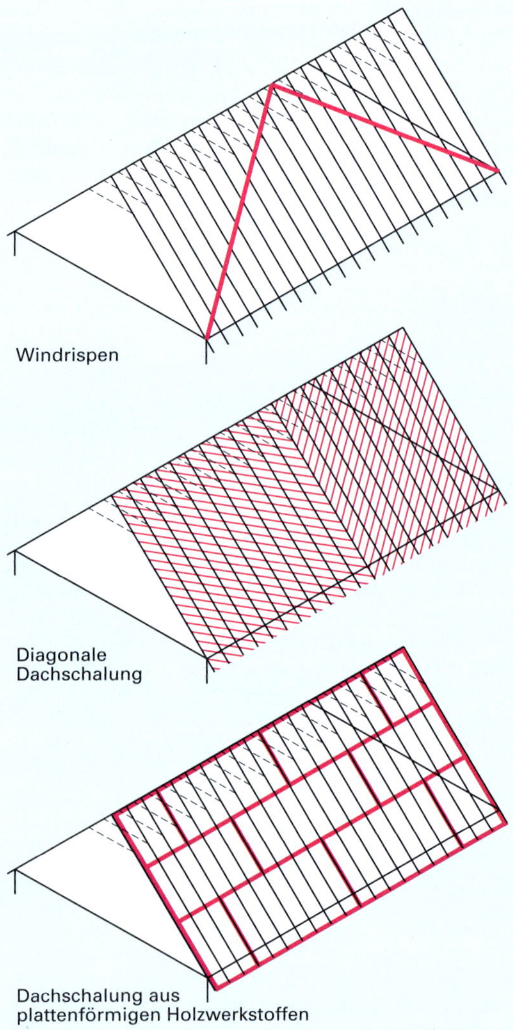

Längsaussteifung bei Sparren- und Kehlbalkendächern

10.6.1 Bauliche Durchbildung

Für die Ausbildung der einzelnen Detailpunkte (Firstpunkt, Sparrenfußpunkt und Kehlbalkenanschluss) ist zu beachten, dass es sich beim statischen System um einen **Dreigelenkrahmen** handelt. Wobei die Punkte zwar „Gelenke" darstellen, am Fußpunkt aber neben der Vertikalkraft auch eine beachtliche Horizontalkraft auftritt und im Kehlbalken des Kehlbalkendaches immer eine Druckkraft am Anschluss an den Sparren wirkt.

Firstpunkt

Die einfachste Verbindung der Sparrenpaare erfolgt durch eine Senkelschmiege und beidseitig angenagelte Laschen. Eine verkämmte Firstbohle stellt eine große Erleichterung beim Richten der Gespärre dar und ist deshalb empfehlenswert.

Fußpunkt

In den häufigsten Fällen werden die Decken unter Sparren- und Kehlbalkendächern in Stahlbeton ausgeführt. Der Sparrenfuß wird dann über eine Schwelle an ein Stahlbetonwiderlager angeschlossen.

Hierbei sind folgende Anschlüsse möglich:

- Der Sparren wird durch einen Winkelschnitt direkt auf die Schwelle aufgesetzt und mit einem Sparrennagel gesichert.
- Der Sparren wird am Fußpunkt eingeschnitten und auf die Schwelle aufgelegt und angenagelt. Diese Ausbildung eignet sich auch für Dachvorsprünge.
- Der Sparrenfuß wird über eine Knagge an die Schwelle angeschlossen. Die Knagge muss durch Sparrennägel oder Bolzen am Sparren gehalten werden.

Bei der Verwendung von Sparrenschuhen aus verzinktem Stahlblech, die an eine in die Decke einbetonierte Ankerschiene angeschraubt werden, erübrigt sich das Stahlbetonwiderlager.

Seltener werden die Sparren an die Balken einer Holzbalkendecke angeschlossen. Hier ist darauf zu achten, dass der Deckenbalken mit dem Sparrenpaar ein geschlossenes Dreieck bildet. Der Deckenbalken muss also über die gesamte Gebäudebreite durchlaufend sein. Die Verbindung Deckenbalken – Sparren kann folgendermaßen ausgeführt werden:

- Stirnversatz mit Aufschiebling,
- Fersenversatz,
- Blechformteil-Verbindung.

Bei den Anschlüssen der Sparren an die Decke muss darauf geachtet werden, dass neben der vertikalen Auflagerkraft auch eine beachtliche Horizontalkraft vorhanden ist.

Kehlbalkenanschluss

Bis zu einer Länge von etwa 3 m werden die Kehlbalken in der Regel als Zangenpaar ausgebildet und beidseitig an die Sparren angenagelt. Da der Kehlbalken auf Druck beansprucht wird, sollten für die Zangen keine zu schlanken Querschnittsformen gewählt werden. Einteilige Kehlbalken werden im Allgemeinen durch beidseitig angenagelte Laschen an die Sparren angeschlossen. Unter den Kehlbalken muss eine Knagge angenagelt werden. Kehlbalkenanschlüsse mit Versatz sind nicht nur sehr aufwendige Konstruktionen, sondern sie schwächen auch zusätzlich den Sparren. Der Vorteil eines solchen Anschlusses liegt darin, dass die für einen Dachausbau störende Knagge entfällt.

Die Kehlbalken werden auf Druck beansprucht.
Dies ist bei der Wahl des Querschnittes und des Anschlusses zu berücksichtigen.

Alle Verbindungen stellen tragende Verbindungen dar und müssen sehr sorgfältig und entsprechend den Angaben des Tragwerksplaners hergestellt werden. „Eine Kette ist nur so stark wie ihr schwächstes Glied" – diese Aussage gilt hier auch für die Knotenpunkte!

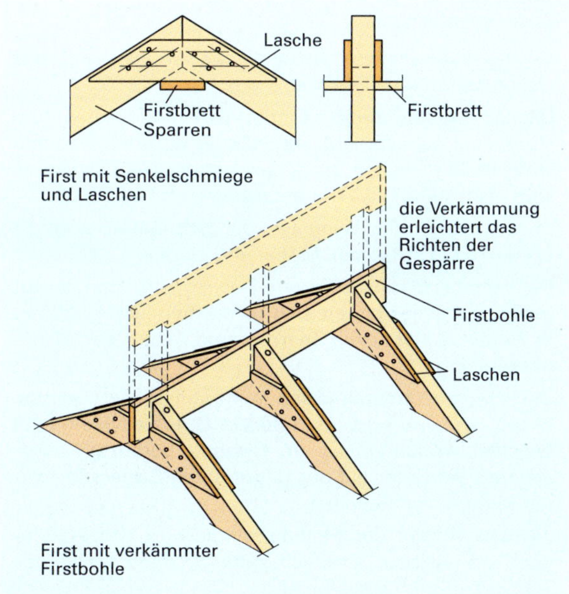

Firstausbildung

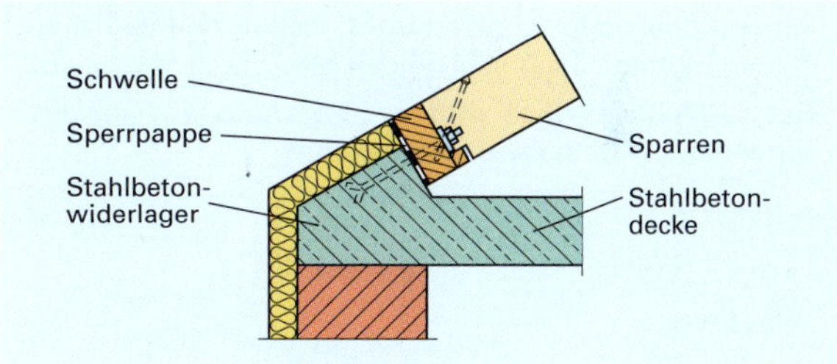

Sparrenfuß ohne Dachvorsprung

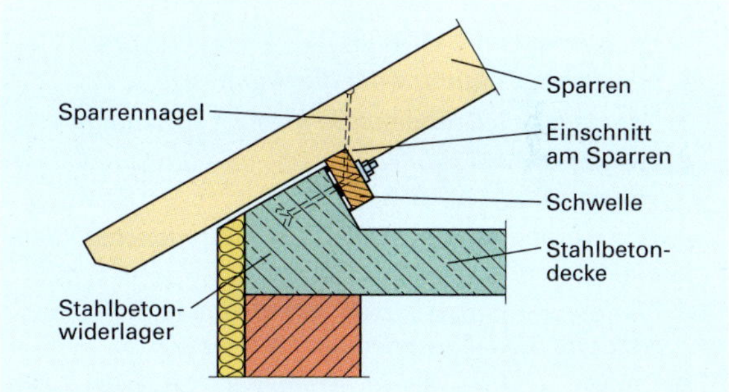

Sparrenfuß mit Einschnitt

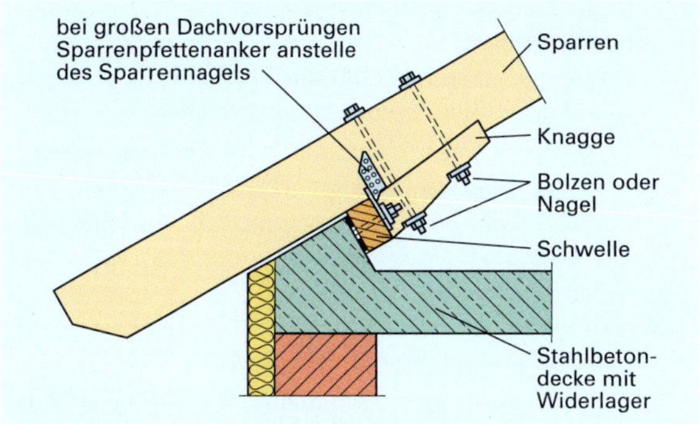

Sparrenfuß mit Knagge

Zusammenfassung

Dächer haben einen wesentlichen Einfluss auf das Gesamtaussehen eines Gebäudes.

Dächer werden durch ständig wirkende Lasten und Nutzlasten beansprucht. Die ständig wirkenden Lasten sind die Eigenlasten der Konstruktion. Die Nutzlasten sind nicht ständig wirkende Lasten.

Dazu gehören die Windlast, die Schneelast und die Lasten durch Personen, Möbel und Geräte.

Die zimmermannsmäßigen Dachkonstruktionen für geneigte Dächer lassen sich im zeitgemäßen Holzbau in Pfettendächer sowie Sparren- und Kehlbalkendächer unterteilen.

Dachkonstruktionen müssen immer ein steifes Gerippe bilden, wobei die Längs- und die Quersteifigkeit stets beachtet werden muss. Im Holzbau beruht die Aussteifung entweder auf der Bildung von Dreiecken oder der Bildung von Scheiben.

Je nach Anzahl der Pfettenstränge wird das Pfettendach als einfach, zweifach oder dreifach stehendes Tragwerk (Stuhl) ausgebildet.

Beim Sparrendach bilden die Sparren in Verbindung mit der Decke ein unverschiebliches Dreieck.

An den Sparrenfußpunkten treten neben den vertikalen Auflagerkräften auch beachtliche horizontale Kräfte auf.

Beim Kehlbalkendach wird das Sparrenpaar zusätzlich durch einen Kehlbalken ausgesteift.

Aufgaben

1. *Welche Lasten wirken auf Dachkonstruktionen?*
2. *Nennen Sie Beispiele für ständige und nicht ständige Lasten.*
3. *Wovon ist die Größe einer Windlast abhängig?*
4. *In welcher Richtung wirkt die Windlast?*
5. *Wovon ist die Größe der Schneelast abhängig?*
6. *Warum darf bei sehr steilen Dächern die Schneelast vernachlässigt werden?*
7. *Wie werden die Dachlasten bei Pfettendachstühlen abgetragen?*
8. *Fertigen Sie Strichskizzen von einem einfach, zweifach und dreifach stehenden Pfettendach.*
9. *Durch welche Konstruktionsteile werden bei Pfettendächern*
   a) die Queraussteifung und
   b) die Längsaussteifung
   hervorgerufen?
10. *Warum müssen die Fußpfetten (Schwellen) in der Decke oder im Kniestock verankert sein?*
11. *Skizzieren Sie den Traufpunkt eines Pfettendaches.*
12. *Welcher Zusammenhang besteht zwischen der Dachneigung und der horizontalen Auflagerkraft am Fußpunkt eines Sparren- oder Kehlbalkendaches?*
13. *Nennen Sie Möglichkeiten für die Längsaussteifung von Sparren- und Kehlbalkendächern.*
14. *Skizzieren Sie den Traufpunkt eines Sparrendaches auf einer Stahlbetondecke.*

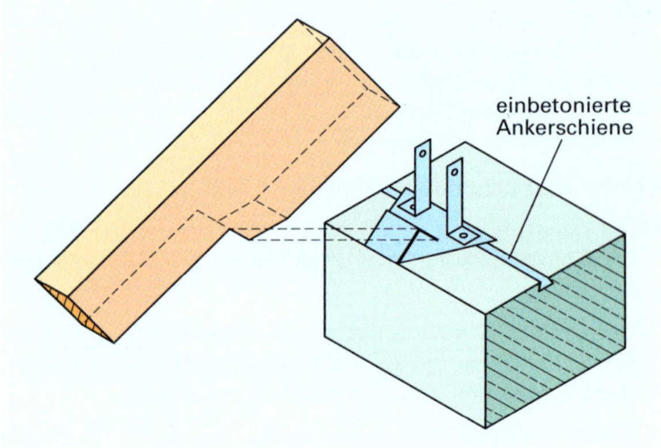

Sparrenfuß an Stahlbetondecke mit Blechformteil

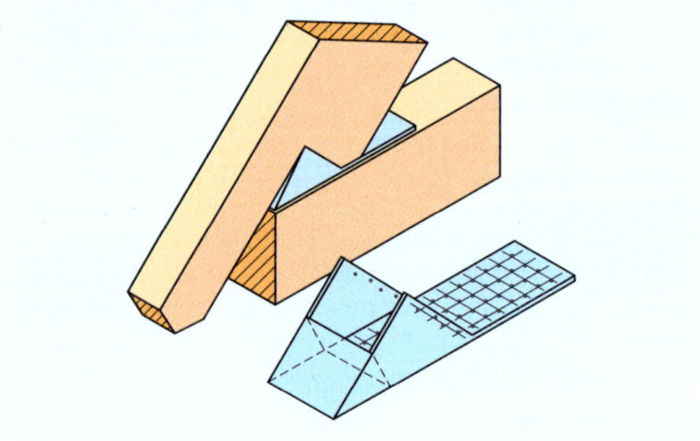
Sparrenfuß an Holzbalkendecke mit Blechformteil

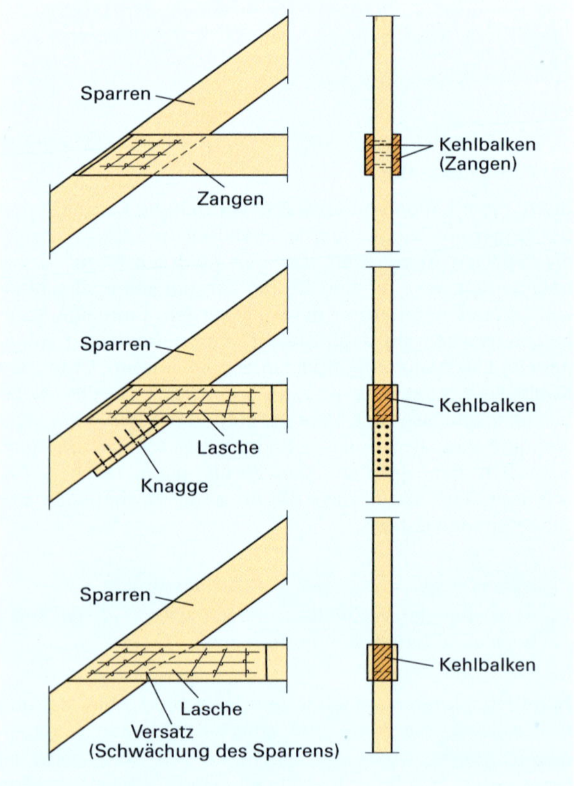

Kehlbalkenanschlüsse

10.7 Dachbinder aus Holz

Die bisher behandelten Dachkonstruktionen (Pfettendachstühle, Sparren- und Kehlbalkendächer) sollen aus wirtschaftlichen Gründen nur bis etwa 17 m Spannweite ausgeführt werden. Für größere Spannweiten sind Dachkonstruktionen aus Bindern immer die wirtschaftlichere Lösung.

Binder ist im Folgenden die Bezeichnung für freitragende Dachkonstruktionen.

Nach Art der Verbindungsmittel und/oder nach Art der Konstruktionshölzer unterscheidet man zwischen

- Nagelbindern,
- Kantholz(dübel)bindern und
- Leimbindern.

10.7.1 Binderformen und Konstruktionsarten

Die Binder werden in der Regel der äußeren Form des Daches angepasst. Am häufigsten werden Binder in folgenden Formen ausgeführt:

- Parallelbinder,
- Pultdachbinder,
- Pultdachbinder mit tief liegendem Untergurt (Trapezbinder),
- Dreiecksbinder,
- Dreiecksbinder mit tief liegendem Untergurt.

Bindersysteme

Bei den Systemen wird zwischen Konstruktions- und Tragsystem unterschieden.

Unterschiedliche Konstruktionssysteme bei Bindern sind z. B. die Fachwerksysteme und die vollwandig genagelten bzw. verleimten Systeme. Als unterschiedliche Tragsysteme kommen am häufigsten der Träger auf zwei Stützen und der Dreigelenkrahmen bzw. Dreigelenkbogen vor.

Dachkonstruktionen aus Bindern müssen in Längsrichtung so ausgesteift werden, dass die Windkräfte ohne Schaden für das Bauwerk abgeleitet werden. Dazu sind **Windverbände** erforderlich, die in der Regel in Obergurtebene, also parallel zur Dachebene, angeordnet werden. Außer den Windverbänden sollen vor allem hallenartige Gebäude **Längsverbände** erhalten. Sie dienen zur räumlichen Aussteifung der Dachkonstruktion und bestehen aus einem oder mehreren fachwerkartigen Stabzügen, welche die Unter- und Obergurte miteinander verbinden. Sowohl beim Windverband als auch beim Längsverband entstehen unverschiebliche Dreiecke, die dem Dach in Längsrichtung die erforderliche Steifigkeit geben.

Binderkonstruktionen sind freitragende Konstruktionen, d. h., sie werden von Auflager zu Auflager ohne mittlere Unterstützung frei gespannt.

10.7.2 Fachwerkbinder

Nagelbrettbinder

Die Nagelverbindungen ermöglichen, Hölzer mit kleinen Querschnittsabmessungen (z. B. Bretter) zu großen Konstruktionen zu verarbeiten. Nagelbrettbinder werden als Fachwerkbinder ausgebildet, die Knotenpunkte werden als Nagelverbindung ausgeführt.

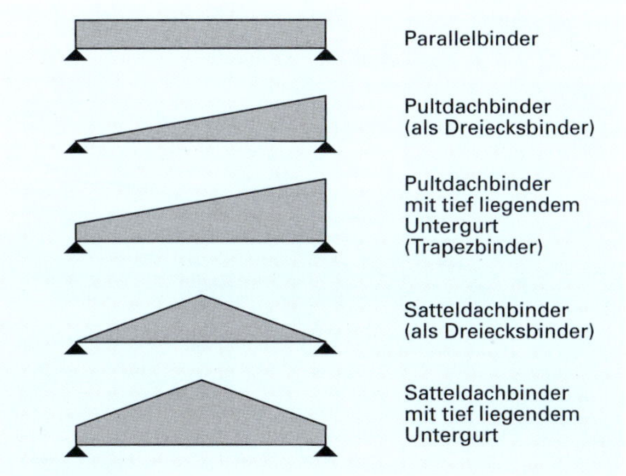

Binderformen

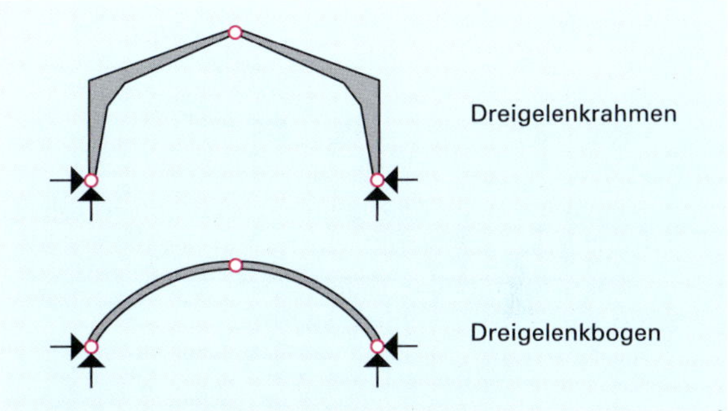

Dreigelenkrahmen und -bogen

Hallenbinder als Dreigelenkrahmen (Spannweite bis 40 m)

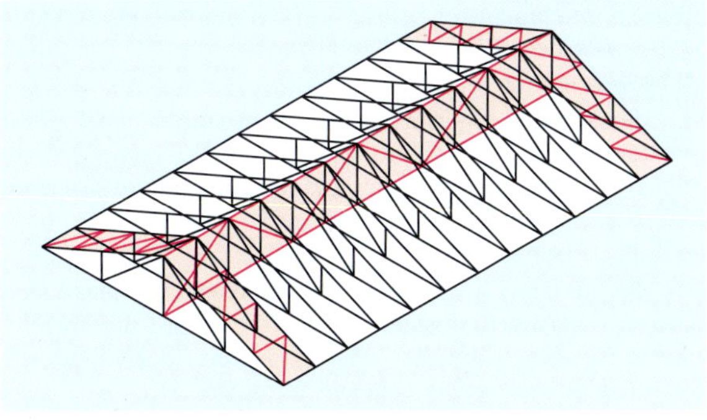

Wind- und Längsverband bei einer Dachkonstruktion aus Fachwerkbindern

Nagelbrettbinder mit einer Spannweite von 15,00 m und einem Binderabstand von 1,00 m.

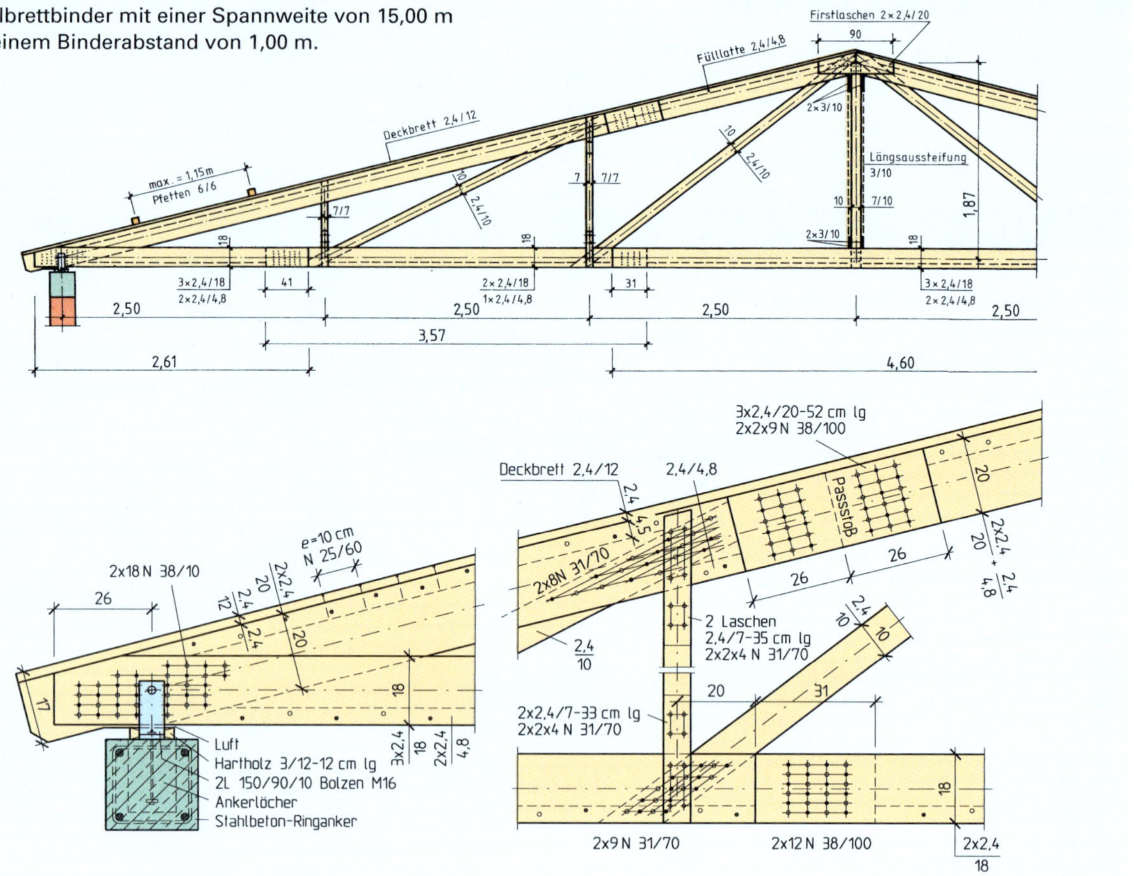

Nagelbrettbinder

Nagelbrettbinder sind bei freitragenden Konstruktionen zwischen etwa 7,5 m und 20 m Spannweite besonders wirtschaftlich. Die Binderabstände betragen etwa 1 m.

Bei kurzen Spannweiten werden alle Stäbe (Obergurt, Untergurt, Vertikal- und Diagonalstäbe) aus Brettern hergestellt. Bei größeren Spannweiten empfiehlt es sich, die auf Druck beanspruchten Stäbe aus Kanthölzern oder mehreren Brettern herzustellen.

Bezeichnung der Konstruktionsteile bei Fachwerkbindern

Stäbe, die den Obergurt bilden, werden als **Obergurtstäbe** und Stäbe, die den Untergurt bilden, werden als **Untergurtstäbe** bezeichnet.

Vertikal (senkrecht) verlaufende Stäbe werden als **Vertikalstäbe** bezeichnet und schräg verlaufende nicht vertikale Stäbe zwischen Ober- und Untergurt werden als **Diagonalstäbe** bezeichnet.

Für die Ausbildung der Nagelverbindungen und unter Umständen für die Wahl der geeigneten Querschnittsform des Stabes muss bei Fachwerkbindern erkannt werden, bei welchen Stäben es sich um Zug-, Druck- oder 0-(Null)Stäbe handelt.

Für die meisten einfachen Fachwerksysteme lässt sich dies an der Anordnung der Stäbe feststellen. Bei komplizierten Systemen und bei Unsicherheiten oder Unklarheiten muss unbedingt ein Statiker befragt werden.

Die folgenden Fachwerkbinderdarstellungen zeigen die unterschiedlichen Beanspruchungen der einzelnen Stäbe.

Die Druckstäbe sind rot, die Zugstäbe sind schwarz gezeichnet. Stäbe, die weder auf Druck noch auf Zug beansprucht werden (sogenannte 0-(Null)Stäbe), sind schwarz gestrichelt.

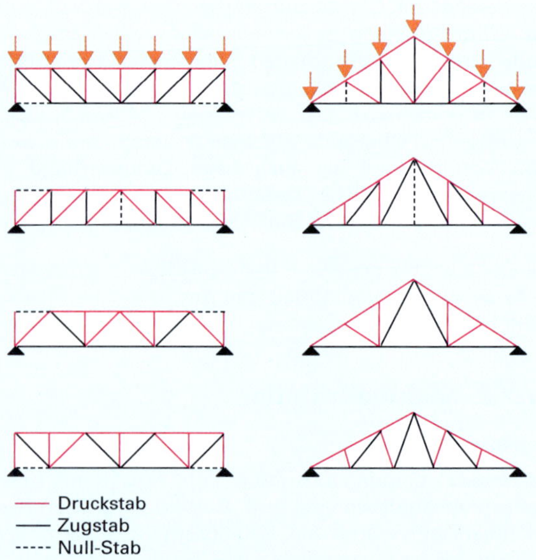

Stabkräfte bei Standard-Fachwerkbindern

Zeichnerische Ermittlung von Stabkräften

Kräfte können zeichnerisch als Strecken dargestellt werden. Hierzu muss ein geeigneter Kräftemaßstab M_F gewählt werden, z. B. eine Strecke von 1 cm Länge soll eine Kraft von 0,1 kN darstellen.

Die abgekürzte Schreibweise lautet $\frac{0{,}1\text{ kN}}{1\text{ cm}}$.

Die Lage einer Kraft wird durch die Wirkungslinie *w* bestimmt. Die Kraftrichtung wird durch einen Pfeil gekennzeichnet. Eine Kraft kann mit ihrem Angriffspunkt auf ihrer Wirkungslinie beliebig verschoben werden.

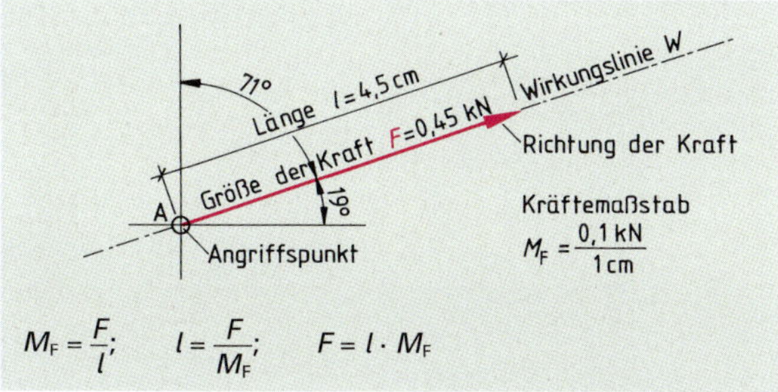

Bei der zeichnerischen Bestimmung der Stabkräfte eines Fachwerkbinders wird der Binder als Systemzeichnung maßstäblich dargestellt. Die auf die einzelnen Knoten wirkenden Kräfte (auch die Auflagerkräfte) werden in einem geeigneten Kräftemaßstab abgebildet. Danach werden für jeden Fachwerkknoten zeichnerisch die Kräfte aneinandergesetzt. Dies ist jedoch nur möglich, wenn an einem Knoten höchstens zwei unbekannte Stabkräfte vorzufinden sind.

Da an jedem Knoten Gleichgewicht herrscht, muss die letzte Kraft immer am Angriffspunkt der ersten Kraft enden, das Krafteck muss geschlossen sein.

So ergeben sich für die unbekannten Stabkräfte, von denen zunächst nur die Wirkungslinien bekannt sind, die Größen der Stabkräfte.

An der Kraftrichtung ist zu erkennen, ob es sich bei den Stabkräften um Druck- oder Zugkräfte handelt.

Drückt die Kraft auf den Knoten, so handelt es sich um einen Druckstab, zieht die Kraft am Knoten, so handelt es sich um einen Zugstab. Stäbe, die weder auf Zug noch auf Druck beansprucht werden, treten folglich im Krafteck auch nicht auf.

Die Kraftecke der einzelnen Knoten müssen nicht voneinander getrennt dargestellt werden, sondern sie können aneinander gekettet werden. Solche Darstellungen werden als **Cremonaplan** bezeichnet.

Der Cremonaplan ist eine sehr anschauliche und lehrreiche Methode, Stabkräfte in statisch bestimmten Stabwerken zeichnerisch zu ermitteln. Er wurde im 19. Jahrhundert von *Antonio Gaudenzio Giuseppe Cremona* entwickelt. In der Praxis erfolgt heute die Ermittlung der Stabkräfte schneller und bequemer mithilfe des Computers.

Beispiele:

1. Für den dargestellten Dachbinder sollen die Stabkräfte zeichnerisch ermittelt werden.

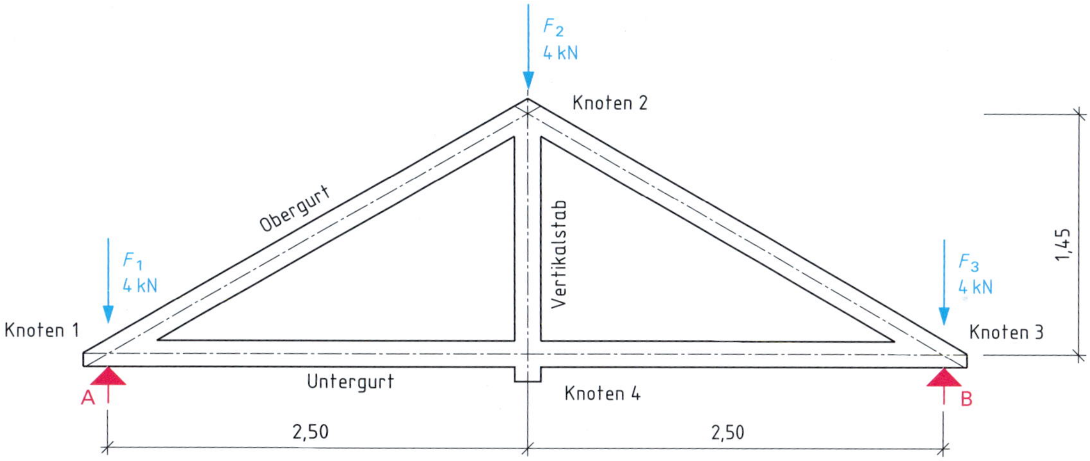

Auflagerkräfte: $A + B = F_1 + F_2 + F_3$

$$A = B = \frac{F_1 + F_2 + F_3}{2}$$

→

Systemzeichnung
(maßstäblich)

$F_1 = F_2 = F_3 = 4$ kN
A = B = 6 kN

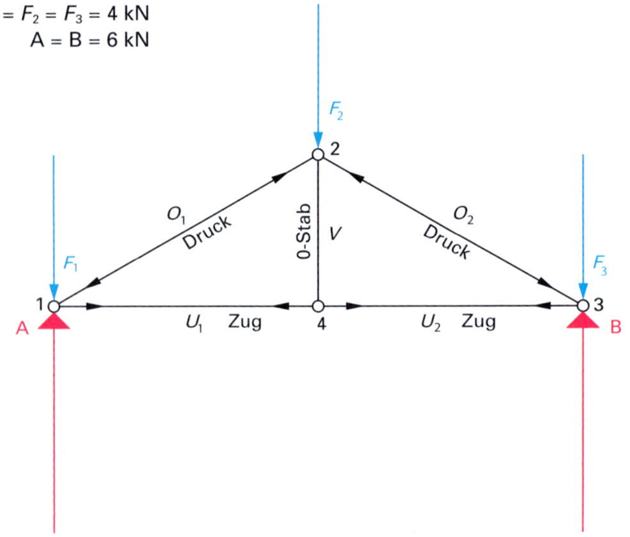

Kräftemaßstab: 1 cm ≙ 2 kN $\left(M_F = \frac{2\ \text{kN}}{1\ \text{cm}}\right)$

Knoten 1

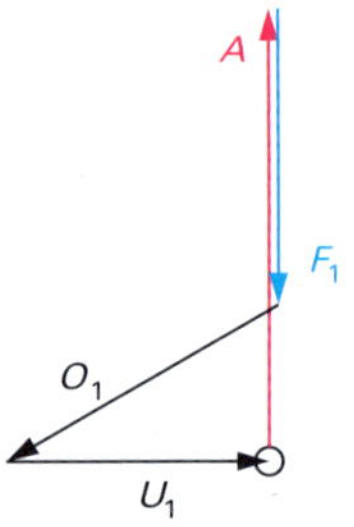

Knoten 2

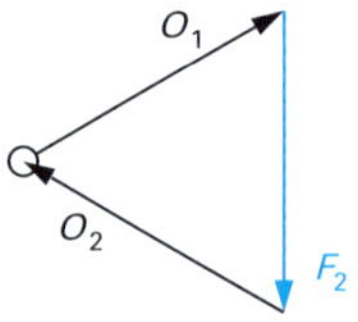

hier wird festgestellt, dass *V* ein *O*-Stab ist

Knoten 3

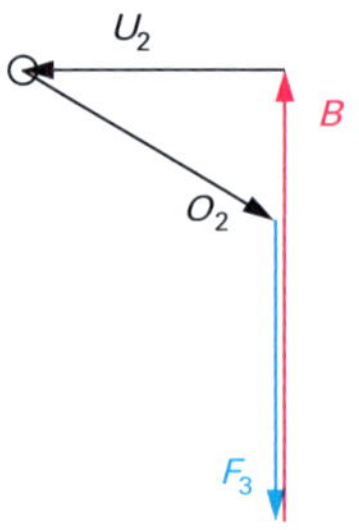

Knoten 4

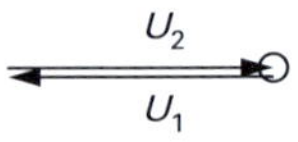

Alle Knoten in einem Kräfteplan
(Cremonaplan)

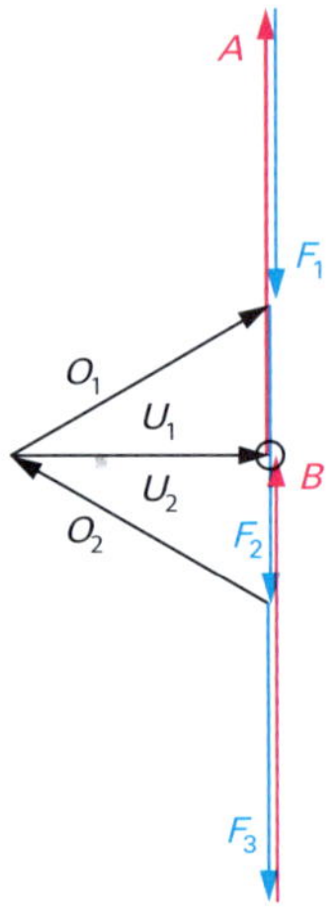

Stab	Stabkraft in kN	
	Zug (+)	Druck (–)
O_1		4
O_2		4
V	0	0
U_1	3,46	
U_2	3,46	

2. Für einen Fachwerkbinder sollen die Stabkräfte ermittelt werden.

Systemzeichnung (maßstäblich)

$F_1 = F_5 = 1{,}5$ kN
$F_2 = F_3 = F_4 = 2{,}0$ kN
A = B = 4,5 kN

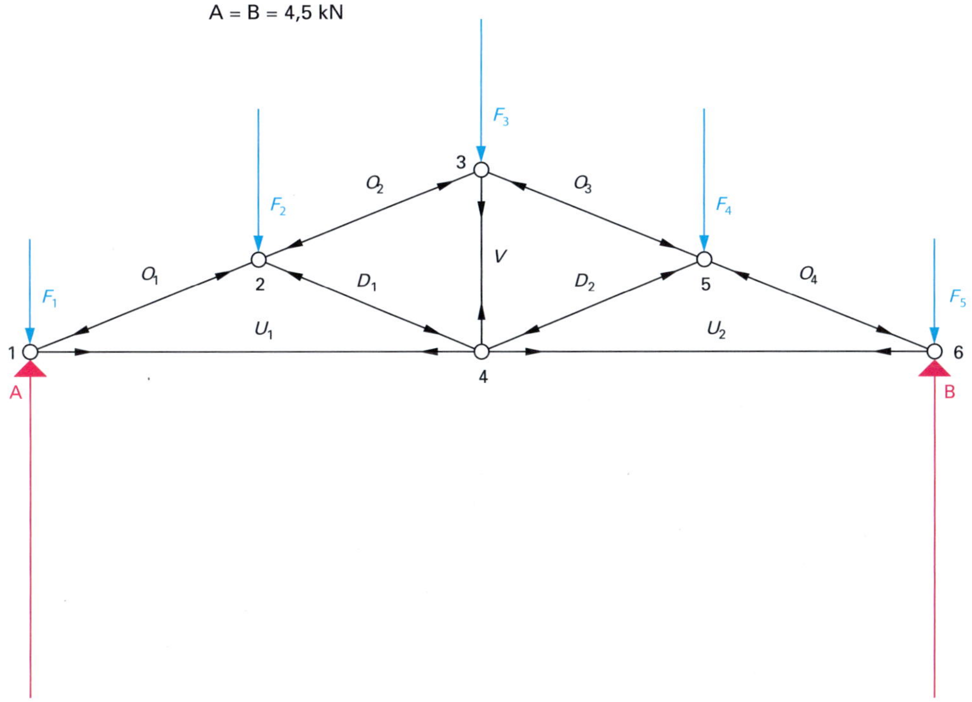

Cremonaplan

Kräftemaßstab: 1 cm ≙ 1 kN $\left(M_F = \frac{1\ \text{kN}}{1\ \text{cm}}\right)$

Aufgrund der Symmetrie müssen die Kraftecke nur für die Knoten 1 … 4 gezeichnet werden.

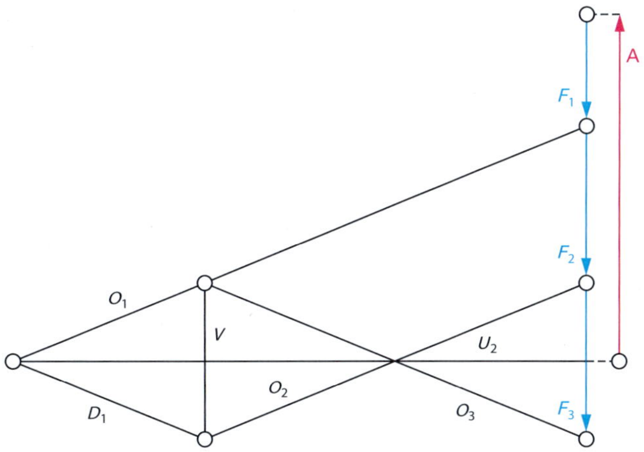

Stab	Stabkraft in kN	
	Zug (+)	Druck (–)
O_1		8,0
O_2		5,4
O_3		5,4
O_4		8,0
U_1	7,4	
U_2	7,4	
D_1		2,6
D_2		2,6
V	2,0	

Die Binderhöhe hängt in erster Linie von der Binderspannweite ab. Geringen Einfluss auf die Binderhöhe haben auch die Binderform und Binderart. Als Verhältnis der Binderhöhe h zur Binderspannweite l (Verhältnis h/l) kann angenommen werden: für

- Dreiecksbinder etwa $^1/_5 \dots ^1/_7$
- Parallelbinder etwa $^1/_{10} \dots ^1/_{15}$
  (bei Nagelplatten-Bindern u. U. bis etwa $^1/_{20}$,
  gedübelte Kantholzbinder nur bis etwa $^1/_{12}$)
- Trapezbinder etwa $^1/_6 \dots ^1/_9$

Da die Binder infolge des elastischen und plastischen Verhaltens des Holzes im Laufe der Zeit durchhängen, müssen sie im Untergurt überhöht werden.

Nagelbrettbinder werden als Fachwerkbinder ausgebildet. Die Stäbe bestehen in der Regel aus Brettern. Bei größeren Spannweiten werden für die Druckstäbe auch Kanthölzer verwendet. Die Knoten werden als Nagelverbindung ausgeführt.

Nagelverbindung

Nagelverbindungen ermöglichen es, Hölzer mit kleinen Querschnitten (z. B. Bretter) zu großen Konstruktionen zu verarbeiten.

Die Nagelung ergibt durch eine mehrfache punktartige Kraftübertragung eine flächenhafte Verbindung.

Eine Verbindung mit vielen dünnen Nägeln ist einer solchen mit wenig dicken Nägeln vorzuziehen. Die zu übertragende Kraft wird dadurch besser verteilt; außerdem können auf derselben Fläche mit Nägeln kleineren Durchmessers vergleichsweise größere Kräfte übertragen werden.

Eine tragende Nagelverbindung muss in der Regel aus mindestens zwei Nägeln pro kraftübertragender Fuge bestehen.

Für Nagelverbindungen finden folgende Nägel Verwendung :

- runde Drahtstifte nach DIN EN 10230-1,
- runde Maschinenstifte nach DIN 1143-1,
- Sondernägel wie z. B. Schraub- oder Rillen- bzw. Ankernägel (= Sondernägel mit angerolltem Schaft).

Letztere werden entsprechend ihrem Auszugswiderstand in die Tragfähigkeitsklassen 1, 2 und 3 eingeteilt.

Je nach der Anzahl der wirksamen Nagelscherflächen (= Anzahl der vom Nagel gekreuzten Holzfugen) unterscheidet man **ein- oder mehrschnittige Verbindungen**.

Wegen der Spaltgefahr des Holzes, ist bei Nagelverbindungen auf die **Mindestholzdicke** zu achten. Sie hängt von der Holzart, der Rohdichte des Holzes und dem Nageldurchmesser ab und muss im Einzelfall bestimmt werden.

Das Einschlagen der Nägel mit dem Hammer ist sehr zeitaufwendig, deshalb werden fast ausschließlich Nagelgeräte (Druckluft-Nagler) bei der Herstellung von Nagelverbindungen eingesetzt. Für Nagelgeräte sind als Nägel runde Maschinenstifte erforderlich.

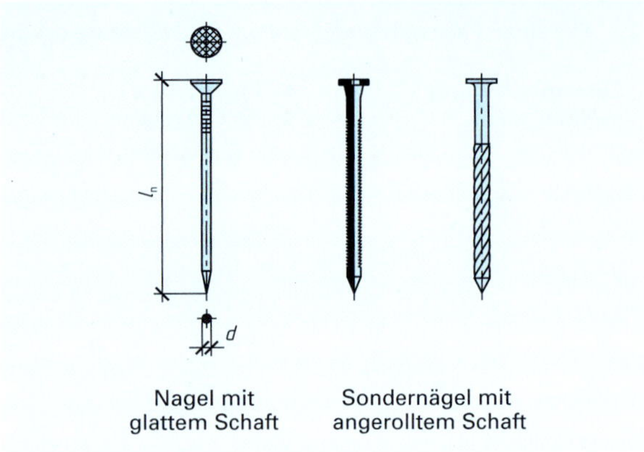

Nägel

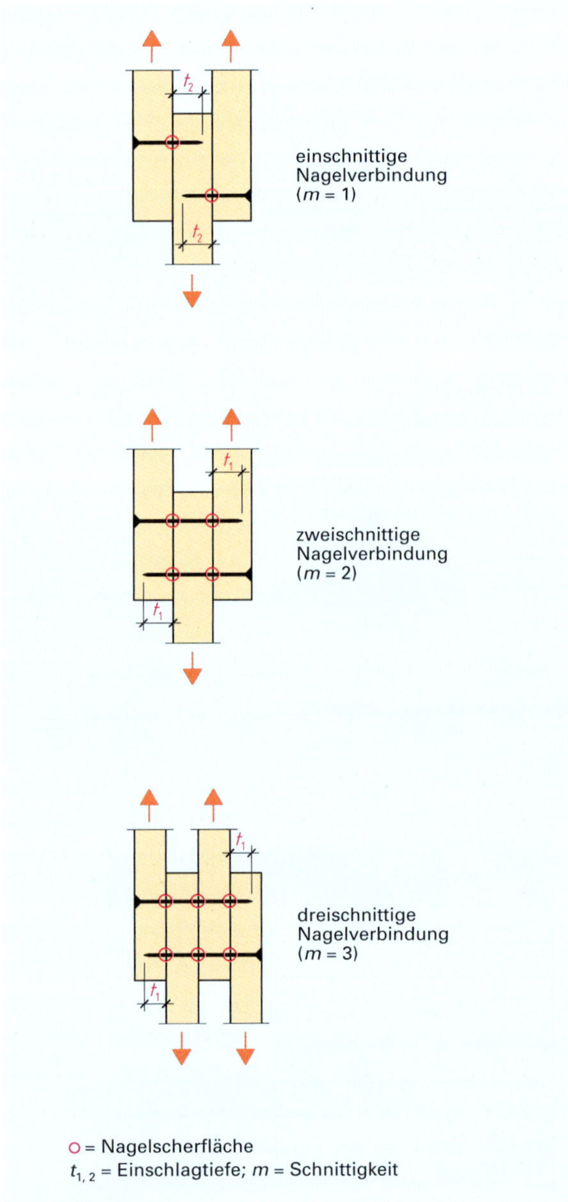

Schnittigkeit

Eine tragende Nagelverbindung muss aus mindestens 2 Nägeln pro beanspruchter Scherfläche bestehen.

Es finden folgende Nägel Verwendung:

- runde Drahtstifte,
- runde Maschinenstifte,
- Sondernägel.

Die **Tragfähigkeit** einer Nagelverbindung ist abhängig von:

1. der Anzahl der Nägel (jedoch mindestens 2),
2. dem Durchmesser der Nägel,
3. der Einschlagtiefe bzw. der Nagellänge,
4. Nagellöcher vorgebohrt/nicht vorgebohrt (die Vorbohrung erfolgt ggf. mit dem etwa 0,9-fachen Nageldurchmesser).

Die Anordnung der statisch erforderlichen Nägel wird zeichnerisch im sogenannten **Nagelbild** dargestellt, das sich anschließend auf die Hölzer übertragen lässt.

Beim Entwurf des Nagelbilds sind die geregelten Mindestnagelabstände zu beachten. Sie sind abhängig von

- dem Nageldurchmesser *d*,
- der Lage der Nägel (untereinander, vom beanspruchten oder unbeanspruchten Rand),
- der Kraft- und Faserrichtung,
- ggf. der Vorbohrung.

Die beanspruchten Ränder einer Nagelverbindung sind nebenstehend dargestellt.

Die Nagelverbindungen werden vom Tragwerksplaner (Statiker) berechnet und im Nagelbild vom Bauzeichner dargestellt.

Tragende Nagelverbindungen müssen sehr sorgfältig und entsprechend den Angaben des Tragwerksplaners hergestellt werden.

„Eine Kette ist nur so stark wie ihr schwächstes Glied" – diese Aussage gilt hier ganz besonders!

Das Nagelplatten-System

Seit 1966 werden in der Bundesrepublik Deutschland, zuerst nur von Lizenzunternehmen, Nagelplatten-Binder hergestellt. Das Verfahren wurde in den USA entwickelt und verbreitete sich wegen seiner Einfachheit sehr schnell. Die Konstruktionshölzer der Binder werden stumpf aneinander gelegt und durch beidseits eingepresste **Nagelplatten** stabil miteinander verbunden. Die Nagelplatten bestehen aus mindestens 1,0 mm dickem, verzinktem Stahlblech, aus dem zungenförmige Nägel herausgestanzt und rechtwinklig zur Platte gebogen sind.

Das Nagelplatten-System wird außer für Binder auch für Wandelemente angewendet.

Binder im Nagelplatten-System werden auch noch nach dem ursprünglichen Lizenzgeber als Gang-Nail-Binder bezeichnet.

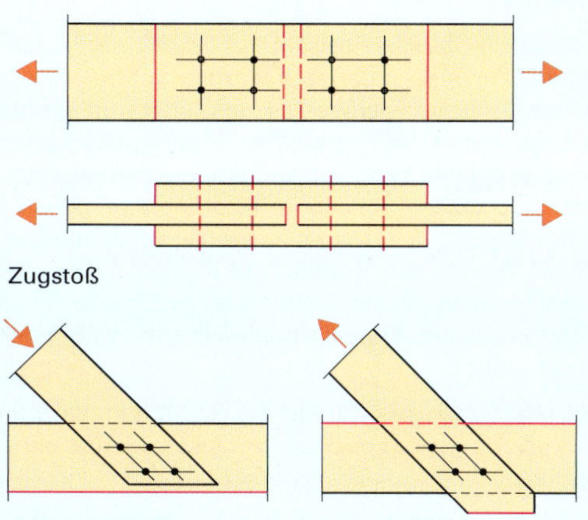

Beanspruchte Ränder

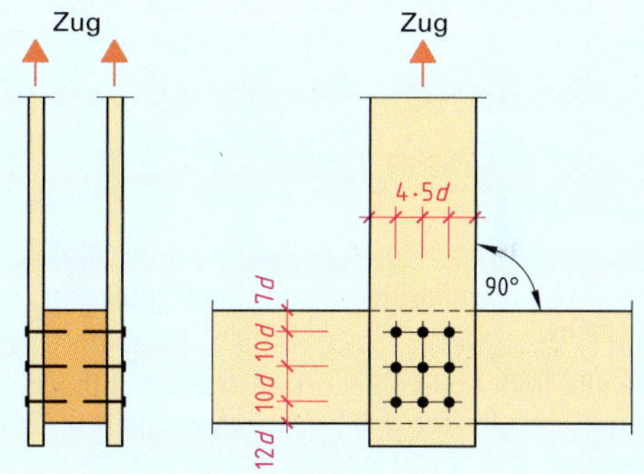

Die dargestellten Mindestabstände gelten für Nageldurchmesser $d < 5$ mm und eine Holz-Rohdichte ≤ 420 kg/m^3.

Bei $d \geq 5$ mm oder größeren Holz-Rohdichten bis 500 kg/m^3 sind die Abstände größer.

Bei Anschlusswinkeln zwischen 0° und 90° sind sie in Abhängigkeit vom Winkel zu berechnen.

Mindestnagelabstände nicht vorgebohrter Nagelungen für Anschlusswinkel 90°

Am Boden vorgefertigte Dachteile aus Nagelplattenbindern ermöglichen eine schnelle Endmontage

Herstellung

Die Mindestholzdicke beträgt je nach Nagelplattenart 3...5 cm. Die Gurte und Stäbe werden auf einem Arbeits-(Zurichte-)tisch zu Fachwerken zusammengelegt und in ihrer Lage fixiert. Auf speziellen Montageeinrichtungen, die jeweils bei den Fachwerkknoten angeordnet sind, richtet man die untere und obere Knotenplatte genau übereinander liegend aus. Mit einer mobilen Flachpresse können jetzt, Knoten um Knoten, die Platten paarweise eingepresst werden. Noch weiter automatisierte Verfahren arbeiten mit stationären Presseinrichtungen an jeder Verbindungsstelle.

Dieses Herstellungsverfahren besitzt einen sehr hohen Mechanisierungsgrad und ist aus diesem Grund sehr wirtschaftlich.

Binder in Nagelplatten-Bauweise haben im modernen Holzbau aufgrund des wirtschaftlichen Herstellungsverfahrens die Nagelbrettbinder zum Großteil abgelöst.

Beim Nagelplatten-System werden die Konstruktionshölzer der Binder an den Knoten stumpf gestoßen und beidseitig mit einer eingepressten Nagelplatte verbunden.

Verwendung

Bei Hallen lassen sich Weiten von 30 m mit Nagelplattenbindern frei überspannen. Der Binderabstand beträgt meist 1,25 m.

Mittlerweile findet diese Bauart auch bei sichtbaren Konstruktionen architektonisch anspruchsvollerer Gebäude Verwendung. Die formale und farbliche Gestaltung von Binder und Nagelplatten trägt dazu erheblich bei.

Binder mit Stahlblech-Nagel-Verbindungen

Bei Bindern in dieser Bauweise werden die Stäbe an den Knoten durch eine Stahlblech-Holz-Nagelung verbunden. Die verzinkten Stahlbleche werden bezüglich der Holzquerschnitte entweder außen als Lochbleche oder innen liegend als ungelochte Bleche angeordnet. Solche Knoten sind in der Lage, sehr hohe Kräfte zu übertragen. Diese Bauweise ermöglicht den druck- und zugfesten Anschluss von nahezu beliebig vielen Holzstäben zentrisch an einem Punkt und in einer Ebene.

Während bei außen liegenden Blechen das Erscheinungsbild sehr stark dem der Nagelplattenbinder gleicht, treten bei innen liegenden Blechen die Verbindungsmittel kaum hervor.

Deshalb finden Nagelplattenbinder mit innen liegenden Blechen auch oft für sichtbar bleibende Tragwerke Verwendung.

Das Verbindungssystem eignet sich außer für Fachwerkbinder auch für Rahmen- und Wandkonstruktionen.

Die Nagelung erfolgt durch die Bleche mit runden Drahtstiften, runden Maschinenstiften oder Sondernägeln.

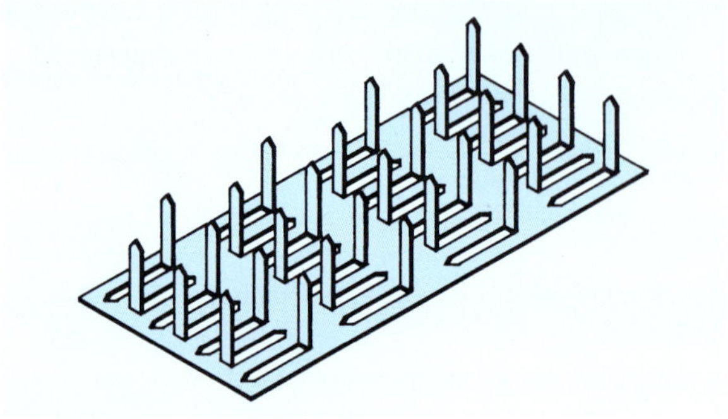

Nagelplatte

Herstellung eines Nagelplattenbinders

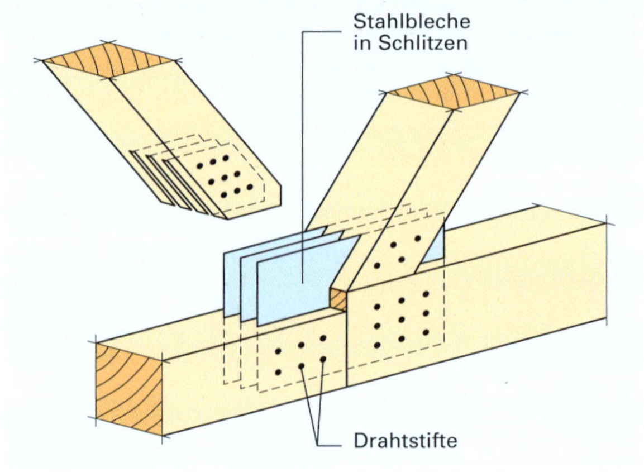

Stahlblech-Nagel-Verbindung

Herstellung

Für Fachwerkbinder hat sich besonders die Knotenausbildung mit innen liegenden Blechen bewährt. Die Hölzer werden an den Knotenpunkten in einem Arbeitsgang mit Spezialsägeblättern lamellenartig geschlitzt. Bei Verwendung runder Drahtstifte werden die Nagellöcher in der Regel gleichzeitig in Holz- und Blechteilen mit einem Bohrlochdurchmesser entsprechend dem Nageldurchmesser auf die erforderliche Nagellänge vorgebohrt. Sondernägel dürfen nur bei außen liegenden Blechen mit vorgebohrten Löchern verwendet werden.

Bei der bauaufsichtlich zugelassenen „Greim-Bauweise" werden die Knoten mit 1 ... 1,75 mm dicken verzinkten innen liegenden Stahlblechen hergestellt, die **ohne Vorbohren** durchgenagelt werden. Beim Durchnageln der Bleche mit Drahtstiften von 2,5 ... 4,5 mm Dicke entstehen im Blech Ausfransungen, die sich positiv auf die Tragfähigkeit und Steifigkeit der Verbindung auswirken.

Bei Bindern mit Stahlblech-Nagelverbindungen werden die Stäbe an den Knoten durch eine Stahlblech-Holz-Nagelung verbunden. Die ebenen Stahlbleche können bezüglich der Holzquerschnitte außen oder innen liegend angeordnet sein.

Sporthalle mit Kantholzbindern

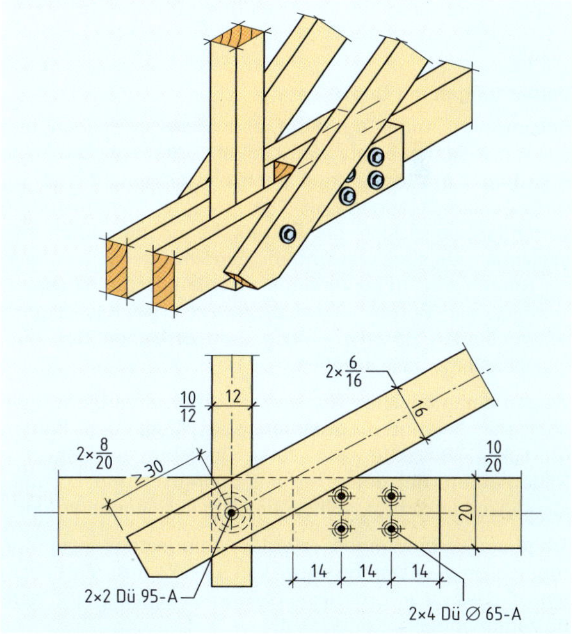

Knoten mit Dübeln besonderer Bauart

Gedübelte Kantholzbinder

Gedübelte Kantholzbinder eignen sich besonders für Hallenbauten bis **40 m Spannweite**. Sie eignen sich nur wenig für eine Serienproduktion wie bei Nagelplattenbindern. Die hohe Belastbarkeit des einzelnen Binders ist der Grund für die **großen Binderabstände** (ca. 5 ... 7 m). Die Stäbe der Fachwerke werden aus ein- oder mehrteiligen Kanthölzern hergestellt, wobei die Druckstäbe wegen der Knickgefahr quadratische oder annähernd quadratische Querschnittsformen haben. Neben Bauschnittholz kommt bei erhöhter statischer Beanspruchung auch Brettschichtholz zum Einsatz.

Die Knoten werden als Dübelverbindung aus Stabdübeln, Passbolzen oder Dübeln besonderer Bauart nach DIN EN 912 ausgebildet. Unter Umständen kann die notwendige Anzahl und Anordnung der Dübel am Knoten maßgebend für die Querschnittsbemessung des einzelnen Stabes werden; d.h., für den Stab muss ein größerer Querschnitt gewählt werden, als für die Zug- bzw. Druckbeanspruchung erforderlich wäre.

Gedübelte Kantholzbinder werden vor allem bei hoher Belastung und größeren Spannweiten gewählt. Die Bauschnitt- oder Brettschichthölzer werden an den Knoten mit Stabdübeln, Passbolzen oder Dübeln besonderer Bauart verbunden.

Gedübelte Kantholzbinder eignen sich auch gut für Bauwerke, bei denen die Konstruktion zum Gestaltungselement wird. Konstruktion und Form bilden dabei eine ästhetische Einheit. Die Knotenpunkte werden dann nicht nur nach statischen, sondern auch nach gestalterischen Gesichtspunkten entworfen.

Knoten mit Stabdübeln und Bolzen

Verbindungen mit Stabdübeln und Passbolzen

Bei **Stabdübeln** handelt es sich um zylindrische Stahlstifte mit Durchmessern von mindestens 6 mm und höchstens 30 mm, die man in gleich große Bohrlöcher eintreibt, um ein- oder mehrschnittige Verbindungen herzustellen. Dabei werden sie – mit vorgebohrten Nagelverbindungen vergleichbar – an den kraftübertragenden Fugen auf Abscheren beansprucht. Stabdübelverbindungen sind überaus leistungsfähig; in Bezug auf die kraftübertragende Verbindungsfläche sind sehr große Kräfte zu übertragen.

Zur seitlichen Sicherung oder bei Verbindungen mit außen liegenden Stahlteilen können sie mit Kopf und Mutter oder beidseitig mit Muttern versehen sein. Dann nennt man sie **Passbolzen.** Das Gewinde sollte mit einem kleineren Durchmesser als der Schaft ausgeführt sein, um es vor Beschädigungen zu schützen und das Eintreiben zu erleichtern.

Eine tragende Verbindung ist mit mindestens zwei Stabdübeln und vier Scherflächen herzustellen. Bei Verwendung von nur zwei Stabdübeln ist die Verbindung also mindestens 2-schnittig auszuführen; bei einer einschnittigen Verbindung sind allerdings vier Stabdübel erforderlich.

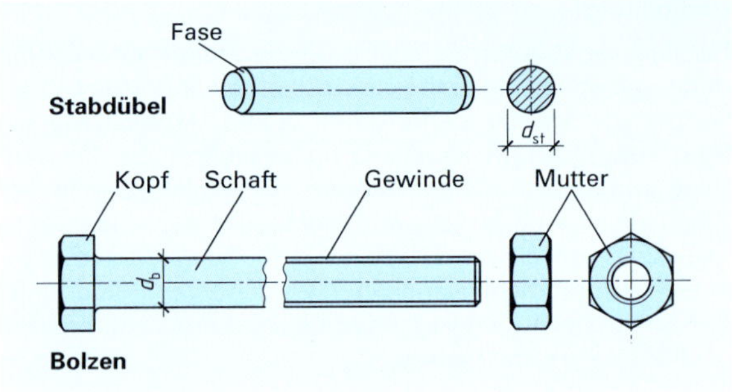

Stabdübel und Bolzen

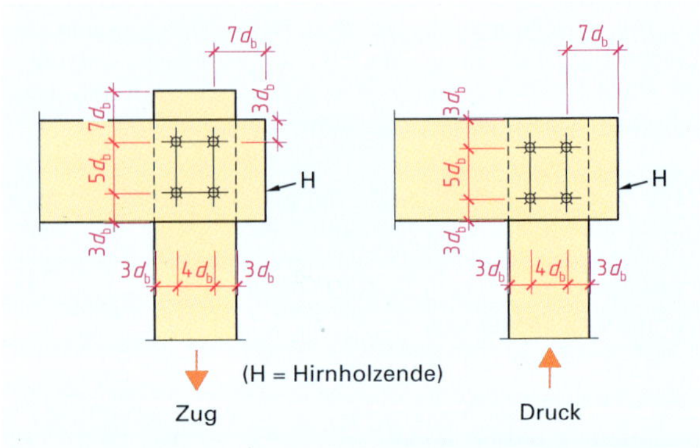

Mindestabstände bei tragenden Bolzenverbindungen für Anschlusswinkel 90°

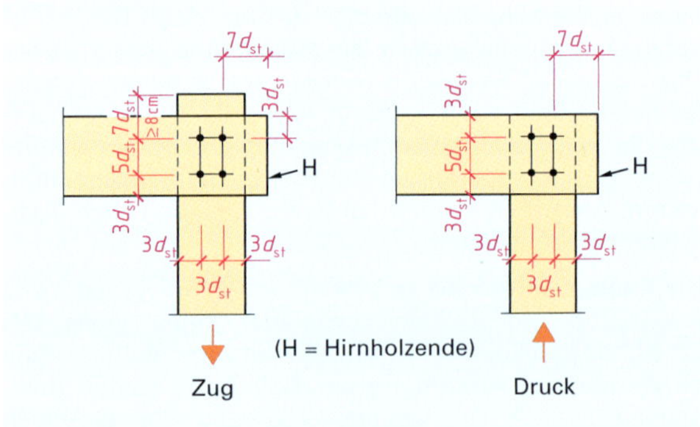

Mindestabstände bei tragenden Stabdübel- und Passbolzenverbindungen für Anschlusswinkel 90°

Verbindungen mit Bolzen

Bolzen sind immer mit Kopf und Mutter versehen und werden zusammen mit zwei großen Unterlegscheiben in Bohrungen mit max. 1 mm Lochspiel eingebaut und anschließend fest angezogen. Die erzeugte Klemmwirkung verhindert, dass sich die Bolzen, begünstigt durch das Lochspiel, zu stark verformen. Größere Verschiebungen am Knoten können so verhindert werden. Daher ist es notwendig, die Bolzen – beispielsweise bei nachträglich schwindenden Hölzern – nach dem Erreichen der Ausgleichsfeuchte nachzuziehen.

Wegen des möglichen Schlupfs sind Bolzenverbindungen aber nur bei untergeordneten oder fliegenden Bauten (Baracken, Bierzelte usw.) und Gerüsten zulässig. Für Dauerbauten, bei denen es auf Steifigkeit und Formbeständigkeit ankommt, sollten sie nicht verwendet werden.

Tragende Verbindungen erfordern mindestens zwei Bolzen. Üblich sind Durchmesser von 12...24 mm. Zu beachten ist, dass die erforderliche Größe der Scheiben mit dem Bolzendurchmesser anwächst.

Tragende Bolzenverbindungen sind nur bei untergeordneten Bauten und Gerüsten zulässig. Stabdübel und Passbolzen können bei allen Bauten und Bauteilen verwendet werden. In jedem Fall sind mindestens zwei Verbindungsmittel vorzusehen.

Für die Anordnung der Bolzen, Stabdübel und Passbolzen müssen Mindestabstände eingehalten werden.

Die Mindestabstände vermindern die Gefahr des Spaltens. Sie sind abhängig vom Durchmesser des Verbindungsmittels, von der Richtung bezüglich des Faserverlaufs des Holzes (parallel, rechtwinklig oder unter einem bestimmten Winkel) und von der Lage des Abstands vom beanspruchten oder unbeanspruchten Hirnholzende bzw. Rand.

Dübelverbindung (Ringkeildübel) nach Belastungsversuch

Verbindungen mit Dübeln

Dübel sind überwiegend auf Druck und Abscheren beanspruchte Verbindungsmittel, die mit Bolzen gesichert werden. Ein einzelner Dübel kann bereits große Kräfte übertragen.

Außer in Material und Form unterscheiden sich Dübel durch die Art und Weise ihres Einbaus in die zu verbindenden Hölzer:

- **Ringdübel** werden in vorbereitete passende Vertiefungen des Holzes eingelegt.
- **Scheibendübel** werden ohne Benutzung von Nut- oder Fräswerkzeugen in das Holz eingepresst.

Jeder Dübel ist durch einen **Schraubenbolzen** mit großen Unterlegscheiben zu sichern. Der vorgeschriebene Bolzendurchmesser (M 12 bis M 24) hängt vom Typ und der Größe des verwendeten Dübels ab. Alle Bolzen sind so anzuziehen, dass die Scheiben geringfügig (etwa 1 mm) in das Holz eingedrückt werden.

Im modernen Holzbau haben sich **Dübel besonderer Bauart** nach DIN EN 912 durchgesetzt. Je nach zu übertragender Kraft stehen unterschiedliche Dübelgrößen zur Verfügung. Sie sind verhältnismäßig einfach einzubauen und eignen sich in Form von einseitigen Dübeln auch für Verbindungen von Stahlteilen mit Hölzern. Nach ihrer Bauart unterteilt man sie in die Typen A, B und C. Sie bestehen in der Regel aus Metall (z. B. Aluminium-Gusslegierung, kalt umformbaren Stählen, Temperguss).

Die Betten der „eingelassenen" Dübel besonderer Bauart werden mit Spezialwerkzeugen ausgefräst. Einpressdübel sind mit hydraulischen Pressen in das Nadelholz einzupressen; bei kleineren Dübeln können dafür auch die vorgeschriebenen Bolzen oder Spindeln eingesetzt werden.

Man unterscheidet nach Art des Einbaus zwischen
- (eingelassenen) Ring- und Scheibendübeln und
- (eingepressten) Scheibendübeln mit Dornen oder Zähnen.

Alle Dübelverbindungen müssen durch Bolzen unter Verwendung großer Unterlegscheiben zusammengehalten werden.

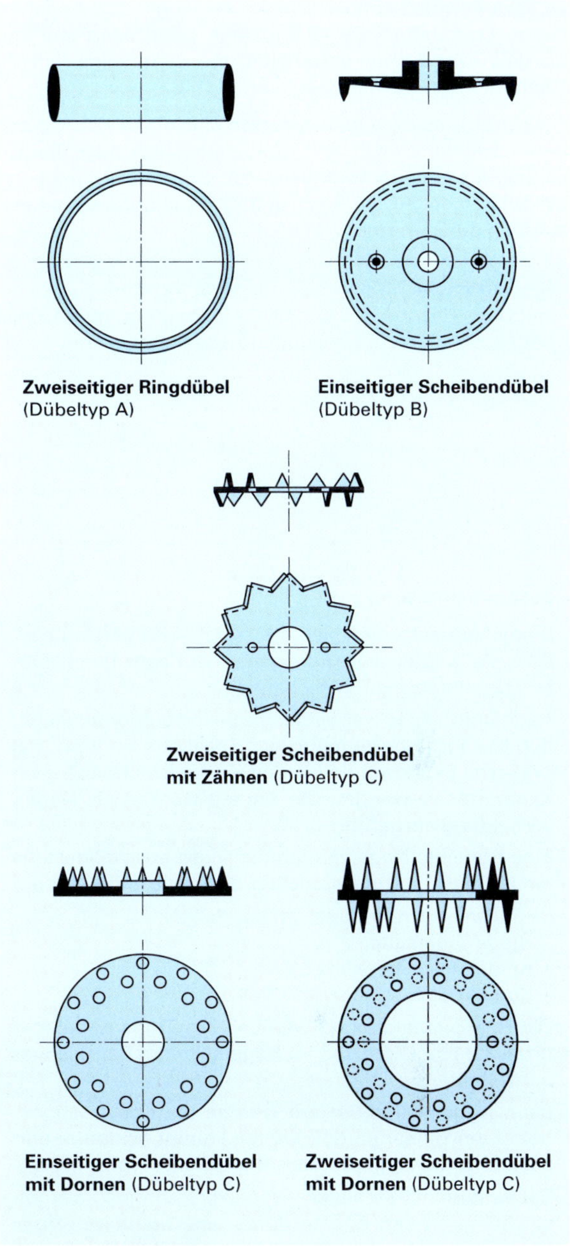

Dübel besonderer Bauart

Verbindungen mit Blechformteilen

Immer größere Verbreitung finden Blechformteile für Holzverbindungen. Sie bestehen aus mindestens 2 mm dicken **feuerverzinkten Stahlblechen** und besitzen Bohrungen zur Befestigung mit Ankernägeln, Schrauben oder Bolzen. Bei Fachwerkbindern können sie zur Lagesicherung von Druckstäben (Winkelverbinder) oder in Form von Lochblechen zum Anschluss von Zugstäben verwendet werden.

Die verschiedenen Blechformteile eignen sich für nahezu alle Längs- und Querverbindungen von Hölzern untereinander oder mit Bauteilen aus Stahl, Beton oder Mauerwerk.

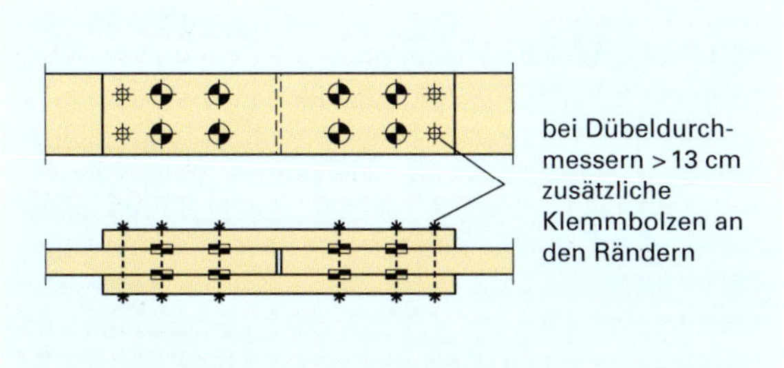

Anordnung der Bolzen bei Dübelverbindungen
Die Mindestabstände hängen von den verwendeten Dübeln ab

Je nach Formteil können Druck- und Zugkräfte, Auflagerkräfte, Querkräfte oder Schubkräfte übertragen werden. Sie sind sehr schnell verarbeitet und rufen keine Schwächung der Holzquerschnitte hervor.

Für einzelne statisch beanspruchte Blechformteile wie z. B. Balkenschuhe, Winkel, Sparrenpfetten-Anker oder Rispenbänder liegen **bauaufsichtliche Zulassungen** vor, in denen die zulässigen Belastungen und die Ausführung der Verbindung geregelt sind.

Blechformteile eignen sich für viele Verbindungen im Holzbau. Gegebenenfalls sind die Bestimmungen der bauaufsichtlichen Zulassungen zu beachten.

Blechformteile (Knagge und Windrispenband)

Zusammenfassung

Binderkonstruktionen sind freitragende Konstruktionen, d. h., sie werden von Auflager zu Auflager ohne mittlere Unterstützung frei gespannt.

Nagelbrettbinder werden als Fachwerkbinder ausgebildet. Die Stäbe bestehen in der Regel aus Brettern. Bei größeren Spannweiten werden für die Druckstäbe auch Kanthölzer verwendet. Die Knoten werden als Nagelverbindung ausgeführt.

Eine tragende Nagelverbindung muss aus mindestens zwei Nägeln pro beanspruchter Scherfläche bestehen.

Es finden folgende Nägel Verwendung:
- runde Drahtstifte,
- runde Maschinenstifte,
- Sondernägel.

Die Nagelverbindungen werden vom Tragwerksplaner (Statiker) berechnet und im Nagelbild vom Bauzeichner dargestellt.

Beim Nagelplatten-System werden die Konstruktionshölzer der Binder an den Knoten stumpf gestoßen und beidseitig mit eingepressten Nagelplatten verbunden.

Bei Bindern mit Stahlblech-Nagelverbindungen werden die Stäbe an den Knoten durch eine Stahlblech-Holz-Nagelung verbunden. Die ebenen Stahlbleche können bezüglich der Holzquerschnitte außen oder innen liegend angeordnet sein.

Tragende Bolzenverbindungen sind nur bei untergeordneten Bauten und Gerüsten zulässig. Stabdübel und Passbolzen können bei allen Bauten und Bauteilen verwendet werden. In jedem Fall sind mindestens zwei Verbindungsmittel vorzusehen.

Man unterscheidet nach Art des Einbaus zwischen (eingelassenen) Ring- und Scheibendübeln und (eingepressten) Scheibendübeln mit Dornen oder Zähnen. Alle Dübelverbindungen müssen durch Bolzen unter Verwendung großer Unterlegscheiben zusammengehalten werden.

Blechformteile eignen sich für viele Verbindungen im Holzbau. Gegebenenfalls sind die Bestimmungen der bauaufsichtlichen Zulassungen zu beachten.

Aufgaben

1. *Mit welchen Binderformen lassen sich Hallen mit Satteldächern konstruieren?*
2. *Von welchen Einflüssen hängt die Bauhöhe eines Hallenbinders im Wesentlichen ab?*
3. *Mit welcher Höhe muss bei einem Nagelbrettbinder in Parallelform bei 15 m Spannweite etwa gerechnet werden?*
4. *Begründen Sie die Notwendigkeit von Wind- und Stabilisierungsverbänden.*
5. *Vergleichen Sie die statischen Beanspruchungen im Querschnitt eines Biegeträgers mit denen in den Stäben eines Fachwerkbinders.*
6. *Welcher Beanspruchung (Druck und Zug) sind der Obergurt und der Untergurt bei Fachwerkbindern ausgesetzt?*
7. *Ermitteln Sie zeichnerisch die Stabkräfte für folgenden Fachwerkbinder.*

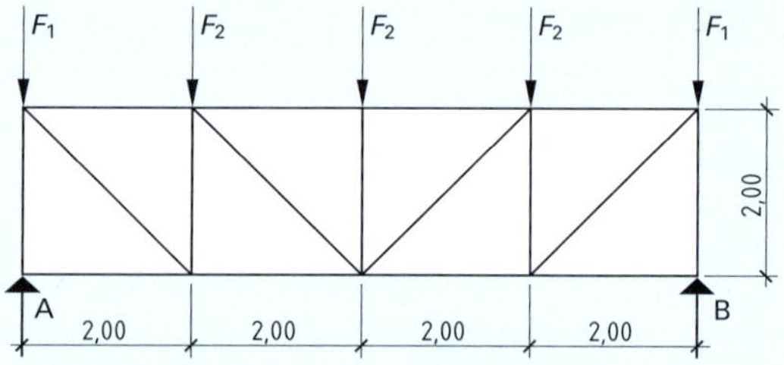

F_1 = 4,0 kN, F_2 = 8,0 kN, A = B = 16,0 kN

8. *Wie hängen Herstellungsverfahren und Wirtschaftlichkeit von Fachwerkbindern zusammen?*
9. *Von welchen Faktoren hängt die Tragfähigkeit einer Nagelverbindung ab?*
10. *Beschreiben Sie die Knotenausbildung beim Nagelplatten-System.*
11. *Nennen Sie die Unterschiede zwischen Bolzen und Passbolzen hinsichtlich ihrer Verwendbarkeit.*
12. *Warum müssen Dübelverbindungen durch Bolzen zusammengehalten werden?*

10.8 Dachdeckungen

Dachdeckungen müssen so ausgeführt werden, dass sie das Gebäude gegen Regen, Schnee und Schmelzwasser schützen. Es wird dabei zwischen **Eindeckungen** und **Abdichtungen** unterschieden. Eindeckungen sind z. B. Ziegel-, Betondachstein- und Faserzementplattendeckungen. Sie bestehen aus einzelnen Elementen, die eine vorgeschriebene Mindestneigung haben müssen. Abdichtungen bestehen aus einer geschlossenen wasser- und luftdichten Dachhaut, z. B. aus geklebten Bitumenbahnen, Kunststoffdachbahnen oder flüssigen Kunststoffen.

Für beide Deckungsarten gilt der Grundsatz, das Wasser so schnell wie möglich der Rinne bzw. dem Regenfallrohr oder dem Dacheinlauf zuzuleiten.

Bei den Dachdeckungen wird zwischen Eindeckungen und Abdichtungen unterschieden.

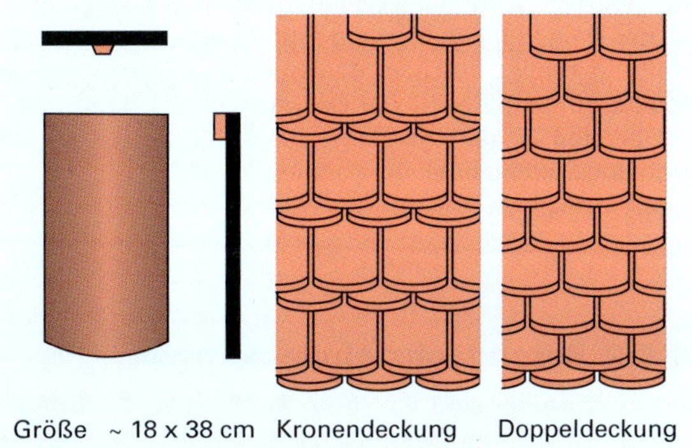

Biberschwanzziegel – Biberschwanzziegeldeckungen

10.8.1 Ziegeldeckungen

Die älteste und heute noch am häufigsten angewandte Deckung geneigter Dächer ist die Ziegeldeckung. Dachziegel werden aus dem Rohstoff Lehm hergestellt. Die aufbereitete Masse wird gepresst oder geformt, getrocknet und gebrannt. Nach Art der Herstellung werden **Pressdachziegel** und **Strangdachziegel** unterschieden. Pressdachziegel, z. B. Flachdachziegel oder Krempziegel, werden auf Stempelpressen hergestellt. Strangdachziegel (mit einfacher Verfalzung oder ohne Verfalzung, z. B. Biberschwanzziegel, Hohlpfannen) werden mit Strangpressen hergestellt.

Die Wahl der Dachziegel ist von der Gestaltung der Dachfläche und vor allem von der Dachneigung abhängig.

Die **Regeldachneigungen** für Ziegeldeckungen betragen je nach Dachziegelart zwischen 22° und 35°. Bei Dächern mit zusätzlichen Maßnahmen (z. B. mit Unterspannbahnen) oder mit Unterdach (z. B. Holzschalung mit einer Dachbahn) darf die Regeldachneigung unterschritten werden.

Decklänge und Deckbreite

Bei Ziegeln mit Querfalz (z. B. Reformziegel, Flachdachziegel usw.) müssen bereits vor dem Abbinden des Bauholzes die Sparrenlänge und der Dachvorsprung am Ortgang so festgelegt werden, dass sich die Länge und die Breite der Dachfläche in **ganze Ziegelreihen** aufteilen lässt.

Eine fachgerechte Ziegeldeckung ist weitgehend von der Lattung abhängig. Der Abstand der Latten muss überall gleich sein. Er muss genau der mittleren Lattenweite, abhängig von den gewählten Ziegeln, entsprechen. Außerdem muss die Lattung genau waagerecht verlaufen.

Bereits bei geringfügigen Abweichungen vom korrekten Lattenabstand kann es zu Pressungen in den Falzen und damit verbundenen Abplatzungen kommen, die dann zu Undichtigkeiten führen.

Dachziegel werden aus Lehm gepresst oder geformt und gebrannt. Nach Art der Herstellung wird zwischen Pressdachziegeln und Strangdachziegeln unterschieden.

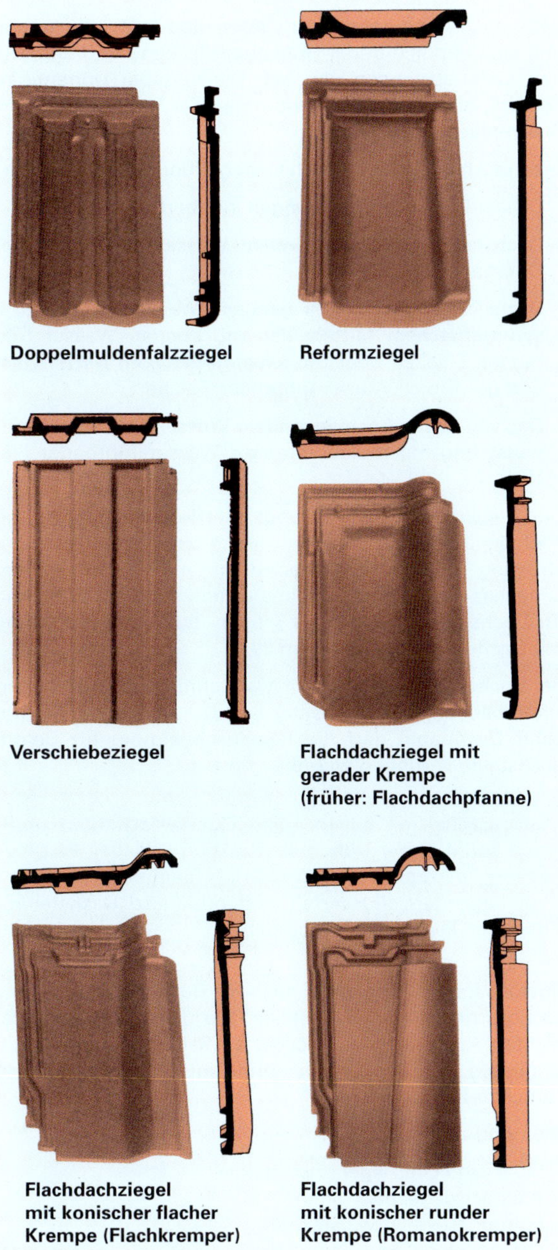

Beispiele von Falzziegeln

Grundsätzlich wird bei Dächern mit Eindeckung, gleich welcher Neigung, eine Be- und Entlüftung vorgesehen. Die Belüftung erfolgt durch in den unteren Ziegelreihen eingebaute Lüftungsziegel. Die Entlüftung wird durch die in der obersten Ziegelreihe eingebauten Lüftungsziegel oder durch den Lüftungsfirst (Trockenfirst) erzielt.

Dachdeckung mit Betondachsteinen

10.8.2 Betondachsteindeckungen

Betondachsteine sind in ihrer Form den Dachziegeln ähnlich. Dächer mit Betondachsteindeckung werden wie Ziegeldächer entweder einschalig oder mit Unterkonstruktion ausgeführt. Sie sind auch in jedem Falle mit Be- und Entlüftungsöffnungen zu versehen.

Betondachsteine haben keine Kopf- und Fußverfalzungen und sind dadurch in der Höhenüberdeckung und damit in den Lattenabständen variabel. Die variable Höhenüberdeckung ermöglicht das Abstimmen der Deckung auf jede Sparrenlänge.

Betondachsteine lassen sich in **vier Gruppen** unterteilen:

- Dachsteine **ohne Verfalzungen** in Biberformat,
- Dachsteine mit **tief liegendem Wasserfalz** und ebener Oberfläche,
- Dachsteine mit **hoch liegendem Wasserfalz** und mit **symmetrischem Mittelwulst** und ebenen Wasser führenden Flächen oder mit **asymmetrischem Mittelwulst** und gewölbten Wasser führenden Flächen,
- Dachsteine mit **hoch liegendem Wasserfalz ohne Mittelwulst** und mit muldenförmiger Wasser führender Fläche.

Die **Regeldachneigung** beträgt für Betondachsteine mit hoch liegendem Längsfalz bei einem Dach ohne Unterkonstruktion **22°**, für Betondachsteine mit tief liegendem Längsfalz bei einem Dach ohne Unterkonstruktion **25°** und für Dachsteindeckungen als Kronen- oder Doppeldeckung mit Dachsteinen in Biberform **30°**.

Bei Dächern mit zusätzlichen Maßnahmen (z. B. mit Unterspannbahnen) oder mit Unterdach (z. B. Holzschalung mit einer Dachbahn) darf die Regeldachneigung für Betondachsteine verringert werden.

Betondachsteine haben keine Querverfalzungen und sind somit in der Höhenüberdeckung variabel. Es gibt ebene Dachsteine ohne Wasserfalz (Längsfalz) und mit tief liegendem Wasserfalz und profilierte Dachsteine mit hoch liegendem Wasserfalz.

Dachstein im Biberformat

Dachstein, ebenflächig mit tief liegendem Längsfalz

Dachstein mit hoch liegendem Längsfalz, symmetrischem Mittelwulst

Dachstein mit hoch liegendem Längsfalz, asymmetrischem Mittelwulst

Dachsteine (Beispiele)

Sowohl für Dachziegel als auch für Betondachsteine gibt es Formziegel bzw. Formsteine. Sie dienen der werkgerechten Ausbildung der Dächer an Rändern, Kanten, Anschlüssen und Durchbrüchen ohne auf fremde Materialien zurückgreifen zu müssen.

Dies sind z.B.

- First- und Gratziegel bzw. -steine,
- Pultdachziegel bzw. -steine,
- Lüftungsziegel bzw. -steine,
- Ortgangziegel bzw. -steine,
- Dunstrohrdurchgangsziegel bzw. -steine.

Längsfalz des Dachsteins	Dachneigung	Mindesthöhenüberdeckung
mit hoch liegendem Längsfalz	über 30° von 22 … 30° unter 22°	7,5 cm 8,5 cm 10,0 cm
mit tief liegendem Längsfalz	über 35° von 25 … 35° unter 25°	8,0 cm 9,5 cm 10,5 cm

Mindesthöhenüberdeckung bei Betondachsteinen

10.8.3 Deckungen mit Faserzementdachplatten

Neben den Dachziegeln und Dachsteinen finden für Eindeckungen auch Faserzementdachplatten Verwendung.

Diese Dachplatten bestehen aus Zement mit innen liegenden Fasern.

Ihre Beliebtheit ist wohl auf die vielseitigen Gestaltungsmöglichkeiten (Verlegeart, Farbe) und auf die Möglichkeit, Dachplatten auch für Wandverkleidungen zu verwenden, zurückzuführen.

Die Dachplatten sind aus 4 mm dicken ebenen Tafeln in Rechteck- und Quadratform hergestellt. Daneben sind sie mit gestutzten Ecken, Quadratplatten auch mit Bogenschnitt, handelsüblich. Sie sind werksseitig gelocht für die Befestigung mit Schieferstiften (Nägeln).

Die Art und Ausführung der Deckung mit Faserzementdachplatten ist sowohl handwerklich als auch formal aus der jahrhundertealten Schieferdeckung entstanden.

Größen der Quadratplatten: 40 cm × 40 cm
30 cm × 30 cm
Größen der Rechteckplatten: 20 cm × 20 cm
60 cm × 30 cm 30 cm × 20 cm
40 cm × 20 cm 30 cm × 15 cm
40 cm × 13 cm 20 cm × 10 cm

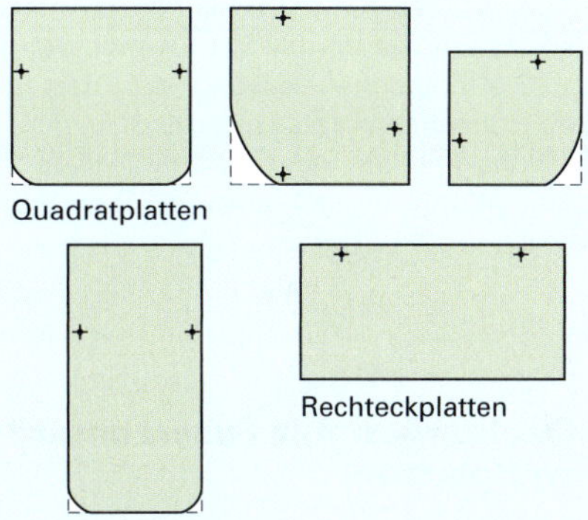

Dachplatten aus Faserzement

Deutsche Deckung

Die empfohlene Regeldachneigung beginnt bei 25°. Bei der deutschen Deckung verlaufen die Plattenreihen (Gebinde) steigend zur Hauptwetterrichtung. Mit zunehmender Dachneigung verringert sich die Gebindesteigung (25° Dachneigung erfordert eine Gebindesteigung von 30°, 60° Dachneigung erfordert eine Gebindesteigung von 8°).

Die Verlegung erfolgt auf einer geschlossenen Holzschalung, gegebenenfalls mit Dachbahnenvordeckung.

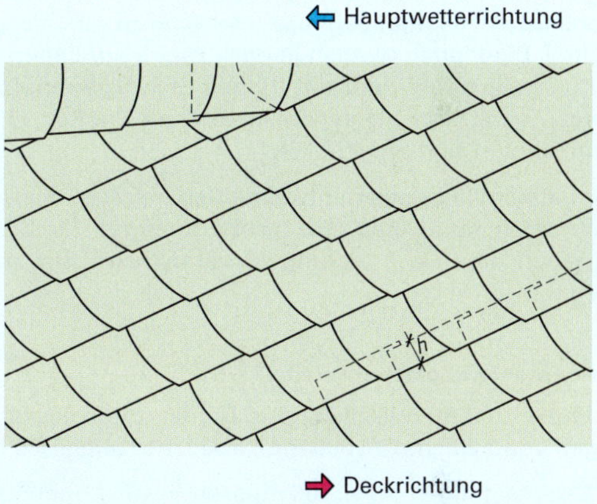

Deutsche Deckung

Doppeldeckung

Die empfohlene Regeldachneigung beginnt bei 25°. Bei der Doppeldeckung wird die erste Dachplatte von der dritten mit der vorgeschriebenen Höhenüberdeckung überdeckt. Mit zunehmender Dachneigung verringert sich die Mindestüberdeckung. Beim Plattenformat 40 cm × 40 cm beträgt die Höhenüberdeckung bei einer Dachneigung über 50° mindestens 7 cm, bei Dachneigungen von 25...30° mindestens 12 cm. Als Unterkonstruktion wird in der Regel eine horizontale Lattung vorgesehen. Eine geschlossene Schalung wie bei der deutschen Deckung ist ebenfalls möglich.

Die Deckungen aus Faserzementdachplatten sind den Schieferdeckungen nachempfunden. Faserzementdachplatten sind jedoch einfacher zu verlegen.

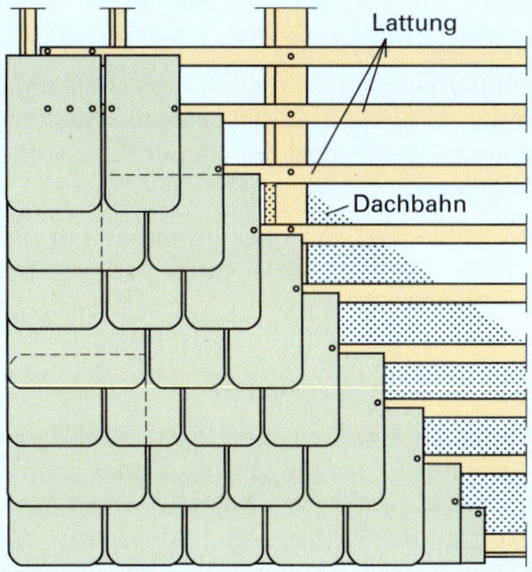

Doppeldeckung

Waagerechte Deckung

Die empfohlene Regeldachneigung beginnt bei 30°. Bei der waagerechten Deckung werden die Platten, wie bei der deutschen Deckung, mit Höhen- und Seitenüberdeckung, jedoch ohne Gebindesteigung verlegt. Die Deckrichtung erfolgt gegen die Hauptwetterrichtung. Als Unterkonstruktion ist eine geschlossene Schalung möglich, jedoch nicht notwendig. In der Regel wird eine horizontale Lattung vorgesehen.

Die Höhen- und Seitenüberdeckung nimmt mit zunehmender Dachneigung ab.

Die waagerechte Deckung ist wegen ihres geringen Materialbedarfs und der kurzen Verlegezeit besonders kostengünstig.

Dachplatten aus Faserzement finden nicht nur für Dachdeckungen, sondern auch für Wandverkleidungen Verwendung. Die deutsche Deckung erfordert eine geschlossene Holzschalung als Unterkonstruktion. Für die Doppeldeckung und die waagerechte Deckung ist eine horizontale Lattung in den erforderlichen Abständen ausreichend.

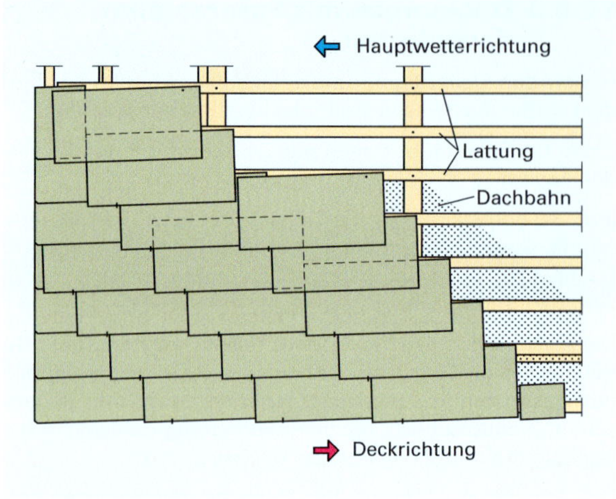

Waagerechte Deckung

10.8.4 Deckungen mit Faserzementwellplatten

Um die nötige Biegesteifigkeit bei großformatigen Faserzementdachplatten zu erreichen, werden sie mit gewellten Profilen hergestellt. Dabei sind unterschiedliche, zum Teil genormte Profile und Plattengrößen handelsüblich.

Formstücke, wie Traufenzahnleisten, Traufenfußstücke, Giebelleisten, Firsthauben u.a., erleichtern die Verlegearbeiten. Die Platten werden je nach Länge auf Latten (nur bei Kurzwellplatten) oder auf Pfetten bzw. Sparrenpfetten verlegt. Zusätzliche Unterkonstruktionen (außer Unterspannbahnen) sind nicht üblich.

Deckungen mit Faserzementwellplatten belasten die Dachkonstruktion nur wenig. Die großformatigen Platten ermöglichen eine Dachdeckung in verhältnismäßig kurzer Zeit.

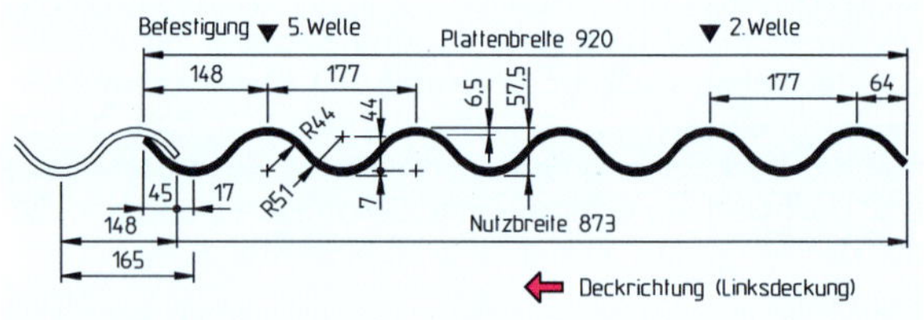

Faserzementwellplatte, Profil 177/51

Faserzementwellplatten Profil 177/51

Die Platten haben 5 Wellen, eine Breite von 920 mm und Längen von 1250 mm, 1600 mm, 2000 mm und 2500 mm.

Bei Dachneigungen ≥ 7 ... 10° müssen in die Längenüberdeckung **Dichtungsschnüre** eingelegt werden. Die Seitenüberdeckung der Platten beträgt 47 mm.

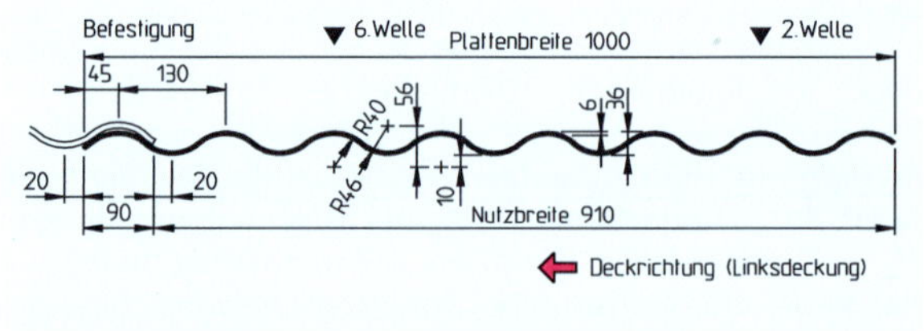

Faserzementwellplatte, Profil 130/30

Faserzementwellplatten Profil 130/30

Die Platten haben 8 Wellen, eine Breite von 1000 mm und Längen von 1250 mm, 1600 mm, 2000 mm und 2500 mm.

Die Seitenüberdeckung beträgt 90 mm. Befestigt werden die Platten am zweiten und sechsten Wellenberg. Bei Dachneigungen ab 20° darf der Pfettenabstand höchstens 1,175 m betragen.

Ansonsten gelten dieselben Bestimmungen (größte zulässige Dachtiefe, Längenüberdeckung, Verlegeregeln usw.) wie für das Profil 177/51.

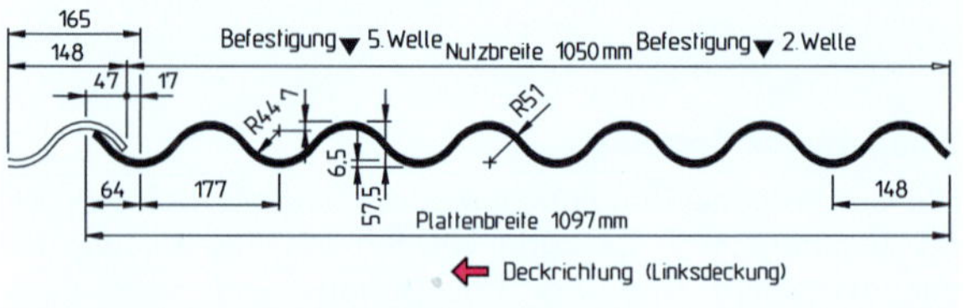

Faserzementwellplatte, Kurzwellplatte

Kurzwellplatten aus Faserzement

Die Platten haben 6 Wellen, eine Breite von 1097 mm und eine Länge von 625 mm (Ausgleichsplatten auch mit einer Länge von 830 mm). Die Seitenüberdeckung beträgt 47 mm, die Längenüberdeckung 125 mm. Kurzwellplatten erfordern eine Regeldachneigung von 10°. Die Platten werden auf Latten (4 cm × 6 cm) im Abstand von 50 cm verlegt.

Faserzementwellplatten erhalten ihre Steifigkeit durch das Wellenprofil.

10.8.5 Dachausbau

Während früher Dachgeschosse überwiegend nur als Speicher genutzt wurden, ist es heute üblich, sie zu Wohnzwecken auszubauen.

Um den Anforderungen der Energieeinsparverordnung zu genügen, sind Dämmschichten von etwa 20 ... 24 cm erforderlich.

Bei einer Dämmschicht zwischen den Sparren wird der Bereich von Unterkante bis Oberkante des Sparrens vollständig mit dem Dämmstoff gefüllt. Um bauphysikalisch bedingte Feuchteschäden durch Tauwasser zu vermeiden, muss unterhalb der Dämmschicht eine **Dampfbremse** eingebaut werden. Die Dampfbremse ist nur funktionsfähig, wenn sie **absolut dicht** ist. Über der Dämmschicht muss zum Schutz vor eindringendem Regenwasser eine Bahn vorgesehen werden, welche die Eigenschaft besitzt, das eindringende Wasser abzuleiten, gleichzeitig aber den trotz Dampfbremse eindringenden Wasserdampf nach außen durchdringen zu lassen. Diese Eigenschaft besitzen z. B. dampfdiffusionsoffene Bahnen aus Polyestervlies.

Der Bereich unterhalb der Dachdeckung (z. B. der Bereich zwischen den Ziegeln und der Dachschalung) muss durchlüftet sein.

Die Belüftung erfolgt an der Traufe durch **Lüftungsziegel** (oder Lüftungsdachsteine), die Entlüftung am First durch die Fugen des **Trockenfirstes.** Bei vermörtelten Firstziegeln (oder Firststeinen) müssen auch im Firstbereich Lüftungsziegel (oder Lüftungsdachsteine) vorgesehen werden.

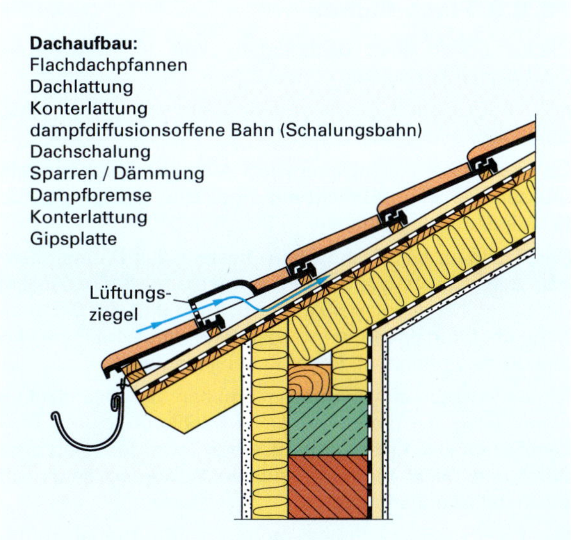

Traufe eines Daches mit Unterkonstruktion

Bei ausgebauten Dachräumen muss unterhalb der Dämmschicht eine Dampfbremse angeordnet werden.

Zusammenfassung

Bei den Dachdeckungen wird zwischen Eindeckungen und Abdichtungen unterschieden. Bei Dachziegeln unterscheidet man zwischen Pressdachziegeln und Strangdachziegeln.

Betondachsteine werden mit tief liegendem oder mit hoch liegendem Längsfalz hergestellt.

Dachplatten aus Faserzement finden nicht nur für Dachdeckungen, sondern auch für Wandverkleidungen Verwendung.

Faserzementwellplatten erhalten ihre Steifigkeit durch das Wellenprofil.

Bei zu Wohnzwecken ausgebauten Dächern ist immer raumseitig eine Dampfbremse einzubauen. Die Wärmedämmschicht wird oberhalb mit einer dampfdiffusionsoffenen Bahn abgedeckt. Sie verhindert das Eindringen von Regenwasser in die Dämmschicht, gleichzeitig lässt sie aber den Wasserdampf nach außen entweichen.

Aufgaben

1. *Zwischen welchen Dachziegelarten kann unterschieden werden?*
2. *Welcher Zusammenhang besteht zwischen einer Ziegeldeckung und der Sparrenlänge?*
3. *Welche Vor- und Nachteile haben Ziegeldeckungen gegenüber Betondachsteindeckungen?*
4. *Aus welchem Grund muss bei Dachdeckungen aus Faserzementplatten die Hauptwetterrichtung berücksichtigt werden?*
5. *Nennen Sie die wichtigsten Deckungsarten für Faserzementdachplatten und ihre wesentlichen Unterscheidungsmerkmale.*
6. *Nennen und begründen Sie die Vorzüge einer Dachdeckung mit Faserzementwellplatten gegenüber einer Ziegeldeckung.*
7. *Warum muss bei ausgebauten Dachräumen unterhalb der Dämmschicht eine Dampfbremse angeordnet werden?*

10.8.6 Flachdächer

Dächer bis zu einer Dachneigung von 10° werden als Flachdächer bezeichnet.

Ihre Tragkonstruktionen bestehen entweder aus Holz, Stahl oder Stahlbeton.

Da es sich bei Flachdächern um Außenbauteile handelt, müssen sie eine **Abdichtung** und eine entsprechende **Wärmedämmung** erhalten.

Die Dachhaut bei Flachdächern besteht aus Bitumenbahnen oder Kunststoff- bzw. Elastomerbahnen. Die Anzahl der Lagen hängt von der Art der Bahnen und der Dachneigung ab. Bitumenbahnen werden zwei- oder dreilagig verlegt, Kunststoffbahnen in der Regel einlagig.

An der sichtbaren Oberfläche erhalten die Dachflächen einen Belag, der die empfindliche Dachhaut schützt. Dies kann durch eine Kiesschüttung, einen Terrassenbelag oder durch eine Dachbegrünung erfolgen. Außerdem sind auch Blechabdeckungen möglich.

Der Dachaufbau ist immer mehrschichtig, wobei grundsätzlich zwischen durchlüfteten **zweischaligen** Dächern (Kaltdächern) und **nicht durchlüfteten einschaligen** Dächern (Warmdächern) unterschieden wird.

Wohnhaus mit Flachdach

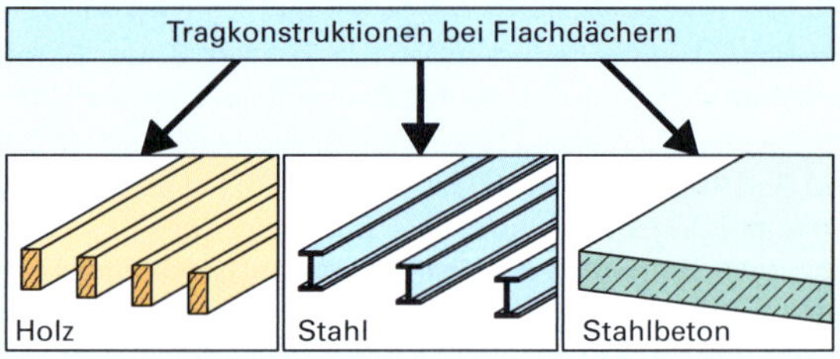

Tragkonstruktionen

10.8.7 Durchlüftete zweischalige Dächer (Kaltdächer)

Kaltdächer haben grundsätzlich einen zweischaligen Aufbau. Die Möglichkeiten der Konstruktionen sind sehr vielfältig, trotzdem lässt sich Allgemeines zu den Funktionen der Schalen sagen:

- Die **untere** Schale hat tragende, raumabschließende und wärmedämmende Aufgaben. Sie muss außerdem einen bestimmten Dampfwiderstand besitzen.
- Die **obere** Schale hat die Aufgabe, Schutz gegen Niederschlag zu bieten und das anfallende Wasser abzuleiten.

Die untere Schale (Tragschale) besteht aus einer hölzernen Balkenlage, aus Stahlträgern oder einer Stahlbetonplatte. Die Wärmedämmschicht liegt auf der Tragschale. Darüber entsteht der für die Belüftung erforderliche Hohlraum. Über diesem Hohlraum ist dann die Dachabdichtung (Dachhaut) angeordnet.

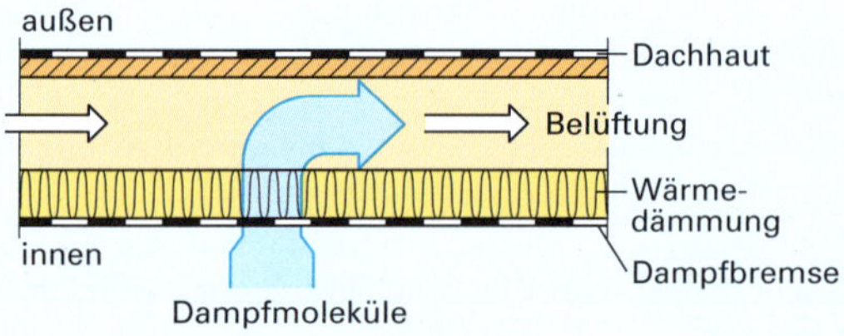

Kaltdach (Prinzip)

Aufgaben und Ausführung der einzelnen Schichten

Dampfbremse

Warme Luft ist in der Lage mehr Wasserdampf aufzunehmen als kalte Luft. Kühlt warme Luft ab, so kann es zu einer Kondensation des überschüssigen Dampfes kommen. Findet diese Kondensation in der Wärmedämmschicht statt, kommt es zu einer Durchfeuchtung der Wärmedämmschicht. Eine feucht gewordene Dämmschicht verliert dann ihre wärmedämmende Eigenschaft. Um dies zu verhindern, wird eine Dampfbremse eingebaut.

Die Dampfbremse unter der Wärmedämmschicht setzt den Dampfdurchgang herab. Sie ist vor allem dann erforderlich, wenn in den darunterliegenden Räumen bei normalen Raumtemperaturen mit einer sehr hohen Luftfeuchtigkeit zu rechnen ist. Ansonsten werden keine so hohen Anforderungen (wie z.B. beim Warmdach) an deren Dampfdurchlasswiderstand gestellt. In der Regel genügt die Verlegung von handelsüblichen Dampfsperrbahnen.

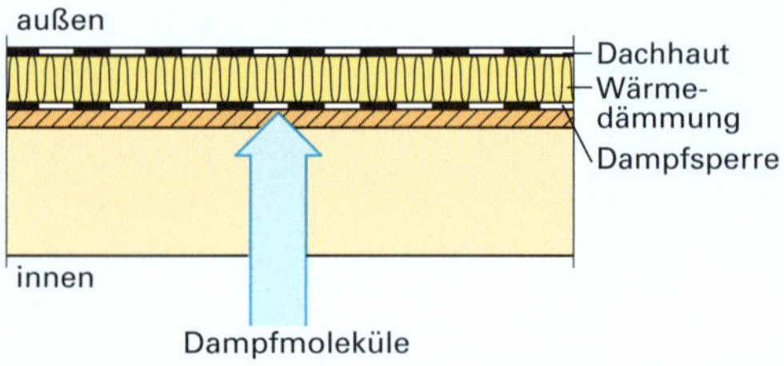

Warmdach (Prinzip)

Es wird zwischen durchlüfteten zweischaligen Dächern (Kaltdächern) und nicht durchlüfteten einschaligen Dächern (Warmdächern) unterschieden.

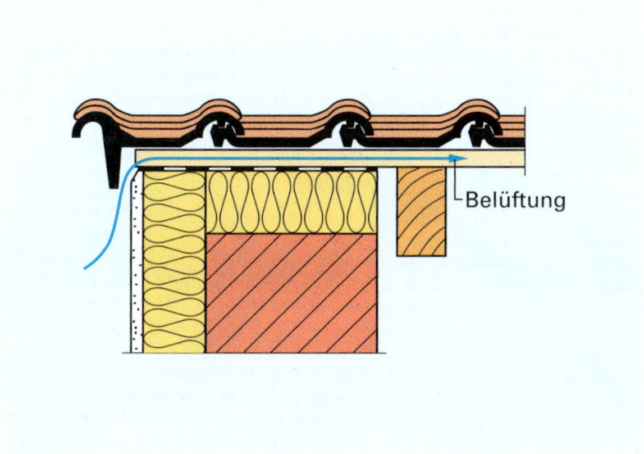

Ortgang ohne Dachüberstand mit Ortgangziegel und Querbelüftung

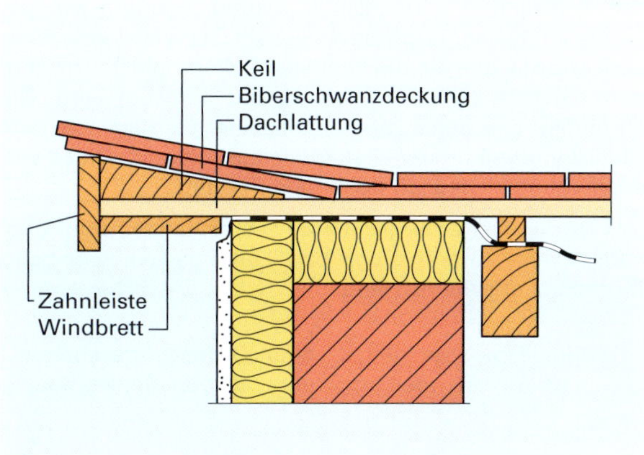

Ortgang mit Zahnleiste bei Biberschwanzdeckung

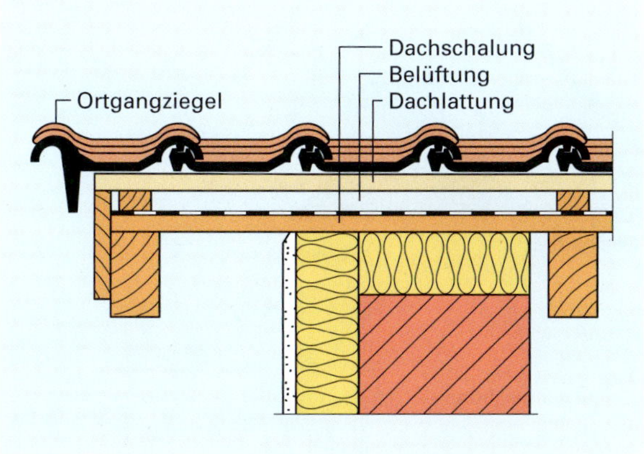

Ortgang bei Dachüberstand mit Ortgangziegel

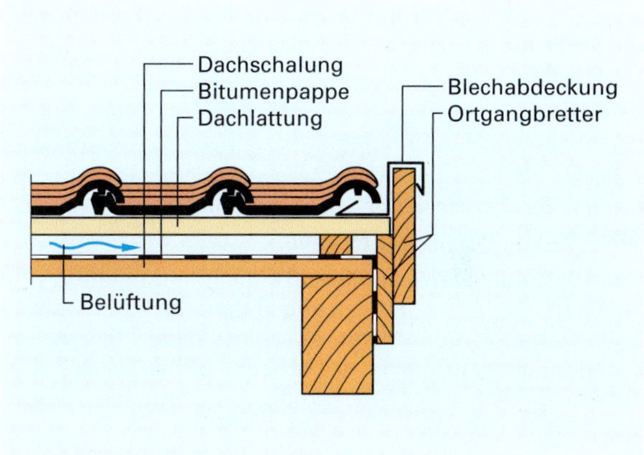

Ortgang bei Dachüberstand mit Ortgangbrettern

10.9.3 First

Der First wird bei Deckungen mit Dachziegeln und Dachsteinen entweder als Mörtelfirst oder als Trockenfirst ausgebildet.

Die Firstziegel bzw. die Firststeine sind durch ihre Lage sehr stark dem Wind ausgesetzt und müssen entsprechend gesichert werden.

Beim **Mörtelfirst** werden die Firstziegel bzw. Firststeine mit der obersten Dachziegel- bzw. Dachsteinreihe vermörtelt. Da eine Dachentlüftung beim Mörtelfirst nicht über den First erfolgen kann, müssen in Firstnähe Lüftungsziegel bzw. Lüftungssteine vorgesehen werden.

Die Vermörtelung alleine reicht nicht zur Windsicherung, es ist eine zusätzliche Befestigung (z. B. mit korrosionsbeständigem Bindedraht) erforderlich.

Traufe und Ortgang werden ohne oder mit Dachüberstand ausgebildet. Dachüberstände bieten den Fassaden Schutz vor Niederschlägen, und sie schützen vor sommerlicher Hitze. Durch Traufe und Ortgang erhalten die Gebäude oft ihren Stil und ihren unverwechselbaren Charakter.

Firstvermörtelung

Der **Trockenfirst** wird nicht in Mörtel, sondern mit besonderen Befestigungsmitteln verlegt. Hierzu ist eine Firstlatte erforderlich, die mit Firstlattenhaltern in entsprechendem Abstand vom Firstscheitelpunkt befestigt wird. Die einzelnen Firstziegel bzw. Firststeine werden z. B. mit Stahlklammern an der Firstlatte festgeschraubt. Diese Verschraubung dient auch der Windsicherung.

Der Trockenfirst ermöglicht eine ausreichende Entlüftung, sodass keine Lüftungsziegel bzw. Lüftungssteine wie beim Mörtelfirst erforderlich sind.

Der First bei Dachziegel- oder Dachsteindeckungen kann als Mörtel- oder Trockenfirst ausgebildet werden.

Trockenfirst

10.9.4 Attika (Dachrandabschluss)

Der Abschluss soll etwa 10 cm (bei Dachneigung über 5° etwa 5 cm) höher als der Dachbelag liegen. Dadurch wird die Abdichtung über den Oberflächenschutz hochgezogen. Die Randaufkantung wird aus Holz, Beton oder Mauerwerk hergestellt.

Durch die Aufkantung wird der Dachrand nach innen entwässert. Bei zu geringer Anschlusshöhe besteht die Gefahr, dass Wasser über den Dachrand austritt und die Außenwand durchfeuchtet.

Die Abdichtung wird an die Aufkantung herangeführt und befestigt. Bei Abdichtungen mit Bitumenbahnen werden Keile eingelegt. Den oberen Abschluss bilden Blechabdeckungen, die ein Gefälle zur Dachseite hin aufweisen. Der äußere Schenkel der Abdeckung überlappt die Außenwand um 5 ... 10 cm.

Die Abdeckungen werden mit Haltebügeln oder abgedichteten Schrauben befestigt.

Eckformstücke sollten am Innenschenkel mindestens 25 cm lang sein.

Bei Dachabschlüssen wird die Abdichtung über den Oberflächenschutz hochgezogen. Die hochgezogene Abdichtung wird befestigt und an die Dachabdichtung angeschlossen.

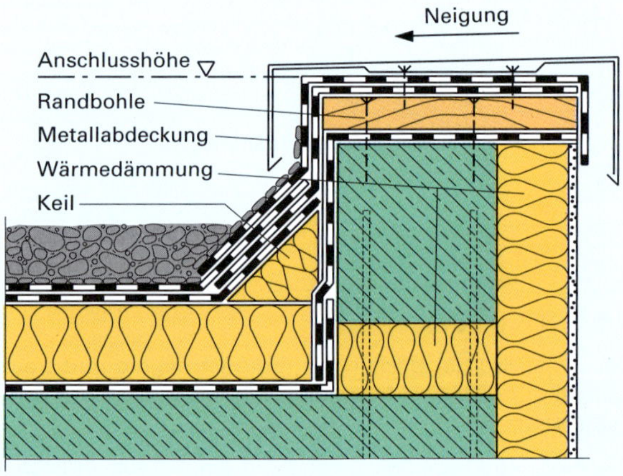

Attika

Zusammenfassung

Dachüberstände schützen die Gebäudefassade vor Witterungseinflüssen. Bei hohem Sonnenstand spenden sie Schatten.

Traufe und Ortgang werden ohne oder mit Dachüberstand ausgebildet.

Durch Traufe und Ortgang erhalten die Gebäude oft ihren Stil und ihren unverwechselbaren Charakter.

Der First bei Dachziegel- oder Dachsteindeckungen kann als Mörtel- oder Trockenfirst ausgebildet werden.

Bei Dachabschlüssen von Flachdächern wird die Abdichtung über den Oberflächenschutz hochgezogen.

Aufgaben

1. *Nennen Sie die Aufgaben von Dachüberständen.*
2. *Skizzieren Sie die Traufe eines Daches mit Überstand.*
3. *Beschreiben Sie die Ortgangausbildung eines geneigten Daches mit Ziegeldeckung.*
4. *Wodurch unterscheidet sich ein Mörtelfirst von einem Trockenfirst?*
5. *Skizzieren Sie die Dachrandausbildung eines einschaligen unbelüfteten Flachdaches.*

11 Hallenbauten

11.1 Hallenbaukonstruktionen

11.1.1 Hallenarten

In früheren Zeiten überragten die Hallen der Kirchen die restlichen Bauwerke. Heute sind Hallen meist nicht höher als die Nachbarbebauung. Hallen können durch ihre Raumfunktion, kombiniert mit extravaganten Konstruktionsweisen, durch ihre isolierte Stellung ohne Anbindung an die vorhandenen Bauwerke sowie durch ihre sehr großen Fenster und Oberlichter zu einem attraktiven Baukörper gestaltet werden.

Hallenkonstruktionen werden für unterschiedliche Zwecke errichtet. Sie können als

- Sport- oder Mehrzweckhallen,
- Werks- oder Industriehallen,
- Einkaufshallen,
- Messehallen und
- Bahnhofs- oder Flugzeughallen

dienen.

Hallen werden meist als stützenfreie Gebäude mit einer entsprechenden Hülle konzipiert. Für ihre Errichtung ist der Einsatz verschiedener Baustoffe, wie Holz, Stahl und Stahlbeton, denkbar.

Bei der Konstruktion von Hallenbauten hat sich die Skelettbauweise durchgesetzt. Unabhängig von Nutzung oder Baustoff haben alle den gleichen prinzipiellen Aufbau. Die Grundrissfläche ist gekennzeichnet durch eine meist stützenfreie rechteckige Grundfläche, die mit einer freitragenden Dachkonstruktion überspannt ist. Die Anordnung von tragenden Stützen ist dabei in den äußeren Gebäudebegrenzungen vorgesehen. Die Gestaltung des Hallenquerschnitts ist ein- oder mehrschiffig.

Die übliche Breite der durch Stützenreihen getrennten Hallenschiffe liegt zwischen 12 und 36 m. Die Gebäudebreite einer Halle wird ferner dadurch bestimmt, ob eine seitliche Belichtung der Halle vorgesehen ist. Werden sie über Oberlichter, also durch Öffnungen im Dach, oder künstlich beleuchtet, so sind großflächige Baukörper möglich. Für Tagesbeleuchtung in der Dachkonstruktion haben sich **Sheddächer** bewährt. Flachbauten werden am häufigsten eingeschossig errichtet.

Hallenbauten sind meist aus Fertigteilelementen zusammengesetzte Konstruktionen oder werden seltener mit vor Ort hergestellten Bauteilen errichtet.

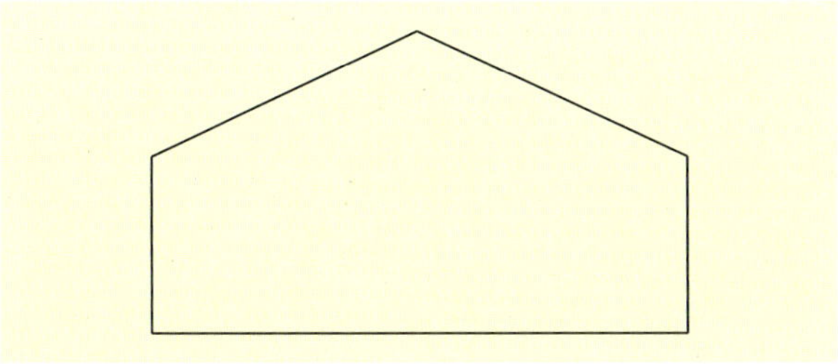

Einschiffige Hallenkonstruktion

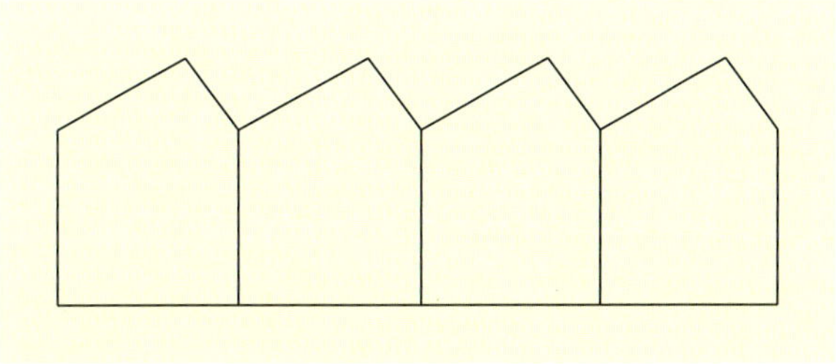

Mehrschiffige Hallenkonstruktion

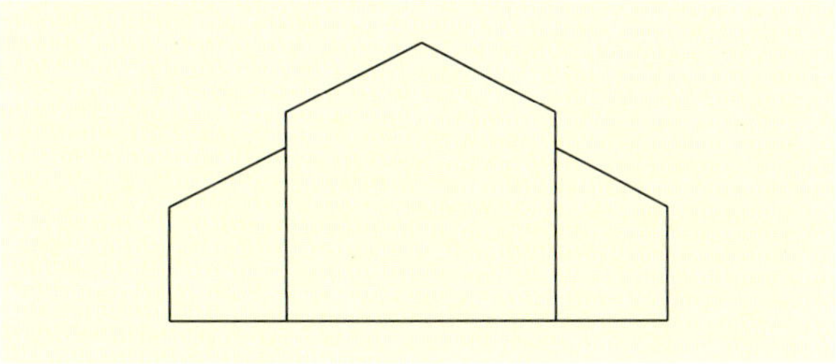

Mehrschiffige Hallenkonstruktion mit unterschiedlichen Abmessungen

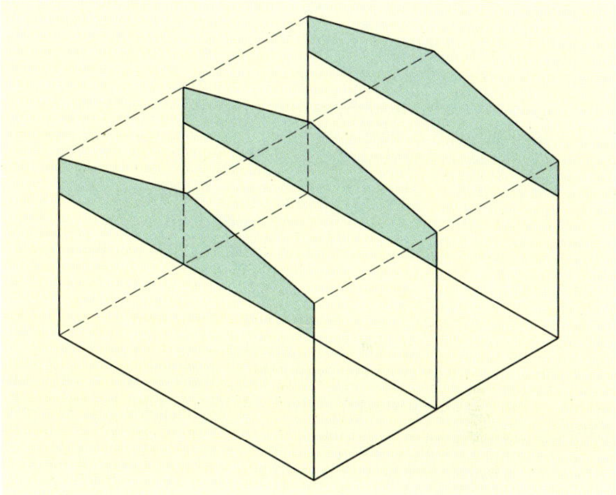

Hallenkonstruktion aus Vollwandbindern und Rahmen

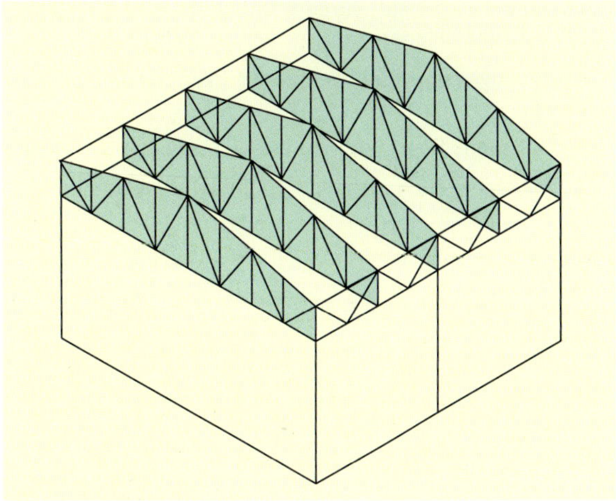

Hallenkonstruktion

11.1.2 Bausysteme

Die Erstellung von industrialisierten Fertigteilbauten kann unabhängig von der Witterung erfolgen. Gleichzeitig können die Arbeitszeitauslastung sowie der Einsatz von Baustoffen und Arbeitskräften optimiert werden.

Bauwerke im Rohbau setzen sich aus Tragkonstruktionen und raumbegrenzenden Elementen zusammen. Je nach der statischen Funktion der Raumabschließung werden im Fertigteilbau die Tragkonstruktionen unterteilt in

- Flächentragwerke,
- Raumzellen und
- Skelettkonstruktionen.

Die Bausysteme des Fertigteilbaus werden entsprechend in drei Gruppen klassifiziert:

- Tafelsysteme,
- Zellensysteme,
- Skelettsysteme.

Bei **Tafelsystemen** bestehen Räume aus vorgefertigten Wandteilen oder ganzen Wänden (Tafeln) und aus Deckenplatten. Dabei haben die Wände sowohl statische (tragende und aussteifende) als auch raumabschließende Funktionen. Tafelsysteme kommen für Außen- und Innenwände bei ein- und mehrgeschossigen Gebäuden zum Einsatz.

Die Weiterentwicklung dieser Bauweise führte zur Großtafelbauweise, bei der die Wände in einem Element statische und raumbildende Funktion übernehmen. Diese Bauweise ist dadurch gekennzeichnet, dass die Wandscheiben aus Mauerwerk und Decken aus Ortbeton durch selbsttragende raumgroße Wand- und Deckentafeln ersetzt werden. Die Stöße der raumgroßen Scheiben werden biegesteif verbunden, sodass eine stabile Baukonstruktion entsteht.

Zellensysteme werden aus raumgroßen Zellen gebildet. Dabei übernimmt jede Zelle sowohl tragende als auch raumbegrenzende Funktionen. Die Gebäude entstehen durch das Übereinander- und Aufeinanderstellen der Raumzellen.

Die Zellbauweise hat sich aufgrund des hohen Montageaufwands in der Praxis nicht durchgesetzt. Jedoch können diese Raumzellen in Verbindung mit Großtafeln und Skelettkonstruktionen speziell für Räume mit hohem Ausbaugrad eingebaut werden. Dabei werden drei Zellensysteme unterschieden:

- Mischbauweise = Raumzellen aus Wänden und Teilskeletten,
- geschlossene Raumzellen, die allseitig abgegrenzt sind,
- offene Raumzellen, d.h., die Raumzelle ist nur an zwei Seiten begrenzt.

Skelettsysteme bestehen aus einem Tragskelett aus Stützen, Unterzügen und Deckenplatten oder Rahmenkonstruktionen (siehe Abschnitt 11.2).

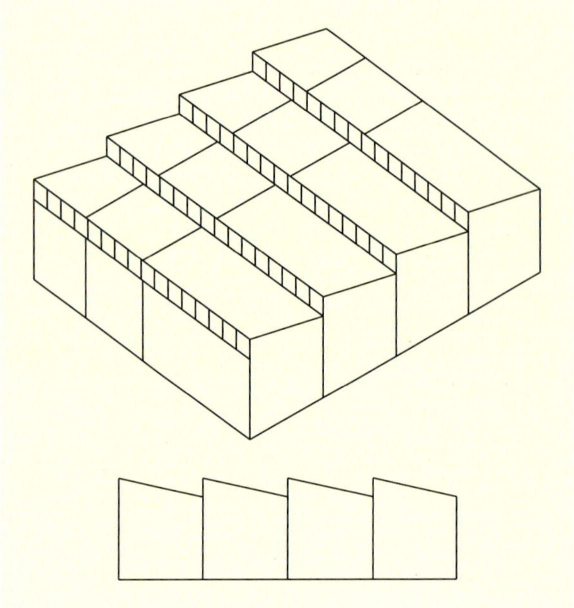

Hallenkonstruktion aus Shedbindern

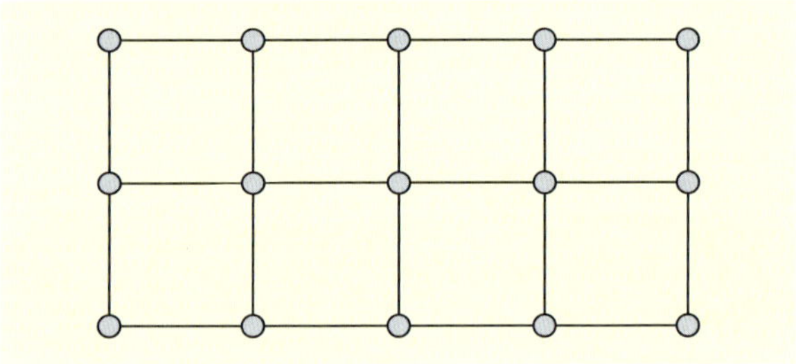

Skelettsystem

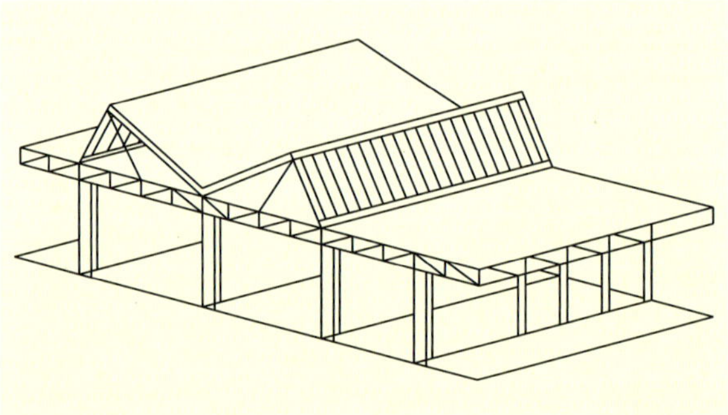

Hallenkonstruktion

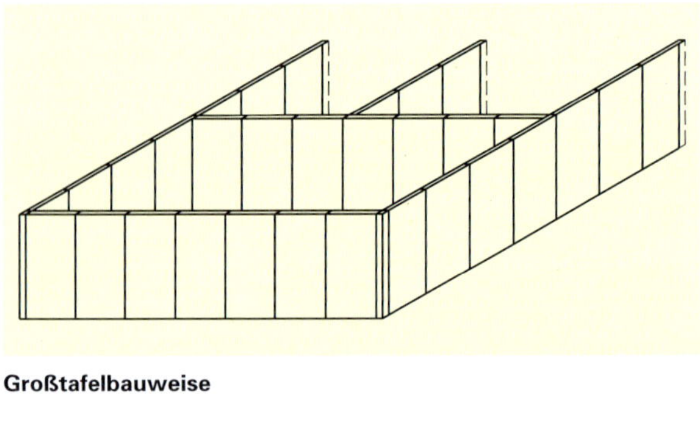

Großtafelbauweise

Zusammenfassung

Hallenbauten sind in der Regel aus Fertigteilen bestehende Gebäudekonstruktionen. Ihre Nutzung reicht von Sporthallen bis hin zu Produktionshallen. Die Anzahl der Hallenschiffe bestimmt, ob es sich um einschiffige oder mehrschiffige Hallen handelt. Die üblichen Abmessungen der Hallenschiffe sind 12 ... 36 m. Maßgebender Faktor bei der Festlegung der Hallenbreite ist die Art der Belichtung. Hallenbauten werden meist in industrieller Bauweise errichtet. Der industrielle Fertigteilbau unterscheidet je nach statischer Funktion Flächentragwerke, Raumzellen und Skelettkonstruktionen. Daraus haben sich die Tafelsysteme, Zellensysteme und Skelettsysteme als Bausysteme entwickelt.

Aufgaben

1. *Welches charakteristische Merkmal weisen Hallengrundrisse auf?*
2. *Welcher Unterschied besteht zwischen einer einschiffigen und einer dreischiffigen Halle im Hinblick auf die Nutzung?*
3. *Wovon hängt die Festlegung der Hallenbreite ab?*
4. *Stellen Sie die Bausysteme Tafelsystem und Zellensystem gegenüber und erklären Sie die konstruktiven Besonderheiten.*

11.1.3 Grundlagen für die Planung von Hallenkonstruktionen

Die planmäßige Zuordnung einzelner Bauteile zu einem baulichen Ganzen wird als Bausystem bezeichnet. Dazu wird nicht nur der Rohbau als eine Einheit gesehen, sondern auch der Ausbau mit seinen einzelnen Gewerken. Man unterscheidet beim Bauen mit Fertigteilen zwei Bausysteme, das offene und das geschlossene:

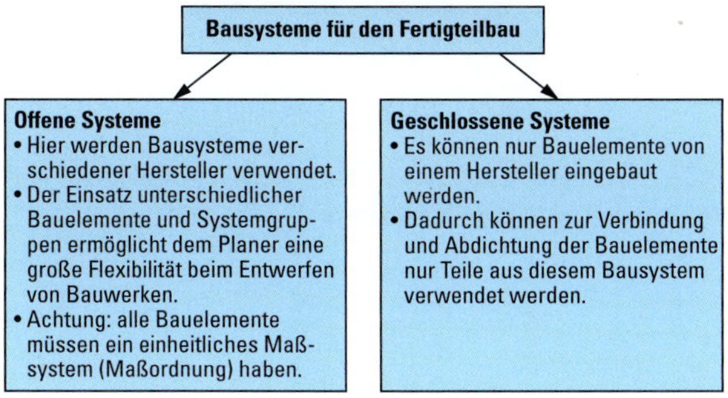

Bausysteme für den Fertigteilbau

Bei Planung und Ausführung von Bauwerken aus Fertigteilen wird die **Modulordnung** (DIN 18000) als Hilfsmittel für die Abstimmung der Maße national und international eingesetzt. Die Modulordnung bewirkt eine höhere Produktivität durch die Sortimentsbeschränkung an Bauteilen; Bauteile sind miteinander kombinierbar und können problemlos ausgetauscht werden. Dies stellt auch eine Vereinfachung der Entwurfsarbeit dar.

Der Maßordung liegt ein dezimetrisches System mit einem **Grundmodul GM = 100 mm** zu Grunde.

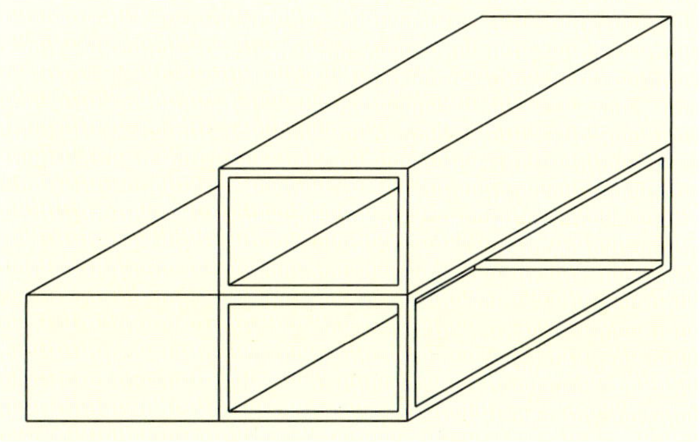

Zellenbauweise

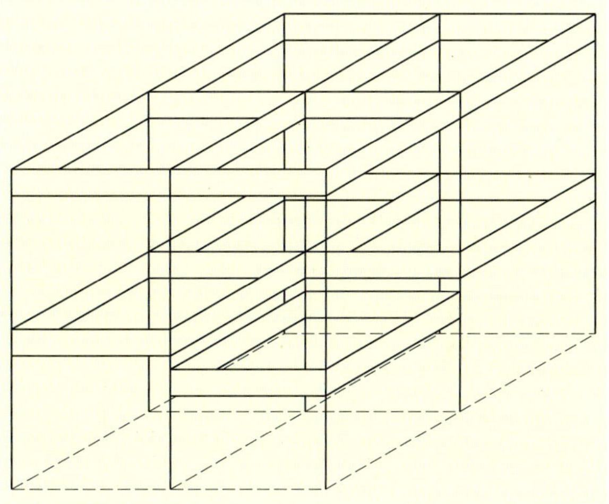

Skelettbauweise

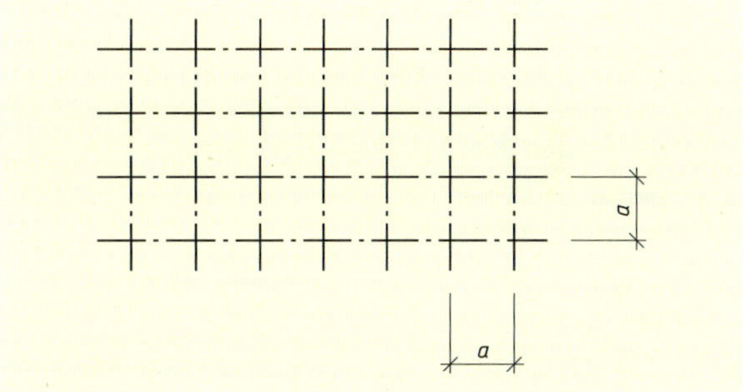

Quadratraster

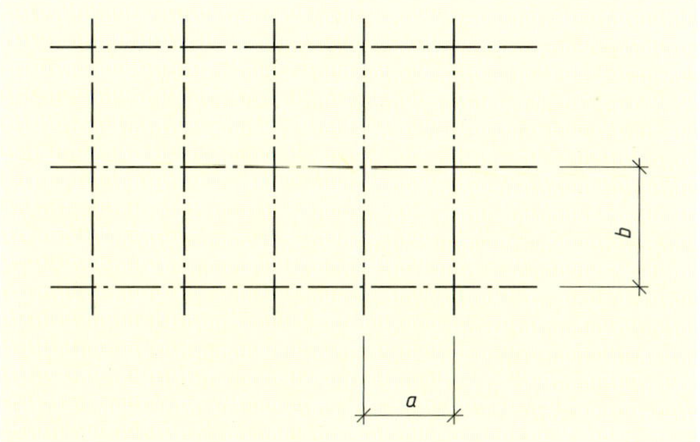

Rechteckraster

Aus dem GM werden genormte ganzzahlige Vielfache, die sogenannten Multimoduln abgeleitet (z. B. 3 M; 6 M; 10 M; 36 M o. Ä.). Sie dienen als Maßsprung für Abstände von Gebäudeachsen. Unter Berücksichtigung ergonomischer Maße, internationaler Vorgaben und nutzungstechnischer Erfahrungswerte haben sich Vorzugszahlen entwickelt.

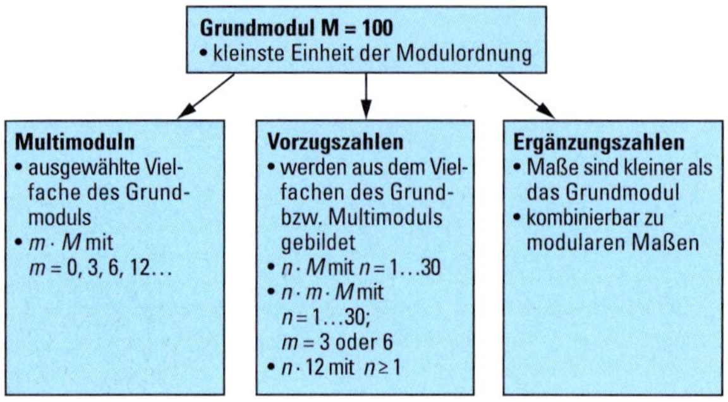

Modulordnung

Für die Skelettbauweise werden zur Anordnung der Stützen Rastersysteme erstellt. In sich kreuzenden Rasterlinien wird die Lage der Stützen festgelegt. Die Raster können verschiedene geometrische Formen haben.

Bei der Planung kommen folgende Rastersysteme zum Einsatz:

- Planungsraster,
- Ausbauraster,
- Konstruktionsraster.

Um Bauwerke oder Bauelemente in Größe und Lage festzulegen, müssen Koordinationssysteme (Bezugsebenen) definiert werden. Ein Koordinationssystem besteht aus rechtwinklig zueinander geordneten Ebenen, deren Abstände Konstruktionsmaße sind. Dem Koordinationssystem werden Koordinationsräume von Bauwerken oder Bauteilen mittels festgelegter Bezugsarten wie Grenz- und Achsbezug, Rand- und Mittellage zugeordnet.

Grenzbezug bedeutet, zwei Koordinationsebenen bilden die Begrenzung der Bauteile.

Bei **Achsbezug** liegt nur eine Koordinationsebene mittig im Bauteil.

Die **Randlage** sieht die Begrenzung eines Bauteils durch eine Koordinationsebene vor.

Die **Mittellage** für Bauteile entsteht, wenn die Bauteilachse zwischen zwei Koordinationsebenen liegt.

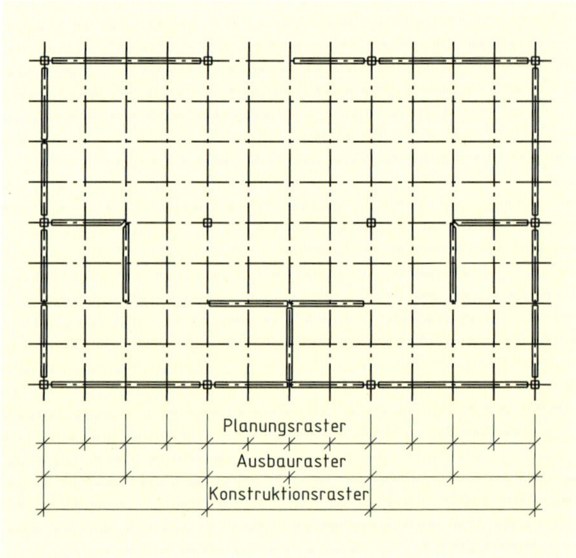

Rastersysteme

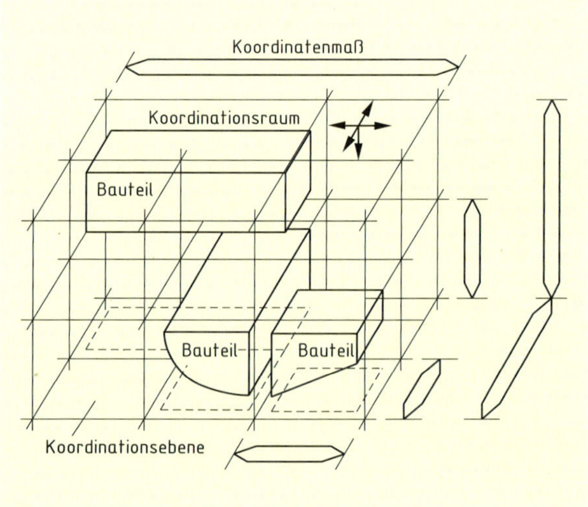

Bezugsarten im Koordinatensystem

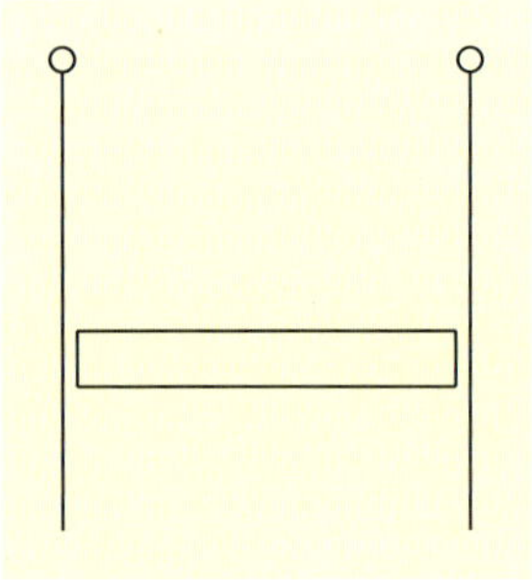

Grenzbezug

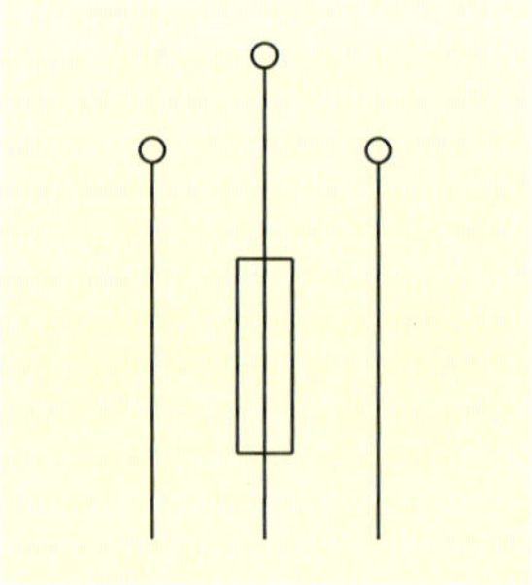

Mittellage

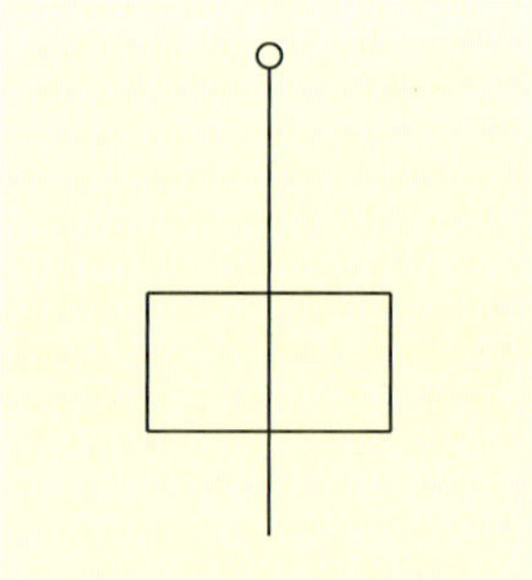

Achsbezug

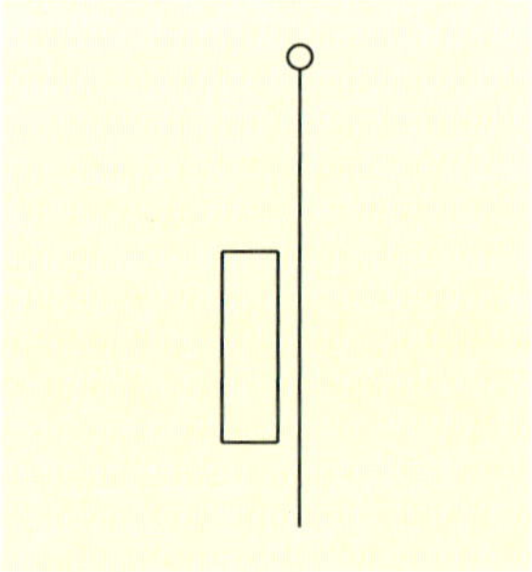

Randlage

Zusammenfassung

Hallenbauten werden heute für verschiedene Zwecke genutzt. Danach richtet sich ihre Konstruktion und Gestaltung. Für Hallenkonstruktionen werden meist Fertigteilelemente verwendet.

Für die Ausführung von Hallenkonstruktionen werden offene oder geschlossene Systeme verwendet.

Für die Planung von Hallenbauten ist die Modulordnung (DIN 18000) Grundlage. Je nach Grundrissfläche werden die Bauelemente in einem Raster aus einem Vielfachen des Grundmoduls angeordnet.

Aufgaben

1. *Worin unterscheiden sich offene und geschlossene Bausysteme?*
2. *Eine Halle soll in Fertigteilbauweise errichtet werden. Der Bauherr möchte von Ihnen wissen, ob ein offenes oder geschlossenes Bausystem für seinen Hallenbau von Vorteil ist. Was raten Sie ihm?*
3. *Erklären Sie die Bedeutung der Modulordnung für die Planung von Hallenbauten?*
4. *Nennen Sie mögliche Bezugsarten für Bauteile im Hinblick auf ihre Lage zu den Koordinationsebenen.*

11.2 Skelettbau

11.2.1 Allgemeines

Das dominierende Bausystem für den Bau von Hallen sowie Industrie- und Geschäftsbauten ist die Skelettbauweise.

Skelettbauten sind ein- oder mehrgeschossige Bauten, bei denen die auftretenden Lasten über ein **Traggerippe** oder **Tragskelett** in den Baugrund übertragen werden. Dabei wird eine konstruktive und funktionale Trennung der Bauelemente der Außenhülle und des Innenausbaus vorgenommen.

Das Traggerippe oder Tragskelett bildet stabförmige Bauelemente wie Stützen und Träger, auf denen die Decken- bzw. Dachkonstruktion aufgelagert wird. Dadurch können die Wände des Ausbaus als „nichttragende" Wände ausgeführt werden. Sie dienen nur der Raumabtrennung.

Neben der Tragfähigkeit spielt in der Statik die räumliche Stabilität von Gebäuden eine wesentliche Rolle, d. h., die auftretenden Horizontalkräfte (Wind, Anprall, Erdbeben o. Ä.) müssen sicher aufgenommen und in den Baugrund abgeleitet werden.

Hallenbauten müssen so konstruiert sein, dass sie den horizontalen und vertikalen Einwirkungen standhalten. Die vertikalen Einwirkungen, infolge Eigenlast der Konstruktion, Schnee oder Nutzlasten, lassen sich einfach als Druckkräfte sicher über das Fundament in den Baugrund ableiten. Die Ableitung der auftretenden horizontalen Kräfte, wie z. B. Wind, Anprall oder außermittiger Lastangriff in das Fundament, ist schwieriger, da diese das Bauwerk „umkippen" könnten. Daher muss zusätzlich eine konstruktive Maßnahme erfolgen, die als Aussteifung bezeichnet wird. Dabei kann die Standfestigkeit des Tragskelettes gegen horizontale Einwirkungen durch die Aussteifung mit

- eingespannten Stützen,
- Verbänden,
- Scheiben,
- Rahmen (Zweigelenkrahmen) erreicht werden.

Die Aussteifung der Hallenkonstruktion muss immer in Längs- und Querrichtung erfolgen.

Gebäudekerne (geschlossene Treppenhäuser bzw. Aufzugsschächte o. Ä.) dienen ebenfalls der Aussteifung von **Geschoss- und Skelettbauten.**

Eine weitere Möglichkeit ein Gebäude zu stabilisieren ist der Einsatz von Geschossrahmen.

Die einzelnen Bauelemente werden, je nach statischen Anforderungen, durch gelenkige oder biegesteife Verbindungen zusammengefügt.

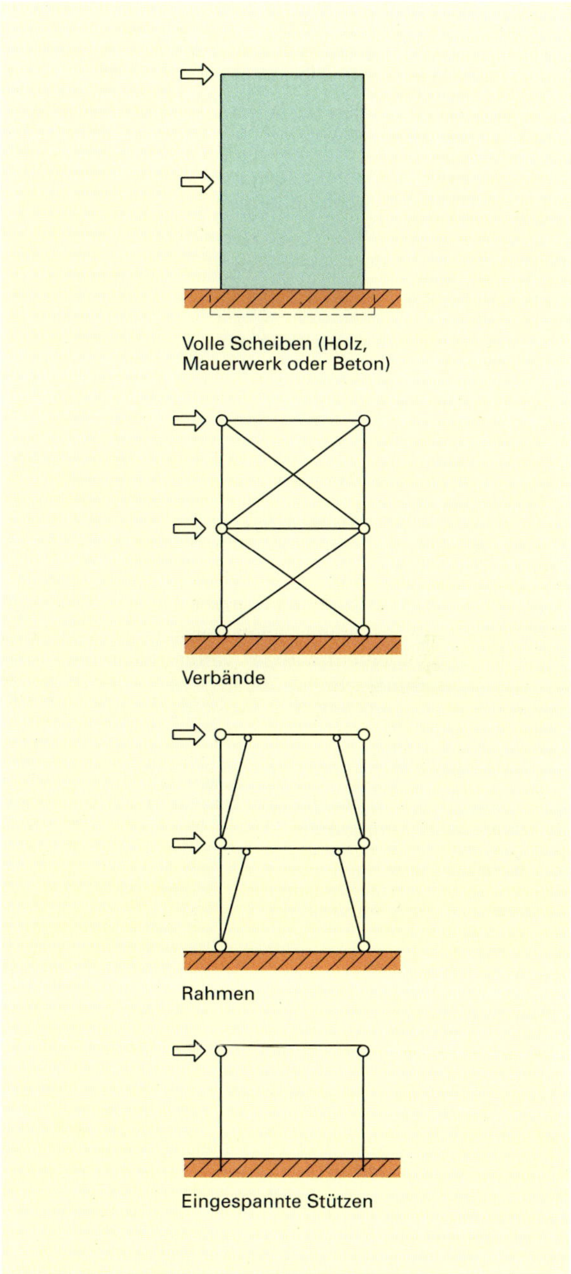

Aussteifungssysteme

Vor- und Nachteile des Skelettbaus:

- Die Skelettbauweise lässt sich beliebig einsetzen, da das Konstruktionssystem eine flexible Raumaufteilung oder eine problemlose Umgestaltung während der gesamten Nutzungsdauer gestattet.
- Das tragende Skelett kann durch den Einsatz von Fertigteilen und ein einheitliches Rastersystem der Elemente in relativ kurzer Bauzeit errichtet werden.
- Nach Fertigstellung der 1. Etage kann mit dem Ausbau begonnen werden.
- Die Maßgenauigkeit ist hoch.
- Die Baukosten für die Tragkonstruktion werden durch den Einsatz schlanker Bauelemente vermindert.
- Nichttragende Wände werden als leichte Konstruktionen ausgebildet. Dadurch können sich aber eventuell bauphysikalische Beschränkungen hinsichtlich Wärmespeicherung und Schalldämmung ergeben.

Das tragende Holzskelett besteht aus senkrechten Stützen und waagerechten Trägern.

Alle Hallenkonstruktionen haben einen ähnlichen Aufbau. In der Regel setzt er sich von unten nach oben aus folgenden Elementen zusammen:

1. den Fundamenten (meist Köcherfundamente),
2. den Stützen, die eingespannt oder frei auskragend sind,
3. den Trägern, zum Beispiel Bindern, Riegeln und Pfetten sowie
4. der Dachkonstruktion.

11.2.2 Holzskelettbau

Um den Naturbaustoff Holz ökonomischer einzusetzen, wurden Holzfachwerkkonstruktionen zur Holzskelettbauweise weiterentwickelt.

Dabei werden die arbeits- und materialintensiven Holzverbindungen sowie die eingesetzten Holzquerschnitte durch einfache und ingenieurmäßige Verbindungsmittel und schlankere Holzquerschnitte ersetzt. Diese Entwicklung wurde vor allem in den USA und Kanada maßgeblich vorangetrieben.

Die Holzskelettbauweise gehört zu den Bausystemen, bei denen eine klare Trennung von Trag- und Ausbaukonstruktionen vorgenommen wird.

Das **Traggerüst** wird aus

- **Stützen** (Stielen, Ständern),
- **Trägern** (Balken, Riegeln, Doppelzangen) bzw.
- **Bindern** oder
- **Rahmen** gebildet.

Als Planungsgrundlage für den **Holzskelettbau** dient ein **Raster** (siehe Abschnitt 11.1.3), in dem die stabförmigen Elemente räumlich angeordnet sind.

Dem Holzskelettbau liegt in der Regel ein **Konstruktionsraster** von **36M** oder **48M** zugrunde. Demnach liegt der Abstand der Stützen zwischen 3,60 ... 4,80 m.

Halle in Skelettbauweise

Nach ihrer statischen Funktion werden die Bauelemente des Holzskelettbaus eingeteilt in:

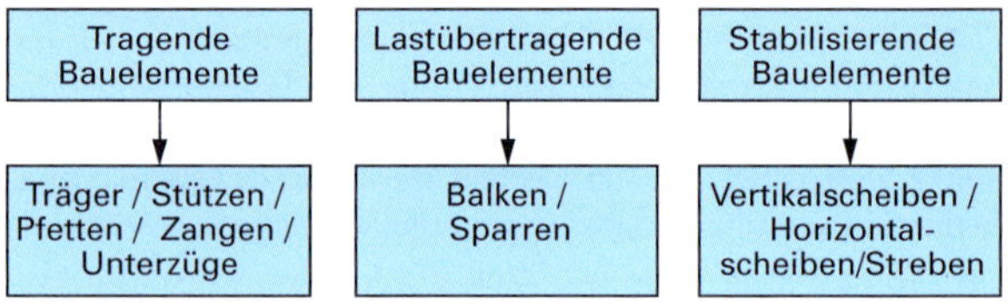

Bauelemente des Holzskelettbaus

Lastabtragung im Holzskelettbau

1. Die lastübertragenden Bauelemente übertragen die Vertikallasten des Daches, der Geschossdecken und der Wände in die tragenden Bauelemente.
2. Diese leiten die Lasten über die Stützen und das Fundament in den Baugrund weiter. In der Regel sind die Stützen im Fußpunkt gelenkig ausgebildet, können je nach Aussteifungssystem aber auch eingespannt sein.
3. Um die räumliche Stabilität, d.h. die Aufnahme von Horizontalkräften aus Wind, Anprall o.Ä. zu gewähren, werden **zwei Aussteifungssysteme** unterschieden:
   - Aussteifung nur durch Vertikalscheiben,
   - Aussteifung durch Vertikal- und Horizontalscheiben.

Als **Baustoff** werden Voll- oder Brettschichthölzer (BSH) verwendet.

Im Regelfall haben die verwendeten Bauschnitthölzer die Festigkeit C 24 oder C 30. (siehe Abschnitt 10.1)

Die eingesetzten Holzbauteile werden, wie im Abschnitt 10.1.3 beschrieben, geschützt.

Bei der Herstellung von Verbindungen der einzelnen Holztragelemente kommen zimmermanns- oder ingenieurmäßige **Verbindungsmittel** (siehe Abschnitt 10.2 und 10.7.3) zum Einsatz.

Brandschutz

Die Anforderungen der DIN 4102 lassen wirtschaftliche Holzquerschnitte nur für Gebäude bis zu zwei Vollgeschossen zu.

Für höhere Gebäude sind die brandschutztechnisch erforderlichen Mindestquerschnitte unwirtschaftlich (siehe Abschnitt 12.10 Brandschutz).

11.2.3 Stahlskelettbau

Stahlskelettbau und Holzskelettbau ähneln sich in ihren konstruktiven Grundprinzipien.

Die Hauptelemente des Tragskeletts sind Stützen und Binder, Rahmen oder Bögen. Diese werden in Längs- und Querrichtung unterschiedlich beansprucht und stehen in der Regel senkrecht zur Gebäudelängsachse.

Ein bevorzugtes Rastermaß ist nicht vorgesehen. Die Nutzung des Gebäudes bestimmt den Abstand der Tragkonstruktion. Im Stahlbau werden häufig selbstgewählte Rastersysteme verwendet, um die Lage der Systemlinien für Stützen, Binder und Wände festzulegen. Als bevorzugtes Rastersystem werden neben quadratischen auch Rechteckraster genutzt.

Die Außen- und Innenwände haben nur eine raumabschließende Funktion (siehe Abschnitt 11.1.3).

Die notwendigen Aussteifungsmaßnahmen im Dach- und Wandbereich sind abhängig von der Art des Tragskeletts. Hallenkonstruktionen aus Stützen und Bindern müssen in Längs- und Querrichtung ausgesteift werden. Rahmen- und Bogenkonstruktionen sind in Querrichtung stabil und daher ist nur eine Aussteifung in Längsrichtung erforderlich.

Als **horizontale Aussteifungselemente** kommen liegende Fachwerkverbände oder Deckenscheiben zum Einsatz. **Vertikal** werden diese durch Dreiecksverbände oder Wandscheiben sowie biegesteife, unverschiebbare Eckverbindungen (Stütze-Träger) ausgeführt.

Bei der Planung von Stahlkonstruktionen ist auf ein klar strukturiertes Tragwerk zu achten. Die Elemente des statischen Systems lassen dabei eine einfache und überschaubare Kraftübertragung zu.

Es werden meist stabförmige Tragglieder eingesetzt, die sich wegen der hohen Tragfähigkeit des Stahls und seiner Fertigungsformen besonders gut eignen.

Die Konstruktionselemente einer Stahlkonstruktion können auf Zug, Druck oder Biegung beansprucht werden. Diese werden in der Regel als T-, ⊏- und I-förmige Walzprofile und bei größeren Belastungen als geschweißte Vollwandquerschnitte ausgebildet.

Stahlbaukonstruktionen erfordern im Verhältnis zum Massivbau nur wenige Dehnungsfugen. Die Anzahl ist unter Berücksichtigung der örtlichen Gegebenheiten festzulegen. Es ist jedoch möglich, Gebäude mit einer Länge bis 100 m ohne Fugen herzustellen. Werden Massivbauteile mit eingebaut, bestimmen diese den Abstand der Fugen.

Der Baustoff Stahl bringt durch seine Eigenschaften für die Skelettkonstruktion eine große Anzahl von technischen und wirtschaftlichen Vorteilen wie:

- einen hohen Vorfertigungsgrad der Stahlbauelemente,
- kürzere Bauzeiten durch witterungsunabhängiges Bauen,
- Bauqualität wird durch Maßgenauigkeit bei der Fertigung in Werkstätten erhöht,
- Flexibilität bei der Raumaufteilung durch große Spannweiten und kleine Querschnitte,
- kleinere Fundamentabmessungen aufgrund der geringeren Konstruktionsmasse,
- einfache Umbau-, Erweiterungs- und Verstärkungsmöglichkeiten bei Nutzungsänderungen.

Für den Bau von Hallen sind Stahlbaukonstruktionen bevorzugte Bausysteme.

Der Baustoff

Als Stahlsorten werden

- allgemeine Baustähle S 235 und
- höherfeste Baustähle S 355 verwendet.

Zur sicheren Übertragung der Einwirkungen müssen die Tragelemente miteinander verbunden werden. Als Verbindungsmittel kommen Niet-, Schrauben- und Schweißverbindungen zum Einsatz. Dabei unterscheidet man im Stahlbau zwischen „lösbaren" und „nicht lösbaren" Verbindungen. Nietverbindungen sind sehr kostenintensiv und werden heute selten verwendet.

- **Nietverbindungen** sind **nicht lösbare** Verbindungen.
  Der hohe Arbeitsaufwand und die lärmintensive Herstellung der Verbindung führt dazu, dass Nietverbindungen nur bei Rekonstruktionen von Stahlbauhallen angewendet werden.
- **Schraubverbindungen** sind **lösbare** Verbindungsmittel. Sie werden unterteilt in:

SL-Verbindung	SLP-Verbindung	GV-Verbindung
Scherverbindungen	Lochlaibungsverbindung	Gleitfeste Verbindung
• rohe Schrauben • Senkschrauben • hochfeste Schrauben (HV) **Verbindung für:** ruhende Belastung	• Passschrauben **Verbindung für:** ruhende und teilweise nicht ruhende Belastung	• mit hochfesten Schrauben (HV) • rohe (GV) oder Passschrauben (GVP) **Verbindung für:** ruhende (GV) und teilweise nicht ruhende (GVP) Belastung

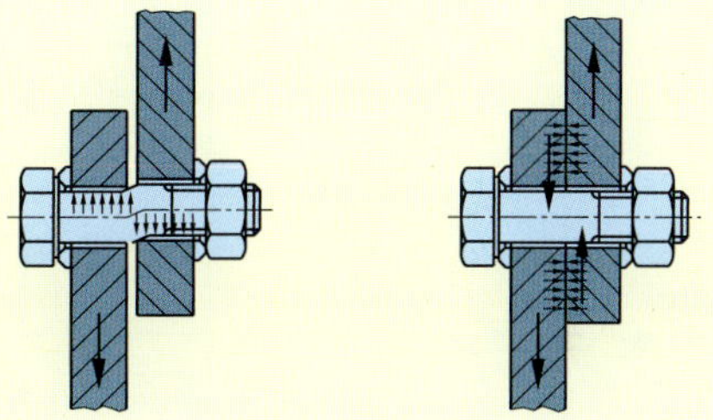

Wirkungsweise der Scher-/Lochlaibungsverbindung

Wirkungsweise der gleitfesten Verbindung

Schraubverbindungen

- **Schweißverbindungen**
  Schweißen ist die bedeutendste Verbindung von Stahlbauteilen und gehört zu den unlösbaren Verbindungen. Schweißverbindungen ermöglichen eine vielseitige architektonische Gestaltung der Stahlbaukonstruktion. Die Lage der Bauteile zueinander bestimmt die nachfolgenden Schweißstöße:
  • Stumpfstoß,
  • Parallelstoß,
  • Eckstoß,
  • Überlappstoß,
  • T-Stoß,
  • Doppel-T- Stoß,
  • Schrägstoß.

  Als Schweißverfahren gibt es das Schmelzschweißen und das Pressschweißen.

  Beim Schmelzschweißen wird der Stahl an der Nahtstelle bis zum flüssigen Zustand erwärmt und durch das Schweißmaterial verbunden. Die Verbindung ist nach dem Abkühlen sofort kraftschlüssig und tragfähig. Dieser Effekt wird beim Lichtbogenschweißen oder beim Gasschweißen (autogenes Schweißen) genutzt.

Das Pressschweißen liefert keine kraftschlüssigen Verbindungen. Hier werden die Stahlteile nur so lange erwärmt, bis sie weich sind, und werden dann zusammengepresst.

Die eingesetzten Nähte von Schweißverbindungen werden bestimmt von den Dicken des Materials, der Materialart und dem Schweißverfahren. Man unterscheidet dabei:

- Kehlnähte
  - kommen zum Einsatz wenn die Bauteile winklig zueinander stehen,
  - werden in drei Lagen (Wurzel-, Füll- und Decklage) geschweißt,
  - unterscheidet man in Hohl-, Flach-, Wölb- und Doppelkehlnaht. Weiterhin gibt es HV-Naht mit Klapplage, Doppel-HV-Naht und HY-Naht.
- Stumpfnähte
  - müssen durch Fräsen, Schleifen oder Brennschneiden vorbereitet werden,
  - kommen zum Einsatz wenn die Bauteile stumpf gestoßen werden und in einer Ebene liegen,
  - können I-, U-, V-, X-, Y-Nahtform haben.

(siehe Übersicht).

Brandschutz

Stahl ist nicht brennbar, verformt sich aber im Brandfall infolge Erhitzung und hat daher einen schlechten Feuerwiderstand. Je nach brandschutztechnischen Anforderungen der Landesbauordnungen kann der Feuerwiderstand von Stahlbaukonstruktionen verbessert werden. Dazu werden die Stahlbauteile umhüllt, zum Beispiel mit:

- Betonummantelungen,
- Putzen,
- dämmschichtbildenden Anstrichen,
- Gipsplatten Typ F (Feuerschutzplatten).

Korrosionsschutz

Um die Dauerhaftigkeit von Stahlkonstruktionen zu gewährleisten, müssen sie gegen Korrosion geschützt werden. Dabei ist darauf zu achten, dass sie gut zugänglich sind, um eine ordnungsgemäße Wartung vornehmen zu können. Stahlbauteile erhalten als Korrosionsschutz in der Regel einen Schutzanstrich oder eine Feuerverzinkung. Für Konstruktionen, die ständig der Witterung ausgesetzt sind, kommen wetterfeste nichtrostende hochfeste Stähle zum Einsatz (WT-Stähle).

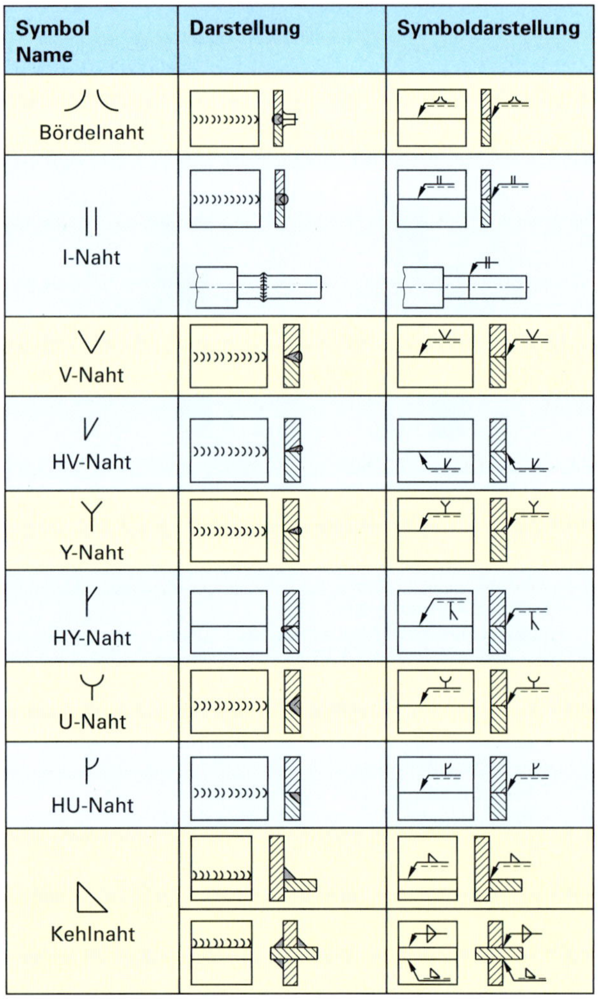

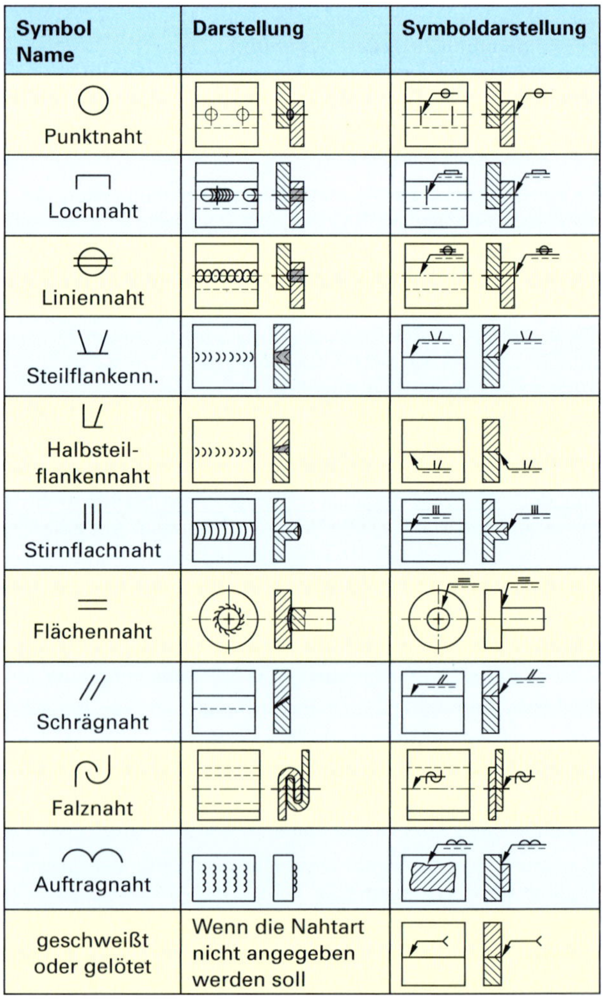

Schweißverbindungen – Grundsymbole für Schweißnahtformen

11.3 Tragelemente des Skelettbaus

11.3.1 Stützen

Stützen sind stabförmige Tragelemente aus verschiedenen Materialien und mit unterschiedlichen Querschnittsformen. Dabei ist ihre Längenabmessung gegenüber ihrem Querschnitt wesentlich größer.

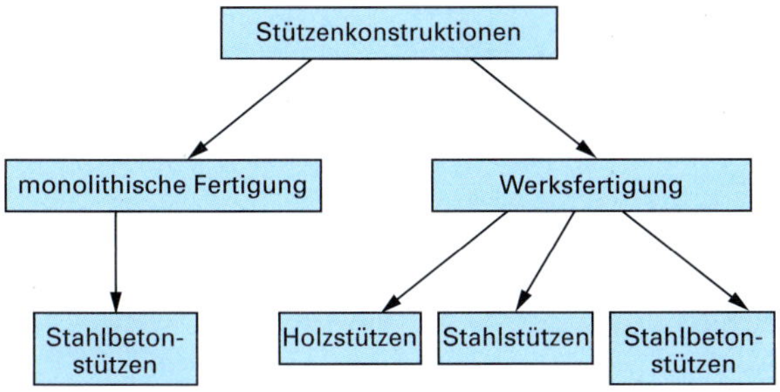

Stützenkonstruktionen

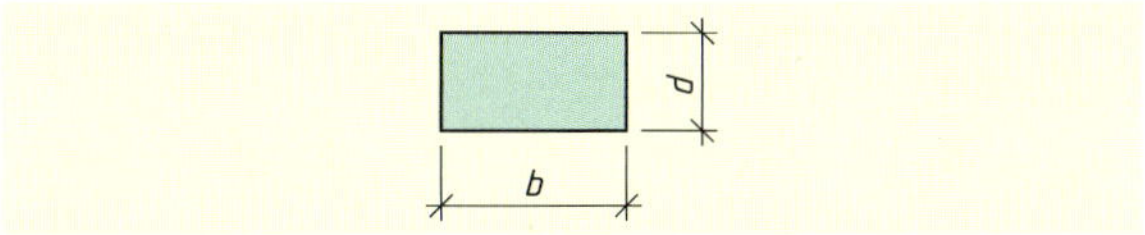

Stützenquerschnitt

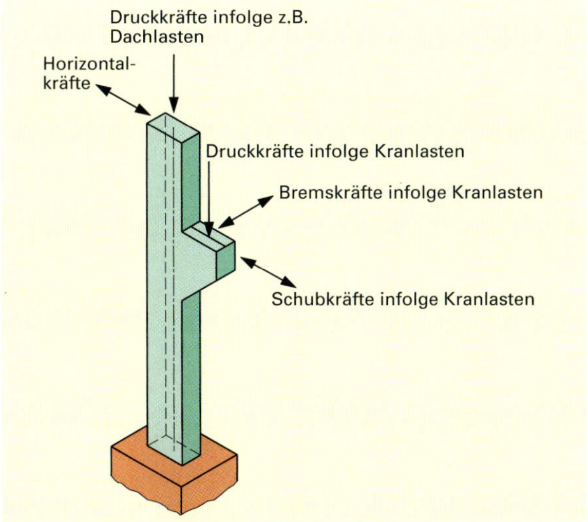

Beanspruchung einer Stützenkonstruktion

Im Skelettbau haben Stützen folgende Aufgaben zu erfüllen:

- Ableitung der vertikalen Lasten aus Dach- und Deckenkonstruktionen und eventuell Kranbahnen,
- Aussteifung des Gebäudes gegen Horizontallasten und deren Ableitung in die Fundamente.

Stützen werden überwiegend auf Druck und Biegung beansprucht. Die Druckkräfte infolge vertikaler Einwirkungen aus Dach- und Deckenkonstruktionen werden mittig in die Stütze abgeleitet, während die Einwirkungen zum Beispiel aus Kranbahnen ausmittig abgeleitet werden. Biegemomente können in Richtung einer oder beider Querschnittsachsen entstehen. Sie werden hervorgerufen durch ausmittige Krafteintragung und horizontale Belastung in einer oder beiden Stützenachsen. Zusätzlich können Drillmomente durch ausmittige Lasteintragung horizontaler Einwirkungen, zum Beispiel Kranbremslasten, entstehen.

Die Lagerungsarten und das statische System der Stützen werden bestimmt von:

- der Anordnung der Stützen,
- der statischen Gesamtlösung der Lastabtragung,
- den Aufgaben der Stützen.

Dabei werden unterschieden:

1. an Kopf und Fuß gelagerte Stützen,
2. eingespannter Stützenfuß und Stützenkopf frei gelagert,
3. drei- und mehrfach gelagerte Stützen.

An Kopf und Fuß gelagerte Stützen

Bei diesem statisch bestimmten System werden die Stützen am Fuß vertikal und horizontal unverschieblich gehalten. Dabei werden die vertikalen Lasten sicher in das Fundament abgetragen. Biegemomente können von der Stütze nicht aufgenommen werden. Ist der Stützenkopf mit einem beweglichen Auflager versehen, so ist eine unverschiebliche Deckenkonstruktion (Deckenscheibe) zur Aufnahme der horizontalen Lasten erforderlich.

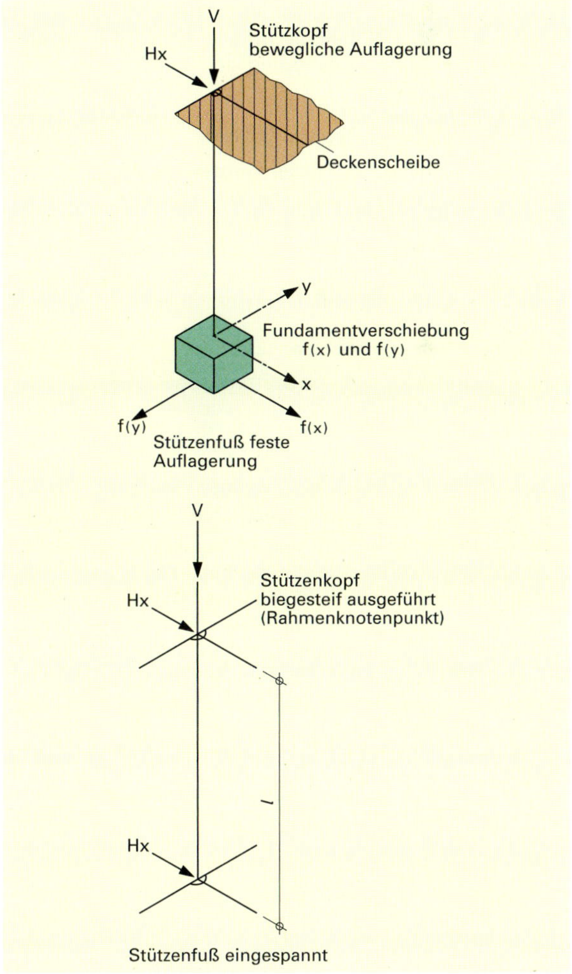

An Kopf und Fuß gelagerte Stütze

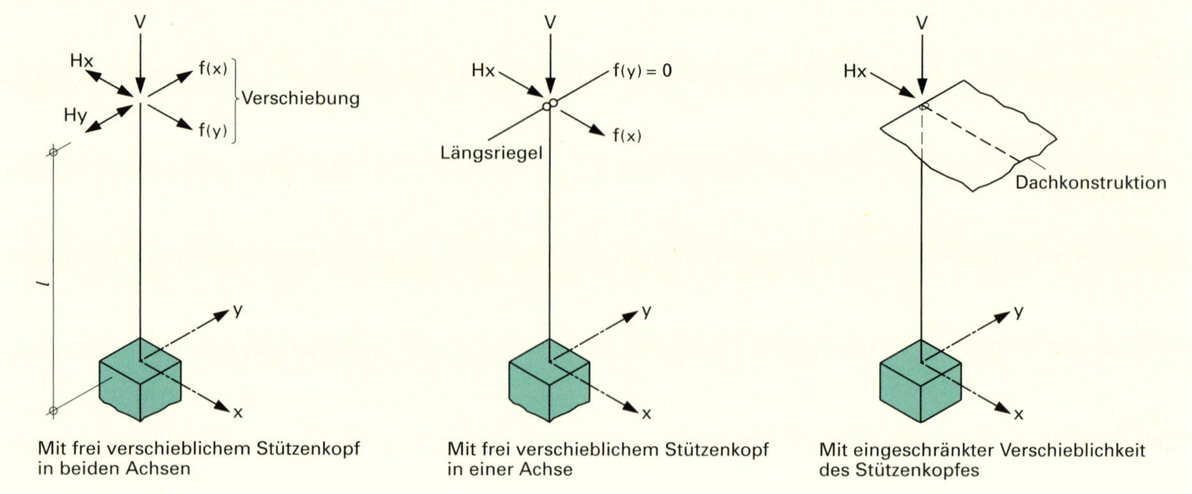

Eingespannter Stützenfuß

Eingespannter Stützenfuß und Stützenkopf frei gelagert

Diese Ausführung bildet einen statisch bestimmten Kragträger. Dabei erhält der Stützenfuß eine Einspannung und kann somit neben der Aufnahme von horizontalen und vertikalen Lasten Biegemomente sicher in das Fundament ableiten. Der Stützenkopf ist nach beiden Achsen verschieblich gelagert. Eine Einschränkung der Verschieblichkeit wird durch die Auflagerung der Decken- bzw. Dachkonstruktion erzielt.

Drei- und mehrfach gelagerte Stützen

Die Stützen, meist Fertigteile, werden als statisch unbestimmt gelagerte Mehrfeldträger ausgeführt. Der Stützenfuß kann als festes Auflager oder Einspannung ausgebildet werden. Die Stützen werden über mehrere Geschosse geführt. Dabei wird ein bewegliches Deckenauflager als Zwischenauflager erforderlich.

Standsicherheit von Stützen

Bei der Standsicherheit von Stützen ist gewährleistet, dass die Konstruktion bei Belastungen (Vertikal- und Horizontallasten sowie Biegemomente) ihre Stabachsenlage nicht verändert. Sie verlangt aber auch die Einhaltung der zulässigen Beanspruchungen des jeweiligen Materials.

Bei großen Druckkräften besteht bei Stützen aufgrund ihrer geometrischen Form und Abmessungen die Gefahr, dass sie ihre ursprüngliche Stabachsenlage verlassen und „ausknicken". Zusätzlich wird dieser Vorgang durch vorhandene horizontale Lasten, einen ausmittigen Kraftangriff der vertikalen Lasten und eine nicht gerade Stabachse begünstigt. Das seitliche Ausknicken wird als **„Stabilitätsfall Knicken"** bezeichnet. Das Ausmaß des Knickens einer Stütze hängt ab von:

- der Schlankheit der Stützenkonstruktion,
- dem elastischen Tragverhalten des Materials,
- der Art und Größe der Belastung,
- der Lagerungsart.

Bei der Lastübertragung in Stützen spielt deren Schlankheit eine besondere Rolle. Unter dem Schlankheitsgrad λ einer Stütze versteht man bei einteiligen Stützen das Verhältnis der Knicklänge zu der kleinsten Querschnittsseite (siehe Abschnitt 6.2.1) oder zum kleinsten Trägheitsradius.

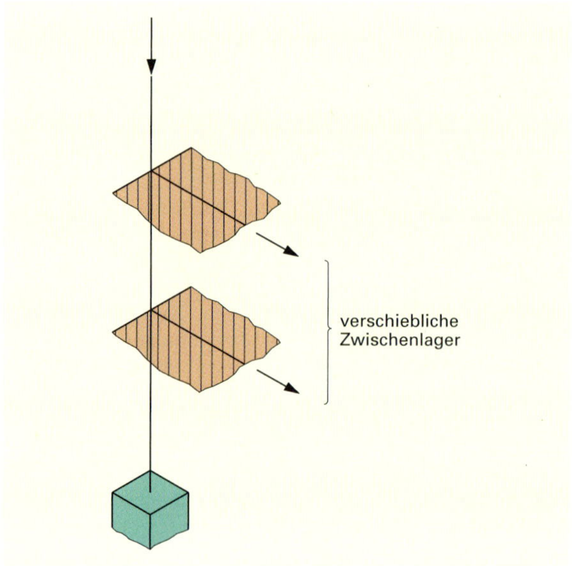

Mehrfeldstützen

$$\lambda = \frac{l_k}{d_{min}} \text{ bzw. } \frac{l_k}{i_{min}}$$

$$l_k = \beta \cdot l$$

λ – Schlankheitsgrad
l_k – Knicklänge in Abhängigkeit von der Lagerungsart (Eulerfälle)
β – Knickbeiwert unter Beachtung der Lagerungsart
l – Stützenlänge
d_{min} – minimale Querschnittsabmessung (Massivbau)
i_{min} – kleinster Trägheitsradius (Holz- und Stahlbau)

Stützen im Skelettbau können aus Holz, Stahl oder Stahlbeton ausgeführt werden.

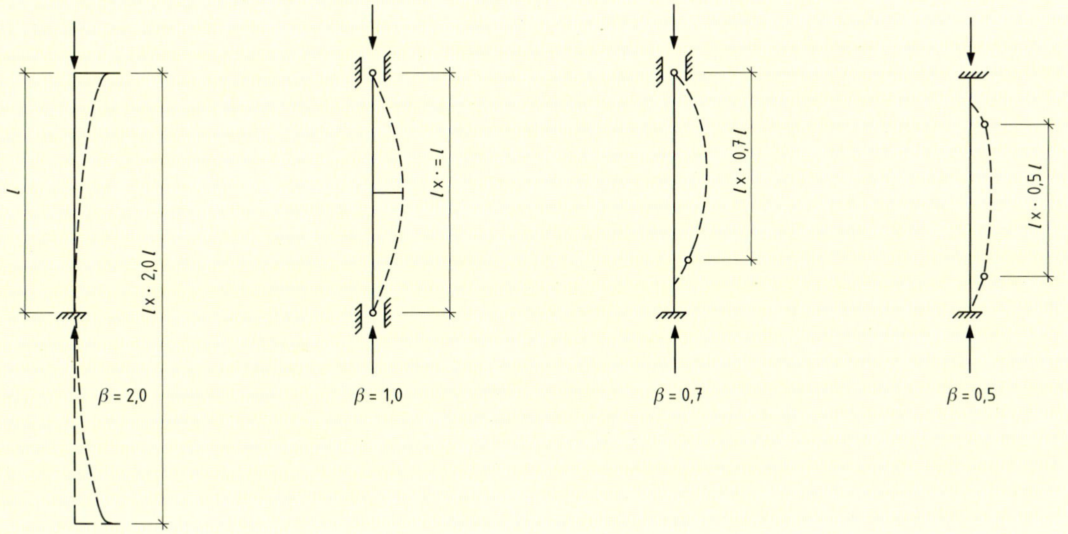

Eulerfälle

Stützen aus Holz

Die Ausführung der Holzstützen erfolgt nach DIN EN 1995. Als Baustoff kommen Bauschnitthölzer nach DIN 4074 zum Einsatz. Für Holzstützen wird in der Regel Nadelholz mit normaler Tragfähigkeit (C 24–S 10) verwendet.

Holzstützen besitzen eine sehr große Schlankheit. Daher sind bei der Planung folgende Grundsätze zur Standsicherung zu beachten:

- Bei der Festlegung günstiger Querschnittsformen sollten die Trägheitsradien i_x und i_y annähernd gleich sein.
- Wirtschaftlich ist die Stützenausbildung, die ein großes Trägheitsmoment bei geringem Holzquerschnitt aufweist.

Das Trägheitsmoment (= Flächenmoment 2. Grades) ist ein Querschnittswert, der Aufschluss über die Biegefestigkeit eines Trägers oder einer Stütze gibt (Näheres siehe Tabellenbuch).

Bei der Ausbildung von Holzstützen werden unterschieden:

Holzstützen

einteilige Holzstützen

- Kantholz mit $b/d \sim 1{,}0$
  trotz geringer Schlankheiten große Tragfähigkeiten erreichbar (jedoch $d \leq 150$)
- Rundholz
  bessere Tragfähigkeit als Kantholz aufgrund der höheren Druckspannung parallel zur Faser

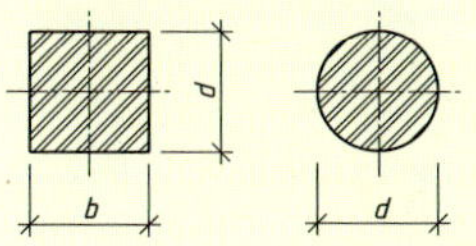

Einteilige Stützenquerschnitte

mehrteilige Holzstützen

- ohne Spreizung, genagelt, verdübelt oder geklebt
- mit Spreizung
  mit Zwischenhölzern, Bindehölzern oder Gitterstäben

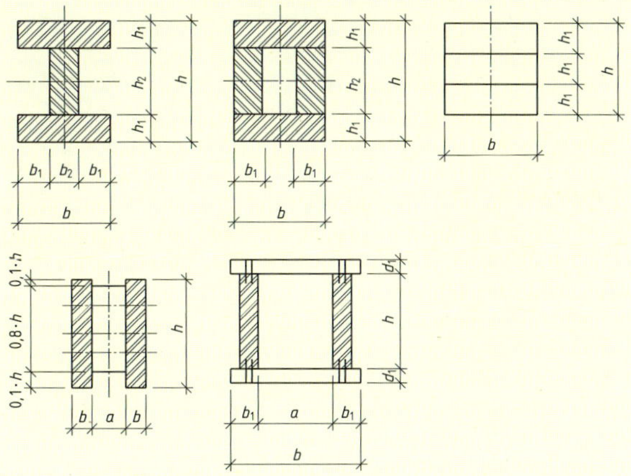

Mehrteilige Stützenquerschnitte

Der Einbau von Zwischenhölzern (Futterhölzern) bei mehrteiligen Stützen ist erforderlich, um die Stützen miteinander zu verbinden und um ein Auflager für die Balken zu schaffen. Die Querverbindungen sind in den Drittelspunkten der Knicklänge von mehrteiligen Stützen anzuordnen.

Wichtig bei Holzstützen ist deren **Stützenfußausbildung**. Dabei sind die nachfolgenden ausführungstechnischen Vorgaben zu berücksichtigen:

- Stütze vor aufsteigender Feuchtigkeit schützen,
- Stützenfuß luftig lagern,
- Stahleinbauteile vor Korrosion schützen,
- wirksame Verankerung von Stützenfuß und Fundament erforderlich, wenn Zugkräfte ins Fundament abgeleitet werden müssen.

Die Art, wie Anschlüsse der Träger (Riegel) mit Stütze ausgeführt werden, ist abhängig von der verwendeten Holzart und vom Stützenquerschnitt (einteilig oder mehrteilig).

Für **einteilige, geschosshohe Stützen** empfehlen sich als **Anschlussvarianten an den Träger**:

- Zapfenverbindungen, } für Vollholz und Brettschichtholz (BSH)
- eingelassene Laschen, } für Vollholz und Brettschichtholz (BSH)
- eingeschlitzte Furnierplatten, } nur für BSH
- eingeschlitzte Stahlprofile. } nur für BSH

Bei der Holzkonstruktion mit **durchlaufenden, einteiligen Stützen** müssen diese über mindestens zwei Geschosse geführt werden. Die Träger (Riegelkonstruktionen) werden als Einfeldträger dazwischen abgehängt. Die **Ausführung des Knotenpunktes Stütze-Träger** erfolgt mit ingenieurmäßigen Verbindungsmitteln wie:

- Winkelverbindern,
- T-Profilen,
- Balkenschuhen,
- Hakenplatten o. Ä.

Fachgerecht sind biegesteife Knotenpunkte, deren Ausführung jedoch sehr aufwendig ist.

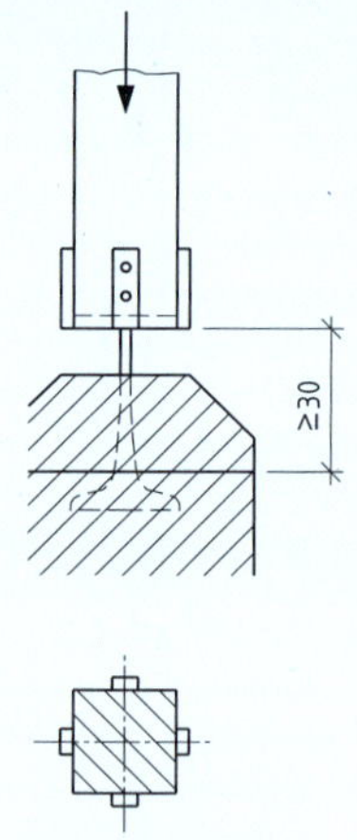

Stützenfuß über Spritzwasserhöhe

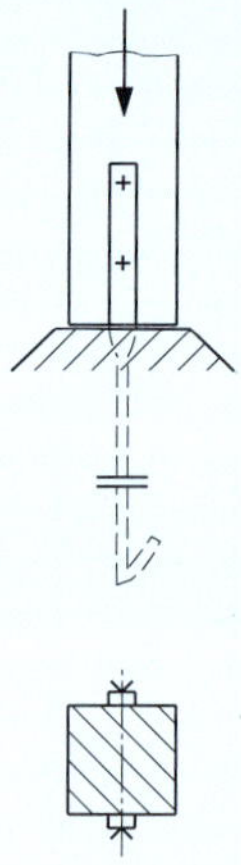
Stütze, durch verschraubte Flachstähle verankert

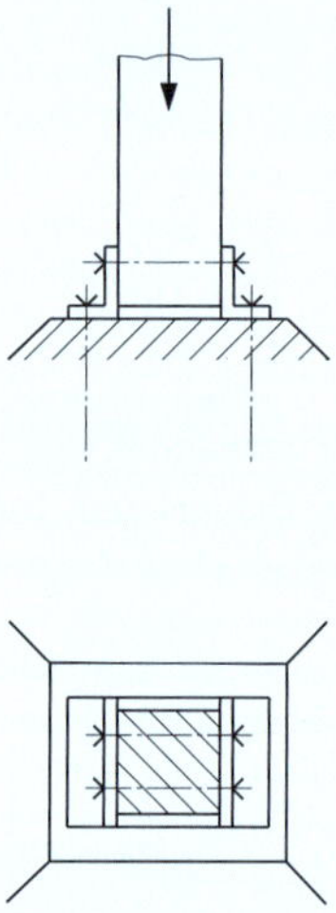
Stütze, auf Stahlplatte mit Stahlwinkel verankert

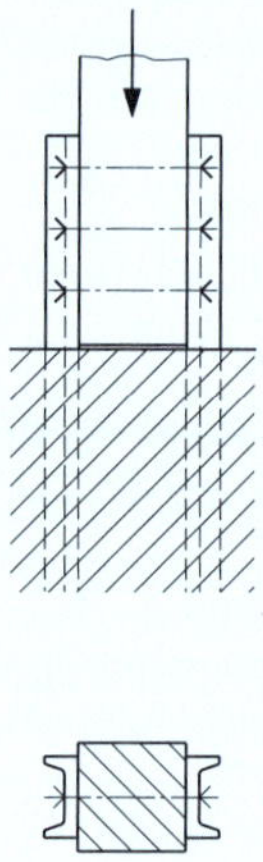
Stütze, durch eingelassene U-Stähle eingespannt

Stützenfußausbildung

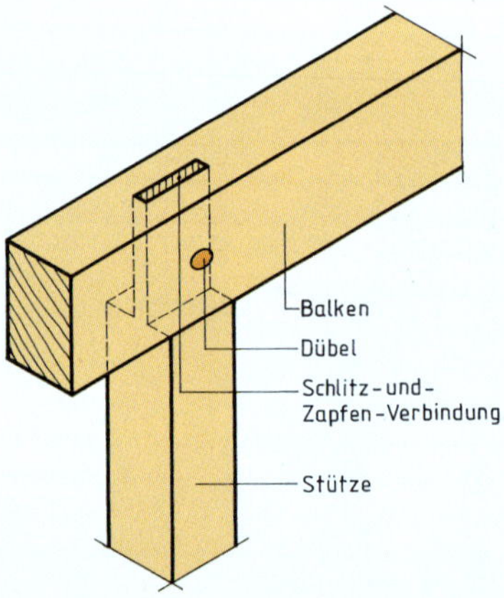

a) Zapfenverbindung

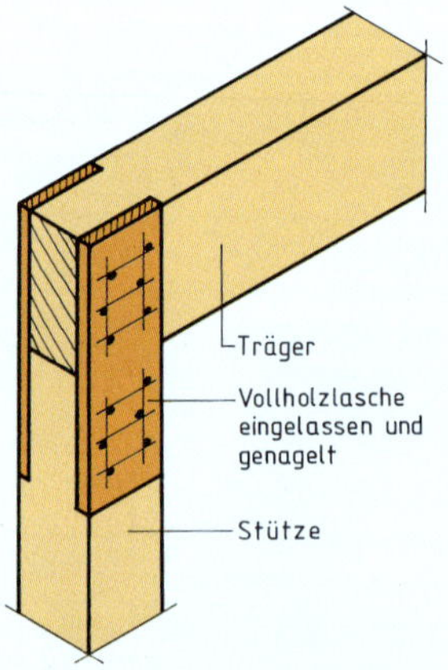

b) Verbindung mit eingelassener Vollholzlasche

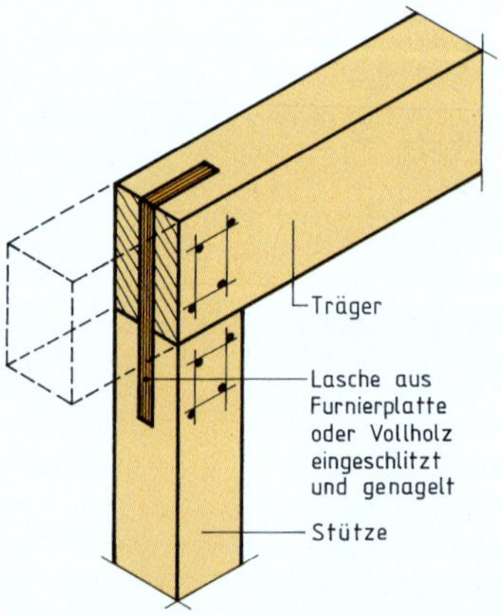

c) Verbindung mit eingelassener Furnierplatte

Anschlussvarianten einteilige Stütze-Träger

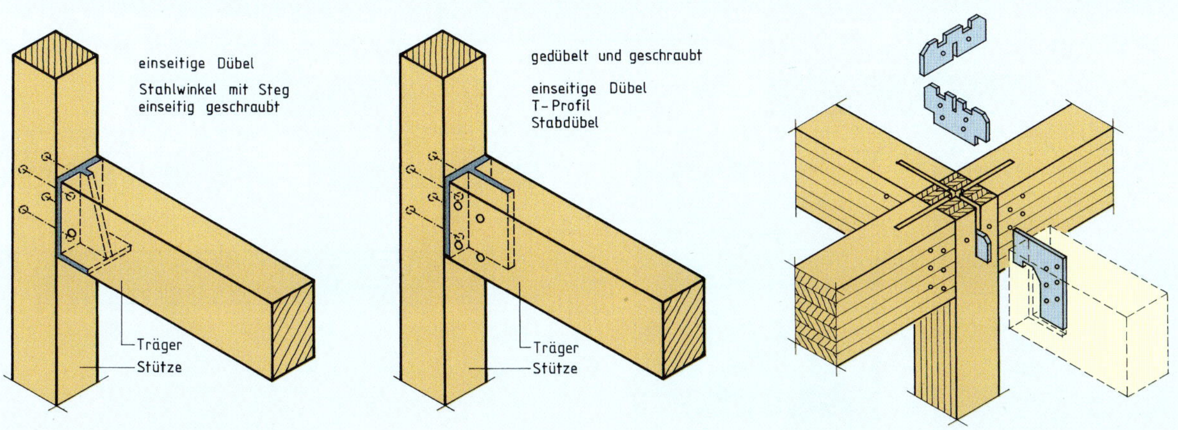

a) Verbindung mit Stahlwinkel b) Verbindung mit T-Profil c) Verbindung mit Hakenplatten

Anschlussvarianten einteilig durchlaufende Stütze-Träger

Der **Trägeranschluss an mehrteiligen Stützenkonstruktionen** wird mit einfachen Verbindungen hergestellt. Die Ausführung erfolgt durch die Auflagerung des Trägers auf einem Zwischenholz und Sicherung mit einem Bolzen o. Ä., Dübel besonderer Bauart, Passbolzen und Ausplattung an der Stütze.

Zum Stützenabstand siehe Abschnitt 11.2.1.

Stützen aus Stahl

Die Konstruktion der Stahlstützen erfolgt nach DIN 18800. Angewendet werden:

- allgemeine Baustähle S 235,
- höherfeste Baustähle S 355.

Für die Wahl von Stahl anstelle von Stahlbeton für die Herstellung von Stützenkonstruktionen sprechen folgende Vorteile:

- hohe Maßgenauigkeit der Stahlstützen durch einen überwiegend mechanisierten und automatisierten Herstellungsprozess,
- Stahlstützen besitzen aufgrund ihrer höheren Materialfestigkeiten geringere Querschnittsabmessungen,
- Stahlstützenkonstruktionen ermöglichen relativ leicht nachträgliche bauliche Veränderungen.

Jedoch sollten die Nachteile nicht außer Acht gelassen werden:

- Stahl ist empfindlich bei hohen Temperaturen, er verformt sich und verliert dadurch seine Tragfähigkeit,
- Stahl erfordert erheblichen Arbeitsaufwand beim Korrosionsschutz.

Auch Stahlstützen müssen ohne Verformungen Belastungen aufnehmen können und damit einen stabilen Gleichgewichtszustand aufweisen.

Da Stahlstützen meist geringe Querschnittsabmessungen haben, besitzen sie eine große Schlankheit. Dadurch besteht Knickgefahr. Um dem entgegenzuwirken, sollte bei der Festlegung der Profilwahl für Stützen im Vorfeld Folgendes beachtet werden:

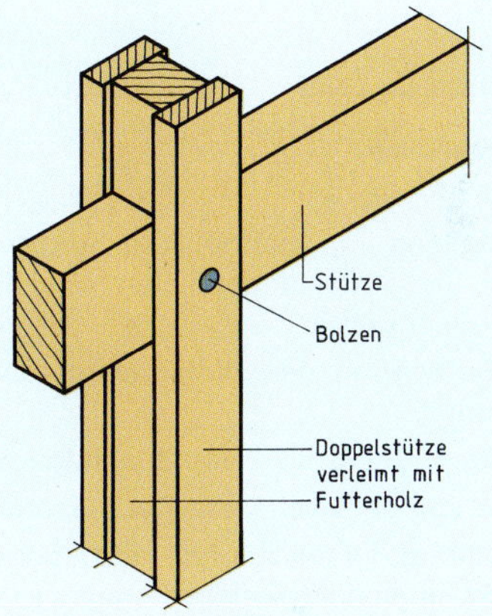

Anschlusspunkt Balken-Doppelstütze

- Stahlstützen sind dann günstig, wenn sie in y- und z-Achse ein annähernd gleiches Trägheitsmoment haben,
- ökonomisch günstig sind die Profile, die ein großes Trägheitsmoment (I_y und I_z) bei geringer Fläche aufweisen, d. h.

$$i_y = \sqrt{\frac{I_y}{A}} \text{ bzw. } i_z = \sqrt{\frac{I_z}{A}}.$$

i_y bzw. i_z = Trägheitsradius in y- bzw. z-Richtung
A = Fläche des Profils

Stahlstützen benötigen nur geringe Querschnittsabmessungen und sind sehr maßgenau. Sie müssen aber gegen Brand und Korrosion geschützt werden.

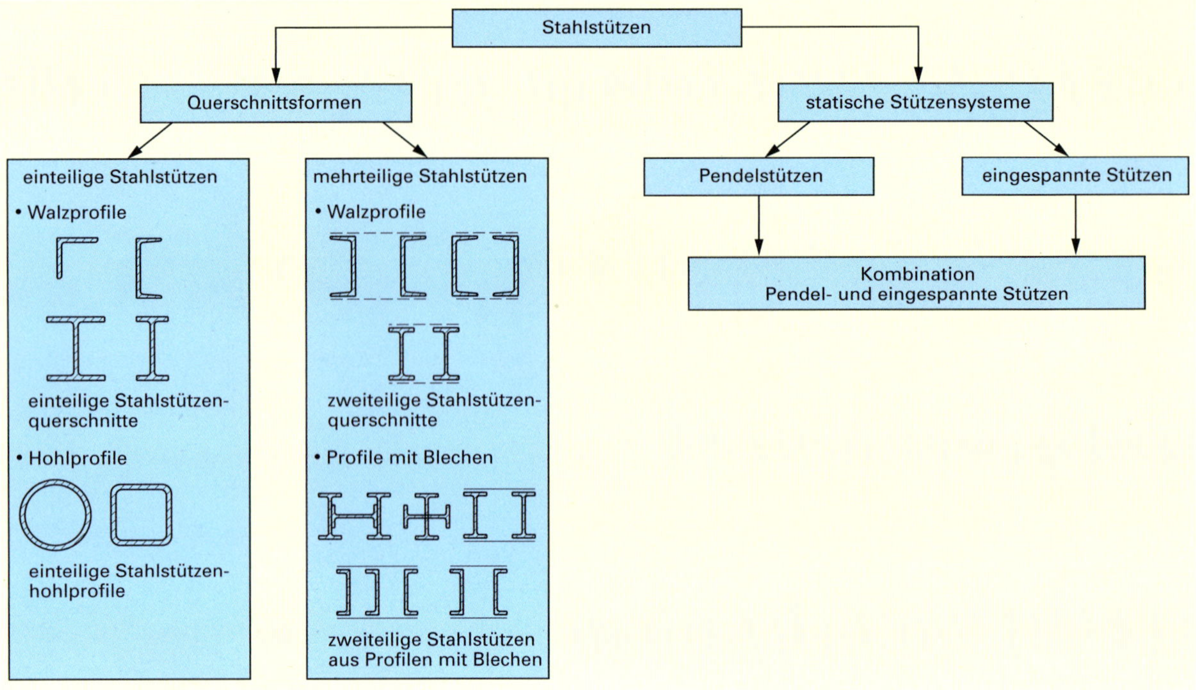

Stützenkonstruktionen

Bei der Herstellung von mehrteiligen Stützen werden die einzelnen Profilteile mit Bindeblechen oder Fachwerkverbänden zusammengefügt.

Neben der Festlegung des Profilquerschnittes sind wesentliche Faktoren:

- die Stützenfuß- und Stützenkopfausbildung,
- die Auflagerung der Dach- bzw. Deckenkonstruktion.

Bei der Gestaltung der Stützenfuß- und Stützenkopfkonstruktion ist entscheidend, welches statische System vorliegt.

Bei der Ausbildung **eingespannter Stützen** handelt es sich um ein statisch unbestimmtes System. Dabei sind die Stützen oben am Stützenkopf gelenkig und im Stützenfuß biegesteif verbunden. Der Stützenfuß wird in das Fundament eingespannt und kann dadurch nicht nur Vertikal- oder Horizontallasten, sondern auch Momente aufnehmen. Die Einspannung kann konstruktiv wie folgt gelöst werden:

1. Köcherfundament-Stütze,
2. Verankerung mit Ankerstäben,
3. Verankerung mit Spanngliedern,
4. Verankerung durch Bohranker.

Das statische System einer Stützenkonstruktion aus **Pendelstützen** stellt eine gelenkige Lösung dar. Der Anschluss an das Fundament ist frei drehbar. Die Stütze liegt mit der Fußplatte auf einem 5 cm dicken Zementmörtelbett auf

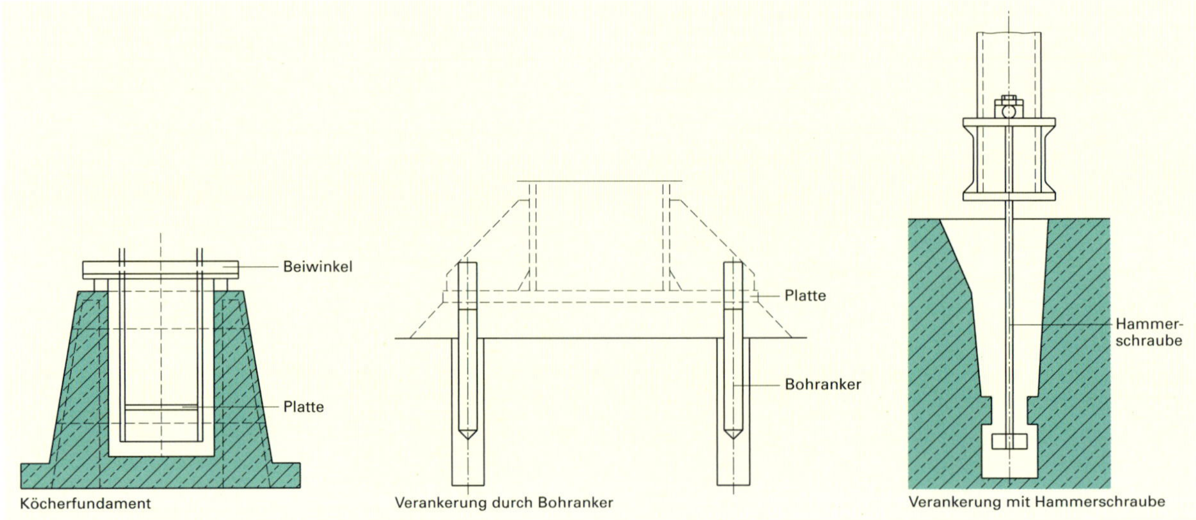

Eingespannter Stützenfuß

und wird mit zwei Verankerungsbolzen oder Schrauben am Fundament befestigt. Da Pendelstützen keine Horizontallasten aufnehmen können, muss am Stützenfuß eine Schubverankerung angeordnet werden. Dies garantiert die Aufnahme der horizontalen Lasten ins Fundament. Am Stützenkopf der Pendelstütze werden die Horizontallasten über Fachwerkbinder, die den Horizontalverband bilden, abgegeben. Diese Aussteifungsverbände sind über die gesamte Gebäudelänge erforderlich und liegen frei drehbar auf den Stützenköpfen auf. Die dort entstehenden horizontalen Auflagerkräfte werden über vertikale Verbände ins Fundament abgeleitet. Dem Vorteil kleinerer Stützenfundamente steht die schwierige Konstruktion der Verbände in Horizontal- und Vertikalrichtung gegenüber. Ein weiterer Nachteil besteht darin, dass das Gebäude erst nach Fertigstellung standsicher ist.

Die Kombination von **Pendel- und eingespannter Stütze** ermöglicht ein statisch bestimmtes System. Hier wird eine der Stützen mit dem Fundament biegesteif verbunden, die andere als Pendelstütze ausgeführt. Die Pendelstütze besitzt einen oben und unten gelenkigen Anschluss an Träger (Riegel oder Binder) bzw. Fundament. Die Ableitung der Horizontallasten erfolgt alleine über die eingespannten Stützen. Dadurch erhält man für diese Stützen große Fundamente, während die Fundamente der Pendelstützen kleiner sind.

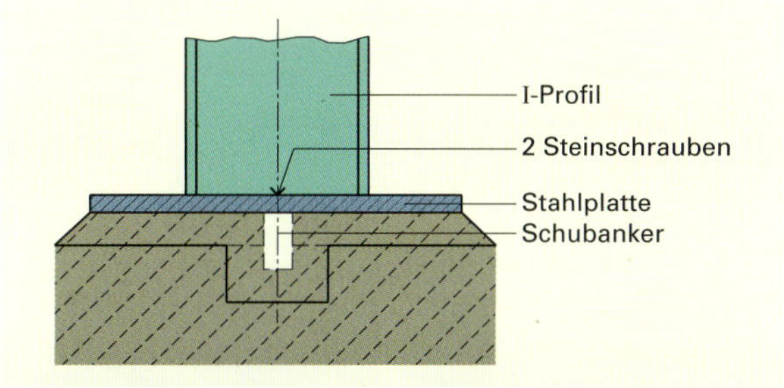

Gelenkiger Stützenfuß

Stützenkopfausbildung einer Pilzstütze

Stützen aus Stahlbeton

Bei der Lasteintragung wird eine Betonstütze gedrückt. Die Folge ist, die Stütze „knickt" aus. Dabei wird der Beton der Stütze auf der einen Seite auf Druck und auf der anderen Seite auf Zug beansprucht. Der Beton hat die Eigenschaft, große Druckkräfte aufzunehmen, aber bei Zugbeanspruchung zu versagen. Die Betonstütze bricht auf der Zugseite. Bei bewehrten Stützen nimmt der Stahl die Zugkräfte auf.

Stahlbetonstützen

Mindestquerschnitte nach EN 206	Bewehrungskonstruktion	Ausführungsart
• rechteckiger, quadratischer oder runder Querschnitt • I-Querschnitt • Hohlquerschnitt	• bügelbewehrte Stützen • umschnürte Stützen	• Fertigteilstützen • monolithische Stützen

Querschnittsform	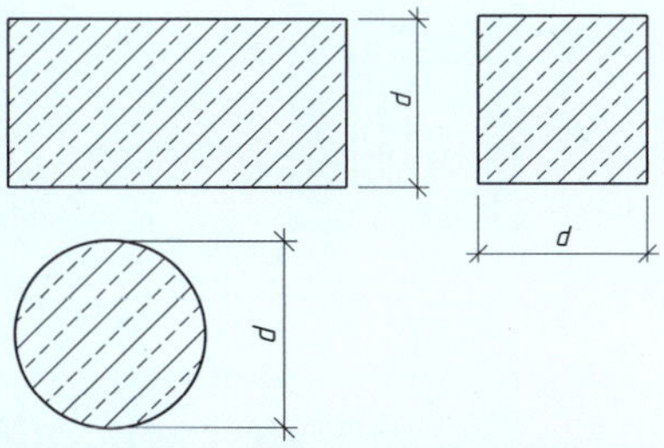 Rechteck, Quadrat oder Kreis	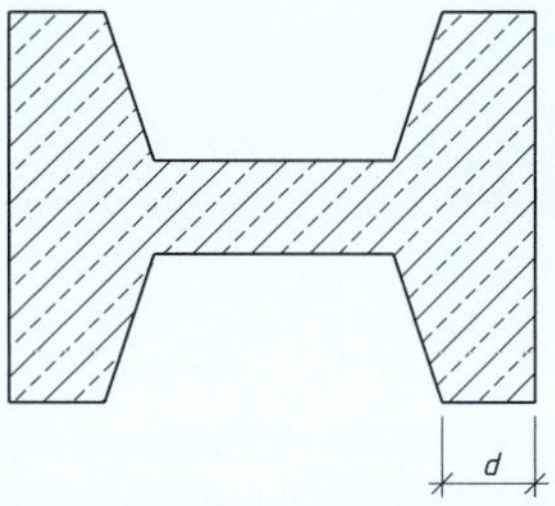 I	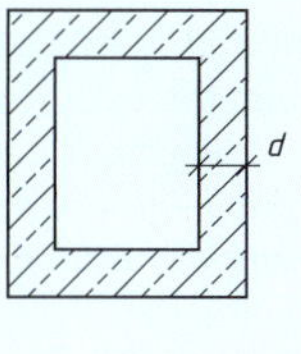 Hohlquerschnitt
Mindestdicke für Stützen	*d* = 14 cm Fertigteil *d* = 20 cm Ortbeton	*d* = 7 cm Fertigteil *d* = 14 cm Ortbeton	*d* = 5 cm Fertigteil *d* = 10 cm Ortbeton

Stahlbetonstützen

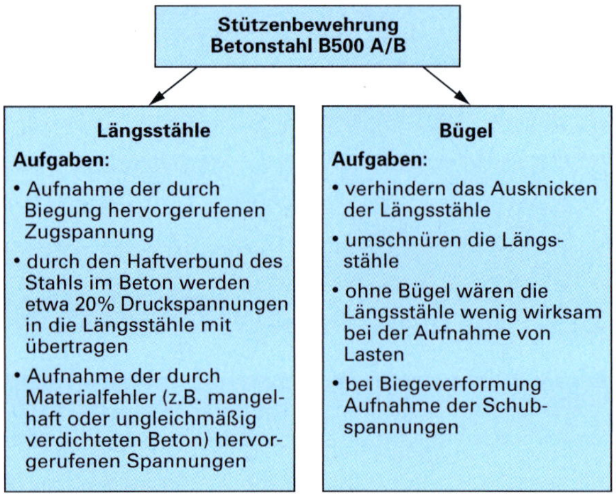

Stützenbewehrung

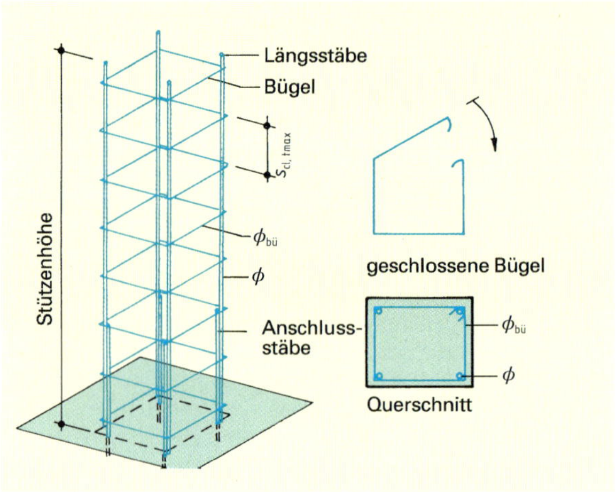

Stützenbewehrung

Anforderungen an bügelbewehrte Stützen

Beim Bewehren von Stützen gelten folgende Grundsätze:

Längsbewehrung:

- In jeder Ecke ein Längsstab ≥ 12 mm.
- Beim Kreisquerschnitt mindestens 6 Stäbe.
- Abstand der Längsstäbe ≤ 30 cm.
- Für Querschnitte mit $b \leq 40$ cm genügt je ein Bewehrungsstab in den Ecken.
- Die kleinste zulässige Seitenlänge eines Stützenquerschnitts beträgt
  - 20 cm für Stützen mit Vollquerschnitt, die vor Ort (senkrecht) betoniert werden,
  - 12 cm für waagerecht betonierte Fertigteilstützen.

Der Durchmesser der Längsbewehrung ist abhängig von der kleinsten Querschnittsabmessung (siehe Tabelle):

Mindeststahldurchmesser in mm	Dicke der Stütze in cm
8	< 10
10	≥ 10 < 20
12	≥ 20

Querbewehrung (Bügel)

- Verwendung von geschlossenen Bügeln, d. h., Bügel mit Winkelhaken.
- Die Haken der Bügel sind versetzt anzuordnen.
- $\phi_{bü}$ (Durchmesser Bügel) $\geq \frac{1}{4}\phi$ (Durchmesser Längsbewehrung) oder $\phi_{bü} \geq 6$ mm.
- Bügelabstände dürfen entweder
  - das 12-Fache von ϕ betragen oder
  - so groß wie die kleinste Seitenlänge oder der Durchmesser der Stütze sein oder
  - ≥ 30 cm sein.
- Bei >5 Längsstählen pro Ecke sind Zwischenbügel im doppelten Abstand der Hauptbügel anzuordnen.
- Bei der Anordnung der Zwischenbügel ist darauf zu achten, dass der Betoniervorgang nicht behindert wird.
- Am Stützenkopf und -fuß können kleinere Bügelabstände erforderlich sein, da hier die größten Kräfte auftreten.
- Zur Lagesicherung während des Betonierens sind Bügel und Längsstähle zu einem Bewehrungskorb zu verknüpfen.

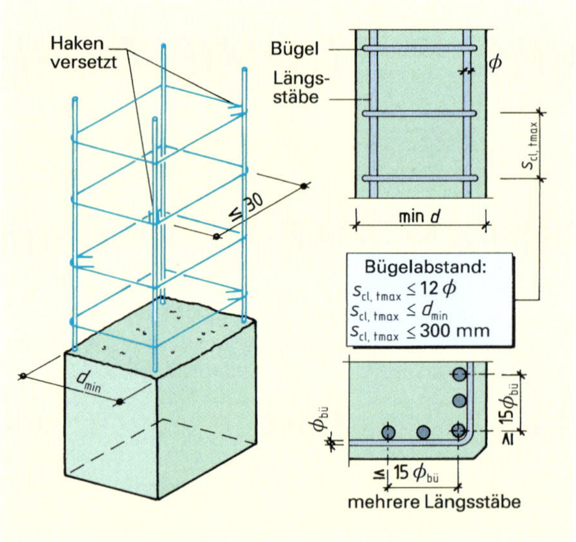

Bügelbewehrte Stützen

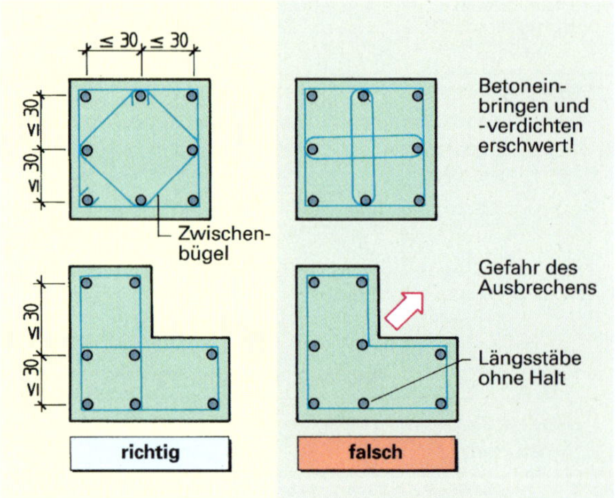

Anordnung der Bügel

Wand-, Decken- und Dachelemente erhalten im Werk eine Dämmung in den Gefachen der Rahmen. Gleichzeitig wird die Dampfbremse und Windsperre anbracht. Die Wand- und Deckenelemente übertragen die auftretenden Lasten in das Fundament und steifen gleichzeitig die Konstruktion aus. Die tragenden und aussteifenden Wände müssen mit dem Fundament verankert werden. Die Montage der Außenbekleidung erfolgt auf der Baustelle. Es werden die gleichen Materialien wie beim Holzrahmenbau verwendet.

Im Stahlbau kommen am häufigsten Rahmentragwerke zum Einsatz.

Bei **Rahmenkonstruktionen aus Stahl** werden nach statischen Gesichtspunkten unterschieden:

- Zweigelenkrahmen,
- Dreigelenkrahmen,
- Rahmen mit eingespannten Stützen.

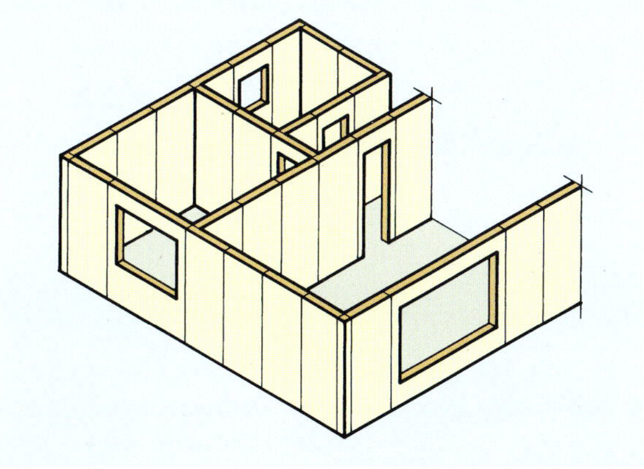

Holztafelbau

Bezeichnung	Zweigelenkrahmen	Dreigelenkrahmen	Rahmen mit eingespannten Stützen
Darstellung	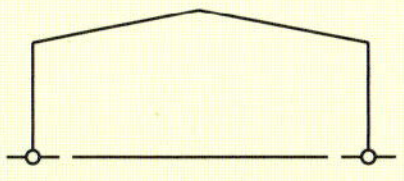	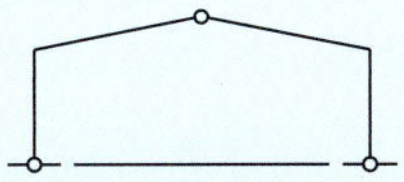	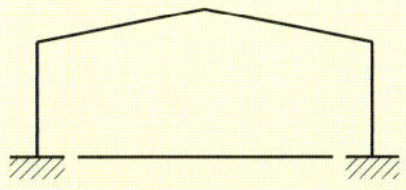
Beschreibung	Der Zweigelenkrahmen ist ein einfach statisch unbestimmtes System. Die Stützen sind im Fußpunkt gelenkig gelagert. Die Verbindung zum Binder wird biegesteif ausgeführt. Es ist die ökonomischste Ausführung unter Berücksichtigung der Kosten für Stahlprofile, Anschlüsse und Fundamentausbildung. Nachteilig sind die möglichen Verformungen infolge Horizontalbelastungen.	Die Stützen sind im Fuß- und die Binder im Firstpunkt gelenkig gelagert. Dadurch wird ein statisch bestimmtes System geschaffen. Die Verbindung Stützenkopf und Binder ist biegesteif. Die Rahmenkonstruktion ist unempfindlich gegenüber Stützensenkungen. Die Ausbildung eines Dreigelenkrahmens erfordert einen aufwendigen Gelenkanschluss im Firstbereich (z. B. Abdichtung gegen Feuchtigkeit). Diese Rahmenart wird oft im Holzbau eingesetzt, da die Ausbildung biegesteifer starrer Verbindungen sehr aufwendig ist. Diese Konstruktion findet selten im Stahlbau Anwendung.	Alle Knotenpunkte des Rahmens sind biegesteif und es treten nur geringe Verformungen auf. Die Stützen sind im Fundament (meist Köcherfundament) eingespannt und die Rahmenecke Stütze-Binder ist starr. Die Ausführung des Stützenfußpunktes ist sehr aufwendig. Eingesetzt wird dieses System, wenn besonderes große Horizontalkräfte, z. B. aus Kranbelastungen, auftreten.

Besonders wichtig ist die exakte Ausführung der Rahmenecke, da im Eckbereich durch Kraftumlagerung örtlich große Spannungen hervorgerufen werden. Der Knotenpunkt der Rahmenecke muss daher biegesteif ausgeführt werden.

Entscheidendes Kriterium zur Ausbildung der biegesteifen Rahmenecken sind die zu erwartenden Belastungen. Es werden geschraubte und geschweißte Rahmenecken unterschieden.

Geschraubte Rahmenecken

Die Herstellung der Rahmenkonstruktion erfolgt auf der Baustelle. Es gibt dazu eine Vielzahl von Ausführungsmöglichkeiten. In der nebenstehenden Abbildung ist eine dargestellt.

Der Arbeitsaufwand bei geschraubten Rahmenecken ist sehr hoch.

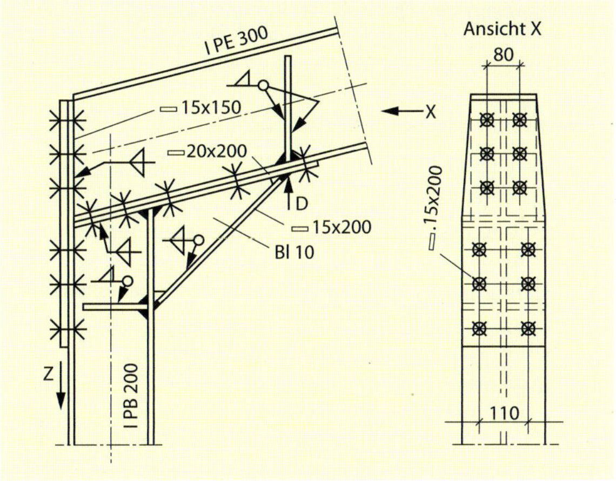

Geschraubte Rahmenecke mit Zuglasche für einen Hallenbinder

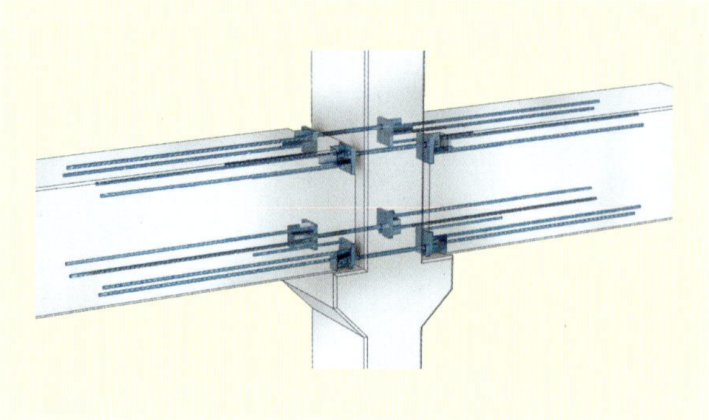

Biegesteife Rahmenecke mit Ankerbolzen und Balkenschuh

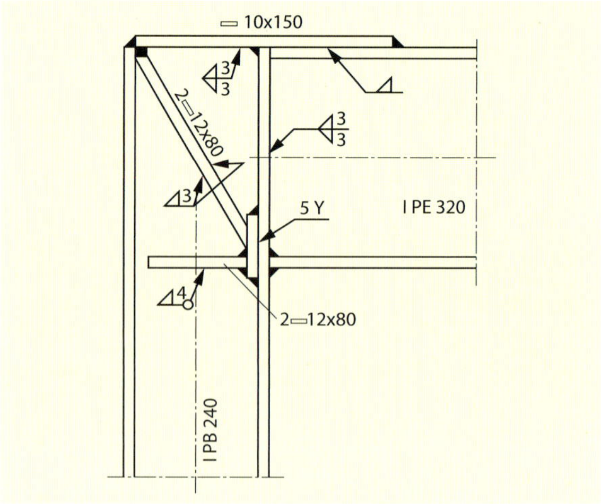

Geschweißte Rahmenecke mit Diagonalsteife

Geschweißte Rahmenecken

Die Rahmenecken werden werksseitig gefertigt. Die Art der Ausführung ist abhängig von den Belastungen und den Gebäudeabmessungen.

Die **Stahlbetonbauweise** sieht drei Konstruktionsgrundformen von Skelettsystemklassen vor:

Skelett aus	linearen Teilen	Rahmenteilen	pilzartigen Konstruktionen
Merkmale	– Tragelemente sind gerade Stützen, Binder und Unterzüge – Stützen werden als durchgehende oder Pendelstützen ausgeführt	– Skelett wird aus zweistieligen Rahmenteilen oder aus Rahmenteilen aus T- oder H-Formen zusammengesetzt	– Konstruktion besteht aus Stützen, Pilzkopfplatten und Deckenplatten
Konstruktion	– Stützen sind in der Regel in Köcherfundamente eingesetzt und verankert – Binder werden über die Stützen gespannt – Unterzüge liegen auf den Bindern – auf den Unterzügen werden die Dachkonstruktionen aufgelagert – gelenkige Verbindungen	– Stützen sind am Fußpunkt eingespannt – Unterzüge oder auch Dachbinder liegen gelenkig auf den Stützen – biegesteife Verbindungen in den Knotenpunkten	– Tragkonstruktion ist eine „riegellose Bauweise“, • d. h. die Deckenplatten werden in Pilzkopfelementen eingehängt oder • in der Feldmitte gestoßene Pilzplattenelemente

Das statische System sieht bei Rahmenelementen gelenkig gelagerte Rahmenstiele (Stützen) und biegesteife Rahmenecken vor. Die Rahmenstiele sind druck- und/oder biegebelastete Elemente und haben meist rechteckige Querschnitte genauso wie die Riegel. Rahmen werden hauptsächlich beim Geschossbau verwendet.

Zusammenfassung

Rahmen sind aus Stützen und Trägern (Riegeln) zusammengesetzte Konstruktionen.

Im Holzbau haben sich dazu die Holzrahmen- und Holztafelbauweise entwickelt.

Bei Rahmenkonstruktionen unterscheidet man Zweigelenk- oder Dreigelenkrahmen sowie Rahmen mit eingespannten Stützen.

Der Stahlbetonbau bevorzugt ein Skelett aus Rahmenteilen, wo die Stützen im Fundament eingespannt und die Träger gelenkig am Stützenkopf angeschlossen sind.

Aufgaben

1. *Erklären Sie das Konstruktionsprinzip des Holzrahmenbaus.*
2. *Für die Tragkonstruktion einer Lagerhalle mit integrierter Kranbahn ist eine Rahmenkonstruktion aus Stahl geplant. Wählen Sie eine geeignete Rahmenkonstruktion aus und begründen Sie ihre Entscheidung.*
3. *Skizzieren Sie das Konstruktionsprinzip eines Skeletts aus Stahlbeton mit linearen Bauteilen.*

11.3.5 Binder

Binder nehmen die Lasten der Dachkonstruktion aus Dachhaut, Pfetten, Wind, Schnee usw. auf. Sie werden als Haupttragwerk des Daches bezeichnet.

Binder aus Holz siehe Abschnitt 10.7.1

Binder aus Stahl werden nach ihrer Ausführung in

- Vollwandbinder,
- Fachwerkbinder,
- Rahmenbinder und
- Sonderformen (entsprechen in ihrer Form einer individuellen architektonischen Gestaltung).

unterschieden.

Vollwandbinder sind Träger, die aus Blechen, Breitflachstählen und anderen Walzprofilen zusammengesetzt sind. Die Ausbildung der Vollwandbinder bestimmt die vorhandene Stützweite. Bei kleineren Stützweiten ist der Einsatz von Walzprofilen möglich. Vollwandbinder besitzen gegenüber Fachwerkbindern eine geringere Bauhöhe und sind günstiger in der Anschaffung.

Fachwerkbinder: Der Einsatz dieser Konstruktion ist speziell für Dächer vorgesehen. Gegenüber dem Vollwandbinder besitzen sie eine geringere Eigenlast. Sie bestehen in der Regel aus Stäben, die einen Ober- und Untergurt bilden, sowie Füllstäben, die als Vertikal- und Diagonalstäbe ausgebildet sind.

Dabei sind bei der Anordnung der Stäbe folgende Grundformen möglich:

- Parallelbinder,
- Trapezbinder,
- Dreiecksfachwerkbinder,
- Parabelbinder und
- Sichelbinder.

Als Grundsatz für die Ermittlung der wirtschaftlichen Höhe eines Fachwerkbinders gilt:

$$h \approx \frac{l}{7} \dots \frac{l}{10} \qquad l = \text{Stützweite}$$

$$h = \frac{l}{15} \quad \text{(bei großer Durchbiegung)}$$

Rahmenbinder kommen als Dachkonstruktion mit Zwei- oder Dreigelenkrahmen zur Anwendung. Sie eignen sich bei kleineren Stützweiten und bei der pfettenlosen Bauweise.

Sonderformen: Diese Formen sind für große Spannweiten entwickelt worden. Näherungsweise kann man zur Ermittlung des Binderabstandes folgende Formel verwenden:

$$b \cong 0{,}28 \cdot (l + 1)$$

l = Binderstützweite

Binder aus Stahlbeton oder Spannbeton werden in der Regel an die äußere Gestalt des Daches angepasst. Man unterscheidet demnach Parallel- oder Satteldachbinder.

Der Querschnitt ist abhängig vom verwendeten Material. Für schlaff bewehrte Binder eignet sich der T-Querschnitt, während bei Hohl- und Doppel-T-Querschnitten Spannbeton als Baustoff zur Anwendung kommt.

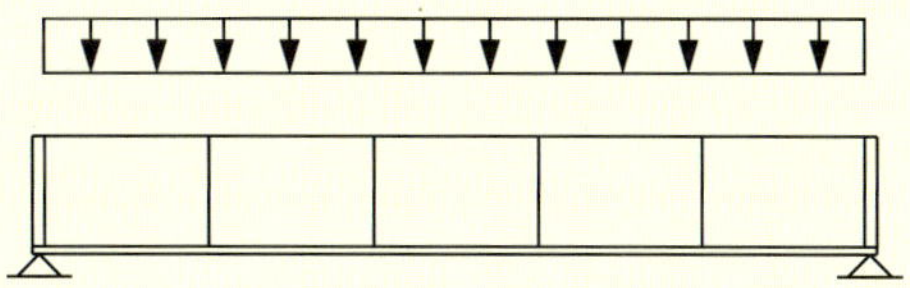

Vollwandbinder

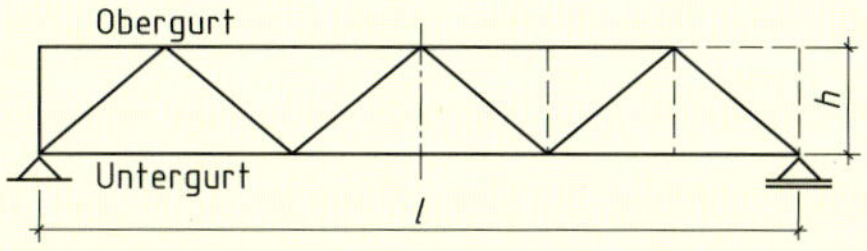

Parallelbinder

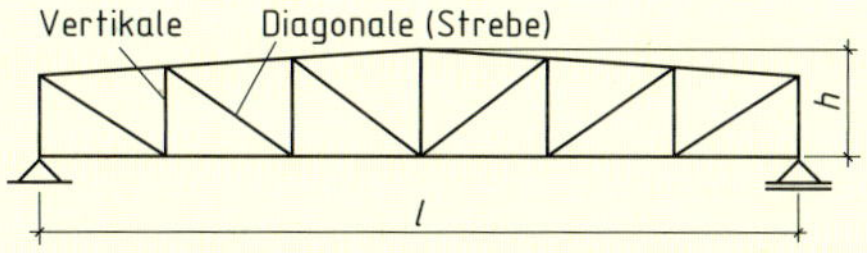

Trapezbinder

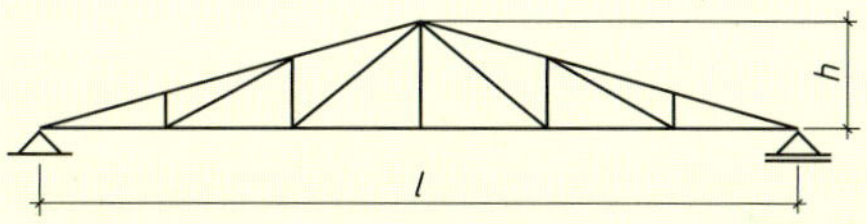

Dreiecksfachwerkbinder

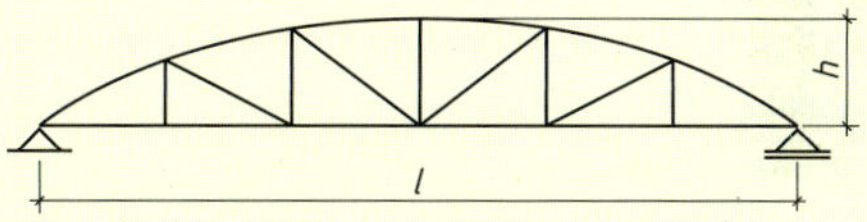

Parabelbinder

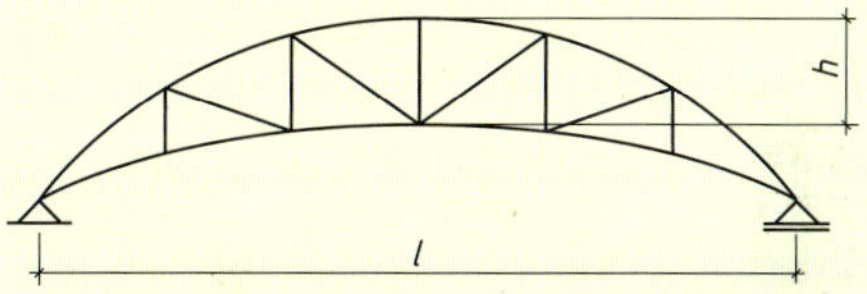

Sichelbinder

Fachwerkbinder

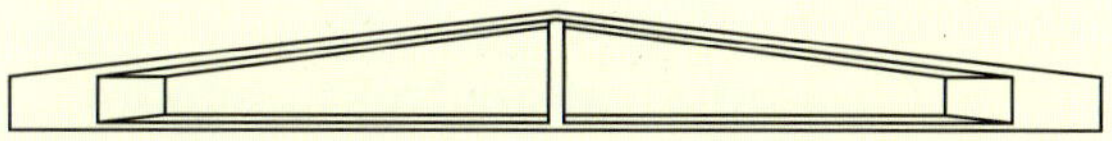

Vollwand-Satteldachbinder

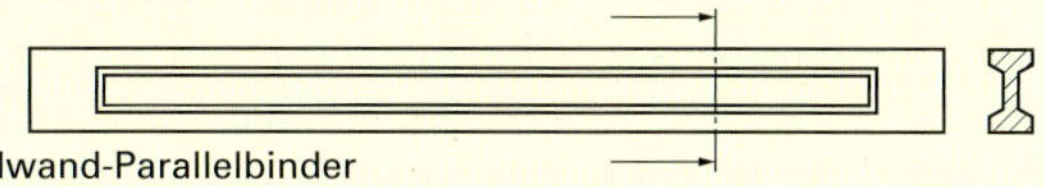

Vollwand-Parallelbinder

Hallenbinder

Hallenbinderquerschnitte

Spannbeton besteht aus Beton und Spannstahl.

Bei der Montage von Spannbetonelementen werden zwei Verfahren in Abhängigkeit vom Zeitpunkt der Vorspannung unterschieden:

1. Vorspannung mit nachträglichem Verbund,
2. Vorspannung mit sofortigem Verbund.

Die **Vorspannung mit nachträglichem Verbund** ist dadurch gekennzeichnet, dass die Spannstähle auf der Baustelle gespannt werden. Dazu befindet sich im Binder ein Hüllrohr, in dem die Spannstähle an einem Ende verankert sind. Am anderen Ende werden die Spannstähle mit Spannpressen gespannt und gesichert. Anschließend wird der Spannkanal mit Mörtel ausgepresst. Das Bauteil steht nach Lösen der Spannpressen unter Druckspannung.

Diese Art der Vorspannung wird für große Bauwerke (Brücken oder Sicherungen von Stahlseilkonstruktionen) häufig genutzt.

Vorspannung mit sofortigem Verbund bedeutet, dass die Spanndrähte vor dem Betonieren gespannt und sofort eingebaut werden. So wird bei der Herstellung von Betonfertigteilen verfahren. Die Binder werden nach dem Transport sofort in entsprechender Lage eingebaut und müssen nicht nachträglich gespannt werden.

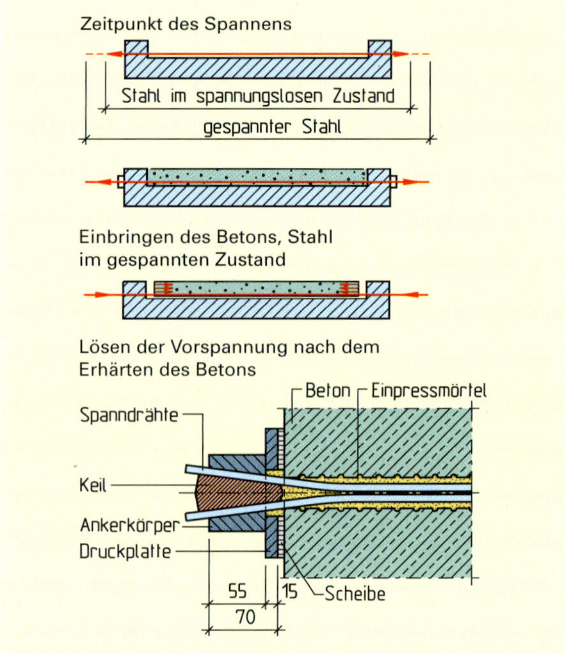

Prinzip des Spannbetons

Zusammenfassung

Die Aufgabe der Binder besteht darin, die Dachlasten aufzunehmen und weiterzuleiten. Dabei gibt es bei Herstellung aus Stahl oder Holz verschiedene Formen:

1. Vollwandbinder/Vollholzbinder,
2. Fachwerkbinder,
3. Rahmenbinder und
4. Sonderformen.

Die Formen der Binder aus Stahlbeton oder Spannbeton sind der Dachform angepasst. Es kommen Parallel- oder Satteldachbinder zum Einsatz.

Aufgaben

1. *Welche Aufgaben übernehmen die Binder bei der Skelettbauweise?*
2. *Skizzieren Sie mindestens drei mögliche Formen von Stahlbindern.*
3. *Ein Bauherr möchte von Ihnen wissen, wann Fachwerkbinder als Dachbinder eingesetzt werden. Beantworten Sie seine Frage.*
4. *Eine Stahlbauhalle hat die Länge von 60 m und eine Breite von 24 m. Der Bauherr möchte von Ihnen überprüft haben, ob ein Binderabstand von 7,20 m in Ordnung ist. Was antworten Sie?*
5. *Erklären Sie die Herstellung eines Dachbinders aus Spannbeton.*

11.3.6 Aussteifungskonstruktionen im Skelettbau

Aussteifung von Holzskelettbauten

Um die räumliche Stabilisierung, d.h. die Aufnahme von Horizontalkräften aus Wind, Anprall o.Ä. zu gewährleisten, werden **zwei Aussteifungssysteme** unterschieden:

- Aussteifung nur durch Vertikalscheiben,
- Aussteifung durch Vertikal- und Horizontalscheiben.

Aussteifung durch Streben und Verbände

Wird nur mit Vertikalscheiben ausgesteift, so sind diese in jeder Querachse anzubringen. Ansonsten könnten die Horizontalkräfte jede Achse, die nicht ausgesteift ist, verschieben. Dadurch wird die Grundrissgestaltung stark eingeschränkt.

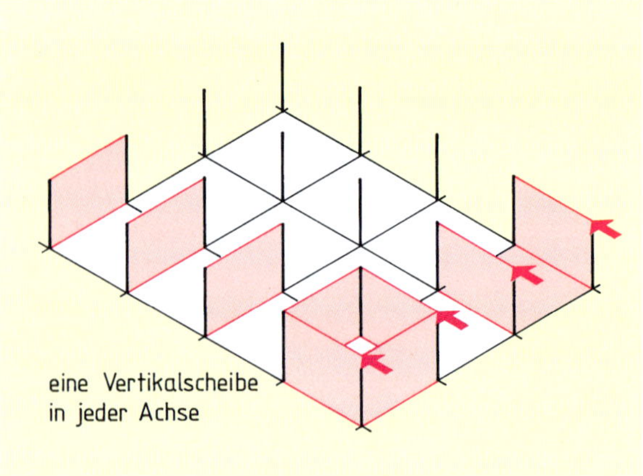

Aussteifung ohne starre Deckenscheibe

Für die Ausführung der **Vertikalscheiben** gibt es im Holzbau vier Varianten, die Aussteifung durch:

1. Verschalung, 2. Streben, 3. Verbände, 4. Einspannungen.

Ausführung von Vertikalscheiben	Ausfachung bzw. Verschalung	Streben	Verbände	Einspannungen
Beschreibung der Ausführung	Geschraubte oder genagelte Schalungen können Windkräfte aufnehmen. Sie bilden jedoch nach DIN EN 1995 (Holzbau) keine statisch wirksame Scheibe. Eine Scheibenwirkung kann erreicht werden durch eine diagonal angeordnete Schalung und die Verwendung tragender Nagelverbindungen (siehe Abschnitt 10.7.2) oder durch Beplankung mit Platten.	Die Streben müssen im Stützenfußpunkt angeschlossen sein. Ansonsten sind zusätzliche Fundamente erforderlich. Da die Horizontalkräfte nicht direkt abgeleitet werden und einen längeren Weg zurücklegen müssen, sind große Holzquerschnitte erforderlich.	Die Verbände können aus Brettern oder verzinktem Rundstahl ausgeführt werden. Beide Verbandarten werden zwischen den Stützen befestigt. Sie werden dabei auf Zug beansprucht. Daher ist beim Brettverband darauf zu achten, dass die Nagelverbindungen zugfest sind. Wird verzinkter Rundstahl verwendet, so wird dieser mit Metalllaschen zwischen den Stützen befestigt und gespannt.	Von eingespannten Holzstützen spricht man, wenn diese Stützen alleine Horizontallasten aufnehmen, ohne dabei ihre Stabilität zu verlieren. Die Beanspruchungen werden am Stützenfuß aufgrund der Hebelwirkung (Kraft · Hebelarm) sehr groß. Daher wird dieser Bereich (Stütze und Fundament) stark beansprucht. In der Praxis sehr selten anzutreffen, da die Ausführung sehr aufwendig ist. Eignet sich für Systeme mit Doppelstützen.
Ausführungsdetails		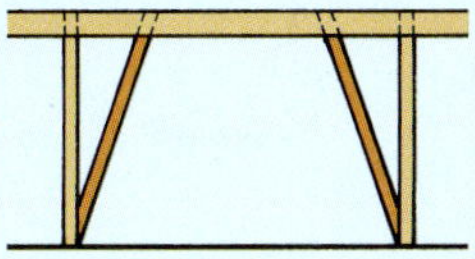	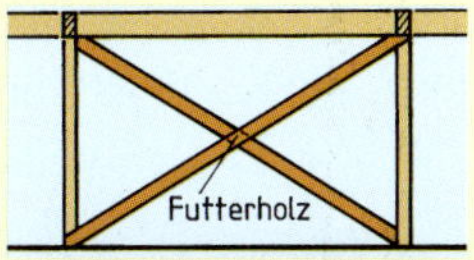 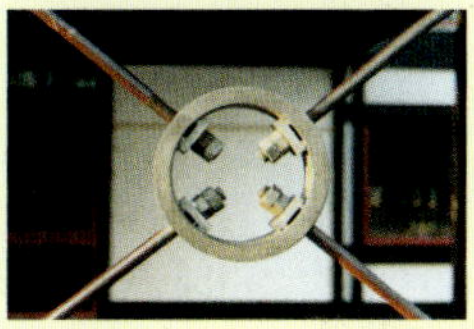	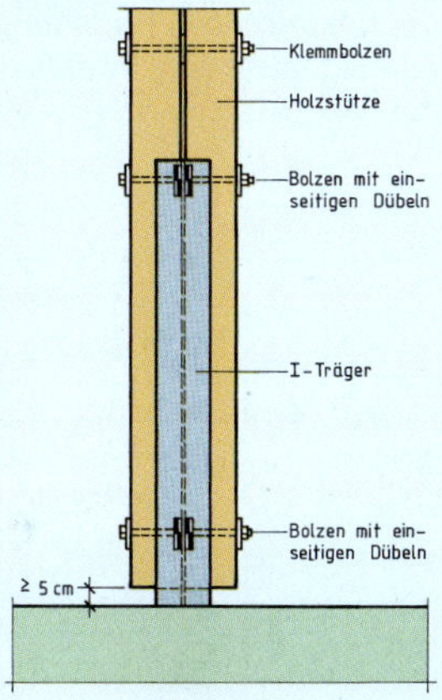 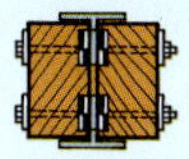

Aussteifung mit Horizontal- und Vertikalscheiben

Eine vollständige Aussteifung nur mit Horizontalscheiben ist nicht möglich. Sie kann nur in Verbindung mit Vertikalscheiben erreicht werden.

Die Aussteifung mit Horizontal- und Vertikalscheiben sieht mindestens drei Vertikalscheiben vor.

Als Horizontalscheiben werden die Dach- oder Deckenkonstruktionen genutzt, die dann als starre Scheiben auszuführen sind.

Dies wird erzielt durch:

- Verschalung mit plattenförmigen Holzwerkstoffen oder
- Flachstahldiagonalen oder
- Diagonalverschalung.

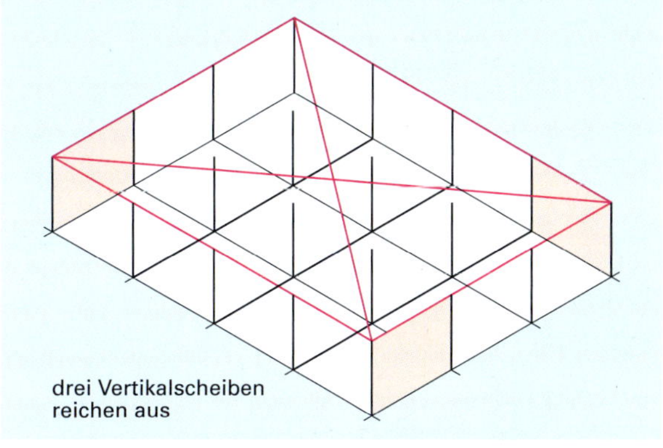

Aussteifung mit Horizontal- und drei Vertikalscheiben

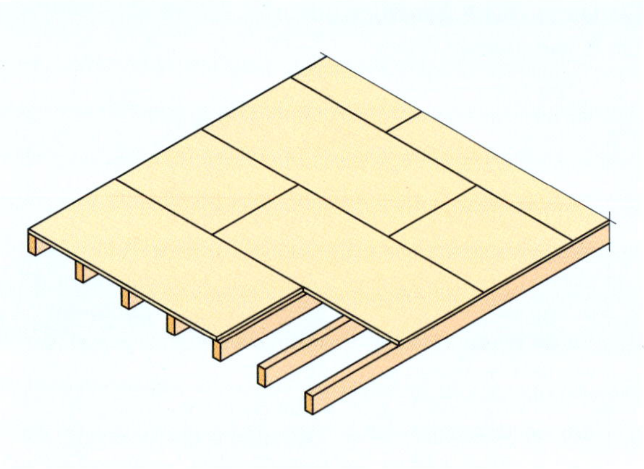

Beplankung mit plattenförmigen Holzwerkstoffen

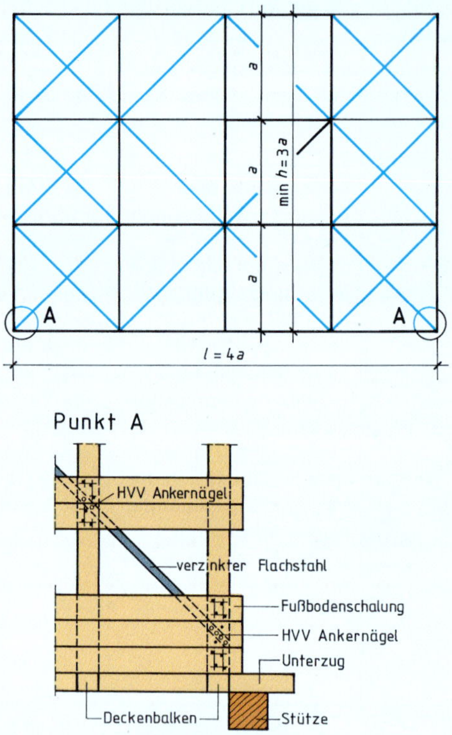

Aussteifung durch Flachstahldiagonalen

Bei der Aussteifung mit Spanplatten muss darauf geachtet werden, dass die Stöße der Platten dicht und versetzt angeordnet werden.

Aussteifung von Stahlskelettbauten

Wie bereits erwähnt gibt es eine Vielzahl von Möglichkeiten, Skelettkonstruktionen zu stabilisieren. Im Stahlbau ist man bestrebt, die Tragelemente mit zur Stabilisierung der Hallenkonstruktion heranzuziehen. Dabei unterscheidet man vier Stabilisierungsprinzipien:

Aussteifung in	Längsrichtung	Querrichtung	Quer- und Längsrichtung	Kernstabilisierung
Beschreibung	– dient der Außenlängswandstabilisierung und wird aus montagetechnischen Aspekten bevorzugt im Endfeld angeordnet	– bevorzugtes System für einschiffige Hallen; dabei werden Systembreiten, Systemhöhen und eventuelle Kranbahnen mit berücksichtigt	– dient der Stabilisierung der Dachkonstruktion – Dach wird als schubfeste Scheibe ausgebildet oder durch Verbände in Längs- und Querrichtung stabilisiert	– Kerne ersetzen Stabilisierungskonstruktionen in Längs- und Querrichtungen
Konstruktive Ausbildung	1. Rahmen 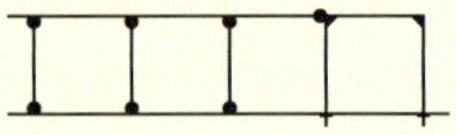 2. Kreuzverband 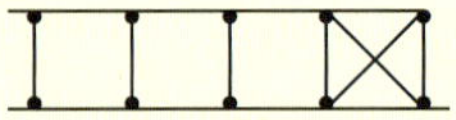 3. Scheiben 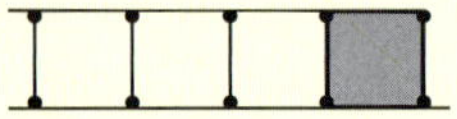 4. eingespannte Stützen 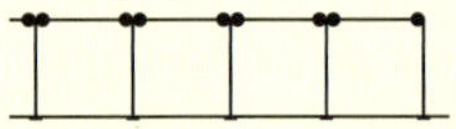 5. eingespannte Eckstützen 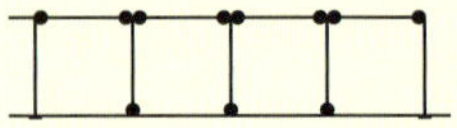	Rahmenkonstruktionen: 1. Zweigelenkrahmen 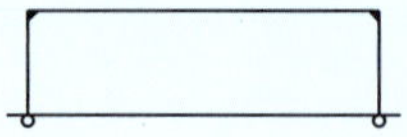 2. eingespannter Rahmen 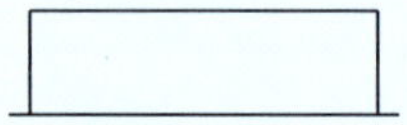 3. Fachwerkriegel mit gelenkiger Kopfausbildung und eingespannten Stützen 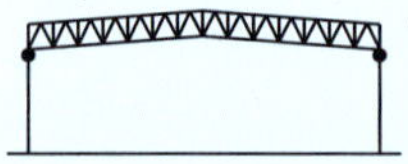	Längs- und Queraussteifung durch Verbände 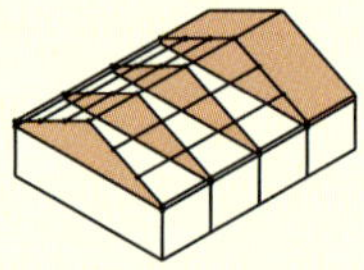 1. Obergurtebene oder Untergurtebene 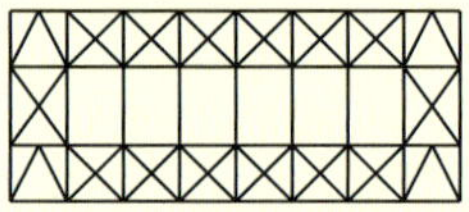 2. Dachscheibe 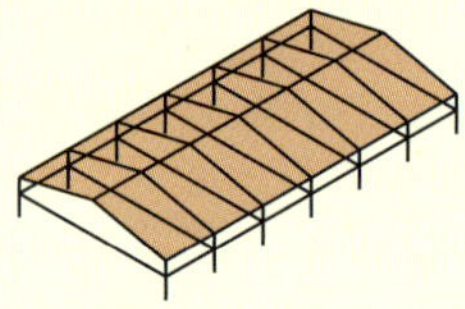	Räumliche Stabilisierung durch: Stahlbetonscheiben 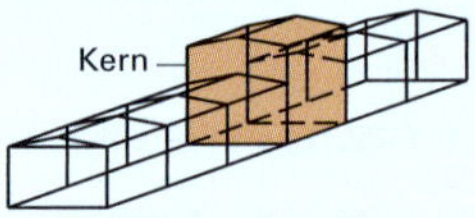 Kern Kernstabilisierung

Aussteifung von Stahlbetonskelettbauten

Im Regelfall werden für die Aussteifung von Hallenkonstruktionen aus Stahlbeton **eingespannte Stützen** verwendet. Eingespannte Stützen können bei einer Hallenhöhe von maximal 10 m wirtschaftlich eingesetzt werden.

Der Einsatz von **Dachverbänden** in Verbindung mit Wandscheiben oder Wandverbänden ist eine Möglichkeit zur Aussteifung. Dabei ist zusätzlich der Brandschutz zu beachten, da die Verbände meist aus Stahl ausgeführt werden.

Die Ableitung von Horizontalkräften kann durch die Anordnung von **Dach- und Wandscheiben** erfolgen. Die Dachscheibe wird durch die biegesteife Verbindung der Dachplatten ausgeführt. Dach- und Wandscheiben müssen miteinander verbunden werden.

Eine weitere Möglichkeit zur Aussteifung ist die Verwendung von **Zweigelenkrahmen**.

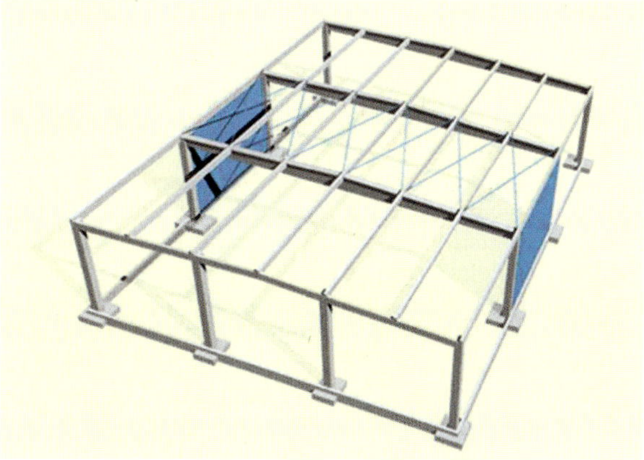

Aussteifung durch Dachverbände und Wandscheiben

Zusammenfassung

Aufgabe der Aussteifungskonstruktionen ist die Aufnahme horizontaler Belastungen und die damit verbundene Stabilisierung der Skelettbauten in Längs- und Querrichtung. Dazu wird aus ökonomischen Gründen angestrebt, die Tragkonstruktionen zur Stabilisierung mit heranzuziehen. Die Aussteifung von Holzskelettbauten erfolgt in der Regel über die Anordnung von horizontalen und vertikalen Scheiben. Für Stahlskelettbauten werden zusätzlich als Aussteifungselemente Rahmenkonstruktionen und Verbände eingesetzt. Die Stabilisierung von eingeschossigen Stahlbetonskelettbauten erfolgt über eingespannte Stützen.

Aufgaben

1. *Nennen Sie horizontale Lasten, denen Skelettbauten ausgesetzt sind.*
2. *Für eine Holzskeletthalle sind für die Aussteifung nur vertikale Scheiben vorgesehen. Erklären Sie, welche konstruktiven Möglichkeiten zur Ausbildung von Vertikalscheiben es gibt. Wählen Sie eine davon aus und begründen Sie Ihre Entscheidung.*
3. *Für eine Stahlbauhalle sind als Tragkonstruktion unter anderem Zweigelenkrahmen vorgesehen. Welche Aufgaben könnten diese bei der Stabilisierung der Hallenkonstruktion übernehmen?*

11.4 Sonstige Bauelemente bei Skelettbauten

11.4.1 Wände

Wände sind im Skelettbau hauptsächlich Umhüllungen, die raumabgrenzende Aufgaben erfüllen (siehe Abschnitt 11.2). Für die Wandkonstruktionen kommen Holz, Metall, Mauerwerk, Stahlbeton oder Glas als Material infrage. Bei der Auswahl der Außenwandkonstruktion sind gestalterische, bauphysikalische, statische und ökonomische Faktoren zu berücksichtigen. Wesentliche Gesichtspunkte für den Bauherren sind dabei nicht nur die Kosten der Gesamtwandkonstruktion, sondern auch die laufenden Kosten infolge Wartung und Pflege. Die Anforderungen an die Wandkonstruktion sind:

- winddicht, wärmedämmend, schalldämmend, schlagregendicht, ausreichender Brandschutz in Abhängigkeit vom erforderlichen Feuerwiderstand.

Da es sich bei den Wandausbildungen im Skelettbau nur um „Umhüllungen" handelt, werden diese in der Regel als nichttragende Außenwandtafeln ausgeführt. Für die konstruktive Ausbildung der Außenwandtafeln sind meist Fertigteilplatten aus verschiedenen Baustoffen wie kunststoffbeschichtete Span-, Sperrholz- oder Faserholzplatten, Bleche aus Stahl o. Ä. im Einsatz. Die Lage der nichttragenden Außenwandbauteile ist maßgebend dafür, ob die Tragkonstruktion des Skelettbaus sichtbar ist.

Beim Holzskelettbau übernimmt die Wand keine tragende Aufgabe. Werden Wände zur Aufnahme von Horizontalkräften herangezogen, sind diese als starre Scheiben auszubilden (siehe Abschnitt 11.3.6). Beim Wandanschluss an die Stützen müssen

a) die üblichen Maßtoleranzen,
b) die Formänderungen durch Belastungen sowie
c) der Feuchtigkeitseinfluss und die daraus resultierenden Verformungen durch Quellen und Schwinden beachtet werden.

Holzwände können als ein- oder mehrschalige Konstruktionen errichtet werden.

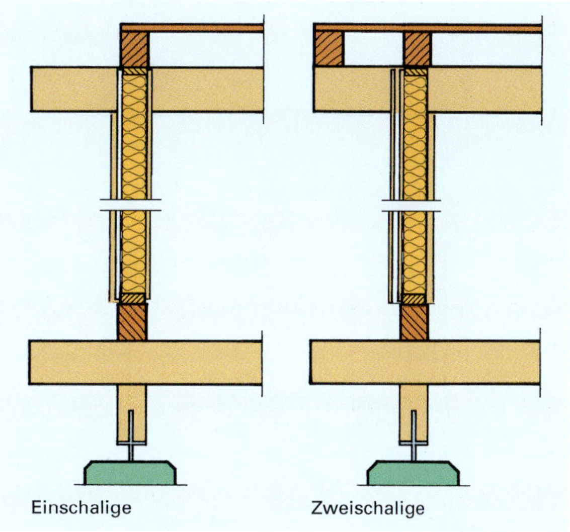

Außenwände aus Holz

Die Aufstellung der Wand kann nach drei Varianten erfolgen:

1. vor,
2. zwischen,
3. hinter den Stützen.

Die Wandanordnung vor oder hinter der Stütze ermöglicht eine durchgehende Verschalung, wodurch die Anzahl der Fugen verringert wird. Dies ist die bevorzugte Ausführungsart im Holzskelettbau.

Die Lage der Wandelemente ist auch für die Wandgestaltung und die Anschlüsse der Stahl- und Stahlbetonskelettbauten von Bedeutung.

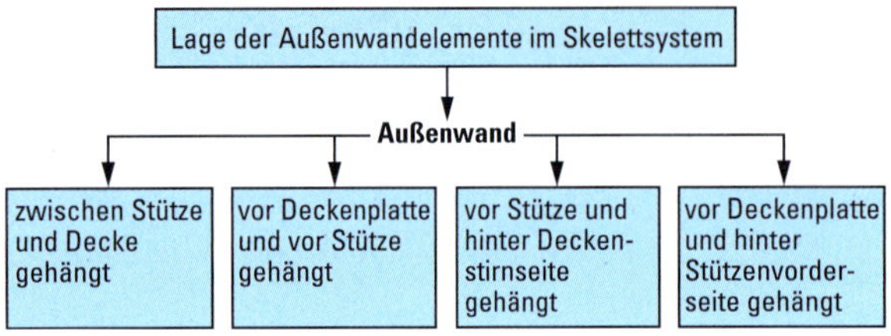

Lage der Außenwandelemente

Außenwände im Stahlbetonskelettbau werden jedoch als Wandtafeln oder Wandplatten ausgebildet. Der Unterschied zwischen einer Wandtafel und einer Wandplatte be-

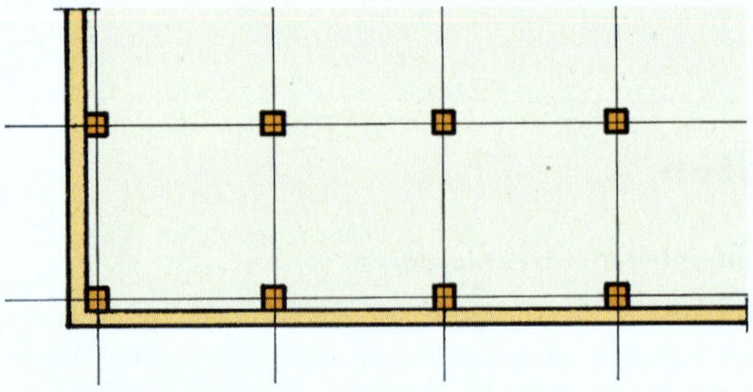

1. Wand vor den Stützen

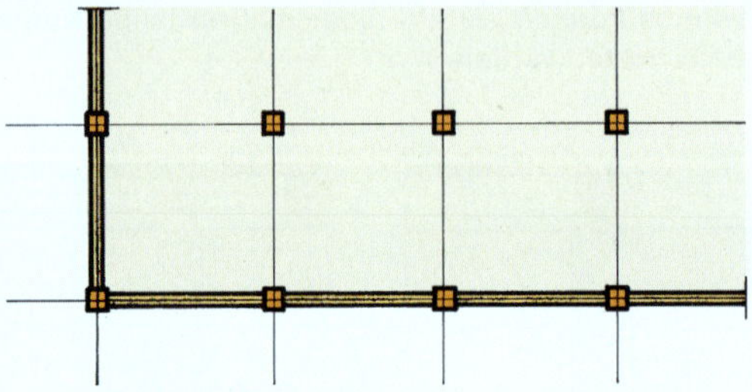

2. Wand zwischen den Stützen

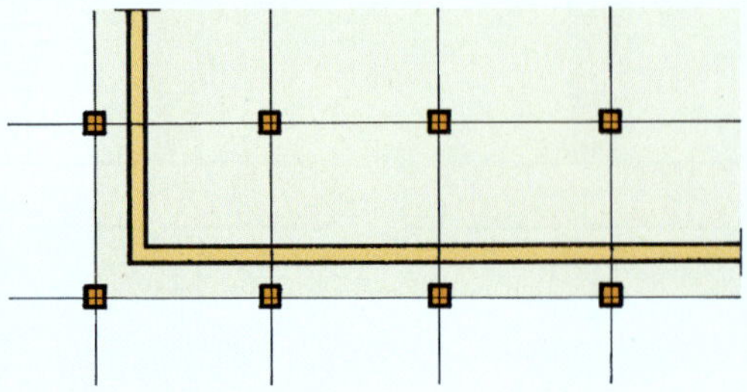

3. Wand hinter den Stützen

Anordnung der Wände

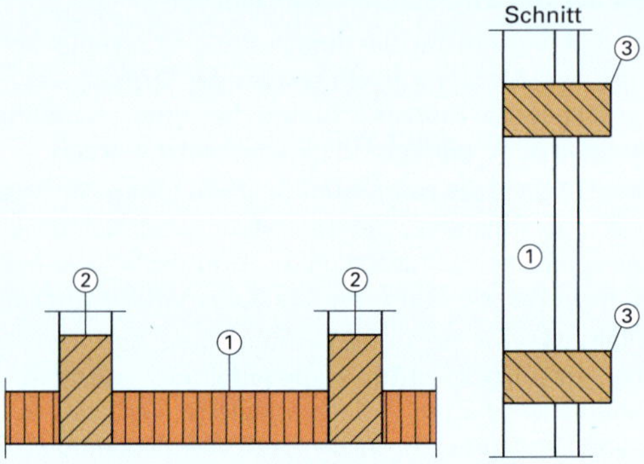

Außenwand zwischen Decke und Stütze

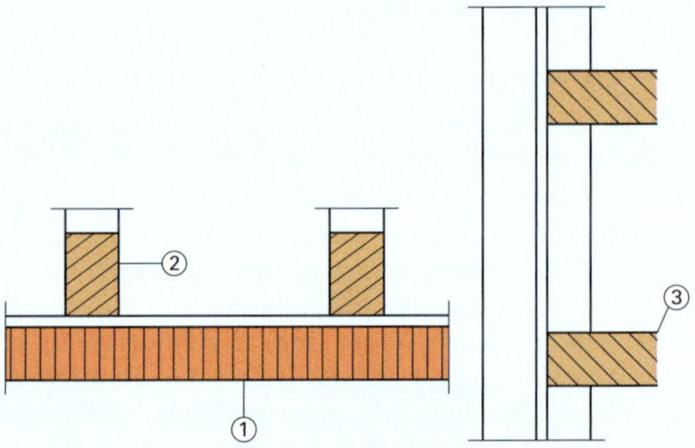

Außenwand vor Decke, hinter Stützenvorderfläche

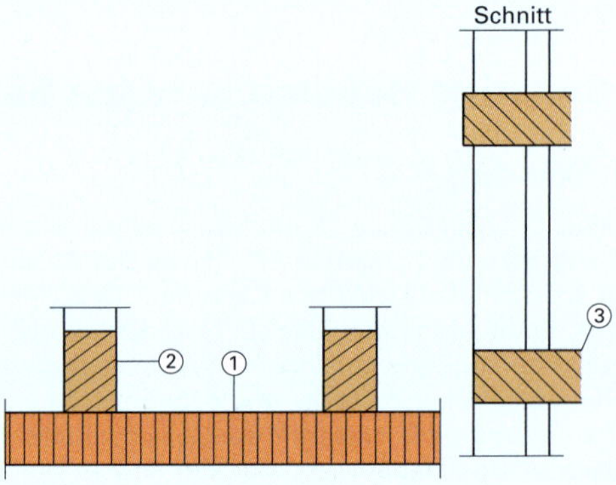

Außenwand vor Stütze, hinter Decke

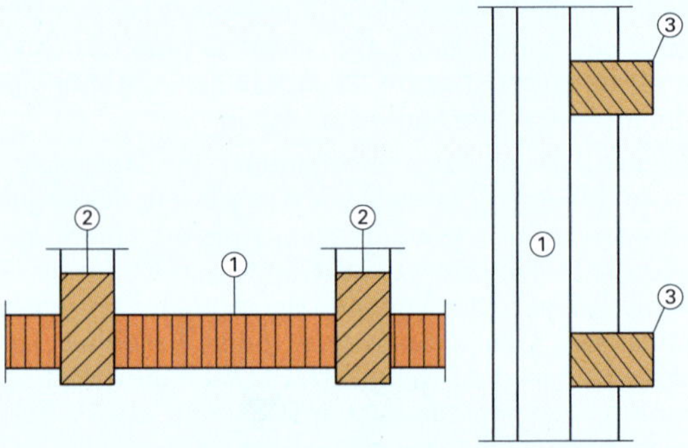

Außenwand vor Stütze, vor Decke

Lage der Außenwandelemente
① Außenwandelement
② Stütze
③ Deckenelement

steht darin, dass die Wandtafel in der Lage ist, Lasten aufzunehmen und Wandplatten ausschließlich zur Umhüllung dienen. Daher sind Wandtafeln aus einer Tragschicht (Innenschale), einer Wärmeschutzschicht (Wärmedämmung) und einer Wetterschutzschicht (Außenschale) aufgebaut.

Die Auflagerung der Wandtafel muss mit einem Mindestauflager von 12 cm erfolgen. Die Wandtafeln können als angesetzte oder zwischengesetzte Wandelemente ausgeführt werden. Bei den angesetzten Wandtafeln wird die Tragschicht vor den Stützen auf Konsolen aufgelagert. Dagegen liegt bei den zwischengesetzten Wandtafeln die Tragschicht zwischen den Stützen.

Wandplatten sind in der Regel aus Porenbeton. Für die Befestigung der Wandplatten gibt es eine Vielzahl von Möglichkeiten, wie zum Beispiel die Befestigung der Wandplatten durch:

- Ankerschienen an Unterzug oder Stützen,
- Winkel zwischen den Stützen.

Aber auch die Möglichkeit einer Ausmauerung und Verwendung von Metallprofilen ist für die Ausbildung der Außenwandkonstruktion denkbar.

Die Hauptfunktion der **Außen- und Innenwände im Stahlskelettbau** ist die Raumabgrenzung. Die für die Wandelemente verwendeten Baustoffe dürfen die Stahlkonstruktion nicht angreifen (wie z. B. Magnesiumchlorid).

Die Wandelemente werden

1. direkt an den Stützen oder
2. an einer Wandkonstruktion, bestehend aus vertikalen Pfosten und horizontalen Riegeln

angebracht.

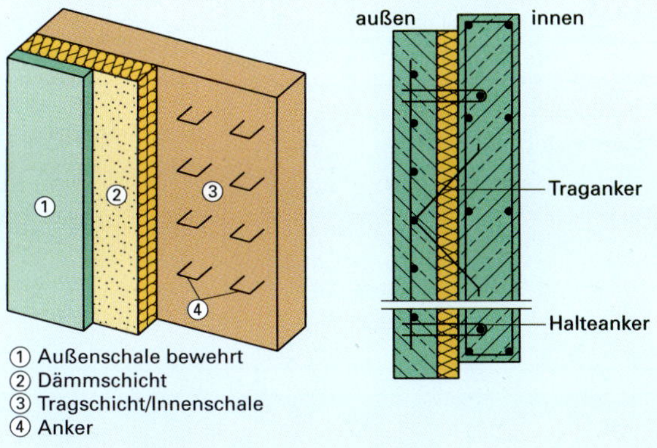

Aufbau einer Wandtafel

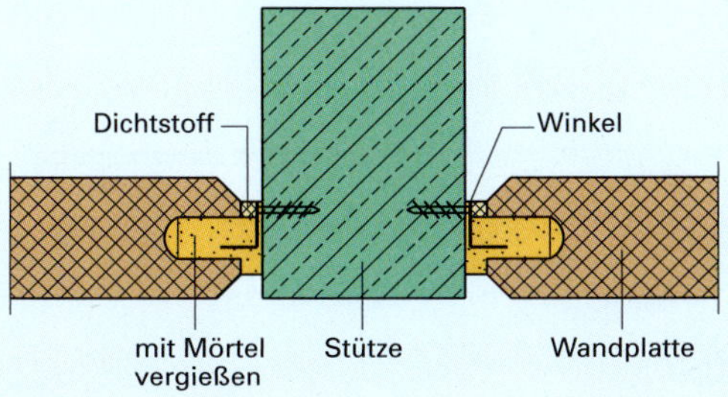

Befestigung einer Wandtafel an zwischengesetzter Wandplatte

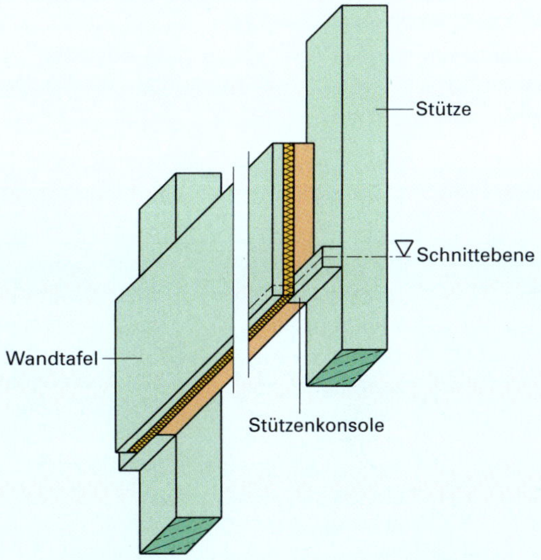

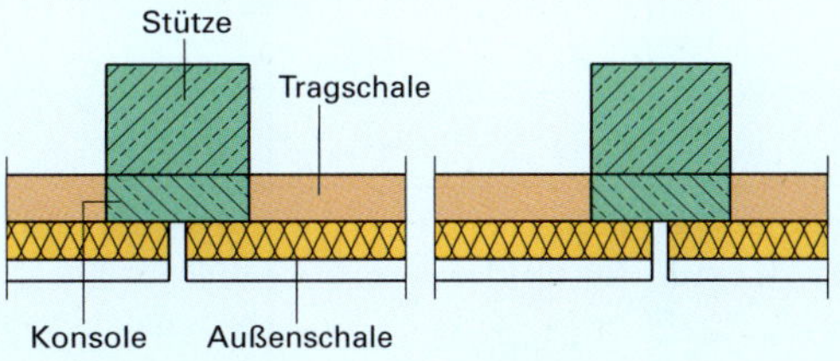

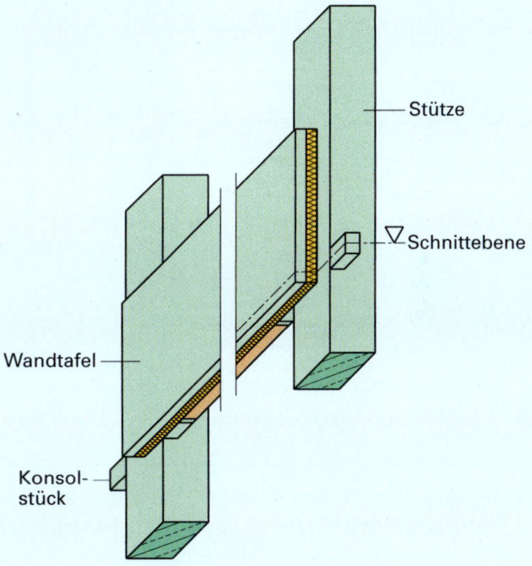

Wandtafel, auf Stützenkonsolen gelagert

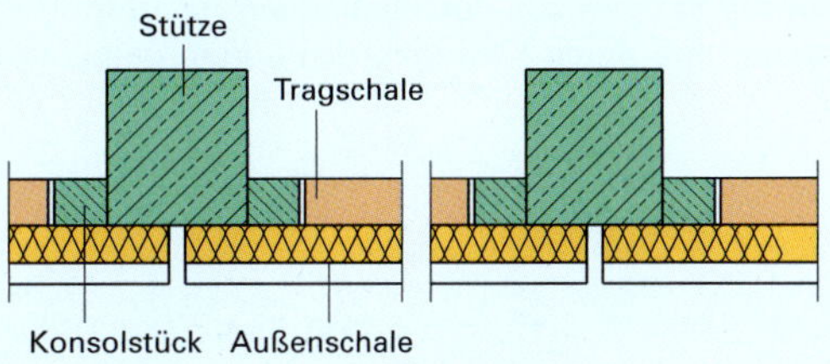

Wandtafel, zwischen den Stützen gelagert

Befestigung einer Wandtafel an Stütze

Je nach statischen Erfordernissen können die Wände auch als Wandscheiben ausgebildet sein.

Die Wandelemente zur Wandverkleidung bestehen in der Regel aus einem tragenden Teil und einer Wärmedämmschicht.

Die Wände sind, sofern es keine Massivwände sind, meist leichte Wandelemente, die sich gegen die Stahlkonstruktion abstützen.

Die nachfolgende Übersicht gibt einen Überblick über die zahlreichen Materialien, die für Wandverkleidungen in Stahlskelettbauten möglich sind:

Wandverkleidung	Mauerwerk	Porenbetonplatte	Sandwichelement	Kassettenprofil	Trapezprofil
Beschreibung	Die Ausmauerung ist zwischen den Stützenprofilen. Die Art der Ausfachung ist abhängig von den bauphysikalischen Anforderungen. Die Wand kann als ein- oder zweischaliges Mauerwerk hergestellt werden.	Die Porenbetonplatten werden vor den Stützen montiert und stehen übereinander. Nut und Feder bilden die horizontale Fuge.	Besteht aus zwei Stahlschalen, die schubfest mit einer Kerndämmung verbunden sind und eine hohe Stabilität besitzen. Sandwichelemente werden an den Wandriegeln befestigt. Als Dämmmaterial wird Polyurethanhartschaum verwendet.	Die Kassettenprofile spannen von Stütze zu Stütze. Distanzprofile und Wandriegel entfallen. Stellt eine Alternative zum Trapezprofil dar. Die Wärmedämmung, meist Mineralfasern, wird zwischen den Stegen der Kassettenprofile angebracht.	Zur Anbringung werden Wandriegel benötigt. Es gibt einschalige ungedämmte und zweischalige gedämmte Trapezelemente.
konstruktive Anforderungen	Statischer Nachweis	DIN 4223 und Zulassung Stützenabstand max. 7,0 m	Zulassung Abstand zwischen Wandriegeln max. 5,0 m	Zulassung Stützenabstand max. 7,0 m	EN 494 und Zulassung Abstand zwischen Wandriegeln max. 2,4 m
Details	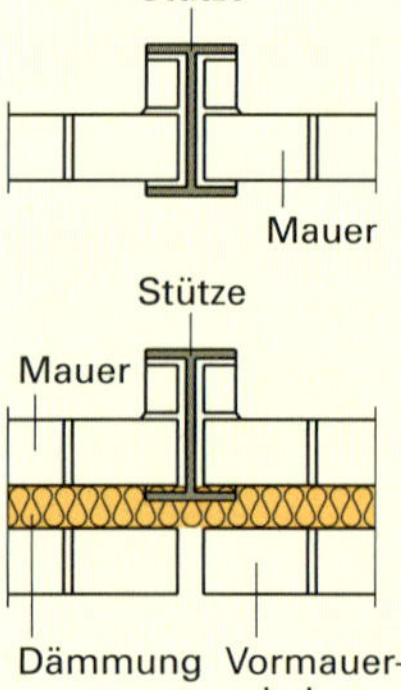	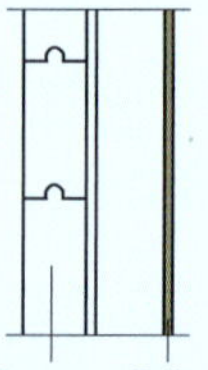	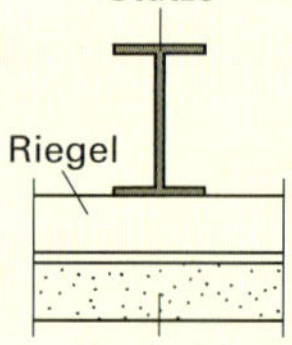	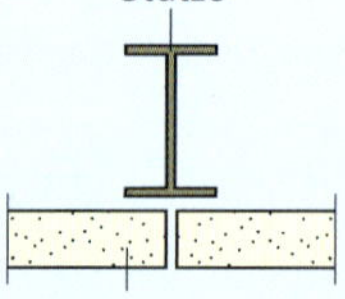	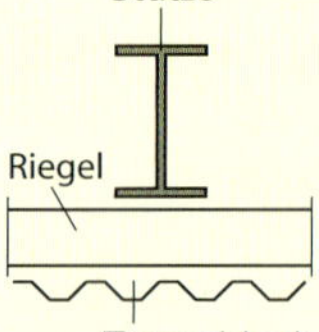

Fassaden aus Glas finden für alle Hallenbauten, ob aus Holz, Stahl oder Stahlbeton Anwendung, um gestalterische Wirkungen zu erzielen. Die eingesetzten Glasscheiben müssen eine Mindestdicke von 6 mm aufweisen. Ein statischer Nachweis ist erforderlich. Die Scheiben werden linienförmig oder punktförmig gelagert. Sie müssen über ihre gesamte Dicke von durchlaufenden Halteprofilen umschlossen und durch Klemmvorrichtungen gehalten werden.

Glasfassade (Gläserne Manufaktur, Dresden)

11.4.2 Decken

Zur Ausbildung von Deckenkonstruktionen werden hauptsächlich Fertigteile verwendet (siehe Kapitel 9).

Dabei können die Fertigteildeckenelemente auch für die Ausbildung der Dachkonstruktion genutzt werden.

- **Elementdecken** (Filigran-Platte und Ortbeton) und **Vollplatten** aus Stahlbeton
  Faustformel zur Deckendicke (bei Platten bis ca. 4 m Spannweite) $d = \frac{l}{35} + c_{nom}$
  l = Stützweite; c_{nom} = Betondeckung Tragbewehrung
- **Plattenbalkendecken** (Balken und Platte sind Fertigteile aus Beton) und **Spannbetonhohlplatten**, wirtschaftliche Länge $l \leq 15$ m
- Lieferlängen für **bewehrte Porenbetonplattendecken** ist 6 m

Als Dach- oder Deckenplatten werden
- Elementplatten (Filigran-Platte und Ortbeton),
- Plattenbalkendecken (Balken und Platte sind Fertigteile und Ortbeton),
- Vollplatten (Poren-, Leicht- oder Normalbetonplatten),
- TT-Platten (aus Stahlbeton oder Spannbeton),
- leichte Dachkonstruktion (Stahlpfette und leichte Dachplatten, z. B. aus Porenbeton),
- Trapezprofile

verwendet.

11.4.3 Dacheindeckung

Je nach baulicher Nutzung der Hallenkonstruktion werden unterschieden:

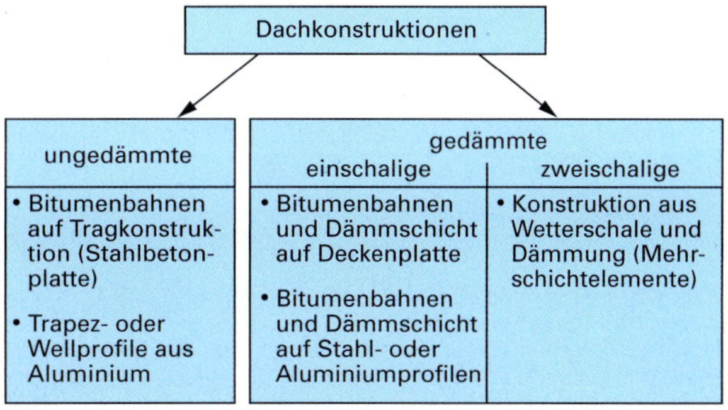

Das Gefälle der Dachfläche sollte zur Entwässerung mindestens 3 % betragen.

Weitere Ausführungsdetails zu den Dachaufbauten siehe Kapitel 10.8.

Zusammenfassung

Die Außenwandkonstruktionen im Skelettbau haben meist nur Umhüllungsfunktionen. Das heißt, sie übernehmen keine statischen Tragfunktionen. Sie erfüllen raumbegrenzende und bauphysikalische Aufgaben. Für die Ausführung stehen viele Möglichkeiten zur Verfügung.

Entscheidend bei der konstruktiven Ausführung sind die gestalterischen und bauphysikalischen Anforderungen.

Die Anordnung der Außenwandkonstruktion wird durch die Lage der Wand zur Stütze bestimmt. Dabei sollte die wärmedämmende Umhüllung die gesamte Konstruktion umschließen.

Außenwandelemente von Holzskelettbauten können vor, zwischen oder hinter den Stützen angeordnet werden.

Bei der Gestaltung der Fassade von Stahl- und Stahlbetonbauten spielt die Stellung der Wandkonstruktion zur Stützen- und Deckenkonstruktion eine Rolle.

Im Stahlbetonskelettbau werden unter anderem Wandtafeln und Wandplatten aus dem Fertigteilbau eingesetzt.

Im Stahlbau sind vorrangig Wandelemente aus Metallprofilen im Einsatz.

Gedämmte Wandkonstruktionen werden auch als Sandwichelemente bezeichnet. Sie bestehen aus Tragkonstruktion und Dämmschicht.

Zur Ausbildung von Hallendecken- und Dachkonstruktionen werden Fertigteile eingesetzt.

Die Anforderungen an die konstruktive Ausbildung des Daches sind von der Nutzung des Gebäudes abhängig. Dabei unterscheidet man gedämmte und ungedämmte sowie einschalige oder zweischalige Dachkonstruktionen.

Aufgaben

1. *Erklären Sie die Funktion der Wandelemente in Skelettbauten.*

2. *Die Außenwände einer Stahlskeletthalle sollen geplant werden.*
   Der Stützenabstand ist 6,00 m und der Abstand der Wandriegel 3,60 m. Es stehen eine Ausmauerung zwischen den Stützen, Porenbetonplatten, Trapezprofile und Sandwichelemente zur Wahl.
   Für welche Außenwandgestaltung würden Sie sich entscheiden? Begründen Sie Ihre Entscheidung.

3. *Stahlbetonaußenwände können als Wandtafel oder Wandplatte ausgebildet werden.*
   Erklären Sie den Unterschied zwischen einer Wandtafel und einer Wandplatte.

4. *Worauf muss bei der Ausführung von Außenwänden aus Holz geachtet werden?*

5. *Die Außenwandkonstruktion soll vor die Deckenplatte und hinter die Stützenvorderseite gehängt werden.*
   Skizzieren Sie diese Anordnung.

6. *Welche Dachkonstruktionen kommen für Hallenbauten in Betracht?*

11.5 Projektaufgaben

1. *Ein Bauherr möchte für seinen Reiterhof eine Mehrzweckhalle errichten. Die vorhandenen Gebäude sind in Fachwerkbauweise erbaut.*

   Aufgrund der örtlichen Gegebenheiten sind für die Halle folgende Vorgaben bekannt:

   Mehrzweckhalle; DN 25 %; BA: 6,00 m; Hallenlänge 60,00 m; weicher, bindiger Boden

   Hallenquerschnitt:

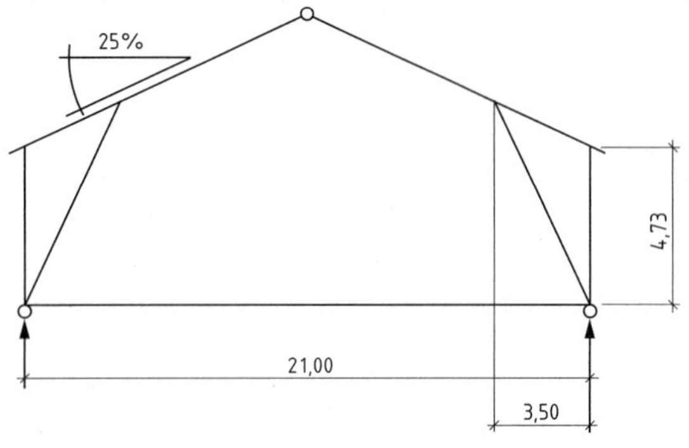

   a) *Legen Sie für diese Hallenkonstruktion die einzelnen Bauteilelemente mit deren Abmessungen fest.*

   b) *Welche Gründung sehen Sie für diese Halle vor?*

   c) *Wählen Sie ein Raster aus und zeichnen Sie den Hallengrundriss im Maßstab 1:50.*

   d) *Wie erfolgt die Stabilisierung der Hallenkonstruktion?*

   e) *Geben Sie mindestens zwei Möglichkeiten der Ausführung der Wandkonstruktion an.*

   f) *Zur Auswahl stehen Holz- und Brettschichtbinder. Bestimmen Sie, was bei dieser Halle zum Einsatz kommen soll.*

   g) *Nennen Sie Varianten der Dachbinderausführung. Entscheiden Sie sich für eine Binderform und begründen Sie Ihre Entscheidung.*

   h) *Zeichnen Sie Hallenlängs- und Querschnitt im Maßstab 1:50.*

   i) *Zeichnen Sie die Detailpunkte: Stützenfuß einschließlich Fundament und Stützenkopf.*

2. *Für einen Sportverein soll eine neue Turnhalle geplant werden. Die Konstruktion ist so zu wählen, dass eine schnelle und kurze Bauzeit gewährleistet ist:*

   Systemabmessungen:

   - *Systembreite: 30,00 m*
   - *Systemlänge: 120,00 m*
   - *Systemhöhe: 18,54 m*
   - *Achsabstand: Längswandstützen maximal 12,00 m; Giebelstützen maximal 6,00 m*

   a) *Als Baustoffe stehen Stahl oder Stahlbeton zur Diskussion. Vergleichen Sie beide miteinander. Wählen Sie einen davon aus und begründen Sie Ihre Entscheidung.*

   b) *Planen Sie die Grundrissgestaltung und legen Sie die notwendigen Rastermaße fest.*

   c) *Was versteht man unter Grenz- und Achsbezug, Rand- und Mittellage von Stützen?*

   d) *Zeichnen Sie den Grundriss der Hallenkonstruktion in einem selbst gewählten Maßstab.*

   e) *Stellen Sie in Skizzen den Hallenlängs- und Querschnitt dar und benennen Sie die einzelnen Tragelemente der Hallenkonstruktion.*

   Beschreiben Sie die Aufgaben der Bauteile in Ihrer Hallenkonstruktion.

   f) *Welches statische System haben Sie für die Stützenkonstruktion gewählt?*

   g) *Wie erfolgt die Abtragung der horizontalen Lasten in Ihrer Hallenkonstruktion?*

   h) *Zeichnen Sie den Aufbau Ihrer Dachkonstruktion im Maßstab 1:20.*

   i) *Legen Sie eine Möglichkeit zur Wandausbildung fest. Beachten Sie dabei die bauphysikalischen und gestalterischen Aspekte.*

   j) *Zeichnen Sie die entsprechenden Ansichten im Maßstab 1:100.*

12 Ausbauen eines Geschosses

Nachdem der Rohbau abgeschlossen ist, wird mit den Ausbauarbeiten begonnen.
Geeignete Materialien und Konstruktionen können Anforderungen an Brand- und Schallschutz erfüllen und das Raumklima positiv beeinflussen. Es bietet sich auch die Möglichkeit, viele Arbeiten in Trockenbauweise auszuführen.
Dadurch kann auf Arbeitsunterbrechungen, wie sie z. B. zum Austrocknen von Estrichen und Putzen notwendig sind, verzichtet werden. Das Gebäude ist so schneller bezugsfertig und enthält weniger Baufeuchte.

12.1 Gips und Gipsbaustoffe

Im Trockenbau werden vorwiegend Bauteile aus Gips verwendet. Durch seine leichte Verarbeitbarkeit und kurze Erhärtungszeit ist eine kostengünstige Vorfertigung von Gipsbauteilen möglich.

Gipsbaustoffe bieten durch ausreichende Festigkeit und günstige bauphysikalische Eigenschaften gute Voraussetzungen, um im Innenausbau als Bekleidungsmaterial für Wände, Decken und Böden oder als massive Trennwände eingesetzt zu werden.

Wegen ihrer guten bauphysikalischen Eigenschaften und der leichten Verarbeitbarkeit eignen sich Gipsbaustoffe besonders für den Innenausbau.

Runde Wand im Trockenbau

12.1.1 Baugipse

Bereits seit über 8000 Jahren wird Gips als Bindemittel und Baustoff verarbeitet. Besonders zur Zeit des Barock (1600 – 1800) wurde Gips aufgrund der freien Formbarkeit zur prachtvollen Ausgestaltung von Innenräumen verwendet. Heute werden Gipsbaustoffe wegen ihrer leichten Verarbeitbarkeit im Innenausbau bevorzugt eingesetzt.

Rohstoff

Als Rohstoffquelle für Baugipse dient der in der Natur vorkommende **Gipsstein**. In geringem Umfang wird auch **künstlicher Gips (REA-Gips)** verwendet, der als Abfallprodukt bei der Rauchgasentschwefelung von Kohlekraftwerken anfällt.

Gipsstein besteht aus Calciumsulfat-Dihydrat. Ein Molekül Calciumsulfat bindet zwei Moleküle Wasser. Beim Brennen wird das gebundene Wasser je nach Temperatur ganz oder teilweise ausgetrieben. Für Gipsbauteile, wie sie im Trockenbau verwendet werden, wird Gips bei 180 °C gebrannt. Dabei werden 75 % des Kristallwassers ausgetrieben. Bei der Erhärtung wird das Anmachwasser wieder in Gipskristalle eingelagert. Dabei wird Wärme abgegeben und das Volumen nimmt um 1... 2 % zu.

Brennen:

$CaSO_4 \cdot 2H_2O$ + Wärme → $CaSO_4 \cdot 0{,}5H_2O$ + $1{,}5H_2O$
Calciumsulfatdihydrat Calciumsulfathalbhydrat + Wasser

Erhärten:

$CaSO_4 \cdot 0{,}5H_2O$ + $1{,}5H_2O$ → $CaSO_4 \cdot 2H_2O$ + Wärme
Calciumsulfathalbhydrat + Wasser Calciumsulfatdihydrat

Je nach Brenntemperatur weist der Gips unterschiedliche Eigenschaften für verschiedene Anwendungen auf:

Stuckgips wird bei 180 °C gebrannt und versteift langsam. Er wird für Putz-, Stuck- und Rabitzarbeiten im Innenbereich verwendet sowie für Gipsplatten.

Putzgips wird bei höherer Temperatur gebrannt, beginnt früher zu versteifen als Stuckgips, ist aber länger plastisch und verarbeitbar. Er wird für Innenputze eingesetzt.

Estrichgips (Calciumsulfat) wird bei Temperaturen um 1000 °C gebrannt und enthält kein Kristallwasser mehr. Er erreicht nach dem Erhärten eine große Festigkeit.

Mineralgipstagebau im Harz

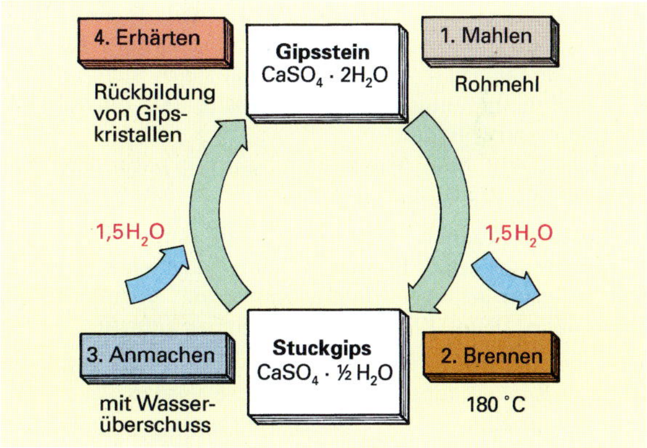

Kreislauf des Gipses

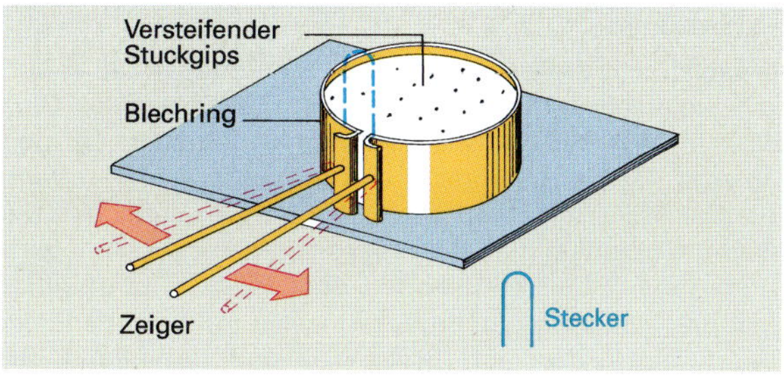

Ausdehnung von Gips beim Erhärten

Eigenschaften des Gipses

Gips enthält viele enge Kapillaren und ist deshalb sehr saugfähig. Die aufgenommene Feuchtigkeit wird bei trockener Raumluft schnell wieder abgegeben. Bei dauerhafter Durchfeuchtung wird Gips jedoch aufgelöst. Eine Verwendung im Außenbereich oder in dauerfeuchten Innenräumen ist nicht möglich.

Aufgrund seiner porigen Struktur ist Gips verhältnismäßig wärmedämmend. Seine warme Oberfläche erzeugt ein angenehmes Raumklima. Gleichzeitig schluckt die Porigkeit auftreffenden Schall.

Ab einer Mindestdicke von 10 mm wirken Gipsbauteile feuerhemmend. Deshab werden Gipsbaustoffe häufig für Brandschutzverkleidungen eingesetzt.

Gips ist geruchsneutral, hautfreundlich und gibt keine gesundheitsschädlichen Substanzen ab.

Um bestimmte Eigenschaften zu erzielen, können den Baugipsen Zusätze beigegeben werden wie Verzögerer, Beschleuniger, Plastizifierer oder Haftmittel. Sand, Kalksteinmehl oder Perlit können als Füllstoffe zugemischt werden.

+ Gips ist nichtbrennbar.
+ Gips ist leicht zu verarbeiten.
+ Gips nimmt Feuchtigkeit aus der Luft auf und gibt diese an die trockene Luft wieder ab, wirkt also feuchtigkeitsregulierend.
+ Durch seine porige Struktur ist Gips verhältnismäßig gut wärmedämmend und schallschluckend.
+ Gips ist ein Baustoff ohne gesundheitliche Risiken.
– Gips ist wasserlöslich, deshalb in dauerhaft feuchten Räumen und im Außenbereich nicht einsetzbar.

Gipskristall

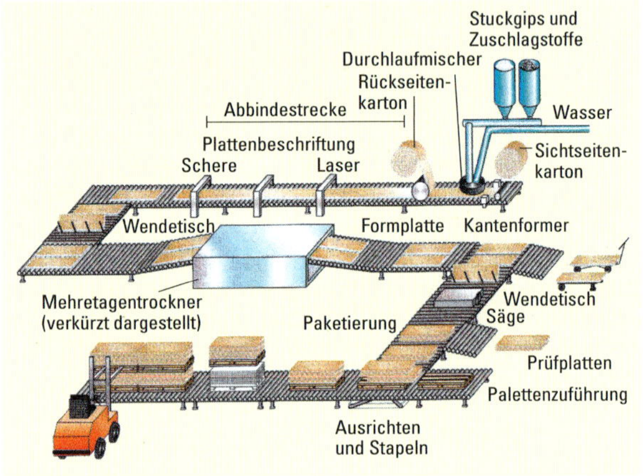

Herstellung von Gipsplatten

12.1.2 Gipsplatten

Gipsplatten nach DIN EN 520 bestehen aus einem gewalzten **Gipskern**, dessen Flächen und Längskanten mit einem fest haftenden **Karton** ummantelt sind. Deshalb spricht man auch von Gipskartonplatten. An den geschnittenen Querkanten ist der Gipskern sichtbar. Die Kartonummantelung verleiht der Platte die notwendige Stabilität und Elastizität.

Die Nenndicken der Platten betragen 9,5 mm, 12,5 mm, 15 mm, 18 mm, 20 mm und 25 mm.

Gipsplatten können durch Anreißen und Abbrechen, Sägen, Fräsen und Bohren einfach bearbeitet werden. Sie werden je nach Untergrund durch Ansetzmörtel, Schrauben, Nägel, Klammern oder Kleber befestigt.

Die Oberfläche wird an den Stößen verspachtelt und kann dann gestrichen, tapeziert oder gefliest werden.

Platten mit Kanten- und Eckbeschädigungen sollten nicht verwendet werden. Um Gipsplatten vor Feuchtigkeit zu schützen, sind sie innerhalb des Gebäudes zu lagern.

Herstellung

Gipsplatten werden auf großen Bandanlagen in einem kontinuierlichen Betrieb hergestellt. Der gebrannte Gips wird mit Wasser und Zusatzstoffen angemacht, auf den unteren Karton aufgebracht und mit einer Walze verteilt. Gleichzeitig erfolgt von oben der Kartonzulauf, der die Plattenrückseite bildet. Der eingeschlossene Gipsbrei wird zum Abbinden und Aushärten über lange Förderbänder geführt. Die weiteren Produktionsschritte bestehen aus Beschriftung, Zuschnitt, Trocknung und Bündelung der Platten.

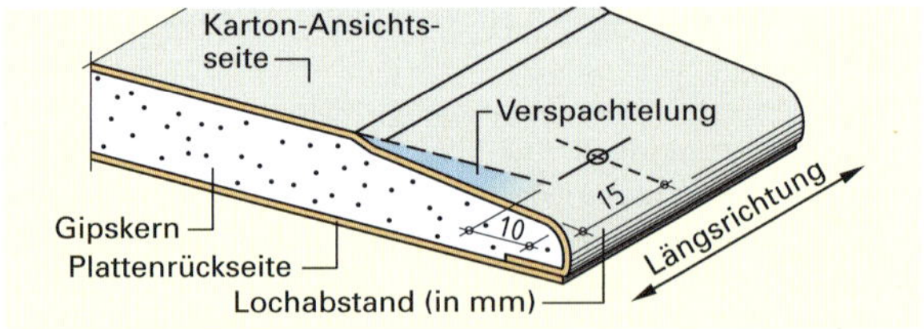

Aufbau einer Gipsplatte (Standardplatte)

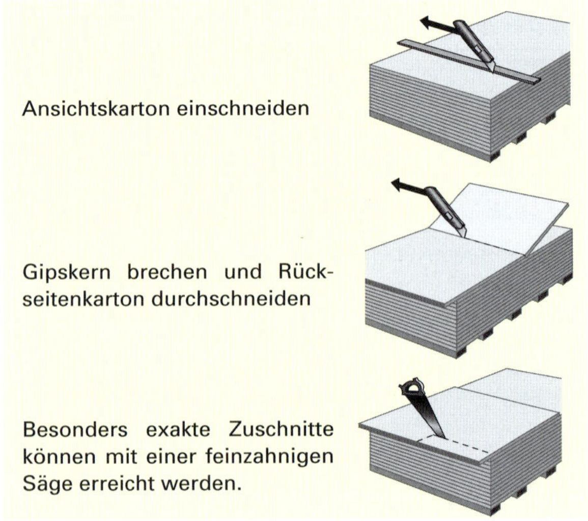

Verarbeiten von Gipsplatten

Arten und Verwendung von Gipsplatten

Je nach Verwendungzweck werden in DIN EN 520 folgende Plattentypen unterschieden:

Gipsplatten Typ A werden als Vorsatzschalen, Wand- und Deckenbekleidung auf Unterkonstruktionen, für Trennwände und Unterdecken verwendet. Kennzeichnung: Blauer Rückseitenstempel.

Gipsplatten imprägniert Typ H sind gegen Feuchtikeitsaufnahme speziell imprägniert und werden für Küchen, Bäder, Duschen sowie als Fliesenuntergrund verwendet. Kennzeichnung: Blauer Rückseitenstempel, grün eingefärbter Karton.

Feuerschutzplatten Typ F verfügen über einen verbesserten Gefügezusammenhalt. Sie werden für Bauteile mit besonderen Anforderungen an die Feuerwiderstandsdauer verwendet. Kennzeichnung: Roter Rückseitenstempel.

Außerdem gibt es den **Typ E** für Beplankungen im Außenbereich, **Typ P** zum Auftrag von Gipsputz oder für Klebeverbindungen, **Typ R** mit erhöhter Festigkeit und **Typ I** mit erhöhter Oberflächenhärte.

Kantenausbildung

Die Längskanten der Gipsplatten werden je nach Art der Verspachtelung in unterschiedlichen Ausführungen hergestellt. **Halbrunde abgeflachte Kanten** und **runde Kanten** werden vorzugsweise zum Verspachteln ohne Bewehrungsstreifen benutzt. Platten mit **abgeflachten Kanten** werden mit Bewehrungsstreifen verspachtelt. **Volle Kanten** werden zur Trockenmontage ohne Verspachtelung verwendet.

Gipsplatten bestehen aus einem Gipskern, der mit einem Karton ummantelt ist. Durch den Karton erhält die Platte ihre Stabilität.

Gipsplatten gibt es auch als Feuerschutzplatten und als imprägnierte Platten zur Verwendung in Feuchträumen. Die Plattenarten sind an der Einfärbung und am Stempel erkennbar.

12.1.3 Faserverstärkte Gipsplatten

Nach DIN EN 15283 werden faserverstärkte Gipsplatten in Gipsplatten mit Vliesbewehrung und Gipsfaserplatten eingeteilt.

Gipsplatten mit Vliesbewehrung bestehen aus einem Gipskern mit eingebettetem Glasvlies. Die Herstellung entspricht der von Gipsplatten. Bei der Verarbeitung können Glasfaserpartikel freigesetzt werden, die zu Haut- und Atemwegsreizungen führen können. Gipsplatten mit Vliesbewehrung gelten als nichtbrennbar, Baustoffklasse A1 (vgl. S. 487). Bei beidseitig eingebettetem Glasvlies ist die Gipsplatte flexibel und biegsam, weshalb sie für gewölbte und geschwungene Bauteile verwendet werden kann.

Gipsfaserplatten bestehen aus Gips, der mit Cellulosefasern aus Altpapier oder Holzfasern verstärkt ist. Es gibt Platten mit und ohne Deckschichtkarton. Durch die innere Bewehrung weisen Gipsfaserplatten eine hohe Festigkeit und Zähigkeit auf und können hohe Konsollasten tragen. Deshalb werden sie bevorzugt dort eingesetzt, wo sie einer erhöhten mechanischen Beanspruchung ausgesetzt sind, wie bei Trockenunterböden oder Hohlraum- und Doppelbodensystemen. Sie dienen auch als Wand- und Deckenbekleidung sowie zur Beplankung von Montagewänden. Sie sind auch als aussteifende Beplankung im Holzbau zugelassen. Wegen der fehlenden Kartonumman-

Bezeichnung	Eigenschaft/Verwendung
Gipsplatte Typ A	Standard-Gipsplatte für Wandtrockenputz
Gipsplatte Typ H	mit Zusätzen zu reduzierter Wasseraufnahmefähigkeit
Gipsplatte Typ E	für Beplankung von Außenwandelementen
Gipsplatte Typ F	verbesserter Gefügezusammenhalt bei hohen Temperaturen (Brandfall)
Gipsplatte Typ P	Sichtseite für Gipsputz oder Klebeverbindung vorgesehen
Gipsplatte Typ R	mit erhöhter Festigkeit
Gipsplatte Typ I	mit erhöhter Oberflächenhärte

Arten und Verwendung von Gipsplatten

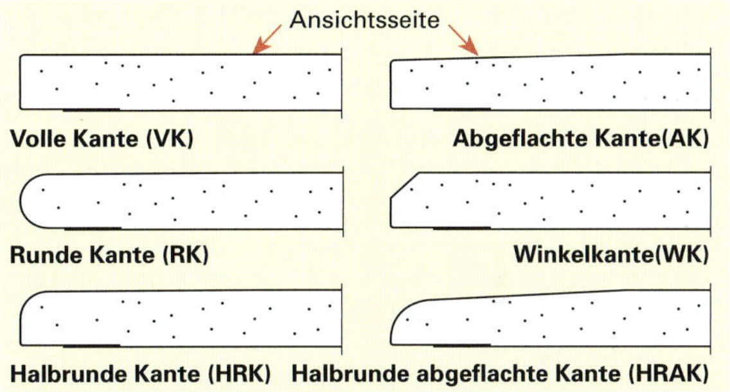

Kantenausbildung von Gipsplatten

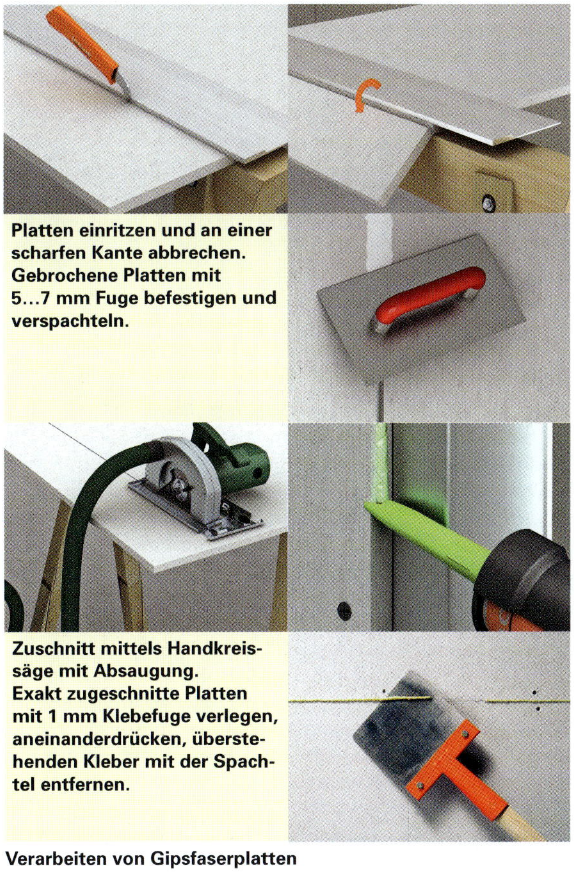

Platten einritzen und an einer scharfen Kante abbrechen. Gebrochene Platten mit 5...7 mm Fuge befestigen und verspachteln.

Zuschnitt mittels Handkreissäge mit Absaugung. Exakt zugeschnitte Platten mit 1 mm Klebefuge verlegen, aneinanderdrücken, überstehenden Kleber mit der Spachtel entfernen.

Verarbeiten von Gipsfaserplatten

telung genügen geringere Dicken um bestimmte Brandschutzanforderungen zu erfüllen. Zur Befestigung eignen sich Schrauben, Klammern und Nägel. Die Verarbeitung ist aufwendiger als die der Gipsplatten, da sie meist gesägt werden müssen, was erhebliche Staubentwicklung verursacht.

Gipsplatten mit Vliesbewehrung bestehen aus einem Gipskern mit eingebettetem Glasvlies.

Gipsfaserplatten sind mit Cellulosefasern oder Holzfasern verstärkt. Sie sind mechanisch stabiler als Gipsplatten, aber schwerer zu verarbeiten.

12.1.4 Gipswandbauplatten

Gipswandbauplatten sind großflächige, 60...100 mm dicke, massive Bauplatten aus Stuckgips mit wechselseitiger Nut- und Federausbildung an den Stoß- und Lagerfugen. Die einzelnen Platten werden mit einem speziellen Kleber zusammengefügt. Weil die Fugen im Dünnbettverfahren verklebt werden, wird das Verarbeiten von Gipswandbauplatten dem Trockenbau zugeordnet.

Eigenschaften und Vorteile

Durch die hohe Rohdichte weisen Trennwände aus Gipsbauplatten gute Schalldämmwerte auf. Platten mit einer Rohdichte > 1100 kg/m³ sind an einer rötlichen Färbung erkennbar.

Wie alle Gipsbauteile wirken sie feuchtigkeitsregulierend und damit positiv auf das Raumklima. In Feuchtbereichen werden imprägnierte Platten mit bläulicher Färbung eingesetzt. Gipswandbauplatten weisen gute brandschutztechnische Eigenschaften auf. Ab einer Dicke von 100 mm sind sie hochfeuerbeständig (siehe Abschnitt 12.10.3). Plattenarten und deren farbliche Kennzeichnung sind in der Tabelle aufgeführt.

+ Großformatige Plattenabmessungen (drei Platten = 1 m²) ermöglichen kurze Bauzeiten,
+ hohe Passgenauigkeit durch Nut- und Federprofile,
+ Installationen sind an jeder Stelle möglich,
+ planebene und glatte Oberflächen, die nicht verputzt werden müssen,
+ die Befestigung von Einrichtungsgegenständen ist ohne Hilfskonstruktionen möglich,
+ an jeden Grundriss anpassungsfähig.

Verarbeitung

Zunächst wird die Lage der herzustellenden Trennwand nach der Bauzeichnung eingemessen und angerissen. Die Oberfläche der Rohdecke wird auf Ebenheit geprüft und bei Bedarf mit Gipsmörtel ausgeglichen. Nach dem Anbringen der **Dämmstreifen** für Boden-, Wand- und Deckenanschluss kann die erste Plattenreihe gesetzt werden. Die folgenden Plattenreihen werden im Verband aufgesetzt. Türöffnungen sind beim Aufbau der Wand anzulegen oder nachträglich auszusägen. Schlitze für Installationsleitungen werden eingefräst oder gesägt. Das Stemmen von Schlitzen ist untersagt. Rohrleitungen sind mit Dämmstoffen und imprägniertem Papier zu umhüllen, um Rissbildungen in der Gipswand infolge thermischer Ausdehnung der Rohre zu vermeiden. Die Schlitze werden mit Gips gefüllt und verspachtelt. Sie dürfen nicht mit Zementmörtel geschlossen werden.

Plattenart	Rohdichte	Farbliche Kennzeichnung
Gipswandbauplatte Rohdichteklasse M	meist 850 kg/m³ 800 ... 1100 kg/m³	keine
Schwere Gipswandbauplatte Rohdichteklasse D	meist 1200 kg/m³ 1100 ... 1500 kg/m³	rötlich
Hydrophobierte Gipswandbauplatte Klasse MH	meist 850 kg/m³ 800 ... 1100 kg/m³	bläulich
Hydrophobierte schwere Gipswandbauplatte Klasse DH	meist 1200 kg/m³ 1100 ... 1500 kg/m³	bläulich

Arten und farbliche Kennzeichnung von Gipswandbauplatten

Anbringen des Randstreifens an Boden und Wand

Kleber auf Randstreifen aufbringen

Kleber auf der Stirnseite der Platte auftragen und erste Gipsbauplatte setzen

Position mit Gummihammer, Richtscheid und Wasserwaage korrigieren

Deckenanschlussfuge vollständig füllen

Überstand des Randstreifens abschneiden

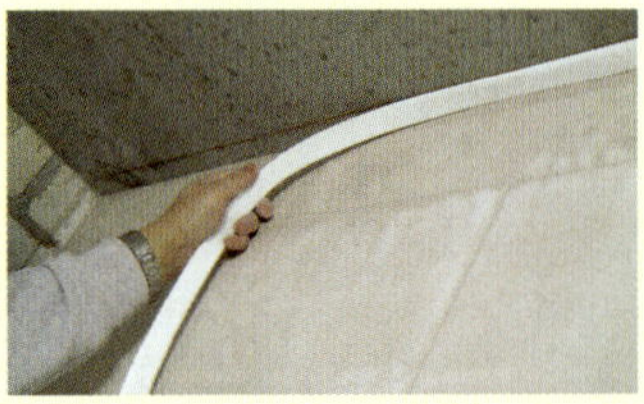

Verarbeiten von Gipswandbauplatten

- bei Wohnungstüren: Schutz vor Einbruch und Lärm,
- je nach Raumnutzung bestehen Anforderungen an:
  - Brandschutz (z. B. Heizraum),
  - Schallschutz (z. B. Arztpraxis),
  - Strahlenschutz.

12.4.2 Türteile

Als Tür wird das komplette Türelement aus Türblatt, Türrahmen und Beschlägen bezeichnet.

Türblattausbildung

Das Türblatt ist der bewegliche Teil einer Tür. Es gibt vielfältige Möglichkeiten der Türblattausbildung:

- **Lattentürblätter** bestehen in Abständen von 20 ... 25 mm aus Holzlatten, die durch Schrauben oder Nägel mit Quer- und Strebehölzern verbunden werden. Sie werden überwiegend als Kellertüren verwendet.
- **Brettertürblätter** haben denselben Aufbau wie Lattentüren. Weil die Bretter aber dicht gestoßen werden, ist der Einblick in den Raum verhindert.
- **Sperrtürblätter** sind glatte Türblätter, die aus Rahmen, Einlage und Deckplatten bestehen. Der Rahmen gibt dem Türblatt die erforderliche Stabilität, die Einlage die notwendige Steifigkeit. Die Deckplatten sind schubfest mit Rahmen und Einlage verbunden. Ihre Oberflächen können aus Furnieren oder Kunststoff-Folien bestehen.
- **Rahmentürblätter** bestehen aus Rahmenfriesen mit Holz- oder Glasfüllungen.
- **Aufgedoppelte Türblätter** bestehen aus einer tragenden Unterkonstruktion, die durch Profilbretter, Leisten, Stäbe oder Tafeln beidseitig bekleidet (aufgedoppelt) wird. Sie weisen aufgrund ihrer höheren Masse einen höheren Schallschutz auf und sind besonders als Wohnungstür geeignet.
- **Ganzglastürblätter** bestehen aus einer 8 ... 12 mm dicken bruchsicheren Glasscheibe mit gefasten Kanten und Bohrungen für die Beschläge.
- **Metalltürblätter** werden meist als Feuerschutztüren ausgeführt und bestehen aus glatten Stahlblechtafeln.

Je nach Ausbildung des Anschlages gibt es stumpf einschlagende Türblätter, wie die Blockrahmentür und die Zargentür, oder gefälzte Türen, welche durch den doppelten Anschlag dichter schließen.

Türrahmenausbildung

Der Türrahmen (Zarge) hält das Türblatt und ist fest in der Wand verankert. Er kann aus Holz oder Stahl bestehen.

Holztürrahmen werden als Blend-, Block-, Zargen- oder Futterrahmen mit Bekleidung ausgeführt. Blendrahmentüren sind im Aufbau Fenstern ähnlich und werden meist als Außentüren verwendet.

Türrahmen aus Stahl werden als Umfassungszarge oder Eckzarge ausgeführt.

Um die Leichtigkeit und Transparenz von Glastüren nicht zu beeinflussen, werden sie häufig rahmenlos eingebaut.

Beschläge

Mit den Beschlägen wird das Türblatt am Türrahmen aufgehängt, sodass ein Öffnen und Schließen der Tür möglich ist. Bei Drehtüren spricht man von Bändern. Zum Öffnen und Schließen der Tür dient der Türdrücker und gegebenfalls das Türschloss.

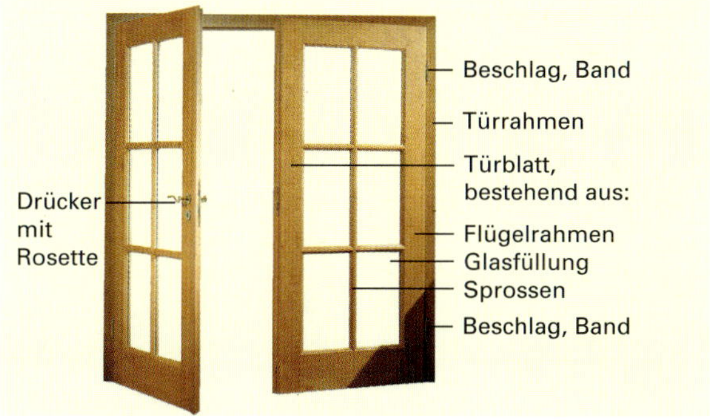

Bezeichnungen der einzelnen Teile einer Tür

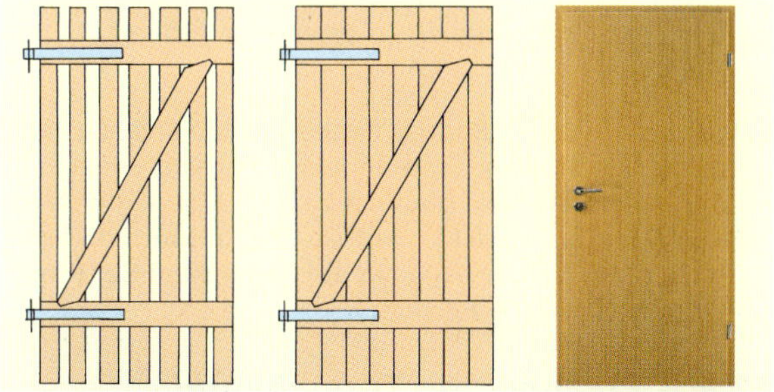
Lattentür **Brettertür** **Sperrtür**

Rahmentür **Ganzglastür** **Metalltür**

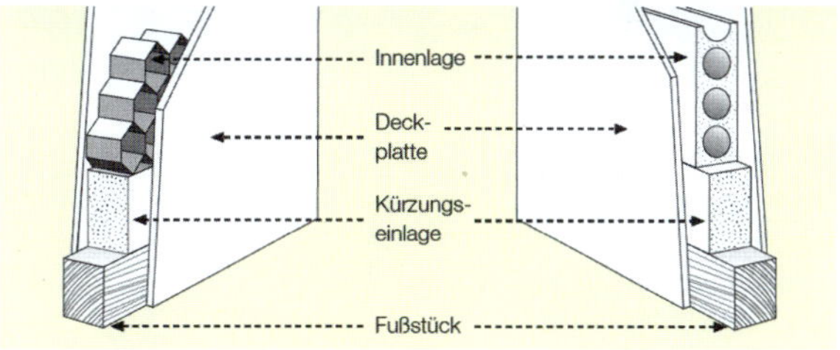

Sperrtür: mit Wabeneinlage **mit Röhrenspanplatte**

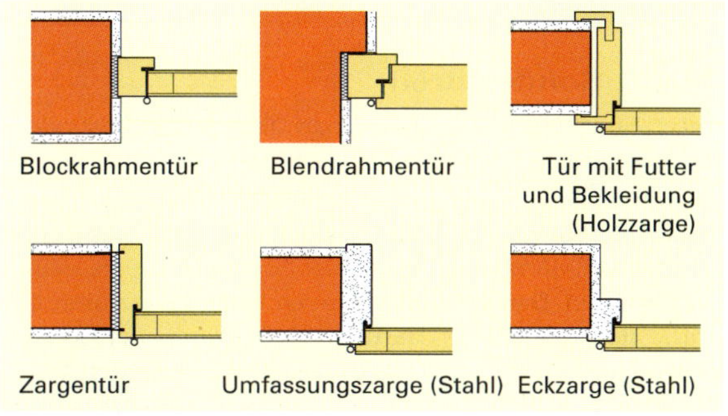

Türrahmenausbildung

12.4.3 Türarten

Eine Einteilung von Türen erfolgt in der Regel nach der Bewegungsrichtung oder dem Sitz der Bänder.

Nach der Bewegungsrichtung werden folgende Türen unterschieden:
- Drehflügeltüren (ein- und zweiflügelig),
- Schiebetüren (ein- und zweiflügelig),
- Pendeltüren (ein- und zweiflügelig),
- Falttüren (seitlich oder mittig geführt),
- Drehtüren,
- Schwingtor und Sektionaltor (Garagentor).

Auch ausklappbare oder ausfahrbare Wände werden als Türen bezeichnet. Dazu zählen: Faltwände (bestehend aus größeren Elementen als Falttüren), Teleskopwände, Schiebe- und Rollwände. Sie dienen dazu, größere Räume in kleinere Einheiten zu trennen.

Nach dem Sitz der Bänder werden Links- und Rechtstüren unterschieden. Sind bei einer Tür von der Seite gesehen, nach der sie geöffnet wird, die Bänder an der linken Seite angebracht, wird sie als Linkstür bezeichnet. Sind die Bänder dagegen auf der rechten Seite angeordnet, ist es eine Rechtstür.

12.4.4 Planung von Türeinbauten

Die Nutzbarkeit eines Raumes wird wesentlich davon bestimmt, an welcher Stelle eine Tür eingebaut ist. Deshalb muss bei der Planung von Türeinbauten immer der Bereich vor, neben und hinter der Tür berücksichtigt werden. Sowohl die Größe einer Tür als auch deren Anordnung im Raum muss den Transport großer und sperriger Gegenstände (z. B. Möbel) ermöglichen.

Türen sollten so im Raum angeordnet werden, dass möglichst viel Stellfläche für Möbel und Einrichtungsgegenstände erhalten bleibt.

Die Türbreiten hängen von der Raumnutzung ab und sind in DIN 18100 genormt. Die Maße ergeben je nach Türrahmenkonstruktion unterschiedliche lichte Breiten. Für barrierefreies Bauen sind lichte Türbreiten von 90 cm vorzusehen.

Raumnutzung	Breite Baunennmaß (cm)	Lichte Breite bei Holzzargen (cm)
WC, Bad	76	69,4
Sonstige Innenräume	88,5	81,9
Wohnungseingangstür	88,5 oder 101	81,9 oder 94,4
Haustür	101	94,4
Höhe ab Fertigfußboden, die Rohbauöffnung ist um die Stärke der Fußbodenkonstruktion höher	Höhe (cm)	Lichte Höhe (cm)
	200,5	197
	213	209,5
	225,5	222

12.4.5 Sondertüren

Unter Sondertüren versteht man Türen, die besondere Anforderungen erfüllen müssen. In Innenräumen sind es vor allem Feuerschutz- und Schallschutztüren.

Feuerschutztüren bestehen vollflächig aus Stahl oder einem Stahlrahmen, der mit einer Brandschutzverglasung ausgefüllt ist. Daneben gibt es auch Feuerschutztüren aus Holz, die aus einem Hartholzrahmen mit beidseitiger Beplankung und einer Einlage aus nichtbrennbaren Dämmplatten bestehen. Als Beplankung werden schwer entflammbare Spanplatten verwendet.

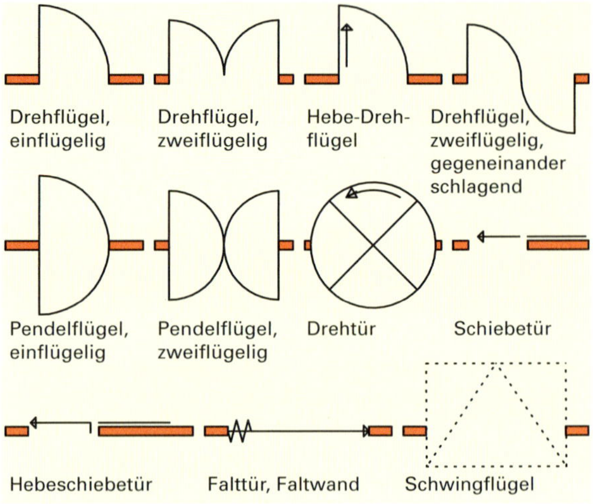

Türen nach Bewegungsrichtung Grundrissdarstellung nach DIN 1356

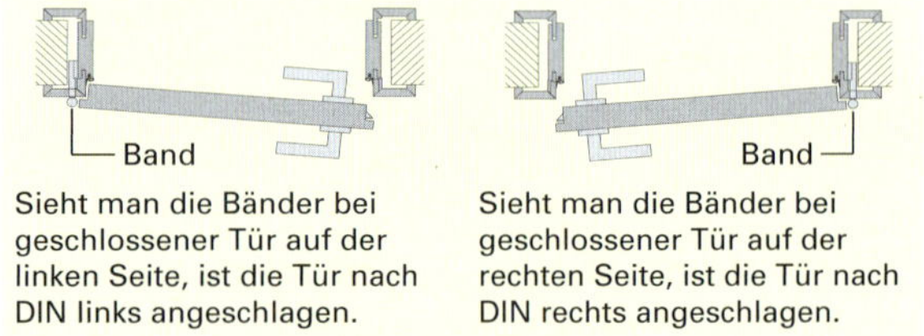

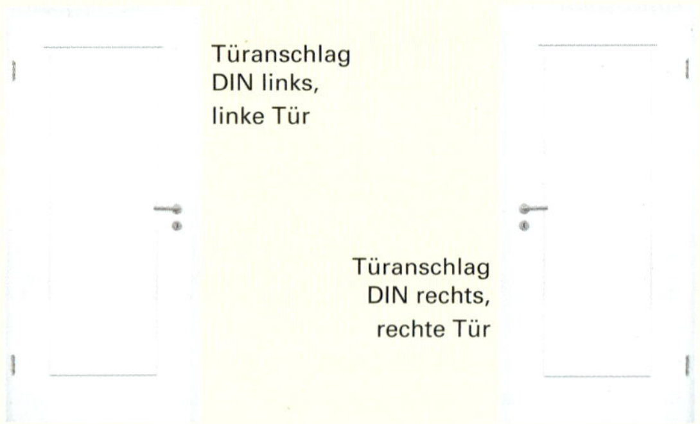

Türbezeichnung nach der Schlagrichtung

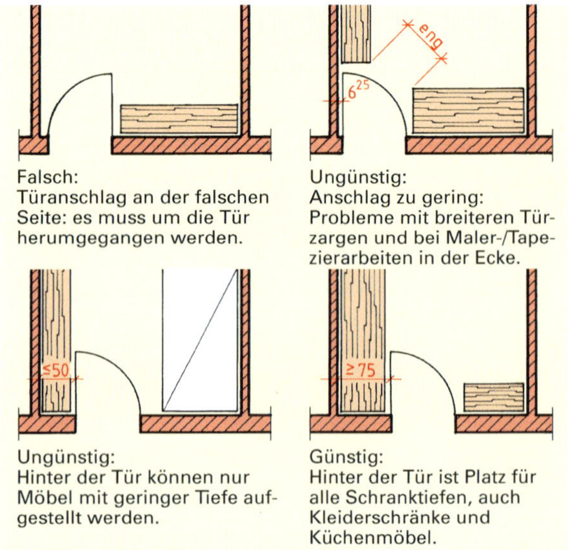

Anordnung von Türen

Feuerschutztüren sind selbstschließend und verhindern den Durchtritt von Feuer für eine bestimmte Zeitdauer. Die Schutzwirkung wird nur dann erzielt, wenn die Anschlüsse zwischen Wand und Zarge den gleichen Feuerwiderstand aufweisen wie die Türfläche. Deshalb muss die Zarge mit Mörtel satt hinterfüllt und eingeputzt werden. Der Schließmechanismus muss jederzeit zuverlässig arbeiten.

Schallschutztüren sind als Raumabschluss dort notwendig, wo vertrauliche Informationen ausgetauscht werden wie z. B. in Anwalts- und Arztpraxen, Chefbüros oder Konferenzräumen. Die mehrschalig ausgeführten Türblattkonstruktionen bestehen aus Deckplatten mit hoher flächenbezogener Masse (z. B. mehrfach verleimte Furnierholzplatten) und möglichst großem Schalenabstand. Der Schalenzwischenraum wird mit einer biegeweichen Dämmeinlage aus Mineralwolle ausgefüllt.

Neben der Schalldämmung des Türblattes ist besonders die Bodenabdichtung der Tür von Bedeutung. Undichtigkeiten in diesem Bereich verschlechtern die Schalldämmung von Türen erheblich. Bei Innentüren erfolgt die Bodenabdichtung durch Anlaufdichtungen oder vollautomatische Absenkdichtungen.

Einfache Absenkdichtung **Doppelte Absenkdichtung**

12.5 Bekleiden von Wänden

12.5.1 Wandtrockenputz

Um den Ausbau eines Geschosses zu beschleunigen, können statt eines Nassputzes Gipsplatten mithilfe von Gipsbatzen oder -streifen auf dem rohen Mauerwerk angesetzt werden. Eine Unterkonstruktion ist nicht notwendig. Diese Art der Bekleidung wird als Trockenputz bezeichnet. Er ist nicht geeignet, den Wärme-, Schall- oder Brandschutz einer Wand zu verbessern. Außerdem dient der Innenputz dazu, das Mauerwerk innen luftdicht zu machen, was der Trockenputz nicht leisten kann.

Der Untergrund muss tragfähig, trocken und schwindfrei sein. Alles, was den Haftverbund zwischen dem Ansetzbinder und dem Untergrund beeinträchtigt, muss entfernt werden. Dazu gehören lose Mörtelreste, alte Anstriche und Staub ebenso wie Wachs oder Schalungsöl auf Betonbauteilen. Stark saugender Untergrund wie z. B. Mauerwerk aus Porenbetonsteinen muss vorgenässt und mit einer geeigneten Grundierung versehen werden. Die Plattenstöße dürfen erst verfugt werden, wenn der Ansetzgips ausgetrocknet ist.

Bei besonders ebenem Untergrund können die Bauplatten auch im Dünnbettverfahren angesetzt werden. Der dünn angerührte Ansetzmörtel wird mit einer Zahntraufel streifenförmig aufgetragen. Weist der Untergrund starke Unebenheiten auf, werden diese ausgeglichen, indem etwa 10 cm breite Plattenstreifen auf Gipsbatzen verlegt werden. Darauf werden dann die Bauplatten im Dünnbettverfahren angesetzt.

An gemauerten Schornsteinen ist der Ansetzgips vollflächig und mindestens 15 mm dick aufzutragen, um die Rauchdichtheit zu gewährleisten.

Zusammenfassung

Türen bestehen aus Türblatt, Türrahmen und Beschlägen. Nach der Bewegungsrichtung werden Drehflügel-, Schiebe-, Pendel- und Falttüren unterschieden.

Nach dem Sitz der Bänder unterscheidet man Links- von Rechtstüren.

Bei der Planung von Türeinbauten sollte immer der Bereich vor, hinter und neben der Tür mitberücksichtigt werden, um die Nutzbarkeit eines Raumes zu gewährleisten.

Für besondere Anforderungen des Feuer- und Schallschutzes gibt es Sondertüren.

Aufgaben

1. *Warum ist die Verformungsstabilität einer Tür so wichtig?*
2. *Erklären Sie den Unterschied zwischen einem Sperrtürblatt und einem Rahmentürblatt.*
3. *Handelt es sich bei der Tür Ihres Klassenraumes um eine Links- oder Rechtstür?*
4. *Welche Gesichtspunkte sollten bei der Planung von Türeinbauten berücksichtigt werden?*
5. *Nennen Sie Bereiche, in denen Feuerschutztüren eingebaut werden.*
6. *Erklären Sie den Aufbau einer Schallschutztür.*

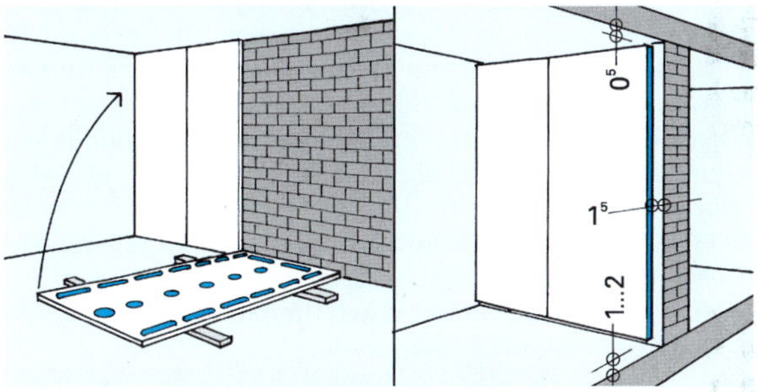

Wandtrockenputz mit Gipsplatten auf Gipsbatzen

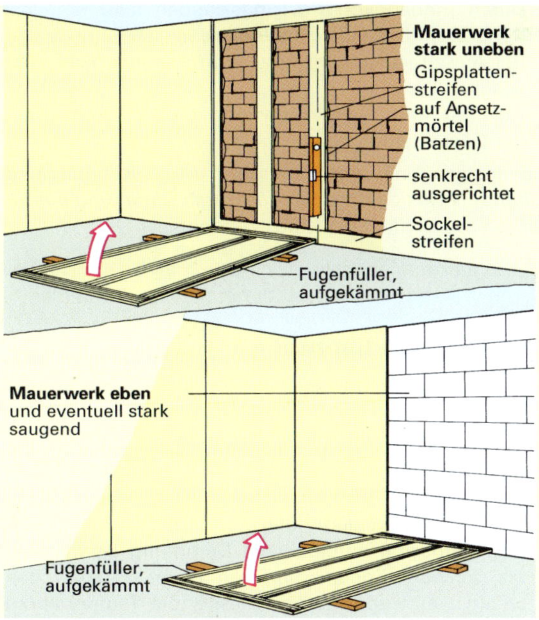

Dünnbettverlegung auf Gipsplattenstreifen

12.5.2 Vorsatzschale mit Unterkonstruktion

Vorsatzschalen sind an der Wand befestigte oder frei stehende Bekleidungen, die in Ständerbauweise erstellt und einseitig beplankt werden. Sie kommen dann zum Einsatz, wenn eine einwandfreie Plattenbefestigung mit Ansetzgips (Trockenputz) nicht möglich ist oder der Schall- und Wärmeschutz einer Wandkonstruktion verbessert werden soll. Durch Vorsatzschalen vor Holzbauwänden ist eine Verbesserung des Brandschutzes möglich.

Um größere Wandunebenheiten ausgleichen zu können, beträgt der Hohlraum zwischen Unterkonstruktion und bestehender Wand mindestens 0,5 cm. Der Hohlraum zwischen den Ständerprofilen wird je nach den Anforderungen des Schall- und Brandschutzes mit Dämmstoff gefüllt. Außerdem kann er zum Einbau von Installationen genutzt werden.

Bei größeren Unebenheiten des Untergrundes oder größeren Installationen kann die Vorsatzschale auch frei stehend eingebaut werden. Dadurch kann der Schallschutz erheblich verbessert werden. Die Unterkonstruktion kann aus Metall oder Holz bestehen.

Mithilfe einer Vorsatzschale kann der Brand- und Schallschutz einer bestehenden Wand verbessert werden.

Vorsatzschale mit Hohlraumdämmung

Modernisiertes Bad in einem Altbau mit Vorwandinstallation

12.5.3 Vorwandinstallation

Wird der Hohlraum zwischen Vorsatzschale und massiver Wand dazu genutzt, dahinter Installationen zu verbergen, spricht man von einer Vorwandinstallation. So werden z. B. in Badezimmern häufig die Ver- und Entsorgungsleitungen sowie die Tragelemente für Sanitärgegenstände vor der massiven Wand angeordnet. Trotz des damit verbundenen Raumverlustes haben Vorwandinstallationen viele Vorteile:

- Eine Schwächung von tragenden oder aussteifenden Wänden durch Installationsschlitze wird vermieden.
- Kein Lärm und Schmutz durch Stemmarbeiten.
- Vermeidung von Schallbrücken.
- Bei Umbauten oder Sanierungen ist kein Eingriff in tragende Bauteile notwendig.
- Durch Einbau von Revisionsklappen sind anfallende Reparaturarbeiten leicht ausführbar.
- Bei Außenwänden wird der Wärmeschutz nicht herabgesetzt.
- Ablagen und Wandvorsprünge bieten Möglichkeiten der Gestaltung.

Die Installationenrohre müssen unverrückbar an der Unterkonstruktion befestigt und durch Dämmung vor Kondenswasserbildung geschützt werden.

In Sanitärräumen lassen sich durch Vorwandinstallationen Wandschwächungen durch Schlitze vermeiden.

Vorwandinstallation

12.5.4 Innendämmung

Bei erhaltenswerten Fassaden kann die Verbesserung der Wärmedämmung nur durch eine Innendämmung erfolgen. Damit ergeben sich höhere innere Oberflächentemperaturen, was die Behaglichkeit steigert und der Schimmelbildung vorbeugt.

Probleme der Innendämmung:

- Die raumseitig aufgebrachte Dämmung bewirkt, dass die schwere Konstruktion kalt bleibt. Es gibt daher wenig wärmespeichernde Masse, die Temperaturspitzen dämpfen könnte.

Sichtbares Fachwerk kann nur innen gedämmt werden

- Einbindende Querwände und Decken sind Wärmebrücken. Deshalb wird dort in der Regel eine Flankendämmung von 30 ... 50 cm Breite ausgeführt.
- Fensterlaibungen bieten wenig Platz für die Dämmung.
- Die Innendämmung bedingt einen Raumverlust.

Mit einer gedämmten Vorsatzschale lässt sich eine Innendämmung ausführen. Dafür ist zwischen Innenschale und Dämmung eine Dampfbremse erforderlich, welche rundum luftdicht anzuschließen ist. Dies ist auch mit modernen Klebebändern und Dampfbremsfolien nicht immer sicher zu bewerkstelligen.

Zu vermeiden sind Konstruktionen, die teilweise Luftspalten übrig lassen, wie etwa mit Styropor oder Mineralwolle verklebte Gipsplatten, die punktuell an die Innenwand geklebt werden.

Systeme für sichere Innendämmung

Außer der Wasserdampfdiffusion gibt es den kapillaren Feuchtigkeitstransport in Baustoffen, der wesentlich wirksamer ist. Dies nutzen einige Systeme aus, die eine Innendämmung ohne Dampfbremse vorsehen. Dabei ist es unabdingbar, dass alle Bauteilschichten vollflächig ohne Luftspalt miteinander verbunden sind. Die Dämmmaterialien weisen eine hohe Kapillarität auf und können daher die in die Dämmung eindringende Feuchtigkeit einlagern und zeitversetzt wieder an den Raum abgeben.

Dies erfordert, dass auch die Beschichtungen diffusionsoffen sind. Eine Tapete oder ein Dispersionsanstrich sind daher zu vermeiden.

Um die durchgehende kapillare Saugfähigkeit zu erhalten, müssen vor Aufbringen der Dämmung Anstrich und Tapeten entfernt werden, sodass der unbeschichtete Verputz zum Vorschein kommt.

Dämmplatten werden vollflächig mit Kalk- oder Lehmmörtel an die Wand geklebt und dann mit Kalk-oder Lehmputz verputzt. Die Endbeschichtung erfolgt mit diffusionsoffenen Kalk- oder Silicatfarben.

Es werden auch wärmedämmende Unterputze mit Cellulosefasern oder Aerogel angeboten, die bis zu 10 cm Dicke aufgetragen werden können.

> Für Innendämmungen eignen sich besonders kapillar aktive, vollflächig verklebte Dämmstoffe mit Kalk- oder Lehmmörtel als Kleber und Putz.

Holzfaserdämmplatten vollflächig verkleben

Systeme für sichere Innendämmung	Wärmeleitzahl λ
Holzfaserdämmplatten	λ = 0,040 W/mK
Calciumsilicatplatten	λ = 0,065 W/mK
Mineralschaumplatten	λ = 0,040 W/mK
Perlitplatten	λ = 0,040 W/mK
Aerogelplatten	λ = 0,017 W/mK
Cellulosefaserunterputz	λ = 0,052 W/mK
Aerogelunterputz	λ = 0,028 W/mK

Dämmstoffe für Innendämmung ohne Dampfbremse

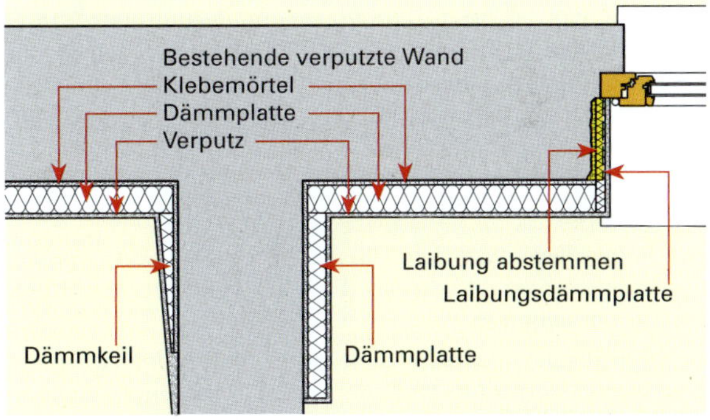

Innendämmung bei Querwänden und Fensterlaibungen

Flankendämmung mit Dämmkeil

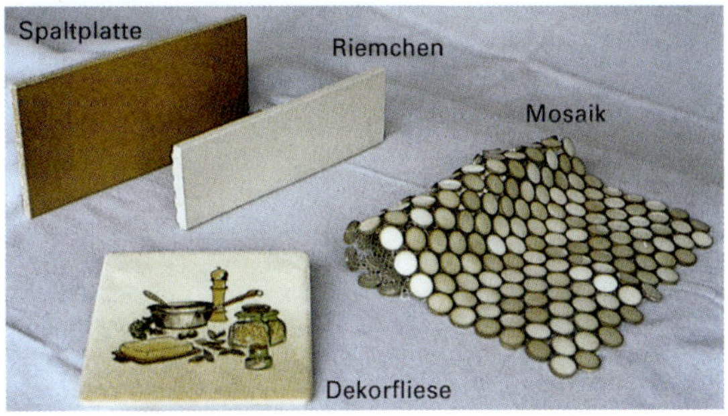

Keramische Fliesen und Platten

12.5.5 Keramische Fliesen und Platten

Fliesen und Platten werden als Bekleidungsmaterial in unterschiedlichen Bereichen verwendet: In Badezimmer und Küche als Boden- und Wandbelag, im Eingangs- und im Wohnbereich als Bodenbelag.

Die Auswahl des richtigen Bekleidungsmaterials ist abhängig von den Beanspruchungen, den gestalterischen Anforderungen und Kosten. Neben keramischen Erzeugnissen können auch nichtkeramische Erzeugnisse oder Natursteinplatten als Bekleidungsmaterial verwendet werden.

Begriffe und Einteilung

Keramische Fliesen und Platten werden unter dem Begriff Baukeramik zusammengefasst. Je nach Struktur des Scherbens, der Reinheit und der Mahlfeinheit der Rohstoffe wird die Feinkeramik von der Grobkeramik unterschieden.

Erzeugnisse mit einer Oberfläche ≥ 90 cm² werden als Fliesen und Platten bezeichnet. Fliesen mit kleinerer Oberfläche werden als Mosaik bezeichnet. Unter Riemchen versteht man rechteckige Fliesen mit einem Seitenverhältnis von mindestens 1 : 3.

In DIN EN 14411 werden keramische Fliesen und Platten nach ihrer Formgebung und Wasseraufnahme in die Gruppen I ... III eingeteilt. Anhand dieser Norm gibt der Architekt dem Fliesenleger vor, welche Anforderungen die von ihm verwendeten Fliesen erfüllen müssen.

Nach der Formgebung werden stranggepresste (Gruppe A) und trocken gepresste (Gruppe B) Fliesen unterschieden. Die Wasseraufnahmefähigkeit beträgt je nach Gruppe zwischen ≤ 3 Massen-% (Gruppe I) und > 10 Massen-% (Gruppe III).

Keramische Fliesen der Gruppen I und IIa sind frostbeständig und deshalb für den Außenbereich verwendbar.

Herstellung

Zur Herstellung keramischer Fliesen und Platten werden die Rohstoffe Ton, Quarz und ein geringer Anteil Feldspat verwendet. Nach der Aufbereitung durch Mahlen, Sieben, Mischen und Befeuchten wird die Rohmasse durch Pressen, Ziehen oder Gießen geformt. Die Rohlinge werden getrocknet und bei Temperaturen zwischen 1000 °C (Steingut) und 1200 °C (Steinzeug) gebrannt. Dieser erste Brand wird als Schrühbrand bezeichnet. Nach dem Auftrag der Glasur erfolgt der zweite Brand (Glasurbrand). Um eine hohe Qualität zu sichern, werden die Fliesen sortiert und gekennzeichnet.

Feinkeramik

Als Feinkeramik werden Fliesen bezeichnet, die trocken gepresst hergestellt werden. Es wird Steingut von Steinzeug unterschieden.

Steingutfliesen zeichnen sich durch einen feinkörnigen, kristallinen und porösen Scherben aus, mit einer Wasseraufnahme von mehr als 10 Massen-%. Sie eignen sich nur als Wandbelag im Innenbereich. Nach der Glasur werden folgende Arten unterschieden:

- Uni-Fliesen mit einfarbiger Glasur,
- Weiß- und Elfenbein-Fliesen mit farbloser, transparenter Glasur,
- Majolika-Fliesen mit farbiger, transparenter oder deckender Glasur,
- Dekorfliesen mit ein- oder mehrfarbigen Mustern.

Steinzeugfliesen unterscheiden sich von Steingutfliesen durch einen dicht gesinterten Scherben und durch eine Wasseraufnahme von weniger als 3 Massen-%. Dadurch sind sie frostsicher und sehr hart. Sie werden als Bodenbelag im Innen- und Außenbereich verwendet. Nach ihren Eigenschaften werden Steinzeugfliesen in folgende Arten eingeteilt:

- Unglasierte (UGL) Steinzeugfliesen sind sehr widerstandsfähig, ein- oder mehrfarbig und können auch mit profilierter Oberfläche hergestellt werden.
- Glasierte (GL) Steinzeugfliesen weisen eine geringere Widerstandsfähigkeit auf.
- Feinsteinzeug besteht aus fein aufbereiteten Rohstoffen mit je ⅓ Ton, Quarz und Feldspat. Aufgrund der vollständigen Durchsinterung des Scherbens nehmen Feinsteinzeugfliesen sehr wenig Wasser auf (0,05 Massen-%) und sind extrem frostbeständig und hart. Sie eignen sich für stark beanspruchte Bereiche (z. B. Verkaufsräume).

Formgebung	Wasseraufnahme E in M.-%			
	Gruppe I $E \le 3\,\%$	Gruppe II$_a$ $E > 3\,\%$ $\le 6\,\%$	Gruppe II$_b$ $E > 6\,\%$ $\le 10\,\%$	Gruppe III $E > 10\,\%$
A (strang-gepresst)	A I$_a$ $E \le 0{,}5\,\%$ A I$_b$ $0{,}5\,\% < E \le 3\,\%$	A II$_{a-1}$ A II$_{a-2}$	A II$_{b-1}$ A II$_{b-2}$	A III
B (trocken gepresst)	B I$_a$ $E \le 0{,}5\,\%$ B I$_b$ $0{,}5\,\% < E \le 3\,\%$ (Steinzeug)	B II$_a$	B II$_b$	B III glasiert

Einteilung keramischer Fliesen und Platten nach DIN EN 14411

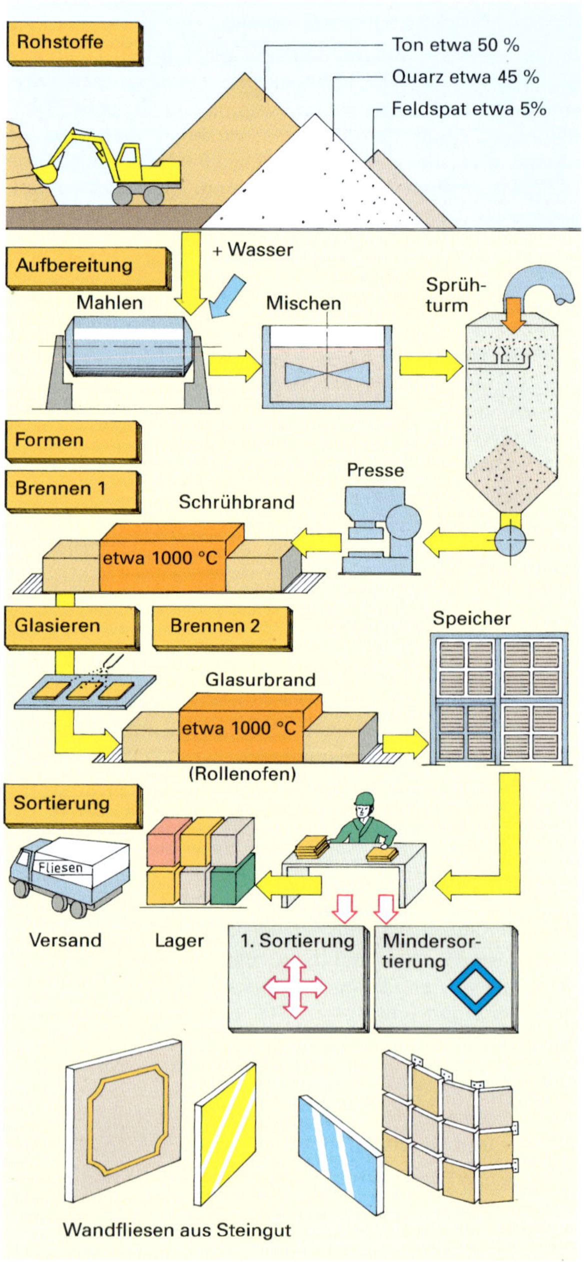

Herstellungsschema keramischer Fliesen und Platten am Beispiel „Zweibrandverfahren"

> Steingutfliesen werden für Wandbeläge im Innenbereich verwendet. Steinzeugfliesen kommen als Bodenbelag im Innen- und Außenbereich zum Einsatz.

Grobkeramik

Grobkeramische Erzeugnisse zeichnen sich durch einen gröberen Scherben und die plastische Formgebung in der Strangpresse aus. Dabei wird die Rohmasse durch ein Mundstück (Düse) zu einem endlosen Strang gepresst. Je nach Düsenform entstehen Doppelplatten, die vom endlosen Strang abgeschnitten werden. Nach dem Brennen werden die Doppelplatten in Einzelplatten getrennt. Aufgrund des Spaltvorganges werden sie auch als **Spaltplatten** bezeichnet.

Spaltplatten haben eine mittlere Wasseraufnahme von 3 … 6 Massen-%. Sie sind frost- und säurebeständig und zeichnen sich durch große Bruch- und Stoßfestigkeit aus. Sie können sowohl im Innen- als auch im Außenbereich eingesetzt werden.

Bodenklinkerplatten

Bodenklinkerplatten werden trocken gepresst und weisen eine Wasseraufnahme von höchstens 3 Massen-% auf. Sie zeichnen sich durch eine hohe Druck- und Abriebfestigkeit aus, sind frost- und säurebeständig. Daher werden sie häufig im industriellen und gewerblichen Bereich, sowie für Balkone, Terrassen und Gehwege verwendet.

> Spaltplatten und Bodenklinker sind abriebfest, frost- und säurebeständig.

Verlegearten

Bevor mit der Verlegung begonnen werden kann, muss der Untergrund von Staub, losen Teilen und Gipsresten gesäubert werden, um eine gute Haftung des Ansetzmörtels zu gewährleisten. Stark saugender Untergrund muss vorgenässt werden.

Welches Verlegeverfahren vom Fliesenleger gewählt wird, hängt von der Ebenheit des Untergrundes und der Plattengröße ab.

Bei der Verlegung im **Dickbett** werden die Fliesen auf ein 10 … 15 mm dickes Mörtelbett angesetzt. Größere Unebenheiten im Untergrund können dadurch ausgeglichen werden. Weil das Dickbettverfahren sehr zeit- und kostenintensiv ist, wird es nur noch vereinzelt in Sanierungsfällen angewendet.

> Mit dem Dickbettverfahren lassen sich größere Unebenheiten im Verlegeuntergrund ausgleichen. Es ist sehr zeitaufwendig und wird selten angewendet.

Fliesenart	Kantenlänge	Empfohlene Fugenbreite
Steingut und Steinzeug	≤ 10 cm	1 … 3 mm
	> 10 cm	2 … 8 mm
Spaltplatten	≤ 30 cm	4 … 10 mm
	> 30 cm	> 10 mm

Empfohlene Fugenbreiten für keramische Fliesen und Platten nach DIN 18352

Spaltplatten

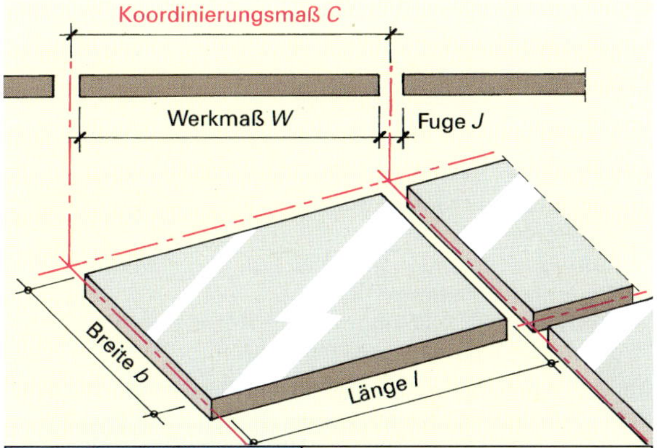

Nennmaß (N)	Maß einer Fliese (in cm)
Werkmaß (W)	Herstellungsmaß einer Fliese (in mm)
Koordinierungsmaß (C)	Werkmaß (W) + Fuge (J)
Modulare Maße	Maße auf der Grundlage von M = 100 mm, z. B. 2 M, 3 M und 5 M sowie deren Vielfache und Teilbare

Fliesen- und Plattenmaße nach DIN EN 14411

Modulare Vorzugsmaße	Nichtmodulare Maße
Koordinierungsmaß (C) in cm	Nennmaß (N) in cm
M 10 × 10	10 × 10
M 15 × 15	15 × 7,5
M 20 × 10	15,2 × 15,2
M 20 × 15	20 × 20
M 20 × 20	25 × 25
M 30 × 30	40 × 30

Maße von feinkeramischen Fliesen und Platten nach DIN EN 14411

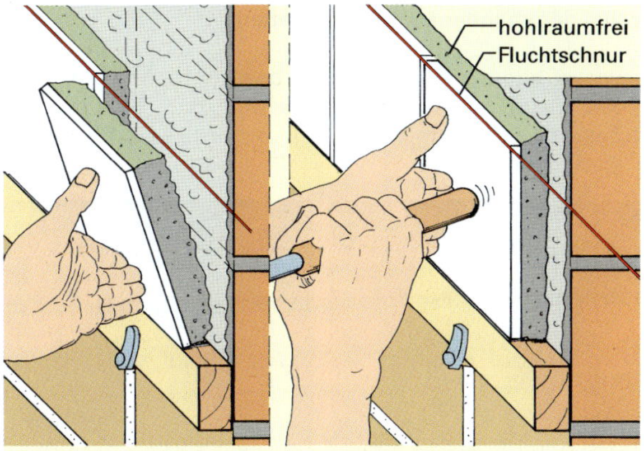

Fliese schräg ansetzen | Fliese anklopfen

Verlegung im Dickbett

Beim **Dünnbettverfahren** werden die Fliesen auf das bis zu 6 mm dicke Mörtelbett „geklebt". Damit sind gegenüber dem Dickbettverfahren folgende Vorteile verbunden:

- Durch die Verwendung von Kunstharzklebern können auch Untergründe (z. B. Gips- und Spanplatten) bekleidet werden, für die das Mörtelverfahren ungeeignet ist.
- Die Position der Fliese lässt sich länger korrigieren.
- Höhere Haftung zwischen Untergrund, Kleber und Fliese.
- Zeit- und Kostenersparnis durch einfachere Arbeitstechnik.
- Weniger Schmutz und Staub im Sanierungsfall.

Je nach Größe und Rückseitenprofilierung der Fliese werden folgende Dünnbettverfahren angewendet:

- Auftragen des Klebemörtels auf den Ansetzgrund (Floating-Verfahren).
- Auftragen des Klebemörtels auf die Plattenrückseite (Buttering-Verfahren).
- Auftragen des Klebemörtels auf Ansetzgrund und Plattenrückseite (kombiniertes Verfahren).

Die Anforderung an Ebenflächigkeit für Innenputz gemäß VOB für Stuckateurarbeiten genügen denen für Fliesenverlegung im Dünnbett nicht. Deshalb ist durch den Fliesenleger meist eine Ausgleichsspachtelung vorzunehmen.

Das Dünnbettverfahren zeichnet sich durch eine zeitsparende Arbeitstechnik aus, kann aber nur auf ebenem Untergrund angewendet werden.

12.5.6 Bindemittelgebundene Platten

Platten aus bewehrtem oder unbewehrtem Beton, die vorgefertigt und deren Oberflächen werksteinmäßig bearbeitet sind, werden als Betonwerkstein bezeichnet. Sie bestehen aus Zement und sorgfältig ausgewählten Gesteinskörnungen. Durch Schleifen, Polieren oder Sandstrahlen können unterschiedliche Oberflächenstrukturen hergestellt werden. Durch Verwendung verschiedener Gesteinskörnungen, Korngrößen und Farbzusätze können die Platten natursteinähnlichen Charakter haben.

Terrazzoplatten sind zweischichtige Platten: Die Unterschicht besteht aus Beton (Kernbetonschicht), die Oberschicht aus Zement und gleichkörnigem farbigem Natursplitt (Vorsatzbetonschicht). In Farbe und Oberfläche sind Terrazzoplatten ebenso dekorativ wie Betonwerksteinplatten. Die Unterschicht kann statt aus Beton auch aus Asphalt hergestellt sein. Solche Platten werden als Terrazzo-Asphaltplatten bezeichnet. Sie sind wärme- und trittschalldämmender als Terrazzoplatten.

Vorgefertigte, werksteinmäßig bearbeitete Erzeugnisse aus Beton werden als Betonwerkstein bezeichnet. Zweischichtig aufgebaute Platten werden als Terrazzoplatten bezeichnet.

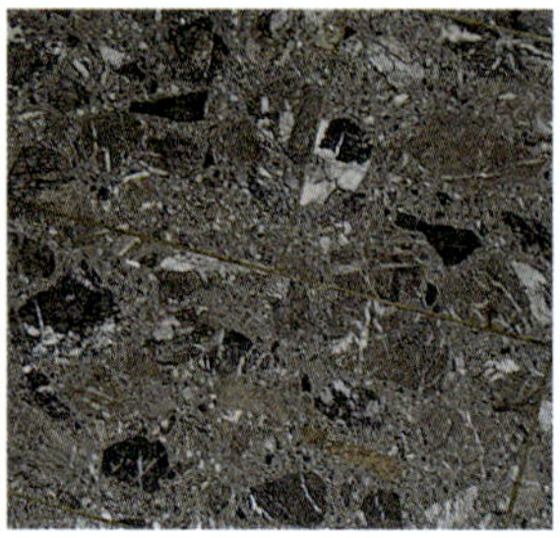

Oberflächenmuster von Betonwerksteinplatten

Verlegung im Dünnbett

Mit keramischen Fliesen und Platten gestalteter Raum

Treppenhaus mit Betonwerksteinbelag

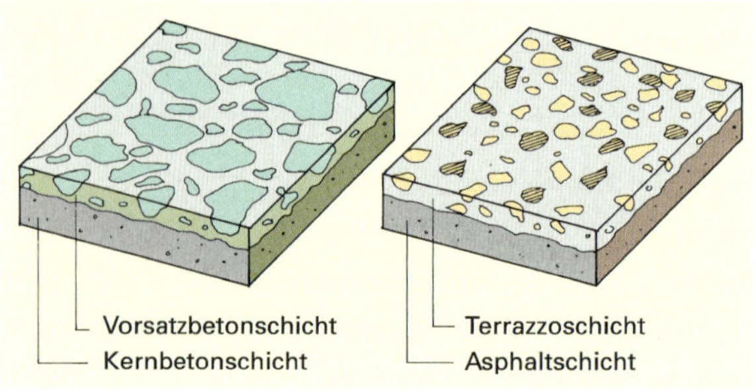

Terrazzoplatte Terrazzo-Asphaltplatte

12.5.7 Naturwerkstein

Natursteine, die werksseitig abgebaut, zugeschnitten und oberflächlich bearbeitet werden, werden als Naturwerkstein bezeichnet.

Je nach Entstehung und Abbaugebiet unterscheiden sich Natursteine in Farbe, Struktur und Eigenschaften.

Entstehung

Nach der Entstehung werden Natursteine in **Erstarrungsgesteine, Ablagerungsgesteine** und **Umprägungsgesteine** unterteilt.

Erstarrungsgesteine (Magmatite) entstehen durch das Erstarren flüssiger Gesteinsschmelze (Magma).

Ergussgesteine entstehen, wenn bei einem Vulkanausbruch flüssige Gesteinsschmelze aus dem Erdinneren ausfließt und zu festem Gestein erstarrt. Das schnelle Abkühlen ermöglicht keine Kristallbildung. Kristalleinsprengsel im Ergussgestein sind bereits vor dem Austritt an die Erdoberfläche entstanden. Das wichtigste Ergussgestein ist der **Basalt**.

Tiefengesteine und **Ganggesteine** entstehen unter der Erdoberfläche. Auf der flüssigen Gesteinsschmelze im Erdinneren lastet mit hohem Druck das überlagernde Festgestein. An den schwachen Stellen der Festgesteinsschicht steigt Magma in oberflächennähere und kühlere Bereiche auf und erstarrt.
Gesteine, die in größeren Tiefen abkühlen, werden **Tiefengesteine** genannt. Durch den langsamen Abkühlprozess bilden sich deutlich erkennbare Kristalle. Dadurch haben sie ein grob- und gleichkörniges Gefüge. Tiefengesteine sind sehr druckfest in jeder Beanspruchungsrichtung und zeigen keine Schichtung. Das bekannteste Tiefengestein ist der **Granit**.
Magma, das durch den hohen Druck in unterirdische Risse und Gänge gepresst wird und dort abkühlt, wird dann als **Ganggestein** bezeichnet. Durch den schnelleren Abkühlungsprozess können nur wenige Mineralien auskristallisieren. Es entsteht eine „porphyrische Struktur" aus einer einheitlichen Grundmasse mit eingesprengten Kristallen. Ein Ganggestein ist der **Granitporphyr**.

Erstarrungsgesteine entstehen durch abkühlende Gesteinsschmelze. Je nach Abkühlungsgeschwindigkeit entstehen Tiefengesteine, Ganggesteine und Ergussgesteine.

Ablagerungsgesteine (Sedimentite) entstehen durch die Verwitterung und Wiederverfestigung von Gestein, das sich auf der Erdoberfläche befindet. Durch die Verwitterung werden die Steine zerkleinert und die löslichen Mineralien wie Gips und Kalkspat durch Regen gelöst und weggeführt. Es bleibt ein Gemenge aus Ton und Sand zurück, das als Lehm bezeichnet wird.
Auf dem Weg zum Meer wird das Gesteinsgeröll nach Größe sortiert und abgesetzt. Am Oberlauf bleiben Blöcke und Steine liegen, im Flachland setzten sich Kies und Sand ab, und das Feinstmaterial wird bis in Seen und das Meer transportiert. Durch Verdunstung werden die im Wasser gelösten Stoffe wie Kalk und Gips ausgeschieden und ebenfalls abgelagert. Werden die abgelagerten Stoffe von immer neuem Ablagerungsmaterial überdeckt, entsteht durch den Überlagerungsdruck und/oder durch Verkittung mit einem Bindemittel über lange Zeiträume durch Verfestigung das Ablagerungsgestein.

Ablagerungsgesteine entstehen durch Verwitterung, Ablagerung und Verfestigung von Gestein an der Erdoberfläche.

Umprägungsgesteine (Metamorphite) entstehen durch hohen Druck und Temperaturen, die über Jahrtausende bei der Aufschiebung von Gebirgen wirken. Dadurch werden die Mineralien umgeprägt, so können Tonmineralien in Glimmer umgewandelt werden. Die neu gebildeten Mineralien ordnen sich meistens senkrecht zur Richtung des größten Drucks an, wodurch Schieferungen entstehen. Marmor und Quarzit entstehen, indem die Ausgangsmineralien zu größeren Kristallen umkristallisiert werden.

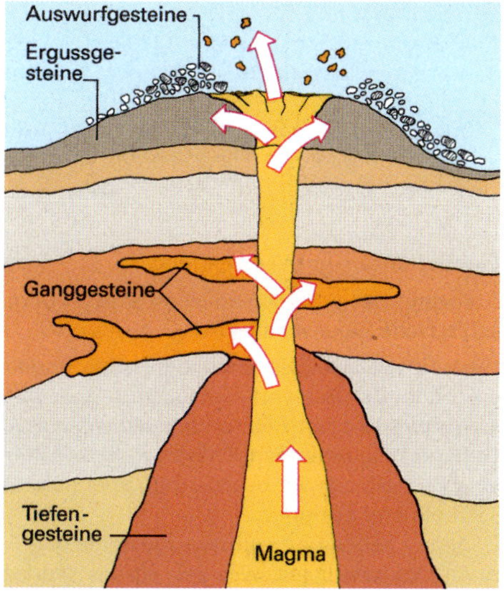

Entstehung der Erstarrungsgesteine

Kristalline Struktur von Granit

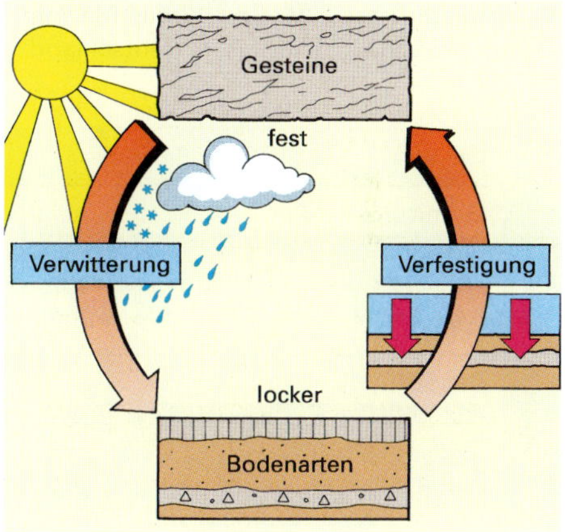

Verwitterungskreislauf

Ablagerung	Entstehendes Gestein
Kies	Konglomerat (Nagelfluh)
Sand	Sandstein
Ton	Tonstein
Kalk	Kalkstein
Ton + Kalk	Mergel
Gips	Gipsstein
Pflanzen	Kohle
Tierschalen	Kreide, Radiolarit

Herkunft von Ablagerungsgestein

Je nach Ursprungsgestein entstehen folgende Umprägungsgesteine: Aus Granit entsteht der **Gneis,** Kalkstein wird zu **Marmor** umgeprägt, Sandstein zu **Quarzit** und Tonstein zu **Tonschiefer.**

Umprägungsgesteine entstehen durch hohen Druck und Temperaturen, wodurch die Mineralien des Ausgangsgesteins umgewandelt werden.

Struktur von Umprägungsgestein

Eigenschaften und Verwendung

Aufgrund der unterschiedlichen Entstehung, haben Natursteine unterschiedliche Eigenschaften.

Weil die meisten **Erstarrungsgesteine** unter Druck entstanden, weisen sie hohe Dichten und Festigkeiten auf. Ihre Festigkeitseigenschaften sind etwa in allen Richtungen gleich, was mit ihrem unstrukturierten Gefüge zusammenhängt. Erstarrungsgesteine wie Granit und Basalt sind deshalb schwer bearbeitbar, aber sehr beständig und für viele Einsatzbereiche geeignet.
Dagegen haben poröse Ergussgesteine wie Trass und Bims nur eine geringe Druckfestigkeit, weshalb sie als Werksteine ungeeignet sind. Sie finden Verwendung als Gesteinskörnung für Leichtbaustoffe wie z.B. Bimsstein und als Rohstoffe für Bindemittel wie z.B. Puzzolanzement.

Ablagerungsgesteine sind die am häufigsten verwendeten Natursteine, weil sie gut bearbeitbar sind und verbreitet vorkommen. Aufgrund ihrer schichtigen Ablagerung und Wiederverfestigung weisen sie bei senkrechter Belastung die größte Druckfestigkeit auf und sind grundsätzlich ihrer natürlichen Lagerung entsprechend einzubauen. Als Werkstein finden fast ausschließlich Sandstein und Kalkstein Verwendung.

Umprägungsgesteine weisen aufgrund der Schieferung stark richtungsabhängige Festigkeiten auf. Sie sind leicht spaltbar und werden oft für Platten genutzt. Besonders Marmor gilt als Inbegriff des Luxus und weist eine sehr dekorative Wirkung auf.

Die **Bezeichnung** von Natursteinen setzt sich zusammen aus dem Handelsnamen, dem wissenschaftlichen Gesteinsnamen, der Farbe und dem Herkunftsort, z.B. Saalburger Marmor, Kalkstein, rot, Tegau und Pahren bei Schleiz, Thüringen, Deutschland.

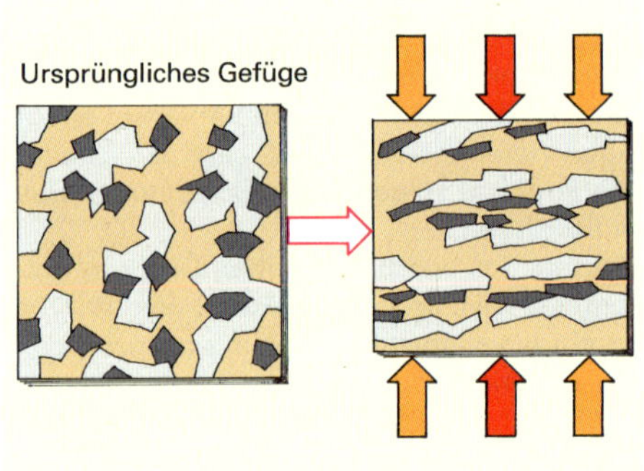

Entstehung von Umprägungsgestein durch Druck und Hitze

	Gestein	Eigenschaften	Verwendung
Erstarrungsgesteine	Granit 	hart, hohe Rohdichte, druckfest, witterungsbeständig, polierfähig, schwer zu bearbeiten	Werksteine, Fassadenbekleidung, Fensterbänke, Schotter, Straßenpfosten, Randsteine
Erstarrungsgesteine	Basalt 	dichtes Gefüge, extrem druckfest, witterungs- und chemisch beständig, meist glatte Oberfläche, dunkelgrau bis schwarz	Werksteine, Bodenbeläge, Treppen, Schotter
Ablagerungsgesteine	Sandstein 	unterschiedliche Eigenschaften (nach Bindemittel), nicht polierfähig, gelblich-bräunlich bis dunkelrot und grünlich	Natursteinmauerwerk, Werksteine, Bildhauerarbeiten
Ablagerungsgesteine	Muschelkalk (Kalkstein) 	nicht chemisch beständig, leicht zu bearbeiten, polierfähig, oft Versteinerungen vorhanden, graubraun bis blaugrau	Werksteine, Wand- und Bodenbeläge innen, auch Fassadenbekleidungen
Ablagerungsgesteine	Juramarmor (Kalkstein) 	dicht, feinkörnig, nicht chemisch beständig, einige Arten frostbeständig, polierfähig, gelblich bis blaugrau	Innenbeläge Wand/Boden, Treppen, Fensterbänke

	Gestein	Eigenschaften	Verwendung
Ablagerungsgesteine	Travertin (Kalkstein) 	porige, löchrige Struktur, druckfest, dicht, polierfähig, nicht chemisch beständig, oft gespachtelt, weiß-gelb bis graubraun	Werksteine, Wand- und Bodenbeläge innen und außen
	Solnhofener Plattenkalk 	feinkörnig, dicht, nicht witterungs- und chemisch beständig, häufig Versteinerungen und Verfärbungen (Dendriten), gelb bis hellgrau	Wand- und Bodenbeläge (oft bruchrau belassen) nur innen, Treppen, Fensterbänke, Bildhauer- und Lithografiestein
Umprägungsgesteine	Marmor 	feinkörniges Gefüge, druckfest, frostbeständig, nicht chemisch beständig, polierfähig, sehr dekorativ	Wand- und Bodenbeläge, Mosaik, Treppen, Bildhauerei
	Tonschiefer 	gegen Dauerfeuchte empfindlich, spaltgraue Oberfläche, schwer zu verarbeiten, dunkel	Trittstufen, Beläge innen, Fensterbänke
	Gneis 	schiefriges Gefüge, wechselnde Eigenschaften, druckfest	Bruchsteine, Schotter, Platten

Eigenschaften und Verwendung von Natursteinen

Zusammenfassung

Mit einem Wandtrockenputz lassen sich schnell ebene Oberflächen schaffen und die Baufeuchte reduzieren. Weist die Rohwand große Unebenheiten auf oder soll der Schall- und Wärmeschutz einer Wandkonstruktion verbessert werden, wird eine Vorsatzschale in Ständerbauweise hergestellt.

Wird der Hohlraum zwischen Vorsatzschale und Rohwand dazu genutzt, Installationen zu verbergen, spricht man von einer Vorwandinstallation. Dadurch lassen sich Wandschlitze vermeiden.

Bei erhaltenswerten Fassaden kann die Wärmedämmung der Wand mit einer Innendämmung verbessert werden. Dafür eignen sich besonders kapillar saugfähige Materialien, die vollflächig mit der Wand verklebt werden.

Keramische Fliesen und Platten bestehen aus tonhaltigen Rohstoffen und werden in Fein- und Grobkeramik unterschieden. Feinkeramische Erzeugnisse sind Steingut- und Steinzeugfliesen. Steingutfliesen sind durch poröse Struktur und hohe Wasseraufnahme gekennzeichnet. Sie sind nur als Wandbelag im Innenbereich verwendbar. Steinzeugfliesen haben einen dicht gesinterten Scherben und eine geringe Wasseraufnahme. Sie werden als Bodenbelag im Innen- und Außenbereich eingesetzt.

Spaltplatten sind grobkeramische Erzeugnisse. Sie sind frost- und säurebeständig. Bodenklinkerplatten zeichnen sich durch hohe Druck- und Abriebfestigkeit aus und sind für Bereiche mit hoher Beanspruchung geeignet.

Als bindemittelgebundene Platten werden Betonwerkstein-, Terrazzo- und Terrazzo-Asphaltplatten bezeichnet. Sie zeichnen sich durch ihren dekorativen und natursteinähnlichen Charakter aus.

Frostbeständigkeit und Druckfestigkeit von Natursteinplatten sind abhängig von der jeweiligen Gesteinsstruktur. Granit, Basalt und Gneis können uneingeschränkt auch im Außenbereich verlegt werden.

Aufgaben

1. *Wie kann Trockenputz hergestellt werden?*
2. *Erläutern Sie die Vorteile, die mit dem Herstellen einer Vorsatzschale verbunden sind.*
3. *Aus welchen Gründen sind in modernen Badezimmern häufig Vorwandinstallationen anzutreffen?*
4. *Wie würden Sie eine Innendämmung ausführen?*
5. *Wie verfahren Sie mit einbindenden Querwänden und Decken bei einer Innendämmung?*
6. *Nach welchen Merkmalen werden Fliesen und Platten in DIN EN 14411 unterschieden?*
7. *Wodurch unterscheiden sich Steingutfliesen von Steinzeugfliesen?*
8. *Wodurch zeichnen sich Spaltplatten und Bodenklinkerplatten aus?*
9. *Wählen Sie für folgende Bereiche geeignete Fliesen und Platten aus: Eingangsbereich außen, Diele, Küche, Treppenbelag, Bad: Boden- und Wandbelag.*
10. *Nach welchen Kriterien wählt der Fliesenleger das Verlegeverfahren für einen Fliesenbelag aus?*
11. *Worin unterscheiden sich Betonwerksteinplatten von Terrazzoplatten?*
12. *Wie werden Natursteine nach ihrer Entstehung eingeteilt? Nennen Sie je ein Beispiel.*
13. *Welche Auswirkungen hat die Abkühlgeschwindigkeit auf die Eigenschaften von Erstarrungsgestein?*
14. *Erklären Sie die Entstehung von Ablagerungsgesteinen.*
15. *Wie kommt es zur Umprägung eines Gesteins?*
16. *Welche Eigenschaften weist Granit auf?*
17. *Warum sind Ablagerungsgesteine die am häufigsten verwendeten Natursteine?*
18. *Wie wirkt sich die Schieferung von Umprägungsgesteinen auf die Festigkeit des Steins aus?*

12.6 Holzbalkendecken

12.6.1 Allgemeines

Bis zum Einsatz des Stahlbetons um das Ende des 19. Jahrhunderts waren ebene Decken nur als Balkendecken möglich. Bis dahin war die Ausbildung von Massivdecken nur durch Gewölbekonstruktionen möglich. Ab der Mitte des 19. Jahrhunderts wurden auch Stahlträger mit dazwischenliegenden Holzbalkendecken oder flachen Gewölben eingesetzt.

Bei Holzbalkendecken besteht die tragende Konstruktion aus Vollholzbalken, Brettschichtträgern oder Balken mit zusammengesetzten Querschnitten. Die verwendete Balkenart ist von der Spannweite des zu überbrückenden Raumes abhängig: Ein wirtschaftlicher Einsatz von Vollholzbalken ist bis zu einer Spannweite von etwa 5 m möglich. Für größere Spannweiten werden Brettschichtholzträger eingesetzt.

Aus Holz lassen sich auch massive Decken ohne Zwischenraum zwischen den einzelnen Balken herstellen. Historisch war dies die Dübelbaumdecke, bei der dreiseitig besägte Balken durch Dübel miteinander verbunden waren. Heute werden Brettschichtbalken- oder Platten aneinandergereiht oder hochkant stehende Bretter als Brettstapeldecke.

Holzbalkendecken werden mit sichtbaren Balken oder mit einer ebenen Verkleidung, der Untersicht, und einer Dämmung zwischen den Balken ausgeführt.

Obwohl Holzbalkendecken heute in vielen Bereichen durch Stahlbetondecken verdrängt wurden, bietet der moderne Holzbau mit seinen vielfältigen Konstruktionsarten neue Anwendungsmöglichkeiten. So werden Holzbalkendecken vorwiegend im Holzbau eingesetzt, aber auch in gemauerten Häusern.

12.6.2 Eigenschaften und Anforderungen

Holzbalkendecken weisen gegenüber Massivdecken folgende Vorteile auf:
- geringe Masse,
- gute Wärmedämmung bei gedämmten Decken mit ebener Untersicht,
- hoher Grad der Vorfertigung möglich,
- trockener Einbau (besonders bei Sanierungen wichtig).

Dagegen wirkt sich die stärkere Durchbiegung und der eingeschränkte Schall- und Brandschutz von Holzbalkendecken nachteilig aus. Deshalb müssen folgende Anforderungen erfüllt werden:
- Die Durchbiegung von Holzbalkendecken darf bei voller Belastung höchstens 1/300 der Spannweite entsprechen, sonst müssen größere Balkenquerschnitte gewählt werden.
- Der Schallschutz von Holzbalkendecken muss die in DIN 4109 festgelegten Werte für Wohnungstrenndecken und Decken zwischen Aufenthaltsräumen in Einfamilienhäusern erreichen. Durch federnd gelagerte Ballastschichten, Hohlraumdämmung mit Faserdämmstoffen und federnd befestigten Untersichten kann der Schallschutz vervessert werden.
- Der Brandschutz von Holzbalkendecken muss in den Gebäudeklassen II und III mindestens der Feuerwiderstandsklasse feuerhemmend, F 30 (REI 30), entsprechen. Im Brandfall muss die Decke daher 30 Minuten lang tragfähig bleiben.

Sichtbare Holzbalkendecke in einem Wohnraum

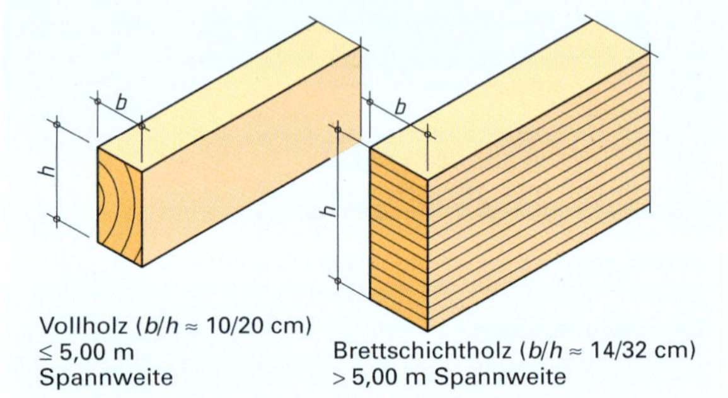

Vergleich Deckenbalken aus Vollholz und Brettschichtholz

2,2 cm	Riemenparkett
5 cm	Lagerhölzer dazwischen Dämmmatte
2 cm	Trittschalldämmmatte
5 cm	Sandschüttung Rieselschutz
4 cm	Holzschalung Nut-Feder F 30
24 cm	sichtbare Holzbalken 16/24

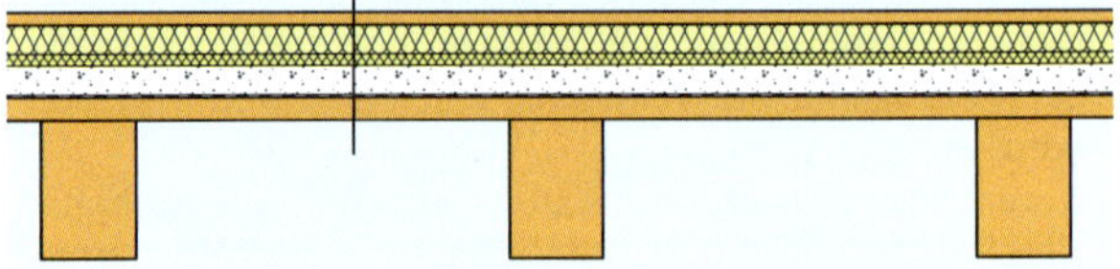

1,5 cm	Fertigparkett
0,5 cm	Dämmfilz
3 cm	Trockenestrich
2 cm	Trittschalldämmmatte
4 cm	Betonplatten
1 cm	Trittschalldämmfilz
2,5 cm	Holzschalung
24 cm	Holzbalken 16/24 dazw. 10 cm Dämmmatte
5 cm	Latten 3/5 auf Federbügeln Achsabstand 40 cm
2,5 cm	2 Lagen Gipsplatten Typ F

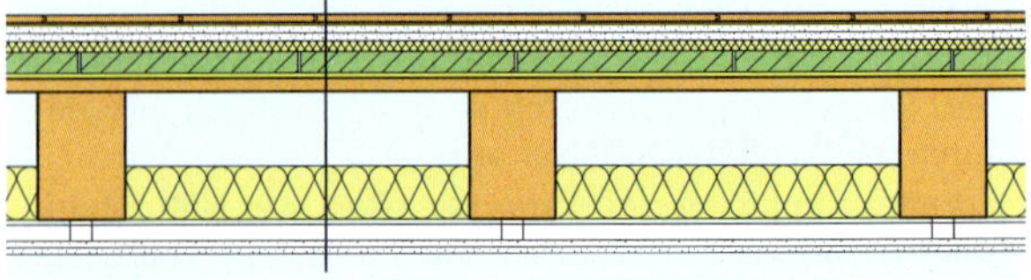

Beispiele für Holzbalkendecken mit verbessertem Schall- und Brandschutz

Bei sichtbaren Balken kann dies durch Überdimensionierung erreicht werden, da Holz im Brandfall solange tragfähig bleibt, bis der Mindestquerschnitt der Tragfähigkeit durch Abbrand unterschritten ist, bei geschlossener Untersicht durch Brandschutzverkleidungen mit nichtbrennbaren Stoffen, beispielsweise Gipsplatten.

Holzbalkendecken zeichnen sich durch geringe Masse und gute Wärmedämmeigenschaften aus. Vorteile bieten der hohe Vorfertigungsgrad und bei Sanierungen der trockene Einbau.

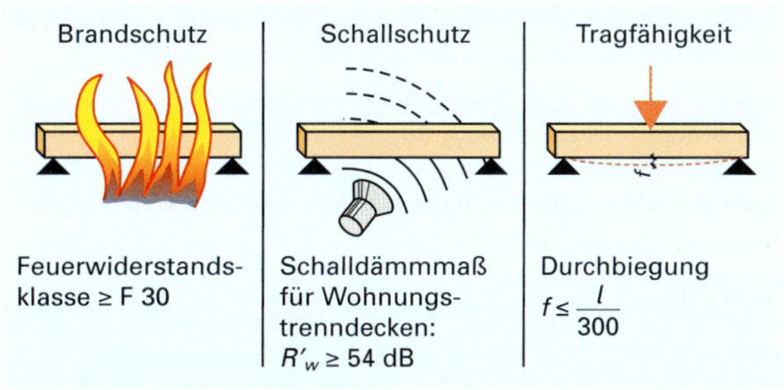

Anforderungen an Holzdecken

12.6.3 Balkenlage

Den tragenden Teil einer Holzbalkendecke bilden die Balken. Die Gesamtheit aller Balken wird als Balkenlage bezeichnet. Eine Geschossbalkenlage trennt zwei Vollgeschosse voneinander. Eine Dachbalkenlage trennt das oberste Vollgeschoss vom Dachgeschoss und eine Kehlbalkenlage bildet den oberen Abschluss des Dachraumes.

Je nach Lage und Zweck unterscheidet sich die Bezeichnung der einzelnen Balken:

- Als **Giebelbalken** werden Balken bezeichnet, die an den Giebelseiten eines Gebäudes eingebaut sind. Dabei ist ein Mindestabstand von 2 cm zwischen Giebelinnenseite und Balken einzuhalten.
- **Streichbalken** liegen ein- oder beidseitig an aufgehenden Zwischenwänden. Der Abstand (zur verputzten Wand) beträgt ebenfalls mindestens 2 cm.
- Als **Zwischenbalken** (Feldbalken) werden alle durchlaufenden Balken bezeichnet, die zwischen Giebel- und Streichbalken liegen.
- **Wechselbalken** dienen den Wechseln als Auflager.
- **Wechsel** sind Querbalken an Deckenaussparungen, die Stich- und Füllhölzern als Auflager dienen.
- **Stichbalken** liegen auf einer Wand auf und schließen an einen Wechsel an.
- **Füllhölzer** liegen zwischen den Wechseln und sind konstruktiv als Auflager der Deckenschalung notwendig.

Die Bezeichnung einzelner Balken innerhalb einer Balkenlage erfolgt nach deren Lage und Zweck.

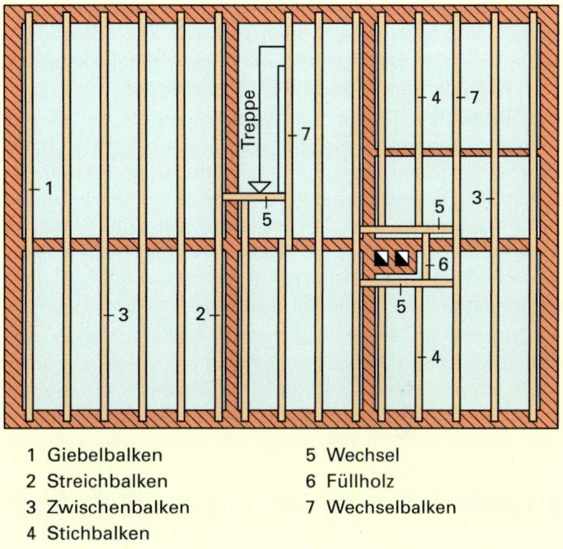

Bezeichnungen der Balken

12.6.4 Bauliche Durchbildung

Balkenquerschnitte

Die erforderlichen Balkenquerschnitte richten sich nach der Belastung durch Eigenlast und Nutzlasten, nach der Spannweite und dem Balkenabstand. Die Balkenabstände betragen in der Regel 60 … 90 cm. Schmale, hohe Balkenquerschnitte sind statisch günstig.

Bei im Wohnbau üblichen Belastungen und Balkenabständen kann die Balkenhöhe h abhängig von der Spannweite l überschlägig so angenommen werden: $h = l(\text{m}) \cdot 4 + 4$ cm. Bei 5,00 m Spannweite daher: $h = 5 \cdot 4 + 4 = 24$ cm.

Balkenquerschnitt in cm	**Spannweite der Balken in m bei einem Balkenabstand (Bundmaß) von:** 60 cm	70 cm	80 cm	90 cm
10/20*	3,95	3,75	3,59	3,45
10/22*	4,35	4,13	3,95	3,80
12/24*	5,03	4,78	4,57	4,40
12/26	5,45	5,18	4,95	4,76
14/20	4,41	4,19	4,01	3,85
16/20*	4,61	4,38	4,19	4,03
16/22	5,07	4,82	4,61	4,43
16/24	5,54	5,26	5,04	4,84
18/24	5,76	5,47	5,23	5,03

* Balken werden in diesen Querschnitten auf Vorrat eingeschnitten

Zulässige Spannweiten gebräuchlicher Balkenquerschnitte (Belastung 4,0 kN/m^2, Nadelholz Sortierklasse S 10)

Balkenauflager

Werden die Holzbalken direkt auf das Mauerwerk aufgelegt, wie es früher üblich war, wird jeder vierte Balken durch Stahlanker (Kopfschlaudern) im Mauerwerk verankert. Hierbei verbinden die Balken die Gebäudeaußenseiten zugfest und ersetzen den Ringanker.

Auch die Giebelwände müssen mit der Balkenlage verbunden werden, wozu Giebelanker (Giebelschlaudern) verwendet werden, die über mindestens zwei Balkenfelder verlaufen.

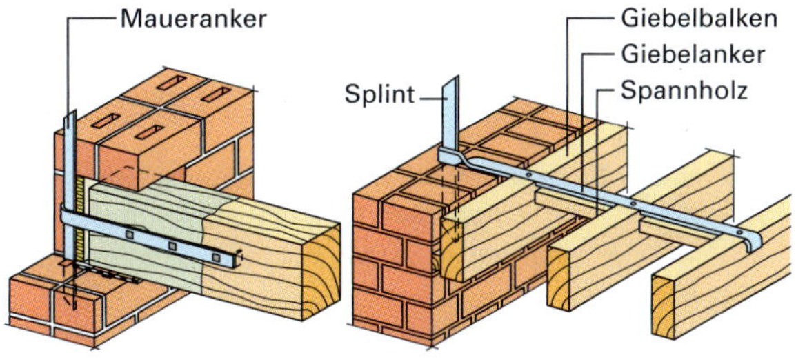

Verankerung von Holzbalkendecken

Heute werden gemauerte Wände mit einem Ringanker als oberem Abschluss jeden Geschosses ausgeführt.

Die Holzbalken können auf dem Stahlbetonringanker aufgelegt werden. Bis zu einer Querschnittshöhe von 20 cm müssen die Balken eine Auflagerlänge von mindestens 15 cm aufweisen, bei höheren Balken mindestens 20 cm.

Die Balkenköpfe werden zum Schutz gegen aufsteigende Feuchtigkeit auf einem Streifen Bitumenbahn als Dichtungsschicht aufgelagert. Die Balkenoberseite, die Stirnfläche und die Seiten dürfen nicht eingemauert werden, sondern müssen einen Luftspalt von 2 … 3 cm zum Mauerwerk aufweisen. Um Wärmeverluste zu begrenzen, wird zwischen Balkenkopf und äußerem Mauerwerk eine Dämmschicht eingebaut. Da bei Mauerwerksbau der Innenputz für die notwendige Luftdichtheit sorgt, sind die Balkenlöcher vor Einbau der Balken sorgfältig zu verputzen.

Weil Holzbalkendecken bei Wohngebäuden bis zu zwei Vollgeschossen zur Aussteifung tragender Wände dienen, ist eine wirksame Verankerung notwendig. Werden die Balken auf einem Stahlbetonringanker gelagert, besteht die Verankerung aus Stahlwinkeln, die am Ringanker angedübelt sind oder die Balken werden mit einbetonierten Ankerschienen verschraubt. Alle 1,50 … 2,00 m erfolgt auf diese Art eine Verankerung.

Die Holzbalken können auch mit Balkenschuhen oder T-Verbindern und Stabdübeln seitlich am Ringanker befestigt werden, sodass die luftdichte Putzschicht durchgehen kann. Günstiger ist, am Ringanker einen Auflagerbalken zu befestigen, mit dem die Holzbalken verbunden sind. Bei sichtbaren Balken eignet sich dafür die Schwalbenschwanzverbindung besonders, da keine Stahlteile sichtbar sind.

Bei Aussparungen (z. B. bei Schornsteinen und Treppen) müssen die Längsbalken durch Wechsel unterbrochen werden. Für die Verbindung der Wechsel mit den Längsbalken können zimmermannsmäßige Querverbindungen wie Zapfenverbindungen angewendet werden. Wirtschaftlicher sind die Verbindungen des Ingenieurbaus wie Balkenschuhe, Winkelverbinder oder Z-Profile.

Auflagerung auf dem Ringanker

Auflagerung auf Auflagerbalken mit Schwalbenschwanzverbindung

Auflagerung auf Auflagerbalken mit T-Verbindern und Stabdübeln

Auflagerung auf Auflagerbalken mit Balkenschuhen

Auflagerausbildung von Holzbalkendecken

Schmale, hohe Balkenquerschnitte wirken sich statisch günstig aus.

Zwischen Balkenkopf und Mauerwerk muss ein 2 … 3 cm breiter Luftspalt bestehen.

Die Holzbalken werden teilweise verankert und verbinden so die Gebäudeaußenwände zugfest.

Aufgaben

1. *Vergleichen Sie die Vor- und Nachteile von Holzbalkendecken gegenüber Massivdecken.*
2. *Welche Begrenzung der Durchbiegung gilt für Holzbalken?*
3. *Eine Holzbalkendecke muss mindestens der Feuerwiderstandsklasse F30 entsprechen. Was bedeutet das im Brandfall und wie kann die Holzbalkendecke diese Anforderungen erfüllen?*
4. *Erklären Sie, warum die Balkenköpfe einer Holzbalkendecke nicht eingemauert werden dürfen.*
5. *Warum ist eine wirksame Verankerung der Holzbalken wichtig?*
6. *Nennen Sie einige Möglichkeiten eine Holzbalkendecke aufzulagern.*

Zusammenfassung

Die Vorteile von Holzbalkendecken gegenüber Massivdecken liegen in geringer Eigenlast sowie dem schnellen und trockenen Einbau. Schwieriger gestaltet sich dagegen der Schall- und Brandschutz von Holzbalkendecken.

Die Gesamtheit der Holzbalken wird als Balkenlage bezeichnet. Die Bezeichnung einzelner Balken innerhalb einer Balkenlage erfolgt nach deren Lage und Zweck.

Der erforderliche Balkenquerschnitt richtet sich nach der Belastung, der Spannweite und dem Balkenabstand.

Werden die Holzbalken auf dem Mauerwerk aufgelegt, muss der Balkenkopf allseitig von einem 2 … 3 cm dicken Luftspalt umgeben sein.

Holzdecken mit sichtbaren Balken werden vorzugweise an einem Auflagerbalken mit Schwalbenschwanzverbindung oder stählernen T-Verbindern befestigt. Für Holzbalkendecken mit geschlossener Untersicht eignen sich Balkenschuhe.

Sofern Holzbalkendecken tragende Wände aussteifen, müssen sie wirksam verankert werden. Für die Verbindung der Balken untereinander können zimmermannsmäßige oder ingenieurmäßige Verbindungen angewendet werden.

12.7 Bodensysteme

(siehe auch Abschnitt 9.5)

Nur mit dem Gesamtsystem aus Fußbodenaufbau, Tragkonstruktion und Unterdecke werden die Anforderungen an den Schall- und Brandschutz einer Decke erreicht. Bei der Auswahl eines geeigneten Bodensystems sind folgende Gesichtspunkte zu berücksichtigen:

- Lastübertragung und -verteilung auf die Rohdecke,
- Anforderungen an den Wärme-, Schall- und Brandschutz,
- nur mit einer allseitig von der Decke entkoppelten Fußbodenkonstruktion kann ausreichender Trittschallschutz sichergestellt werden,
- ausreichender Widerstand gegen Feuchtigkeit (z. B. in Feuchträumen),
- gefahrlose Ableitung elektrostatischer Ladungen,
- Schwind- und Verformungsverhalten.

12.7.1 Holzböden

Traditionelle Holzböden bestehen aus einer hölzernen Belagschicht aus Nut-und-Feder-Brettern. Diese liegt auf dem Blindboden, einer Tragschicht aus Holzbrettern oder Holzwerkstoffplatten, welche auf Lagerhölzern aufliegt. Diese sind schwimmend in einer Beschüttung oder auf Dämmplattenstreifen bzw. schalldämmenden Auflagerelementen auf der Rohdecke aufgelagert. Bei Schiffböden und Riemenparkett kann der Blindboden entfallen. Schiffböden werden häufig aus Lärche ausgeführt, andere aus Laubhölzern, wie Eiche.

Fertigparkett aus verleimten Hölzern kann auf Lagerhölzern aufliegen, wie der Schiffboden, oder mit einer federnden Trennlage auf einem Estrich.

12.7.2 Fertigteilestrich

Bodenbekleidungen, die trocken und flächig ohne Hohlraum verlegt sind, werden als Fertigteilestrich oder Trockenunterboden bezeichnet.

Ihr Vorteil besteht im schnellen und sauberen Einbau, der geringen Eigenlast und der Vermeidung von Baufeuchte. Deshalb werden sie vielfach bei der Sanierung von Altbauten verwendet.

Fertigteilestriche bestehen aus vorgefertigten mehrschichtigen Platten, die vor Ort kraftschlüssig durch Verleimen oder Verklammern miteinander verbunden werden. Verwendung finden Holzspanplatten, Gips- bzw. Gipsfaserplatten oder Estrichziegel aus Ton.

Estrichziegel können aufgrund ihrer Wasserfestigkeit in Nassräumen und auf feuchten Rohdecken verlegt werden. Sie sind dank hoher Wärmeleitfähigkeit für Fußbodenheizungen besonders geeignet und halten hohen Druckbelastungen stand.

Fertigteilestriche können nur auf ebener Rohdecke auf einer Trittschalldämmschicht verlegt werden. Bei vorhandenen Unebenheiten kann durch eine Trockenschüttung aus Perlit ein Höhenausgleich erreicht werden. Perlit ist ein vulkanisches Naturgestein, das zermahlen und auf 1000 °C erhitzt wird. Dabei bläht es sich auf. Die Perlitschüttung wirkt trittschall- und wärmedämmend.

Fertigteilestriche lassen sich trocken, schnell und sauber einbauen, sind sofort begehbar und haben nur eine geringe Eigenlast.

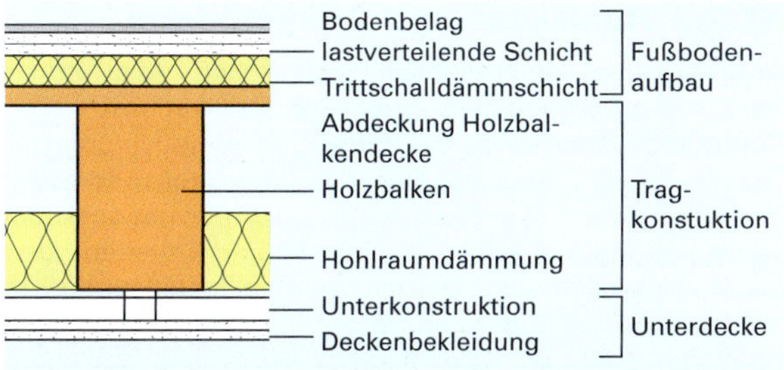

Die einzelnen Funktionsschichten einer Holzbalkendecke

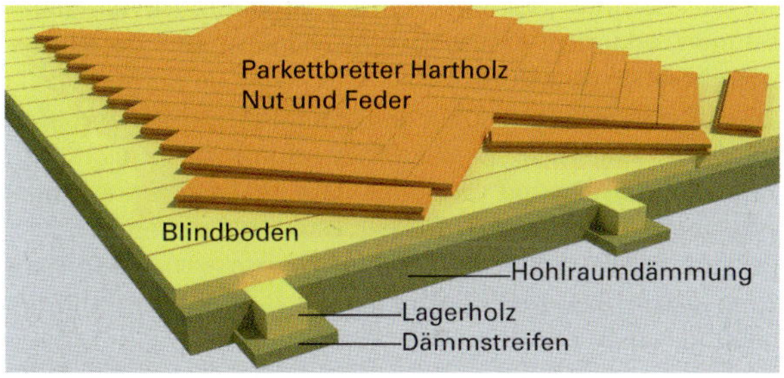

Parkettboden

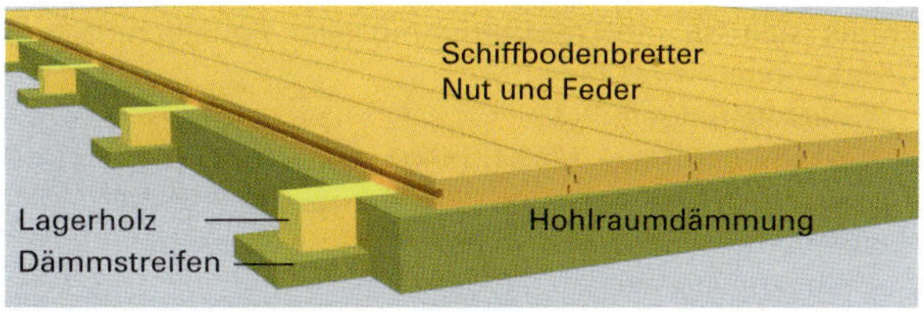

Schiffboden

Verlegen von Estrichziegeln

Glattziehen einer Perlitschüttung

Verlegen des Fertigteilestrichs

Verlegen eines Trockenestrichs auf Perlitschüttung

12.7.3 Hohlraum- und Doppelboden

Aufgrund der zunehmenden technischen Ausstattung moderner Bürogebäude mit Kommunikationsmitteln, Computeranlagen sowie Belüftungs- und Beleuchtungsanlagen wird ein immer höherer Installationsaufwand erforderlich. Gleichzeitig sollen Energie- und Informationskabel sowie Lüftungskanäle für Reparaturen und Erweiterungen leicht zugänglich sein. Deshalb werden Installationen in Hohlräumen von Fußböden verlegt.

Ein **Hohlraumboden** weist eine relativ geringe Höhe auf, sodass Installationen mit geringem Querschnitt (z. B. Kabel) darunter verlegt werden können. Revisionsöffnungen erlauben einen leichten Zugang bei Reparatur- oder Erweiterungsarbeiten.

Zur Herstellung werden auf der Rohdecke speziell vorgefertigte Formplatten (z. B. aus PVC) aufgelegt, die dicht verklebt und vor Ort mit Calciumsulfat-Fließestrich ausgegossen werden. Notwendige Bodenöffnungen werden vor Einbringen des Estrichs mit Styropor-Schalkörpern ausgespart.

Aufgrund der geringen Höhe eignen sich Hohlraumböden auch für einen nachträglichen Einbau.

Für größere Installationsquerschnitte wie z. B. Lüftungskanäle, ist der Einbau eines **Doppelbodens** notwendig. Er eignet sich für die Unterbringung aller haustechnischen Installationen wie z. B.:

- Elektroleitungen,
- Verkabelung und Verbindung von Informations- und Kommunikationsanlagen (z. B. Computer, Telefon),
- Lüftungskanäle und Brandschutzeinrichtungen,
- Rohrpostleitungen,
- Kalt-, Warmwasser- und Heizungsleitungen.

Doppelböden setzen sich aus der Trägerplatte und der Unterkonstruktion aus Stützen zusammen. Die Trägerplatten bestehen aus Holzwerkstoffen, Aluminium oder Stahl. Sie liegen an den vier Eckpunkten auf höhenverstellbaren Stützen aus Metall auf, die mit mechanischen Verbindungsmitteln oder durch Verklebung auf der Rohdecke befestigt werden. Auf dem Stützenkopf liegt eine Trittschall-Dämmauflage.

Doppelböden können ebenso mit Teppichboden oder elastischen Belägen (z. B. Linoleum) belegt werden wie mit Parkett oder Fliesen.

Mithilfe von Hohlraum- und Doppelböden sind Installationen jeglicher Art jederzeit zugriffsbereit und veränderbar.

12.8 Deckenbekleidungen und Unterdecken

12.8.1 Aufgaben

Decken werden aus optischen Gründen oder zur Verbesserung des Schall- und Brandschutzes verkleidet. Dabei wird die Deckenbekleidung von der Unterdecke unterschieden.

Bei einer Deckenbekleidung ist die Unterkonstruktion direkt an der Rohdecke befestigt. Bei einer Unterdecke wird dagegen die Unterkonstruktion von der Rohdecke abgehängt und deshalb auch als abgehängte Decke bezeichnet.

Mithilfe von Unterdecken können Unterzüge und Träger sowie im Deckenhohlraum verlegte Leitungen, Installationen und Kanäle verdeckt werden. Gleichzeitig können

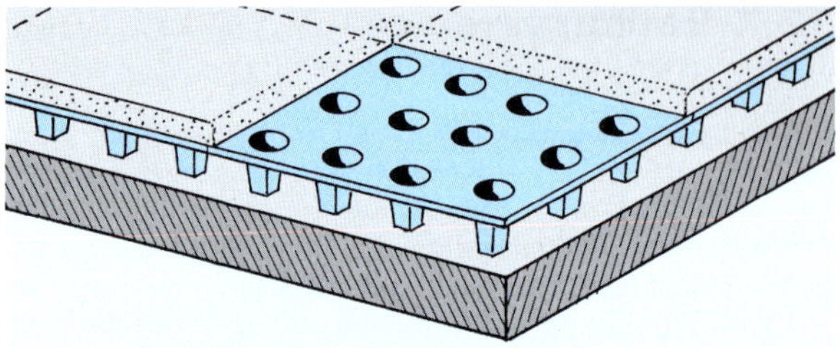

Konstruktionssystem Hohlraumböden

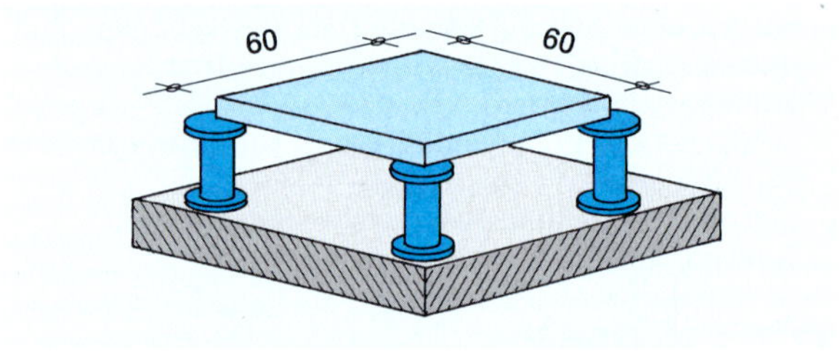

Konstruktionssystem Doppelböden

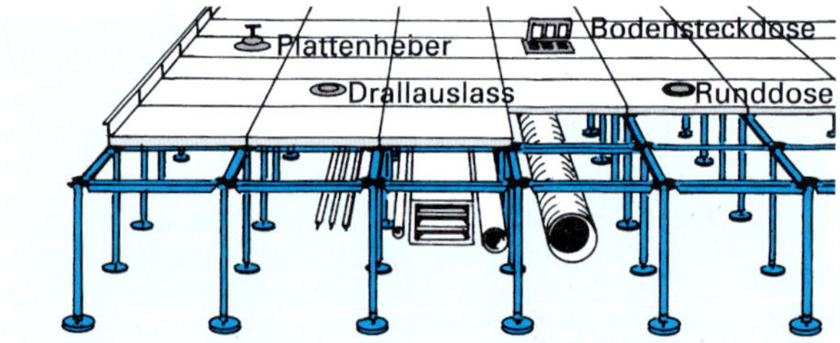

Konstruktionsbeispiel Doppelböden

Abgehängte Decke in einem Einkaufszentrum

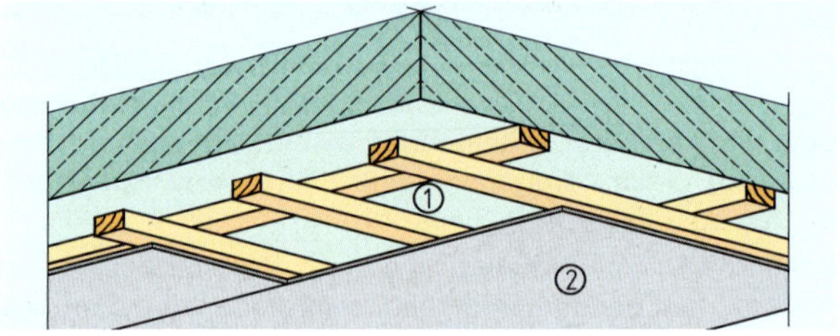

Deckenbekleidung: Befestigung der Unterkonstruktion an der Rohdecke

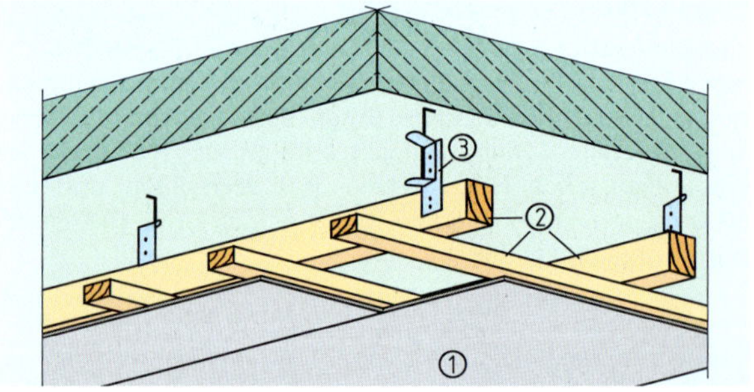

Unterdecke: Unterkonstruktion von der Rohdecke abgehängt

darin Beleuchtung, Be- und Entlüftung, Sprinkleranlagen usw. integriert werden. Zur schnellen Reparatur sollten Unterdecken leicht demontierbar sein und außerdem Anschlussmöglichkeiten für leichte Trennwände aufweisen.

12.8.2 Bauteile

Deckenbekleidungen und Unterdecken bestehen aus verschiedenen Bauteilen:

- Verankerungselemente verbinden die Abhänger oder die Unterkonstruktion direkt mit der Rohdecke.
- Abhänger (bei Unterdecken) verbinden die Unterkonstruktion mit den Verankerungselementen.
- Die Unterkonstruktion besteht aus Holzlatten oder Metallprofilen. An ihr wird die Beplankung befestigt.
- Die ein- oder zweilagige Bekleidung bildet die Sichtfläche.
- Verbindungselemente wie Schrauben, Dübel und Schellen verbinden die einzelnen Bauteile miteinander.

12.8.3 Bekleidung

Als Bekleidung oder Beplankung werden Gipsbauplatten, Holzwerkstoffplatten oder auch Metallelemente verwendet. Die Plattenoberfläche kann glatt, strukturiert, gelocht oder geschlitzt ausgeführt sein. Um einen Beitrag zum Brandschutz zu leisten, muss die Untersicht geschlossen sein.

Die optische Wirkung der Deckenbekleidung hängt von den Anforderungen und der Art der Deckenform ab:

- **Gerichtete Decken** werden als Paneel- oder Lamellendecken aus Holz-, Metall- oder Kunststoffprofilen hergestellt.
- **Rasterdecken** bestehen aus kleinen Kassettenplatten oder größeren Tafeln aus Holzwerkstoff, Gipsplatten oder Metall. Die Fugen bleiben sichtbar.
- **Kassettendecken** werden aus Holz oder Holzwerkstoffen, Metall- und Kunststoffprofilen hergestellt. Die Zwischenfelder können offen bleiben oder geschlossen werden. Bei geschlossenen Feldern wirken Kassettendecken in hohem Maße schallschluckend.
- **Fugenlose Unterdecken** werden aus Gipsplatten oder plattenförmigen Holzwerkstoffen hergestellt.

Zusammenfassung

Nur mit einem geeigneten Fußbodenaufbau kann ein ausreichender Tritschallschutz erreicht werden.

Holzböden und Fertigteilestriche werden schnell und sauber eingebaut, haben nur geringe Eigenlast und vermeiden zusätzliche Baufeuchte.

Unter Hohlraum- und Doppelböden können Installationen jeglicher Art richtungsfrei, jederzeit veränderbar und zugriffsbereit verlegt werden. Hohlraumböden sind aufgrund ihrer geringeren Bauhöhe besonders für einen nachträglichen Einbau geeignet.

Deckenverkleidungen dienen der Raumgestaltung und dem Schall- und Brandschutz. Nur geschlossene Deckenbekleidungen können den Brandschutz verbessern.

Die Deckenbekleidung ist direkt an der Rohdecke befestigt, während die der Unterdecke von der Rohdecke abgehängt ist.

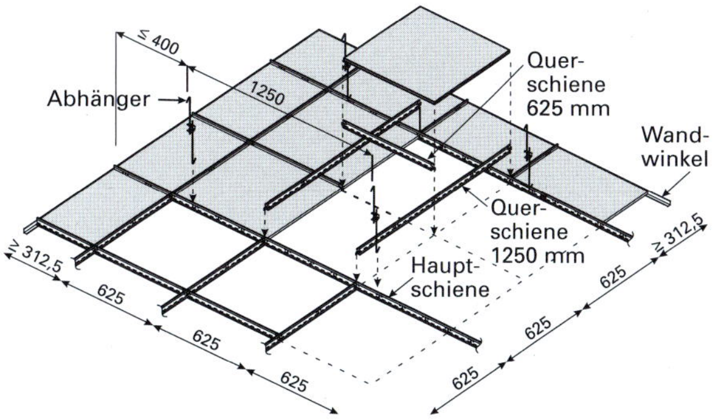

Bauteile einer Unterdecke

Art	Form	Material
gerichtete Unterdecken	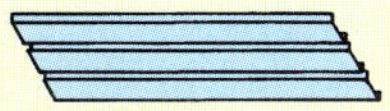 Paneeldecke 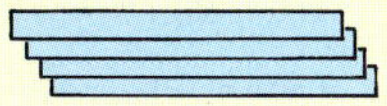 Lamellendecke	– Profilschalung – Metallprofile – Kunststoffprofile
Rasterdecken	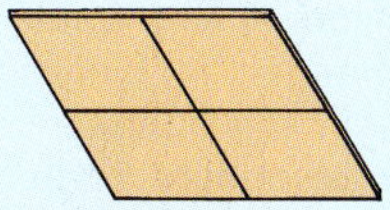 Plattenrasterdecke  Bandrasterdecke	– Holzwerkstoffe – Gipsplatten – Metall
Kassettendecken	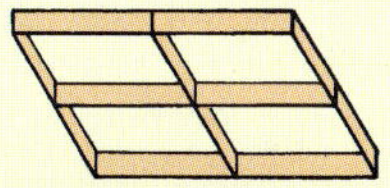 Kassettendecke mit offenen Feldern 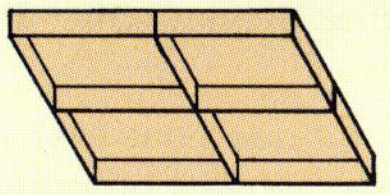 Kassettendecke mit geschlossenen Feldern	– Holz – Holzwerkstoffe – Gipsplatten – Metall – Kunststoff
fugenlose Unterdecke		– Gipsplatten – plattenförmige Holzwerkstoffe

Übersicht Deckenbekleidungen

Aufgaben

1. *Welche Vorteile hat ein Fertigteilestrich?*
2. *Worin unterscheidet sich a) ein Hohlraumboden von einem Doppelboden, b) eine Deckenbekleidung von einer Unterdecke?*
3. *Welche Aufgaben haben Unterdecken?*
4. *Erstellen Sie eine Querschnittsskizze durch eine Unterdecke.*

12.9 Schallschutz

Da Lärm das Wohlbefinden stören und die Gesundheit beeinträchtigen kann, gehört der Schallschutz zu den wichtigsten Schutzzielen im Hochbau.

Durch geschickte Planung lassen sich die in DIN 4109 formulierten Anforderungen an den Schallschutz ohne teuren baulichen Aufwand erfüllen. Folgende Grundsätze sollen dabei beachtet werden:

- Schutzbedürftige Räume wie Wohn- und Schlafräume nicht auf den Gebäudeseiten anordnen, die von Außenlärm betroffen sind.
- An Treppenhäusern keine Schlafräume anordnen.
- An Wohnungstrennwänden möglichst Räume gleicher Nutzung anordnen, wie z. B. Küche an Küche, Schlafzimmer an Schlafzimmer.

12.9.1 Grundbegriffe

Schall besteht physikalisch gesehen aus Schwingungen, die sich in festen Stoffen, Flüssigkeiten oder Gasen ausbreiten. Danach unterscheidet man folgende Schallarten:

- **Luftschall** entsteht, indem die Luftteilchen in Schwingung versetzt werden (z. B. durch Sprechen, Musizieren, Radio, Fernsehen).
- **Körperschall** entsteht, indem Bauteile durch mechanische Beanspruchungen in Biegeschwingungen versetzt werden (z. B. Tür schließen).
- **Trittschall** ist eine besondere Form des Körperschalls und entsteht, indem eine Decke durch Begehen in Biegeschwingungen versetzt wird.

Auch Körperschall und Trittschall versetzen die angrenzende Luft in Schwingungen, welche vom menschlichen Ohr als Luftschall wahrgenommen werden. Die Schwingungen der Luft ergeben Druckschwankungen, die als **Schalldruck** gemessen werden können.

Die **Frequenz** gibt die Anzahl der Schwingungen des Schalls pro Sekunde an. Die Frequenz wird in der Einheit Hertz (Hz) gemessen. Die Amplitude gibt die Schwingungsbreite an und bestimmt damit die Lautstärke. Hohe Frequenzen erzeugen hohe Töne, tiefe Frequenzen dementsprechend tiefe Töne. Hohe Töne werden bei gleicher Lautstärke vom menschlichen Ohr als unangenehmer empfunden als tiefe.

Weil das Lautstärkeempfinden des menschlichen Ohrs frequenzabhängig ist, wurde die physikalische Größe des **Schallpegels** eingeführt, der vom Schalldruck abhängig ist und das menschliche Hörempfinden mit der Bewertungskurve A abbildet. Er wird in der Einheit Dezibel(A) – dB(A) – angegeben.

Sprechen gleichzeitig zwei Personen anstatt einer Person in gleicher Lautstärke, verdoppelt sich der Schallpegel nicht, sondern erhöht sich lediglich um 3 dB(A). Erst 10 Schallquellen gleicher Lautstärke verdoppeln den Schallpegel.

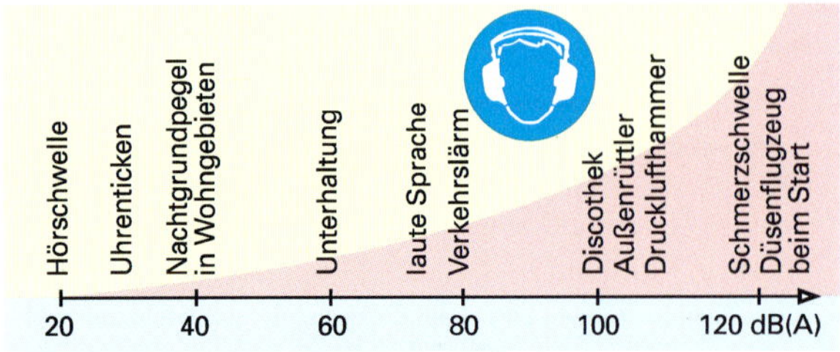

Schallpegel verschiedener Geräusche

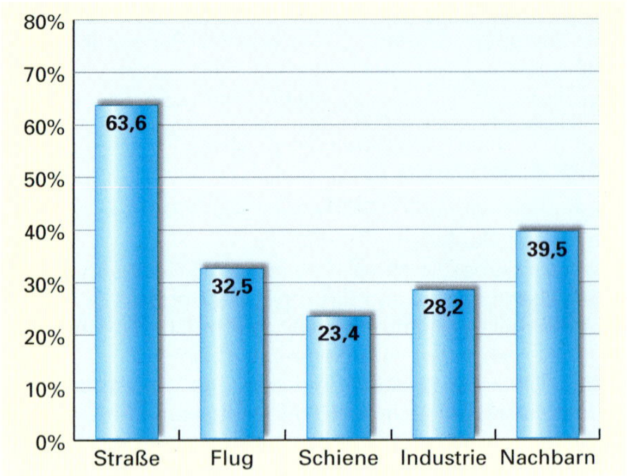

Belästigung der Bevölkerung durch Lärm (in Prozent)

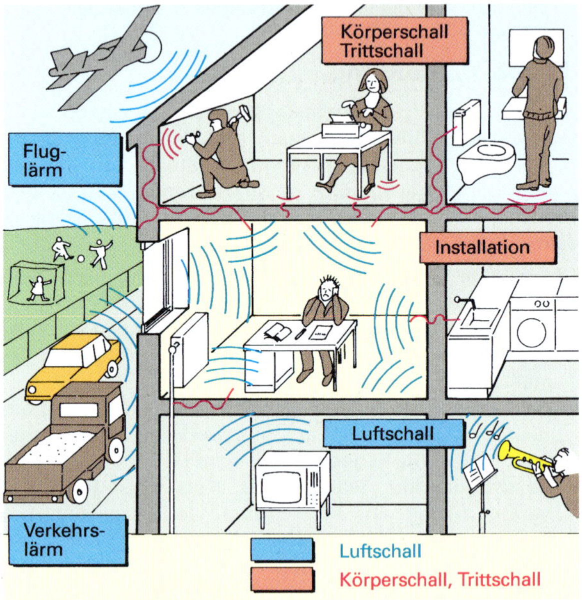

Ausbreitung unterschiedlicher Schallarten

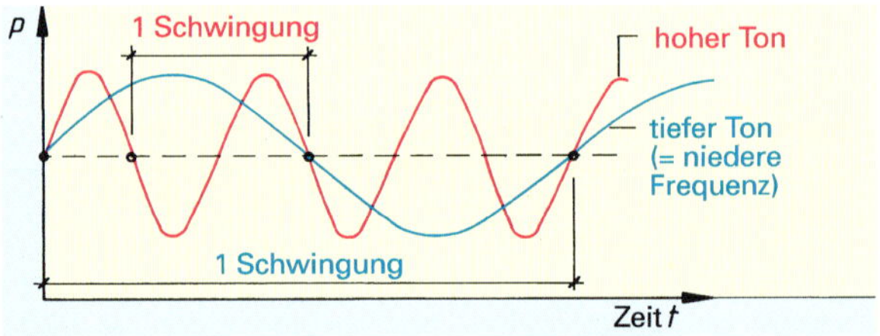

Zusammenhang zwischen Frequenz und Tonhöhe

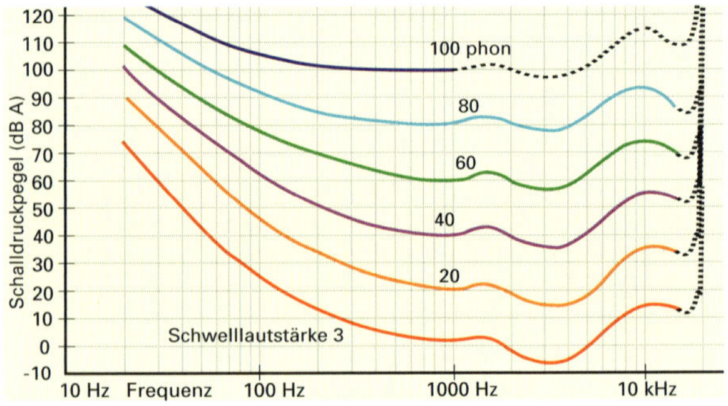

Kurven gleicher Lautstärkewahrnehmung

Es gibt mehrere Wege, die der Schall nehmen kann, wenn er auf ein Bauteil trifft:

- bei der **Schallreflexion** wird der auftreffende Schall in den Raum zurückgeworfen,
- bei der **Schallabsorption** wird Schall von der Bauteiloberfläche geschluckt,
- bei der **Schalltransmission** wird auftreffender Schall durch das Bauteil hindurchgeleitet.

Das Maß der Schallreflexion und -absorption ist vom Baustoff abhängig. Beton oder Glas weisen aufgrund ihrer glatten und dichten Oberfläche einen hohen Reflexionsgrad auf. Dagegen verhalten sich Baustoffe mit poröser Oberfläche stark absorbierend. Durch den Einbau schallschluckender Materialien kann der Nachhall (Echowirkung) in einem Raum begrenzt werden.

Schall breitet sich als Luft-, Körper- und Trittschall aus. Wenn Schall auf ein Bauteil auftrifft, wird er teilweise reflektiert, absorbiert oder hindurchgeleitet.

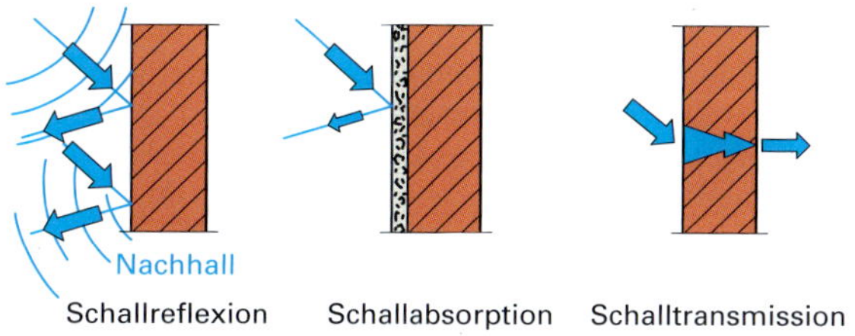

Wege der Schallausbreitung

Material mit großer Schallreflexion	Material mit großer Schallabsorption
Beton Mauerwerk Glas Metalle Glatte Kunstoffoberflächen Fliesen	Mineralfaserplatten Holzfaserplatten, Holzwolleplatten Gipsplatten gelocht Vorhänge Teppiche

Schallabsorption unterschiedlicher Materialien

12.9.2 Luftschalldämmung

Luftschall wird von einem Raum zum nächsten übertragen, indem die Luftschallschwingungen auf die Trennwand treffen und darin Biegeschwingungen erzeugen. Der Luftschall wandelt sich damit in Körperschall um. Die Biegeschwingungen der Trennwand erzeugen abgeschwächt im Nachbarraum wieder Luftschallschwingungen. Der Körperschall wandelt sich also zurück zu Luftschall.

Durch die Schallübertragung schwächt sich die empfundene Lautstärke im Nachbarraum ab, was als Luftschalldämmung bezeichnet wird.

Die Differenz der gemessenen Schallpegel zweier benachbarter Räume wird als Schalldämm-Maß R'_w bezeichnet. Je größer dieser Wert ist, desto besser ist die Schalldämmung des Bauteils.

Das Schalldämm-Maß einer Wand oder Decke hängt von mehreren Faktoren ab:

- Größe des Bauteils,
- Undichtigkeiten des Bauteils, z. B. offene Fugen,
- Biegesteifigkeit des Materials, d. h. wie starr oder weich es ist,
- Schallschluckvermögen des benachbarten Raumes.

In DIN 4109 „Schallschutz im Hochbau" werden Mindestanforderungen festgelegt, die das Schalldämm-Maß von Wänden und Decken in Abhängigkeit der Gebäude- und Raumnutzung regeln.

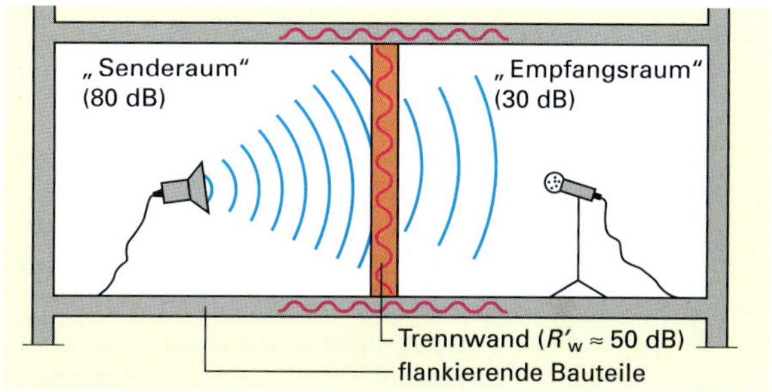

Luftschallübertragung in einen Nachbarraum

Luftschallschutz Bauteil	Minimales Schalldämm-maß R'_w (dB)	Empfehlung für erhöhten Schallschutz R'_w (dB)
Wohnungstrennwand	≥ 53 dB	≥ 57 dB
Wohnungstrenndecke	≥ 54 dB	≥ 57 dB
Treppenraum-, Flurwand	≥ 53 dB	≥ 55 dB
Reihenhaustrennwand, unterstes Geschoss	≥ 59 dB	≥ 67 dB
Reihenhaustrennwand, obere Geschosse	≥ 62 dB	
Wohnungstür zum Vorraum	≥ 27 dB	≥ 37 dB
Trittschallschutz Bauteil	Maximaler Trittschall-pegel $L'_{n,w}$ (dB)	Empfehlung für erhöhten Trittschall-schutz $L'_{n,w}$ (dB)
Wohnungstrenndecke	≤ 50 dB	≤ 46 dB
Treppenläufe, Podeste	≤ 53 dB	≤ 46 dB

Schallschutzanforderungen und -empfehlungen nach DIN 4109

Einschalige Wände

Je größer die flächenbezogene Masse einschaliger Wände ist, desto größer ist ihre Schalldämmung. Hohlräume, Wandschwächungen durch Installationsschlitze und Einbauten wie z. B. Türen verringern die Schalldämmung. Auch die Schallübertragung über flankierende Bauteile wie angrenzende Decken und Wände muss beachtet werden.

DIN 4109 legt für Wohnungstrennwände ein erforderliches Schalldämm-Maß von 53 dB fest. Aus nebenstehendem Diagramm kann abgelesen werden, dass die Wand dazu eine flächenbezogene Masse von etwa 420 kg/m² aufweisen muss.

Je größer die Masse einer einschaligen Wand ist, desto größer ist das Schalldämm-Maß.

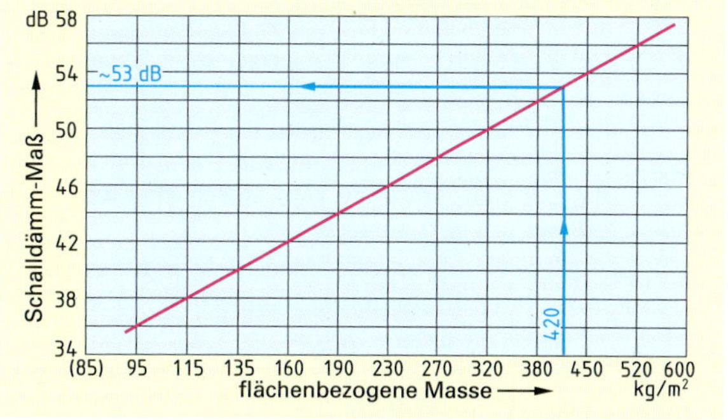

Bedeutung der flächenbezogenen Masse einschaliger Bauteile

Zweischalige Wände

Sind sehr hohe Schalldämm-Maße erforderlich (z. B. Trennwände von Reihenhäusern), sind diese nur mit zweischaligen Wandkonstruktionen erreichbar. Dabei ist die Luftschalldämmung umso besser, je größer der Schalenabstand ist und je weniger starr die beiden Schalen miteinander verbunden sind. Schallbrücken zwischen den Einzelschalen verringern die Schalldämmung.

Es werden drei Konstruktionsarten unterschieden:

- **Zwei schwere biegesteife Schalen**: Die flächenbezogene Masse der Einzelschalen muss mindestens 150 kg/dm³ betragen und die Trennfuge mindestens 3 cm dick sein. So werden Haustrennwände von Doppel- und Reihenhäusern ausgeführt, wobei die Fuge von der Fundamentsohle bis zum Dach durchgeht.
- **Schwere biegesteife Wand mit biegeweicher Vorsatzschale**: Das Schalldämm-Maß einer massiven einschaligen Wand kann durch eine vorgesetzte biegeweiche Schale verbessert werden. Die Vorsatzschale besteht häufig aus einer Ständerwand, die möglichst nicht mit der massiven Wand verbunden ist. Diese Maßnahme wird häufig bei Umbauten gewählt.
- **Zwei biegeweiche Schalen**: Leichte Trennwände in Ständerbauweise weisen besonders hohe Schalldämm-Maße auf, wenn sie aus zwei getrennten Ständerreihen bestehen. Die Schallübertragung auf angrenzende Wände und Decken kann durch den Einbau von Dämmstreifen in den Anschlussfugen unterbunden werden.

Der Zwischenraum zweischaliger Wände wird zur Hohlraumdämpfung mit Faserdämmstoff ausgefüllt, was auch den Schall- und Wärmeschutz verbessert.

Die Schalldämmung einer zweischaligen Wand verschlechtert sich deutlich gegenüber einer einschaligen, gleich schweren Wand, wenn beide Schalen gegeneinander mit der größten Amplitude schwingen. Man spricht dann von der Resonanzfrequenz oder Eigenfrequenz. Deshalb ist es bei der Konstruktion zweischaliger Wände wichtig, die Resonanzfrequenz so tief wie möglich auftreten zu lassen, damit sie im bauakustischen wichtigen Bereich über 100 Hz ohne schädlichen Einfluss bleibt. Üblicherweise versucht man die Resonanzfrequenz auf einen Wert ≤ 80 Hz zu legen. Im Frequenzbereich oberhalb der Resonanzfrequenz wird die Schalldämmung zweischaliger Wände mit zunehmender Frequenz besser und ist der Schalldämmung einschaliger Wände weit überlegen.

Mit zweischaligen Wänden lassen sich dann hohe Schalldämm-Maße erreichen, wenn die Resonanzfrequenz unterhalb des bauakustisch wichtigen Bereichs von 100 Hz liegt.

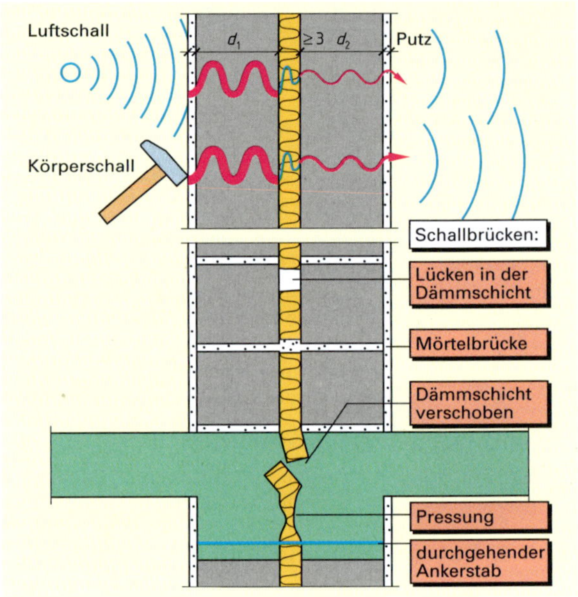

Wirkung von Schallbrücken bei zweischaligen Wänden

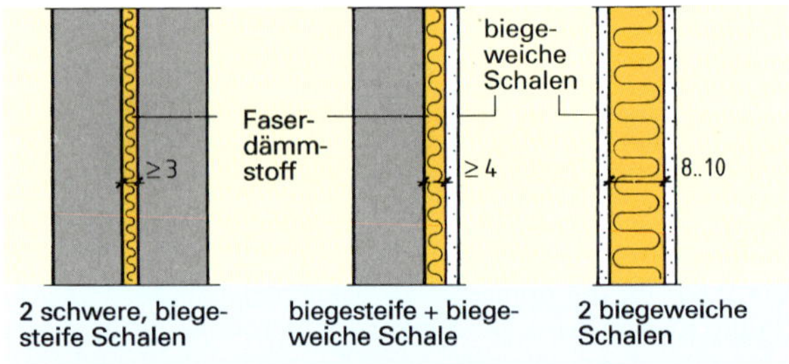

Konstruktionsarten zweischaliger Wände

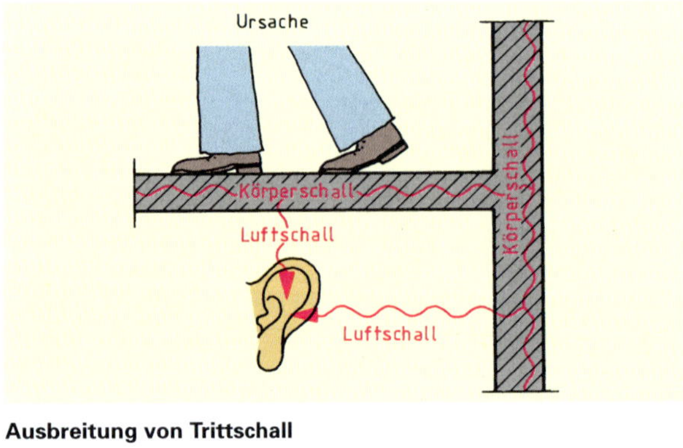

Ausbreitung von Trittschall

12.9.3 Trittschalldämmung

Eine Decke wird durch das Aufsetzen des Fußes beim Begehen in Schwingung versetzt, wodurch Trittschall erzeugt wird. Trittschall ist eine spezielle Form des Körperschalls und wird als besonders störend empfunden. Die Ausbreitung der Gehgeräusche kann durch eine wirksame Trittschalldämmung verhindert werden.

Die Trittschalldämmung wird gemessen, indem auf der zu prüfenden Decke ein Hammerwerk aufgestellt wird. Während die Hämmer in einem bestimmten Rythmus einzeln auf die Decke fallen gelassen werden, wird im darunterliegenden Raum der Schallpegel gemessen und damit der Trittschallpegel $L'_{n,w}$ ermittelt.

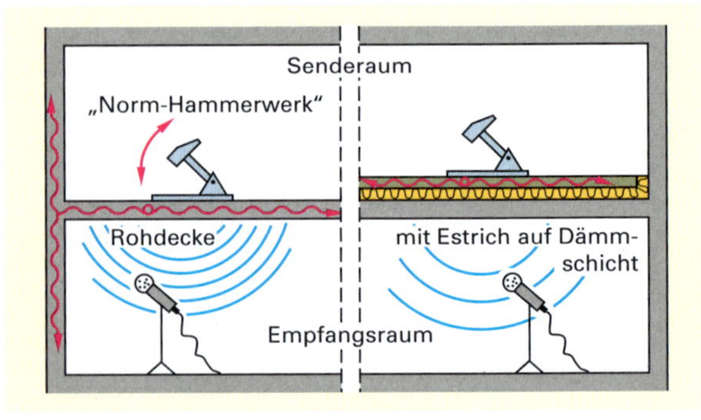

Trittschalldämmung an einer Decke

Je kleiner der gemessene Wert ist, desto besser ist die Trittschalldämmung der Decke.

Trittschalldämmung von Massivdecken

Wie bei der Luftschalldämmung vergrößert sich auch die Trittschalldämmung einer Decke mit zunehmender flächenbezogener Masse. Erforderliche Werte, wie sie in DIN 4109 festgelegt sind, lassen sich aber nur durch einen allseits federnd gelagerten Fußbodenaufbau, wie mit einem Estrich auf Dämmschicht, erreichen (siehe Abschnitt 9.5). Das Eindringen von Körperschall in die Deckenkonstruktion wird durch die federnde Dämmlage unterhalb des Estrichs weitgehend verhindert. Um Schallbrücken zu vermeiden, muss bei der Ausführung besonders darauf geachtet werden, dass zwischen Estrichmaterial und Rohdecke sowie den angrenzenden Wänden keine Verbindung (Trittschallbrücke) besteht. Die Trittschalldämmung ist umso besser, je größer die Masse des Estrichs und je geringer die dynamische Steifigkeit der Dämmschicht ist.

Auch durch Bodenbeläge, wie Teppichböden oder Linoleum kann die Trittschalldämmung verbessert werden. Die in der Norm geforderten Werte müssen jedoch ohne diese Beläge erreicht werden, da diese vom Nutzer ausgetauscht werden können.

Trittschalldämmung von Holzdecken

Aufgrund ihrer geringen flächenbezogenen Masse weisen Holzbalkendecken nur eine geringe Trittschalldämmung auf. Durch folgende Maßnahmen kann diese verbessert werden:

① Die Masse der Konstruktion erhöhen. Dies kann mit Sandschüttungen, Platten oder Mauersteinen erfolgen. Wird diese Ballastschicht durch eine federnde Dämmschicht von der Holzkonstruktion getrennt, ist die Wirksamkeit größer.

② Einen Estrich auf Dämmschicht als Unterboden ausführen.

③ Verlegen einer Dämmschicht zwischen den Balken und dem Rohboden. Dadurch werden die Schwingungen in geringerem Maße auf die Balken übertragen.

④ Füllen des Hohlraums zwischen den Holzbalken mit einem Faserdämmstoff zur Dämpfung.

⑤ Abhängen einer Unterdecke mit Federbügeln. Sie wirkt als biegeweiche Vorsatzschale schalldämmend.

> Die Trittschalldämmung einer Decke ist umso besser, je kleiner der gemessene Schallpegel im darunterliegenden Raum ist.

12.9.4 Grundlagen der Raumakustik

Im Gegensatz zum Luft- und Trittschallschutz geht die Raumakustik nicht der Frage nach, wie stark sich Schall von einem Raum in den anderen überträgt, sondern wie sich der Schall im Raum selbst verhält. Besonders Räume, in denen es um die Verständlichkeit und Deutlichkeit von Sprache oder Musik geht, sollten eine gute Raumakustik aufweisen wie z. B. Vortrags-, Theater- und Konzertsäle, Klassenräume oder Kirchen.

Dabei spielen folgende Faktoren eine Rolle:
- Nachhallzeit (Echowirkung),
- Schallabsorption (Schallschluckvermögen) der Bauteiloberflächen,
- gleichmäßige Schallausbreitung und -verteilung im Raum.

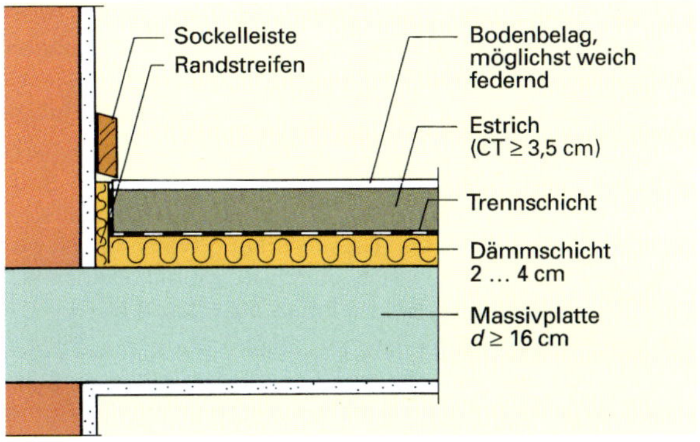

Trittschalldämmung durch einen Estrich auf Dämmschicht

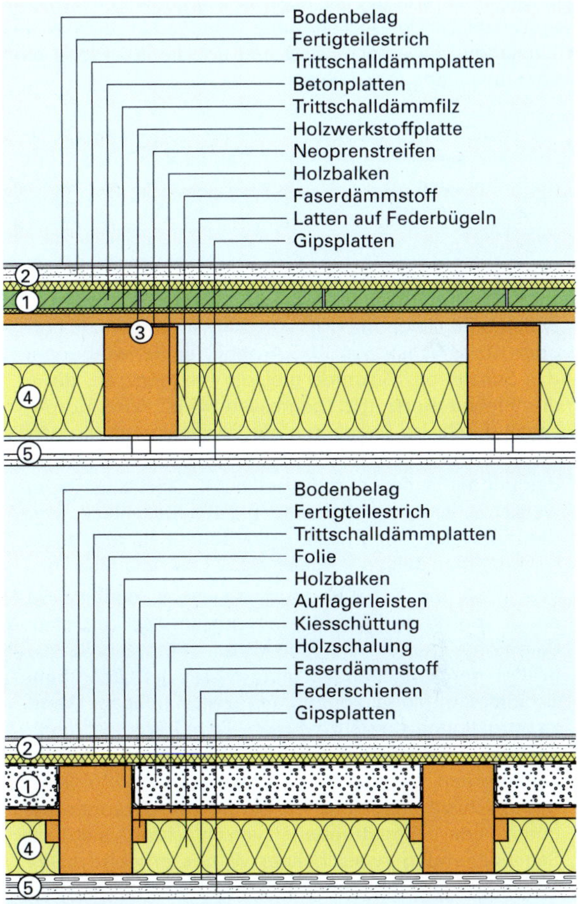

Holzbalkendecken mit verbesserter Trittschalldämmung

Art des Fußbodenaufbaus	Trittschallminderung
2,5 cm Fertigteilestrich auf 1,5 cm Trittschalldämmplatten	20 … 23 dB
5 cm Zementestrich auf 2,5 cm Trittschalldammplatten	31 … 33 dB
Art des Fußbodenbelags	**Trittschallminderung**
Linoleumbelag	14 dB
Teppichboden	20 … 24 dB

Verminderung des Trittschallpegels durch Fußbodenaufbauten und Bodenbeläge

Weisen die raumumschließenden Bauteile harte und dichte Oberflächen auf, werden die Luftschallschwingungen zurückgeworfen (reflektiert), wodurch eine große Nachhallzeit entsteht. Man spricht dann auch von der „Halligkeit" eines Raumes.

Wird der Schall dagegen durch weiche und poröse Bauteiloberflächen geschluckt (absorbiert), so vermindert sich die Nachhallzeit im Raum. Diese Wirkung weisen auch gebrochene Oberflächen auf, wodurch der Schall umgelenkt wird und sich gleichmäßig im Raum ausbreiten kann.

Für Konzertsäle sind längere Nachhallzeiten von 1 ... 2 Sekunden wünschenswert, um ein voluminöses, volles Klangbild zu erreichen. Dagegen sollten Vortragsräume Nachhallzeiten von unter 1 Sekunde aufweisen, um das gesprochene Wort deutlich verstehen zu können.

Zur Verminderung der Nachhallzeit eignen sich besonders schallschluckende Decken- und Wandverkleidungen aus Gipsplatten, die gelocht sind und auf der Rückseite eine Mineralwollauflage aufweisen.

Die Akustik eines Raumes hängt ab von der Nachhallzeit, der Schallabsorption der Bauteiloberflächen und der Schallausbreitung im Raum.

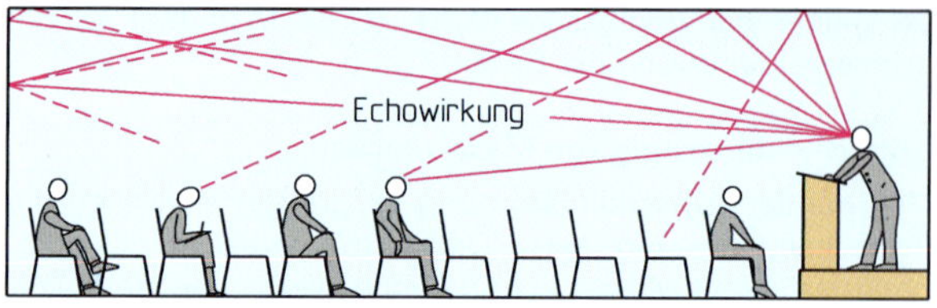

Ungünstige Raumakustik aufgrund von Schallreflexionen

Raumart	Raumvolumen in m³	Nachhallzeit in s
Unterrichtsräume	≤ 250 ≤ 750	0,8 ... 1,0 1,0 ... 1,2
Musikräume	≤ 250 ≤ 750	1,2 ... 1,3 1,4 ... 1,5
Versammlungsräume	125 250 500 1000	0,6 0,7 0,8 0,9

Ideale Nachhallzeiten in Abhängigkeit der Raumnutzung

Zusammenfassung

Schall breitet sich in Form von Schwingungen als Luft- oder Körperschall aus. Die Anzahl der Schwingungen des Schalls pro Sekunde gibt die Frequenz an, die in der Einheit Hertz (Hz) gemessen wird. Wird Körperschall durch das Begehen einer Decke erzeugt, so wird er als Trittschall bezeichnet. Der Schall kann an der Bauteiloberfläche durch Reflexion zurückgeworfen werden oder durch Schallabsorption geschluckt werden. Tritt der Schall durch ein Bauteil hindurch, bezeichnet man diesen Vorgang als Schalltransmission.

Wie groß die Schallübertragung eines Bauteils ist, hängt von dessen Schalldämmung ab. Die Luftschalldämmung einer einschaligen Wand ist umso größer, je größer deren flächenbezogene Masse ist. Sehr hohe Schalldämm-Maße können mit zweischaligen Wandkonstruktionen erreicht werden. Dabei können biegeweiche oder biegesteife Schalen eingesetzt und kombiniert werden. Der Schalenzwischenraum wird mit einer Dämmschicht ausgefüllt. Im Bereich der Resonanzfrequenz oder Eigenfrequenz verschlechtert sich die Schalldämmung zweischaliger Wände erheblich. Deshalb muss bei der Planung darauf geachtet werden, dass die Resonanzfrequenz nicht im bauakustisch wichtigen Bereich über 100 Hz liegt, sondern tiefer. Oberhalb der Resonanzfrequenz ist die Schalldämmung einer zweischaligen Wand erheblich besser als bei einer einschaligen Wand.

Die Trittschalldämmung von Massivdecken kann besonders wirksam durch einen Estrich auf Dämmschicht, bei Holzdecken durch Dämmschichten im Bodenaufbau oder durch eine abgehängte Decke verbessert werden.

In der Raumakustik geht es darum, die Nachhallzeit eines Raumes je nach Nutzungsart durch schallschluckende Bauteiloberflächen so zu begrenzen, dass eine gleichmäßige Schallausbreitung und -verteilung im Raum entsteht.

Aufgaben

1. *Erklären Sie, warum Schallschutz zu den wichtigsten Schutzzielen im Hochbau gehört.*
2. *Wie kann dieses Ziel mit planerischen Mitteln verfolgt werden?*
3. *Erklären Sie anhand von Beispielen die Ausbreitung von Luft-, Körper- und Trittschall.*
4. *Erklären Sie folgende Begriffe:*
   - *Frequenz,*
   - *Schallpegel,*
   - *Schallreflexion,*
   - *Schallabsorption,*
   - *Schalltransmission.*
5. *Wodurch kann der Luftschallschutz einer einschaligen Wand verbessert werden?*
6. *Welche Möglichkeiten gibt es, zweischalige Wandkonstruktionen aufzubauen und worauf muss bei deren Ausführung geachtet werden?*
7. *Erklären Sie den Begriff der Resonanzfrequenz.*
8. *In welchem Bereich verschlechtert sich die Schalldämmung einer zweischaligen Wand erheblich und wie kann das vermieden werden?*
9. *In welchem Frequenzbereich ist die Schalldämmung einer zweischaligen Wand im Vergleich zu einer einschaligen Wand besser?*
10. *Erklären Sie das Prüfverfahren zur Beurteilung des Trittschallschutzes einer Decke.*
11. *Nennen Sie Maßnahmen, die den Trittschallschutz von Massiv- und Holzdecken verbessern.*
12. *Von welchen Faktoren hängt die Akustik eines Raumes ab?*
13. *Machen Sie Vorschläge, wie die Nachhallzeit eines Raumes verkürzt werden kann.*

12.10 Brandschutz

12.10.1 Allgemeines

Weil durch Brände Schäden an Personen und Gebäuden entstehen können, sind bei der Planung und Nutzung von Gebäuden Brandschutzmaßnahmen zu beachten. Dabei wird der vorbeugende bauliche Brandschutz vom abwehrenden Brandschutz unterschieden.

Zum vorbeugenden baulichen Brandschutz gehören die Auswahl der richtigen Materialien und Konstruktionen, sodass ein Brand gar nicht erst entsteht bzw. einen möglichst geringen Schaden verursacht.

Zum abwehrenden Brandschutz zählen alle Maßnahmen, die das bereits ausgebrochene Feuer eindämmen oder dessen Folgen abschwächen. Dazu zählen Brandmelder, Rettungswege und Löschmaßnahmen. Der **erste Rettungsweg** führt über notwendige Treppen und Flure ins Freie, der **zweite Rettungsweg** kann auch über eine mit Rettungsgeräten erreichbare Stelle führen, wie Fenster oder Balkone.

In den Landesbauordnungen sind die wesentlichen Maßnahmen zum Brandschutz baulicher Anlagen geregelt. In Verordnungen und Richtlinien wie Gewerbeordnung, Garagenverordnung und Hochhausrichtlinien sind weitergehende Brandschutzmaßnahmen enthalten. Die Brandschutzordnung (DIN 14096) enthält Handlungsanweisungen zur Brandverhütung und zum Verhalten im Brandfall.

Ein Brand kann nur entstehen, wenn ein brennbarer Stoff, Sauerstoff und eine entsprechende Entzündungstemperatur vorhanden sind. Fehlt einer der Faktoren, kann kein Feuer entstehen.

Der Brandvorgang ist ein chemischer Vorgang (schnelle Oxidation), bei dem der brennbare Stoff in einen gasförmigen Zustand übergeht (verbrennt). Die dabei freigesetzte Energie wird als Wärme und Licht abgegeben.

> Ein Brand kann nur entstehen, wenn ein brennbarer Stoff, Sauerstoff und eine entsprechende Entzündungstemperatur vorhanden sind.

12.10.2 Baustoffe

Baustoffklassen

Weil das Verhalten der Baustoffe unter Brandbelastung unterschiedlich ist, werden sie in Baustoffklassen eingeteilt. Die **DIN 4102** unterscheidet folgende Baustoffklassen:

Die **Baustoffklasse A** umfasst alle **nichtbrennbaren** Baustoffe, wobei unterschieden wird zwischen

- Klasse **A1** = nichtbrennbare Baustoffe ohne organische Bestandteile wie z. B. Sand, Kies, Beton, Stahl, Steinzeug.
- Klasse **A2** = nichtbrennbare Baustoffe mit organischen Bestandteilen wie z. B. die Kartonummantelung der Gipsplatten.

Alle **brennbaren** Stoffe sind in **Baustoffklasse B** eingeteilt, wobei unterschieden wird zwischen

- Klasse **B1** = schwer entflammbare Baustoffe wie z. B. Holzwollebauplatten.
- Klasse **B2** = normal entflammbare Baustoffe wie z. B. Holz und Holzwerkstoffe mit einer Dicke ≥ 2 mm, Bitumenpappe.
- Klasse **B3** = leicht entflammbare Baustoffe wie z. B. Papier, Stroh, Holz und Holzwerkstoffe < 2 mm Dicke. Nicht als Baustoff zulässig!

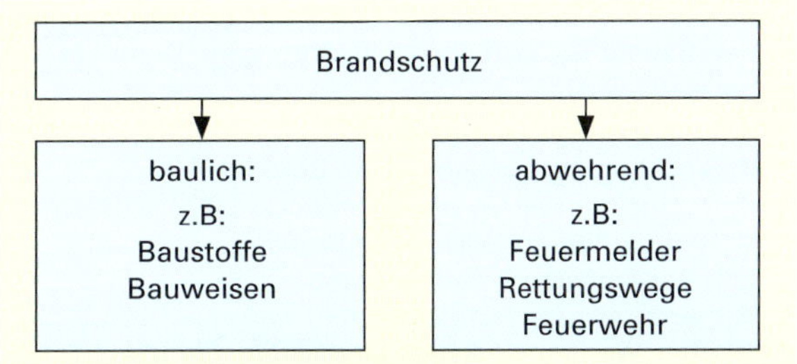

Arten des vorbeugenden Brandschutzes

Brand in einem Wohnhaus

	Klasse	Beispiele		
A nichtbrennbar	**A1**	Betone	Mauerwerk	Stahl
A nichtbrennbar	**A2** (geringe Mengen brennbarer Bestandteile)	Mineralwolledämmstoffe	Gipsplatten, Typ DF (Feuerschutzplatten GKF)	
B brennbar	**B1** (schwer entflammbar)	Gipsplatte (Bauplatte)	Spanplatten	Polystyrol PSWU
B brennbar	**B2** (normal entflammbar)	Holz, $d \geq 2$ mm	Dachpappen	PVC-Beläge
B brennbar	**B3** (leicht entflammbar) **nicht zulässig!**	Papiere	Holzwolle	Holz u. Holzwerkstoffe $d < 2$ mm

Baustoffklassen nach DIN 4102

Nach der **Euronorm DIN EN 13501** erfolgt die Einteilung der Baustoffe nach ihrem Beitrag zum Brand in folgende Klassen:

- **A**: Kein Beitrag zum Brand: A1, A2
- **B**: Sehr begrenzter Beitrag zum Brand
- **C**: Begrenzter Beitrag zum Brand
- **D**: Hinnehmbarer Beitrag zum Brand
- **E**: Hinnehmbares Brandverhalten
- **F**: Keine Leistung festgestellt

Außerdem werden die **Rauchentwicklung** (smoke) mit den Klassen **s1**, **s2**, **s3** und **brennendes Abtropfen** (droplets) mit den Klassen **d0**, **d1**, **d2** bewertet. Dabei steht eine niedrigere Zahl für geringere Gefahr.

Brandverhalten

Mit der Einteilung der Baustoffe in Baustoffklassen ist noch keine Aussage über deren Brandverhalten getroffen.

Obwohl Stahl als nichtbrennbar der Baustoffklasse A1 zugeordnet ist, verliert er bei hohen Temperaturen aufgrund seiner großen Wärmeleitfähigkeit rasch an Festigkeit. Um Stahl zu schützen, kann er mit Beton ummantelt werden. Dabei darf die Betonüberdeckung nicht zu gering sein, sonst kommt es zu Abplatzungen. Stahl und Beton setzen im Brandfall keine giftigen Gase frei und steigern die Hitze nicht.

Der brennbare Baustoff Holz bildet im Brandfall auf der Oberfläche eine Holzkohleschicht, die wärmedämmend wirkt und den Holzkern schützt. Dadurch bleibt die Stabilität von Holzbauteilen über einen längeren Zeitraum erhalten. Mit Holzschutzmitteln behandelte Holzbauteile können im Brandfall giftige Gase freisetzen.

Kunststoffe können sich im Brandfall problematisch verhalten. Aufgrund des geringen Schmelzpunktes können manche Kunststoffe unter Brandeinwirkung abtropfen und teilweise giftige Gase entwickeln, was die Brandbekämpfung erheblich erschwert.

Baustoffe werden nach ihrer Brennbarkeit nach DIN 4102 in die Baustoffklassen A (nichtbrennbar) oder B (brennbar) eingeteilt.

12.10.3 Bauteile

Bauteile werden nach DIN 4102 in Feuerwiderstandsklassen eingeteilt, welche die Feuerwiderstandsdauer eines Bauteils angeben. Als Feuerwiderstandsdauer wird die Mindestzeit in Minuten bezeichnet, die das Bauteil dem Feuer widerstehen und seine ihm zugedachte Funktion erfüllen muss. So müssen z. B. tragende Bauteile während der Feuerwiderstandsdauer tragfähig bleiben. Raumabschließende Bauteile müssen die Übertragung des Feuers verhindern, indem die Temperatur während der Feuerwiderstandsdauer an keiner Stelle 180 °C übersteigen und im Mittel höchstens 140 °C betragen darf.

Die Ermittlung der Feuerwiderstandsdauer eines Bauteils erfolgt durch Brandversuche. Je nach Ergebnis wird das Bauteil den Feuerwiderstandsklassen F 30, F 60, F 90, F 120 und F 180 zugeteilt und nach den verwendeten Baustoffen benannt (Baustoffklasse A, AB).

Ein Bauteil mit der Bezeichnung F 120-AB besitzt also eine Feuerwiderstandsdauer von 120 Minuten und besteht in den wesentlichen Teilen aus nichtbrennbaren Baustoffen.

Die bauaufsichtliche Benennung der Feuerwiderstands-

DIN 4102	DIN EN 13051
A1 nichtbrennbar	A1
A2 nichtbrennbar mit organischen Bestandteilen	A2 - s1, d0
B1 schwer entflammbar	A2 - s1, d1...d2 A2 - s2...s3, d0...d2
	B - s1...s3, d0...d2
	C - s1...s3, d0...d2
B2 normal entflammbar	D - s1...s3, d0...d2
	E - s1...s3, d0...d2
B3 leicht entflammbar	F

Baustoffklassen nach DIN 4102 und DIN EN 13501

Stahlkonstruktion nach Brandfall

Feuerwiderstandsklasse	Baustoffklasse der verwendeten Baustoffe		Benennung	Kurzbezeichnung
	wesentliche Teile	übrige Teile		
F 30	B	B	Feuerwiderstandsklasse F 30	F 30-B
F 30	A	B	Feuerwiderstandsklasse F 30 und in den wesentlichen Teilen aus nichtbrennbaren Baustoffen	F 30-AB
F 30	A	A	Feuerwiderstandsklasse F 30 und aus nichtbrennbaren Baustoffen	F 30-A
F 60	B	B	Feuerwiderstandsklasse F 60	F 60-B
F 60	A	B	Feuerwiderstandsklasse F 60 und in den wesentlichen Teilen aus nichtbrennbaren Baustoffen	F 60-AB
F 60	A	A	Feuerwiderstandsklasse F 60 und aus nichtbrennbaren Baustoffen	F 60-A
F 90	B	B	Feuerwiderstandsklasse F 90	F 90-B
F 90	A	B	Feuerwiderstandsklasse F 90 und in den wesentlichen Teilen aus nichtbrennbaren Baustoffen	F 90-AB
F 90	A	A	Feuerwiderstandsklasse F 90 und aus nichtbrennbaren Baustoffen	F 90-A

Feuerwiderstandsklassen und Benennung der Bauteile nach DIN 4102 am Beispiel der Feuerwiderstandsklassen F 30 … F 90.
Die Bennenung der Bauteile der Feuerwiderstandsklassen F 120 und F 180 erfolgt ebenso in -B, -AB und -A.

klassen in den Landesbauordnungen (LBO) erfolgt, indem F 30 als feuerhemmend, F 60 als hoch feuerhemmend, F 90 und F 120 als feuerbeständig und F 180 als hoch feuerbeständig bezeichnet werden.

Feuerwiderstandsklasse	Bauaufsichtliche Benennung nach LBO
F 30	feuerhemmend
F 60	hoch feuerhemmend
F 90	feuerbeständig
F 120	feuerbeständig
F 180	hoch feuerbeständig

Bauaufsichtliche Benennung der Feuerwiderstandsklassen

Die Brandschutzanforderungen der Landesbauordnungen sind im Allgemeinen von der Gebäudeklasse abhängig.

Brandwände müssen brandschutztechnisch erhöhte Ansprüche erfüllen. Brandwände sollen einen Brand auf einen bestimmten Bereich eingrenzen und Rettungswege freihalten. Die Landesbauordnungen schreiben Brandwände vor zur Trennung aneinandergereihter Gebäude, zur Trennung von ausgedehnten Gebäuden im Abstand von 40 m und zur Bildung von Brandabschnitten.

Brandwände müssen aus nichtbrennbaren Baustoffen bestehen und der Feuerwiderstandsklasse F 90 entsprechen.

Für **Sonderbauteile** wie nichttragende Wände, Türen, Lüftungsleitungen und Verglasungen gelten eigene Feuerwiderstandsklassen, wie etwa T30 für eine Brandschutztür.

Bauteile werden entsprechend ihrer Feuerwiderstandsdauer nach **DIN 4102** in die Feuerwiderstandsklassen F 30, F 60, F 90, F 120 und F 180 eingeteilt.

Sonderbauteile wie nichttragende Wände (W), Türen (T), Lüftungsleitungen (L) und Verglasungen (G) sind in eigene Feuerwiderstandsklassen eingeteilt.

Auch für Bauteile gibt es nach **DIN EN 13501** eine Einteilung in Feuerwiderstandsklassen. Sie richtet sich nach der Feuerwiderstandsduer in Minuten und den Anforderungen an das Bauteil wie:

- **R** (Résistance) Tragfähigkeit
- **E** (Ètanchéité) Raumabschluss
- **I** (Isolation) Wärmedämmung

Außerdem erfolgt eine Einteilung nach der Brennbarkeit der verwendeten Baustoffe:

- **[nb]** nichtbrennbar (wie DIN 4102: A)
- **[wnb]** in den wesentlichen Teilen nichtbrennbar (wie DIN 4102: AB)

Des Weiteren nach der Brandrichtung:

- **i→o**: von innen nach außen
- **o→i**: von außen nach innen

Beispiele:

- Stütze: R 30 (wie DIN 4102 F 30)
- Tragende Wand: REI 90 [nb] (wie DIN 4102 F 90-A)
- NichttragendeWand: EI 60 [wnb] (wie DIN 4102 F 60-AB)
- Brandwand: REI 30 i→o , EI o→i

Bauteile werden nach **DIN EN 13501** entsprechend ihrer Feuerwiderstandsdauer, den Anforderungen an das Bauteil, der Brennbarkeit der Baustoffe und der Brandrichtung eingeteilt.

Brandversuch mit einer Brandschutzverglasung

Gebäudeklasse (GKL)	Tragende Wände und Decken oberhalb des Kellers	Trennwände zwischen Nutzungseinheiten
I	keine Anforderung	zwischen Wohnungen keine Anforderung, sonst feuerhemmend F 30 (EI 30)
II und III	feuerhemmend F 30 (REI 30)	feuerhemmend F 30 (EI 30)
IV	hoch feuerhemmend F 60 (REI 60)	hoch feuerhemmend F 60 (EI 60)
V	feuerbeständig F 90 (REI 90)	feuerbeständig F90 (EI 90)

Beispiele für Brandschutzanforderungen nach Gebäudeklassen

Bauteile	Kurzzeichen	Feuerwiderstandsklasse
Nichttragende Außenwände, Brüstungen, Stürze	W	W 30 … W 180
Türen, Tore, Klappen, Rollläden	T	T 30 … T 180
Lüftungsleitungen	L	L 30 … L 120
Brandschutzklappen	K	K 30 … K 90
Verglasungen	G	G 30 … G 180

Feuerwiderstandsklassen für Sonderbauteile

Brand einer kunststoffgedämmten Fassade

12.10.4 Brandschutzmaßnahmen

Trotz des problematischen Brandverhaltens mancher Baustoffe ist es mithilfe baulicher Schutzmaßnahmen möglich, diese für wichtige Bauteile in Gebäuden zu verwenden. Eine besonders wirksame Schutzmaßnahme ist die Ummantelung des brandgefährdeten Bauteils mit

- Gips und Gipsplatten,
- Spritzputz,
- Beton,
- Mauerwerk oder
- dämmschichtbildenden Brandschutzbeschichtungen, die unter Wärmeeinwirkung aufschäumen.

Auf diese Weise können z. B. Stahlstützen vor Hitzeeinwirkungen geschützt und die Tragfähigkeit im Brandfall gewährleistet werden. Deckenträger aus Stahl oder Holz können auch durch Unterdecken abgeschirmt werden.

Obwohl Holz unter Brandeinwirkung eine schützende Holzkohleschicht bildet, ist es nötig, durch weitere Maßnahmen die Entflammbarkeit und Feuerausbreitung einzuschränken.

So sollten Holzbauteile rissfrei sein, glatte Oberflächen mit gerundeten Kanten und Ecken aufweisen und einen möglichst großen Querschnitt haben. Eine feuerhemmende Konstruktion ist häufig dadurch zu erreichen, dass zum Querschnitt, der für die Tragfähigkeit notwendig ist, eine Abbrandreserve von etwa 2 cm für 30 Minuten Feuerwiderstand hinzukommt. Vielfach ist dies durch die Bemessung auf Durchbiegung und Schwingung ohnehin gegeben.

Holzbauteile können auch durch Ummantelung mit nichtbrennbaren Baustoffen wie Putz oder Gipsplatten geschützt werden. Für Brandschutzbekleidungen von Holzbauteilen wurde das Kapselungskriterium eingeführt. Dies besagt, dass über den geforderten Zeitraum das Holz vor der Entzündungstemperatur von 270 °C geschützt wird. Damit sind dickere Brandschutzummantelungen als für den Stahlbau erforderlich.

Die Entflammbarkeit von Holzbauteilen kann auch mithilfe von Feuerschutzsalzen und dämmschichtbildenden Feuerschutzmitteln herabgesetzt werden. Feuerschutzsalze bestehen vor allem aus Phosphaten, die unter Druck in das Holz eingebracht werden und im Brandfall schmelzen. Dadurch wird dem Holzbauteil Hitze entzogen und die Entflammbarkeit verzögert.

Schaumschichtbildende Feuerschutzmittel schäumen bei Temperaturen von etwa 200 °C auf und verhindern den Zutritt von Sauerstoff.

Anbringen einer Stahlträgerummantelung aus Gipsplatten

Feuerwiderstandsklasse	Plattendicke in mm
F 30-A	12,5
F 60-A	2 × 12,5
F 90-A	3 × 15
F 120-A	4 × 15
F 180-A	5 × 15

Notwendige Ummantelungsdicken für Stahlstützen mit Gipsplatten Typ F

Zusammenfassung

Nach ihrem Brandverhalten werden Baustoffe nach **DIN 4102** in Baustoffklassen eingeteilt:

Baustoffklasse A = nichtbrennbare Baustoffe
A1 = nichtbrennbare Baustoffe ohne organische Bestandteile
A2 = nichtbrennbare Baustoffe mit organischen Bestandteilen

Baustoffklasse B = brennbare Baustoffe
B1 = schwer entflammbare Baustoffe
B2 = normal entflammbare Baustoffe
B3 = leicht entflammbare Baustoffe

Bauteile werden nach ihrer Feuerwiderstandsdauer in die Feuerwiderstandklassen F 30, F 60, F 90, F 120 und F 180 eingeteilt mit der zusätzlichen Angabe der Baustoffklasse (z. B. F 30-B, F 90-AB). Für Sonderbauteile wie nichttragende Wände, Türen, Lüftungsleitungen und Verglasungen gelten eigene Feuerwiderstandsklassen.

Nach **DIN EN 13501** werden Baustoffe nach ihrem Beitrag zum Brand in die Klassen A … F eingeteilt. Zusätzlich erfolgt eine Klassifizierung nach Rauchbildung in s1 … s3 sowie nach brennendem Abtropfen in d0 … d2.

Bauteile werden nach der Feuerwiderstandsdauer, den Anforderungen an das Bauteil, den verwendeten Baustoffen und der Brandrichtung klassifiziert.

Bauteile aus Baustoffen mit problematischem Brandverhalten können durch Brandschutzmaßnahmen wie z. B. Ummantelungen geschützt werden.

Aufgaben

1. *Welche Voraussetzungen sind für das Entstehen eines Brandes notwendig?*
2. *Nennen Sie die Baustoffklassen nach DIN 4102 und geben Sie jeweils ein Beispiel an.*
3. *Warum müssen auch für Bauteile aus nichtbrennbaren Baustoffen (z. B. Stahlstützen) Brandschutzmaßnahmen getroffen werden?*
4. *Begründen Sie die Aussage: „Holzkonstruktionen haben ein günstigeres Brandverhalten als Stahlkonstruktionen".*
5. *Erklären Sie folgende Kurzzeichen: F 60-A und F 120-AB.*
6. *Nennen Sie die Feuerwiderstandsklassen der Sonderbauteile a) nichttragende Wand, b) Tür und c) Verglasung.*
7. *Schlagen Sie für die folgenden Bauteile Brandschutzmaßnahmen vor*
   a) Stahlstütze,
   b) Stahldeckenträger,
   c) Holzstütze.

12.11 Projektaufgabe

Der Bauherr hat die Entwurfspläne für ein Kleinwohnhaus bekommen und wünscht einige Änderungen.

Der Kniestock ist 2,00 m hoch, die Dachneigung beträgt 15°.

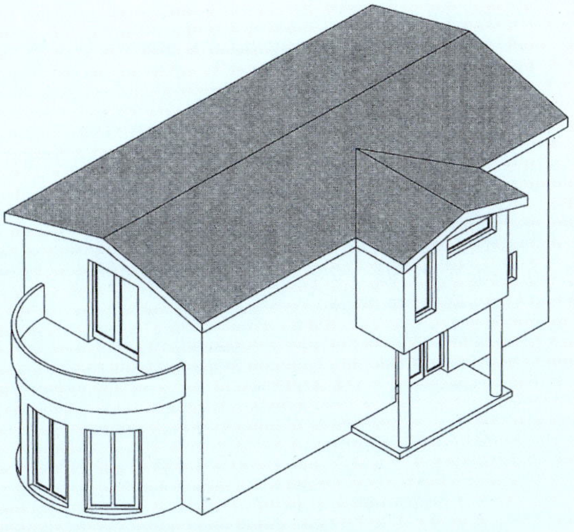

1. Im Bad soll zusätzlich zur Badewanne eine Dusche eingebaut werden. Die Wände sollen bis zur Decke mit Fliesen belegt werden.
   a) Zeichnen Sie den Grundriss im Maßstab 1:50 mit den Änderungen einschließlich Bemaßung und Beschriftung.
   b) Zeichnen Sie den Schnitt A-A im Maßstab 1:50.
   c) Wählen Sie für Wand- und Bodenbelag des Badezimmers eine geeignete Fliesenart aus und begründen Sie Ihre Wahl.
   d) Berechnen Sie die Fläche des Fliesenbelags im Badezimmer in m².
   e) Wählen Sie mithilfe der Tabelle auf S. 471 ein Fliesenmaß aus und bestimmen Sie die Anzahl der benötigten Fliesen für Wand- und Bodenbelag einschließlich 3 % Zuschlag für Verhau.
   f) Zeichnen Sie einen Fliesenspiegel für einen Wandausschnitt.
   g) Wählen Sie eine geeignete Art der Verlegung für Boden- und Wandbelag und begründen Sie Ihre Wahl.
   h) Alternativ können Natursteinplatten verlegt werden. Welche Natursteinart bietet sich hier an?
   i) Der Bauherr möchte im Bad keine Vorwandinstallation, weil er befürchtet, das Bad werde dadurch zu klein. Überzeugen Sie ihn von den Vorteilen einer Vorwandinstallation.

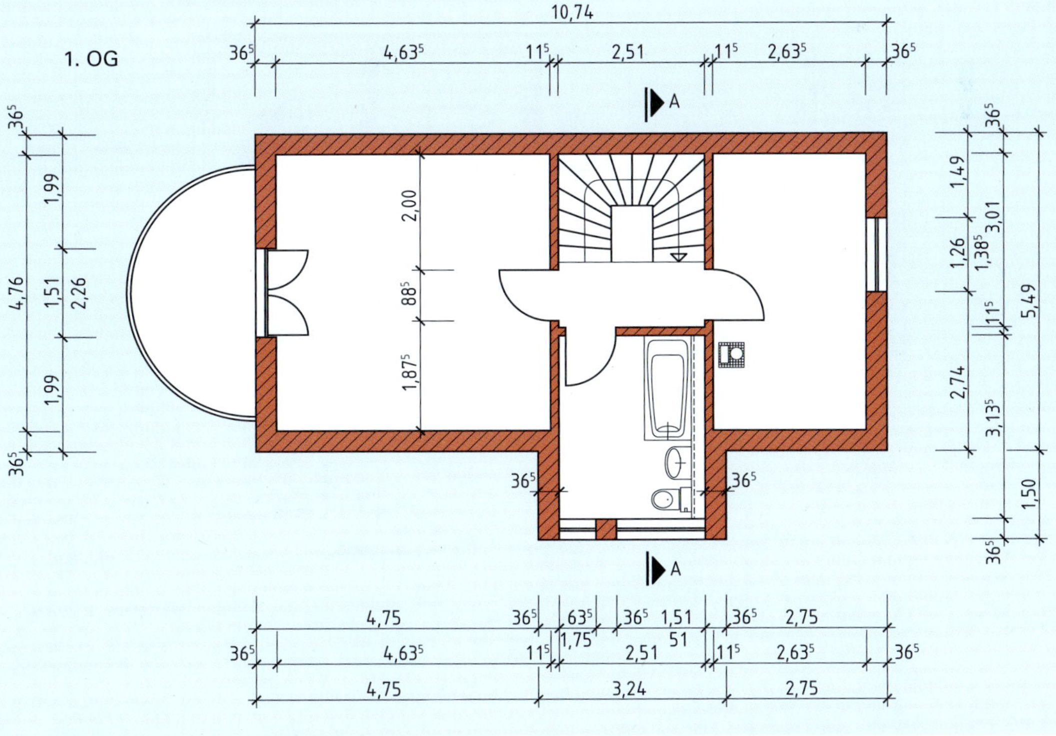

2. Die Treppenhauswände im 1. Obergeschoss sollen in Trockenbauweise ausgeführt werden.
Konstruktive Angaben:
- *Metall-Einfachständerwand mit starren Boden- und Deckenanschlüssen,*
- *Wanddicke insgesamt 100 mm,*
- *Hohlraumdämmung MinP 1,25 m/0,625 m/80 mm,*
- *Beplankung aus Gipsplatten 2,50 m/1,25 m/12,5 mm,*
- *Verspachtelung ohne Bewehrungsstreifen.*

a) Berechnen Sie die Flächen der zu erstellenden Montagewände.

b) Ermitteln Sie mithilfe der nebenstehenden Tabelle den Materialbedarf:
- *Gipsplatten,*
- *Fugengips,*
- *Dämmung,*
- *CW-Profilen und UW-Profilen,*
- *Anschlussdichtung,*
- *Dübelverankerung,*
- *Schnellbauschrauben.*

c) Zeichnen Sie einen Schnitt durch die Metallständerwand im Maßstab 1:10.

d) Der Bauherr möchte ein Buchregal an die Metallständerwand hängen. Erklären Sie ihm, auf welche Besonderheit er bei der Wahl der Befestigungsmittel achten muss.

e) Worauf muss beim Einbau der Türen geachtet werden?

Konstruktion/Material		Verbrauch
Ständerwände (Montagewände)		
– Beplankung Trockenbauplatten	einlagig	2,0 m²/m²
	zweilagig	4,0 m²/m²
– Holzständer	Einfachständerwand	1,5 m/m²
	Doppelständerwand	3,0 m/m²
– Anschluss-Kanthölzer	Einfachständerwand	1,2 m/m²
	Doppelständerwand	2,4 m/m²
– CW-Ständerprofile	Einfachständerwand	2,0 m/m²
	Doppelständerwand	4,0 m/m²
– UW-Anschlussprofile	Einfachständerwand	0,7 m/m²
	Doppelständerwand	1,4 m/m²
– Anschlussdichtung	Einfachständerwand	1,2 m/m²
	Doppelständerwand	2,4 m/m²
– Dämmstreifen zw. Doppelständern		0,5 m/m²
– Mineralfaserdämmplatten		1,0 m²/m²
– Dübelverankerung	Einfachständerwand	1,5 St./m²
	Doppelständerwand	3,0 m/m²
– Schnellbau-schrauben	Bepl. einlagig-TN 25/35	29 St./m²
	zweilagig-TN 25/35	12,5 St./m²
– Bewehrungsstreifen		1,5 m/m²
– Fugengips/ Fugenfüller	einlagige Beplankung	0,5 kg/m²
	zweilagige Beplankung	0,8 kg/m²

Materialbedarf ohne Verschnitt und Baustellenverluste

f) Das Erdgeschoss des Kleinwohnhauses soll eine Holzbalkendecke erhalten. Zeichnen Sie die Balkenlage im Maßstab 1:50 mit allen erforderlichen Maßen nach folgenden Angaben: Nadelholz, Sortierklasse S10.

EG

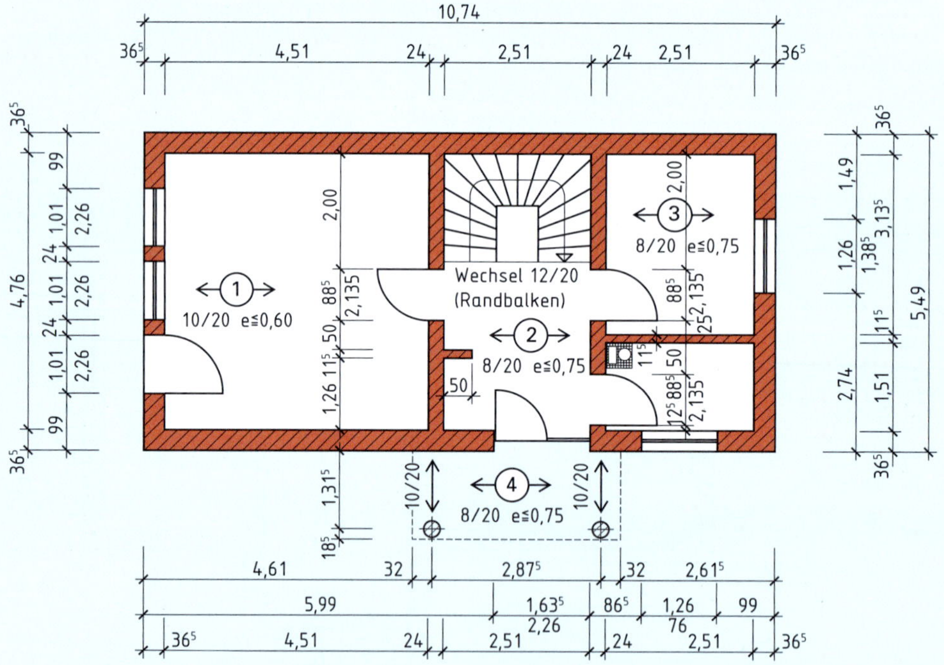

13 Sichern eines Bauwerkes

Beim Herstellen ganzer Bauwerke unter der Erde oder dem Herstellen mehrerer Untergeschosse bereiten meistens der erforderliche **Platzbedarf** für eine abgeböschte Baugrube, eventuell anstehendes **Grundwasser** und die Zunahme des **Erddruckes** mit der Tiefe für die Planer und die ausführenden Unternehmen die größten Schwierigkeiten. Hinzu kommen Probleme, die sich bei innerstädtischen Lagen für die Nachbarbebauung ergeben: Mögliche **Setzungen** durch den Eingriff in den Baugrund oder den Grundwasserhaushalt sowie möglicherweise Beschädigungen durch **Erschütterungen**.

Das Sichern von Baugruben und von Leitungsgräben durch **Böschungen, Trägerbohlwände, waagerechten und senkrechten Verbau** sowie den Einsatz von **Grabenverbaugeräten** stellt den Normalfall dar und wurde in Kapitel 3 behandelt. Im Folgenden werden spezielle Verfahren zur **Baugrubensicherung** vorgestellt, die immer dann zur Anwendung kommen, wenn die einfacheren Möglichkeiten die gestellten Anforderungen nicht oder nur unzureichend erfüllen können.

13.1 Sichern einer Baugrube

13.1.1 Spritzbetonsicherungen

Spritzbeton ist Beton, der in geschlossenen Leitungen durch eine Spritzmaschine zur Einbaustelle gefördert und dort mit Spritzdüsen aufgetragen wird. Man unterscheidet hierbei zwei Verfahren, deren Unterschiede sich aus dem Ort der Wasserzugabe ergeben.

Beim **Trockenspritzverfahren** wird ein Gemisch aus Zement, Gesteinskörnung und Abbindebeschleunigern von der Spritzmaschine zur Spritzdüse gefördert und erst beim Austritt aus der Düse das erforderliche Anmachwasser beigemischt.

Beim **Nassspritzverfahren** wird verarbeitungsfähiger Beton, meist Transportbeton, dem Betonverflüssiger zugegeben, gefördert und gespritzt.

Grundsätzlich ist keines der beiden Verfahren überlegen. Die Wahl des Verfahrens hängt von der Anwendung ab. Das Nassspritzverfahren ist bei häufigen Arbeitsunterbrechungen anfälliger für Verstopfungen der Leitungen und wird deshalb meist nur bei größeren Flächen angewendet.

Kennzeichnend für beide Verfahren ist, dass wegen der guten Haftfähigkeit des Betons auf eine gesonderte Schalung verzichtet werden kann. Spritzbeton verdichtet sich beim Auftreffen auf den Untergrund durch die Bewegungsenergie. Beim Auftreffen des Spritzbetons entsteht ein Rückprall von Spritzgut, der durch eine günstige Betonzusammensetzung, den richtigen Düsenabstand und möglichst rechtwinkliges Auftreffen des Betons jedoch gering gehalten werden kann.

Besonderes Augenmerk ist darauf zu legen, dass sich bei bewehrtem Spritzbeton keine **„Spritzschatten"**, d.h. Hohlräume hinter den Bewehrungsstäben, bilden. Dies zu vermeiden hängt wesentlich vom Können des Düsenführers ab.

Typische Anwendungsgebiete für Spritzbeton sind die Sicherung von losem Gestein und Boden, z.B. an Steilhängen oder bei **Baugrubenböschungen**, die **Ausfachung aufgelöster Bohrpfahlwände**, die Wandsicherung und -auskleidung bei **Tunnelbauwerken**, die **Instandsetzung** von Betonbauteilen, die Herstellung dünner **Betonschalen** oder freier Formen, die sich nicht konventionell schalen und betonieren lassen.

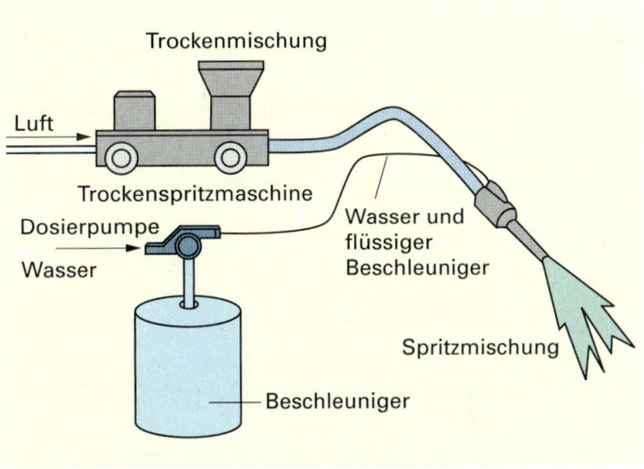

Maschinenanordnung beim Trockenspritzverfahren

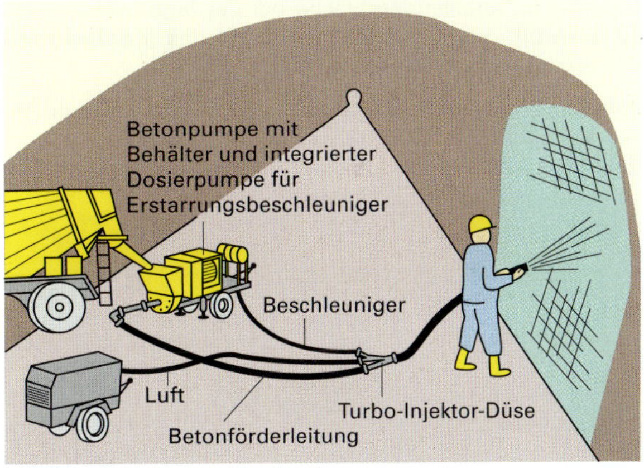

Maschinenanordnung beim Nassspritzverfahren

Böschungssicherung mit Spritzbeton

13.1.2 Bodenvernagelung

Beim Sichern von Baugruben durch das Aufbringen von Spritzbeton müssen meist zusätzliche Maßnahmen erfolgen, um die Standfestigkeit der Baugrubenböschung zu gewährleisten. Da die aufgebrachte Spritzbetonschale bei steilen Böschungswinkeln oder bei Belastung durch vorhandene Nachbarbebauung alleine nicht ausreicht, um ein Einstürzen der Baugrubenböschung zu verhindern, muss diese mit dem anstehenden Baugrund zugfest verbunden werden.

Bei der **Bodenvernagelung** werden Bewehrungsstäbe durch Bohrungen in die Baugrubenböschung eingebaut: Dies bewirkt, dass die an der Baugrubenböschung angreifenden Lasten im Baugrund verankert werden.

Durch die Verbundwirkung zwischen Spritzbetonschale und dem anstehenden Baugrund wird dieser zur Lastabtragung mit herangezogen. Die Lastabtragung bei dem entstandenen Verbundkörper Spritzbetonschale/Baugrund gleicht der einer Schwerlastwand.

Ein großer Vorteil der Bodenvernagelung liegt in der flexiblen Anpassung an unregelmäßige Geometrien der zu sichernden Baugrube.

Beim Herstellen der **Bodenvernagelung** muss lagenweise von oben nach unten vorgegangen werden (s. Abbildungen):

1. **Baugrubenaushub** in Lagen von 1 ... 2 m und mit einem Böschungswinkel von 60 ... 90°, je nach Standfestigkeit des Baugrundes.
2. **Bewehrte Spritzbetonschale** aufbringen: Wegen der geringen anfallenden Fläche bei der lagenweisen Herstellung kommt hier hauptsächlich das Trockenspritzverfahren zur Anwendung.

Muss mit anfallenden Sicker- oder Schichtenwasser gerechnet werden, so sind hinter der Spritzbetonschale vertikale Dränschichten einzubauen, um ein Anstauen der anfallenden Wässer zu verhindern.

Böschungssicherung mit Spritzbeton und Bodenvernagelung

3. **Bodenvernagelung** durch Einbohren von Betonstabstählen herstellen. Zur Erhöhung der Tragfähigkeit werden die entstandenen Bohrlöcher ggf. mit Zementmörtel verpresst.
4. **Ausheben der nächsten Lage**, dann weiter wie unter 2. und 3. beschrieben.
5. Eine weitere Anwendungsmöglichkeit für die Bodenvernagelung liegt in der dauerhaften Sicherung von Hangeinschnitten. Der Arbeitsablauf entspricht hierbei prinzipiell dem Vorgehen beim Sichern einer Baugrube (siehe Schritte 1 ... 4).
6. Bei erosionsgefährdeten Hangflächen kann durch den Einbau von Schutznetzen, die durch Felsnägel rückverankert werden, eine Böschungssicherung erfolgen. Hierdurch ist eine Anpassung an die natürlich vorhandene Böschung bzw. eine naturnahe Oberflächenmodellierung möglich.

Neben der Baugrubensicherung liegen in der Sicherung von rutschgefährdeten Hängen oder der dauerhaften Sicherung von Hangeinschnitten weitere Anwendungsmöglichkeiten für die Bodenvernagelung.

Arbeitsablauf bei der Bodenvernagelung

13.1.3 Spundwände

Spundwände bestehen aus vertikal in den Baugrund eingetriebenen **Spundbohlen**, die meist aus Stahl, teilweise auch aus Stahlbeton oder Holz hergestellt werden.

Stahl-Spundbohlen sind stabförmige Elemente mit einem U- oder Z-förmigen Profil und Wanddicken von etwa 8…24 mm. Die einzelnen Spundbohlen werden an ihren Längsseiten durch **Schlösser** verschiedener Ausbildungsformen miteinander verbunden und sind nahezu wasserdicht.

Da sich die Schlösser zusätzlich mit Feinbestandteilen des Bodens zusetzen, wird ihre **Wasserdichtigkeit** während der Bauausführung erhöht. Zusätzlich können je nach den gestellten Anforderungen die Schlösser vor dem Einbringen der Spundbohlen mit Dichtstoffen abgedichtet werden.

Um höhere Einbauleistungen zu erzielen, können Spundbohlen in den Schlössern verpresst werden und als Doppel-, Drei- oder Vierfachbohlen geliefert und eingetrieben werden.

Die Spundbohlen können abhängig von den Bodeneigenschaften **eingerammt, eingerüttelt, eingedrückt** oder **eingespült** werden.

Für das Einrammen von Spundbohlen werden **Rammbären** unterschiedlichster Formen verwendet. Diese beruhen alle auf dem Prinzip, die Spundbohlen durch Schlagenergie in den Boden einzutreiben. Das Rammen hat wegen der damit verbundenen Lärmbelästigungen und Erschütterungen in den letzten Jahren stark an Bedeutung verloren.

Durch **Vibrationsbären**, die mittels Unwuchten Schwingungen erzeugen und auf die Spundbohlen übertragen, können diese eingerüttelt werden. Vibrationsbären werden insbesondere auch zum **Ziehen** (Entfernen) von Spundbohlen eingesetzt. Dieses Verfahren ist vor allem bei leicht bindigen oder rolligen Böden, bei denen sich die Bodenbestandteile gegeneinander verschieben können, einsetzbar. Von Nachteil bei diesem Verfahren ist, dass die Vibrationen Schäden an der Nachbarbebauung verursachen können.

Überall dort, wo wegen sensibler Nachbarbebauung lärm- und erschütterungsfrei gearbeitet werden muss, kommen **Spundwandpressen** zum Einsatz. Die Spundbohlen werden hierbei einzeln mittels aufgesetzter Hydraulikpressen in den Baugrund eingedrückt.

Der Baugrubenverbau durch Spundwände eignet sich zur senkrechten, wasserdichten Umschließung von Baugruben. Sie werden deshalb bevorzugt in Gebieten mit hohem Grundwasserstand eingesetzt.

Bei Baugruben im freien Wasser (z.B. bei Uferbauwerken oder Pfeilerfundamenten in Flussbetten) stellt der Spundwandverbau oft die einzige wirtschaftliche Möglichkeit der Baugrubensicherung dar.

Von Vorteil ist darüber hinaus, dass sich die Spundbohlen nach Abschluss der Bauarbeiten wieder entfernen lassen.

Nachteilig ist, dass es sich beim Spundwandverbau um eine relativ „weiche" Verbauart handelt, weshalb er nicht in unmittelbarer Nähe von Nachbarbebauung eingesetzt werden kann oder aber bei hohen Beanspruchungen entweder mit zusätzlichen Profilen ausgesteift oder rückverankert werden muss.

Einbringen einer Stahlspundwand

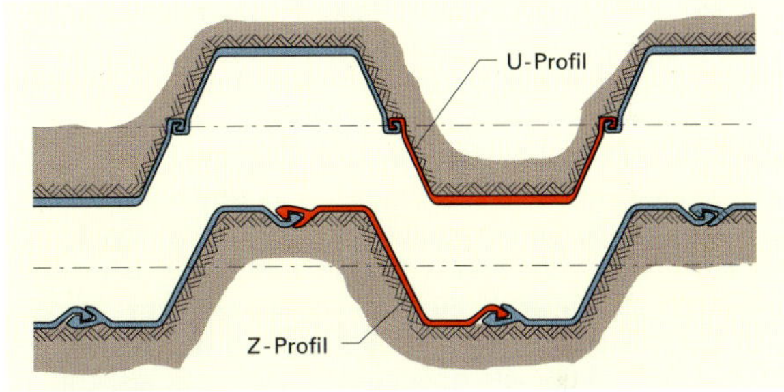

Gängige Spundwandprofile

Mittelschloss mit injizierter Dichtung	Schloss mit profilierter Dichtung	zusammengezogenes Schloss
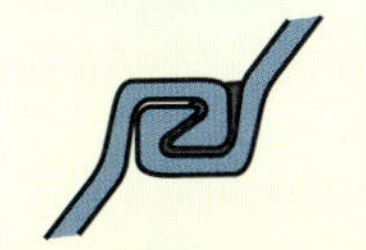	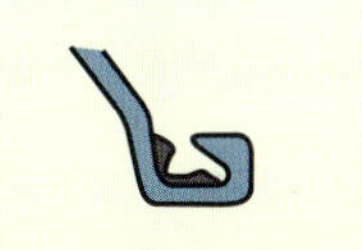	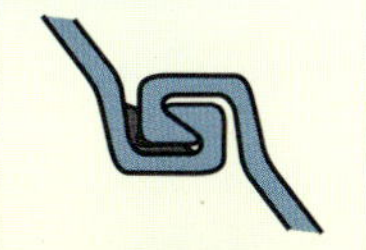
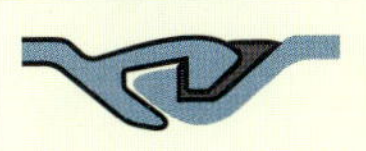	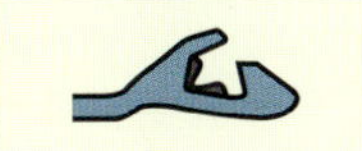	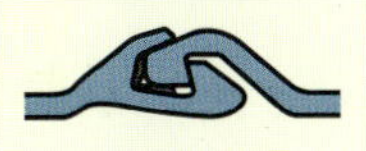
	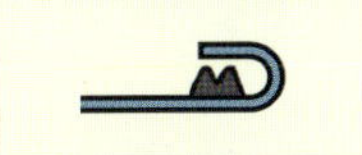	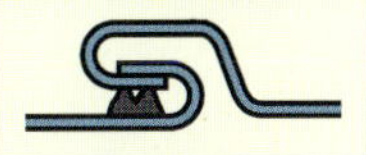

Schlossformen mit verschiedenen Dichtungen

Kombination von Bohrpfählen und Trägerbohlwand (zusätzlich ausgesteift)

13.1.4 Bohrpfahlwände

Eine **Bohrpfahlwand** setzt sich aus einzelnen Bohrpfählen zusammen, zu deren Herstellung Löcher gebohrt werden, die anschließend mit einem vorgefertigten Bewehrungskorb versehen und ausbetoniert werden. Je nach Anordnung der Bohrpfähle werden unterschieden:

- Die **aufgelöste Bohrpfahlwand,** bei der die Bohrpfähle mit horizontalem Abstand niedergebracht und die Zwischenräume im Zuge der Aushubarbeiten mit einer Spritzbetonsicherung ausgefacht werden. Dies stellt die günstigste Möglichkeit einer Bohrpfahlwand dar, ist aber nur bei vorübergehend standfesten Böden möglich.
- Die **tangierende Bohrpfahlwand,** die das Auslaufen nicht standfester Böden während der Aushubarbeiten verhindert.
- Die **überschnittene Bohrpfahlwand,** die auch im Grundwasserbereich mit ausreichender Wasserdichtigkeit hergestellt und eingesetzt werden kann. Bei der Herstellung werden zuerst die unbewehrten Primärpfähle und anschließend die bewehrten Sekundärpfähle gefertigt, wobei die Primärpfähle angeschnitten werden.

Bohrpfahlwände sind wesentlich biegesteifer und setzungsärmer als Spundwände oder Trägerbohlwände. Sie können wegen der hohen Kosten meist nur dann wirtschaftlich als Baugrubenumschließungen eingesetzt werden, wenn sie auch nach der Herstellung des Bauwerkes noch eine Funktion als tragendes Bauteil, z.B. als Außenwand der Untergeschosse besitzen. Daneben findet man Bohrpfahlwände als eigenständige Bauwerke oder Bauteile, wie z.B. Stützmauern oder Brückenwiderlager.

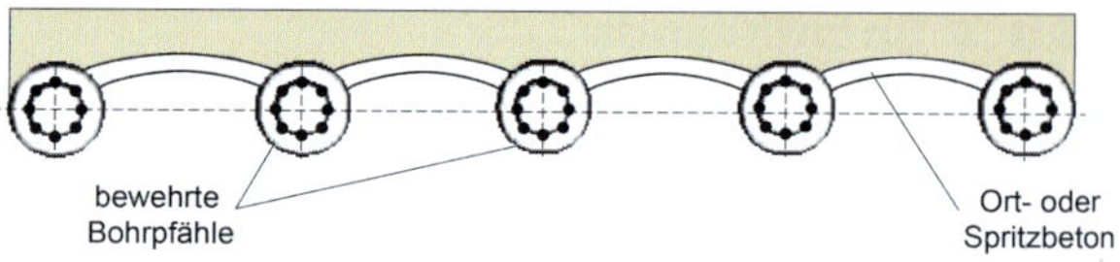

Aufgelöste (offene) Bohrpfahlwand

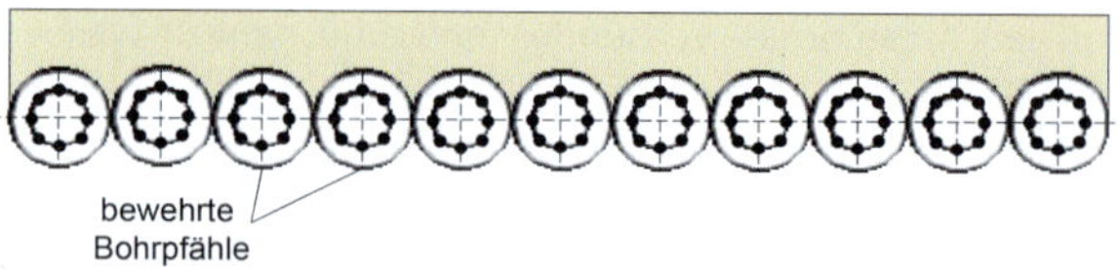

Tangierende Bohrpfahlwand

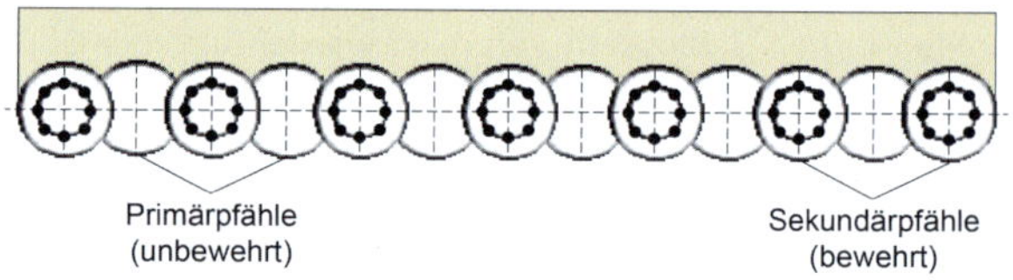

Überschnittene (eingeschnittene) Bohrpfahlwand

Bohrpfahlwände stellen eine besonders standfeste Möglichkeit des Baugrubenverbaus dar und werden meist dann eingesetzt, wenn der Verbau in das spätere Bauwerk als tragender Bestandteil integriert wird.

Einbau der Bohrrohre (drehend und drückend) mit dem Drehantrieb des Bohrgerätes	**Abbohren** mit Bohreimer, Schnecke oder Kernrohr. Stabilisierung der Bohrlochwandung durch verschraubte Bohrrohrschüsse	**Einbau Bewehrungskorb** mit der Hilfswinde des Bohrgerätes	**Betonieren** im Kontraktorverfahren	**Ausbauen der Bohrrohre** mit dem Drehgetriebe des Bohrgerätes während des Betonierens

Herstellung von Bohrpfählen

13.1.5 Schlitzwände

Unter einer **Schlitzwand** versteht man eine Beton- oder Stahlbetonwand, die durch das Ausbetonieren eines flüssigkeitsgestützten Erdschlitzes hergestellt wird.

Zur Herstellung einer Schlitzwand werden zuerst sogenannte **Leitwände** mit einer Tiefe von etwa 1,20 ... 1,70 m entlang des auszuhebenden Schlitzes in Ortbeton, aus Stahlbetonfertigteilen oder aus Stahlblechen hergestellt und gegeneinander abgestützt.

Die Leitwände dienen als Führung für den **Schlitzwandgreifer**, als Grabensicherung im oberen Bereich des Schlitzes und als Vorhalteraum für die **Stützflüssigkeit.**

Die sich anschließenden Aushubarbeiten erfolgen mit speziell konstruierten **Schlitzwandgreifern** mit einer Eigenlast von 5 ... 25 t oder mit **Schlitzwandfräsen.** Diese werden durch Seilführung oder mittels Teleskopstangen von einem schweren Bagger geführt.

Die hohe Eigenlast der eingesetzten Greifer bietet hierbei die Gewähr, dass der Schlitz senkrecht abgeteuft werden kann. Trifft man beim Ausheben des Schlitzes auf Festgestein, so müssen diese Schichten zuerst mit einem Fallmeißel aufgebrochen werden.

Wegen der größeren Aushubleistung wird der Aushub durch Schlitzwandfräsen bevorzugt, was jedoch nur in Lockergestein und bei leichtem Fels möglich ist.

Um das Einstürzen des ausgehobenen Schlitzes zu verhindern, wird dieser mit einer **Stützflüssigkeit** gefüllt, die den Graben bis zum Betoniervorgang vorübergehend aussteift. Als Stützflüssigkeit wird in Wasser aufgeschlämmter **Bentonit** verwendet. Bentonit ist ein Ton, der in besonderem Maße die Eigenschaft besitzt, bei Erschütterungen breiig bis flüssig zu werden und bei ruhigem Absetzen zu versteifen (= Thixotropie). Diese Versteifung reicht aus, um ein Einstürzen des Grabens bis zum Betoniervorgang zu verhindern.

Zur Sicherung der Grabenwände wird das ausgehobene Material laufend durch Bentonitschlämme ersetzt. Der Aushub erfolgt also durch die Bentonitschlämme hindurch. Beim Einsatz von Schlitzwandfräsen dient die Bentonitschlämme gleichzeitig dazu, das Fräsgut mittels Kreiselpumpen und Schlauchleitungen von den Schneidrädern der Fräse an die Oberfläche zu pumpen.

Ist die endgültige Aushubtiefe erreicht, werden vorgefertigte **Bewehrungskörbe** in den Schlitz abgesenkt.

Diese verfügen über großflächige **Abstandshalter,** die ein Eindrücken in die Grabenwände verhindern und Betondeckungen von 5 ... 7 cm sicherstellen.

Zum **Betonieren** der Schlitzwand wird ein Betonier- oder Schüttrohr abgelassen, in das der Beton eingebracht und der Schlitz von unten nach oben mit Beton gefüllt wird **(Kontraktorverfahren)**.

Die dabei verdrängte Stützflüssigkeit wird oben abgepumpt und kann nach entsprechender Aufbereitung wiederverwendet werden. Wichtig für die Erzielung der Verbundwirkung zwischen Stahl und Beton ist, dass die Bentonitschlämme keine negativen Auswirkungen auf die Haftung des Betons am Bewehrungsstahl hat.

Die Herstellung der Schlitzwände erfolgt in Abschnitten (Lamellen) von 2 ... 7 m Länge, die durch ein eingestelltes schweres Stahlrohr oder, bei geringeren Tiefen, auch durch Stahlbetonfertigteile voneinander getrennt werden.

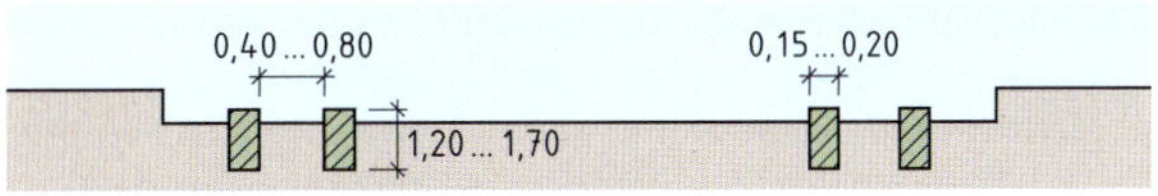

Herstellen der Leitwände

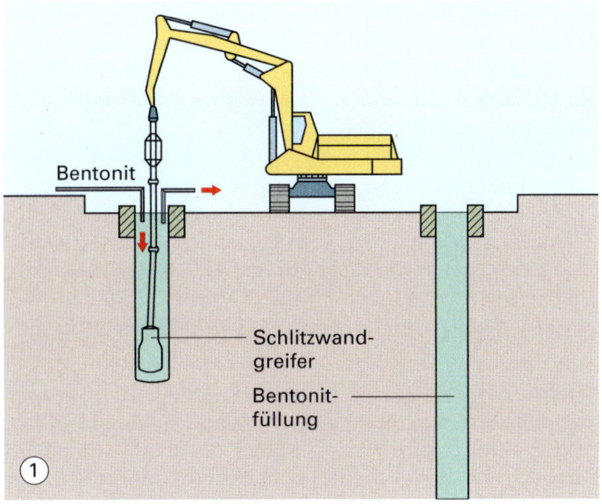

Aushub und Einbringen des Bentonits

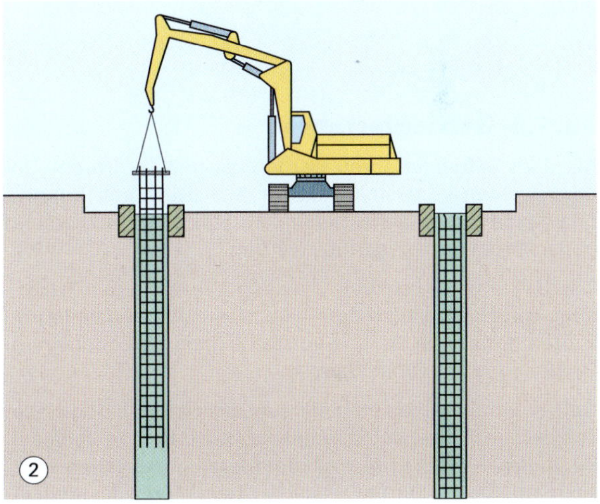

Einbringen der Bewehrung

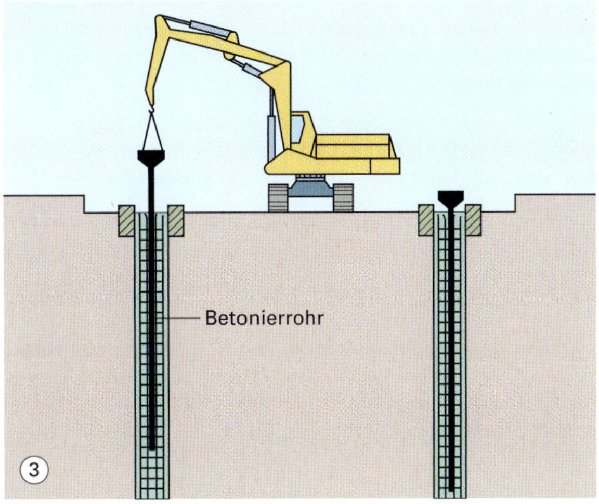

Einbringen des Betonierrohres

Herstellen einer Schlitzwand

Für die Dichtigkeit einer Schlitzwand ist eine saubere Ausführung der Fugen zwischen den einzelnen Lamellen von entscheidender Bedeutung, da die einzelnen Abschnitte an sich eine ausreichende Wasserdichtigkeit aufweisen.

Wenn der Beton eine ausreichende Festigkeit aufweist, kann mit dem **Aushub** der eigentlichen Baugrube und dem Entfernen der Leitwände begonnen werden. Gegebenenfalls ist auch hier aus statischen Gründen eine horizontale Aussteifung oder eine rückwärtige Verankerung der Schlitzwände erforderlich.

Schlitzwände gehören wie die Bohrpfahlwände zu den setzungs- und verformungsarmen Verbauarten und werden genau wie diese wirtschaftlich sinnvoll dann eingesetzt, wenn sie nicht nur als reine Baugrubenumschließung dienen, sondern als tragendes Bauteil des zu errichtenden Bauwerkes herangezogen werden.

Schlitzwände lassen sich auch in Tiefen über 50 m, in Ausnahmefällen sogar bis zu einer Tiefe von 100 m herstellen. Wegen ihrer hohen Kosten haben die Schlitzwände im Vergleich zu den unterschiedlichen Ausführungen der Bohrpfahlwände eine geringere Bedeutung, da sich diese um etwa 20 % günstiger herstellen lassen.

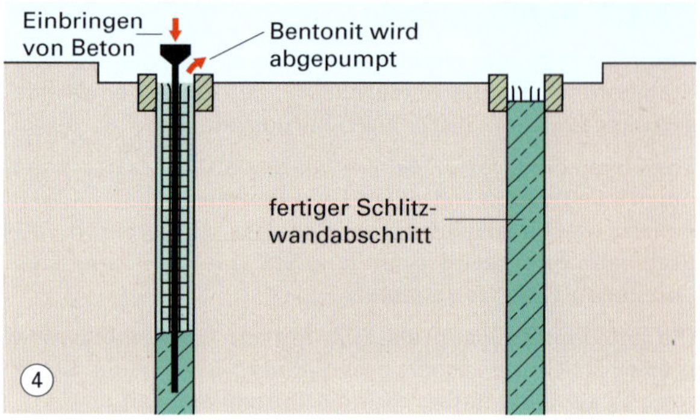

Betonieren

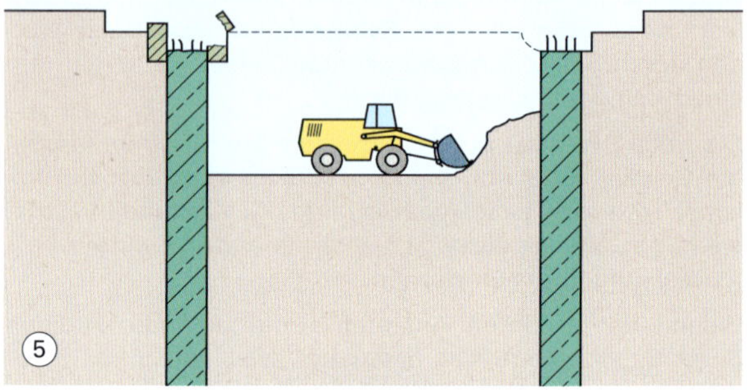

Entfernen der Leitwände und Aushub

Herstellen einer Schlitzwand (Fortsetzung)

13.1.6 Gefrierverfahren

Mit dem **Gefrierverfahren** werden künstlich gefrorene Bodenschichten hergestellt, die zur Sicherung von Baugrubenwänden und Tunnelbauwerken sowie zur Abdichtung gegen Grundwasser genutzt werden.

Das Gefrierverfahren wurde bislang eher selten im Tiefbau angewendet. Es stellt heute jedoch ein sicheres Verfahren zur temporären Sicherung von Schächten und Tunneln im Bergbau und im Tunnelbau dar.

Gefrierverfahren basieren darauf, dass in den Boden geschlossene Rohrsysteme eingebracht werden, in denen eine abgekühlte Sole mit einer Temperatur von etwa –50 °C zirkuliert. Das im umgebenden erdfeuchten oder wassergesättigten Boden enthaltene Wasser wird dadurch zum Gefrieren gebracht. Das entstandene Eis hält die Bodenkörner so fest zusammen, dass der Boden vollständig wasserundurchlässig wird. Seine Festigkeit, entspricht in etwa der des Sandsteines.

Nachteilig ist hierbei die lange Vorlaufzeit, bis die Frostkörper die erforderliche Dicke erreicht haben. Beim Gefriervorgang kann es außerdem zu unerwünschten Hebungen bzw. Setzungen beim Auftauen des Bodens kommen.

Zur Baugrubensicherung und für Gründungsaufgaben kommt das System nur zum Einsatz, wenn andere Verfahren nicht wirtschaftlicher sind. Eine interessante Nutzungsmöglichkeit für das Verfahren ergibt sich jedoch bei der horizontalen Unterquerung von Erddämmen, Straßen oder Eisenbahnlinien.

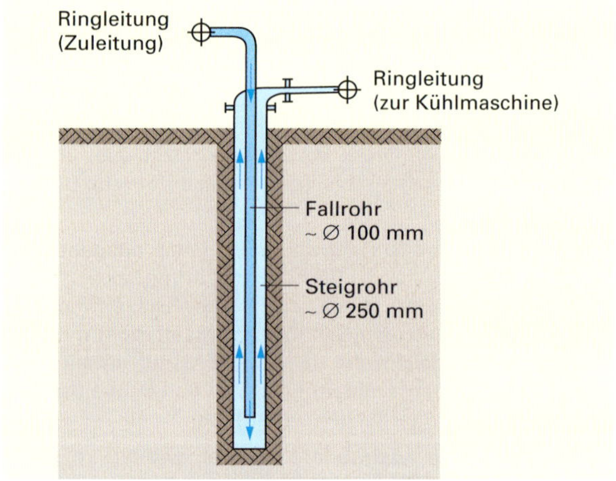

Gefrierrohr (schematisch)

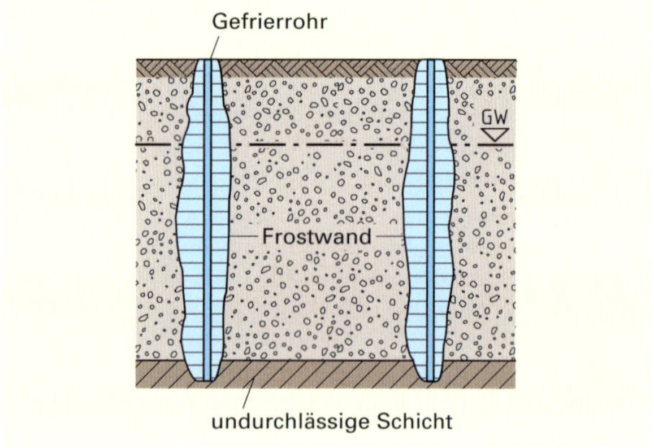

Einbinden der Frostwände in eine wasserundurchlässige Tonschicht

13.2 Sichern angrenzender Bauwerke

Werden Bauwerke neben bestehenden Gebäuden erstellt und wird dabei die Fundamentsohle des bestehenden Gebäudes unterschritten, so besteht die Gefahr, dass sich die bestehenden Fundamente nachträglich setzen. Dadurch kann es zur **Rissebildung** oder gar zum **Einsturz** des bestehenden Gebäudes kommen. Um dies zu vermeiden, müssen die bestehenden Fundamente unterfangen werden.

Arbeiten unterhalb der Fundamentsohle bestehender Bauwerke sind besonders schaden- und unfallträchtig. Deshalb müssen solche Fundamente sorgfältig unterfangen werden.

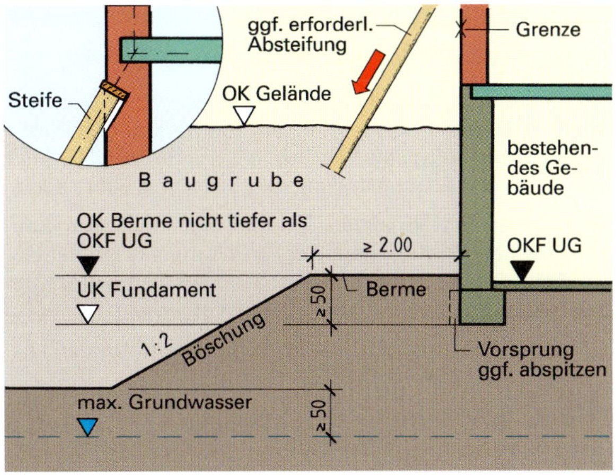

Aushub einer Baugrube neben bestehendem Gebäude

13.2.1 Unterfangungen

Schon das Ausheben der Baugrube für das neu zu errichtende Bauwerk muss hierbei besonders vorsichtig erfolgen und darf in einem **1. Aushubabschnitt** nur bis 50 cm über Unterkante der bestehenden Fundamente erfolgen. Der für die Unterfangung erforderliche Aushub darf von dieser Aushubsohle aus nur **abschnittsweise** weitergeführt werden. Während der gesamten Bauzeit muss sichergestellt sein, dass der Grundwasserspiegel mindestens 50 cm unter der Sohle der neu zu erstellenden Fundamente liegt.

Der im Bereich der zu unterfangenden Fundamente stehen gelassene Erdkeil wird zum Herstellen der eigentlichen Unterfangung in Abschnitten von höchstens 1,25 m Breite entfernt. Zwischen den einzelnen Abschnitten der Unterfangung, an denen jeweils gleichzeitig gearbeitet werden kann, muss ein Zwischenraum der 3-fachen Breite ($3 \cdot b$) der jeweiligen Abschnitte belassen werden oder bereits unterfangen sein. Der Abstand von der Mitte eines Arbeitsabschnittes bis zum nächstgelegenen Abschnitt, an dem gleichzeitig gearbeitet wird, muss also mindestens der 4-fachen Abschnittsbreite ($4 \cdot b$) entsprechen.

Die Unterfangung des freigelegten Fundamentabschnittes erfolgt durch sorgfältig im Verband gemauertes Mauerwerk, Beton oder Stahlbeton. Hohlräume zwischen der Unterfangung und dem anstehenden Boden unter dem vorhandenen Bauwerk sind mit Magerbeton oder Ähnlichem auszufüllen. Auch die Fuge zwischen der Unterfangung und der Unterkante des alten Fundamentes ist durch Ausmauern oder Ausbetonieren besonders sorgfältig und kraftschlüssig zu verschließen.

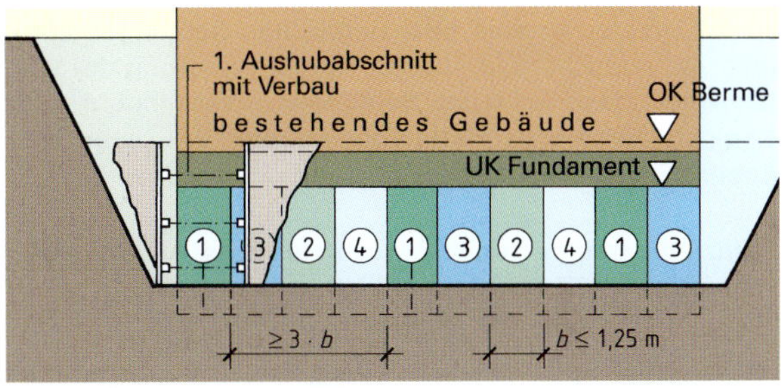

Abschnittsweises Vorgehen bei Fundamentunterfangungen

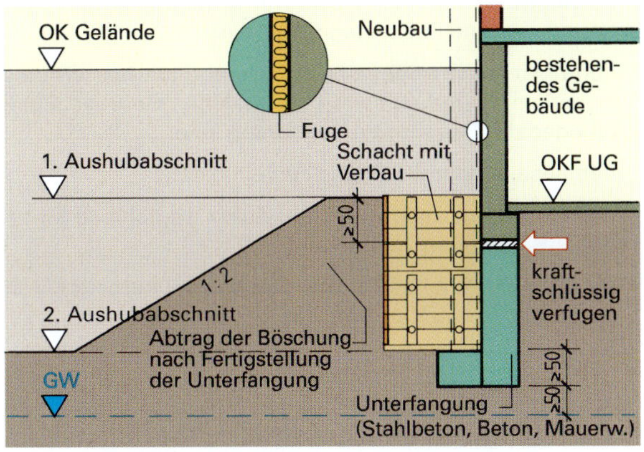

Ausgeführte Unterfangungen

Erst wenn die erstellte Unterfangung tragfähig ist, darf in den Nachbarbereichen ausgehoben und mit der dortigen Unterfangung begonnen werden.

13.2.2 Vor-der-Wand-Pfähle

Da bei Unterfangungen die einzelnen Aushubabschnitte auch verbaut und die zu unterfangenden Wände abgesteift werden müssen, werden heute bei notwendigen Unterfangungen größerer Bereiche und Tiefen stattdessen häufig Bohrpfähle als „Vor-der-Wand-Pfähle" bevorzugt.

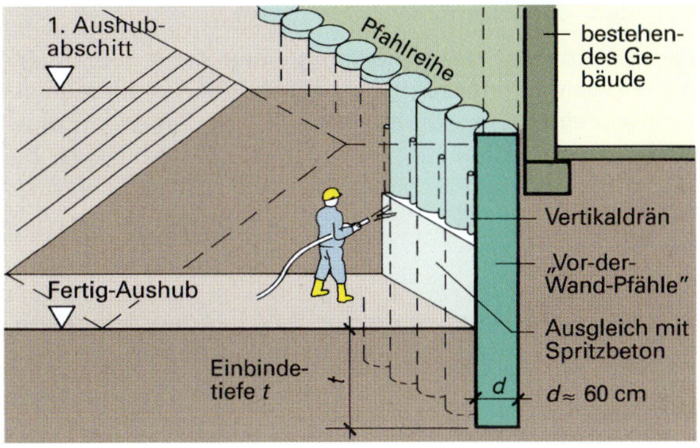

Vor-der-Wand-Pfähle

Unterfangungen müssen abschnittsweise und mit kraftschlüssiger Fuge gegen das alte Fundament ausgeführt werden. Vor der Wand versetzte Bohrpfähle können eine wirtschaftliche Alternative sein.

13.3 Gründungen bei unzureichendem Baugrund

Die Gründung stellt die Verbindung zwischen Bauwerk und Baugrund dar. Sie soll die am Bauwerk angreifenden Lasten und die Eigenlasten des Bauwerkes selbst sicher und möglichst setzungsfrei auf den Baugrund übertragen.

Um dies zu gewährleisten, ist eine den jeweiligen Baugrundverhältnissen angepasste Gründungsart zu wählen. Mögliche **Gründungsarten** bei gutem, ausreichend tragfähigem Baugrund wurden in Kapitel 4 vorgestellt:

- **Einzelfundamente** zur Übertragung punktförmiger Lasten z. B. aus Stützen.
- **Streifenfundamente** zur Übertragung linienförmiger Lasten, z. B. unter Wänden.

Würde es bei der Wahl von Einzel- oder Streifenfundamenten wegen einer angetroffenen geringen Tragfähigkeit des anstehenden Baugrundes oder bei sehr hohen Bauwerkslasten zu **großen oder ungleichen Setzungen** kommen, so versucht man, durch eine Vergrößerung der lastübertragenden Fläche den **Sohldruck** zu vermindern. Dies erreicht man durch **Plattenfundamente,** die unter dem ganzen Bauwerk durchgehen.

Einzel-, Streifen- und Plattenfundamente werden gemeinsam als Flachgründungen bezeichnet.

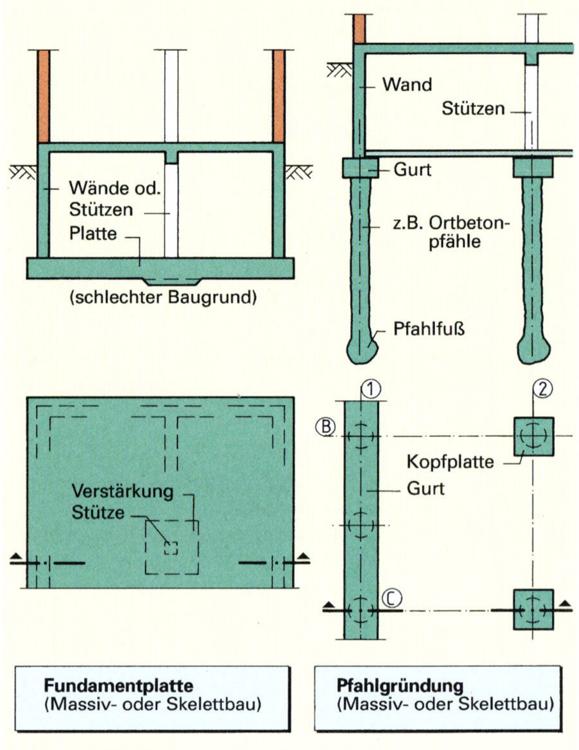

Gründungsarten

Reicht die Tragfähigkeit des Baugrundes auch für eine Gründung durch Plattenfundamente nicht aus, oder steht tragfähiger Untergrund nur in größerer Tiefe an, so kommen **Tiefgründungen** zur Ausführung, bei denen das Bauwerk auf einzelne Pfähle gegründet wird.

Mitunter ist es günstiger, den Baugrund zu verbessern, als aufwendige Gründungsarten zu wählen. Gebräuchliche Methoden der **Baugrundverbesserung** sind:

- den anstehenden Baugrund zu verdichten,
- den Boden auszutauschen und durch tragfähiges Material (z. B. Schotter) zu ersetzen,
- die Tragfähigkeit des Bodens durch das Einarbeiten von Bindemitteln wie Kalk oder Zement zu verbessern.

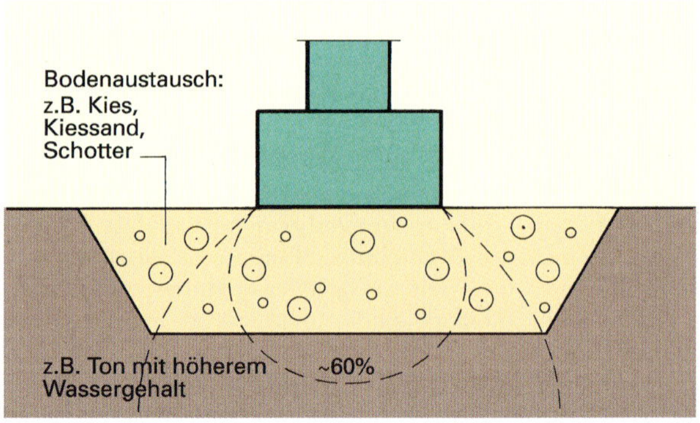

Baugrundverbesserung bei einem Streifenfundament

13.3.1 Plattenfundamente

Plattenfundamente gehen unter dem gesamten Bauwerk hindurch. Sie können einen kreisrunden oder rechteckigen Grundriss aufweisen.

Um die statische **Beanspruchung** eines Plattenfundamentes und seine **Verformung** nachzuvollziehen, kann man sie sich wie einen umgedrehten Balken bzw. wie eine umgedrehte Decke vorstellen: Das Plattenfundament wird bei dieser Vorstellung durch eine Flächenlast (den Sohldruck) belastet und die Wände wirken wie linienförmige Auflager.

Plattenfundamente werden auf Biegung und Schub beansprucht und sind entsprechend zu bewehren.

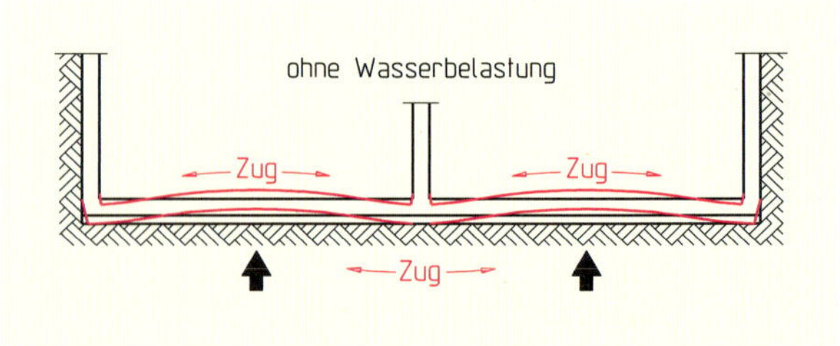

Beanspruchung eines Plattenfundamentes

13.3.2 Tiefgründungen

Die heute verbreitetste Art der Tiefgründung ist die **Pfahlgründung**. Bei den Pfahlgründungen werden die stehende und die schwebende Pfahlgründung unterschieden.

Bei der **stehenden Pfahlgründung** reichen die Pfähle bis in tragfähige Schichten, auf die die Last über die Pfahlspitze übertragen wird. Die **Mantelreibung** zwischen Pfahl und umgebenden Baugrund spielt hier nur eine untergeordnete Rolle, da sie wegen der geringen Setzungen nicht aktiviert wird.

Bei der **schwebenden Pfahlgründung** enden die Pfähle wegen der großen Tiefenlage tragfähiger Bodenschichten im anstehenden Baugrund geringer Tragfähigkeit. Hier wird die Last zum weit überwiegenden Teil über **Mantelreibung** von den Pfählen auf den Baugrund übertragen. Bei dieser Gründungsart ist mit **erheblichen Setzungen** zu rechnen, die bei der Planung des Bauwerkes berücksichtigt werden müssen.

Auf die Pfahlspitzen werden Gurte oder Kopfplatten betoniert, auf denen das Bauwerk errichtet werden kann.

Nach der Art der Fertigung werden bei den Pfahlgründungen **Fertigpfähle** und **Ortbetonpfähle** unterschieden.

Fertigpfähle bestehen aus Stahlbeton oder Stahl. Sie werden überwiegend durch Rammen versetzt und deshalb auch als **Rammpfähle** bezeichnet. Wo dies wegen der damit verbundenen Erschütterungen, des Lärms oder aus anderen Gründen unzweckmäßig ist, werden Ortbetonpfähle gesetzt. Diese werden an Ort und Stelle hergestellt. Dabei wird ein **Mantelrohr**, das die Standfestigkeit sichert, in den Baugrund eingepresst, eingerüttelt oder eingespült. Anschließend erfolgt im Schutz des Mantelrohres der Aushub mit speziellen Rohr-, Rundgreifern oder Bohrern. Nach erfolgtem Aushub wird der Pfahlfuß betoniert und zur Verbreiterung der **Spitzendruckfläche** ausgerammt, der Bewehrungskorb eingebaut und der Pfahl unter gleichzeitigem Ziehen des Mantelrohres ausbetoniert.

Eine Alternative hierzu stellt die **Brunnengründung** dar. Bei ihr werden Betonringe/-rohre aus Stahlbetonfertigteilen bis auf die tragfähige Gründungssohle abgesenkt, mit Rundgreifern im Inneren ausgeschachtet und anschließend ausbetoniert. Dies kann sich besonders bei nichtbindigen Böden durch Aushub mit Saugbaggern als wirtschaftlich erweisen.

Eine weitere Möglichkeit ist die **Senkkastenbauweise** (Caissonbauweise). Bei ihr wird zuerst ein unten offener Stahlbetonkasten hergestellt, der den Arbeitsraum bildet. Er kann bei anstehendem Grundwasser durch Überdruck wasserfrei gehalten werden. Über eine Druckluftschleuse gelangen die Arbeitskräfte in den Arbeitsraum, in dem der nicht tragfähige Boden ausgespült und dadurch der Kasten abgesenkt wird. Nach erfolgter Absenkung bis auf tragfähigen Untergrund wird der Arbeitsraum verfüllt und darüber das Bauwerk errichtet.

> Pfahlgründung, Brunnengründung und Senkkastenbauweise sind mögliche Gründungsarten bei Baugrund, der Flachgründungen nicht zulässt.

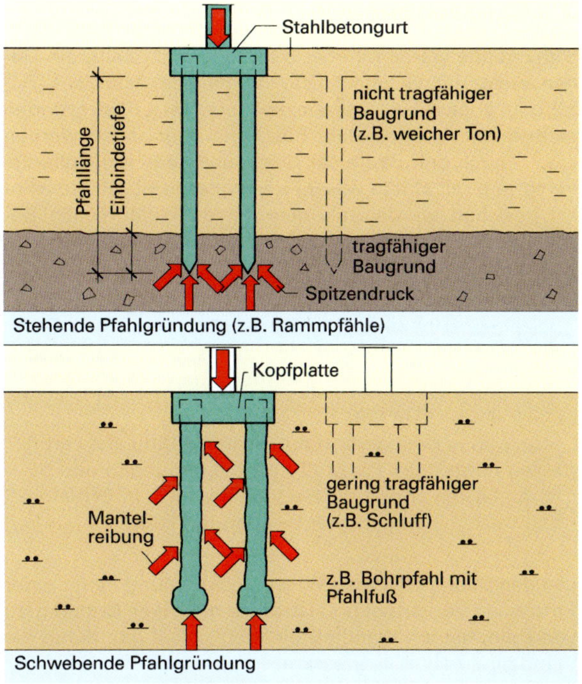

Arten von Pfahlgründungen

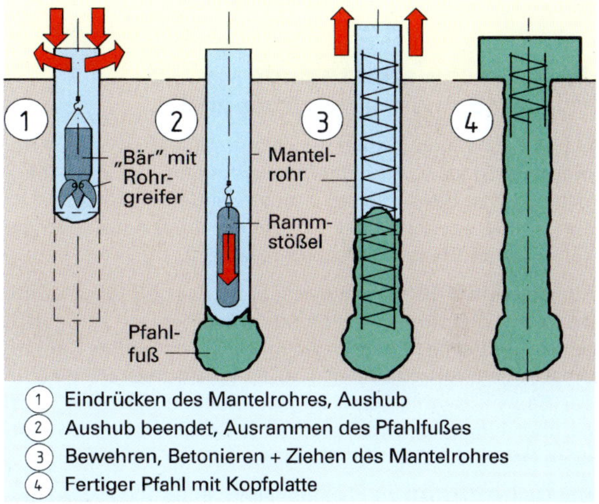

Herstellen eines Ortbetonpfahles

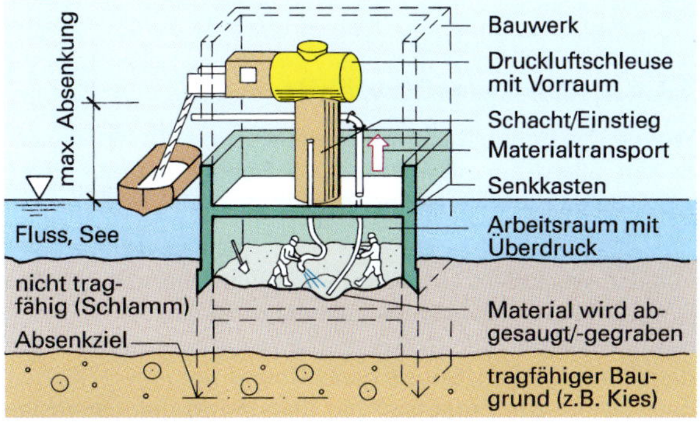

Senkkastenbauweise

13.4 Stützwände

Stützwände werden immer dann benötigt, wenn ein Höhenversatz im Gelände nicht durch eine natürliche Böschung abgesichert werden soll oder aus Platzgründen nicht durch Anlegen einer Böschung abgesichert werden kann. Durch den Bau einer Stützwand kann ein **Geländeversprung** mit einem wesentlich größeren Böschungswinkel gesichert werden, als dies mit dem natürlichen Böschungswinkel des anstehenden Bodens möglich wäre.

Stützwände sichern den abrutschgefährdeten Erdkeil bei einem Höhenversatz. Sie werden durch den Erddruck des dahinter liegenden Bodens, durch eine mögliche Auflast und durch den möglichen Staudruck anstehenden Wassers belastet.

Stützwände geringerer Höhe werden häufig aus Fertigteilen hergestellt. Bei größeren Abmessungen und höheren Lasten erfolgt die Herstellung i. d. R. in Ortbetonbauweise mit eingebauter Bewehrung.

Um den Staudruck durch Wasseransammlung hinter einer Stützwand zu vermeiden, ist diese mit einer **Dränung** zu versehen, die am Wandfuß die Möglichkeit hat, durch die Wand hindurch zu entwässern.

Nach der Art ihrer Ausbildung und der Abtragung der angreifenden Lasten unterscheidet man zwischen **Schwerlastwänden** und **Winkelstützwänden**.

13.4.1 Schwerlastwände (Schwergewichtswände)

Schwerlastwände (Schwergewichtswände) setzen den angreifenden Lasten ihre **Eigenlast** entgegen. Um die **Standsicherheit** zu gewährleisten, muss die Schwerlastwand so ausgebildet werden, dass sowohl ein Kippen als auch ein Verschieben (Gleiten) ausgeschlossen ist.

Kippsicherheit erreicht man dadurch, dass die **resultierende Kraft** aus äußeren Lasten und der Eigenlast im Bereich der Grundfläche der Stützwand wirkt. Um hohe Kantenpressungen zu vermeiden und zu gewährleisten, dass in der Bauwerkssohle keine Zugspannungen auftreten, wird darüber hinaus gefordert, dass die Resultierende im mittleren Drittel der Grundplatte liegt.

Um **Gleitsicherheit** zu gewährleisten, muss die Horizontalkomponente der Resultierenden kleiner sein als die ihr entgegenwirkende Reibungskraft in der Fuge zwischen Bauwerk und Baugrund.

13.4.2 Winkelstützwände

Wegen des hohen Materialbedarfs stellen Schwerlastwände vor allem bei zunehmender Stützhöhe oftmals keine wirtschaftliche Lösung dar. Hier ist die **Winkelstützwand** zu bevorzugen.

Für den Nachweis von Kipp- und Gleitsicherheit gilt das Gleiche wie bei der Schwerlastwand. Durch die günstige Form wirkt bei der Winkelstützwand die Erdauflast auf dem hangseitigen Sporn dem Kippen entgegen. Außerdem erhöht die Erdauflast die Reibung in der Lagerfuge zwischen Bauwerkssohle und Baugrund.

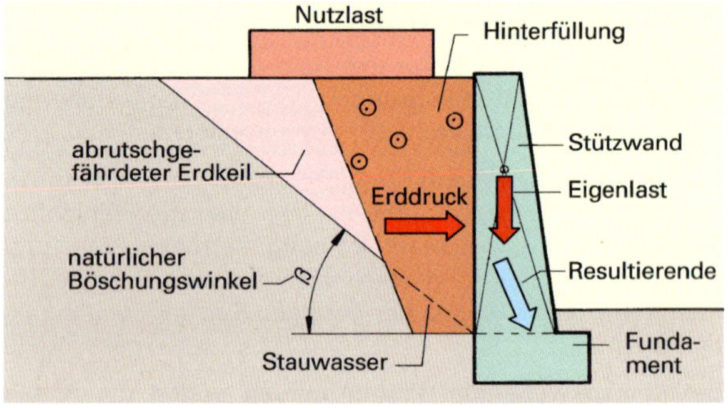

Kräfte an einer Schwerlaststützwand

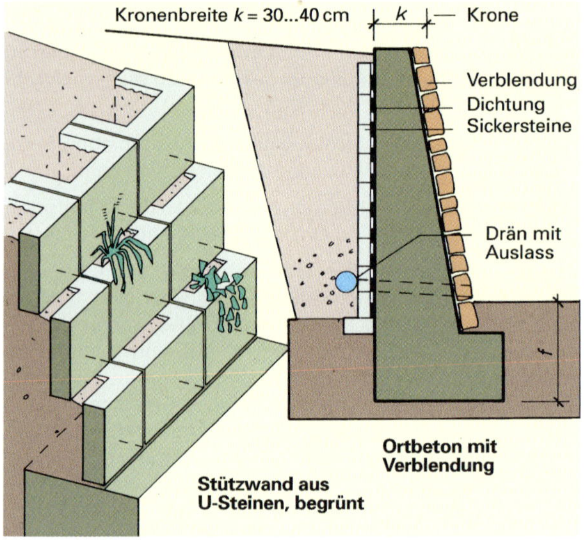

Schwerlaststützwände, Beispiele

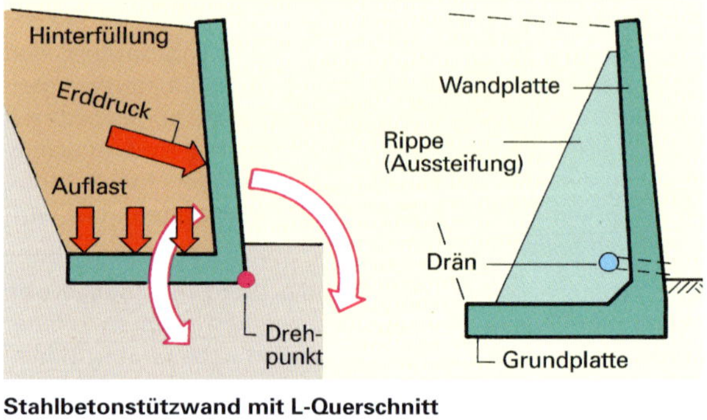

Stahlbetonstützwand mit L-Querschnitt

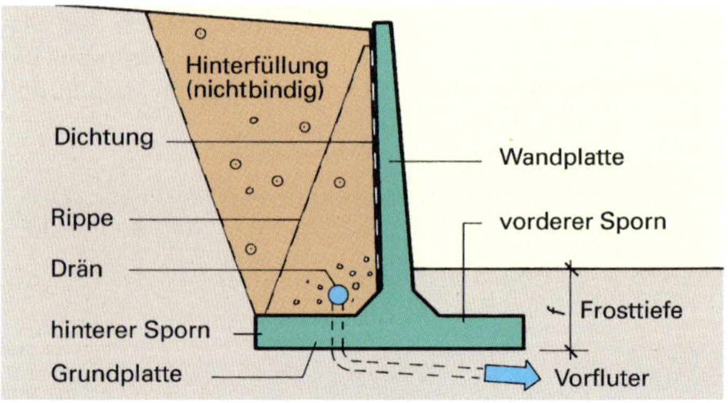

Stahlbetonstützwand mit T-Querschnitt

Bewehrung von Winkelstützwänden

Winkelstützwände werden hauptsächlich auf Biegung beansprucht. **Zugspannungen** treten hier vornehmlich auf der dem Gelände zugewandten Seite der Wand und an der Oberseite der Grundplatte auf. An diesen Stellen ist die **Hauptbewehrung** anzuordnen.

Zur Verteilung der Lasten und zur Aufnahme von Schwind- und Temperaturspannungen wird rechtwinklig zur Hauptbewehrung die **Querbewehrung** eingelegt.

Auf der luftzugewandten Seite der Wand ist eine **konstruktive Bewehrung** vorzusehen, die ebenfalls die Aufgabe hat, die Rissbreiten aus auftretenden Schwind- und Temperaturspannungen zu begrenzen.

Die Stützwand muss mit der Grundplatte **biegesteif** verbunden sein, was eine entsprechende Bewehrungsführung erfordert. Zusätzlich können gegebenenfalls an der rückwärtigen Seite Rippen zur Aussteifung angeordnet werden.

Eine weitere Maßnahme, die auftretenden Zugspannungen aus dem Schwinden und Temperaturunterschieden zu begrenzen, ist die Anordnung von **Dehnungsfugen** in einem Abstand von etwa 10 m. Diese müssen bewehrt ausgeführt werden.

Winkelstützwände werden vorwiegend auf Biegung beansprucht. Die Bewehrung muss sorgfältig nach den Bewehrungsplänen ausgeführt werden.

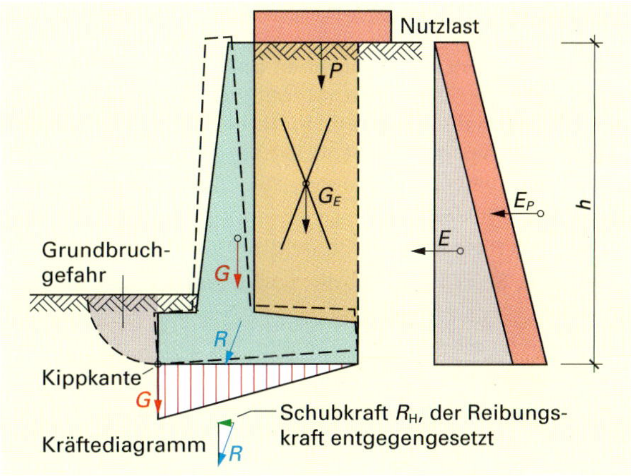

Kräfte an einer Winkelstützwand

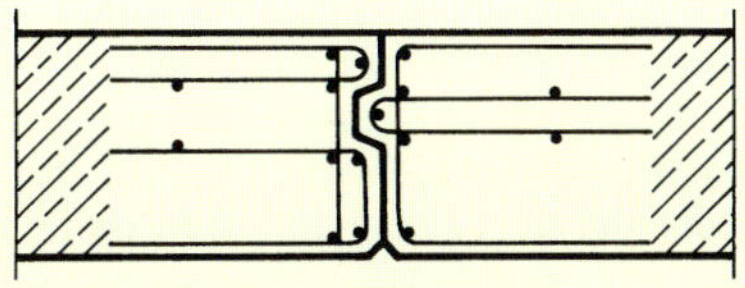

Waagerechter Schnitt durch Winkelstützmauerfuge

Detail: Bewehrung Wandfuge

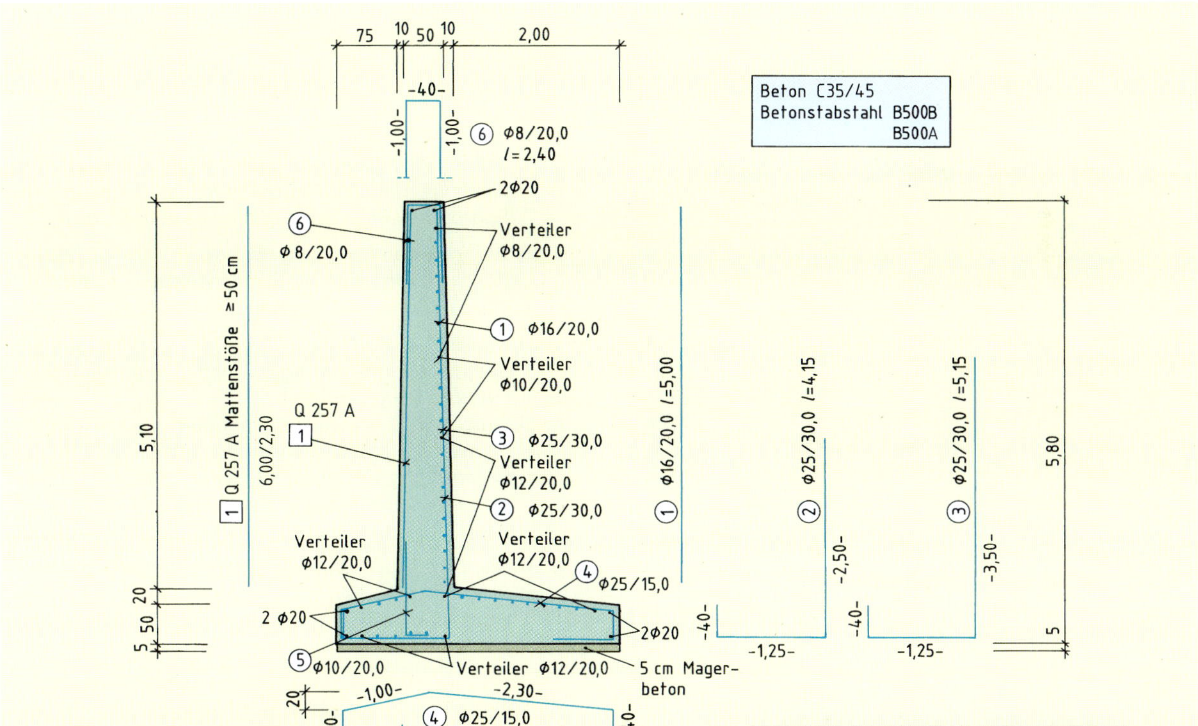

Durchmesser in mm	Stababstand in cm	Schnittlänge in m
ϕ 16	20,0	l = 5,00

Bezeichnung der Bewehrungsstäbe

Bewehrung einer Stahlbetonstützwand

Zusammenfassung

Für das **Sichern von Baugruben und Gräben** gibt es eine Vielzahl unterschiedlicher Möglichkeiten, die sich in ihren Eigenschaften und den mit ihrer Herstellung verbundenen Kosten ganz erheblich unterscheiden. Die Wahl des geeigneten Verfahrens zur Baugrubensicherung hängt z. B. davon ab:

- wie viel Platz auf dem Baufeld zur Verfügung steht,
- welche Standfestigkeit der vorhandene Baugrund aufweist,
- ob mit Grundwasser zu rechnen ist,
- welche Lasten die Baugrubensicherung abtragen muss (z. B. Nutzlasten oder Bauwerkslasten aus der Nachbarbebauung).

Die einfachste und kostengünstigste Möglichkeit einer Baugrubensicherung stellt dabei das **Abböschen** der Baugrubenwände dar. Diese Möglichkeit weist jedoch einen großen Platzbedarf auf und erlaubt keine wasserdichte Umschließung der Baugrube. Ist das Abböschen wegen des fehlenden Platzes deshalb nicht möglich oder unwirtschaftlich, so stellt das **Verbauen** von Baugruben und Gräben eine weitere, relativ kostengünstige Möglichkeit der Böschungssicherung dar. Bei den Verbauarten unterscheidet man dabei zwischen dem waagerechten Verbau, dem senkrechten Verbau und dem Einsatz von Verbaugeräten. Von Nachteil bei diesen Möglichkeiten ist jedoch, dass horizontale Steifen das Arbeiten in der Baugrube bzw. im Graben erschweren und eine wasserdichte Ausführung ebenfalls nicht möglich ist.

Wenn an die Baugrubensicherung weitergehende Anforderungen hinsichtlich Wasserdichtheit, Verformbarkeit, flexibler Anpassung an schwierige Geometrien oder steifenfreie Arbeitsfelder gestellt werden, müssen **Verfahren des Spezialtiefbaus** herangezogen werden. Diese erfüllen dann häufig nicht nur temporäre Aufgaben zur Sicherung der Baugrube während der Bauzeit, sondern werden selbst Bestandteil des errichteten Bauwerkes. Als mögliche Verfahren kommen hierbei die **Spritzbetonsicherung**, die **Bodenvernagelung**, der Verbau durch **Spundwände**, **Bohrpfahlwände** in unterschiedlichen Ausführungsarten, **Schlitzwände** oder das **Gefrierverfahren** in Betracht.

Neben dem Sichern von Baugruben und Gräben kommt beim Bauen im Bestand der **Sicherung von Bauwerken** große Bedeutung zu. Durch Eingriffe in den Baugrund in unmittelbarer Nähe bereits bestehender Bauwerke können an diesen Schäden entstehen. Aus diesem Grund müssen Arbeiten unterhalb der Fundamentsohle vorhandener Nachbarbebauung mit besonderer Umsicht ausgeführt und die bestehenden Fundamente durch **Unterfangungen** oder **Vor-der-Wand-Pfähle** gesichert werden.

Werden Bauwerke auf **Baugrund mit unzureichender Tragfähigkeit** errichtet, müssen geeignete Maßnahmen getroffen werden, um die Bauwerkslasten sicher und mit möglichst geringen Setzungen in den Baugrund abzuleiten. Reichen hierzu Maßnahmen zur **Baugrundverbesserung** in Verbindung mit **Flachgründungen** nicht aus, müssen **Tiefgründungen** ausgeführt werden.

Können Höhenversätze im Gelände oder bei der Errichtung von Bauwerken nicht mit Böschungen abgesichert werden, kommen Stützwände in Betracht.

Aufgaben

1. a) *Beschreiben Sie den Unterschied zwischen dem Trocken- und dem Nassspritzverfahren bei der Spritzbetonsicherung.*
   b) *Nennen Sie drei typische Anwendungsgebiete für Spritzbetonsicherungen.*
2. a) *Weshalb werden Spritzbetonsicherungen häufig durch das Verfahren der Bodenvernagelung zusätzlich gesichert?*
   b) *Worin sehen Sie einen Vorteil der Baugrubensicherung durch eine Spritzbetonsicherung in Verbindung mit einer Bodenvernagelung?*
   c) *Beschreiben Sie den Arbeitsablauf bei der Herstellung dieser Maßnahme zur Baugrubensicherung.*
3. a) *Was versteht man unter Spundwänden?*
   b) *Welche Möglichkeiten gibt es, die Stahlspundbohlen in den Boden einzutreiben?*
   c) *Wo liegt das bevorzugte Anwendungsgebiet von Spundwänden?*
4. a) *Bei den Bohrpfahlwänden unterscheidet man drei Arten der Anordnung der Bohrpfähle. Skizzieren Sie diese.*
   b) *Worin liegt der Vorteil von Bohrpfahlwänden im Vergleich zu Spundwänden oder Trägerbohlwänden?*
   c) *In welchen Fällen halten Sie den Einsatz von Bohrpfählen für sinnvoll?*
5. a) *Beschreiben Sie in Stichworten die einzelnen Arbeitsschritte beim Herstellen einer Schlitzwand.*
   b) *Weshalb haben Schlitzwände im Vergleich zu Bohrpfahlwänden eine geringere Bedeutung?*
6. a) *Wozu dienen Unterfangungen?*
   b) *Welches Verfahren wird bei größeren zu unterfangenden Bereichen bevorzugt angewendet?*
7. a) *Nennen und erläutern Sie drei Möglichkeiten der Baugrundverbesserung bei nicht ausreichend tragfähigem Baugrund.*
   b) *Welche Gründungsarten gehören zu den Flach- und welche zu den Tiefgründungen?*
   c) *Beschreiben Sie den Unterschied zwischen einer stehenden und einer schwebenden Pfahlgründung.*
8. a) *Wann kommen Stützwände zur Ausführung?*
   b) *Skizzieren Sie den Schnitt durch eine Schwerlaststützwand und durch eine Winkelstützwand und zeichnen Sie die angreifenden Lasten ein.*
9. a) *Von welchen Faktoren hängt die Wahl einer geeigneten Baugrubensicherung ab?*
   b) *Welche der vorgestellten Verfahren sind Ihnen aus Ihrer bisherigen Berufspraxis bekannt?*
10. *Beschreiben Sie Bauprojekte in Ihrer Umgebung, bei denen besondere Maßnahmen der Baugrubensicherung ausgeführt werden.*

14 Straßenbau

Mobilität und ein gut ausgebautes Straßennetz sind für ein Industrieland von grundlegender Bedeutung. Die gute Erreichbarkeit von Wohn-, Arbeits- und Produktionsstandorten einerseits, sowie der Schutz von Mensch, Umwelt und Natur andererseits, bilden besonders in den dicht besiedelten Ballungsräumen Gegensätze, die zu Konflikten führen und bei der Straßenplanung berücksichtigt werden müssen. Die zuständigen Straßenbauverwaltungen müssen dazu mit Bürgern, Umweltverbänden, Kommunen sowie Vertretern aus Politik, Wirtschaft und Industrie eng zusammenarbeiten.

Bei der Straßenplanung kommen zahlreiche Regelwerke zur Anwendung, in denen die Planung und Ausführung von Straßenbauprojekten geregelt sind. Zu Beginn wird die Funktion und Aufgabe der zu planenden Straße festgelegt, im Lageplan die Linienführung bestimmt und an das Gelände angepasst. Dazu müssen Lagepläne, Höhenpläne und Straßenquerschnitte erstellt werden. Auch die Straßenentwässerung sowie Lärmschutzmaßnahmen müssen geplant werden.

14.1 Ausarbeiten eines Straßenentwurfs

14.1.1 Die Straßenplanung

Straßenfunktion und Straßennetz

Straßen sollen die Lebensbereiche der Menschen verbinden und den Personen- sowie Güterverkehr kostengünstig und umweltschonend ermöglichen. Durch ein Netz von Autobahnen, Bundesstraßen, Landstraßen, Kreisstraßen und Gemeindestraßen soll diese **Verbindungsfunktion** erfüllt werden.

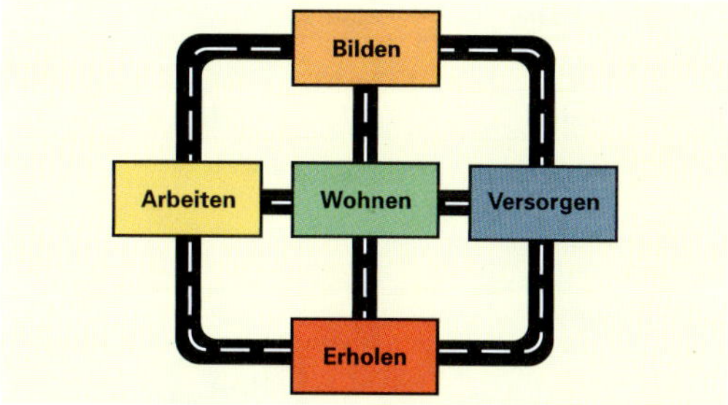

Straßen verbinden

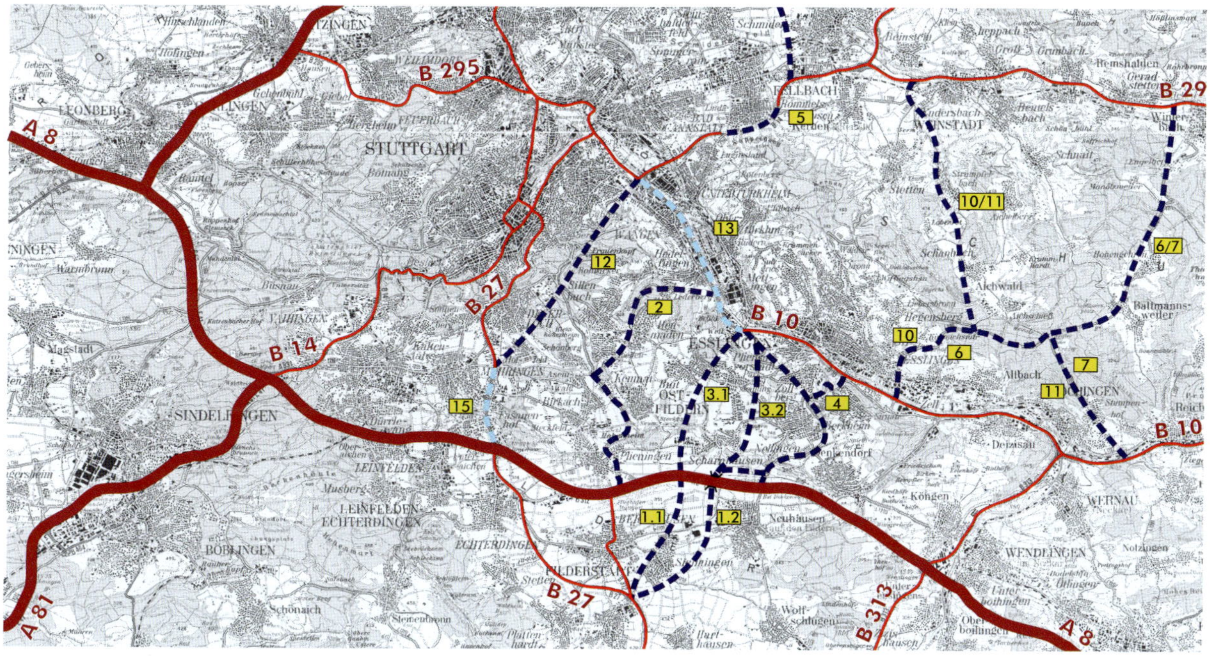

Straßenbedarfsermittlung für den Raum Stuttgart

Straßen werden in den allermeisten Fällen im öffentlichen Auftrag gebaut. Der **Straßenbaulastträger** hängt aber von der Straßenart ab. Er ist neben dem Bau auch für die Erhaltung der Straße zuständig.

Eine andere Form der Finanzierung bilden öffentlich-private Partnerschaften, auch Public Private Partnership (PPP) genannt. Dabei wird der Neubau oder Ausbau einer Straße und deren Erhaltung einem privaten Partner übertragen, der im Gegenzug Mauteinnahmen oder einen finanziellen Ausgleich aus dem Staatshaushalt für einen langen Zeitraum (z.B. 30 Jahre) erhält.

Auf diese Art können Straßenbauvorhaben schneller realisiert werden.

Straßenart	Straßenbaulastträger
Bundesautobahnen und Bundesstraßen	Bundesrepublik Deutschland
Landesstraßen (Staatsstraßen in Freistaaten)	Land (Freistaat)
Kreisstraßen	Landkreis
Gemeindestraßen	Gemeinde/Stadt

Verantwortlichkeiten für den Straßenbau und die Erhaltung der Straßen

Straßenkategorien und Standardisierung

Die Verbindungsfunktion muss im kommunalen Bereich sowie im regionalen, im nationalen und internationalen Rahmen gewährleistet werden. Entsprechend werden in der „Richtlinie für die integrierte Netzgestaltung" (RIN) verschiedene **Straßenkategorien** zu einem Verkehrsnetz zusammengesetzt. Den Kategorien entsprechen dann auch die unterschiedlichen, aber standardisierten Konstruktionen des Straßenaufbaus und der Linienführung.

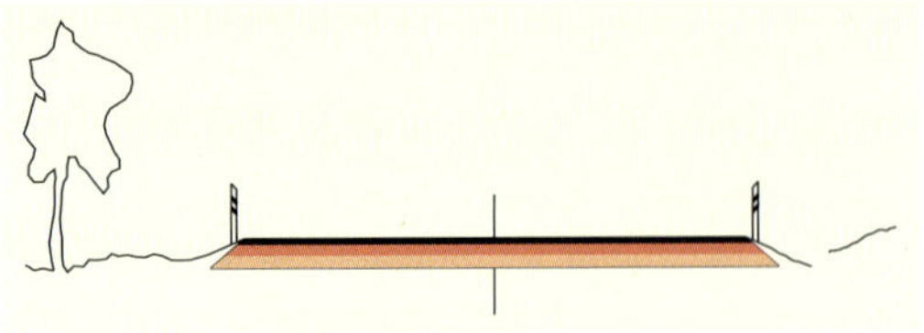

Anbaufreie Straße (Straße außerhalb bebauter Gebiete)

Kategoriengruppe / Verbindungsfunktionsstufe		Autobahnen	Landstraßen	anbaufreie Hauptverkehrsstraßen	angebaute Hauptverkehrsstraßen	Erschließungsstraßen
		AS	LS	VS	HS	ES
kontinental	0	AS 0		–	–	–
großräumig	I	AS I	LS I		–	–
überregional	II	AS II	LS II	VS II		–
regional	III	–	LS III	VS III	HS III	
nahräumig	IV	–	LS IV	–	HS IV	ES IV
kleinräumig	V	–	LS V	–	–	ES V

RAA – Richtlinie für die Anlage von Autobahnen

RAL – Richtlinie für die Anlage von Landstraßen

RASt – Richtlinie für die Anlage von Stadtstraßen

AS I – vorkommend, Bezeichnung der Kategorie

(rot) – problematisch

– nicht vorkommend oder nicht vertretbar

Einteilung der Straßen nach der Richtlinie für die integrierte Netzgestaltung (RIN)

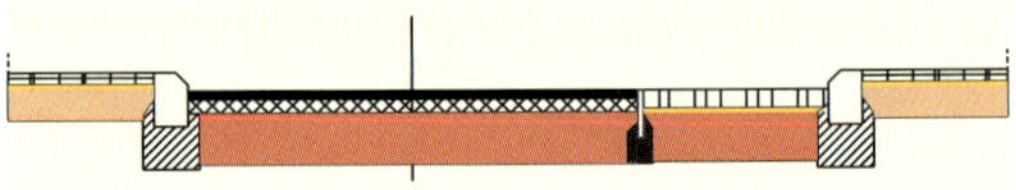

Angebaute Straße (Straße innerhalb bebauter Gebiete)

Neben den Richtlinien nach RIN werden Straßen derzeit auch nach weiteren Richtlinien standardisiert:

- gemäß ihrer Verkehrsbelastung nach **Belastungsklassen** entsprechend den „Richtlinien für die Standardisierung des Oberbaus" (RStO),
- gemäß dem **Regelquerschnitt** nach RAL und RASt,
- gemäß ihrer **Bauweise** nach RStO in Bauweisen mit Asphaltdecken, Bauweisen mit Betondecken und Bauweisen mit Pflasterdecken; siehe Abschnitt 14.2.3,
- gemäß ihrer **Bauart** in anbaufreie Straßen und angebaute Straßen nach RAA, RAL und RASt.

Die **Belastungsklassen** richten sich nach der zu erwartenden Verkehrsbeanspruchung. Deshalb werden für den vorgesehenen Nutzungszeitraum die „äquivalenten 10-t-Achsübergänge in Millionen" den Belastungsklassen zugeordnet. Danach ergeben sich sieben Belastungsklassen (vgl. Tabelle).

Auch für Busverkehrsflächen, Rastanlagen, Parkflächen, Kreuzungsbereiche und Kreisverkehrsflächen werden nach RStO entsprechende Belastungsklassen angegeben.

Straßen werden je nach der Funktion, die sie im Verkehrsnetz einnehmen, in Kategorien eingeteilt. Die Verkehrsbelastung bestimmt dann die Belastungsklasse und den Regelquerschnitt. Die Bauweise wird entsprechend der Beanspruchung und den Baumaterialien gewählt.

Dimensionierungsrelevante Beanspruchung Äquivalente 10-t-Achsübergänge in Mio.	Belastungsklasse
über 32	Bk100
über 10 … 32	Bk32
über 3,2 … 10	Bk10
über 1,8 … 3,2	Bk3,2
über 1,0 … 1,8	Bk1,8
über 0,3 … 1,0	Bk1,0
… 0,3	Bk0,3

Straßenbeanspruchung und zugeordnete Belastungsklassen nach RStO

Typische Entwurfssituation	Straßenkategorie	Belastungsklasse
Anbaufreie Straße	VS II, VS III	Bk10 … BK100
Verbindungsstraße	HS III, HS IV	Bk3,2/Bk10
Gewerbestraße	HS IV, ES IV, ES V	Bk1,8 … Bk100
Hauptgeschäftsstraße	HS IV, ES IV	Bk1,8 … Bk10
Örtliche Einfahrtsstraße	HS III, HS IV	Bk3,2/Bk10
Dörfliche Hauptstraße	HS IV, ES IV	Bk1,0 … Bk3,2
Sammelstraße	ES IV	Bk1,0 … Bk3,2
Wohnstraße	ES V	Bk0,3/Bk1,0
Wohnweg	ES V	Bk0,3

Mögliche Belastungsklassen für die typischen Entwurfssituationen nach den RASt

Regelquerschnitte (RQ) vereinheitlichen die Fahrbahnbreiten und sind nach RAA, RAL und RASt festgelegt. So bedeutet z.B. RQ 15,5 (Abbildung unten), dass die Straße mit einer Kronenbreite von 15,50 m, zwei Fahrstreifen zu je 3,50 m Breite und einem Überholfahrstreifen von 3,25 m Breite gebaut wird.

Bankette, Seitenstreifen und Mittelstreifen ergänzen den Querschnitt. Weitere Regelquerschnitte entstehen durch Hinzufügen weiterer Fahrstreifen, Überholstreifen, Abbiegestreifen oder Einfädelspuren.

Für Erschließungsstraßen gelten entsprechende Regelungen nach der Richtlinie für die Anlage von Stadtstraßen (RASt).

Die Regelquerschnitte wurden nach den **Bemessungsfahrzeugen**, den nötigen **Bewegungsspielräumen** in der Geraden und in den Kurven sowie nach der Straßenart festgelegt.

Aus diesen Maßen ergeben sich für den Raum über der Straße die nachfolgenden Festlegungen, die damit auch die Höhen von Brückendurchfahrten, Nähe der Verkehrsschilder und Bäume bestimmen.

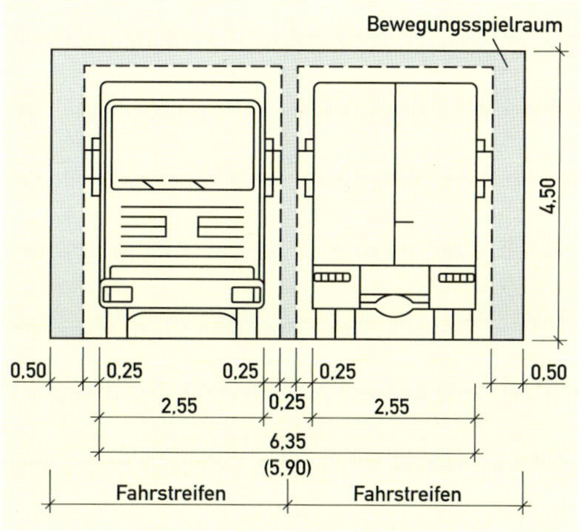

Beispiel für Bewegungsspielraum (nach RASt)

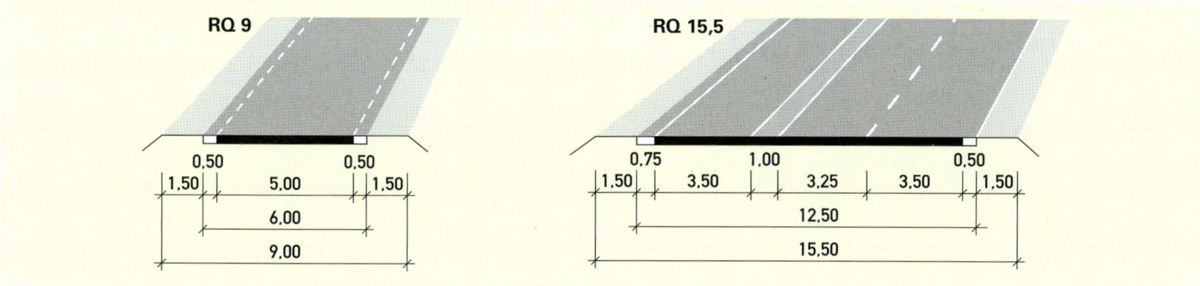

Beispiele für Regelquerschnitte nach RAL

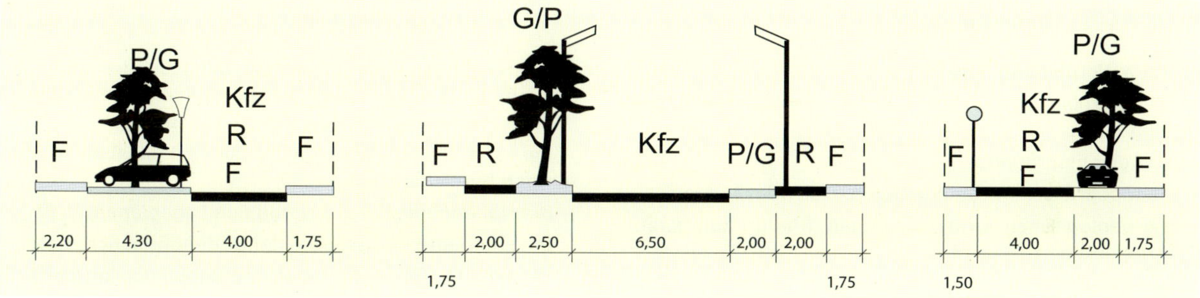

Beispiele für Querschnittsempfehlungen nach RASt

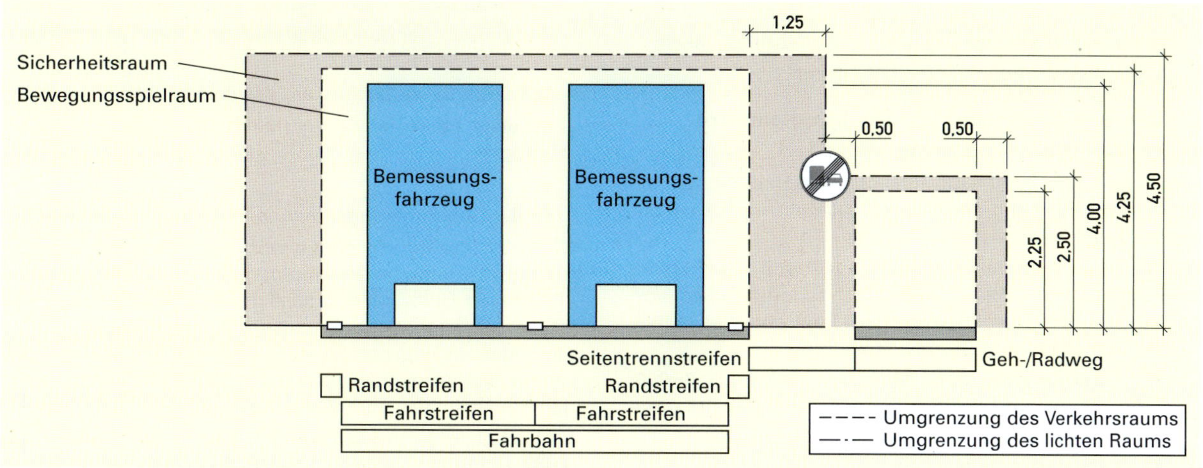

Grundmaße für den Verkehrsraum und lichten Raum nach RAL

Fahrstreifen (ein oder zwei, im Gegenverkehr oder im Richtungsverkehr)	Für Kfz	Breite je nach RQ (Regelquerschnitt)
Randstreifen	Zur Markierung und Fahrbahnbegrenzung	0,25 (... 1,00)m
Seitenstreifen	Trennt Fahrbahn von Nebenfahrbahnen und Geh-/Radwegen	1,25 ... 3,00 m
Befestigter Seitenstreifen	Als Standstreifen oder Mehrzweckstreifen	1,50 ... 2,50 m
Bankette (unbefest. Seitenstr.)	Für Leiteinrichtungen und Straßenunterhaltung	1,00 ... 2,00 m
Mittelstreifen	Zur baulichen Trennung von Richtungsfahrbahnen	0,50 ... 5,25 m
Radwege (R)	Durch 0,75 m Sicherheitsraum von Kfz-Verkehr getrennt	einstreifig 1,00 m zweistreifig 2,00 m
Gehwege (F)	Durch Hochborde von Fahrbahn getrennt	1,50 ... 3,75 m
Parkstreifen (P)	Für das Parken in Längs- oder Querrichtung	2,00 ... 5,00 m
Entwässerungsrinnen	Überfahrbare Linienentwässerung	0,18 ... 0,50 m
Straßenborde	Trennen Fahrstraße von Fuß- und Radweg	0,15 ... 0,30 m breit Höhe 0,03 ... 0,2 m
Böschungen	Als Damm- oder Einschnittböschung	Maße je nach Gelände

Bestandteile und Breiten von Straßenanlagen

Zusammenfassung

Entsprechend der Funktion im Verkehrsnetz werden Straßen in Kategorien eingeteilt. Nach den Funktionen und den zu erwartenden Beanspruchungen richten sich dann die Belastungsklasse und Bauweise, die Bauart und der Regelquerschnitt.

Der Verkehrsraum setzt sich aus den Fahrstreifen und den dazugehörigen Bestandteilen der Straßenanlage sowie dem Raum über der Straßenanlage zusammen. Die Maße sind in den Richtlinien (RAA, RAL, RASt) festgelegt.

Stufen der Straßenplanung

1. Stufe: Vorplanung (Linienentwurf)

In der Vorplanung werden die Grundlagenermittlungen durchgeführt:

- die Verkehrsprognose,
- die topografischen Überlegungen (Geländesituation),
- die geologischen Untersuchungen (Baugrunduntersuchungen),
- der Netzkartenanschluss (Anschlüsse an das Verkehrsnetz),
- die Versorgungs- und Entsorgungsanschlüsse (Erschließung),
- die Landschaftsgestaltung und Umweltverträglichkeit,
- die Vorüberlegungen zur Linienführung.

2. Stufe: Entwurfsplanung (Genehmigungsentwurf)

Zu den Entwurfsunterlagen gehören:

- der Erläuterungsbericht, der die Baumaßnahme beschreibt und nach vorgegebener Gliederung alle wichtigen Fragen beantwortet,
- die Übersichtskarte im Maßstab 1:25000 ... 1:100000, mit Angabe der Baukilometer, der topografischen Verhältnisse und des überörtlichen Straßennetzes sowie wichtiger Stadt- und Gemeindestraßen,
- der Übersichtslageplan im Maßstab 1:5000 ... 1:25000, als Überblick über Lage und Umfang der Baumaßnahme mit möglichen Varianten,
- der Übersichtshöhenplan als Überblick über die Gradiente und den Geländeverlauf im Bereich der Trasse,
- der Straßenquerschnitt im Maßstab 1:50, der die Regelausbildung zeigt sowie die Quergefälle, Böschungen, Entwässerungs- und Lärmschutzeinrichtungen,
- die Lagepläne im Maßstab 1:1000 ... 1:5000, in schwierigen Bereichen auch 1:250,
- die Höhenpläne entsprechend den Lageplänen,
- die kompletten Ergebnisse der Bodenuntersuchungen,
- Verzeichnis, Bauwerksskizze und Bauwerksplan der Brücken und anderer Ingenieurbauwerke,
- Ergebnisse der schalltechnischen Untersuchungen und die Pläne zu den Lärmschutzmaßnahmen,
- Ergebnisse der landschaftspflegerischen und wassertechnischen Planung,
- den Grunderwerbsplan und das -verzeichnis,
- sonstige Pläne für Knotenpunkte, Rastanlagen, Nebenanlagen.

3. Stufe: Genehmigungsplanung (Feststellungsentwurf)

Nach der Bestätigung der Entwurfsplanung durch den Auftraggeber erfolgt die Genehmigungsplanung. Sie beinhaltet alle obigen Unterlagen in korrigierter und genehmigungsfähiger Form. Auf der Grundlage dieser Planung werden die Linienführung der neuen Straße und der Straßenquerschnitt festgelegt und die Entscheidung zur Aufnahme in den Haushaltsplan vom zuständigen Rat getroffen.

Im Feststellungsentwurf werden weitere Einzelheiten wie Veränderungen an bestehenden Gebäuden und Grundstücken in Bauwerksverzeichnissen festgehalten. Danach tritt ein Anhörungsverfahren in Kraft, das allen Bürgern und Vertretern öffentlicher Einrichtungen die Möglichkeit der Einsicht und Erörterung der Entwurfsunterlagen gestatten muss. Das Planfeststellungsverfahren ist ein bundesweit geltendes Straßenrecht und ein demokratisches Mittel, das den Bürgern das Recht der Mitsprache und des Einspruchs einräumt. Erst nach der Bearbeitung aller Hinweise und Einsprüche kann der **Planfeststellungsbeschluss** erlassen werden.

4. Stufe: Ausführungsplanung

Hier werden die im Planfeststellungsverfahren festgelegten Änderungen eingearbeitet und alle noch für die Bauausführung nötigen Unterlagen ergänzt. Die Pläne werden in größeren Maßstäben ausgegeben und Details ausgearbeitet wie Verlegepläne und Randausbildungen. Diese endgültige Planung ist Grundlage der Ausschreibung und Vergabe der Bauleistung. Der endgültige Bauentwurf besteht aus folgenden Unterlagen und Plänen:

- Erläuterungsbericht über das Straßenbauvorhaben,
- Übersichtslageplan im Maßstab 1:50000 bis 1:500000,
- Ausbauquerschnitt im Maßstab 1:50 oder 1:100,
- Lageplan im Maßstab 1:100 bis 1:1000,
- Höhenplan (Maßstäbe siehe Abschnitt 14.1.2),
- Landschaftspflegeplan,
- je nach Projekt noch Grunderwerbsplan, Knotenpunktplan, Beschilderungsplan,
- Detailzeichnungen,
- Verzeichnis der notwendigen Bauleistungen (Leistungsverzeichnis nach VOB).

Alle Planungsunterlagen sind nach den „Richtlinien für die Gestaltung von einheitlichen Entwurfsunterlagen" (RE) und den „Richtlinien für die Planfeststellung nach dem Bundesfernstraßengesetz" (PlafeR) auszuarbeiten.

Für die Planung weiterer ingenieurtechnischer Anlagen wie z.B. Widerlager, Lärmschutzwände, Verkehrszeichenbrücken usw. sind weitere Richtzeichnungen erforderlich.

Bekanntmachung

Regierungspräsidium Stuttgart, Az.: 24-3912-3 / 101-18
Planfeststellungsverfahren für den sechsstreifigen Ausbau der A 6 AK Weinsberg – Landesgrenze BW / BY im Streckenabschnitt zwischen Bretzfeld und Öhringen (PA A6-2) sowie zwischen Öhringen und Kupferzell (PA A6-3)
- Einleitung des Verfahrens -

Die Bundesrepublik Deutschland - Bundesstraßenverwaltung -, vertreten durch die Abteilung Straßenwesen und Verkehr des Regierungspräsidiums Stuttgart, hat für das o.g. Straßenbauvorhaben die Durchführung eines

Planfeststellungsverfahrens

nach §§ 17 ff. Bundesfernstraßengesetz (FStrG) in Verbindung mit §§ 72 ff. Landesverwaltungsverfahrensgesetz (LVwVfG), dem Gesetz über die Umweltverträglichkeitsprüfung (UVPG) und dem Umweltverwaltungsgesetz (UVwG) - jeweils in der derzeit geltenden Fassung - beantragt.

Amtliche Bekanntmachung zur Einleitung eines Planfeststellungsverfahrens

Ausschreibung und Vergabe nach VOB

Im Teil A der **V**ergabe- und Vertrags**O**rdnung für **B**auleistungen (VOB) ist festgelegt, wie die Ausschreibung und Vergabe zu erfolgen hat.

Die Bauzeichnerinnen und Bauzeichner werden oft zur Erarbeitung des **Leistungsverzeichnisses** herangezogen, die Grundlage der Ausschreibung sind.

Dabei ist zu beachten:

- dass **alle** zu erbringenden Bauleistungen im Leistungsverzeichnis enthalten sein müssen. Dort wird beschrieben, welche Bauleistung (z.B. Frostschutzschicht einbringen), in welcher Menge (z.B. auf 2800 m^2 in einer Dicke von 30 cm), in welcher Qualität (z.B. Kies-Sand-Gemisch, Körnung 0/32 oder 0/56), mit welchem Gerät zu erbringen ist (z.B. mit lasergeführten Planierraupen).
- dass jeder Baubeteiligte verpflichtet ist, auf Fehler und Mängel in den Bauunterlagen und in der Ausführung hinzuweisen. Diese **Prüf- und Kontrollpflicht** gilt vom Architekten, Zeichner über den Bauleiter bis zum Baufacharbeiter.
- dass alle Änderungen der Ausschreibungsunterlagen nach der Planfeststellung, also auch Änderungen der Zeichnungen, genehmigungspflichtig sind.

Zusammenfassung

In den Ausschreibungsunterlagen münden letztlich alle Arbeiten der Planung. Neben den Zeichnungssätzen sind der Erläuterungsbericht und die Leistungsbeschreibung wichtige Bestandteile. Alle an der Planung und Ausführung der Straßenbauprojekte Beteiligten unterliegen der Prüf- und Kontrollpflicht.

14.1.2 Die Entwurfzeichnungen

Der Lageplan

Der Lageplan zeigt die Draufsicht, also den Grundriss der Straße und des Geländes. Er wird als Übersichtslageplan, als Ausführungszeichnung, als Leitungsplan oder als Lageplan der landschaftspflegerischen Maßnahmen benötigt und deshalb auch in verschiedenen Maßstäben gezeichnet. Als Übersichtslageplan mit sehr starker Verkleinerung (Maßstab 1:5000 ... 1:25000), als Bebauungsplan oder Leitungsplan im Maßstab 1:2000 ... 1:1000 und für den Ausführungsentwurf, mit dem auf der Baustelle gearbeitet wird, im Maßstab 1:1000 ... 1:500 und für schwieriges Gelände oder Ortsdurchfahrten auch Maßstab 1:250. Lagepläne werden auf der Grundlage von staatlichen topografischen und Katasterkarten ausgearbeitet, deren Messpunktdaten als digitale Dateien bei den Landesämtern vorliegen.

Da das Territorium durch Festpunkte (**TP**: topografische Punkte, deren genaue Lage in Bezug auf die Längen- und Breitengrade vermessen wurde; **HFP**: Höhenfestpunkte, deren genaue Höhe über NHN bestimmt wurde) eingemessen ist, kann das Straßenbauwerk im Gelände genau festgelegt werden.

Für den Straßenbau ist in der Regel die **Straßenachse** die Bezugslinie für alle anderen Angaben. Bei größeren Straßenbauwerken werden häufig noch zusätzliche Bezugslinien für die als Übergangskurven ausgebauten Straßenränder genutzt. Die Achse symbolisiert auch die **Linienführung** der Straße im Gelände und bildet zusammen mit der Randbegrenzung die **Trasse**. Linienführung und Trasse werden beim Vorentwurf als Erstes diskutiert und festgelegt.

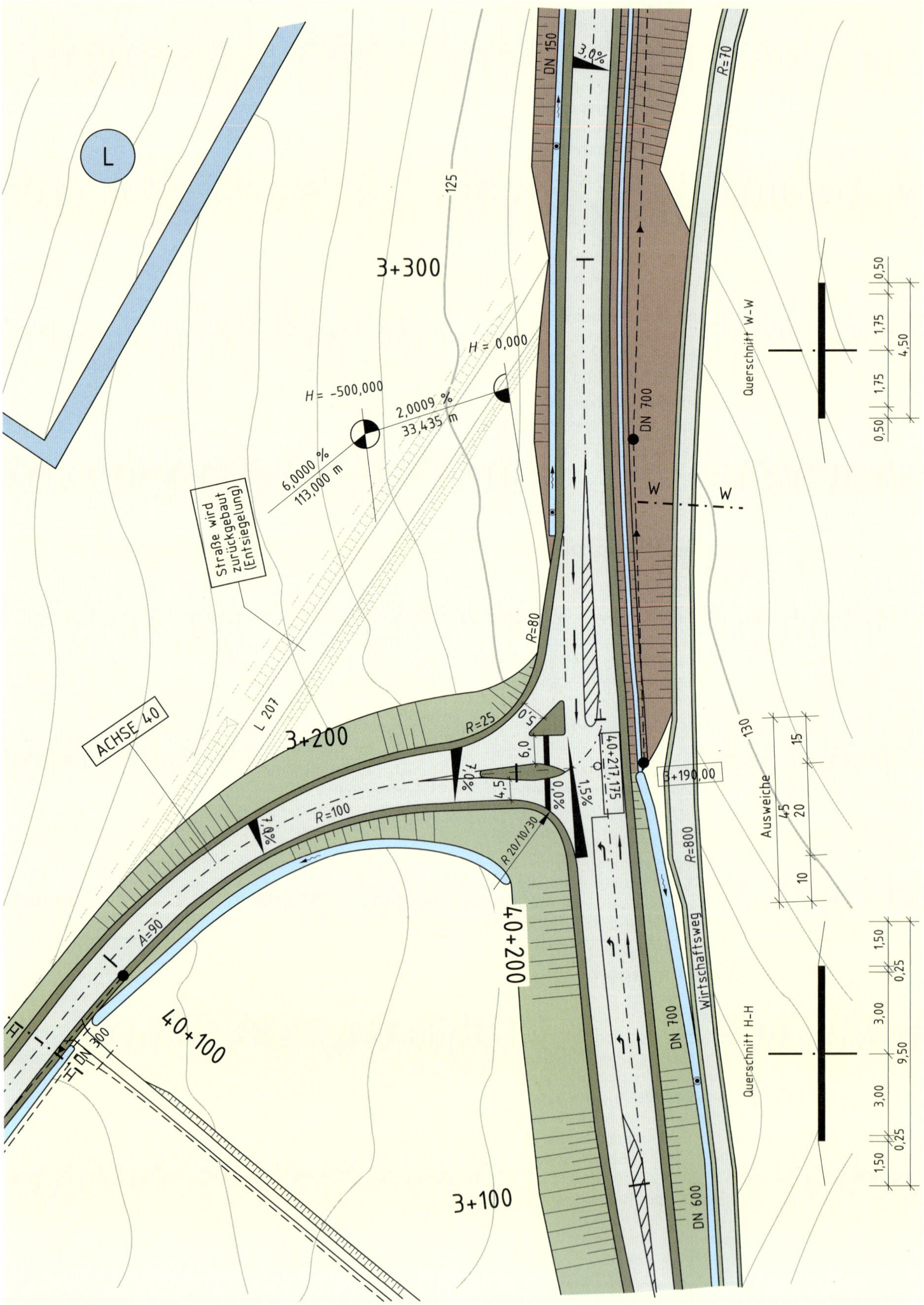

Lageplanausschnitt

Im Lageplan werden folgende Informationen eingetragen (die nebenstehenden Planzeichen sind der **Richtlinie für die Gestaltung von einheitlichen Entwurfsunterlagen (RE)** entnommen):

- die Trasse, d.h. die Linienführung der Straße im Gelände,
- die Stationen (**Stationierung**), d.h. die Längeneinteilung der Straße, gemessen in der Straßenachse und angegeben im Code 0+000; so bedeutet z.B. die Station 3+140: gemessen vom letzten Netzknotenpunkt oder vom Beginn der Baumaßnahme liegt der Achspunkt 3 km und 140 m, also 3140 m entfernt,
- die Breiten der Verkehrsflächen (Fahrbahnen, Seitenstreifen, Wege, ...),
- die Böschungen mit Neigungsschraffur,
- die Querneigung an wichtigen Punkten wie Bogenübergängen, Einmündungen u.a.,
- Hochpunkt und Tiefpunkt der Straßenachse,
- die Längsneigungen als Längsneigungsband mit ihrem Neigungsbrechpunkt, Angabe von Gefälle (–) und Steigung (+) in Prozent, Länge der Neigungsstrecke und Halbmesser der Ausrundung *H*, der Tangentenlänge *T* und dem Bogenstichmaß *f*,
- die Bauwerke wie Brücken, Tunnel, Lärmschutzanlagen u.a.,
- die Radien der Kreisbögen und die Klothoidenkonstante *A* (siehe folgende Seite), bezogen auf die Straßenachse.

Eine Straßentrasse setzt sich aus drei **Trassierungselementen** zusammen: Geraden, Kreisbögen und Klothoiden. Eine Kurve besteht im einfachsten Fall aus Kreisbögen. Bei höheren Geschwindigkeiten kann der Fahrer aber den Lenkeinschlag beim Übergang von der Geraden zum Kreisbogen nicht schnell genug auf den Kurvenradius einstellen. Es besteht die Gefahr, dass das Fahrzeug von der Fahrlinie abkommt. Diese Gefahr wird durch die Zentrifugalbeschleunigung noch verstärkt. Bei Geschwindigkeiten ab 50 km/h baut man deshalb zwischen dem Ende der Geraden und dem Kreisbogenabschnitt eine Übergangskurve („Klothoide") ein, bei der sich der Radius langsam verändert, was dem Fahrer die Möglichkeit gibt, den Lenkradeinschlag stetig an die Krümmung anzupassen.

Die Kurvenradien der Trasse werden maßgeblich von den vorgesehenen Geschwindigkeiten bestimmt. Die Planungsgeschwindigkeit hängt in erster Linie von der Funktion der Straße ab. Sie ist nicht identisch mit der verkehrstechnisch festgelegten Höchstgeschwindigkeit. Die Planungsgeschwindigkeit bestimmt die Kurvenradien, die Klothoidenparameter sowie die Längs- und Querneigungen ebenso wie die Kuppen- und Wannenausrundungen. In den Richtlinien RAA, RAL und RASt sind weitere Empfehlungen für Einmündungen, Knotenpunkte, für den öffentlichen Nahverkehr sowie für den ruhenden Verkehr enthalten.

Der Lageplan zeigt den Grundriss der Straße. Er wird in verschiedenen Maßstäben, als Übersichtslageplan, als Ausführungszeichnung oder als Lageplan der landschaftspflegerischen Maßnahmen benötigt.

Die Straßenachse bezeichnet die Linienführung der Straße und bildet zusammen mit den Straßenrändern die Trasse. Die Bestandteile des Lageplans sind standardisiert. Die Längeneinteilung der Straße heißt Stationierung. Sie wird im Code 0+000 seitlich der Achse angegeben. Zur Trassierung von Straßen werden Geraden, Kreisbögen und Klothoiden verwendet.

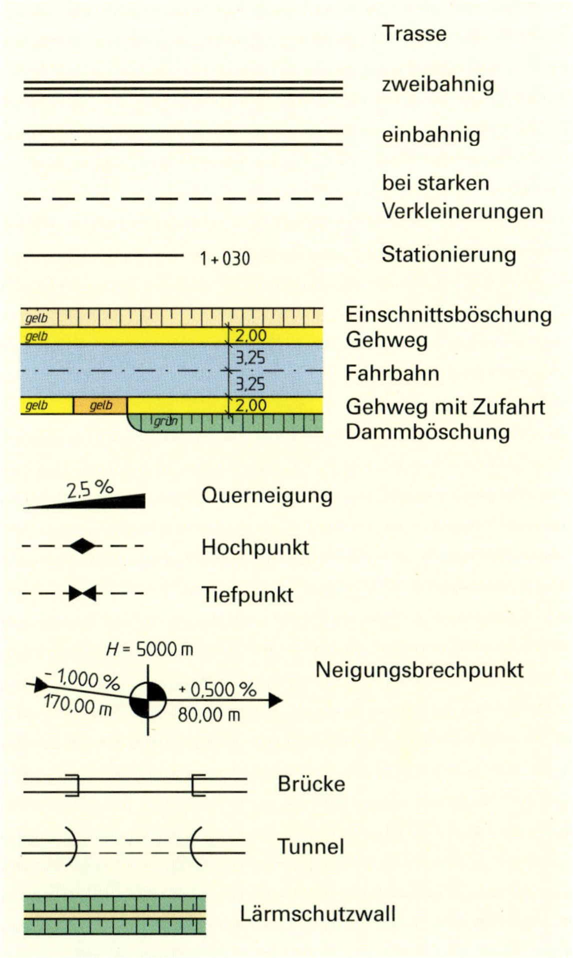

Planzeichen nach RE

Entwurfsklasse	Planungsgeschwindigkeit (km/h)	Querschnitt	Empfohl. Radienbereich *R* (m)	max. Längsneigung *s* (%)
EKL 1	110	RQ 15,5	≥ 500	4,5
EKL 2	100	RQ 11,5	400...900	5,5
EKL 3	90	RQ 11	300...600	6,5
EKL 4	70	RQ 9	200...400	8,0

Entwurfsklassen und Entwurfsmerkmale

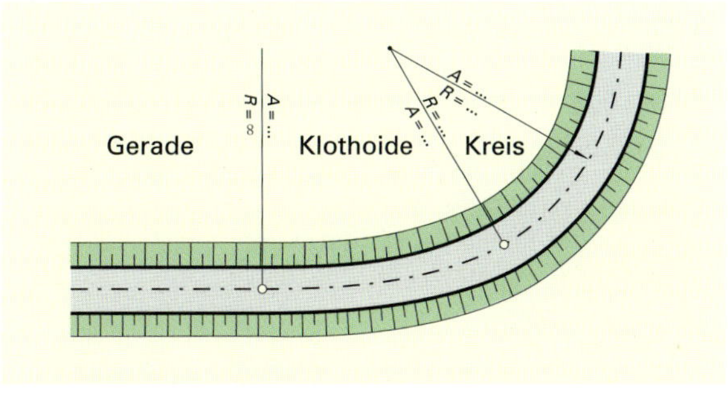

Drei Trassierungselemente

Im Straßenbau verwendet man als Übergangsbogen die **Klothoide**, bei der sich die Krümmung stetig verändert. Dadurch kann dieses Straßenstück mit gleichbleibender Geschwindigkeit befahren werden.

Man erkennt die Klothoide im Lageplan an der Kennzeichnung der Bögen. Während die Kreisbögen durch ihren Radius *R* erkennbar sind, steht bei der Klothoide das Parameterzeichen *A*. Geometrisch sind Klothoiden Spiralkurven, die einander ähnlich sind. Ihre Größe wird durch den Klothoidenparameter *A* (m) bestimmt. Das Bildungsgesetz aller Klothoiden lautet:

$$A^2 = R \cdot L$$

A: Klothoidenparameter (m)

L: Bogenlänge (m) vom Anfangspunkt 0 der Klothoide bis zur jeweiligen Stelle

R: Krümmungsradius an dieser Stelle (m)

Das heißt : Bei einer bestimmten Klothoide haben *R* und *L* an jeder Stelle einen anderen Wert, jedoch muss das Produkt $R \cdot L$ immer gleich sein.

Beispiel:

$A^2 = R \cdot L$

$3600\ m^2 = 50\ m \cdot 72\ m$

$3600\ m^2 = 75\ m \cdot 48\ m$

$3600\ m^2 = 120\ m \cdot 30\ m$

Im Beispiel ist $A = 60$ m.

Die Größe von *A* wird aber auch von der Planungsgeschwindigkeit bestimmt.

Der Parameter darf $A = R/3$ nicht unterschreiten und maximal $A = R$ betragen. Damit wird die Richtungsänderung, also der Schnittwinkel τ zwischen den Tangenten am Klothoidenanfang und -ende, mindestens $\tau = 3{,}5$ gon und höchstens $\tau = 31{,}8$ gon betragen. Klothoidentafeln enthalten die Werte, die zur Darstellung und Absteckung der Kurven notwendig sind. Zum Zeichnen der Klothoiden werden Klothoidenlineale im Maßstab 1:1000 oder Zeichenprogramme genutzt.

Das Einfügen der Klothoide in die Linienführung kann erfolgen:

- als einfacher Übergangsbogen bei der Verbindung von Gerade und Kreis,
- als **Wendelinie** bei der Verbindung zweier gegensinnig gekrümmter Kreisbögen,
- als **Eilinie** bei der Verbindung zweier gleichsinnig gekrümmter Kreisbögen (siehe Abschnitt 1.2.7).

Klothoiden als Übergangsbögen werden eingefügt, damit sich beim Übergang von der Geraden zum Kreis der Radius nicht plötzlich ändert, sondern ein stetiger Übergang erreicht wird. Klothoiden sind Spiralkurven, die einander ähnlich sind und durch den Klothoidenparameter *A* charakterisiert werden.

Das Bildungsgesetz der Klothoide heißt $A^2 = R \cdot L$.

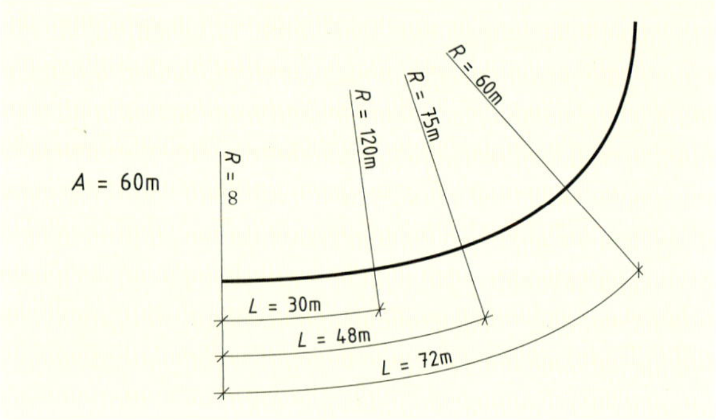

Zusammenhang von *R* und *L* für *A* = 60 m

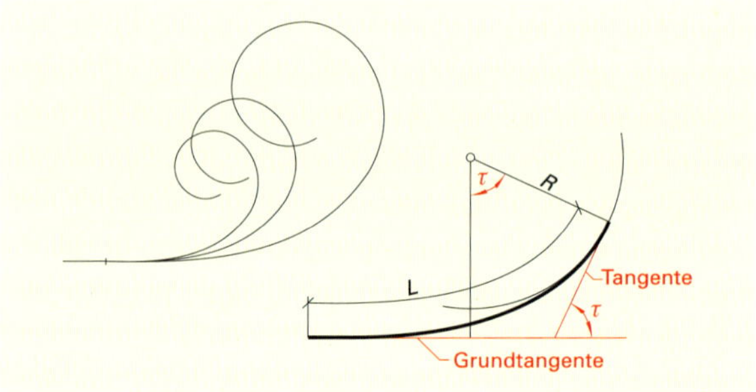

Tangenten an die Klothoide

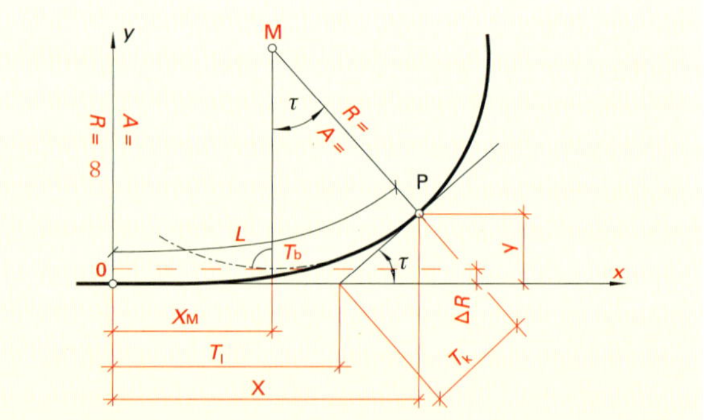

Es bedeuten

R: Radius des Kreisbogens

L: Länge des Teilstücks der Klothoide

ΔR: Abrückung des Kreises von der Tangente

T_b: Berührungspunkt einer Tangente an den Kreis im Abstand von ΔR

T_k: kleine Tangente

T_l: lange Tangente

x: Strecke vom Klothoidenanfang bis P, wo der Kreis anschließt

Parameter zur Klothoidenkonstruktion

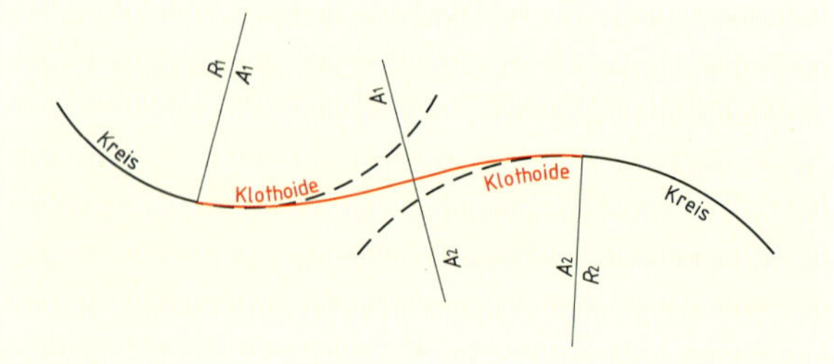

Wendelinie

Bei kleinen Kurvenradien, zum Beispiel an Einmündungen von Straßen der Kategorien HS und ES in größere Straßen der Kategorien VS und LS, ist es für Gelenk- und Anhängerfahrzeuge (Gelenkbusse, Lastzüge) schwierig, die Kurve zu befahren, ohne den Bord oder die Fahrbahnbegrenzung zu benutzen.

Der nachgeschleppte Hänger fährt einen kleineren Radius als das gelenkte Fahrzeug. Fahrdynamische Untersuchungen haben ergeben, dass solche Schleppkurven am einfachsten durch mehrteilige Kreisbogenfolgen beschrieben werden können. Deshalb werden in solchen Fällen für die Ausrundung von Bordfluchten zwei- oder dreiteilige Kreisbogenfolgen eingefügt.

Die **dreiteilige Kreisbogenfolge** (siehe Abschnitt 1.2.4 Korbbogen), findet am häufigsten Anwendung. Sie setzt sich aus drei Kreisbogenstücken zusammen. Der Vorbogen beginnt mit einem großen Radius R_1, in der Kurvenmitte schließt sich der Hauptbogen mit dem Hauptbogenradius R_2 an und im Kurvenausgang folgt der Auslaufbogen mit dem Radius R_3. Der flüssige Anschluss der drei Bogenteile gelingt, wenn die Bogenradien und Bogenwinkel in einem gewissen Verhältnis zueinander stehen:

Nach den **Richtlinien für die Anlage von Landstraßen (RAL)** verhalten sich

$$R_1 : R_2 : R_3 = 2 : 1 : 3$$

und

Öffnungswinkel des Vorbogens $\alpha_1 = 17{,}5$ gon

Öffnungswinkel des Auslaufbogens $\alpha_3 = 22{,}5$ gon

mit

$$\alpha_1 + \alpha_2 + \alpha_3 = \beta$$

Die Summe der drei Bogenwinkel muss die Größe des Tangentenschnittwinkels β ergeben.

Die für den Straßenentwurf notwendigen Werte für die Tangentenlängen T_1 und T_3 sowie für die Bogenhauptpunkte werden nach den RAL berechnet oder speziellen Absteckatafeln entnommen.

Zuweilen wird für Eckausrundungen auch nur ein **zweiteiliger Bogen** eingebaut.

Die Bauzeichner/-innen sollten wissen, dass die Übertragung der Kreisbögen und Übergangsbögen von der Zeichnung auf das Gelände den Straßenbauer oftmals vor beträchtliche Schwierigkeiten stellt. Wenn Radien von 80 oder 250 m verlangt werden, oder wenn der Mittelpunkt des Kreisbogens unzugänglich ist, weil ein Gebäude, Waldstück oder Gewässer im Wege ist, dann muss er sich oft mit Hilfskonstruktionen oder Näherungslösungen helfen. In jedem Fall braucht er aus der Zeichnung genaue Angaben über den Anfang (BA) und das Ende (BE) des Bogens und über den Tangentenwinkel.

Bei geringeren Geschwindigkeiten und Einmündungen untergeordneter Straßen werden mehrteilige Kreisbogenfolgen als Übergangskurven verwendet. Die Summe der drei Bogenwinkel ergibt die Größe des Tangentenschnittwinkels β.

BA und BE bezeichnen Anfang und Ende des Bogens.

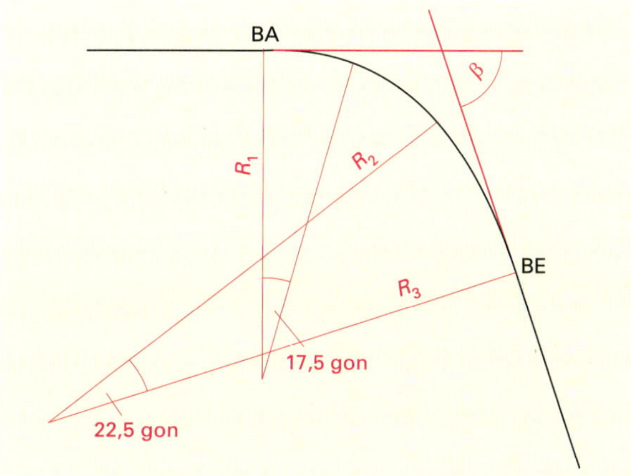

Dreiteiliger Kreisbogen

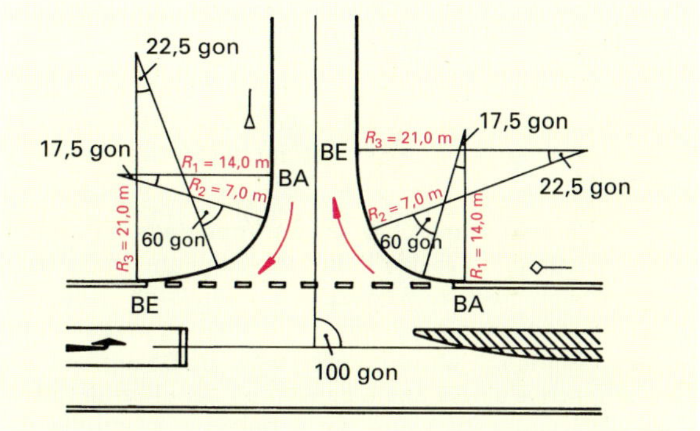

Dreiteiliger Kreisbogen (Korbbogen) für eine 100 gon Eckausrundung R_2 = 7,0 m, $R_1 : R_2 : R_3 = 2 : 1 : 3$

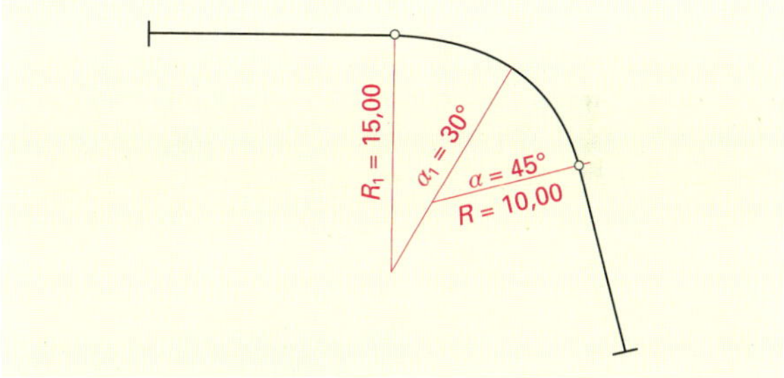

Zweiteiliger Übergangsbogen

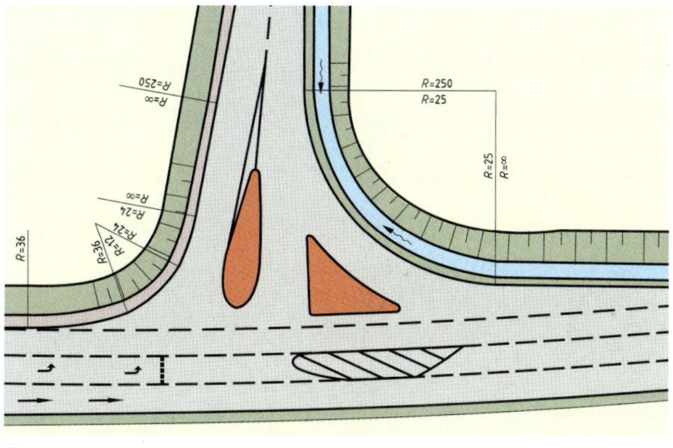

Übergangsbögen im Lageplan

Der Straßenquerschnitt

Für das Vermessen ist zunächst das **Querprofil** für die künftige Straße von Bedeutung. Das Querprofil ist ein Schnitt durch Gelände und Straßenanlage quer zur Straßenachse an der jeweiligen Station. In diesem Plan kommt es besonders auf das Geländeprofil im Verhältnis zur Straßenanlage an; es wird in der Regel der Maßstab 1:200 gezeichnet; die Einzelheiten der Straßenbefestigung sind darin nicht erkennbar.

Das Querprofil kann je nach Lage im Gelände drei grundsätzliche Formen haben: Straße auf dem Damm, im Einschnitt oder im Anschnitt.

Der Punkt • (siehe Skizzen), wo das ursprüngliche Geländeprofil durch das Bauwerk verändert wurde, wird als Anschnittspunkt, Geländeanschnitt oder **Anschnitt** bezeichnet.

Alle Breiten werden von der Straßenachse aus angegeben, die den Wert 0,000 bekommt. Die links der Straßenachse liegenden Breiten (links in Stationierungsrichtung) bekommen ein negatives Vorzeichen.

Die Zeichenhöhen beziehen sich auf einen Zeichenhorizont über NHN, der meist von der Oberkante der Wertetabelle gebildet wird. Im unteren Bild beträgt der Horizont + 208 m über NHN.

Der **Straßenquerschnitt** bezieht sich ebenfalls auf die jeweilige Station und zeigt alle Breiten von Fahrstreifen und Seitenstreifen usw. zum Beispiel im Maßstab 1:50. Daneben sind auch die **Höhen** und Neigungen der Fahrbahnen, Rinnen, Gehwegränder usw. **in Bezug auf die Fahrbahnachse** einzutragen. Es werden dabei keine Höhen über NHN angegeben, um die Arbeit und Kontrolle der Straßenbauer zu erleichtern. Die Symbole für die Darstellung der Schichten sind festgelegt.

Für besondere Bereiche (Brücken, Tunnel, Lärmschutzanlagen) werden eigene Straßenquerschnitte angefertigt.

Als **Ausbauquerschnitt** wird der grundsätzliche Straßenausbau der Straße bezeichnet, ohne die konkreten Randbedingungen an der jeweiligen Station zu berücksichtigen.

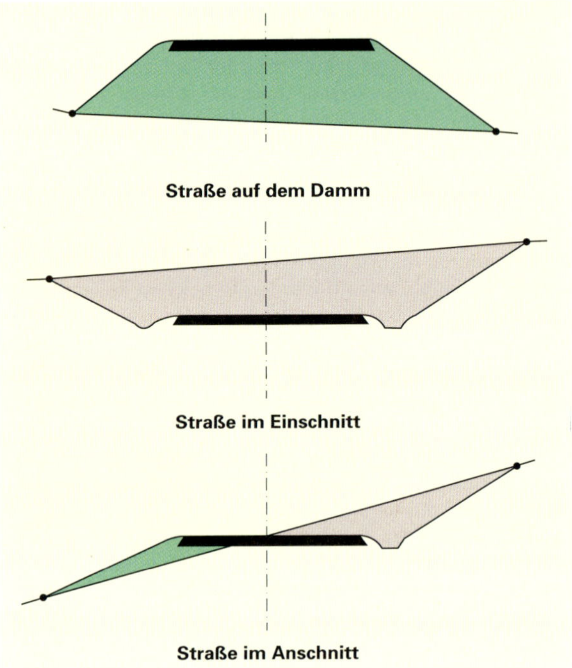

Drei Arten des Querprofils

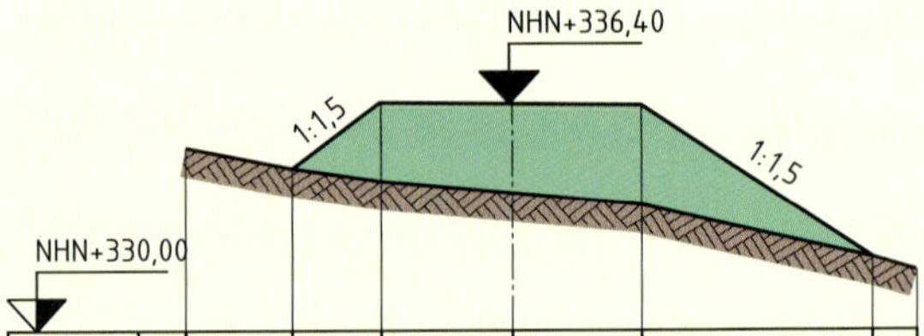

Projekt Höhen	-	334,70	336,40	336,40	336,40	332,20	-
Gelände Höhen	335,30	334,70	334,37	334,10	333,70	332,20	331,90
Breiten	- 8,75	- 5,90	- 3,50	0,00	+ 3,50	+ 9,80	+ 11,00

Einfacher Dammquerschnitt

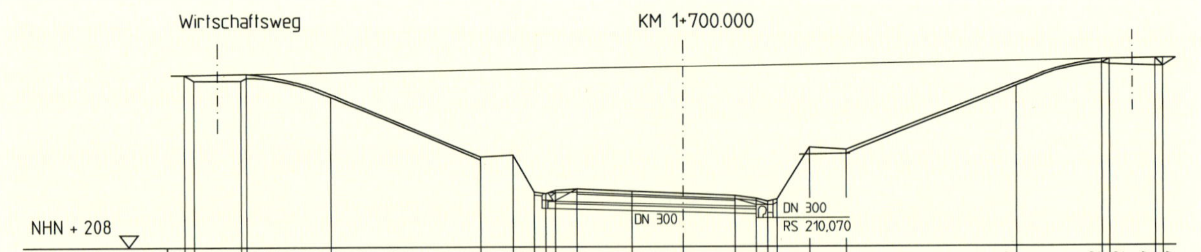

Planung

B:	H:
- 36,024	220,363
- 35,542	220,393
- 32,024	220,498
- 31,524	220,468
- 25,524	219,032
- 14,846	214,494
- 12,346	214,644
- 10,500	212,079
- 9,750	211,879
- 9,000	212,079
- 7,500	212,169
- 7,500	212,199
- 3,750	212,030
0,000	211,861
4,000	211,681
4,000	211,651
5,500	211,471
6,250	211,271
7,000	211,471
9,286	215,129
11,786	214,979
23,567	219,882
29,567	221,472
30,067	221,502
33,567	221,397
34,067	221,367

Gelände

B:	H:
-27,238	220,430
-21,275	220,478
-12,984	220,628
-5,010	220,832
0,000	220,971
2,799	221,048
14,013	221,188
19,086	221,285
23,112	221,328
35,448	221,604

Querprofil mit Straße im Einschnitt mit Berme

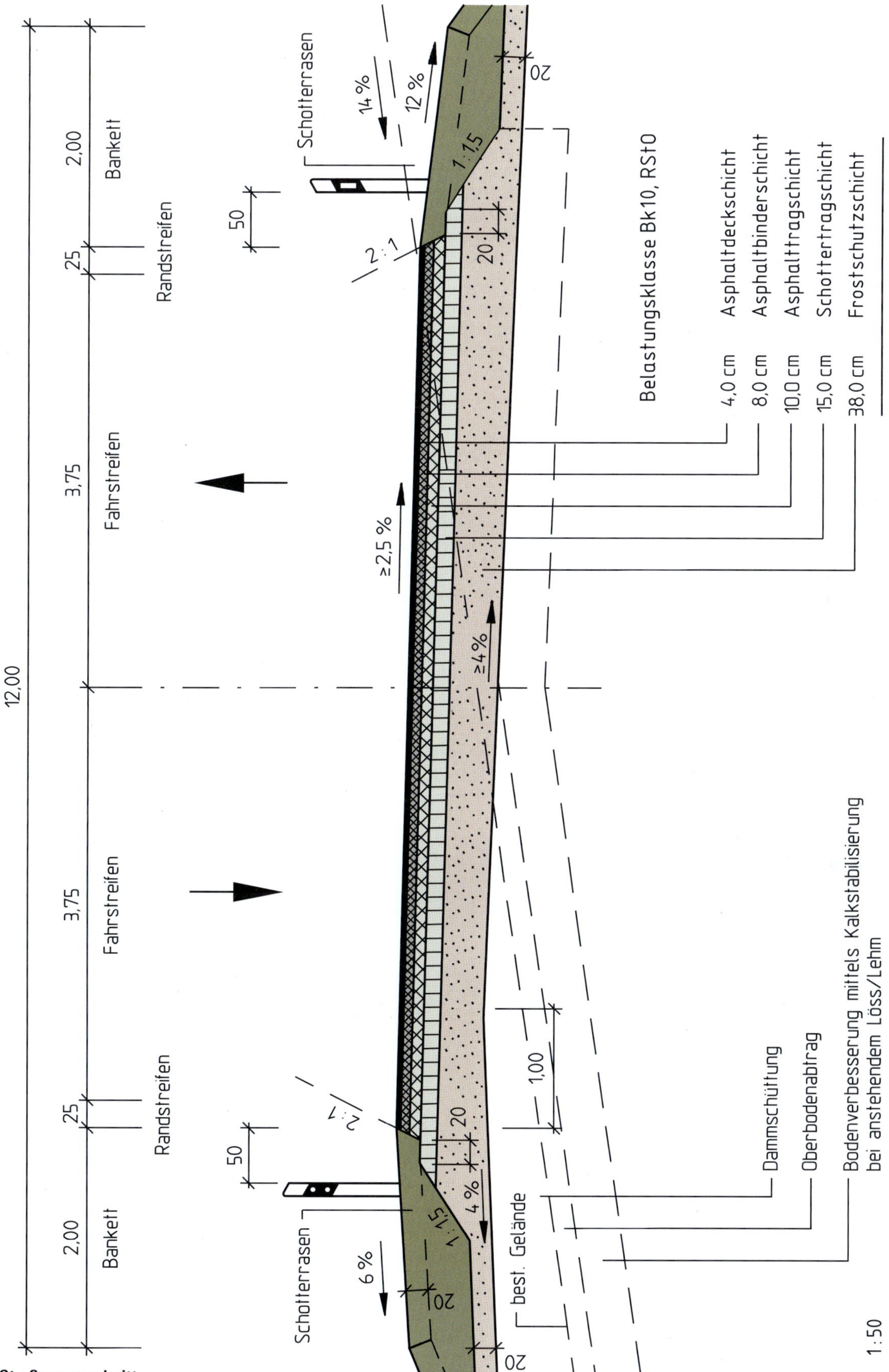

Straßenquerschnitt

In beiden Plänen sind die Schichten des Unter- und Oberbaus zu erkennen, die den Gesamtaufbau der Straßenbefestigung ergeben. Es werden die genauen Normen und die gültige RStO sowie der Aufbau der Straßenbefestigung und die Gesamtdicke des frostfreien Oberbaus eingetragen.

Als **Untergrund** der Straße wird der anstehende (gewachsene) Boden oder die verdichtete Aufschüttung bezeichnet. Der **Unterbau** wird auf dem Untergrund errichtet. Er kann aus einer oder mehreren Schüttungen (Frostschutzschicht) bestehen, die gründlich verdichtet werden. Auf dem Unterbau wird das **Hauptplanum** ausgeführt. Darunter versteht man die geebnete (planierte) und verdichtete Fläche, die in ihren Neigungen bereits der Straßenoberfläche folgt (▽).

Der **Oberbau** wird auf dem Hauptplanum errichtet. Er kann aus 1 … 3 **Tragschichten** und der **Decke** bestehen. Zu den verschiedenen Bauweisen des Oberbaus und der Decke (siehe Abschnitt 14.2.1).

Die Schraffuren für die verschiedenen Schichten sind nach DIN 1356 und in der RStO genormt (siehe Abschnitt 14.2.1).

Eine straßenbautechnisch große Bedeutung hat die **Querneigung** der Straße. Sie hat zwei Aufgaben zu erfüllen:

1. Die Fahrbahn soll nach einem Regenguss möglichst schnell entwässert werden, um Aquaplaning sowie Spritzwasser und Vereisung zu verhindern. Deshalb muss die Straße auch in der Geraden eine Querneigung von mindestens 2,5 % haben.
2. Die Querneigung soll bei Kurvenfahrten eine Komponente der Zentrifugalkraft auf die Straße ableiten, damit das Fahrzeug nicht aus der Kurve getragen wird. In Kurven wird die Querneigung deshalb abhängig sein von der Entwurfsgeschwindigkeit v_e und vom Radius R des Kurvenbogens. Sie soll jedoch 8 % nicht überschreiten. Bei Übergängen und Richtungswechsel wird sich die Querneigung entsprechend dem Gelände und der Fahrdynamik ändern (siehe Querneigungsband und Anrampung im Höhenplan).

Die Querneigung wird nach der Gleichung für Neigungen berechnet.

$$\text{Querneigung } q\,(\%) = \frac{\text{Höhe } (h)}{\text{Länge } (l)} \cdot 100$$

$$\text{Höhe } h = \frac{\text{Querneigung } (q) \cdot \text{Länge } (l)}{100}$$

Im Lageplan wird die Querneigung als schwarzes flaches Dreieck mit der %-Angabe gezeichnet (siehe Lageplan S. 510). Im Straßenquerschnitt wird die Neigung als Richtungspfeil mit %-Angabe angegeben. Als geneigte Linie wird die Neigung der Fahrbahn erst bei Verkleinerungen < 1 : 100 erkennbar.

Besondere Beachtung muss die Rand- und Böschungsausbildung der Straße finden. Nicht selten werden dazu Detailzeichnungen gefordert. In den Richtlinien und Merkblättern sind für alle Bauweisen spezielle Hinweise zu finden (RStO, ZTV Beton-StB).

Je nach Bauweise ist eine stufenförmige **Randausbildung** durch Verbreiterung einzelner Schichten oder Lagen bzw. ein Abböschen der Schichten vorgesehen.

Durch Anspritzen des Randbereiches mit Bitumenemulsion oder Heißbitumen muss verhindert werden, dass Oberflächenwasser zwischen die Schichten laufen kann. Am oberen Straßenrand wechselt 1 m vom Rand der Decke die Querneigung des Planums (hier von ≥2,5 % zu ≥4 %), um kein Wasser unter den Oberbau laufen zu lassen.

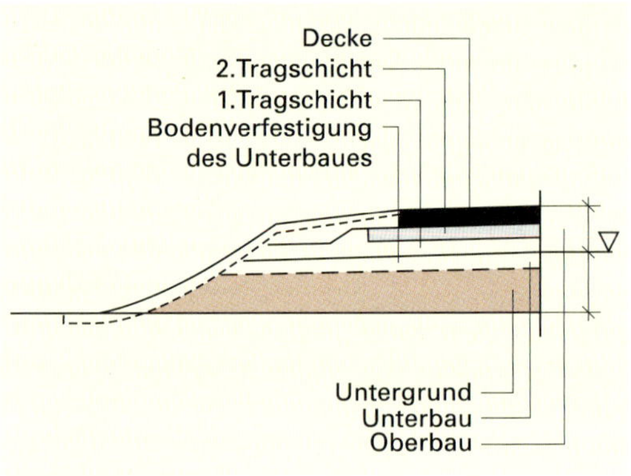

Straßenaufbau

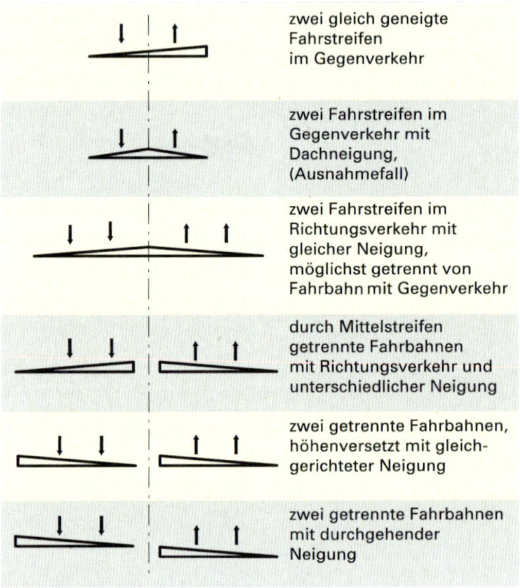

Beispiele für Querneigungen von Fahrbahnen

Beispiel:

Bei einer Querneigung von 2,5 % und einer Fahrbahnbreite von 2 × 3,50 m haben die Fahrbahnränder einen Höhenunterschied von

$$h = \frac{2{,}5 \cdot 700\ \text{cm}}{100} = \underline{\underline{17{,}5\ \text{cm}}}$$

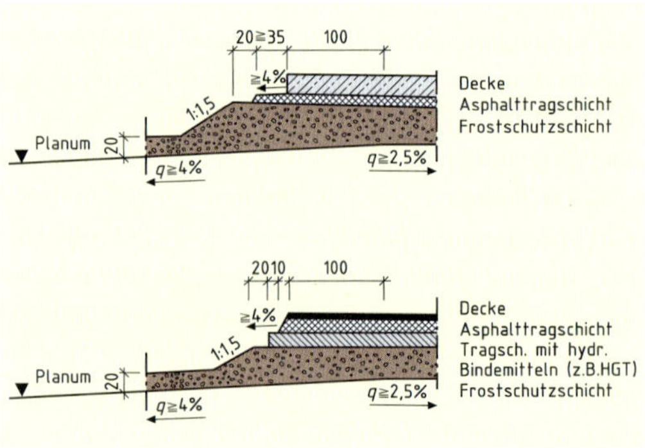

Beispiel für die Randausbildung bei anbaufreien Straßen nach ZTV Beton-StB

Für die **Böschungsgestaltung** im Anschluss an die Seitenstreifen und Bankette gelten die nebenstehenden Vorschriften mit ihren Regelböschungen.

Die **Regelneigung** für Böschungen über 2 m Höhe beträgt

$$1:n = 1:1{,}5.$$

Böschungen mit weniger als 2 m Höhe werden mit gleichbleibender Böschungsbreite $b = 3$ m ausgebildet. Die Böschung wird damit bei abnehmender Böschungshöhe flacher und gleicht sich optisch dem Gelände an.

Die Übergänge zwischen Böschung und Gelände werden durch Kreisbögen ausgerundet.

Eine andere Böschungsgestaltung kann notwendig werden,

- wenn kein standfester Boden ansteht,
- zur besseren Einpassung in die Landschaft,
- aus Lärmschutzgründen,
- zur Vermeidung von Schneeverwehungen.

Zusammenfassung

Straßen können auf dem Damm, im Einschnitt oder Anschnitt hergestellt werden. Beim Querprofil werden die Höhen über NHN angegeben und die Breiten mit Bezug zur Straßenachse.

Beim Straßenquerschnitt/Ausbauquerschnitt werden die Deckenhöhen in Bezug auf die Straßenachse und die Breiten der Streifen normal bemaßt. Der Gesamtaufbau der Schichten wird durch die RStO bestimmt und nach den RE eingeschrieben.

Die Mindestquerneigung der Fahrbahn beträgt 2,5 %.

Bei Böschungen beträgt die Regelneigung bei über 2 m Höhe 1 : 1,5. Niedrigere Böschungen werden mit einer gleichbleibenden Böschungsbreite von 3 m ausgebildet.

Berechnung von Querschnittsflächen und Bodenvolumen

Für die Leistungsbeschreibung und für die Auftragnehmer ist es wichtig, wie viel m³ Boden, getrennt nach Homogenbereichen (DIN 18300), beim Abtragen von Gelände oder Aufschütten von Dämmen zu verarbeiten sind. Daher sind in der Planung bereits diese Mengen zu berechnen. Beim **Auskoffern** (Ausheben des Bodens) entstehen in der Regel einfache Rechteckquerschnitte und -prismen.

Beim Auf- oder Abtrag an Einschnitten, Anschnitten und Dämmen entstehen Querschnittsflächen in Trapezform.

Die Berechnung dieser Flächen und Volumen ist einfach, wenn der Baukörper einen gleichbleibenden Querschnitt hat.

$$V = A \cdot l_{ges} \qquad \text{mit} \qquad A = \frac{1}{2}(l_1 + l_2) \cdot h$$

Die Breite der Dammsohle ergibt sich aus Dammkrone und der doppelten Böschungsbreite

$$l_1 = l_2 + 2 \cdot b$$

Beim Damm am Hang ergibt sich die Fläche aus Trapez plus Dreieck

$$A = \frac{1}{2}(l_1 + l_2) \cdot h_1 + \frac{1}{2}(l_1 \cdot h_2)$$

Böschungshöhe *h*	*h* ≥ 2,0 m	*h* < 2,0 m
Damm	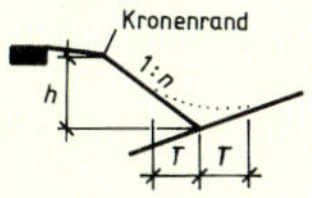	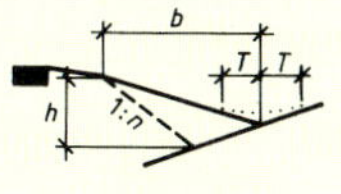
Regelböschung	1 : 1,5	*b* = 3,0 m
Allgemeine Böschungsmaße	1 : *n*	*b* = 2 *n*
Tangentenlänge der Ausrundung	3,0 m	1,5 *h*

Böschungshöhe *h*	*h* ≥ 2,0 m	*h* < 2,0 m
Einschnitt	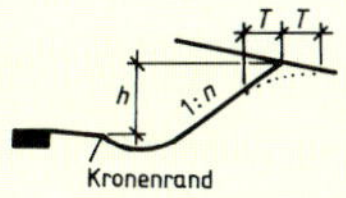	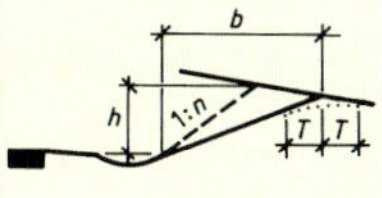
Regelböschung	1 : 1,5	*b* = 3,0 m
Allgemeine Böschungsmaße	1 : *n*	*b* = 2 *n*
Tangentenlänge der Ausrundung	3,0 m	1,5 *h*

Regelböschungen nach RAA

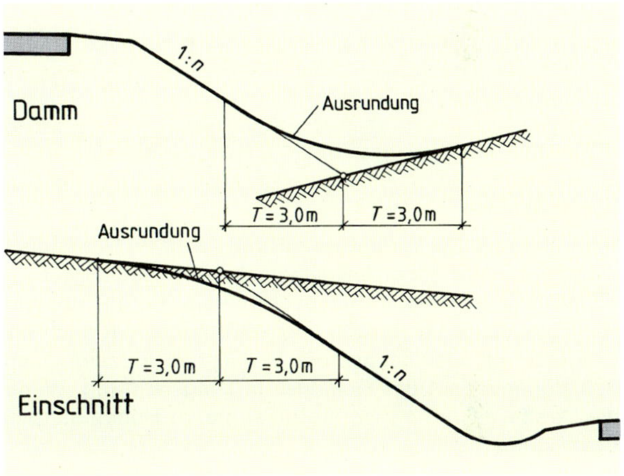

Gestaltung der Ausrundungen

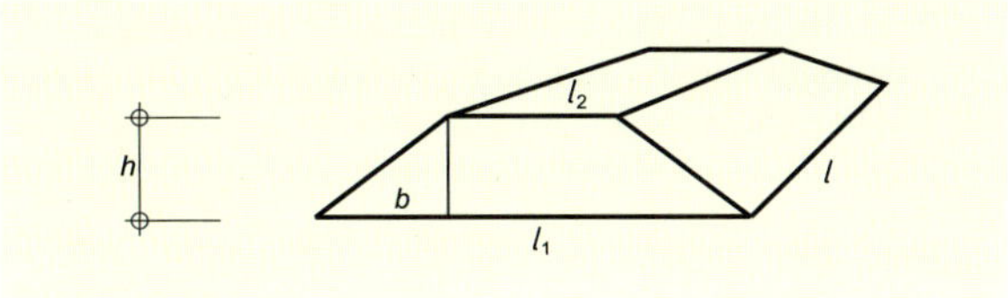

Maße am Damm

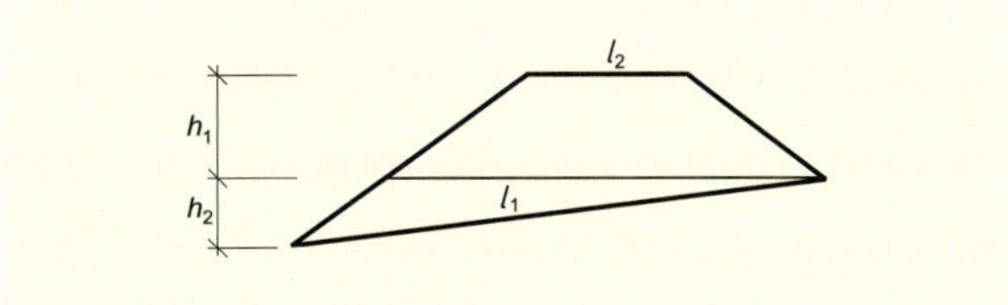

Dammquerschnitt am Hang

Bei mehreren Querschnittsänderungen geht man in gleicher Weise vor und ermittelt zunächst den Mittelwert der Fläche (A_m). Dann wird mit der Länge multipliziert.

$$A_m = \frac{1}{5} \cdot (A_1 + A_2 + A_3 + A_4 + A_5) \text{ (im Beispiel)}$$

Da aber ein Damm kaum mit einer glatten Stirnfläche beginnt und endet, sind die **Rampeninhalte** V_R mithilfe der Keilformel hinzuzurechnen.

$$V_R = \frac{1}{6} \cdot h_k \cdot h \cdot (l_1 + l_2 + l_3)$$

Für die Berechnung des Transportvolumens muss noch beachtet werden, dass der Boden beim Lösen sein Volumen vergrößert. Die **Auflockerung** kann je nach Boden und Feuchtigkeitsgehalt zwischen 10 und 25% liegen. Diese Menge muss beim Transportvolumen hinzugerechnet werden.

Bei der Verdichtung wird dann das Volumen wieder verringert, je nach dem geforderten Verdichtungsgrad. Für die Verdichtung gelten jedoch nicht die %-Angaben, sondern hier ist die Proctordichte (siehe Abschnitt 14.2.2) und die Tragfähigkeit des eingebauten Bodens entscheidend.

Oft wird auch die Angabe der Transportmenge in *t* verlangt. Die Masse ergibt sich durch Multiplikation des Volumens mit der Dichte:

$$m = V \cdot \varrho$$

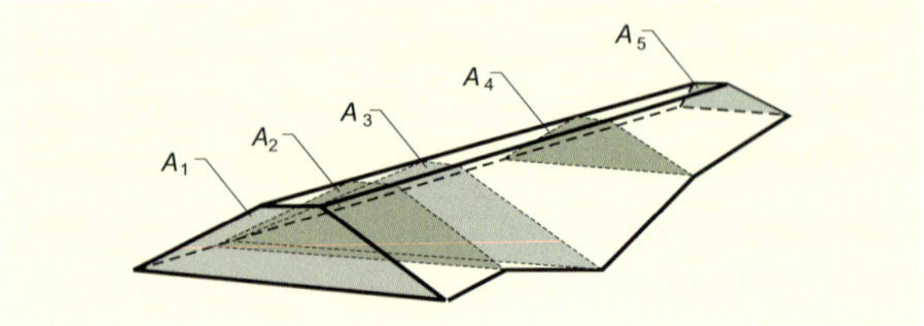

Dammflächen

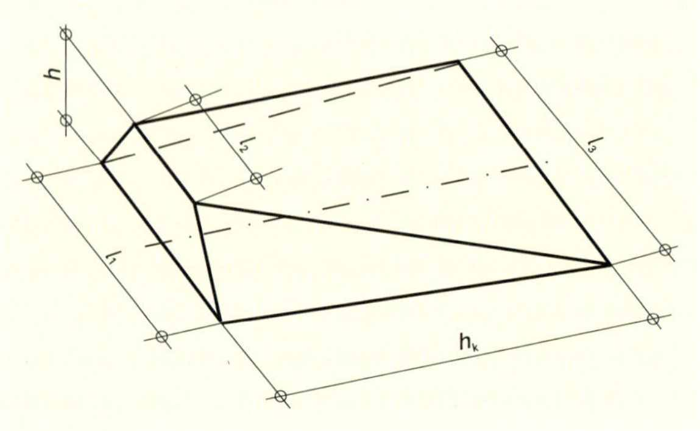

Maßabnahme für die Rampenberechnung

Die Dichte ϱ liegt bei Böden zwischen

1300 kg/m³	für erdfeuchten Sand
2150 kg/m³	für Lehm und Mergel
2500 kg/m³	für Böden mit hohem Steinanteil

Der Höhenplan

Der höhenmäßige Verlauf einer Straße wird im Höhenplan dargestellt. Die dabei festgelegte Höhenlinie heißt **Gradiente**. Der Höhenplan entspricht einem Schnitt entlang der Längsachse der Straße und wird manchmal auch als Längsschnitt oder Längsprofil bezeichnet. Er zeigt auch den Höhenverlauf des Geländes in Längsrichtung. Wenn die Straße gekrümmt ist, erscheint sie im Höhenplan als Abwicklung.

Da die oft geringen Höhenunterschiede im Vergleich zur großen Längsausdehnung sich zeichnerisch schwer sichtbar machen lassen, werden die Höhen im Höhenplan 10-fach vergrößert dargestellt.

Die Maßtabelle im Höhenplan enthält die **Stationierung**, die **Geländehöhen** im Bereich der künftigen Straßenachse vor Beginn der Arbeiten und die Höhen der neuen Straßenachse, also die **Gradientenhöhen** (auch Projekthöhen genannt).

Als Bezugshöhe für die Zeichnung wird in der Regel die obere Tabellenkante genutzt, auf welcher die Höhe des Zeichenhorizontes über NHN angegeben wird.

Liegt die Geländelinie unter der Gradiente, so muss an diesem Streckenstück Boden aufgeschüttet werden, die Straße liegt auf einem Damm und die zwischen den Linien liegende Fläche wird grün angelegt. Liegt die Geländelinie höher als die Gradiente, so muss Gelände abgetragen werden, die Straße liegt im Einschnitt und die eingeschlossene Fläche wird braun angelegt. Es wird versucht, einen Erdmassenausgleich zu schaffen, um für den Erdbau das Transportvolumen so gering wie möglich zu halten (siehe Querprofil).

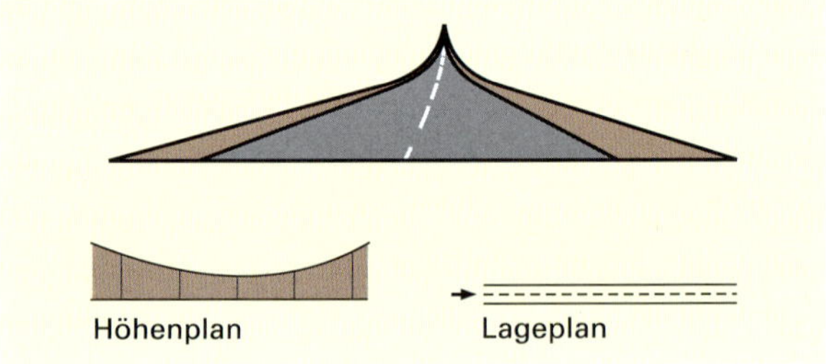

Umsetzung von Höhenplan und Lageplan

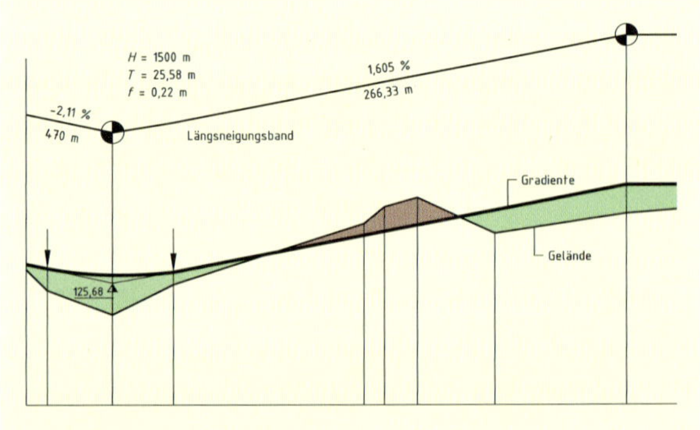

H: Halbmesser der Ausrundung
T: Tangente der Ausrundung
f: Höhenunterschied zwischen Ausrundung und Tangentenschnittpunkt (Stichmaß)

Längsneigungsband über der Gradiente

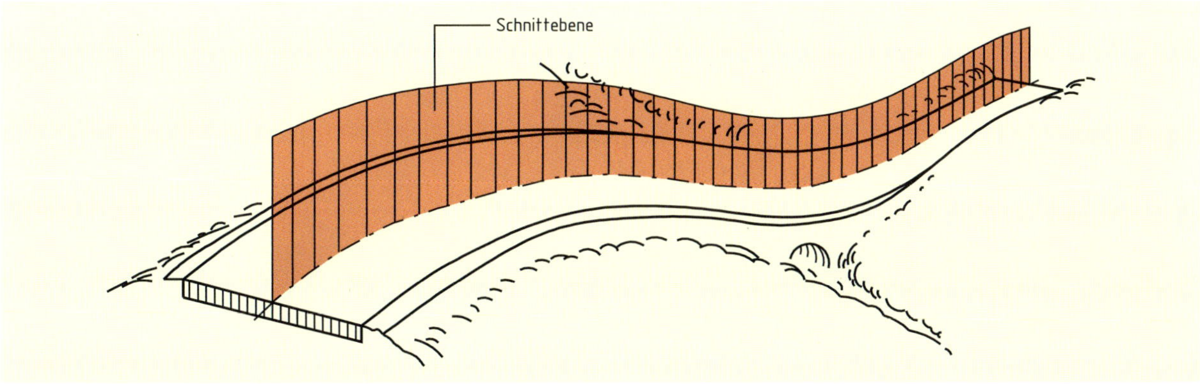

Schnittführung beim Längsschnitt (Höhenplan)

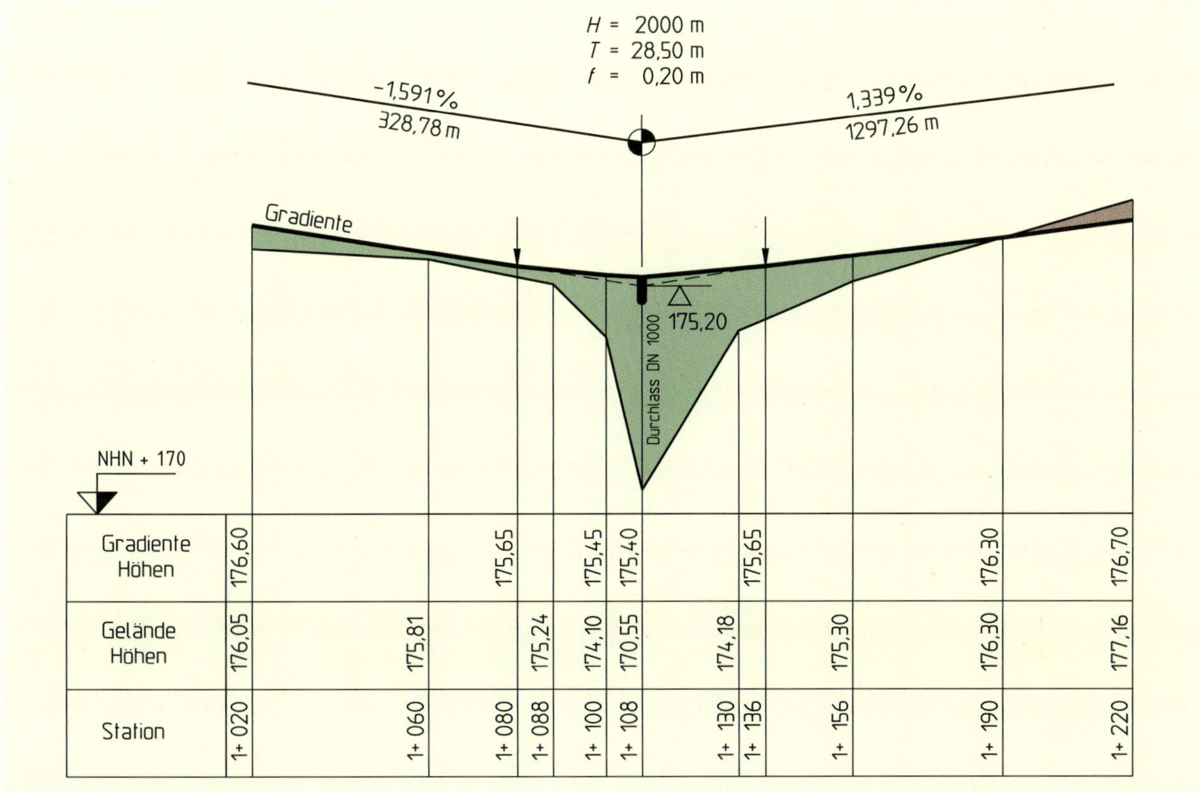

Höhenplan zu obiger Skizze (MdH = 10 MdL)

Längsneigung und Neigungswechsel

Die Längsneigung der Gradiente bestimmt Anstieg und Gefälle der Fahrbahn.

Die Längsneigung *s*(%) der Straße sollte möglichst gering gehalten werden, um den Fahrverkehr energiesparend und zügig abzuwickeln. Die Geländeanpassung verlangt aber oft Änderungen der Längsneigung, die als Neigungswechsel (Kuppe oder Wanne) bzw. Neigungsänderung bezeichnet werden.

Das **Längsneigungsband** wird oberhalb und parallel zur Gradiente gezeichnet. Die Neigungen werden auf dem Band in Prozent angegeben, Steigung positiv, Gefälle negativ. Die Länge, für die diese Neigung gilt, wird unter dem Band in Meter eingetragen. Bei jedem Neigungswechsel wird ein Neigungsbrechpunkt gezeichnet, der mit den Angaben *H*, *T*, *f* beschrieben wird (siehe Höhenplan).

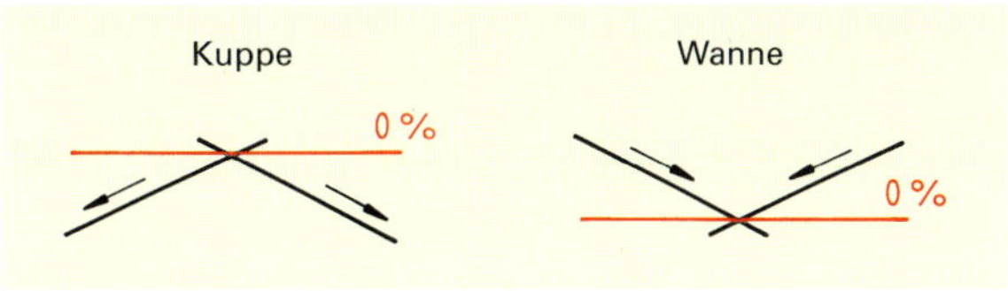

Neigungswechsel

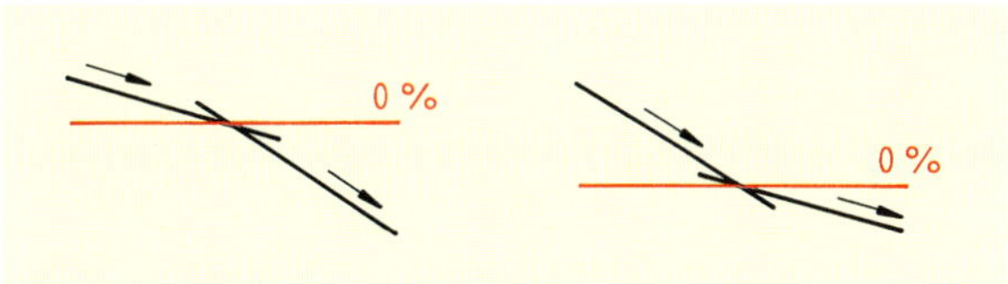

Neigungsänderung

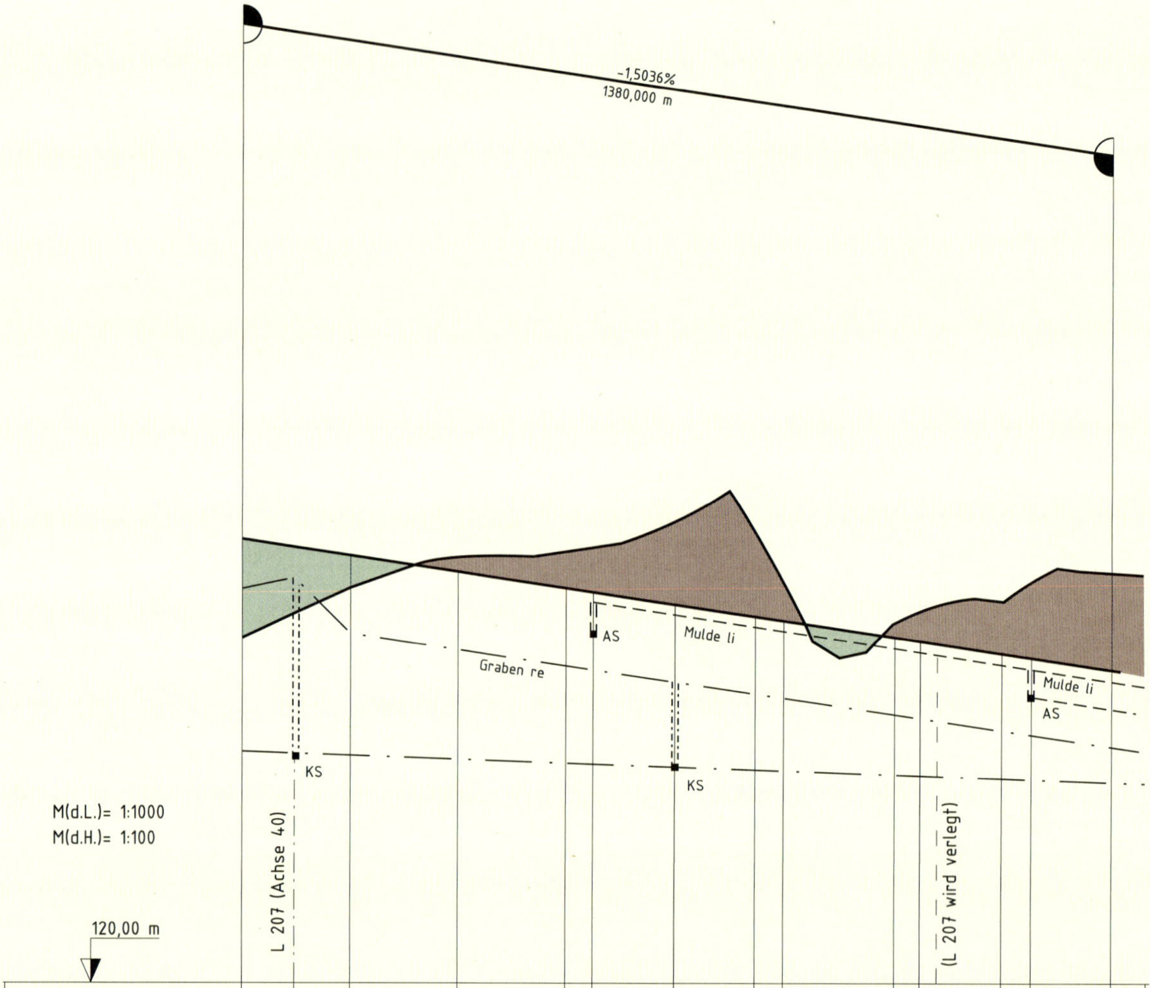

Gradiente	128,187	128,037	127,886	127,586	127,285	127,210	126,984	126,759	126,683	126,383	126,308		126,082	126,007	125,781
Gelände	126,384	126,833	127,281	127,874	127,944		128,498		127,269	126,632			127,020		127,533
Station	180,000	190,000	200,000	220,000	240,000	245,000	260,000	275,000	280,000	300,000	305,000	308,000	320,000	325,000	340,000

Beispiel für einen Höhenplan

Die **Längsneigung** einer Straße wird von der zulässigen Geschwindigkeit und von der notwendigen Sichtweite bestimmt. Durch die **Kuppen und Wannen** in der Fahrbahn ist die Sichtweite, besonders die Haltesichtweite, ein wichtiges Entwurfsmerkmal für die Straßenführung.

Die Kuppen- und Wannenausrundungen sind nötig, weil besonders bei hohen Geschwindigkeiten die plötzliche Veränderung der Fahrbahnlängsneigung das Fahrwerk extrem be- oder entlastet und damit das Fahrverhalten des Fahrzeuges beeinträchtigt. Je größer die zulässige Geschwindigkeit einer Fahrbahn ist, desto größer muss auch der Halbmesser der Ausrundung sein.

Beginn und Ende der Ausrundung werden am Berührungspunkt der Tangente durch Pfeile an der Gradiente gekennzeichnet. An diesen Punkten ist die Station und die Gradientenhöhe anzugeben. Hier beginnt die Abweichung von den Höhenmaßen, die sich aus der Längsneigung errechnen und durch Höhennivellierung auf der Straße festlegen lassen. Innerhalb der Ausrundung wird nur die größte Abweichung von der Tangente als Maß f (auch Stichmaß genannt) auf der Zeichnung eingetragen. Alle weiteren Punkte können berechnet werden nach

$$y(x) = \frac{1}{100}(s_1 \cdot x) + \frac{x^2}{2 \cdot H}$$

Die Lage des Scheitelpunktes berechnet man aus

$$x_s = -\frac{1}{100}(s_1 \cdot H)$$

Die Ausrundung der Kuppen und Wannen erfolgt in der Regel in Annäherung an Kreisbögen durch quadratische Parabeln oder ähnliche Kurven. Kennzeichnend für die Größe des Ausrundungsbogens ist der Krümmungshalbmesser H im Scheitel der Parabel.

Für Kuppen und Wannen gelten unterschiedliche Mindesthalbmesser, da zu den fahrdynamischen Anforderungen noch die Notwendigkeit der Überhol- und Halteübersicht sowie Kurveneinsicht hinzukommen, die bei Kuppen in jedem Fall ungünstiger sind. Deshalb sollen auch Einmündungen und Kreuzungen möglichst in Wannen eingebaut werden, weil dort die Übersicht erleichtert ist. Die dazugehörigen Vorschriften sind in RAA und RAL festgelegt.

Krümmungsband

Das Krümmungsband unterhalb der Maßtabelle stellt die unterschiedlichen Krümmungen der Straße im Verlauf der Straßenachse dar. Die Krümmung ist als umgekehrter Wert des Radius definiert

$$K = \frac{1}{R}$$

Die Krümmung ist damit dort am größten, wo der Radius am kleinsten ist. An nebenstehender Zeichnung erkennt man, dass die Krümmung im Bereich des Kreisbogens an jeder Stelle gleich ist (siehe Formel), der Kreisbogen erscheint deshalb als Parallele zur Bezugsachse. Im Klothoidenabschnitt ändert sich die Krümmung von 0 bei der Geraden bis zum Wert des Kreisbogens, die Krümmung steigt also stetig an.

Die drei Trassierungselemente Gerade, Klothoide und Kreisbogen sind gut zu erkennen: Die Gerade fällt mit der Symmetrielinie/Bezugsachse zusammen. Rechtskurven werden oberhalb der Bezugslinie, Linkskurven unterhalb eingetragen.

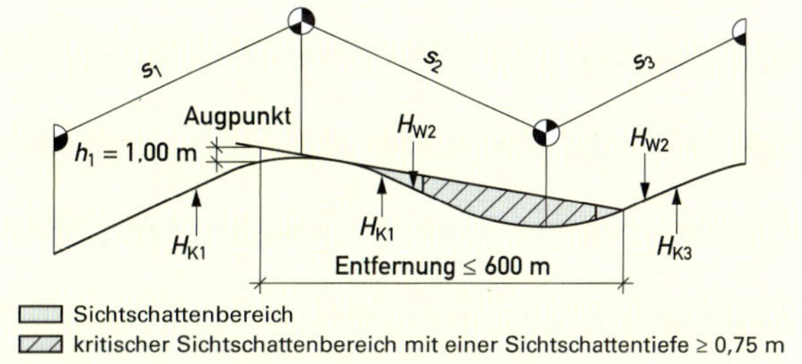

Längsneigung und Sichtschatten (nach RAL)

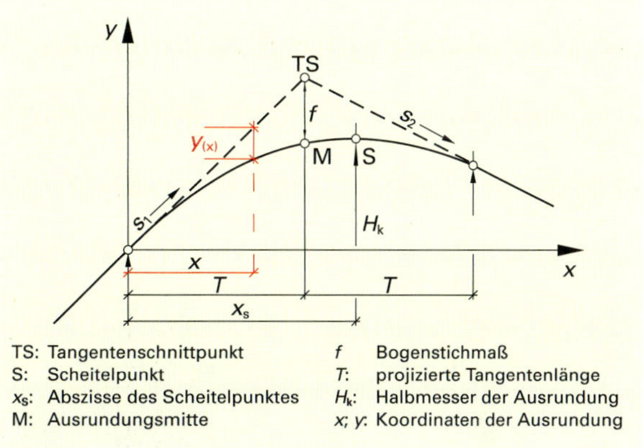

Kuppenausrundung

Entwurfsklasse	max. Längsneigung s (%)	Kuppenhalbmesser H_k (m)	Wannenhalbmesser H_w (m)	min. Tangentenlänge T (m)
EKL 1	4,5	≥ 8000	≥ 4000	100
EKL 2	5,5	≥ 6000	≥ 3500	85
EKL 3	6,5	≥ 5000	≥ 3000	70
EKL 4	8,0	≥ 3000	≥ 2000	55

Entwurfsklassen und Längsneigung nach RAL

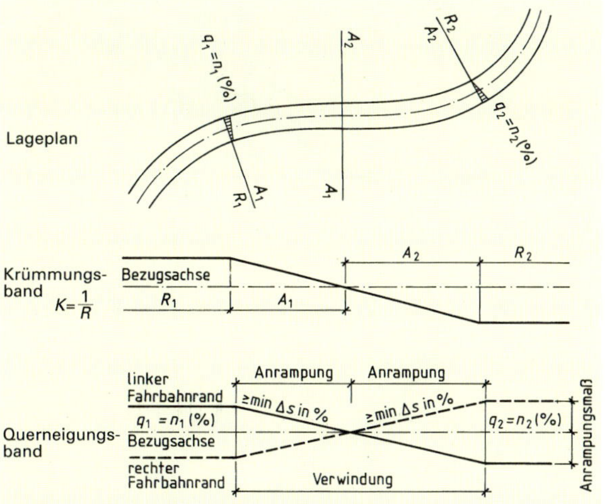

Krümmungs- und Querneigungsband

Zur Darstellung unter dem Höhenplan wird die errechnete Krümmung noch mit einem Faktor (500, 1000 oder 2000) multipliziert, damit sich die kleinen Werte zeichnerisch gut abbilden lassen.

Rechenbeispiel zum Krümmungsband für nebenstehende Trasse mit:

– Gerade – Rechtskurve (R_1 = 400 m) – Gerade – Linkskurve (R_2 = 800 m) – Gerade

Rechnerisch ergeben sich zunächst:

$$K_1 = \frac{1}{400} = 0{,}0025$$

$$K_2 = \frac{1}{800} = 0{,}00125$$

Um die kleinen Werte zeichnen zu können, ist der Faktor 5000 zu wählen. Damit ergeben sich für den Abstand von der Achse:

K_1 = 12,5 mm

K_2 = 6,25 mm

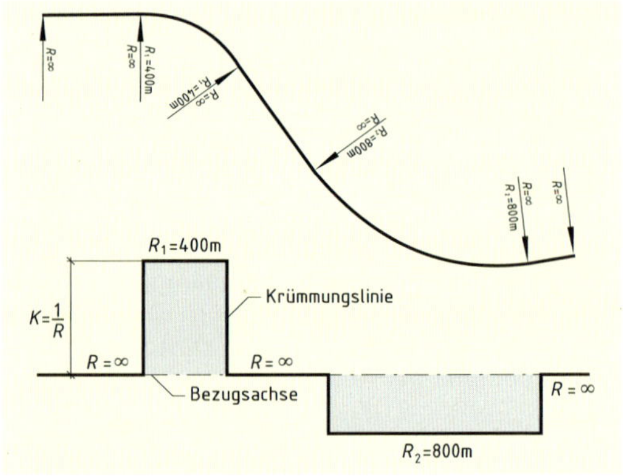

Krümmungsband zur Trasse

Querneigungsband

Aus dem Querneigungsband lässt sich die Querneigung der Fahrbahn und der Höhenunterschied der Fahrbahnränder zur Straßenachse an jeder Stelle in Längsrichtung der Straße ablesen. Der tiefer liegende Fahrbahnrand wird gestrichelt gezeichnet.

Die Änderung der Querneigung erfolgt bei einbahnigen Straßen in der Regel durch Drehung der Fahrbahnfläche um die Fahrbahnachse (siehe Regelfall 1). Bei zweibahnigen Straßen wird vorwiegend um die Achsen der Richtungsfahrbahnen gedreht (siehe Regelfall 2). Bei solcher **Verwindung** der Fahrbahn entstehen **Anrampungen**, das sind Bereiche, in denen sich die Neigungen langsam annähern.

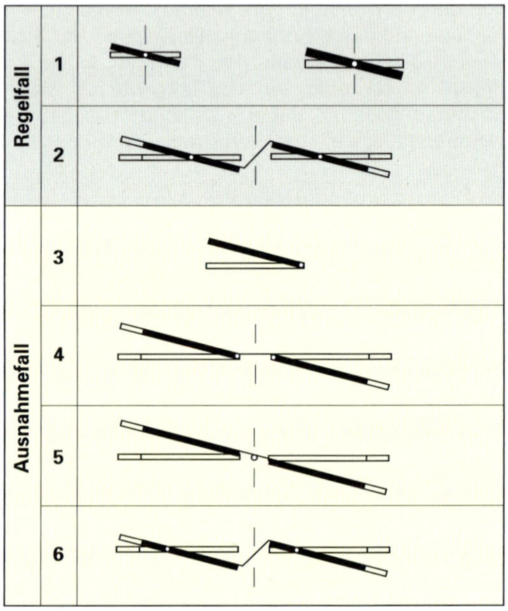

Mögliche Fahrbahnneigungen

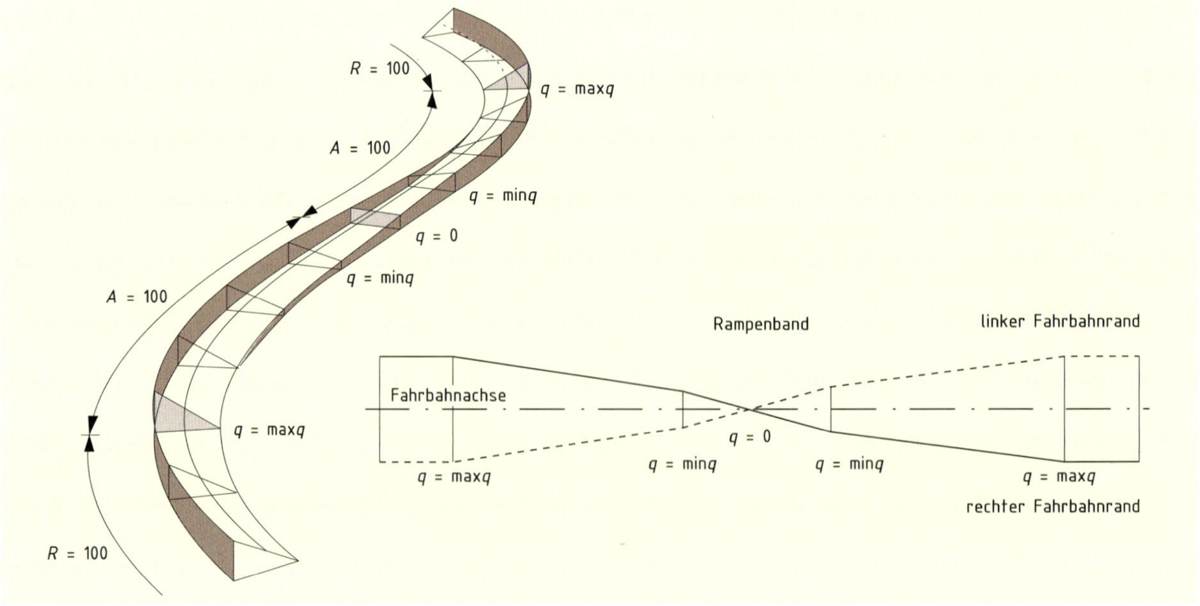

Beispiel für eine Fahrbahnverwindung und Anrampung mit Querneigungsband

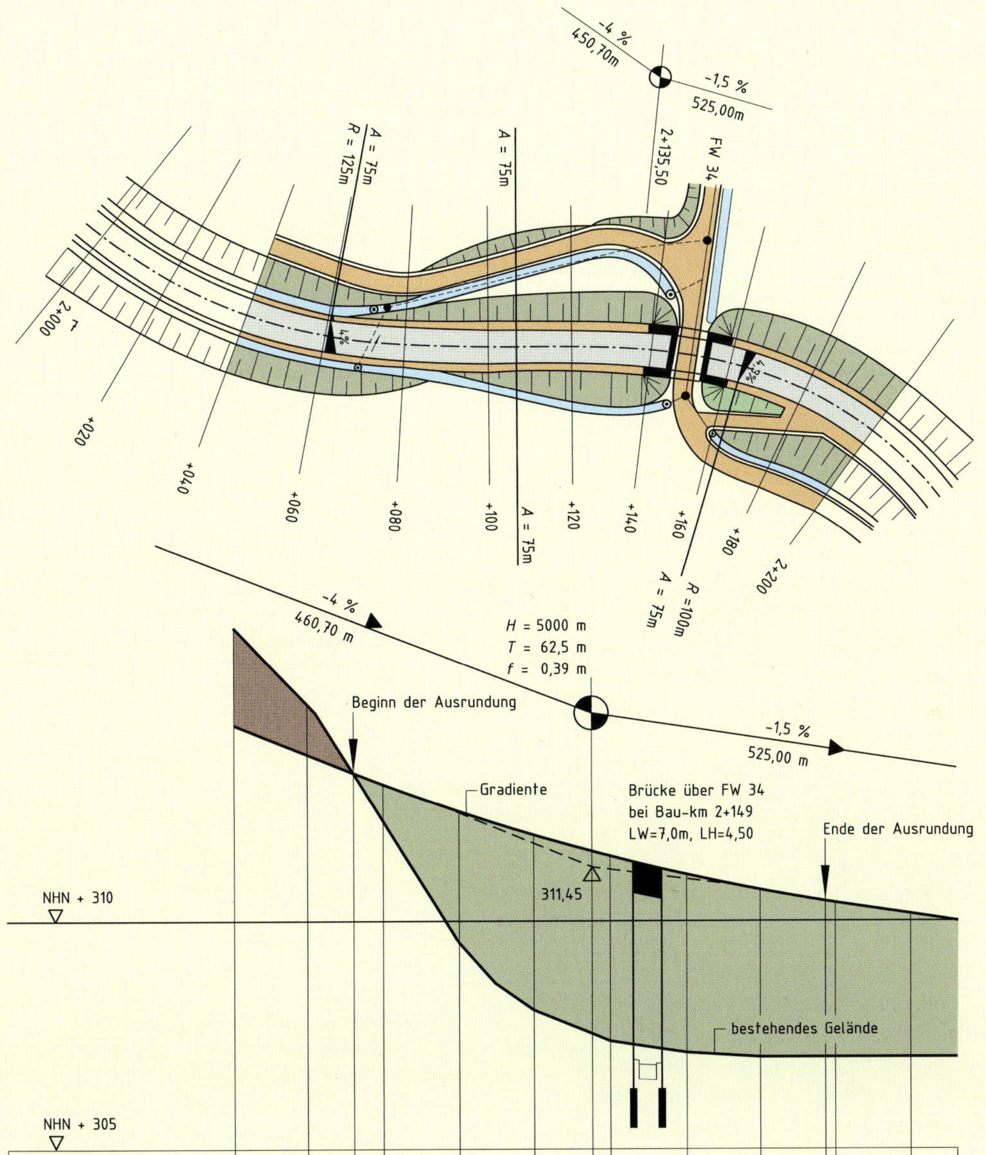

Höhe der neuen Straßenachse	315,27	314,27	313,95	313,67	312,94	312,21	311,84	311,72	311,22	310,81	310,51	310,48	310,18
Geländehöhen	317,95	315,75		312,15	309,40	307,65		306,80	306,50	306,30		306,40	306,35
Station	2+040	2+060		2+080	2+100	2+120		2+140	2+160	2+180		2+200	2+220

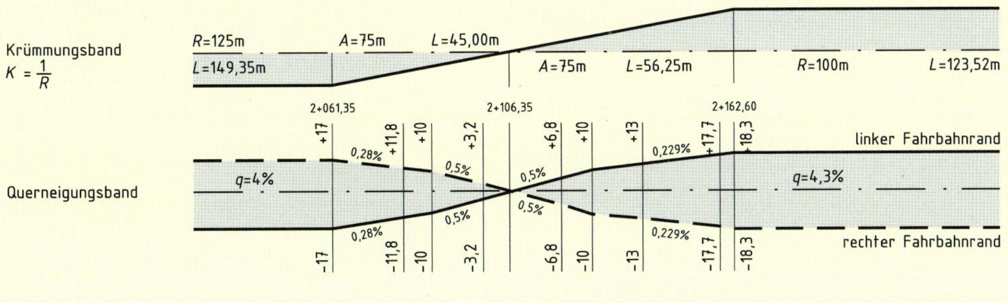

Höhenplan zum Lageplanausschnitt (normalerweise werden Lageplan und Höhenplan nicht auf einem Zeichnungsblatt abgebildet!)

Neben den hier erläuterten Höhenplänen werden im Straßen- und Kanalbau auch sogenannte **Deckenhöhenpläne** gezeichnet. Das sind keine senkrechten Schnitte sondern **Draufsichten auf Straßenbefestigungen** (Lagepläne), in die man die Höhen der fertigen Asphalt-, Beton- und Pflasterflächen, von Rinnen, Straßenabläufen und Borden eingeschrieben hat. Damit kann dem Straßenbauer die Kontrolle der Gefälle erleichtert und die Flächenentwässerung gesichert werden.

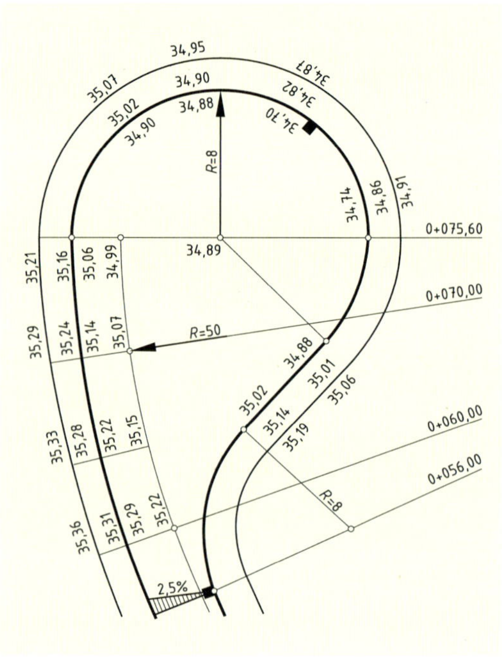

Einfacher Deckenhöhenplan

Zusammenfassung

Der Höhenplan zeigt einen Längsschnitt durch die Straßenachse mit der Gradiente im Vergleich zur Geländehöhe.

Im Höhenplan werden die Höhen gegenüber den Längen zehnfach vergrößert gezeichnet. Der Verlauf der Längsneigungen wird im Längsneigungsband dargestellt.

Die an den Neigungsbrechpunkten entstehenden Kuppen, Wannen und Neigungsänderungen werden durch Ausrundungen an den Fahrverkehr angepasst.

Das Krümmungsband zeigt den Verlauf der Krümmung der Fahrbahnachse. Das Querneigungsband zeigt die Fahrbahnquerneigung und die Höhenunterschiede der Fahrbahnränder im Vergleich zur Straßenachse.

Durch die Veränderung der Querneigung entstehen Verwindungs- und Anrampungsbereiche.

Aufgaben

1. *Wie verändert sich die Zeichnungslänge einer Straße, wenn man vom Maßstab des Übersichtslageplans 1:25000 zum Maßstab des Lageplans 1:500 übergeht?*
2. *Welche Bedeutung hat die Eintragung 4+012 im Lageplan?*
3. *Erklären Sie den Begriff der anbaufreien Straße.*
4. *Wonach werden die Belastungsklassen eingestuft?*
5. *Wonach sind die Kategoriengruppen unterteilt?*
6. *Erklären Sie den Begriff des Regelquerschnitts.*
7. *In welchen Etappen wird die Trasse einer Straße festgelegt?*
8. *Wie hängen Planungsgeschwindigkeit und Kurvenradien zusammen?*
9. *Warum werden bei großen Planungsgeschwindigkeiten zwischen Gerade und Kreisbogen Übergangskurven (Klothoiden) eingebaut?*
10. *Berechnen Sie für eine Klothoide A 65 die Radien an folgenden Stationen, wenn die Klothoide an der Station 3+395 beginnt:*

    3+405
    3+415
    3+425
    3+435
    3+445
    3+451,33

    Welcher Kurvenradius kann an der letzten Station angeschlossen werden?
11. *Zeichnen Sie mit Klothoidenlineal oder Zeichenprogramm im Maßstab 1:1000 eine Wendelinie mit folgenden Parametern:*
    Ausgangskreisbogen: $R = 75$ m
    Klothoidenanschluss mit $A = 55$ m
    Zwischengerade mit 30 m Länge
    Klothoidenanschluss mit A 50 m
    Ausgangskreisbogen: $R = 60$ m

    Machen Sie Vorschläge, wie die Trasse vor und nach der Wendelinie weitergeführt werden kann.
12. *Zeichnen Sie einen dreiteiligen Übergangsbogen für eine Bordflucht mit dem Tangentenwinkel $\beta = 83{,}33$ gon.*
    Der Eingangsbogen wird mit $R_1 = 40$ m und einem Bogenwinkel $\alpha_1 = 16{,}67$ gon, der Hauptbogen mit $R_2 = 20$ m und $\alpha_2 = 44{,}44$ gon und der Ausgangsbogen mit $R_3 = 60$ m und $\alpha_3 = 22{,}22$ gon angegeben. Berechnen Sie, vom Tangentenschnittpunkt gemessen, den Bogenanfang und das Bogenende nach RAL und vergleichen Sie die Werte mit denen, die Sie beim Zeichnen mit dem Rechnerprogramm ermitteln.
13. *Vergleichen Sie zeichnerisch den Kurvenverlauf und die Tangentenlängen T_1 und T_2 im Maßstab 1:500 für die drei Varianten:*
    a) als dreiteiliger Bogen mit R 40/20/60 und den Winkeln 15°/40°/20°,
    b) als zweiteiliger Bogen mit R 30/20 und den Winkeln 30°/45°,
    c) mit einem einheitlichen Radius von 20 m.

Nach dem amerikanischen Wissenschaftler Proctor wird der Boden durch Einstampfen in einen Zylinder mit einem Fallhammer verdichtet. Die dabei aufgewendete Verdichtungsarbeit entspricht etwa der Baustellenverdichtung.

Wenn man diesen Versuch bei gleichem Boden, aber mit unterschiedlichem Wassergehalt durchführt und anschließend die Trockendichte

$$\varrho = \frac{m}{V}$$

ermittelt, dann ergibt sich daraus die Proctorkurve (siehe vorherige Seite).

Aus der Proctorkurve kann man den Wassergehalt ermitteln, bei dem sich der Boden maximal verdichten lässt. Der dabei erreichte maximale Wert der Trockendichte wird als 100% Proctordichte (D_{Pr}) gesetzt und gilt als Bezug für die Verdichtungsanforderungen auf der Baustelle.

Nach der Verdichtung des Bodens auf der Baustelle wird ermittelt, ob die geforderten z.B. 95% D_{Pr} erreicht wurden. Wenn das nicht der Fall ist, kann man aus der Lage des Punktes schließen, ob es an mangelnder Verdichtung oder am Wassergehalt liegt.

Beispiel:

Der in der auf Seite 528 abgebildeten Proctorkurve dargestellte Boden erreicht bei einem Wassergehalt von 16,6% die maximale Verdichtbarkeit. Die Trockendichte wird dort bei 1,731 g/cm³ abgelesen.
Wenn im Leistungsverzeichnis eine Verdichtung des Bodens auf 95% D_{Pr} verlangt wird, dann bedeutet das eine Baustellenverdichtung auf mindestens

$1{,}731\ g/cm^3 \cdot 95\,\% = 1{,}644\ g/cm^3$.

Diese Verdichtung lässt sich nur bei einem Wassergehalt zwischen 12,5 und 21,6% erreichen.

Mit dem Proctorversuch wird die Verdichtbarkeit eines Bodens geprüft, die maßgeblich von seinem Wassergehalt abhängig ist.

Bereich	Bodengruppen	D_{Pr} in %
Planum bis 1,0 m Tiefe bei Dämmen und 0,5 m Tiefe bei Einschnitten	GW, GI, GE SW, SI, SE GU, GT, SU, ST	100
1,0 m unter Planum bis Dammsohle	GW, GI, GE SW, SI, SE GU, GT, SU, ST	98
Planum bis Dammsohle und 0,5 m Tiefe bei Einschnitten	GU*, GT*, SU*, ST* U, T, OU, OT	97

Die Kurzzeichen zur Bodenklassifikation (Bodengruppen) sind nach DIN 18196 genormt.

Anforderungen für den Verdichtungsgrad D_{Pr} nach ZTV E (Zusätzliche Technische Vertragsbedingungen für Erdarbeiten)

Neben dem Proctorversuch sind noch andere Prüfverfahren im Einsatz, wie Plattendruckversuch, dynamische und radiometrische Prüfverfahren und flächendeckende dynamische Verdichtungskontrollen.

Durch das **Einmischen von Bindemitteln** können weitere Bodeneigenschaften beeinflusst werden. So kann die Bodenstruktur (Krümelstruktur) verändert, der Wassergehalt herabgesetzt, die Quellfähigkeit vermindert und damit auch die Verdichtbarkeit verbessert werden.

Dazu werden nach dem Baumischverfahren (mixed-in-place-Verfahren) geeignete Bindemittel (Zemente, hydraulische Kalke) auf den zu verbessernden Boden aufgebracht und durch Fräseinheiten in einer Dicke bis 20 cm untergemischt. Beim Zentralmischverfahren (mixed-in-plant-Verfahren) wird das Untermischen in zentral stationierten Mischern durchgeführt und der Einbau des Mischgutes erfolgt dann mit Straßenfertigern.

Zur Bodenverfestigung im Baumischverfahren sind mehrere Arbeitsschritte nötig.

- Aufreißen/Auflockern des fest gelagerten oder trockenen Bodens durch Reißzähne bzw. Bodenfräsen,
- Zwischenplanieren der Fläche durch Grader,
- Einstreuen des Bindemittels durch Kalk-/Zementstreuer,
- Dosieren und Sprühen des Zugabewassers,
- Einarbeiten des befeuchteten Bindemittels durch Bodenmischgeräte/Fräsen,
- Verdichten durch Gummiradwalzen/Vibrationswalzen.

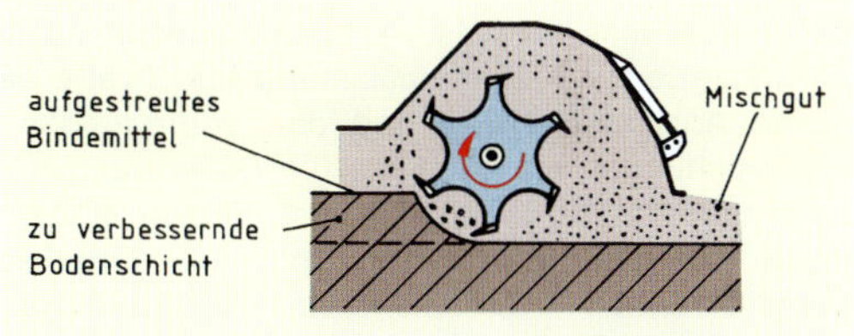

Prinzip der Einmischung des Bindemittels beim Baumischverfahren

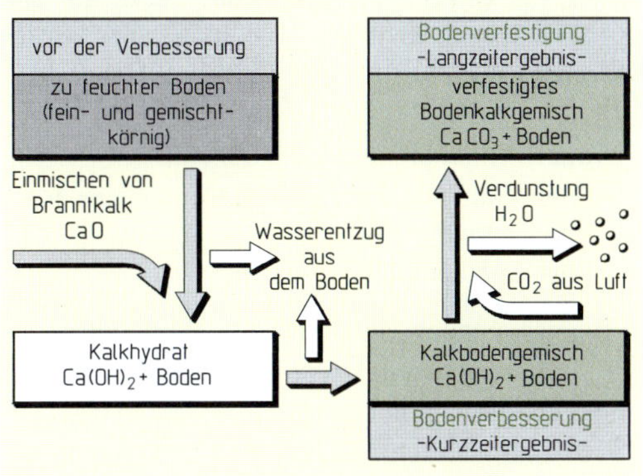

Wirkungsschema beim Einarbeiten von Kalk

Bei modernen Maschinen sind zum Teil mehrere Arbeitsschritte zusammengefasst.

Zusammenfassung

Bodenverdichtung und Einmischen von Bindemitteln sind wichtige Verfahren der Bodenverbesserung.

Mithilfe des Proctorversuchs kann festgestellt werden, bei welchem Wassergehalt sich der Boden am besten verdichten lässt. Diese Proctordichte (D_{Pr}) gilt als Richtwert für den Verdichtungsgrad eines Bodens.

Durch das Einmischen von hydraulischen Bindemitteln lassen sich die Bodenstruktur und die Verdichtungsfähigkeit verbessern.

Bodenstabilisierer zum Fräsen und Einmischen von Bindemittel

14.2.3 Oberbau

Der Oberbau wird auf dem Planum errichtet und besteht aus einer oder mehreren Tragschichten und der Decke.

Erdplanum

Planum und Tragschichten

Unmittelbar unter dem Oberbau liegt das **Planum**. Darunter versteht man die bearbeitete (planierte und verdichtete) Oberfläche des Untergrundes oder Unterbaus. Sie wird so angelegt, dass sie bereits die Neigungen der Straßenoberfläche aufweist und die folgenden Schichten des Oberbaus in gleichmäßiger Dicke aufgebracht werden können. Dazu wird die Fläche mit Gradern und Planierraupen planiert, die durch Lasersteuerung sehr genau die verlangten Planhöhen und Neigungen erreichen.

Nach dem Verdichten werden weitere Prüfungen der Tragfähigkeit und Verformung bei Belastung vorgenommen.

Planieren der Schottertragschicht mit dem Grader

Der Planer hat nun die Aufgabe, ausgehend von der prognostizierten Verkehrsbelastung der Straße einerseits (siehe Abschnitt 14.1.1) und den vorliegenden Bodenuntersuchungen andererseits, die Dicke des Straßenaufbaus und den Schichtaufbau festzulegen. In den **„Richtlinien für die Standardisierung des Oberbaus von Verkehrsflächen" (RStO)** sind die technisch geeigneten und wirtschaftlichen Bauweisen festgelegt (siehe Tabelle auf der übernächsten Seite).

Tragschichten sind der untere Teil des Oberbaus und übertragen die Verkehrslasten von der Decke auf den Untergrund. In den Zusätzlichen Technischen Vertragsbedingungen für Beton (ZTV Beton-StB) und Asphalt (ZTV Asphalt-StB) werden folgende Tragschichten genannt:

- Tragschichten ohne Bindemittel (ToB)
  - Frostschutzschichten und Schichten aus frostunempfindlichem Material
  - Kies- und Schottertragschichten
- Tragschichten mit hydraulischen Bindemitteln
  - Verfestigungen mit hydraulischem Bindemittelanteil
  - hydraulisch gebundene Tragschichten (HGT)
  - Betontragschichten
- Asphalttragschichten

Asphalteinbau

Bei **Tragschichten ohne Bindemittel** ist allein die Reibung im Korngerüst der Gesteinskörnung für die Lastübertragung zuständig.

Frostschutzschichten sollen Frostschäden im Oberbau vermeiden. Sie bestehen aus frostunempfindlichen Baustoffgemischen, die auch im verdichteten Zustand ausreichend wasserdurchlässig sind, d.h. sie sollen den kapillaren Aufstieg von Wasser verhindern und eine einwandfreie Entwässerung gewährleisten sowie eindringendes Wasser zu den seitlichen Entwässerungseinrichtungen der Straße abführen. Sie werden durch Grader oder Straßenfertiger in Dicken von 12…20 cm eingebaut und anschließend verdichtet.

Kies- und Schottertragschichten bestehen aus Gemischen von Sand, Kies, Splitt und Schotter in unterschiedlicher Zusammensetzung und Körnungsverteilung. Bei der Eignungsprüfung von Gesteinskörnungen für Tragschichten ohne Bindemittel wird die Korngrößenverteilung (Siebkurve), der Wassergehalt, die Proctordichte und die Herkunft des Baustoffgemisches geprüft.

Hydraulisch gebundene Tragschichten (HGT) bestehen aus Gesteinskörnungen und hydraulischem Bindemittel. Als Bindemittel werden Zemente nach DIN 1164-1, Hochhydraulischer Kalk nach DIN EN 459 oder Hydraulische Tragschichtbinder nach DIN 18506 eingesetzt. Als Gesteinskörnungen werden ebenfalls Kies, Sand, Splitt und Brechsand sowie Schotter verwendet (siehe Abschnitt 4.3.1).

Als **Betontragschichten** werden Betone der Druckfestigkeitsklassen C 12/15 und C 20/25 eingesetzt. Dabei muss gesichert werden, dass dem erhärtenden Beton kein Wasser aus der Unterlage entzogen wird. Die Anforderungen an die Sollhöhe (Abweichung ± 1,5 cm), an die Ebenheit (1 cm Abweichung auf 4 m Messstrecke) und an die Einbaudicke (Abweichung < 10 %) liegen in engen Grenzen. Betontragschichten werden ebenfalls mit dem Fertiger eingebaut.

Bei Tragschichten aus Beton und meist auch bei HGT werden die Schichten im frischen Zustand im Abstand von 3 … 5 m durch Kerben unterteilt. Die Fugenschnitte sollen etwa 35 % der Einbaudicke betragen. Dadurch werden „wilde Risse“ in den Platten verhindert, die durch Schwinden bei der Hydratation entstehen. Bei Belastung reißt die Platte planmäßig an den gekerbten Stellen.

Asphalttragschichten bilden bei vielen Oberbaukonstruktionen die obere Tragschicht (siehe Übersicht folgende Seite). Alle Asphaltschichten bestehen aus Gesteinskörnungen und Straßenbaubitumen als Bindemittel und werden in der Regel im Heißeinbau hergestellt. Die hohe Viskosität des Bindemittels gibt der Asphaltbauweise eine gewisse Zähigkeit, die allerdings temperaturabhängig ist.

Asphalttragschichten erhalten nach ZTV Asphalt-StB die Bezeichnung AC T (AC: Asphaltbeton, engl. **A**sphalt **C**oncrete). Man unterscheidet die Mischgutarten nach dem Größtkorn und der Straßenbelastung. Der Zusatz L bedeutet leichte Beanspruchung, N heißt normale und S heißt besondere Beanspruchung.

So bedeutet AC 32 T L einen Asphaltbeton für Tragschichten mit dem Größtkorn 32 und für hohe Beanspruchungen, also für die Belastungsklassen Bk100 und Bk32.

Der Oberbau wird auf dem Planum errichtet und besteht aus einer oder mehreren Tragschichten und der Decke. Tragschichten können ohne Bindemittel, mit hydraulischen Bindemitteln oder als Asphalttragschichten ausgeführt werden.

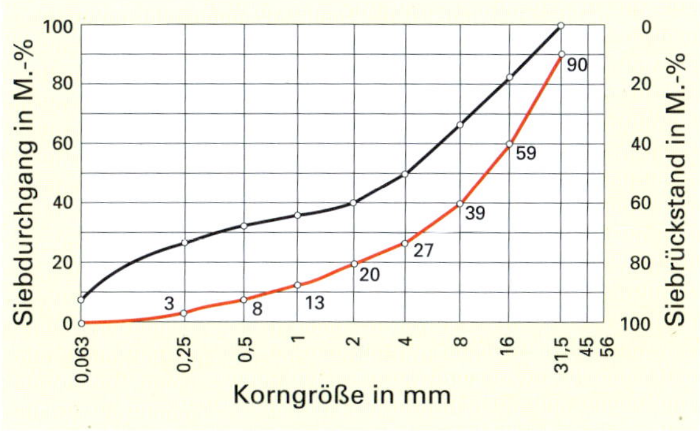

Kies- und Schottertragschichten (Kornzusammensetzung)

Körnung	Kornanteil in der Gesteinskörnung in M.-%			
	< 0,063 mm	> 2,0 mm	der gröbsten Kornklasse	an Überkorn
0/32 0/45	≤ 15	55…84	≥ 10	≤ 10

Kornanteil in der Gesteinskörnung für hydraulisch gebundene Tragschichten

Einbau einer hydraulisch gebundenen Schottertragschicht

Tragschichten und Binderschicht

Zeile	Belastungsklasse	Bk100				Bk32				Bk10				Bk3,2				Bk1,8				Bk1,0				Bk0,3			
	B [Mio.]	>32				>10…32				>3,2…10				>1,8…3,2				>1,0…1,8				>0,3…1,0				≤0,3			
	Dicke des frostsich. Oberbaus	55	65	75	85	55	65	75	85	55	65	75	85	45	55	65	75	45	55	65	75	45	55	65	75	35	45	55	65
1	**Asphalttragschicht auf Frostschutzschicht**																												
	Asphaltdecke; Asphalttragschicht; Frostschutzschicht	12; 22; Σ34; ▼120; ▼45				12; 18; Σ30; ▼120; ▼45				12; 14; Σ26; ▼120; ▼45				10; 12; Σ22; ▼120; ▼45				4; 16; Σ20; ▼120; ▼45				4; 14; Σ18; ▼120; ▼45				4; 10; Σ14; ▼100; ▼45			
	Dicke der Frostschutzschicht	–	31	41	51	25	35	45	55	29	39	49	59	–	33	43	53	25	35	45	55	27	37	47	57	21	31	41	51
2.1	**Asphalttragschicht und Tragschicht mit hydraulischen Bindemitteln auf Frostschutzschicht bzw. Schicht aus frostunempfindlichem Material**																												
	Asphaltdecke; Asphalttragschicht; Hydraulisch gebundene Tragschicht (HGT); Frostschutzschicht	12; 14; 15; Σ41; ▼120; ▼45				12; 10; 15; Σ37; ▼120; ▼45				12; 8; 15; Σ35; ▼120; ▼45																			
	Dicke der Frostschutzschicht	–	–	34	44	–	28	38	48	–	30	40	50																
2.2	Asphaltdecke; Asphalttragschicht; Verfestigung; Schicht aus frostunempfindlichem Material – weit- oder intermittierend gestuft gemäß DIN 18196 –	12; 18; 15; Σ45; ▼45				12; 14; 15; Σ41; ▼45				12; 10; 15; Σ37; ▼45				10; 10; 15; Σ35; ▼45				4; 12; 15; Σ31; ▼45				4; 10; 15; Σ29; ▼45				4; 10; 15; Σ29; ▼45			
	Dicke der Schicht aus frostunempfindlichem Material	10	20	30	40	14	24	34	44	18	28	38	48	10	20	30	40	14	24	34	44	16	26	36	46	6	16	26	36
2.3	Asphaltdecke; Asphalttragschicht; Verfestigung; Schicht aus frostunempfindlichem Material – enggestuft gemäß DIN 18196 –	12; 18; 20; Σ50; ▼45				12; 14; 20; Σ46; ▼45				12; 10; 20; Σ42; ▼45				10; 10; 20; Σ40; ▼45				4; 12; 15; Σ31; ▼45				4; 10; 15; Σ29; ▼45				4; 10; 15; Σ29; ▼45			
	Dicke der Schicht aus frostunempfindlichem Material	5	15	25	35	9	19	29	39	13	23	33	43	5	15	25	35	14	24	34	44	16	26	36	46	6	16	26	36
3	**Asphalttragschicht und Schottertragschicht auf Frostschutzschicht**																												
	Asphaltdecke; Asphalttragschicht; Schottertragschicht $E_{v2} \geq 150$ (120); Frostschutzschicht	12; 18; 15; Σ45; ▼150; ▼120; ▼45				12; 14; 15; Σ41; ▼150; ▼120; ▼45				12; 10; 15; Σ37; ▼150; ▼120; ▼45				10; 10; 15; Σ35; ▼150; ▼120; ▼45				4; 12; 15; Σ31; ▼150; ▼120; ▼45				4; 10; 15; Σ29; ▼150; ▼120; ▼45				4; 8; 15; Σ27; ▼150; ▼100; ▼45			
	Dicke der Frostschutzschicht	–	–	30	40	–	–	34	44	–	28	38	48	–	–	30	40	–	24	34	44	16	26	36	46	–	18	28	38
4	**Asphalttragschicht und Kiestragschicht auf Frostschutzschicht**																												
	Asphaltdecke; Asphalttragschicht; Kiestragschicht $E_{v2} \geq 150$ (120); Frostschutzschicht	12; 18; 20; Σ50; ▼150; ▼120; ▼45				12; 14; 20; Σ46; ▼150; ▼120; ▼45				12; 10; 20; Σ42; ▼150; ▼120; ▼45				10; 10; 20; Σ40; ▼150; ▼120; ▼45				4; 12; 20; Σ36; ▼150; ▼120; ▼45				4; 10; 20; Σ34; ▼150; ▼120; ▼45				4; 8; 20; Σ32; ▼120; ▼100; ▼45			
	Dicke der Frostschutzschicht	–	–	25	35	–	–	29	39	–	–	33	43	–	–	25	35	–	–	29	39	–	31	41	51	–	–	23	33
5	**Asphalttragschicht und Schotter- oder Kiestragschicht aus frostunempfindlichem Material**																												
	Asphaltdecke; Asphalttragschicht; Schotter- oder Kiesschicht; Schicht aus frostunempfindlichem Material	12; 18; 30; Σ60; ▼150; ▼45				12; 14; 30; Σ56; ▼150; ▼45				12; 10; 30; Σ52; ▼150; ▼45				10; 10; 30; Σ50; ▼150; ▼45				4; 12; 30; Σ46; ▼150; ▼45				4; 10; 30; Σ44; ▼150; ▼45				4; 8; 25; Σ37; ▼150; ▼45			
	Dicke der Schicht aus frostunempfindlichem Material	Ab 12 cm aus frostunempfindlichem Material, geringere Restdicke ist mit dem darüberliegenden Material auszugleichen																											

Dickenangaben in cm; ▼ E_{v2}-Mindestwerte in MPa (≙ MN/m²)

Beispiele für Asphaltbauweisen nach RStO

Deckschichten

Als **Deckschicht** kommen Asphaltschichten, Betondecken oder Pflasterdecken zum Einsatz. Beton- und Asphaltdecken sind technisch und wirtschaftlich etwa gleichwertig, auch wenn jede Bauweise ihre Vorteile und Grenzen hat.

Asphaltdeckschichten

Asphalt besteht aus einem Gemisch an **Gesteinskörnungen** und **Bitumen** als Bindemittel.

Durch Variation der Bestandteile nach Art und Menge kann Asphalt mit sehr verschiedenen Eigenschaften hergestellt und so den Verkehrs- und Witterungsbeanspruchungen angepasst werden.

Bitumen ist ein Produkt aus Erdöl. Es wird großtechnisch in Raffinerien hergestellt.

Zuerst wird das Rohöl nach Erwärmung auf etwa 350 °C unter atmosphärischem Druck destilliert. Dabei verdampft und kondensiert z. B. Benzin.

In der zweiten Stufe, der Vakuum-Destillation, werden unter vermindertem Druck weitere Bestandteile abdestilliert. Es verdampfen Öle, die z. B. als Schmieröle verwendet werden. Zurück bleibt das schwerflüchtige **Destillationsbitumen**, das als **Straßenbaubitumen** das Standardbindemittel im Asphaltstraßenbau darstellt. Es besitzt thermoplastische Eigenschaften und ist bei 150 ... 200 °C flüssig. Dabei ist es benetzungsfähig und haftet gut am Gestein. Nach dem Abkühlen wird es ausreichend hart und hält den Verkehrsbelastungen stand. Außerdem ist es wasserunlöslich und -undurchlässig sowie gegen Witterungseinflüsse beständig. Nachteilig ist, dass es durch Mineralöl wie Diesel und Benzin lösbar ist.

Die **Bitumenhärte** wird nach DIN 52010 durch **Nadelpenetration** (Nadeleindringtiefe in $\frac{1}{10}$ mm) ermittelt und bestimmt die **Bitumenbezeichnung** nach DIN EN 12591 (2000). Die Messung der Eindringtiefe erfolgt mittels einer genormten Nadel und einer Bitumenprobe, deren Temperatur 25 °C beträgt. Die Nadel belastet das Bitumen mit der Gewichtskraft von 1 N für einen Zeitraum von 5 s. Die Eindringtiefe wird in $\frac{1}{10}$ mm ermittelt, d. h., bei einem Ergebnis von $\frac{60}{10}$ mm ist die Nadel 6 mm in das Bitumen eingedrungen und dieses würde als Bitumen 50/70 klassifiziert werden.

Die **ZTV Asphalt StB 07** (**Z**usätzliche **T**echnische **V**ertragsbedingungen und Richtlinien für den Bau von Fahrbahndecken aus **Asphalt** 2007) unterscheidet in Abhängigkeit von der Beanspruchung des Straßenbelages verschiedene Zusammensetzungen des Asphaltes, z. B. Asphaltbinder (AC B), Asphaltbeton (AC), Splittmastixasphalt (SMA), Gussasphalt (MA), Sonderbauweisen (offenporiger Asphalt; PA).

Die Decke einer Asphaltstraße besteht aus einer Binderschicht (Bk100 ... Bk3,2) und einer 4 cm dicken Deckschicht. Für eine hohe Standfestigkeit muss **Asphaltbinder** (AC B) aus gebrochenen Edelsplitten bzw. Edelbrechsanden bestehen. Zudem sollten harte Straßenbaubitumen oder polymermodifizierte Bitumen verwendet werden. Polymermodifiziertem Bitumen wird Kunststoff zugesetzt, um die Eigenschaften zu verbessern.

Asphaltbeton (AC D) stellt die Standardbauweise dar und wird aus Edelsplitt, Edelbrechsand, Natursand, Füller und Straßenbaubitumen hergestellt. Für eine hohe Anfangsgriffigkeit ist nach dem ersten Walzübergang mit feinkörnigem Material (optimale Körnung 1/3) abzustreuen und einzuwalzen.

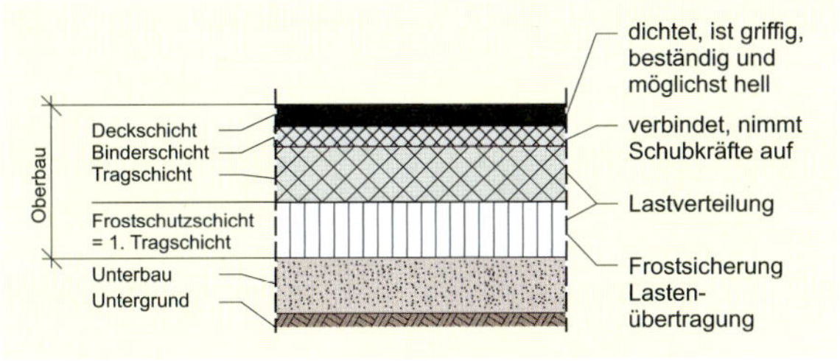

Eigenschaften der Asphaltschichten des Oberbaus

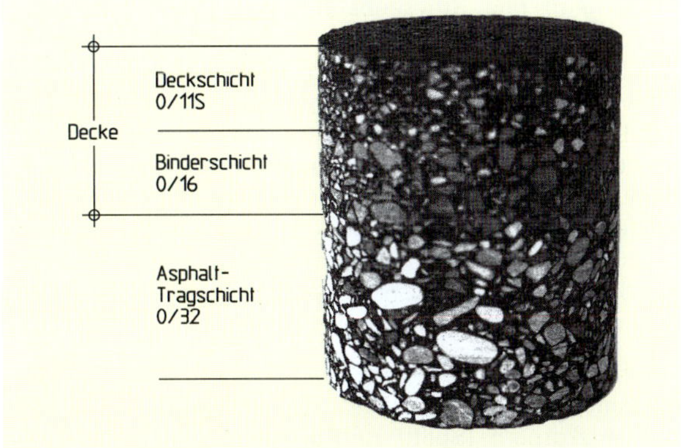

Bohrkern aus Oberbau, Belastungsklasse Bk32

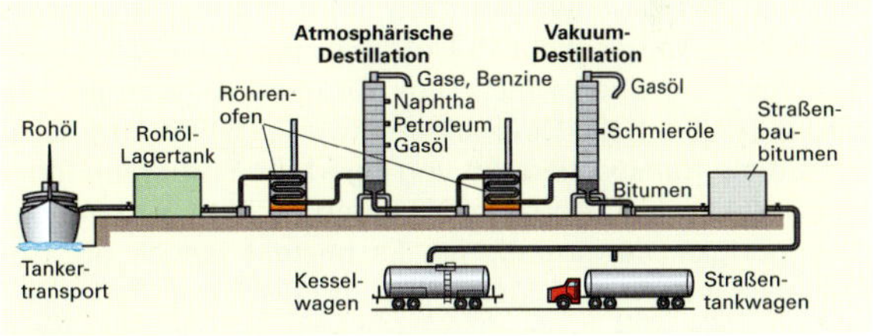

Herstellung von Bitumen

Bitumensorten nach DIN EN 12591		Bitumenkonsistenz
Sorte	Penetration in 1/10 mm	
160/220	160 ... 220	weich
70/100	70 ... 100	↓
50/70	50 ... 70	
30/45	30 ... 45	
20/30	20 ... 30	hart

Bitumensorten nach DIN EN 12591

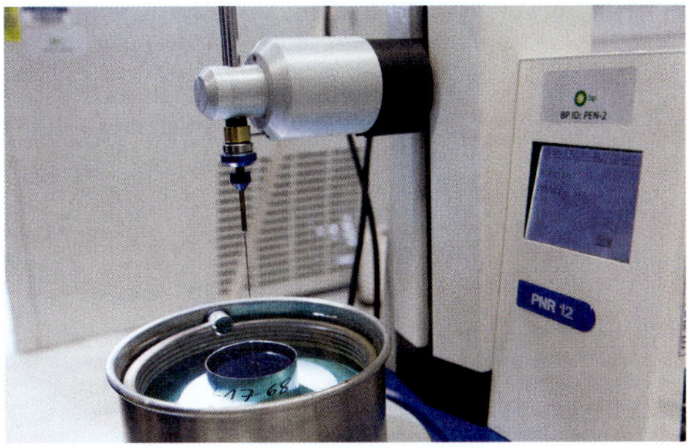

Penetrometer zur Nadelpenetration

Splittmastixasphalt (SMA) ist ein Mineralstoffgemisch mit hohem Splittanteil gröbster Korngruppe und viel Füller, aber wenig Feinsplitt und Sand. Diese Ausfallkörnung erzeugt ein sich selbst stützendes Splittgerüst, dessen Hohlräume durch einen bitumenreichen Mörtel (Mastix) weitgehend ausgefüllt sind. Um während des Transports und Einbaus das Auslaufen von Bitumen zu verhindern, werden stabilisierende Zusätze, in der Regel Cellulosefasern (0,3 … 1,5 %), zugesetzt.

Gussasphalt (MA) ist aus einer abgestuften Gesteinskörnung (Edelsplitt, Edelbrechsand, Natursand und Gesteinsmehl) und Straßenbaubitumen zusammengesetzt. Er zeichnet sich durch seinen hohen Anteil an Bitumen und Gesteinskörnern ≤ 0,09 mm (**„Füller"**) aus. Korngrößenverteilung und Bitumengehalt sind so gewählt, dass die Hohlräume vollständig mit Bitumen ausgefüllt sind und darüber hinaus noch ein Bitumenüberschuss besteht, wodurch eine gieß- und verstreichbare Masse mit einer glatten Oberfläche entsteht, die nicht verdichtet wird. Gussasphalt muss unmittelbar nach dem Einbau immer mit 5 … 8 kg Edelsplitt 2/5 mm abgestreut werden, um die Oberfläche aufzurauen und die Griffigkeit zu erhöhen.

Offenporiger Asphalt (PA) (auch „Drän-" oder „Flüsterasphalt") hat durch seinen hohen Anteil an großen Gesteinskörnern (Splitt) und wenig Sand einen hohen Hohlraumgehalt (15 … 25 %). Als Bindemittel wird polymermodifiziertes Bitumen verwendet. Durch die Hohlräume kann das Regenwasser nach unten abgeleitet werden. Damit das Wasser nicht in Unterbau und Untergrund abläuft, ist eine Sperrschicht aus Bitumen angeordnet. Es wird dann durch die Querneigung ($q \geq 2{,}5\,\%$) der Straße zu den Seiten transportiert. PA verringert die Sprühfahnenbildung und das Aquaplaning und wirkt wegen der Offenporigkeit lärmmindernd. Es besteht jedoch die Gefahr, dass sich nach längerer Nutzung die Poren durch Verschmutzung und Gummiabrieb zusetzen. Der PA kann dann seine Funktionen nur noch teilweise erfüllen.

Obwohl die Anfangsgriffigkeit der Fahrbahnoberfläche beim Einbau von PA ungünstig ist (sog. Überfettung), darf auf die Oberfläche kein Sand oder Splitt gestreut werden, um die Poren nicht zu verschließen.

Asphalttragdeckschichten (AC TD) übernehmen die Aufgaben der Asphalttragschicht und Deckschicht. Sie setzen sich aus einer gut abgestuften Gesteinskörnung und Straßenbaubitumen zusammen. Ihre Einsatzmöglichkeiten sind auf den ländlichen Wegebau, Rad- und Gehwege sowie auf untergeordnete Verkehrsflächen beschränkt. Sie sollen bei gering tragfähigen Unterlagen mögliche Verformungen aufnehmen können ohne zu reißen. Deshalb wird ein weiches Bitumen der Sorte 160/220 verwendet.

Der Einbau findet einlagig statt bei Einbaudicken zwischen 5 … 10 cm, sodass keine Trennschichten entstehen.

Asphaltmischgutarten (Kennzeichnung):	
AC	(asphalt concrete) für alle Asphaltbetone
SMA	(stone mastic asphalt) für Splittmastixasphalt
MA	(mastic asphalt) für Gussasphalt
PA	(porous asphalt) für offenporigen Asphalt
Asphaltbeton (AC) nach Norm umfasst:	
T	Asphalttragschichtmischgut
B	Asphaltbinder
D	Asphaltbeton für Asphaltdeckschichten
TD	Asphalttragdeckschichtmischgut
Nationale Ergänzung für die Beanspruchung:	
L	leichte
N	normale
S	besondere

Kennzeichnung von Asphaltmischgut

AC T:	Asphaltbeton für Asphalt**t**ragschichten (Asphalttragschichtmischgut)
AC B:	Asphaltbeton für Asphalt**b**inderschichten (Asphaltbinder)
AC TD:	Asphalt**t**rag**d**eckschichten (Asphalttragdeckschichtmischgut)
AC 11 D N:	Asphaltbeton für Asphaltdeckschichten mit einer oberen Siebgröße von 11 mm für Verkehrsflächen mit normaler Beanspruchung
AC 32 T S:	Asphaltbeton für Asphalttragschichten mit einer oberen Sieblinie von 32 mm für Verkehrsflächen mit besonderer Beanspruchung
MA 8 S:	Gussasphalt mit einer oberen Siebgröße von 8 mm für Verkehrsflächen mit besonderer Beanspruchung

Beispiele für die Bezeichnung von Asphaltmischgut

a)

b)

c)

a) Splittmastixasphalt (SMA)
b) Asphaltbeton (AC)
c) offenporiger Asphalt (PA)

Bohrkerne verschiedener Asphaltbauweisen

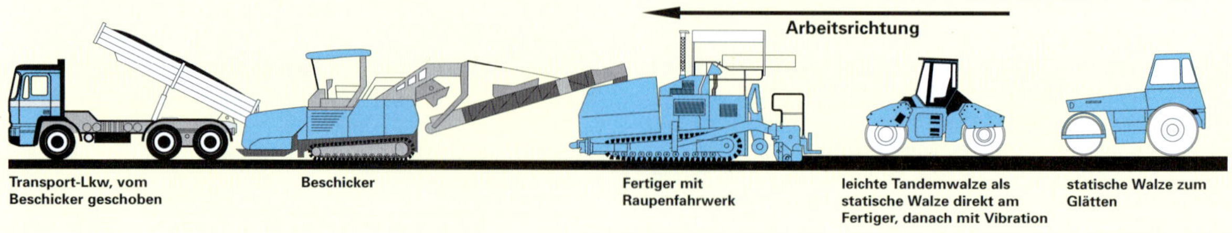

Asphalt-Einbauzug schematisch

Betondeckschichten

Betondecken können aus technischen und wirtschaftlichen Gründen von Vorteil sein und es können den Asphaltdecken vergleichbare Geräuschpegel erreicht werden. Betondecken sind verformungsstabil und hoch belastbar, weisen eine helle Oberfläche auf und haben eine lange Nutzungsdauer von bis zu 30 Jahren. Dafür sind die Herstellungskosten höher, weil z.B. die Oberfläche mit Fugen versehen werden muss.

Die Dicke von Betondecken richtet sich nach der Belastungsklasse. Außerdem müssen für die Belastungsklassen Bk1,0 und Bk0,3 mindestens 25 N/mm² Druckfestigkeit erreicht werden, für alle anderen mindestens 35 N/mm². Für Fahrbahnbeton gelten im vollen Umfang die DIN EN 206 und die DIN 1045. Die Besonderheiten des Straßenbaus werden in den ZTV Beton-StB geregelt. Dazu gehört, dass Betondecken zur Vermeidung von wilden Rissen und zur Aufnahme von Wärmedehnungen Fugen erhalten müssen. Man unterscheidet Scheinfugen, Raumfugen und Pressfugen.

Scheinfugen sind Sollbruchstellen in der Betondecke, die durch Schwächung des Querschnitts um 25 ... 30 % an der Oberseite der Decke hergestellt werden. Die Platten werden durch kunststoffbeschichtete Dübel an der Fuge auf gleicher Höhe gehalten.

Raumfugen trennen die Platten in ganzer Dicke voneinander und ermöglichen durch einen breiten, vorgebildeten Spalt eine Ausdehnung der Platten. Die Herstellung ist sehr aufwendig.

Pressfugen sind Arbeitsfugen und trennen die Platten in ganzer Dicke voneinander, bieten aber im Gegensatz zu den Raumfugen keinen Raum für eine Ausdehnung der Platten. Durch Einbau von Schraub- oder Klebeankern werden die Platten aneinander gebunden.

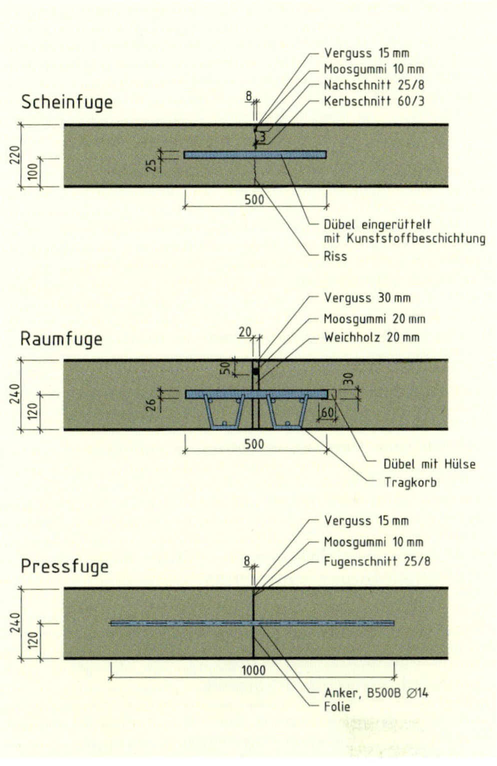

Fugenarten bei Betondecken

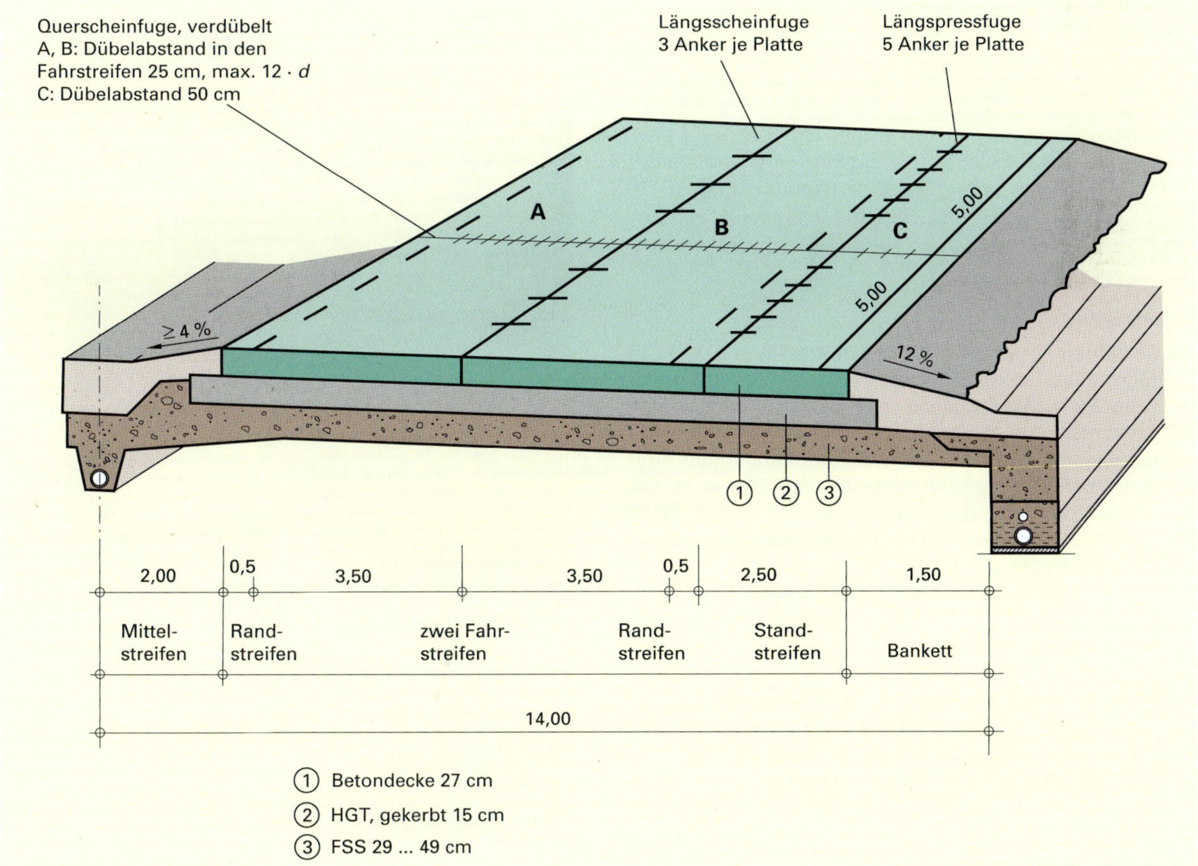

Straßenquerschnitt mit Betondecke

Längsfugen müssen angeordnet werden, wenn die Plattenabmessungen zu groß werden, oder wenn der Fertiger nicht die ganze Fahrbahnbreite einbauen kann. Die Plattenabmessungen sollen das 25-Fache, bei quadratischen Platten das 30-Fache der Plattendicke nicht überschreiten. Die Kantenlänge darf dabei nicht mehr als 7,50 m betragen. Die Längsfugen werden in der Regel mit Ankern versehen, um die Fahrbahnteile nicht auseinanderwandern zu lassen.

Die **Querfugen** verlaufen im Allgemeinen rechtwinklig zur Straßenachse und werden mit Dübeln auf Höhe gehalten (Scheinfugen). Sie sollen nicht gegeneinander versetzt sein.

Betondecken können ein- oder zweischichtig eingebaut werden. Bei zweischichtigem Einbau besteht die Decke aus einem Ober- und Unterbeton mit unterschiedlicher Zusammensetzung. Beim Unterbeton besteht die Gesteinskörnung aus kostengünstigem ungebrochenem Material.

Betondecken werden maschinell mit dem Gleitschalungsfertiger hergestellt. Mit seinen Geräten wird der Beton maschinell eingebracht, gleichmäßig verteilt, geglättet und verdichtet. Die Anker und Dübel werden vollautomatisch an den notwendigen Stellen gesetzt. Im Bereich des Gleitschalungsfertigers sind Schalungsbleche montiert, die mit dem Fertigungsprozess mitgezogen werden. Der eingebaute Beton muss eine steife Konsistenz aufweisen, damit die Betonschulter hinter dem Gleitschalungsfertiger standfest bleibt und nicht herabfällt.

Die Prüfung der Betonfahrbahnen erfolgt auf Betonqualität und Festigkeit, Abrieb und Luftporengehalt.

Neben der Prüfung der Baustoffe und der Einbauqualität werden alle Fahrbahnen kontrolliert auf

- profilgerechte Lage,
- Ebenheit,
- Neigungen,
- Griffigkeit.

Betondeckschichten müssen wegen der Dehnung bei Temperaturunterschieden mit Fugen versehen werden. Dübel oder Anker sichern die Verbindung der Platten.

Am häufigsten werden Scheinfugen eingebaut, die als Sollbruchstellen wilde Risse der Decke verhindern.

Pflasterdecken

Die Pflasterbauweise entspricht nach RStO und ZTV P-StB bezüglich des Unterbaus und der Tragschichten den anderen Bauweisen. Als Regelbauweise gilt das Verlegen von Pflastersteinen oder Platten in Sand- oder Splittbettung. In Sonderfällen, wie zum Beispiel bei stark befahrenen Straßen oder Parkflächen, kann auch das Verlegen in Mörtel mit Mörtelverfugung notwendig sein. Der obere Belag kann als Pflaster- bzw. Plattenbelag aus Naturstein, Beton oder Klinker hergestellt werden.

Für das Verlegen von Pflaster und Plattenbelägen sind Standard- wie auch spezielle Verbände entwickelt worden, die dem Stand der Technik und dem ästhetischen Empfinden entsprechen. Für Fahrbahnbefestigungen werden in der Regel Reihen-, Diagonal- und Netzverbände gewählt, bei Gehwegen und Flächengestaltungen sind oft auch Bogenverbände und unregelmäßige Verbände gebräuchlich. Für gestaltete Flächen werden häufig auch verschiedene Steinarten, Formen und auch Platten eingesetzt.

Das große Angebot an natürlichen und künstlichen Steinen und Platten sowie Formaten und Farben ermöglicht die abwechslungsreiche Gestaltung von Wegen und Flächen.

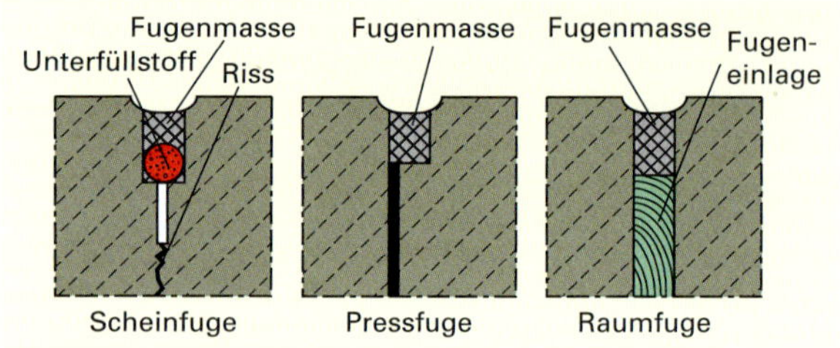

Fugenausbildungen im Vergleich

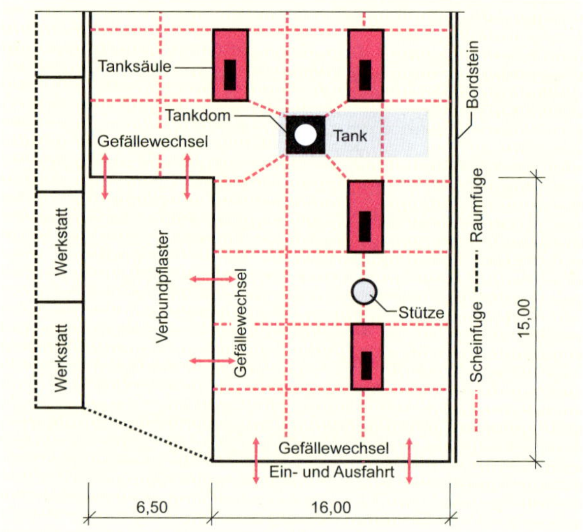

Beispiel für einen Fugenplan eines Tankstellen-Abfüllplatzes

Gleitschalungsfertiger

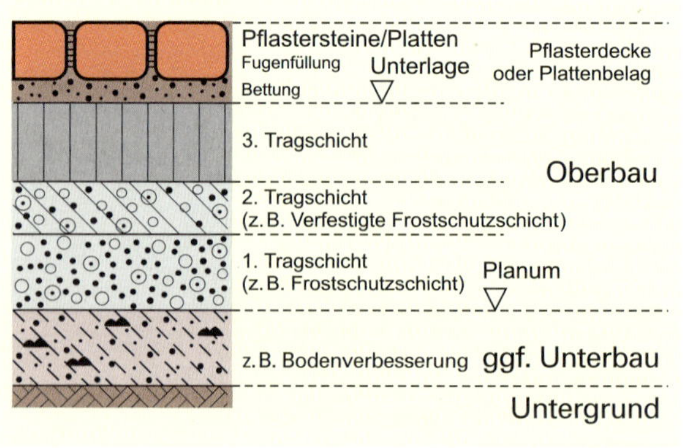

Aufbau einer Pflasterbefestigung nach ZTV Pflaster – StB

Flächenentwässerung

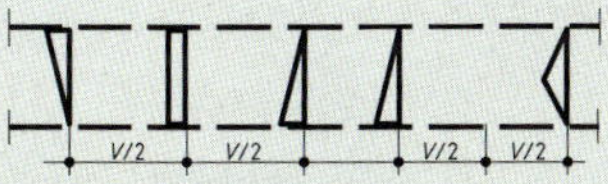

Querneigung der Fahrbahn (V=Verwindungsbereich)

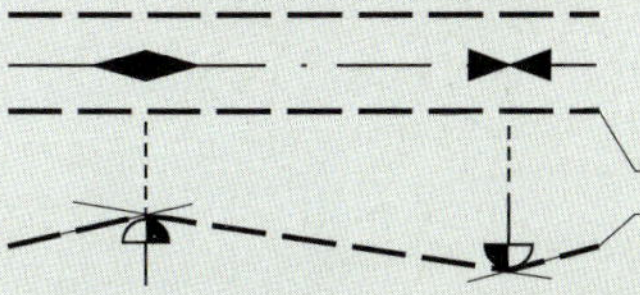

Hoch- und Tiefpunkt in der Fahrbahnachse
- im Grundriss
- im Höhenplan

Schächte, Abläufe

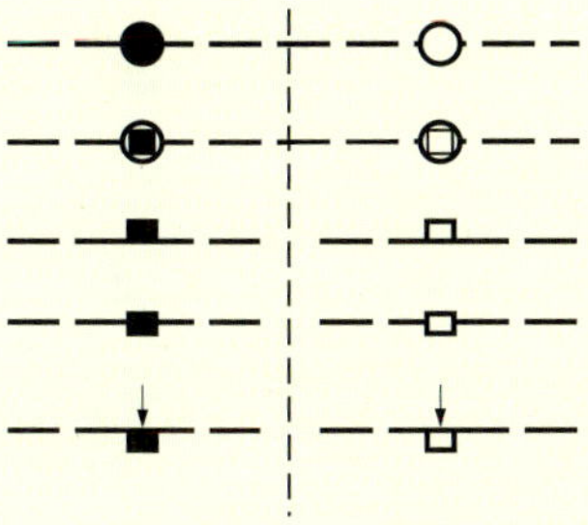

Prüfschacht

Ablaufschacht

Straßenablauf (Pultaufsatz)

Straßenablauf (Kombiaufsatz)

Seitenablauf

Schacht li **Schacht re** **Schacht li u. re**

Mulden, Gräben, Rinnen

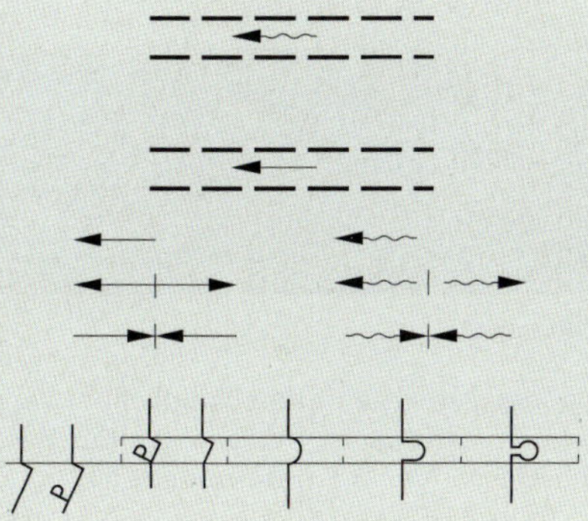

Straßenmulde, Befestigungsart angeben

Straßengraben, Abfanggraben, Vorflutgraben, Befestigungsart angeben

Fließrichtung
Hochpunkt
Tiefpunkt

Bord-, Spitz-, Mulden-, Kasten-, Schlitzrinne (P=als Pendelrinne)

Rohrleitung

geplant vorhanden
im Entwässerungsplan

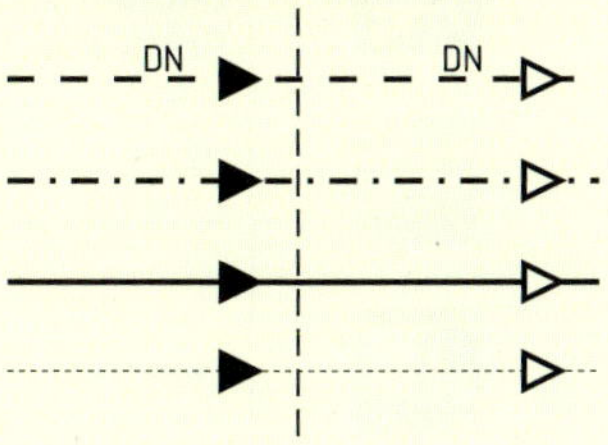

Regenwasserleitung

Mischwasserleitung

Schmutzwasserleitung

Sickerrohrleitung

RS =	Rohrsohle
AS =	Ablaufschacht
KS =	Kontrollschacht
Mu =	Mulde
Gr =	Graben
DN 300/150 =	Sammelleitung 300 mm und Sickerrohrleitung 150 mm

Durchlässe

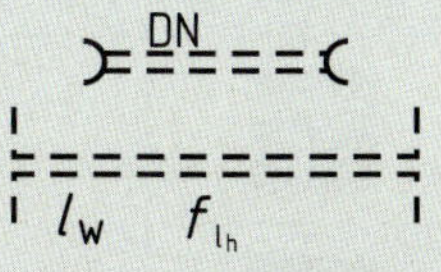

Rohrdurchlass mit Böschungsstück

größerer Durchlass mit Endbauwerken

Planzeichen zur Entwässerung nach RAS-Ew

Straßenabläufe bestehen aus dem Aufsatz und dem Unterteil.

Für die Anordnung der Abläufe ist davon auszugehen

- dass ein Ablauf für einen Einzugsbereich von 400 m^2 bei Stadtstraßen und 500 m^2 bei Landstraßen vorgesehen wird,
- dass der Abstand im Übrigen vom Wasseranfall und vom Rinnengefälle abhängig ist,
- dass an den Gradiententiefpunkten eine ausreichende Zahl von Abläufen vorgesehen wird,
- dass sie **vor** Fußgänger- und Radfahrüberwegen anzuordnen sind.

Die **Unterteile** werden aus Betonfertigteilen zusammengesetzt, die nach DIN 4052 genormt sind. Sie lassen eine Vielzahl von Kombinationsmöglichkeiten zur Anpassung an die örtlichen Gegebenheiten zu.

Die Straßenabläufe werden durch **Aufsätze** mit der Straßenoberfläche abgeschlossen. Sie bestehen aus dem Aufsatzrahmen und einem Rost, der das Eindringen von groben Abfällen verhindert. Nach der RAS-Ew werden vier Grundformen von Aufsätzen unterschieden:

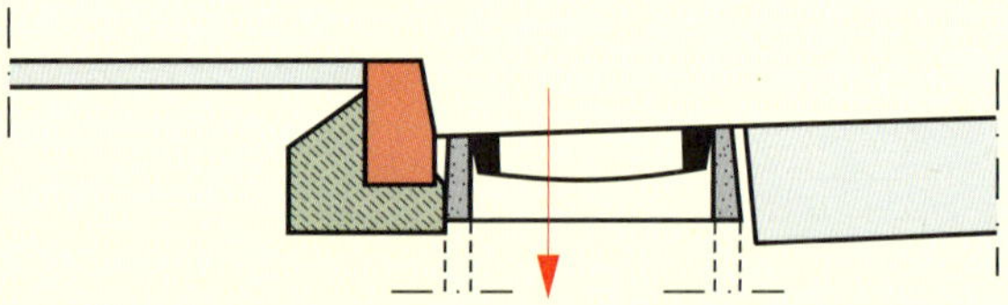

Pultaufsatz
Einsatz vor allem an Bord-, Pendel- und Spitzrinnen

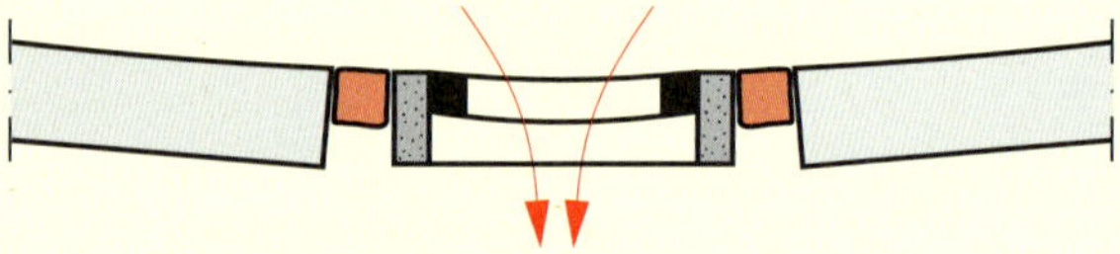

Rinnenaufsatz / Muldenaufsatz
Anwendung bei Muldenrinnen

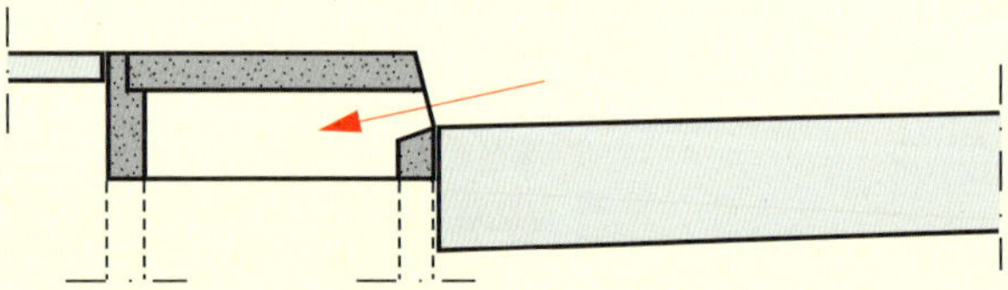

Seitenablauf
Anwendung bei geringem Wasseranfall; Aufsatz und Schacht liegen nicht im Straßenkörper.

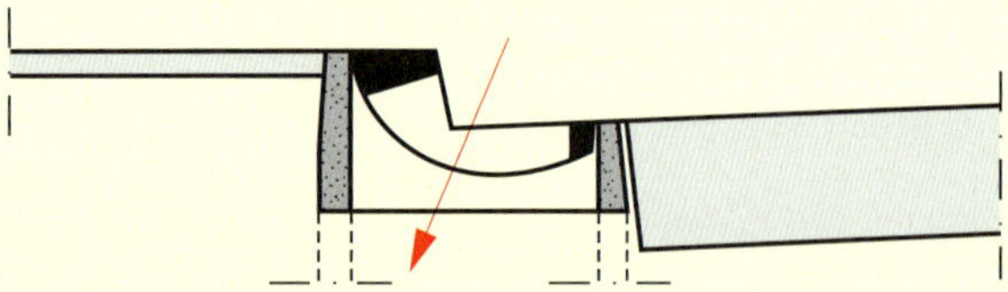

Kombiaufsatz
Kombination aus Pult- und Seiteneinlauf; der Aufsatz hat einen bordähnlichen Absatz.

Arten von Aufsätzen

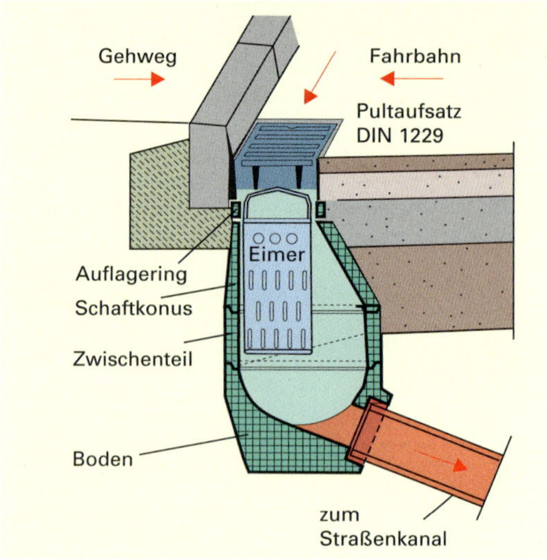

Straßenablauf bei angebauter Straße

Pultaufsatz

Da die Aufsätze unterschiedlichen Verkehrsbelastungen standhalten müssen, werden nach DIN 1229 die Klassen A bis F unterschieden.

Klasse (Bruchkraft in kN)		Einsatzbereich
A 15		Fußgänger Radfahrer Rollstühle
B 125		Pkw Lieferwagen
C 250		Lkw
D 400		Schnellverkehr
E 600		schwere Industrie- und Militärfahrzeuge
F 900		zivile und militärische Flugzeuge

Belastungsklassen von Aufsätzen für Straßenabläufe nach DIN 1229

15 Wasserversorgung und Wasserentsorgung

Das in der Natur vorkommende Wasser unterliegt einem natürlichen Kreislauf und ist die Voraussetzung jeglichen Lebens. Für die Nutzung als Trinkwasser muss es aufbereitet und gespeichert werden. Das durch diese Nutzung anfallende Schmutzwasser darf nicht in den Boden oder das Grundwasser eindringen und wird deshalb einer Behandlung in Kläranlagen zugeführt.

Zur Planung von Wasserver- und -entsorgungsanlagen ist die Kenntnis der Materialien und der einschlägigen Normen erforderlich.

15.1 Wasserversorgung

Rund 70 % der Erdoberfläche sind mit Wasser bedeckt, davon sind aber nur rund 2,5 % Süßwasser. Große Teile der globalen Trinkwasservorräte sind für den Menschen nur schwer oder gar nicht zugänglich, weil sie in Gletschern oder im ewigen Eis der Polarregionen gebunden sind. Unter der Erde befinden sich rund 30 % als sauberes Grundwasser. Leicht zugängliches Wasser in Flüssen und Seen bildet nur einen kleinen Teil von 0,3 %.

Versorgung in Deutschland

Deutschland ist ein wasserreiches Land mit Wasserressourcen von 188 Milliarden Kubikmetern Süßwasser. Rund 3 % davon werden als Trinkwasser verwendet. Pro Tag und Einwohner werden durchschnittlich 121 Liter Wasser verbraucht. Damit ist Deutschland eines der Länder in Europa mit dem niedrigsten Wasserverbrauch.

Weil hierzulande mit Trinkwasser sparsam und umweltbewusst umgegangen wird, sinkt der Wasserverbrauch stetig. So ist der Durchschnittsverbrauch in den letzten 25 Jahren um 16 % gesunken, was sowohl mit einem veränderten Nutzungsverhalten der Verbraucher als auch mit der Entwicklung wassersparender Haushaltsgeräte und Armaturen zusammenhängt. Auch die Industrie benötigt durch wassersparende Produktionsprozesse und Eigenförderung weniger Wasser aus dem öffentlichen Netz.

Der rückläufige Wasserverbrauch führt aber auch zu Problemen: Als Folge der geringen Nutzung der Anlagen kommt es in den betroffenen Leitungen zu Korrosion und Ablagerungen. Die längere Aufenthaltszeit des Wassers und die geringere Fließgeschwindigkeit in den Leitungen kann zu hygienischen Problemen führen, sodass die betroffenen Leitungen öfter gespült werden müssen.

Durch Niederschläge werden die Süßwasservorräte regelmäßig erneuert. Wie viel es regnet, ist jedoch regional unterschiedlich. Im Westen Deutschlands sind die Niederschlagsmengen höher als im Osten. Auch die Verfügbarkeit und Beschaffenheit des Grundwassers ist regional unterschiedlich.

Trinkwasserschutz

Zu den wasserwirtschaftlichen Aufgaben gehören heute neben dem Bereitstellen von Trinkwasser und der Abwasserentsorgung auch der Landschaftswasserhaushalt, der Küsten- und Hochwasserschutz sowie der Gewässerschutz. So gibt es in Deutschland einige Regionen mit belastetem Grundwasser. Besonders durch intensive landwirtschaftliche Bodennutzung wird das Grundwasser durch Nitrate, Pflanzenschutzmittel und Phosphoreinträge belastet.

Zum Trinkwasserschutz tragen besonders die vielen Wasserschutzgebiete bei, weil hier strengere Anforderungen gelten.

Sauberes Trinkwasser ist ein kostbares Gut

Der Bodensee ist das wichtigste Trinkwasservorkommen für Süddeutschland

Einsatz von Trinkwasser im Haushalt

Auszug aus der Trinkwasserversorgung – § 4 Allgemeine Anforderugen

(1) Trinkwasser muss so beschaffen sein, dass durch seinen Genuss oder Gebrauch eine Schädigung der menschlichen Gesundheit insbesondere durch Krankheitserreger nicht zu besorgen ist. Es muss rein und genusstauglich sein.

15.1.1 Wasserressourcen und Wassergewinnung

Trinkwasserversorgung

Heute verwendet man zum Transport des Wassers unterirdisch verlegte Versorgungsleitungen, die in ihrer Gesamtheit bis zum Verbrauchsort ein **Rohrnetz** (siehe Abschnitt 15.1.3) bilden.

Trinkwasser ist ein durch nichts zu ersetzendes Lebensmittel. Es ist lebensnotwendig und muss in ausreichender Menge

- gewonnen,
- aufbereitet,
- gespeichert,
- zugeleitet und
- an die Verbraucher verteilt werden.

Die **Verordnung über Trinkwasser und Wasser für Lebensmittelbetriebe**, kurz: **Trinkwasserverordnung** (TrinkwV) legt die Kriterien für die Anforderungen an Trinkwasser sowie für die Planung und den Betrieb der Anlagen fest. Nach der TrinkwV dürfen durch die verwendeten Werkstoffe für Leitungen und Apparate bei den Verbrauchern keine gesundheitlichen Schäden auftreten.

Für Wasserversorgungsunternehmen müssen Projekte und Anlagen für den Transport und die Verteilung des Wassers durch Pumpwerke, Aufbereitungsanlagen, Transportleitungen (Rohrsysteme) und Netze weiträumig geplant und gebaut werden. Um eine hohe Wirtschaftlichkeit zu erreichen, ist die Technik der Wasserversorgungsanlagen in einem hohen Grade automatisiert.

Die Träger dieser Einrichtungen sind meist städtische Wasserwerke oder öffentlich-rechtliche Verbände (Genossenschaften). Sie ermöglichen, dass die Verbraucher zu jedem Zeitpunkt mit Wasser in geforderter Qualität, ausreichender Menge und ausreichendem Druck versorgt werden.

Oberflächenwasser

Das **Oberflächenwasser** wird aus natürlichen oder künstlichen oberirdischen Gewässern gewonnen (Flüsse, Stauseen). Talsperren sind künstlich geschaffene Wasserspeicher und gestatten durch ihr großes Speichervolumen eine kontinuierliche Versorgung über große Zeitspannen.

Oft ist Oberflächenwasser stark verunreinigt und muss zur Verwendung als Trinkwasser in den Wasserwerken aufbereitet werden. In Industrie und Wärmekraftwerken wird das Wasser aus Flüssen als Kühlwasser genutzt.

Die Qualität des Flusswassers ändert sich ständig, sodass es nur durch einen großen Kläraufwand als Trinkwasser nutzbar ist. Eine Aufbereitung als Trinkwasser kommt daher nur in Regionen infrage, in denen das Grundwasser oder Wasser aus stehenden Gewässern den Bedarf an Trinkwasser nicht decken können.

Im Allgemeinen wird der Wasserbedarf für Mensch, Tier, Gewerbe und Industrie vorwiegend aus den Grundwasserressourcen und aus geeigneten Oberflächengewässern gedeckt.

Aufbereitungsanlage der Bodenseewasserversorgung

Nur das Oberflächen- und Grundwasser der Kontinente kann direkt zur Trinkwassergewinnung genutzt werden

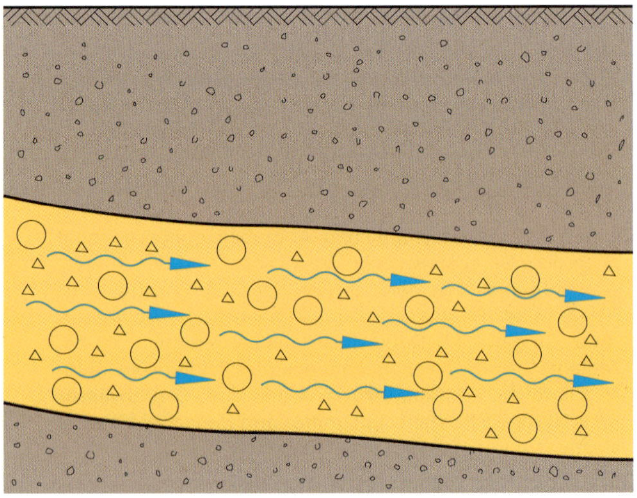

Die Bodenschichten filtern das Grundwasser während des Durchflusses

Grundwasser

Die heutigen Grundwasservorkommen stammen im Wesentlichen aus der letzten Eiszeit und werden durch Niederschlags- und Schmelzwasser ergänzt. Durch Regen, Versickerung und Verdunstung befindet sich das Wasser in einem steten Kreislauf zwischen Erdoberfläche und Atmosphäre.

Bodenarten wie Kiese, Sande oder Humus sind Voraussetzung für die Wasserdurchlässigkeit und das Versickern von Niederschlags- und Schmelzwasser.

Wenn die Porenhohlräume der anstehenden Bodenart und die Wasser führenden Schichten mit Wasser gefüllt sind, spricht man von **Grundwasser**. Es hat für die Trinkwasserversorgung die größte Bedeutung.

Die Wasser führenden Schichten werden als **Grundwasserleiter** (Aquifer) bezeichnet. Sie können übereinander liegen (in Stockwerken), jeweils getrennt durch wasserundurchlässige Schichten. Die wasserundurchlässige Schicht bildet dabei die **Grundwassersohle**. Die Mächtigkeit der Grundwasser führenden Schicht resultiert aus dem Abstand der Grundwassersohle und der Grundwasseroberfläche. Die einzelnen Schichten bilden ein natürliches Filtersystem, wobei die Fließgeschwindigkeit des Wassers entsprechend der Beschaffenheit des Bodens sehr unterschiedlich ist. Das Wasser bewegt sich durch das natürliche Gefälle des anstehenden Geländes von wenigen dm/Tag bis einige km/Tag auf ein Oberflächengewässer zu. Es wird auch als **ungespanntes Grundwasser** bezeichnet.

Wenn im Untergrund wesentlich mehr nutzbares Grundwasser vorhanden ist als zur Aufrechterhaltung der örtlichen Wasserversorgung benötigt wird, handelt es sich um **Grundwasserüberschussgebiete** (z. B. Rhein- und Donautal, Bodenseeraum).

Bereiche mit geringem nutzbaren Wasserangebot sind **Grundwassermangelgebiete** (z. B. Neckarraum, Hochflächen der Schwäbischen Alb).

Grundwasser kann unter Druck stehen und wird dann als **gespanntes Grundwasser** bezeichnet. Hier wird ein Grundwasserleiter durch zwei Grundwasserstauer eingeengt. Der gespannte Grundwasserspiegel kann keine freie Oberfläche mehr ausbilden (entspannen). In der Natur besteht ein Gleichgewicht zwischen der Last der Deckschicht und dem Grundwasserdruck.

Brunnen

Wenn Wasser austritt, das zwischen zwei wasserundurchlässigen Schichten unter Druck steht, spricht man von einem **artesischen Brunnen** (benannt nach der nordfranzösischen Landschaft Artois).

Wenn das Wasser aus ufernahen Grundwasservorkommen gewonnen wird, kommen meist **Horizontalfilterbrunnen** zum Einsatz. Sie bestehen aus horizontal verlaufenden Filterrohrsträngen und dem vertikalen Brunnenschacht.

Die Fassungsstränge aus Filterrohren sind einzeln absperrbar und führen jeweils radial in den Grundwasserleiter.

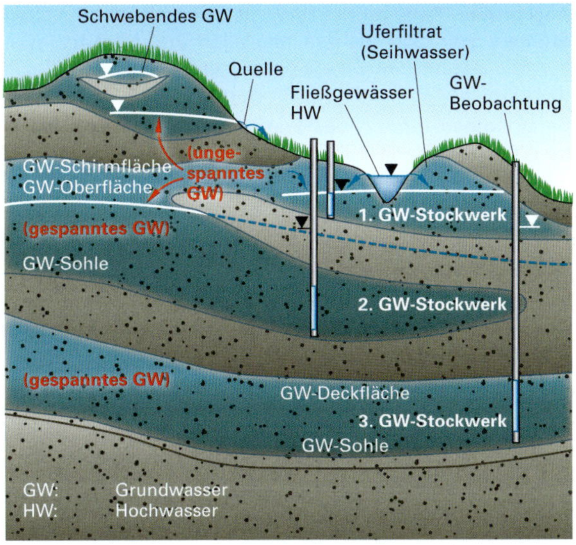

Schnitt durch Grundwasser führende Schichten

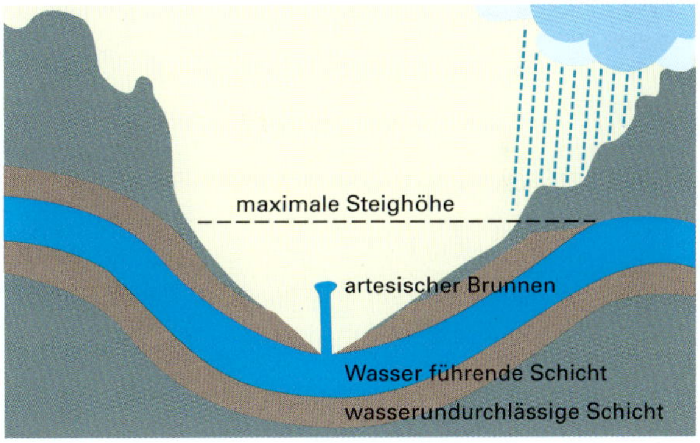

Artesischer Brunnen

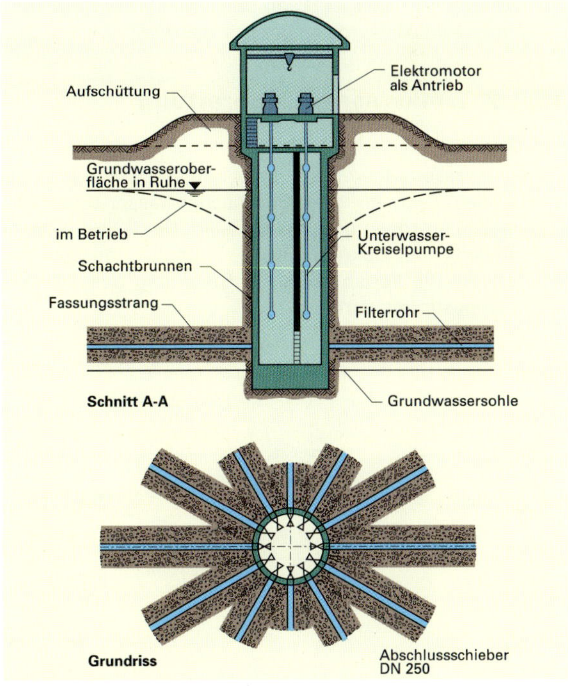

Horizontalfilterbrunnen

Aus großer Tiefe kann das Wasser mittels **Vertikalfilterbrunnen** gefördert werden. Bei allen Brunnenarten werden die natürlichen Filtereigenschaften des Bodens und des extra eingebrachten Kieses genutzt.

Saugpumpen fördern das Wasser zur weiteren Verarbeitung nach oben.

Bei Grundwasserleitern von geringer Tiefe und Mächtigkeit werden **Sickerleitungen** eingebaut.

Die Sickerleitungen bestehen aus gelochten Rohren (≥ DN 300), die mit einem Kiesfilter ummantelt sind.

Zu den unmittelbaren Gewinnungsanlagen zählen noch weitere ingenieurtechnische Anlagen wie die Einfassung von Quellen oder die Trinkwassertalsperren mit ihren Staumauern und Pumpwerken.

Zusammenfassung

Trinkwasser ist lebensnotwendig. Es wird in Deutschland aus Grundwasser oder Oberflächenwasser (aus Flüssen und Seen) gewonnen. Bei der Gewinnung über Brunnen nutzt man die Filterwirkung des Bodens aus, bevor das Rohwasser zur Aufbereitung weitergeleitet wird.

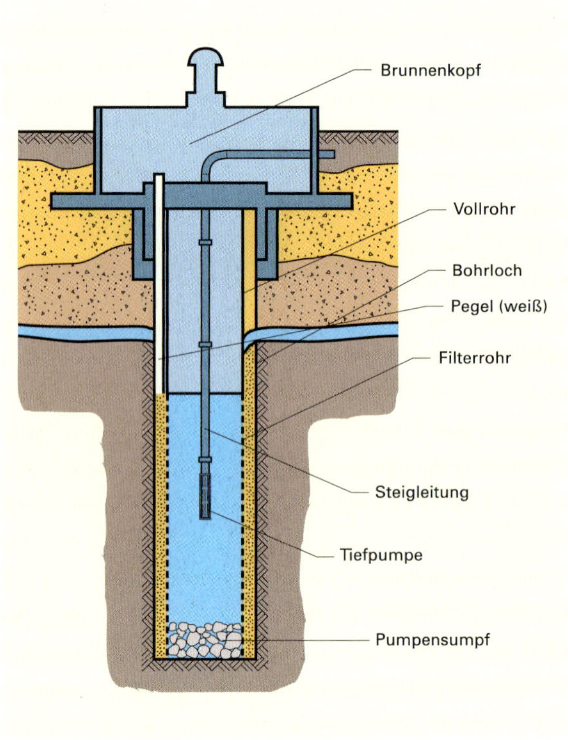

Aufbau eines Tiefbrunnens

Aufgaben

1. *Warum sinkt in Deutschland der Trinkwasserverbrauch und welche Probleme entstehen dadurch?*
2. *Welche Anforderungen werden laut Trinkwasserverordnung an Trinkwasser gestellt?*
3. *Welche Wasserressourcen werden für die Trinkwassergewinnung genutzt?*
4. *Erklären Sie die Begriffe:*
   a) Ungespanntes Grundwasser,
   b) gespanntes Grundwasser.
5. *Was wird unter einem artesischen Brunnen verstanden?*
6. *Mit welchen Anlagen kann das Grundwasser für die Trinkwasserversorgung genutzt werden?*

15.1.2 Trinkwasseraufbereitung

Das Wasserwerk

Die Trinkwasseraufbereitung erfolgt im Wasserwerk. Dabei werden dem Brunnen- oder Oberflächenwasser schädliche Substanzen entzogen oder neutralisiert. Da das Rohwasser unterschiedliche Beimengungen enthält, müssen im Wasserwerk die Verfahren zur Aufbereitung des Wassers darauf abgestimmt werden.

Das Trinkwasser muss geruchlos, klar und frei von Keimen sein

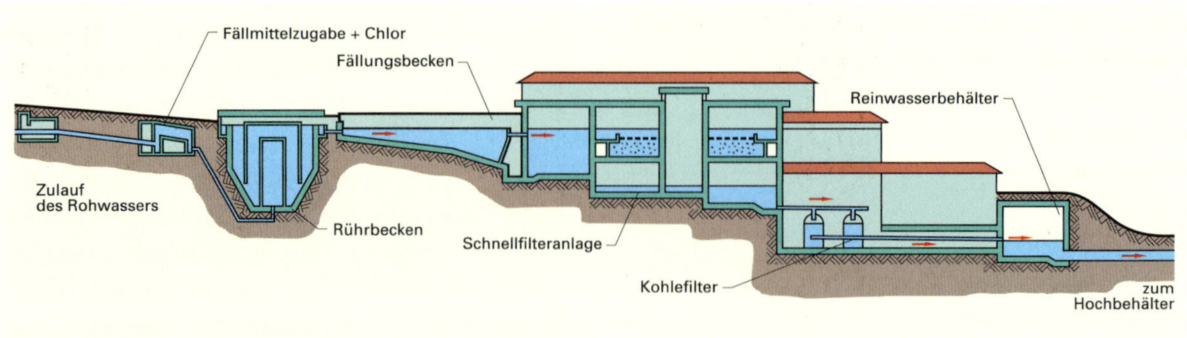

Trinkwasseraufbereitungsanlage (TWA)

Das Rohwasser enthält, neben biologischen Verunreinigungen wie Plankton, Algen und Bakterien, auch Kohlensäure sowie eine Vielzahl von Mineralstoffen wie Eisen, Mangan, Gips und Nitrat. Diese Stoffe können gesundheitliche Beeinträchtigungen oder Schäden an den versorgungstechnischen Anlagen hervorrufen. Um diese Stoffe zu entfernen, werden folgende Aufbereitungsverfahren angewendet.

Entsäuerung: Kohlensäure verursacht Korrosion in den Leitungen, Pumpen und Armaturen, lässt sich aber durch Belüftung aus dem Rohwasser entfernen.

Entmineralisierung: Eisen und Mangan lassen die Leitungen verschlammen und führen zu Ablagerungen (Inkrustationen) in den Leitungen. Gesundheitsschäden sind dadurch aber nicht zu befürchten.

Beide Mineralien lassen sich durch Belüftung des Rohwassers oder Zuleitung von Sauerstoff beseitigen. Dadurch flocken diese Stoffe als Eisen- bzw. Manganoxid aus und können ausgefiltert werden.

Enthärtung: Diese findet nur bei zu hartem Wasser statt, wenn die Gefahr besteht, dass es zu Verkrustungen der Versorgungsleitungen kommt. Durch Zugabe von gelöschtem Kalk findet eine Ausfällung des natürlichen Kalks im Wasser statt, der durch Filtern beseitigt wird.

Ein bestimmter Kalkgehalt des Wassers ist jedoch erwünscht, weil dadurch der Geschmack des Wassers verbessert wird und Mineralstoffe gesundheitsfördernd wirken.

Die Härte des Wassers wird in Millimol Calciumcarbonat je Liter angegeben (mmol/l). Die früher übliche Einheit Grad deutscher Härte (°dH) entspricht etwa 0,18 mmol/l. Der Härtegrad sollte zwischen 1 und 5 mmol/l, der pH-Wert zwischen 6,5 und 8,5 liegen.

Desinfektion: Bis auf Kolibakterien sind die meisten Keime im Wasser nicht gesundheitsschädigend. Zur Entfernung der Bakterien muss das Wasser entkeimt werden, was mit folgenden Verfahren erreicht werden kann:

- Erhitzen auf 75 °C,
- Zuführung von Chlorgas oder Ozon,
- UV-Bestrahlung.

Wasserspeicherung und -verteilung

Das geförderte und aufbereitete Trinkwasser kann nicht direkt in das Verbrauchernetz eingeleitet werden, da der Verbrauch tageszeitlich und jahreszeitlich beträchtlich schwankt.

Speicheranlagen sorgen für einen Ausgleich zwischen Wassergewinnung und Abgabe ins Netz. Das Speichervolumen eines Trinkwasserbehälters muss so bemessen sein, dass zwischen dem Zufluss und der maximalen Entnahme des Wassers (Verbrauch) ein Ausgleich gewährleistet ist.

Ein zu großes Speichervolumen kann wegen zu langer Verweildauer im Behälter zur Minderung der Wasserqualität führen.

Die Wasserspeicher sollen möglichst zentral im Versorgungsgebiet liegen. Sie werden an topografischen Hochpunkten als **Erdhochbehälter** in Doppelkammerausführung errichtet, damit bei notwendigen Reinigungs- und Instandhaltungsarbeiten immer eine Kammer die Versorgung sichern kann.

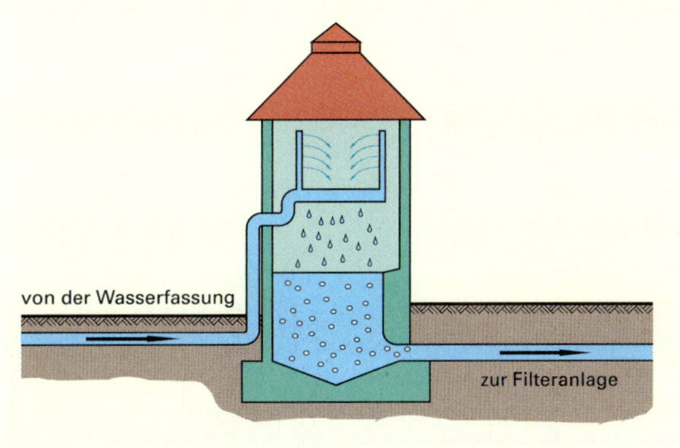

Belüftung des Wassers

Härtebereich	Benennung des Wassers	Härte mmol/l (°dH)	Technische Wirkung
1	weich	< 1,5 (< 8,4)	evtl. lösende Wirkung auf Beton, Mörtel und Karbonate
2	mittel	1,5 … 2,5 (8,4 … 14)	störend bei der Warmwasserbereitung
3	hart	> 2,5 (> 14)	als Kesselspeisewasser ungeeignet, erhöhter Seifenverbrauch beim Waschen usw.

Härtebereiche des Wassers

Inkrustation

Wasserturm

In der Praxis haben sich zwei Behälterformen bewährt:

- Die **rechteckige Behälterform:**
  Sie lässt sich bautechnisch einfach realisieren und erlaubt, geeignete Grundstücke optimal zu nutzen.
- Behälter in **Kreisform:**
  Die statisch günstige Kreisform kann wirtschaftlich vorteilhafter sein. Die Behälter sind meistens in Brillenform angeordnet.

Die Wasserbehälter werden als wasserundurchlässige Bauwerke hergestellt, entweder in Fertigteilbauweise oder durch Einbringen des Betons mit hohem Wassereindringwiderstand in eine Schalung.

Bei weithin ebenem Gelände wird statt der Hochbehälter ein **Wasserturm** errichtet.

Durch seine größere Höhe wird ein hydrostatischer Druck erzeugt. Der Speicherraum ist jedoch kleiner.

Die Wasserspeicher haben insgesamt 5 Funktionen zu erfüllen:

- Sicherung des Tagesbedarfs an Trinkwasser,
- Erhaltung eines gleichmäßigen Leitungsdrucks im Versorgungsgebiet von 2,5 ... 6 bar,
- Aufnahme einer Brandreserve,
- Auffangen der Druckstöße im Leitungsnetz,
- Überbrückung von Betriebsstörungen in den davorliegenden Aufbereitungsanlagen.

Hochbehälter (Erdhochbehälter)

Zusammenfassung

Das geförderte Wasser muss für den täglichen Bedarf aufbereitet werden. Dazu werden im Wasserwerk das Entsäuern, Entmineralisieren, Enthärten, Desinfizieren und nochmalige Filtern durchgeführt. Das so aufbereitete Trinkwasser wird dann in Erdhochbehältern oder Wassertürmen gespeichert und unter Nutzung der Hochlage in das Leitungsnetz gedrückt.

15.1.3 Trinkwassernetze

Rohrnetze

Trinkwasser soll in ausreichender Menge, in trinkbarer Qualität und einem Druck von 2,5 ... 6,0 bar zu den Verbrauchern geleitet werden. Durch den Höhenunterschied zwischen Wasserspeicher (Wasserturm oder Erdhochbehälter) und Versorgungsgebiet oder durch Pumpendruck wird das zu befördernde Wasser mittels ausgebauter Trinkwassernetze über Rohrleitungen in die Versorgungsgebiete verteilt. Die in einem Gebiet verlegten Leitungen bilden ein **Rohrnetz**.

Es besteht aus den **Hauptleitungen-Wasser** (HW), von denen die **Versorgungsleitungen-Wasser** (VW) abzweigen, und den **Anschlussleitungen-Wasser** (AW), die jeweils die einzelnen Abnehmer versorgen.

Zu diesem Zweck werden die Leitungen in den öffentlichen Verkehrswegen ein- oder beidseitig am Fahrbahnrand verlegt und zu den Verbrauchern transportiert.

Man unterscheidet zwei Ausführungsarten:

- das Verästelungsnetz und
- das Ringnetz.

Verästelungsnetz

Das **Verästelungsnetz** findet man vorwiegend bei lang gestreckten Ortschaften. Die Baukosten dieser Ausführungsart sind niedrig, da man mit abnehmendem Wasserverbrauch den Rohrdurchmesser verkleinern kann und nur wenig Schieber benötigt. Nachteilig ist allerdings, dass jeder Punkt des Netzes nur aus einer Richtung mit Wasser beliefert werden kann.

Entsprechend der Lage und Anzahl der Straßen zweigen von den Hauptleitungen Nebenleitungen ab. Bei einem möglichen Schaden innerhalb des Rohrnetzes bleibt das gesamte Versorgungsgebiet hinter der Schadensstelle ohne Wasser.

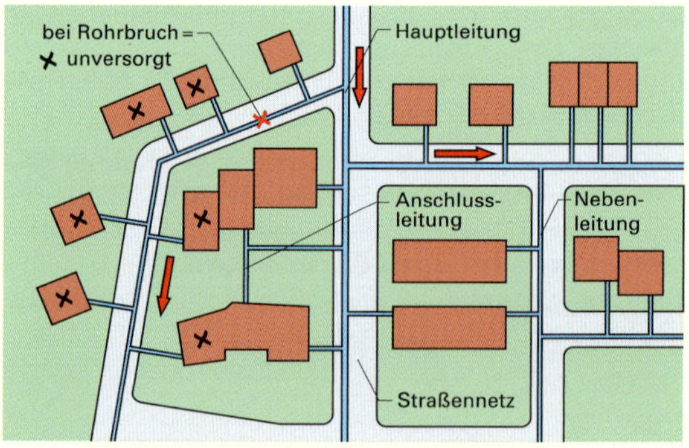

Verästelungsnetz

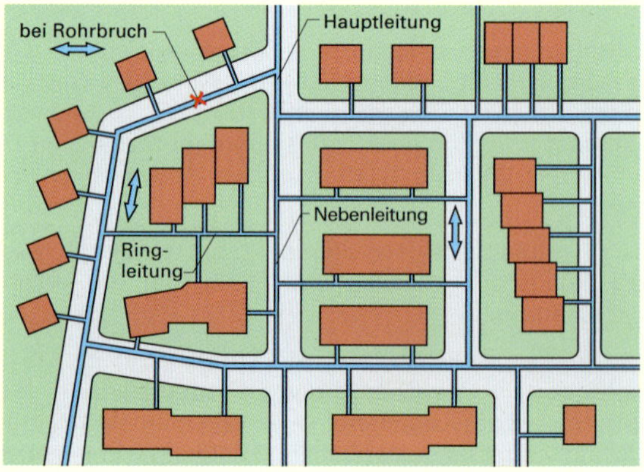

Ringnetz

Ringnetz

Beim **Ringnetz** erfolgt die Versorgung ringförmig, sodass die Verbraucherstellen von zwei Seiten versorgt werden können. Es ist betriebssicherer und weniger störanfällig, weil bei einem Rohrbruch nur ein Teil der Versorgung zwischen zwei Schiebern ausfällt. Allerdings steigen auch die Bau- und Betriebskosten, da die Nennweiten der Rohre größer sind, mehr Schieber benötigt werden und die Leitungslängen steigen.

Rohrleitungen werden frostsicher in 1,00 ... 1,50 m Tiefe verlegt und folgen dem Höhenverlauf des Geländes. Dadurch entstehen Hoch- und Tiefpunkte in der Leitung, die entlüftet und entleert werden müssen. Es werden deshalb **Entlüftungsventile** und **Abzweige** zur Entleerung und Entschlammung eingebaut. Um vollständig entleeren zu können, sollen die Leitungen ein Mindestgefälle von J = 1 : DN haben. Für eine Leitung DN 300 bedeutet das J = 1 : 300 = 0,33 %.

Bei Bodenbewegungen, Erschütterungen durch den Verkehr und außergewöhnlichen Frosteinwirkungen treten immer wieder Rohrbrüche auf. Um die Wasserversorgung aufrechtzuerhalten und um Reparaturen schnell auszuführen, werden im Rohrnetz im Abstand von 2000 ... 4000 m **Rohrbruchsicherungen** (Schieber, Ventile) eingebaut. Diese sind durch Hinweisschilder kenntlich gemacht, sodass ihre Lage im Bedarfsfall schnell zu finden ist.

Alle **Hinweisschilder** für Schieber, Entlüftungen und Entleerungen tragen weiße, erhabene Schrift auf blauem Grund.

Hydranten sind Entnahmestellen zur Feuerbekämpfung und Spülung der Leitungen. Die Entnahmestellen liegen innerorts jeweils 80 ... 100 m entfernt. Sie sind durch weiße Hinweisschilder mit roter Umrandung und schwarzer, erhabener Schrift gekennzeichnet.

Durch den Höhenunterschied zwischen Wasserspeicher und Versorgungsgebiet oder durch Pumpendruck wird das Trinkwasser über Verästelungsnetze oder Ringnetze an die Verbraucher verteilt. Durch Ventile, Absperrvorrichtungen und Hydranten werden Funktion und Wartung des Rohrleitungsnetzes gewährleistet.

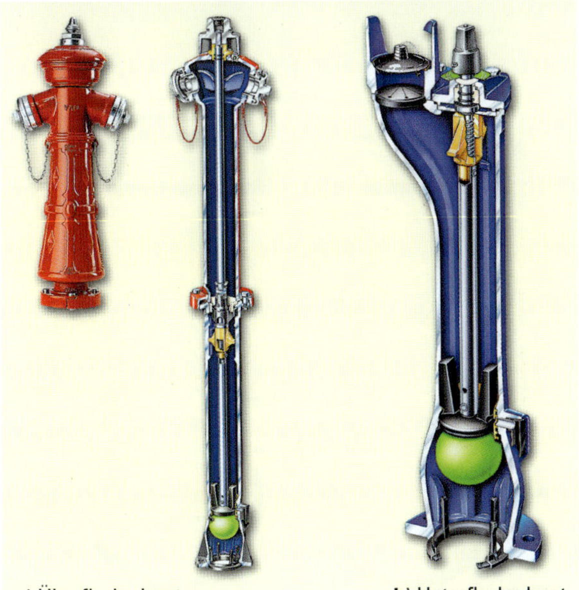

Hydranten

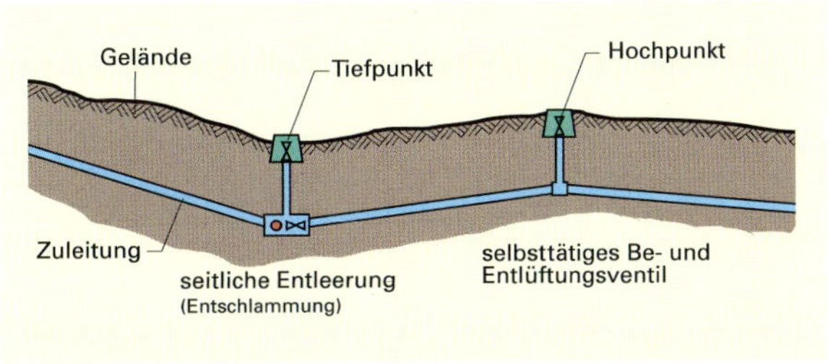

Armaturen an Hoch- und Tiefpunkten

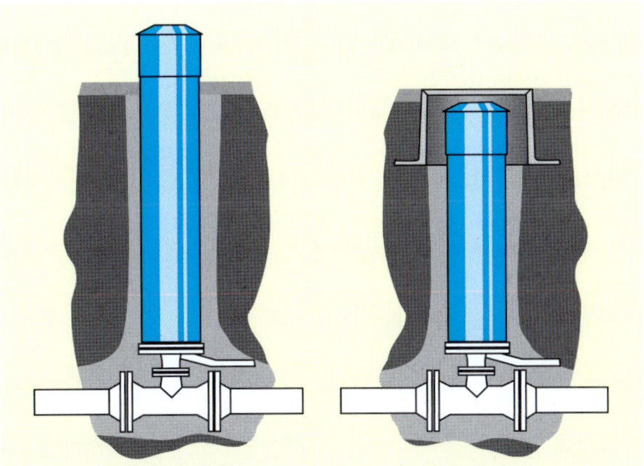

Be- und Entlüftungsgarnitur

	Rohrleitung		Durchfluss-wassererwärmer
	Durchgangs-ventil	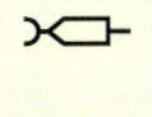	Anbohrschelle
	Auslaufventil		Ventilanbohrschelle
	Rückschlag-klappe	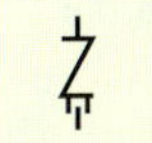	Druckspüler
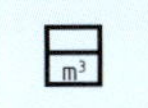	Wasserzähler		Be- und Entlüfter

Sinnbilder für Trinkwasserleitungen

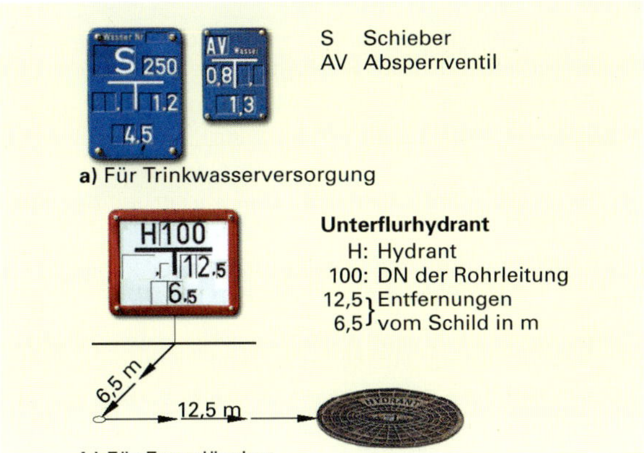

Hinweisschilder

Planung eines Wasserversorgungsnetzes

Bei der **Planung** eines Wasserversorgungsnetzes mit den dazugehörigen Anlagen sind die geografischen Verhältnisse und die geologischen Gegebenheiten zu berücksichtigen. Außerdem erfolgt die Standortwahl des Grundstücks für den Bau der Behälter nach technischen und wirtschaftlichen Kriterien.

Lage und Größe des Grundstücks sind so zu wählen und zu bemessen, dass es über eine Straßenanbindung erreichbar und eine spätere Erweiterung der Anlage möglich ist.

Bei der Planung und beim Bau von Wasserbehältern müssen nachstehende hygienische, technische und wirtschaftliche Forderungen berücksichtigt werden:

- Ein- und Auslauf des Wassers müssen so gestaltet sein, dass das gesamte Wasser im Behälter bewegt und ausgetauscht wird.
- Zur Vermeidung von Algenbildung ist ein ständiger Tageslichteinfall in die Wasserkammer zu verhindern.
- Der Personal- und Wartungsaufwand der Anlage soll möglichst gering sein.
- Für die Wartung des Behälters müssen Einstiegshilfen und Leitern vorhanden sein.
- Die gesamte Anlage ist gegen unbefugten Zugang zu sichern und durch die Betreiber sauber zu halten.

Trinkwassernetze halten Trinkwasser in einem Versorgungsgebiet in ausreichender Menge und Betriebsdruck bereit. Sie bestehen aus Hauptleitungen, Versorgungsleitungen und Anschlussleitungen.

Die Wasserspeicherung erfolgt über Erdhochbehälter sowie über Wassertürme im ebenen Gelände. Die Verteilung und Versorgung der Ortschaften wird entweder durch ein Verästelungsnetz oder ein Ringnetz realisiert. Die verlegten Rohrleitungen folgen dem Höhenverlauf des Geländes und müssen frostsicher in einer Tiefe von 1,00...1,50 m verlegt werden.

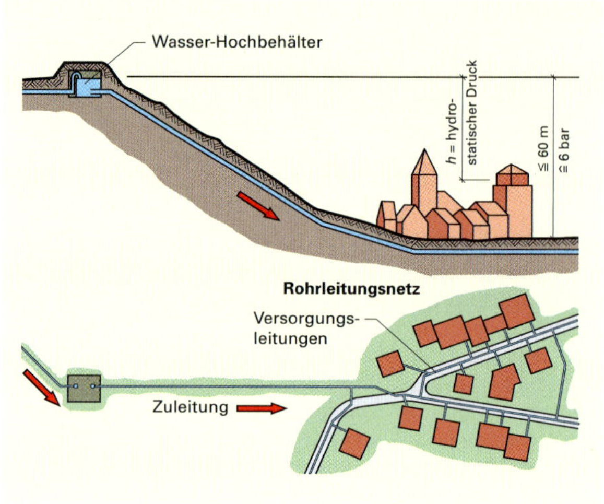

Entstehung des Wasserdrucks

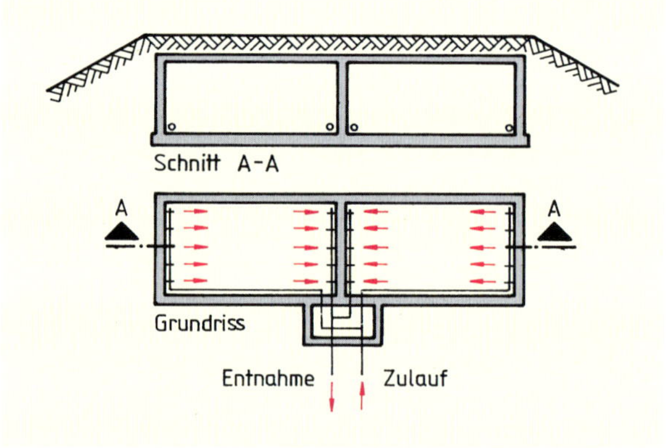

Hochbehälter als Erdbehälter (Rechteckform)

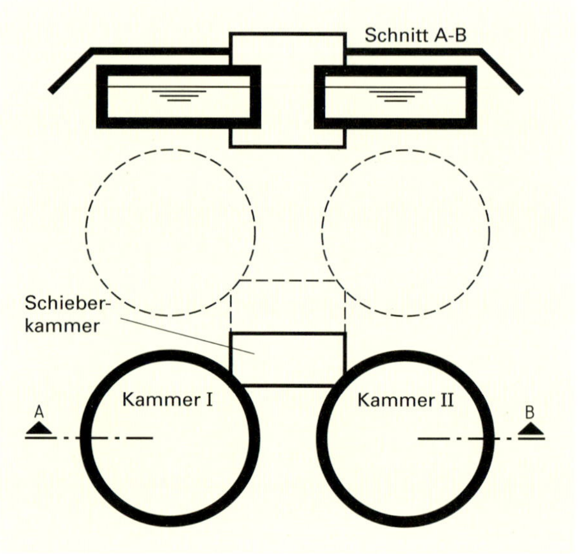

Behälter mit kreisförmigem Grundriss

Aufgaben

1. *Welche Wasserressourcen werden für die Trinkwasseraufbereitung und -versorgung genutzt?*
2. *Welche Funktionen haben Wasserspeicher zu erfüllen?*
3. *Warum muss das Brunnen- oder Oberflächenwasser in einem Wasserwerk zu Trinkwasser aufbereitet werden?*
4. *Erklären Sie die Begriffe Verästelungsnetz und Ringnetz bei der Planung und dem Bau von Trinkwasserleitungen.*
5. *Wie entsteht der Wasserdruck in den Rohrnetzen?*
6. *Welchen Beanspruchungen müssen Rohrnetze standhalten?*
7. *Welche Aufgabe haben Rohrbruchsicherungen in einem Wasserversorgungsnetz zu erfüllen?*

Steckmuffenverbindungen sind einfach und sicher herzustellen, sowie lösbar und beweglich, sodass sie sich um einige Grad abwinkeln lassen. Dadurch lassen sich Richtungswechsel ohne Formstücke herstellen. Die Dichtheit wird durch einen Dichtring erreicht. Die Steckmuffenverbindung ist nicht längskraftschlüssig.

Bei einer **Schraubmuffenverbindung** werden die Rohrenden durch eine Überwurfmutter zusammengezogen, die den Dichtring anpresst. Dadurch ist die Verbindung längskraftschlüssig, aber unbeweglich.

Bei der **Klebeverbindung** (auch Kaltschweißung genannt) wird die Oberfläche durch einen lösemittelhaltigen Kleber kurzzeitig angelöst. Nach Ablauf einer Reaktionszeit wird das Spitzende in die Muffe geschoben und der Kleber härtet aus. Die Verbindung ist nicht lösbar, längskraftschlüssig und unbeweglich.

PE-Rohre werden ohne Muffe hergestellt. Es gibt sie in Lieferlängen von 5...12 m oder aufgerollt als Ringbund oder auf einer Trommel. Dadurch ist eine wirtschaftliche Verlegung mit wenigen Verbindungen möglich. PE-Rohre gibt es in den Nennweiten DN 15...500 und für Nenndrücke von 10...20 bar (MDP 20).

Für PE-Rohre gibt es

- Klemmverbindungen und
- Schweißverbindungen.

Klemmverbindungen werden je nach Hersteller unterschiedlich ausgeführt. Sie sind schnell herzustellen, längskraftschlüssig, wieder lösbar und unbeweglich. Zur Herstellung einer Klemmverbindung wird das Rohrende in eine Gewindehülse geschoben und durch eine Überwurfmutter gesichert.

Schweißverbindungen werden durch das kurzzeitige Erhitzen und Zusammenpressen der Rohrenden hergestellt. Es entsteht eine längskraftschlüssige, unlösbare und unbewegliche Verbindung, die nach dem Abkühlen belastet werden kann.

Die Verbindung kann durch Stumpfschweißen, Muffenschweißen oder Heizwendelschweißen hergestellt werden.

Beim **Stumpfschweißen** werden die Rohrenden an eine Heizplatte gedrückt und nach dem Erwärmen zusammengepresst. Dadurch entsteht innen eine Schweißwulst, die sich beim Durchströmen der Leitung negativ auswirkt.

Beim **Muffenschweißen** wird das Spitzende des Rohres und die Innenseite der Muffe durch eine entsprechend geformte Heizplatte erwärmt und zusammengefügt. Dabei entsteht keine Schweißwulst.

Beim **Heizwendelschweißen** ist in die Muffe eine Heizwendel eingebaut. Nach Montage der Verbindung wird die Heizwendel an eine Stromquelle angeschlossen, wodurch Rohrschaft und Muffeninnenseite erwärmt werden und miteinander verschmelzen. Eine Schweißwulst entsteht dabei nicht.

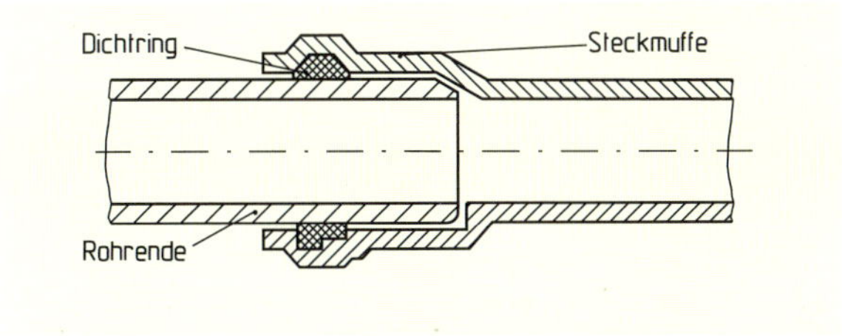

Lösbare Steckmuffenverbindung für PVC-U-Rohre

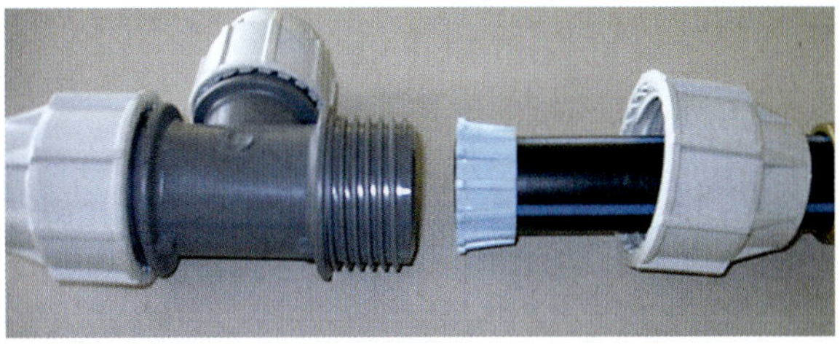
Klemmverbindung an PE-Rohren

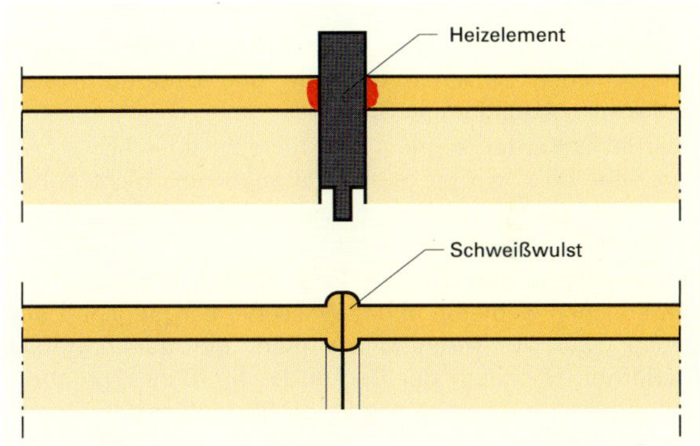

Stumpfschweißen von PE-Rohren

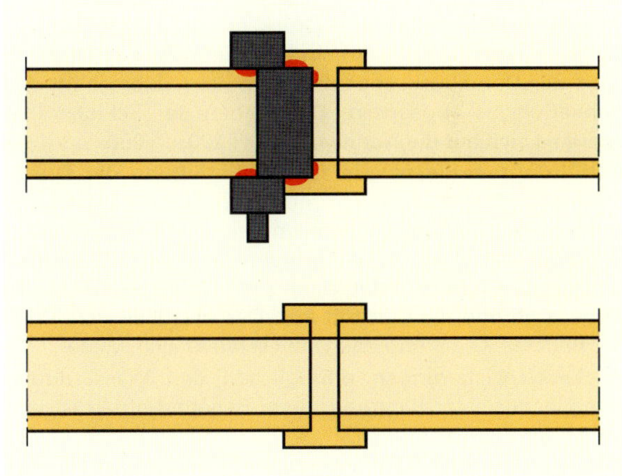
Muffenschweißen von PE-Rohren

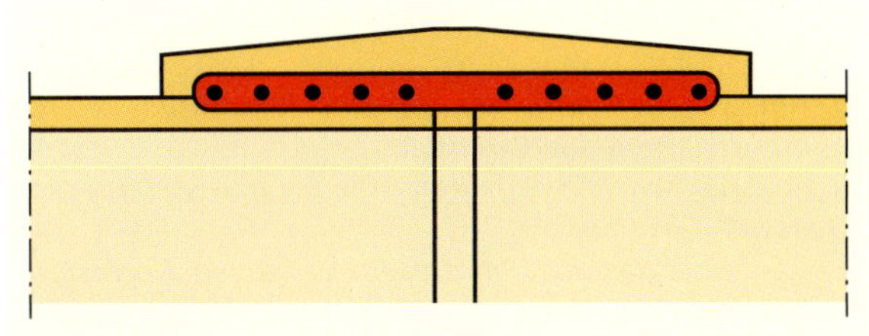
Heizwendelschweißen von PE-Rohren

Armaturen

Armaturen sind Betriebseinrichtungen, die das Fließen des Wassers im Leitungssystem steuern und eine Wasserentnahme ermöglichen. Aus Gründen der Betriebssicherheit müssen sie in ausreichender Anzahl in ein Rohrnetz eingebaut werden. Sie erlauben die Einflussnahme auf den Fließvorgang und den Betrieb der Leitungen.

Die Steuerung kann mechanisch oder automatisch erfolgen. Zu den Armaturen gehören

- Hydranten,
- Absperrarmaturen (Schieber, Klappe, Hahn, Ventil),
- Entlüftungsventile,
- Rückschlagsicherungen,
- Rohrbruchventile,
- Druckregler,
- Wasserzähler.

Hydranten sind Ventilarmaturen, die in Wasserrohrnetzen direkten Zugang zum transportierten Wasser haben. Sie dienen als Anschlussstelle für Feuerwehrschläuche. Außerdem werden mit ihnen Rohrnetze und Kanalrohre gespült, Leitungen entlüftet und Bauwasser bereitgestellt.

Je nach Einbaulage, über oder unter der Straße, wird unterschieden zwischen Überflur- und Unterflurhydrant (siehe auch Abbildungen S. 555).

Überflurhydranten eignen sich für schneereiche Gegenden oder dort, wo sie den Straßenverkehr nicht behindern. Sie werden mit Anschlussweiten von 80 … 100 mm in die Leitungsnetze eingebaut.

Unterflurhydranten werden in stark bebauten und verkehrsreichen Gebieten in das Wasserversorgungsnetz eingebaut. Zur Wasserentnahme dient ein transportables Standrohr. Nachdem der Deckel der Straßenkappe abgehoben worden ist, kann das Standrohr aufgesetzt und angezogen werden.

Schieber sind sehr häufig eingesetzte Absperrarmaturen in Rohrnetzen. Sie sind nicht für die dauerhafte Regelung von Durchflussmenge und Druck geeignet. Der Schließkörper bewegt sich senkrecht zur Fließrichtung. Dadurch wird der Durchfluss über den gesamten Querschnitt des Schließweges abgesperrt. Der Einbau der Schieber beschränkt sich auf die Nennweiten DN 200 … 1000.

Entlüftungsventile sorgen für die Entlüftung der Druckleitungen der Wasserversorgung an Hochpunkten. Bei selbsttätigen Entlüftungsventilen verliert die Schwimmerkugel im Ventil an Auftrieb, wenn sich im Luftsammelraum zu viel Luft befindet. Dann sinkt die Kugel, das Ventil öffnet sich und die Luft tritt aus. Das nachfließende Wasser hebt die Kugel und das Ventil schließt sich wieder.

Rückschlagsicherungen ermöglichen den Wasserdurchgang in nur einer Richtung. Beim Behälterbetrieb ist ihre Verwendung unerlässlich.

Rohrbruchventile verhindern bei einem Rohrbruch den weiteren Wasserabfluss. Sie werden in Leitungen mit nur einer Zuleitung eingebaut.

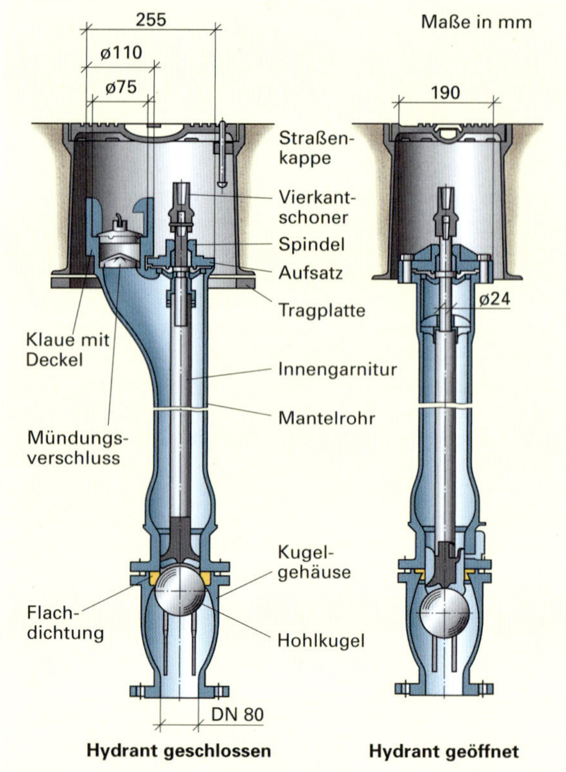

Unterflurhydrant mit Straßenkappe

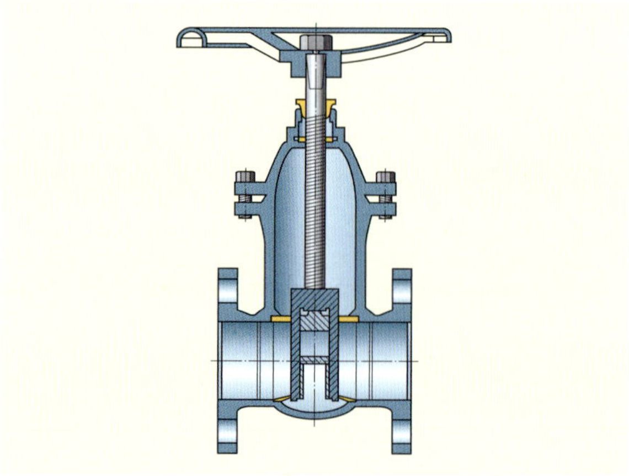

Schieber mit außen liegender Spindel

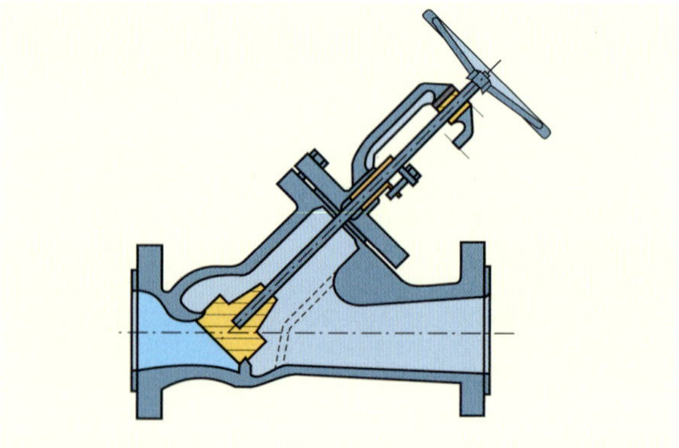

Schrägsitzventil

Aufgaben

1. *Aus welchen Gründen müssen Armaturen in ein Rohrnetz eingebaut werden?*
2. *Welche Schweißverfahren können bei Stahlrohren gewählt werden?*
3. *Wie sind die duktilen Gussrohre gegen Korrosion geschützt?*
4. *Wofür werden duktile Gussrohre vorwiegend verwendet?*

15.1.5 Verlegen der Versorgungsleitung

Lage der Wasserleitung im Straßenquerschnitt

Die Wasserleitung in der Straße wird Versorgungsleitung genannt. Nach DIN 1998 werden den Ver- und Entsorgungsleitungen im Straßenquerschnitt bestimmte Räume zugewiesen.

Danach sollen **innerhalb** von Ortsdurchfahrten Telekommunikation, Strom-, Gas-, Wasserleitungen und Signalkabel außerhalb der Fahrbahn, Fernwärmeleitungen, Abwasserkanäle sowie Haupt- und Fernleitungen in der Fahrbahn angeordnet werden. Bei stark befahrenen Straßen sollen möglichst alle Leitungen außerhalb der Fahrbahn verlegt werden, um Verkehrsbehinderungen zu vermeiden.

Der zur Verfügung stehende Raum außerhalb der Fahrbahn in Geh- und Radwegen sowie Park- und Grünstreifen wird in Zonen eingeteilt, die möglichst auf beiden Straßenseiten vorzusehen sind. Die Reihenfolge der Zonen ist einzuhalten, örtlich abweichende Festlegungen sollen Ausnahmen sein.

Außerhalb von Ortsdurchfahrten sollen alle Leitungen am äußeren Rand des Straßenquerschnitts verlegt werden.

Die Mindestüberdeckung muss für alle Zonen 0,5 m oder 0,1 m unter dem Planum betragen, damit die Tragfähigkeit der Straße und der Leitungen gewährleistet ist.

Die Zone für Wasserleitungen (W-Zone) hat eine Regelbreite von 0,7 m. Wasserleitungen müssen in einer frostfreien Tiefe von 1,0 ... 1,8 m liegen.

Rohrverlegung

Vor dem Verlegen der Rohre ist die Grabensohle in vorgeschriebener Tiefe und Breite so auszuheben, dass die Rohre in ihrer gesamten Länge satt auf dem gewachsenen Boden aufliegen. In steinigem und felsigem Untergrund muss 20 cm tiefer ausgehoben werden. In diesem Bereich ist Sand oder Feinkies einzubauen und zu verdichten, um

- die Auflagespannungen an den Rohren möglichst gleichmäßig zu verteilen,
- die Tragfähigkeit der Rohre zu erhöhen.

Die Rohrverlegung beginnt mit dem Überprüfen des Grabens auf planmäßige Tiefe, der Sicherung der Grabenwände (siehe Abschnitt 3.5.6) und bei Fern- und Zubringerleitungen mit der Festlegung des richtigen Gefälles. Muffenrohre sind in der Regel mit der Muffe gegen die Steigung zu verlegen.

Kopflöcher für die Rohrverbindung werden Zug um Zug bei der Rohrverlegung ausgehoben.

Wenn mehrere Leitungen in einem Graben verlegt werden sollen (z. B. Trinkwasserleitung und Abwasserkanal), werden Stufengräben vorgesehen.

Querende Leitungen müssen gegebenenfalls zur Stützung unterbaut werden.

Richtungsänderungen in der geraden Rohrtrasse sind durch den Einbau von Formstücken (z. B. Krümmer) zu realisieren. Armaturen, Krümmer und Endstücke übertragen infolge des Wasserinnendrucks oft erhebliche Kräfte auf die Grabenwand.

Nicht längskraftschlüssige Rohrverbindungen ermöglichen ohne Beeinträchtigung der Dichtwirkung eine begrenzte Verschiebbarkeit in Längsrichtung und ein Abwinkeln aus der Längsachse.

Um zu verhindern, dass die Verbindungen an Abwinklungen und Bögen auseinandergedrückt werden, müssen diese Stellen durch Widerlager gesichert werden.

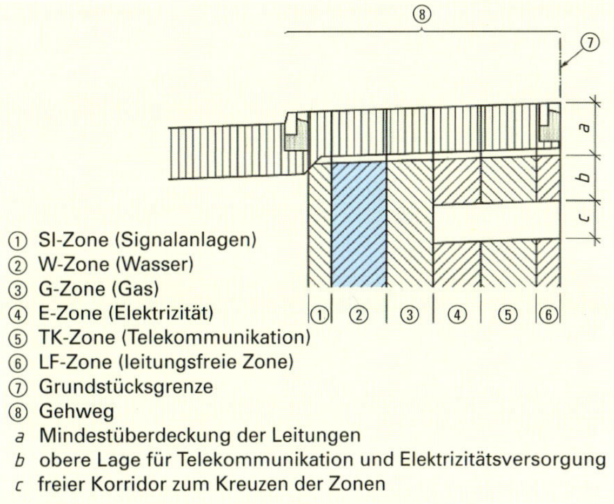

Einteilung der Zonen außerhalb der Fahrbahn

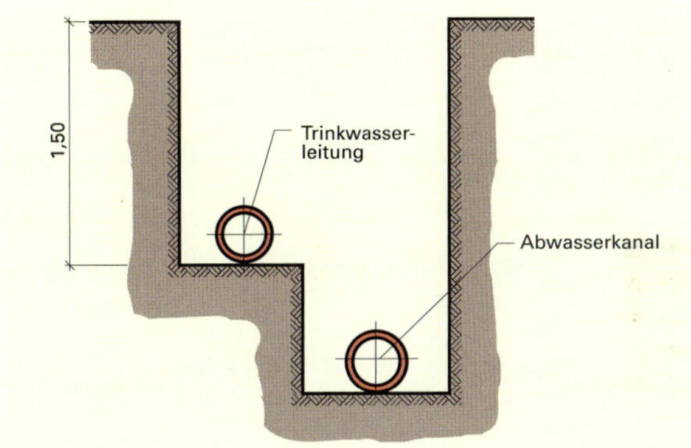

Stufengraben

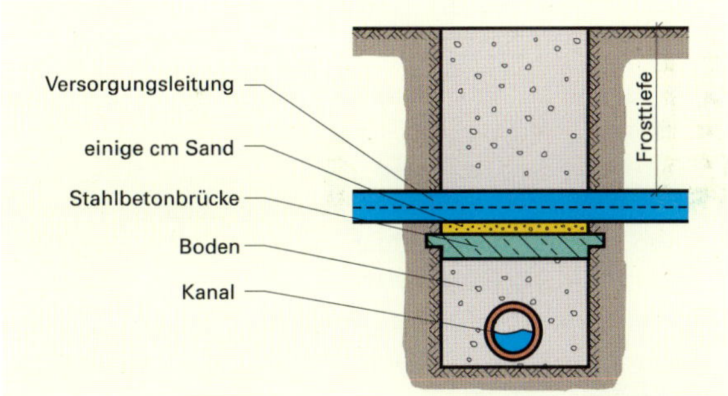

Unterstützung der querenden Leitung durch eine Stahlbetonbrücke

Rohrwiderlager aus Ortbeton

Druckprüfung

Nach dem Verlegen der Leitung wird die Druckprüfung durchgeführt. Dazu muss der Rohrgraben mit Ausnahme der Rohrverbindungen so verfüllt und gesichert werden, dass die Leitung unter Wasserdruck nicht ausweichen kann. Die Rohrleitung wird langsam vom tiefsten Punkt aus gefüllt, damit möglichst keine Luftblasen im Rohrraum verbleiben.

Leitungsprüfungen können mit Wasserdruck, Luftdruck oder Luftunterdruck durchgeführt werden. Für erdverlegte Trinkwasserleitungen ist die Dichtheitsprüfung mit Wasserdruck anzuwenden. Dabei darf der Prüfdruck **STP** (**S**ystem **T**est **P**ressure) nicht weniger als 10 bar betragen. Die Höhe des Prüfdruckes STP ist abhängig vom **Nenndruck MDP** der Leitung (**M**aximum **D**esign **P**ressure) und wird folgendermaßen ermittelt:

- Prüfdruck bis MDP 10 = 1,5 · MDP
- Prüfdruck über MDP 10 = MDP + 5 bar

Vor der Inbetriebnahme wird die neue Leitung mit einer Chlorlösung desinfiziert, um Verunreinigungen und Keime zu beseitigen. Erst nach dem Spülen mit sauberem Trinkwasser kann die Leitung freigegeben werden.

Die Verbindungen sind bis zur Dichtheitsprüfung frei zu halten

Norm	DIN EN 805	DIN EN 806-2
Anwendung	erdverlegte Wasserleitungen	Trinkwasserleitungen im Gebäude
Prüfmedium	Wasser (Ausnahme: Luft)	Luft (Ausnahme: Wasser)
Prüfdruck STP	MDP · 1,5, aber max. MDP + 5 bar	PMA · 1,5

Druckprüfung Wasserleitungen

Zusammenfassung

Trinkwasserleitungen werden frostfrei in 1,00 ... 1,80 m Tiefe im zugewiesenen Straßenquerschnitt in Rohrgräben und in der Regel in ein Sandbett verlegt. Sie sind ohne Verletzung des Außen- und Innenschutzes zu verlegen. Bei Richtungsänderungen und Rohrquerungen werden die Leitungen durch Widerlager sowie Leitungsunterstützungen gesichert. Nach der Verlegung erfolgt die Druckprüfung, Desinfektion und Spülung, bevor die Leitung als Trinkwasserleitung freigegeben wird.

Aufgaben

1. *Wo werden im Straßenquerschnitt Trinkwasserleitungen in der Regel verlegt?*
2. *Was versteht man unter einem Stufengraben?*
3. *Warum müssen querende Leitungen unterstützt werden?*
4. *Welche Funktion haben nicht längskraftschlüssige Verbindungen in einer Wasserleitung?*
5. *Welche Aufgabe erfüllen die Widerlager?*

15.1.6 Hausanschlussleitungen

Verlegen der Anschlussleitung

Hausanschlussleitungen verbinden die Versorgungsleitungen mit den Verbraucheranlagen. Das von den Wasserwerken aufbereitete Trinkwasser wird in Versorgungsleitungen von DN 300 ... 1000 in die Verbraucherorte befördert. Die Hausanschlussleitungen werden über Abzweige oder Anbohrschellen an das örtliche Versorgungsnetz angebunden und versorgen die einzelnen Grundstücke.

Versorgungs- und Anschlussleitungen: Wasser (blau), Gas (gelb)

Sie sind möglichst geradlinig, rechtwinklig und auf dem kürzesten Weg von der Versorgungsleitung zu den Gebäuden zu führen. Im Regelfall wird jedes Gebäude über eine eigene Leitung versorgt. Die Verlegung der Leitungen sollte hierbei Baumanpflanzungen berücksichtigen, um die Leitung und den Wurzelbereich nicht zu beschädigen.

Wasserhausanschlüsse bestehen aus folgenden Bestandteilen:

- Hausanschlussleitung,
- Hauswanddurchführung,
- Hauptabsperreinrichtung,
- Ventilanbohrschelle (Anbindung an das Versorgungsnetz).

Die Regenhöhe N in mm und die Regendauer T in min werden mit den von den Wasserver- oder -entsorgungsunternehmen und Wetterwarten aufgestellten Regenmessern gemessen. Die Regenstärke (i) ergibt sich aus

$$i = \frac{N}{T}$$

15.2.6 Kanalnetzentlastungsbauwerke

Bei Regenereignissen übertrifft die abzuleitende Regenwassermenge den Trockenwetterabfluss oft um ein Vielfaches. Die Regenwassermengen können das 50-...200-Fache der Schmutzwassermenge ausmachen, die in einem Kanal abgeführt werden müssen. Dies hätte zur Folge, dass für die Aufnahme der Mischwassermenge der Hauptsammler und die Kläranlage groß bemessen werden müssen. Die Bau- und Betriebskosten einer solchen Anlage wären sehr hoch. Um dies zu vermeiden, werden im Mischwasserkanal Regenentlastungsbauwerke eingebaut. Dabei wird beim Einfließen des Regenwassers das Schmutzwasser verdünnt, vorübergehend zurückgehalten und über eine Drosselleitung, z.B. DN 200, verzögert und gleichmäßig in die Kläranlage geleitet. Je nach Konstruktion des Entlastungsbauwerkes kann beim Erreichen eines bestimmten Füllstandes im Regenentlastungsbauwerk ein Teil des Mischwassers über einen Überlauf in den Vorfluter abfließen.

Regenentlastungsanlagen des Mischsystems

Regenüberläufe (RÜ)

Nach Regenereignissen wird Regen- und Schmutzwasser in einem gemeinsamen Mischwasserkanal dem Klärwerk zugeführt. Zur Entlastung der Kläranlage bei starken Regenereignissen müssen Stauräume und Entlastungsbauwerke vorgesehen werden, um die zufließenden Wassermengen vorübergehend zu speichern. Wenn die zufließende Wassermenge das Rückhaltevolumen der Stauräume übersteigt, wird das verdünnte Schmutzwasser in einen Vorfluter eingeleitet. Regenüberlaufbecken (RÜB) geben nach einer Vorklärung das überschüssige Wasser direkt und unbehandelt in den Vorfluter ab. Dadurch wird in den Vorfluter eine gewisse Schmutzwasserfracht eingeleitet. Aus konstruktiven Gründen sollte der Drosselabfluss nicht unter 50 l/s liegen.

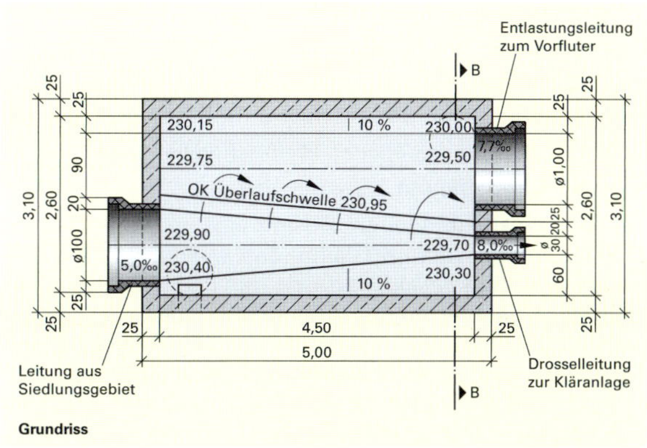

Horizontalschnitt Regenüberlaufbauwerk mit einseitiger Überlaufschwelle

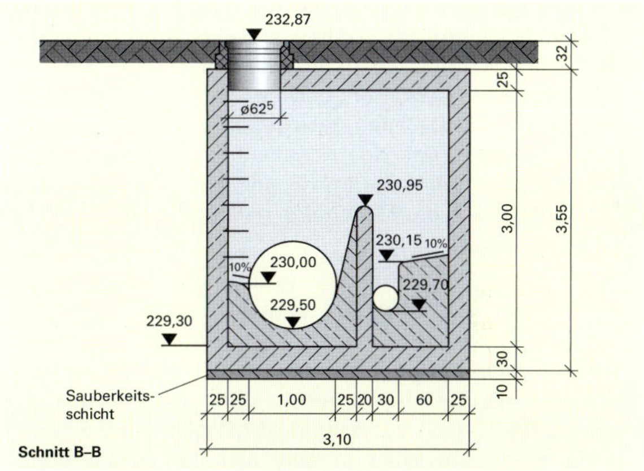

Vertikalschnitt durch ein Regenüberlaufbauwerk

Unterirdisches Regenüberlaufbecken

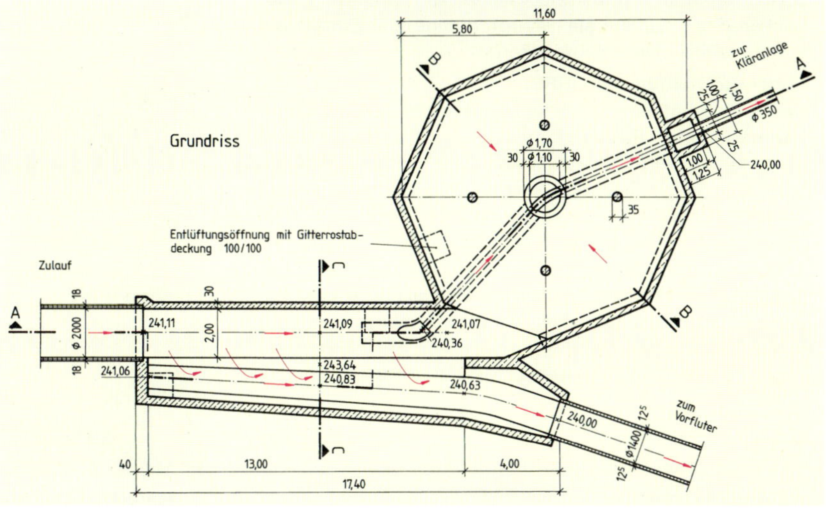

Grundriss eines Regenüberlaufbeckens

Folgende Konstruktionen des RÜ sind üblich:
- Überläufe mit hochgezogener Überlaufschwelle (Streichwehr),
- Regenüberlauf mit Bodenöffnung (Sprungwehr),
- Streichwehre mit seitlichen Wehrschwellen und
- Zungenüberläufe mit Trennblechen.

Das RÜB ist konstruktiv ein RÜ mit einem dahinterliegenden Speicherbecken. So kann das überströmende Abwasser zunächst gespeichert und dann zeitversetzt in die Kläranlage geleitet werden. Regenüberlaufbecken geben nach Vorklärung und bei Vollfüllung des Beckens die Regenwasserspitze grob mechanisch gereinigt in den Vorfluter ab. Das Nutzvolumen je Hektar angeschlossener Fläche beträgt durchschnittlich 30...40 m^3, in Einzelfällen auch mehr. RÜB können konstruktiv ausgebildet sein als:

- **Fangbecken (FB)**
  Fangbecken werden bei kleinen Einzugsgebieten mit kurzen Fließzeiten angeordnet. Sie speichern den ersten Spül- bzw. Schmutzwasserstoß. Das FB hat keinen Überlauf, sodass vor dem Fangbecken ein Regenüberlauf angeordnet wird, der nach der Beckenfüllung das einströmende Wasser aus der Kanalisation in den Vorfluter leitet. Danach wird das im FB gespeicherte Wasser zur Reinigungsstufe der Kläranlage geleitet.
- **Durchlaufbecken (DB)**
  Durchlaufbecken werden bei größeren Einzugsgebieten vorgesehen und bewirken eine mechanische Klärung des Mischwassers. Vor dem Durchlaufbecken befindet sich ein Beckenüberlauf (Entlastungsbauwerk), der den Zufluss zum Becken begrenzt. Über den Klärüberlauf des DB fließt nach Vollfüllung des Beckens mechanisch geklärtes Mischwasser in den Vorfluter. Nach Regenereignissen muss das Mischwasser in die biologische Kläranlage eingeleitet werden.
- **Verbundbecken (VB)**
  Verbundbecken bestehen aus einer Kombination von Fang- und Klärbecken. Das einfließende Mischwasser wird hier zunächst in einem Fangbecken gespeichert und erst nach dessen Füllung durchfließt das Mischwasser den Klärteil des Beckens.
- **Stauraumkanäle (SK)**
  Stauraumkanäle stellen eine Querschnittsvergrößerung des Kanals dar. Dadurch entsteht ein Stauraum, der als Entlastungsbauwerk wirkt. Es gibt Stauraumkanäle mit oben liegender Entlastung, sie wirken wie ein Fangbecken. Stauraumkanäle mit unten liegender Entlastung wirken wie ein Durchlaufbecken.
- **Regenrückhaltebecken (RRB)**
  Wenn eine Entlastung der ankommenden Mischwassermenge durch Regenereignisse im Kanalnetz nicht möglich ist, wird die gesamte Differenz zwischen Zu- und Abfluss gespeichert. Regenrückhaltebecken haben keinen Überlauf und geben das Wasser direkt über eine Drosselleitung in das Kanalnetz ab. Sie besitzen je nach örtlichen Verhältnissen ein Speichervolumen von 150...250 m^3 je angeschlossenem Hektar befestigter Fläche. Regenrückhaltebecken werden entweder ständig durchflossen (Hauptschluss), oder am Becken vorbeifließend angeordnet (Nebenschluss). Sie bestehen aus:
  - Einlaufbauwerk,
  - Speicherkammer,
  - Ablaufbauwerk mit Drosseleinrichtung und
  - Notentlastung.

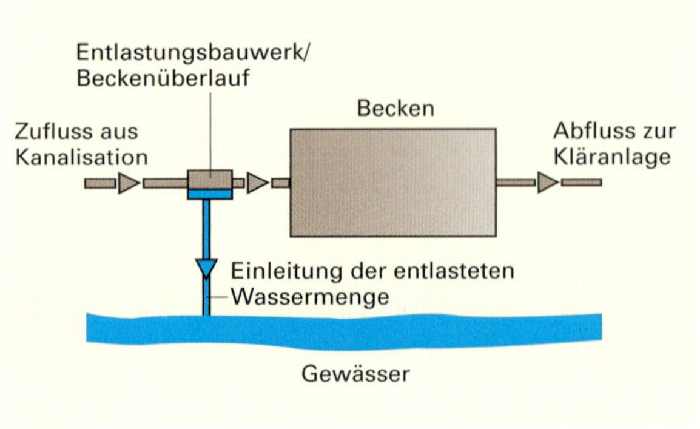

Fangbecken

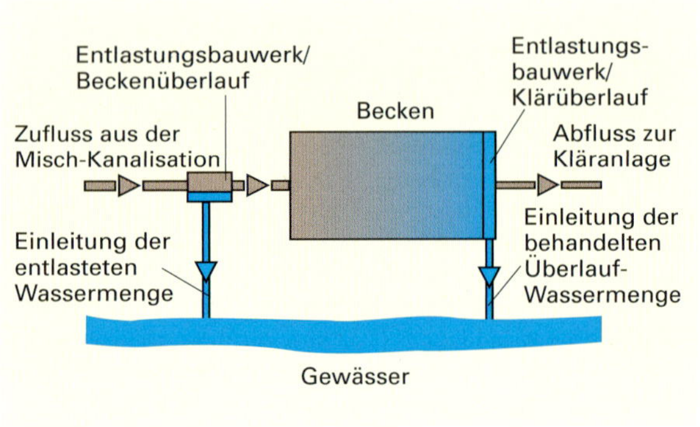

Durchlaufbecken

Stauraumkanal

Regenrückhaltebecken in einer Mischwasserkanalisation

Kanalnetzentlastung des Trennsystems

Im Trennverfahren übernehmen zwei getrennte Kanalsysteme einerseits die Ableitung von Schmutzwasser und andererseits die Ableitung von Regen- und Fremdwasser. Bei Niederschlägen hat die Kläranlage keine größere Wasserfracht zu reinigen, weil das Oberflächenwasser in einem separaten Regenwasserkanal in den Vorfluter abgeleitet wird. Dadurch wird die Kläranlage von großen Regenwassermengen entlastet und eine konstante Menge Schmutzwasser der Kläranlage zugeführt. Nachteil ist, dass im Trennsystem alle Leitungen doppelt ausgeführt werden müssen und in den Trockenperioden der Regenwasserkanal mit Ablagerungen trocken liegen kann. Für die Ableitung der kommunalen Abwässer wird heute immer häufiger das Trennsystem eingesetzt.

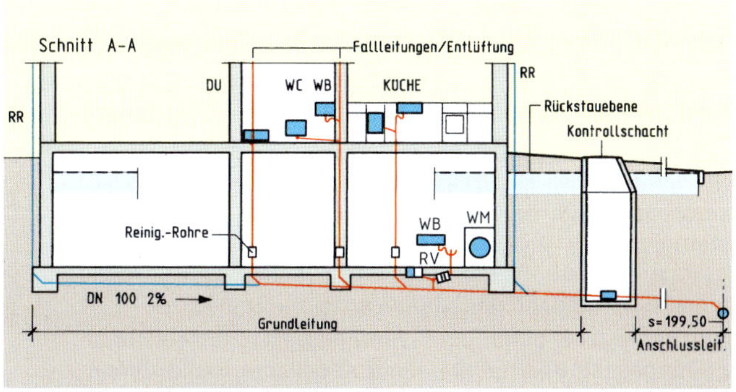

Fallleitungen und Grundleitungen

Vegetationsnahes Regenwassermanagement

Wegen der ständig wachsenden Nutzung von Landschaftsflächen durch Gebäude und Straßen erfolgt eine zunehmende Versiegelung. Die negativen Auswirkungen können teilweise durch den Bau von Kanalnetzentlastungsanlagen sowie die Hochwasserfreilegung von Flüssen und Bächen (Überflutungsflächen) ausgeglichen oder durch bautechnische Lösungen im Abwasserbereich bewältigt werden.

Im Hinblick darauf, dass versiegelte Verkehrsflächen und der Bau von Regenrückhaltebauwerken bzw. Kanalnetzentlastungsanlagen sowie großvolumige Mischwasserkanäle erhebliche Kosten verursachen und an den Unterläufen der Flüsse zu Hochwassergefahr führen, wird es notwendig, geeignete Maßnahmen zur Entsiegelung von Verkehrsflächen zu planen. Es ist sinnvoll, das anfallende Oberflächenwasser auf den vorhandenen Flächen selbst durch Versickerung zu bewirtschaften und nicht in die Kanalisation einzuleiten. In jedem Fall ist eine Vollentwässerung überbauter Flächen zu vermeiden. Dies kann zu örtlichem Oberflächen- und Grundwassermangel führen, der seinerseits ungünstige Bedingungen für den Wasserhaushalt eines Gebietes und dessen Vegetation zur Folge hat.

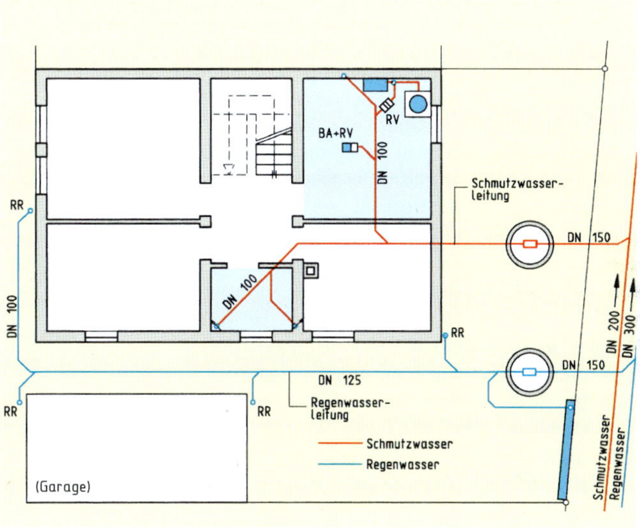

Grundleitungen im Trennsystem

Zusammenfassung

Aufgabe der Entwässerung ist eine schnelle Ableitung des Schmutz- und Oberflächenwassers. Der Verschmutzungsgrad von industriellem Abwasser wird durch den Einwohnergleichwert angegeben (EGW). Die in Wohnsiedlungen und Industriegebieten anfallenden Regen- und Schmutzwassermengen müssen nach der Reinigung in den Kläranlagen unschädlich in die Vorfluter eingeleitet werden. Bei Mischwasserkanälen sind Kanalnetzentlastungsanlagen vorzusehen, die in Stauräumen die zufließenden Wassermengen vorübergehend speichern. Immer häufiger werden durch ein vegetationsnahes Regenwassermanagement Verkehrsflächen entsiegelt, sodass das anfallende Regenwasser auf den Flächen versickern kann und nicht in eine Kanalisation eingeleitet wird.

Aufgaben

1. *Warum ist für die Planung einer Abwasseranlage der EGW wichtig?*
2. *Welche Bedeutung hat der Bemessungsregen für die Dimensionierung eines Abwasserkanals?*
3. *Warum werden im Mischwasserkanal Kanalnetzentlastungsbauwerke eingebaut?*
4. *Was verstehen Sie unter vegetationsnahem Regenwassermanagement bei der Planung und beim Bau von Abwasserleitungen?*
5. *Welche Aufgabe haben Regenentlastungsanlagen in Mischwasserkanälen?*
6. *Erklären Sie die Funktion der Regenüberlaufbecken (RÜB).*
7. *Begründen Sie, warum heute für die Entwässerung von Wohngebieten vorwiegend das Trennsystem geplant und gebaut wird.*
8. *Stellen Sie anhand einer Tabelle die Vor- und Nachteile des Misch- und Trennsystems gegenüber.*
9. *Nennen Sie Maßnahmen, die zur Entsiegelung von Verkehrsflächen geeignet sind.*

15.2.7 Betonrohre

Herstellung: Beton-, Stahlfaserbeton- und Stahlbetonrohre nach DIN EN 1916 werden in weitgehend automatischen Produktionsabläufen hergestellt.

Für Stahlbetonrohre wird durch vollautomatische Schweißroboter ein Bewehrungskorb entsprechend den statischen Anforderungen hergestellt. Die Schalung besteht aus einer Untermuffe, auf die der Dichtungsring aufgezogen und der Bewehrungskorb aufgestellt wird, sowie einer äußeren Schalung und einem Schalungskern.

Der Beton wird durch eine computergestützte Mischanlage hergestellt und mithilfe einer Kübelbahn in die stehende Rohrschalung eingebracht. Die Verdichtung erfolgt durch Rüttler an der Kernschalung. Das Spitzende des Rohres wird durch das automatische Aufdrücken des Spitzendformers hergestellt. Nach dem Ausschalen härtet das Betonrohr in einer Klimakammer kontrolliert aus.

Eigenschaften: Betonrohre werden oft für Misch- und Regenwasserkanäle verwendet, weil sie widerstandsfähig und kostengünstig sind. Allerdings kann eine schwefelhaltige Kanalatmosphäre zu Schäden durch Betonkorrosion führen. Die Lebensdauer der Betonrohre wird erhöht, wenn die Rohre bei ihrer Herstellung in einer glatten Schalung für die Innenwandung erhärten und dadurch eine hohe Oberflächengüte erreicht wird. In besonderen Fällen sind auch korrosionsfeste Innenbeschichtungen möglich.

Der Beton muss den Anforderungen der DIN EN 206 und der DIN 1045-2 entsprechen. Man unterscheidet jeweils nach der Betongüte (Betonfestigkeit) für Rohre und Formstücke Typ 1, Typ 2 und Typ 0.

Die Betonrohre des **Typs 1** sind geeignet für eine chemisch schwach angreifende Umgebung mit der Mindestdruckfestigkeitsklasse C 35/45.

Für erhöhte Anforderungen gegen chemische Angriffe und Abrieb sind Betonrohre des **Typs 2** mit der Mindestdruckfestigkeitsklasse C 40/50 geeignet.

Rohre des **Typs 0** sind Stahlfaserbetonrohre mit einem festgelegten Mindestgehalt an Stahlfasern, der ohne Bemessung bestimmt wurde.

Kennzeichnung: Betonrohre werden durch die Angabe der Betonfestigkeit, Querschnittsform, Muffenart, sowie Nennweite und Länge gekennzeichnet.

Beispiel für die Bezeichnung eines Betonrohres nach DIN V 1201:

Beton – Eiform – Nennweite

Betonrohr
DIN V 1201 – Typ 2 – B – EF – GM WN/HN 500/700 × 2000

Norm – Betonfestigkeit – Glockenmuffe – Länge

Abk.	Benennung	Bennenung nach
B Sb Vt	Betonrohr Stahlbetonrohr Vortriebsrohr	Rohrtyp
K KF EF	Kreisquerschnitt ohne Fuß Kreisquerschnitt mit Fuß Eiquerschnitt mit Fuß	Querschnittsform
GM FM VM	Glockenmuffe Falzmuffe (Rohrverbindungen) Muffe von Vortriebsrohren	Rohrverbindungen

Abkürzungen für Rohrtypen, Querschnittsformen und Rohrverbindungen

Betonrohre auf der Baustelle

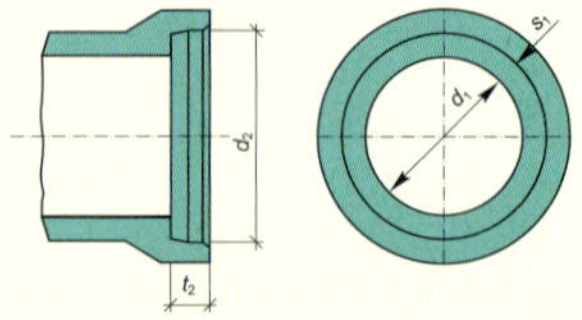

Betonrohr DIN V 1201 – Typ 2---B---K---GM ...

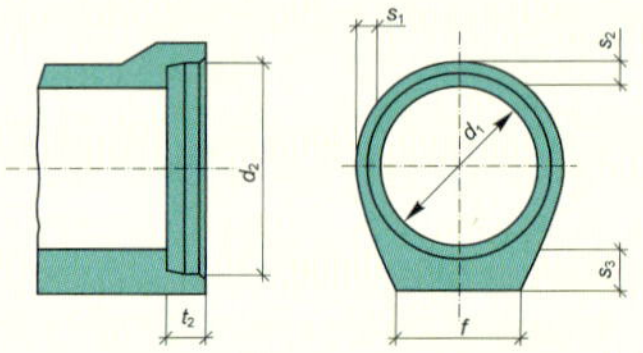

Betonrohr DIN V 1201 – Typ 2---B---KF---GM ...

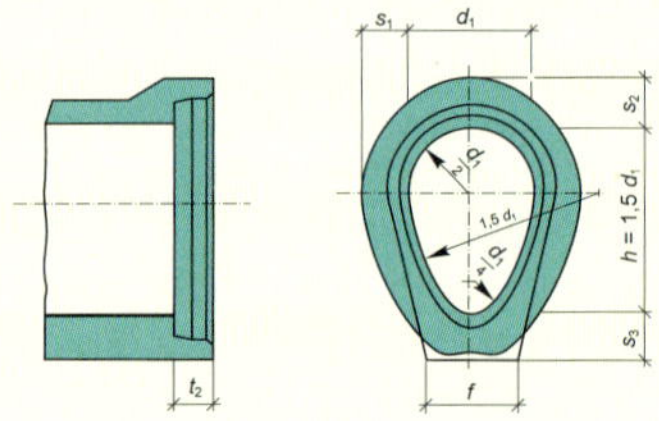

Betonrohr DIN V 1201 – Typ 2---B---EF---GM ...

Glockenmuffenrohre

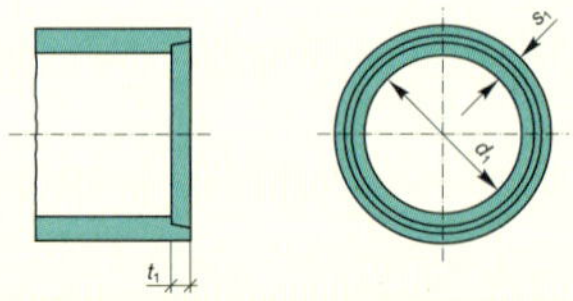

Stahlbetonrohr DIN V 1201 – Typ 2---Sb---K---FM ...

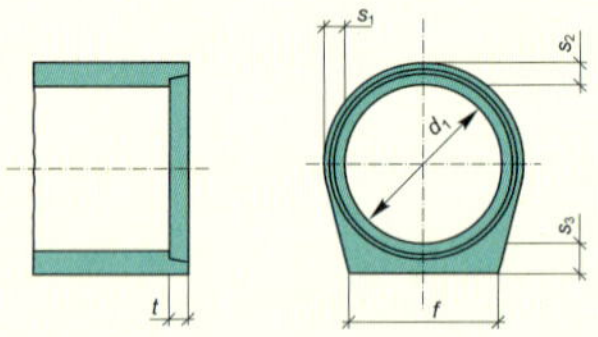

Stahlbetonrohr DIN V 1201 – Typ 2---B---KF---FM ...

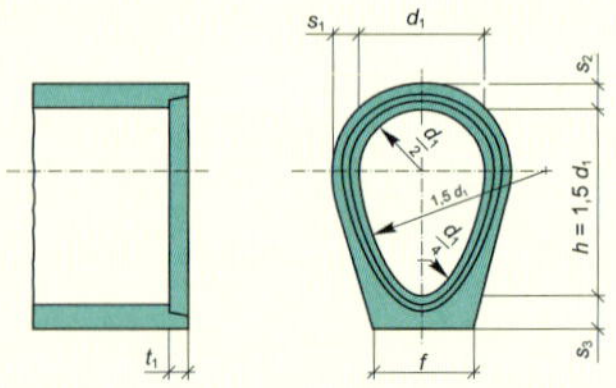

Stahlbetonrohr DIN V 1201 – Typ 2---B---EF---FM WN/HN ...

Falzmuffenrohre

Verbindungssysteme: Je nach Form und Bauart der Betonrohre werden verschiedene Dichtungen verwendet. Muffenrohre werden oft mit einem **Rollring** abgedichtet, der sich beim Verbinden der Rohrenden zwischen Spitzende und Muffe (drallfrei) verquetscht.

Größere Betonrohrquerschnitte werden mit integrierter **Gleitringdichtung** geliefert. Diese Dichtungsart wird bei der Herstellung der Rohre in die Muffe einbetoniert, wie zum Beispiel bei den Rohrverbindungen der Glockenmuffen- und Falzmuffenrohre. Dabei können die Dichtungen entweder in der Muffe oder auf den Spitzenden der Rohre angebracht sein.

Bei **Vortriebsrohren** garantiert der **Stahlführungsring** zusammen mit der äußeren **Gleitringdichtung** die Dichtheit der Verbindung. Durch eine hydraulisch arbeitende Vortriebspresse werden die Rohre genau axial (mit dem eingestellten Gefälle) um jeweils eine Rohrlänge vorgetrieben. Der Druckübertragungsring verhindert dabei das harte Aneinanderstoßen und Abplatzen des Rohrmaterials an den Spitzenden der Rohre während des Rohrvortriebes.

Einbau: Betonrohre erfordern aufgrund der hohen Masse beim Zusammenziehen oder -schieben das Überwinden großer Anpress- und Reibungskräfte. Das Herstellen der Verbindung erfolgt mithilfe eines Gleitmittels durch eine elektrisch betriebene Winde oder einen von Hand betätigten Hubzug. Oft wird auch der Hydraulikarm (nicht die Schaufel) des Baggers genutzt, um vorsichtig Druck auf ein vorgelegtes Kantholz auszuüben und dadurch das Spitzende des einen Rohres in die Muffe des anderen Rohres zu drücken. Dabei ist darauf zu achten, dass die Betonrohre beim Zusammenschieben durch die hohen Druckkräfte in Längsrichtung nicht aus ihrer eingemessenen Lage gleiten.

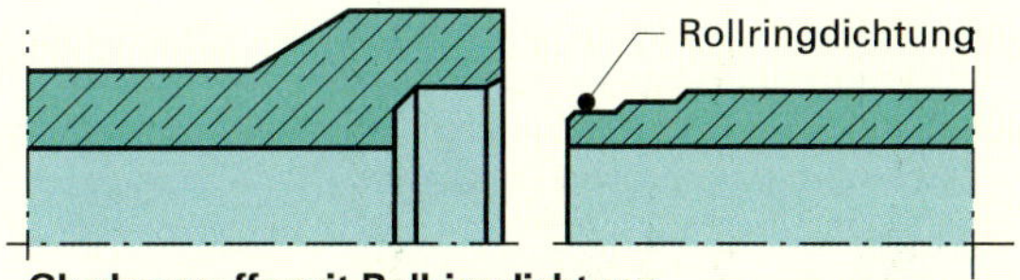

Glockenmuffe mit Rollringdichtung

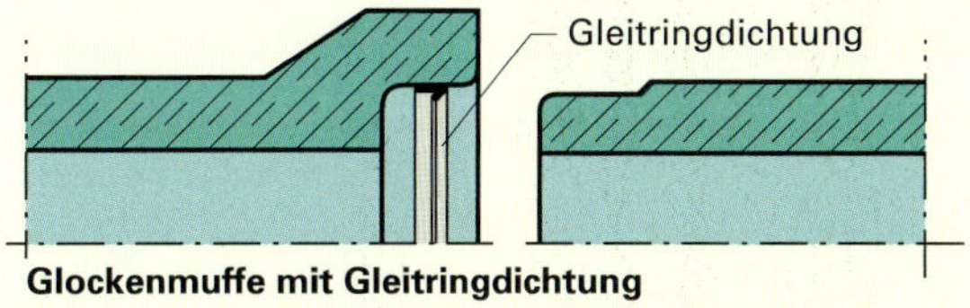

Glockenmuffe mit Gleitringdichtung

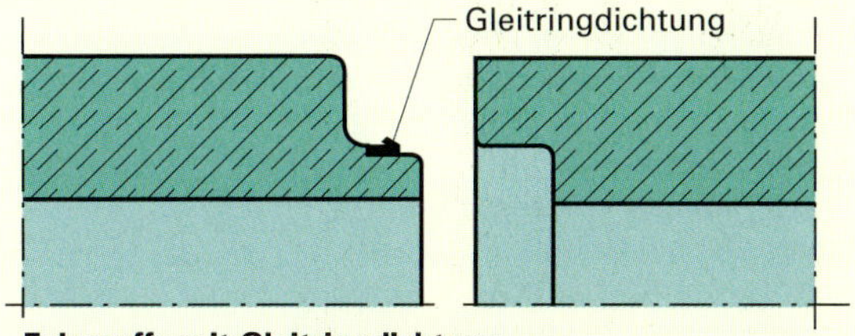

Falzmuffe mit Gleitringdichtung

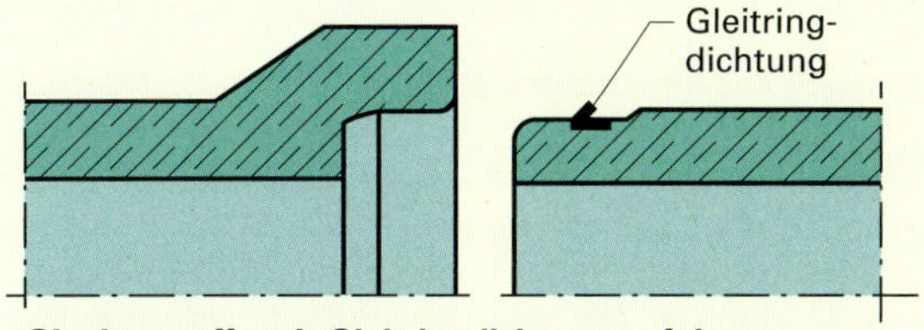

Glockenmuffe mit Gleitringdichtung auf dem Spitzende des Rohres

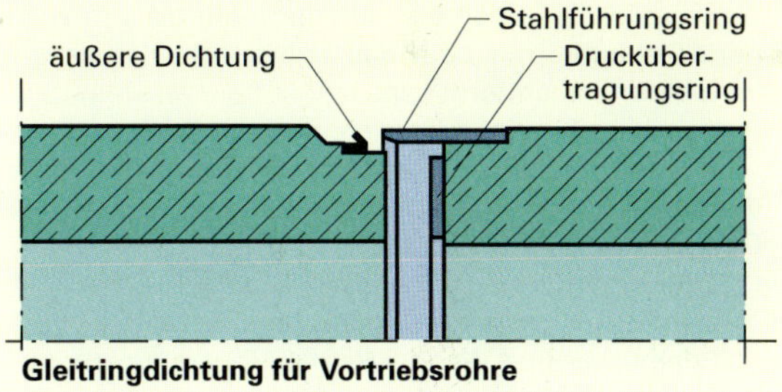

Gleitringdichtung für Vortriebsrohre

Betonkorrosion durch Schwefelverbindungen

Betonrohre werden besonders zur Ableitung von Regenwasser und Mischwasser verwendet. Durch die Zusammensetzung des Abwassers aus Industrie, Gewerbe und Haushalt sind Schwefelverbindungen im Abwasser enthalten. Diese liegen in organischer und anorganischer Form vor und sind Ursache für das Auftreten von Sulfidproblemen in Abwasseranlagen. Unter bestimmten Voraussetzungen entstehen flüchtige Schwefelverbindungen, die sich in der Kanalatmosphäre in elementaren Schwefel umwandeln. Der Schwefel setzt sich an der vom Abwasser nicht benetzten Innenwandung des Rohres ab und wird zum Nährboden für Bakterien der Gattung Thiobacillus. Diese oxidieren den Schwefel zu Schwefelsäure. Die so entstandene biogene Schwefelsäure greift Beton und Mörtel im nicht vom Abwasser benetzten Teil der Kanalisation an. Das Gefüge des Betons und des Mörtels wird von innen heraus aufgelockert und zerstört.

In Mischwassersystemen führen Regenereignisse zu erhöhten Abflussmengen und zu einer gründlichen Reinigung. Ablagerungen an den Innenwandungen der Rohre werden weitestgehend abgeschwemmt. Durch die starke Verdünnung mit dem zugelaufenen Regenwasser nimmt der Sulfidgehalt wieder ab.

Neben dem Erhöhen des Sauerstoffgehaltes im Gasraum, z. B. durch Belüften, bieten Innenbeschichtungen, z. B. mit Kunstharzkombinationen, oder Anstriche auf Bitumenbasis einen wirksamen Schutz gegen Innenkorrosion.

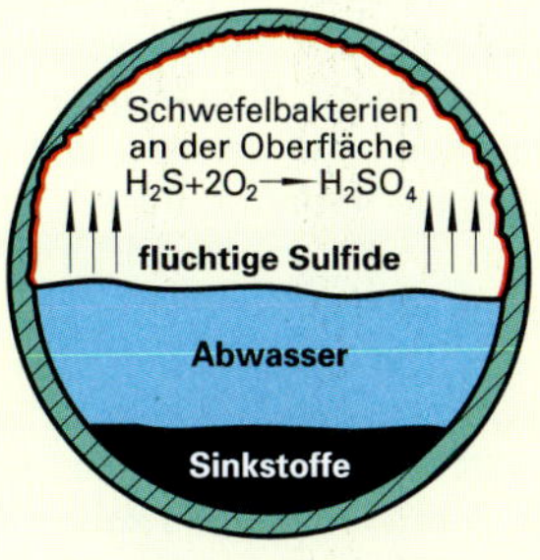

Betonkorrosion im Gasraum des Abwasserkanals

15.2.8 Kunststoffrohre

Kunststoffrohre können in allen Bereichen der Abwasserentsorgung eingesetzt werden und sind inzwischen weit verbreitet. Die Kunststoffindustrie hält eine Vielzahl von Rohrarten und Formstücken bereit. Die erwartete Nutzungsdauer von Kunststoffrohren liegt bei über 100 Jahren, praktisch nachgewiesen sind bisher etwa 60 Jahre.

Kunststoffrohre aus Polyvinylchlorid (PVC), Hochdruckpolyethylen (PE) und Polypropylen (PP)

Herstellung: Der Rohstoff für Kunststoff ist raffiniertes Erdöl. Für die Kunststoffproduktion ist der wichtigste Bestandteil das Rohbenzin. Dieses wird unter hohen Temperaturen in Ethylen, Propylen, Butylen und andere Kohlenwasserstoff-Verbindungen aufgespaltet (Crack-Prozess). Durch Polymerisation, Polykondensation oder Polyaddition werden die Grundelemente wie Kohlenstoff (C), Wasserstoff (H) und Sauerstoff (O) neu angeordnet und es entstehen Kunststoffe wie Polyvinylchlorid (PVC), Polyethylen (PE) und Polypropylen (PP).

Eigenschaften: Kunststoffrohre sind preisgünstig und haben vorteilhafte Materialeigenschaften:
- geringe Masse,
- ausreichend mechanisch fest,
- chemisch beständig,
- leichte Verarbeitbarkeit,
- besonders glatte Innenwand,
- ausreichend wärme- und kältebeständig.

Kennzeichnung: Die Kennzeichnung muss dauerhaft auf dem Rohr aufgebracht sein und umfasst die Angabe der Norm, Anwendungsgebiet (U oder UD), Hersteller, Kurzbezeichnung des Kunststoffes, Nennweite (DN/OD), Rohrklassifizierung (SDR), Erzeugungsjahr, Ringsteifigkeitsklasse (SN).

Bezüglich der Nennweiten muss bei Kunststoffrohren eine Besonderheit beachtet werden: Nach DIN EN 1401 gibt **DN/OD** die Nennweite bezogen auf den Außendurchmesser des Rohres an. Der Innendurchmesser variiert entsprechend der Wandstärke und dem verwendeten Material.

Der Anwendungsbereich des Rohres wird durch U und D gekennzeichnet:

U: Anwendung für einen Bereich, der mehr als 1 m von einem Gebäude, mit dem das erdverlegte Kanalsystem verbunden ist, entfernt liegt.

D: Anwendung für einen Bereich, der unterhalb und maximal 1 m von einem Gebäude entfernt liegt und in dem die erdverlegten Rohre mit dem Abwassersystem des Gebäudes verbunden sind.

Die **SDR**-Klassifizierung (**S**tandard **D**imension **R**atio) bezeichnet eine Kennzahl, die sich aus dem Verhältnis von Außendurchmesser und Wanddicke des Rohres errechnet. Je kleiner die SDR-Zahl, desto druckbeständiger ist das Rohr. Übliche SDR-Zahlen von PVC-U-Rohren sind 51, 41 und 34.

Die **Steifigkeitsklasse SN** (**S**tiffness **N**umber) beschreibt die Ringsteifigkeit des Rohres. Darunter versteht man den Verformungswiderstand eines Rohres gegen eine senkrecht aufgebrachte Belastung, bei der sich das Rohr genau um 3% des Durchmessers verformt. Im Allgemeinen besitzen Rohre mit einer größeren Wandstärke eine größere Ringsteifigkeit.

In der Praxis sind die Steifigkeitsklassen SN 2 ... SN 16 gängig, wobei SN 2 und SN 4 als Normallast, SN 8 ... SN 12 als Hochlast und ab SN 16 als Höchstlast bezeichnet werden.

Rohrarten: Nach dem Wandaufbau kann eine Einteilung in Vollwandsystem, profilierte Wandung und Mehrschichtsystem vorgenommen werden.

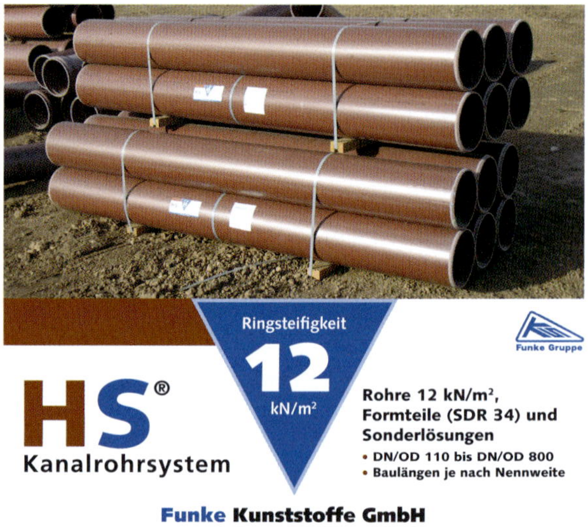

PVC-U-Rohre mit Herstellerbezeichnung

PP-Rohre mit werksseitig aufgesteckter Muffe

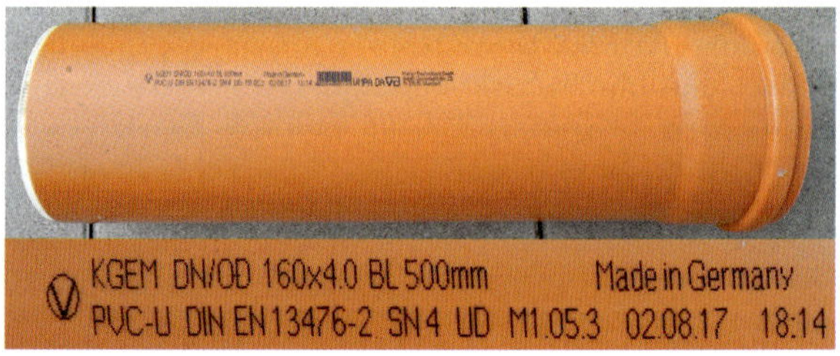

Kennzeichnung eines KG-Rohres:
KGEM = **K**anal**g**rundrohr mit **e**inseitiger **M**uffe
DN/OD = auf den Außendurchmesser bezogene Nennweite
BL = **B**au**l**änge
PVC-U = **P**oly**v**inyl**c**hlorid – weichmacherfrei
SN = Ringsteifigkeitsklasse (**S**tiffness **N**umber)
UD = außerhalb und unterhalb eines Gebäudes

Kunststoff	Vollwandrohre	Mehrschichtrohre	Profilierte Wandung
PVC-U	orangebraun	×	×
PP	grün	orangebraun	orangebraun
	andere Farben	andere Farben	blau
PE	schwarz	andere Farben	×
	hellgrau		
GFK	weißgrau	×	×

Außenfarben von Kunststoffrohren

Besonders weit verbreitet sind **Vollwandrohre**, allgemein als **KG-Rohre** (**K**anal**g**rundrohre) bekannt. Oft wird diese Bezeichnung allgemein für druckfreie Abflussrohre aus Kunststoff verwendet. KG-Rohre finden Verwendung bei Hausanschlussleitungen sowie im öffentlichen Kanalsystem zur Ableitung von Schmutz- und Regenwasser.

KG-Rohre aus PVC-U dürfen nicht längere Zeit in der Sonne gelagert werden, weil durch UV-Licht das Material versprödet und die Tragfähigkeit abnimmt. Bereits ausgeblichene Rohre sollten nicht verbaut werden.

Eine Weiterentwicklung der orangebraunen KG-Rohre (aus PVC-U) ist das Rohrsystem **KG 2000**. Es besteht aus Polypropylen (PP) mit grüner Farbe. Seine Eigenschaften sind erhöhte Widerstandsfähigkeit gegen aggressives Abwasser und hohe Temperaturbeständigkeit.

Rohre mit **profilierter Wandung** werden von den Herstellern unter dem Namen Ultra Rib vertrieben. Sie bestehen aus einem homogenen Rohrkörper aus Polypropylen (PP). Schmutzwasserrohre sind außen orange-braun eingefärbt und im Innern weiß, um bei der Kamerabefahrung ein optimales Bild zu erhalten. Regenwasserrohre sind komplett blau eingefärbt.

Durch die äußere Rippenverstärkung entsteht ein biegeweiches Rohrsystem mit sehr hoher Ringsteifigkeit (SN 10 … SN 6) und hoher Schlagfestigkeit.

Dadurch eignen sich Ultra-Rib-Rohre besonders gut für die Verlegung in steinigem Baugrund, da die Rippen den Einzellasten ausweichen ohne Einbeulungen an der Innenwandung zu verursachen.

Als **Mehrschichtrohre** werden Kunststoffrohre aus PP oder PE bezeichnet, die dreischichtig aus Außen-, Kern- und Innenschicht aufgebaut sind. Die Außenschicht ist besonders hart und widerstandsfähig gegen Beschädigungen wie z. B. durch Steine. Die Kernschicht besteht aus mineralstoffverstärktem PP, wodurch das Rohr eine hohe Festigkeit, Steifigkeit und extreme Zähigkeit erhält. Die Innenschicht ist chemisch und thermisch beständig sowie abriebfest. Alle drei Schichten sind unlösbar miteinander verbunden. Mehrschichtrohre erreichen trotz geringer Wandstärken Ringsteifigkeitsklassen von SN 8 … SN 16.

Verbindungssysteme: Kunststoffrohre werden in Abhängigkeit vom Werkstoff durch Steckmuffen, Kleben oder Schweißen miteinander verbunden.

PVC-U- und PP-Rohre (z. B. KG-Rohre) werden durch Steckmuffen oder Überschiebmuffen verbunden. Die Abdichtung erfolgt über bereits vormontierte Lippendichtringe.

PE-Rohre werden in der Regel geschweißt. Dabei gibt es zwei Verfahren:

Beim **Heizelementstumpfschweißen** werden die planparallel gehobelten Spitzenden der Rohre mit einem teflonbeschichteten Heizelementstumpfschweißspiegel bei etwa 140 … 160 °C angeschmolzen und unter Anpressdruck gefügt (stoffschlüssige Verbindung). Die erforderliche Heizzeit hängt vom Rohrquerschnitt und der Rohrwandungsdicke ab.

Eine andere Möglichkeit ist die **Heizwendelschweißung**. Die muffenlosen Spitzenden der Rohre werden unter Verwendung einer Elektroschweißmuffe miteinander verbunden. Über ein Steuergerät wird die Heizzeit entsprechend dem Rohrquerschnitt und der Wandungsdicke des Rohres programmiert. Im Heizzeitraum erhitzen die Heizwendeln das Material. Muffe und Rohr werden dadurch stoffschlüssig miteinander verbunden.

Unsachgemäße Lagerung von PVC-U-Rohren

PP-Rohre KG 2000

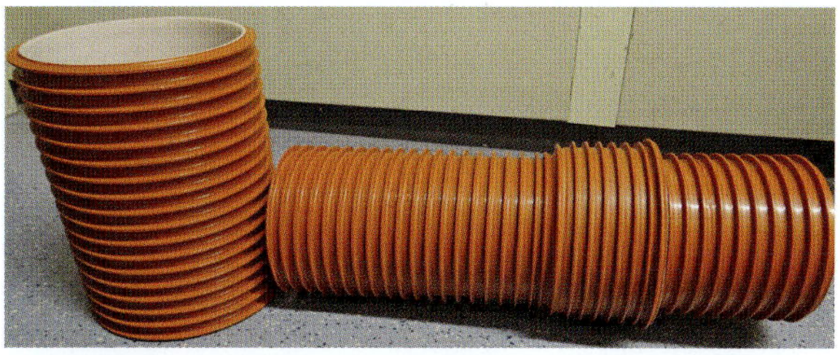

Ultra-Rib-Rohre mit profilierter Wandung

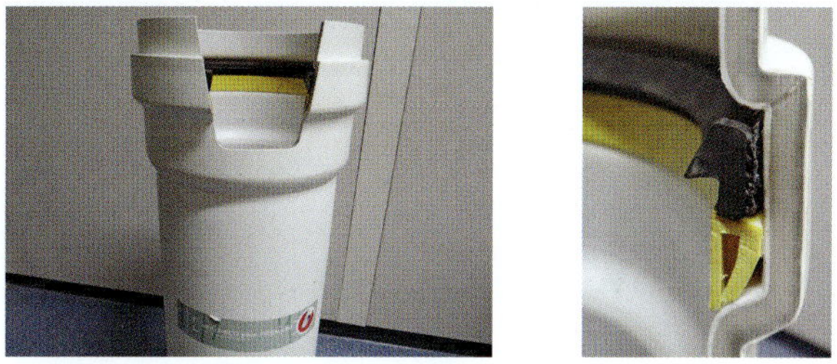

PP-Mehrschichtrohr mit dreischichtigem Aufbau

Heizelementstumpfschweißverbindung

15.2.10 Schachtbauwerke

Funktion und Anordnung

Schachtbauwerke sind wichtige Betriebseinrichtungen im Kanalbau und dienen zum

- Be- und Entlüften der Freispiegelleitungen,
- Reinigen und Spülen sowie
- zur baulichen Unterhaltung der Kanalisation.

Sie werden grundsätzlich angeordnet bei:

a) horizontalen Richtungsänderungen

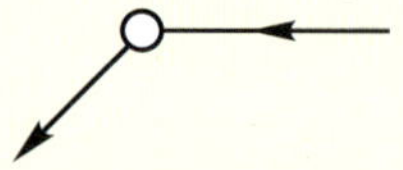

b) Kanalzusammenführungen

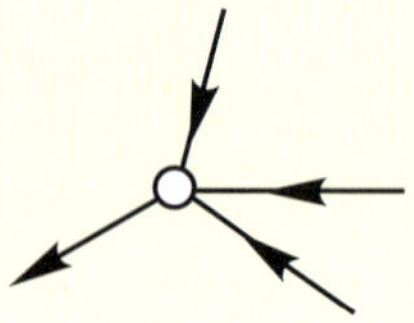

c) Gefällewechsel

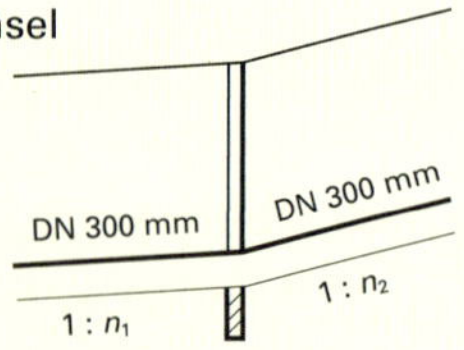

d) Querschnittsänderungen

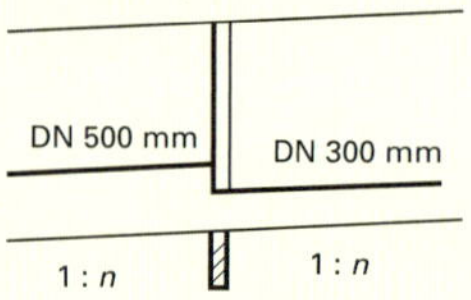

e) Abstürzen

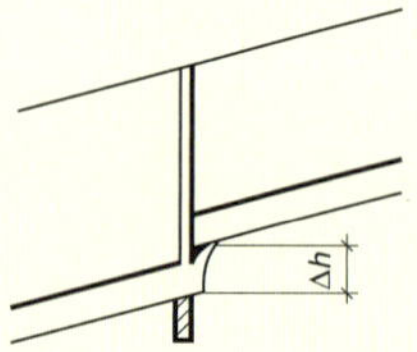

f) Leitungsendpunkten

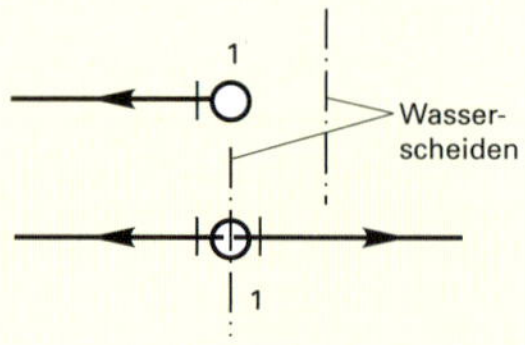

g) Richtungsänderungen durch Setzen von Zwischenschächten

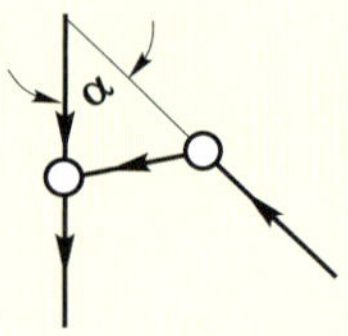

h) Straßenbögen (die Haltungen werden zu einem Sehnenzug verkürzt)

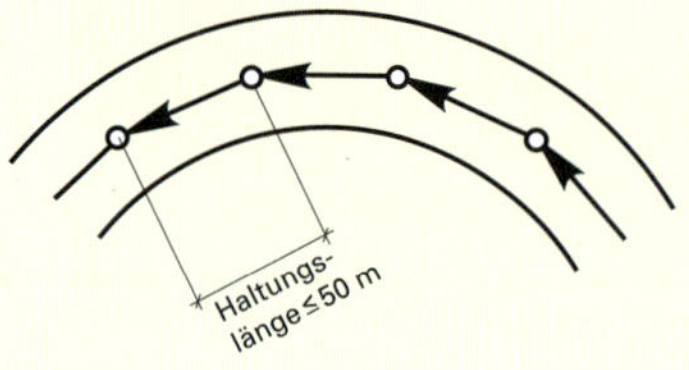

i) geraden Leitungsstrecken in bestimmten Abständen (bei Kanälen ≤ DN 1200 etwa 50 ... 70 m, bei Kanälen > DN 1200 sollen 70 ... 100 m Haltungslänge nicht überschritten werden)

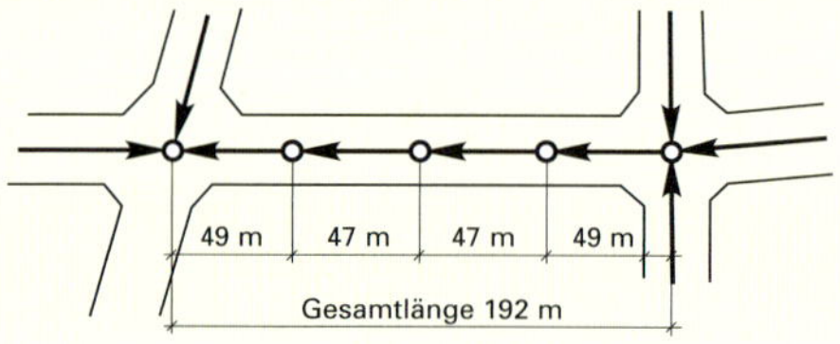

15.2.11 Gemauerte Schächte

Gemauerte Schächte sind mit Kanalklinkern nach DIN 4051 auszuführen und mit einem Puzzolanzementmörtel (Puzzolan = poröser vulkanischer Tuff) MG III vollflächig zu vermauern und zu verfugen. Für den Bau von runden Schächten wird der Kanalklinker Form „C" verwendet.

Der Bau komplett gemauerter Schächte kommt heute nur noch selten vor, weil ihre Herstellung sehr zeit- und kostenintensiv ist. Außerdem ist dafür hohes handwerkliches Können erforderlich. Ein weiteres Problem gemauerter Schächte besteht in der Gewährleistung der dauerhaften Dichtheit der Fugen, weshalb gemauerte Schächte mit zement- oder bitumengebundenen Dichtungsschlämmen überzogen werden.

Gelegentlich werden Schachtunterteile aus Mauerwerk hergestellt, wenn der Einbau von Fertigteilen unmöglich oder unwirtschaftlich ist. Darauf werden dann Stahlbetonfertigteile gesetzt (Mischbauweise). Der Übergang zwischen gemauertem Schachtunterteil und Schachtfertigteilen wird mit einem Fußauflagerring (FAR-M) hergestellt, der Form und Verbindungselement des Stahlbetonfertigteiles aufweist.

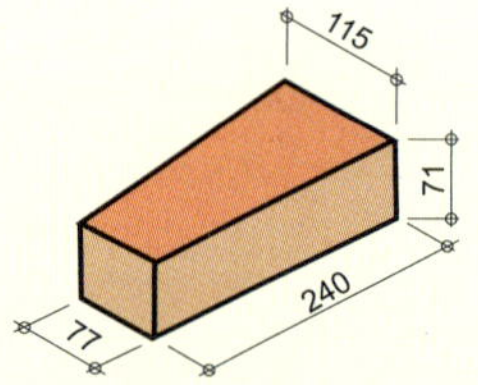

Kanalschachtklinker DIN 4051 – C

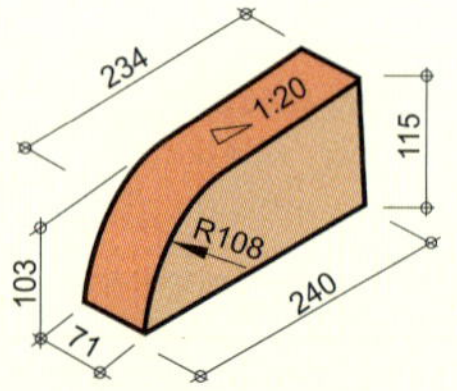

Schachtsohlklinker DIN 4051 – SF-S – 240 × 71 × 115

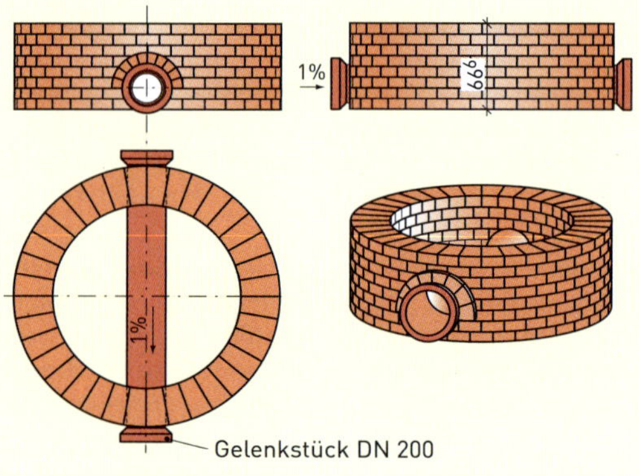

Gemauerter runder Schacht mit Kanalklinkern

Die gesammelten Feststoffe in der Absetzgrube derartiger Kleinkläranlagen müssen mindestens einmal jährlich entleert und entsorgt werden.

Abscheideanlagen

Anfallende Leichtflüssigkeiten (Dichte kleiner als die von Wasser) müssen vor dem Einleiten des Abwassers in den Abwasserkanal vom Abwasser getrennt und zurückgehalten werden. Dazu dienen **Öl-, Benzin- und Fettabscheider**. Wegen der Dichteunterschiede zwischen Sinkstoffen, Wasser und Leichtflüssigkeiten werden diese durch das Schwerkraftprinzip getrennt.

Alle Abscheideanlagen sind dort einzubauen, wo Öl, Benzin oder Fett bei Werkstätten, Tankstellen und Waschplätzen auftreten.

Fettabscheider sind auch in Betrieben oder Einrichtungen zu planen, in denen fetthaltiges Abwasser auftritt, z. B. in Küchen, Metzgereien, Schlachthöfen, Ölmühlen, Grill- und Frittierküchen, Margarine- und Seifenfabriken sowie Fischverwertungsbetrieben.

15.2.14 Regenwassernutzungsanlagen

Zur Schonung der Trinkwasserressourcen und zur Entlastung der Abwassersysteme ist der Einbau von Regenwassernutzungsanlagen im gewerblichen und privaten Bereich ein wertvoller Beitrag. Allerdings ist die Nutzung des Regenwassers durch den Schad- und Nährstoffeintrag aus hygienischen Gründen nicht unproblematisch. Eine effiziente Nutzung ist ohne Filtertechnik und den damit verbundenen Wartungsaufwand auf Dauer nicht zu empfehlen. Gezielte Versickerungen dagegen leiten das Niederschlagswasser über den Boden zurück in den natürlichen Wasserkreislauf und wirken sich positiv auf den Grundwasserstand aus. Zur Nutzung des Regenwassers sind verschiedene Speicheranlagen aus Stahlbeton oder Kunststoff erhältlich. Neben der Nutzung als Regenwasserspeicher für den Gartenbereich kann eine vollständige Haustechnikanlage, bestehend aus

- Regenwasserfilter,
- Regenwasserspeicher,
- Regenwasserpumpe zum Einspeisen des gesammelten Regenwassers in ein separates Leitungsnetz des Gebäudes,
- Regenwasserspeicher, der bei Wassermangel automatisch Trinkwasser aus dem Netz nachspeist,
- einer Versickerung des überschüssigen Regenwassers,

installiert werden.

Abwassersammelgruben und Kleinkläranlagen sind eine Alternative zur Abwasserreinigung in großen Kläranlagen. Neben den vorgeschriebenen Abscheideanlagen für anfallende Leichtflüssigkeiten finden zur Schonung der Trinkwasserressourcen vor allem Regenwassernutzungsanlagen immer mehr Verbreitung.

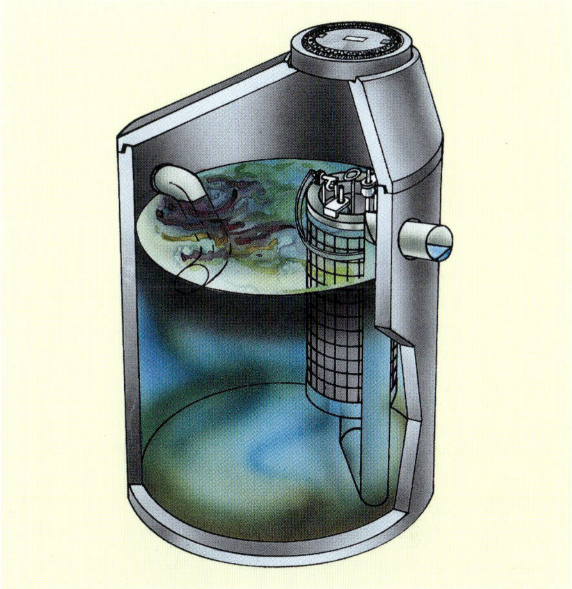

Benzin- und Ölabscheider

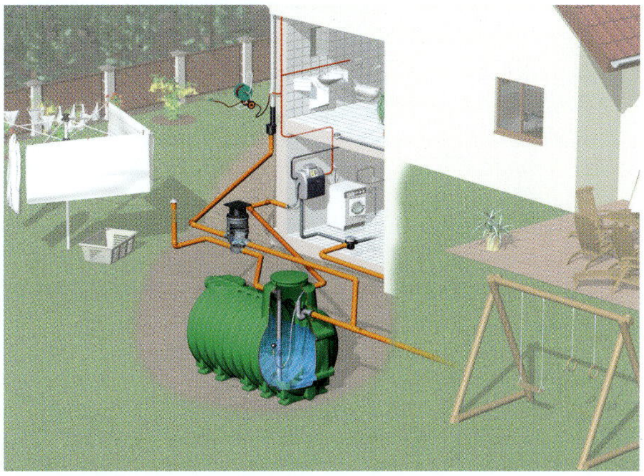

Regenwassernutzungsanlage

Zusammenfassung

Für Entwässerungsleitungen kommen je nach örtlichen Bedingungen und Erfordernissen unterschiedliche Rohrmaterialien infrage. Schachtbauwerke werden heute in der Regel als Betonfertigteilschächte hergestellt. Einsteigschächte sind wichtige Betriebseinrichtungen und dienen zum Be- und Entlüften, Reinigen und Spülen und zur baulichen Unterhaltung der Kanalisation. Vor der örtlichen Inspektion von Kanalbauwerken sind die Sicherheitsanforderungen und Schutzvorkehrungen zu beachten. Zum Schutz der Natur und zur Sanierung der natürlichen Gewässer ist die Abwasserreinigung in Kläranlagen erforderlich.

Aufgaben

1. *Welche Funktionen erfüllen Schachtbauwerke im Kanalbau?*
2. *Wann müssen bei der Planung von Abwasserkanälen Absturzschächte vorgesehen werden?*
3. *Welche Sicherheitsmaßnahmen sind bei einer örtlichen Inspektion von Kanalbauwerken zu beachten?*
4. *Nennen und erläutern Sie die Reinigungsstufen in Kläranlagen für kommunale Abwässer.*
5. *Nennen Sie Alternativen zu den zentralen Kläranlagen und beschreiben Sie kurz deren Wirkungsweise.*

15.2.15 Projektaufgaben

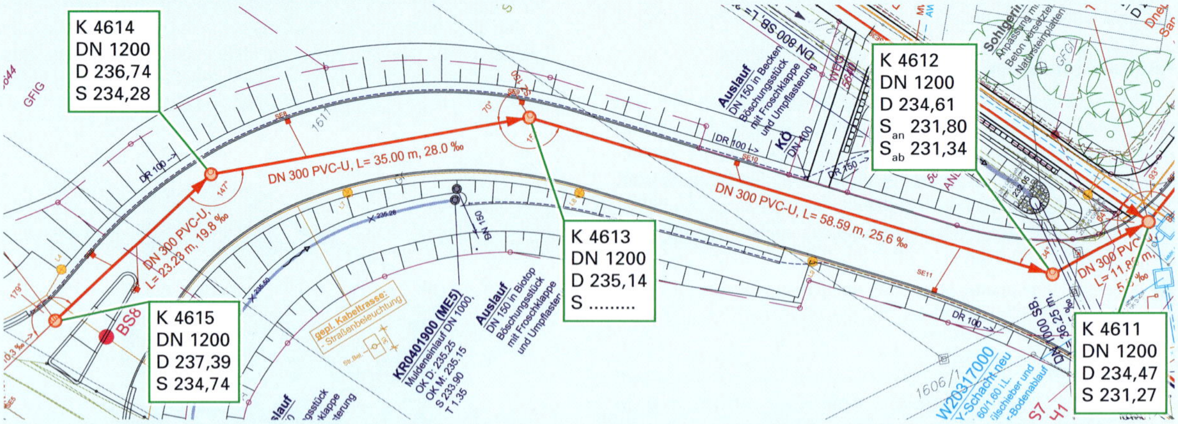

Für die Erschließung eines Gewerbegebiets soll die Kanalleitung geplant werden. Es soll ein abgeböschter Graben ausgehoben werden, die Kanalrohre DN/OD 315 mit einer Länge von 5,00 m eingebaut und die Schachtbauwerke K 4611 ... K 4615 gesetzt werden. Es handelt sich um einen steifen bindigen Boden.

Aufgaben

1. a) *Um welches Entwässerungssystem handelt es sich?*
   b) *Nennen Sie Vor- und Nachteile des Entwässerungssystems.*
2. *Bei dem geplanten Kanal handelt es sich um eine Freispiegelleitung. Erklären Sie diesen Begriff.*
3. *Berechnen Sie die Menge der Rohre, die bestellt werden muss.*
4. *Geben Sie das Kanalgefälle in der Haltung zwischen K 4613 und K 4614 in Prozent und als Verhältnis 1:n an.*
5. *Berechnen Sie die Sohlhöhe des Schachtes K 4613.*
6. *Aus welchem Grund sind am Schacht K 4612 zwei Sohlhöhen angegeben?*
7. a) *Welche Bedeutung hat die Abkürzung PVC-U?*
   b) *Nennen Sie die Vorteile von PVC-U-Rohren gegenüber anderen Rohrwerkstoffen.*
   c) *Welche Rohrwerkstoffe könnten alternativ dazu eingebaut werden?*
8. *Der Kanalgraben soll mit einer Sohlbreite von 0,90 m abgeböscht hergestellt werden.*
   a) *Welcher Böschungswinkel ist notwendig?*
   b) *Berechnen Sie die Grabentiefen an den Schächten K 4611 ... K 4615 vereinfacht, indem Sie die Differenz zwischen Deckel- und Sohlhöhe ermitteln.*
   c) *Zeichnen Sie die trapezförmigen Grabenquerschnitte für alle Haltungen mit den zuvor berechneten Maßen im Maßstab 1:50 auf und bemaßen Sie diese.*
   d) *Berechnen Sie die oberen Grabenbreiten.*
   e) *Erstellen Sie mit dem Computer die abgebildete Tabelle und berechnen Sie das Grabenvolumen:*

Schacht	Sohlbreite des Grabens	Obere Grabenbreite	Grabentiefe	Grabenquerschnittsfläche (Trapez)	Mittlere Grabenquerschnittsfläche (Trapez)	Abschnittslänge	Aushubvolumen
	l_1 (in m)	l_2 (in m)	b (in m)	$A = \frac{l_1 + l_2}{2} \cdot b$	$A_m = \frac{A_1 + A_2}{2}$	l (in m)	$V = A_m \cdot l$
K 4611							
K 4612							
K 4613							
K 4614							
K 4615							
						Gesamtvolumen	

   f) *Wie groß ist das Aushubvolumen bei einer Auflockerung von 20 %?*
9. *Das Aushubvolumen für die Schachtbaugrube soll am Schacht K 4611 kegelstumpfförmig berechnet werden. Der Böschungswinkel soll dem des Kanalgrabens entsprechen.*
   a) *Ermitteln Sie die benötigte Sohlbreite der Schachtbaugrube, wenn die Schachtwanddicke des Schachtunterteils auf jeder Seite 150 mm beträgt und ein Arbeitsraum von 50 cm auf jeder Seite vorzusehen ist.*
   b) *Berechnen Sie die obere Breite der Schachtbaugrube.*
   c) *Berechnen Sie das Aushubvolumen bei 20 %iger Auflockerung mithilfe der Näherungsformel.*
10. a) *Informieren Sie sich im Internet bei einem Betonfertigteilwerk über das Lieferprogramm von Betonschächten und ermitteln Sie die benötigten Schachtteile und deren Abmessungen für K 4611.*
    b) *Zeichnen Sie das Schachtbauwerk im Maßstab 1:20.*
11. *Zeichnen Sie den Kanalhöhenplan von den Schächten K 4615 ... K 4612 in MdL 1:500 und MdH 1:50.*

231,00 über NHN

Deckelhöhe	237,39	
Sohlhöhe	234,74	
Haltungslänge		
Gefälle/Nennweite		
Schacht-Nr.	K 4615	

16 Außenanlagen

Beginnend mit der Renaissance, besonders aber zur Zeit des Barock, wurden Gebäude in eine gestaltete Umgebung hineinkomponiert. Damit ergab sich ein Gesamtkunstwerk aus Architektur und Landschaftsgestaltung, wie wir es noch heute bei historischen Schlössern bewundern können.

Auch heute gehört zu jedem Gebäudeprojekt die Gestaltung der Außenanlagen. Zu diesen zählen gärtnerisch gestaltete bepflanzte Flächen, Kinderspielplätze, Sportflächen und befestigte Flächen.

Johann Bernhard Fischer von Erlach, Schönbrunn, 1696

16.1 Befestigte Flächen

Die befestigten Fläche sind im Wesentlichen:
- Wege, Zufahrten, Zugänge,
- Terrassen,
- Flächen für den ruhenden Verkehr (Parkplätze),
- Aufstellplätze für Müllgefäße.

Die befestigten Flächen werden zusammen mit dem Gebäude geplant und sind im Bauantrag einzuzeichnen, da die Bauvorschriften Bestimmungen über Wegbreiten, Größe und Zahl der Stellplätze für Kraftfahrzeuge und Aufstellplätze für Müllgefäße beinhalten.

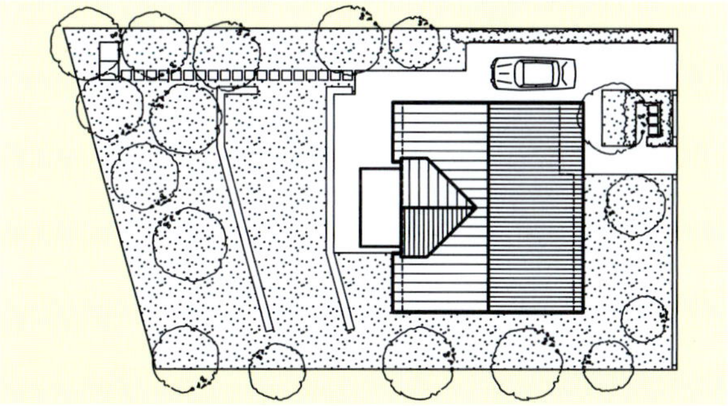

Außenanlagen im Baugesuch

16.1.1 Flächenversiegelung

In Deutschland werden pro Tag etwa 113 ha Bodenfläche für Verkehrsflächen und Gebäude verbraucht. Davon wird etwa die Hälfte versiegelt. Damit ergibt sich ein jährlicher Zuwachs der versiegelten Fläche von etwa 2000 km^2, was etwa 80 % der Gesamtfläche des Saarlandes entspricht.

Da die Bodenfläche begrenzt ist, sollte sorgsam mit dieser knappen Lebensgrundlage für Menschen, Tiere und Pflanzen umgegangen werden.

Der ungestörte Boden kann große Mengen an Wasser aufnehmen und den Wasserabfluss bremsen. Sind jedoch große Flächen versiegelt, steigt die Gefahr des Hochwassers, werden Kanäle und Kläranlagen stark belastet und die Neubildung des Grundwassers wird verringert.

Die Flächenversiegelung durch Bauten lässt sich nicht vermeiden, aber in ihren Folgen gering halten durch:
- Beschränkung der befestigten Flächen auf das notwendige Maß.
- Einbeziehen möglichst vieler Flächen in den lokalen Wasserkreislauf durch Versickerungsmöglichkeiten.
- Bremsen des Wasserabflusses durch begrünte Dächer.
- Pflanzen von Bäumen an Wegen und zwischen Parkplätzen.

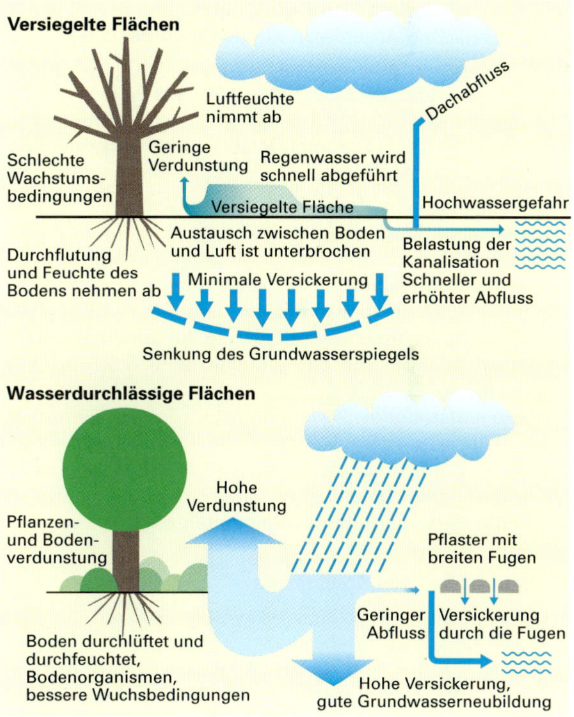

Vergleich versiegelte – wasserdurchlässige Flächen

16.1.2 Wege

Der Weg zum Hauseingang sollte für Rollstuhlfahrer und Kinderwagen leicht befahrbar sein. Das bedeutet, dass er frei von Stufen sein sollte und Rampen eine Neigung von maximal 6 % aufweisen dürfen.

Die Breite des Weges sollte so bemessen sein, dass mindestens zwei Personen aneinander vorbeigehen können, was eine Breite von 1,20 m ergibt. Wird der größere Platzbedarf von Rollstuhlfahrern, breiten Kinderwagen oder Gepäck tragenden Personen berücksichtigt, ergibt sich eine Mindestbreite von 1,50 m.

Andrea Palladio, Villa Barbaro, Maser, 1558

16.1.3 Parkplätze für Kraftfahrzeuge

Stellplätze sind Flächen auf denen ein Fahrzeug abgestellt werden kann, einschließlich des notwendigen Manövrierraumes.
Parkplätze sind Flächen mit mehreren Stellplätzen einschließlich der Fahrgassen.
Parkbauten sind ober- oder unterirdische Bauwerke, in denen Parkplätze untergebracht sind.

Bei größeren Gebäuden, wie Mehrfamilienwohnhäusern, Geschäfts- oder Bürobauten, sollten die notwendigen Stellplätze in unterirdischen Parkbauten, möglichst im Keller des Gebäudes, untergebracht werden, um die versiegelte Fläche gering zu halten. Sollten oberirdische Parkbauten nicht zu vermeiden sein, kann durch intensive Begrünung der Dächer und der Fassaden der Verlust an ungestörter Bodenfläche teilweise kompensiert werden.
Parkplätze im Freien werden durch Bepflanzung vor Sonne, Hitze und Staubentwicklung geschützt und optisch gegliedert. Mit einer dichten Baumpflanzung zwischen den Stellplätzen kann der negative Einfluss auf das Lokalklima verringert werden.

Die **Anzahl** der notwendigen Stellplätze ist in den Bauvorschriften der Länder und Gemeinden geregelt und ist abhängig von:
- Der Art und dem Maß der baulichen Nutzung des Grundstücks.
- Der Anzahl der am Grundstück Beschäftigten.
- Der möglichen Anzahl von Kunden oder Besuchern.

Als Richtwerte können dienen:
- Wohngebäude: 1 … 2 Stellplätze je Wohnung
- Bürogebäude: 1 Stellplatz je 30 m^2 Nutzungsfläche
- Läden: 1 Stellplatz je 30 … 40 m^2 Verkaufsfläche
- Veranstaltungsgebäude: 1 Stellplatz je 5 Besucher

Die Aufstellung von Kraftfahrzeugen erfolgt in:
- **Längsaufstellung**: Sie ist flächenaufwendig und vorwiegend für das Parken am Straßenrand geeignet.
- **Senkrechtaufstellung**: Sie bietet sich für Sackgassen oder kleinere Parkplätze mit nur einer Ein- und Ausfahrt an, da die Fahrgasse breit genug für einen Zweirichtungsverkehr ist und das Wenden beim Ein- und Ausparken erfolgt.
- **Schrägaufstellung**: Sie ermöglicht zügiges Einparken, die Fahrgassen werden meist im Einrichtungsverkehr geführt. Die Schrägaufstellung ist daher gut geeignet für größere Parkplätze mit getrennter Ein- und Ausfahrt sowie das Parken am Rand wenig befahrener Straßen.

Mindestgrößen von Stellplätzen

- Länge ≥5,00 m, bei Längsaufstellung ≥6,00 m.
- Breite ≥2,30 m, für Behinderte ≥3,50 m.
- Wände, Stützen und Einbauten müssen einen Abstand von ≥0,10 m zur vorgeschriebenen Breite aufweisen.
- Die Fahrgassenbreite richtet sich nach der Anordnung der Stellplätze und der Stellplatzbreite, muss aber bei Zweirichtungsverkehr mindestens 4,30 m betragen:

Winkel zur Fahrgasse	Erforderliche Fahrgassenbreite bei einer Breite des Stellplatzes		
	2,3 m	2,4 m	2,5 m
90°	6,5 m	6,0 m	5,5 m
75°	5,5 m	5,0 m	5,0 m
60°	4,5 m	4,0 m	4,0 m
45°	3,5 m	3,0 m	3,0 m

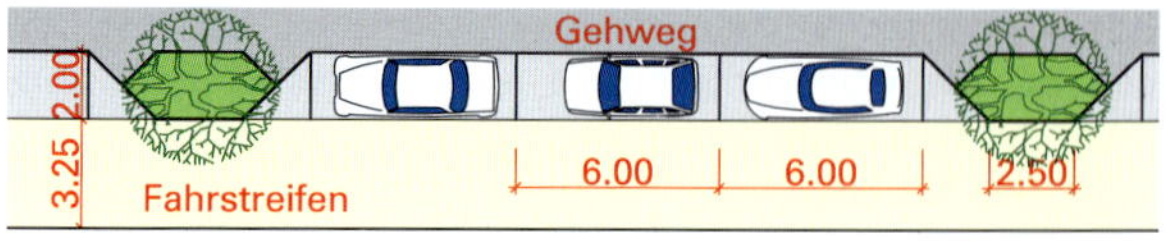

Längsaufstellung

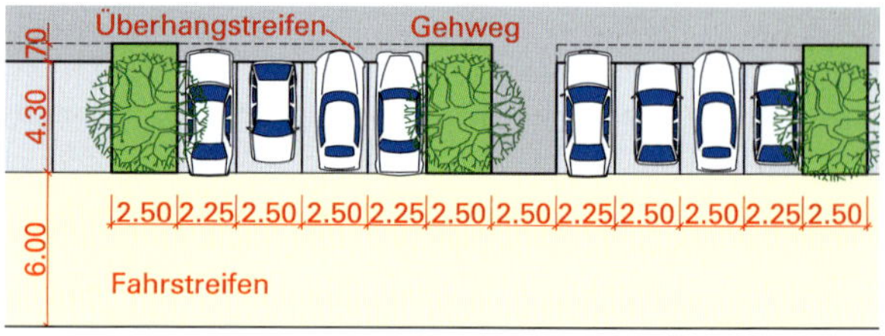

Senkrechtaufstellung

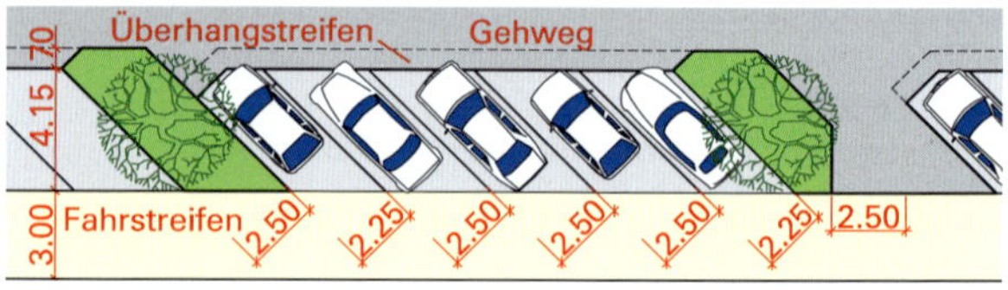

Schrägaufstellung

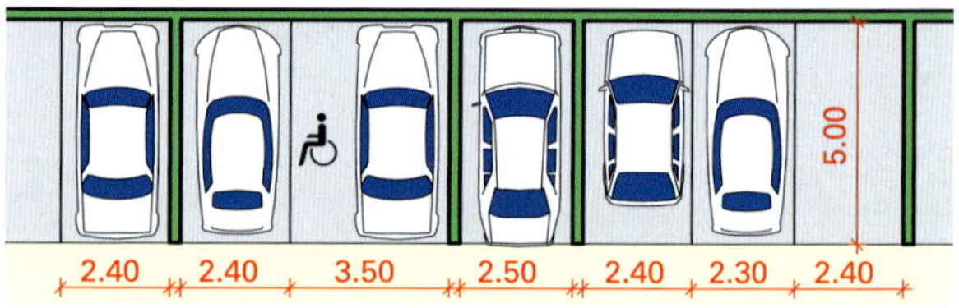

Mindestmaße von Pkw-Stellplätzen

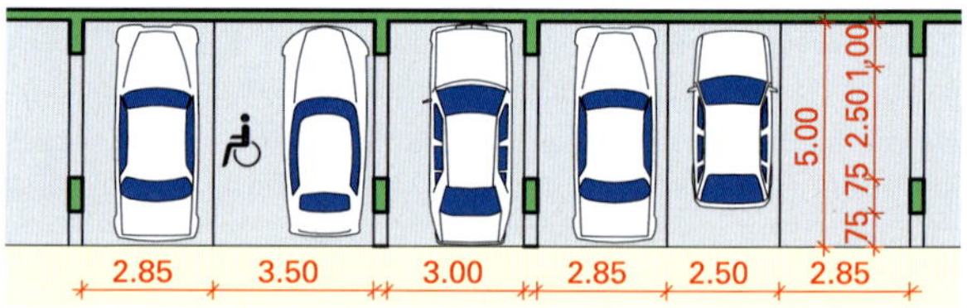

Empfohlene Maße von Pkw-Stellplätzen

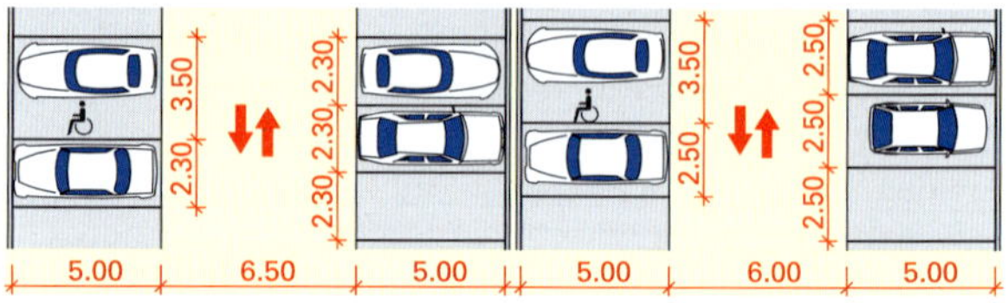

Senkrechtaufstellung, Stellplatzbreiten 2,30 m und 2,50 m

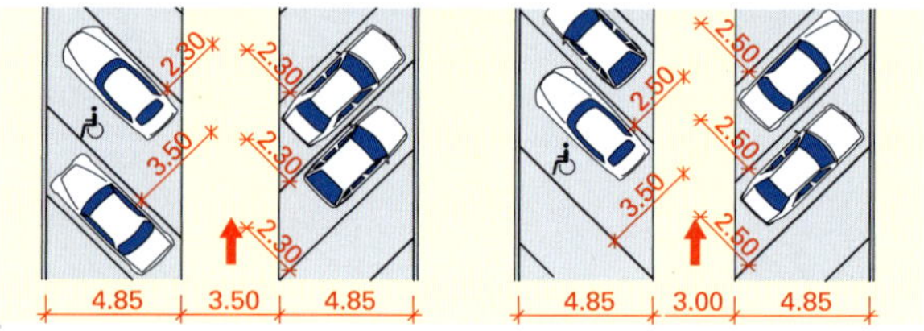

Schrägaufstellung 45°, Stellplatzbreiten 2,30 m und 2,50 m

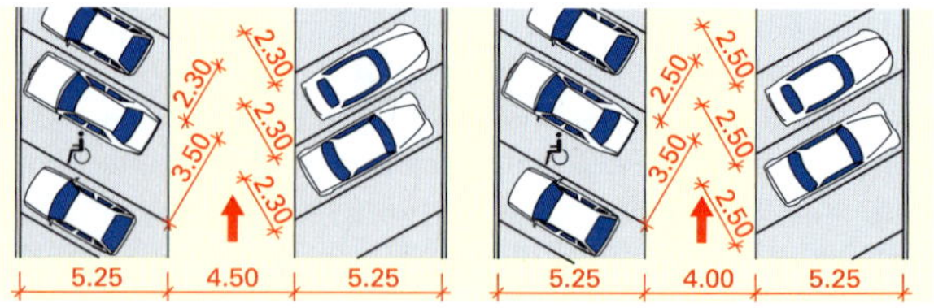

Schrägaufstellung 60°, Stellplatzbreiten 2,30 m und 2,50 m

Die Mindestmaße von Stellplätzen sind in den Garagenverordnungen der einzelnen Bundesländer geregelt und gelten teilweise auch für Stellplätze im Freien. Sie sind für bequemes Ein- und Aussteigen sehr knapp bemessen. Es empfiehlt sich daher, die Breiten und den Abstand zu Wänden oder Stützen gegenüber den Mindestmaßen zu vergrößern. Der seitliche Abstand zwischen den Fahrzeugen und zu Bauwerksteilen sollte mindestens 75 cm betragen. Damit ergibt sich eine empfohlene Stellplatzbreite von 2,50 m. Ist an einer Seite eine Wand, sollte der Stellplatz 2,85 m breit sein, zwischen Wänden 3,00 m.

Stellplätze, die durch Bordsteine gegen den Gehweg oder Grünstreifen begrenzt sind, können in der Breite auf 2,25 m reduziert werden, wenn an der Seite keine Einschränkungen für das Ein- und Aussteigen bestehen. Sie können auch um den Überhangstreifen bis zu 70 cm kürzer ausgeführt werden. Damit stehen die Räder an der Bordsteinkante an und ein Teil des Fahrzeuges ragt in den Gehweg oder die Grünfläche. Der Überhangstreifen zählt zur Tiefe des Stellplatzes aber nicht zur Gehwegbreite.

Bei Schrägaufstellung richtet sich die Tiefe des Stellplatzes nach dem Winkel zur Fahrgasse.

Winkel zur Fahrgasse	Tiefe *t* in der Stellfläche		
	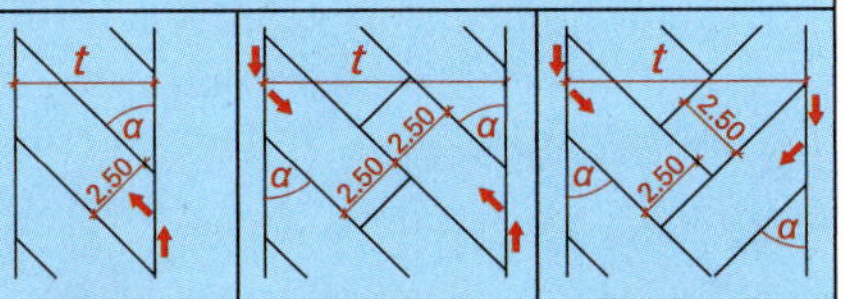 1 Zeile	Parallel	Fischgrät
90°	5,00 m	10,00 m	–
75°	5,30 m	9,85 m	9,85 m
60°	5,25 m	9,35 m	9,35 m
45°	4,85 m	8,25 m	8,25 m

Stellplätze für sonstige Kraftfahrzeuge

Folgende Stellplatzgrößen können angenommen werden:
- Motorräder: 1,2 m × 2,3 m
- Lkw, Busse, Wohnwagengespanne: 3,5 m × 12,0 m
- Lkw-Züge, Gelenkbusse: 3,5 m × 18,0 m

16.1.4 Fahrradabstellplätze

Da das Fahrrad als Verkehrsmittel zusehends an Bedeutung gewinnt, schreiben bereits viele Gemeinden in ihren Stellplatzsatzungen die Bereitstellung von Fahrradabstellplätzen vor.

Als Richtwerte können dienen:
- Wohngebäude: 2 Fahrräder je Wohnung
- Schulen: 1 Fahrrad je 2 Schüler
- Bürogebäude: 1 Fahrrad je 80 m² Nutzungsfläche
- Läden: 1 Fahrrad je 80 m² Verkaufsfläche
- Veranstaltungsgebäude: 1 Fahrrad je 15 Besucher

Der Platzbedarf für ein Fahrrad beträgt 0,50 × 2,00 m. Hinzu kommt eine Bewegungsfläche davor von 1,20 m Breite.

Zur Sicherung der Fahrräder sollten **Fahrradständer** vorgesehen werden, an denen sich das Rad mit dem Rahmen anschließen lässt, wie etwa Anlehnbügel. Werden daran beidseitig Räder angelehnt, sollte der Abstand der Anlehnbügel mindestens 1,20 m betragen.

Radständer, die das Vorderrad halten, ermöglichen eine dichtere Aufstellung der Fahrräder. Die besseren sind so konstruiert, dass auch der Rahmen mit einem Schloss gesichert werden kann. Reine Vorderradklemmen sind

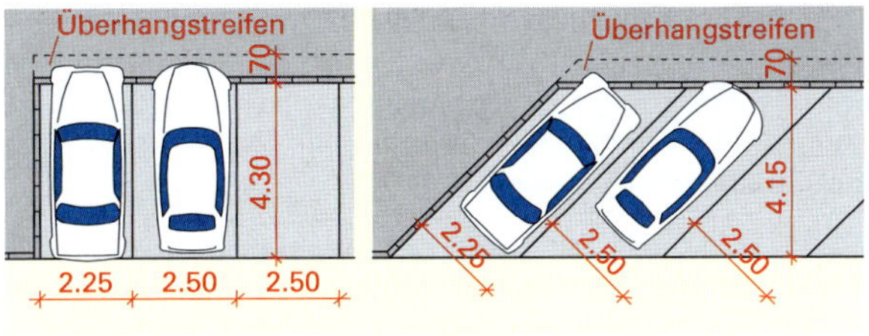

Stellplätze mit Bordsteinbegrenzung

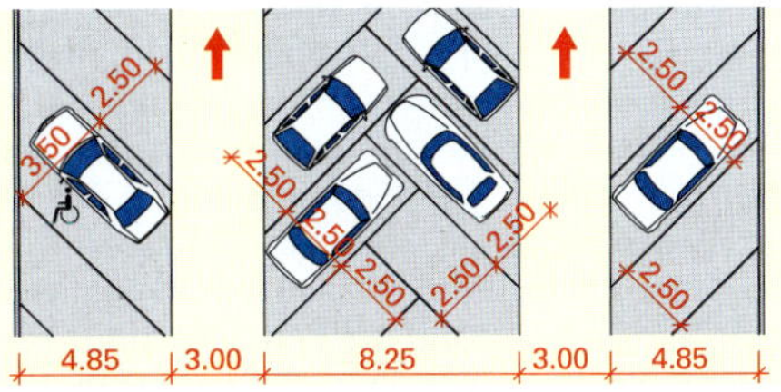

Schrägaufstellung 45°, Fischgrätmuster, Stellplatzbreite 2,50 m

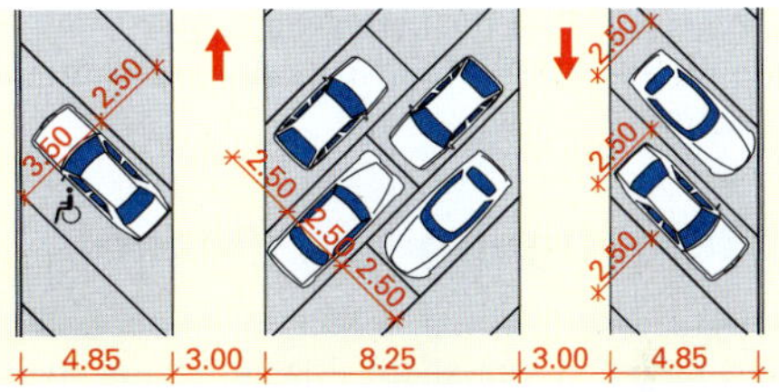

Schrägaufstellung 45°, parallel, Stellplatzbreite 2,50 m

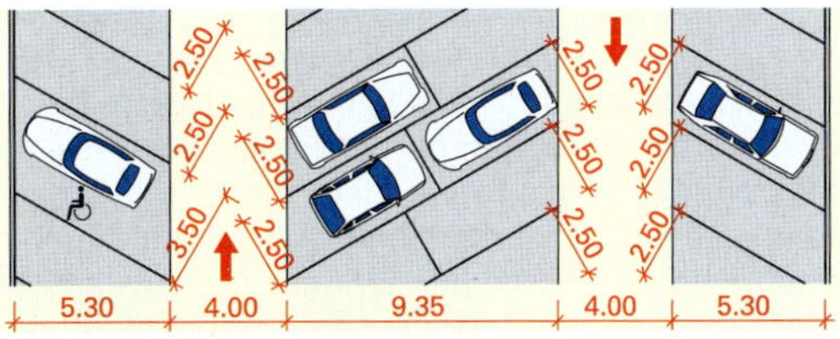

Schrägaufstellung 60°, parallel, Stellplatzbreite 2,50 m

Fahrradabstellplätze mit Anlehnbügeln in Wien und Berlin

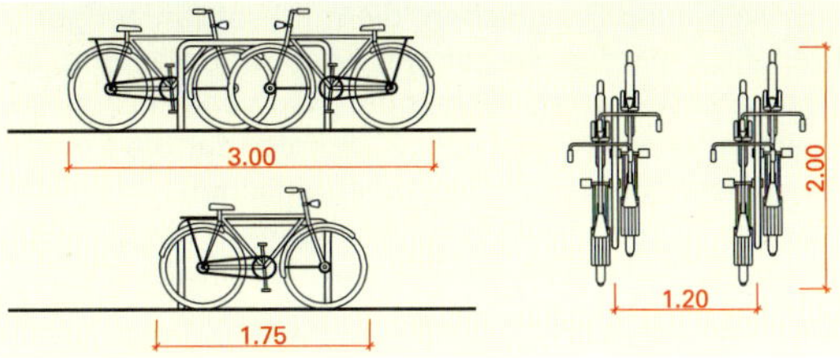

Fahrradaufstellung mit Anlehnbügeln

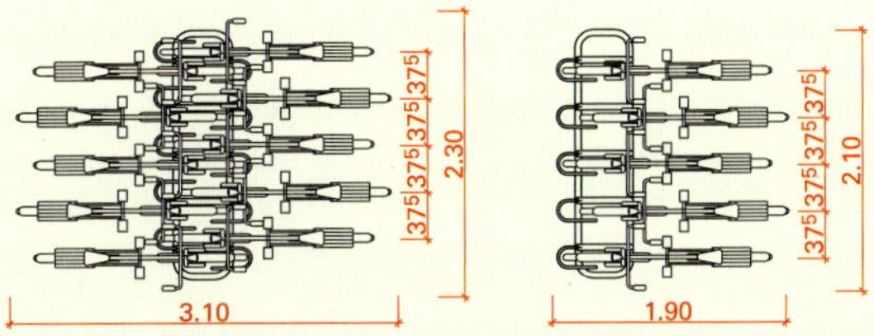

Fahrradständer mit Vorderradhalterung

ungünstig, da die Felge bei seitlicher Belastung leicht verbogen werden kann.
Im privaten Bereich ist eine dichte Aufstellung der Räder möglich, im öffentlichen Bereich sollte jedes Fahrrad von der Seite zugänglich sein.

16.1.5 Aufstellplätze für Müllbehälter

Die Gemeinden geben Richtlinien für die Gestaltung der Aufstellplätze für Müllbehälter vor. Darin wird festgelegt, dass der Aufstellplatz in Straßennähe im Vorgarten vorzusehen ist. Der Weg vom Aufstellplatz zur Straße muss frei von Stufen und sonstigen Hindernissen sein.
Aufstellplätze und Wege sind mit einem rutschfesten, ebenen Belag zu vesehen. Die Neigung kurzer Rampen darf 6% nicht überschreiten. Gegen die Straße hin sind die Aufstellplätze zu begrünen. Um Geruchsbelästigungen zu vermeiden, ist ein Abstand zu Fenstern und Türen von 5,0 m und zur Nachbargrenze von 2,0 m einzuhalten.
Der Platzbedarf ergibt sich aus der Größe der Müllbehälter zuzüglich des Raumes für deren Transport und kann, vorbehaltlich der Richtlinien der Gemeinde, der nebenstehenden Tabelle entnommen werden.

16.2 Befestigung von Flächen

Für die Befestigung von Flächen in Außenanlagen von Gebäuden kommen vor allem Pflasterbeläge in Betracht. Asphaltbeläge oder geschlossene Betondecken sind möglichst zu vermeiden, da damit die Fläche komplett versiegelt wird. Bei Pflasterbelägen hingegen kann ein Teil des Oberflächenwassers durch die Fugen versickern. Die Lärmentwicklung beim Überfahren der Fugen des Pflasters ist bei selten und langsam befahrenen Flächen zu vernachlässigen. Pflasterbeläge werden deshalb auch im öffentlichen Raum dort eingesetzt, wo mit geringen Geschwindigkeiten zu rechnen ist, wie in Spielstraßen, Tempo-30-Zonen, bei Geh- und Radwegen sowie Parkplätzen.

Auch aus gestalterischen Gründen werden Pflasterbeläge verwendet, da die Flächen mit unterschiedlichen Steinformen und -farben optisch gegliedert werden können und vielfältige Muster möglich sind. Mit Pflasterbelägen lassen sich außerdem Treppen, Mulden und Hügel befestigen.

16.2.1 Aufbau von Pflasterbelägen

Der Aufbau von Pflasterbelägen ist abhängig von der Belastung. Wege und Parkflächen, die mit Kraftfahrzeugen zu befahren sind, werden, wegen der höheren Belastung, aufwendiger ausgeführt als Geh- oder Radwege. Für sie gilt die Belastungsklasse Bk0,3 der „Richtlinien für die Standardisierung des Oberbaus von Verkehrsflächen" (RStO). Ist mit gelegentlichem Lkw-Verkehr zu rechnen, gilt die Belastungsklasse Bk1,0. Siehe dazu Kapitel 14 – Straßenbau.

Der Schichtaufbau einer Pflasterdecke besteht aus
- Pflaster: Naturstein, Betonsteinen oder Klinker
- Bettung: Sand, Splitt
- Tragschicht: Kies, Schotter oder Dränbeton,
- Frostschutzschicht: Schotter
- Unterbau: Verbesserter Untergrund

Die Dicke der Tragschicht ist von der Belastung abhängig, die der Frostschutzschicht von den örtlichen Gegebenheiten. Geh- und Radwege können wegen der geringeren Belastung einfacher ausgeführt werden. Dabei wird häufig eine frostunempfindliche Tragschicht direkt auf einen frostunempfindlichen, tragfähigen Untergrund aufgebracht.

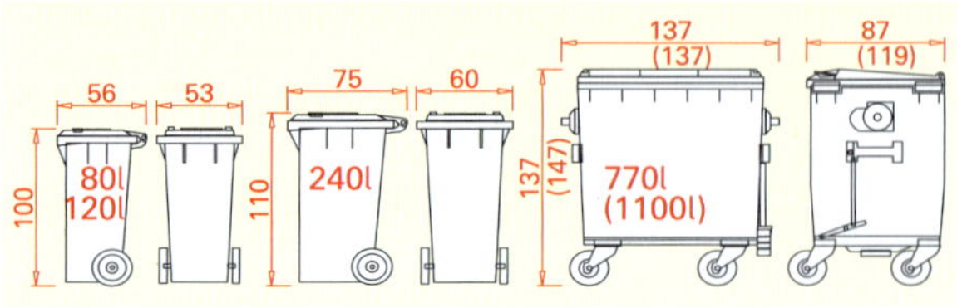

Übliche Müllgefäße

Fassungsvermögen	Behälterbreite	Behältertiefe	Abstand seitlich	Abstand davor	Durchgangsbreite
120 l	53 cm	53 cm	20 cm	1,00 m	1,00 m
240 l	60 cm	75 cm	20 cm	1,20 m	1,00 m
770 l	137 cm	87 cm	30 cm	1,50 m	1,50 m
1100 l	137 cm	119 cm	30 cm	1,80 m	1,50 m

Maße von Müllgefäßen und Abständen

Natursteinplattenbelag

Gepflasterte Straße

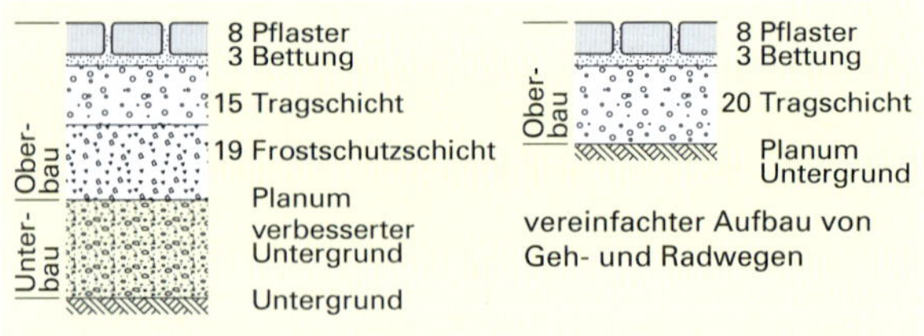

Beispiele für Pflasterdeckenaufbauten

16.2.2 Pflastermaterialien

Pflasterbeläge können mit **Pflastersteinen** oder **Platten** ausgeführt werden. Bei Pflastersteinen ist die Länge kleiner als das 4-Fache der Höhe, sonst wird der Stein als Platte bezeichnet. Sie bestehen aus Natursteinen, Betonsteinen oder Klinkern.
An die Materialien werden folgende Anforderungen gestellt:
- Festigkeit,
- Frostsicherheit,
- Tausalzbeständigkeit,
- Beständigkeit gegen Benzin und Öl (bei Fahrwegen),
- griffige, abriebfeste Oberfläche.

Natursteinpflaster

Es wird aus natürlich vorkommenden Gesteinen hergestellt und besteht aus behauenen Steinen, die in eine annähernd quaderförmige Form gebracht wurden. Seltener werden unbehauene Steine verwendet, wie sie aus dem Steinbruch oder der Schottergrube kommen.
Hinsichtlich der Entstehung des Gesteins werden magmatische Gesteine, Sedimentgesteine und metamorphe Gesteine unterschieden.
Magmatische Gesteine haben ihren Ursprung im Erdinneren und bilden sich aus dem flüssigen Magma innerhalb der Erdkruste oder bei Erstarrung an der Erdoberfläche. Sie sind hart und dauerhaft und fast durchweg als Pflastermaterial gut geeignet.
Sedimentgesteine sind Meeresablagerungen von kalk- oder kieselsäurebildenden Organismen oder von den Erosionsprodukten anderer Gesteine. Sie sind weicher und leichter zu bearbeiten. Nur wenige sind als Pflastermaterial geeignet.
Beide Arten von Gestein können durch Druck, wie er bei der Gebirgsbildung auftritt, zu metamorphem Gestein umgewandelt werden. Typisch dafür ist die ausgeprägte Schichtung, wie z. B. bei Schiefer.
Naturstein ist als Material und beim Verlegen teuer. Deshalb wird er vor allem dort eingesetzt, wo eine besondere gestalterische Wirkung erwünscht ist.

Betonsteine

Sie sind preisgünstig und wegen der maschinellen Fertigung maßhaltig und von gleichbleibender Qualität. Sie werden angeboten als Betonpflastersteine, Verbundsteine, Rasensteine und Baumscheibenplatten mit Dicken von 4,5 ... 12 cm. Verkehrsflächen mit Schwerverkehr sollten mit mindestens 10 cm dicken Steinen gepflastert werden.
Für regelmäßig befahrene Flächen eignen sich Betonverbundsteine besonders. Durch ihre Verzahnung sind die Steine gegeneinander unverschieblich. Die auftretenden Horizontalkräfte beim Befahren werden damit auf die benachbarten Steine übertragen.
Für dränfähige, teilbegrünte Beläge werden Rasenfugenpflaster oder Rasengittersteine angeboten.

Pflasterklinker

Sie werden wie Ziegel aus Ton, Lehm und Sand hergestellt. Die geformten Steine werden bei einer Temperatur, von etwa 1200 °C gebrannt. Dadurch ergibt sich ein geringer Porenanteil, die Steine sind hart und beständig gegen Chemikalien und Frost. Sie sind maßhaltig, gut bearbeitbar und in vielen Farben von beige bis blauschwarz erhältlich, wodurch sich interessante Gestaltungsmöglichkeiten ergeben. Zusätzlich sind viele Formsteine erhältlich. Im Vergleich zu Betonsteinen sind sie etwas teurer.

Natursteinpflaster

Magmatische Gesteine		Sedimentgesteine	
	metamorphe		metamorphe
Granit Diorit Basalt Diabas Porphyr	Quarzit Gneis Schiefer	Kalkstein Dolomit Sandstein Konglomerat Grauwacke	Marmor Tonschiefer

Gesteinsarten nach Entstehung

Granitpflaster und Pflasterklinker in Schleswig

Betonpflaster

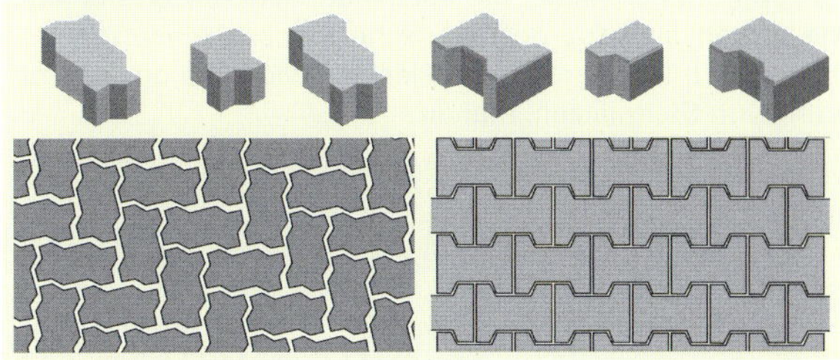
Betonverbundpflaster

Historisches Klinkerpflaster in Schloss Charlottenburg

16.2.3 Verlegung von Pflaster

Grundsätzlich ist die Verlegetechnik für Pflaster aus Natursteinen, Betonsteinen und Pflasterklinkern ähnlich.

Nach dem Ausheben des anstehenden Bodens wird der Untergrund mit einer Walze oder Rüttelplatte verdichtet und so das Rohplanum hergestellt. Darauf wird die Unterlage aus frostsicherem Material aufgebracht. Sie besteht, je nach Bauweise, aus einer oder mehreren Schichten, deren oberste die Tragschicht ist. Diese muss das Gefälle des Belages aufweisen, meist beträgt die Querneigung 3%.

Darauf wird die Pflasterbettung aus Sand oder Splitt aufgebracht in einer Dicke von 3...5 cm. Die Bettung wird zwischen Lehren abgezogen. Die Abziehhöhe berücksichtigt, dass die Steine etwa 1...1,5 cm in die Bettung eingerüttelt werden.

Natursteinpflaster wird von Hand versetzt, Betonsteine können auch maschinell verlegt werden. Nach dem Verlegen wird Fugensand eingekehrt und der Belag mit dem Rüttler verdichtet. Abschließend werden die Fugen mit Fugensand geschlossen.

Pflasterbeläge sind zwischen Randeinfassungen zu verlegen oder mit Bordsteinen abzugrenzen. Randeinfassungen und Bordsteine bilden ein Widerlager gegen das seitliche Verschieben der Steine. Bei Betonsteinen und Klinkern werden Formsteine für Ränder und Ecken angeboten. Randeinfassungen und Bordsteine werden meist in eine Betonbettung eingesetzt und erhalten eine Rückenstütze aus Beton. Bei Pflasterflächen, die an Grünflächen anschließen, werden häufig Einfassungssteine auf Kiesbettung eingesetzt (siehe auch Abschnitt 16.9).

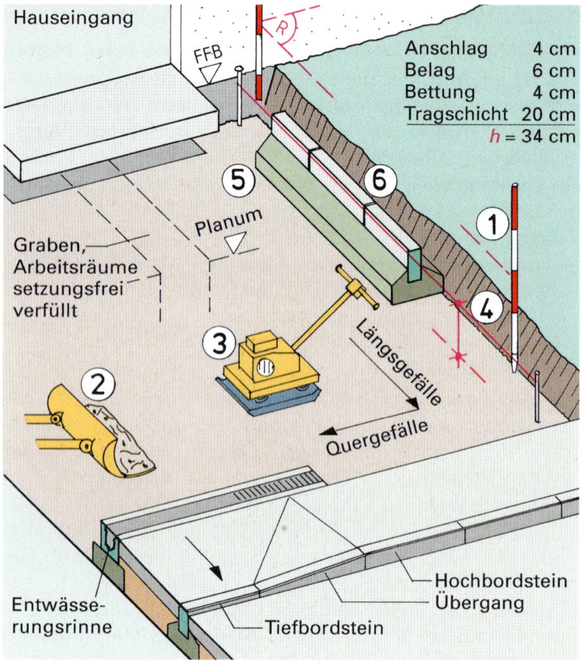

Die Verlegefläche wird vorbereitet

① Flächenbegrenzung fluchten
② Auskoffern und Planieren
③ Unterbau verdichten
④ Randbefestigung fluchten
⑤ Betonbettung einbringen
⑥ Bordsteine setzen

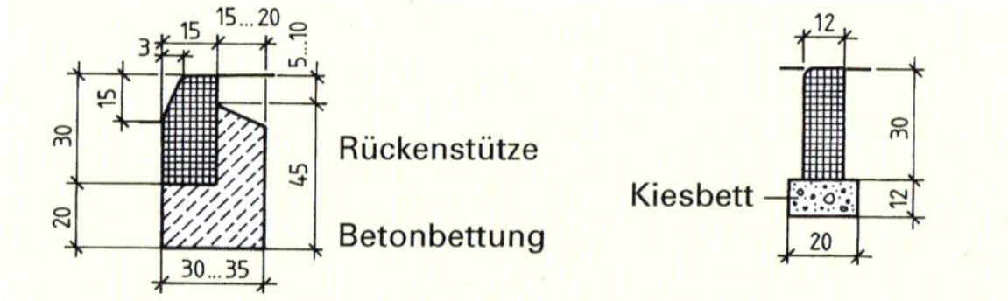

Ausführungsvarianten von Bordsteinen

16.2.4 Gestaltung von Pflasterflächen

Pflastersteine können in verschiedenen Verbänden verlegt werden, die unterschiedliche gestalterische Wirkungen erzeugen. Beim Reihenverband laufen die Reihen senkrecht zur Randeinfassung, die Fugen der einzelnen Reihen sind versetzt. Beim Fischgrätverband stößt die Schmalseite des einen Steins an die Längsseite des anderen. Beim Blockverband werden mehrere rechteckige Steine zu einem Block zusammengefasst. Darüber hinaus gibt es vielfältige Bogenverbände und Verlegemuster mit unterschiedlich großen Steinen. Auch die verschiedenen Farben der Steine lassen sich für gestalterische Zwecke einsetzen und können zur Markierung von Flächen, wie etwa der Begrenzung von Stellplätzen, dienen.

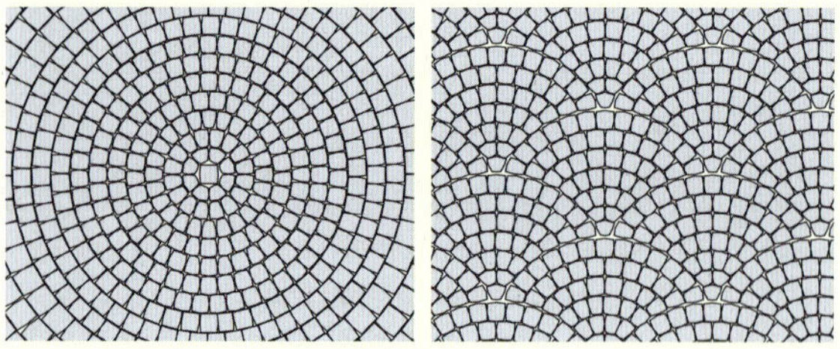

Kreis- und bogenförmige Pflasterverbände

Reihenverband

Fischgrätverband

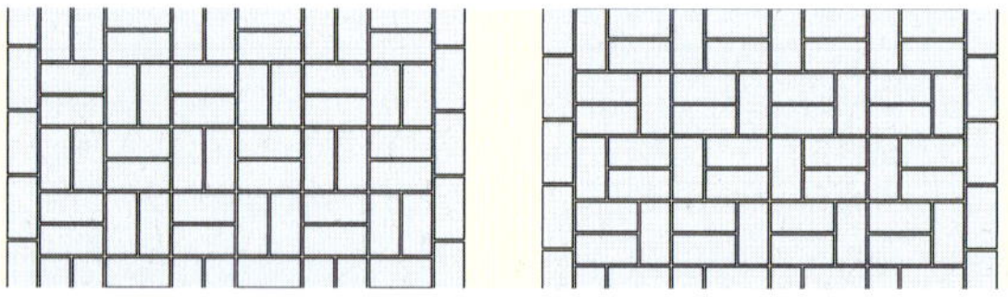

Blockverbände

16.2.5 Entwässerung

Wird die Pflasterfläche nicht durch ein ausreichendes Quergefälle in eine angrenzende Grünfläche entwässert, sind Entwässerungsrinnen mit ausreichendem Längsgefälle vorzusehen. Die Rinnen können mit dem Pflastermaterial ausführt werden oder mit vorgefertigten Rinnen-, Graben- oder Muldensteinen aus Beton.

Entwässerungsrinne aus Pflastersteinen

16.2.6 Versickerungsfähige Beläge

Ist nicht mit einer Verunreinigung des Oberflächenwassers zu rechnen, und damit eine Gefährdung des Grundwassers und des Bodens ausgeschlossen, bieten sich wasserdurchlässige Materialien zur Oberflächenbefestigung an. Durch das Wasserrückhaltevermögen der Tragschichten gelangt das Wasser langsam in den Boden, ein Teil verdunstet und nur ein kleiner Teil fließt oberflächlich ab und belastet damit die Kanalisation.

Schon bei Pflasterbelägen ohne versiegelte Fugen kann ein kleiner Teil des Oberflächenwassers in den Untergrund versickern. Sind die Ansprüche an Ebenheit und Gehkomfort geringer, können Beläge eingesetzt werden, die stärker versickerungsfähig sind. Sie bieten sich vor allem zur Befestigung von Kfz-Stellplätzen an.

Rasengittersteine: Betonfertigteile mit mindestens 0,25 m^2 Fläche mit einem offenen Anteil von 70 %, der begrünt werden kann.

Rasenfugenpflaster, Sickerfugenpflaster: Durch angeformte oder mitgelieferte Abstandhalter entstehen breite Fugen und damit eine zu 30 % unversiegelte Fläche, die begrünt oder mit Sickerkies gefüllt werden kann.

Porenpflaster: Spezielle Dränbetonsteine sind wasserdurchlässig, allerdings meist salzempfindlich. Sie werden wie normale Betonsteine auf sickerfähigem Untergrund verlegt. Durch die ebene Oberfläche mit schmalen Fugen eignen sie sich auch für die Befestigung von Wegen und Terrassen.

Die Versickerungsfähigkeit lässt mit dem Alter der Beläge nach, da sich die Flächen durch Belastung und eingeschwemmte Feinteile verdichten.

Alter Pflasterbelag

Belagsart	Regelaufbau	Dicke in cm	Material	Verwendung
Rindendecke	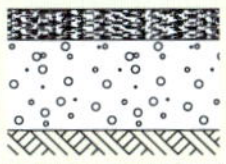	5…8 10…15	Rinde Kies, Schotter	Spielflächen, Gehwege
Sand-Schotter-Decke	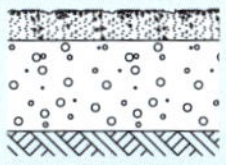	5…8 10…15	Riesel, Splitt Kies, Schotter	Gehwege, Pkw-Stellplätze
Schotterrasen	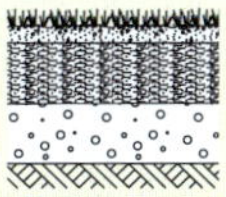	3 10…15 10…5	Splitt Schotter, Oberboden Kies	Gehwege, Pkw-Stellplätze
Rasengittersteine	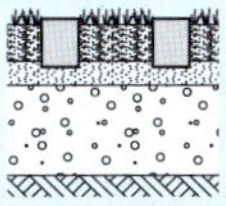	8…12 3…5 15…20	Fugen Oberboden Splitt Kies, Schotter	Fahrwege, Pkw-Stellplätze
Rasenfugenpflaster	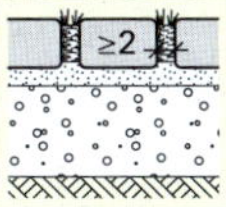	8…10 3…5 15…20	Fugen Oberboden Splitt Kies, Schotter	Gehwege, Fahrwege, Parkplätze
Sickerfugenpflaster	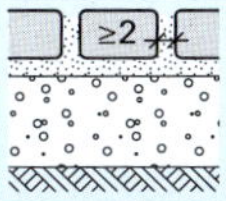	8…10 3…5 15…20	Fugen Splitt Splitt Kies, Schotter	Gehwege, Fahrwege, Parkplätze
Porenpflaster	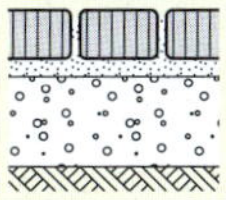	8…10 3…5 15…20	Dränbetonsteine Splitt Kies, Schotter	Gehwege, Terrassen, Fahrwege, Parkplätze

Versickerungsfähige Bauweisen

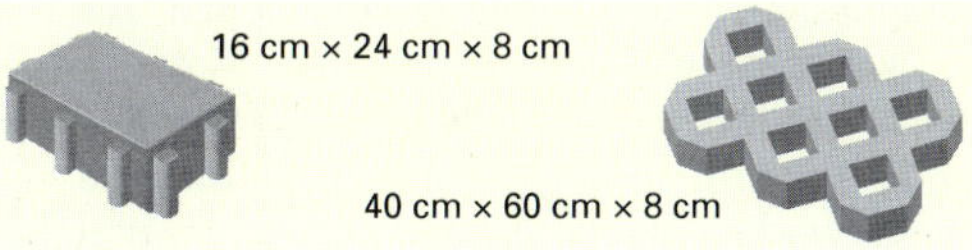

Rasenfugenpflaster Rasengitterstein

Aufgaben

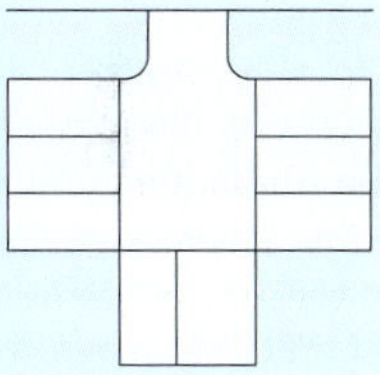

1. *Zeichnen Sie den rechts dargestellten Parkplatz im Maßstab 1:200 mit den notwendigen Stellplatzgrößen und Fahrwegbreiten. Ein Stellplatz soll behindertengerecht sein. Die Einfahrt ist 3,50 m breit, der Vorgarten 3,00 m tief. Der Radius der Ausrundung ist 1,00 m.*
2. *Der Parkplatz von Aufgabe 1 wird gepflastert. Die Stellplätze mit Rasengittersteinen 40 cm × 60 cm, die Rangierflächen mit Sickerfugenpflaster 16 cm × 24 cm. Die Stellplätze werden mit einer Reihe Betonsteinen 10 cm × 20 cm begrenzt. Berechnen Sie die Flächen und die Anzahl der erforderlichen Steine.*
3. *Eine Terrasse von 3,01 m × 6,25 m wird mit Platten 25 cm × 50 cm mit 5 mm Fuge im Reihenverband belegt. Die lange Seite der Platten liegt parallel zur kurzen Seite der Terrasse. Wie viele Platten werden benötigt und wie viele Platten müssen geschnitten werden?*
4. *Der Zugangsweg zum Haus überwindet einen Höhenunterschied von 60 cm. Wie lang muss der Weg sein, wenn er mit 6 % Gefälle behindertengerecht ausgeführt wird? Zeichnen Sie einen Vorschlag für einen 1,50 m breiten Weg in einem 5,00 m tiefen Vorgarten.*

Zusammenfassung

Um den Regenwasserabfluss zu verringern, sollten so wenige Flächen wie möglich befestigt werden.

Für wenig befahrene Wege und Flächen sind versickerungsfähige Beläge vorzusehen.

Pflasterbeläge eignen sich für alle befestigten Flächen, die nicht oder nur langsam befahren werden.

Pflasterbeläge bestehen aus Naturstein, Betonsteinen oder Klinkern und ergeben vielfältige Gestaltungsmöglichkeiten.

Die Pflastersteine werden in ein Sand- oder Splittbett versetzt, das auf einer Tragschicht aus Kies oder Schotter aufgebracht wurde.

Für Stellplätze bieten sich Rasengittersteine, Rasenfugenpflaster und Sickerfugenpflaster an.

Für Wege und Terrassen sind Pflaster- und Plattenbeläge mit schmalen Fugen vorteilhaft.

Mit Porenpflaster oder Dränpflaster lassen sich fugenarme, versickerungsfähige Beläge herstellen.

Für wenig begangene Gartenwege eignen sich auch Sand-Schotterdecken und Rindendecken.

Stellplätze, die selten benutzt werden, können auch mit einem Schotterrasen ausgeführt werden.

16.3 Hangsicherung

Die Außenanlagen müssen sich der Topografie des Geländes anpassen. Bei Hanglagen ergeben sich daher Höhenunterschiede, die mit Böschungen oder Stützmauern auszugleichen sind. Böschungen sind zwar im Allgemeinen bis 45° Neigung standfest, doch besteht die Gefahr, dass der Boden bei starkem Regen abgeschwemmt werden könnte. Bei steilen Böschungen wird daher die Vegetationsschicht mit eingearbeiteten Netzen gesichert.

Mit Trockenmauern terrassierter Hang in Stuttgart

16.3.1 Stützwände

Schwerlaststützwände oder hohe Stahlbetonstützwände in L-Form sollten nur dort eingesetzt werden, wo es statisch erforderlich ist. Die meist hohen und glatten Sichtflächen wirken sehr störend im Landschaftsbild. Landschaftsgerecht dagegen sind aufgelöste Mauerkonstruktionen, die bepflanzbar sind, oder niedrigere Mauerscheiben, mit denen das Gelände stufenförmig gestaltet werden kann, falls dies die Geländeneigung zulässt.

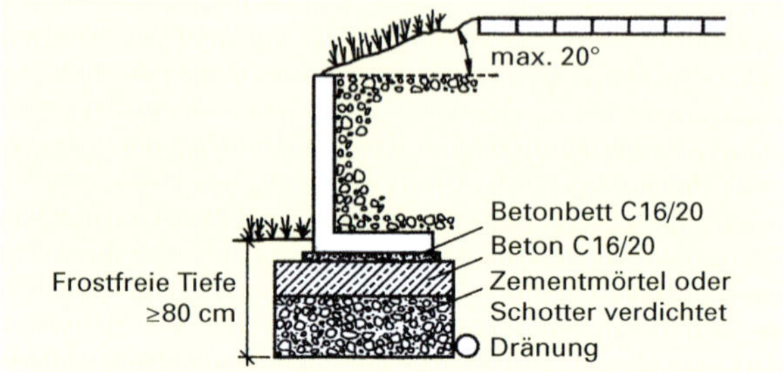

Hangsicherung mit L-förmigen Betonfertigteilen

Stützwände aus Fertigteilen

Stützwände können aus Fertigteilen mit L-förmigem Querschnitt hergestellt werden. Sie werden bis etwa 3 m Höhe angeboten. Durch ihre verschiedenen Höhen eignen sie sich für die Gestaltung von Hangbefestigungen, Stufenböschungen, Einfriedungen und Uferbefestigungen.

Um eine ausreichende Standfestigkeit zu gewährleisten, sind die Stützwände frostfrei zu gründen. Bei starkem Wasserandrang ist eine Dränung vorzusehen. Als Hinterfüllung sollten durchlässige frostsichere Materialien, wie Kies oder Sand, lagenweise eingebracht werden.

Terrasseneinfassung mit L-fömigen Betonfertigteilen

Palisaden waren ursprünglich Baumstämme, die zu Befestigungszwecken direkt nebeneinander in den Boden gerammt wurden. Heute werden sie meist in Beton oder Naturstein ausgeführt und zum Überwinden von Höhenunterschieden als Mäuerchen, Stufen, Treppen und Terrassen eingesetzt. Durch ihre Form und Abmessungen lassen sie vielfältige Gestaltungs- und Kombinationsmöglichkeiten zu, auch Rundungen können ausgeführt werden.

Die Einbautiefe der Palisaden beträgt im Normalfall etwa $\frac{1}{4}$ der jeweiligen Palisadenhöhe. Zur Hinterfüllung muss frostsicheres Material verwendet und lagenweise verdichtet werden. Um eventuell anfallendes Wasser abzuleiten, ist am Fuß des Fundamentes eine Dränung einzubauen. Bei geringen Höhen und Belastungen (bis etwa 60 cm Palisadenhöhe) kann die Palisade auf einem 15 ... 20 cm starken Kiesbett in Magerbeton mit Betonschulter versetzt werden. Bei größeren Höhen oder Belastungen ist ein Fundament erforderlich.

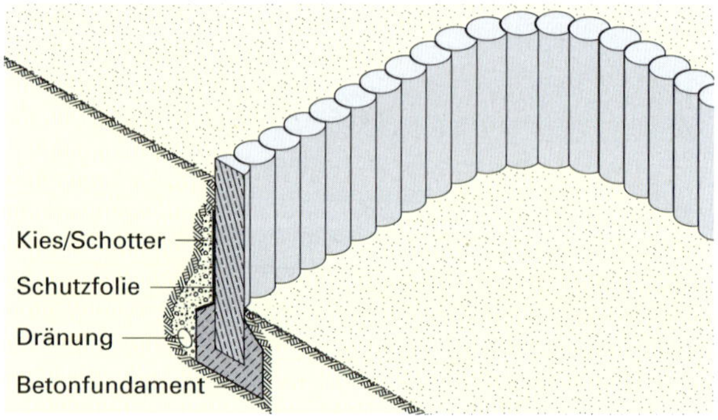

Ausführung einer Palisadenwand aus Betonpalisaden

16.3.2 Natursteinmauerwerk

Natursteinmauerwerk eignet sich aus gestalterischen Gründen gut für Hangbefestigungen, da hierfür die natürlich vorkommenden Steine der Region verwendet werden können, die zu Boden und Pflanzenwelt passen. Gerundete Findlinge oder Lesesteine sind dort sinnvoll, wo auch im Boden Kies vorhanden ist. Auf Sandböden bietet sich der Sandstein an, auf den Scherbenböden des Jura der kantige Plattenkalk.

Die Steine werden häufig mit einer leichten Neigung zur Böschung hin aufgesetzt. Diese Neigung nennt man Dossierung oder Anlauf. Sie beträgt 10 ... 20 % der Mauerhöhe.

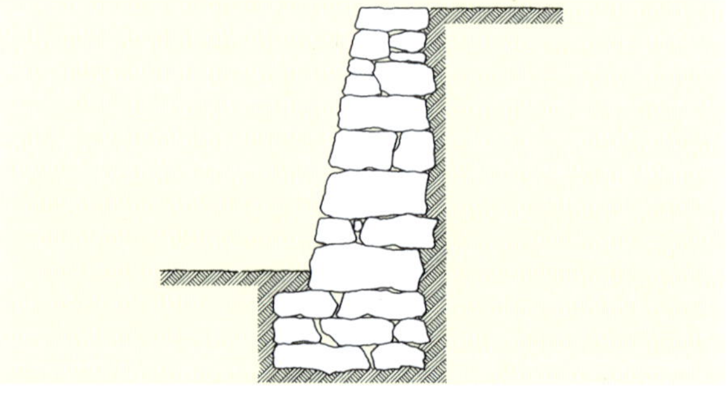

Schnitt durch eine Trockenmauer mit Dossierung

Die Natursteinmauer kann mit Mörtelfugen, als Trockenmauer oder als Verblendmauerwerk ausgeführt werden.

Trockenmauern bestehen aus nur leicht bearbeiteten Steinen, die ohne Mörtel zu einer Mauer aufgeschichtet sind. Die Steine werden in einem Verband möglichst eng aneinandergefügt. Hohlräume zwischen den Steinen werden mit kleineren Steinen so verkeilt, dass zwischen den Mauersteinen Spannung entsteht. In den kleinen Hohlräumen siedeln sich oft seltene Pflanzen und Kleintiere an.

Trockenmauern werden heute selten von Hand aufgemauert, vielmehr hat sich durchgesetzt, sehr große, annähernd quaderförmige Steine mit dem Bagger zu versetzen.

Verblendmauerwerk ist ein Mischmauerwerk, bei dem der vordere Wandteil aus Natursteinmauerwerk, und der hintere Wandteil aus künstlichen Steinen oder Beton besteht. Es wird gleichzeitig mit der Hintermauerung erstellt und durch mindestens 30% Bindersteine mit dieser verzahnt oder es wird als Vorsatzschale vor einer Betonwand errichtet und in diese verankert.

Verbände für Natursteinmauerwerk

Es werden nach DIN EN 1996 polygonale und orthogonale Mauerwerksverbände unterschieden

Polygonale Mauerwerksverbände werden aus unregelmäßig geformten Steinen unterschiedlicher Größe im Verband hergestellt. Dadurch ergeben sich keine unterscheidbaren Lager- und Stoßfugen.

Beim **Findlingsmauerwerk** werden rundlich geformte, unbearbeitete Feldsteine oder kaum bearbeitete Bruchsteine im Verband mit möglichst engen Fugen aufgeschichtet. Verbleibende Hohlräume werden mit kleinen Steinen kraftschlüssig ausgefüllt.

Beim **Bruchstein-Zyklopenmauerwerk** werden vieleckige, unregelmäßig geformte, bruchraue Steine, oft auch nicht lagerhaft, verwendet. Durch die Form der Steine entsteht ein netzartiges Fugenbild. Auch hier sind die Hohlräume mit kleinen Steinen zu verzwickeln.

Beim **Zyklopenmauerwerk** werden die vieleckigen, unregelmäßigen Steine hammerrecht bearbeitet, sodass enge Fugen ohne Hohlräume entstehen. Die Dicke der Fugen darf 3 cm nicht überschreiten.

Orthogonale Mauerwerksverbände werden aus annähernd quaderförmigen oder quaderförmigen Steinen mit horizontalen Lagerfugen im Verband hergestellt. Werden Steine unterschiedlicher Höhe verwendet, ist das Mauerwerk alle 1,50 m horizontal auszugleichen.

Beim **Bruchstein-Schichtenmauerwerk** werden annähernd quaderförmige bis vielflächige, wenig bearbeitete Bruchsteine eingesetzt. In verbleibende Lücken werden kleine Steine eingekeilt. An den Mauerecken werden größere Steine verwendet, die wechselseitig überbinden.

Beim **Schichtenmauerwerk** werden entweder hammerrechte Steine eingesetzt, die auf mindestens 12 cm Tiefe rechtwinklig bearbeitete Lager- und Stoßflächen aufweisen, oder quaderförmige, auf mindestens 15 cm Tiefe bearbeitete Steine. Die Dicke der Lagerfuge darf 3 cm nicht überschreiten. **Unregelmäßiges Schichtenmauerwerk** weist in Grenzen unterschiedliche Steinhöhen auf, während sich beim **regelmäßigen Schichtenmauerwerk** die Höhe der Steine innerhalb einer Schicht nicht ändern darf, weshalb die Lagerflächen der Steine in ganzer Tiefe bearbeitet werden. Die einzelnen, nummerierten Steine werden nach einem Versetzplan angefertigt und vermauert.

Trockenmauer aus großen Steinen

Trockenmauer aus Bruchstein-Zyklopenmauerwerk

Trockenmauer aus Bruchstein-Schichtenmauerwerk

Findlingsmauerwerk

Bruchstein-Zyklopenmauerwerk

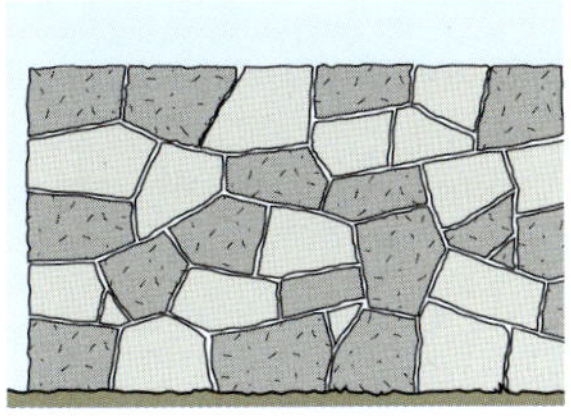

Zyklopenmauerwerk

Bruchstein-Schichtenmauerwerk

Unregelmäßiges und regelmäßiges Schichtenmauerwerk

Beim **Quadermauerwerk** sind Lager- und Stoßflächen in ganzer Tiefe bearbeitet. Aus den so entstandenen Steinquadern wird das Mauerwerk in genau waagerecht aufeinanderfolgenden Schichten nach Plan hergestellt. Jeder Stein soll entsprechend seiner natürlichen Lagerung eingebaut werden. Quadermauerwerk eignet sich für höhere Beanspruchungen.

Quadermauerwerk

16.3.3 Gabionen

Gabionen sind mit Steinen gefüllte Drahtkörbe. Sie werden mit dem Ladekran des Lkw versetzt, ermöglichen einen schnellen Baufortschritt und sind relativ preisgünstig. Sie schaffen mit ihrer hohlraumreichen Steinfüllung ebenso gute Bedingungen für Pflanzenwuchs und Besiedelung mit Kleintieren wie eine Trockenmauer.

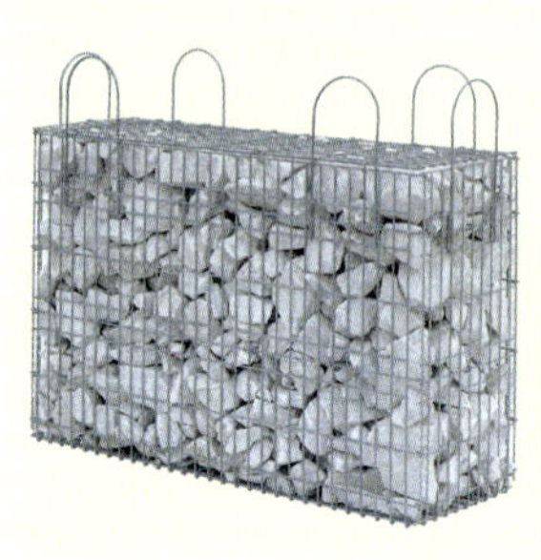

Gabione

Gabionen versetzen

16.3.4 Pflanzwandelemente

Pflanzwandelemente ermöglichen eine bepflanzbare Hangsicherung von kleinen Böschungen am Gebäude bis zu großen Stützmauern, die an jede Geländeform leicht anzupassen ist und auch in Kurven ausgeführt werden kann. Sie sind schnell und auch dauerhaft zu begrünen, da die Pflanzerde nicht abgeschwemmt wird. Meist ergeben sie ästhetisch wenig befriedigende Böschungssicherungen. Mauern oder flache, begrünte Böschungen, die keiner Sicherung bedürfen, sind in dieser Hinsicht vorzuziehen.

Die einzelnen Elemente werden senkrecht übereinandergestapelt oder mit einer Neigung, die von der Höhe des Geländesprungs abhängig ist, welcher bis zu 6,00 m betragen kann. Für Höhen über 1,00 m ist ein statischer Nachweis erforderlich. Bei tragfähigem Untergrund und kleinen standsicheren Böschungen wird lediglich ein Planum vorbereitet. Die unterste Reihe der bepflanzbaren Elemente wird in Sand oder Splitt versetzt und ausgerichtet. Sie sollte etwa zur Hälfte in den Baugrund eingebaut werden.

Gabionenwand

Bei nicht tragfähigem Untergrund und bei Höhen ab 80 cm ist eine frostfreie Gründung erforderlich. Das Versetzen der untersten Reihe erfolgt auf einem Betonfundament in einem Zementmörtelbett. Die weiteren Elemente werden ohne Mörtel aufgesetzt.

Die einzelnen Elemente werden lagenweise mit pflanzfähigem Material verfüllt und verdichtet. Die Hinterfüllung muss mit frostsicherem Material ausgeführt und lagenweise gut verdichtet werden.

Niedrige Pflanzwand ohne Fundament

Zusammenfassung

Böschungen über 45° müssen mit Stützwänden gesichert werden.

Hangsicherungen bis 1,00 m Höhe erfordern keine statische Berechnung und meist kein Betonfundament.

Höhere Hangsicherungen über 1,00 m Höhe sind gegen den Erddruck zu bemessen, mit Fundamenten und bei Wasserandrang mit einer Dränung zu versehen.

L-förmige Mauerscheiben und Betonpalisaden sind preisgünstige Fertigteile zur Hangsicherung.

Trockenmauern werden aus lokalem Naturstein ohne Mörtel aufgemauert und bieten einen Lebensraum für seltene Pflanzen und Tiere.

Gabionen bestehen aus steingefüllten Drahtkörben und sind eine preisgünstige Alternative zu Trockenmauern.

Pflanzwandelemente aus Betonfertigteilen bieten selten eine ästhetisch befriedigende Lösung.

Kellerlichtschacht mit Pflanzwandelementen und Mauerscheiben

16.4 Freitreppen

Um Höhenunterschiede in einem Gelände mit mehr als 10% Steigung zu überwinden, ist es sinnvoll, Freitreppen einzuplanen. Dabei gibt es eine Vielzahl von Gestaltungsmöglichkeiten durch die unterschiedlichsten Formen, Materialien und Farben.

Freitreppe aus Klinkern

16.4.1 Berechnungsgrundlagen

Für Freitreppen gelten die gleichen Berechnungsgrundlagen wie für Treppen allgemein (siehe Kapitel 8). Gegenüber Architekten verwenden jedoch Gartenarchitekten und Landschaftsgärtner teilweise andere Bezeichnungen:

statt *Trittstufe* → Legstufe

statt *Setzstufe* → Stellstufe

Im Gegensatz zu den allgemeinen Treppen wird bei Freitreppen zur Berechnung des Steigungsverhältnisses nur die **Schrittmaßformel** angewendet:

$$2 \cdot \text{Steigungshöhe} + \text{Auftritt} = \text{Schrittlänge } 63\text{ cm}$$
$$2h + a = 63\text{ cm}$$

Nach Möglichkeit sollte in Gärten und Grünanlagen eine Mindeststufenhöhe von 10 cm und eine maximale Stufenhöhe von 16 cm nicht unter- bzw. überschritten werden.

Folgen mehrere Treppen hintereinander, soll jede Treppe mit einem anderen Bein angegangen werden. Dazu muss auf dem Podest ein Schrittwechsel stattfinden. Dies erreicht man, indem auf eine gerade Stufenzahl auf dem Podest eine ungerade Schrittzahl folgt und umgekehrt.

Bei Außenanlagen müssen die Stufen mit einem Entwässerungsgefälle von 2 ... 4% eingebaut werden. Dieses Stufengefälle entspricht etwa 0,5 ... 1 cm und wird der Steigungshöhe zugerechnet.

Die Mindesttreppenbreite ergibt sich auch hier aus der jeweiligen Nutzung. Bei Freitreppen plant man jedoch großzügiger, weil allgemein mehr Platz vorhanden ist. Aufgänge zu öffentlichen Gebäuden und Bürobauten werden meist sehr breit angelegt, Freitreppen im Gelände als Verbindungsglied zu Parkplätzen oder Erholungsbereichen sind schmaler.

Treppenanlage aus Betonsteinen

16.4.2 Stufenarten und -materialien

Der Einsatz der Stufenarten und -materialien ist abhängig von der Gestaltung, der Konstruktion und den finanziellen Möglichkeiten. Stufen können aus unterschiedlichen Materialien, wie beispielsweise Beton, Klinker, Naturstein oder Holz, und in verschiedenen Formen und Farben gefertigt werden. Dabei ist immer darauf zu achten, dass die Oberflächen der Stufen so ausgeführt sind, dass die Treppen auch bei Regen gefahrlos benutzt werden können.

Sonderbauteile wie Radienstufen und Kinderwagenstufen runden das Treppenprogramm ab.

Im Folgenden werden die in Außenanlagen am häufigsten verwendeten Stufenarten dargestellt:

- Blockstufen,
- Legstufen und
- Stellstufen.

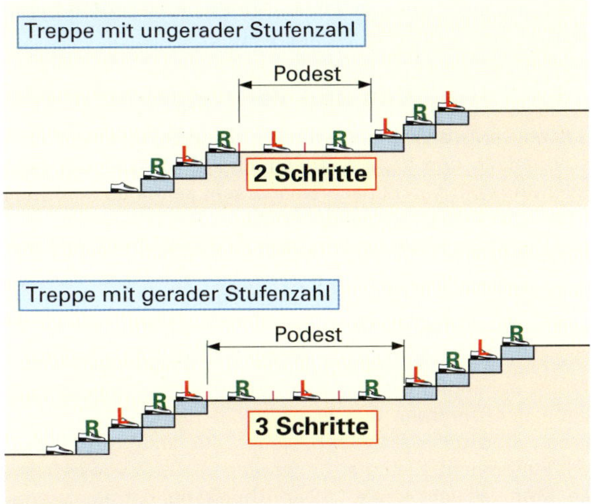

Schrittwechsel auf dem Podest

Blockstufen

Blockstufen sind massive Bauteile, die aus Beton oder Naturstein gefertigt sein können. Nachteilig im Gegensatz zu anderen Stufenarten ist ihre große Masse, die das Verlegen von Hand erschwert.

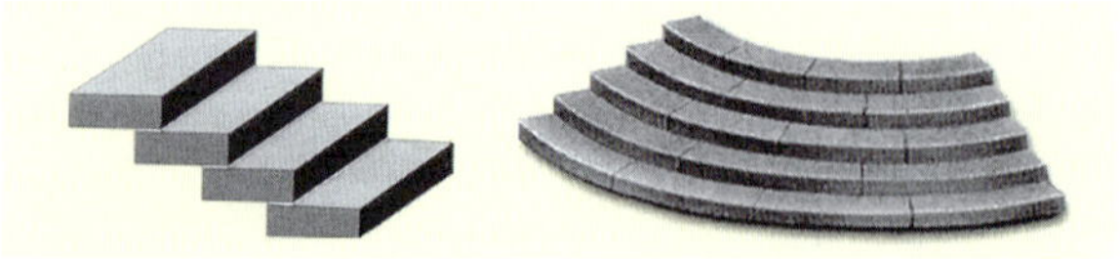

Blockstufen sind im Handel meist nur mit einer Steigung von 15 cm und einem Auftritt von 35 cm erhältlich. Maßanfertigungen sind jedoch möglich. Eine besondere Form der Blockstufen sind die Radienblockstufen.

Legstufen

Legstufen, auch *Plattenstufen* oder *Trittstufen* genannt, verleihen der Treppe ein leichtes Aussehen und bestehen aus Unterlegstein und Auftrittsplatte.

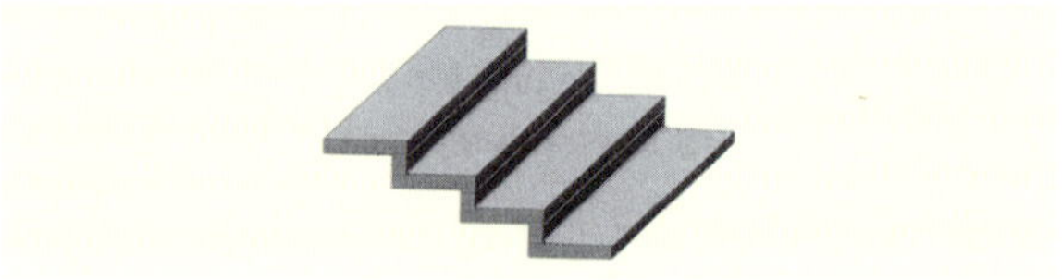

Die Auftrittsplatte wird mit einem Überstand von 2 … 6 cm auf den Unterlegstein (Setzstufe) aufgelegt. Unterlegstein sowie Auftrittsplatte können aus Beton oder Naturstein bestehen. Eine besondere Form der Legstufen sind die Winkellegstufen (Betonfertigteil): hierbei sind die Auftrittsplatten fest mit dem Unterlegstein verbunden, was das Verlegen vereinfacht.

Stellstufen

Stellstufen bestehen aus einem senkrecht gestellten Element, beispielsweise Platten, Palisaden oder Kantensteinen, und einer Auftrittfläche aus Pflastersteinen oder Platten aus Beton oder Naturstein. Sie eignen sich allerdings nur für die Überwindung geringer Höhenunterschiede, da die senkrecht gestellten Elemente dem abwärts gerichteten Schub langfristig nicht standhalten und nach vorne kippen können. Der Gestaltung sind hierbei jedoch keine Grenzen gesetzt und es können problemlos Stufen in geschwungenen Formen geplant werden.

16.4.3 Unterbau und Verlegen von Stufen

Stufen im Außenbereich werden grundsätzlich mit einem Quergefälle von 2 … 4 % eingebaut. Die Trittfläche muss allerdings der Länge nach waagerecht sein, das heißt, die Stufe darf kein Längsgefälle erhalten. Das Gefälle der Stufen dient der Entwässerung. Bei größeren Treppenläufen sollte am Kopf und am Fuß das anfallende Regenwasser in Kastenrinnen (siehe Abschnitt 16.9) in voller Stufenbreite abgefangen werden.

Die Gründung der Treppe ist von der ausgewählten Stufenart abhängig. Bei Treppen mit bis zu vier **Blockstufen** kann der Unterbau aus einer 20 cm dicken Schicht aus Frostschutzmaterial (8/32) bestehen. Die erste Stufe erhält ein Fundament, die anderen werden in eine 2 … 4 cm starke Mörtelschicht verlegt. Der Überstand beträgt grundsätzlich 2 cm.

Blockstufen

Treppe aus Winkellegstufen

Gestaltungsmöglichkeiten mit Stellstufen

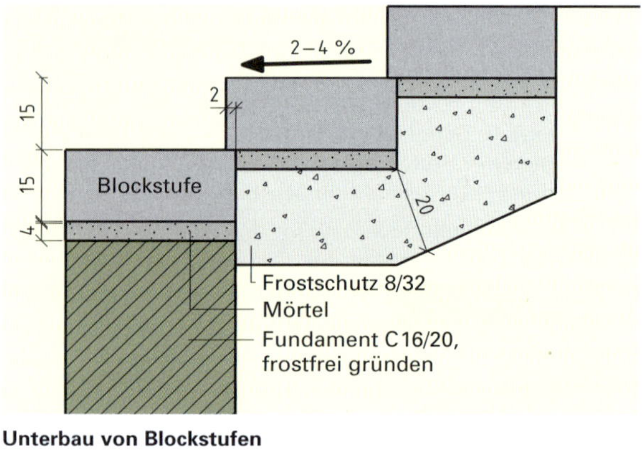

Unterbau von Blockstufen

Bei frostempfindlichem Untergrund oder bei längeren Treppen empfiehlt sich eine frostfreie (mindestens 80 cm tiefe) Fundamentierung aus C 16/20, wobei man zwischen Vollfundamenten und Streifenfundamenten unterscheidet.

Legstufen müssen aufgrund ihrer geringen Eigenlast eigentlich auf einem frostfreien Vollfundament (C 16/20) verlegt werden. Um Material zu sparen, bietet sich hier die Möglichkeit an, eine 18 cm dicke Stahlbetonplatte mit entsprechender Stufung auf Streifenfundamente zu legen. Die Stufen selbst werden dann auf der Stahlbetonplatte in eine 2 cm dicke Mörtelschicht verlegt.

Bei **Stellstufen** erhält der senkrecht gestellte Stein eine Stütze aus C 16/20. Die Platten der Auftrittfläche werden entweder in eine 3…5 cm starke Schicht aus Mörtel oder Pflastersand (0/3) verlegt.

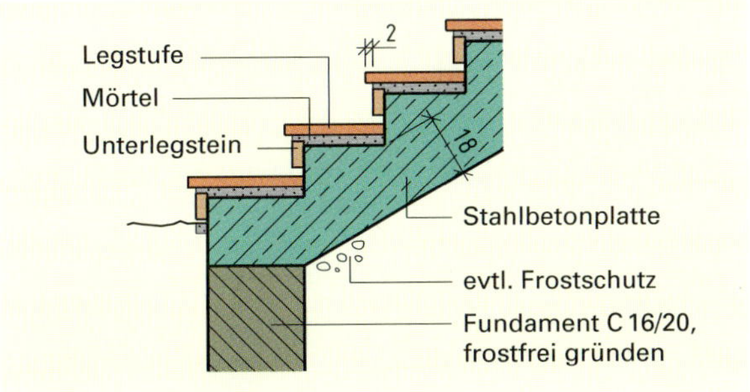

Unterbau von Legstufen

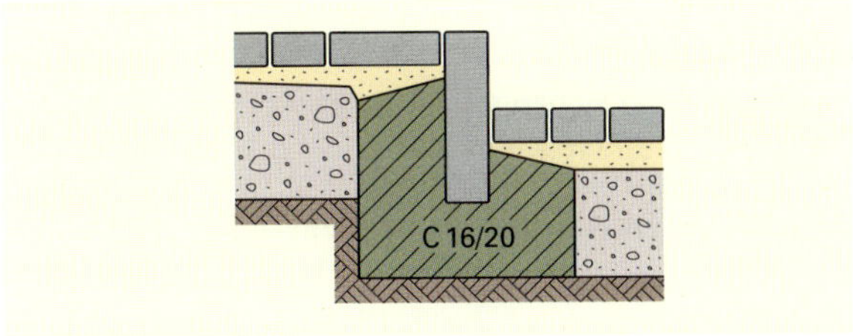

Unterbau von Stellstufen

16.4.4 Handläufe/Geländer

Im öffentlichen Raum benötigen Treppen mit mehr als drei Stufen in der Regel eine seitliche Sicherung. Bestimmungen dazu sind in der jeweiligen Bauordnung der einzelnen Bundesländer enthalten. Stufenführungen mit geringen Höhenunterschieden benötigen lediglich einen Handlauf in etwa 90 cm Höhe. Besteht Absturzgefahr, sind Treppengeländer vorzusehen. Die seitliche Sicherung einer Treppe kann im Außenbereich aber ebenso durch eine sogenannte Wange erfolgen. Wangen sind seitliche Mauern aus Beton oder Naturstein, die entweder abgeschleppt oder abgetreppt ausgebildet sein können.

Untergeordnete Treppen in Hausgärten, deren Lauflinie parallel zur Hanglinie verläuft, benötigen keine seitliche Begrenzung, da hier keine Absturzgefahr besteht.

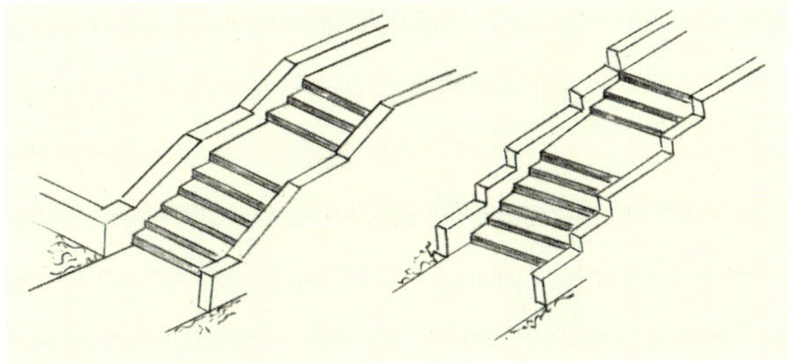

Treppenwangen abgeschleppt und abgetreppt

16.4.5 Rampen und Sonderbauteile

Die Planung von Rampen für Rollstuhlfahrer ist in den jeweiligen Landesbauordnungen sowie in der DIN 18040 Barrierefreies Bauen – Planungsgrundlagen – Teil 3: Öffentlicher Verkehrs- und Freiraum geregelt. Sie dürfen eine Steigung von 6 % nicht überschreiten und müssen mindestens 1,20 m breit sein. Ist die Rampe länger als 6,00 m, ist ein Zwischenpodest von mindestens 1,50 m Länge erforderlich. Außerdem ist am Anfang und am Ende der Rampe jeweils ein Podest vorzusehen. An beiden Seiten der Rampe sind Radabweiser und Handläufe anzubringen.

Die Rampen werden meist aus Betonsteinpflaster oder Ortbeton hergestellt. Natursteinpflaster ist hierbei ungeeignet, da zwischen den Steinen Spalten und Öffnungen entstehen, die die Benutzung erschweren. Um ein sicheres und leichtes Befahren zu ermöglichen, müssen die Rampen eine glatte Oberfläche ohne Quergefälle aufweisen.

Zur Überwindung von Höhenunterschieden im Gelände sind für Kinderwagen und Fahrräder Treppensonderbauteile im Handel erhältlich. Diese sogenannten **Fahrstufen** können seitlich der Treppe wie Blockstufen eingebaut werden (siehe Abschnitt 16.4.3).

Um Unfälle auf öffentlichen Treppen zu vermeiden, gibt es Bi-Color-Blockstufen als Fertigteil mit eingebauter Stufenmarkierung.

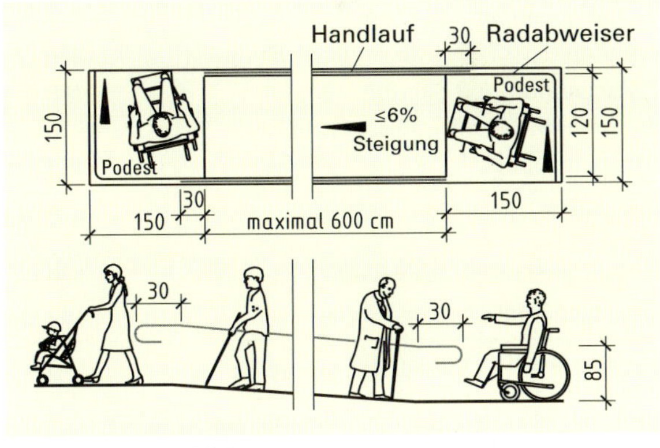

Rampe für Rollstuhlfahrer

Bi-Color-Blockstufen

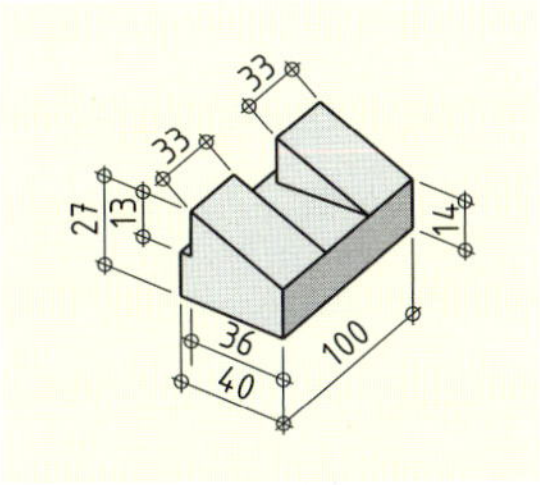

Sonderbauteil Fahrstufen

16.4.6 Beispielrechnung

Aufgabe

Für den Neubau in einem geneigten Gelände ist die Freitreppe zu berechnen. An der Straße wurde eine Höhe von 235,75 m gemessen, am Hauseingang sollen es 237,80 m sein. Die Entfernung von der Straße zum Haus beträgt 8,50 m. Vorgesehen sind Blockstufen mit einem Baumaß von 15/35 cm, Überstand 2 cm.

Lösung

Berechnung des Auftritts:

Durch den Überstand von 2 cm ergibt sich ein Auftritt von 35 cm – 2 cm = 33 cm.

Berechnung des Höhenunterschiedes:

237,80 m – 235,75 m = 2,05 m

Berechnung der erforderlichen Stufenzahl:

205 cm : (15 cm + 1 cm Gefälle) = 12,8 → gewählt 12 Stufen

12 Stufen · 16 cm (Stufenhöhe + Gefälle) = 192 cm

192 cm = Bauhöhe der Treppe

205 cm – 192 cm = 13 cm, die für das Gefälle der Podeste übrig bleiben.

Berechnung der Baulänge:

12 · 33 cm Auftritt = 396 cm

Gesamtlänge 850 cm – 396 cm Baulänge = 454 cm, die für Podeste übrig bleiben.

Für die Festlegung des Treppenverlaufs, die Einteilung der Stufen und Podeste und zur Überprüfung der Rechnung ist es zweckmäßig, eine Skizze anzufertigen.

Rechnerische Kontrolle

Eingangspodest 2 Schritte	126 cm
6 Stufen (5 · 33 cm + 35 cm letzte Stufe)	200 cm
Zwischenpodest 3 Schritte	189 cm
6 Stufen (5 · 33 cm + 35 cm letzte Stufe)	200 cm
Ausgangspodest	135 cm
Summe	850 cm

Gesamter Höhenunterschied	205 cm
abzüglich Bauhöhe der Treppe	192 cm
ergibt Höhe für Podestgefälle	13 cm

Podesttiefen: 126 cm + 189 cm + 135 cm = 450 cm

auf 450 cm → 13 cm Gefälle

auf 100 cm → 13 cm : 450 cm = 0,028 → 2,8 % Gefälle

Eingangspodest: 126 cm · 0,028	= 3,5 cm Gefälle
6 Stufen: 6 · 16 cm	= 96,0 cm Gefälle
Zwischenpodest: 189 cm · 0,028	= 5,3 cm Gefälle
6 Stufen: 6 · 16 cm	= 96,0 cm Gefälle
Ausgangspodest: 135 cm · 0,028	= 3,8 cm Gefälle
Höhenunterschied	= 204,6 cm

Ungenauigkeit von 0,4 cm durch Auf- und Abrunden.

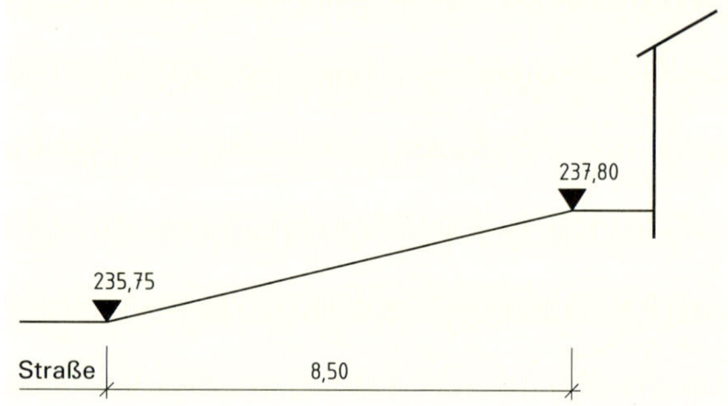

Aufgabenstellung

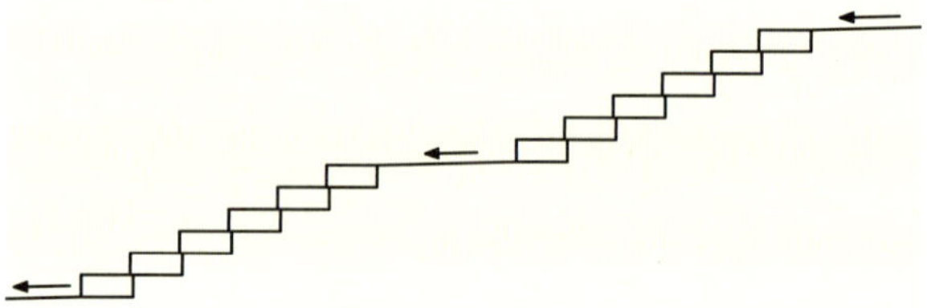

Skizze für Berechnung

Zusammenfassung

Freitreppen werden nach der Schrittmaßformel berechnet.

Die Stufen der Freitreppen müssen für das Ablaufen von Wasser ein Gefälle von 2 … 4 % erhalten.

Freitreppen können aus Beton, Klinker, Naturstein oder Holz hergestellt werden und müssen frostfrei verlegt werden.

Die Oberflächen müssen auch bei Nässe rutschfest sein.

Zur seitlichen Sicherung sind erforderlichenfalls Handläufe anzubringen oder Mauern herzustellen.

Rampen für Rollstuhlfahrer dürfen 6 % Neigung nicht überschreiten und müssen mindestens 1,20 m breit sein.

Aufgaben

1. *Welche Minimal- bzw. Maximalhöhe ist bei Stufen von Freitreppen einzuhalten?*
2. *Es ist eine Freitreppe mit Podesten zu bauen. Worauf ist bei der Planung und Berechnung zu achten?*
3. *Welche Stufenarten werden bei Freitreppen verwendet? Geben Sie Vor- und Nachteile der einzelnen Stufenarten an.*
4. *Worauf ist bei der Verlegung von Freitreppen zu achten?*
5. *Berechnen Sie einen Treppenverlauf für folgende Situation: Höhe am Haus 154,70 m, Höhe an der Straße 151,90 m, Entfernung von der Straße zum Haus 8,80 m, Verwendung von Blockstufen 15/35 cm. Zeichnen Sie hierzu einen Schnitt durch die Treppe mit Unterbau im Maßstab 1:25.*
6. *Recherchieren Sie im Internet ergänzende Ausführungsanweisungen von Verbänden und Firmen, die Baustoffe und Bauteile für Freitreppen herstellen.*

16.5 Pflanzen

Die Auswahl der Pflanzen für eine Außenanlage ist immer von verschiedenen Standortfaktoren abhängig:

- Lichtverhältnisse,
- Klima, Temperatur,
- Bodenart und Nährstoffgehalt.

Um eine standortgerechte Pflanzenauswahl zu treffen, ist es notwendig, einen Fachmann zu Rate zu ziehen, z.B. einen Landschaftsarchitekten, Mitarbeiter einer Baumschule oder einen Gärtner.

Hochstamm

Heister

16.5.1 Bäume

Die Gruppe der Bäume wird grundsätzlich in Laubbäume und Nadelbäume unterteilt. Des Weiteren unterscheidet man die Bäume nach ihrer Aufzuchtart in der Baumschule. Die zwei Hauptgruppen sind **Hochstämme** und **Heister**. Hochstämme sind Gehölze mit einem mindestens 1,80 m langen Stamm und einer artgerechten Krone. Heister sind Bäume, die von unten auf beastet sind und sich nicht in Stamm und Krone unterteilen lassen. Bäume können in Mitteleuropa eine Höhe von bis zu 40 m erreichen.

Strauch

Bodendecker

16.5.2 Sträucher und Bodendecker

Sträucher (Büsche) sind in der Regel Laubgehölze und werden als nicht baumartig wachsende Gehölze bezeichnet. Sie erreichen lediglich eine Höhe von bis zu 6 m. **Bodendecker** sind niedrige oder flachwachsende Gehölze, die für eine Bodenbedeckung geeignet sind.

Geschnittene Hecke

16.5.3 Hecken

Hecken stellen platzsparende, lebende Zäune, Abgrenzungen und Einfriedungen dar. Sie werden nach ihrer Wuchsform unterschieden in freiwachsende Hecken und geschnittene Hecken. Nicht alle Sträucher eignen sich für die Verwendung in einer Hecke. Heckenpflanzen dienen meist dem Sichtschutz und sind von unten an verzweigt.

16.5.4 Rasen

Entsprechend der Nutzung wird zwischen vier Rasentypen unterschieden: Zierrasen, Gebrauchsrasen, Strapazierrasen und Landschaftsrasen. Der Rasen wird entweder ausgesät oder es wird Fertigrasen (Rollrasen) verlegt.

Bei der Verlegung von Fertigrasen hat man sofort eine begrünte Fläche, die auch schon nach 6 Wochen voll benutzbar ist. Ein ausgesäter Rasen benötigt etwa 15 Monate, bis er die Dichte des Fertigrasens erreicht hat.

Fertigrasen (Rollrasen), links angeliefert, rechts beim Verlegen

Zusammenfassung

Für die Pflanzenauswahl sind verschiedene Standortfaktoren zu beachten. Die Pflanzen lassen sich gemäß ihrer Wuchshöhe in verschiedene Sparten einteilen: Bäume, Sträucher, Bodendecker und Rasen.

Rasen ist als Saatgut in vier Rasentypen erhältlich oder es wird Fertigrasen verlegt.

Aufgaben

1. *Welche Kriterien sind für die Pflanzenauswahl von Bedeutung?*
2. *Erläutern Sie den Unterschied zwischen Hochstamm und Heister.*
3. *Nennen Sie die Funktionen von Hecken. Welche Heckenarten gibt es?*
4. *Welche Vorteile bringt Rollrasen?*

16.6 Vegetationstechnische Arbeiten

Vegetationstechnische Arbeiten werden in der Regel von einem Gärtner oder Landschaftsgärtner ausgeführt. Die vegetationstechnischen Arbeiten erfolgen meist nach den „Steinarbeiten" in der Außenanlage, das heißt nach den Wegebauarbeiten, Treppen- und Mauerarbeiten, sind aber witterungsabhängig. Die Reihenfolge ist: Bodenarbeiten – Pflanzarbeiten – Rasenarbeiten.

Vegetationstechnische Arbeiten sind nach den DIN 18915 … 18920 *Vegetationstechnik im Landschaftsbau* auszuführen.

16.6.1 Oberbodenarbeiten

Der Oberboden eines Außengeländes wird vor den Hochbauarbeiten abgetragen und seitlich als Oberbodenmiete gelagert.

Zu Beginn der Arbeiten in der Außenanlage wird nun zuerst der Unterboden bearbeitet. Während bei der Herstellung von Wegen und Platzflächen der Untergrund bestmöglich verdichtet wird, ist eine solche Verdichtung in Vegetationsflächen unerwünscht. Der Untergrund muss also als Erstes tiefgründig, das heißt etwa 20 cm tief, gelockert werden.

Nach dieser Lockerung wird der gelagerte Oberboden aufgetragen und sollte danach nicht mehr mit schweren Maschinen befahren werden. Wie dick der Oberboden aufgetragen wird, richtet sich nach der vorgesehenen Bepflanzung: für Rasenflächen 10 … 20 cm, Gehölz- und Staudenflächen 20 … 40 cm.

Der nächste Schritt ist die **Lockerung** des Oberbodens, wobei zusätzliche Bodenverbesserungsmittel, wie beispielsweise Dünger, eingearbeitet werden können. Die Lockerung erfolgt entweder per Hand mit dem Spaten oder maschinell, zum Beispiel mit einer Fräse.

Nach der Lockerung wird das **Planum** hergestellt. Der Oberboden wird in Abhängigkeit des späteren Verwendungszwecks mehr oder weniger höhengenau und ebenflächig planiert. Bei Pflanzflächen wird laut DIN eine Ebenheit mit Abweichung von bis zu 5 cm unter einer 4-m-Latte verlangt, bei Rasen ist eine Abweichung von bis zu 3 cm erlaubt.

16.6.2 Pflanzarbeiten

Die Pflanzen werden nach ihrem spezifischen Standort ausgewählt. Die Unterstützung durch einen Fachmann, der eine standortgerechte Pflanzenauswahl treffen kann, ist hier unerlässlich.

Die beste Pflanzzeit ist die Zeit der Wachstumsruhe der Pflanzen, die mit dem Laubfall im Herbst beginnt und mit dem Austrieb im Frühjahr endet.

Die Pflanzen erhalten zunächst einen Pflanzschnitt, wobei oberirdische Pflanzenteile und Wurzeln etwas zurückgeschnitten werden, um das Wachstum anzuregen. Die Pflanzen werden jetzt laut Pflanzplan (siehe Abschnitt 16.7) ausgelegt und sofort gepflanzt, um ein Austrocknen der Wurzeln zu verhindern. Das Pflanzloch wird so groß ausgehoben, dass es dem 1,5-fachen Durchmesser des Wurzelballens der Pflanze in der Breite und in der Tiefe entspricht. Die Pflanze wird nun in das Pflanzloch eingesetzt und die Erde wird angefüllt. Nach der Pflanzung wird die gesamte Pflanzfläche wieder durch Lockern und Ebnen hergerichtet und die Pflanzen werden durchdringend gewässert. Größere Bäume müssen durch Verankerungen vor Wind geschützt werden. Nach der Pflanzung schließt sich die Fertigstellungspflege der Pflanzflächen und Gehölze bis zur Abnahme der Baumaßnahme an. Diese Pflege umfasst: Lockern und Säubern der Flächen, Wässern, Düngen und Nachschneiden der Pflanzen, Entfernen von Unkräutern und Überprüfen der Verankerungen. Nach der Fertigstellungspflege kann sich noch eine mehrjährige Entwicklungs- und Erhaltungspflege anschließen.

16.6.3 Rasenarbeiten

Der Zeitpunkt der Rasenarbeiten ist abhängig von der Jahreszeit und Temperatur. Beste Keimbedingungen herrschen bei etwa 8 °C Bodentemperatur und ausreichender Bodenfeuchte, von etwa Mitte April bis Mitte Juni und von Mitte August bis Ende September. Das benötigte Saatgut der verschiedenen Rasentypen (siehe Abschnitt 16.5.4) wird in Gramm pro m^2 berechnet, bei Gebrauchsrasen beispielsweise 20 g/m^2. Die Ansaat erfolgt bei kleineren Flächen per Hand und das Einarbeiten der Samen erfolgt mit einem Rasenigel oder mit einer Harke. Danach wird der Boden der Fläche noch mit einer Walze angedrückt. Bei größeren Flächen wird eine Rasenbaumaschine benutzt, die in einem Arbeitsgang das Saatgut ausstreut, einigelt und mit einer Walze andrückt.

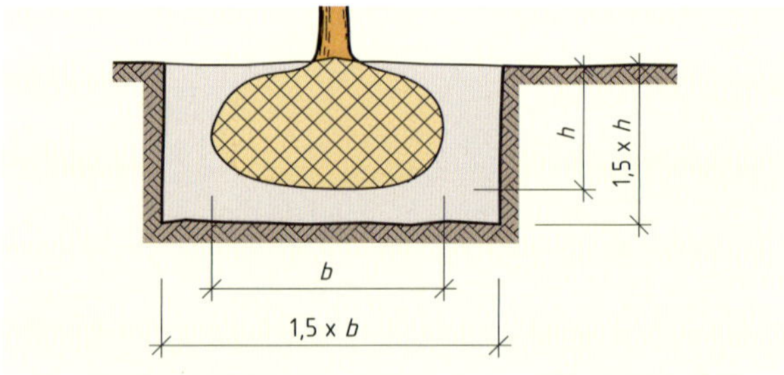

Größe des Pflanzloches

Baumverankerungsmöglichkeiten

Fertigrasen hat den Vorteil, dass man ihn über eine längere jahreszeitliche Spanne hinweg verlegen kann und in erheblich kürzerer Zeit eine geschlossene Rasendecke erhält. Eine Rolle entspricht etwa 1 m² und wiegt etwa 15 kg. Verlegt wird bei mindestens 6 °C, am besten im Frühjahr, da zu hohe Temperaturen im Sommer zum Austrocknen führen können.

Auch bei den Rasenarbeiten schließt sich eine Fertigstellungspflege an. Die Leistungen dieser Pflege enthalten bei Saat- und Fertigrasen Beregnen, Düngen und Mähen. Nach der Fertigstellungspflege kann sich auch hier noch eine mehrjährige Entwicklungs- und Erhaltungspflege anschließen.

Rasenbaumaschine

16.6.4 Baumschutz

Bäume sind für eine lebendige und menschenfreundliche Gestaltung unserer Städte und Ortschaften unverzichtbar. Dringend benötigte Verkehrs- und Parkflächen lassen für Bäume allerdings immer weniger Platz. Umso wichtiger ist es, den Stamm und die Wurzelräume der Bäume, die gepflanzt werden können, vor Verletzungen und Beeinträchtigungen zu schützen.

Baumscheiben werden auf dem Boden über dem Wurzelwerk angebracht, um Verdichtungen des Wurzelraums zu vermeiden, was dazu führen könnte, dass die Wurzeln des Baums beschädigt werden und der Baum eingeht. Baumscheiben sind entweder aus Stahl, Gusseisen oder Stahlbeton und in verschiedenen Formen im Handel erhältlich.

Baumschutzgitter sind ebenfalls meist aus Stahl oder aus Gusseisen. Sie schützen den Stamm vor Verletzungen und vor dem Anfahren durch Kraftfahrzeuge.

Baumschutzgitter werden meist mithilfe von Verbindungshaken an den Baumscheiben befestigt. Es ist also empfehlenswert, Baumscheiben und Baumschutzgitter aus dem gleichen System zu verwenden. Auch gibt es Zubehör für Baumschutzgitter, wie beispielsweise Sitzbänke, die an das Gitter angeschraubt werden können.

Verlegen von Fertigrasen

Schutz durch Baumscheibe und Baumschutzgitter

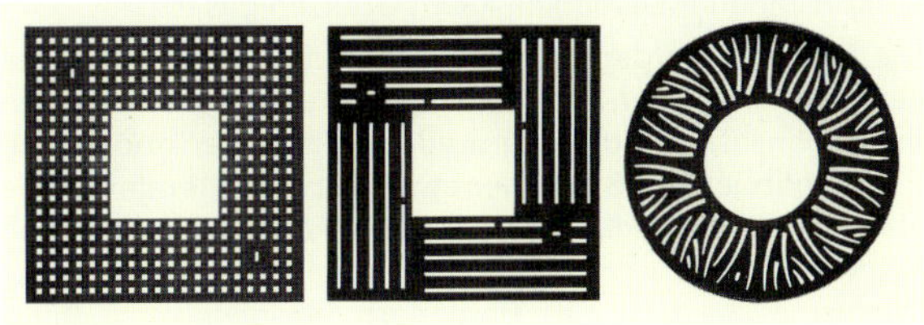
Gusseiserne Baumscheiben

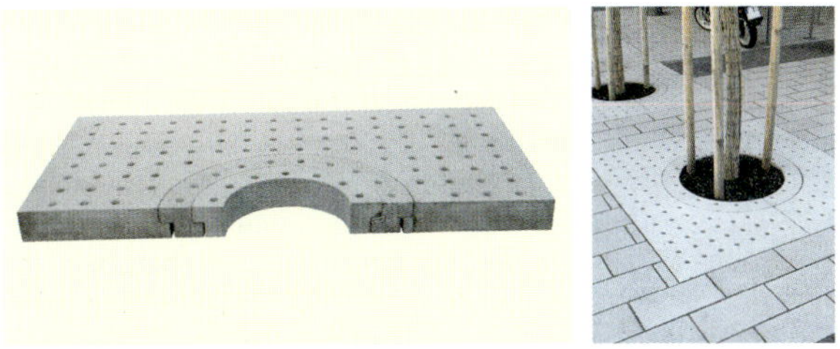
Baumscheiben aus Stahlbeton

Zusammenfassung

Die vegetationstechnischen Arbeiten unterteilen sich in Oberbodenarbeiten, Pflanzarbeiten und Saatarbeiten. Sie sind abhängig von Witterung und Temperatur und werden nach den „Steinarbeiten" durchgeführt.

Zum Schutz des Wurzelwerks der Bäume vor Verdichtung werden Baumscheiben vorgesehen. Der Stamm kann mit Baumschutzgittern vor Verletzungen geschützt werden.

Aufgaben

1. *Beschreiben Sie den Ablauf und die verschiedenen Tätigkeiten der Oberbodenarbeiten.*
2. *Welche Bedeutung hat der Schutz der Bäume?*
3. *Wie können Bäume vor Verletzungen durch den Autoverkehr geschützt werden?*

16.7 Pflanzpläne

Pflanzpläne gehören laut HOAI zur Ausführungsplanung und werden je nach Grundstücksgröße und Pflanzenauswahl im Maßstab 1:50…1:200 dargestellt. Es gibt verschiedene Einflussfaktoren, die sich auf die Pflanzenauswahl und das Pflanzkonzept auswirken:

- natürliche Standortfaktoren (z. B. Boden),
- Standortbedingungen (z. B. Exposition des Grundstücks, vorhandene Vegetation),
- rechtliche Vorgaben (z. B. Nachbarschaftsrecht),
- funktionale Aspekte (z. B. Pflegeintensität),
- ästhetische Aspekte (z. B. Blühfarben),
- finanzieller Rahmen.

Die Pflanzabstände zu Nachbargrundstücken ergeben sich aus den rechtlichen Voraussetzungen der Bundesländer (z. B. Nachbarrechtsgesetz). Des Weiteren sind die Pflanzabstände untereinander abhängig von der Wuchshöhe der jeweiligen Pflanze:

Bäume:	8…10 m hoch	Abstand 2…5 m
	>10 m hoch	Abstand 5…10 m
Sträucher:	0,8…1,5 m hoch	Abstand 0,5…1,25 m
	1,5…3 m hoch	Abstand 1…2 m
Bodendecker:	0,2…0,5 m hoch	Abstand 0,3…0,5 m

Bodendecker und Sträucher, die als flächige Pflanzung geplant sind, werden aber auch häufig flächig dargestellt und dann je nach Wachstumsraum eine Stückzahl pro m^2 angegeben (z. B. bei Bodendeckern 4…10 Stück/m^2).

Zu einem Pflanzplan gehören die Darstellung des Grundstücks mit den jeweiligen Einzelpflanzen oder Pflanzen in flächiger Darstellung, eine Legende mit Pflanzliste und meist eine schriftliche Erläuterung. Die DIN EN ISO 11091 *Zeichnungen für Außenanlagen* macht Aussagen über die Zeichnung von Pflanzplänen.

16.7.1 Darstellung und Bezeichnung der Pflanzen

Die Darstellung der Pflanzpläne erfolgt entweder eher technisch, sodass die Pflanzen meist auf ein einfaches Symbol (z. B. Kreis) reduziert dargestellt werden, oder grafisch aufgewertet, wobei die Pflanzen annähernd naturalistisch dargestellt werden. Der Phantasie sind hierbei bei entsprechender Lesbarkeit kaum Grenzen gesetzt.

Die Pflanzen werden in Pflanzplänen in ihrem Durchmesser etwa $\frac{1}{2}\dots\frac{2}{3}$ ihrer Endgröße dargestellt. Bäume werden im Gegensatz zu Sträuchern ausdrucksstärker und auffallender gezeichnet, Sträucher etwas zurückhaltender. In die Nähe des Mittelpunkts der Pflanze wird ein Kürzel aus den beiden Anfangsbuchstaben des botanischen Namens der Pflanze dargestellt. Ein Bergahorn beispielsweise heißt *Acer pseudoplatanus*, daraus entsteht das Kürzel Ap. Sträucher in flächiger Pflanzung und Bodendecker werden als Schraffur dargestellt. Diese Schraffur wird dann in der Legende erläutert und die Stückzahl/m^2 angegeben. Geschnittene Hecken werden als Umrandung der Fläche gezeichnet. Rasen wird in der Regel als gepunktete Fläche dargestellt.

Die Bezeichnung der Pflanzen erfolgt, wie schon erläutert, durch ein Kürzel aus den beiden Anfangsbuchstaben des botanischen Pflanzennamens. Dieser besteht aus zwei Einheiten: dem großgeschriebenen **Gattungsnamen** (z. B. *Acer*) und der kleingeschriebenen **Artbezeichnung**

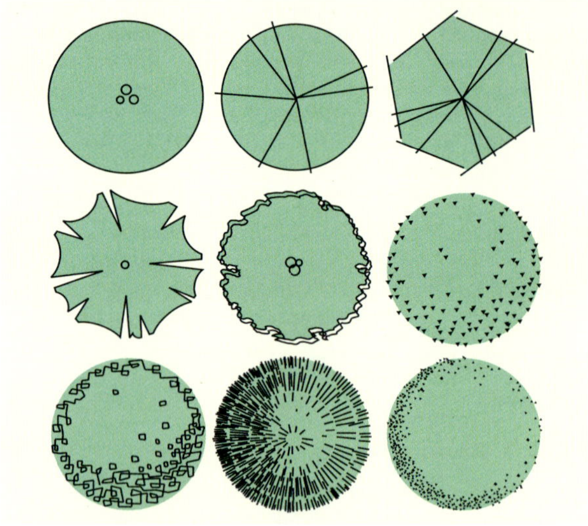

Darstellungsmöglichkeiten von Bäumen

Darstellungsmöglichkeiten von Sträuchern

Kennzeichnung der Pflanzen
Ap *Acer pseudoplatanus* (Bergahorn),
Ca *Corylus avellana* (Haselnuss)

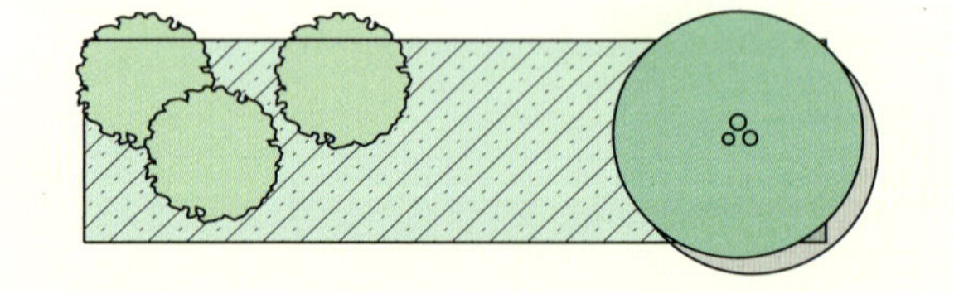

3 Sträucher, 1 Baum und Bodendecker als flächige Schraffur

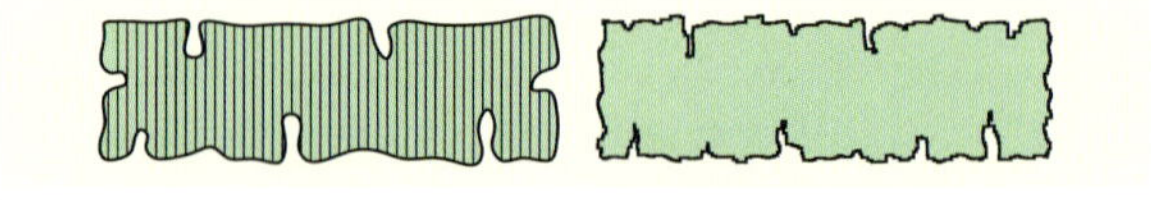

Darstellungsmöglichkeiten von geschnittenen Hecken

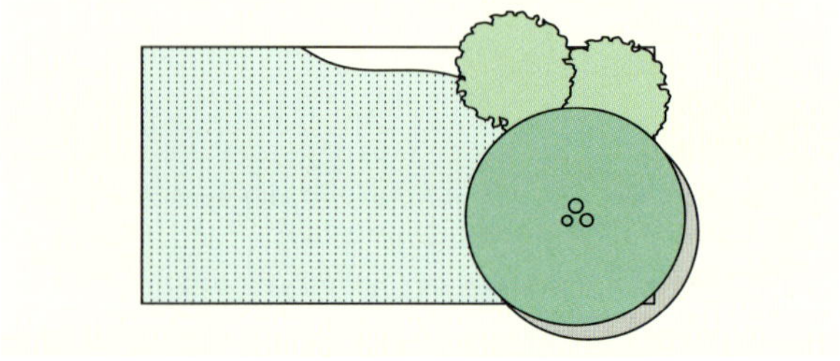

Rasen wird als gepunktete Fläche dargestellt

(z. B. *pseudoplatanus*). Da es von Pflanzenarten oftmals verschiedene Sorten gibt, wird in diesem Fall dem botanischen Namen ein **Sortenname** angefügt, der in Einzelanführungsstriche gesetzt wird: *Acer pseudoplatanus* 'Brilliantissimum'. In Pflanzpläne wird, meist in der Pflanzenliste, auch die Qualität der zu pflanzenden Pflanzen angegeben. Hierbei gibt es Unterscheidungen in der Wuchsform, wie Hochstamm (H), Heister (Hei), Strauch (Str) (siehe Abschnitt 16.5) und Solitär (Sol). Außerdem werden die Höhe (z. B. 125 … 150) oder der Stammumfang (z. B. 14 … 16) der Pflanzen in cm angegeben. Des Weiteren wird angegeben, wie oft eine Pflanze in der Baumschule verpflanzt wurde und wie der Wurzelballen der Pflanze beschaffen ist: oB (ohne Ballen), mB (mit Ballen), iC (im Container), mDB (mit Drahtballierung). Eine korrekte Bezeichnung ist also z. B.:

Acer pseudoplatanus 'Brilliantissimum' H 14 … 16 3xv mDB (das heißt: Bergahorn, Sorte 'Brilliantissimum', Hochstamm mit Stammumfang 14 … 16 cm, dreimal verpflanzt, mit Drahtballierung).

16.7.2 Planbeispiel Hausgarten

Die untenstehende Zeichnung zeigt als Beispiel den Pflanzplan für ein Einfamilienhaus.

Legende:

Ba Buddleja alternifolia (Sommerflieder)
Cl Crataegus laevigata 'Paul's Scarlet' (Rotdorn)
Ea Euonymus alatus (Korkspindel)
Hm Hydrangea macrophylla (Hortensie)
Ic Ilex crenata (Stechpalme)
Mr Malus 'Royalty' (Zierapfel)
Ms Magnolia stellata 'Royal Star' (Sternmagnolie)
Pa Prunus avium 'Plena' (Vogel-Kirsche)
Pl Prunus laurocerasus 'Van Nes' (Kirschlorbeer)
Pn Phyllostachys nigra f. punctata (Bambus)
Ps Prunus serrula (Mahagoni-Kirsche)
Sb Spiraea betulifolia (Spierstrauch)
Sv Syringa vulgaris 'Mme Lemoine' (Gartenflieder)
Vf Viburnum farreri (Duft-Schneeball)

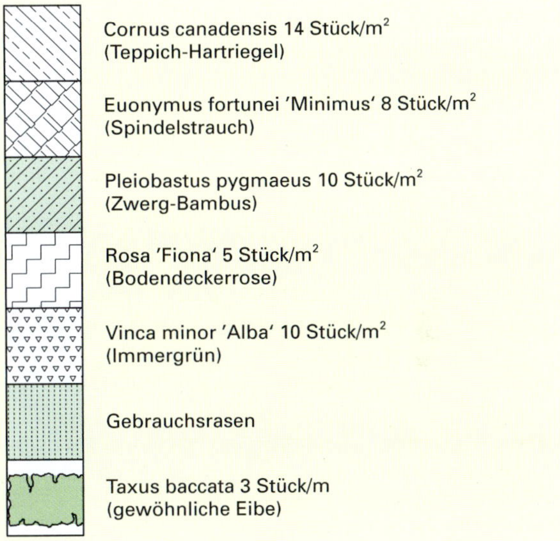

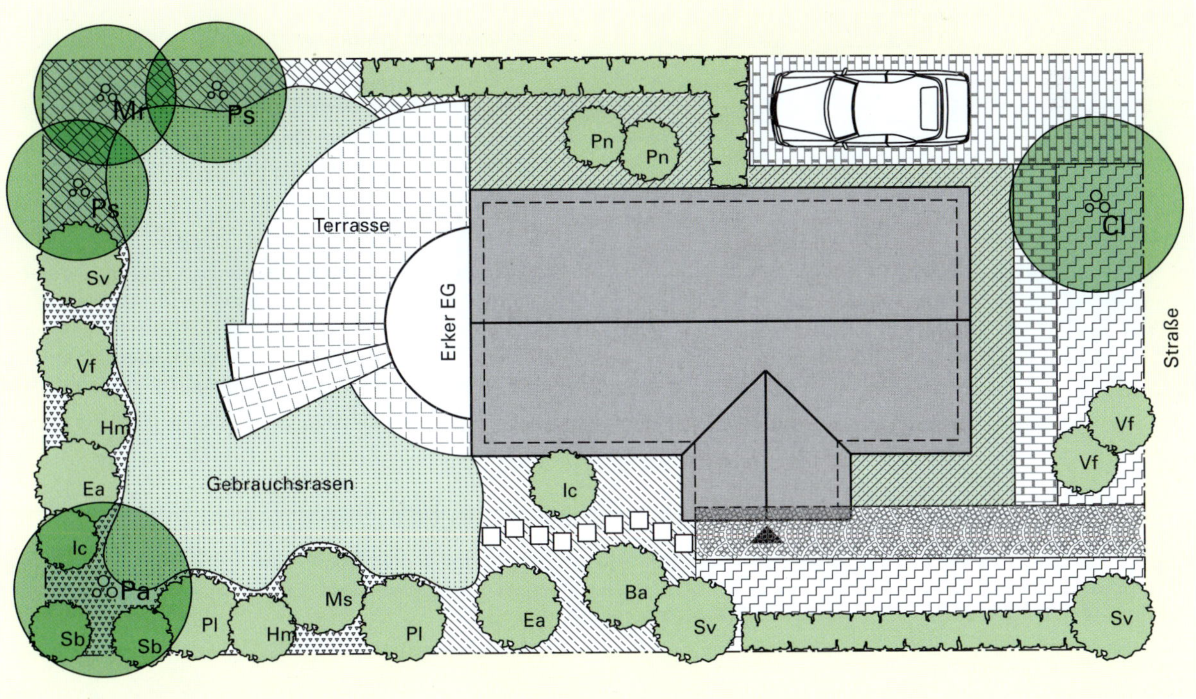

Pflanzplan für ein Einfamilienhaus

Zusammenfassung

Pflanzpläne gehören zur Ausführungsplanung und werden im Maßstab 1:50 … 1:200 dargestellt. Die Pflanzenauswahl ist abhängig von unterschiedlichen Einflussfaktoren.

Um die Pflanzabstände zum Nachbargrundstück richtig zu wählen, müssen die rechtlichen Bestimmungen der Bundesländer beachtet werden. Für die Pflanzabstände der Pflanzen untereinander gibt es Empfehlungen.

Zu einem Pflanzplan gehören die Darstellung der einzelnen Pflanzen oder der Pflanzen in flächiger Darstellung sowie eine Legende und Pflanzliste.

Die Darstellung der Pflanze kann sehr unterschiedlich erfolgen. Einheitlich ist aber deren Bezeichnung, die sich aus botanischem Namen, Wuchsform, Größe und Wurzelballenbeschaffenheit zusammensetzt.

Aufgaben

1. *Von welchen Einflussfaktoren sind die Pflanzenauswahl und das Pflanzkonzept abhängig?*
2. *Wo erfahren Sie die Pflanzabstände zum Nachbargrundstück?*
3. *Wie sind diese Pflanzabstände in Ihrem Bundesland?*
4. *Geben Sie die Pflanzabstände bei Bäumen, Sträuchern und Bodendeckern an.*
5. *Entwerfen Sie drei eigene Darstellungsmöglichkeiten von Bäumen.*
6. *Was gehört alles zur Darstellung eines Pflanzplanes?*
7. *Aus welchen Einheiten setzt sich der botanische Name einer Pflanze zusammen?*
8. *Welche Aussagen werden über die Qualität der Pflanze gemacht?*
9. *Sie haben folgenden Lageplan vom Architekten erhalten:*

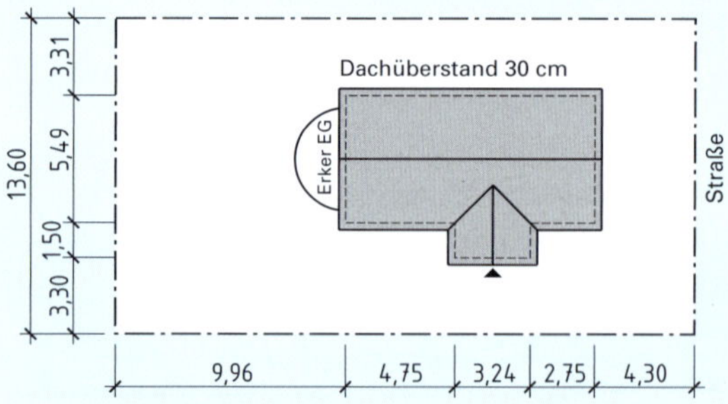

Zeichnen Sie einen Pflanzplan mit Legende und Pflanzliste für das Grundstück im Maßstab 1:100 auf ein A3-Blatt.

Beachten Sie hierbei Pflanzabstände, Sichtschutz zum Nachbargrundstück, Gartennutzung, etc.

Wunsch des Bauherren: Ein kleiner Grillplatz in einer der Grundstücksecken.

Es wurden folgende Pflanzen ausgesucht, die jedoch nicht unbedingt alle Verwendung finden müssen:

Pflanzliste:

Bäume:

1 Crataegus laevigata 'Paul's Scarlet' H 8–10 2xv mB
1 Malus 'Royalty' Sol 125–150 3xv iC
1 Prunus avium 'Plena' H 14–16 3xv mDB
2 Prunus serrula Sol 125–150 3xv mDB

Sträucher:

1 Buddleja alternifolia Str 60–100 2xv iC
2 Euonymus alatus Sol 100–125 5xv mDB
2 Hydrangea macrophylla Str 40–60 3xv iC
2 Ilex crenata Str 80–100 3xv mB
1 Magnolia stellata 'Royal Star' Str 60–80 3xv mB
2 Phyllostachys nigra f. punctata Sol 100–150 3xv iC
2 Prunus laurocerasus 'Van Nes' Sol 60–80 3xv mDB
2 Spiraea betulifolia Str 40–60 2xv oB
3 Syringa vulgaris 'Mme Lemoine' Str 100–150 2xv oB
3 Viburnum farreri Str 80–100 2xv mB

Hecke:

54 Taxus baccata Heckenpflanze 60–70 3xv mB

Bodendecker:

308 Cornus canadensis Str 10–15 2xv iC
80 Euonymus fortunei 'Minimus' Str 20–30 2xv iC
250 Pleiobastus pygmaeus Str 20–30 2xv iC
75 Rosa 'Fiona' Str 20–30 2xv iC
300 Vinca minor 'Alba' Str 10–20 2xv iC

10. *Zeichnen Sie einen Alternativvorschlag mit einem abgesenkten Grillplatz direkt an der Terrasse.*
11. *Zeichnen Sie einen weiteren Alternativvorschlag mit einem Pkw-Stellplatz vor dem Haus, sodass ein zusätzlicher Stellplatz als Carport oder Garage seitlich gebaut werden kann.*

16.8 Dach- und Fassadenbegrünung

Die Dach- und Fassadenbegrünung ist oftmals die einzige Möglichkeit, Vegetation in dicht bebaute Gebiete zu integrieren und die bebauten Flächen als Grünflächen „zurückzugewinnen". Dach- oder Fassadenbegrünung kann in den Bebauungsplänen verankert werden. Manche Städte erlassen auch Dach- oder Fassadenbegrünungssatzungen. Weitere Richtlinien sind die DIN 18915 ... 18919 *Vegetationstechnik im Landschaftsbau*, Richtlinien der FLL (Forschungsgesellschaft Landschaftsentwicklung, Landschaftsbau e.V.) zur Dach- und Fassadenbegrünung sowie die in der VOB/C enthaltenen ATV DIN 18320, 18336 und 18338.

16.8.1 Dachbegrünung

Dachbegrünungen haben als Teilmaßnahme zur Umweltentlastung und im Rahmen der städtebaulichen Wohnumfeldverbesserung zunehmende Bedeutung erlangt. Brachliegende Dachflächen bieten eine große Reserve für die Verbesserung von Wasserhaushalt, Luft und Klima (Dachaufbau siehe Kapitel 10). Flachdächer bieten Erholungsraum in Form von Dachgärten (Dachbegrünungsplan nächste Seite).

Bei der Gestaltung von intensiv begrünten Dachflächen ist ein Fachmann (Landschaftsarchitekt oder Gärtner) hinzuzuziehen, damit nur Pflanzen gewählt werden, die mit ihren Wurzeln keinen Schaden am Bauwerk hervorrufen können.

Um Schaden durch Wasser vom Bauwerk abzuwenden, sind bei begrünten und genutzten Dächern Sicherheitsabstände erforderlich.

Die **extensive Dachbegrünung** verursacht geringe Kosten in der Erstellung (etwa 20 ... 40 €/m²) und im Unterhalt. Durch die niedrigen Aufbauhöhen von bis zu 12 cm entstehen auch nur geringe Lasten (etwa 50 ... 150 kg/m²). Es werden möglichst naturnahe Pflanzengemeinschaften gepflanzt, die anspruchslos und flächendeckend sind. Die Pflege beschränkt sich auf eine bis zwei Begehungen jährlich. Die extensive Dachbegrünung kann in der Regel nicht genutzt werden.

Die **intensive Dachbegrünung** erfordert intensive Pflege, dafür ist auch eine intensive Nutzung möglich. Es können Rasen, Sträucher und Bäume gepflanzt werden, sowie Wege, Sitzplätze und Spielbereiche und sogar Teiche geplant werden. Die Kosten sind natürlich auch wesentlich höher als bei der Extensivbegrünung, sei es in der Herstellung (etwa 50 ... 200 €/m², wobei je nach Gestaltung nach oben hin keine Grenzen gesetzt sind) als auch in der Pflege, die hier meist noch öfter erfolgen muss als bei „normalen" Pflanzflächen.

Werden bei der intensiven Dachbegrünung Wege geplant, so sind auch diese zu entwässern (siehe Abschnitt 16.9). Damit die Dachbelastung durch einen Unterbau der Platten nicht zu hoch wird, können diese auch nur aufgeständert werden.

Aufständern der Platten

Grünflächen durch Dachbegrünung

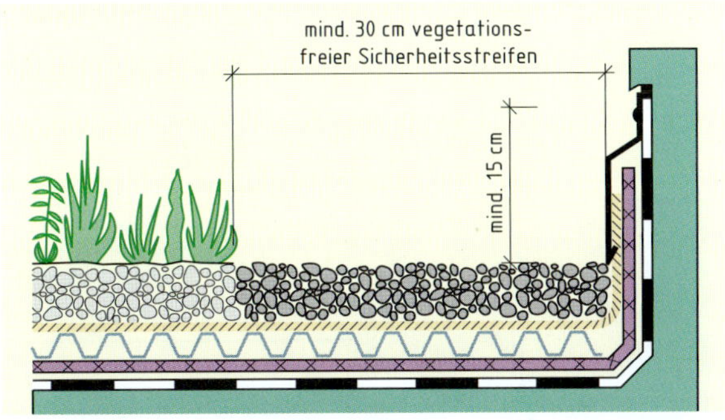

Vegetationsfreier Sicherheitsstreifen

Gestaltung einer intensiven Dachbegrünung

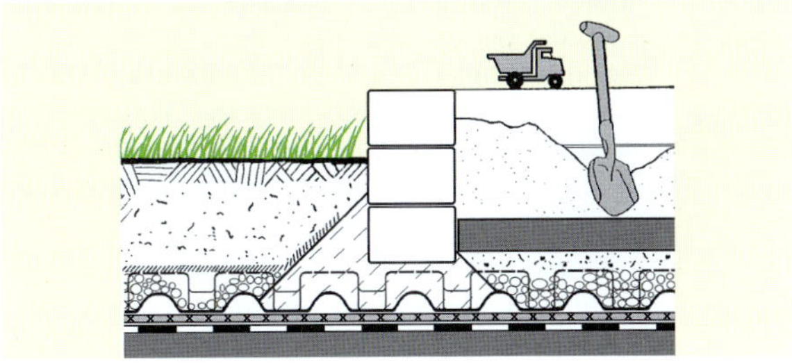

Aufbau eines Sandkastens

Aufbau eines Teiches

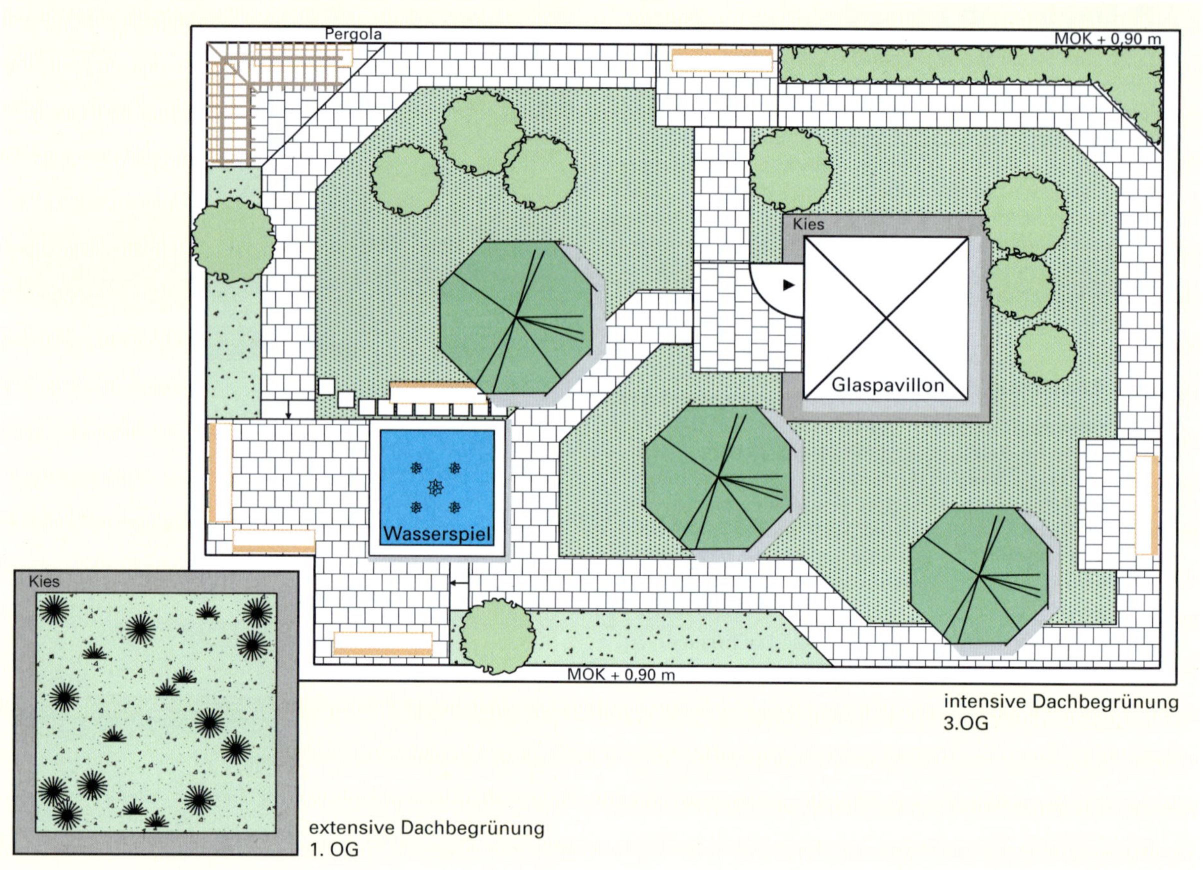

Entwurf einer Dachbegrünung

16.8.2 Fassadenbegrünung

Neben der Dachbegrünung kommt vor allem der Fassadenbegrünung große Bedeutung zu. Die Begrünung von Mauern, Wänden, Pergolen mit Kletterpflanzen hat eine lange Tradition, die bis ins alte Ägypten zurückreicht. Vor allem in den dicht besiedelten Ballungszentren stellen Kletterpflanzen ein wichtiges Instrument der ökologischen Stadtgestaltung dar, denn man kann mit ihnen auf engem Raum relativ einfach und preiswert ein Stück Natur zurückgewinnen.

Ohne viel Aufwand lassen sich lang gezogene Fassaden, langweilige Industrieanlagen und mehrgeschossige Parkhäuser begrünen. Das Stadtbild wird belebt, und wir können so das Naturerlebnis in der Stadt erhöhen.

Der Fassadenbewuchs

- erweitert den Lebensraum für zahlreiche Tiere,
- sichert wichtige Lebenskreisläufe,
- schützt vor Wind, Regen und Energieverlust,
- hält im Sommer kühl,
- absorbiert Schall,
- produziert Sauerstoff, konsumiert Kohlendioxid, bindet Staub und andere Luftverunreinigungen, kurz: verbessert die Luftqualität in der Stadt.

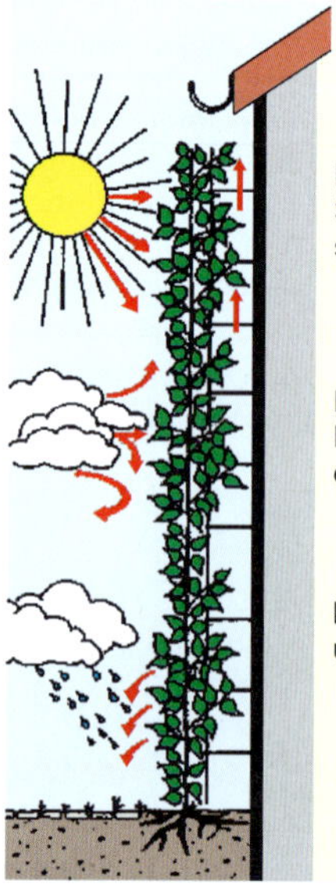

Wirkung einer Fassadenbegrünung

Bepflanzungsmöglichkeiten

Eine Wand kann auf verschiedene Art begrünt werden, nämlich durch

- Selbstklimmer,
- Gerüstranker,
- Spalierbewuchs,
- Heckenwände,
- hängenden Bewuchs.

Selbstklimmer benötigen keine Rankhilfe. Sie klettern mit ihren Saugwurzeln oder Haftscheiben. Sie bilden einen gleichmäßigen, geschlossenen Blattteppich, sind leicht zu pflegen und eignen sich besonders für hohe, schwer erreichbare Fassaden.

Der weitaus größere Teil der Pflanzen braucht jedoch eine Kletterhilfe in Form von Spanndrähten, Schnüren, Latten oder Traggeflechten. Diese Kletterhilfen sind im Fachhandel erhältlich und lassen sich ohne bauliche Vorleistungen an der Fassade befestigen. Die Wahl der Kletterpflanze muss auf die Standortfaktoren (siehe Abschnitt 16.5) und die Kletterhilfe abgestimmt sein.

Gerüstranker wachsen schnell und üppig und eignen sich besonders gut für „lebende Wände" und „Zäune", Überdachungen, Pergolen oder für ähnliche Bereiche, in denen sie selbstständige Gestaltungselemente darstellen.

Zum **Spalierbewuchs** gehören im Wesentlichen alle Obstbaumsorten, die sich für den Spalierbewuchs eignen, sowie Weinreben. Spalierobstbäume sind platzsparend und bringen mitunter hohe Erträge. Außerdem sind sie in den verschiedenen Ausformungen eine ästhetische Bereicherung für das Gebäude.

Heckenwände aus geschnittenen oder frei wachsenden Sträuchern können nachträglich ohne weitere Baumaßnahme als Wärmedämmung angepflanzt werden. Sie wachsen ohne Kontakt mit der Wand und bilden ein dickes Wärmepolster.

Hängender Fassadenbewuchs bietet die Möglichkeit, selbst dort, wo unten nichts angepflanzt werden kann, die Fassade von oben zu begrünen, beispielsweise von einer Dachbegrünung aus.

Für eine erfolgreiche Begrünung sind fundierte Kenntnisse über

- die Standortansprüche, das Wachstumsverhalten und die Klettertechniken der zu verwendenden Kletterpflanzen,
- ihre Anforderungen an eine artgerechte Kletterhilfe,
- die Eignung der zu begrünenden Fläche hinsichtlich ihrer Konstruktion und der verwendeten Baustoffe, sowie
- die fachgerechte Pflanzung bis hin zur Pflege

unerlässlich.

Selbstklimmer

Rankhilfe aus Draht

Fassadenbewuchs mit Kletterhilfe

Zusammenfassung

Um mehr Grün in die Stadt mit einzubeziehen, gibt es die Möglichkeit der Dach- und Fassadenbegrünung.

Die extensive Dachbegrünung ist niedrig, leicht und pflegearm. Sie ist ein ökologischer Schutzbelag.

Für die Extensivbegrünung werden vor allem trockenheitsresistente, selbstregenerierende Pflanzenarten verwendet.

Bei der intensiven Dachbegrünung werden höhere Pflanzungen wie Stauden, Sträucher und Bäume gepflanzt. Diese Dachflächen können auch als Dachgarten genutzt werden.

Fassaden können durch Selbstklimmer (selbstständige Wurzelkletterer), hängenden Bewuchs oder mithilfe von Rankgerüsten begrünt werden.

Aufgaben

1. *Welche Anforderungen werden an die Pflanzen für eine Dachbegrünung gestellt?*
2. *Welche Pflanzen eignen sich für eine Extensivbegrünung? Recherchieren Sie im Internet.*
3. *Welche Pflanzen eignen sich für eine Intensivbegrünung? Recherchieren Sie im Internet.*
4. *Welche Vorteile bringt eine Fassadenbegrünung?*
5. *Erarbeiten Sie Vorschläge zur Fassadenbegrünung an Ihrer Schule (Bestandsaufnahme Schulgelände, Wanderkundung, Auswahl des Pflanzenstandortes, Pflanzenauswahl, Planung und Bau von Kletterhilfen, Pflanzung).*

16.9 Oberflächenentwässerung

Die Oberflächenentwässerung befestigter Flächen im Außenbereich hat die Aufgabe, anfallendes Regenwasser zu beseitigen, um Schäden an diesen Flächen zu vermeiden und die Verkehrssicherheit zu gewährleisten. Die befestigten Flächen erhalten hierzu ein Quergefälle von mindestens 2,5 %. Längliche, wegeförmige Flächen erhalten meist nur ein Quergefälle. Platzflächen können durch verschiedene Neigungen entwässert werden. Um die Umwelt und den natürlichen Wasserhaushalt zu schonen und die Kanalisationen und Kläranlagen zu entlasten, ist es sinnvoll, das anfallende Regenwasser auf dem Grundstück versickern zu lassen. Das gesammelte Regenwasser kann bei kleineren Flächen, beispielsweise in Hausgärten, direkt in die Pflanzflächen geleitet werden, um hier zu versickern. Bei größeren Flächen kann die Versickerung durch Mulden, Rigolen oder Retentionsbecken (siehe nächste Seite) auf dem Grundstück erfolgen. Ist diese Art der Versickerung nicht möglich, muss das Oberflächenwasser über Hofeinläufe oder Kastenrinnen in die Kanalisation abgeleitet werden. DIN 1986 *Entwässerungsanlagen für Gebäude und Grundstücke* ist bei der Planung der Oberflächenentwässerung zu beachten.

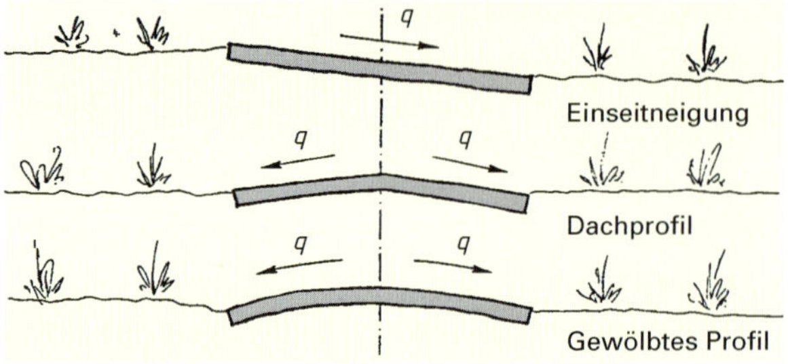

Quergefälle bei Wegen

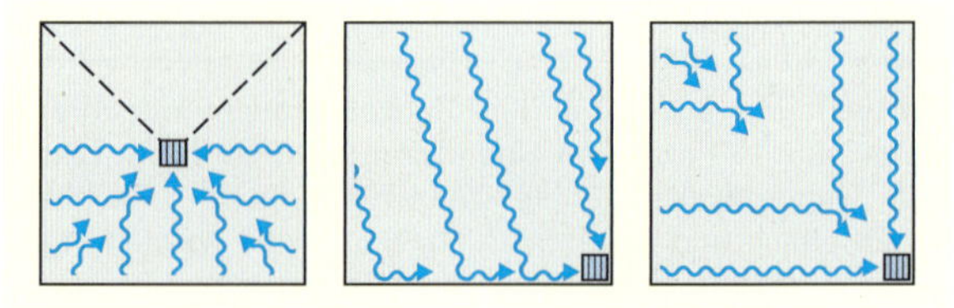
Entwässerung über Trichter, schiefe Ebene oder Kehle

16.9.1 Entwässerung über Hofeinläufe

Der Hofeinlauf ist eine punktförmige Entwässerungseinrichtung. Seine Dimensionierung erfolgt über die Flächengröße und den örtlichen Niederschlag (Faustregel: 200 m^2 Fläche je Hofeinlauf, Abstand nicht mehr als 40 m). Die meist gusseisernen Abdeckungen der Hofeinläufe sind entweder eckig oder rund. Die Einläufe werden mit oder ohne Geruchsverschluss angeboten. Die Abdeckungen der Entwässerungseinrichtungen werden nach DIN 19580 *Entwässerungsrinnen für Verkehrsflächen* in die Klassen A bis F unterteilt, wobei A für Fußgängerverkehr steht und F für Sonderflächen wie beispielsweise Flugbetriebsflächen. Die wichtigsten Grundsätze bei der Planung von Hofeinläufen sind:

- Rechteckige Abdeckungen bei rechteckigen Belägen, sonst runde Abdeckungen.
- Roste quer zur Fahrtrichtung einbauen.
- Am Tiefpunkt des Geländes muss ein Einlauf sein.
- Vor Einmündungen muss das Wasser abgefangen werden, z. B. zwischen Hauseinfahrt und Bürgersteig.
- Einläufe möglichst am Rand einer Fläche planen, da sie dort unauffälliger sind (nicht bei trichterförmiger Entwässerung).

Um das Wasser zu den Hofeinläufen zu leiten, sind meist Pflasterrinnen erforderlich. Diese werden entweder aus Pflastersteinen erstellt oder es werden Fertigteile (z. B. Muldenrinnen aus Beton) eingebaut.

Eckige und runde Abdeckung

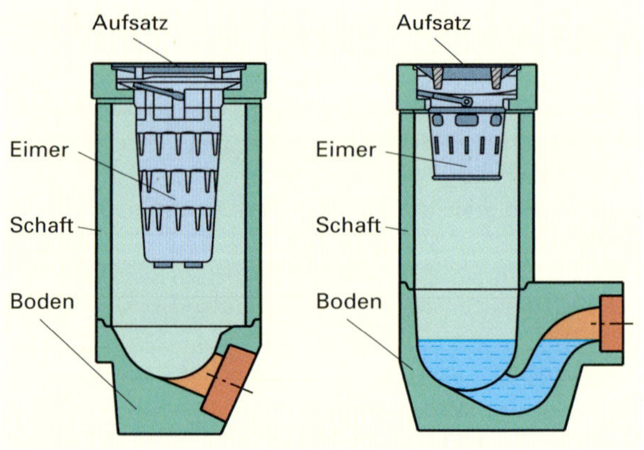

Hofeinlauf ohne und mit Geruchsverschluss

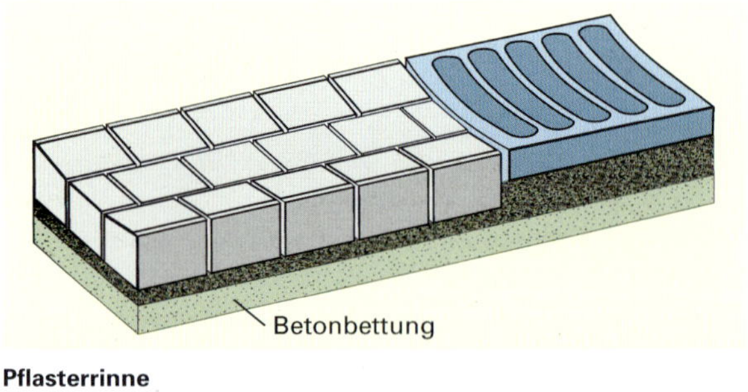

Pflasterrinne

16.9.2 Entwässerung über Kastenrinnen

Kastenrinnen sind linienförmige Entwässerungseinrichtungen, die sich durch ihr eingebautes Sohlgefälle (0,5 %) besonders für horizontale Flächen eignen, wie beispielsweise in Fußgängerbereichen, vor Treppenanlagen und Garagen. Auch hier erfolgt die Dimensionierung über die

Flächengröße und den örtlichen Niederschlag. Die Abdeckungen sind sehr unterschiedlich, beispielsweise Schlitzrost aus Gusseisen, verzinkter Maschenrost oder kunststoffbeschichteter Stegrost. Auch hier gilt DIN 19580 für die Einteilung der Abdeckungen in Belastungsklassen. Der Einbau von Kastenrinnen kann sowohl quer als auch längs zur Fahrtrichtung erfolgen.

16.9.3 Entwässerung über Mulden, Rigolen und Retentionsbecken

Die naturnahe Regenwasserbewirtschaftung umfasst die Versickerung, die Speicherung und die gedrosselte Ableitung des Regenwassers. Die Vorteile dieser Art von Entwässerung sind:

- Reinigung des Regenwassers,
- Rückhaltung des Regenwassers,
- Erhalt der natürlichen Bildung von Grundwasser,
- Entlastung der Kanalisation,
- Verminderung von Hochwassergefahren an Flüssen.

Die **Mulden** werden in den Grünflächen am Rand der zu entwässernden Flächen angebracht, in die Gestaltung integriert und mit Rasen eingesät oder bepflanzt. Das Regenwasser, das immer oberirdisch in die Mulden gelangt, wird beispielsweise über Betonfertigteile von der befestigten Fläche in die Mulde geleitet. Die Mulde ist ein sogenannter Kurzzeitspeicher. Das Wasser wird entweder direkt in den Boden versickert und dabei gefiltert oder durch eine etwa 30 cm starke Oberbodenschicht in eine **Rigole** geleitet, die Langzeitspeicher genannt wird. Die Rigole ist ein mit Geotextil ummanteltes, in eine Kiespackung gebettetes Dränrohr. Aus der Rigole versickert das Wasser nun in den anstehenden Boden oder wird mittels einer Rohrleitung zu einem Überlauf geführt und gedrosselt in die Kanalisation geleitet.

Es gibt also Systeme nur mit Mulden oder Mulden-Rigolen-Systeme. Um im Winter bei gefrorenem Boden auch einen Regenwasserabfluss zu gewährleisten, muss die Mulde mit einem Überlauf ausgestattet sein, der an die Kanalisation angeschlossen ist. Die Mulden-Rigolen-Systeme sind sehr preiswerte Entwässerungseinrichtungen, jedoch sind sie sehr flächenintensiv und die Nutzung auf diesen Flächen ist eingeschränkt.

Retentionsbecken (*Retention* = Verzögerung) können für die Speicherung von Niederschlagswasser genutzt werden. Diese Becken können durch Ausbildung als Teiche oder Feuchtbiotope in die Gestaltung mit einbezogen werden. Ist ein Retentionsbecken als Teich geplant, muss dieser abgedichtet werden, damit ein ständiger Wasserspiegel gewährleistet werden kann. Der Retentionsraum ist dann von der möglichen Wasserspiegelschwankung abhängig (etwa 20 … 30 cm). Fällt so viel Niederschlag an, dass dieser maximale Wasserspiegel überschritten wird, wird das Wasser durch einen Überlauf in eine Mulde geleitet, wo es versickern kann. Das Retentionsbecken stellt also lediglich eine Verzögerung des Niederschlagsabflusses dar.

Zusammenfassung

Um die Verkehrssicherheit zu gewährleisten, müssen befestigte Flächen im Außenbereich entwässert werden. Dies erfolgt über Hofeinläufe oder Kastenrinnen. Das Niederschlagswasser sollte möglichst auf dem Grundstück versickern, was durch Mulden, Rigolen, Mulden-Rigolen-Systeme oder Retentionsbecken ermöglicht wird.

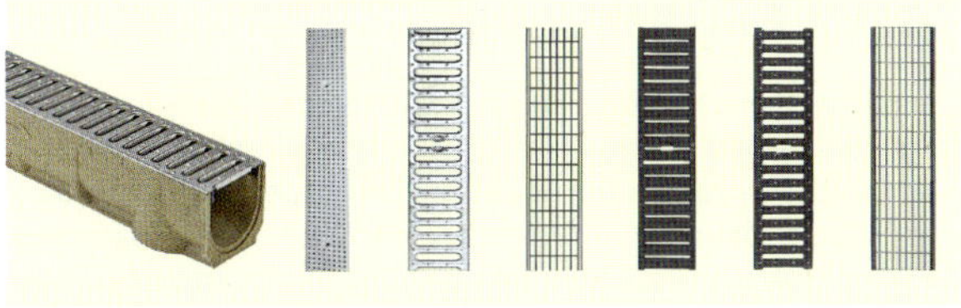

Kastenrinnen und ihre Abdeckungen

Betonfertigteile leiten das Wasser in die Mulde

Versickerungsmulde

Rigole

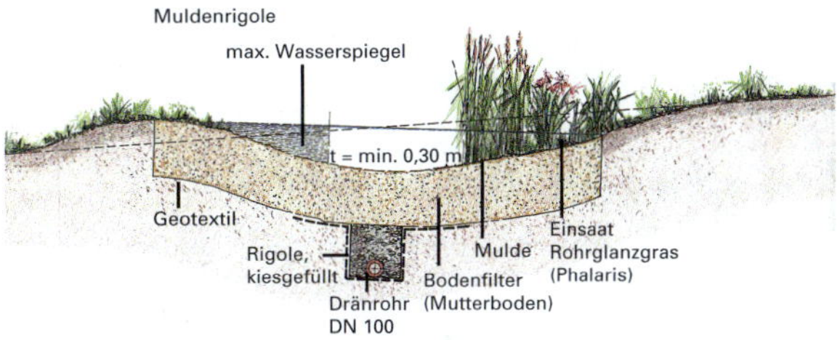

Schnitt durch ein Mulden-Rigolen-System

Retentionsbecken mit seitlichem Überlauf

Aufgaben

1. *Welche Möglichkeiten gibt es, Oberflächenwasser von Wegen abzuleiten?*
2. *Was ist bei der Planung von Hofeinläufen zu beachten?*
3. *Beschreiben Sie die naturnahe Regenwasserbewirtschaftung mit ihren Vorteilen und Entwässerungsmöglichkeiten.*
4. *Planen Sie für das Grundstück auf Seite 606 (Abschnitt 16.7.2) eine Entwässerung einschließlich Teich.*

16.10 Bewässerung

Die Bewässerung von Pflanzflächen im Außenbereich erfolgt entweder manuell mittels eines Gartenschlauches oder mithilfe von automatischen Bewässerungstechniken wie Sprühdüsen, Regnern oder Tröpfchenbewässerung. Es wird dabei unterschieden zwischen halbautomatischer Bewässerung, hier wird die Anlage per Knopfdruck von Hand eingeschaltet, und vollautomatischer Bewässerung, wobei die Bewässerung selbststeuernd durchgeführt wird. Bei fest installierten Bewässerungstechniken ist darauf zu achten, dass sie entweder frostfrei gegründet sind oder im Winter restlos entleert werden können, um Frostschäden an den Leitungen und den Geräten zu verhindern. Die automatischen Bewässerungseinrichtungen werden entweder direkt an einen Außenwasserhahn angeschlossen und manuell betätigt oder durch eine Zeitschaltuhr oder einen Bewässerungscomputer gesteuert. Das Wasser für die Bewässerung der Pflanzen kann aber auch aus einer Zisterne entnommen werden, die durch Regenwasser gespeist wird und im Garten unterirdisch eingebaut werden kann.

Bewässerungsuhr

Bewässerungscomputer

16.10.1 Bewässerung mit Sprühdüsen

Die Sprühdüsen werden oberirdisch meist in Pflanzflächen installiert und dienen der Bewässerung von Sträuchern. Die zu beregnende Fläche und die Wurfweite ist produktabhängig. Die Nachteile der Sprühdüsen sind die Förderung der Ausbreitung von Pilzkrankheiten auf der Pflanze und der Brennglaseffekt (Wassertropfen auf den Blättern können zu Verbrennungen führen).

Sprühdüsen

16.10.2 Bewässerung mit Regnern

Regner, die Pflanzflächen bewässern sollen, werden meist oberirdisch eingebaut. Im Rasen werden häufig Versenkregner geplant, die nur während des Bewässerungsvorganges oberirdisch zu sehen sind und die Nutzung des Rasens nicht einschränken. Auch hier sind die zu beregnende Fläche und die Wurfweite produktabhängig, außerdem sind die Beregnungssektoren von 5…360° einstellbar.

Regner

Versenkregner

16.10.3 Tröpfchenbewässerung

Die Bewässerung mit Tropfschläuchen wird ausschließlich in Pflanzflächen angewendet. Die Tropfschläuche geben das Wasser tropfenweise an den Boden ab. Die Vorteile gegenüber Sprühdüsen sind, dass die Tropfschläuche das Wasser direkt über dem Wurzelbereich der Pflanze abgeben und dadurch zusätzlich wassersparend sind, weil sie kaum Verdunstungsverluste haben.

Tröpfchenbewässerung

Zusammenfassung

Die Bewässerung der Pflanzen im Außenbereich erfolgt entweder manuell oder mithilfe von automatischen Bewässerungsanlagen.

Zur Bewässerung werden Sprühdüsen, Regner oder Tropfschläuche, die entsprechend der Pflanzflächenart ausgewählt werden, eingesetzt.

Aufgaben

1. *Wie wird die Bewässerung in Außenanlagen gesteuert?*
2. *Welche Bewässerungsmöglichkeiten gibt es? Zählen Sie ihre Einsatzmöglichkeiten und ihre Vor- oder Nachteile auf.*

16.11 Beleuchtung

Beleuchtung im Außenraum wird als Gestaltungselement eingesetzt, sorgt aber auch für Sicherheit im Außenbereich. Deshalb ist darauf zu achten, dass Bereiche, die in der Dunkelheit genutzt werden, sorgfältig ausgeleuchtet sind und die Verkehrssicherheit hergestellt ist.

Bei der Auswahl der Beleuchtung sind die nationale Norm DIN 13201-1 *Straßenbeleuchtung* und die europäischen Normen DIN EN 13201-2...5 *Straßenbeleuchtung* zu berücksichtigen. Außerdem ist bei der Planung von Leuchten für Parkplätze oder Straßen auf das nötige Lichtraumprofil, also die Höhe der Lampen, zu achten.

Die Beleuchtungsstärke wird in Lux (lx) gemessen. Für die Ausleuchtung im Straßenwesen gibt es folgende Empfehlungen:

- Fußgängerzonen 5 lx
- Plätze 10 lx
- Außentreppen 15 lx

Um die nötige Ausleuchtung oder den Leuchtenabstand zu ermitteln, gibt es von den Herstellern Isoluxdiagramme. Der Abstand der dargestellten Leuchte zur nächsten bei einem Einsatz in einer Fußgängerzone (5 lx) beträgt also etwa 11 m. Damit der gesamte Bereich gut ausgeleuchtet ist, wird der Abstand etwas verkürzt (hier auf 9 m), damit sich die Leuchtkreise überschneiden

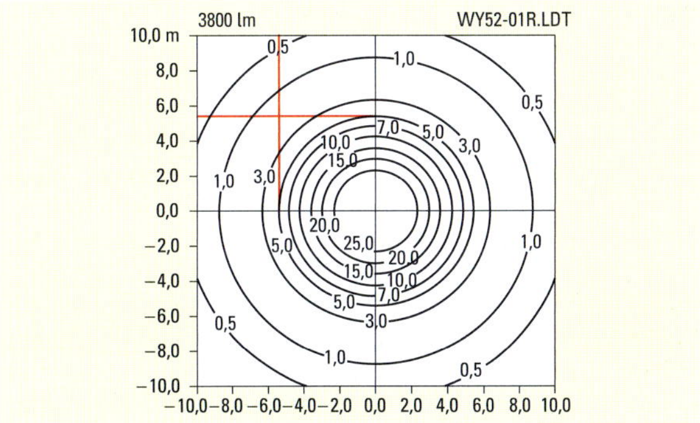

Isoluxdiagramm einer Mastleuchte

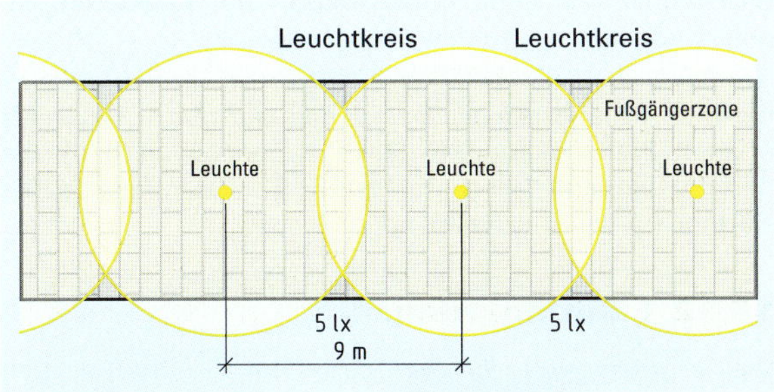

Abstände der Leuchten in einer Fußgängerzone

16.11.1 Lampenarten

Um Außenräume auszuleuchten, gibt es verschiedene Lampenarten.

Die **Mastleuchten** werden meist auf Plätzen, in Fußgängerbereichen oder auf Parkplätzen eingesetzt. Das Leuchtmittel befindet sich auf einem Mast, der meist eine Höhe von 3 m hat.

Wandleuchten können nur dort eingesetzt werden, wo eine Wand für die Befestigung vorhanden ist. Ihr Einsatzbereich sind meist Hauseingänge oder Fußgängerbereiche.

Die **Lichtpoller** haben in der Regel eine Höhe von 1 m und werden an Hauseingängen, Fußwegen, Plätzen oder in Parks eingesetzt.

Bodenstrahler dienen nicht der verkehrssicheren Ausleuchtung, sondern werden eingesetzt, um Stimmungen zu erzeugen, imposante Bauwerke von unten anzustrahlen oder Bäume in schönes Licht zu setzen. Ihr Einsatzgebiet sind Fußgängerbereiche, Plätze und Hausgärten. Eine besondere Form der Bodenstrahler sind die **Lichtfliesen**. Diese haben eine rutschhemmende Abdeckung aus Sicherheitsglas und sind ebenfalls für die Verwendung in Fußgängerbereichen gedacht. Außerdem gibt es sie in einer Ausführung für den Einsatz unter Wasser.

Mastleuchte

Wandleuchte

Lichtpoller

Lichtpoller

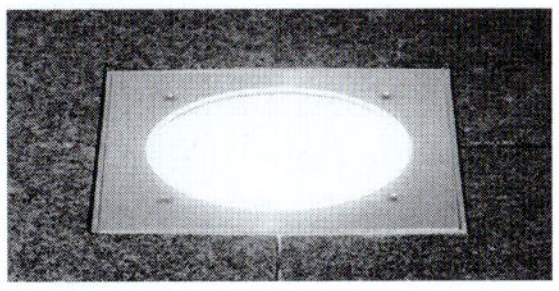

Bodenstrahler

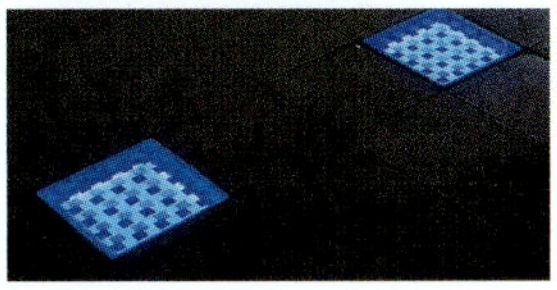

Lichtfliesen

Zusammenfassung

Die Außenraumbeleuchtung ist ein wichtiges Gestaltungselement und dient außerdem der Sicherheit. Die Leuchtenabstände lassen sich aus Isoluxdiagrammen ablesen.

Die Auswahl der Lampenart richtet sich nach ihrer Verwendung, ob Sicherheit oder Gestaltung im Vordergrund stehen.

Aufgaben

1. *Ermitteln Sie den Abstand zweier Leuchten aus dem Isoluxdiagramm für einen Einsatz an einer Außentreppe und fertigen Sie eine Zeichnung dazu an (Entwurf beliebig).*
2. *Zählen Sie die verschiedenen Lampenarten für den Außenbereich und deren Einsatzgebiete auf.*

16.12 Wassereffekte

Wassereffekte sind ein wichtiges Gestaltungsmittel bei der Planung von Außenanlagen. Kombiniert man sie mit Beleuchtung, können sie besonders reizvoll sein. Bei der Auswahl des Standortes der Wasseranlagen muss beachtet werden, dass sie nicht unter Bäumen geplant werden, da dort z.B. Laub die Anlage verschmutzt. Besteht die Möglichkeit, dass Kinder dort spielen, darf eine Wassertiefe von 40 cm nicht überschritten werden. Pumpen und Rohrleitungen müssen bei Frost entleert werden, um Schäden zu vermeiden.

Künstliche Wasseranlagen müssen immer abgedichtet werden, um einen Wasserverlust zu vermeiden. Möglichkeiten der Abdichtung sind, je nach Verwendungszweck, Bitumenbahnen, Asphaltmix, Beton, Ton, Kunststoffbauteile, Kunstharz oder Teichfolie.

Der Bau von Wasseranlagen ist wegen seiner Vielfältigkeit ein sehr umfangreiches Thema, das hier nur ansatzweise erläutert werden kann. Bei der Pflanzenauswahl für Teiche und Wasserläufe sind Fachleute (Landschaftsarchitekt, Gärtner) zu Rate zu ziehen.

16.12.1 Springbrunnen

Bei der Verwendung von Springbrunnen in Außenanlagen werden sowohl optische als auch akustische Reize angesprochen. Die Brunnenanlagen werden meist gemauert, aus Beton hergestellt oder es werden Fertigteile verwendet (beispielsweise Aluminium-Guss). Bei der Auswahl der Düsen gibt es vielfältige Möglichkeiten. Sind Fontänen geplant, ist darauf zu achten, dass die Anlage an einer windgeschützten Stelle gebaut wird, da sonst das Wasser über den Beckenrand hinausgetragen wird. Die Pumpenanlage sollte seitlich in einem Schacht untergebracht werden, der mit einer Platte oder einem Gitterrost abgedeckt ist, um bei Reparaturen und Wartung besser beikommen zu können.

16.12.2 Wasserläufe

Um auf einem Grundstück einen Wasserlauf zu bauen, ist Gefälle notwendig. Der Wasserlauf kann wie ein natürlicher Bachlauf mit Pflanzen und Wassertreppen ausgestaltet werden. Er endet entweder in einem Teich oder in einem kleinen Becken, in dem das Wasser aufgefangen wird und mittels einer Pumpe zum Ausgangspunkt zurückgeführt wird.

16.12.3 Teiche

Teiche gehören zu den Stillgewässern und müssen nicht mit einer Pumpe ausgestattet werden. Sollen allerdings aus gestalterischen Gründen Wasserspiele oder Beleuchtung verwendet werden, ist eine Versorgung mit Strom und einer Pumpe nötig. Teiche können auch als Endpunkt eines Wasserlaufes, als Schwimmteiche oder als Retentionsbecken (siehe Abschnitt 16.9.3) ausgebildet werden.

Zusammenfassung

Wassereffekte stellen ein wichtiges Gestaltungsmittel bei Außenanlagen dar. Bei ihrer Planung sind eine Vielzahl von Faktoren zu berücksichtigen.

Kunststoffbauteil

Teichfolie

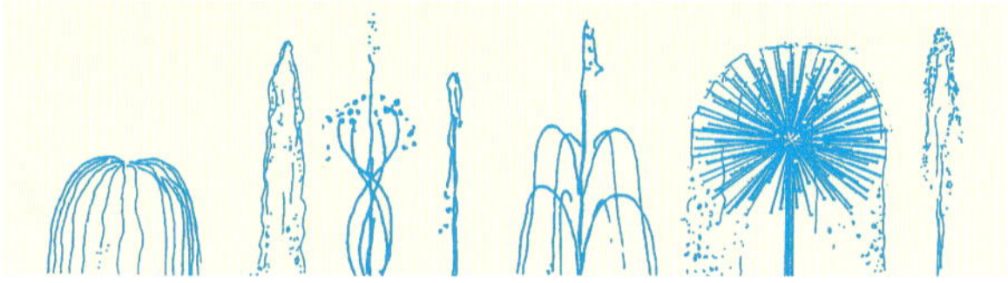

Verschiedene Düsenarten für Brunnenanlagen

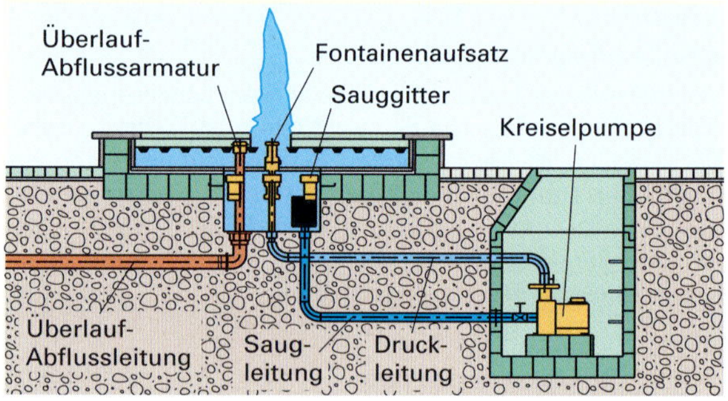

Schnitt durch einen Springbrunnen

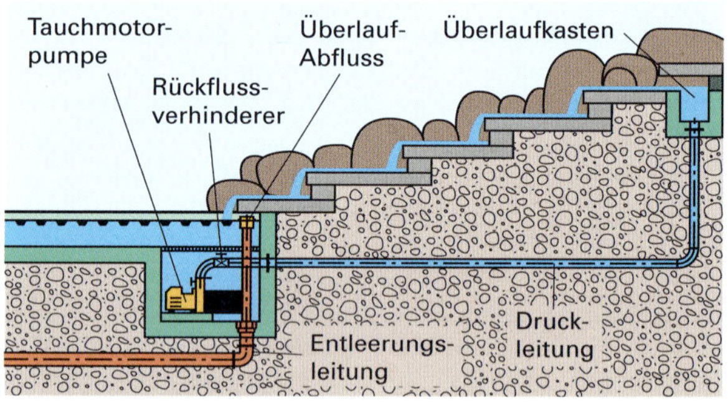

Schnitt durch einen Wasserlauf

Wasserspiele

Teichbeleuchtung

Aufgaben

1. *Planen Sie für das Grundstück in Abschnitt 16.7.2 einen Hausgarten mit kleinem Teich.*
2. *Zeichnen Sie den Grundriss und einen Schnitt durch den von Ihnen gewählten Teich in Aufgabe 1.*
3. *Welche Wassereffekte machen Außenanlagen besonders reizvoll?*

Sachwortverzeichnis